Alexander der Große und die Öffnung der Welt
Asiens Kulturen im Wandel

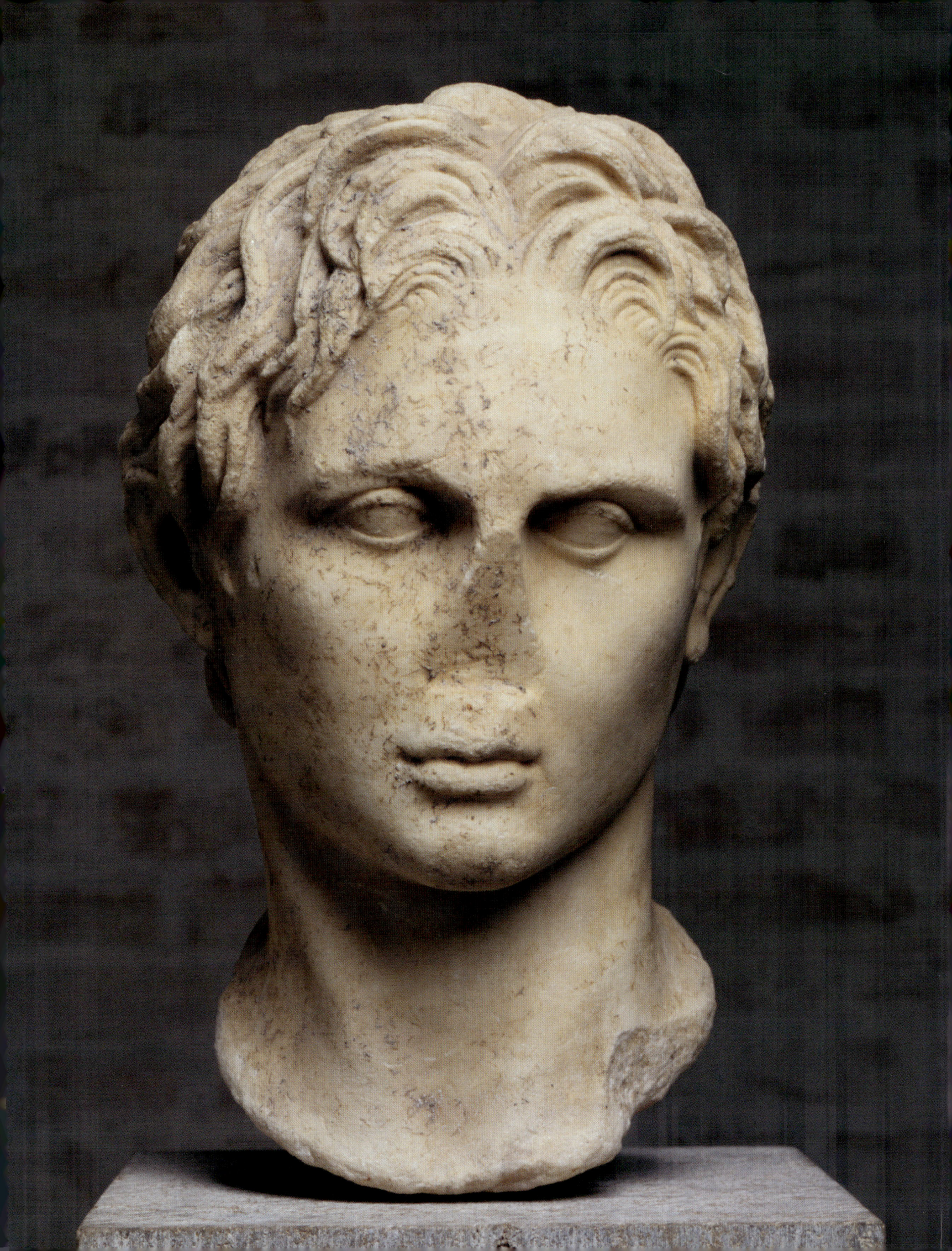

ALEXANDER DER GROSSE UND DIE ÖFFNUNG DER WELT

ASIENS KULTUREN IM WANDEL

Publikationen der Reiss-Engelhorn-Museen
Band 36

Begleitband zur Sonderausstellung
„Alexander der Große und die Öffnung der Welt – Asiens Kulturen im Wandel"
in den Reiss-Engelhorn-Museen Mannheim

Herausgegeben von
Svend Hansen
Alfried Wieczorek
Michael Tellenbach

Wissenschaftliche Ausstellungsprojektleitung
Nicola Crüsemann
Michael Tellenbach

Wissenschaftliche Projektleitung Deutsches Archäologisches Institut, Eurasienabteilung
Gunvor Lindström

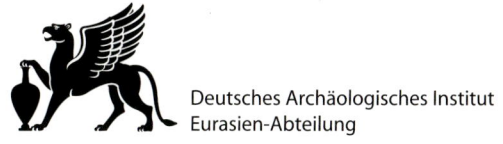
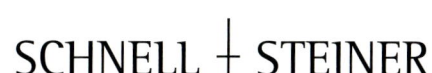
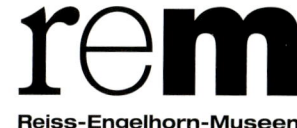

Wir danken den Unterstützern und Förderern

Projektpartner

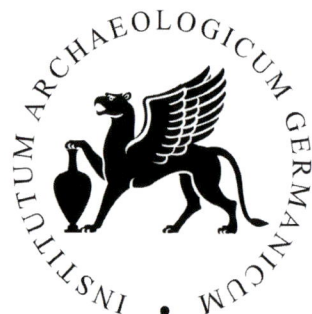

Eine Ausstellung der Curt-Engelhorn-Stiftung für die Reiss-Engelhorn-Museen in Kooperation mit der Eurasien-Abteilung des Deutschen Archäologischen Instituts.

Gefördert durch den Hauptsponsor

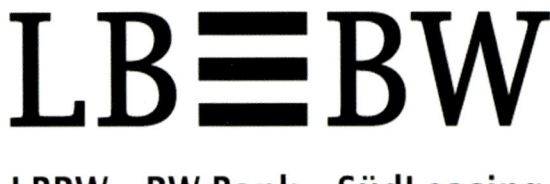

Sponsoren und Förderer des Projekts

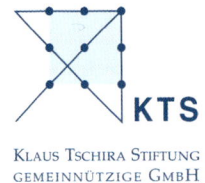
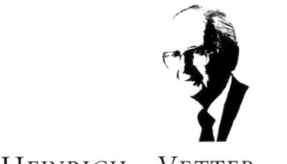
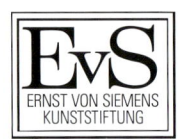

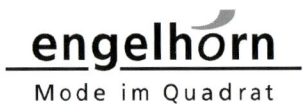
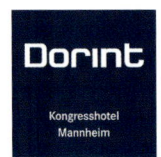

Kooperationen

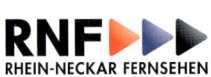
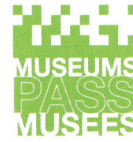

Die Ausstellung
steht unter der Schirmherrschaft des

Bundesministers des Auswärtigen
Dr. Frank-Walter Steinmeier

Wissenschaftlicher Beirat

HR Univ. Doz. Dr. Michael Alram
Direktor
Münzkabinett, Kunsthistorisches Museum Wien

Prof. Dr. Peter Blome
Direktor
Antikenmuseum Basel

Prof. Dr. Hans-Joachim Gehrke
Präsident
Deutsches Archäologisches Institut Berlin

Prof. Dr. Claus-Peter Haase
Direktor i. R.
Museum für Islamische Kunst Berlin

Prof. Dr. Amélie Kuhrt
History Department University College of London

Dr. Tigran Mkrtytschew
Stellv. Direktor
Staatliches Museum der Kunst der Völker des Ostens Moskau

Dr. Bruno Overlaet
Kurator für altiranische Kunst und Kulturgeschichte
Musées Royaux d'Art et d'Histoire Brüssel

Prof. Dr. Michael Pfrommer
FB Klassische Archäologie, Universität Trier

Prof. Dr. Andreas Scholl
Direktor
Antikensammlung SMB PK Berlin

Martina Stoye M.A.
Kuratorin für die Kunst Süd- und Südostasiens
Museum für Asiatische Kunst Berlin

Prof. Dr. Ralf von den Hoff
Abteilung Klassische Archäologie
Albert-Ludwigs-Universität Freiburg

Prof. Dr. Josef Wiesehöfer
Institut für Klassische Altertumskunde
Christian-Albrechts-Universität Kiel

Wir danken unseren Leihgebern

Bad Homburg
Verwaltung der Staatlichen Schlösser und Gärten Hessens

Basel
Antikenmuseum Basel und Sammlung Ludwig

Berlin
Abguss-Sammlung Antiker Plastik der Freien Universität Berlin
Antikensammlung SMB PK
Kupferstichkabinett SMB PK
Münzkabinett SMB PK
Museum für Asiatische Kunst SMB PK
Staatsbibliothek unter den Linden SBB PK, Orient-Abteilung
Vorderasiatisches Museum SMB PK

Brüssel
Musées Royaux d'Art et d'Histoire, Département Antiquité, Collection Iran
Musées Royaux d'Art et d'Histoire, Département Antiquité, Collection Grèque

Dresden
Skulpturensammlung, Staatliche Kunstsammlungen

Duschanbe
Nationalmuseum der Antike Tadschikistans

Kabul
Nationalmuseum Afghanistan

Karlsruhe
Badisches Landesmuseum Karlsruhe

Kopenhagen
Ny Carlsberg Glyptothek

London
The British Museum, Department of Coins and Medals
The British Museum, Department of the Middle East
The British Museum, Department of Greek and Roman Antiquities
The British Museum, Department of Asia

Mainz
Römisch-Germanisches Zentralmuseum

Mannheim
Reiss-Engelhorn-Museen

Moskau
State Museum of Oriental Art

München
Staatliche Antikensammlungen und Glyptothek
Bayerische Staatsgemäldesammlungen München, Staatsgalerie im Neuen Schloss Bayreuth

Neapel
Museo Archeologico Nazionale

Paris
Bibliothèque nationale de France,
Département des monnaies, médailles et antiques
Musée du Louvre, Département des Antiquités Orientales
Musée du Louvre, Département des Antiquités Grecques, Étrusques et Romaines
Musée national des Arts Asiatiques-Guimet

Potsdam
Stiftung Preußische Schlösser und Gärten Berlin-Brandenburg

Rom
Museo Nazionale d'Arte Orientale

St. Petersburg
Staatliche Eremitage, Abteilung für Kultur und Kunst der Länder des Orients

Sofia
National Archaeological Museum

Stuttgart
Landesmuseum Württemberg

Wien
Kunsthistorisches Museum Wien, Ägyptisch-Orientalische Sammlung
Kunsthistorisches Museum Wien, Münzkabinett
Kunsthistorisches Museum Wien, Antikensammlung
Privatsammlung

Alexander der Grosse und die Öffnung der Welt
Asiens Kulturen im Wandel

Sonderausstellung der Curt-Engelhorn-Stiftung
für die Reiss-Engelhorn-Museen Mannheim
vom 3. Oktober 2009 – 21. Februar 2010

Gesamtleitung und Idee
Alfried Wieczorek

Grundkonzeption
Michael Tellenbach

Ausstellung in Kooperation mit
Svend Hansen
Deutsches Archäologisches Institut, Berlin
Eurasienabteilung

Wissenschaftliche Ausstellungsprojektleitung
Nicola Crüsemann, Michael Tellenbach

Wissenschaftliche Projektleitung DAI, Eurasienabteilung
Gunvor Lindström

International Affairs
Friedrich-Wilhelm von Hase

Koordinator für Zentralasien
Norbert Egger

Ausstellungsorganisation
Christoph Lind

Ausstellungstexte
Wandtexte Nicola Crüsemann, Ellen Kühnelt
und Gunvor Lindström unter Mitarbeit von Alexandra Berend und
Viktoria Räuchele
Objekttexte Gunvor Lindström, Alexandra Berend und Viktoria
Räuchle auf der Basis der Katalogtexte

Umsetzung
Homann Güner Blum, Visuelle Kommunikation, Hannover

Ausstellungsgestaltung und -graphik
Homann Güner Blum, Visuelle Kommunikation, Hannover

Leihverkehr
Marianne Aselmeier unter Mitarbeit von Maria Schmitt

Bildredaktion
Ellen Kühnelt

Restauratorisch-konservatorische Betreuung
Bernd Hoffmann-Schimpf (leitender Restaurator), Sandra Gottsmann, Gila Gulbins, Annette Kirsch, Katrin Kuhnt, Peter Will

Medien
FaberCourtial – Atelier für digitale Produktionen

Medientechnik
Manfred Bauer, Werner Heyer

Ausstellungsaufbau
Ulrich Debus, Robert Leicht, Orazio Petrosino, Giuseppe Presentato, Uwe Rehberger

Pressearbeit/Marketing
Alexander Schubert (Leitung)
Yvonne Berndt, Maren Lehmann, Cornelia Rebholz, Magdalena Smola

Museumsvermittlung
Sibylle Schwab

Führungsorganisation und Besucherdienste
Sofia Wagner, Ruth Wieczorek, Manfred Bauer

Wissenschaftliche Hilfskraft
Katja Müller

KATALOG

Alexander der Grosse und die Öffnung der Welt
Asiens Kulturen im Wandel

Publikationen der Reiss-Engelhorn-Museen Band 36

Herausgeber
Svend Hansen, Direktor der Eurasienabteilung
des Deutschen Archäologischen Instituts, Berlin
Alfried Wieczorek, Leitender Direktor der Reiss-Engelhorn-Museen
und Vorstandsvorsitzender der Curt-Engelhorn-Stiftung, Mannheim
Michael Tellenbach, Direktor Museum Weltkulturen und zweiter
Vorstandsvorsitzender der Curt-Engelhorn-Stiftung, Mannheim

Inhaltliche Konzeption des Katalogs
Nicola Crüsemann
Gunvor Lindström
Ellen Kühnelt

Wissenschaftliche Redaktion und Lektorat
Eva-Maria Günther unter Mitarbeit von Alexandra Berend

Bildredaktion
Ellen Kühnelt

Umschlaggestaltung und graphische Bearbeitung der Karten
Homann Güner Blum, Visuelle Kommunikation, Hannover

Übersetzer
Alexandra Berend
Kat. Nr. 6, 7, 85, 86, 87, 93, 94, 98, 99, 100, 102, 104, 153, 208, 230, 231, 336
Claudia Braun
Einführungstext Begram; Kat. Nr. 9, 10, 11, 313–330
Vladimir Ioseliani
Essay von E. Rtweladse
Marie-Line Joalland
Essay von P. Leriche
Martin Knapp
Essays von M. Albaladejo; F. J. Fernández Nieto
Christiane Pöhlmann
Essays von L. Swertschkow, Einführungstext Kara Tepe; Kat. Nr. 358–361 sowie Kat. Nr. 77, 96, 213–219, 312
Friedrich Wilhelm von Hase
Essay L. Mellilo; Kat. Nr. 1, 78
Nadine Riedel und Emily Schalk
Kat. Nr. 61, 66, 68–70, 81, 90, 95, 103, 108, 116, 169, 182, 197–200, 205, 206, 210, 211, 220, 221, 335, 340, 35.
Emily Schalk
Essays von L. Nehru; A. Kuhrt

Fotos
Sollte es vorgekommen sein, dass Rechteinhaber nicht genannt sind oder nicht ausfindig gemacht werden konnten, bitten wir um entsprechende Nachweise die beteiligten Urheberrechte betreffend, um diese in künftigen Auflagen zu berücksichtigen oder/und im Rahmen der üblichen Vereinbarungen für den Bereich wissenschaftlicher Publikationen abgelten zu können.

Bildnachweise
Umschlag vorne: Alexandermosaik (Ausschnitt), Pompeji, Italien. 2. Jh. v. Chr., Neapel, Nationalmuseum.
Umschlag hinten: Goldmedaillon mit der Büste Alexanders als Weltherrscher, symbolisiert durch die auf dem Schild gezeigten Sternzeichen, Aboukir, Ägypten, erste Hälfte 3. Jh. n. Chr., Berlin, Münzkabinett SMB PK.
Vorsatz vorne: Karte mit der Darstellung des Alexanderzugs. Gestaltung Homann Güner Blum, Visuelle Kommunikation, Hannover auf der Basis einer Vorlage von G. Lindström, M. Tellenbach und T. Vogel.
Vorsatz hinten: Karte mit der Darstellung der Reiche. Gestaltung Homann Güner Blum, Visuelle Kommunikation, Hannover auf der Basis einer Vorlage von W. Eixler.
Frontispiz: Porträt Alexanders des Großen, „Alexander Schwarzenberg", aus der Sammlung Schwarzenberg, augusteische Kopie eines Originals aus der Zeit um 330 v. Chr., Kat. Nr. 4.

Verlagslektorat
Simone Buckreus, Verlag Schnell & Steiner GmbH

Bildbearbeitung, Kataloggestaltung und Satz
Florian Knörl unter Mitarbeit von Maria Ast, Erhardi Druck GmbH

Druck
Grafisches Centrum Cuno GmbH & Co. KG, Calbe

Bibliografische Information der Deutschen Bibliothek: Die Deutsche Bibliothek verzeichnet diese Publikation in der Deutschen Nationalbibliografie; detaillierte bibliografische Daten sind im Internet über <http://dnb.ddb.de> abrufbar.

1. Auflage 2009

ISBN 978-3-7954-2176-2 (*Museumsausgabe*)
© 2009 Reiss-Engelhorn-Museen, Zeughaus C5, 68159 Mannheim

ISBN 978-3-7954-2177-9 (*Buchhandelsausgabe*)
© 2009 Verlag Schnell & Steiner GmbH,
Leibnizstr. 13, D-93055 Regensburg

Alle Rechte vorbehalten. Ohne ausdrückliche Genehmigung des Verlages ist es nicht gestattet, dieses Buch oder Teile daraus auf fotomechanischem oder elektronischem Weg zu vervielfältigen.

Weitere Informationen zum Verlagsprogramm erhalten Sie unter:
www.schnell-und-steiner.de

Wir danken

Verena Abele, Stuttgart
Bernhard Abels, Berlin
Mohammad Zia Afshar, Kabul, Afghanistan
Michael Alram, Wien, Österreich
Michael Amandry, Paris, Frankreich
Béatrice André-Salvini, Paris, Frankreich
Angelo Maria Ardovino, Rom, Italien
Otabek Aripdschanov, Taschkent, Usbekistan
Dean Baylis, London, England
Silke Bellmann, Kabul, Afghanistan
Alfred Bernhard-Walcher, Wien, Österreich
Agnès Benoit, Paris, Frankreich
Holm Bevers, Berlin
Manfred Brachert, Stuttgart
Christelle Brillault, Paris, Frankreich
Saidmurod Bobomulloev, Duschanbe, Tadschikistan
Maria Rosaria Borriello, Neapel, Italien
Nikolaus Boroffka, Berlin
Peter Blome, Basel, Schweiz
Claudia Braun, Mannheim
Pierre Cambon, Paris, Frankreich
Jean Christen, Mannheim
Joe Cribb, London, England
John Curtis, London, England
Karsten Dahmen, Berlin
Falko Daim, Mainz
Marcus Dekiert, München
Matthias Dettmann, Rostock
Hartmut Dorgerloh, Potsdam
Anjelina Drujinina, Duschanbe/Berlin
Richard Engelhorn, Mannheim
Carl-Heinrich Esser, Ilvesheim

Cécile Evers, Brüssel, Belgien
Cornelia Ewigleben, Stuttgart
Irving Finkel, London, England
Lesley Fitton, London, England
Ute Franke, Berlin
Jacques Gies, Paris, Frankreich
Kurt Gschwantler, Wien, Österreich
Erik Gubel, Brüssel, Belgien
Pietro Giovanni Guzzo, Neapel, Italien
Sabine Haag, Wien, Österreich
Doris Hertrampf, Duschanbe, Tadschikistan
Marlene Hiller, Leinfelden-Echterdingen
Regina Hölzl, Wien, Österreich
Carolin Hoffmann, Heidelberg
Katarina Horst, Karlsruhe
Pavlina Ilieva, Sofia, Bulgarien
Olga Ilmenkova, St. Petersburg, Russland
Ralf Ingelfinger, Stuttgart
Boris Ioganson, Moskau, Russland
Wladimir Ioseliani, Berlin
Peter A. Kaemmerer, Mannheim
Hannelore Kerker, Mannheim
Florian Knauß, München
Abdul Kharim Khurram, Kabul Afghanistan
Natalia Koslova, St. Petersburg, Russland
Max Kunze, Berlin
Janet Larkin, London, England
Clemens Lichter, Karlsruhe
Angelika Lorenz, Berlin
Wiebke Loseries, Rostock
Martin Maischberger, Berlin
Max Maldacker, Berlin

Jean-Luc Martinez, Paris, Frankreich
Nicole Martinsohn, Mannheim
Joachim Marzahn, Berlin
Natacha Massar, Brüssel, Belgien
Omara Khan Massoudi, Kabul, Afghanistan
Rahim Massov, Duschanbe, Tadschikistan
Mette Moltesen, Kopenhagen, Dänemark
Jürgen Müller, Mannheim
Katja Müller, Heidelberg
Ines Mütsch, Mannheim
Birke Natemeyer, Frankfurt/Main
Bruno Overlaet, Brüssel, Belgien
Barbara Pferdehirt, Mainz
Hermann Pflug, Heidelberg
Paola Piacentini, Rom, Italien
Michail Piotrovskij, St. Petersburg, Russland
Christiane Pöhlmann, Berlin
Bruno Racine, Paris, Frankreich
Christoph Rauch, Berlin
Victoria Räuchle, Wien
Ellen Rehm, Stuttgart
Sabine Reinhold, Berlin
Anke Reuter, Berlin
Nadine Riedl, Berlin
Renate Ries, Heidelberg
Martin Roth, Dresden
Beate Salje, Berlin
Imomuddin Sattorov, Berlin
Emily Schalk, Berlin
Andreas Scholl, Berlin
Uta Scholz, Potsdam
Klaus Schrenk, München

Heinrich Schulze Altcappenberg, Berlin
Agnes Schwarzmaier, Berlin
Aleksandr Vsevolodovic Sedov, Moskau, Russland
Aletta Seifert, Karlsruhe
Wilfried Seipel, Wien, Österreich
Harald Siebenmorgen, Karlsruhe
Irmgard Siede, Mannheim
St. John Simpson, London, England
Vera Slehofer, Basel, Schweiz
Claudia Spahl, Duschanbe, Tadschikistan
Beate Spiegel, Heidelberg
Martina Stoye, Berlin
Claude Sui, Mannheim
Leonid Sverchkov, Taschkent, Usbekistan
Klaus Tschira, Heidelberg
Margarita Vaklinova, Sofia, Bulgarien
Willibald Veit, Berlin
Tanja Vogel, Mannheim
Ralf B. Wartke, Berlin
Karl Weber, Bad Homburg
Bernhard Weisser, Berlin
Nina Willburger, Stuttgart
Petra Willige-Friedrich, Erbach
Lorenz Winkler-Horaček, Berlin
Moritz Woelk, Dresden
Anne-Kirsten Wohlleben, Kabul, Afghanistan
Cara Wolff, Stuttgart
Raimund Wünsche, München
Michael Zenner, Berlin

Autoren der Essays

Dr. Manuel Albaladejo
Universidad de Valencia
HR Univ. Doz. Dr. Michael Alram
Kunsthistorisches Museum, Wien
PD Dr. Nikolaus Boroffka
DAI, Eurasien-Abteilung, Berlin
Dr. Nicola Crüsemann
Reiss-Engelhorn-Museen, Mannheim
Dr. Karsten Dahmen
Münzkabinett SMB PK, Berlin
Anjelina Drujinina M.A.,
DAI, Eurasien-Abteilung, Berlin
Prof. Dr. Hans-Joachim Gehrke
Deutsches Archäologisches Institut, Berlin
Prof. Dr. Claus-Peter Haase
Ehem. Museum für Islamische Kunst, Berlin
Prof. Dr. Amélie Kuhrt
University College of London
Prof. Dr. Pierre Leriche
Ecole Normale Supérieure, Paris
Dr. Gunvor Lindström
DAI, Eurasien-Abteilung, Berlin
Dott.ssa Luigia Melillo
Museo Archeologico Nazionale, Napoli
Dr. Tigran Mkrtytschew
Staatliches Museum der Kunst der Völker des Ostens, Moskau
Dr. Lolita Nehru
Privatgelehrte, Neu Delhi, Indien

Prof. Dr. Francisco Javier Fernández Nieto
Universidad de Valencia Dtp. Historia Antigua, Valencia
Prof. Dr. Michael Pfrommer
Universität Trier
Prof. Akad. Edward Rtweladse
*Kunstwissenschaftliches Forschungsinstitut
Akademie der Wissenschaften Usbekistans, Taschkent*
Dr. Annette Paetz gen. Schieck
Reiss-Engelhorn-Museen, Mannheim
Dr. Leonid Swertschkow
The Culture and Art Support Fund „Boysun", Boysun, Usbekistan
PD Dr. Michael Tellenbach
Reiss-Engelhorn-Museen, Mannheim
Prof. Dr. Ralf von den Hoff
Albert-Ludwigs-Universität Freiburg
Prof. Dr. Friedrich Wilhelm von Hase
Reiss-Engelhorn-Museen, Mannheim
Prof. Dr. Bernhard Weisser
Münzkabinett SMB PK, Berlin
Jeanette Werning M.A.
Reiss-Engelhorn-Museen, Mannheim
Prof. Dr. Josef Wiesehöfer
Christian-Albrechts-Universität zu Kiel
PD Dr. Wolfgang Will
Rheinische Friedrich-Wilhelms-Universität, Bonn

Autoren des Katalogs

Michael Alram, Wien	M.A.
Alexandra Berend, Mannheim	A.B.
Alfred Bernhard-Walcher, Wien	A.B.-W.
Henning Bischof, Mannheim	H.B.
Maria Rosaria Borriello, Neapel	M.R.B.
Claudia Braun, Mannheim	C.B.
Pierre Cambon, Paris	P.C.
Nicola Crüsemann, Mannheim	N.C.
Karsten Dahmen, Berlin	K.D.
Mariam Dandamayeva, St. Petersburg	M.Da.
Marcus Dekiert, München	M.D.
Sophie Descamps, Paris	S.D.
Ju. Elikhina, St. Petersburg	J.E.
Irving Finkel, London	I.F.
Erik Gubel, Brüssel	E.G.
Eva-Maria Günther, Mannheim	E.-M.G.
Claus Hattler, Karlsruhe	C.H.
Peter Higgs, London	P.H.
Regina Hölzl, Wien	R.H.
Pavlina Ilieva, Sofia	P.I.
Deborah Klimburg-Salter, Wien	D.K.-S.
Marc Kähler, Stuttgart	M.K.
Carolin Klein, Mannheim	C.K.
Florian S. Knauß, München	F.S.K.
Ellen Kühnelt, Mannheim	E.K.
Clemens Lichter, Karlsruhe	C.L.
Gunvor Lindström, Berlin	G.L.
Caterina Maderna, Erbach	C.M.
Natacha Massar, Brüssel	N.M.
Joachim Marzahn, Berlin	J.M.
Tigran Mkrtychev, Moskau	T.M.
Anne Marie Nielsen, Kopenhagen	A.M.N.
A. Nikitin, St. Petersburg	A.N.
A. Nikolayev, St. Petersburg	A.Ni.
Bruno Overlaet, Brüssel	B.O.
Annette Paetz gen. Schieck, Mannheim	A.PgS.
Paola Piacentini, Rom	P.P.
Hermann Pflug, Heidelberg	H.P.
Georg Plattner, Wien	G.P.
Christoph Rauch, Berlin	C.R.
Ellen Rehm, Stuttgart	E.R.
St. John Simpson, London	St.S.
Aletta Seiffert, Karlsruhe	A.S.
Martina Stoye, Berlin	M.S.
Alexandra Villing, London	A.V.
Christiane Vorster, Köln	C.V.
Ralf-Bernhardt Wartke, Berlin	R.-B.W.
Bernhard Weisser, Berlin	B.W.
Jeannette Werning, Mannheim	J.W.
Herrmann Wiegand, Mannheim	H.W.
Michael Willis, London	M.W.

Inhalt

Grußworte 17

Vorwort der Herausgeber 19

Einführung in die Ausstellung 20
Michael Tellenbach

Alexander der Große – Welterkundung als Welteroberung 25
Hans-Joachim Gehrke

Die Geschichtsschreiber Alexanders des Großen – Römer und Griechen 33
Francisco Javier Fernández Nieto

Der Mythos Alexander 39
Wolfgang Will

Alexanderporträts und Bildnisse frühhellenistischer Herrscher 47
Ralf von den Hoff

Vom König zur Legende –
Ein Überblick zu den Darstellungen Alexanders des Großen im antiken Münzbild 55
Karsten Dahmen

Das Alexandermosaik aus der Casa del Fauno in Pompeji – die frühen Bergungsmaßnahmen 61
Luigia Melillo

Das Alexandermosaik – ein „Mosaikgemälde" und seine Interpretationsprobleme 67
Friedrich-Wilhelm von Hase

Das Persische Reich (ca. 550–330 v. Chr.) – Feind und Faszination 77
Amélie Kuhrt

Das Bild der Anderen: Perser aus der Sicht der Griechen – Griechen aus der Sicht der Perser 87
Josef Wiesehöfer

Begegnungen in Babylon – Alexander und das altorientalische Erbe 95
Nicola Crüsemann

Alexander der Große und das Ornat des persischen Großkönigs 105
Annette Paetz gen. Schieck

Perser, Alexander und die Seleukiden – Die Monetarisierung des Orients 111
Bernhard Weisser

Seleukidische Kunst – eine archäologische Suche 119
Michael Pfrommer

Heiligtümer und Kulte im hellenistischen Baktrien und Babylonien – ein Vergleich 127
Gunvor Lindström

Siedlungsgeschichte in Nordbaktrien – Bandichan zwischen Spätbronzezeit und Frühmittelalter 135
Nikolaus Boroffka

Die Grabungen im Fort Kurgansol im Süden Usbekistans –
neue Daten zur Geschichte Zentralasiens am Ende des 4. Jhs. v. Chr. 145
Leonid M. Swertschkow

Das Baktrien der 1.000 Städte 155
Pierre Leriche

Kampyr-Tepe-Pandocheion – Alexandria Oxiana 169
Edward V. Rtweladse

Wohnen im hellenistischen Baktrien – Wohnhäuser in der Stadt Oxeiane (Tachti Sangin) 177
Anjelina Drujinina

Münzprägung in Baktrien und Sogdien – von den graeco-baktrischen Königen bis zu den Kuschan 183
Michael Alram

Die Skulpturen von Khalchajan 193
Lolita Nehru

Chinas Kaisergeschenke in die Westlande und ihr Einfluss bis zum frühen Buddhabild 201
Jeanette Werning

Buddhistische Kunst in Baktrien 211
Tigran Mkrtytschew

Alexander der Große in der orientalischen Literatur 225
Manuel Albaladejo

Die Alexanderlegenden in der islamischen Überlieferung 229
Claus-Peter Haase

MYTHOS UND BILDNISSE ALEXANDERS 239
    Porträtköpfe 241
    Standbilder 244

    VOM KÖNIG ZUR LEGENDE –
    EIN ÜBERBLICK ZU DEN DARSTELLUNGEN ALEXANDERS DES GROSSEN IM ANTIKEN MÜNZBILD 247

    ALEXANDERS HERKUNFT – DER GEISTIGE UND KULTURELLE HINTERGRUND 258

ALEXANDERS FELDZUG NACH OSTEN – DIE ÖFFNUNG DER WELT 263
    MILITÄRISCHE GRUNDLAGEN DES ALEXANDERZUGES 264

FEIND UND FASZINATION – DAS PERSISCHE GROSSREICH UNTER DEN ACHÄMENIDEN 275
    Herrscherrepräsentation 276
    Tafelgeschirr und andere Edelmetallarbeiten 282
    Architektur 286

    DAS BILD DER ANDEREN – GRIECHEN UND PERSER VOR DER ZEIT ALEXANDERS DES GROSSEN 289
        Das Perserbild der Griechen 290
        Das Griechenbild der Perser 295

PERSER, ALEXANDER UND DIE SELEUKIDEN – DIE MONETARISIERUNG DES ORIENTS 296
    Der Beginn der Münzprägung und die Perser 296
    Das Geld Alexanders des Großen 299
    Alexander als persischer Großkönig 300
    Seleukidische Münzprägung 301

BABYLON – VON DER ALTORIENTALISCHEN ZUR HELLENISTISCHEN METROPOLE 303
    Menschen in Babylon 304
    Architektur 313
    Verwaltung 318
    Wissenschaften 323
    Kunstgewerbe 328

DER HELLENISTISCHE OSTEN 330
    Die Götter des Westens im hellenistischen Osten 331
    Die Parther und ihre Residenz Nisa 335

ALEXANDERZEIT UND HELLENISMUS IN BAKTRIEN 341
DIE HELLENISTISCHE STADT AI KHANOUM 344

DER OXOS-TEMPEL IN TACHTI SANGIN 350

DIE MÜNZPRÄGUNG IN BAKTRIEN UND SOGDIEN –
VON DEN GRAECO-BAKTRISCHEN KÖNIGEN BIS ZU DEN KUSCHAN 372
    Die graeco-baktrischen und indo-griechischen Könige 372
    Indoskythen und Indoparther 374
    Kuschan 375
    Herakles 380

KUNST UND KULTUR UNTER DEN KUSCHAN 383

BEGRAM UND DER HANDEL ZWISCHEN OST UND WEST 387
    Elfenbein 388
    Glas 394
    Bronze 397
    Keramik 398
    Gipsmedaillons 398

BUDDHISTISCHE KUNST IN BAKTRIEN UND GANDHARA 401
    Westliche Elemente außerhalb der buddhistischen Heiligtümer 402
    Architektur in buddhistischen Heiligtümern 406
    Erzählende Szenen in buddhistischen Heiligtümern 410
    Stücke aus dem buddhistischen Heiligtum Hadda 413
    Der Bodhisattva aus Mannheim 417

KARA-TEPE – BUDDHISMUS IN NORDBAKTRIEN 418

DAS NACHWIRKEN ALEXANDERS IN OST UND WEST 423

Literatur 430

Abbildungen (Essays und Katalog) 444

Grußwort des Bundesministers des Auswärtigen, Dr. Frank-Walter Steinmeier

Der Name „Alexander der Große" beflügelt die Fantasie der Menschen bis heute. Um sein kurzes Leben ranken sich unzählige Geschichten und Legenden. Sein Sieg über das persische Großreich und vielleicht noch mehr seine Feldzüge bis ans Ende der damals bekannten Welt – sie führten ihn bis ins heutige Afghanistan und Indien – begründeten seinen Ruhm. Nach Alexanders Tod begann ein mehrere hundert Jahre währender Zeitabschnitt, den wir heute als „hellenistisch" bezeichnen.

Diese Eroberungen brachten dem makedonischen Königreich nicht nur eine ungeahnte neue Machtfülle. Bedeutende Städte wie das ägyptische Alexandria, das türkische Iskenerun und das afghanische Kandahar zeugen noch immer davon. Er kam zu tief greifenden Veränderungen gerade auch im Geistesleben der betroffenen Menschen. Die griechische Kultur im Gepäck, stießen die Eroberer auf andere hoch entwickelte Kulturen: die achämenidische, die baktrische oder auch die ostasiatische.

Alexander selbst bemühte sich um einen Ausgleich der Kulturen. Er spornte seine Gefolgsleute an, sich in den eroberten Gebieten niederzulassen. Griechischer Einfluss erstreckte sich nun viel weiter nach Osten. Er machte sich dort für Jahrhunderte bemerkbar. Kulturen verschmolzen zu Neuem. Ein Beispiel dafür ist sicherlich die buddhistische Kunst Gandharas. Das alles war keine Einbahnstraße. Denn zugleich ist der Einfluss der östlichen Kulturwelt im Mittelmeerraum bis in die Zeit der Spätantike zu erkennen.

Die Reiss-Engelhorn-Museen Mannheim wollen Ihnen nicht aufs Neue Alexanders Feldzüge erklären. Die kennen Sie aus der Schule. Vielmehr haben sich die Macher für eine wie ich finde innovative Herangehensweise entschieden: Welche Folgen hatten die Eroberungen auf die kulturelle Entwicklung in Vorder- und Zentralasien bis hin nach Fernost? Anhand herausragender, zum Teil der Öffentlichkeit noch nie gezeigter Exponate lernen Sie viel über die kulturellen, wirtschaftlichen und gesellschaftlichen Umbrüche dieser Epoche und deren nachhaltige Folgen.

Was bringt uns dieses Wissen über vermeintlich ferne Länder – immerhin 2.000 Jahre danach? Die Staaten rücken immer enger zusammen. Für gute zwischenstaatliche Verhältnisse wollen wir die Menschen dort verstehen. Das, was sie heute bewegt, was sie freut und glücklich macht, ist vielfach auch kulturell bedingt. Kultur ist also der Schlüssel zu gegenseitiger Toleranz und zu Achtung voneinander. Und Kultur ist die Summe jahrhundertelanger Entwicklungen. Deshalb trägt diese Ausstellung auf ihre Weise auch zur Völkerverständigung bei.

Ob sie den Katalog lesen oder diese fesselnde Ausstellung besuchen, ich wünsche Ihnen viel Freude und spannende Einblicke. In jedem Fall werden Sie einen ganz neuen Blick auf die faszinierenden Staaten Zentralasiens gewinnen. Sie werden sehen, es ist eine Region, die Europa schon seit Langem viel näher ist, als es uns bislang bewusst war.

Dr. Frank-Walter Steinmeier
Bundesminister des Auswärtigen

Grußwort der LBBW

Alexander der Große ist bis heute ein Mythos. Sein kurzes Leben, Wirken und Nachwirken haben in mehr als 2.000 Jahren unzählige Geschichten und Legenden hervorgerufen. Als er 323 v. Chr. im Alter von nur 32 Jahren starb, hatte er ein neues Weltreich gegründet.

Der elf Jahre dauernde legendäre Feldzug von Makedonien durch Kleinasien über die Levante und Ägypten, durch Mesopotamien, das persische Hochland und Zentralasien bis nach Indien hatte enorme politische, ökonomische und kulturelle Auswirkungen auf die gesamte antike Welt.

Die Ausstellung „Alexander der Große und die Öffnung der Welt. Asiens Kulturen im Wandel" folgt dem Zug des makedonischen Königs und führt dem Besucher die dadurch ausgelösten kulturellen, wirtschaftlichen und gesellschaftlichen Umbrüche vor Augen.

Im Mittelpunkt steht die Frage, welchen Wandel Asiens Kulturen in Folge der alexandrinischen Eroberungen erfahren haben. Damit richtet sich der Blick auf den östlichen, den zentralasiatische Teil des riesigen Alexanderreiches.

Durch neue Forschungen ist bekannt, dass griechische Kulturträger bis ins heutige Tadschikistan, Afghanistan und Usbekistan hinein präsent waren. Bis ins späte Mittelalter, mehr als 1.000 Jahre lang, lebten in Zentralasien die hellenistischen Traditionen fort.

Alexanders Name steht nicht nur für erstaunliche militärische Leistungen, sondern auch für Austausch und Respekt vor den Kulturen der anderen Völker. Eine entscheidende Rolle spielte seine Begegnung mit den altorientalischen Hochkulturen sowie den Kulturen Zentralasiens. Dies wird in der Schau anhand einzigartiger altorientalischer und zentralasiatischer Kunstobjekte aus den großen Museen wie dem Louvre, dem British Museum, der Eremitage und den Sammlungen Zentralasiens gezeigt. Zur Anschauung kommen auch die Erkenntnisse aus der neuesten Ausgrabung des von Alexander errichteten Fort Kurgansol in Usbekistan.

Die Ausstellung, welche die Curt-Engelhorn-Stiftung für die Reiss-Engelhorn Museen in Kooperation mit der Eurasien-Abteilung des Deutschen Archäologischen Instituts erstellt haben, stellt einen weiteren Glanzpunkt in der Reihe bemerkenswerter kulturhistorischer Ausstellungen in Mannheim dar. Sie macht deutlich, dass sich die „rem" in den letzten Jahren zu einem herausragenden Ausstellungsstandort und einem Forschungszentrum mit europäischem Format entwickelt haben.

Erstmalig fördert die LBBW eine Ausstellung der Reiss-Engelhorn-Museen in Mannheim als Hauptsponsor und setzt mit dieser Unterstützung der Alexander-Ausstellung einen weiteren Akzent in der Kunst- und Kulturförderung am Standort Mannheim, wo sich einer ihrer Hauptsitze befindet. Wir freuen uns, in dieser erstmaligen Zusammenarbeit gleich ein so großes Projekt von internationalem Zuschnitt unterstützen zu können.

Als Bank verstehen wir unsere wirtschaftliche Betätigung auch im Sinne eines öffentlichen Auftrags und somit als Verpflichtung gegenüber der Gesellschaft. Deshalb fördern wir Bildung und Wissenschaft, Kunst und Kultur. Wir zählen es zu unseren Aufgaben, herausragende Veranstaltungen wie eine solche bedeutende Ausstellung von internationalem Rang zu ermöglichen. Auf diese Weise stärken wir das Land, in dem wir tief verwurzelt sind und in dem das Kerngeschäftsgebiet der LBBW liegt.

Ich bin mir sicher, dass die Sonderausstellung über die Grenzen hinaus Beachtung finden und die bisherige positive Resonanz auf die Ausstellungsaktivitäten des Museums noch übertreffen wird. Den Besucherinnen und Besuchern wünsche ich viel Freude, neue Eindrücke und bleibende Erinnerungen.

Dr. Peter A. Kaemmerer
Mitglied des Vorstands der Landesbank Baden-Württemberg

Vorwort der Herausgeber

Alexander der Große ist eine der faszinierendsten Gestalten der Weltgeschichte: Einst war er Schüler des Aristoteles, mit 20 Jahren makedonischer König und nur fünf Jahre später ägyptischer Pharao. Im gleichen Jahr, 331 v. Chr, siegt er endgültig über den König von Persien und erobert kurz darauf dessen Weltreich.

Die auf Alexander den Großen folgende Epoche nennt man Hellenismus. Sie ist gekennzeichnet von der wechselseitigen Durchdringung der orientalischen und griechischen Kulturen, ein Prozess, der über die römische Kaiserzeit bis in die Spätantike fortdauern sollte. Seit Augustus wurde er Vorbild der römischen Kaiser. Alexander und seine Epoche haben fraglos entscheidend dazu beigetragen, dass Griechenland das kulturelle Vorbild Roms geworden ist.

Grund und Anlass unserer Ausstellung war jedoch die Begegnung mit Alexander und seinem Erbe in Asien. Von der Gründung von über 34 Städten wird berichtet. Dank bedeutender Münzprägungen hat man eine Vorstellung von den Herrscher-Dynastien der graecobaktrischen und Kuschan-Reiche Zentralasiens. Inzwischen weiß man – vor allem dank der Forschung russischer, französischer und zentralasiatischer Archäologen – von der Kulturentwicklung Zentralasiens nach Alexander. Die Ergebnisse z.B. der franko-afghanischen Forschungen in der Stadt Ai Khanoum am oberen Oxos, zwischen Pamir und Hindukusch, deren Anlage alle wesentlichen Merkmale einer griechischen Polis aufweist, belegen dies. Auch der etwa 100 km weiter westlich gelegene Oxos-Tempel von Tachti Sangin wird seit geraumer Zeit von russischen und tadschikischen Archäologen untersucht.

In den Museen Zentralasiens trifft man häufig auf Säulenbasen, auf Skulpturfragmente und Malereien, die fraglos in hellenistischer Tradition stehen. Die archäologischen Forschungen haben ergeben, dass sie zum Teil aus jüngeren Zeiten stammen, etwa aus graeco-baktrischen Anlagen oder sogar aus buddhistischen Tempeln und Klöstern der nachfolgenden Kuschan-Zeit. Iranische, baktrische und indische Götter hat man in der Art griechischer Götter wiedergegeben. Nur die Attributkombinationen, zuweilen auch Inschriften und Münzlegenden, lassen überhaupt erkennen, dass hier nicht-griechische Gottheiten gemeint sind. Diese Art der Darstellung in griechischer Tradition hatte schließlich Auswirkungen auf das Bild des Buddha: Um die Zeitenwende erscheint er nicht mehr nur in Symbolen, sondern in menschlicher Gestalt, ein Phänomen, das offenkundig seinen Ursprung in der hellenistischen Tradition Zentralasiens hat und das Buddha-Bild im gesamten Fernen Osten bis heute prägt.

Unsere Ausstellung stellt sich die Aufgabe, eine Vorstellung von den Grundlagen dieser Begegnung von Orient und Okzident zu vermitteln. Alexander und seinen Zug nach Osten gilt es darzustellen und daran zu zeigen, unter welchen Umständen sich Begegnung mit den Zentren und Kulturen des Orients und Zentralasiens ereignete und welche Auswirkungen der Hellenismus in Asien hatte.

Viele tatkräftige Helfer und Kollegen in entsprechenden Institutionen und Museen haben geholfen, das Projekt in eine Ausstellung umzusetzen. Nur durch ihr Wohlwollen und die Möglichkeit zur Zusammenarbeit konnten einzigartige Objekte nach Mannheim gelangen. Dank gebührt v.a. folgenden Leihgebern: den Nationalmuseen von Tadschikistan, Duschanbe und von Afghanistan, Kabul; der Eremitage, St. Petersburg und dem Staatlichen Museum für die Kunst des Orients, Moskau; dem Musée nationale des Arts asiatiques Guimet, dem Musée du Louvre und der Bibliothèque nationale de France, Paris; dem British Museum, London; dem Kunsthistorischen Museum, Wien; den Musées Royaux d'Art et d'Historie, Brüssel; dem Museo Archeologico Nazionale, Neapel; dem Museo d'Arte Orientale, Rom, dem National Archaeological Museum, Sofia sowie den Museen der Stiftung Preußischer Kulturbesitz, Berlin.

Die Ausstellung ist auch ein Ergebnis der guten Zusammenarbeit mit der Eurasien-Abteilung des Deutschen Archäologischen Instituts und den Reiss-Engelhorn-Museen. Mit diesem Projekt wird die bereits bei der 2007 gezeigten Ausstellung „Ursprünge der Seidenstraße" begonnene Kooperation beider Institutionen erfolgreich weiter geführt.

Unser Dank gilt allen Sponsoren, die dieses Projekt in hohem Maße gefördert haben, so die LBBW, Hauptsponsor dieser Ausstellung, sowie der Klaus-Tschira-Stiftung, der Heinrich-Vetter-Stiftung und der Ernst-von-Siemens-Stiftung.

Dank für sein Engagement für dieses Projekt gilt Dr. Norbert Egger, dem ehemaligen Ersten Bürgermeister der Stadt Mannheim und geschätzten Exponenten Mannheims in Zentralasien.

Gedankt sei auch allen Mitarbeitern der Reiss-Engelhorn-Museen und der Eurasien-Abteilung des Deutschen Archäologischen Instituts, die mit ihrer hohen Einsatzfreude das Projekt maßgeblich unterstützt haben.

Svend Hansen   Alfried Wieczorek   Michael Tellenbach

Einführung in die Ausstellung

Alexander der Große – jugendlich-glanzvoller Eroberer eines Weltreiches, früh verstorbener Herrscher, Held in Mythos und Märchen – hat eine prägende Wirkung auf die Geistes- und Kulturgeschichte Europas, des Mittelmeerraums und des gesamten Orients mit Auswirkungen bis nach Ostasien. Nicht allein, dass er seit Caesar und Augustus den Herrschern Roms Vorbild war; in dem durch seine Eroberungen entstandenen griechisch-orientalischen Kommunikationsraum entfaltete die Kulturdrift von Osten her ihre Wirkung: Dauerhaft konnte das Erbe der orientalischen Hochkulturen den gesamten Mittelmeerraum befruchten. Nachhaltig entwickelte sich der Austausch griechischen Denkens und griechischer Bildwelt mit dem Orient. Diese Verbindung kristallisierte sich in Zentralasien mit Auswirkungen auf die religiöse Bildwelt bis nach Indien und sogar bis nach China, Japan und Südostasien.

Der Versuch, bedeutende Gestalten der Geschichte in ihrem Wirkungszusammenhang darzustellen, führt auch stets zu einer Begegnung mit ihrer Rätselhaftigkeit. So ist das Bild Alexanders bis heute Gegenstand von Auseinandersetzung und Polemik. Waren allein unbändiger Ehrgeiz und grenzenloser Machtwille Antrieb seines unablässigen Planens, Forschens und Eroberns oder gab es auch andere Motive? Was meinen antike Schriftsteller und Historiker, wenn sie von Alexanders *pothos*, seiner Sehnsucht nach Erkenntnis, Erkundung und Eroberung der Welt bis an die Grenzen der Erde berichten? Wie erklärt sich die Nachhaltigkeit seines Wirkens?

Will man die Entwicklung der vielschichtigen Persönlichkeit und die Perspektiven des Wirkens dieses Königssohns vom Rande der griechischen Welt, aus Makedonien, richtig einschätzen, so gilt es zu bedenken, dass sein Lehrer und Erzieher der große Philosoph Aristoteles war. Der junge König und Feldherr Alexander stellte sich – antiker Sitte folgend – in die Tradition homerischer Helden und Halbgottheiten, seiner mythischen Vorfahren. Unter diesem Blickwinkel ließ er sein Tun und Handeln in offiziellen Berichten und Bildwerken darstellen, mit mächtiger Wirkung auf die Bürger griechischer und vorderasiatischer Städte, auf die Öffentlichkeit seiner Zeit im ostmediterranen Raum und weit darüber hinaus. Es fragt sich, ob diese Darstellung im Eigeninteresse erfolgte oder vielmehr seine Nachfolger und Erben darauf einwirkten, dass mit Alexander ein völlig neues Herrscherbild entstand, dass man unter einem Herrscher etwas völlig anderes verstand als vorher?

Anstelle des herkömmlichen Herrscherbildes, eines bärtigen Mannes im reifen Alter, tritt uns Alexander im Bild des jugendlichen Heros entgegen. Er ist nicht allein Spross aus göttlichem Geschlecht, sondern selbst vergöttlicht und wird deshalb mit dem Ammonshorn der Pharaonengottheit an der Schläfe dargestellt. Es entsteht ein Herrscherverständnis, in dem sich Traditionen Griechenlands und Asiens verbinden. Den Makedonen und Griechen wird er dabei fremd, für sie gerät er zunehmend in den Verdacht maßlosen Herrschaftsanspruchs.

Auf sein Vorgehen als Feldherr kann man den Vorwurf der Maßlosigkeit nicht beziehen: Nach der Eroberung Kleinasiens verführten ihn die überraschenden Siege über den persischen Großkönig Dareios III. und seine überlegene Heeresmacht bei Issos und später bei Gaugamela keineswegs zu unbedachtem oder gar maßlosem Vorgehen. Planvoll eroberte er nach dem ersten Sieg zunächst die Levante, danach Ägypten. Der friedliche Einzug in Babylon, der größten Metropole der damaligen Welt, Zentrum altorientalischer Sternenkunde und Ingenieurskunst, geriet nach dem zweiten Sieg zum Triumphzug in der Tradition altbabylonischer Königsrituale. Erhält *pothos*, seine Sehnsucht, nach Erkundung und Eroberung der Welt, vielleicht hier neue Nahrung, wo die Könige von alters her als „Herrscher der vier Weltgegenden" bezeichnet wurden?

Alexanders Vorgehen bei seinen Unternehmungen gleicht eher dem eines weit vorausdenkenden Staatsmannes als dem eines unkontrollierten Gewaltherrschers: Er sicherte Mesopotamien und bestätigte sogar den achämenidischen Satrapen in seinem Amt. Auf dem Zug in das Zentrum des Perserreiches begleiteten ihn Ingenieure für Belagerungsmaschinen und Wegebau, Fachleute für Lager- und Schiffsbau, Geographen und Bematisten zur Vermessung der Welt, Verwaltungsleute für Kanzlei und Archiv. Gebirge und Wege, Tiere und Pflanzen wurden beschrieben und sorgfältig aufgezeichnet.

Perser und Griechen hatten bereits Jahrhunderte gemeinsamer Geschichte geteilt, jenseits der bekannten Auseinandersetzungen, den sogenannten Perserkriegen des 5. und 6. Jhs. v. Chr. Ionische Bildhauer gestalteten Reliefs in persischen Königsresidenzen, Griechen waren mit der Münzprägung in den kleinasiatischen Teilen des Reiches beauftragt, Persien kaufte griechische Feinkeramik und bot so manchem verfemten griechischen Staatsmann Zuflucht am Hofe des Großkönigs. Inschriften belegen, dass man in Persien von der Vielfalt der griechischen Welt wusste.

Für die Griechen waren die Perser die übermächtigen Herren und Gegner, von denen man sich absetzte, die man in Berichten verteufelte; der Feind, gegen den man die eigenen zerstrittenen Reihen zu einen hoffte. In Bildwerken jedoch stellte man Persiens Luxus und die bewunderte Genusswelt dar und kleidete sich zeitweise sogar gemäß der sogenannten „Perser-Mode". Man partizipierte am persischen Fernhandel mit Luxusgütern wie Seide aus China oder Baumwolle aus Indien. Das benachbarte Großreich mit seinem friedlichen Handel und Güteraustausch bis in unendliche Ferne strahlte eine große Faszination aus. Iranische Traditionen wie die zoroastrische Seelenlehre wurden Thema griechischer Philosophen.

Alexanders kampflose Übernahme des gesamten persischen Hochlands im Zuge der Verfolgung des flüchtigen Großkönigs Dareios III. erbrachte eine intensive Begegnung mit dem Riesenreich, seinem hoch entwickelten Straßensystem für Handelskarawanen sowie seinem Nachrichtenwesen, den paradiesischen Gärten und Hortikulturen, Wunderwerken, deren Wasserversorgung sich aus unterirdischen Bewässerungssystemen speiste. Er gelangte in ein Reich, in dem dank einer extrem flexiblen Verwaltungsstruktur und spezifischen Vereinbarungen mit den vielfältigen Völkern ein geordnetes Zusammenleben gewährleistet war.

Nachdem die Residenz Persepolis in Flammen aufgegangen war, setzte ganz offensichtlich ein grundlegender Wandel in Alexanders

Haltung zum persischen Großreich ein. Rache war nun nicht mehr die Begründung für den Feldzug, die griechischen Bundeskontingente wurden entlassen. In einer unnachahmlichen Geste fand diese Veränderung Alexanders ihren Ausdruck, nämlich als er den Leichnam seines ermordeten Gegners Dareios III. entdeckte: Er bedeckte den Toten mit seinem eigenen Königsmantel und versprach die Bestrafung der Täter. Alexander trat die die Nachfolge des Großkönigs an, indem er zum Herrscher über das persische Weltreich wurde. Neue Münzprägungen sind die ersten authentischen Belege für diesen Übergang, so z.B. der von ihm eingeführte Doppeldareikos, eine schwere Goldmünze, deren Vorderseite den Makedonen in der traditionellen Darstellung des Großkönigs im Herrscherornat zeigt.

Auf dem Zug mit makedonischen Truppen durch das persische Reich erfüllte Alexander bereits die neuen Herrscherpflichten wie den Besuch der Provinzen und Verwaltungszentren, die Neueinsetzung oder Bestätigung von Satrapen, den Besuch der Stammesanführer und regionalen Fürsten. Alexander und seine Nachfolger im Osten übernahmen in der Folge tatsächlich die religiösen Aufgaben der Großkönige, den Bau von Heiligtümern und Mauern zum Schutz der Städte, die Unterstützung und Durchführung der traditionellen Rituale und Opfer und dergleichen mehr. Dies alles geschah jedoch in unterschiedlicher Intensität: In den Sakralbauten, die nunmehr in den traditionellen Zentren errichtet wurden – insbesondere im Zweistromland –, sind Architekturelemente aus Hellas kaum zu entdecken. Dort aber, wo griechische Siedler in dem Weltreich einen signifikanten Bevölkerungsanteil stellen, treten sie indes weit stärker in den Vordergrund. In der Struktur und Gestaltung finden sich jedoch stets persische Zitate. Die Verschmelzung der persischen Welt mit Hellas wird zum Programm und soll zur Darstellung kommen. Damit setzte Alexander die traditionsreiche gemeinsame griechisch-persische Geschichte in veränderter Weise fort.

Über 30 Städte nach dem Muster der griechischen Poleis soll Alexander gegründet haben. In einigen Fällen weisen sie nicht nur griechische Straßenführung, eine große Agora im Zentrum und ein Gymnasion auf, sondern auch andere Polis-Institutionen wie Bouleuterion (Rathaus), Theater und Akropolis. Alexandria am Nildelta ist die berühmteste dieser Gründungen. Sie bildete und bildet bis heute das wirtschaftliche Bindeglied zwischen der Niltal-Zivilisation und dem Mittelmeer. Alexander-Städte wie jene in der Susiana, in der Margiana in Parthien, im Westen, Süden und Osten des Hindukusch im heutigen Afghanistan, am Oxos und im Fergana-Becken, am Indus und indischen Ozean sowie am persischen Golf, um einige bedeutende Orte zu nennen, waren Städte für griechische und einheimische Siedler, Orte der Kommunikation und des Handels. Intention dieser Städtegründungen war es wahrscheinlich, das neu verfasste Weltreich politisch zu festigen. Auch wenn dies im Laufe der folgenden Jahrhunderte nicht gelingen sollte, so ist die Wirkung dieser Gründungen deshalb umso folgenreicher, als sie zur Bildung neuer regionaler Zentren und internationaler Knotenpunkte führten und die Lebensweisen und das Zusammenleben vor Ort veränderten. Viele dieser Städte sind auch nach über zwei Jahrtausenden wichtige Orte und Zentren.

In keiner der Regionen des Weltreiches ist Alexanders Vision von einer Verschmelzung Asiens mit Griechenland einer Verwirklichung so nahegekommen wie im Lande der zentralasiatischen Ströme Oxos und Jaxartes. Die zentralasiatischen Satrapien Baktrien und Sogdien waren 550 v. Chr. Teil des Achämenidenreiches geworden. Bei ihrer Eroberung war der Reichsgründer, Kyros II., im Kampf gegen die kriegerischen Stämme Mittelasiens gefallen, erst sein Nachfolger, Dareios I., hatte die Gebiete endgültig unterworfen. Hier hatte auch Alexander den heftigsten Widerstand gefunden; drei Jahre lang war er in Kämpfe verstrickt. Als die Gegner besiegt und ihre Festungen eingenommen waren, heirateten u.a. er selbst und sein Heerführer Seleukos Fürstentöchter aus Zentralasien. Vielleicht ist dies mit einer der Gründe für die Nachhaltigkeit der kulturellen Auseinandersetzung zwischen der hellenischen Welt und Zentralasien in Baktrien.

Nicht Indien, sondern die zentralasiatischen Bereiche bildeten in der Folge das Zentrum im Osten des Reiches, obwohl der nächste Zug Alexanders, nach Südosten, über den Hindukusch weiterführte. Dort nahm sein Ruhm geradezu legendäre Züge an, aufgrund seiner Eroberungen am Indus, seines Sieges über den König Poros und dessen Kampfelefanten und die Fahrt den Indus-Strom abwärts zu jenem Teil des „Erdrand-Okeanos", den man heute Indischen Ozean nennt, von wo er zu Schiff und auf dem Landweg am persisch-arabischen Golf ins Zweistromland zurückgekehrt ist.

Die indischen Gebiete bildeten jedoch in den folgenden Jahrhunderten nur Randbereiche des zentralasiatisch-baktrisch geprägten Ostteils des Alexanderreiches und der Reiche, die in seiner Nachfolge entstanden. Nach dem Tod Alexanders, zwei Jahre nach seiner Rückkehr aus Indien, und dem Zerfall seines Weltreiches wurden die zentralasiatischen Gebiete zu wichtigen Regionen im Teilreich des Seleukos zwischen Syrien und Indus. Um 250 v. Chr. spalteten sie sich ab und bildeten das „graeco-baktrische Reich". Dieses zentralasiatische Reich wurde in der Folgezeit immer mehr zur hellenistischen Exklave, denn durch das Vordringen der Parther war es vom Seleukidenreich und der übrigen hellenistischen Welt abgetrennt.

Lange wurde in der Wissenschaft gerätselt, ob es solch ein graecobaktrisches Reich überhaupt gegeben habe. Es gab zwar eine beträchtliche Anzahl von Münzprägungen, jedoch nur wenige andere antike Quellen. Erst seit 1959 erbrachten russische und französische Ausgrabungen, vor allem am Oxos-Tempel, Tachti Sangin nördlich des Stromes im heutigen Tadschikistan und in Ai Khanoum, einer Siedlung südlich des Oxos in Afghanistan, zusätzliche archäologische Belege und den Nachweis, dass das graeco-baktrische Reich kein Phantom war. Es hatte Gebiete im Süden und Osten zurückgewonnen, u.a. auch jene, die das Seleukidenreich an das buddhistische Maurya-Reich des indischen Kaiser Asoka verloren hatte. Schließlich umfasste es offenbar das gesamte Sogdien und Baktrien und die Gebiete südlich des Hindukusch, und reichte wohl bis zu den Oasen am Rande des Tarimbeckens jenseits des Pamir. Im Südosten erstreckte es sich schließlich jenseits des Hindukusch weit über den Indus hinaus, nach Osten bis an die Ufer des Ganges.

Dank der numismatischen Zeugnisse kennen wir die Namen seiner Herrscher. Die prachtvollen Münzen tragen nämlich Herrscherporträts, deren dynastische Schutzgottheiten auf dem Revers zu sehen sind: anfangs Apollon, der mythische Ahnherr der Seleukiden, dann Zeus, der erste Schutzpatron des unabhängigen graeco-baktrischen Reiches. Seit den Münzen des König Euthydemos treten Darstellungen des Herakles an seine Stelle, auch auf dem Revers der Münzen seines Sohnes Demetrios I., der sich durch seine Elefantenhaube als

Eroberer Indiens zu erkennen gibt. Ob die Bevölkerung in den Bildern des sich bekränzenden Herakles jedoch den griechischen Heros und Stammvater Alexanders sah oder den zoroastrischen Siegesgott Verethragna, den buddhistischen Vajrapani oder die hinduistischen Gottheiten Shiva oder Krishna wissen wir nicht. Der indische Teil des Reiches gewinnt jedenfalls zunehmend an Bedeutung; südlich des Hindukusch werden im frühen zweiten Jh. v. Chr. zweisprachige Münzen geprägt.

In markantem Kontrast zu diesen präzisen Einblicken in die Herrschergeschichte des graeco-baktrischen Reiches steht unsere überaus fragmentarische Kenntnis seiner materiellen Kultur. Wie verlief die Entwicklung von Keramik und Terrakottafigurinen, von Schmuck und Geräten, Architektur und Urbanistik?

Im Vorfeld unserer Alexander-Ausstellung führten deutsch-usbekische Ausgrabungen in Kurgansol bei Bajsun in Transoxeanien – gefördert vom Deutschen Archäologischen Institut und von der Curt-Engelhorn-Stiftung – zur Freilegung einer der ersten Festungen, die Alexander für den Zug jenseits des Oxos in Richtung Maracanda und Fergana-Becken anlegte. Kurgansol liegt auf einem Sporn über dem Tal des Bandichansaj, durch das der traditionelle Weg vom Oxostal nach Norden ins Gebirge durch das eiserne Tor bei Derbent in Richtung Sogdien führt. Sechs Bastionen schützten die Anlage zur Hochterrasse hin. Die Festung misst ca. 30 m im Durchmesser. In ihrem Inneren befinden sich wenige Einbauten und Wasserleitungen. Sie ermöglichten u.a. den Ein- und Ablauf von Wasser in eine Tonbadewanne, einem traditionellen Element griechischer Zivilisation. Schleuderkugeln verweisen auf die kriegerische Funktion der Anlage. Umfangreiche Gefäßkeramik, darunter auch ein Trinkgeschirrsatz, ein Weinsieb, ein Gerätesatz zum Destillieren, Gefäßformen achämenidischer und hellenisierender Formtradition stammen von einer nur kurzfristigen Belegung.

Den Ausgrabungen in Kurgansol verdanken wir Befunde, die erstmals zeigen, welche stilistischen Eigenheiten ein Fundinventar aus der Zeit des Alexanderzuges kennzeichnet. Aus dem Vergleich dieser Funde mit jenen aus Schichten der Ausgrabungsstätten in den Gebieten am Oxos wie z.B. den berühmten Orten der hellenistischen Tradition Zentralasiens, Ai Khanoum und Tachti Sangin, Termes und Kampyr-Tepe, wird man erschließen können, welche Orte und Anlagen in dieser frühesten Phase, zu Beginn des Alexanderzuges besiedelt wurden.

Repräsentativ für die Entwicklung hellenischer und zentralasiatischer Traditionen in der Anlage der graeco-baktrischen Städte und Heiligtümer sind die Befunde der Stadt Ai Khanoum. Aus Tachti Sangin liegen neue Entdeckungen insbesondere zur Entwicklung von Hausbau und Wohn-Architektur vor.

Die Blütezeit des graeco-baktrischen Reiches endete mit dem Einfall skythischer Stämme, zunächst der Saken, die ihrerseits von den Jüeh-Chi verdrängt wurden. Das Vordringen dieser Reiterkrieger-Stämme nach Baktrien war letztlich bedingt durch die Auseinandersetzungen zwischen dem neu entstandenen Han-Kaiserreich in China und den Hsiungnu, den reiternomadischen Hunnen der Steppen Ostasiens nördlich von China.

Seit 150 v. Chr. nahmen die Eroberer sukzessive Sogdien und Baktrien in Besitz. Ai Khanoum und andere Städte wurden zerstört. Zahlreiche baktrische Emigranten gelangten in das nordindische Gebiet von Gandhara bis zum Ganges. Dort bestand die graeco-baktrische Herrschaft unter König Menander noch Jahrzehnte hindurch fort. Er wird in der buddhistischen Literatur als Förderer des Buddhismus und vorbildlicher Herrscher genannt. Die graeco-baktrische Kultur geriet hier in engen Kontakt mit indischer Religion und Kunst.

In Baktrien übernehmen Reiterkrieger die Nachfolge der graeco-baktrischen Herrscher. Auf dem Avers ihrer Münzen ist stets ein Reiterbild abgebildet, die Darstellung des Herrschers zu Pferd. Für Baktrien und ganz Zentralasien beginnt damit eine Epoche reiterkriegerischer Herrschaft.

Um die Zeitenwende, nach Jahrzehnten heftiger Auseinandersetzungen zwischen verschiedenen regionalen Königtümern von Graeco-Baktrern sowie Reitervölkern aus Parthien und aus dem Norden setzte sich Heraios durch, der sich auf den Münzen als Herrscher der Kuschan bezeichnet. Sein Reiternomaden-Bild mit langem Haar, Schnauzbart und hellenistischem Herrscherdiadem findet sich wieder auf einer lebensgroßen Herrscherskulptur, Teil des Reliefskulpturenfrieses auf dem Portikus des Tempels von Khalchajan am Oxos. Diese Bildwerke folgen in der Herstellung einer Tradition, die sich seit den Anfängen graeco-baktrischer Skulptur nicht verändert hat: Über einem mit Stoff umwickelten Holz- und Schilfgerüst wird das Bildwerk mit einer lehmartigen Substanz modelliert, mit Stuck überzogen und farbig oder auch in Gold bemalt. Die Farben haben sich in den extrem trockenen Bedingungen hervorragend erhalten, weshalb diese „bunten Götter" noch die ursprüngliche antike Farbgebung aufweisen.

Überraschenderweise übernehmen die neuen Herrscher auch auf vielen anderen Gebieten die Traditionen der zentralasiatisch-hellenistischen Kultur und führen sie weiter.

Eines der Wunder der baktrischen Geschichte Zentralasiens ist die Übernahme und Aneignung der griechischen Tradition, die Gottheit in Menschengestalt abzubilden, sei es in lebensgroßer Skulptur oder in gegenständlicher Malerei. Weit häufiger als die Lehm- und Stucksculpturen befinden sich diese Darstellungen auf Münzen, die Skulpturen von Khalchajan sind dabei jedoch keineswegs die einzigen lebensgroßen Götter- und Herrscherbilder. Bemerkenswert sind Kombinationen griechischer Bildtypen und Elemente, die nach der griechischen Ikonographie nicht zusammenpassen, hier jedoch Regelhaftigkeit entwickeln. Offenbar wurden nicht nur griechische, sondern auch einheimische zentralasiatische, zoroastrische und indische Gottheiten dargestellt. Unzweifelhaft wird die Deutung solcher Darstellungen schließlich durch Beischriften.

Eine epochale Veränderung in der religiösen Bildwelt geschah im Buddhismus in den ersten Jahrhunderten nach der Zeitenwende. Ursprünglich war Buddha nur im Symbol der leeren Fußstapfen oder der leeren Stellen unter dem Bodhi-Baum angedeutet worden. Dass er nun als menschliche Gestalt dargestellt wird, ist ohne den Einfluss der graeco-baktrischen Tradition nicht vorstellbar. Wenn man sich vergegenwärtigt, dass die wohl abstrakteste Religion der Menschheit ihr zentrales Sinnbild in einer konkreten menschlichen Gestalt findet, gewinnt man eine Vorstellung von der Qualität der Kommunikation zwischen den Völkern und Religionen in diesen Jahrhunderten.

Wir wissen nicht, wie viele Jahrzehnte zwischen der geglückten Begegnung der Kulturen in einer späten Phase des graeco-baktrischen

Reiches und der Entstehung der ersten Buddha-Skulptur vergangen sind. Die Forschung geht davon aus, dass das in der frühen Kuschan-Zeit, unter den neuen Herrschern der reiterkriegerischen Epoche in Gandhara in Nordwestindien und Matura am Ganges geschehen ist. Beide Zentren sollen sich dabei wechselseitig beeinflusst haben. Ein Kanon der Buddha-Darstellung sei auf diese Weise entstanden. Beide Städte lagen in Kernregionen des Buddhismus, die zum graeco-baktrischen Restreich in Indien gehört hatten und daher zugleich Fluchtpunkte der Emigranten aus Baktrien in den Zeiten der Wirren zwischen dem Ende des graeco-baktrischen Reiches und der Etablierung des Kuschan-Reiches waren. Dort war Menander letzter hellenistischer König gewesen, ein nach buddhistischen Quellen vorbildlicher Herrscher und Förderer des Buddhismus. Beide Gebiete wurden Teil des Kuschan-Reiches, das sich unter den Nachfolgern des Heraios im 1. Jh. n. Chr. kontinuierlich erweitert hatte. In seiner Blütezeit unter Kanischka (ab 128 n. Chr.), dem vierten oder fünften Herrscher der Kuschan-Dynastie, umfasste es ein ähnlich großes Gebiet wie jenes der graeco-baktrischen Herrscher, d.h. es reichte von Zentralasien bis nach Mittelindien. Die Religionen im Kuschan-Reich waren vielfältig und neben einem dynastischen Kult gab es zahlreiche andere religiöse Traditionen. Laut buddhistischer Tradition wird Kanischka selbst jedoch als Förderer und Schutzherr des Buddhismus beschrieben. In seiner Zeit waren die Klosteranlagen am Kara-Tepe bei Termes wohl ein großes buddhistisches Zentrum. Aber nach Ausweis von Münzfunden sind bereits in der Zeit seines Großvaters in der zweiten Hälfte des 1. Jhs. n. Chr., unmittelbar nach der Integration Nordwest-Indiens ins Kuschan-Reich, in Baktrien Klöster und Tempelanlagen errichtet worden. Die Buddha- und Bodhisattva-Skulpturen folgten dem Darstellungskanon von Gandhara. Sie dienten als Kultbilder, waren aber auch Teile von Bauschmuck an Tempeln und Stupas. In der Herstellungstechnik fanden Traditionen eine Fortsetzung, die uns bereits in Khalchajan in den lebensgroßen Skulpturen des Heraios, des ersten Herrschers der Kuschan, im Kreis seiner Schutzgottheiten begegnet war. Auch die Wandmalereien Baktriens standen nicht in indischer sondern in lokaler hellenistischer Tradition.

Die Bedeutung des hellenistisch geprägten zentralasiatischen Raums für die weltweite kulturelle Kommunikation erhellt eine überraschende Entdeckung, die erst im Vorfeld dieser Ausstellung gemacht wurde: Der Reliefdekor auf dem Nimbus frühester Buddha-Skulpturen von Matura stellt Motive von Han-chinesischen Spiegeln dar. Seit dem 2. Jh. v. Chr. war China in Zentralasien (westlich des Pamir) präsent. Was mit Handels- und Militärexpeditionen begonnen hatte, mit dem Ziel, Pferde aus Ferghana zu erwerben, entwickelte sich zu einem intensiven Austausch, und führte später auch zum Handel des Han-zeitlichen China (206 v. Chr. – 220 n. Chr.) mit dem hellenistischen Zentralasien, der in den kaiserlichen Buchhaltungslisten dokumentiert ist: dort ist ausschließlich von Seide, Gold und Vieh die Rede. Die kaiserlichen Geschenke, Spiegel und Lacke, die für die diplomatischen Beziehungen eine wichtige Rolle gespielt hatten, wurden in diesen Listen jedoch nicht aufgeführt. In verschiedenen zentralasiatischen archäologischen Fundkontexten fanden sich chinesische Seide, Spiegel und Lackarbeiten aus solchen kaiserlichen Geschenken, die sich ins 1. Jh. v. Chr. und ins 1. Jh. n. Chr. datieren ließen. Han-zeitliche Spiegel fanden sich in Ferghana, Samarkand und Nordafghanistan, darunter auch solche mit dem sogenannten Donner-Wolken-Dekor. Diesem entspricht der Reliefdekor auf einem der kuschanzeitlichen Buddha-Skulpturen von Matura. Für den Buddhismus-Spezialisten ergeben sich aus dieser Beobachtung interessante Fragen: etwa wie es dazu kommt und was es bedeutet, dass die chinesische Tradition bei der Entwicklung des anthropomorphen Buddha-Bildes von Anfang an präsent ist; was der Spiegel im Bild des Buddha bedeutet und ob sich hier Verbindungen mit dem Daoismus zeigen. In unserem Kontext ist entscheidend, dass die hellenistische Welt Zentralasiens an der Drehscheibe der Seidenstraßen von China, Indien und dem Mittelmeerraum ganz offensichtlich religiös interpretierte kosmologische Symbole auch aus dem fernen China rezipierte und weitergab. In der Folge hat das Bild des Buddha, das aus der Begegnung von Hellas, Zentralasien und Indien entstanden war, seinerseits den Weg nach China und von dort bis nach Korea und Japan gefunden.

Michael Tellenbach

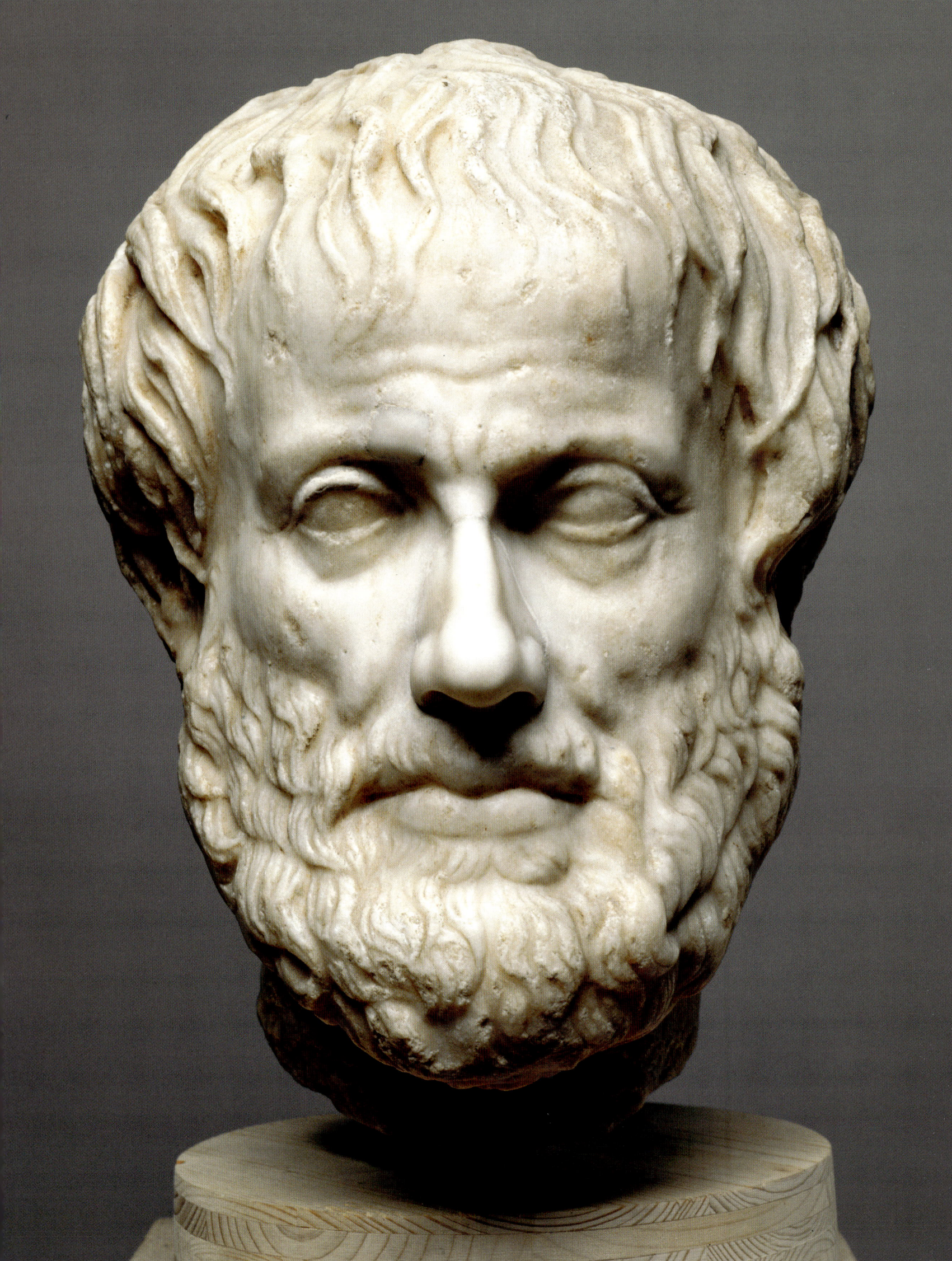

Alexander der Große – Welterkundung als Welteroberung

Hans-Joachim Gehrke

Die dramatischen Veränderungen, die Alexanders wahrhaft unglaublicher Eroberungszug im Machtgefüge seiner Welt hervorrief, wirkten sich auch auf den griechischen Vorstellungshorizont aus. Die Welt, welche die Griechen im Kopf hatten, wurde schlicht größer, ja, sie erhielt jetzt eine greifbare Gestalt. Das wurde nicht zuletzt dadurch gefördert, dass ein Teil des Zuges der geographischen Erkundung gewidmet war. Freilich, bei genauem Zusehen, war dies so keineswegs völlig neu: Schon 200 Jahre zuvor hatten Griechen die Welt bereits erobert, nicht konkret und machtpolitisch-militärisch, wohl aber geistig-abstrakt, wenngleich in Anlehnung an die Weisheit des Orients, wo man die ganze Welt als Herrschaftsgebiet bereits im Auge hatte, deren unbekannte Teile erkunden ließ und sie selbst in symbolischer Form kartierte.

So schauten auch die Griechen auf eine ganze Welt, nicht Herrscher und Eroberer freilich, sondern Gelehrte und Philosophen, Mathematiker und Naturforscher. Mit den Regeln der Geometrie wurde diese Welt konstruiert, erstmals von Anaximandros von Milet im 6. Jh. v. Chr. Und diese Welt wurde mit empirisch ermittelten Namen und Daten, von Völkern und Flüssen, Gebirgen und Meeren, ausgefüllt, erstmals wenig später von Hekataios von Milet. Dabei wurden auch von orientalischen Herrschern organisierte Erkundungsfahrten – wie die des Karers Skylax vom Indus in den Persischen Golf unter Dareios I. am Ende des 6. Jhs. v. Chr. – berücksichtigt.

Griechische Intellektuelle postulierten schon zu jener Zeit die Kugelgestalt der Erde und präzisierten immer mehr den Teil, den sie selbst durch Augenschein kannten oder über den sie vom Hörensagen Kunde erhielten, die „bewohnte" Erde (*oikuménē*). Dabei hatten sie immer die ganze Welt im Blick, flächig-zweidimensional, konstruiert nach den glasklaren Regeln und präzisen Figuren der „Land"- und „Erdvermessung", eben der Geometrie. Diese gab den Gesamtrahmen vor. Griechische Denker haben damit den Grund gelegt für die moderne wissenschaftliche Geographie, die die Fülle ihrer empirischen Naturbeobachtungen und immer weiter verfeinerten Vermessungen und Erkundungen ebenfalls mathematisch ordnet, sortiert und kartiert. Noch das Gradnetz unseres heutigen Globus ist ein deutliches Zeichen dieser Verbindung.

Der geometrisch-kartographische Blick auf die ganze Welt war allerdings zunächst noch extrem schematisch. Die Figuren, mit denen

1 Porträtkopf des Aristoteles, römische Kopie nach einem griechischen Original des 4. Jhs. v. Chr., Marmor. Wien, Kunsthistorisches Museum, Antikensammlung, Inv. Nr. AS Inv. Nr. I 246.

man im mathematischen Sinne korrekt umgehen konnte, waren Geraden und Rechtecke, Dreiecke und Kreise, allenfalls Trapeze. Diese Sicht war zudem ganz wesentlich auf die engen Zirkel der Intellektuellen beschränkt. Die alltägliche Sicht der Griechen war, wie die entsprechende Sicht unserer Spezies generell, hodologisch-linear, also eindimensional, und operierte in gleichsam innerweltlicher Perspektive mit relationalen Angaben (davor und danach, oberhalb und unterhalb) und Zeitangaben als Entfernungsmesser (Tagereisen). Sie war von der Sicht der Gelehrten durch einen prinzipiellen Hiatus getrennt. Diese grundsätzliche Trennung von Theorie und Praxis in der Raumorientierung der Griechen blieb zunächst bestehen.

Wie steht es in diesem Zusammenhang mit Alexander? Die Frage, wie er die Welt sah und wahrnahm, ob er die generelle hodologische Orientierung beibehielt oder doch – jedenfalls irgendwann im Zuge seiner Bildung – auch den geistigen Blick auf „die ganze Erde" hatte, naturgemäß im Sinne seiner Zeit und auf dem damaligen Entwicklungsstand von Empirie und Geometrie, ist alles andere als trivial. Da die Eroberung der Welt bzw. der Vorstoß bis an das Ende der Welt sein Handeln mindestens von einem bestimmten Zeitpunkt an prägte, sollte man schon wissen, ob dies durch eine bestimmte, bereits vor seinem Zug ausgeprägte Weltsicht gefördert wurde.

Hat also Alexander die Welt mit den Augen eines makedonischen Kriegers und griechischen Bauern – die sich hier nicht wesentlich unterschieden – oder denen eines griechischen Intellektuellen gesehen? Wie wirkte sich diese Weltsicht auf sein Planen und Handeln aus? Hat er auf diese in seinem Fortschreiten selbst Rücksicht und Bezug genommen? Und wie lässt sich insbesondere sein Zug bis an die Grenzen der Erde vor diesem Hintergrund verstehen? Die erwähnten Fragen lassen sich auf einen Punkt konzentrieren, nämlich auf die Frage, inwiefern Alexander durch Unterweisung und Ausbildung mit dem oben skizzierten geometrisch-kartographischen Weltbild konfrontiert war. Nun sind gerade die Berichte über Alexanders Jugend und Erziehung in besonderer Weise ausgeschmückt, vieles ist erst im Nachhinein in sie hineinprojiziert worden.

Immerhin können wir mit sehr guten Gründen davon ausgehen, dass Alexanders intellektuelle Erziehung durchaus dem Curriculum eines Griechen aus gutem Hause nahekam. Dabei müssen wir zusätzlich berücksichtigen, dass Alexanders geistige Erziehung in höchst prägendem Alter, zwischen dem 14. und dem 17. Lebensjahr, dem Philosophen Aristoteles anvertraut war (Abb. 1/Startabb.). Gerade in diese Lehrer-Schüler-Konstellation ist unendlich viel hineingelegt worden. Sicher ist, dass Aristoteles den Prinzen nicht in die tiefsten Tiefen seiner Metaphysik eingetaucht hat. Aber dass er mit ihm die homerischen Epen und noch manches andere Stück griechischer Literatur gelesen hat, ist nicht nur gut bezeugt, sondern auch innerlich plausibel. Es spricht auch vieles dafür, dass Alexander das Werk Herodots kannte. Wenn das der Fall war, war er mit den Grundzügen des geometrischen Weltbildes bereits vertraut, wenngleich mit einer skeptischen Grundhaltung gegenüber der Kartographie.

Darüber hinaus dürfen wir aber auch annehmen, dass Aristoteles' Unterweisung sich ebenfalls auf geographische Fragen bezog und dass dabei auch Erdkarten eine Rolle spielten: Nach einer Bemerkung in seinem Werk über die Rhetorik (Aristot. rhet. 1,4,1360 a 33–35) waren Erdkarten nützlich für die Gesetzgebung. Nun müssen wir gar nicht annehmen, dass Aristoteles in Makedonien bereits die Tafeln mit den Karten bei sich hatte, die später zur Ausstattung seiner Schule in Athen gehörten. Man kann sich ohne weiteres denken, dass der Lehrer zur Illustration seines erdkundlichen Unterrichts die relativ klaren geometrischen Figuren und Linien der Karte in den Sand skizzierte, wie man das ohnehin in der Geometrie praktizierte. Aristoteles' Blick auf die Welt entsprach jedenfalls ganz entschieden dem oben dargelegten der griechischen Intellektuellen. Dies wird an zwei Stellen seiner Werke besonders deutlich, die auch für Alexander wichtig sind.

In der Schrift über die Nilschwelle, ein geradezu klassisches Problem der antiken Geographie, mustert Aristoteles (oder der ihm sachlich wie zeitlich sehr nahestehende Verfasser des Buches) ältere Erklärungen, u.a. die, dass der Nil vom „roten Meer" (das muss mit „unserem" Roten Meer nicht identisch sein, weil man es in der Antike lange Zeit mit dem Persischen Golf identifizierte oder verwechselte) her fließe oder die Fortsetzung eines indischen Stromes sei, in dem es auch Krokodile gebe. Dazu vermerkt dann der Autor, dass es keine Klarheit gebe, ob das genannte rote Meer mit dem großen äußeren Meer (also dem Okeanos) zusammenhänge oder nicht. Wäre der Nil die Verlängerung eines der indischen Ströme, also konkret des Indus, müsste das rote Meer natürlich ein Binnensee sein.

In der Schrift des Aristoteles über die Himmelserscheinungen („Meteorologica") heißt es demgegenüber, das „rote Meer" hänge in geringem Ausmaß mit dem Meer außerhalb der Säulen zusammen, während das Hyrkanische und das Kaspische Meer von diesem getrennt seien (Aristot. meteor. 2,354 a 1ff.). Zugrunde liegt das klassische Weltbild von einem „inneren" Meer, das heißt dem Meer innerhalb der Säulen des Herakles (Straße von Gibraltar), also dem Mittelmeer, und dem „großen" oder „äußeren Meer", dem Okeanos bzw. Ozean, der die bewohnte Welt umgibt und sich in sie in Ausbuchtungen erstreckt sowie seinerseits mit dem „inneren Meer" durch die Säulen des Herakles verbunden ist (Abb. 2).

Der sehr schematische und konstruierte Charakter dieses Weltbildes wird an einer anderen Stelle der „Meteorologica" deutlich, in der es um Belege für die Theorie geht, dass die bedeutendsten Flüsse aus den größten Gebirgen entspringen (Aristot. meteor. 1,350 a 15ff.). In Asien, so heißt es dort, kämen die meisten und größten Flüsse aus dem Hindukusch. Bei dessen Überschreitung, so fährt Aristoteles fort, könne man das „äußere Meer" sehen. Das ist eine Vorstellung, wie sie gleichsam am Schreibtisch entsteht, auf der Grundlage der hier analysierten Weltsicht, die davon ausging, dass hinter dem Hindukusch sehr bald die bewohnte Welt ende, also der Okeanos liege.

Dass Aristoteles seinen Schülern in Makedonien bei der Vermittlung geographischer Inhalte solche Vorstellungen mitgab und auch skizzierte, darf man ohne Zweifel annehmen. Ob diese Skizzen sehr konkret waren, ist zu bezweifeln, denn gerade konkret war dieser schematisch-geradlinige Blick auf die gesamte Erde nicht. Man darf auch keineswegs annehmen, dass der Lehrer seinem großen Schüler Alexander die Erde vorstellte und dass sich daraus ein Programm zu deren faktischer Unterwerfung entwickelte. Es ging Aristoteles zunächst, im Sinne seiner philosophischen Orientierung und auch der der griechischen *paideía* (Erziehung), um Erkenntnis und Wissen um die Welt, nicht um Handlungsanleitung und Blaupausen. Aber ein grobes Bild der Welt in dem eben skizzierten Sinne hatte Alexander nach der Unterrichtung durch Aristoteles durchaus vor Augen, wie sich während des Zuges selbst noch zeigen sollte – und das wurde dann für sein Handeln durchaus bedeutsam, auch im Konkreten.

Neben diesen inhaltlichen Aspekten ist aber zur Zeit der Erziehung durch Aristoteles und womöglich in der Erziehung selbst noch etwas anderes wichtig gewesen, nämlich der Antrieb selbst. In unseren Berichten über Alexanders Taten taucht an bestimmten Stellen als Motiv auf, dass Alexander von *póthos* (wörtlich: Sehnsucht) ergriffen worden sei, dies oder jenes zu tun. Es geht dabei regelhaft um konkrete Explorationen an den Rändern der bekannten Welt und um die Nachahmung bzw. Überbietung heroischer Taten. Gelehrte wie Victor Ehrenberg und Fritz Schachermeyr haben gezeigt, dass diese Wortwahl auf Alexander selbst zurückgeht und dass mit *póthos* eine ganz elementare Orientierung auf Ruhm durch besondere Leistungen gemeint sei.

War also, was Aristoteles dem jungen Prinzen einflößte bzw. in ihm entscheidend verstärkte, nicht nur der Drang nach großen heroischen Taten, sondern auch ein Streben nach den Enden der Welt, ein innerer Antrieb, den der König selbst mit dem Wort *póthos* umschrieb? Kam nicht beides, der Impuls nach herkulischen Leistungen und das Suchen nach den Grenzen, aus seinem "emotional desire for conquest and exploration of the unknown world"?[1] Es scheint doch plausibel, dass der große Philosoph, der um den Erkenntnistrieb als Antrieb des Menschen nur zu gut wusste, seinem königlichen Schüler auch eine tüchtige Portion Forscherdrang mit auf den Weg gab, nicht nur Wissen allein, sondern auch die Neugier darauf, Wissbegier im eigentlichen Wortsinn.

Schauen wir auf die Handlungen Alexanders selbst, um in dieser Problematik noch weiterzukommen, denn sie verraten uns einige bemerkenswerte Dinge:

Den eigentlichen Beginn seiner Expedition gegen den persischen Großkönig, den Übergang von Europa nach Asien, hat Alexander durch verschiedene rituelle Handlungen mit symbolischer Aussagekraft fixiert. So opferte er vor der Überfahrt dem Heros Protesilaos, dem ersten der Griechen, der im Kampf um Troia gefallen war, und während der Überfahrt dem Poseidon aus einer goldenen Schale, ähnlich wie beim Übergang von Europa nach Asien Großkönig Xerxes nahezu 150 Jahre zuvor inmitten seiner Schiffsbrücke dem Helios seine Reverenz erwiesen hatte. Hiermit wird der Zug, auf der Basis einer bei Herodot begegnenden Sichtweise, offensichtlich in eine Kette säkularer Konflikte gestellt. Dann liegt aber auch der Gedanke nahe, dass er als Teil einer universalen Auseinandersetzung zwischen Hellenen und Barbaren verstanden wurde, die geographisch in Europa bzw. in Asien lokalisiert waren. Dahinter lag als Weltbild die klassische Unterteilung von Europa und Asien. Das wäre – wenn

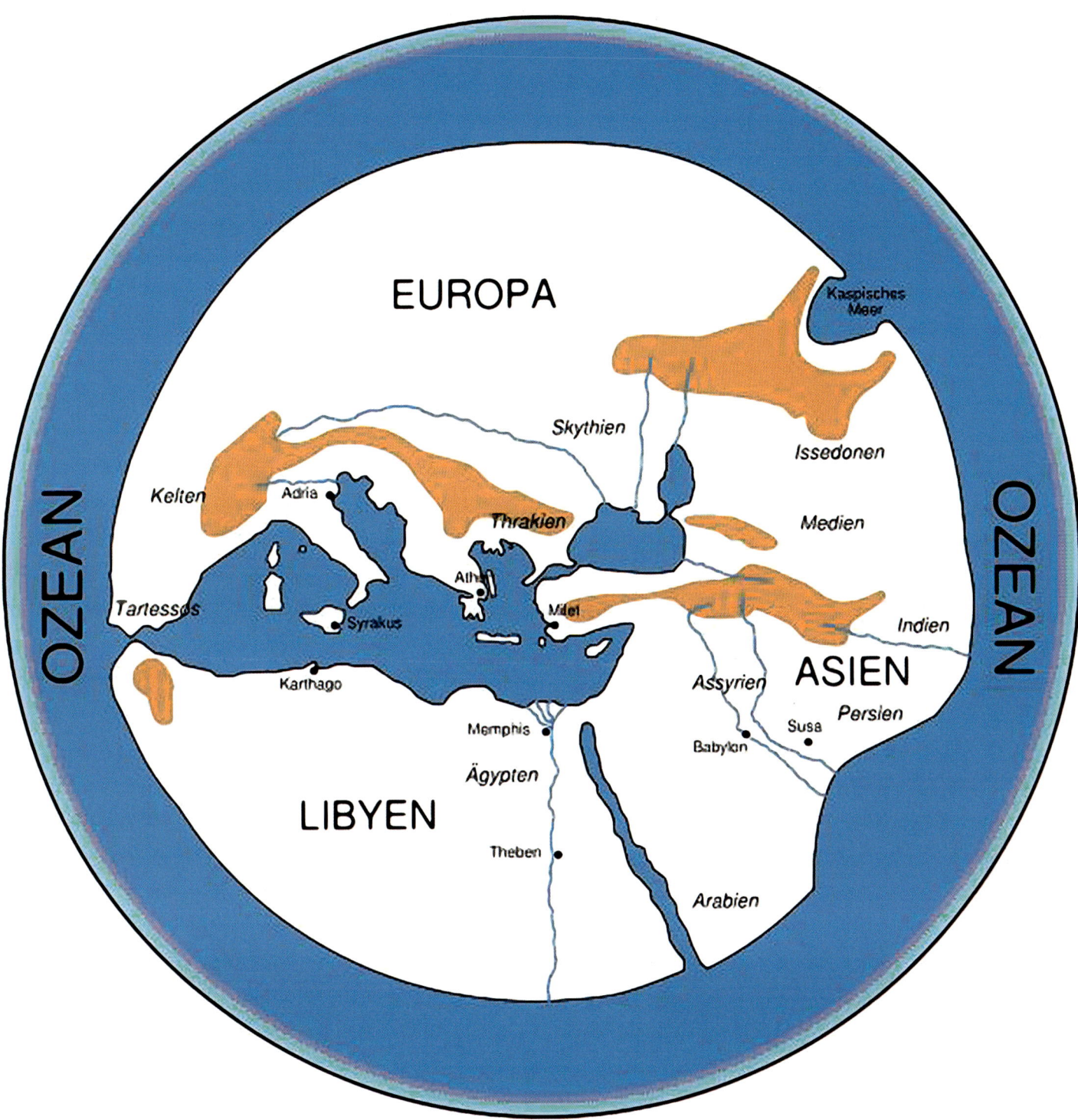

2 Weltbild des Hekataios.

auch noch recht grob – der zweidimensional-flächige Blick auf die *oikouménē*.

Die Polarität von Europa und Asien und ihr Bezug auf den universalen Konflikt können zugleich auf den Gedanken der Weltherrschaft verweisen. Wie eng die Weltsicht und der Gedanke an Welteroberung verbunden und zugleich auf Ruhmerwerb und Nachahmung von Heroen bezogen waren, wird in der Rede sichtbar, die Alexander der Überlieferung nach vor seinen Offizieren am Hyphasis, am östlichen Rand des Pandschab, gehalten haben soll, um sie zum Weiterziehen gen Osten zu bewegen. Selbstverständlich ist der Wortlaut schwerlich authentisch, und man kann sich auch kaum vorstellen, dass Alexander seinen Leuten eine Geographiestunde erteilt hat. Vieles ist auch an dieser Stelle gedanklich vorweggenommen und somit in der Situation anachronistisch. Auch suggerieren die Aussagen zum Kaspischen Meer eine Gewissheit, die Alexander offensichtlich nicht hatte (s.u.). Was ihm aber in den Mund gelegt ist, findet in vielen seiner Maßnahmen und Planungen eine Bestätigung. Der Text gibt also eine zutreffende Interpretation seiner Ideen und beruht im Kern sicherlich auf Informationen von Personen, die mit ihm gerade in dieser Hinsicht in Verbindung standen. Charakteristisch ist besonders der

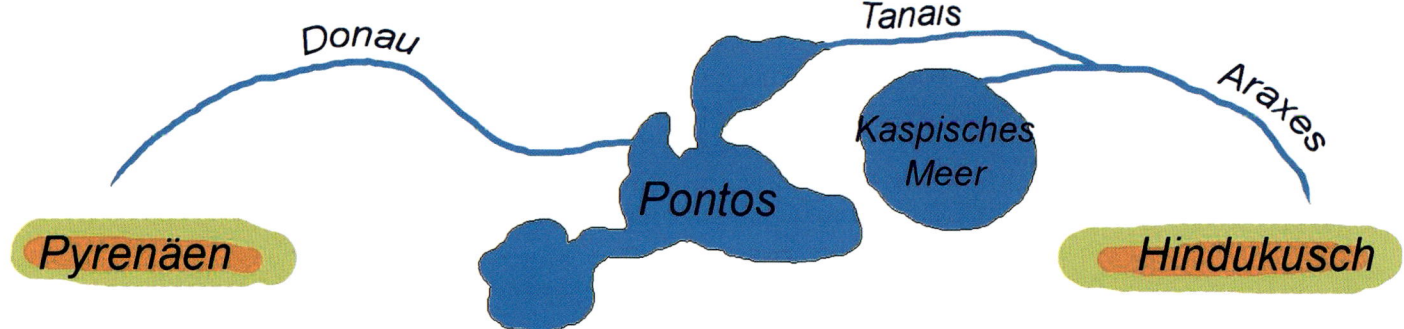

3 Verlauf von Donau, Tanais und Araxes nach der Beschreibung des Herodot.

Zusammenhang von Leistungsdenken, Mythosbezug und geographischer Grenzerfahrung, wie sie in der schon erwähnten *póthos*-Vorstellung begegnet.

Nach einem Resümee des bereits Geleisteten und eingerahmt in Bemerkungen zu „edlen Taten", die ein angenehmes Leben in „Tüchtigkeit" und „unsterblichen Ruhm" mit sich bringen und mit denen man schon Herakles übertroffen habe, wirft Alexander auch einen geographischen Blick auf die Weltherrschaft: „Wenn aber einer zu hören wünscht, was denn für das Kriegführen selber das Endziel ist, so soll er wissen, dass nicht mehr viel bis zum Ganges und zum östlichen Meer übrig ist. Dann wird, so sage ich euch, sich zeigen, dass mit diesem Meer das Hyrkanische (= Kaspische) in Zusammenhang steht. Denn das große Meer umzieht ja die ganze Erde. Und ich werde euch Makedonen und unseren Bundesgenossen zeigen, dass der Indische Meerbusen mit dem Persischen zusammenfließt und das Hyrkanische Meer mit dem Indischen Busen. Vom Persischen Golf aus wird unsere Flotte ganz Libyen umsegeln bis zu den Säulen des Herakles. Und von den Säulen an wird ganz Libyen am inneren Meer ganz unser, und so auch ganz Asien" (Arr. an. 5,25,3–26,8; Übersetzung nach W. Capelle).

Das Grundproblem der hier demonstrierten Weltsicht war die Diskrepanz zwischen der theoretischen und der praktischen Raumorientierung – auf der einen Seite der abstrakte und überschaubar-ordentliche Charakter der Gesamtanschauung und auf der anderen Seite die ungleich komplexere und buchstäblich unübersichtliche Wirklichkeit. Alexander war nun aber in der Planung und Umsetzung eines militärischen Unternehmens in besonderer Weise auf möglichst präzise und realistische Angaben und Vorstellungen angewiesen. Und genau an diesem Punkte kam es zu einer höchst charakteristischen Verbindung von Theorie und Praxis: Das grobe Kartenbild im Kopf hat Alexander immer wieder geprüft und kontrolliert. Mit anderen Worten, Alexander hat gleichsam sein Weltbild permanent mit der Wirklichkeit abgeglichen.

So tritt neben die Wissbegier und die Sehnsucht nach den Grenzen die sehr rational-konkrete Ermittlung von geographischen Gegebenheiten. Die Welterkundung hatte eine eminent praktische Seite und das war bei der Planung des Feldzuges von vornherein in Aussicht genommen worden. In seinem Stab hatte Alexander eine Abteilung von „Schrittmessern", die die zurückgelegten Entfernungen ganz konkret registrierten, im hodologischen Sinne, also durchaus zu praktischen Zwecken. Die Angaben dieser Bematisten, von denen einige ihre Ergebnisse zu geographischen Büchern verarbeiteten, waren für die spätere Erdkunde von großer Bedeutung und wurden somit Teil der wissenschaftlichen Vermessung der Welt, wie sie etwa der große Gelehrte Eratosthenes vornahm.

Worum es bei den Erkundungen im Einzelnen gehen konnte, ergibt sich sehr klar aus den Aussagen des Nearchos, des Kommandanten der Flotte Alexanders, zu seinen Aufgaben bei der Fahrt von der Indusmündung in den Persischen Golf: Er habe „das Land entlang des Meeres kennen lernen sollen und die es bewohnenden Menschen, die dortigen Ankerplätze, Wasserplätze sowie die Gebräuche der Menschen, und ob ein Gebiet geeignet sei, Früchte zu tragen, oder nicht" (Arr. an. 7,20,10). Wie auch sonst bei Alexander eher irrationale Impulse mit strikt rationalen Überlegungen zusammenkommen, verbindet sich hier, im steten Abgleich, die geometrisch-flächige Gesamtsicht auf die Welt mit ihrer konkreten und den militärisch-politischen Belangen untergeordneten Erforschung, wird die Welteroberung zu einer Welterkundung und vice versa.

Diese Zusammenhänge lassen sich an verschiedenen (und gerade an den geographisch neuralgischen) Punkten und Plätzen greifen. Beginnen wir, angelehnt an die oben in der Rede am Hyphasis gegebene Weltperspektive, mit dem nördlichen Teil der Welt, der Region um das Kaspische Meer sowie die Flüsse Tanais (Don) und Iaxartes (Syr-Darja), der häufig auch als Araxes (Aras in Armenien oder Amu-Darja) bezeichnet bzw. mit diesem verwechselt wird. Hier gab es zwei miteinander verbundene Probleme der Erdkunde: Es ging zunächst darum, ob das Kaspische Meer mit dem äußeren Meer zusammenhing oder ein Binnenmeer war, das dann seinerseits mit dem Schwarzen Meer oder dem Asowschen Meer (der Maiotis) identifiziert oder als mit diesem zusammenhängend gedacht war. Den Aralsee hat man ohnehin nicht als solchen identifiziert bzw. mit dem Kaspischen Meer in eins gesetzt. Für den letzteren Fall konnte man den Iaxartes und den Tanais identifizieren. Dann konnte man eine Flussverbindung von Zentralasien in das Schwarzmeergebiet annehmen.

Schon durch Herodot konnte man (und konnte Alexander) wissen, dass das Kaspische Meer ein Binnengewässer war, in dessen Westen der Kaukasus und in dessen Osten und Süden eine riesige, von Massageten besiedelte bzw. kontrollierte Ebene lag. Dasselbe hatte (oder hätte) Alexander auch von Aristoteles lernen können, dazu auch, dass der „Araxes", das heißt hier offenbar der Iaxartes (Syr-Darja), aus dem Hindukusch entsprang und dass sich der Tanais von diesem abgespalten hatte und in das Asowsche Meer mündete (Abb. 3). Offenbar hat sich Alexander, als er das Kaspische Meer persönlich erreichte, dadurch, dass es Süßwasser führte, sowie durch andere Beobachtungen in dieser Auffassung bestätigt gefühlt. Freilich wurde er durch die anders geartete Auffassung von Gelehrten, es handele sich um eine Bucht des Okeanos, irritiert. Sie scheint sich auch mindestens zeitweise, vielleicht angesichts der Einsicht, dass auch der Indus nicht der Oberlauf des Nils war (s.u.), durchgesetzt zu haben. Generell blieb das aber unklar.

Entscheidend ist nun jedoch, wie Alexander letztendlich darauf reagiert hat: Im Frühjahr 323 v. Chr., inmitten der Vorbereitungen zum Arabienfeldzug, entsandte er eine Forschungsexpedition unter einem Herakleides zur Erkundung des Kaspischen Meeres (Arr. an. 7,16,1-4): „Denn Verlangen (*póthos*!) hatte ihn ergriffen, auch über dieses Meer, das das Kaspische oder Hyrkanische genannt wird, Klarheit zu erlangen, nämlich darüber, ob es denn mit dem Pontos Euxeinos verbunden sei oder ob sich das Weltmeer im Osten von Indien in weitem Bogen ausbuchtet und sich in den Hyrkanischen Meerbusen ergießt, gerade wie er vom Persischen Golf entdeckt hatte, dass das so genannte Rote Meer ein Busen des Weltmeeres ist" (Übersetzung nach W. Capelle). Hier wird besonders schön deutlich, wie stark Alexanders geographische Wissbegier war und dass er – anders als die „Schreibtischgelehrten" – das Weltbild durch gezielte Exploration überprüfte, erweiterte und konkretisierte.

Dass dies durchaus aber auch mit konkreten Fragen der militärisch-politischen Erschließung der Welt und damit letztendlich mit deren Kontrolle zusammenhing, wird aus vergleichbaren Situationen erkennbar. Das zeigt sich in der Konstellation, die der Frage nach dem Zusammenhang von Kaspischem Meer, Tanais und Iaxartes analog ist. Auch im Süden der Welt gab es ein vergleichbares Problem. War das „Rote Meer" oder der „Persische Golf" – beides wurde, wie wir schon sahen, zunächst in der Regel miteinander identifiziert – ein Binnengewässer oder hing es mit dem Ozean zusammen? Und war demzufolge möglicherweise der Indus mit dem Nil identisch, als dessen Oberlauf? Diese Auffassung war zu Zeiten Alexanders durchaus geläufig.

Jedenfalls scheint Alexander kraft eigener Anschauung auch am Indus ähnliche Erfahrungen gemacht zu haben wie am Kaspischen Meer: Er fand klare Indizien für eine bestimmte Auffassung, nämlich Krokodile im Indus selbst (Abb. 4) und eine bestimmte Bohnenart, die er mit der ägyptischen Bohne identifizierte, an einem von dessen Zuflüssen, dem Akesines. So kam die Idee auf, man könne den Rückzug aus dem Osten per Schiff bewerkstelligen, weswegen auch der Bau einer Flotte angeordnet wurde, und zwar am Hydaspes, wo Alexander den Poros besiegte und zwei Städte gründen ließ. Doch zu naiv war dieser Entdecker nicht. Er hatte auch umsichtig zu planen und zog nähere Erkundigungen ein im Sinne einer Kontrolle, glich also auch hier ganz konkret seine globalen Vorstellungen mit konkreten Beobachtungen und Informationen ab.

Dabei stellte sich dann heraus, dass der Indus in das „große Meer" münde, mit zwei Armen. Als dann der Vorstoß über den Hyphasis, hinaus nach Osten an das große Meer, am Widerstand seiner Truppen gescheitert war, wurde die zuvor geplante Fahrt den Indus bzw. seine Nebenflüsse abwärts in Angriff genommen, wenn auch mit anderer Zielsetzung. Jetzt konnte man wenigstens dort an das Ende der *oikoumēnē* vorstoßen, die Welteroberung und die Welterkundung dort zu einem Ende bringen. Wie sehr dieser Gedanke Alexander beherrschte, zeigt ganz deutlich sein Verhalten im Mündungsgebiet des Indus. Unbeirrbar durch alle damit verbundenen Schwierigkeiten fuhr er bis an die Küste und opferte dort nach den Anweisungen, die er im Ammonsorakel in Siwa erhalten hatte.

Das reichte aber noch nicht, denn er fuhr weiter auf das offene Meer hinaus, und zwar – wie schon sein Gefährte Nearchos vermutete, der sich in seiner Umgebung befand – „um das Weltmeer außerhalb Indiens befahren zu haben" (Arr. an. 6,19,5, Übersetzung nach W. Capelle). Er wollte es eben ganz genau wissen und sah eine Ruhmestat auch in dieser Erkundung. Bezeichnenderweise opferte er hier draußen auf dem Ozean, am Ende der Welt, demselben Gott, Poseidon, in derselben Weise, mit einer goldenen Schale wie beim Übergang nach Asien zu Beginn des Feldzuges im Hellespont, nur jetzt warf er die Schale sogar ins Meer. Anfang und – äußerstes – Ende der Expedition waren also zeitlich wie räumlich fixiert, damit aber auch die Grenzen Asiens, nach Europa und nach dem Ende der Welt hin.

Was kam, war ein Rückzug in das Herz des Persischen Reiches bzw. der Orientalischen Großreiche, nach Susa und Babylon. Aber auch dieser ging einher mit einer Erkundigung: Wenn der Indus nicht der Nil war und mithin ganz offenkundig der Persische Golf bzw. das Rote Meer ein Teil des Okeanos war, dann konnte man auch einen Weg zurück auf dieser Strecke suchen, das heißt auch hier durch Abgleich globaler Vorstellungen mit konkreten Recherchen die Kenntnisse erweitern. Insofern war diese forschende Rückfahrt die konsequente Fortsetzung der Indus-Fahrt und des Vorstoßes auf das offene Meer, zugleich ein Teil einer größeren Erkundung der Welt, wie sie in der Hyphasis-Rede anklingt und in den späteren Vorhaben und Plänen noch erkennbar wird (s.u.). Gerade hier spricht Nearchos – und der musste es am besten wissen, da er als Leiter der Erkundungsflotte am ehesten in die Pläne des Königs eingeweiht war –, von *póthos*:

„Alexander sei von Verlangen erfüllt gewesen, das Meer von den Indern her bis zum Persischen ‚Meer' außen zu umfahren". Angesichts der Größe der Aufgabe und der Schwierigkeiten sei er aber zögerlich gewesen. „Aber schließlich habe in ihm die Begierde, immer etwas Neues und Unmögliches zu realisieren, gesiegt" (Arr. Ind. 20,2). In ganz charakteristischer Weise verband sich dieser massive Impetus zum Entdecken und Erobern mit ganz realistischen Aufträgen zur konkreten, für die Reichsverwaltung, die interne Kommunikation und die wirtschaftliche Erschließung wichtigen Exploration. Wir haben oben schon gesehen, dass derselbe Nearchos, ein entschieden nüchternerer Kopf als Alexander, dies als seine Aufgabe hervorgehoben hat: die Ermittlung der Bevölkerung, der Voraussetzungen für Schiffsverkehr und Landwirtschaft (Arr. an. 7,20,10 = Nearch. FGrHist 133 F 28).

Die Fahrt des Nearchos brachte vielfältige Auskünfte, die im Hinblick auf den praktischen Zweck der Küstenfahrt eher enttäuschend waren: Man hatte sie ja mit Mühe überlebt und konnte nur von einer richtigen Ungunst-Region berichten, die nur noch von der Gedrosischen Wüste übertroffen wurde, in der Alexander während seiner „Exploration" eines kühnen Landweges von Indien in die Persis riesige Verluste erlitten hatte. Sie brachten aber nähere Informationen über die Meerenge von Hormus und die enge Einfahrt in den Persischen Golf, die schlagartig einen Blick auf das reiche und legendäre Arabien eröffnete. Dass dies Alexander in besonderer Weise reizte, darf man von vornherein annehmen, es ist uns aber überdies gut bezeugt; und wieder ist von *póthos* die Rede (Arr. an. 7,1,1) bzw., in

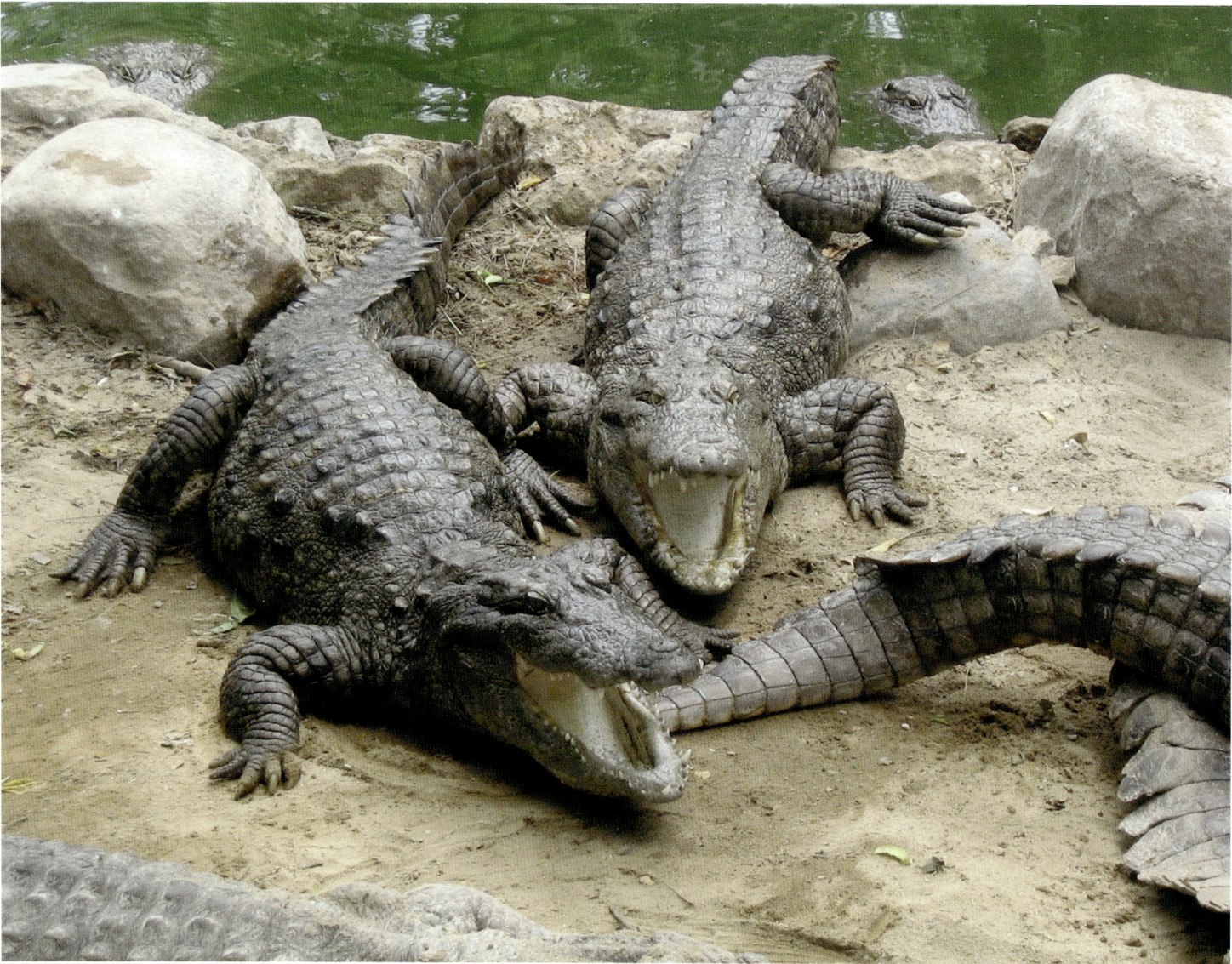

4 Das Sumpfkrokodil (Crocodylus palustris) ist eine Art der Echten Krokodile und auf dem indischen Subkontinent verbreitet.

einer negativen Färbung der darin liegenden Maßlosigkeit, von „Umtriebigkeit" (Arr. Ind. 43,10).

Wenn es heißt, sein „Verlangen" habe ihn getrieben, den Euphrat und den Tigris abwärts zu fahren bis zum Meer wie im Falle des Indus (Arr. an. 7,1,1), dann steckt darin auch zugleich die charakteristische Mixtur aus Entdecker- und Erobererdrang sowie praktischer (und diesen Zweck fördernder) Erforschung. Der sehr konkrete und mit größter Umsicht ins Auge gefasste Plan war die Eroberung bzw. die Kontrolle der Arabischen Halbinsel. Zu dieser veranlassten den König gewiss auch die Informationen über die Religion, die Bräuche und die sagenhaften Reichtümer des Landes sowie die Entdeckerneugier, von der gerade die Rede war. Darüber hinaus aber war es einem Herrscher in Babylonien schon traditionell aufgegeben, sich mit den Stämmen der Arabischen Halbinsel auseinanderzusetzen.

Alexander verband dies alles zu einem Unternehmen großen Stils und überlegter, auch geographischer Planung. Neben den primär militärischen Vorbereitungen standen mehrere Erkundungsfahrten, die den Küstenverlauf der weitgehend unbekannten Halbinsel klären sollten. Auch hier ging es um Abgleich und Konkretisierung dessen, was als „mental map" schematisch und vage im Kopf saß. Alexander wusste ja, dass westlich von Arabien noch ein ganzer Erdteil kam: Afrika bzw. Libyen, wie die antike Bezeichnung noch lautete, und dass dort auch Ägypten lag, das er bereits kontrollierte und das zunächst gleichsam das andere Ende seines Reiches verkörperte. Die drei Expeditionen unter Archias, Androsthenes und Hieron kamen nicht so weit, wie es gewünscht war. Den Rest hätte aber Alexander selbst als Forscher im Zuge der Eroberung kennen gelernt, wie Arrian explizit hervorhebt (Arr. Ind. 43,10).

Selbst das groß angelegte Arabien-Unternehmen sollte aber nicht das letzte Wort sein. Dass es um noch mehr – und letztlich doch die Erkundung der Welt als Vorbereitung ihrer Eroberung – ging, illustriert die bereits erwähnte Expedition zur Erforschung des Kaspischen Meeres, die gleichzeitig mit dem Arabien-Feldzug in Angriff genommen wurde. Schon von daher wird plausibel, was an mehreren Stellen im Zusammenhang mit den Fahrten im Persischen Golf steht und was – angesichts von Alexanders frühem Tod unmittelbar vor dem geplanten Aufbruch nach Arabien – nun nur noch unter den Spekulationen über seine letzten Pläne diskutiert werden konnte und kann:

Im Norden war, wie Herakleides' Expedition verdeutlicht, durch Beseitigung von Unsicherheiten eine Grenzziehung des Reiches an den Enden der Welt in Aussicht genommen worden, mit der zugleich (analog zum Falle Arabiens) ein konkretes Problem des Perserreiches, die Auseinandersetzung mit den Reiternomaden in jener Region, angepackt werden konnte. In ähnlicher Weise konnte auch der Süden durch die Umfahrung Afrikas zunächst geographisch, aber durch den umzingelnden Vorstoß von Westen gegen die Großmacht Karthago auch ganz konkret militärisch-politisch unter Kontrolle gebracht werden. Denn dass sich der Blick des umtriebigen Königs nach einer erfolgreichen Unterwerfung Arabiens in andere Weltgegenden und -enden richten würde, war selbstverständlich. Und dass dabei die Skythen und Karthago, lange schon im griechischen Horizont, nicht zuletzt als Bedrohung in den Blick gerieten, war nahe liegend. Die Frage war dann nur, wo der erste Schritt erfolgen würde.

In der Antike verwies man in diesem Kontext auf Alexanders unbegrenzten Forscherdrang, seinen *póthos*, etwa wenn Curtius davon spricht, Alexander habe „im Geist das Unendliche umfasst" (Curt. 10,1,17). Diese Interpretation muss allerdings ergänzt und damit modifiziert werden durch die Betonung von Rationalität und Planung. Damit wird dann auch ein Alexander sichtbar, der markant in der Tradition orientalischen Herrschertums steht, in der die Erkundung der Welt sich mit der Idee ihrer Kontrolle verbindet. Man hat hier vor allem an die erwähnte Fahrt des Skylax unter Dareios I. zu denken, aber auch an die Expeditionen zur Erforschung Afrikas, die der Pharao Necho und der Großkönig Xerxes unternahmen. Bei Alexander ist das aber nicht lediglich *imitatio*. Er kam dazu auf seinen ganz eigenen Wegen und verstärkte es ganz entscheidend durch seine elementaren Impulse zur Erforschung und Eroberung bis an die Grenzen der Welt. Indem er diese erkundete, eroberte er sie, und die Eroberung war die konkrete Erkundung.

---

1 Ehrenberg 1965, 494.

Quellen

Aristot. meteor.; Aristot. rhet.; Arr. Ind.; Arr. an.; Curt.

Literatur

Bosworth 1980/1995; Bosworth 1996; Ehrenberg 1965; Endres 1923; Gehrke 5/2008; Hahn 2000; Hamilton 1969; Högemann 1985; Instinsky 1949; Karttunen 1977; Lane Fox 2/2004, bes. 436f. 447ff.; Lauffer 2/1981, bes. 116,121,140,150,157,177, 182f.; Schachermeyer 1973, bes. 87ff., 337f., 396ff., 442ff., 654ff.

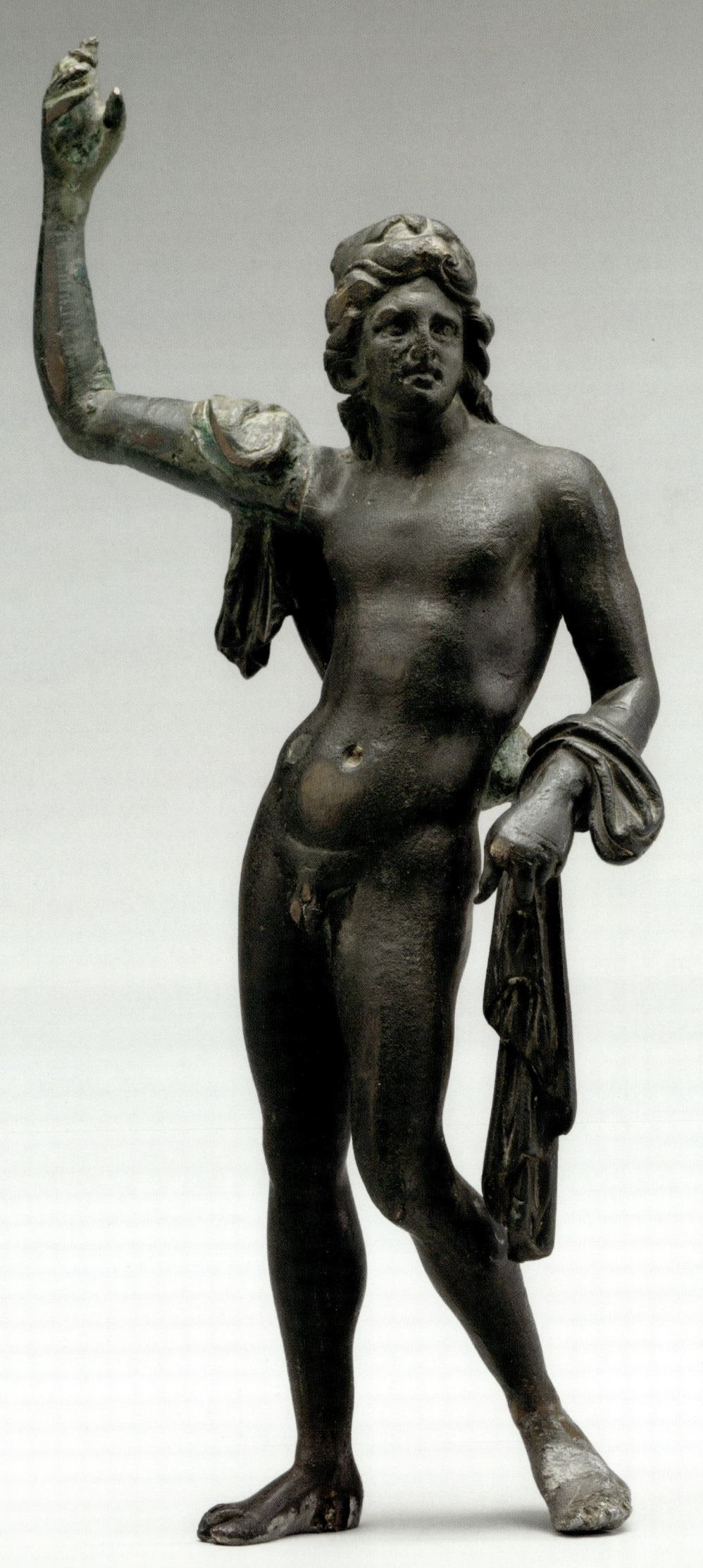

Die Geschichtsschreiber Alexanders des Großen – Römer und Griechen

Francisco Javier Fernández Nieto

Die Mehrzahl der Dokumente, der es bedarf, um das Leben Alexanders des Großen darzustellen, sind Quellen literarischer Art; die übrige Dokumentation besteht aus einigen wenigen griechischen Inschriften des 4. Jhs. v. Chr., aus den verschiedenen Münzserien, die während der Regierungszeit des Herrschers herausgegeben wurden, und aus einigen archäologischen Resten (Bildnisse des Herrschers, die Lage der von ihm gegründeten Städte).

Beinahe alle diese literarischen Quellen stammen aus römischer Zeit und sind mehr als drei Jahrhunderte nach dem Tod des makedonischen Königs entstanden, somit gehen die in ihnen enthaltenen Informationen zwangsläufig auf zuvor entstandene Texte zurück.

Arrian klagt, dass „sogar die vertrauenswürdigsten Autoren, die an der Seite Alexanders gestanden haben, uns widersprüchliche Beschreibungen der damaligen Ereignisse überliefern, obwohl diese allseits bekannt gewesen sind" (Arr. an. 14, 3). Tatsächlich erschweren die zahlreichen ersten schriftlichen Texte über Alexander eine Wiedergabe der Fakten, so dass die Autoren der römischen Kaiserzeit wiederum ein recht unpräzises Konglomerat von Werken hinterlassen haben, in dem zuverlässige Berichte und Informationen zweifelhafter Herkunft zusammentreffen.

Die ersten Berichte über Alexander den Großen stammen aus den Jahren nach seinem Tod. Ihre Autoren, die wir die „Geschichtsschreiber der ersten Generation" nennen, waren Protagonisten und Zeugen der Taten Alexanders oder aber etwas jüngere Autoren, die zwar nicht direkt mit dem Herrscher verkehrt, jedoch die letzten Jahre seiner Herrschaft und die darauf folgenden Ereignisse noch miterlebt hatten. Diese Autoren bedienten sich diverser Quellen. Einerseits hatten sie Zugang zu einer Serie von Verwaltungsdokumenten des Königshofs und konnten die technischen Berichte studieren, die Militärexperten im Verlauf der Feldzüge verfasst hatten. Andererseits ließen diese Autoren auch ihre eigenen Erfahrungen mit einfließen: Wer Begleiter des Königs auf seiner Expedition gewesen war oder als Kommandant gedient hatte, griff auf persönliche Eindrücke und die unmittelbare Kenntnis getätigter Operationen zurück. Im Gegenzug beriefen sich jene, die der Expedition nicht beigewohnt hatten, auf die mündliche Überlieferung und sammelten mündliche Berichte (*legomena*) derer, die Alexander gedient oder diesen bekämpft hatten. Dies trifft für den Geschichtsschreiber Kleitarchos zu, der in Athen Gelegenheit hatte, Griechen zu befragen, die entweder eine Verbindung zu Alexander oder aber zur Gruppe der Perser hatten.

Von diesen angeblich „offiziellen Dokumenten", auf die die Historiker der „ersten Generation" zurückgriffen, ist das wichtigste und zugleich umstrittenste Werk das der sogenannten „Königlichen Ephemeriden" oder das „Königliche Tagebuch" (FGrHist 117), das ein Verzeichnis der Entscheidungen Alexanders des Großen enthalten soll (Anweisungen, Briefe, Ernennungen und dergleichen mehr). Bei der Überprüfung von Art und Inhalt des Tagebuchs stößt man auf Widersprüche. Man hat zu ihrer Verteidigung darauf hingewiesen (Tarn, Hammond), dass dieses Register von Eumenes von Kardia, einem Sekretär Philipps und später Alexanders, verfasst worden sei und aus einem offiziellen Tagebuch bestünde, in dem Anordnungen des Königs und deren Erledigung verzeichnet worden seien. Während der elf Jahre dauernden Militärexpedition hätten die „Königlichen Ephemeriden" den Umfang eines großen Archivs erreicht, seien nach dem Tod Alexanders jedoch nicht nach Makedonien gebracht worden, sondern in den Händen eines seiner Generäle verblieben. Schließlich hätte sie Ptolemaios nach Ägypten mitgenommen und als Grundlage für ein von ihm verfasstes und um das Jahr 285 v. Chr. veröffentlichtes Geschichtswerk verwendet.[1] Träfe diese Hypothese zu, so wäre das Werk Arrians' die zuverlässigste Quelle zu Alexander, da es im Wesentlichen auf dem verloren gegangenen Geschichtswerk des Ptolemaios basiert.

Aber es gibt keine ausreichenden Hinweise dafür, dass die „Ephemeriden" eine Art offizielles Verzeichnis darstellen sollten, da sie lediglich Details über das Leben am Königshof zu Festen und Gastmählern sowie über das aufkommende Gerede nach der Erkrankung des Königs enthalten. Aus diesem Grund behauptete man, dass die von Ptolemaios benutzten „Ephemeriden" nicht authentisch und ganz oder zumindest teilweise von Eumenes gefälscht seien. Zudem wird die Frage aufgeworfen, ob sich nicht sogar verschiedene „Ephemeriden" gleichzeitig im Umlauf befunden hätten.[2]

Wahrscheinlich müssen wir, wie es Badian vorschlägt, die „Ephemeriden" als authentisches Dokument ansehen, da sie im Herzen des makedonischen Königshofs entstanden, ohne dabei zu vergessen, dass es sich um ein selektives Verzeichnis bestimmter Fakten handelt, die nicht eben einer objektiven Bewertung dienen sollten.

An den Feldzügen Alexanders hat auch eine Reihe von Experten teilgenommen, die Berichte über ihre technischen Tätigkeiten verfassten. Diese Aufzeichnungen beinhalteten Reisepläne, Entfernungen, Marschetappen, Feldlager und Städte, andere dienten der Auf-

Bronzestatuette Alexanders des Großen, angelehnt an den Typus „Stanford", jedoch erweitert um das Attribut der Löwenfellkappe, die den Lanzenträger zusätzlich als den Makedonenkönig auszeichnet. Paris, Musée du Louvre, Département des Antiquités grecques, étrusques et romaines, Inv. Nr. Br 723 (Kat. Nr. 11).

zeichnung von Entwürfen von Ingenieursarbeiten, Schiffen und Kriegsmaschinerie. Ein Teil dieser Dokumente wurde veröffentlicht: diejenigen, die der Ingenieur Aristobulos verwendet hatte, sowie die Register der Topographen, bekannt unter dem Namen Bematisten, die Entfernungen mit Schrittmessern vermaßen. Drei dieser Bematisten, Baiton, Diognetos und Amyntas (FGrHist 119, 120 und 122) verfassten Werke, in denen die Entfernungen zwischen Städten, die Etappen, welche die Expedition zurücklegte, sowie Flora und Fauna aufgezeichnet waren. Ferner enthielten sie auch Informationen über Flusswege und die wichtigsten Bergketten. Dieses Material sollte später vom großen Geographen Eratosthenes von Kyrene verwendet werden, dem Direktor der Bibliothek von Alexandria.

Ein dritter Fundus von Dokumenten, auf die die Geschichtsschreiber zurückgriffen, waren die Abschriften des offiziellen Briefwechsels Alexanders. Es ist die Existenz von mehr als 30 Briefen belegt, die entweder an Alexander gerichtet waren oder die dieser an verschiedene Persönlichkeiten gerichtet hatte.[3] Ihre Echtheit ist recht zweifelhaft und es ist kein Zufall, dass die Mehrheit von ihnen dazu dienen sollte, die literarisierten Versionen der Alexanderlegende auszuschmücken. Einige sind rein literarische Produkte, andere wiederum erscheinen glaubwürdig und es ist durchaus möglich, dass sie auf die Verzeichnisse der Sekretäre des Königs zurückgehen.[4]

Die Geschichtsschreiber der ersten Generation

Ihre Werke sind lediglich fragmentarisch erhalten. Das wichtigste historische Werk, das noch zu Lebzeiten des makedonischen Eroberers verfasst wurde, verdanken wir Kallisthenes von Olynth. Es trägt den Namen „Die Taten Alexanders" (FGrHist 124). Kallisthenes zog mit Alexander als offizieller Berichterstatter der Expedition nach Asien und führte die Chronik bis zur Schlacht von Gaugamela (oder vielleicht auch bis zu Dareios' Tod 329 v. Chr.) fort. Er bediente sich vielfach der Verherrlichung seines Dienstherrn und stellte ihn als Günstling der Götter dar, gleichzusetzen mit den homerischen Helden. Seine Beschreibungen der Schlachttaktiken Alexanders waren keineswegs präzise, was ihm Polybios vorwarf (12,17–22), aber seine Nähe zu Alexander und sein wahrscheinlicher Zugriff auf die königlichen Tagebücher brachten ihn in eine hervorragende Position, um Fakten zu bewerten. Ferner stammt aus seinem Werk zahlreiches glaubwürdiges Material, das die Historiker in römischer Zeit verwendeten.

Alexanders Tod setzte die Produktion einer langen Reihe von Schriften in Gang, die von Teilnehmern seiner Expedition verfasst wurden. Einige von ihnen verdienen es hervorgehoben zu werden. In erster Linie betrifft dies Onesikritos von Astypalaia (FGrHist 134), ein Grieche, der in der Schule Diogenes' des Zynikers ausgebildet worden war und der als Steuermann das Kapitänsschiff den Indus hinunterführte. Onesikritos beschrieb die Wunder Indiens, wobei er sich allerdings zu sehr zu Wunderbarem und Fiktion hinreißen ließ. Es lässt sich nur schwer unterscheiden, was der Autor tatsächlich beobachtet hatte und was Produkt seiner Phantasie war. Seine Einschätzung der Person Alexanders wäre sicherlich interessant gewesen – im Großen und Ganzen scheint sie positiv –, da er als Philosoph wohl mehr das intellektuelle und politische Niveau des Königs im Auge hatte als dessen militärische Erfolge.

Nearchos von Kreta (FGrHist 133) war der Admiral der Flotte Alexanders von der Rückfahrt vom Indus bis zum Euphrat. Sein Werk („Periplous" oder „Seeüberfahrt") wird vor allem im Zusammenhang mit Indien zitiert. Die reichen Schilderungen über die Küsten und Inseln, die Sitten und Gebräuche seiner Einwohner, die Ankerplätze und Häfen sowie über den Indischen Ozean und die Monsune sind äußerst genau und wurden später vielfach verwendet.

Auch Aristobulos von Kassandreia (FGrHist 139) war als ein Ingenieuroffizier im makedonischen Heer ein Sachkundiger. Er verfasste etwa zu Beginn des 3. Jhs. v. Chr. ein Werk über Alexander. Seine Beschreibungen des Feldzugs sind teilweise autobiographisch. Als hoher Offizier im Gefolge des Königs kannte er vertrauliche Berichte und griff auch auf seine eigenen Erfahrungen zurück (die Restaurierung des Grabes von Kyros, der Bau eines Staudammes zur Regulierung der Indushochwasser). Das Augenmerk Aristobuls lag nicht so sehr auf Informationen militärischer Art, als vielmehr auf geographischen und botanischen Entdeckungen. Obwohl er dazu tendierte, die Figur Alexanders beschönigend darzustellen, verfasste er seine Schrift doch mit großer Genauigkeit und wurde von späteren Autoren vielfach zitiert.

Die wichtigste Chronik, die nach dem Tod Alexanders verfasst wurde, stammt jedoch aus der Feder des Ptolemaios (FGrHist 138), dem Sohn des Lagos und Begründer der Ptolemäer-Dynastie in Ägypten (Abb. 1). Der Titel seiner Schrift ist nicht bekannt, doch handelte sie von den Heldentaten Alexanders während seiner gesamten Regierungszeit. Ptolemaios war ein enger Vertrauter Alexanders und Mitglied seiner Leibgarde (*somatophylakes*), der die Einrichtungen und Taktiken des Heeres gut kannte.[5] Sollte es zutreffen, dass Ptolemaios auf die Originalversion der „Königlichen Ephemeriden" zurückgreifen konnte, so wäre seine Beschreibung von immensem Wert, da sie die einzige Quelle darstellte, die jene Verzeichnisse benutzt hat. Die Erzählweise Ptolemaios' ist einfach und klar, da ein militärischer Ton vorherrscht. Hervorgehoben werden die Person Alexanders und seine Erfolge als Kommandeur des makedonischen Heeres.

Die Schriften anderer Landsmänner des Königs hatten einen weitaus geringeren Einfluss auf die Geschichtsschreibung. Chares von Mytilene (FGrHist 125), der das Amt des Hofzeremonienmeisters inne hatte, verfasste eine Biographie Alexanders in zehn Bänden. Die erhaltenen Fragmente sind nicht von großem historischem Interesse, da sie sehr literarisch sind und hauptsächlich aus Erinnerungen an das Hofzeremoniell und Details von großen Festivitäten bestehen (Hochzeit von Susa). Marsyas von Pella (FGrHist 135–136) zählte zu den Freunden Alexanders aus Kinderzeit. Er verfasste ein Traktat über die Geschichte Makedoniens, das mit dem mythischen Gründer des Königshauses, Karanos, begann und mit dem Jahr 331 v. Chr. endete. Alexander stellte er vor allem als makedonischen König dar, weshalb er auch äußerst detailliert über dessen Erziehung berichtete. Ferner behandelte er auch die politischen und militärischen Einrichtungen seines Landes sowie dessen wichtigste Traditionen. Ephippos von Olynth (FGrHist 126) hat uns den Bericht „Über den Tod Alexanders und Hephaistions" hinterlassen, der zahlreiche außergewöhnliche Szenen zu den Gewohnheiten und der Kleidung des Königs enthält. Diese Passagen übermitteln eine klar Alexander feindliche Tendenz.

Von den zeitgenössischen Geschichtsschreibern Alexanders, die nicht an dessen Feldzug teilgenommen haben, heben sich vor allem

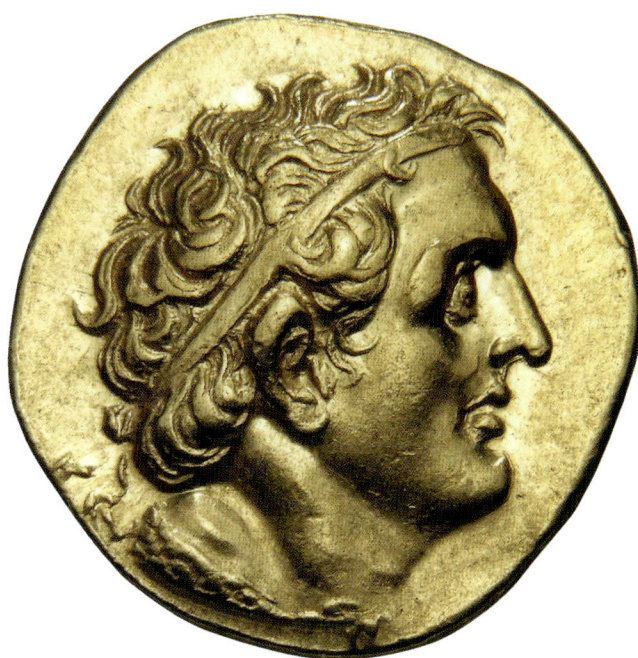 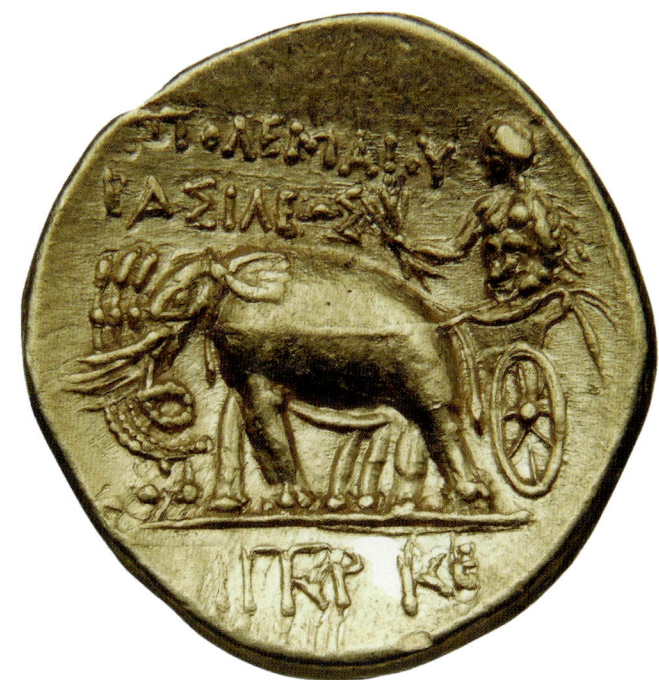

1 Goldstater Ptolemaios' I.; Porträt des Ptolemaios mit Diadem. Die Rückseite zeigt Alexander mit Blitzbündel, in einer Elefantenquadriga fahrend (Kat. Nr. 18), ca. 298–294 v. Chr., Münzstätte: Kyrene. Berlin, Münzkabinett SMB PK, Obj. Nr. 18214394. Maßstab 4,75:1.

Kleitarchos (FGrHist 137) und Hieronymos von Kardia ab (FGrHist 154). Kleitarchos' Werk, vollendet um das Jahr 290 v. Chr., umfasste mehr als zwölf Bücher und beschrieb die gesamte Regierungszeit Alexanders. Es gehörte zu den Quellen der ersten Generation, die auf spätere Autoren den größten Einfluss ausüben sollten. Der Autor konnte offizielle Berichte zu Rate ziehen und mündliche Überlieferungen sammeln und verwertete auch andere Geschichten über Alexander, die sich zu dieser Zeit verbreiteten.[6] Leider bestehen die erhaltenen Passagen vor allem aus Anekdoten und phantastischen Beschreibungen. Sein Stil wurde als weitschweifig und schwülstig beschrieben und lässt viel an Genauigkeit und Wahrheitsliebe vermissen.[7] Nichtsdestotrotz war die Schrift als Chronik des Expeditionsalltags nüchtern verfasst und lebte auch bei den Geschichtsschreibern der zweiten Generation weiter und wurde in römischer Zeit vielfach rezipiert. Die Schrift gilt als Ausgangspunkt der sogenannten „Alexandervulgata" oder Vulgatatradition, das heißt der Ansammlung von ähnlichen oder übereinstimmenden Passagen bei Diodor, Trogus (Justinus), Curtius und Plutarch. Kleitarchos könnte die Hauptquelle dieser gemeinsamen Überlieferung sein. Es ist bekannt, dass Kleitarchos keine Lobreden auf den König hielt und fortwährend als dessen Kritiker auftrat: Offensichtlich teilte er die Abneigung der griechischen Intellektuellen gegen Alexander den Großen.

Das Werk Hieronymos' von Kardia hatte nicht die Person Alexanders im Blick, sondern die Zeit nach dessen Tod (ab 323 v. Chr. bis zum Ende des Pyrrhos). Als ehemaliger Gefährte von Eumenes und Antigonos war er sehr gut informiert. Außerdem war er ein exzellenter Analytiker Alexanders in dessen Rolle als Politiker und Diplomat, indem er die jeweils passenden Dokumente heranzog, um seine eigenen Argumente zu untermauern.

Weniger Bedeutung besaßen Hegesias von Magnesia (am Sipylos) (FGrHist 142), ein Rhetoriklehrer und Polygraph in der Mitte des 3. Jhs. v. Chr., der eine Chronik Alexanders verfasst hatte, von der noch Anekdoten erhalten sind, und der als Erzähler seltsamer und unglaublicher Begebenheiten gilt, sowie Antikleides von Athen (FGrHist 140), der Autor der Schrift „Über Alexander", der von der Expedition Alexanders und dessen Rückreise inspiriert war, wie er sie in den Mythen und Heldengeschichten beschrieben fand.

Die Geschichtsschreiber der zweiten Generation

Unter den Geschichtsschreibern der zweiten Generation versteht man diejenigen, die in der Zeit des römischen Kaiserreichs lebten (1. Jh. v. Chr. – 2. Jh. n. Chr.). Einige von ihnen entstammten dem hellenistischen Kulturkreis und verfassten ihre Texte auf Griechisch, andere waren Römer und schrieben auf Latein. Da ihre Schriften mehrheitlich erhalten sind, ermöglichen die Beiträge dieser Autoren eine Rekonstruktion der verloren gegangenen Überlieferung der ersten Generation. Die moderne Geschichtsschreibung baut auf sie auf, wenn sie ein allgemeines Bild von Alexanders Herrschaft und seinen Taten wiedergibt. Diodorus Siculus, Zeitgenosse Caesars und Augustus', widmete im Wesentlichen das 17. Buch seiner „Historischen Bibliothek" der alexandrinischen Epoche, jedoch ohne seine Quellen aufzuführen. Es wird davon ausgegangen, dass er vielfach auf Kleitarchos zurückgriff, aber auch andere Autoren verwendet hatte (Nearchos, Kallisthenes, Aristobulos, Onesikritos und sogar ein persisches Register). Q. Curtius Rufus (1. Jh. n. Chr.) verfasste eine „Geschichte Alexanders des Großen" in zehn Büchern, von denen die ersten beiden komplett und die Bücher 5, 6 und 10 teilweise verloren gegangen sind. Seine Schrift spiegelt das von den Aristotelikern geprägte Alexanderbild wider, das heißt, es steht in einer dem Makedonen nicht günstig gestimmten Tradition, die seine tyrannischen Wesenszüge hervorhebt. Um dramatische Effekte zu erreichen, ist der Stil gekünstelt und nicht frei von exotischen Zügen, gleichwohl vermittelt die Erzählung auch eine moralisierende Absicht (so verurteilt sie etwa den Kult um Alexander, wie ihn dessen Nachfolger verbreiteten). Sowohl Curtius als auch Diodor folgen in weiten Teilen Kleitarchos, so dass dieser als gemeinsame Quelle beider Autoren angenommen wird. Curtius hat die Werke Trogus' gelesen und in seinen Büchern lassen sich Angaben finden, die auf Kallisthenes, Nearchos, Onesikritos, Ptolemaios und Aristobulos zurückgehen.

Das monumentale lateinische Werk (in 44 Büchern) des im ersten vorchristlichen Jahrhundert lebenden Historikers Pompeius Trogus mit dem Titel „Historiae Philippicae" entstand etwas später als das Diodors und handelt von der Entwicklung des makedonischen Herrschers. Von ihm ist lediglich ein von M. Iunianus Justinus im 3. Jh. n. Chr. verfasster Auszug erhalten, der überliefert, dass Trogus die Bücher 11 und 12 der Beschreibung Alexanders widmete. Obgleich es scheint, dass es zwischen Diodor, Trogus und Curtius unzählige Übereinstimmungen gibt, die auf den Gebrauch einer gemeinsamen Quelle zurückzuführen sind (Kleitarchos), so weisen sie in vielen Punkten doch auch eindeutige Widersprüche auf. Die Tatsache, dass der Auszug sehr selektiv ist, da der Autor nur jene Stellen des Werks aussuchte, die er der Weiterverbreitung für würdig befand, lässt nur schwerlich Trogus' eigentliche Absicht erkennen. Dennoch ist seine Haltung gegen den Imperialismus Alexanders erkennbar, den er als grausam und launenhaft darstellte.[8]

Innerhalb seiner umfangreichen Schriftproduktion hat sich Plutarch von Chaironeia (1.–2. Jh. n. Chr.) auch der Figur Alexanders zugewandt. Schon in seiner Jugendzeit verfasste er die zwei Schriften „Über Glück und Tugend Alexanders des Großen", um gegen die Idee anzugehen, Alexander hätte seine Erfolge nicht seiner Ausbildung und seinen Fähigkeiten, sondern dem Schicksal zu verdanken gehabt. Außerdem schrieb er noch „Das Leben Alexanders", das in seinen „Vitae parallelae", den Parallelbiographien, enthalten ist. „Das Leben Alexanders" ist kein Werk der Geschichtsschreibung im eigentlichen Sinn, sondern, wie die übrigen „Leben" auch, eine Biographie, in der moralische und erzieherische Inhalte im Vordergrund stehen. Um dies zu erreichen, wählte Plutarch einzelne Aspekte des persönlichen und politischen Werdegangs Alexanders aus, wobei er im Grunde eine Alexander verteidigende Grundhaltung vertrat und ein nicht ganz so finsteres Bild von ihm zeichnete, wie es sonst in der griechischen Tradition üblich war. Ferner ist die Biographie das einzige Werk, das wertvolle Auskünfte über Kindheit und Erziehung des Makedoniers gibt. Insgesamt griff Plutarch auf mehr als 30 Quellen zurück. Er verwendete auch Material von Kleitarchos und ist somit der Gruppe derer zuzurechnen, welche die so genannte „Alexandervulgata" hervorgebracht haben, gleichzeitig gibt er aber auch an, Kallisthenes, Chares, Aristobulos, Onesikritos, Ptolemaios und Antikleides direkt oder indirekt konsultiert zu haben.

Die Arbeit des Flavius Arrianus, geboren in Nikomedia in Bithynien, brachte einen tief greifenden Wechsel in der geschichtlichen Darstellung Alexanders. Arrian (2. Jh. n. Chr.) gehörte einer wohlhabenden griechischen Familie an und war Schüler des Stoikers Epiktet, von dem er eine fundierte philosophische und literarische Ausbildung erhielt, die auch geschichtliches, ethnographisches und naturwissenschaftliches Wissen beinhaltete. Später vermochte er es, seine theoretischen Kenntnisse in die Praxis umzusetzen, als er Provinzgouverneur von Kleinasien wurde.[9] Seine Bewunderung für Xenophon lässt sich an der Tatsache ermessen, dass Arrian seinem Werk über die Expedition Alexanders den Titel „Anabasis Alexandrou" gab. Zwei Aspekte seiner Schrift machen diese zum besten und ausführlichsten antiken Text über Alexander. Einerseits ist dies seine unermüdliche Genauigkeit: Die technischen Beschreibungen des Autors und die Schilderungen des vielschichtigen Militär- und Verwaltungsapparats des Makedoniers sind äußerst detailgetreu. Bisweilen greift er auf rhetorische Stilmittel zurück, seine Analysen sind jedoch durchaus wertzuschätzen. Nicht immer blieb er unparteiisch, da er oftmals umstrittene Entscheidungen Alexanders lobte oder entschuldigte. Andererseits maß er den Quellen extrem hohe Bedeutung bei. Vom Protagonisten seiner Beschreibung einige Jahrhunderte getrennt und mit allen der vor ihm abgefassten Texte vertraut, ist Arrian der einzige Historiker, der versucht hat, die volkstümliche Überlieferung (mündlich tradierte Berichte oder *legomena*) von authentischen Zeugnissen und Dokumenten zu unterscheiden. Von der volkstümlichen Überlieferung verwendete er das, was ihm „erwähnenswert und nicht völlig unglaubwürdig" erschien, das heißt das Material, das er für das glaubhafteste hielt, nachdem er hauptsächlich die Werke von Kallisthenes und Kleitarchos durchgesehen hatte. Seine wichtigste Entscheidung war jedoch die, Ptolemaios und Aristobulos als Autoritäten anzuerkennen und all das für erwiesen zu betrachten, worin beide Autoren übereinstimmten.

Arrian hat uns ohne Zweifel einige zutreffende Beobachtungen über die Persönlichkeit des makedonischen Königs sowie eine objektive und anschauliche Schilderung seines militärischen Vorgehens beim Erschaffen jenes großen und kurzlebigen Weltreichs überliefert.[10]

Übersetzung aus dem Spanischen: Martin Knapp.

1 Es bleibt unklar, ob noch andere Personen Zugang zum vermeintlichen „Königlichen Tagebuch" hatte oder ob es vielmehr in die Bibliothek von Alexandria gelangte, wo es Eratosthenes und Diodor konsultieren konnten.
2 Es ist in Betracht zu ziehen, dass die „Ephemeriden" eine tageburchartige Darstellung des Lebens Alexanders durch die königlichen Sekretäre Eumenes und Diodotos oder eine einfache Chronik aus der Feder babylonischer Priester war, in der sie das Geschehen in Babylonien während der letzten Tage Alexanders im Juni 323 beschrieben.
3 In der hellenistischen Epoche wurden verschiedene Briefe herausgegeben, die man Alexander zuschrieb, in der Mehrheit aber Apokryphen waren.
4 Beispielsweise die Antwort an die Athener bezüglich Samos (Plut., Alex. 28,2) und der Brief, in dem er Kleomenes den Amtsmissbrauch verzeiht (Arr. 7,23,6–8).
5 Er stellte Arrianus die Grundlagen für eine militärische Rekonstruktion des Feldzugs zur Verfügung. Das ging so weit, dass manche Historiker die Meinung vertreten, das Werk Arrians' sei eine schlichte Zusammenfassung von Ptolemaios' Schriften. Auch gibt es die These, das moderne Alexanderbild gehe im Wesentlichen auf Ptolemaios zurück.
6 Er hielt sich ca. seit dem Jahr 308 v. Chr. im ägyptischen Alexandria als Gast des Ptolemaios auf, was seine Nachforschungen sehr erleichtert haben dürfte.
7 Schon in der Antike hatte er den Ruf, ein besserer Erzähler als Historiker zu sein. Er galt als brillant aber unglaubwürdig, als eingebildet und nicht eben wahrheitsliebend.
8 Aufgrund seines keltischen Ursprungs hat man vermutet, Trogus neige zu einer feindlichen Haltung gegenüber dem römischen Imperialismus. Jedenfalls wird sein Werk heute weit mehr geschätzt als zu früheren Zeiten. Vgl. van Wickevoort/Crommelin, 1993.
9 Nicht zutreffend ist die verallgemeinernde Hypothese, die auf der Fehlinterpretation einer Inschrift in Córdoba basiert, Arrian hätte auch das Amt des Gouverneurs der hispanischen Provinz Baetica innegehabt. Vgl. Fernández Nieto 2007, 491–500.
10 Auf die sogenannte Alexanderlegende, die sich in der Spätantike entwickelte und auf dem historischen Werk Kallisthenes basiert, sowie auf den Alexanderroman des sogenannten Pseudokallisthenes gehen eine Reihe von Schöpfungen der mittelalterlichen Literatur zurück, die in unzähligen Sprachen erhalten sind. Sie alle nehmen die antiken Alexanderüberlieferung wieder auf und verändern diese mit phantastischen Elementen. Ihr Studium bleibt oftmals der Anfang des Bildes des postklassischen Alexanders.

Literatur

Atkinson 1980; Atkinson 1994; Badian 1968; Badian 1975; Bosworth 1988–1995; Bothworth 1988; Bretzl 1903; Brown 1950; Brunt 1980; Fernández Nieto 2007; Hammond 1983; Hammond 1988; Hammond 1993; Hornblower 1981; Kebric 1977; Körte 1906; Pearson 1954/55; Pédech 1974; Pédech 1984; Pédech 1989; Powers 1998; Rabe 1964; Schachermeyr 1973; Schwahn 1931; Spencer 2002; Stadter 1980; Tarn 1948; van Wickevoort/Crommelin 1993; Worthington 2003.

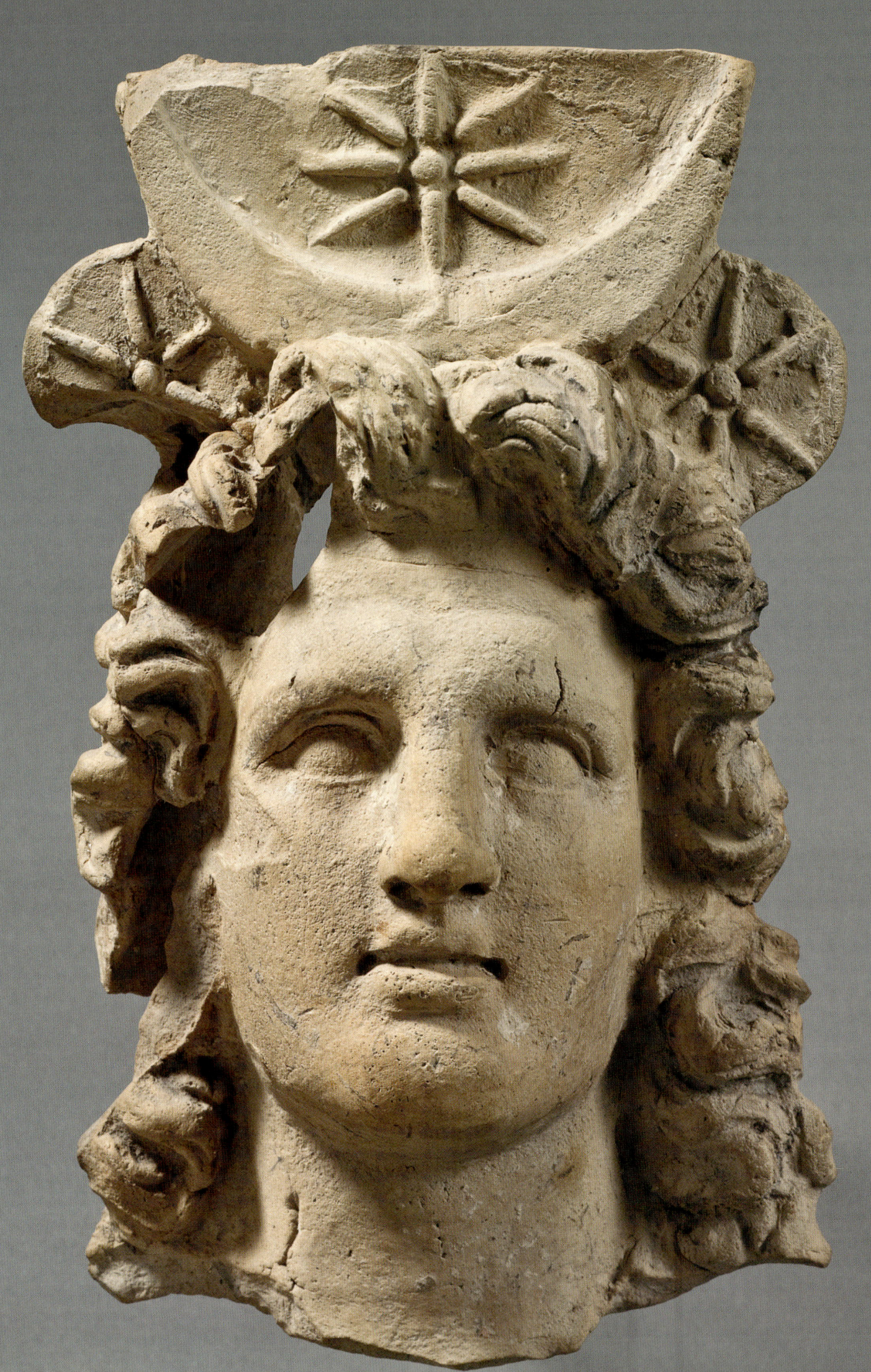

Der Mythos Alexander

Wolfgang Will

Im Juni 323 v. Chr. starb Alexander in Babylon. Gerüchte von seinem Tod verbreiteten sich schnell und erreichten bald auch Athen. Dort brach eine Kriegspsychose aus. Die Stadt hatte sich nach anfänglichem Widerstand mit dem makedonischen König arrangiert. Alexanders neues Reich bot auch Athen viele wirtschaftliche Chancen. Doch diese schienen seit einem Jahr Vergangenheit. Im Zuge einer von Alexander verkündeten allgemeinen Rückführung der zahlreichen griechischen Verbannten in ihre Heimatstädte und -inseln drohte die Ausweisung athenischer Siedler von der Insel Samos und damit der Verlust des wichtigsten Einflussgebietes außerhalb Attikas. Gegen den König war kein Widerstand möglich, sehr wohl aber gegen die als schwach eingeschätzten Nachfolger. So hetzten auf der Pnyx die ersten Redner bald zum Krieg, besonnenere Politiker warnten vor Abenteuern. Zu ihnen zählte der wegen seiner Aphorismen bekannte Staatsmann Demades. Schon einmal hatten die Griechen an den Tod Alexanders geglaubt und einen Aufstand gegen Makedonien begonnen. Die Folge waren die Zerstörung Thebens und das größte Massaker der griechischen Geschichte. Demades hatte das in Erinnerung, als er die Rednerbühne bestieg. Alexander kann nicht tot sein, erklärte er den versammelten Athenern, um sie von einem Kriegseintritt abzubringen. Der Gestank seines Leichnams würde den Erdkreis verpesten.

Die Todesstunde des Königs ist die Geburtsstunde des Mythos von Alexander, Demades' Apophthegma („Ausspruch") das älteste Zeugnis, das dies belegt. Die Umstände des Todes beförderten die Mythenbildung: Alexander starb auf dem Höhepunkt seiner Macht. Er erlebte den bereits drohenden Absturz nicht mehr, den unvermeidlichen Kollaps seines Reiches, dem jede tragende Struktur fehlte. Bei seinem Tode war er mit 32 Jahren vergleichsweise jung; große, nun gleichsam verwaiste Pläne suggerierten weiteren Aufstieg und ließen das frühe Ende als tragisch empfinden.

Alexander war mit seinem Heer in Länder vorgestoßen, die vor ihm noch kein Grieche oder Makedone betreten hatte und die außerhalb des Vorstellungsvermögens der Zeitgenossen lagen, die hinter dem Hindukusch das Ende der bewohnten Welt und den Rand der Erdscheibe vermuteten. Herodot war nur bis Babylon gekommen und schon seine Reiseberichte hatten die Griechen fasziniert. Xenophons

1 Räuchergefäß in Form eines Kopfes, vermutlich einen Mondgott darstellend. Der Kopf mit den tief liegenden Augen und der *Anastolé* wurde durch Alexanderporträts inspiriert, späthellenistisch oder römisch. Brüssel, Musées Royaux d'Art et d'Histoire, Inv. Nr. A 1938 (Kat. Nr. 7).

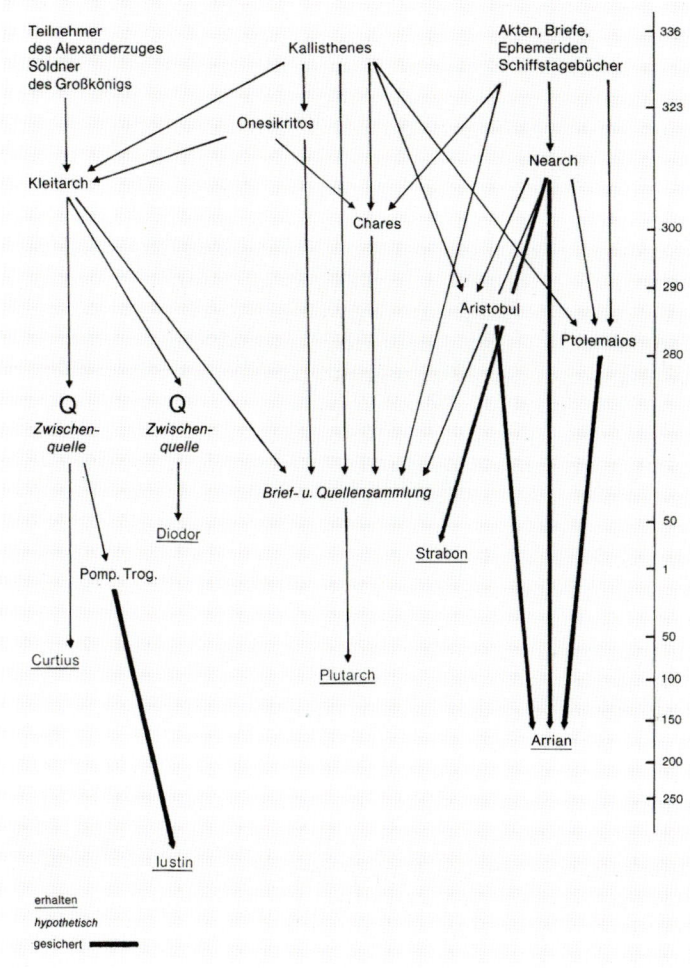

2 Die schriftlichen Quellen zur Alexandergeschichte.

Bericht über den Marsch der 10.000 Söldner in das Innere des Perserreiches und zurück zur Südküste des Schwarzen Meeres war das meistgelesene Buch der Zeit. Alexander aber hatte ganz andere Abenteuer bestanden. Er war am Gebiet der Amazonen vorbeigezogen, hatte die östlichen Grenzen des Perserreiches überschritten und auf den Spuren eines Herakles oder Dionysos Indien erreicht. Der König hatte Schlangenbisse, Monsunregen, Verwundungen, Krankheiten, Schiffsunglücke und Wüstenmärsche überlebt, war Brahmanen, Fakiren, Gymnosophisten und Kopffüßlern begegnet und hatte Meutereien getrotzt. Seine Flotte war den Indus hinabgefahren bis in den südlichen Ozean. Alexander hatte alle Gegner besiegt und war aus Gefilden heimge-

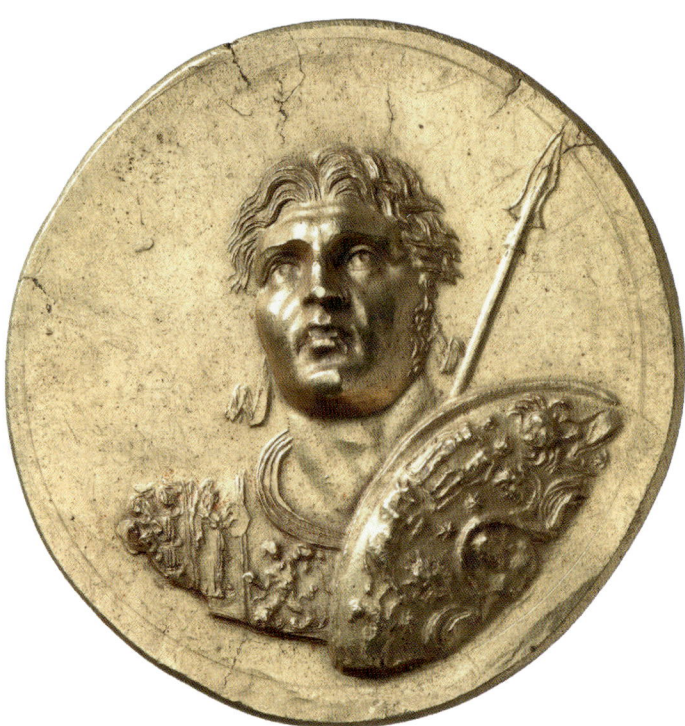 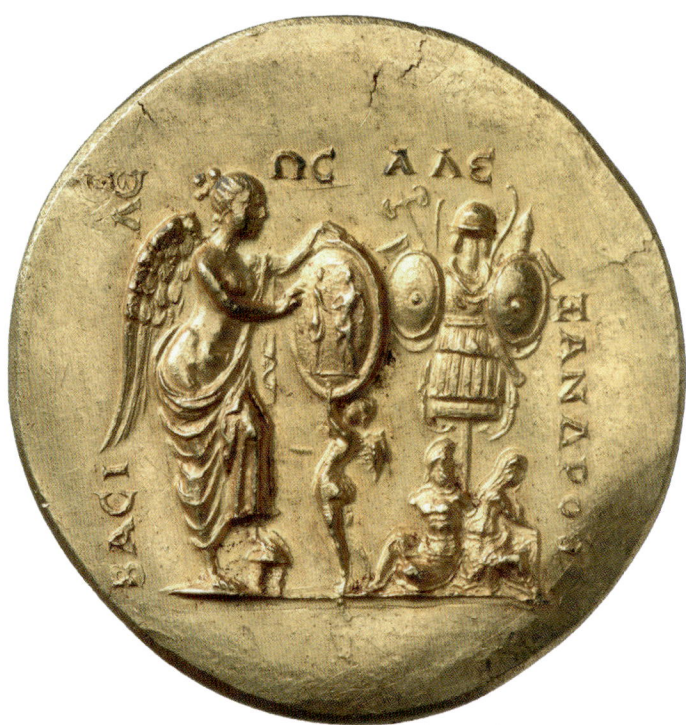

5 Goldmedaillon mit der Büste Alexanders als Weltherrscher, aus Aboukir/Ägypten, ca. 220–240 n. Chr. Berlin, Münzkabinett SMB PK, Obj. Nr. 18200016 (Kat. Nr. 52).

einfach Schreibverbot erhalten, er musste unter scheinbaren Rechtsgründen (Verschwörung) beseitigt werden.

Die nächsten Biographien entstehen erst Jahre nach Alexanders Tod. Sie sind bereits Teil des seit 323 v. Chr. ausgebrochenen Streits um das Erbe und besitzen mit einer Ausnahme, über die aber kaum etwas bekannt ist (Ephippos von Olynth), vornehmlich panegyrischen Charakter. Die Verfasser hoben ihre Rolle im Alexanderzug hervor oder rechtfertigten wie Ptolemaios ihren auf dem König ruhenden Herrschaftsanspruch. Notwendigerweise verzerrte sich das Bild Alexanders, das die Grundlage für die in römischer Zeit verfassten und allein erhaltenen Berichte wurde, schon früh. Chares von Mytilene, in den letzten Jahren Eisaggeleus („Protokollchef") des Königs, konzentrierte sich auf Anekdotisches und lieferte Interna aus dem Hofleben. Onesikritos, ein Schüler des Philosophen Diogenes (Abb. 4), begleitete Alexander auf dem Indienzug und verfasste in der Nachfolge der „Kyropädie" des Xenophon ein Werk über die Erziehung Alexanders. Es versuchte, Alexander entsprechend der kynischen Lehre als bedürfnislosen Weltherrscher darzustellen, als Mann, der den alten Widerspruch zwischen Macht und Weisheit zu lösen verstand. Dieses Bild wurde schon in der Antike heftig bekämpft, Onesikritos als Schwindler abgetan, doch es entfaltete seinen durch die römischen Quellen vermittelten Einfluss bis weit in die Moderne.

Berichte von Naturphänomenen in Indien, über Land und Leute, vor allem aber über die Schifffahrtsroute ins Indus-Delta stammen von Nearchos, dem Admiral Alexanders, und gingen u.a. in die „Geographiká" des Strabon ein. Doch gehört auch Nearchos' „Periplous" („Umsegelung") zur Memoirenliteratur, deren vordergründiger Zweck es ist, die Leistungen des Autors und „seines" Königs zu betonen. Das gilt auch für das bei dem römischen Historiker Arrian noch fassbare Werk des Aristobulos von Kassandreia, der offenbar zum technischen Personal des Zuges zählte und von daher ein über die militärischen Angelegenheiten hinausreichendes Interesse entwickelte. Seine Kritik an Wundererzählungen in der ihm bereits vorliegenden Alexander-Literatur kann aber nicht darüber hinwegtäuschen, dass er offensichtlich in allem der Propaganda Alexanders folgte und in diesem Sinne z.B. auch das Mirakel von Gordion schilderte. Der Kern des von der heutigen englischen und deutschen Forschung besonders geschätzten Arrian, dessen „Anabasis Alexandrou" Mitte des 2. nachchristlichen Jahrhunderts erschien, ist somit apologetisch, da der römische Historiker neben Aristobulos vorrangig auf Ptolemaios zurückgriff, jenen makedonischen Adligen und Vertrauten des Königs, der nach dessen Tod den ägyptischen Thron usurpierte. Das erst in hohem Alter verfasste Werk bemühte sich um eine rationale, das Militärische betonende Sicht, in der aber die Selbstlegitimation, die mit einer Glorifizierung Alexanders verbunden ist, dessen Leichnam Ptolemaios nach Alexandria hatte bringen lassen, die Hauptrolle spielte.

Alexandria ist auch die Heimat eines Alexanderhistorikers, der vermutlich nicht am Zug teilgenommen hat und der seine Informationen von den Veteranen des Krieges bekam, die Zuflucht in der ägyptischen Hafenstadt fanden. Da unter ihnen Söldner waren, die unter Dareios gedient hatten, gelangten offenkundig auch einige wenige Nachrichten von der Gegenseite in das Werk. Kleitarch ist der große Erzähler, der sich nicht scheute, Romanhaftes und Wundergeschichten in eine auf Effekte bedachte Darstellung aufzunehmen. Bei Kleitarch trifft Alexander nun auf die Amazonen, mit denen schon der athenische Theseus gekämpft haben soll, und vermutlich war er es, der ihn in den Wettstreit mit weiteren mythischen Gestalten treten ließ. In Ägypten maß sich Alexander mit Perseus, dem Bezwinger der Medusa, dem er es mit dem Zug zum Ammonorakel in der Oase

Der Mythos Alexander

Wolfgang Will

Im Juni 323 v. Chr. starb Alexander in Babylon. Gerüchte von seinem Tod verbreiteten sich schnell und erreichten bald auch Athen. Dort brach eine Kriegspsychose aus. Die Stadt hatte sich nach anfänglichem Widerstand mit dem makedonischen König arrangiert. Alexanders neues Reich bot auch Athen viele wirtschaftliche Chancen. Doch diese schienen seit einem Jahr Vergangenheit. Im Zuge einer von Alexander verkündeten allgemeinen Rückführung der zahlreichen griechischen Verbannten in ihre Heimatstädte und -inseln drohte die Ausweisung athenischer Siedler von der Insel Samos und damit der Verlust des wichtigsten Einflussgebietes außerhalb Attikas. Gegen den König war kein Widerstand möglich, sehr wohl aber gegen die als schwach eingeschätzten Nachfolger. So hetzten auf der Pnyx die ersten Redner bald zum Krieg, besonnenere Politiker warnten vor Abenteuern. Zu ihnen zählte der wegen seiner Aphorismen bekannte Staatsmann Demades. Schon einmal hatten die Griechen an den Tod Alexanders geglaubt und einen Aufstand gegen Makedonien begonnen. Die Folge waren die Zerstörung Thebens und das größte Massaker der griechischen Geschichte. Demades hatte das in Erinnerung, als er die Rednerbühne bestieg. Alexander kann nicht tot sein, erklärte er den versammelten Athenern, um sie von einem Kriegseintritt abzubringen. Der Gestank seines Leichnams würde den Erdkreis verpesten.

Die Todesstunde des Königs ist die Geburtsstunde des Mythos von Alexander, Demades' Apophthegma („Ausspruch") das älteste Zeugnis, das dies belegt. Die Umstände des Todes beförderten die Mythenbildung: Alexander starb auf dem Höhepunkt seiner Macht. Er erlebte den bereits drohenden Absturz nicht mehr, den unvermeidlichen Kollaps seines Reiches, dem jede tragende Struktur fehlte. Bei seinem Tode war er mit 32 Jahren vergleichsweise jung; große, nun gleichsam verwaiste Pläne suggerierten weiteren Aufstieg und ließen das frühe Ende als tragisch empfinden.

Alexander war mit seinem Heer in Länder vorgestoßen, die vor ihm noch kein Grieche oder Makedone betreten hatte und die außerhalb des Vorstellungsvermögens der Zeitgenossen lagen, die hinter dem Hindukusch das Ende der bewohnten Welt und den Rand der Erdscheibe vermuteten. Herodot war nur bis Babylon gekommen und schon seine Reiseberichte hatten die Griechen fasziniert. Xenophons

1 Räuchergefäß in Form eines Kopfes, vermutlich einen Mondgott darstellend. Der Kopf mit den tief liegenden Augen und der *Anastolé* wurde durch Alexanderporträts inspiriert, späthellenistisch oder römisch. Brüssel, Musées Royaux d'Art et d'Histoire, Inv. Nr. A 1938 (Kat. Nr. 7).

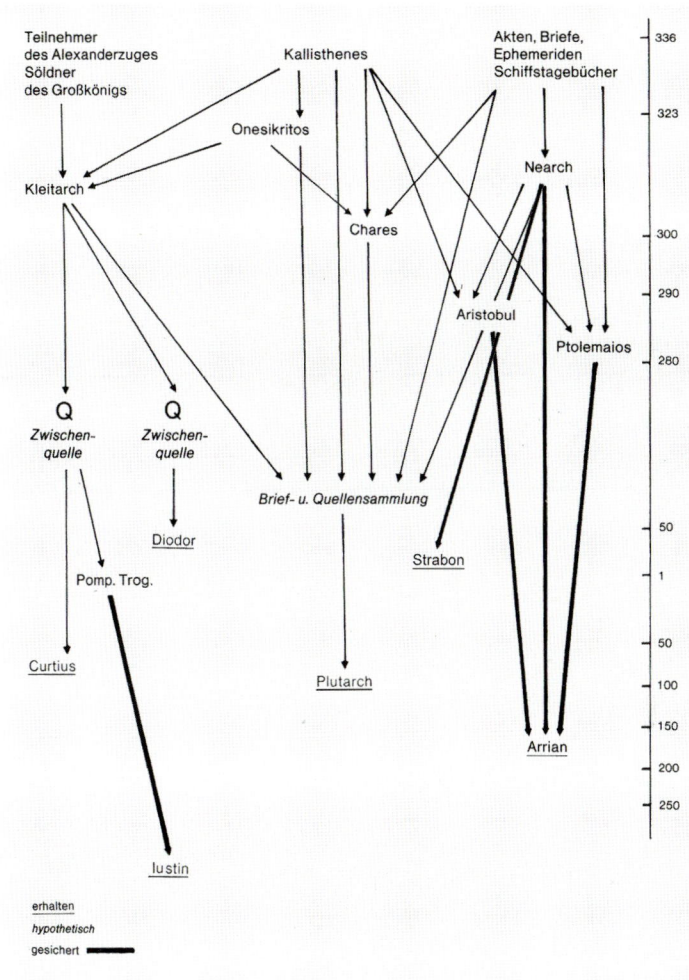

2 Die schriftlichen Quellen zur Alexandergeschichte.

Bericht über den Marsch der 10.000 Söldner in das Innere des Perserreiches und zurück zur Südküste des Schwarzen Meeres war das meistgelesene Buch der Zeit. Alexander aber hatte ganz andere Abenteuer bestanden. Er war am Gebiet der Amazonen vorbeigezogen, hatte die östlichen Grenzen des Perserreiches überschritten und auf den Spuren eines Herakles oder Dionysos Indien erreicht. Der König hatte Schlangenbisse, Monsunregen, Verwundungen, Krankheiten, Schiffsunglücke und Wüstenmärsche überlebt, war Brahmanen, Fakiren, Gymnosophisten und Kopffüßlern begegnet und hatte Meutereien getrotzt. Seine Flotte war den Indus hinabgefahren bis in den südlichen Ozean. Alexander hatte alle Gegner besiegt und war aus Gefilden heimge-

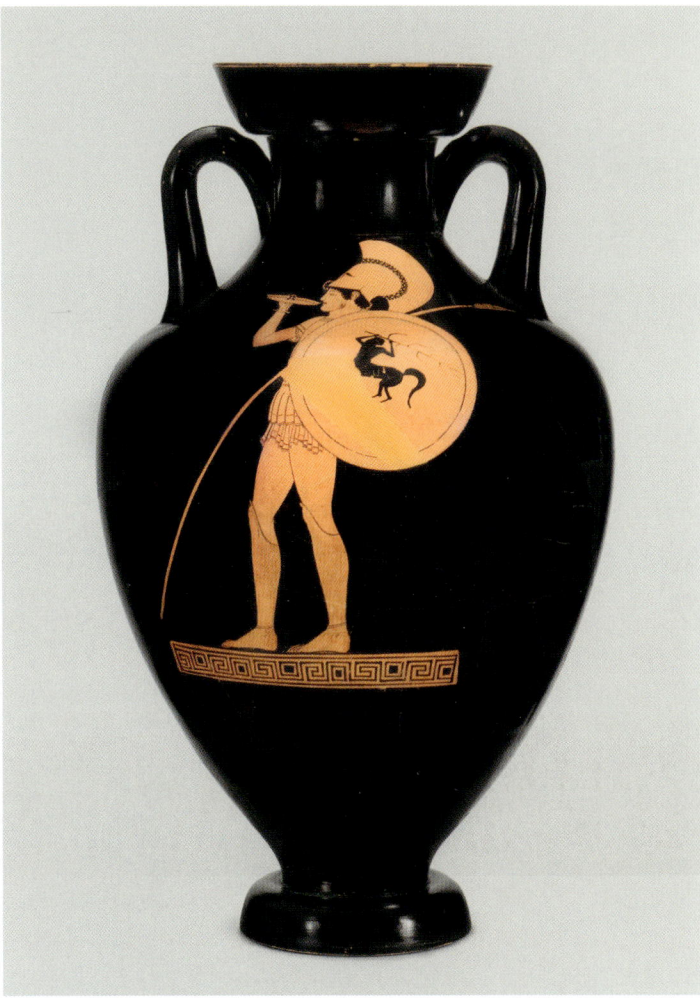

3 Attisch rotfigurige Amphora mit der Darstellung des gerüsteten Achill beim Trankopfer vor dem Auszug in die Schlacht, Athen, 490/480 v. Chr. Basel, Antikenmuseum Basel und Sammlung Ludwig, Inv. Nr. Kä 424 (Kat. Nr. 56).

kehrt, aus denen eine Rückkehr unmöglich schien. All dies hatte sich fern der kritischen Blicke der griechischen Öffentlichkeit vollzogen. Seit Alexander im Frühjahr 334 v. Chr. Europa verlassen hatte, wusste niemand mehr Zuverlässiges über seine Pläne, Ziele und Vorstellungen. Nach Griechenland drang nur, was die Hofhistoriographie in propagandistisch verbrämten Berichten verlauten ließ oder was Söldner und Soldaten an Heldentaten zu berichten hatten. Je weiter sich Alexander nach Osten entfernte, desto weniger konnten ihn die Zeitgenossen verstehen. Unkenntnis und Unwissen begünstigen eine Mystifizierung, die Alexander gleichzeitig verklärte und dämonisierte (Abb. 1/Startabb.).

Alexander hatte keinen Nachfolger bestimmt. Seine Erben, die Diadochen, teilten nicht nur das Reich auf, sie bemächtigten sich auch der Biographie ihres Vorgängers und suchten sie für ihre jeweiligen Zwecke zu nutzen. Neben den militärischen Kämpfen brach ein Propagandakrieg aus, der fast ein halbes Jahrhundert währte – bis sich die neu entstandenen Reiche konsolidierten – und der all die Legenden über Alexander gebar, bis auf eine Pause, in der sich nur wenige für Alexander interessierten. Römische Historiker übernahmen die Legenden, schmückten sie aus oder verwarfen sie. Im Ringen um die legitime Nachfolge entstanden die panegyrischen wie die Alexander feindlichen Darstellungen, die auch das heute immer noch widersprüchliche Bild Alexanders bestimmen. Das Gerücht vom Giftmord an Alexander wurde von dessen Mutter Olympias ausgestreut, um den Konkurrenten Antipatros und dessen Sohn Kassander zu diskreditieren. Alexandergegner kolportierten, niemand anderes als der vormalige Erzieher des jungen Königs, der Philosoph Aristoteles, habe das Gift ausgesucht und eigenhändig nach Babylon geschickt, um das Regiment des zum Despoten entarteten Alexander zu beenden.

Die Geschichte des Alexander-Mythos ist die Geschichte der Alexander-Viten, ihrer Entstehung und ihrer Überlieferung. Das Leben Alexanders war nie zu Ende, es wurde von den Historikern, Biographen und Dichtern der hellenistischen und römischen Zeit, der Spätantike und des Mittelalters, der Neuzeit und der Moderne immer weiter fortgeschrieben und es zeigt sich in immer neuen Versionen, wie der jüngste makedonisch-griechische Legitimationsstreit dokumentiert. Immer noch taucht die Nixe Gorgone aus den Fluten der Ägäis auf, befragt einsame Seeleute nach ihrem Bruder Alexander und immer noch lautet deren Antwort: „Alexander lebt und ist König."

Am Anfang des langen Nachlebens Alexanders steht der Historiker Kallisthenes (Abb. 2). Alexander hatte diesen, einen Neffen und Schüler des Philosophen Aristoteles, der bereits durch eine griechische Geschichte (Helleniká) ausgewiesen war, eingeladen, ihn auf seinem Zug nach Asien zu begleiten. Vor allem Kallisthenes war es, dem Alexander das politische und ideologische Rüstzeug für seine Eroberungspläne dankte. Dieser deklarierte den Krieg gegen die Perser als Racheunternehmen für die Zerstörung griechischer Tempel durch den Großkönig Xerxes im Jahr 480 v. Chr., nachdem der Publizist Isokrates bereits in Aufrufen an Philipp II., Alexanders Vater, gefordert hatte, in Kleinasien Lebensraum für das übervölkerte Griechenland zu schaffen.

Kallisthenes Werk, die „Praxeis Alexandrou", die „Taten Alexanders", bildet den Ursprung aller Alexandergeschichte und -geschichten. Bis zum Tode des Königs wird keine andere Biographie geschrieben oder veröffentlicht. Doch Kallisthenes schildert nicht nur den Siegeszug Alexanders. Er ist lange Jahre bis hin zu seiner Entmachtung und Ermordung im Jahre 327 derjenige, der Alexanders Selbstdarstellung mitbestimmt und ihm die Rollen auf den Leib schneidert, in denen Alexander sich und sein Wirken vor dem griechischen Publikum überhöhen konnte.

Bereits bei der Überschreitung des Hellespont trat Alexander als homerischer Held auf. Vor der Überfahrt besuchte er in Elaius auf der thrakischen Chersones das Grab des Protesilaos, der im Krieg gegen Troja als erster Grieche asiatisches Land betreten hatte, und sprang wie dieser, als sich die makedonischen Schiffe dem kleinasiatischen Festland näherten, als Erster an Land. In Alexanders Reisegepäck befand sich die Ilias und er selbst soll sie zum Reisehandbuch erklärt haben. Nach der sicheren Ankunft in der Troas gerierte der König sich mit Kallisthenes' Hilfe als neuer Achill, Homers strahlender Heros wurde zur Leitfigur. Obwohl die Zeit drängte, da sich die persischen Satrapen zur Abwehr des Angreifers sammelten, begab sich Alexander zum Ort des mythischen Troja. Dort lag Achills Grab. Alexander hielt eine Truppenschau ab, ließ sich Waffen übergeben, die noch aus dem trojanischen Krieg stammen sollten, und bekränzte

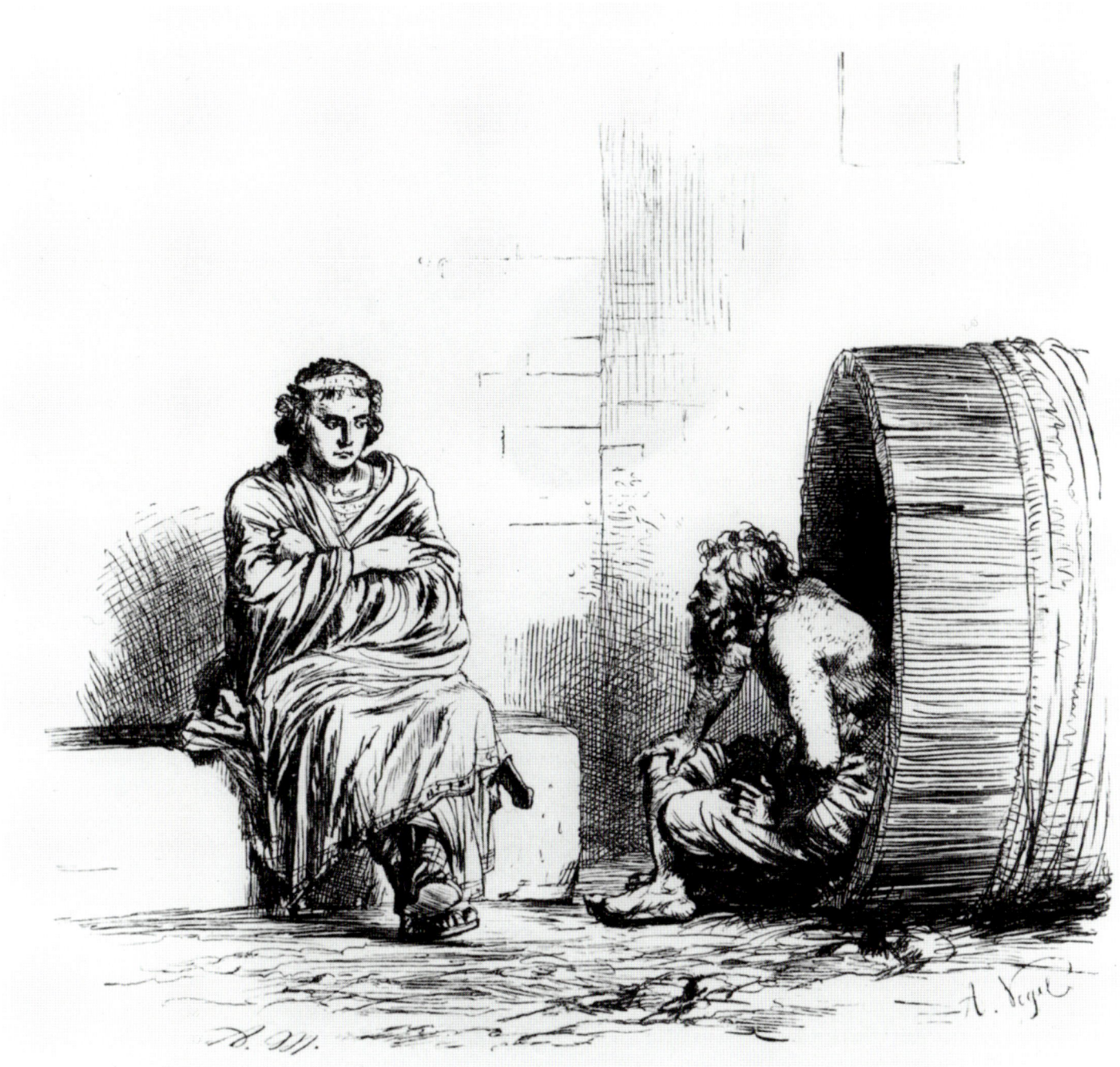

4 Diogenes im Gespräch mit Alexander dem Großen. Holzstich von Albert Vogel nach einer Zeichnung von Adolf von Menzel, 19. Jh.

schließlich Achills Grabstätte. Wie dieser über die Trojaner, so würde er über die Perser siegen (Abb. 3).

Während Alexanders Truppen vorrückten, schickte Kallisthenes seine Berichte nach Griechenland. Sie enthielten Siegesmeldungen und mussten vor allem die Schwierigkeiten der Anfangsoffensive verdecken. Als der Vormarsch an der kleinasiatischen Küste im Winter 334/3 v. Chr ins Stocken geriet, durch den Vorstoß persischer Schiffe in die Ägäis sogar ein Zweifrontenkrieg drohte, suchte Kallisthenes durch die Verbreitung von allerlei Wunderzeichen, Mirakeln und Prophetien die gefährdete Stellung zu kaschieren und Alexanders Mission gleichsam einem überirdischen Auftrag zu unterstellen. Die spätere Vergöttlichung hat hier bereits ihre Wurzeln. Vogelflug und Wetterunbilden gaben – als göttliche Zeichen interpretiert – Hinweise auf militärische Taktiken und andere Maßnahmen, Tafeln kamen zum Vorschein, die in alten Schriftzeichen das Ende der persischen Herrschaft ankündigten. Ein plötzlicher Umschlag des Windes teilte die Wogen und öffnete dank göttlicher Fügung Alexanders Heer eine sonst unpassierbare Passage durchs Meer. Auf dem Höhepunkt der Krise wurde das berühmteste Spektakel des Zuges inszeniert. Unter Donner und Blitz, also unter Zustimmung des Zeus, löste Alexander vor versammeltem Heer den berühmten Knoten von Gordion und sicherte sich damit nach einer alten Weissagung die Herrschaft über Kleinasien, die später in die über Gesamtasien umgedeutet wurde. Die Ausnahmestellung des Kallisthenes verrät nochmals sein Ende. Der Propagandist, der einem neuen Konzept des Königs im Wege stand, der Orientalisierung seiner Herrschaft, konnte nicht

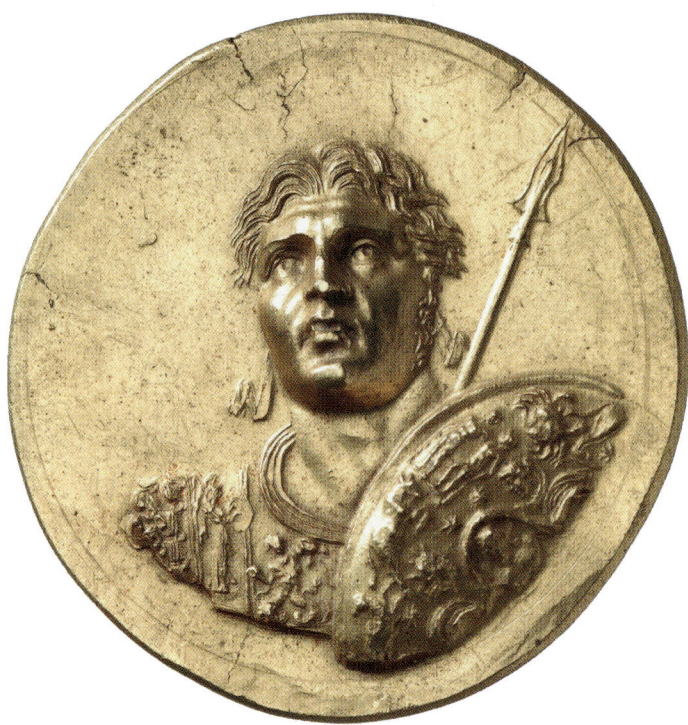
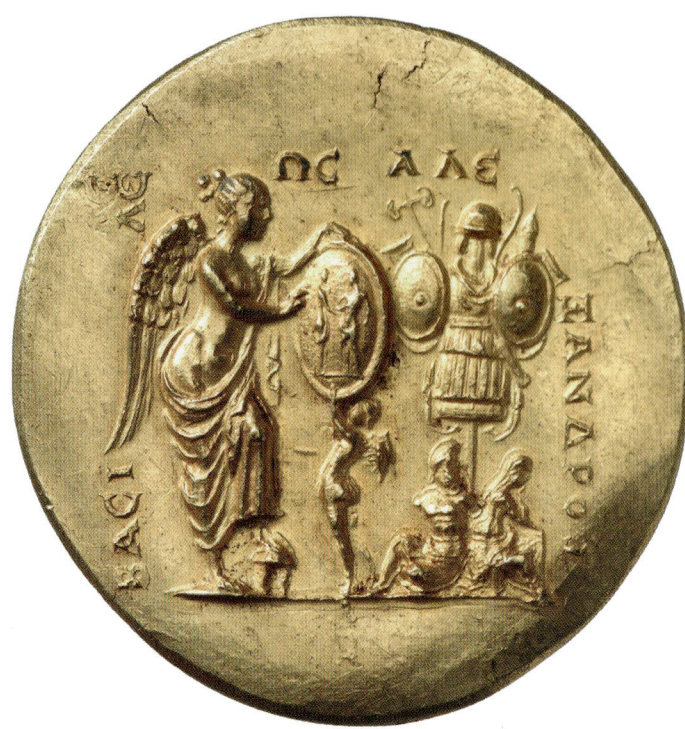

5 Goldmedaillon mit der Büste Alexanders als Weltherrscher, aus Aboukir/Ägypten, ca. 220–240 n. Chr. Berlin, Münzkabinett SMB PK, Obj. Nr. 18200016 (Kat. Nr. 52).

einfach Schreibverbot erhalten, er musste unter scheinbaren Rechtsgründen (Verschwörung) beseitigt werden.

Die nächsten Biographien entstehen erst Jahre nach Alexanders Tod. Sie sind bereits Teil des seit 323 v. Chr. ausgebrochenen Streits um das Erbe und besitzen mit einer Ausnahme, über die aber kaum etwas bekannt ist (Ephippos von Olynth), vornehmlich panegyrischen Charakter. Die Verfasser hoben ihre Rolle im Alexanderzug hervor oder rechtfertigten wie Ptolemaios ihren auf dem König ruhenden Herrschaftsanspruch. Notwendigerweise verzerrte sich das Bild Alexanders, das die Grundlage für die in römischer Zeit verfassten und allein erhaltenen Berichte wurde, schon früh. Chares von Mytilene, in den letzten Jahren Eisaggeleus („Protokollchef") des Königs, konzentrierte sich auf Anekdotisches und lieferte Interna aus dem Hofleben. Onesikritos, ein Schüler des Philosophen Diogenes (Abb. 4), begleitete Alexander auf dem Indienzug und verfasste in der Nachfolge der „Kyropädie" des Xenophon ein Werk über die Erziehung Alexanders. Es versuchte, Alexander entsprechend der kynischen Lehre als bedürfnislosen Weltherrscher darzustellen, als Mann, der den alten Widerspruch zwischen Macht und Weisheit zu lösen verstand. Dieses Bild wurde schon in der Antike heftig bekämpft, Onesikritos als Schwindler abgetan, doch es entfaltete seinen durch die römischen Quellen vermittelten Einfluss bis weit in die Moderne.

Berichte von Naturphänomenen in Indien, über Land und Leute, vor allem aber über die Schifffahrtsroute ins Indus-Delta stammen von Nearchos, dem Admiral Alexanders, und gingen u.a. in die „Geographiká" des Strabon ein. Doch gehört auch Nearchos' „Periplous" („Umsegelung") zur Memoirenliteratur, deren vordergründiger Zweck es ist, die Leistungen des Autors und „seines" Königs zu betonen. Das gilt auch für das bei dem römischen Historiker Arrian noch fassbare Werk des Aristobulos von Kassandreia, der offenbar zum technischen Personal des Zuges zählte und von daher ein über die militärischen Angelegenheiten hinausreichendes Interesse entwickelte. Seine Kritik an Wundererzählungen in der ihm bereits vorliegenden Alexander-Literatur kann aber nicht darüber hinwegtäuschen, dass er offensichtlich in allem der Propaganda Alexanders folgte und in diesem Sinne z.B. auch das Mirakel von Gordion schilderte. Der Kern des von der heutigen englischen und deutschen Forschung besonders geschätzten Arrian, dessen „Anabasis Alexandrou" Mitte des 2. nachchristlichen Jahrhunderts erschien, ist somit apologetisch, da der römische Historiker neben Aristobulos vorrangig auf Ptolemaios zurückgriff, jenen makedonischen Adligen und Vertrauten des Königs, der nach dessen Tod den ägyptischen Thron usurpierte. Das erst in hohem Alter verfasste Werk bemühte sich um eine rationale, das Militärische betonende Sicht, in der aber die Selbstlegitimation, die mit einer Glorifizierung Alexanders verbunden ist, dessen Leichnam Ptolemaios nach Alexandria hatte bringen lassen, die Hauptrolle spielte.

Alexandria ist auch die Heimat eines Alexanderhistorikers, der vermutlich nicht am Zug teilgenommen hat und der seine Informationen von den Veteranen des Krieges bekam, die Zuflucht in der ägyptischen Hafenstadt fanden. Da unter ihnen Söldner waren, die unter Dareios gedient hatten, gelangten offenkundig auch einige wenige Nachrichten von der Gegenseite in das Werk. Kleitarch ist der große Erzähler, der sich nicht scheute, Romanhaftes und Wundergeschichten in eine auf Effekte bedachte Darstellung aufzunehmen. Bei Kleitarch trifft Alexander nun auf die Amazonen, mit denen schon der athenische Theseus gekämpft haben soll, und vermutlich war er es, der ihn in den Wettstreit mit weiteren mythischen Gestalten treten ließ. In Ägypten maß sich Alexander mit Perseus, dem Bezwinger der Medusa, dem er es mit dem Zug zum Ammonorakel in der Oase

Siwah gleichtun wollte. Auf Herakles' Spuren reiste Alexander nach Indien, wo er noch die Ketten fand, aus denen sein Vorfahre (die makedonischen Herrscher führten ihre Abstammung bis auf Herakles zurück) den an den Felsen des Kaukasos geschmiedeten Prometheus befreit hatte. Er wurde selbst zu Herakles und schließlich zu Dionysos, durch dessen Gleichsetzung mit Schiwa oder anderen indischen Gottheiten er nicht mehr als fremder Eroberer erschien.

Kleitarch brachte die folgenreiche Legende auf, Alexander habe von vornherein nach der Weltherrschaft gestrebt und diese wie auch die Unbesiegbarkeit durch das Orakel des Gottes Ammon bestätigt bekommen. So wurde Alexanders Überschreitung des Unterlaufs der Donau zum Zug an den nördlichen Rand der bewohnten Welt. Hinter dem indischen Fluss Hyphasis, an dem Alexander von seinen meuternden Soldaten zur Umkehr gezwungen wurde, lag das östliche Ende der Scheibe und im Ozean an der Mündung des von ihm befahrenen Indus der südliche Rand. Die angeblich im Nachlass Alexanders gefundenen Pläne eines Feldzuges bis zu den Säulen des Herakles (Gibraltar) komplettierten die Weltherrschaft zumindest als Plan: Der König hätte damit auch das westliche Ende der Erde erreicht.

Kleitarchs Epos wurde zur meistgelesenen Alexandergeschichte des Hellenismus wie auch des republikanischen Rom und drei der fünf noch erhaltenen Darstellungen (Diodor, Pompeius Trogus/Iustin und Curtius Rufus) gehen mittelbar auf diese zurück. Kleitarch traf den Ton der Zeit. Seine Version der Ereignisse verbreitete sich schnell und das Interesse wuchs noch, je weiter die Römer im Verlaufe der karthagischen Kriege auch in den Osten des Mittelmeerraumes expandierten. Sie waren es, nicht Griechen oder Makedonen, von denen Alexander den Beinamen „der Große" erhielt (Abb. 5). Der erste, der als „neuer Alexander" gefeiert wurde, war der ältere Scipio Africanus, der Sieger über Hannibal. Pompeius ließ sich den Beinamen „Magnus" geben und stellte sich in eine direkte Tradition. Im Feldherrnmantel Alexanders, den er in der Schatzkammer des Mithridates von Pontos zu finden geglaubt hatte, zog er nach seiner Rückkehr als Triumphator in Rom ein. Caesar las als junger Mann von den Taten Alexanders und stellte als Diktator das Reiterbild des Königs auf dem Forum Iulium auf, versehen mit dem eigenen Porträt. Selbst Octavian (Augustus) fehlt nicht. Er veranstaltete in Alexandria eine späte Totenfeier für Alexander.

Gegenläufig zur Rezeption unter den Großen Roms hatte sich im Hellenismus bereits eine starke kritische Strömung gegen die Alexanderverehrung entwickelt. Sie kam aus den Philosophenschulen der Peripatetiker und Stoiker, genaue Werke und Einzelheiten sind aber nicht bekannt. Vielleicht machte Theophrast, ein Schüler des Aristoteles, mit seiner Schrift „Kallisthenes oder Über die Trauer" den Anfang. Dass bereits das Verhältnis zwischen Aristoteles und dem späten Alexander empfindlich gestört war, belegen die frühen Gerüchte, der Philosoph habe den König ermorden lassen. Parallel zur offiziösen Geschichtsschreibung der Diadochen entstanden so die Bilder vom Machtmenschen Alexander, vom Despoten und jähzornigen Trinker. Sie flossen bereits in die Alexander-Darstellungen ein, die in der späten Republik und der frühen Kaiserzeit geschrieben wurden und die nach Verlust der gesamten primären Überlieferung die einzigen erhaltenen Werke über Alexander darstellen. Die panegyrische Geschichte des Königs traf dabei auf die Alexander feindliche Tradition. Am Beispiel des Gordischen Knotens lässt sich erkennen, wie eine Legende die andere hervorbrachte. Nach dem Bericht des Augenzeugen Aristobulos ging Alexander das Problem an, indem er den mit einem Knoten umwundenen Holzpflock herauszog, der Deichsel und Wagen verband. Das war vermutlich die offizielle Version. Erst die späten Kritiker ließen Alexander zum Schwert greifen und stilisierten ihn, der zerschlug, was er nicht verstand, zum Gewaltherrscher. Für Seneca, den stoischen Philosophen, war Alexander, „watend im Blut der Völker", ein „von Gier, Ehrgeiz und Grausamkeit Getriebener, den der Wahn, fremde Länder zu verwüsten, ins Unbekannte trieb" (epist. 94,61–64) und der Dichter Lucan übertrug seine Abneigung gegen Nero auf dessen Vorbild, „den geisteskranken Spross Philipps von Pella, den erfolggekrönten Banditen" (10,20–22).

In den Darstellungen des 1. Jhs. v. und n. Chr., in den Weltgeschichten des Pompeius Trogus und des Diodor sowie der lateinischen Biographie des Curtius Rufus wandelt sich Alexander unter dem Einfluss des Orients, der Sitten und Gebräuche der Perser vom guten und weisen Herrscher zum zügellosen Despoten. Dagegen überwiegen in den Lebensbeschreibungen des 2. Jhs. n. Chr., bei Plutarch und Arrian, wieder die positiven Eigenschaften. Das Imperium Romanum wurde als großartiger Abschluss in eine Abfolge von Weltreichen gestellt, innerhalb derer vor allem das von Alexander verkörperte Makedonenreich den unmittelbaren Vorgänger Roms bildete.

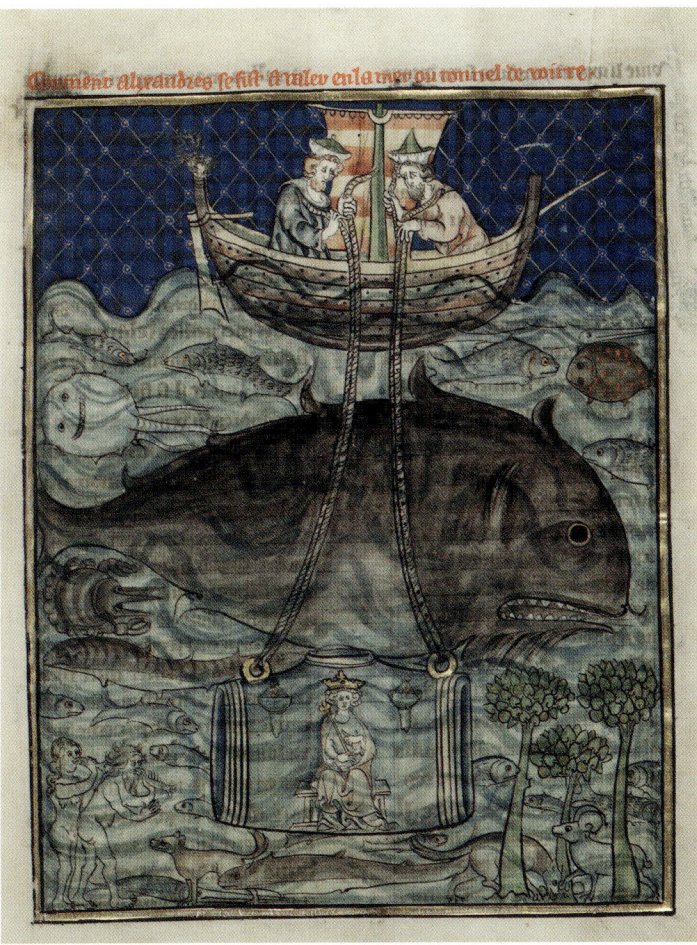

6 Tauchfahrt Alexanders, aus dem Alexanderroman „Histoire du bon roi Alexandre", um 1290–1320. Berlin, Kupferstichkabinett SMB PK, Inv. Nr. 78 C 1, fol. 67r (Kat. Nr. 364).

In der Spätantike erlosch das Interesse am historischen Alexander, die Darstellungen der frühen Kaiserzeit verschwanden, der sogenannte Alexanderroman, der im 3. oder 2. Jh. v. Chr. in Alexandria entstanden war und seitdem viele Zusätze erfahren hatte, entfaltete seine große Wirkung, nachdem er Anfang des 4. Jhs. zunächst ins Lateinische, dann aber auch ins Aramäische, Persische oder Arabische übersetzt worden war. Er wurde die Basis für das Alexanderbild des Mittelalters. Die Figur des Königs nahm nun gänzlich legendenhafte Züge an. Auf Greifen- und Adlerflügeln erhob er sich in den Himmel, in einer Taucherglocke stieg er auf den Grund der Ozeane hinab (Abb. 6). Auch im Mittelalter bleibt aber die Vorstellung von Alexander gespalten. Er wird zum Ritter mit allen christlichen Tugenden, dient als Fürstenspiegel, ist aber auch der von Aristoteles unterrichtete heidnische König oder gerät zum Exemplum Vanitatis, zum Beispiel für die Eitelkeit der Welt.

Die modernen Alexandervorstellungen nehmen ihren Ursprung in der Zeit der Aufklärung. Im 18. Jh. setzte sich in Deutschland ein Alexanderskeptizismus durch, der Wundererzählungen und Panegyrik verwarf und sich zunächst in Roman und Satire beobachten lässt. 1776 erschien Johann Carl Wezels Buch „Belphegor oder Die wahrscheinlichste Geschichte unter der Sonne", in dem Alexander der Große – ein versteckter Angriff auf die Fürstenherrlichkeit der Zeit – zur Geißel der Menschheit stilisiert wird, zu einem Herrscher, der seinen Soldaten „Gefahren, Schmertz, Strapatzen, Hunger, Wunden, Tod" verspricht und „Quälen, Würgen, Morden und Verheeren" zum Programm erhebt.

Mit Barthold Georg Niebuhr beginnt die wissenschaftliche Auseinandersetzung mit dem Phänomen und in Fortsetzung des „aufgeklärten" Alexander steht an ihrem Anfang ein Bild, das dem nach dem Zweiten Weltkrieg entworfenen nicht unähnlich war. In seinen 1829/30 in Bonn gehaltenen „Vorträgen über alte Geschichte", die von seinem Sohn aus dem Nachlass publiziert wurden, hat B. G. Niebuhr einen Alexander gezeichnet, der zumindest in seinen späten Jahren „für alles Menschliche ganz abgestumpft war", Völker ausrottete, Gefangene abschlachtete und „immer mehr dem schrecklichen Trunke verfiel."

In einer Gegenbewegung schuf nur wenig später Johann Gustav Droysen im Zuge einer Napoleon-Renaissance und beeinflusst von Hegels „Philosophie der Weltgeschichte" einen Alexander mit geradezu messianischen Zügen. Droysens Alexander steht am Beginn eines großen Zeitalters (von Droysen selbst Hellenismus benannt), das den Griechen neue geographische Räume öffnete und ihre Kultur über die Oikoumene verbreitete. Diese enthusiastische Sichtweise überstand das 19. Jh. und regte den englischen Historiker W. W. Tarn zu einer weiteren mythischen Überhöhung Alexanders an. Als sich nach dem Ende des Ersten Weltkrieges viele Hoffnungen auf den neu gegründeten Völkerbund richteten, konzipierte Tarn einen Alexander, der Staats- und Volksgrenzen aufhebt und die Einheit einer in Gleichheit und Brüderlichkeit verbundenen Menschheit plant. Der Titel eines berühmten Vortrags, den Tarn nicht zufällig exakt 100 Jahre nach Droysens Buch hielt, zeigt das Programm: "Alexander the Great and the Unity of Mankind".

Nach dem Ende des Zweiten Weltkrieges schieden sich freilich namentlich in der englischsprachigen Forschung die Geister. Dem romantischen Alexander eines der Tradition Tarns folgenden R. L. Fox stehen Werke gegenüber, die – nun wissenschaftlich fundiert – die Alexanderkritik des Peripatos oder der Aufklärung wieder aufnehmen. Der Alexander, der als Erlöser der Menschheit bis nach Indien gelangt, kontrastiert mit einem Alexander, dessen Fähigkeiten auf das Töten reduziert sind (A. B. Bosworth: "Alexander spent much of his time killing and directing killing, and, arguably, killing was what he did best."). So bleibt der bereits zu Lebzeiten zur Legende verklärte Alexander eine Gestalt, deren Deutung in alle Richtungen offen ist und die sich damit für viele Interpretationen eignet (Abb. 7). Die Arbeit am Mythos Alexander ist nicht zu Ende und so ist auch dieser Aufsatz sowohl Kritik am Mythos wie auch Teil von ihm.

Quellen
Lucan.; Sen. epist.

Literatur
Mossé 2004; Goukowsky, 1978–1981; Pearson 1960; Stoneman 1994; Weippert 1972; Will 1986; Will 2009.

7 Himmelsflug Alexanders des Großen, aus dem Alexanderroman „Histoire du bon roi Alexandre", um 1290–1320. Berlin, Kupferstichkabinett SMB PK, Inv. Nr. 78 C 1, fol. 66r (Kat. Nr. 364).

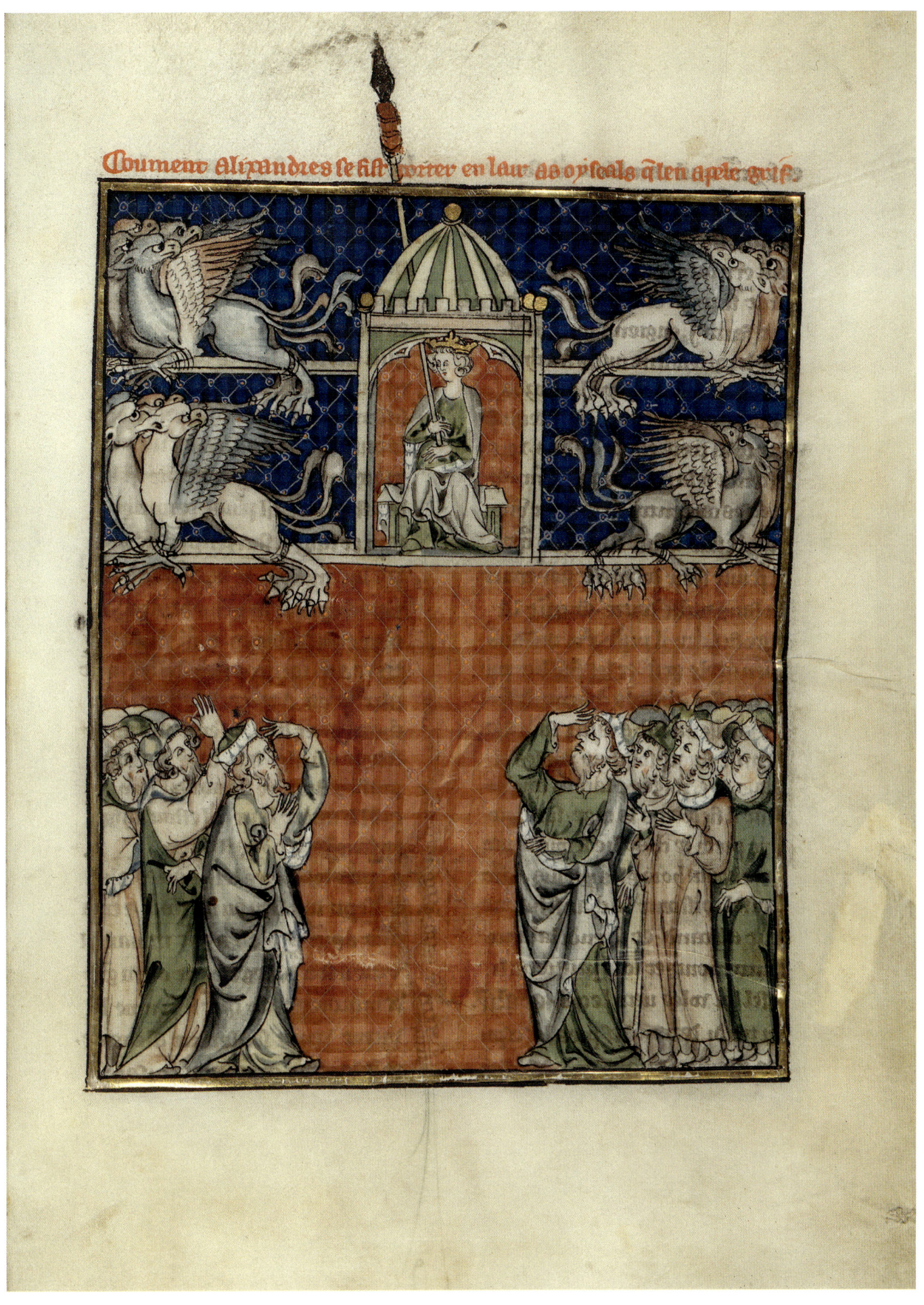

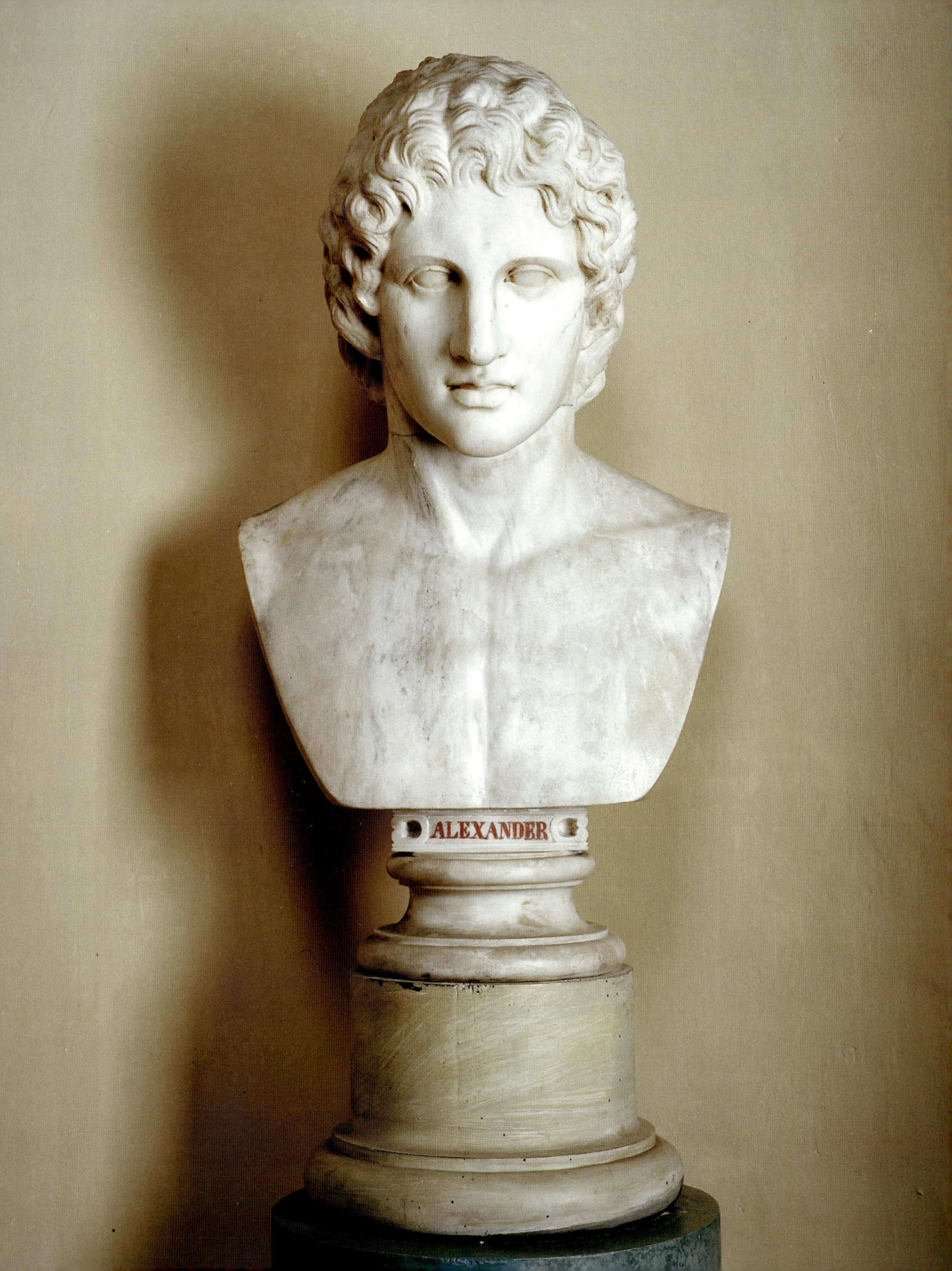

Alexanderporträts und Bildnisse frühhellenistischer Herrscher

Ralf von den Hoff

Alexander bedeutete für die Griechen und die Bewohner des ehemaligen Perserreiches einen drastischen Wandel der Erfahrungswelt. Er eroberte in jungen Jahren als König ein riesiges Territorium, das er auf der Grundlage seines Charismas und seiner militärischen Leistungen beherrschte, und schuf einen Territorialstaat, der lange gültige politische und kulturelle Grenzen überbrückte. Ein solcher Wandel bedurfte neuer visueller Äußerungsformen. Und so verwundert es nicht, dass Alexander auch das antike Herrscherbild revolutionierte.

Den Kleinstaaten Griechenlands muss im 4. Jh. v. Chr. die Vorstellung eines jungen, dynamischen Königs weitgehend fremd gewesen sein. In der Mythologie waren Könige ältere, sich durch Macht und Würde auszeichnende Männer. In Tragödien erschien so auch der Perserkönig (Abb. 1). Er galt den Griechen als negatives Beispiel eines Tyrannen. Im Perserreich wurde er gleichfalls als würdiger, reifer Mann dargestellt. In Randgebieten Griechenlands, wie in Makedonien, Alexanders Heimat, gab es lokale Monarchen. Aber auch dort galt die Würde des Alters als wichtige Qualität, allenfalls ergänzt durch einen aristokratisch-luxuriösen Habitus. Die Bürger, welche die Politik in Griechenland bestimmten, stellten sich gleichfalls als reife Männer dar. Auch sie trugen in ihren Bildnissen den Bart als Zeichen ihres erwachsenen Status und kurze Haare, so wie Alexanders Lehrer Aristoteles. Ihre typische Tracht war der einfache Mantel (Abb. 2).[1]

Schon Alexanders Alter von gerade 20 Jahren beim Tod Philipps II. (336 v. Chr.) sprach gegen die Übernahme dieser Rollenmodelle für den neuen König. Er stilisierte vielmehr sein Auftreten und Aussehen ebenso wie seine Porträts in neuer Weise.[2] Alexander trat als junger, bartloser Mann auf, mit langem, in den Nacken reichendem Haar, das über der Stirn in löwenartiger Bewegung nach oben strebte, in der sogenannten *Anastolé*. Er warf offenbar bisweilen den Kopf zur Seite mit einem Blick in die Ferne, um seiner Dynamik Ausdruck zu verleihen (Abb. 3, 4; Kat. Nr. 10 u. 11). Seine Augen hatten eine leidenschaftliche Wirkung, die man als „feucht" beschrieb. Man sah ihn in Bildwerken wie in der Realität in der Soldatentracht (Kat. Nr. 10 u. 220), stellte ihn aber auch nackt und in Anlehnung an Bilder von Göttern und Heroen dar (Abb. 5; Kat. Nr. 7, 11). Ein eigentliches „Königsornat" gab es für ihn nicht. Im griechischen Kontext trug er lediglich eine dünne Stoffbinde im Haar, das Diadem, das er angeblich aus der persischen Kö-

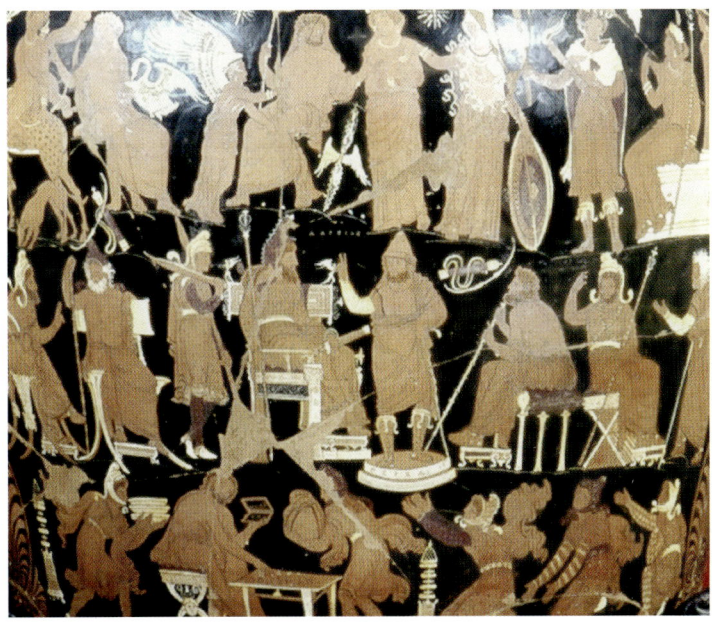

1 Dareios I. als König in der Tragödie „Die Perser". Apulischer Volutenkrater, spätes 4. Jh. v. Chr. Neapel, Museo Archeologico Nazionale, Inv. Nr. 81947.

nigstracht übernahm, das aber auch griechischen Siegerbinden ähnelte. Auftreten, Alter und Darstellungen des Makedonenkönigs beeinflussten sich in diesem Bildkonzept gegenseitig: ein enges, geradezu modernes Zusammenspiel von Realität, Stilisierung und visueller Wirkung im Sinne eines neuen Herrscher-Images.[3]

Wir kennen viele bildliche Darstellungen Alexanders, aber die meisten von ihnen werden nicht von ihm selbst in Auftrag gegeben worden sein. Die besonders berühmten rundplastischen Bildnisse des Makedonen, die zu seinen Lebzeiten geschaffen wurden, können wir am ehesten als von ihm selbst oder seinem höfischen Umfeld beeinflusst ansehen. Einige dieser Bildnisse lassen sich aber auf Ehrenstatuen zurückführen, welche die beherrschten Städte ihm widmeten. Alexanderstatuetten stehen im Zusammenhang mit dem verbreiteten Herrscherkult auch nach seinem Tod. Bei den Münzbildnissen handelt es sich hingegen oft um herrscherliche Entwürfe.[4] Unterschiedliche Auftraggeber bedingten aber unterschiedliche Sichtweisen auf den Herrscher. Das Bild Alexanders ist für uns nur in diesen Brechungen fassbar, in der Rezeption des von ihm selbst verbreiteten Images. Dass man Lysipp als den einzigen Bildhauer ansah, der zu Lebzeiten Bildnisse Alexanders fertigen durfte, ist sicher eine Übertreibung.[5] Sie könnte ihren Grund in Alexanders Wunsch gehabt

6 Porträtkopf Alexanders des Großen aus Tivoli, Villa Hadriana, sog. Alexander Erbach. Marmor, römische Kopie (2. Jh. n. Chr.) eines griechischen Originals. Bad Homburg, Verwaltung der Staatlichen Schlösser und Gärten Hessens, Inv. Nr. 643 (Kat. Nr. 2).

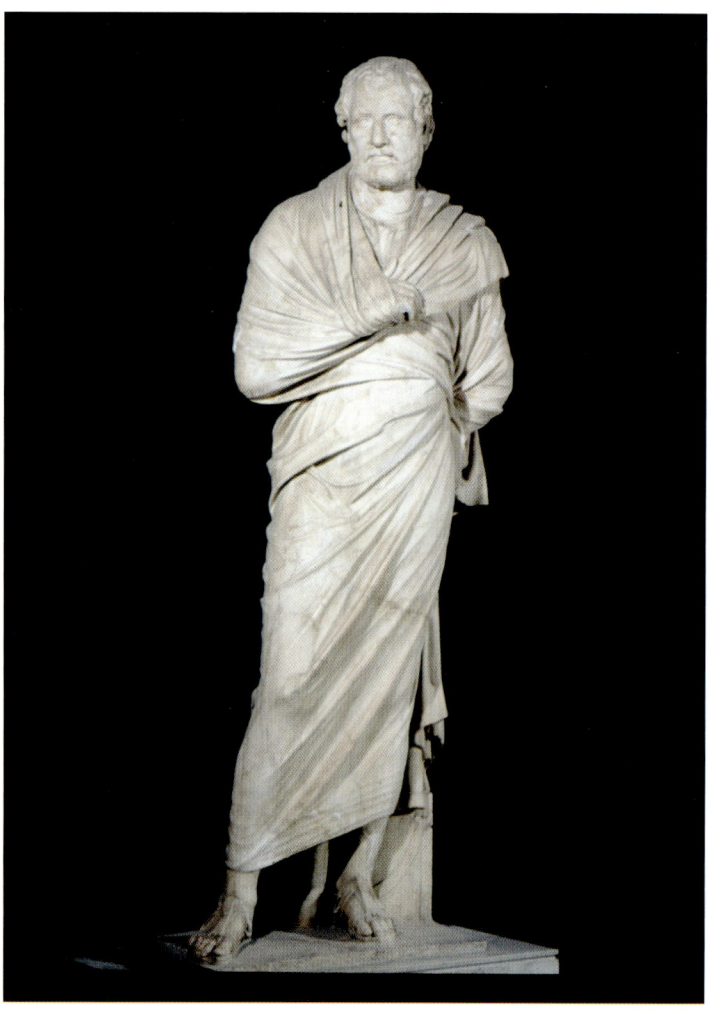

2 Bildnisstatue des Aischines. Römische Kopie nach Original des späten 4. Jhs. v. Chr. Neapel, Museo Archeologico Nazionale, Inv. Nr. 1528.

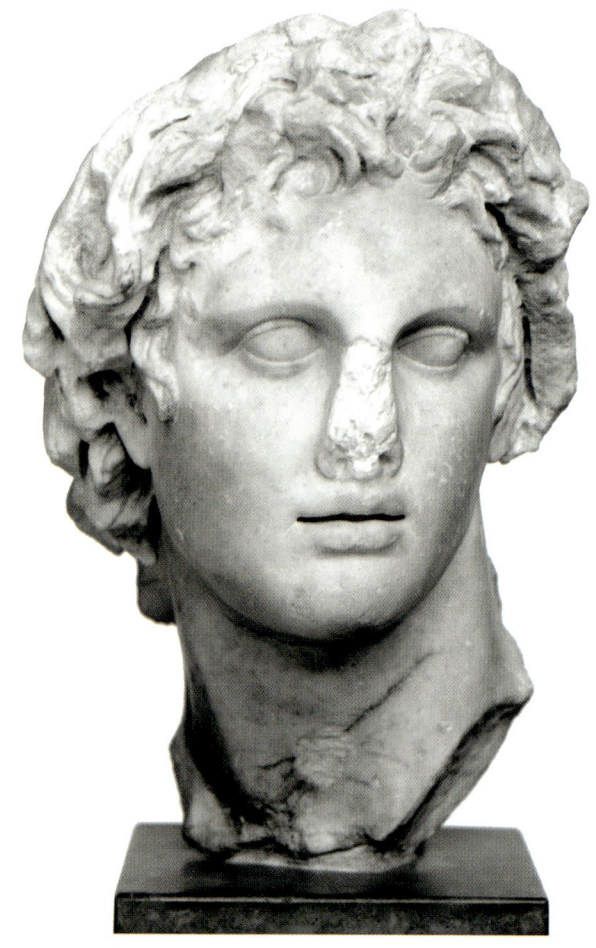

3 Porträtkopf Alexanders des Großen aus Alexandria, Marmor, 3. Jh. v. Chr. Kopenhagen, Ny Carlsberg Glyptothek Inv. Nr. IN 574 (Kat. Nr. 6).

haben, die Verbreitung seines Bildes in wirksamer Weise zu steuern. Es stellt sich damit die Frage, wie dieses verbreitete Image des Königs aussah, wie es aufgenommen wurde und sich veränderte.

Die Forschungen der letzten Jahrzehnte haben hier eine relativ sichere Grundlage geschaffen.[6] Ausgangspunkt sind die Alexanderbildnisse, die vermutlich zu seinen Lebzeiten entstanden. Da ist zunächst das früheste, das Prinzenbildnis im Typus Erbach-Akropolis (Abb. 6/ Startabb.; Kat. Nr. 3). An Bartlosigkeit und *Anastolé* ist Alexander erkennbar. Aus stilistischen Gründen gehört das Porträt in die Zeit kurz nach 340 v. Chr.[7] In den Konventionen dieser Zeit war für den Prinzen, der damals um die 18 Jahre alt war, die Bartlosigkeit nichts Ungewöhnliches. Die Kombination mit dem langen Haar aber musste man als Hinweis auf seine heldenhafte Schönheit lesen, auf Homers „langhaarige Achaier". Dies verband ihn mit Bildern junger Heroen und Götter, kam aber nur selten jungen Bürgern zu. Der Eindruck von luxuriöser Unmännlichkeit, der den langen Haaren leicht anhaftete, ließ sich durch die löwenartige *Anastolé* über der Stirn konterkarieren. So entstand das Bild eines schönen, jungen Helden. Entscheidend ist, dass dieses neue Konzept bereits für den Thronfolger konstituiert wurde.

Die „Herme Azara" aus einer römischen Villa in Italien ist als einziges Bildnis Alexanders durch eine Inschrift identifiziert. Ihr Kopf geht zusammen mit zwei weiteren römischen Kopien auf ein Vorbild der Zeit um 330/20 zurück. Heute als Typus Azara bezeichnet, war dies ebenfalls ein bekanntes Bildnis des Makedonen. Aus Ägypten stammt eine Bronzestatuette, die in Kopfform, Kopfhaltung und Frisur den Repliken des Typus Azara entspricht. Der Bronzegießer muss deren Vorbild vor Augen gehabt haben. Von diesem unterscheidet sich der Kopf der Bronze aber durch den heute verlorenen Aufsatz einer ägyptischen Götterkrone. Deshalb ist nicht ganz sicher, ob die Statuette eine Vorstellung der Statue im Typus Azara vermittelt.[8] Ihre Haltung wird aber in einer weiteren Kleinbronze aus Alexandria aufgenommen (Abb. 5), was für ein großplastisches Vorbild dieser Form spricht. Ägypten ist damit auch der wahrscheinlichste Standort für das Alexanderporträt im Typus Azara. Die Statuetten zeigen, dass der König in einer berühmten Statue bereits zu Lebzeiten nackt und mit der zu ergänzenden Lanze in der linken Hand in Anlehnung an griechische Heroen- und Götterbilder dargestellt wurde. Besonders Lysipp war für Alexanderbildnisse „mit der Lanze" berühmt (Plut. mor. 335 B; 360 D). In der griechischen Vorstellung verwies die Nacktheit auf physische Leistungsfähigkeit, wie sie auch in Athletenbildern zum Ausdruck kam. Als charakteristisch für das Alexanderbildnis im Typus Azara erweist sich überdies die Trennung von vollem Haarkranz und

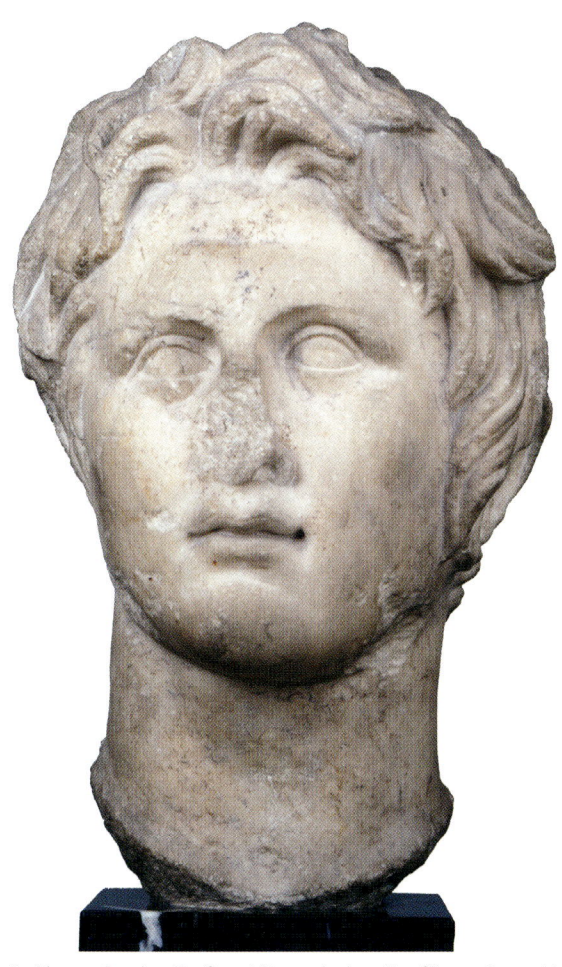

4 Porträt Alexander des Großen („Dresselscher Kopf") aus Rom. Marmor, römische Kopie eines griechischen Originals um 300 v. Chr. Dresden, Skulpturensammlung, Staatliche Kunstsammlungen, Inv. Nr. Hm 174 (Kat. Nr. 5).

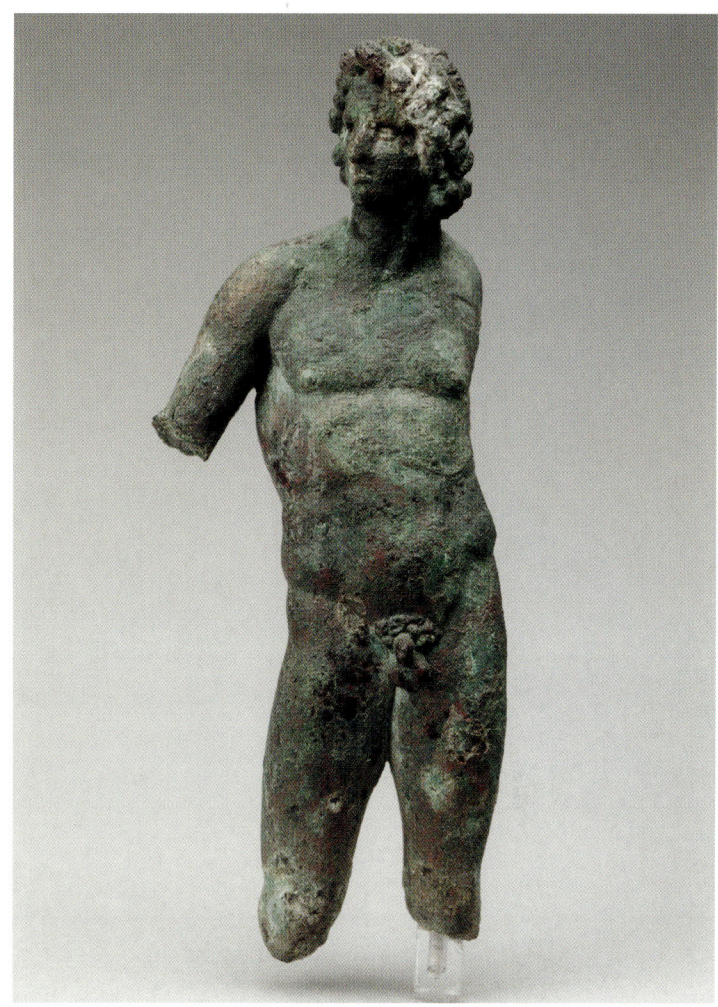

5 Bronzestatuette Alexanders des Großen aus Ägypten, Typus Azara. Spätes 4./frühes 3. Jh. v. Chr. Paris, Musée du Louvre Inv. Nr. Br 369 (Kat. Nr. 9).

flach anliegenden Locken auf der Kalotte. Sie war dem Prinzenbildnis noch nicht eigen und kennzeichnet sonst Darstellungen griechischer Götter: ein heraushebendes Kennzeichen. In dieselbe Richtung weist auch das ebenmäßige Gesicht des Porträts.[9]

Das Alexanderporträt im sogenannten Typus Schwarzenberg zeigt uns ein anderes Bild (Abb. 7).[10] Den Makedonenkönig kann man erneut an Bartlosigkeit und Anastolé erkennen, doch kennzeichnet ihn eine dynamischere Erscheinung und eine markante Individualität: das spitze Kinn, die hageren Wangen mit hohen Jochbeinen und die verschatteten Augen. Das Haar lässt die Ohren frei. Es ist in strähnigen, spröden Locken von vorne nach hinten gestrichen. Hier fehlt die göttergleiche Stilisierung; Haar und Physiognomie erscheinen vielmehr lebensnah und naturalistisch. Die Datierung des Vorbildes ist nicht unumstritten. Einigkeit besteht darin, dass es nach dem Jugendbildnis, d.h. nach dem Tod Philipps II. entstanden sein muss. Wo der Alexander Schwarzenberg ursprünglich stand, ist offen, unter Umständen in Kleinasien. Dieses Porträt oder das Bildnis im Typus Azara – oder beide – werden zu Statuen Alexanders gehört haben, die sein bevorzugter Bildhauer Lysipp schuf, und deshalb wohl im Umfeld des Königs selbst entstanden sein.[11] Sie repräsentieren zwei verschiedene Darstellungsmodi des Alexanderporträts: den idealisiert-götterähnlichen und den naturalistischen.

Ebenfalls noch in die Lebzeit Alexanders gehört eine Statue, die Alexander barfuß mit einem geschuppten Umhang zeigte. Bei diesem Umhang handelt es sich um die sogenannte Aegis, die dem Göttervater Zeus zukam. Sie dokumentierte die göttliche Abkunft Alexanders und den Schutz des Zeus. Die Statue, deren Aussehen uns besonders durch Statuetten aus Ägypten bekannt ist (Kat. Nr. 8), stellte Alexander als Gründerheros Alexandrias dar.[12] Die Frisur mit *Anastolé*, Haarkranz und flacher Kalotte folgt dem ideal-götterähnlichen Darstellungsmodus des Alexander Azara. In anderer Weise zeigte man den König auf Münzen, die am Ende seines Eroberungszuges in Babylon geprägt wurden (Kat. Nr. 14). Hier sieht man ihn als Feldherrn mit Brustpanzer, langem Rückenmantel, Schwert und Lanze. Federn zieren seinen Helm wie Insignien und Nike bekränzt ihn zugleich als Sieger. In der rechten Hand hält er den Blitz des Zeus. Der siegreiche König ist hier Feldherr und Nachkomme des Zeus zugleich; göttliche Attribute bezeichnen seine herausragenden Qualitäten.[13]

Zeigen so bereits die zu Lebzeiten des Königs entstandenen Bildnisse eine Vielfalt von Rollen und Qualitäten des Herrschers, so weitet sich das Spektrum in den postumen Darstellungen. Zu diesen zählt vermutlich das Bildnis des Makedonen auf dem sogenannten Alexandermosaik (vgl. Beitrag F.-W. v. Hase), dessen Vorlage am

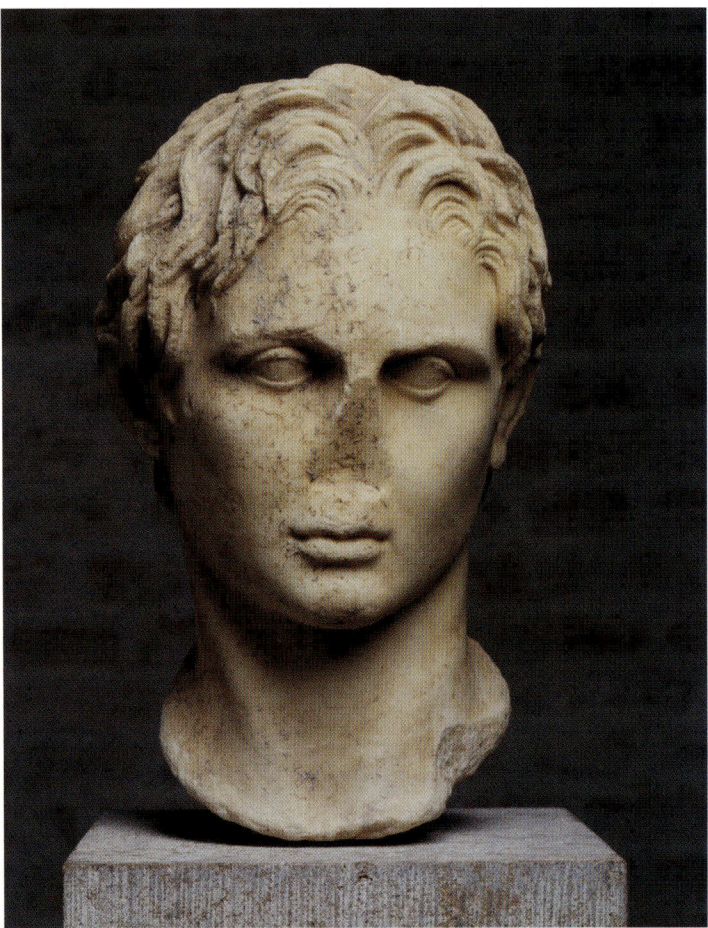

7 Porträtkopf Alexanders des Großen, angeblich aus Tivoli, vormals Slg. Schwarzenberg. Marmor, römische Kopie eines griechischen Originals um 330 v. Chr. München, Staatliche Antikensammlungen und Glyptothek, Inv. Nr. GL 559 (Kat. Nr. 4).

Ende des 4. Jhs. v. Chr. geschaffen wurde und eine der Entscheidungsschlachten des Persienzuges zeigt.[14] Wieder finden wir die typische *Anastolé*; diesmal trägt Alexander aber einen dünnen Wangenbart. Der Kopf zeichnet sich durch individuelle Züge aus, wie die schmale Nase und das vorgeschobene Kinn. Der Frisur fehlt die idealisierende Teilung in Haarkranz und Kalotte des Typus Azara. Strähnig und züngelnd ist das spröde Haar nach hinten bewegt, ähnlich dem Bildnis Schwarzenberg. Der Eindruck ist naturalistisch und situativ. Die aufgerissenen Augen ergänzen dies treffend zur spannungsvollen, dramatischen Dynamik der Schlachtszene.

Zwar ist die genaue Entstehungszeit einer Statue aus ägyptischem Rosengranit im Frankfurter Liebieghaus unsicher, aber ihre Datierung in den frühen Hellenismus lässt sich gut begründen. Der Dargestellte trägt die Insignien eines ägyptischen Pharao. Nimmt man die in der Mitte über der Stirn als Buckel hervorgehobenen Locken als Hinweis auf Alexanders *Anastolé*, so könnte man den Makedonen selbst erkennen. Die im Herrscherkonzept Alexanders so maßgebliche Dynamik ist hier zugunsten der lokal geprägten ägyptischen Herrscherrolle aufgegeben, des beständige Stärke und unwandelbare Tradition verkörpernden Pharao.

Schon seit dem späten 4. Jh. prägen die Nachfolger Alexanders sein Bildnis auf ihre Münzen. Auch mit dem Diadem und mit anderen auszeichnenden Attributen wurde er nun dargestellt. Auf den Bildnismünzen des Lysimachos (Abb. 8; Kat. Nr. 19, 20 u. 24)[15] trägt der König zum Diadem Widderhörner, die ihn mit Zeus-Ammon verbinden. Die großen Augen, die dem Kopf des Alexandermosaiks ähneln, sind oft mit einem Blick zum Himmel verbunden und so ein heraushebender Zug göttlichen Anspruchs. Die Frisur mit vollen Locken und der Haarspinne auf der Kalotte ähnelt dem Bildnistypus Azara, nicht aber dem naturalistischen Darstellungsmodus.

Ein weiteres rundplastisches Bildnis des Makedonen, das in römischer Zeit mehrfach kopiert wurde, vertritt ein Marmorkopf in Dresden (Abb. 4).[16] Trotz der naturalistischen Erscheinung des Haares, die dem Bildnis des Alexandermosaiks ähnelt, wirken die Gesichtszüge jugendlich. Hat man dies früher als Hinweis darauf gedeutet, dass es sich um ein Jugendbildnis Alexanders handelt, so ist man heute eher der Ansicht, dass das Porträt aus stilistischen Gründen erst nach seinem Tod entstanden ist. Sollte das Bildnis wirklich Alexander darstellen, dann schuf man offenbar nun auch Porträts, die Alexander gegenüber dem Alter zum Zeitpunkt seines Todes verjüngten. In diese Richtung könnten auch Fragmente einer marmornen Statuengruppe aus Megara weisen, sollte der Kopf mit *Anastolé* tatsächlich Alexander darstellen. Hier ist der volle Haarkranz wie beim Typus Azara vom eher flachen Kalottenhaar getrennt.[17]

Auf die Vielfalt von Darstellungsmöglichkeiten des Königs beispielsweise als reitend-kämpfender oder stehender Feldherr im Brustpanzer (Kat. Nr. 1, 10 u. 220) oder nackt bzw. mit Götterattributen, die seine übermenschlichen Qualitäten anzeigen (Kat. Nr. 7 u. 11), kann hier nicht im Einzelnen eingegangen werden. Die meisten kleinformatigen Figuren dienten der Verehrung Alexanders nach seinem Tod. Auf Münzen wird er nun auch mit Herakles identifiziert (Kat. Nr. 27). Neben der neuen Vielfalt blieben aber die ursprünglichen Darstellungsmodi des Königs langfristig wirksam. So folgen hellenistische Bildnisköpfe aus Ägypten häufig dem idealisierten Bildniskonzept mit der Trennung von Haarkranz und *Anastolé* und steigern Jugend und Dynamik der Erscheinung (Abb. 3). Alexander sollte jetzt offenbar besonders heroisch stilisiert werden. Zum anderen, eher naturalistischen Überlieferungsstrang mit strähnigem Haar gehört hingegen noch ein im 3. Jh. n. Chr. entstandenes Bildnis auf einem Goldmedaillon (Kat. Nr. 52). Hier sind ihm neben den Waffen ein Diadem, ein Wangenbart, wie beim Alexandermosaik, und große, himmelwärts gerichtete Augen beigegeben wie auf den Münzen des Lysimachos. Der naturalistisch erscheinende König erhält auf diese Weise übermenschliche Züge. Zur selben Medaillonserie gehören auch Bildnisse des Makedonen, die das reich gelockte Haar des idealisierten Darstellungsmodus aufweisen.

Der Überblick über die Erscheinungsformen des Alexanderporträts macht deutlich, dass Alexander schon als Prinz durch seine Schönheit, seine Jugend und das seine löwengleiche Energie anzeigende Stirnhaar gekennzeichnet wurde. Dieser Bruch gegenüber älteren Herrschervorstellungen wurde für den avisierten Nachfolger Philipps bewusst inszeniert. Er war in seinen Bildnissen zudem spätestens seit dem Beginn des Persienzuges eine Figur, die man durch übermenschliche Leistungsfähigkeit, Götternähe und heroische Eigenschaften ausgezeichnet sah, was in dieser Bündelung gleichfalls neu war. Man artikulierte dies nicht nur durch Attribute und Statuenkörper, sondern auch durch die stilisiert-ideale Erscheinung des Bild-

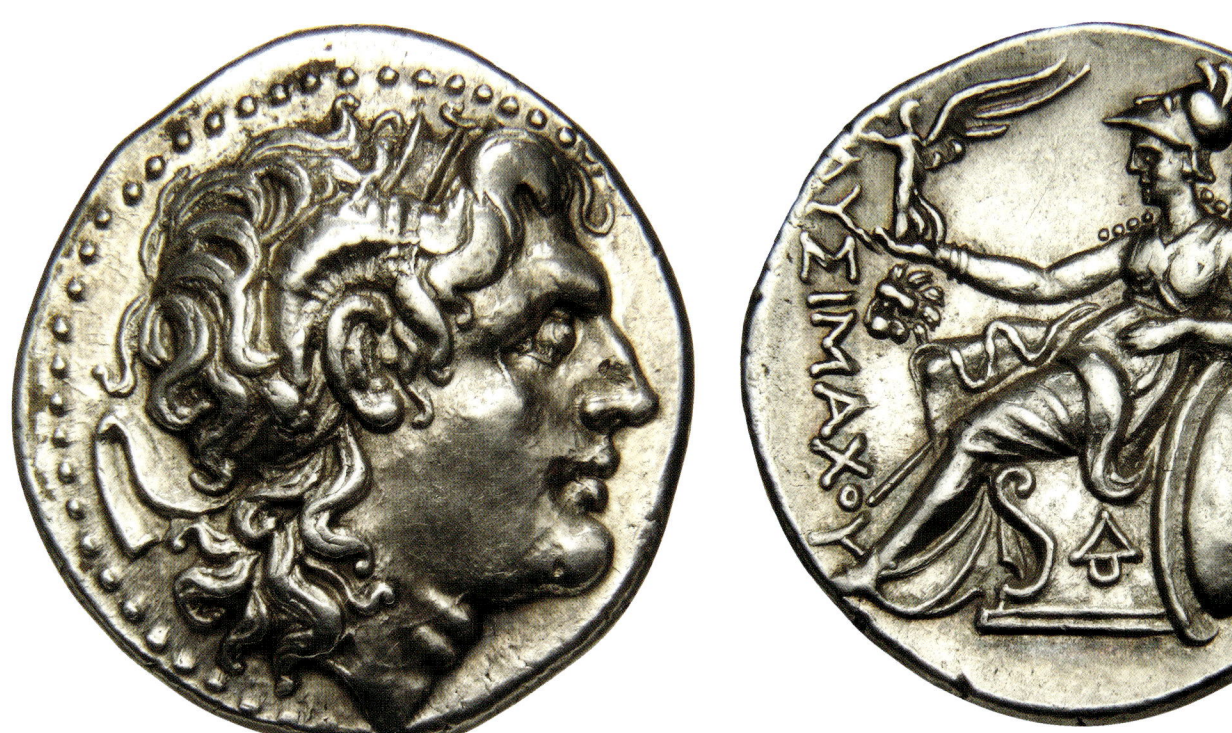

8 Bildnis Alexanders des Großen. Tetradrachme des Lysimachos, 297–281 v. Chr. Berlin, Münzkabinett SMB PK Obj. Nr. 18214381 (Kat. Nr. 23). Maßstab 3,4:1.

nistypus Azara. Alexander war aber auch eine Figur, deren reale, lebendige Präsenz höchste Relevanz für ihre Legitimität hatte, wie es in Bildern des Feldherrn und im naturalistischen Bildnismodus des Typus Schwarzenberg deutlich wird. Dabei wurden ihm nicht nur unterschiedliche Rollen zugewiesen, man griff auch in unterschiedlichen Phasen der Geschichte auf unterschiedliche Vorstellungen von Alexander zurück: Alexander stellte man sich jeweils so neu vor, wie es aktuellen Bedürfnissen entsprach.

Unter den Nachfolgern Alexanders, viele von ihnen seine ehemaligen Generäle, nun vielfach weit über 50 Jahre alt, brach das Alexanderreich im frühen Hellenismus in kleine Staaten auseinander, obwohl die Diadochen die Nachfolge des Makedonenkönigs und den Erhalt seines Reiches auf ihre Fahnen geschrieben hatten. So sehr Alexanders Herrschaftsmodell auch für sie maßgeblich war, so auffällig ist es, wie sie sich zu seinem Herrscherbildnis verhielten. Zum einen bestätigten und erweiterten sie dessen Leitbildcharakter durch die Kreation und Verbreitung von Porträts des großen Makedonen, so beispielsweise in Münzbildnissen. Zum anderen ließen sie natürlich Bildnisse von sich selbst entwerfen, in denen ihre eigene Herrscherrolle zum Ausdruck kam. Nach den innovativen, „starken" Bildnissen Alexanders konnte dies notwendigerweise nicht ohne eine Positionierung diesem gegenüber geschehen. Doch lösten die Diadochen ihren Nachfolgeanspruch hier nur bedingt ein: Weder Seleukos I. Nikator (312/306–281 v. Chr.), (Abb. 9), noch Ptolemaios I. Soter (323/304–285 v. Chr.) (Kat. Nr. 18) glichen sich systematisch an Alexander an,[18] obwohl dies in Darstellungen von Bürgern zur selben Zeit durchaus geschah. Die Diadochenbildnisse zeichnen sich zwar durch die von Alexander etablierte Bartlosigkeit aus, welche die neuen Herrscher nun gegen alle früheren Konventionen für Männer ihres Alters übernahmen. Dieser neuen Mode verschafften sie auf diese Weise weite Akzeptanz. Sie ließen sich aber durchweg mit dem Diadem als neuer Königsinsignie darstellen, die Alexander in seinen eigenen Bildnissen nicht nachweisbar zur Darstellung gebracht hatte: ein Zeichen ihres neuen Herrschaftsanspruchs. Zudem zeigten sie sich zumeist zwar mit vollem Haar, nicht aber mit der *Anastolé* des Makedonenkönigs. Insbesondere zeichnen sich die Diadochenporträts nicht durch Schönheit und jugendliche Idealität aus. Dies ist nur dann anders, wenn sie, wie beispielsweise Demetrios Poliorketes, tatsächlich noch kein hohes Alter erreicht hatten. Wie dies zu erklären ist, bleibt vorläufig offen.[19] Zum einen wird es eine Rolle gespielt haben, dass man die Identität von wirklichem Aussehen und Bildnis, die Alexander programmatisch stilisiert hatte, nicht mehr aufgeben konnte, auch wenn diese für griechische Porträts ursprünglich nicht konstitutiv war. Das Herrscherbild musste nun zumindest in Grundzügen dem realen Aussehen des Herrschers entsprechen. Das gänzlich verjüngte Bildnis eines 50-jährigen Mannes war nicht glaubhaft, denn man brauchte tatsächlich präsente Herrscher, keine Herrscher in idealisierter Distanz. Das zeigt der Hymnos auf Demetrios Poliorketes, den die Athener anlässlich seines Einzuges in die Stadt 291 v. Chr. anstimmten (Athen. 253 B–F). Zum anderen setzten die Diadochen auf Individualität: Unverwechselbare Physiognomien mit tiefen Falten, ausgeprägten Nasen und Stirnformen spielten die Besonderheit gegenüber anderen Königen aus, die ebenfalls auf die Alexandernachfolge pochten. Die individualisierten Bildnisse bezeugen also eine ausgesprochene Konkurrenzsituation, in der sich die Regionalherrscher durch ihre Individualität legitimierten. Alexander gab dabei kein nachahmbares Herrscherbild ab. Es spricht für diese Erklärung, dass auch ein sich politisch selbstständig machender Offizier wie Philetairos, der sich 282/1 v. Chr. in Pergamon zunächst von Lysimachos, dann von Seleukos I. lossagte, auf ein sehr individuelles

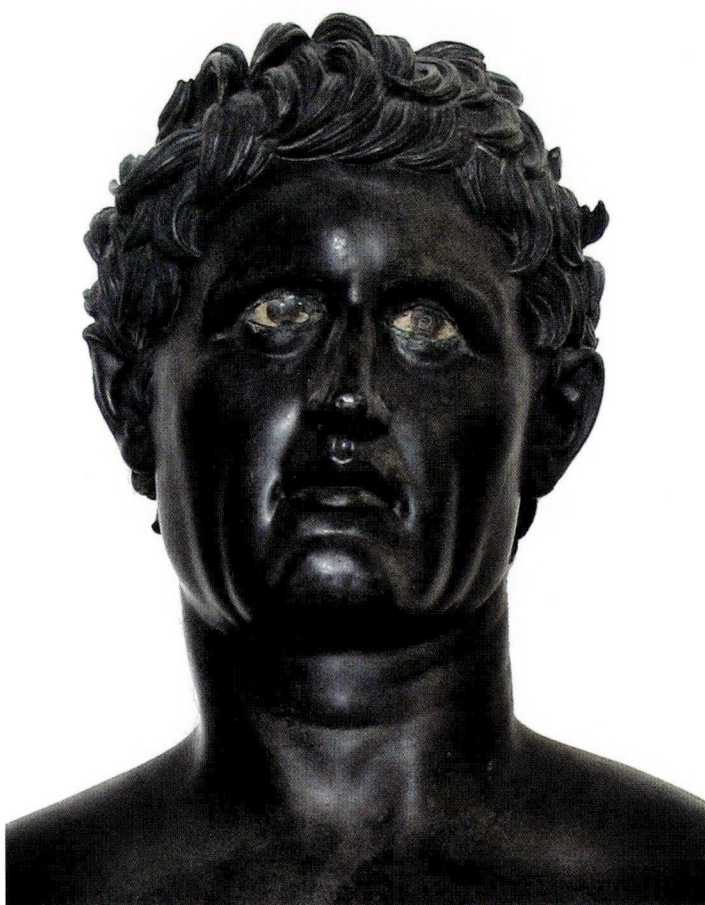

9 Bildnis Seleukos I. Römische Kopie nach Original des späten 4. Jhs. v. Chr. Neapel, Museo Archeologico Nazionale Inv. Nr. 5590.

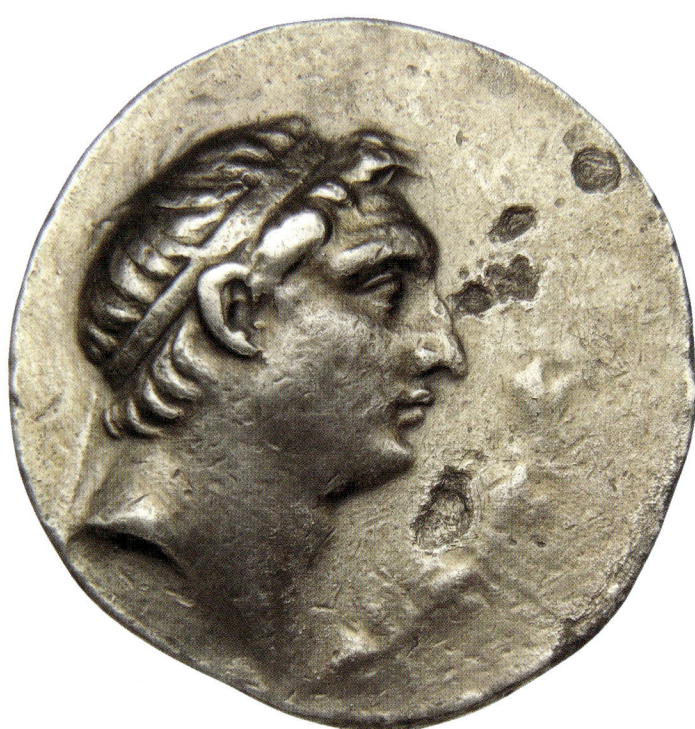

10 Bildnis Demetrios' I. Tetradrachme des Demetrios I., ca. 156–155 v. Chr. Fundort Babylon. Berlin, Münzkabinett SMB PK, Obj. Nr. 18207687.

Bildnis setzte, das sein Alter und seine Physiognomie nicht leugnete.[20] Erst seit dem späteren 3. Jh. v. Chr. griffen Herrscher, die mit konkurrierenden Thronansprüchen zu tun hatten, die *Anastolé* Alexanders als Kennzeichen ihrer eigenen Porträts auf, allerdings durchweg nicht mit dem langen Haar des Makedonen, so Diodotos I. von Baktrien, der sich von den Seleukiden löste, oder die Seleukiden Antiochos Hierax, Seleukos III., Antiochos IV. und Demetrios I. (Abb. 10).[21] Erst im 2. Jh. v. Chr. finden sich Bildnisse hellenistischer Herrscher, die sich in Jugendlichkeit, langem Haar und Anastolé unmittelbarer an Alexander anschlossen.[22]

Es sieht damit so aus, als habe das Bildnis Alexanders im Rahmen des hellenistischen Herrscherbildes in der ersten Generation seiner Nachfolger als mythosartig stilisiertes Ideal Bestand gehabt, dessen Distanz besonders dann deutlich wurde, wenn es dem idealisierten Darstellungsmodus des Alexander Azara folgte. In der Konkurrenz der Diadochen bevorzugte man in Absetzung von diesem Alexander-Image Individualismus und Naturalismus als Konzepte des eigenen Herrscherbildes. Erst als sich die Teilreiche tatsächlich etabliert hatten und unter neuen Legitimationsdruck kamen, wurde Alexanders Modell des jungen, dynamischen Herrschers freier verfügbar. Und erst aus der größeren Distanz wurde sein Image zum imitierbaren Leitbild für Machthaber, das es bis in die hohe Kaiserzeit blieb.

---

1 Zum klassischen Königs- und Bürgerbild: Alföldi 1955; Fehr 1979; AK Bonn 1989, 84; Zanker 1995, 46–90; Bergemann 1997. – Tonio Hölscher ist auf die ‚Vaterrolle' dieser Figuren im Kontrast zu Alexander in Vorträgen mehrfach eingegangen.

2 Hölscher 1971; Smith 1988, 58–64; AK Bonn 1989, 84–99; Stewart 1993; Himmelmann 1996; Stewart 2003.

3 Hölscher 1971; vgl. Leimbach 1979; Stewart 1993, 9–21; 341–358.

4 Smith 1988, 9–31; Stewart 1993, 21–41.

5 Schriftzeugnisse und Bewertung: Stewart 1993, 26; 360–362.

6 Neben der o. Anm. 2 aufgeführten Lit. besonders: Lauter 1988; Nielsen 1993; Alessandro Magno; Bergmann 1998; Kunze 2000; Pfrommer 2001a, 42–51; Moreno 2004; Reinsberg 2004; 2005; Vorster 2004, 409–412; Arnold-Biucchi 2006; eher simplifizierend: Tonsing 2002.

7 Smith 1988, 60–62; 155f. Nr. 2; AK Bonn 1989, 88–92; Stewart 1993, 107–112; 421; Alessandro Magno, 209; Himmelmann 1996, 126–128; Kunze 2000, 36f. (S. Kansteiner); Vorster 2004, 410–411; Reinsberg 2005, 222–223; 550 Nr. 22; vgl. Hölscher 1971, 25–31.

8 Smith 1988, 60; 153 Nr. 8; 55 Nr. 1; AK Bonn 1989, 94f.; 228f. Nr. 16; Stewart 1993, 165–171; 423; 425; Himmelmann 1996, 129–133; Kunze 2000, 42f. (S. Kansteiner); Pfrommer 2001a, 49; Reinsberg 2004, 327–330; 333f.; Vorster 2004, 412; Reinsberg 2005, 216–218; 551f. Nr. 116–118.

9 AK Bonn 1989, 95; Reinsberg 2004, 328; s. u. Anm. 12.

10 Smith 1988, 61f.; AK Bonn 1989, 92; 216–218 Nr. 10; Jucker 1993; Stewart 1993, 165f.; Moreno 1995, 157–165 mit Nr. 4.19.6–7; Himmelmann 1996, 128f.; Kunze 2000, 38f. (S. Kansteiner); Andreae 2001, 73 Anm. 59; Reinsberg 2004, 328; Reinsberg 2005, 219; 550f. Nr. 115; Vorster 2004, 411f.

11 Lysipps Alexanderbildnisse: Stewart 1993, 161–171; Moreno 1995, 157–165; Moreno 1997; 2004; Vorster 2004, 411f.; Reinsberg 2005, 219; Stewart 2007, 125–126.

12 Alessandro Magno, 317f.; Parlasca 2004; Reinsberg 2005, 226–229; 557–560 Nr. 126–129.

13 AK Bonn 1989, 85–87; Stewart 1993, 201–206; 433; Alessandro Magno, 241; Holt 2003; Reinsberg 2005, 229–230; Dahmen 2007, 6–9; 109–111. – Zu Darstellungen mit Götterattributen grundlegend: Bergmann 1998.

14 AK Bonn 1989, 92; 95; Stewart 1993, 130–57; Cohen 1997; Pfrommer 1998; Stähler 1999; Pfrommer 2001, 42f.; Andreae 2004; Reinsberg 2004, 329 mit Anm. 57.

15 AK Bonn 1989, 95 Abb. 34; Smith 1988, 60 Taf. 74, 5–6; Stewart 1993, 433f. Abb. 117; Dahmen 2007, 16–17; 119–120.

16 Smith 1988, 60–62; 156 Nr. 3; AK Bonn 1989, 99; 102f.; Stewart 1993, 106–113; 425; Kunze 2000, 48–51; Vorster 2004, 411; Reinsberg 2005, 219f.; 554 Nr. 120; Antike, 26.

17 Stewart 1993, 116–121; 209–214, 438–452; Reinsberg 2004, 324–326.

18 Kyrieleis 1975, 4–24; Smith 1988, 111–112; 156–160; AK Bonn 1989, 100–110; Fleischer 1991, 5–22; Brown 1995; von den Hoff 2007 a, 36–39; von den Hoff 2007 b, 55; Andreae 2001, 64f. Taf. 5–7; Kroll 2007.

19 AK Bonn 1989 100–102; 105f.; von den Hoff 2003, 83–87; von den Hoff 2007 b, 55f.

20 Smith 1988, 74f.; 159 Nr. 22; Queyrel 2003, 61–80.

21 Smith 1988, 112; Fleischer 1991 a, besonders 120–123; Fleischer 1991 b.

22 Diodotos: Smith 113–114; Holt 1999; Kritt 2001. Seleukiden: Smith 1988, 121–124 Taf. 80, 2; 4–6; Fleischer 1991 a, 68f.; 89f.; 124f. Taf. 37 c–d; Taf. 52 e–f; vgl. auch Lorenz 2001.

Quellen

Athen.; Plut. mor.

Literatur

AK Bonn 1989; AK Stendal 2000; AK Mailand 1995; Alföldi 1955, 15–41; Andreae 2001; Andreae 2004, 69–82; AK Eichenzell 2005; Arnold-Biucchi 2006; Bergemann 1997; Bergmann 1998; Brown 1993; Cohen 1997; Fehr 1979; Fleischer 1991 a; Fleischer 1991 b, 303–309; Franke 1972; Himmelmann 1996, 119–134; Hölscher, 1971; Holt 1999; Holt 2003; Jucker 2001; Kroll 2007, 113–122; Kunze 2000, 36f.; Kyrieleis 1975, 4–24; Lauter 1988, 717–743; Leimbach 213–220; Lisippo 1995; Lorenz 200, 65–79; Moreno 1993, 101–136; Moreno 1993, 137–144; Parlasca 2004, 341–359; Pfrommer 1998; Pfrommer 2001a; Queyrel 2003; Reinsberg 2005, 216–234; Reinsberg 2004, 319–339; Schultz 2007; Smith 1988; Stähler 1999; Stewart 1993; Stewart 2003, 31–66; Stewart 2007, 123–138; Tonsing 2002, 85–109; von den Hoff 2003, 73–96; von den Hoff 2007a, 1–40; von den Hoff 2007b, 49–62; Vorster 2004, 383–428.

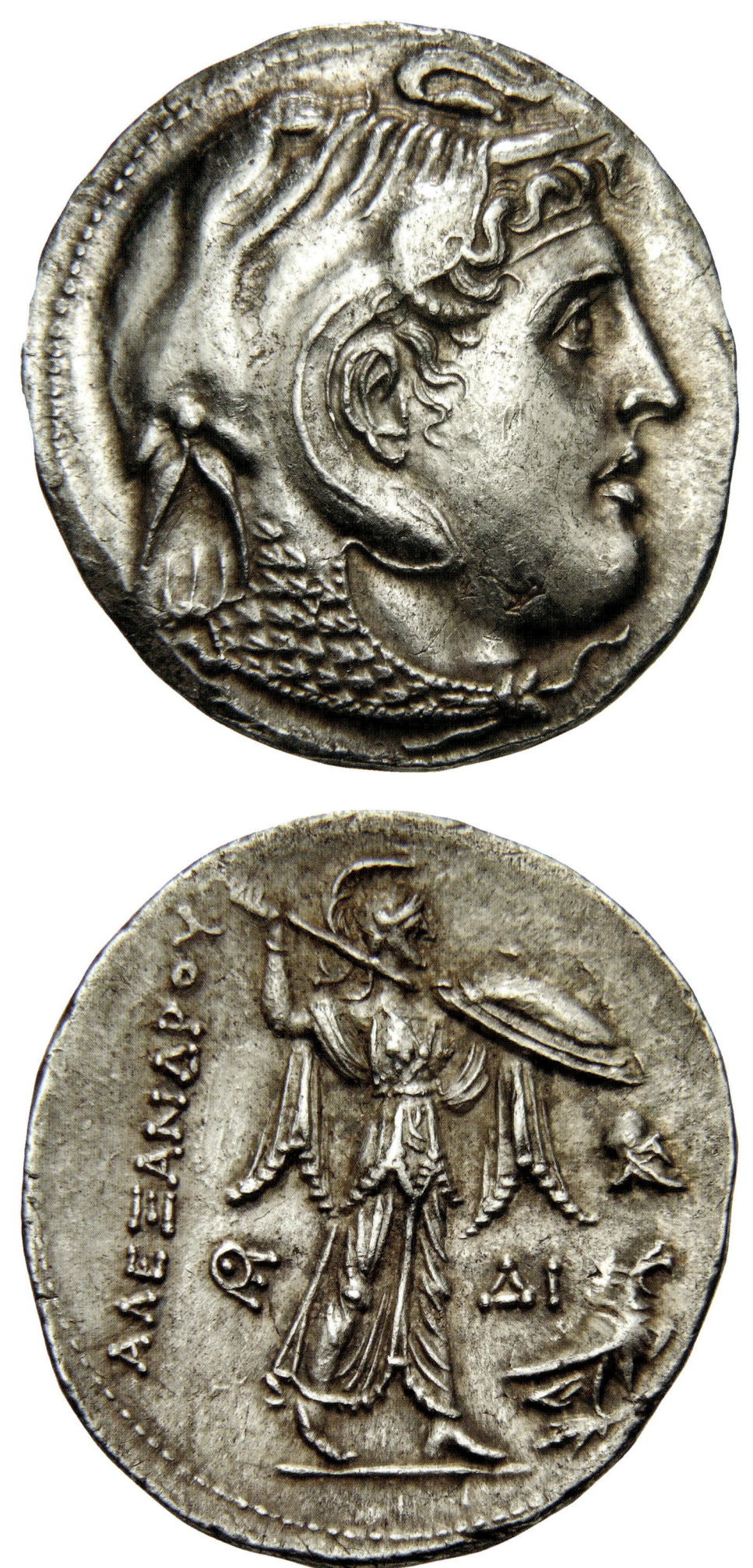

Vom König zur Legende – Ein Überblick zu den Darstellungen Alexanders des Großen im antiken Münzbild

Karsten Dahmen

Will man sich im wahrsten Sinne des Wortes ein Bild machen von Alexander, also eine Vorstellung von seinem Äußeren gewinnen, sich seine Gestalt und sein Aussehen vor Augen führen, so bieten sich hierzu neben dem berühmten Alexandermosaik aus Pompeji im Wesentlichen drei Materialgruppen an: literarische Berichte antiker Schriftsteller zu Alexander, erhaltene Statuen- bzw. Porträtköpfe sowie die verschiedensten Darstellungen des Königs auf den Münzen der Könige hellenistischer Zeit und einiger Städte vom 4. Jh. v. Chr. bis in die römische Kaiserzeit.[1]

Anders als die durch die Verwendung toposhafter Formeln gefärbten schriftlichen Zeugnisse zu Alexander und die hinsichtlich ihrer Zeitstellung, geographischen Zuordnung und häufig auch der Benennung problematischen rundplastischen Bildnisse und Statuen bieten Münzbildnisse des Königs meist verlässliche Antworten auf diese Fragen.

Hier nennt die umlaufende Münzlegende häufig den Dargestellten bzw. die für diese Prägung verantwortliche Autorität (König oder Stadt). Auch die vergleichsweise genaue Datierung der Gepräge und ihre geographische Zuordnung stellen meist kein Problem dar. Kurz, mit der Kombination von Informationen zur Person des Dargestellten, zu Herausgeber und Ort, werden gerade die in der Rundplastik fehlenden Informationen geboten.[2] Bedeutsam ist dabei auch die Frage, ob Münzbildnisse und solche der Rundplastik auf den gleichen Vorbildern basieren, also hier dieselben Bildtypen Anwendung finden, oder aber diese beiden unterschiedlichen Materialgruppen auch eigenständige Porträttraditionen aufweisen.

Die Beschäftigung mit dem Bildnis Alexanders auf Münzen beginnt charakteristischerweise mit einem Missverständnis.[3] War im griechischen Kulturkreis zu Zeiten Alexanders die Verwendung des Bildnisses eines Königs, also des Prägeherrn, auf den von ihm emittierten Geprägen nicht gebräuchlich, so änderte sich dies erst eine Generation nach dem Tode Alexanders. Das von Alexander selbst (wohl ab 333/332 v. Chr.) herausgegebene und dann bis in das 1. Jh. v. Chr. durch Könige, Dynasten und Städte nachgeprägte Geld zeigt auf den Silbermünzen den bartlosen Kopf des Herakles mit dem Löwenfellskalp auf dem Kopf (vgl. Kat. Nr. 10–12 Beitrag B. Weisser). Dieses schon vor Alexander gebräuchliche Motiv wurde sicher schon ab dem 3. Jh. v. Chr. von den Zeitgenossen auch als ein Bildnis Alexan-

ders verstanden; waren sie doch mittlerweile daran gewöhnt, auf den Vorderseiten der Münzen das jeweilige Königsbildnis anzutreffen. Ein Beleg für dieses Missverständnis ist die Tetradrachme des baktrischen Königs Agathokles, welche den Herakles der Münzen Alexanders in die hochhellenistische Stilsprache übersetzt und mit der erläuternden Legende „Alexander, der Sohn Philipps" versieht (Abb. 2, Kat. Nr. 25). Dieser zeitgenössische Wandel in der Sichtweise, nicht der Identität des dargestellten Heros Herakles, hatte auch ungewollt Folgen für die moderne Forschung. Diese konnte sich in ihrer Suche nach dem authentischen und ersten „Selbstbildnis" Alexanders nur schwer von der These eines Kryptoporträts trennen, also der angeblich auf den Münzen der späten Lebenszeit des Königs anzutreffenden Verschmelzung von Gesichtszügen Alexanders mit der Darstellung des Herakles.[4]

Alexanders erstes Auftreten geschieht dann allerdings in aufsehenerregender Weise auf einer Gruppe von silbernen Geprägen, den sogenannten Poros- oder Elefantenmedaillons.[5] Auf den sogenannten 5-Schekelstücken – der Name weist auf ein vom griechischen Standard abweichendes Gewicht hin – ist in dramatischer Komposition der Kampf zwischen Alexander zu Pferde und dem indischen König Poros auf seinem Elefanten abgebildet (Abb. 3, Kat Nr. 14). Die Rückseite zeigt den stehenden Alexander in voller Rüstung mit einem „thrakischen" Helm sowie einem Blitzbündel in der einen und einem Speer in der anderen Hand. Von oben wird er durch die heranfliegende Siegesgöttin Nike bekränzt. Zugehörige kleinere Nominale zeigen noch möglicherweise indische Truppen (Bogenschützen und Streitwagen sowie einen Elefanten). Machart, Gewicht und Fundorte sprechen allerdings für eine Entstehung im mesopotamischen Raum um 323 v. Chr. Es handelt sich hier nicht um eine durch Alexander selbst herausgegebene Sonderprägung anlässlich des Sieges über Poros in der Schlacht am Hydaspes 326 v. Chr., denn sein Name fehlt auf diesen Geprägen; zweifelsfrei scheint aber der Bezug auf dieses Ereignis.

Schon bald nach dem Tode Alexanders zeigt sich seine Bedeutung für den jeweiligen Prägeherrn bzw. der emittierenden Körperschaft in der Nutzung und Verbreitung des Alexanderbildes auf deren Münzen. Neben den oben genannten wenigen und ungewöhnlichen lebenszeitlichen Darstellungen sind es die einiger Vertreter der ersten Generation der Diadochen, welche Alexander als Quelle ihrer eigenen Legitimation nutzen. Ptolemaios I. beweist mit seinem Alexanderbildnis innovative Programmatik.[6] Er führt ab 319 v. Chr. das Bildnis des Alexanders mit Elefantenexuvie, Ammonshorn und bald auch dionysischem Stirnband (Mitra) in die antike Bildwelt ein (auf Gold-,

1   Tetradrachme Ptolemaios' I. mit dem Kopf Alexanders mit Elephantenhaube, Stirnband (*mitra*), Ammonshorn und geschuppter Aegis, Alexandria, ca. 300–299 v. Chr. Berlin, Münzkabinett SMB PK, Obj. Nr. 18214372 (Kat. Nr. 16). Maßstab 4,5:1, Dm. 29 mm.

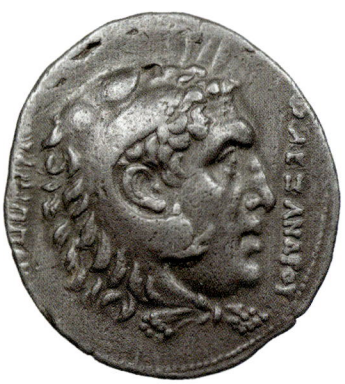

2 Tetadrachme des Agathokles von Baktrien mit dem Herakleskopf und erläuternder Legende, 190–170 v. Chr. Paris, Bibliothèque Nationale de France, Inv. Nr. L3505 (Kat. Nr. 25). Maßstab 1,5:1, Dm. 33 mm.

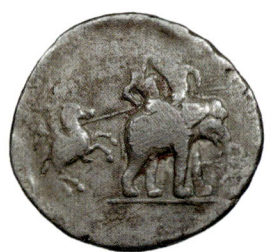 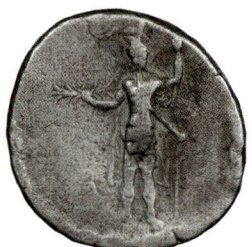

3 Sogenanntes Poros-Medaillon mit der Darstellung Alexanders zu Pferd im Kampf gegen König Poros auf dem Elefanten sowie Alexander in Rüstung, um 323 v. Chr. Paris, Bibliothèque Nationale de France, Inv. Nr. 1978-21 (Kat. Nr. 14). Maßstab 1,5:1, Dm. 35 mm.

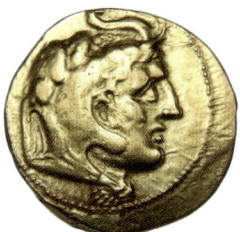 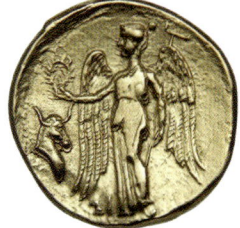

4 Doppeldareike Seleukos' I. mit dem Kopf Alexanders mit Elefantenhaube, Ekbatana, ca. 300–298 v. Chr. Berlin, Münzkabinett SMB PK, Obj. Nr. 18214351 (Kat. Nr. 22). Maßstab 1,5:1, Dm. 21 mm.

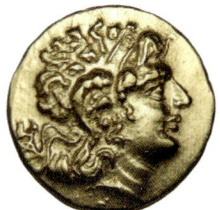 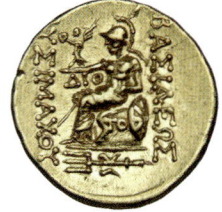

5 Stater der Stadt Tomis mit der Darstellung Alexanders mit Diadem und Ammonshörnern, Tomis in Thrakien, ca. 100–80 v. Chr. Berlin, Münzkabinett SMB PK, Obj. Nr. 18214364 (Kat. Nr. 24). Maßstab 1,5:1, Dm. 19 mm.

Silber- und Bronzemünzen, Abb. 1/Startabb., Kat. Nr. 16), Agathokles von Syrakus übernimmt diese Darstellungsweise für eine seltene Goldprägung um 310/307 v. Chr., während Seleukos I. um 300 v. Chr. auf wenigen Gold- und Bronzemünzen die Darstellung in der Elefantenexuvie durch Verzicht auf Ammonshorn und Stirnband in seinem Sinne abändert und damit die ägyptische Zeus Ammon-Assoziation entfernt (Abb. 4, Kat. Nr. 22). Interessanterweise bedient sich Seleukos I. dabei des älteren Modells des Ptolemaios und nicht des weiterentwickelten zeitgenössischen ptolemäischen Entwurfes. Und auch spätere Ptolemäer behalten die tradierte Fassung immerhin bis in das 2. Jh. v. Chr. auf Bronzen bei. Denselben ptolemäischen Ursprung hat auch das wenig bekannte Alexanderbildnis mit Stirnband (hier zunächst in der Form einer Mitra) und Widderhorn auf Bronzemünzen, welches wieder zuerst bei Ptolemaios (I.) auftritt, nach dessen Tod aber nicht mehr verwendet wird. Hier sind eine ältere, kurzhaarige (ca. 316–305 v. Chr.) und jüngere, langhaarige Variante (305–283 v. Chr.) zu unterscheiden (vgl. Abb. 2 Beitrag M. Albaladejo).

Weitaus bedeutender und prägender ist jedoch der typologisch sehr ähnliche Entwurf des Lysimachos mit energisch ausgestalteter Physiognomie, seit seiner Entstehung 297 v. Chr. sicherlich einer der prominentesten Bildnistypen Alexanders (Abb. 5, Kat. Nr. 24). Wie sehr diese auf die Vergöttlichung Alexanders und auf die Zurschaustellung entsprechender Attribute abzielende Darstellungsweise mit Elefantenexuvie bzw. Widderhorn aber nach Abtritt der ersten Diadochen in den Hintergrund tritt, zeigen die wenigen hellenistischen und kaiserzeitlichen Reflexe dieses Typs.

Zumeist verschwindet nun das Alexanderbild von den königlichen Münzen in Gold und Silber, sobald diese Nachfolger Alexanders selbst den Königstitel annehmen bzw. selbst auf den Münzen erscheinen. Nur in Baktrien wird Alexander im mittleren Hellenismus (um 170 v. Chr.), hier als Herakles im Löwenfell missverstanden und durch die Legende eindeutig als Ahnherr des Agathokles von Baktrien bezeichnet, auf einer seltenen Sonderprägung dargestellt (vgl. Abb. 2).

Von den Königen wechselt das Alexanderbild nun zu den Städten. Nicht herrscherliche Legitimation, sondern Städtelob und Zurschaustellung der eigenen Vergangenheit und ehrwürdiger, das heißt griechisch-makedonischer Abstammung bestimmen vielmehr dessen Verwendung. Es ist sehr auffällig, dass dies zuerst (nach ersten, umstrittenen Ansätzen im 2. Jh. v. Chr.) im Verlauf des 1. Jhs. n. Chr. in Kilikien, einer Region, die Schauplatz des Sieges Alexanders von 333 v. Chr. war, geschieht. Gerade hier wird in bescheidenem Umfang immerhin punktuell bis in das 3. Jh. n. Chr. Alexander auf Münzen dargestellt.

Daneben ist es Nikaia in Bithynien, welches in antoninischer Zeit eindeutig als Alexander bezeichnete Bildnisse auf seine Münzen bringt. Diese Epoche, und mit ihr das jetzt durch die sogenannte zweite Sophistik neu geweckte Interesse an der eigenen Geschichte, lässt auch Alexandria Troas zwei nur vor dem Hintergrund ihrer Gründungssage verständliche Alexanderszenen auf ihren Münzen darstellen (Abb. 6, Kat. Nr. 32) sowie Smyrna in Ionien ein ebenso zu deutendes Bild mit dem Traum Alexanders. Die beiden letzten Beispiele werden in der Folgezeit bis in das 3. Jh. weitergeprägt. Auch Kapitolias in der früheren Dekapolis rühmt sich um 190 n. Chr. einer Abstammung und Gründung durch Alexander durch Münzaufschrift und sein Bildnis.

Erst mit dem Beginn des 3. Jhs., hier einmal verbunden mit der Person Caracallas – noch als Mitregent seines Vaters – sowie mit der Pflege dieser Alexanderverehrung durch die folgenden Kaiser dieser Dynastie, erlebt die Verwendung des Alexanderbildes eine neue Dimension in seiner Verbreitung und Vielfältigkeit.[7] Das makedonische Koinon und dessen Zentrum Beroia liefern von Elagabal bis Philippus Arabs (218–249 n. Chr.) geradezu eine Flut von Alexanderbildern. Auf Münzen des makedonischen Koinon erscheint u. a. eine Alexanderstatue auf einer Säule (Abb. 7, Kat. Nr. 39). Dieses Monument spiegelt die Verwendung eines statuarischen Typus des Herrschers mit umgekehrtem Speer und dem ebenfalls auf dem Kopf gehaltenen, in seiner Scheide belassenen Schwert wider, der auf hellenistische Vorbilder zurückgeht. Er wird neben anderen Kaisern gerade von Caracalla auf reichsrömischen und städtischen Münzen verwendet. Interessant und beachtenswert bleibt aber, dass die Masse der Alexanderbezüge auf Münzen erst unter Elagabal und Alexander Severus, also nach dem Tode des von Alexander begeisterten Caracalla, einsetzt. Gerade unter den Severern muss man neben dem bekannten Aspekt des Selbstlobes der Städte auch von einem durchaus literarisch belegten Eigeninteresse des Kaisers an seiner Identifizierung mit Alexander ausgehen. Zudem wird sich kaiserliche Selbstimagination und städtische Opportunität hier ein Wechselspiel geliefert haben. Auf Münzen aus Heliopolis und dem kappadokischen Caesarea wird Caracalla in die Nachfolge Alexanders gestellt, indem dessen Bildnis und die legendäre Episode der Zähmung des Bukephalos auf dem kaiserlichen Schild abgebildet werden. Als letztes Beispiel ist eine Münze unter Claudius Gothicus aus Sagalassos in Pisidien, hier wieder mit einer lokal gefärbten szenischen Darstellung, zu nennen.

In die Phase dieser Alexanderbegeisterung in der Nachfolge Caracallas gehören die berühmten goldenen Medaillons aus Tarsos in Ki-

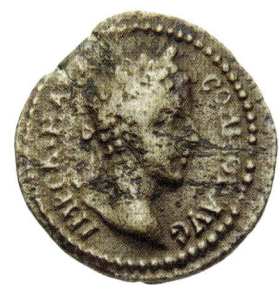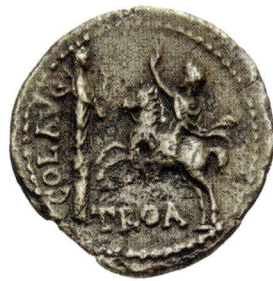

6 Kaiserzeitliche Bronzemünze aus Alexandria Troas. Alexander zu Pferde begrüßt das Standbild des Gottes Apollon. Berlin, Münzkabinett SMB PK Obj. Nr. 18214403 (Kat. Nr. 32). Maßstab 1,5:1, Dm. 24 mm.

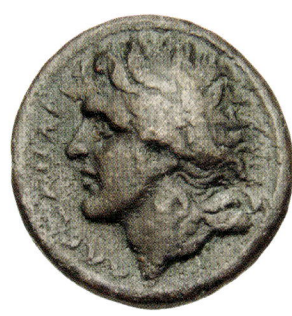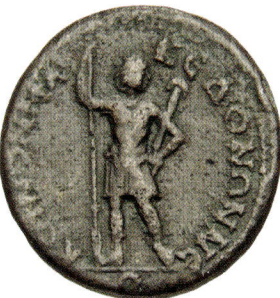

7 Koinon der Makedonen, mit dem Alexander-Bildnis auf der Vorderseite und Alexander in Rüstung als Standbild auf der Rückseite, Beroia, 231–235 n. Chr., Berlin, Münzkabinett SMB PK, Obj. Nr. 18214419 (Kat. Nr. 39). Maßstab 1,5:1, Dm. 27 mm.

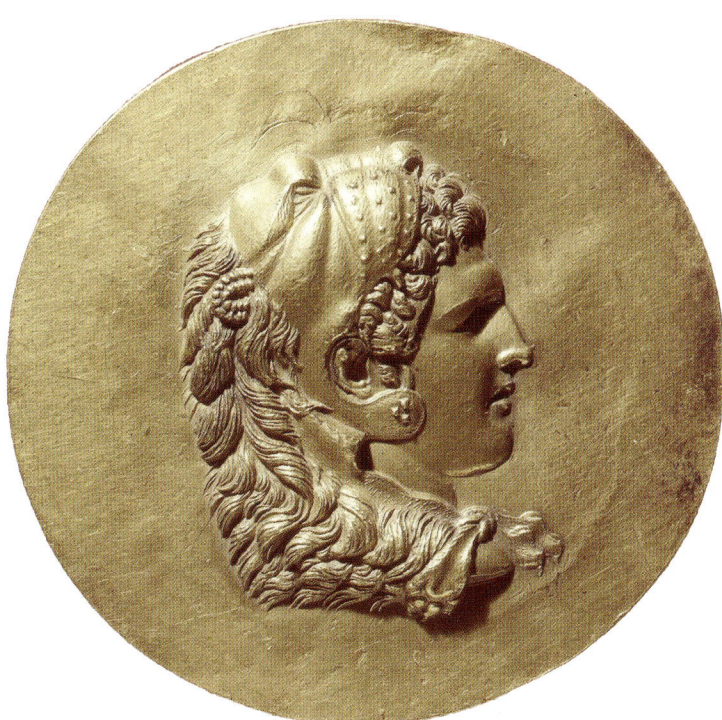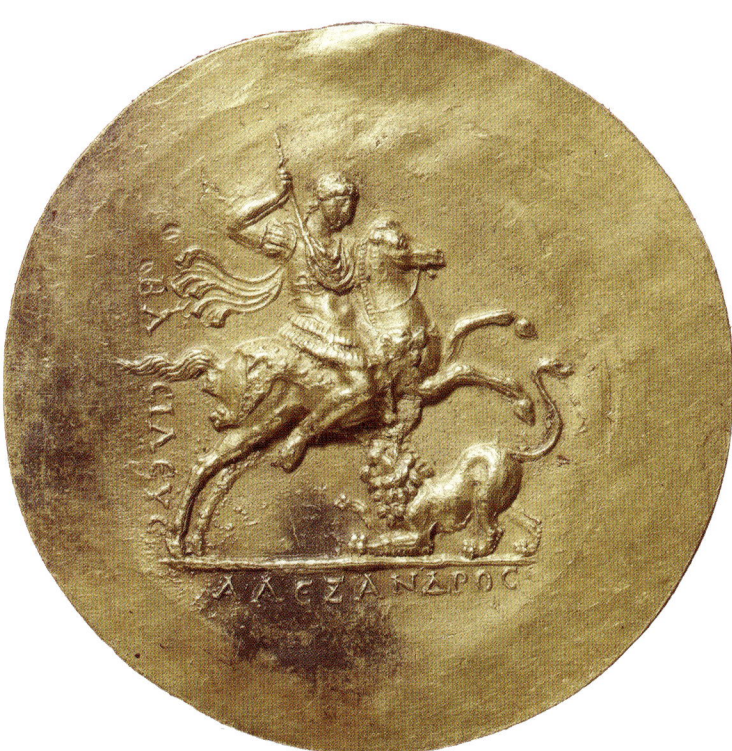

8 Goldmedaillon aus Tarsos mit der Büste Alexanders mit Elefantenskalp sowie mit der Darstellung Alexanders zu Pferde bei der Löwenjagd. Paris, Bibliothèque Nationale de France, Inv. Nr. F 1671 (Kat. Nr. 49). Maßstab 1,5:1, Dm 67 mm.

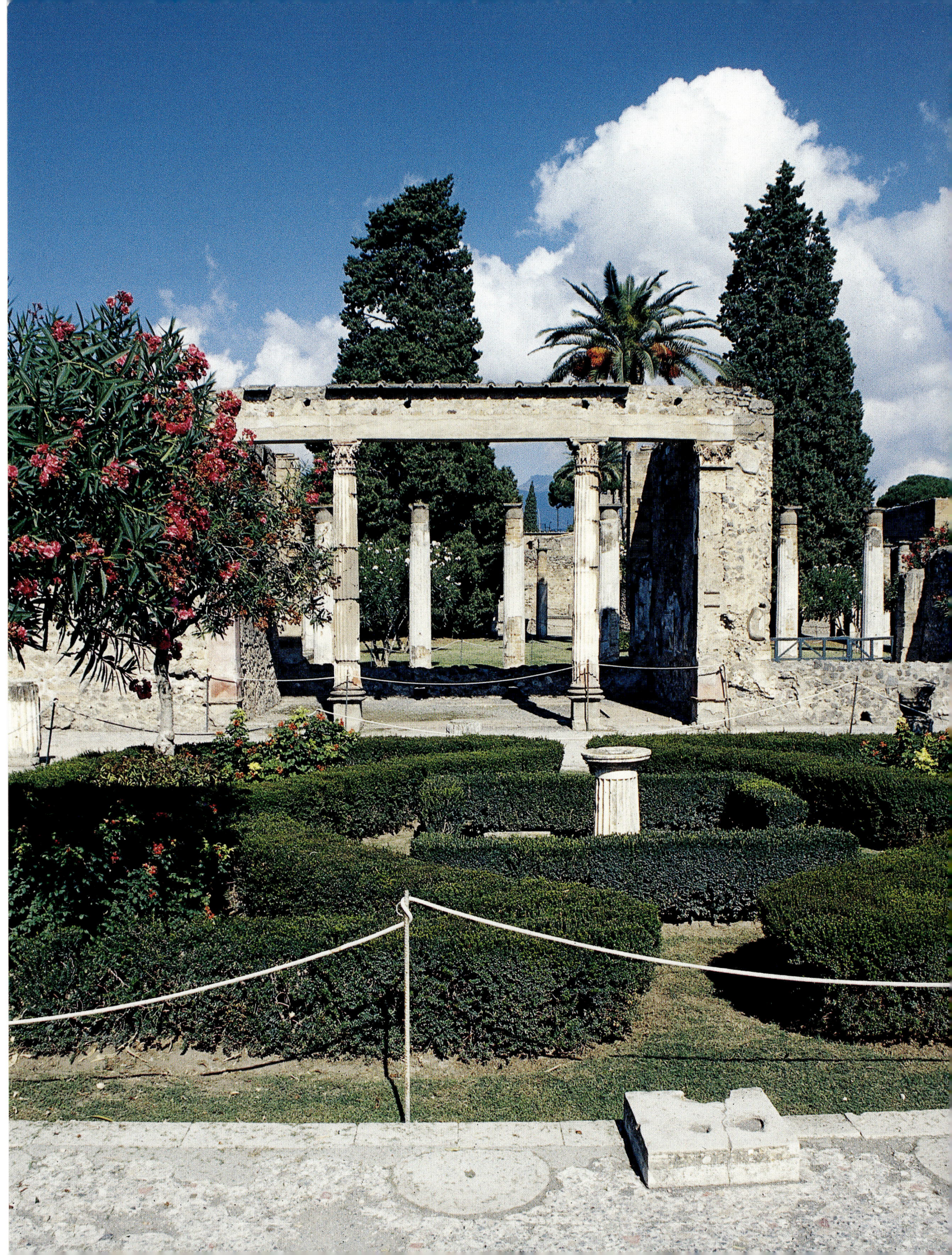

Erst mit dem Beginn des 3. Jhs., hier einmal verbunden mit der Person Caracallas – noch als Mitregent seines Vaters – sowie mit der Pflege dieser Alexanderverehrung durch die folgenden Kaiser dieser Dynastie, erlebt die Verwendung des Alexanderbildes eine neue Dimension in seiner Verbreitung und Vielfältigkeit.[7] Das makedonische Koinon und dessen Zentrum Beroia liefern von Elagabal bis Philippus Arabs (218–249 n. Chr.) geradezu eine Flut von Alexanderbildern. Auf Münzen des makedonischen Koinon erscheint u. a. eine Alexanderstatue auf einer Säule (Abb. 7, Kat. Nr. 39). Dieses Monument spiegelt die Verwendung eines statuarischen Typus des Herrschers mit umgekehrtem Speer und dem ebenfalls auf dem Kopf gehaltenen, in seiner Scheide belassenen Schwert wider, der auf hellenistische Vorbilder zurückgeht. Er wird neben anderen Kaisern gerade von Caracalla auf reichsrömischen und städtischen Münzen verwendet. Interessant und beachtenswert bleibt aber, dass die Masse der Alexanderbezüge auf Münzen erst unter Elagabal und Alexander Severus, also nach dem Tode des von Alexander begeisterten Caracalla, einsetzt. Gerade unter den Severern muss man neben dem bekannten Aspekt des Selbstlobes der Städte auch von einem durchaus literarisch belegten Eigeninteresse des Kaisers an seiner Identifizierung mit Alexander ausgehen. Zudem wird sich kaiserliche Selbstimagination und städtische Opportunität hier ein Wechselspiel geliefert haben. Auf Münzen aus Heliopolis und dem kappadokischen Caesarea wird Caracalla in die Nachfolge Alexanders gestellt, indem dessen Bildnis und die legendäre Episode der Zähmung des Bukephalos auf dem kaiserlichen Schild abgebildet werden. Als letztes Beispiel ist eine Münze unter Claudius Gothicus aus Sagalassos in Pisidien, hier wieder mit einer lokal gefärbten szenischen Darstellung, zu nennen.

In die Phase dieser Alexanderbegeisterung in der Nachfolge Caracallas gehören die berühmten goldenen Medaillons aus Tarsos in Ki-

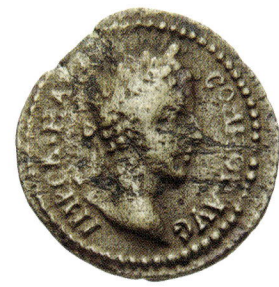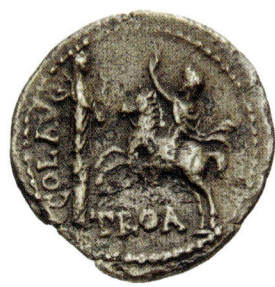

6 Kaiserzeitliche Bronzemünze aus Alexandria Troas. Alexander zu Pferde begrüßt das Standbild des Gottes Apollon. Berlin, Münzkabinett SMB PK Obj. Nr. 18214403 (Kat. Nr. 32). Maßstab 1,5:1, Dm. 24 mm.

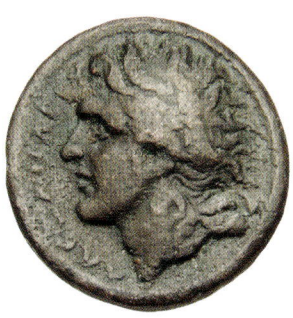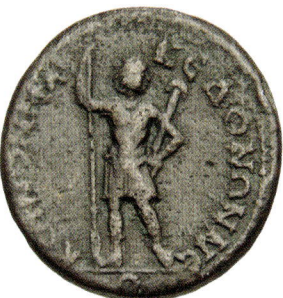

7 Koinon der Makedonen, mit dem Alexander-Bildnis auf der Vorderseite und Alexander in Rüstung als Standbild auf der Rückseite, Beroia, 231–235 n. Chr., Berlin, Münzkabinett SMB PK, Obj. Nr. 18214419 (Kat. Nr. 39). Maßstab 1,5:1, Dm. 27 mm.

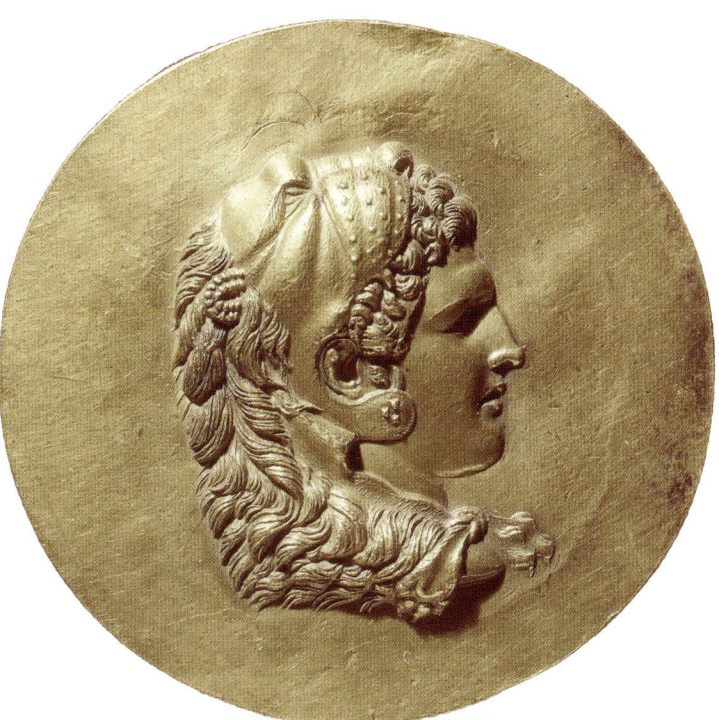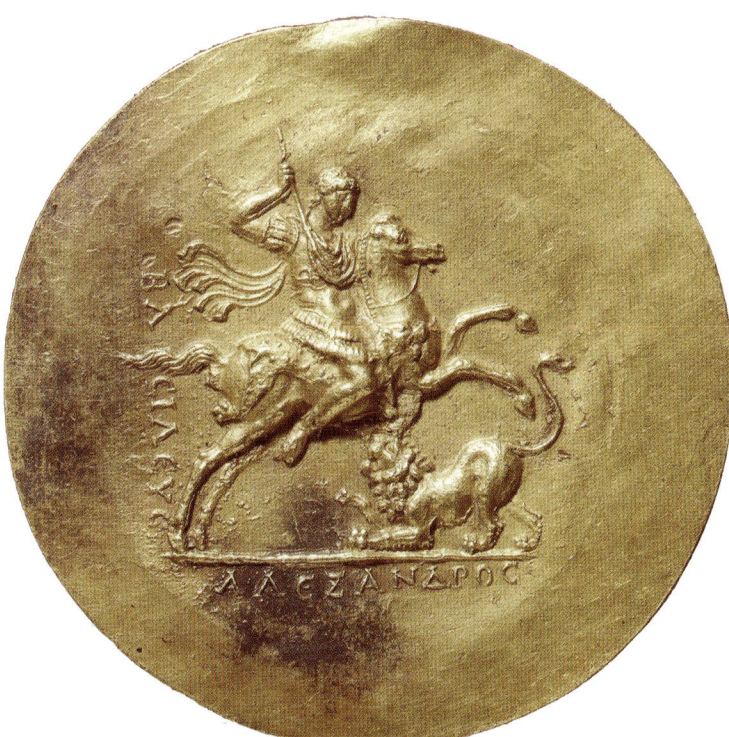

8 Goldmedaillon aus Tarsos mit der Büste Alexanders mit Elefantenskalp sowie mit der Darstellung Alexanders zu Pferde bei der Löwenjagd. Paris, Bibliothèque Nationale de France, Inv. Nr. F 1671 (Kat. Nr. 49). Maßstab 1,5:1, Dm 67 mm.

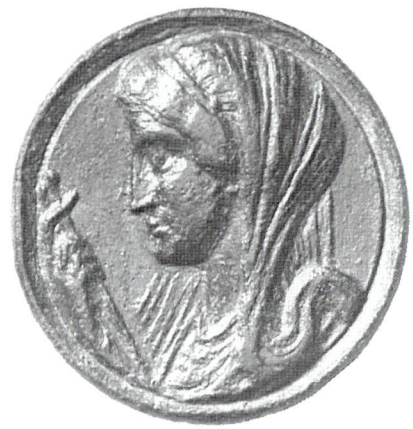 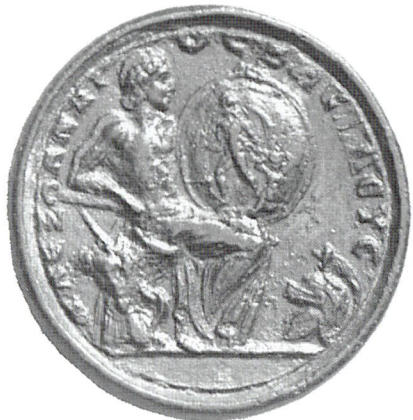

9 Kontorniat mit der Darstellung der Olympias mit verschleiertem Kopf sowie Alexanders auf einem Waffenhaufen sitzend und ein Schild haltend, Rom, ca. 355–395/423 n. Chr. Berlin, Münzkabinett SMB PK, Obj. Nr. 18203481 (Kat. Nr. 55). Maßstab 1,5:1, Durchmesser 36 mm.

likien und Aboukir in Ägypten, welche wohl anlässlich von Alexanderfesten im makedonischen Beroia ausgegeben wurden (Abb. 8, Kat. Nr. 49, 52).[8]

Die Darstellung Alexanders endet für die herrscherlichen und städtischen Prägungen im mittleren 3. Jh. n. Chr. In einem verwandten Medium, den als Kontorniaten bezeichneten und als Neujahrsgeschenk in Rom zirkulierenden Bronzemedaillons, werden Alexander und seine Mutter Olympias im Rom des 4. und 5. Jhs. n. Chr. ein weiteres Mal aufgegriffen (Abb. 9, Kat. Nr. 55)[9] – hier nunmehr als Reminiszenz an die große heidnische Vergangenheit und weiterhin ganz im Banne des Phänomens Alexanders, der auch zeitgenössisch ganz selbstverständlich als Maßstab im fiktiven Wettstreit der Eitelkeiten römischer Kaiser diente (Julian, Caesares 316).

Für die Entwicklung des griechischen Porträts erweist sich das Alexanderbild als Vorreiter der Bildnisdarstellungen hellenistischer Könige; dies geschieht durch die Darstellung eines der menschlichen Sphäre enthobenen und mit göttlichen Attributen ausgestatteten Alexanders seitens der ersten Diadochen. Zwar verschwindet er mit der Etablierung dieser neuen Dynastien wieder von den Münzbildern, erhält aber bald eine neue Funktion im Rahmen der Selbstdarstellung von Städten in der Levante und Kleinasien, die ihn für die Zurschaustellung ihrer griechischen Abstammung als Gründer in Anspruch nehmen. Diese städtische Perspektive überschneidet sich in einigen Fällen mit der auch literarisch überlieferten Alexandernachahmung durch römische Kaiser.[10] Die meisten Porträts und szenischen Darstellungen Alexanders, hier insbesondere die bildmächtigen Entwürfe der ersten Diadochen, sind speziell für Münzen entworfen worden, andere, wie die der stehenden Gründerfigur, sind als statuarisches Stereotyp neben anderen auch für die Alexanderdarstellung genutzt worden. Gerade die Bildnisse des unbärtigen, jugendlichen und Diadem tragenden Alexander auf den ja nie kontinuierlich emittierten und für den lokalen Umlauf bestimmten städtischen Münzen erweisen sich als jeweils neugeschöpfte Nachempfindungen des modellhaften Prototyps „junger König". Andererseits ist der einen Elefantenwagen fahrende Alexander des Ptolemaios sehr wahrscheinlich der numismatische Reflex eines Monumentes in Alexandria, da für die berühmte Prozession um 276/275 v. Chr. dort eine solche Gruppe beschrieben wird (Athe. 5, 202 a). Auch die über 20 Jahre unverändert bleibenden Alexanderporträts des makedonischen Koinon werden vor dem Hintergrund ihrer geschlossenen Erscheinung und der historisch belegten Alexanderfeste auf statuarische Vorbilder vor Ort zurückgehen. Ein Säulenmonument für Alexander ist sogar auf einigen dieser Gepräge dargestellt und auch eine Einzelansicht dieses statuarischen Typs des gerüsteten Alexander wird geboten. Der Blitz haltende und Speer tragende Alexander in Nikaia kann schon allein aufgrund des Formulars der Münzaufschrift („den Alexander [ehren] die Bürger von Nikaia") als Ehrenstatue verstanden werden.

Das Phänomen Alexander leitet also auch auf dem Gebiet des griechischen Porträts Neuerungen ein und eröffnet den Weg für eine zuvor ungekannte Qualität des herrscherlichen Münzbildnisses. Ganz im Gegensatz zur Situation während seines berühmten Zuges in den Osten bleibt er dabei aber ein postumes Vehikel für die Ambitionen anderer.

1 Zur Person Alexanders und seinen Bildnissen vgl.: Stewart 1993. Antike Quellen zu Alexanders Erscheinung vgl.: Stewart (1993), 341–350 (Appendix 1).
2 Zum Problem der optimistischen Alexanderansprache in der Rundplastik vgl.: Lauter 1988, 717–743.
3 Alexander auf Münzen vgl.: Arnold-Biucchi 2006; Dahmen 2007.
4 Gegen die These des „Kryptoporträts" vgl.: Stewart 1993, 158–159 mit Anm. 3; Dahmen, 2007, 40–41.
5 „Poros-Medaillons" und Irak Hortfund von 1973 vgl.: Holt 2003. Vgl. kritisch u. a. zur These der Autorenschaft Alexanders die Rezensionen: Arnold-Biucchi 2005, 356–360; Dahmen 2003/2004, 157–164.
6 Zur Umdatierung der Prägungen des Ptolemaios I. vgl.: Lorber 2005, 45–64. Zu den Münzen Alexanders III. vgl.: Price 1991; Le Rider 2003, aktualisierte engl. Ausgabe 2007.
7 Zu den Alexanderschilden vgl.: Salzmann 2001, 173ff.; Dahmen 2008a, 125–133.
8 Zu den Medaillons aus Tarsos und Aboukir vgl.: Dahmen 2008b. Alexanderfeste in Makedonien vgl.: Leschhorn 1998, 399–415.
9 Kontorniaten vgl.: Alföldi 1976/1990; Mittag 1999.
10 Zur Alexandernachahmung vgl.: Bohm 1989; Kühnen 2008.

Literatur

Alföldi 1976/1990; Arnold-Biucchi 2005; Arnold-Biucchi 2006; Bohm 1989; Dahmen 2003/2004; Dahmen 2007; Dahmen 2008a; Dahmen 2008b; Holt 2003; Houghton/Lorber 2002; Kühnen 2008; Lauter 1988; Le Rider 2003; Leschhorn 1998; Lorber 2005; Mittag 1999; Price 1991; Salzmann 2001; Svoronos 1904/1908; Stewart 1993.

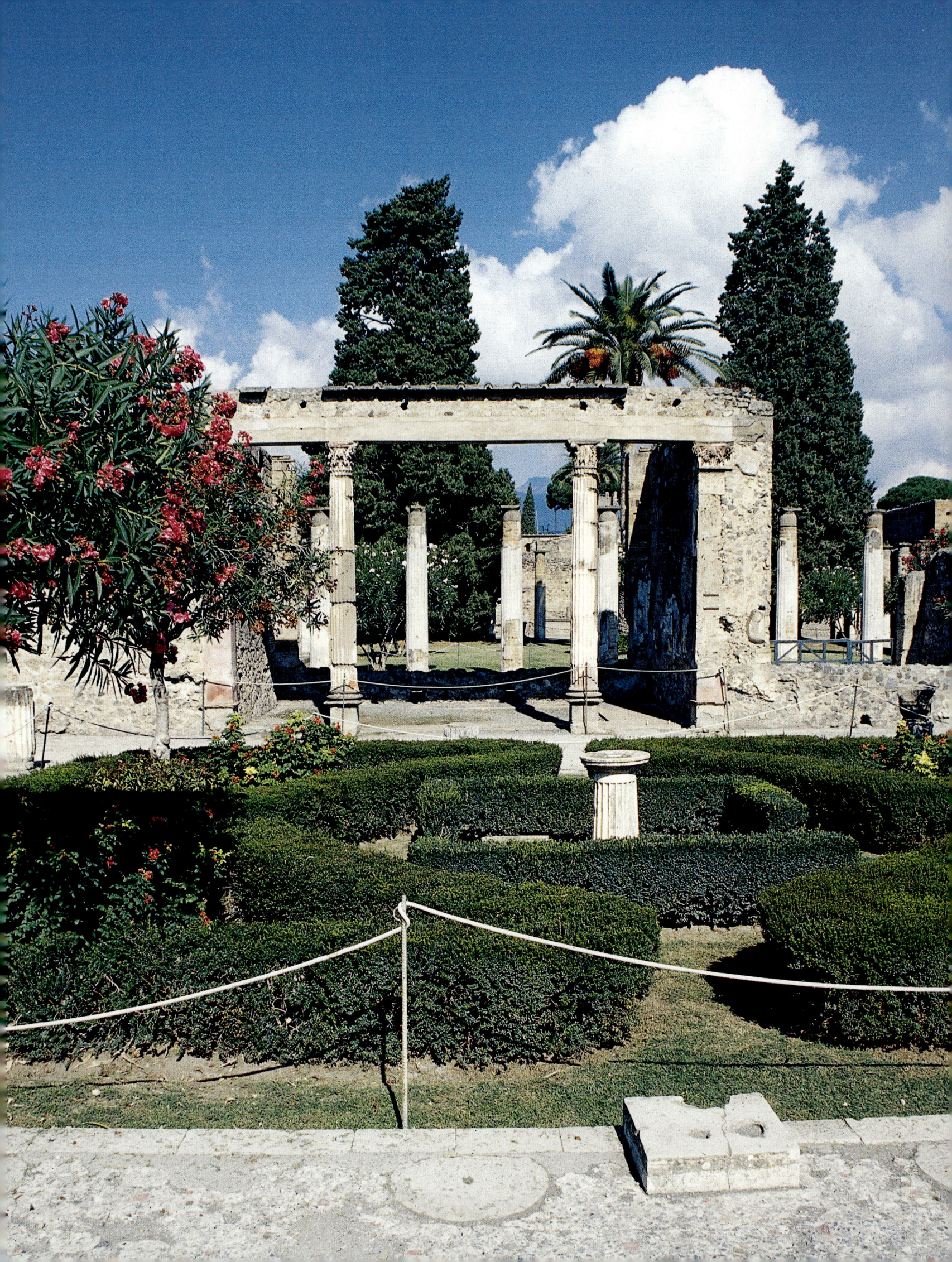

Das Alexandermosaik aus der Casa del Fauno in Pompeji – die frühen Bergungsmaßnahmen

Luigia Melillo

Das weltberühmte Alexandermosaik (vgl. Abb. 1 Beitrag F.-W. v. Hase) wurde am 24. Oktober 1831 in der Exedra des ersten Peristyls der Casa del Fauno (VI,12,2) in Pompeji entdeckt (Abb. 1/Startabb.) und Jahre später in das Real Museo Borbonico, das heutige Museo Archeologico Nazionale in Neapel, gebracht.

Bereits bei seiner Auffindung wies das Mosaik große Beschädigungen an der linken Seite auf, die vermutlich mit den erheblichen Zerstörungen in Verbindung stehen, die z.T. bereits das Erdbeben des Jahres 62 n. Chr. anrichtete.[1]

Dass uns das einzigartige Kunstwerk erhalten blieb und nicht noch in neuerer Zeit den Unbilden der Witterung zum Opfer fiel, wie vieles in Pompeji, ist ein großer Glücksfall. Unter welchen Umständen dies geschah, soll hier noch einmal berichtet werden.

Die zeitgenössischen, zum Teil unveröffentlichten Dokumente und die frühen Publikationen zeichnen ein lebhaftes Bild von den technischen Problemen, die mit der Bergung sowie dem Transport nach Neapel ins Real Museo Borbonico verbunden waren. Sie lassen aber auch die Meinungsverschiedenheiten und persönlichen Rivalitäten der in das riskante Unternehmen involvierten Persönlichkeiten erkennen. Es sind dies kaum bekannte Vorgänge, die schließlich zur Rettung des singulären antiken Meisterwerkes führten. Sie verdienen es, hier dargestellt zu werden – unter Zugrundelegung neuer Forschungen der Autorin.

Die außerordentliche Bedeutung der Entdeckung wurde sogleich am neapolitanischen Hofe erkannt. Und so beeilte sich Ferdinand II., König beider Sizilien, die brisante Angelegenheit seinem Hofarchitekten Pietro Bianchi, der seit 1827 mit der Leitung der Ausgrabungen in Pompeji, Herkulaneum und Paestum betraut war, zu übertragen. In weiser Voraussicht möglicher Implikationen wies der König seinen Hofarchitekten darauf hin, dieser möge genau im Auge haben, was hier geschähe, da dieses Monument nicht nur Neapel gehöre, sondern ganz Europa und man folglich auch ganz Europa Bericht über die hier getroffenen Maßnahmen erstatten müsse.[2]

Ganze zwölf Jahre wurde zunächst am königlichen Hofe und unter den herangezogenen Fachleuten leidenschaftlich diskutiert, wie das Mosaik zu erhalten sei und vor allem, ob man es weiter am Ort belassen oder ob man es nach Neapel ins Real Museo Borbonico überführen solle.

Zwei heftig miteinander streitende Parteien bildeten sich in dieser Frage: Anführer der einen war der königliche Architekt Antonio Niccolini, der seit 1822 an der Spitze des mächtigen Real Istituto di Belle Arti, dem Königlichen Institut der Schönen Künste, stand. Er vertrat die Meinung, das Mosaik müsse von seinem Untergrund losgelöst und nach Neapel gebracht werden. Die andere Partei, an deren Spitze der erwähnte Pietro Bianchi stand, war dagegen der Ansicht, dass es sicherer und deshalb vorzuziehen sei, das Mosaik an Ort und Stelle zu belassen.

Bekanntlich setzte sich die Gruppe um Niccolini durch. Nicola Santangelo, zu jener Zeit Innenminister, erteilte darauf den Auftrag, „eine größere Kommission zu bilden, in der die bedeutendsten Wissenschaftler, Künstler und Praktiker der Hauptstadt Neapel vertreten sein sollten. Diese Kommission sollte sogleich einen Plan ausarbeiten, wie man das Mosaik, das die ungewöhnliche Größe von 5,82 m Länge und 3,13 m Höhe besaß, von seinem Untergrund ablösen und nach Neapel transportieren könne".[3]

Den Zuschlag erhielt das Projekt des Architekten Antonio Niccolini und des Bildhauers Angelo Solari. Die beiden wurden von König Ferdinand II. auch mit der Durchführung des Unternehmens betraut. Dies geschah trotz des starken Widerstandes von Seiten des Hofarchitekten Bianchi, der ja für Pompeji zuständig war und sich deshalb in der Sache übergangen fühlte.

Der König ordnete ebenfalls an, dass die technische Lösung des Transportproblems, die auf einem Vorschlag des einflussreichen Oberst Visconti beruhte, noch einmal zu überprüfen sei, hatte dieser doch die Meinung vertreten, dass man das Mosaik nicht in einzelne Teile zerlegen dürfe, sondern dass man es vielmehr komplett ablösen und transportieren könne, was dann freilich mit entsprechenden Mehrkosten verbunden sei.[4]

Niccolini und Solari, die sich der Schwierigkeiten und Risiken des ihnen zugewiesenen Auftrages wohl bewusst waren, gingen mit größter Umsicht zu Werke. Zunächst baten sie den Direktor des Museums in Neapel, Francesco Maria Avellino, die zeichnerische Dokumentation, die bereits zur Verfügung stand, noch weiter zu vervollständigen und zwar mit dem berechtigten Hinweis, dass mit den Arbeiten nicht begonnen werden könne, bevor man nicht noch einmal eine Bestandsaufnahme der Schäden vorgenommen habe.[5] Das an Avellino gerichtete Schreiben enthält u.a. die aufschlussreiche Nachricht, dass Giuseppe Marsigli, „ein gewandter Zeichner und tüchtiger Kupferstecher"[6] seinerzeit bereits eine farbige Zeichnung des Mosaiks angefertigt habe, auf der „verschiedene Lücken angegeben seien, die schon in älteren Zeiten mit Verputz" aufgefüllt worden seien und dass die beiden Projektleiter, Niccolini und Solari, schon „ein Modell aus Holz und Eisen, versehen mit erläuternden Zeichnungen", angefertigt hätten.

1 Casa del Fauno, Pompeji. Blick aus dem kleinen Peristyl auf die Exedra, als Fußboden diente hier das Alexandermosaik.

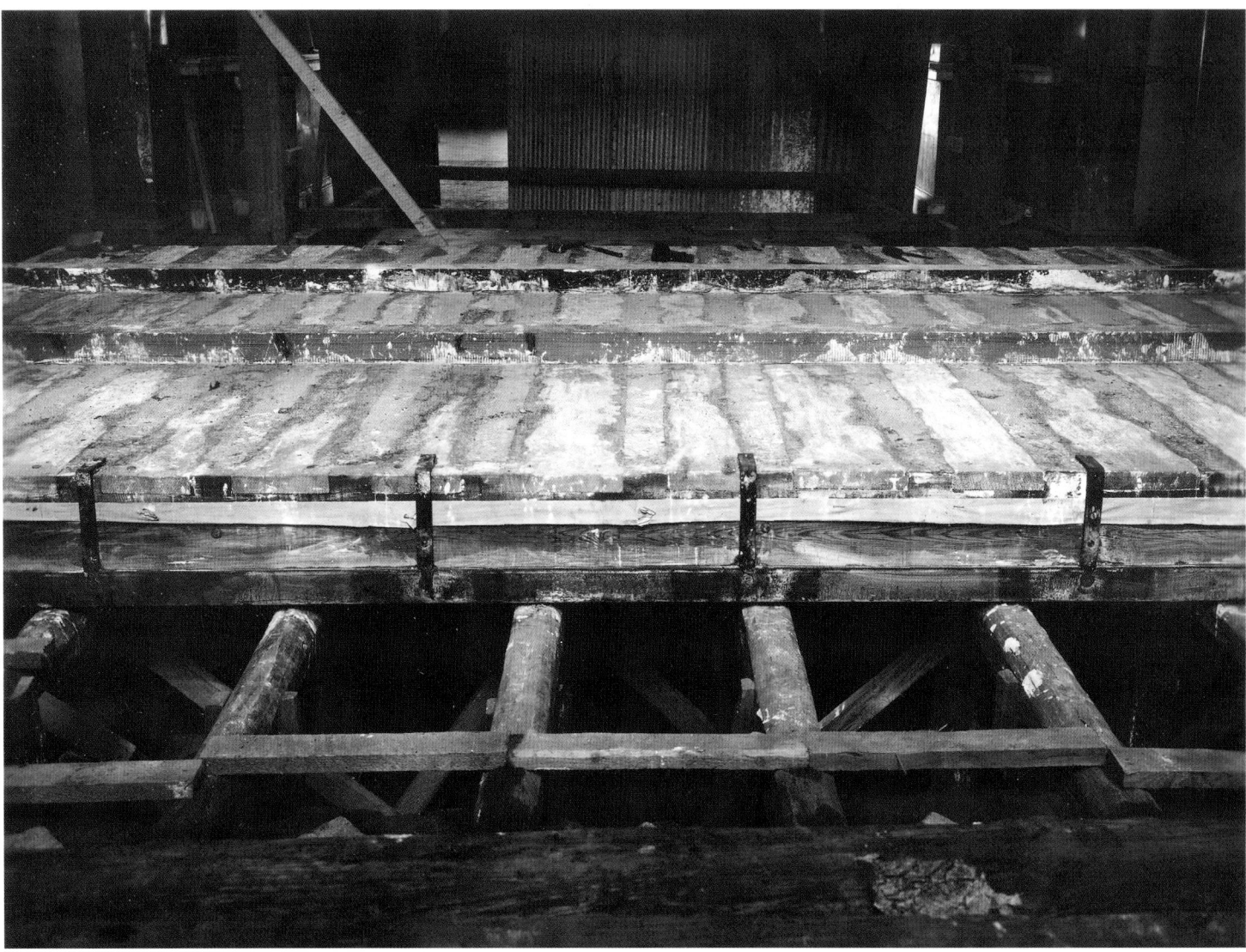

2 Transportgestänge für das Alexandermosaik in der von Olga Elia erwähnten Technik, Foto aus dem Jahr 1916/17.

Anfang März 1843 unternahmen Niccolini und Solari eine erneute Ortsbesichtigung in Pompeji, um sich noch einmal ein genaueres Bild von den zu bewältigenden Problemen zu machen und so zu den technischen Lösungsvorschlägen des erwähnten Oberst Visconti Stellung nehmen zu können.

Der Bericht, den die beiden Herren nach ihrem Besuch vor Ort verfassten, schildert in anklagenden Worten den schlechten Zustand, in dem sich inzwischen das große Mosaik befand.[7] So erfährt man, dass die Erhaltung des Mosaiks nicht mehr mit dem Zustand zu vergleichen sei, den es noch vor zwei Monaten gehabt habe. Sie wiesen im Übrigen darauf hin, zahlreiche „blasenförmige Erhebungen" beobachtet zu haben. Die deutlich erkennbare Ablösung einzelner Mosaiksteinchen führten sie auf ganz verschiedene Ursachen zurück. Zum einen auf die kleinen Kanäle, die man in den Mosaikuntergrund gegraben habe, um auf diese Weise das Mosaik zu belüften und somit trocken zu halten. Zum anderen machten sie für den schlechten Erhaltungszustand des Werkes aber auch die Gewohnheit der Wärter und Fremdenführer verantwortlich, die farbige Oberfläche mit Wasser zu übergießen, um so die Darstellungen frischer erscheinen zu lassen. Interessant in Niccolinis und Solaris Bericht ist auch die Bemerkung, dass die Aufquellungen nur in dem mit Figuren bedeckten Teil des Mosaiks aufgetreten wären, während die weißen Partien unversehrt erhalten seien.

Summa summarum erschien den Berichtenden der Zustand des Mosaiks so bedenklich, dass sie vorschlugen, ohne weiteren Aufschub dessen Ablösung vorzunehmen, um wenigstens zu retten, was davon übrig geblieben sei.

Die technische Durchführung des Vorhabens betreffend, pflichteten sie den Vorstellungen Obersts Visconti bei, dass man das Mosaik durchaus en bloc ablösen könne, also ohne es vorher in einzelne Teile zu zerschneiden.

Nachdem nun auch Bianchi zusammen mit dem lokalen Grabungsvorsteher in Pompeji, Raffaele Amiconi, und dem Wächter Imparato eine erneute Ortsbesichtigung vorgenommen hatte, berichtete dieser am 20. März 1843 dem Museumsdirektor Avellino in Neapel, dass ohne Zweifel das Entstehen der Aufquellungen auf die Tätigkeit des neapolitanischen Mosaizisten Piedimonte zurückgehen müsse, da die antiken Stuckaturen und jene Ausbesserungen, die seit 1831 vorgenommen wurden, unbeschädigt seien. Zu erkennen seien im übrigen auch Risse und zwar an dem Material, das von Piedimonte zum Auf-

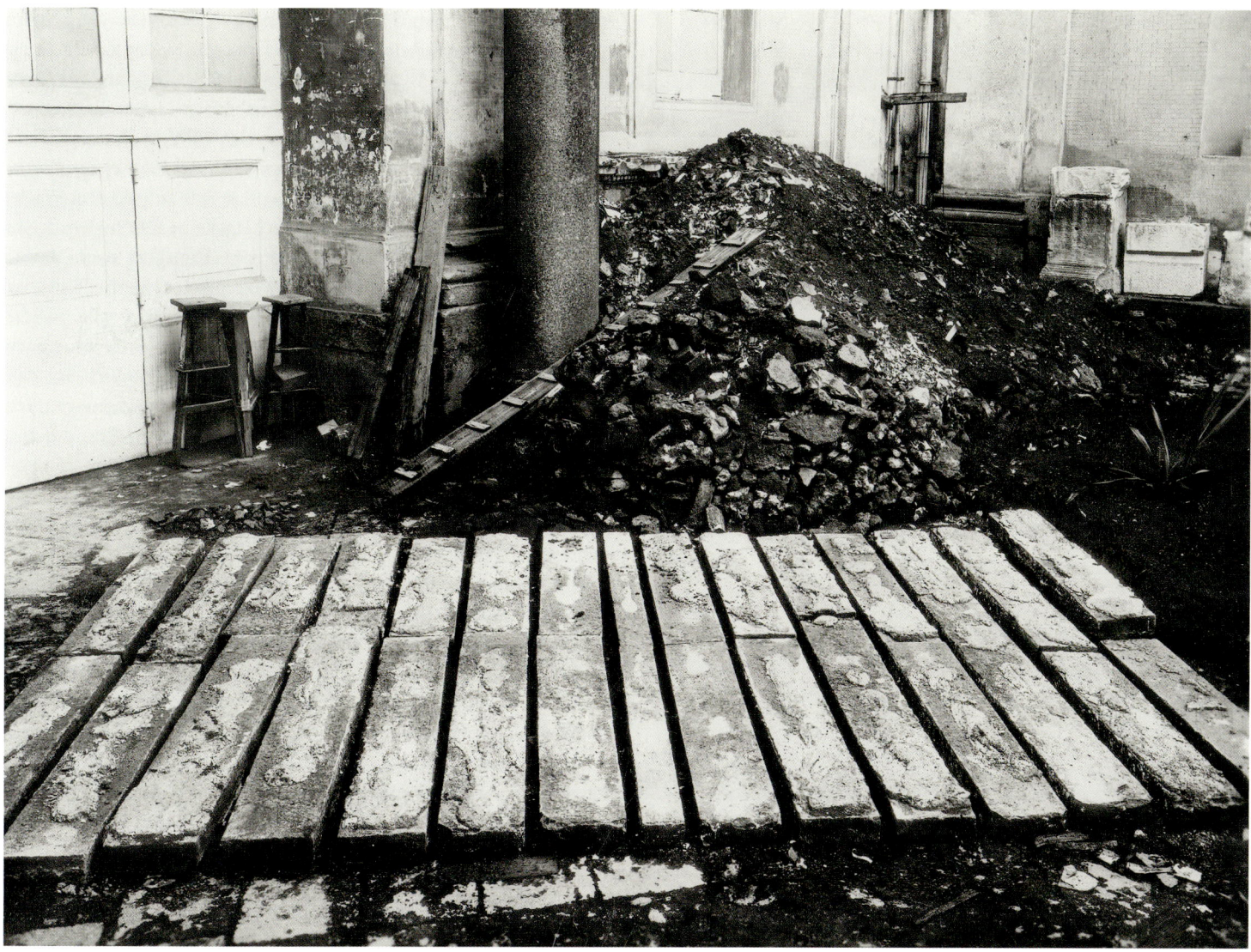

3 Bettung des Alexandermosaiks, bestehend aus Vulkangestein und Schwellen aus Schiefer, Foto aus dem Jahr 1916/17.

füllen der Leerstellen verwendet worden sei. In diesem Zusammenhang erfahren wir auch, dass sich Piedimote schon seit geraumer Zeit alle vier Monate zum Mosaik begab, um dessen Oberfläche zu säubern. Hierzu benutze er, so hieß es, ein Schabeisen und Bimsstein. Die kleinen Spalten an verschiedenen Stellen des Mosaiks fülle er außerdem mit einer Paste aus Gips und weiteren Zutaten aus, die er eigens aus Neapel mitbrächte. Und eben diese Füllungen seien jene Bereiche, die sich dann herausgewölbt hätten. Piedimonte beende im übrigen jedes Mal seine Tätigkeit, indem er über die Oberfläche des Mosaiks noch einmal eine Flüssigkeit aus flüssigem Wachs gieße, um sie anschließend mit Bimsstein, Bürste und Leinenlappen zu bearbeiten, wie man das auch bei den Fußböden in Neapel zu tun pflege. Bianchi schloss seinen Zustandsbericht mit dem Hinweis, dass der schlechte Zustand des Mosaiks sowohl auf die große Feuchtigkeit des Ortes als auch die Tätigkeit des erwähnten Piedimote zurückzuführen sei.

Nun erfolgte eine ganz unvorhergesehene Wendung: Am 28. März 1843, also nur 13 Tage nach dem oben erwähnten Bericht, widerriefen Niccolini und Solari aus ungeklärten Gründen in einem erneuten Schreiben an Avellino ihre alarmierenden Nachrichten über den schlechten Erhaltungszustand des Mosaiks.[8]

Die Lage war somit höchst unübersichtlich. Um deshalb einen unabhängigen Zustandsbericht zu erhalten, beauftragte der inzwischen ungeduldig gewordene Minister Santangelo, der dem König gegenüber die Verantwortung für das Unternehmen trug, seinerseits einen weiteren Gutachter, den berühmten Vincenzo Raffaelli, Direktor der Mosaiksammlung des Vatikans.[9] Im Mai 1843 legte dieser hoch angesehene Fachmann dem Minister einen detaillierten Bericht vor, der wichtige technische Detailbeobachtungen über den Zustand des Alexandermosaiks zwölf Jahre nach dessen Entdeckung enthielt.[10] Dort heißt es u. a.: „Es handelt sich hierbei um einen der wenigen mir bekannten Mosaikfußböden, die nach so vielen Wechselfällen immer noch eine ebene Oberfläche besitzen. Gleichzeitig finden sich aber an einigen Stellen rezente Leerstellen." Raffaelli kam bei seiner Untersuchung zu dem Ergebnis, dass an dem Mosaik wenigstens drei Restaurierungsphasen zu beobachten seien: Eine antike, bei der Kalk verwendet wurde, eine weitere, vermutlich ebenfalls antiken Datums, bei der grauer Kalkmörtel und Sand benutzt wurden, sowie schließlich eine moderne Restaurierung von deutlich schlechterer Qualität, bei der mit Gips gearbeitet wurde.

Raffaelli beobachtete noch einen feinen Überzug, der alle Farben überdeckte und diese gleichsam neutralisierte. Er fuhr fort: „Ich bin

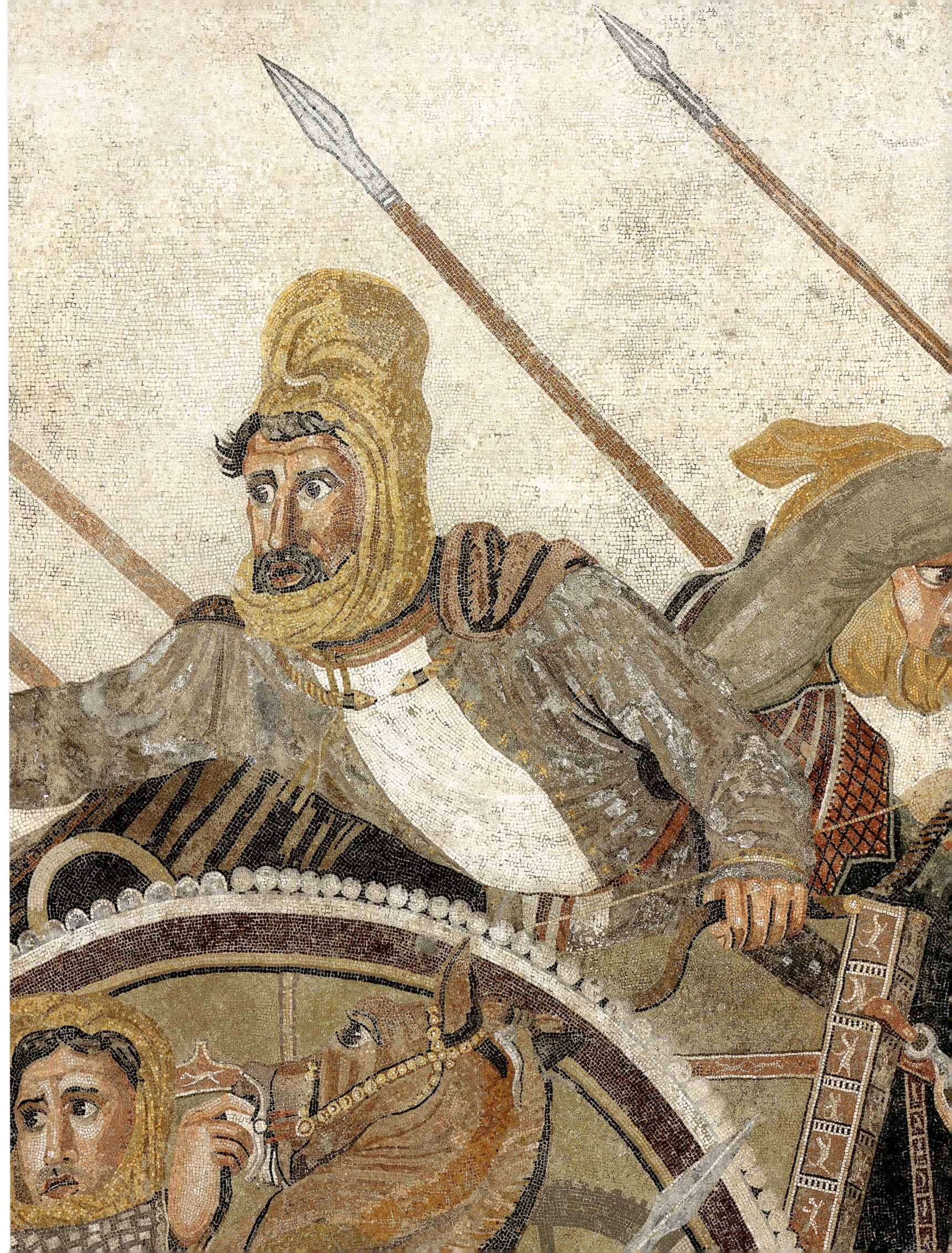

Das Alexandermosaik – ein „Mosaikgemälde" und seine Interpretationsprobleme

Friedrich-Wilhelm von Hase

Das Alexandermosaik mit der Darstellung einer entscheidenden Phase des Kampfes Alexanders des Großen (356–323 v. Chr.) gegen den persischen Großkönig Dareios III. (380–330 v. Chr.) gilt als das bedeutendste „Mosaikgemälde" der Antike: der Thematik des Bildprogramms, dessen künstlerischer Umsetzung sowie der handwerklichen Perfektion der Ausführung wegen (Abb. 1). Einem riesigen Bild vergleichbar ist es jetzt an der Rückwand eines Saales im Archäologischen Nationalmuseum in Neapel befestigt, was seiner „Lesbarkeit" zu Gute kommt. Ursprünglich diente das Mosaik als Bodenbelag der Exedra eines Peristyls in der berühmten Casa del Fauno in Pompeji, die Darstellung wurde folglich aus einem ungünstigeren Blickwinkel wahrgenommen (vgl. Abb. 1 Beitrag L. Melillo).

Das bereits von Goethe bewunderte Werk[1] gilt als einzigartiger Beleg für die Existenz einer eigenen Kunstgattung, der sogenannten historischen Schlachtenmalerei, von der wir zwar antike Nachrichten, aber keine direkten Zeugnisse mehr besitzen.[2] Wenn wir uns an dieser Stelle noch einmal mit der komplexen Problematik dieses Meisterwerkes beschäftigen, so deshalb, weil es inhaltlich in engem Zusammenhang mit dem Thema der Ausstellung steht.

Hergestellt ist das Mosaik (L. 5,82 m; H. 3,13 m) in einer als „opus verniculatum" bezeichneten Technik. Das heißt, die Mosaiksteinchen (lat. Tesserae) sind teilweise in einer gekurvten Linienführung gelegt, einem sich schlängelnden Wurm vergleichbar.

Die Darstellung wird von einem perspektivischen Zahnschnittdekor gefasst. Die Bildoberfläche misst etwa 20 m² und grobe Schätzungen sprechen von ungefähr anderthalb Millionen verwendeter Tesserae ganz unterschiedlicher Größe und Form. Weiß und Grau, Schwarz und Rot sowie Gelb, Grün und Braun bilden den Grundbestand der hier verwendeten Farben, wobei noch zahlreiche Nuancierungen hinzutreten. Durch eine höchst kunstvolle Steinsetzung werden kleine und kleinste Bilddetails, aber auch kunstvolle Lichtreflexe und Schattenwürfe in geradezu malerischer Manier ausgeführt.

Leider ist vor allem die linke Bildseite stark beschädigt. Gleichwohl ist das mit höchster Dramatik inszenierte Kampfgeschehen, das hier in der panikartigen Flucht Dareios' III. seinen Wendepunkt erreicht, noch gut erkennbar. Bewegung und Gegenbewegung geben dabei der Darstellung ihre eigentliche Dynamik. Zur Linken sehen wir den wohl auf seinem berühmten Pferd Bukephalos nach rechts sprengenden jugendlichen Alexander. Er ist barhäuptig, hat also, wie uns für die Schlacht von Gaugamela überliefert ist, bereits im Kampf seinen Helm eingebüßt, der ihm vom Kopf geschlagen wurde[3] (Abb. 2). Bei diesem könnte es sich um das golden schimmernde Exemplar eines vermutlich chalkidischen Typus mit angehängten Wangenklappen und kurzem Nasenschutz handeln[4], das unterhalb des königlichen Reiters noch gerade sichtbar am Boden liegt (vgl. Abb. 1 links unten und Abb. 3). Der Verlust des Helmes bot jedenfalls dem Künstler die einzigartige Möglichkeit, das hier im Profil gezeigte Gesicht des genialen Heerführers in einer großartigen Studie darzustellen.[5] Charakterisiert wird sein nicht gerade schönes, aber markantes Gesicht durch eine hohe Stirn, eine lange, kräftige Nase sowie weit geöffnete Augen, die flammende Blicke werfen. Ein feiner Backenbart rahmt das Antlitz. Typisch für Alexander ist die aus kurzen Haarsträhnen bestehende Frisur mit einem Wirbel über der Stirn.

Wir erblicken hier keinen idealisierten Heros, sondern vielmehr den jugendlichen Heerführer im Augenblick höchster Anspannung und Kampfbereitschaft[6] (vgl. Abb. 2).

Ungeachtet der sich ihm in den Weg stellenden Gegner sprengt Alexander nach rechts vorwärts, Dareios entgegen, der sich bereits zur Flucht gewandt hat. Die imponierende Gestalt des „Königs der Könige" (basileus basileōn) überragt die der anderen Kämpfer (vgl. Abb. 1).

Panik und Entsetzen spiegeln sich in Dareios' Gesichtsausdruck, vor allem in den weit aufgerissenen Augen (Abb. 4/Startabb.). Er steht auf einem mächtigen kastenförmigen Streitwagen, der von vier Rappen – zwei Stangenpferden und zwei außen zugespannten Pferden – gezogen wird. Mit einer schwer deutbaren Armbewegung wendet er sich in Richtung des ihn verfolgenden Alexanders. Neben dem Großkönig sehen wir seinen in Profilansicht wiedergegebenen Wagenlenker, der mit seiner Peitsche die galoppierenden Wagenpferde, ungeachtet des am Boden liegenden Kriegers, eines persischen Bogenschützen, antreibt, um seinen Herrn in Sicherheit zu bringen. Im Bildzentrum befindet sich ein Angehöriger der berühmten Leibgarde des Großkönigs, der offenbar versucht hat, das Vordringen der Makedonen unter Einsatz seines Lebens zu verzögern, um seinem Herrn die Flucht zu ermöglichen. Alexanders lange Lanze hat ihn aber schon durchbohrt. Gleichwohl greift der tödlich Verwundete noch einmal verzweifelt nach dem Lanzenschaft, während sein schwer verletztes Pferd bereits blutend zu Boden gesunken ist[7] (Abb. 5). Diesem Getreuesten der Getreuen könnte die oben erwähnte Geste des Großkönigs gelten, als letzter Gruß und Dank für seine heldenhafte Treue. Ohne Zweifel handelt es sich hierbei um ein zentrales Motiv, auch im Hinblick auf die Gesamtkomposition der ursprünglichen Bildvorlage. In kaum abgewandelter Form erscheint es auch auf höchst bescheidenen Darstellungen

4 Alexandermosaik aus Pompeji, Ausschnitt: Dareios III. und sein Wagenlenker auf dem königlichen Streitwagen. Neapel, Museo Archeologico Nazionale.

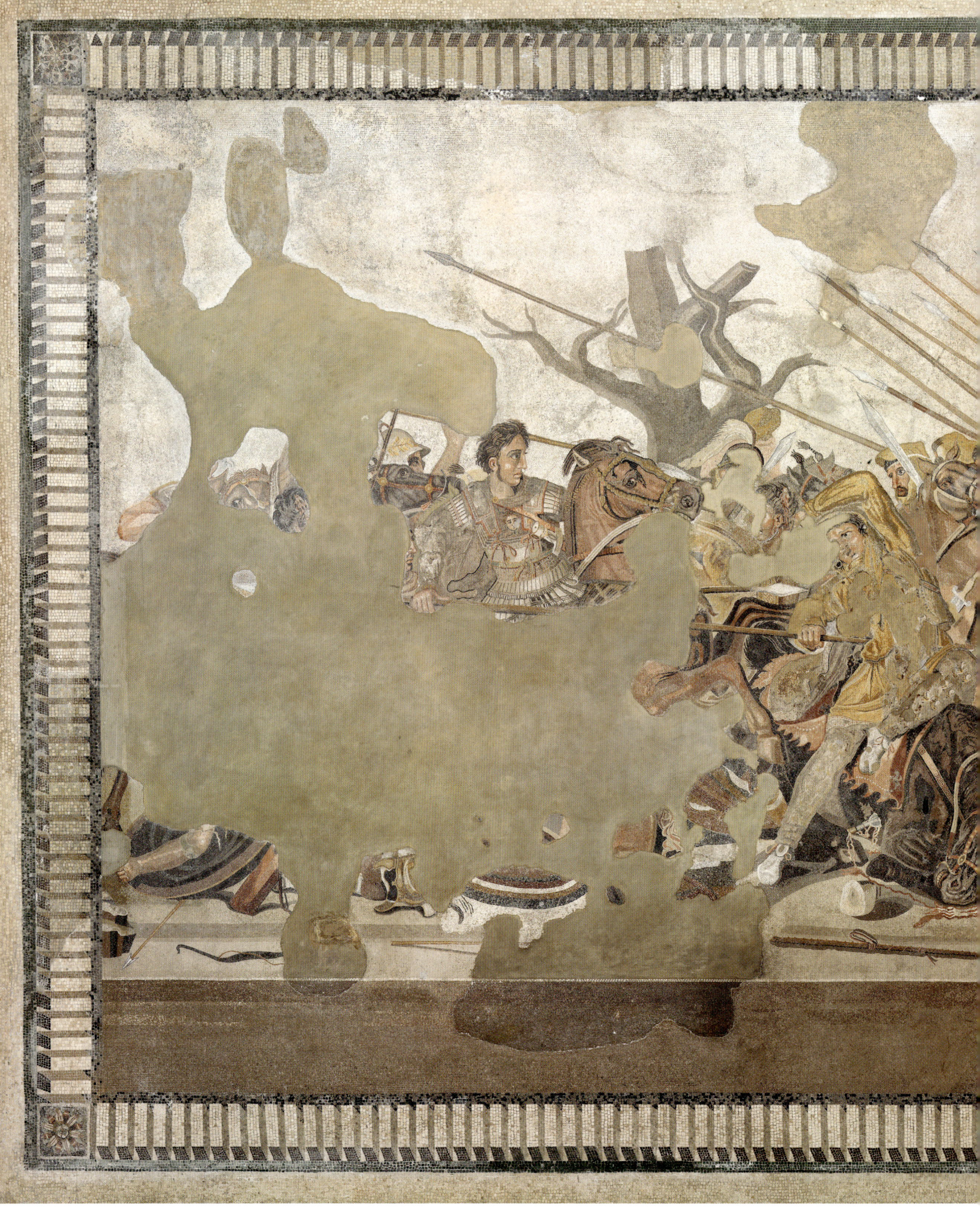

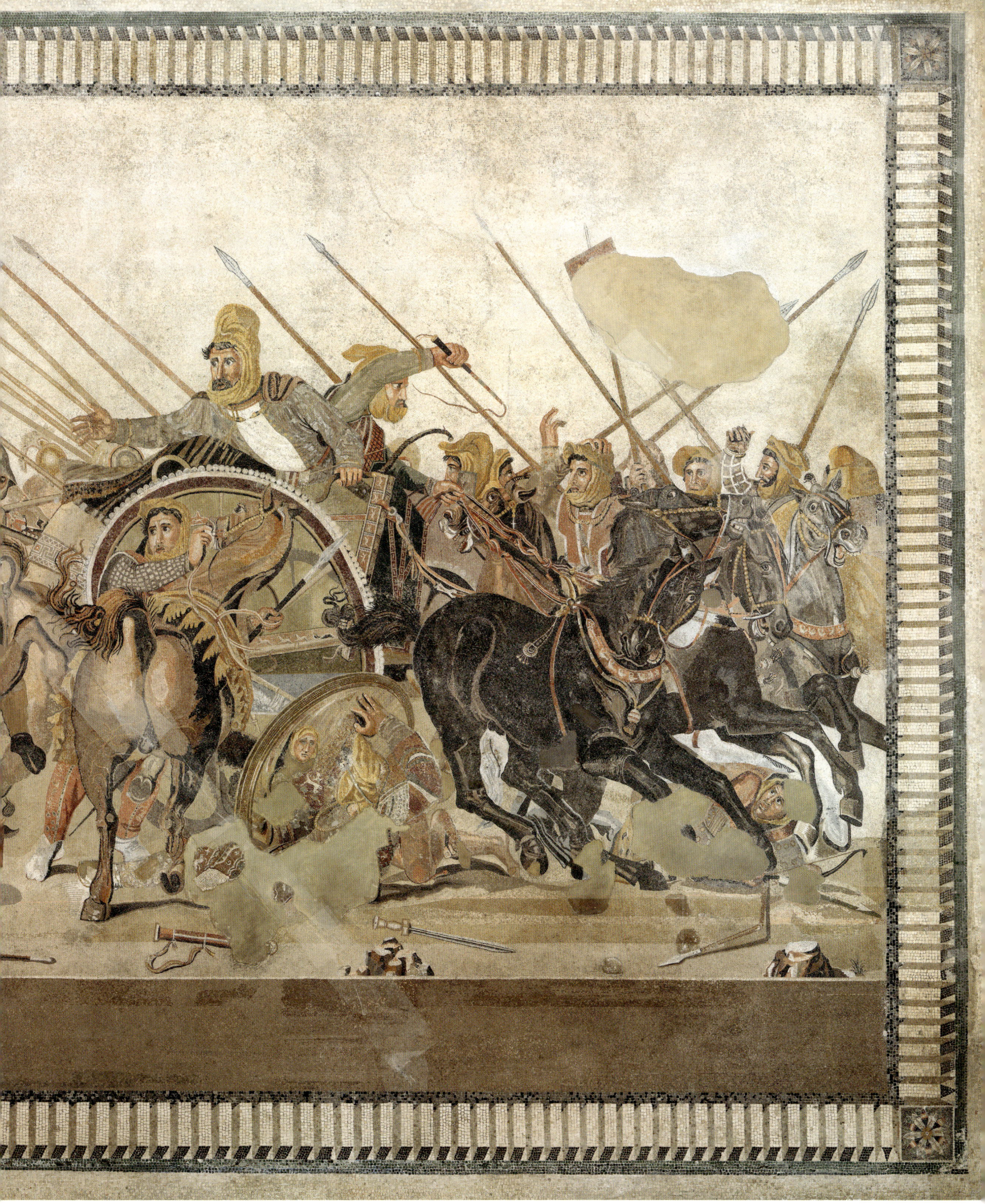

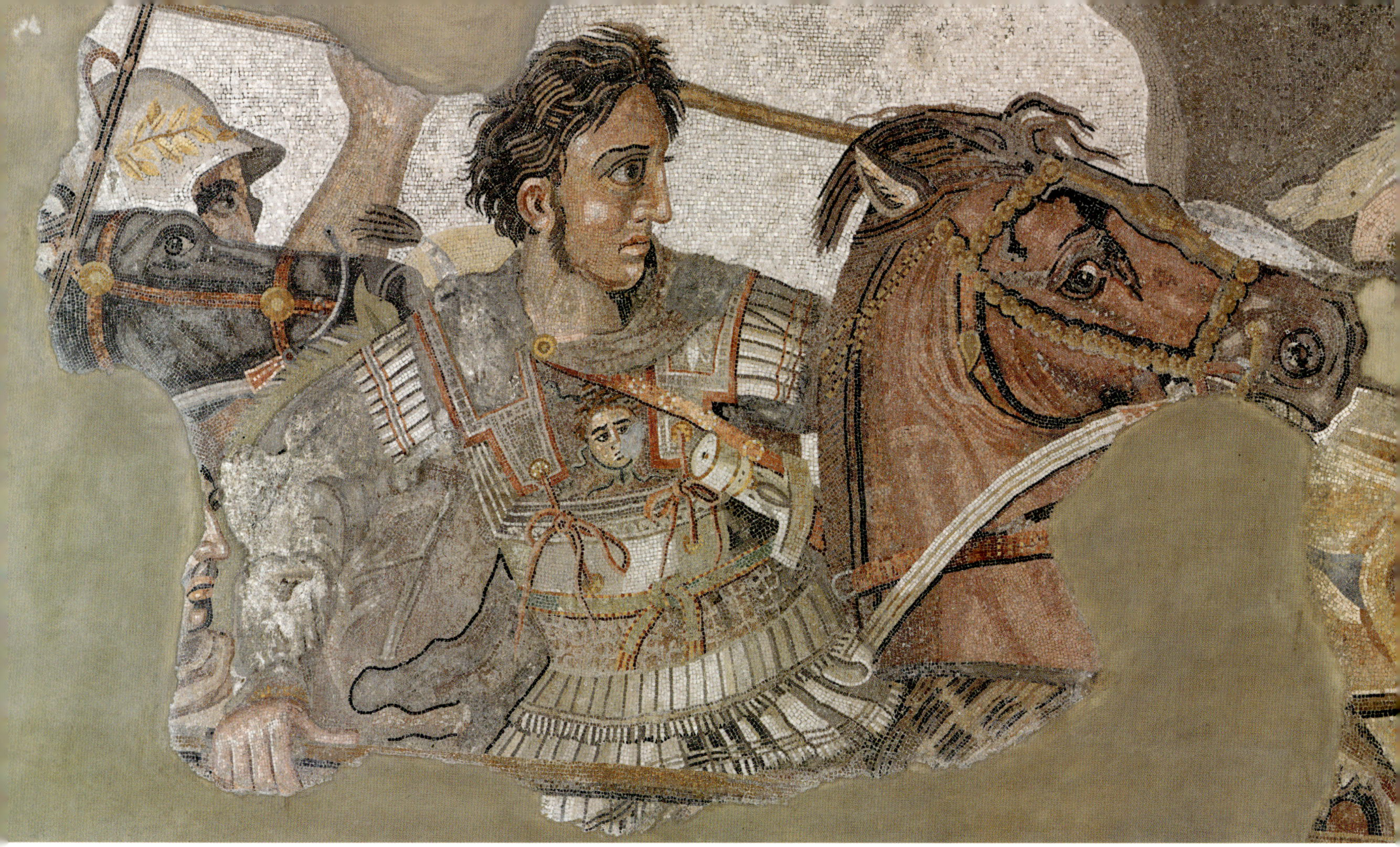

2 Alexandermosaik aus Pompeji, Ausschnitt: Alexander der Große zu Pferde. Neapel, Museo Archeologico Nazionale.

in der Kleinkunst, die offenbar auf die gleiche Vorlage zurückgehen wie unser Mosaik. Anzuführen wäre da an erster Stelle ein bescheidener mittelitalischer Reliefbecher aus der Werkstatt des Gaius Popilius aus dem späten 2. Jh. v. Chr. (Abb. 6). Aber auch künstlerisch anspruchslose etruskische Urnenreliefs ließen sich hier zitieren.[8]

Das Gros der Leibgarde befindet sich zur Rechten des Großkönigs (vgl. Abb. 1 und Abb. 7). Mit Bestürzung blicken die vornehmen Krieger auf ihren Herrn; wie dieser scheinen sie sich ebenfalls schon zur Flucht gewandt zu haben. Wenig in Erscheinung tritt dagegen die Begleitung Alexanders, seine berittenen *Hetairoi* (Kampfgefährten), was auch an den starken Beschädigungen auf der linken Mosaikseite liegen mag, die bereits antiken Ursprungs sind, möglicherweise eine Folge des schweren Bebens im Jahre 62 n. Chr und der Katastrophe 79 n. Chr. Nur im Hintergrund gewahren wir, an ihren griechischen Helmen zu identifizieren, die Köpfe einiger makedonischer Krieger. Einer von diesen, im Profil wiedergegeben, trägt einen Helm makedonischen Typs, den ein goldener Lorbeerkranz schmückt (vgl. Abb. 1; 2 und Abb. 8).[9] Ebenfalls im Bildhintergrund erscheint eine größere Anzahl schräg

Seite 60/61:
1 Alexandermosik aus Pompeji, Casa del Fauno. L. 5,82 m. H. 3,13 m, ohne Zahnschnittfassung: L. 5,12 m, H. 2,71 m. Dargestellt ist der entscheidende Moment der kriegerischen Begegnung zwischen Alexander dem Großen und dem persischen Großkönig Dareios III. Die großen Beschädigungen, vor allem auf der linken Seite, sind bereits antiken Ursprungs. Neapel, Museo Archeologico Nazionale.

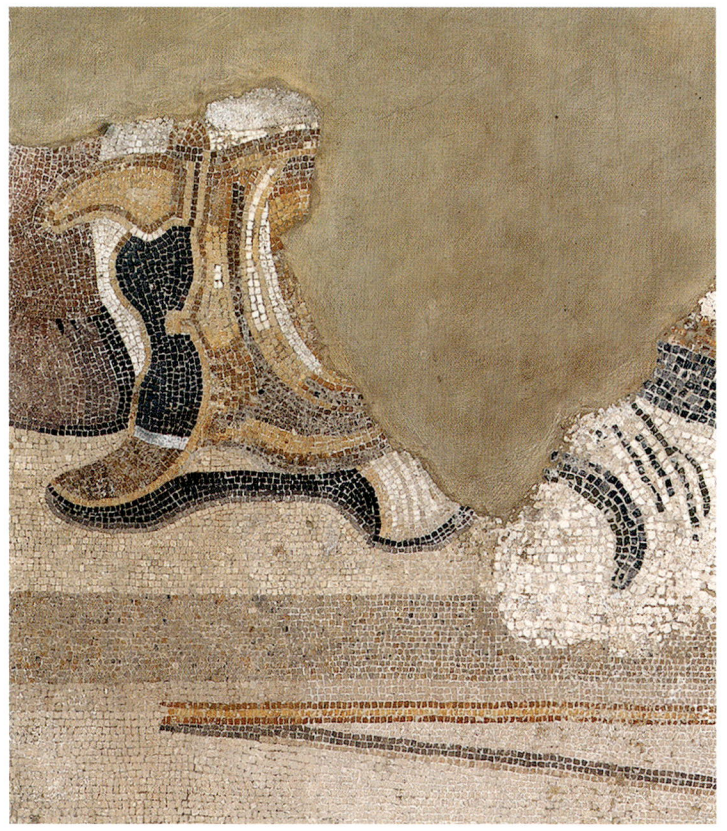

3 Alexandermosaik aus Pompeji, Ausschnitt: Schlachtfeld mit golden glänzendem chalkidischen Helm mit Wangenklappen und im Ansatz erhaltenen Nasenschutz. Neapel, Museo Archeologico Nazionale.

nach oben gerichteter, auffallend langer Lanzen mit schmalen Spitzen, die gefürchteten makedonischen Sarissen, welche Philipp II. einführte, und die hier wohl die Reiterei trägt. An einer von diesen ist sogar ein rotes Feldzeichen gehisst, vielleicht als Angriffssignal zu interpretieren. Alles dies deutet darauf hin, dass die Griechen sich bereits im Rücken des Gegners befinden und die Schlacht verloren ist.[10] Im Bildvordergrund werden zumindest an zwei Stellen die typisch griechischen Rundschilde sichtbar, einmal in Außen- und einmal in Innenansicht (Abb. 9; 10).[11] Sie könnten Kriegern aus dem nicht geringen Kontingent griechischer Söldner gehört haben, die auf persischer Seite mitkämpften und deshalb nach der Schlacht von den siegreichen Makedonen erbarmungslos niedergemetzelt wurden. Dass die riesige Streitmacht, über die der Großkönig gebot, noch Angehörige weiterer Ethnien umfasste, wissen wir zwar aus den schriftlichen Quellen, auf der Mosaikdarstellung wird dieser Umstand aber nicht weiter berücksichtigt.

Betrachten wir die Realien einmal näher, so fällt auf, mit welcher Liebe zum Detail die Kämpfer beider Parteien mit ihrer charakteristischen Bewaffnung und Kleidung sowie ihren prächtigen, reich gezäumten Pferden wiedergegeben sind.[12] Gleichzeitig bemerkt man neben einigen offensichtlich antiken Nachbesserungen ausgesprochen plump wirkende Details, zumal in der Bildmitte, die vielleicht einem weniger geübten Mosaizisten zuzuschreiben sind[13] (vgl. Abb. 5). Und schließlich gibt es sogar eindeutige Unstimmigkeiten, die auf Fehlinterpretationen der vorauszusetzenden Vorlage beruhen dürften (vgl. Abb. 1).[14]

Zur Bewaffnung: Auf griechischer Seite sind es die sehr langen und deshalb so gefürchteten makedonischen Stoßlanzen (Sarissen), die von Hopliten, aber auch von Reitern geführt wurden[15] (vgl. Abb. 1), und die mächtigen Rundschilde sowie die charakteristischen Helme und Schwerter, die hier recht präzise wiedergegeben sind. Besonders die jedes Detail berücksichtigende, gleichsam malerische Wiedergabe des mit Metallapplikationen besetzten makedonischen Laschenpanzers Alexanders, den dieser über einem Ärmelchiton trägt, verrät genaue Kenntnisse des Vorbildes und darf auf Grund seiner virtuosen Darstellung höchste Bewunderung beanspruchen (vgl. Abb. 2).[16]

Ganz anders ist die Ausrüstung der Perser.[17] Das Haupt des Dareios umhüllt eine auffällig hohe Kopfbedeckung, die als Tiara *orthé* (steife Tiara) bezeichnet wird und die als besonderes Hoheitszeichen des Großkönigs anzusehen ist (vgl. Abb. 4).[18]

Die Angehörigen der Leibgarde tragen dagegen die sogenannte Kriegstiara, die deutlich niedriger ausfällt und hier teilweise mit einer weißen Binde versehen ist.

An beiden Schultern des Großkönigs ist der mit senkrechten schwarzen Streifen verzierte, purpurne Königsmantel (*Kandys*) befestigt, der hier noch zusätzlich von einem um den Hals geführten Band gehalten wird. Den Rang des Dareios unterstreicht schließlich noch einmal der breite weiße Streifen des Untergewandes (*Chiton*). Außerdem schmückt ihn ein tordierter, goldener Halsring (*Torques*) (vgl. Abb. 4) mit Tierkopfenden, die näher zu klassifizieren allerdings schwerfällt.[19]

Solche prächtigen *Torques*, es handelt sich dabei nicht nur um Schmuck, sondern auch um Rangabzeichen, verliehen für besondere Treue und Ergebenheit dem Großkönig gegenüber, tragen auch noch zwei der vornehmen Leibgardisten (vgl. Abb. 7; 9).[20]

Am rechten Handgelenk des Dareios befindet sich außerdem ein kunstvoll tordierter Goldarmreif, den übrigens auch sein vornehmer

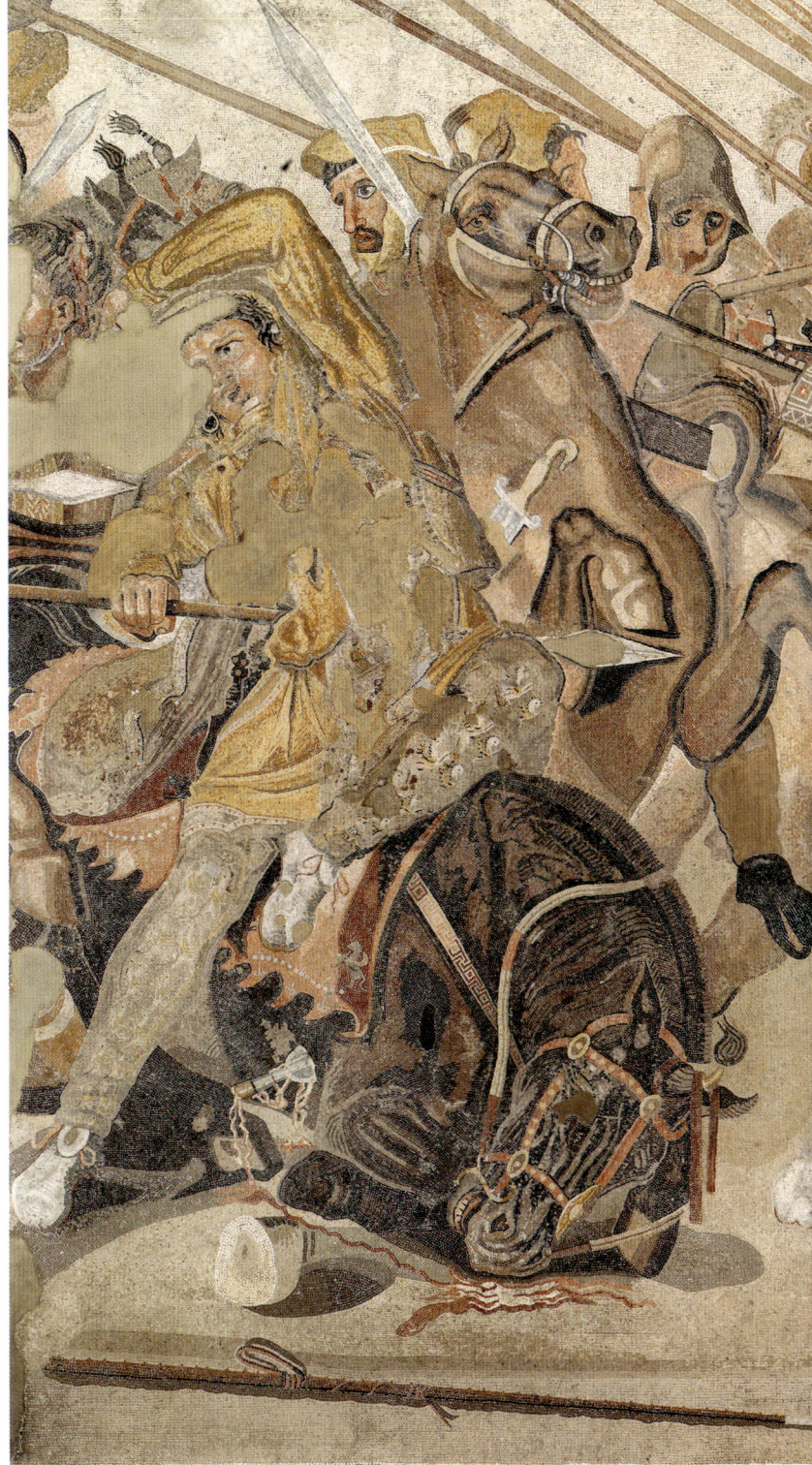

5 Alexandermosaik aus Pompeji, Ausschnitt: Persischer Gardist, tödlich verwundet von der langen Lanze (Sarissa) Alexanders des Großen, unter ihm sein bereits zusammengebrochenes Pferd, im Hintergrund persische und griechische Kämpfer. Neapel, Museo Archeologico Nazionale.

Wagenlenker trägt (vgl. Abb. 4). Dass diese kostbaren Schmuckstücke tatsächlich existierten, beweisen uns entsprechende Funde aus Edelmetall, aber auch aus Bronze.[21] Wir erfahren wenig über die Schutzwaffen der persischen Kämpfer. Schilde, zu denken wäre an die charakteristischen medischen Pelten, fehlen, waren aber üblich (vgl. Abb. 6).[22] Und auch nur in einigen Fällen wird ein Köperschutz erkennbar, bei dem es sich um rechteckige Metallplättchen handelt, die auf eine Stoffunterlage aufgenäht waren und sogar die Ärmel bedeckten[23] (vgl. Abb. 7). Eng anliegende Hosen, wie wir sie auch von den skythischen Reitern ken-

71

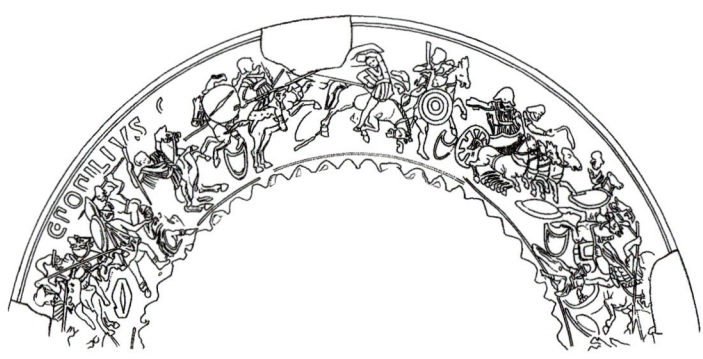

6 Zeichnerische Wiedergabe der abgerollten Darstellung einer Alexanderschlacht von einem mittelitalischen Reliefbecher des späten 2. Jhs. v. Chr. aus der Werkstatt des Gaius Popilius. Boston, Museum of Fine Arts.

nen, vervollständigen das bunte Erscheinungsbild der persischen Kämpfer (vgl. Abb. 5). Mit der Linken hält Dareios den kurzen Reflexbogen, eine gefürchtete, aber auch schwer zu benutzende Fernwaffe reiternomadischer Tradition (Skythen), die hier mit außerordentlicher Detailtreue wiedergegeben ist, wobei seltsamerweise nur das rechte Teilstück des Bogens eine Tordierung aufweist (vgl. Abb. 4).[24] Offenbar hat der Großkönig bereits die Pfeile verschossen, die sein Köcher barg, der an der Außenwand des Streitwagens befestigt war. Solche kurzen Reflexbögen besaßen vermutlich auch die Leibgardisten des Großkönigs und außerdem die eigentlichen Bogenschützen, von denen einer unter die Wagenpferde der königlichen Quadriga geraten ist[25] (vgl. Abb. 1 rechts unten). Zur persischen Bewaffnung zählten außerdem, wie wir an der Darstellung an verschiedenen Stellen ablesen können, Kurzschwerter, kürzere Lanzen und Wurfspieße. Diese liegen auch zusammen mit den bereits erwähnten griechischen Rundschilden, einer Schwertscheide, Reflexbögen sowie einer dreikantigen Pfeilspitze, deren Typus übrigens auch im Heer der Makedonen verwendet wurde, verstreut auf dem im Vordergrund knapp angedeuteten Schlachtfeld (vgl. Abb. 1; 5 und 10).[26] Angedeutet wird der Ort des Treffens durch kleine verstreute Felsbrocken und sogar einen Grasbüschel erkennt man. Der Stumpf eines mächtigen, völlig kahlen Baumes, der im Hintergrund jäh in den Himmel ragt, dürfte ebenfalls als sparsamer Hinweis auf die Umgebung dienen, in der sich der Kampf abspielt[27] (vgl. Abb. 1). Ins Auge fallen muss das prächtige Pferdegeschirr und die akribisch wiedergegebenen Trensenknebel der S-Form und des persischen Typs, bei dem die Knebelstangen in leichter Rundung, also ein Kreissegment bildend, gestaltet sind (vgl. Abb. 4; 5).[28] Die präzise Wiedergabe dieser Psalien setzt wiederum höchst erstaunliche Detailkenntnisse voraus.

Die Leibgarde des Großkönigs ist zu Pferde dargestellt, während Dareios, seinem Rang entsprechend, als einziger einen Streitwagen benutzt, wie uns dies auch die antiken Quellen ausdrücklich sowohl für Issos als auch Gaugamela bestätigen (vgl. Abb. 1).[29]

Es handelt sich bei diesem prunkvollen Gefährt um einen kastenförmig gebauten, hohen zweirädrigen Kampfwagen persischen Typs, der mit leuchtenden Farben und kleinen bildlichen Darstellungen versehen ist. Mit auffallend großköpfigen, dicht aufgesetzten Nägeln sind die Radfelgen verstärkt[30] (vgl. Abb. 4). Bei genauerem Hinsehen zeigt sich, dass dem Mosaizisten bei der Wiedergabe des Wagens bemerkenswerte Fehler unterlaufen sind: Das Vorderrad ist nicht rund, die Radspeichen sind an beiden Rädern unvollständig und auch die Gesamtperspektive des Gefährtes stimmt keinesfalls mit der Realität überein (vgl. Abb. 1).[31] Das Bemühen des Künstlers um eine detailtreue Wiedergabe der Realien ist gleichwohl erstaunlich und lässt die Frage aufkommen, woher dieser die dafür notwendigen Detailkenntnisse bezogen haben könnte. Die Darstellung der Griechen und ihrer Ausrüstung bereitete dabei natürlich weniger Schwierigkeiten. Wie aber stand es mit der gegnerischen Seite?

Die künstlerische Beschäftigung mit den „Erbfeinden", den Persern, hatte bei den Griechen bekanntlich eine längere Tradition. Gleichwohl sucht man unter den uns erhaltenen Werken der Plastik und Vasenmalerei eine vergleichbare Detailtreue in der Darstellung der Realien vergeblich. So wäre es immerhin denkbar, dass sich unser Künstler bei der Anfertigung der einzelnen Vorstudien für sein mächtiges Bild realer Vorlagen bediente. Diese standen ja bei der gewaltigen Kriegsbeute, welche den Makedonen nach den siegreichen Schlachten gegen die Perser in die Hände fiel, zur Genüge zur Verfügung. So wird u.a. überliefert, dass die Griechen nach der Schlacht bei Issos nicht nur den Bogen und Schild des Großkönigs erbeuten konnten, sondern auch dessen Mantel und Streitwagen.[32] Gewaltig war auch die Beute der Griechen bei der Schlacht von Gaugamela, darunter wiederum der Wagen, der Bogen und der Schild des Großkönigs.[33] In drei siegreichen Feldschlachten, nämlich der am Granikos (334 v. Chr.), bei der Stadt Issos in Kilikien (333 v. Chr.) und schließlich bei Gaugamela in der Ebene von Mossul (331 v. Chr.), bezwang Alexander die persische Großmacht und hatte somit freie Hand für die Eroberung des Ostens. Diese welthistorisch so bedeutenden Ereignisse werden uns zumindest durch die antike Literatur höchst detailreich geschildert.[34]

Für die modernen Exegeten unseres Mosaikbildes stellte sich von Anfang an die Kardinalfrage, auf welche der genannten Schlachten die Darstellung Bezug nehmen könnte. Das Treffen am Granikos schied aus, weil Dareios sich zunächst noch nicht in eigener Person am Kampf beteiligt hatte – es blieben also Issos und Gaugamela.[35] Von den meisten Forschern wird zwar die Ansicht vertreten, dass es sich hier um die Wiedergabe der entscheidenden Wende in der Schlacht bei Issos 333 v. Chr. handeln müsse, brachte Alexander doch bei diesem Treffen dem persischen Großkönig, der eine zahlenmäßig weit überlegene, „multi-

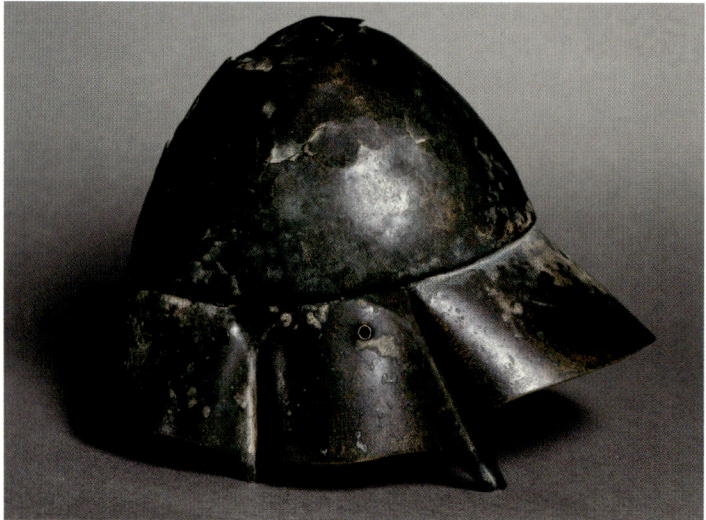

8 Bronzehelm Böotischen Typs, gefunden am Oberen Tigris, 4.–3. Jh. v. Chr. Oxford, Ashmolean Museum, Inv. Nr. 1977.256.

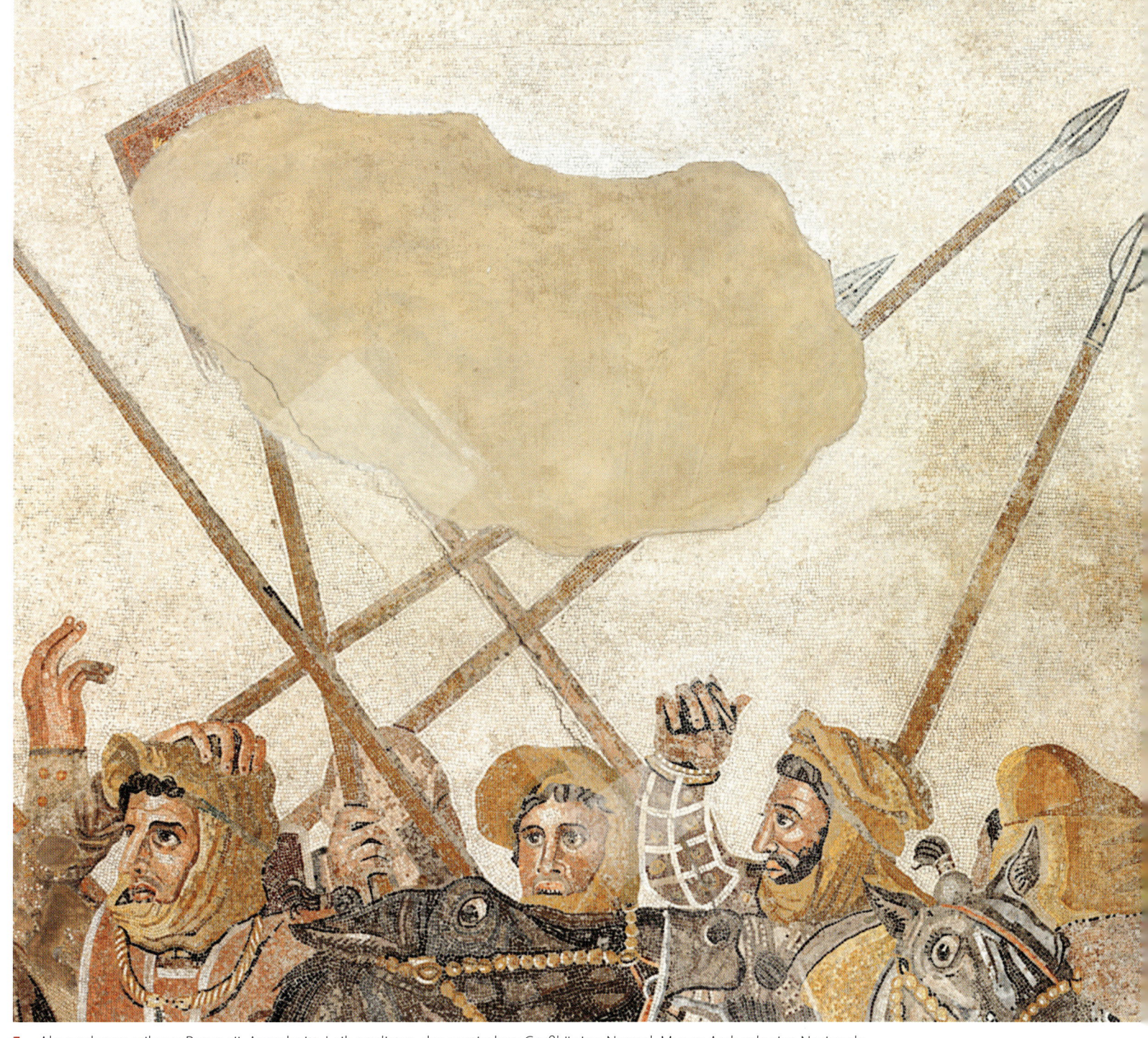

7 Alexandermosaik aus Pompeji, Ausschnitt: Leibgardisten des persischen Großkönigs. Neapel, Museo Archeologico Nazionale.

nationale" Streitmacht befehligte, eine entscheidende Niederlage bei, wodurch den Makedonen bereits der westliche Teil des persischen Großreiches in die Hände fiel.[36] Aber vertreten wurde auch die These, unsere Darstellung beziehe sich auf die Schlacht bei Gaugamela im Oktober 331 v. Chr., entspricht doch die bei Plutarch wiedergegebene Beschreibung des Kampfgeschehens recht genau der auf dem Mosaik dargestellten Situation.[37] Eben bei Gaugamela entschied sich endgültig das Schicksal des persischen Riesenreiches und dazu das seines Großkönigs, der etwa zehn Monate später von seinen eigenen Leuten ermordet wurde, was den hochherzigen, politisch auf Ausgleich zwischen Griechen und Persern sinnenden Alexander dazu bewog, die ruchlose Tat blutig zu rächen. Übereinstimmung herrscht in der Forschung, dass das pompejanische Alexandermosaik, dessen Herstellung in die Mitte bzw. die 2. Hälfte des 2. Jhs. v. Chr. datiert werden darf,[38] die Umsetzung eines älteren, in der Antike hoch berühmten Bildes gewesen sein

muss, von dem unser Mosaik möglicherweise sogar nur einen Ausschnitt wiedergibt, worauf die sehr viel breitere Schlachtszene auf dem schlichten Reliefbecher des Gaius Popilius hinweisen könnte, wenn wir die Darstellung in diesem Punkte für zuverlässig ansehen dürfen (vgl. Abb. 6).[39] Die Entstehung des eigentlichen „Vor-Bildes" unseres Mosaiks möchte man dagegen möglichst früh ansetzen, d. h. zu einem Zeitpunkt, als die Erinnerung an die Taten Alexanders noch sehr unmittelbar war und man außerdem noch mühelos auf die entsprechenden Realien zurückgreifen konnte. Eine Datierung ins beginnende letzte Drittel des 4. Jhs. v. Chr. erscheint somit durchaus vertretbar zu sein.[40]

Was aber sagen uns die antiken Quellen über den Künstler, der das Werk geschaffen haben könnte?[41]

Genannt werden in diesem Zusammenhang vor allem Philoxenos von Eretria, der nach Plinius ein „Alexandri proelium cum Dario" malte.[42] Aber auch Aristeides von Theben (ca. 340–290 v. Chr.)[43] sowie

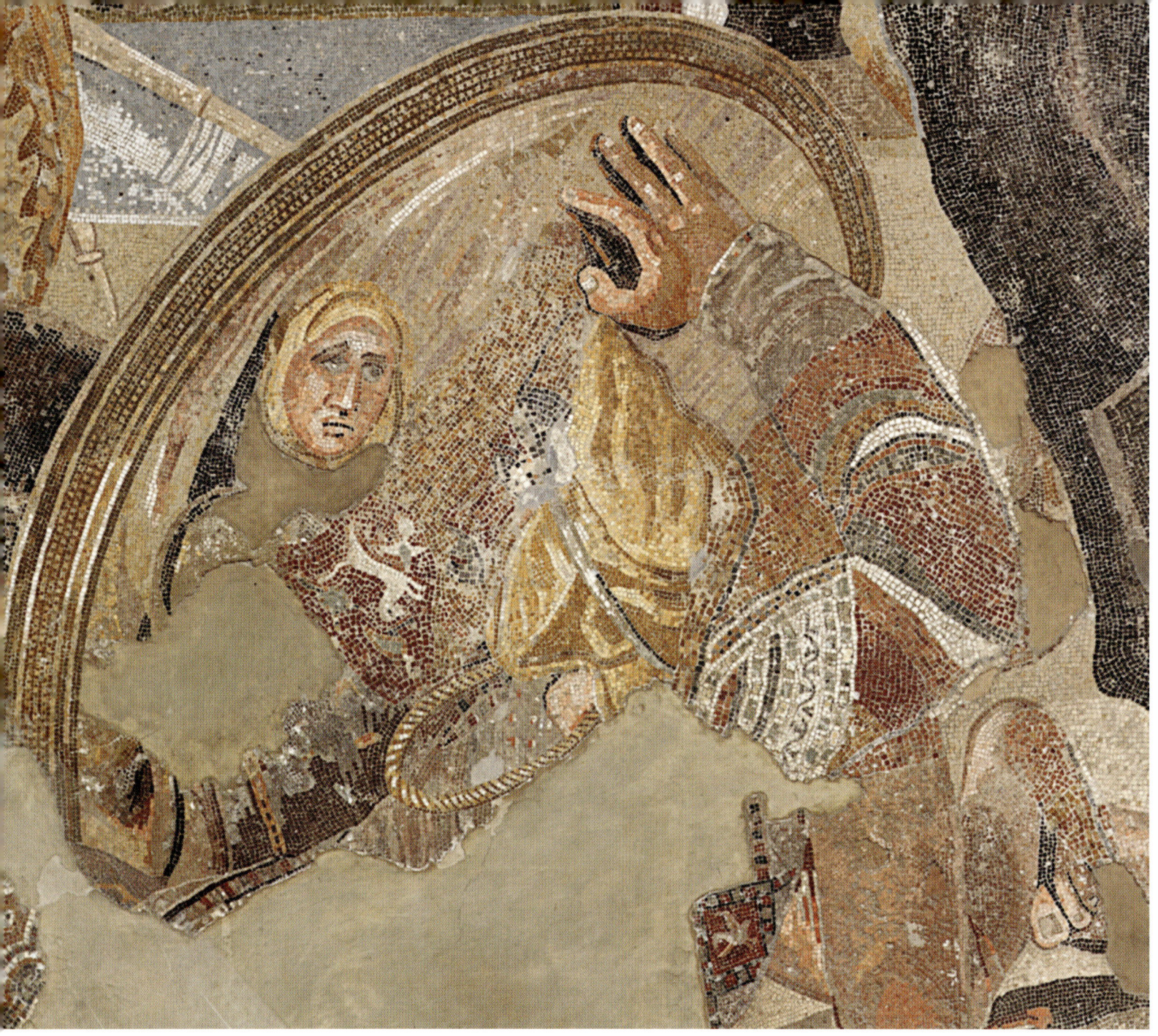

9 Alexandermosaik aus Pompeji, Ausschnitt: Gefallener Perser, der sich in der konvexen Außenseite eines griechischen Rundschildes spiegelt. Neapel, Museo Archeologico Nazionale.

die aus Ägypten stammende Malerin Helena, die ebenfalls gegen Ende des 4. Jhs. v. Chr. tätig war und ein berühmtes Bild der Schlacht bei Issos schuf, das dann zur Zeit Vespasians nach Rom auf das Forum Pacis gelangte, wurden in Betracht gezogen.[44] Sogar an den berühmten Maler Apelles dachte man in diesem Zusammenhang und zwar aufgrund seiner engen Beziehung zu Alexander, den er immer wieder darstellte.[45] Aber das sind Spekulationen, denn mit Sicherheit lässt sich die Autorschaft des „Vor-Bildes" zu dem uns hier beschäftigenden Werkes leider nicht mehr ermitteln.

Dass unser Mosaik in jedem Fall von einer bedeutenden lokalen Werkstatt in situ ausgeführt wurde, wobei vermutlich mehrere Mosaizisten von unterschiedlichem Können am Werke waren, daran gibt es auch aufgrund neuerer petrographischer Untersuchungen keinen Zweifel. Und das kann wiederum nur bedeuten, dass die Errichtung der Casa del Fauno zu Beginn des 2. Jhs. v. Chr. zumindest einen Terminus post quem darstellen muss. Ungelöst ist ebenfalls die Frage, wer als Auftraggeber des nicht mehr vorhandenen Originalbildes anzusehen wäre. Hier schließt sich schon eine weitere, ebenfalls noch offene Frage an: Aus welchem, sicher auch politisch motivierten Anlass wurde dieses Werk überhaupt geschaffen?

Die Casa del Fauno besitzt eine Grundfläche von 2.940 m² und brauchte somit sowohl von ihrer Größe wie von ihrer prunkvollen Ausstattung her den Vergleich mit den Fürstenresidenzen des griechischen Ostens nicht zu scheuen. Was aber mag den Besitzer dieses imponierenden Anwesens dazu bewogen haben, die elegante Exedra vor dem zweiten Peristyl seines Hauses gerade mit einem Mosaik von dieser Größe und diesem für Pompeji doch recht ungewöhnlichen Thema auszustatten (vgl. Abb. 1 Beitrag L. Melillo)? Auch hier handelt es sich wieder um ein Problem, das neben den bereits gestreiften Fragen noch nicht geklärt werden konnte und vielleicht auch nie eindeutig gelöst werden wird.[46]

Das Alexandermosaik ist kein Schlachtendiorama im modernen Sinn. Es stellt vielmehr in kunstvoller Verdichtung die Wende eines sich über Stunden hinziehenden Kampfes dar, an dem abertausende von Kriegern unterschiedlicher Herkunft und unterschiedlicher Waffengattungen teilnahmen und dessen Ausgang für die damalige Welt von größter Bedeutung war, ja Alexanders Zug in den Osten und damit die „Öffnung der Welt" für die hellenische Kultur des Westens erst ermöglichte. Das vorliegende Werk ist die Kopie eines herausragenden griechischen Gemäldes, eventuell sogar nur von Teilen eines solchen. Es führt uns trotz der erwähnten Unzulänglichkeiten geradezu beispielhaft vor Augen, was für eine Lücke der Verlust der einst hoch berühmten griechischen Tafelmalerei, von deren Existenz uns insbesondere Plinius der Ältere in seiner Naturalis historia (Bücher 34–35) Interessantes zu berichten weiß, für unser Verständnis antiker Kunst bedeutet.

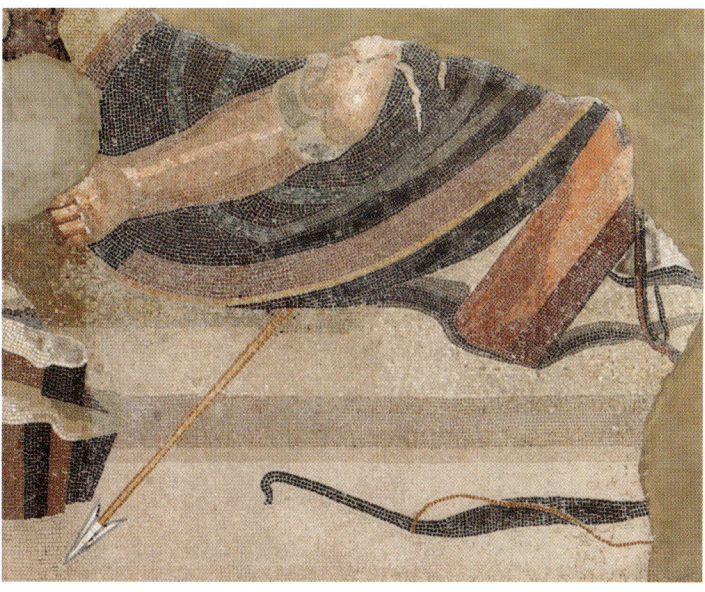

10 Alexandermosaik aus Pompeji, Ausschnitt: Schlachtfeld mit griechischem Rundschild, von der Innenseite gesehen, davon ein Pfeil mit einer dreiflügeligen Spitze und ein Reflexbogen. Neapel, Museo Archeologico Nazionale.

1 Vgl. hierzu Andreae 1977, 29ff. mit weiteren Nachweisen.
2 Vgl. Hölscher 1973, 122ff.
3 Vgl. Curtius Rufus 8,1,29 sowie Hölscher 1973, 129 .
4 Vgl. in unserer Ausstellung den chalkidischen Bronzehelm mit Wangenklappen, Kat. Nr. 64].
5 Vgl. Lippold 1951, 108 ; Hölscher 1971, 131, Anm. 739; Andreae 1977, 25; 41 Abb. 1.
6 Zum Aussehen Alexanders unter Berücksichtigung der bildlichen Darstellungen und schriftlichen Überlieferung vgl. Stewart 1993, 52ff.; 71ff.; 140ff.; 341ff. sowie den Beitrag von den Hoff in diesem Band.
7 Vgl. Andreae 1977, 44, Abb. 6; Pfrommer 1998, 37ff., Taf. 2-3.
8 Vgl. Andreae 1977, 73 Abb. 21 u. 23; Pfrommer 2001a, 65 Abb. 72; 68; Pfrommer 1998, 146ff. Abb. 24, a–e; Taf. 11–14,1; Moreno 2000, 93 Abb. 36.
9 Vgl. Andreae 1977, 47, Abb.5; Pfrommer 1998, 98f.; 117, Abb. 17, Nr. 5; 118; vgl. zum Typus: Waurick 1988, 159ff., Abb. 23; Beilage 1 Nr. 12. Ein Helm nah verwandten Typus ist als Kopie in der Ausstellung zu sehen (das Original in Oxford, Ashmolean Museum, Inv. Nr. 1977. 256).
10 Vgl. Hölscher 1989, 297ff.
11 Andreae 1977, 45 Abb. 4; 59 Abb. 11; 63 Abb. 13.
12 Vgl. Rumpf 1962, 230ff. und zuletzt ausführlich Pfrommer 1998, 3ff. sowie fortlaufend.
13 Vgl. Andreae 1977, 55 Abb. 9, oben rechts.
14 Vgl. hierzu Hölscher 1973, 124ff.; Andreae 1977, 9ff.
15 Vgl. Rumpf 1962, 230ff.; Hölscher 1989, 297ff.
16 Vgl. Andreae 1977, 17; 47, Abb. 5; Pfrommer 1998, 19ff. Taf. 1.
17 Hierzu grundlegend Bittner 1985, 9ff.
18 Vgl. Andreae 1977, 43 Abb.2; Goldmann 1993, 51ff.; Pfrommer 1998, 56ff.; Taf. 6 mit weiteren Nachweisen.
19 Vgl. Andreae 43, Abb. 2; zu den Halsreifen: vgl. Pfrommer 1998, 61ff. mit Lit.; vgl. auch Anm. 21.
20 Vgl. Bittner 1985, 247ff.; 251ff.
21 Vgl. in der Ausstellung den goldenen tordierten Armreif mit Capridenkopfenden aus Sardis/Lydien, aus den Antikensammlungen in Berlin, Inv. Nr. 30989, vgl. Kat. Nr. 89.
22 Vgl. etwa die zahlreichen Schilddarstellungen auf dem Reliefbecher aus der Werkstatt des Gaius Pupilius, vgl. Abb. 6; 7 sowie Anm. 8 in diesem Beitrag.
23 Vgl. Andreae 1977, 59 Abb.11; 67 Abb. 16.
24 Andreae 1977, 57 Abb. 10; 65 Abb. 14; 67 Abb. 15. – Zur Typlogie dieser Kompositbögen vgl. Ghirshman 1962a, 319, Abb. 390; vgl. ferner Bittner 1987, 214 Taf. 42,1.
25 Vgl. Andreae 1977, 65, Abb. 14.
26 Vgl. Andreae 1977, 45 Abb. 4, 63; Abb. 13; 64, Abb. 14 sowie Faltblatt Abb. 25.
27 Vgl. Andreae 1977, Faltblatt Abb. 25.
28 Vgl. Andreae 1977, 47 Abb.5; 49 Abb. 6; 53 Abb. 8; 55 Abb. 9; 65 Abb. 14; vgl. Pfrommer 1998, 85f.; 124ff. Abb. 22 Abb. 23 u. 24; zu den persischen, leicht gerundeten Knebelstangen vgl. auch Bittner 1985, 236ff. Taf. 35, 2–3; Taf. 36, 1–4.
29 Vgl. Hölscher 1973, 148. – Dass es bei Issos ein Viergespann war, bezeugt uns Diodor 17, 34,3–6.
30 Zur Quadriga des Dareios vgl. ausführlich: Pfrommer 1998, 65ff. Abb. 8–10; Taf. 5–8; Pfrommer 2001a, 65, Abb. 71, a und b; 68.
31 Vgl. Andreae 1977, 10; 57, Abb. 10; 59 Abb. 11; Faltblatt Abb. 25; Pfrommer 1998, Abb. 71a u. 71b; 68; vgl. auch ein Rollsiegel mit der Darstellung einer königlichen Löwenjagd, wo ein ganz ähnlicher Wagen abgebildet ist: Kat. Nr. 81.
32 Vgl. Plut. Alex. 20,5; Arr. an. 2,6–10.
33 Vgl. Arr. an. 3,15,5.
34 Vgl. die Nachweise der entsprechenden antiken Quellen bei Andreae 1977, 39. Zur Schlachtordnung und dem Verlauf der militärischen Operationen bei Issos und Gaugamela, vgl. Stewart 1993, 135ff., Abb. 2; 3; zu Issos vgl. Pfrommer 2001a, 54ff. Abb. 63a–b.
35 Vgl. hierzu Stewart 1993, 134.
36 Vgl. Stewart 1993, 134ff.; 147ff.
37 Vgl. Plut. Alex. 33; vgl. auch Fuhrmann 1931, 148ff.; 169; Andreae 1977, 25ff.; 39; zuletzt Moreno 2000, 15ff.
38 Vgl. Hölscher 1973, 158; Andreae 1977, 11.
39 Vgl. Anm. 8.
40 Vgl. Byvanck 1955, 30; Rumpf 1962, 240; Andreae 1972, 7; 11; 26; Stähler 1999, 17; Moreno 2000, 29 anders Pfrommer, der das Vorbild für unser Mosaik erst ins spätere 3. bzw. frühe 2. Jh. v. Chr. datieren möchte, vgl. Pfrommer 2001a, 56.
41 Vgl. hierzu Fuhrmann 1931, 72ff.
42 Vgl. Plin. nat. 35,110; hierzu Fuhrmann 1931, 203ff.
43 Vgl. Plin. nat. 35,99; hierzu Fuhrmann 1931, 72ff.
44 Vgl. Ptolemaios Chemnos bei Photios, Bibliothek, Cod. 190, 482.
45 Vgl. Rumpf 1962, 241; Andreae 1977, 25; Moreno 2000, 32.
46 Vgl. hierzu mit Nachweisen Cohen 1997, 175ff.; Pesando 2002, 238.

Quellen

Schlacht am Granikos: Arr. an. 1,13–16; Diod. 17,18–21; Schlacht bei Issos: Arr. an. 2,6–11; Diod. 17,33,2–34,7; Pol. 12,17–22; Curt. 3,11,1–13; Plut. Alex. 20,1–5; Schlacht bei Gangamela: Arr. an. 3,1–15; Diod. 17,54–61; Curt. 4,9–16; Plut. Alex. 31–33; Just. 11,12–14,6.

Literatur

Andreae 1977; Bittner 1987; Byvanck 1955; Cohen 1997; Fuhrmann 1931; Ghirshman 1962a; Goldmann 1993; Hölscher 1971; Hölscher 1973; Hölscher 1989; Lippold 1951; Moreno 2000; Pesando 2002; Pfrommer 1998; Pfrommer 2001a; Rumpf 1962; Stähler 1999; Stewart 1993; Waurick 1988.

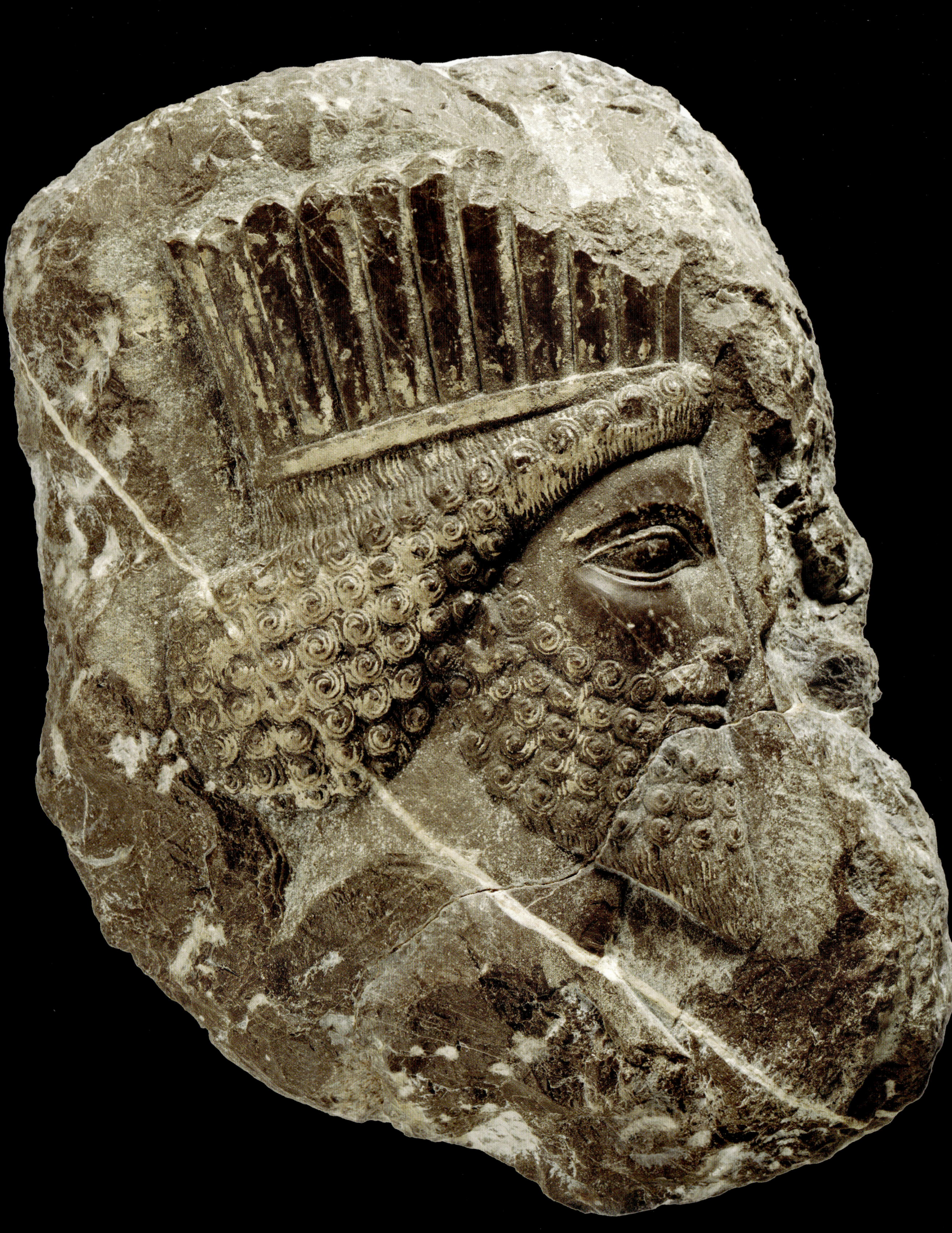

Das Persische Reich (ca. 550–330 v. Chr.) – Feind und Faszination

Amélie Kuhrt

Einführung

Das Achämenidenreich ist das früheste der großen iranischen Reiche (ca. 550–330 v. Chr.) (Abb. 1). Sein Name leitet sich von Achaemenes, dem legendären Gründer dieser Herrscherdynastie, ab. Nach ihm ist auch die königliche Familie benannt, deren Mitglieder das Reich mehr als 200 Jahre lang regierten. Es handelte sich um das in der damaligen Welt bis dato größte Reich, dessen Gebiet sich vom Hellespont bis nach Nordindien, Ägypten eingeschlossen, und bis nach Zentralasien an die Grenzen des heutigen Kasachstan ausdehnte. Im Gegensatz zu früheren und späteren Epochen gab es damals bis zum Aufstieg der makedonischen Macht unter Philipp II. kein politisches System von annähernd vergleichbarer Größe, das fähig gewesen wäre, das Achämenidenreich an seinen Grenzen herauszufordern.

Vor den Eroberungszügen des Kyros im Jahre 550 v. Chr. sind die Perser im Nahen Osten nur spärlich belegt. Archäologische und schriftliche Zeugnisse deuten darauf hin, dass es sich bis ungefähr zur Mitte des 7. Jhs. v. Chr. um ein Hirtenvolk im Gebiet der heutigen Region Fars (das griechische Persis) handelte, welches zuvor zu dem bedeutenden, wenn auch wenig bekannten, noch fortbestehenden Königreich Elam gehörte, dessen Zentrum nun Susa war. Ein sprachlich verwandtes Volk, die weiter nördlich am Zagros und um das heutige Hamadan (das antike Ekbatana) siedelnden Meder, trat vom 8. bis zum 6. Jh. v. Chr. stärker in den Vordergrund, da es als Ergebnis seiner Verbindung mit dem assyrischen Reich im Westen begonnen hatte, sich zu einem Staat zu formieren und sein Territorium auszudehnen. Dies könnte in der Tat den Druck auf die Persis erhöht und die relativ rasche Entstehung eines persischen Staates befördert haben. Unter seinen Königen Kyros II. und Kambyses II. umfasste das entstehende Gemeinwesen innerhalb von weniger als 30 Jahren durch Eroberung gewonnene, hoch entwickelte Reiche und Staaten Westasiens: Das große neubabylonische Reich (der Nachfolger Assyriens), Ägypten, Lydien und Elam sowie im Norden und Osten Medien und Zentralasien (Abb. 2). Besonders Elam, Mesopotamien und Ägypten trugen zur Entwicklung der persischen Machtsymbolik bei. Dies wird vor allem bei königlichen Monumenten und der Ikonographie deutlich, wenngleich diese Traditionen im Zuge der Aneignung und Adaptierung grundlegend und absichtsvoll umgeformt wurden. Trotz

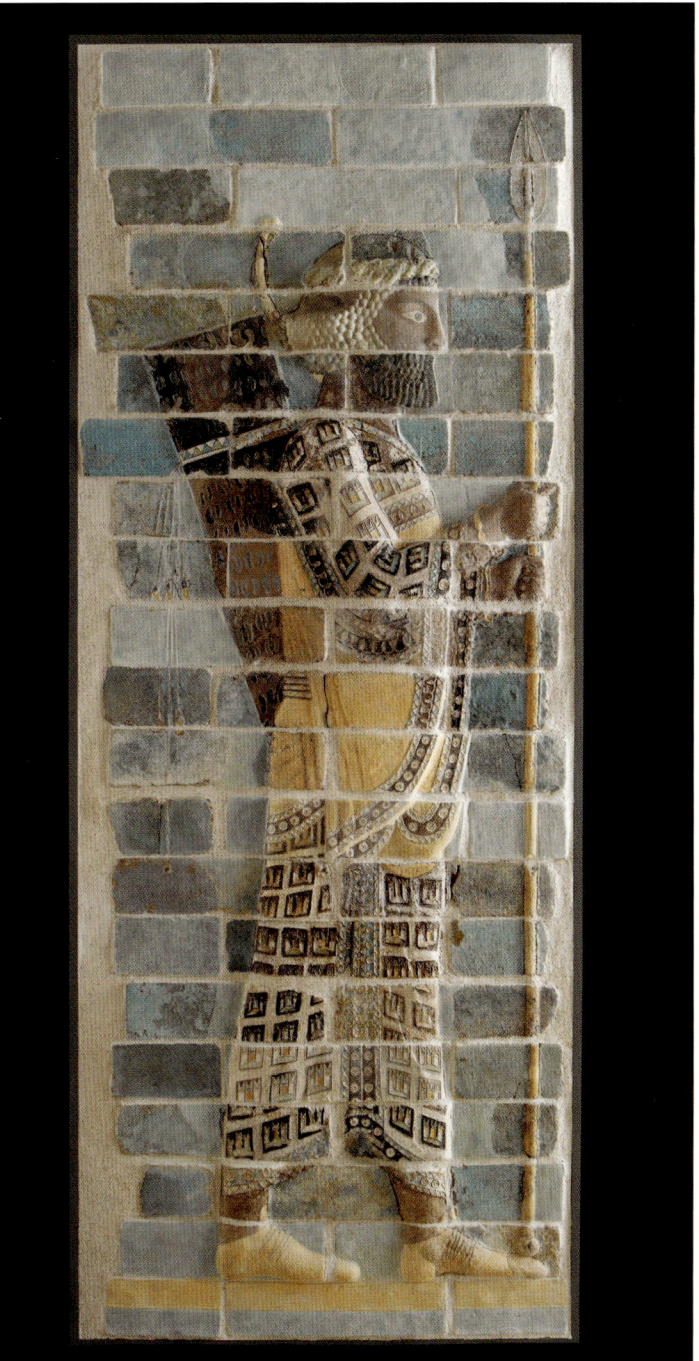

5 Achämenidischer Würdenträger, Persepolis, Zeit des Dareios I., 522–486 v. Chr. Wien, Kunsthistorisches Museum, Ägyptisch-Orientalische Abteilung, Inv. Nr. Sem. 940 (Kat. Nr. 79).

1 Glasurziegelrelief mit der Darstellung eines persischen Bogenschützen, vom Palast Dareios'I. in Susa, Iran, 6.–5. Jh. v. Chr. Paris, Musée du Louvre, Département des Antiquités orientales, Inv. Nr. SB 23177 (Kat. Nr. 101).

Das Persische Reich (ca. 550–330 v. Chr.) – Feind und Faszination

ernstlicher Umbrüche aufgrund seiner ungeheuer schnellen Expansion überlebte das Reich und wurde von Dareios I. um das Indus-Tal erweitert. Obwohl er – wie auch sein Sohn – bei dem Versuch scheiterten, Gebiete in Europa dazu zu gewinnen, um dort dauerhaft eine direkte Kontrolle ausüben zu können, erlitt das Reich nur wenig Gebietsverluste. Zur Regierungszeit des Xerxes lässt es sich als „reifer" und stabiler Staat bezeichnen.

Quellen

Die Quellen, die uns Informationen über das Reich liefern können, stellen uns vor einige Probleme. Dies liegt weniger an ihrer geringen Anzahl als vielmehr an der Tatsache, dass sie außerordentlich heterogen sind und in unterschiedlichen Sprachen und Formen vorliegen. Vor der Freilegung und Entzifferung der frühen östlichen Schriften war das Achämenidenreich hauptsächlich durch klassische Autoren bekannt. Dazu gehört vor allem der griechische Historiker Herodot, der im späteren 5. Jh. v. Chr. schrieb. Da sein Ziel u.a. darin bestand, die Siege der Griechen über die Perser in der Zeit von 490 bis 478 v. Chr. zu feiern, beschränken sich seine wertvollen Informationen in chronologischer Hinsicht auf die frühe Phase des Reiches. Obwohl Herodot uns eine Vorstellung von der geographischen Ausdehnung des Reiches liefert, befasste er sich eher oberflächlich mit dessen Gebieten, mit Ausnahme Ägyptens und der nordwestlichen Grenzregion (d.h. der Westtürkei), da er sich auf den griechisch-persischen Konflikt konzentrierte. Spätere klassische Autoren zeigen in der Regel ähnliche geopolitische Einschränkungen, wenn man von den „Alexanderhistorikern" einmal absieht. Aufgrund der Faszination, die vom Reichtum und der Macht des Perserkönigs ausging, neigten viele Autoren auch dazu, Geschichten höfischer Korruption und Intrige hervorzuheben. Daraus ergibt sich ein verzerrtes und einseitiges Bild des Reiches.

Eine weitere wichtige Quelle stellt das Alte Testament dar, von dem die maßgebliche Darstellung der Perserkönige als Wiederhersteller des Jerusalemer Tempels und Unterstützer des Jahwe-Kultes stammt (Esra, Nehemia). Hier allein liegt der Grund für die falsche Vorstellung von der einzigartigen Politik achämenidischer Religionstoleranz. Das Buch Esther gibt eine Geschichte vom persischen Hof wieder, die in einigen Zügen klassischen Erzählungen ähnelt.

Die altpersische Schrift wurde im 19. Jh. entziffert. Allerdings bestehen die erhaltenen Texte weitestgehend aus monumentalen Königsinschriften, deren Zweck es war, die unwandelbare Majestät persischer Macht widerzuspiegeln (Abb. 3) (die einzige Ausnahme stellt die Inschrift des Dareios I. aus Bisutun dar). Sie enthalten damit keine direkten Informationen über politische Veränderungen oder administrative Strukturen.[1] Um mehr darüber zu erfahren, müssen andere

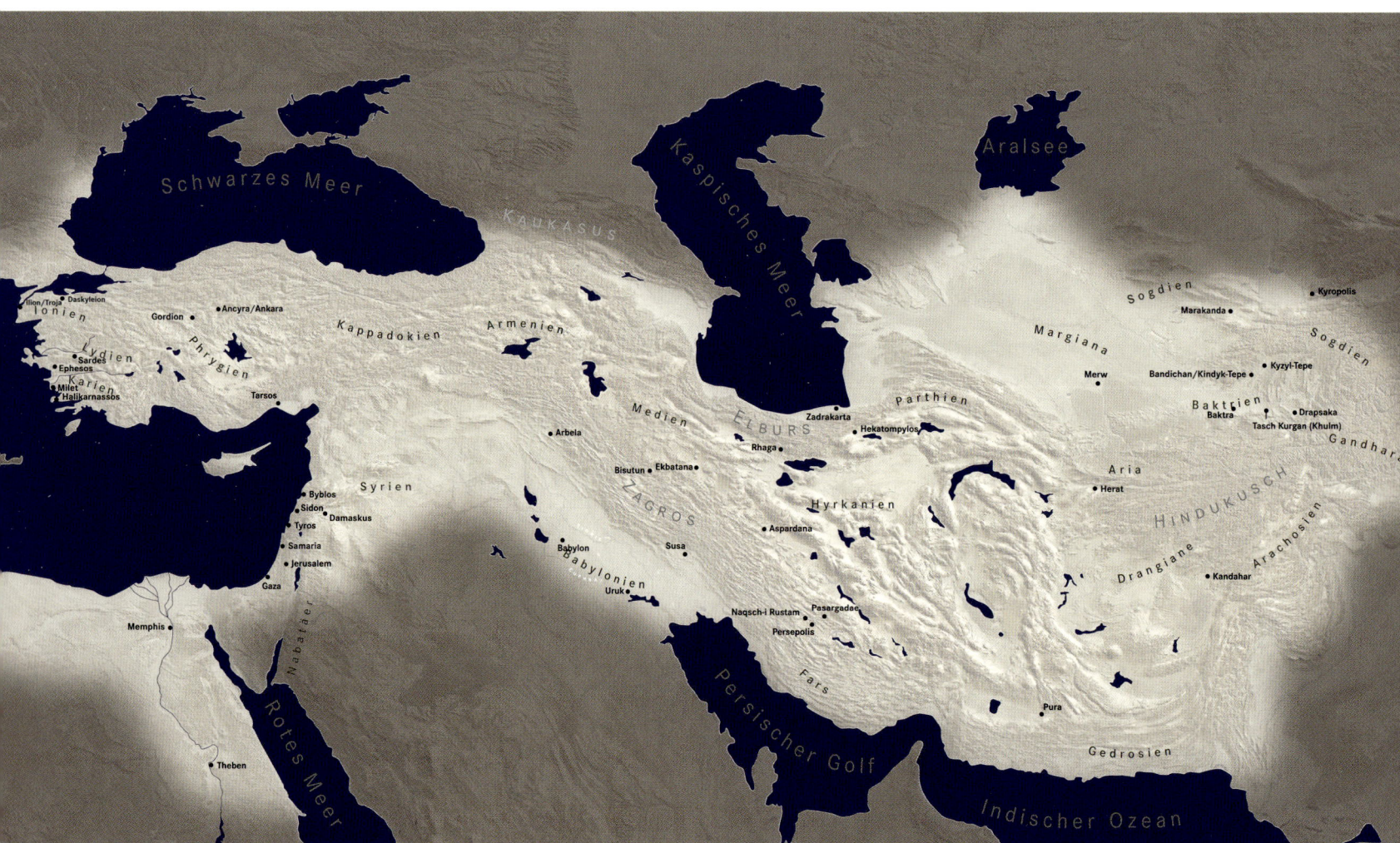

2 Karte des Achämenidenreiches zum Zeitpunkt seiner größten Ausdehnung.

Quellen – babylonische, ägyptische, aramäische und elamische Dokumente – herangezogen werden. Letztere sind von besonderer Bedeutung, um einen Einblick in die Feinheiten der persischen Bürokratie zu gewinnen (Abb. 4). Ebenso wichtig sind die aramäischen Dokumente. Aramäisch war im Nahen Osten weit verbreitet, besonders im neuassyrischen Reich vor der persischen Eroberung. Es wurde unter der achämenidischen Herrschaft als die am meisten verwendete Verwaltungssprache übernommen. Seine weite Verbreitung zeigt sich heute noch deutlich in Form von Pergamenten und Holztafeln aus Baktrien-Sogdiana, die aus der Zeit von Artaxerxes III. bis zu Alexander III. („dem Großen") stammen. Sie zeigen unmissverständlich, dass diese Region bis ganz zum Ende des Reiches fest in der Hand der Achämeniden war.

Archäologisch ist das Reichsgebiet ungleichmäßig erforscht. Die meiste Aufmerksamkeit wurde den großen königlichen Zentren Pasargadae, Persepolis und Susa gewidmet. Allerdings wurden in letzter Zeit auch die achämenidischen Schichten von lang besiedelten Orten in eroberten Gebieten wie Lydien, der Levante und Zentralasien genauer untersucht. Ein Problem besteht darin, dass einige Fundorte, die damals nachweislich von großer Bedeutung waren, durch ausgedehnte moderne Städte überbaut sind und die Ausgrabungsarbeiten erschweren. Dies trifft auf Arbela (das heutige Erbil im Nordirak) ebenso wie auf Ekbatana (das heutige Hamadan in Iran) zu.

Reichsregierung und -verwaltung

Satrapen und Untertanen

Das riesige Reichsgebiet war in Provinzen unterteilt, die meist nach dem aus dem Iranischen abgeleiteten Begriff als Satrapien bezeichnet wurden. Jede Provinz war sehr ausgedehnt und jede wurde von einem „Satrapen" (Statthalter) regiert, der praktisch immer ein adliger persischer oder iranischer Bewohner der jeweiligen Satrapien-Hauptstadt war. Diese war häufig identisch mit der alten Hauptstadt des ursprünglichen politischen, nun eroberten Gebietes. Dieses System erfuhr allerdings Veränderungen, aber nicht alle zur gleichen Zeit, sondern als Reaktion auf besondere Umstände. So wurde zu Beginn von Xerxes' Regierungszeit das Gebiet des früheren neubabylonischen Reiches in zwei neue Satrapien aufgeteilt: „Jenseits des Flusses", das sich westlich des Euphratflusses und bis zur ägyptischen Grenze hinab erstreckte, und Babylonien, d. h. ganz Mesopotamien. Karien und Lykien wurden im 4. Jh. zu einer einzigen Satrapie zusammengeschlossen.

Die Hauptstadt der Satrapie diente dem Statthalter als Verwaltungszentrum. Hier wurden die Steuern gesammelt und aufbewahrt (oder weitergeleitet), hier wurden Satrapie-Archive geführt, Petitionen versandt und königliche Befehle und Edikte entgegengenommen. Jede Satrapien-Hauptstadt besaß einen Palast, der vom Satrapen selbst sowie vom König während seiner Besuche benutzt wurde. Überreste eines solchen Palastes, die teilweise in persischem Stil dekoriert sind, wurden in Babylon gefunden. Solche in den Provinzen gelegenen Satrapenresidenzen sind in Memphis, Daskyleion, Sardis, Ekbatana und Baktra (dem heutigen Balch in Nord-Afghanistan) nachgewiesen. Außerdem gab es befestigte Lagerbauten, die über die Provinzen verteilt waren. Im persischen Herzland (Fars, Elam) lagen die größeren königlichen Zentren wie die alte Stadt Susa, die in ty-

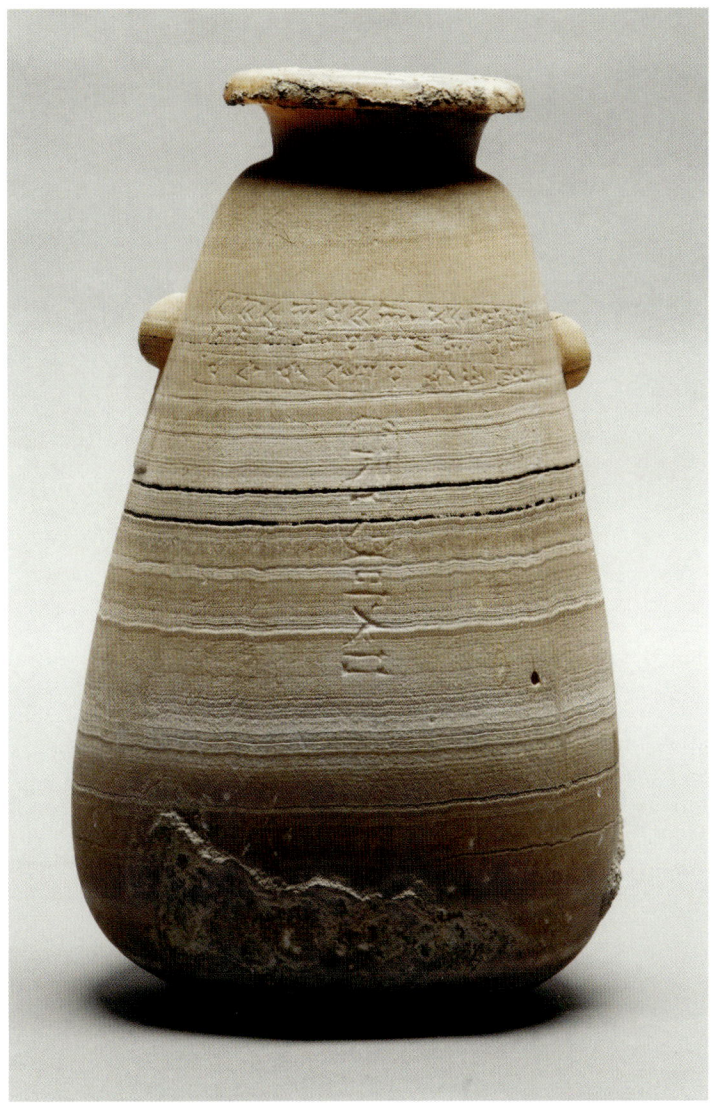

3 Alabastron des Großkönigs Xerxes mit viersprachiger Inschrift, Ägypten oder Iran, 5. Jh. v. Chr. Wien, Kunsthistorisches Museum, Ägyptisch-Orientalische Abteilung, Inv. Nr. ÄOS 9922 (Kat. Nr. 82).

pisch persischem Stil komplett neu erbaut wurde, sowie die neuen, aufsehenerregenden Gründungen Pasargadae und Persepolis.

Der Satrap selbst regelte innerhalb seiner Satrapie die militärischen Angelegenheiten wie die allgemeine Mobilmachung (für Kriege und öffentliche Unternehmungen) und die Garnisonen, die sowohl dem Schutze der Bevölkerung als auch der Aufrechterhaltung der Ordnung in der Provinz dienten. Er leitete auch die administrativen und finanziellen Geschäfte, um die fortgesetzte Ertragsfähigkeit der Provinz zu gewährleisten.

Regionale Vielfalt

Trotz der Vereinigung so vieler verschiedener Gebiete unter der Reichsführung gab es in der Verwaltung regionale Unterschiede. Die mit ihren Herden umherziehenden Bewohner des Zagros-Gebirges wurden beispielsweise nie in die Provinzstruktur integriert. Das Ertragspotenzial war hier zu gering, die Topographie erschwerte Militäreinsätze und zudem war die äußerst mobile Bevölkerung kaum zu beherrschen. So einigten sich die Perser und die weit verstreuten

Das Persische Reich (ca. 550–330 v. Chr.) – Feind und Faszination

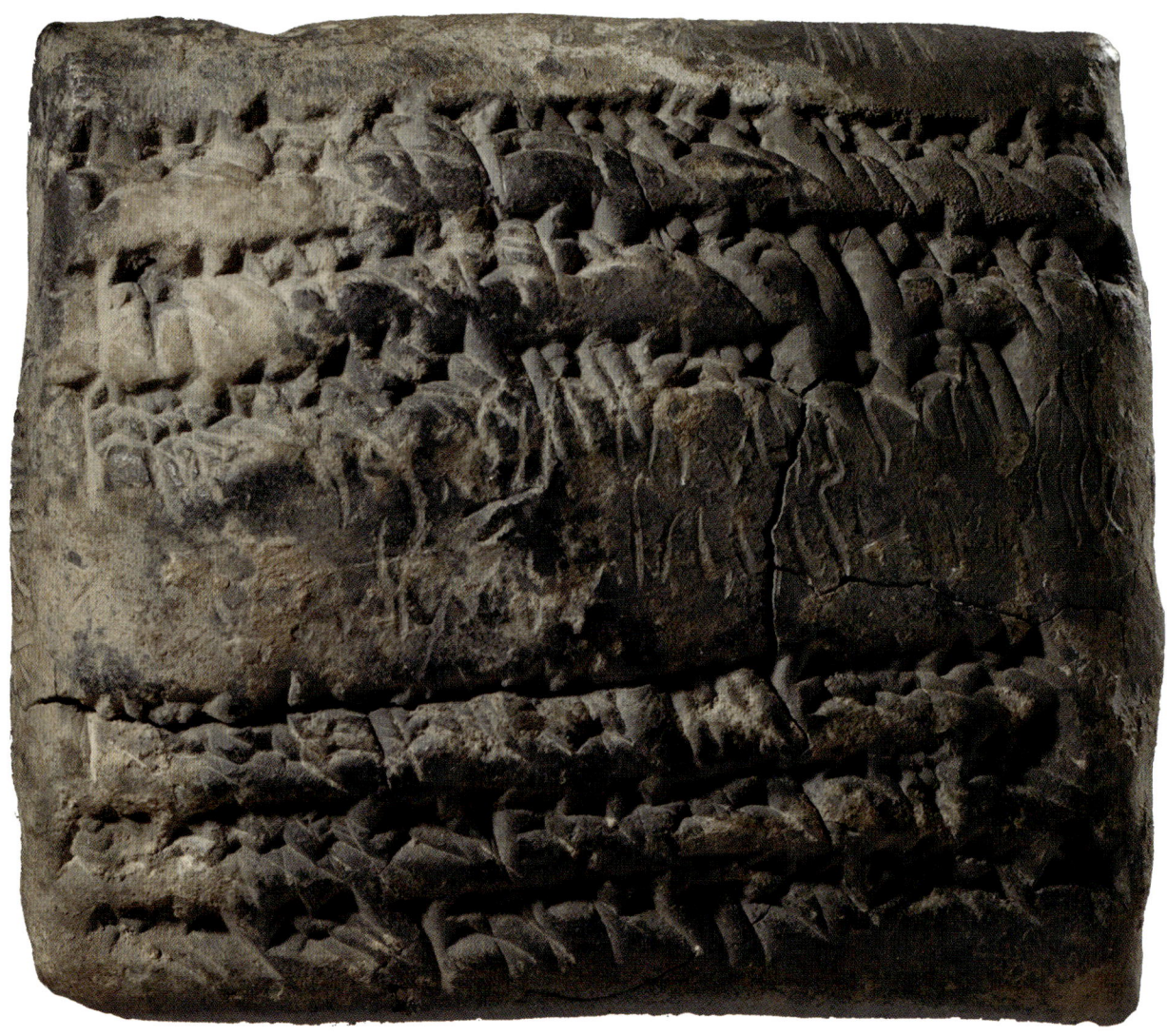

4 Tontafel mit aramäischer Beischrift, Babylon, 414 v. Chr. Berlin, Vorderasiatisches Museum SMB PK, Inv. Nr. VAT 13407 (Kat. Nr. 183).

Bergbewohner auf einen Modus vivendi. Der Perserkönig überreichte den lokalen Anführern regelmäßig Geschenke. Beiderseits wurde dadurch eine profitable Allianz geschmiedet und erneuert: Diese erlaubte es dem König, bei Bedarf auf ihre Dienste zurückzugreifen. Die Stämme halfen dabei, Wege durch die Berge zu sichern, und ihr Wohlwollen verringerte die Häufigkeit von Überfällen auf nahegelegene sesshafte Gemeinwesen.

Arabische Gruppen an den Rändern des Reiches pflegten ein anders geartetes Verhältnis zur Zentralregierung. Als Gegenleistung für ihre Hilfe bei der Suche nach sicheren Routen durch die Wüste und bei der Organisation des lukrativen Karawanenhandels zwischen der Südspitze der Halbinsel und den Häfen Palästinas wie dem von den Persern kontrollierten Gaza, zahlten sie keine Steuer, sondern überreichten dem König regelmäßig Weihrauch als „Geschenk". So ergab sich eine für beide Seiten nützliche Beziehung. Arabische Einheiten dienten den Quellen zufolge wiederum im achämenidischen Heer. Andere wichtige Bevölkerungsgruppen in den Grenzregionen waren die nomadischen Skythen, die in den Steppen jenseits des Oxos-Flus-

ses lebten. Es ist nicht genau bekannt, wie die persische Führung die Beziehungen mit ihnen gestaltete, doch versorgten sie zweifellos die persische Armee mit Kriegern, insbesondere mit Marinesoldaten, was wiederum vermuten lässt, dass ein gegenseitiges Abkommen existierte. Die in erkennbar achämenidischem Stil verzierten Teppiche aus den skythischen „Eiskurganen" im Altai-Gebirge in der Nähe von China zeigen vielleicht einen Abglanz dieses Netzwerkes von Beziehungen.

Auch die einzelnen Provinzen spiegeln Unterschiede in der Art der Ausübung persischer Kontrolle wider. Sie weisen auf lokale Gegebenheiten hin, mit denen die Obrigkeit konfrontiert war. So behielt Ägypten beispielsweise seine eigene sehr charakteristische Kultur bei, besonders im Bereich der Kunst, in der Architektur und im religiösen System, demzufolge dem König traditionell eine besondere göttliche Rolle zugewiesen wurde. Dies hatte zur Folge, dass persische Könige seit der Zeit des Kambyses als Pharaonen gegrüßt, dargestellt und mit der pharaonischen Titulatur bedacht wurden. Auch in Babylonien agierte der persische König im Einklang mit der lokalen Königsideologie. Vom König wurde erwartet, dass er Tempel und Stadtmauern baute und instand hielt, den Schutzstatus bestimmter Städte bestätigte, die Durchführung von Ritualen sicherstellte, Götteropfer veranlasste und wichtige Zeremonien unterstützte. In keinem Bereich wurden die zur Durchführung dieser äußerst wichtigen Rituale notwendigen Komponenten von den Persern abgeschafft oder unterdrückt, doch ist es sehr wahrscheinlich, dass ihr genauer Ablauf und die damit verbundenen königlichen Handlungen modifiziert wurden.

Außerdem unterschieden sich in den Satrapien die lokalen Bedingungen von Ort zu Ort, weil eine einzige Satrapie aus einer Vielfalt politischer Einheiten bestehen konnte. So behielt in der Provinz „Jenseits des Flusses" ein Ort wie Jerusalem mit dem Distrikt von Jehud seine heiligen Gesetze und seine Priesterhierarchie und wurde von Juden regiert. Das benachbarte Samaria wurde von der lokalen Familie der Sanballat verwaltet. Die phönizischen Städte blieben unter der Kontrolle lokaler Herrscher, während Ammon östlich des Jordan eine Unterabteilung der Provinz unter einem lokalen Statthalter bildete und die Negev-Region im Laufe des 4. Jhs. als Provinz Idumaea organisiert war. Während sich all diese unterschiedlichen Einheiten damit gegenüber dem persischen Satrapen in Damaskus zu verantworten hatten, lebten sie intern gemäß ihrer lokalen Sitten. Ebenso gab es in der Türkei einzelne griechische Städte, die teils von demokratischen Stadträten, teils von Oligarchien oder Tyrannen regiert wurden, sowie Regionen unter der Führung lokaler Herrscher. All diese verschiedenen politischen Systeme waren dem zuständigen Satrapen als übergreifende Autorität zugeordnet.

Zentrale Kontrolle

Diese Wandlungsfähigkeit von Herrschaftsmustern ist kein Anzeichen herrscherlicher Schwäche. Die verschiedenen Formen politischer Beziehungen und Herrschaft sollten eher als positives Element angesehen werden, durch das die Zentralregierung flexibler wurde und in ihrer Reaktion besser auf lokale Bedürfnisse und Bedingungen einging, während sie zu ihrem eigenen Vorteil weiterhin eine straffe Gesamtkontrolle ausübte. Es ist bemerkenswert, dass das Reich über 200 Jahre lang bestand und innerhalb dieser Zeit nur einen ernsthaften Verlust erlitt, nämlich Ägypten, das sich bis 400/399 v. Chr. abspaltete. Es wurde jedoch im Jahr 343 wieder zurückerlangt, so dass sogar dieser Verlust nicht von Dauer war. Darüber hinaus konnte die Achämenidenfamilie ihren Anspruch auf den Thron ungebrochen erhalten: Trotz wiederholter gewalttätiger Konflikte um die Nachfolge wurde ihr Anspruch auf den Thron nie mit Erfolg in Frage gestellt. Außer dem Abfall Ägyptens und chronischen Problemen in den Grenzregionen – wie der Ägäisküste – fanden alle ernstzunehmenden Revolten ab ungefähr 480 v. Chr. innerhalb des persischen Machtapparates statt und konzentrierten sich auf höfische Kämpfe um die Thronfolge. Dies bedeutet, dass sie die Einheit des Reiches nicht bedrohten, sondern sich vielmehr darum drehten, wer es regieren sollte.

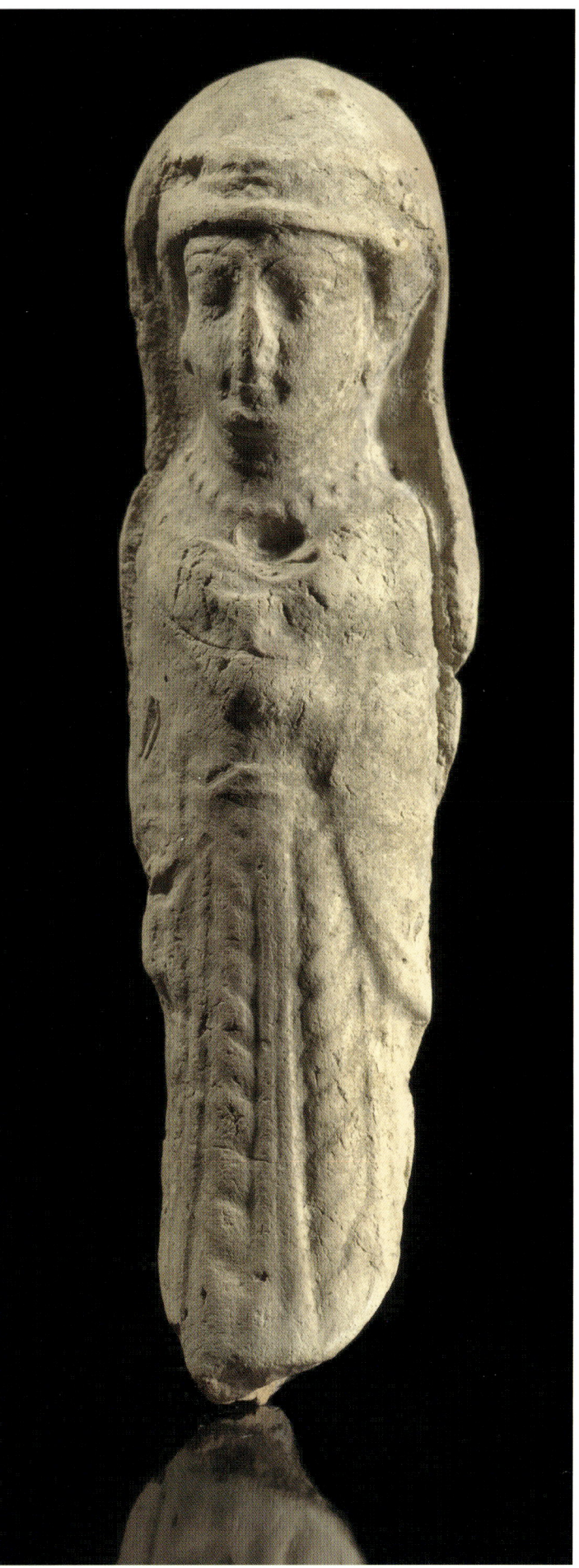

6 Terrakotte einer reichen Perserin, Babylon, 5./4. Jh. v. Chr. Berlin, Vorderasiatisches Museum SMB PK, Inv. Nr. VA Bab 405 (Kat. Nr. 160).

Trotz lokaler Verschiedenheiten in der persischen Herrschaft war die durch die Satrapen ausgeübte Kontrolle über die Provinzen jedoch außerordentlich wirkungsvoll. Die Regel, ausschließlich Perser bzw. Iraner in diese hohen Posten zu berufen, scheint allgemein die Norm gewesen zu sein (Abb. 5/Startabb.). Zusätzlich wurden die höchsten militärischen Funktionen sowie die wichtigsten Posten in den Provinzen immer durch Iraner besetzt. Gleichzeitig entwickelten Angehörige der zentralen Obrigkeit in verschiedenen Gebieten des Reiches enge Kontakte zu lokalen Eliten, was dazu führen konnte, dass Angehörige solcher Gruppen in machtvolle Regierungspositionen berufen wurden. Dies ist besonders für die späteren Phasen des Reichs belegt. Es gibt auch Hinweise auf „Mischehen": Persische Adlige heirateten Frauen aus Familien lokaler Herrscher; durch Quellen belegt ist außerdem, dass lokale Würdenträger oder Soldaten, die sich besonders hervorgetan hatten, Frauen aus hochrangigen persischen Familien erhielten. Besonders interessant sind vereinzelte Hinweise darauf, dass Nebenfrauen der Könige selbst nicht-persischer Herkunft sein konnten und dass ihre Söhne unter gewissen Umständen die Thronfolge antreten konnten wie im Falle Dareios' II. Während die Macht gezielt auf eine exklusive Gruppe aus persischen Aristokraten beschränkt war, konnte diese Gruppe ausgewählte Angehörige der unterworfenen Völker in ihre Reihen aufnehmen. So etablierte die herrschende Klasse ein System aus Verwandtschaftsbeziehungen und lokalen Bündnissen, das bis in die unterschiedlichen lokalen unterworfenen Völker reichte und dazu beitrug, Macht auf dieser Ebene zu etablieren und so eine auf Eigeninteresse basierende Identität zu schaffen. Persische Würdenträger entwickelten außerdem Beziehungen zu lokalen Kulten.

Etwas tiefer auf der gesellschaftlichen Skala wurde Einheimischen wie auch Soldaten und Deportierten Landbesitz zugewiesen, der mit der Verpflichtung einherging, bei Bedarf bestimmte militärische Dienste zu leisten. Die Landzuteilungen wurden nach der Art der beanspruchten Dienste benannt: „Bogen-Land" für Bogenschützen, „Pferdeland" für Kavalleristen und „Wagenland", das vermutlich für Wagenlenker und verwandte Gruppen vorgesehen war. Das Ziel der Zuweisung solcher „Lehngüter" lag ganz offensichtlich darin, den Bedarf der königlichen Armee zu decken und das königliche Land zu nutzen. Ebenso deutlich belegen die erhaltenen Quellen, dass allgemeine Einberufungen nach der Formierung des Reiches vergleichsweise selten stattfanden und dass Routineeinsätze häufig von Söldnern oder Garnisonen vollzogen wurden. Daher wurde die mit den Landlehen verbundene Verpflichtung im Laufe der Zeit durch die Zahlung einer Silbersteuer abgelöst. Wurde damit die Stärke der persischen Armee geschwächt? Es ist genug Quellenmaterial erhalten, das zeigt, dass die Namen ursprünglicher Zuweisungsempfänger und die mit der Zuweisung verbundenen, von ihnen erwarteten Militärdienste in den Heeresregistern der Satrapen festgehalten waren. Da die Landzuweisungen nicht verkauft werden konnten, war der Nachkomme des Zuweisungsempfängers verpflichtet – wenn beispielsweise ein Kavalleriesoldat angefordert wurde und es ihm nicht möglich war, diesen Dienst zu erfüllen –, einen Ersatz zu stellen und auszurüsten, der an seiner Stelle den Dienst übernahm. Daher gibt es keinen Grund für die Annahme, dass das Reich übermäßig auf gemietete Söldner angewiesen war und nicht in der Lage war, ein Heer aufzustellen, wann immer es in seiner Geschichte nötig war – dies zeigt sich ganz deutlich bei der Invasion Alexanders.

Weniger offenkundig und immer noch umstritten ist die Art, wie der staatliche Bedarf an Arbeitsleistungen gedeckt wurde. Es ist wahrscheinlich und die Belege dafür häufen sich, dass die Einberufung dafür auf der gleichen (oder zumindest einer ähnlichen) Basis organisiert war wie der Kriegsdienst und dass Gruppen solcher Einberufenen dort hingeschickt wurden, wo zusätzliche Arbeitskräfte für bestimmte Bauprojekte benötigt wurden.

Die ausgedehnten Gebiete des Reiches waren durch ein komplexes Straßensystem miteinander verbunden. Herodot (5,52–54) beschreibt einen zwischen Sardis und Susa gelegenen Teil davon, doch die elamischen Quellen zeigen, dass es viel weiträumiger war, alle wichtigen Zentren des Reiches miteinander verband und durch eine Abfolge von Straßenstationen gesichert wurde, die für Reisende frische Pferde, Futter und Verpflegung bereithielten. Das Anrecht auf solchen Nachschub wurde einzelnen Personen durch den König, Angehörige des Hofes und Satrapen schriftlich bestätigt. Es wurde ausgiebig genutzt, nicht nur durch den König, sein Gefolge und Heeresabteilungen, sondern auch für die rasche Kommunikation zwischen dem König und der Obrigkeit der Satrapen – der berühmte persische Expressdienst, wie er in den Persepolis-Texten und in lyrischer Form durch Herodot (8,98) sowie durch Xenophon (Kyr. 8,617–18) belegt ist – und um die Reisen persönlicher Diener der persischen Adligen zu erleichtern, die den Auftrag hatten, nach deren Grundbesitz zu sehen.

Der persische Grundbesitz war über das gesamte Reich einschließlich Zentralasiens verteilt. Während manche hochrangige Eigentümer gleichzeitig Grundbesitz in unterschiedlichen Reichsgebieten besaßen und damit zwangsläufig Grundbesitzer in Abwesenheit waren, lebten andere dauerhaft mit ihren Familien auf ihren Ländereien (Abb. 6). Die Anwesen besaßen einen befestigten, von Soldaten bewachten Wohnsitz und verfügten über Pächter von Militärlehen, die zur Abwehr von Angriffen eingesetzt oder die umgekehrt vom Grundbesitzer einberufen werden konnten, um größeren militärischen Bedrohungen zu begegnen. So dienten diese Landgüter in den Provinzen dazu, die persische Präsenz und Militärmacht im ganzen Reich zu sichern.

Der König selbst sowie Angehörige der Königsfamilie besaßen ebenfalls solche Landgüter von Lydien bis Samarkand, die sorgsam angelegt und bestellt waren – die königlichen *paradeisoi* – und geometrisch angelegte Gärten, Parks, Wildgehege, Obstplantagen, Viehzucht und bebaute Felder enthielten. Ertragsland zu bewirtschaften und zu erweitern war ein wichtiges königliches Anliegen, um eine ausreichende landwirtschaftliche Grundlage und die damit einhergehende Schaffung von staatlichem Reichtum zu sichern und zu bewahren. Die Ausweitung bereits existierender und die Einrichtung neuer Bewässerungsanlagen wurde von den persischen Herrschern besonders gefördert: In Babylonien wurde das komplexe Kanalsystem von Beauftragten der Krone beaufsichtigt. Im Nordiran wurde ein Qanat-System betrieben und diese typisch iranische Form der Wasserverteilung wurde in einer der ägyptischen Oasen eingeführt. Die eindrucksvollste Landschaftsumgestaltung ist in Fars belegt: Hier ließ sich archäologisch nachweisen, dass die Region in den 400 bis 500 Jahren vor dem Aufstieg des achämenidischen Reiches nur spärlich besiedelt war, praktisch keine großen städtischen Zentren besaß und in ihr die Weidewirtschaft vorherrschte. Dagegen wird sie beispielsweise von Diodorus (19,21,2–4) gegen Ende der Achämenidenherrschaft als veritabler Garten Eden beschrieben – dicht besiedelt,

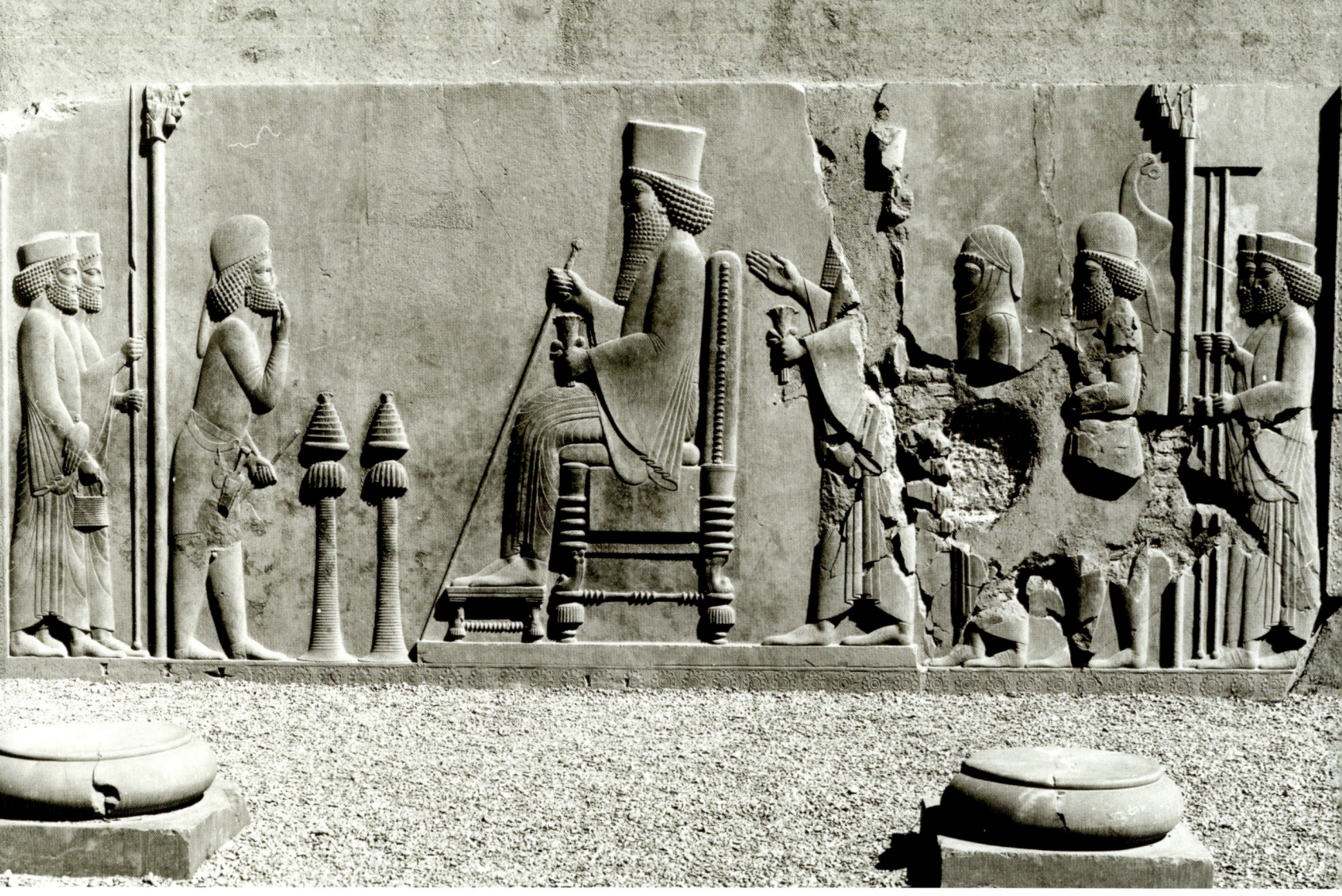

7 Schatzhausrelief von der Nordtreppe des Thronsaales in Persepolis mit der Darstellung des achämenidischen Herrschers, umgeben von den höchsten Würdenträgern seines Reiches.

landwirtschaftlich ertragreich, gut bewässert. Der Wahrheitsgehalt dieses Wandels ist mittlerweile nicht nur durch Ausgrabungen der Palastzentren von Pasargadae und Persepolis bestätigt, sondern auch durch Surveys in der Region, bei denen der plötzliche und massive Anstieg von Siedlungen in der Achämenidenzeit dokumentiert wurde – Städte, große und kleinere Ortschaften und Dörfer.

König und Königsideologie

An der Spitze des Reiches stand der König, der sich regelmäßig als „König der Könige" und „Herrscher dieser Welt" bezeichnete, der durch den großen Gott Ahura Mazda als Teil seiner freigebigen Schöpfung eingesetzt wurde. Er hob auch hervor, dass er Iraner und Perser sowie ein Mitglied der Achämenidenfamilie war, das im Idealfall direkt von seinem Vorgänger im Amt abstammte.

Thronfolge und Krönung

Normalerweise wählte der König seinen Nachfolger unter seinen Söhnen aus. Allgemein wurde von ihm erwartet, dass er den ältesten wählte. Dies war allerdings keine unumstößliche Regel: Wenn politische Erwägungen es erforderten, konnte er einen jüngeren Sohn in den Rang des Kronprinzen erheben. Gab es keinen „legitimen" Nachkommen, womit vermutlich die Söhne der Hauptfrauen gemeint sind, so hatten die Söhne der Nebenfrauen, die „Bastarde", als nächste Anspruch auf die Thronfolge, was gelegentlich vorkam. Im Gegensatz dazu scheinen die Ehemänner königlicher Töchter, also die königlichen Schwiegersöhne, nie die Chance gehabt zu haben, den Thron zu beanspruchen, obwohl wiederum ihre Nachkommen in Frage kamen, wenn es keinen direkten männlichen königlichen Erben gab. Die Heiratspolitik der Achämeniden musste daher sorgfältig bedacht werden, da die Verheiratung königlicher Töchter mit Angehörigen der Aristokratie dazu führen konnte, dass eine andere Familie Ansprüche auf den Thron stellte. Diese potenzielle Bedrohung des achämenidischen Machtmonopols führte zeitweise zur Praxis der Endogamie, um die dynastische Unangreifbarkeit zu gewährleisten.

Beim Tod des Königs fiel es dem rechtmäßigen Nachfolger zu, den Leichnam in einem prunkvoll geschmückten Wagen zum Begräbnis in den Felsgräbern in und nahe Persepolis zu bringen, die sich seit der Zeit des Dareios I. in Ausstattung und Dekor nicht mehr änderten. Dieser große zeremonielle Zug bot ein bedeutendes öffentliches Schauspiel, bei dem der Nachfolger seinen zukünftigen Untertanen vorgeführt wurde. Wahrscheinlich wurden die mit dem lebenden König verbundenen „königlichen Feuer" beim Tod des Herrschers gelöscht – sicher wurde allen eine Zeit der Staatstrauer vorgeschrieben. Die Persepolis-Texte machen deutlich, dass ein zentral gestifte-

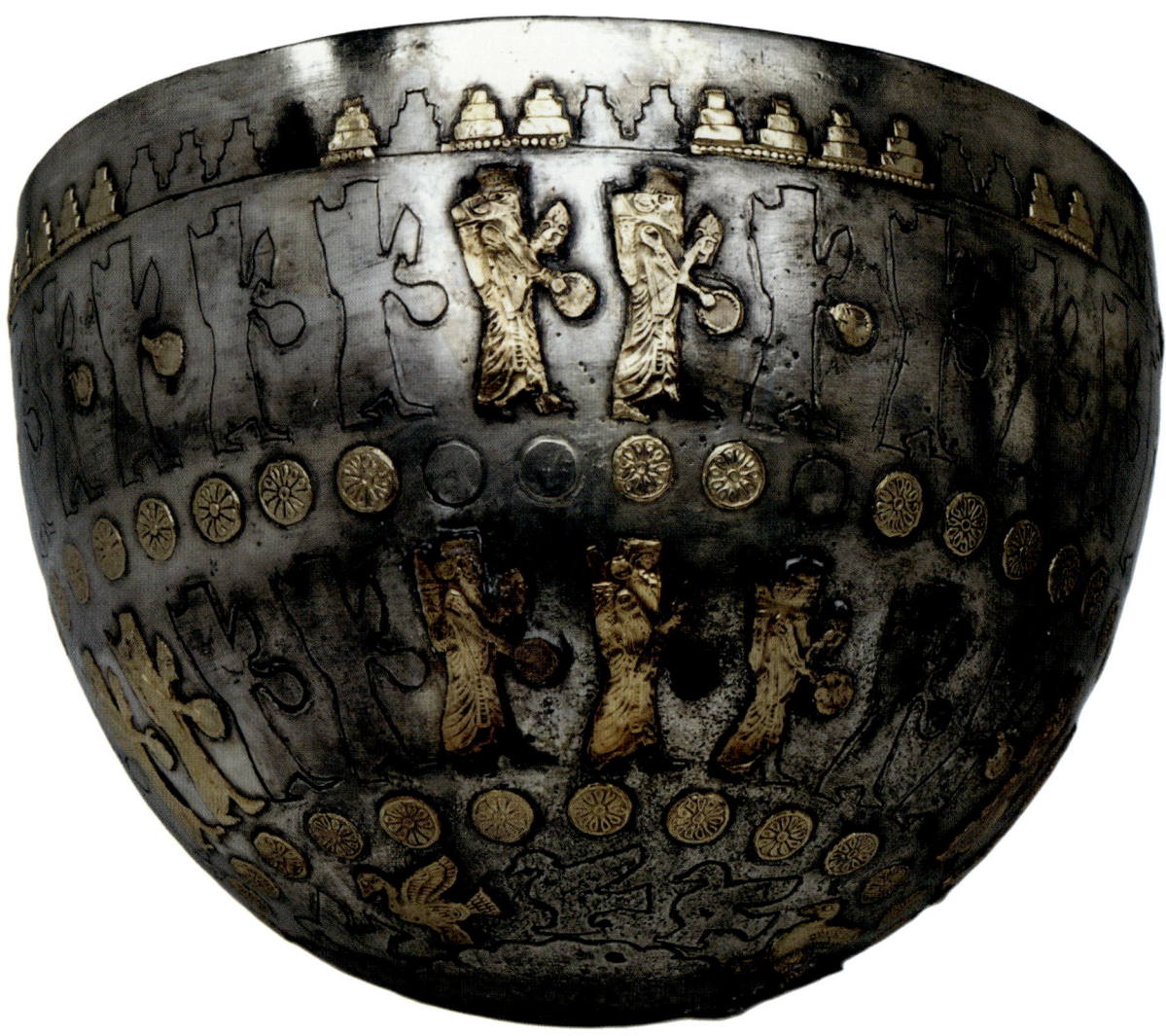

8 Halbkugelförmiger Becher mit Reliefdekor. Er zeigt den Reichtum und die Kunstfertigkeit achämenidischer Metallarbeiten, 5./4. Jh. v. Chr. London, The British Museum, Department of the Middle East, Inv. Nr. 134714 (Kat. Nr. 90).

ter Kult in der Umgebung des Königsgrabs sowie um die Gräber anderer Mitglieder der Königsfamilie praktiziert wurde.

Die Krönung des Königs fand in Pasargadae statt, dem von Kyros dem Großen erbauten königlichen Zentrum. Hier durchlief der zukünftige König ein Initiationsritual: Vor seinem Aufstieg zum Königtum wurde er in die Gewänder des Kyros gekleidet, aß bittere Kräuter und trank saure Milch. Obwohl wir das Ritual nicht gänzlich verstehen, liegt es nahe, dass es Erinnerungen an die Ursprünge der Dynastie heraufbeschwören und den neuen König direkt mit dem Gründer des Reichs in Verbindung bringen sollte. Erst danach wurde er mit den königlichen Insignien geschmückt und dem Volk in seiner gekrönten königlichen Pracht vorgeführt (Abb. 7).

Die Dynamik der absoluten Macht
Eine Reihe von Inschriften und Geschichten um die Könige heben deren militärischen Mut und körperliche Fähigkeiten hervor. Der König durchlief zusammen mit den Söhnen der Aristokratie eine besondere Ausbildung: Jungen wurden im Alter von fünf Jahren ihren Eltern weggenommen und einem harten Training in Kampf- und Überlebenskünsten unterworfen sowie von Weisen in persischen Mythen und Legenden unterwiesen. Ein weiterer Aspekt dieser Ausbildung bestand darin, zu lernen, „die Wahrheit zu sagen". Gemeint ist damit das Konzept der Loyalität gegenüber dem König, der wiederum ermächtigt war, die gottgegebene Ordnung aufrechtzuerhalten, da er als Empfänger des Throns durch Ahura Mazda galt. Diese „Wahrheit" schlug sich in absolutem Gehorsam, in der aktiven Beförderung seines persönlichen Wohlergehens und in seinem Schutz vor physischen und politischen Gefahren nieder. Einzelne Personen, die sich in dieser Hinsicht besonders hervorgetan hatten, konnten durch königliche Gunst aufrücken, was durch königliche „Gaben" wie ein besonderes Gewand, aufwendigen Schmuck, ein Pferd, „das vom König geritten worden war", gelegentlich durch Einkünfte eines Grundbesitzes, das Recht auf Begrüßung durch einen königlichen Kuss oder gar die Heirat mit einer Königstochter zum Ausdruck kam (Abb. 8). Dieses System königlicher Belohnungen hatte die Entstehung einer vom König geschaffenen Aristokratie zur Folge, die den Reihen der alten aristokratischen Familien hinzugefügt wurde. Deren Privilegien wurden damit in der Tat eingeschränkt und sie waren ge-

zwungen, zur Bewahrung ihrer Position mit dem neuen Adel zu konkurrieren. So wurden alle zu „Dienern" des Königs (altpersisch *bandaka*).

All dies belegt die absolute Macht des Königs, der keinerlei gesetzlichen Einschränkungen unterworfen, sondern selbst der Bewahrer und Inbegriff von Recht und Gesetz war, eingeschlossen in das persische Konzept von *arta*, das meist als „Wahrheit" übersetzt wird. In dieser Rolle stellte er eine würdevolle und energische moralische Instanz dar, die das „Gute" belohnte und sich allem, was diese göttliche Ordnung bedrohen und die Kräfte des moralischen und politischen Chaos (der „Lüge" = altpersisch *drauga*) entfesseln könnte, entgegenstellte. Diese königliche Botschaft wurde visuell durch das weit verbreitete Bild auf den Siegeln der Zentralautorität verkörpert: Es zeigt einen königlichen Helden, der gebieterisch ein ungezügeltes wildes Tier oder Ungeheuer bändigt (Abb. 9).

Verbal wurde die Botschaft durch die Aufzählung königlicher Tugenden verbreitet, die in zwei Exemplaren einer königlichen Inschrift erhalten und im Namen von zwei persischen Königen (Dareios I. und Xerxes) abgefasst ist. Sie endet mit der Aufforderung, sie an andere weiterzugeben. Hier sind die Qualitäten des Königs als gerechter Herrscher das zentrale Motiv: Ahura Mazda habe den Herrscher mit der Einsicht und Fähigkeit ausgestattet, das Richtige vom Falschen zu unterscheiden. Damit werde er zum Garant der Gerechtigkeit und Bewahrer der gesellschaftlichen Ordnung befähigt. Er könne dies, da er nicht achtlos reagiere und in der Lage sei, sich zu beherrschen. Dies hätte zur Folge, dass der König Belohnung und Bestrafung gerecht und nur nach Abwägung jedes einzelnen Falls zuwies. Er beurteilte erbrachte Dienste nach dem jeweiligen Leistungsvermögen und wäre immer bereit, Loyalität zu belohnen. Auf dieses ethische Bild folgten die körperlichen Vorzüge, die ihm die Kraft verliehen, zu kämpfen, zu erobern und die Oberhand zu behalten. Auch hier übertraf er alle und die beiden verschiedenen Aspekte bestätigen, dass er befähigt sei, das Königtum auszuüben, wie es schon durch den Gott Ahura Mazda bekräftigt worden sei, mit dem er eng verbunden war. Denn wie diese und andere Inschriften zeigten, war er Teil von Ahura Mazdas freigebiger Schöpfung und seines Planes für das menschliche Glück. Daher sei es Pflicht sämtlicher Untertanen, den König zu unterstützen, ihm zu gehorchen und der Welt seine hervorragenden Qualitäten mitzuteilen.

Dass dieser Text weithin verbreitete, hohe Ideale des persischen Königtums widerspiegelt, zeigt sich erstens an dem Umstand, dass er im Namen von zwei verschiedenen Königen verfasst ist. Es handelt sich also nicht um eine persönliche, sondern eher um eine allgemeine Aussage. Zweitens findet er sich auf unterschiedlichen Monumenten. Drittens ist ein Teil des Textes in aramäischer Sprache auf einem Papyrus des späten 5. Jhs. abgefasst, der in der kleinen jüdischen Garnison von Elephantine gefunden wurde. Und schließlich wurden die gleichen Fähigkeiten von Xenophon in einer völlig anderen literarischen Form seinem verhinderten Thronräuber-Helden Kyros dem Jüngeren zugeschrieben. Xenophon zufolge machten diese Tugenden Kyros zum königlichsten aller Menschen und zu demjenigen, der am meisten geeignet war, die Macht auszuüben (Xen. an. 1,9). Dieser Text überliefert eindrucksvoll, wie die Ideologie legitimer Macht wirkungsvoll im ganzen Reich verbreitet wurde.

Übersetzung aus dem Englischen: Emily Schalk.

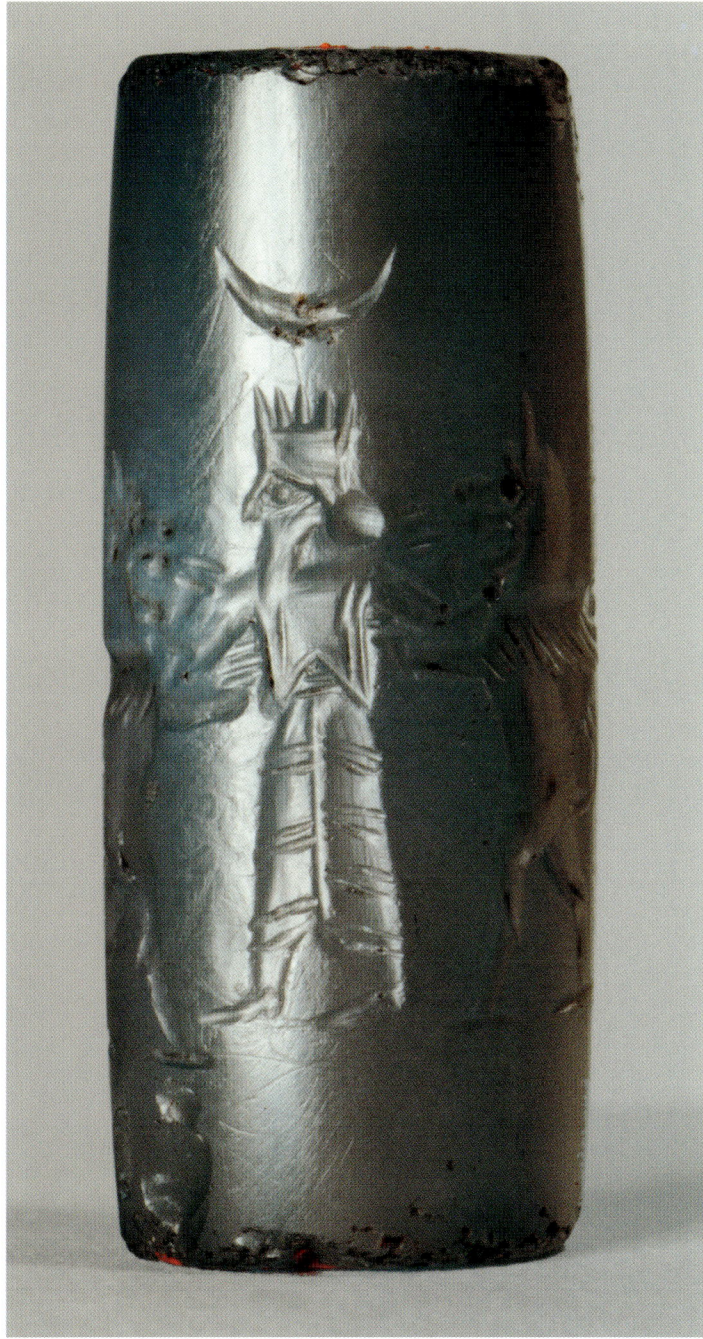

9 Rollsiegel mit der Darstellung des achämenidischen Herrschers im Kampf mit zwei Löwengreifen, 5. Jh. v. Chr. Wien, Kunsthistorisches Museum, Ägyptisch-Orientalische Abteilung, Inv. Nr. SEM 1245 (siehe Kat. Nr. 80).

---

1   Zu dem fragmentarisch erhaltenen, altpersischen Text, der sich unter den "Persepolis Fortification Tablets" befand, siehe Stolper & Tavernier ARTA 2007, 001 (www.achemenet.com/ressources en ligne).

Quellen
Diod.; Hdt.; Xen. an.; Xen. kyr.

Literatur
Allen 2005; Briant 1996 (englische Übersetzung 2002); Brosius 2007; Kuhrt 2007; Wiesehöfer 1993.

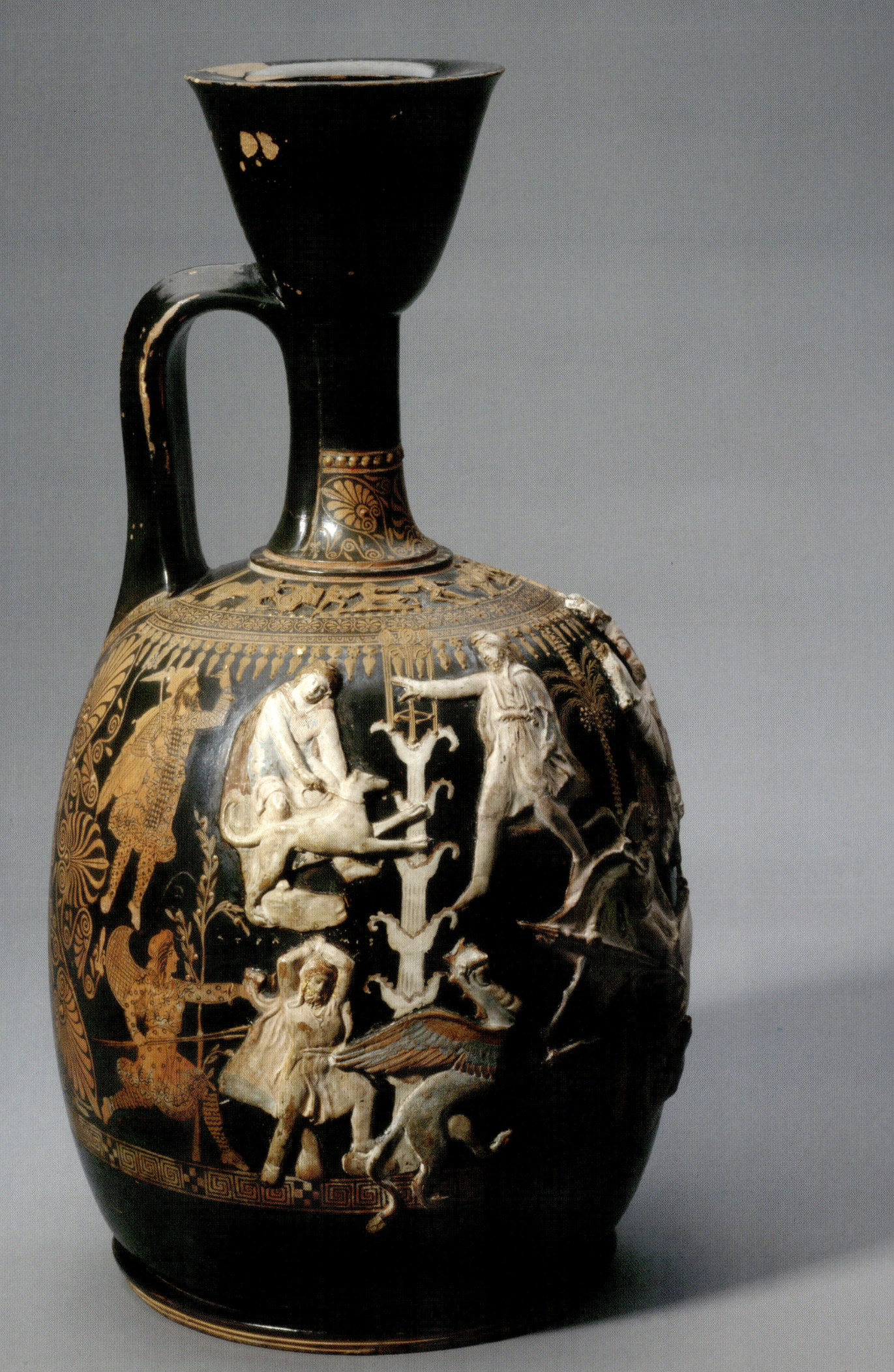

Das Bild der Anderen: Perser aus der Sicht der Griechen – Griechen aus der Sicht der Perser

Josef Wiesehöfer

Einleitende Bemerkungen

Niemals in der griechischen Geschichte hat es nur *einen* Blick in den Orient gegeben. Dafür war Hellas mit seinen hunderten von Poleis und zahlreichen Ethnien politisch und kulturell viel zu heterogen. Griechen unterschiedlichen sozialen Standes konnten in eben diesen Bürgergemeinden und Regionalgemeinschaften, an Orten im Orient oder an anderen Begegnungsplätzen viel zu unterschiedliche Erfahrungen mit Menschen, Einrichtungen, Traditionen und Gegenständen aus den Gebieten östlich der Ägäis machen. Zudem fanden solche Kulturkontakte oft genug nicht direkt, sondern unter Vermittlung von Personen statt, die weder Griechen noch Angehörige der orientalischen Völker waren, bei denen die vermittelten Kulturgüter ursprünglich beheimatet gewesen waren. In ganz besonders auffälliger Weise taten sich als solche Vermittler im 1. Jt. v. Chr. die Angehörigen der miteinander konkurrierenden levantinischen Stadtstaaten (Sidon, Tyros, Byblos etc.) hervor, die von den Griechen vereinfachend und summierend Phoiniker (Phönizier) genannt wurden. Der Vielfalt griechischer Zugänge zu Lebensweise und Traditionen der selbst höchst vielfältigen orientalischen Kulturen, die lange Zeit der eher gebende denn nehmende Part in den griechisch-orientalischen Kulturkontakten waren, stehen allerdings, vor allem ab der Zeit der Perserkriege (490–479 v. Chr.), Bilder des Orients gegenüber, die wenig Raum für Differenzierungen und Nuancen lassen. Dem klar bestimmten Eigenen steht das ganz andere, oft genug bedrohliche oder minderwertige Fremde gegenüber. Um beide Formen der Auseinandersetzung soll es in diesem Beitrag gehen, auch wenn oder gerade weil die topische Sicht der Dinge sich als besonders wirkmächtig erwiesen hat und selbst noch heute oft genug dem angeblich so vertrauten „europäischen" Hellas eine unvertraute, aber einheitlich gedachte „orientalische" oder gar „asiatische" Gegenwelt gegenübergestellt wird.

Auch die Kulturen des antiken Nahen Ostens besaßen ihre Bilder der Welt der Menschen des griechisch bestimmten Ägäisraumes. Sicher waren auch sie deutlich vielfältiger als die wenigen, die auf uns gekommen sind; immerhin sind den allgemeinen und traditionsbe-

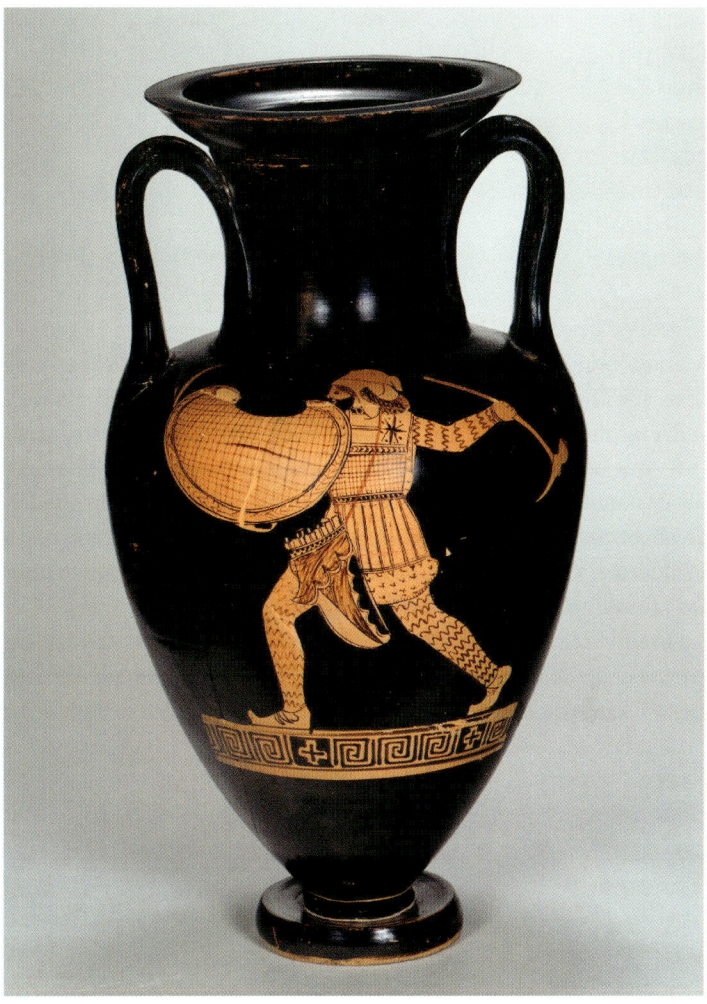

1 Attisch rotfigurige Halsamphora mit der Darstellung eines griechischen und eines persischen Kriegers, um 460 v. Chr. Berlin, Antikensammlung SMB PK, Inv. Nr. F 2331 (Kat. Nr. 110).

stimmten Weltbildern der Inschriften und Reliefs orientalischer Herrscher zahlreiche Begegnungsweisen und konkrete Begegnungen zwischen „Griechen" und „Orientalen" an die Seite zu stellen, die auch auf östlicher Seite differenzierte Sichtweisen erkennen lassen.

Um „griechische" Orient- und „orientalische" Griechenbilder besser verstehen und historisch einordnen zu können, sei dem Beitrag zunächst ein Überblick über griechisch-orientalische Kulturkontakte zur Zeit der Herrschaft der Perserkönige über den antiken Nahen Osten (ca. 550–330 v. Chr.) vorangestellt.

4 Lekythos mit der Darstellung einer persischen Jagdszene, bei der reale Tiere und Fabelwesen gejagt werden, gefunden in der Nekropole von Pantikapaion (Kertsch/Ost-Krim, Ukraine). Eine Inschrift besagt, dass das Gefäß von dem Athener Xenophantos hergestellt wurde, ca. 380 v. Chr. St. Petersburg, Staatliche Eremitage.

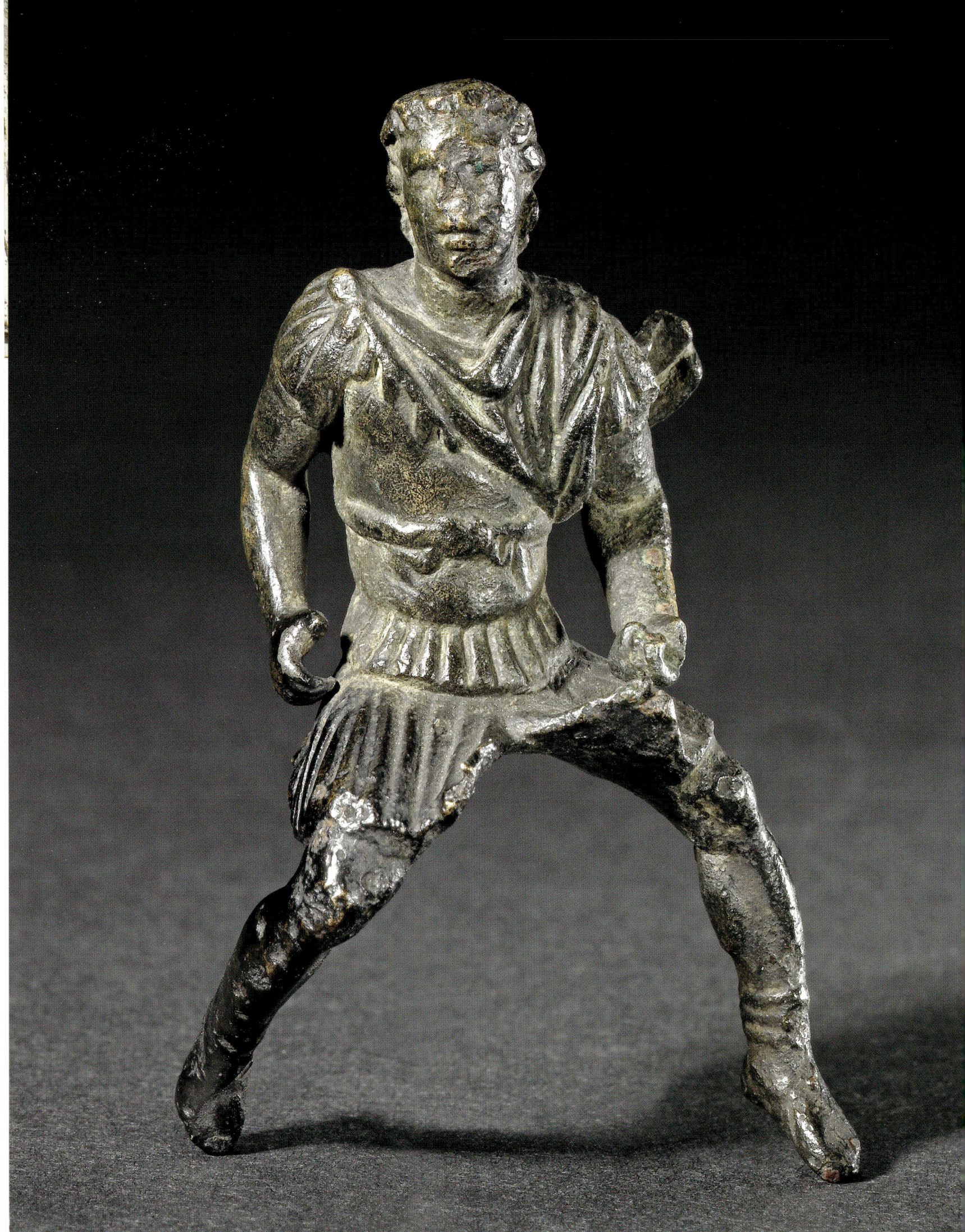

Das Bild der Anderen: Perser aus der Sicht der Griechen – Griechen aus der Sicht der Perser

Josef Wiesehöfer

Einleitende Bemerkungen

Niemals in der griechischen Geschichte hat es nur *einen* Blick in den Orient gegeben. Dafür war Hellas mit seinen hunderten von Poleis und zahlreichen Ethnien politisch und kulturell viel zu heterogen. Griechen unterschiedlichen sozialen Standes konnten in eben diesen Bürgergemeinden und Regionalgemeinschaften, an Orten im Orient oder an anderen Begegnungsplätzen viel zu unterschiedliche Erfahrungen mit Menschen, Einrichtungen, Traditionen und Gegenständen aus den Gebieten östlich der Ägäis machen. Zudem fanden solche Kulturkontakte oft genug nicht direkt, sondern unter Vermittlung von Personen statt, die weder Griechen noch Angehörige der orientalischen Völker waren, bei denen die vermittelten Kulturgüter ursprünglich beheimatet gewesen waren. In ganz besonders auffälliger Weise taten sich als solche Vermittler im 1. Jt. v. Chr. die Angehörigen der miteinander konkurrierenden levantinischen Stadtstaaten (Sidon, Tyros, Byblos etc.) hervor, die von den Griechen vereinfachend und summierend Phoiniker (Phönizier) genannt wurden. Der Vielfalt griechischer Zugänge zu Lebensweise und Traditionen der selbst höchst vielfältigen orientalischen Kulturen, die lange Zeit der eher gebende denn nehmende Part in den griechisch-orientalischen Kulturkontakten waren, stehen allerdings, vor allem ab der Zeit der Perserkriege (490–479 v. Chr.), Bilder des Orients gegenüber, die wenig Raum für Differenzierungen und Nuancen lassen. Dem klar bestimmten Eigenen steht das ganz andere, oft genug bedrohliche oder minderwertige Fremde gegenüber. Um beide Formen der Auseinandersetzung soll es in diesem Beitrag gehen, auch wenn oder gerade weil die topische Sicht der Dinge sich als besonders wirkmächtig erwiesen hat und selbst noch heute oft genug dem angeblich so vertrauten „europäischen" Hellas eine unvertraute, aber einheitlich gedachte „orientalische" oder gar „asiatische" Gegenwelt gegenübergestellt wird.

Auch die Kulturen des antiken Nahen Ostens besaßen ihre Bilder der Welt der Menschen des griechisch bestimmten Ägäisraumes. Sicher waren auch sie deutlich vielfältiger als die wenigen, die auf uns gekommen sind; immerhin sind den allgemeinen und traditionsbe-

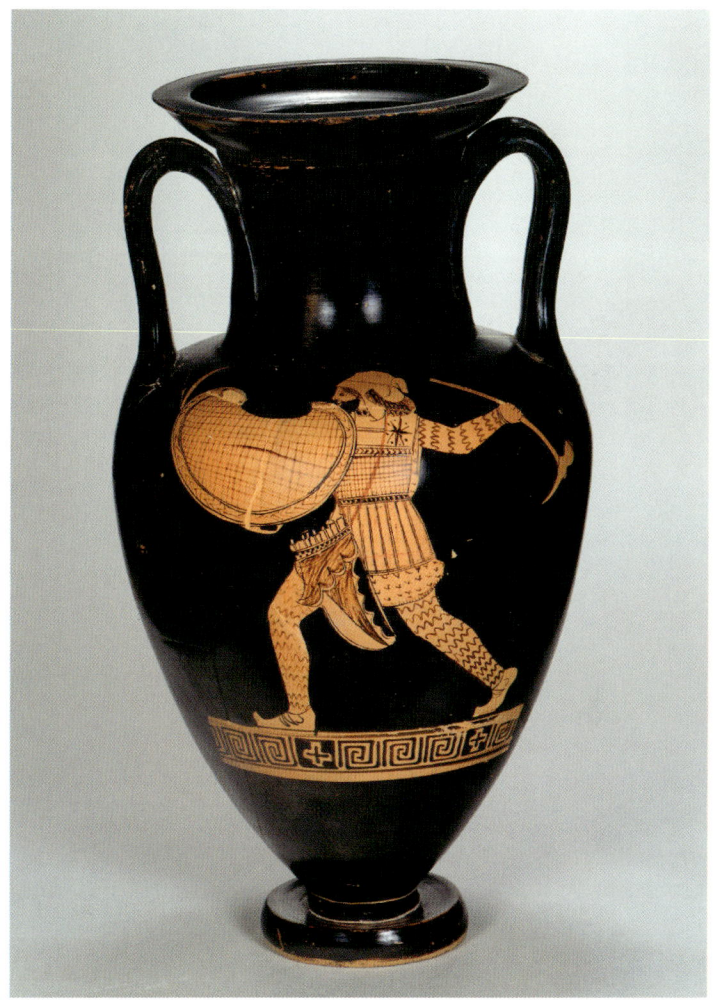

1 Attisch rotfigurige Halsamphora mit der Darstellung eines griechischen und eines persischen Kriegers, um 460 v. Chr. Berlin, Antikensammlung SMB PK, Inv. Nr. F 2331 (Kat. Nr. 110).

stimmten Weltbildern der Inschriften und Reliefs orientalischer Herrscher zahlreiche Begegnungsweisen und konkrete Begegnungen zwischen „Griechen" und „Orientalen" an die Seite zu stellen, die auch auf östlicher Seite differenzierte Sichtweisen erkennen lassen.

Um „griechische" Orient- und „orientalische" Griechenbilder besser verstehen und historisch einordnen zu können, sei dem Beitrag zunächst ein Überblick über griechisch-orientalische Kulturkontakte zur Zeit der Herrschaft der Perserkönige über den antiken Nahen Osten (ca. 550–330 v. Chr.) vorangestellt.

4 Lekythos mit der Darstellung einer persischen Jagdszene, bei der reale Tiere und Fabelwesen gejagt werden, gefunden in der Nekropole von Pantikapaion (Kertsch/Ost-Krim, Ukraine). Eine Inschrift besagt, dass das Gefäß von dem Athener Xenophantos hergestellt wurde, ca. 380 v. Chr. St. Petersburg, Staatliche Eremitage.

Das Bild der Anderen: Perser aus der Sicht der Griechen – Griechen aus der Sicht der Perser

Griechisch-orientalische Kulturkontakte vom 6. bis 4. Jh. v. Chr.

Hatten die Griechen, am Rand des imperialen Ostens wohnhaft, wirtschaftlich und kulturell bereits aus der politischen Einigung des Orients zur Zeit assyrischer Herrschaft Nutzen ziehen können, so taten sie dies erneut, als das dritte der Folge der „Weltreiche" des griechischen Autors Herodot, das Perserreich (550–330 v. Chr.), auf den Plan trat (s. Beitrag Kuhrt). Im Verlauf von nicht mehr als 40 Jahren hatten sich dabei die Perser unter den Teispiden Kyros dem Großen und Kambyses sowie unter dem Archämeniden Dareios den gesamten Orient, von Mittelasien und Indien im Osten bis Libyen und Thrakien im Westen, untertan gemacht und dabei die alten Machtzentren Elam, Medien, Lydien, Babylonien und Ägypten in ihr Weltreich inkorporiert. Besondere kulturelle Impulse nach Westen gingen in ihrer Zeit einerseits von den westkleinasiatischen Städten unter persischer Herrschaft, andererseits von Griechen in persischen Diensten aus. Das militärische Aufeinandertreffen von Persern sowie Untertanen und Verbündeten des Großkönigs (darunter auch zahlreichen Griechen) auf der einen und den Griechen des Hellenenbundes auf der anderen Seite (Abb. 1) in den sogenannten Perserkriegen (490–479 v. Chr.) markiert dabei auf griechischer, vor allem athenischer Seite eine deutliche Zäsur: Die Athener bezogen aus ihren Siegen bei Marathon und Salamis nicht nur enormes politisches Selbstbewusstsein, sondern leiteten aus ihnen letztlich auch das Recht zur Barbarenverachtung und die Legitimation zur Herrschaft über Hellas ab (was uns beides heute an den athenischen Demokraten so irritiert); als Bestandteile ihres kulturellen und vor allem ihres monumentalen Gedächtnisses konnten ihnen diese Erfolge auch in dunklen Stunden Halt bieten, zumal die Stadt ihre kulturelle Vorrangstellung und damit ihre Deutungshoheit über die Perserkriege nie verlor.

Deutlich ausgewogener, als reziproker west-östlicher Austausch, stellt sich der Kulturtransfer zwischen Orient und Okzident im 5./4. Jh. v. Chr. dar. Griechische Untertanen des Perserkönigs und Hellenen in seinen Diensten und seiner Umgebung (etwa Söldner, Kunsthandwerker, Ärzte oder griechische „Gastfreunde" und „Wohltäter" des Großkönigs) machten die Perser und ihre orientalischen Untertanen der unterschiedlichsten Couleur mit griechischen Gütern der materiellen Kultur und griechischen Kulturtechniken, aber auch mit den politischen Strukturen und Verhaltensweisen der griechischen Welt sowie weltanschaulich-philosophischen Überzeugungen, darunter auch besagten griechischen „Barbarenbildern", vertraut. Im Gegenzug fanden in eben jener Zeit Objekte aristokratischen oder gar großköniglichen persischen Lebensstils, aber etwa auch religiöse Dogmata und Vorstellungen ihren Weg nach Griechenland.

Lange Zeit hat man die militärischen Auseinandersetzungen und den Kriegszustand zwischen griechischen Poleis und dem Perserkönig sowie eine sich in ihrer Folge entwickelnde – z.T. topische – Barbarenverachtung in der athenischen Literatur und Rhetorik (s.u.) zu entscheidenden Kennzeichen athenisch- oder gar griechisch-iranischer Beziehungen in klassischer Zeit erklären wollen. Dabei weiß man schon lange, dass sich nicht alle Griechen zu allen Zeiten in ihrer Feindschaft zum Großkönig einig waren, viele vielmehr in Diensten des Großkönigs und der Satrapen ihr Auskommen fanden oder als deren „Gastfreunde" eine Vorzugsbehandlung genossen. Darunter waren auch solche Hellenen, die – wie der Spartanerkönig Demaratos oder der athenische Salamissieger Themistokles – vor dem Zorn ihrer Landsleute an den Hof des Perserkönigs hatten fliehen müssen. Dagegen ist übrigens die Zahl von persischen bzw. „orientalischen" Flüchtlingen in Griechenland mehr als überschaubar. Man weiß auch, dass die Perser zuweilen gar zu geschätzten Bundesgenossen im Kampf der Griechen untereinander und zu Garanten gesamtgriechischer Friedensordnungen werden konnten und dass das Perserbild der griechischen Literatur und Kunst viele – zeit- und gattungsspezifische – Facetten aufweist (s.u.). Zudem warnen die neuen Grabungsbefunde aus den perserzeitlichen Gordion und Daskyleion in Kleinasien mit ihrem Nachweis unverminderten Imports feiner attischer

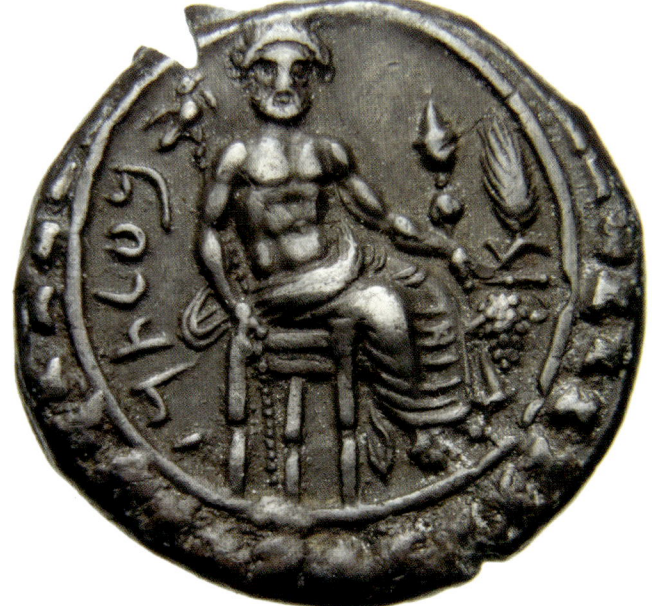
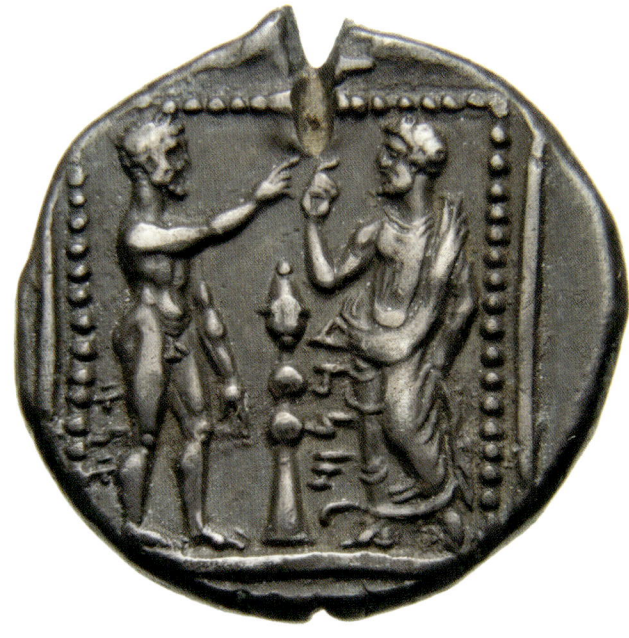

2 Stater des persischen Satrapen Tarkumuwa-Datames aus Tarsos, auf dem dieser mit griechischem Mantel dem Gott Ana gegenüber steht, 378–372 v. Chr. Berlin, Münzkabinett SMB PK, Obj. Nr. 18203018 (Kat. Nr. 129).

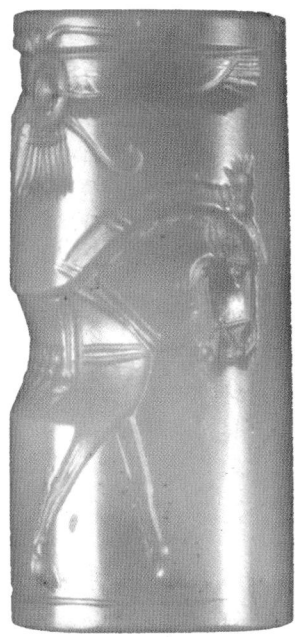 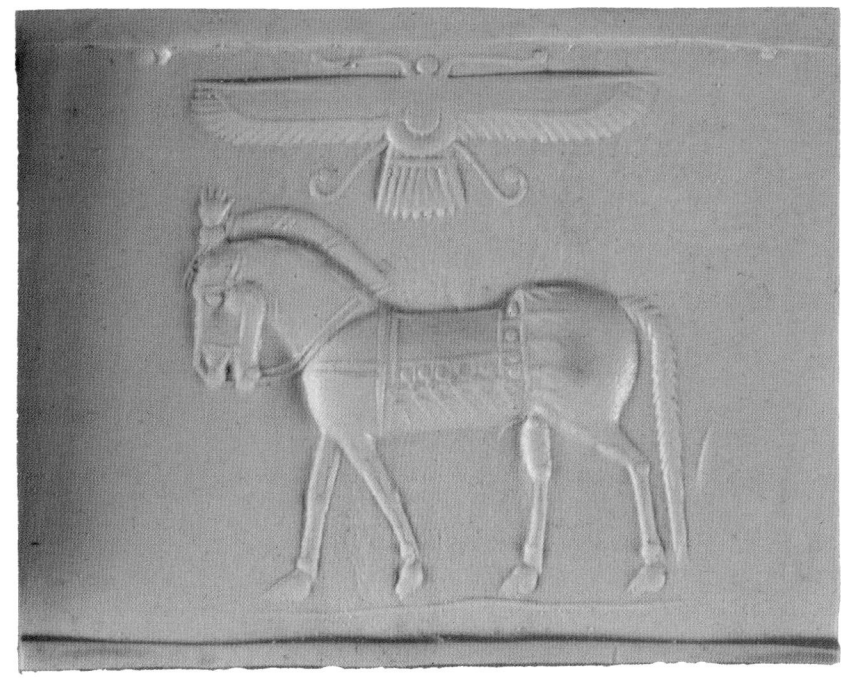

3 Persisches Rollsiegel mit der Darstellung eines gezäumten Pferdes unter der geflügelten Sonne, 5./4. Jh. v. Chr., gefunden in Attika. Berlin, Antikensammlung SMB PK, Inv. Nr. FG 180 (Kat. Nr. 114).

Keramik selbst nach 480 v. Chr. davor, politisch-militärischen Antagonismus mit dem Fehlen von Kulturtransfer gleichzusetzen. Ähnliche Differenzierungsdienste leisten neuere historische Untersuchungen, welche die Grenzregionen zwischen den Territorien der Staaten des Delisch-Attischen Seebundes und des Perserreiches in Westanatolien als Zonen intensiven Kulturkontaktes zu erweisen in der Lage waren. Weiterhin erkennt man zunehmend, dass Kulturtransfer nicht nur in west-östlicher Richtung stattfand – man denke in diesem Zusammenhang (neben der attischen Keramik) nur an die ionische Note der Steinmetzkunst in den persischen Königsresidenzen und an den griechischen Einfluss auf die Münzprägung der westlichen Provinzen des Perserreiches (Abb. 2). Auch von Ost nach West gelangten Waren und Ideen: In dieser Zeit, in welcher der Orient kulturell manchem jungen vermögenden Athener nicht länger als Gegen-, sondern als ideale und faszinierende glückliche Außenwelt erschien, änderten sich nämlich nicht nur gesellschaftliche Ideale und Verhaltensmuster, trafen nicht nur im Mythos aktive Vertreter griechischer Kultur wie Orpheus auf aufgeschlossene orientalische „Partner" – der Wandel von Lebensführung und Weltbild war vielmehr auch verbunden mit dem Import von östlichen Produkten und der lokalen Nachahmung orientalischer Luxusgüter. Manche originär östlichen Güter wechselten als diplomatische Geschenke den Besitzer, waren „Mitbringsel" von Gesandten, Kunsthandwerkern und ehemaligen Söldnern des Großkönigs, Beutestücke oder Besitz der in Athen lebenden Orientalen. Die „Persermode" athenischer Aristokraten in den 430er und 420er Jahren v. Chr. (M. C. Miller) setzt allerdings auch den Handel mit Luxusgütern voraus. Neben Münzen aus dem Achämenidenreich wurden dabei wertvolles Glas, bunte und bestickte Textilien, chinesische Seiden- und indische Baumwollstoffe – einschließlich ihrer Bildmotive – sowie Schmuck aus achämenidischen Territorien (Abb. 3) nach Attika importiert. Die athenische Bekleidungsmode etwa nahm Anregungen aus dem Perserreich auf, indem sie z.B. den Kandys oder den Ependytes in das Trachtrepertoire einführte oder den im Orient Männer auszeichnenden Sonnenschirm als weibliches Statussymbol übernahm. Als sich diese Statusanzeiger dann jedoch während des Peloponnesischen Krieges zunehmend zu „demokratisieren" begannen, suchte mancher athenische Aristokrat seine Anregungen nun nicht länger beim persischen, sondern beim spartanischen Nachbarn. Als Kriegsbeute, aber auch durch Handel und Austausch gelangten Sklaven aus achämenidischen Territorien nach Griechenland, vor allem Lyder, Phryger und Syrer; literarische Zeugnisse, Inschriften, aber etwa auch Grabstelen bezeugen diesen „menschlichen Faktor" im Austausch zwischen Orient und Hellas – einen Faktor, der die Athener in nicht unerheblichem Maße auch mit Sitten und Gebräuchen der Länder des Ostens vertraut gemacht haben dürfte (Abb. 4/Startabb.). Zu erinnern ist im Zusammenhang iranischer Westkontakte auch an Besuche von Iranern an griechischen Kultplätzen (etwa Delos), Besuche, die im Übrigen auch für die Zeit nach dem Ende der Achämenidenherrschaft nachzuweisen sind. Daneben gab es, wie bereits betont, Regionen (wie etwa Anatolien), in denen sich in der Kultur – bedingt durch nachbarschaftliche Nähe von Iranern, Griechen, Lydern, Phrygern u.a. – iranische, griechische und indigene Einflüsse zugleich bemerkbar machten. In ihnen kam es dann auch zu spezifischen kulturellen Neuschöpfungen, deren einzelne Bestimmungsfaktoren nicht immer leicht auszumachen sind. Welch günstige Voraussetzungen die Herrschaft der Achämeniden über Territorien von Indien bis zur Ägäis, von Sogdien bis Ägypten für die Ausbreitung wissenschaftlicher und philosophischer Erkenntnisse und Ideen bot, hat man vor kurzem noch einmal am Beispiel von Astronomie und Kosmologie zeigen können. Es war auch diese Zeit, in der die Religion Zarathustras bzw. die iranische Religionsgeschichte erstmals in den kulturellen Horizont Europas traten und religiöse zoroastrische Dogmata wie das Weiterleben der „Seele" der Frommen nach dem Tode, der Gegensatz von Gut und Böse und die Vorstellung, dass überall um uns herum Seelen der Verstorbenen seien, lebhaft in der griechischen Philosophie diskutiert wurden.

Griechische Perser und persische Griechenbilder

Dass wir die griechische Sicht der „barbarischen" (persischen) Nachbarn griechischen Autoren verdanken, ist verständlich. Dass die Beziehungen zwischen Persern und Griechen in der Zeit vom 6. bis zum 4. Jh. v. Chr., ob kriegerischer oder friedlicher Art, fast nur in der griechisch-literarischen Überlieferung (und Kunst) thematisiert werden, ist aufschlussreich. Aber dass sich auch viele persische Griechenbilder griechischen Versionen persischen Nachdenkens über Griechen verdanken, ist „bedenklich". Die griechisch-persischen Beziehungen zur Achämenidenzeit erschließen sich deshalb nur durch eine dreifache Strategie: erstens durch eine genaue Analyse der griechischen Zeugnisse, die ihre Zugehörigkeit zu bestimmten Genres und Traditionen ebenso berücksichtigt wie ihr jeweiliges Entstehungsdatum; zweitens durch die Hinzuziehung auch nichtliterarischen und auf dem bzw. im Boden des Perserreiches gefundenen Materials (vor allem inschriftlicher und archäologischer Zeugnisse); drittens durch die Aufdeckung von – z.T. geschichtsmächtigen – literarischen Gemeinplätzen, stereotypen Redewendungen und Bildern (Topoi) sowie historischen Mythen.

Das Bild des Perserreiches und der Perser (Iraner) in der griechischen Literatur und Kunst ist, wie bereits betont, nicht direktes Spiegelbild konkreter griechisch-iranischer Kulturkontakte. Neuere Untersuchungen zeigen, dass ein negativ bewertetes persisches Feindbild erst langsam und deutlich nach den Perserkriegen – in der Zeit des zunehmenden athenischen Machtstrebens im Rahmen des Delisch-Attischen Seebundes – entstand, als Argument zur Aufrechterhaltung dieses Bundes mit Athen als unumschränkter Vormacht oder aus Gründen der Selbstinszenierung der Stadt als großer Perserbezwinger. Niemals wurde zudem dieses asymmetrische Feindbild, das ein Feindbild ablöste, welches an der Ehre als hoplitischem Ideal orientiert gewesen war und dem Gegner seine Anerkennung nicht versagt hatte, allein bestimmend (S. Muth).

Das persische Feindbild wurde literarisch zunächst geprägt durch den Eindruck, den die Meder, sprachliche und kulturelle „Verwandte" der Perser aus Nordwestiran, auf die Griechen gemacht hatten: als Zerstörer des mächtigen Reiches der Assyrer und als politisch-militärischer Gegenpart der westkleinasiatischen Lyder, denen ja damals zahlreiche Griechenstädte untergeben waren. So verwundert nicht, dass der Aufstieg des Perserreiches unter Kyros dem Großen, der dem Lyderreich unter Kroisos (Croesus) ein Ende machte, als Herrschaft des „Meders", die sogenannten Perserkriege als „Mederkriege", griechische Kollaboration mit dem Feind als *Medismos* verstanden wurde. Hatte noch der Dramatiker Aischylos in den „Persern" (aufgeführt im Jahre 472) die persischen Großkönige von einem eponymen Medos abstammen lassen, so setzte sich seit Herodot (420er Jahre) die Vorstellung durch, Ahnherren der persischen Könige seien Perseus oder Perses gewesen. Es war gleichfalls Aischylos, der Athens Rolle in den Siegen von Marathon (490) und Salamis (480) in mythische Dimensionen steigerte: Danach hatten die ganz Asien regierenden Perserkönige die Überlegenheit griechischen Freiheitsstrebens und athenischer politischer Ordnung anerkennen müssen. Die pseudo-hippokratische Schrift „Über die Umwelt" führte kurz darauf die Schwächen der persischen und die Stärken der griechischen Lebensweise auf deren klimatische Bedingungen zurück, und die athenische Komödie (Aristophanes) karikierte persischen Despotismus, persisches Luxusbedürfnis und die bereits erwähnte „Persermode" athenischer Aristokraten zugleich.

Wie kein Autor vor und nach ihm bettete schließlich der aus Halikarnass in Karien stammende Autor Herodot in seinen „Historien" den Konflikt zwischen den Perserkönigen und den Mitgliedern des Hellenenbundes („Perserkriege") in einen größeren historischen und weltanschaulichen Zusammenhang, der sich der Erinnerung an die großen Taten der Griechen und Barbaren ebenso verpflichtet fühlte wie der Überlieferung von historischen Exempeln zur Warnung der überheblichen athenischen Zeitgenossen. In seinem Panorama menschlicher Verhaltens- und Lebensweisen versagte Herodot den Persern seine Anerkennung nicht, sah deren politisch-militärisches Scheitern in Hellas aber auf das engste verknüpft mit den Schwächen ihrer Großkönige, die trotz aller Warnungen von Göttern und Menschen in ihrem Macht- und Expansionsstreben göttlich gesetzte Grenzen nicht beachtet hatten.

Im 4. Jh. wich ein solches noch recht ausgewogenes Perserbild dann – in der Literatur – zunehmend Vorstellungen, die, trotz zahlreicher historisch nutzbarer Einzelbeobachtungen, etwa zum persischen Verwaltungs-, Militär- und Erziehungswesen (etwa Xenophons „Anabasis" und Pseudo-Aristoteles' „Oikonomikê"), die – oft genug verzerrte und diffamierende – Darstellung des Fremden vornehmlich zur Kritik des Eigenen (Platon) oder zur Propagierung antipersischer Unternehmungen zur Überwindung des griechischen Partikularismus (Isokrates) zu nutzen gedachten. Unter den zahlreichen, damals veröffentlichten Schriften, die das Perserreich behandelten, sind drei in besonderer Weise bemerkenswert: die bis in die Frühe Neuzeit vielgelesene „Kyroupaideia" („Erziehung des Kyros") Xenophons, die als eine Art „Fürstenspiegel" den griechischen Debatten um die beste Staatsform den Entwurf eines idealen Staatsmannes in der Gestalt des persischen Reichsgründers Kyros hinzufügte, zugleich aber heftige Kritik an den zeitgenössischen Zuständen im Perserreich äußerte; die „Persika" („Persische Geschichte[n]") des Ktesias, die das Bild eines dekadenten und im Abstieg befindlichen Perserreiches unter Artaxerxes II. zeichneten, eines Reiches, das durch Spannungen zwischen dem König und intriganten Personen bei Hofe und im „Harem" und übertriebene Luxussucht ebenso gekennzeichnet ist wie

5 Attisch rotfiguriger Glockenkrater mit Gelageszene. 1. Hälfte 4. Jh. v. Chr. Wien, Kunsthistorisches Museum, Antikensammlung, Inv. Nr. IV 910 (Kat. Nr. 106).

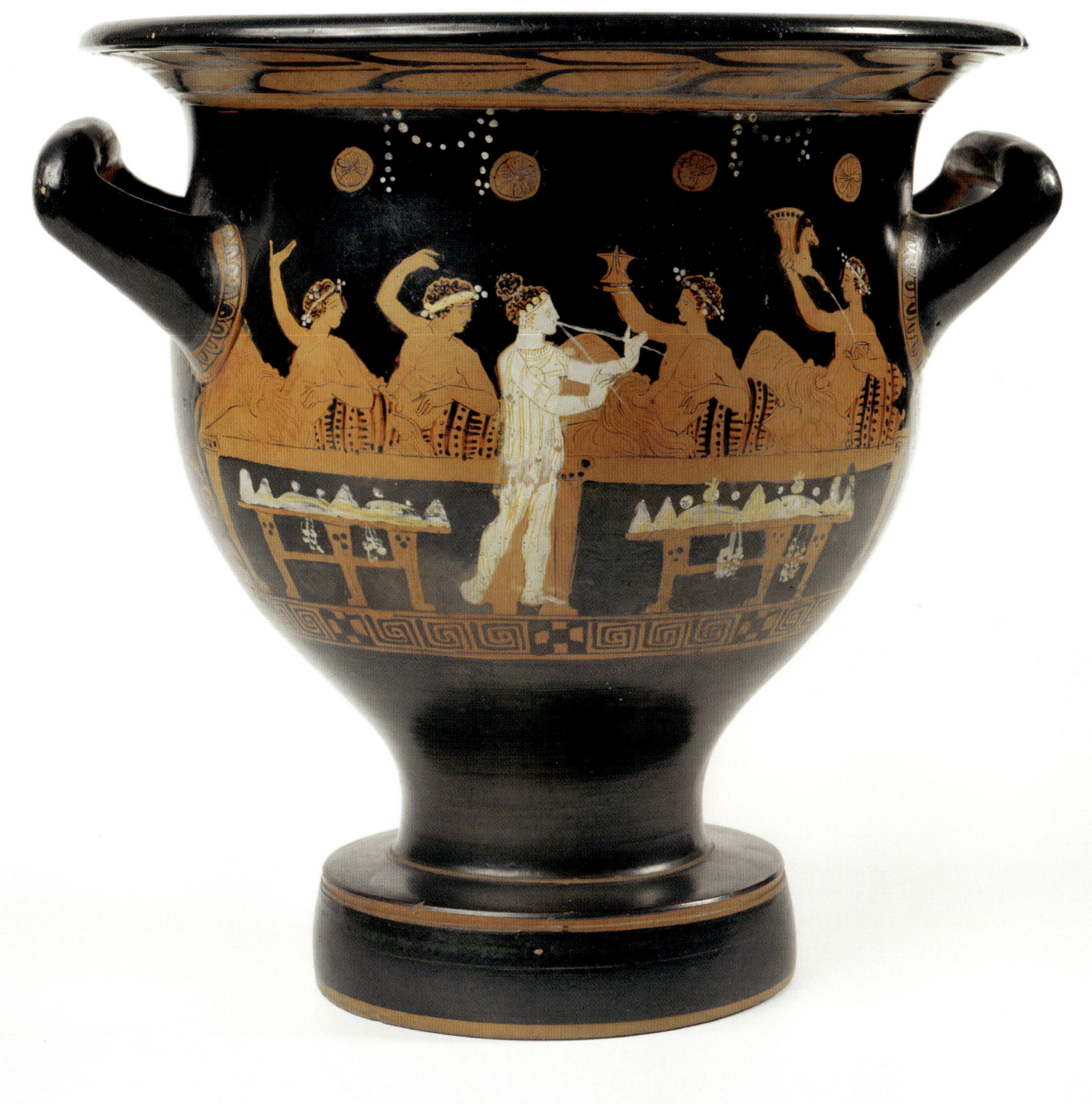

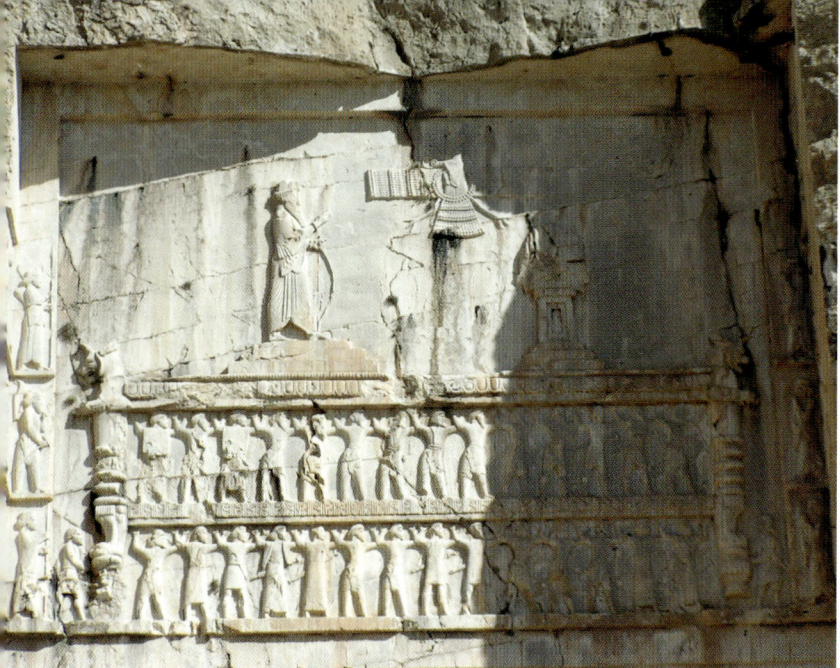

6 Naqsch-i Rustam. Felsrelief am Grab Dareios' I. (549–486 v. Chr.) mit Vertretern verschiedener Völkerschaften, die den Thron des Großkönigs tragen.

durch die Entscheidungsschwäche des Herrschers selbst; es war dieses Werk, das maßgeblich zum Erfolg eines bis heute virulenten Zerrbildes eines genuin „orientalischen Despotismus" beitrug; schließlich die Werke der ersten Generation der Alexanderhistoriker (Kallisthenes, Kleitarch u. a.), welche die Unternehmung des Makedonenkönigs – wie ihr Auftraggeber oder militärischer Führer selbst – zwar einerseits als Rachefeldzug für den Xerxeszug gegen Hellas erscheinen lassen wollten, andererseits aber durch des Königs besondere und politisch angeratene Maßnahmen zur Verbindung von Iranern und Makedonen und durch dessen achämenidische Verhaltensweisen und Vorlieben zur Errichtung eines ganz eigenen Herrschertums irritiert waren.

Ganz anders verlief die Entwicklung innerhalb der griechischen Bildkunst: Dort wurden die Perser in der zweiten Hälfte des 5. Jhs. und im beginnenden 4. Jh. gerade nicht Gegenstand diffamierender Charakterisierung, sondern erschienen im Gegenteil mehr und mehr als Vertreter einer „bewunderten Luxus-" oder gar einer „erträumten Genusswelt" (S. Muth) (Abb. 5).

Wie verhält es sich nun im Gegenzug mit dem Blick von Osten auf den Westen, von Persien auf Hellas und die Griechen? Abgesehen von Persien im Zentrum des Reiches werden in den Inschriften der Perserkönige – und fast nur sie und die dazugehörigen Flachreliefs geben uns, wie bereits betont, Auskunft über genuin persische Griechenbilder – alle anderen Länder/Völker, als deren Herr sich der Großkönig versteht, in immer derselben Ordnung im Reichsganzen verortet: Die Völkerlisten aus Persepolis und Naqsch-i Rustam, dem Ort der Grablege der Großkönige, beginnen immer mit denen, die in der Nähe der Perser wohnen, und bewegen sich dann fortschreitend von innen nach außen; dabei zählen sie alle die Völker auf, die dem Willen des Großkönigs gehorchen. Die Zahl und die Reihung der Völker können variieren, je nachdem, ob die Bewegung sich erst nach Westen oder nach Osten richtet; allerdings beginnt sie immer im Zentrum und nähert sich dann der Peripherie. Wie die Länderlisten variieren auch die Reliefdarstellungen der Geschenke bringenden Völkerschaften an denselben Orten in Zahl und Folge, sind allerdings auch der Ordnung nach Zentrum und Peripherie verpflichtet. Obwohl ein Teil der Länderlisten auf die Nennung der vier äußersten Völkerschaften reduziert ist, sind doch auch hier alle Elemente der Herrschaftslegitimation vertreten und wirksam. Dieses zweite Schema der Reichsbeschreibung zeigt wohl am besten, dass es bei den Länderlisten nicht darauf ankam, das Reich mit seinen Untertanenvölkern administrativ oder ethnographisch vollständig zu erfassen. Auch wenn wir die Kriterien der Zahl und Auswahl der Völkerschaften für die Reichsrepräsentation, abgesehen von den vier Ländern an der äußersten Peripherie, nicht wirklich bestimmen können, fest steht, dass in Wort und Bild bestimmte Völkerschaften stellvertretend für die Gesamtheit aller Völker aufgeführt werden. Die Länderlisten illustrieren, dass die einzelnen Länder zusammen das Reich bilden. Der Besitz der Länder im Reich ist wiederum eine Grundvoraussetzung für eine legitime Königsherrschaft, mit anderen Worten, „wer das (ihm vom Gott Ahura Mazda anvertraute) Reich (altpersisch *xšaça*) hat, ist König (*xšāyaθiya*)" (R. Schmitt).

Diesen Gedanken setzen die Thronträgerreliefs bildlich um, zeigen sie doch die Vertreter der Völkerschaften des Reiches, wie sie gemeinsam den Thron mit dem Großkönig anheben und den Herrscher im wahrsten Sinne des Wortes „auf Händen tragen". Dabei muss, wie die Königsinschriften es zum Ausdruck bringen, jedes Land an seinem rechten Platz stehen, um Ordnung und Frieden auf der Erde zu gewährleisten (Abb. 6). Andererseits hat auch jeder Großkönig die Aufgabe, die Völker an ihren richtigen Platz zu führen und sie als guter Gärtner, Richter und Krieger an diesem Platz zu schützen.

Wirft man einen Blick auf die beiden Reichsschemata, das vom Zentrum zur Peripherie sich entwickelnde und das die Grenzgebiete des Reiches betonende, dann verwundert nicht, dass die „Ionier" (*Yaunā*), d.h. die Griechen, an den äußersten westlichen Rändern des Reiches lokalisiert werden. Gleichzeitig sind sie den Königen allerdings so gut bekannt, dass mehrere Gruppen von *Yaunā* unterschieden werden (Abb. 7). Im ersten Schema erscheinen sie gleich nach den Lydern, üblicherweise in der Begleitung von tribalen Völkern wie den Thrakern und Skythen. Gelegentlich werden die Hellenen einfach als *Yaunā*, üblicherweise jedoch als „Ionier des Landes" (entlang der kleinasiatischen Küste), „Ionier am Meer und jenseits des Meeres" (die Griechen mit Daskyleion als Zentrum und die Inselgriechen) und „schild(förmige Kopfbedeckungen)-tragende Ionier" (Makedonen? Paionen?) bezeichnet. Mit anderen Worten die „Ionier" sind ein Volk, das Gemeinsamkeiten auszeichnet und das gleichzeitig geographisch, politisch und in seiner Tracht so vielfältig ist, dass der Großkönig mehrere Gruppen von ihnen seinem Reich einzugliedern genötigt ist. Die eigenartige, schildförmige Kopfbedeckung unterscheidet im Übrigen auch auf den Reliefs verschiedene Gruppen von *Yaunā*. In ihrem sonstigen Habitus sind die Ionier allerdings bildlich kaum von den Karern zu unterscheiden, und wären uns nicht gelegentlich inschriftlich ethnische Benennungen erhalten, so fiele uns dies noch schwerer. Auch die Unterschiede zu den Lydern fallen eher bescheiden aus. Im zweiten Schema mit den vier Eckpunkten fehlen die Griechen im Übrigen ganz; Lydien steht hier stellvertretend für den gesamten westlichen Grenzbereich. Die persischen Länderlisten sind zudem, anders als es häufig geschieht, nicht historisch in dem Sinne auszuwerten, dass sich in ihnen der Gewinn oder Verlust von Reichsterritorien widerspiegelt. Die drei griechischen Untertanengruppen sind denn auch alle auf dem Boden des Reiches anzusiedeln und nicht in der *Graecia libera*.

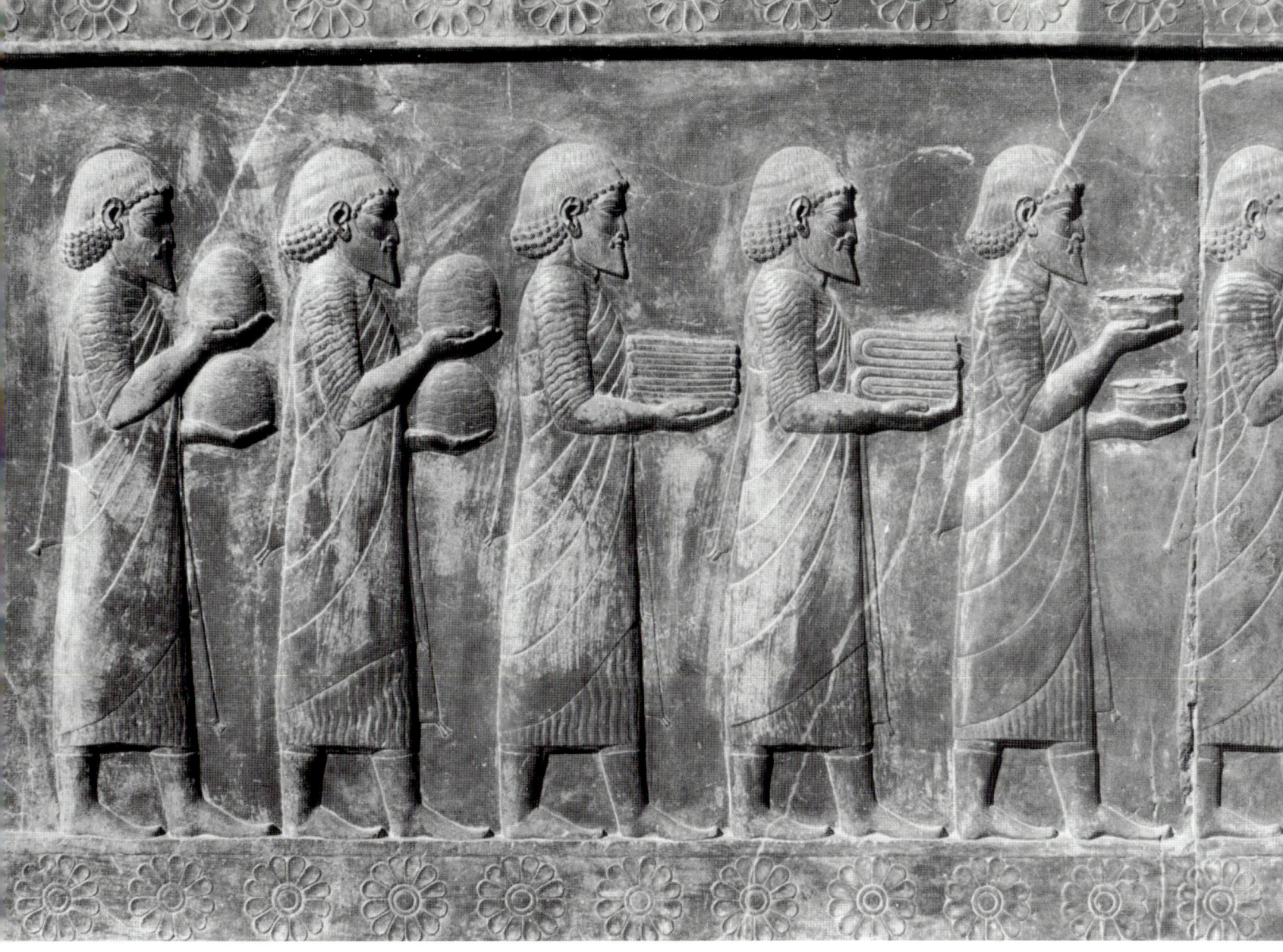

7 Persepolis, Apadana-Relief: die *Yaunâ* als Gabenbringer, 5. Jh. v. Chr.

Vermitteln Inschriften und Reliefs an den persischen Residenzorten das Bild einer durch die Zusammenarbeit von Herrschern und Untertanen bestimmten Friedenswelt, so finden sich in der Kleinkunst, nicht zuletzt auf Siegeln aus den westlichen Provinzen, auch „unfriedliche" Sujets, darunter auch solche von Kämpfen zwischen Persern und Griechen.

Barbarenverachtung und Barbarenimitation, Beschreibung einer gefährlichen wie dekadenten „Gegen-" und Bewunderung einer faszinierenden „Außenwelt", militärische Konfrontation und grenzüberschreitender Kulturaustausch waren nahezu zeitgleiche Formen der mentalen wie konkreten „Auseinandersetzung" der Griechen mit dem mächtigen Nachbarn im Osten. Im Gegenzug waren die Griechen (*Yaunā*) dem Großkönig ideologisch zwar nur als Untertanen erwähnenswert, in der Praxis aber bemühte er sich sogar um die reichsfremden Hellenen, von deren kultureller Anregung und Vermittlung er ebenso zu profitieren hoffte wie von ihrem Rat und ihrer Hilfe in politischen Angelegenheiten.

Literatur
Bichler/Rollinger 2003, 326–329; Kuhrt 2002; Miller 1997; Miller 2003, 301–319; Muth 2008; Wiesehöfer 2007, 31–40.

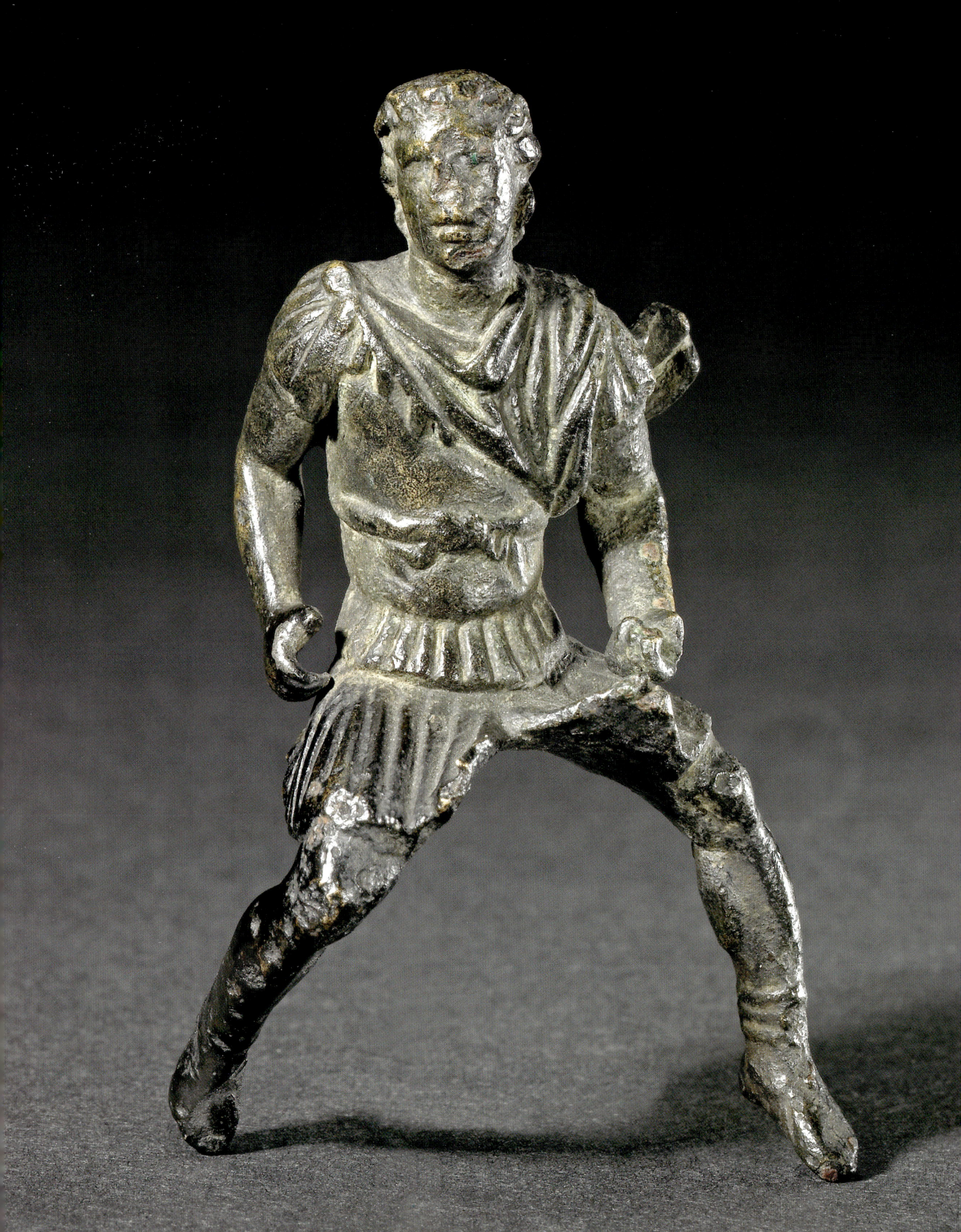

Begegnungen in Babylon – Alexander und das altorientalische Erbe

Nicola Crüsemann

„In Babylon lernte Alexander auch die Chaldäer kennen; er tat auch, was diese für die Heiligtümer in Babylon wünschten; insbesondere opferte er dem Baal ganz nach ihren Anweisungen."

(Arr. an. 3,16)

Als Alexander der Große sich nach der entscheidenden Schlacht von Gaugamela im Oktober 331 v. Chr. noch auf dem Schlachtfeld zum „König von Asien" ernennen ließ, kannte er vermutlich weder die immense Größe des asiatischen Raumes noch die ganze Tragweite dieser Königstitulatur.

In erster Linie ging es ihm zu diesem Zeitpunkt vermutlich um die symbolische Bedeutung des Sieges über die Perser, durch den er das Reich des Perserkönigs – für die Griechen mit der Bezeichnung „Asien" versehen – endgültig erobert hatte. Mit diesem Titel setzte er sich in die direkte Nachfolge des Perserkönigs Dareios III., der allerdings erneut entfliehen konnte.

Die eigentliche Größe dieses Reiches, das bis nach Indien reichte, erkannte er vermutlich erst im Laufe seines anschließenden Kriegszuges durch Zentralasien und bis nach Indien. Die tatsächliche Bedeutung der Bezeichnung „König von Asien" wurde Alexander wahrscheinlich erstmals in Babylon bewusst – die erste altorientalische Metropole, in die er kurz nach dem Sieg einzog. Hier traf er nicht nur auf die eindrucksvollen Bauwerke einer altorientalischen Metropole, sondern begegnete auch den uralten Traditionen in Religion und Wissenschaften. Vor allem aber kam er hier intensiv mit den Konzepten altorientalischer Weltherrschaft in Berührung.

Es wird daher häufig davon ausgegangen, dass Babylon als eines der „berühmtesten und höchstangesehen Zentren der Welt"[1] eine entscheidende Rolle in Alexanders Beziehungen zu den altorientalischen Kulturen spielte, die für ihn bis dahin in erster Linie durch seine Feinde, die Achämeniden, vertreten waren.

Wenn er diese bis dahin in erster Linie als Waffen schwingende Feinde sowie Besitzer prachtvoller Ausrüstungen und großen Reichtums kennengelernt hatte, so begegneten ihm in Babylon – seit der Eroberung durch Kyros im Jahr 539 v. Chr. hochgeschätzte Königsresidenz der Achämeniden – völlig neue Aspekte altorientalischer Traditionen, die seinen Blick änderten und seinen weiteren Weg prägten.

9 Bronzestatuette des reitenden Alexander. Das Pferd ist verloren, in der rechten Hand des Reiters ist wohl eine waagerecht gehaltene Lanze zu rekonstruieren. London, British Museum, Inv. Nr. GR 1975, 2–5.1 (Kat. Nr. 220).

Und so wird immer wieder betont, dass Alexander erst dieser einmonatige Aufenthalt – einer im kurzen und rasanten Leben des jungen Makedonen verhältnismäßig langen Zeitspanne – wirklich „zum Herrscher des Orients gemacht" habe.[2]

Im Folgenden soll die Rolle Babylons und der dort allenthalben präsenten altorientalischen Hochkultur für Alexander den Großen anhand ausgewählter Beispiele veranschaulicht werden.

Der Einzug nach Babylon

Bereits Alexanders Einzug in die lebendige Metropole gehörte sicherlich zu den größten Eindrücken seines Lebens (Abb. 1). Oberstes Ziel des jungen „Königs von Asien" war es, nach dem Sieg von Gaugamela das gesamte Zweistromland zu sichern, um von dort aus in das Kerngebiet des Achämenidenreichs mit den beiden Hauptresidenzen Susa und Persepolis vorzudringen. So zog der Makedone mit seinem Heer nach Süden und gelangte ohne Widerstand bis in die Nähe von Babylon. Dorthin war Mazaios – der achämenidische Satrap von Mesopotamien – nach der Niederlage von Gaugamela geflohen. Auch wenn sich das griechische Heer vor Babylon noch einmal kampfbereit formierte, erwies sich dies als unnötig, da Mazaios dem makedonischen Herrscher gemeinsam mit seinen Söhnen und den babylonischen Würdenträgern entgegenkam, um ihm diese ruhmreiche Stadt kampflos zu übergeben.

Arrian und Curtius Rufus berichten über den triumphalen Einzug Alexanders in Babylon im November 331 v. Chr., bei dem ihm die Bevölkerung jubilierend, mit Geschenken, Blumen und Musik begrüßte (Abb. 2):

„Ein großer Teil der Babylonier stand auf den Mauern, neugierig den neuen König zu sehen. (20) Unter diesen hatte der Wächter der Burg und des königlichen Schatzes, Bagophanes,[…] den ganzen Weg mit Blumen und Kränzen bestreuen lassen, während er zu beiden Seiten silberne Altäre aufgestellt hatte, die nicht nur mit Weihrauch, sondern mit allen möglichen Wohlgerüchen überhäuft waren. (21) Hinter ihm folgten als Geschenke Herden von Schlachtvieh und Pferden, ja es wurden in Käfigen Löwen und Panther voraus getragen. (22) Dann kamen die Magier, die nach ihrer Sitte ein Lied sangen, hinter ihnen die Chaldäer und die babylonischen Wahrsager wie auch Musiker mit ihren eigentümlichen Saiteninstrumenten. Diese pflegten Loblieder auf ihre Könige zu singen, während die Chaldäer die Bewegung der Gestirne und den regelmäßigen Wechsel der Jahreszeiten erklärten."³

Dieser überschwängliche Empfang Alexanders wird häufig als Freude über die Befreiung von der achämenidischen Fremdherrschaft gedeutet. Amélie Kuhrt dagegen macht mit einem Blick auf den babylonischen Hintergrund plausibel, dass die Babylonier bereits früheren Eroberern, so dem Assyrer Sargon II. im Jahr 710 v. Chr., aber auch dem Achämeniden Kyros einen vergleichbaren Empfang bereitet hatten, der nicht dem Befreier galt, sondern vielmehr einem vor den Toren stehenden Eroberer, der lieber als neuer Herrscher begrüßt, denn als Zerstörer der Stadt empfangen werden sollte.⁴ Zu diesem Prozedere gehörte nicht nur der prachtvolle Empfang, sondern auch im Vorfeld getroffene Absprachen sowie – anschließend – die traditionellen babylonischen Königsrituale, verbunden mit der Beteuerung der neuen Herrscher, sich den Göttern gegenüber großzügig zu verhalten.

Nach dem Sieg Alexanders über die achämenidische Armee und der Flucht des Dareios III. war sicherlich allen Beteiligten klar, dass es kaum eine andere Wahl gab, als auch diesen neuen Herrscher freundlich zu empfangen. Dabei spielte vermutlich auch das Schicksal von Städten wie Gaza eine entscheidende Rolle, die sich Alexanders Siegeszug widersetzte und dabei nicht nur ihre Unabhängigkeit verloren hatten. Und so waren beim Einzug Alexanders bereits alle Absprachen getroffen.

Dies lässt sich auch durch ein in Babylon gefundenes Bruchstück eines astronomischen Tagebuchs bestätigen, das sich mit dem Zeitraum vom 8. September bis 7. Oktober und dem 8. Oktober bis zum 6. November 331 v. Chr. befasst. Auf dessen Rückseite wird Alexander bereits vor seinem tatsächlichen Einzug nach Babylon mit den entscheidenden Worten an die Babylonier zitiert: „Eure Häuser werde ich nicht betreten" (Abb. 3).

Diese Absprachen ermöglichen es, dass Alexander mit allen notwendigen und vermutlich im Vorfeld vorsichtig ausgeloteten Zeremonien begrüßt werden konnte. Zugleich lässt dies erkennen, dass auch Alexander sein Möglichstes dazu beitrug, die Besetzung dieser einzigartigen Stadt friedlich und würdevoll vonstatten gehen zu lassen.

Die Stadt Babylon

Zum Zeitpunkt seines triumphalen Einzugs war Babylon – seit dem 2. Jt. v. Chr. Hauptstadt des babylonischen Reiches – nicht nur persische Königsresidenz, sondern auch Hauptstadt der Satrapie Babylonien, die von den Großkönigen „von Anfang an als eines der Kernländer des Achämenidenreiches" angesehen und als „Quelle von Reichtum, Macht und kultureller Anregung geschätzt wurde".⁵

Da die persische Herrschaft es ermöglichte, dass die einzelnen Satrapien ihre regional spezifischen Traditionen beibehalten durften, konnten auch in Babylon die alten babylonischen Traditionen in Religion, Architektur, Verwaltung und Wissenschaften fortgeführt werden.

Das eindrucksvolle äußere Erscheinungsbild der Stadt war größtenteils von den monumentalen Bauwerken geprägt, die bereits Anfang des 6. Jhs. v. Chr. Nebukadnezar II., einer der letzten babylonischen Könige, hatte errichten lassen.

Den größten Eindruck machte dabei auf Alexander sicherlich der Weg durch die Prozessionsstraße und das Ischtartor (Abb. 4), dessen Farbigkeit und Größe einzigartig waren. Darüber hinaus war es der Tempelturm (*zikkurat*), der die Stadtsilhouette gemeinsam mit den Stadtmauern prägte.

Doch es waren vermutlich nicht nur die prachtvollen Bauten, sondern auch die Größe der Stadt – eine der größten Ansiedlungen der

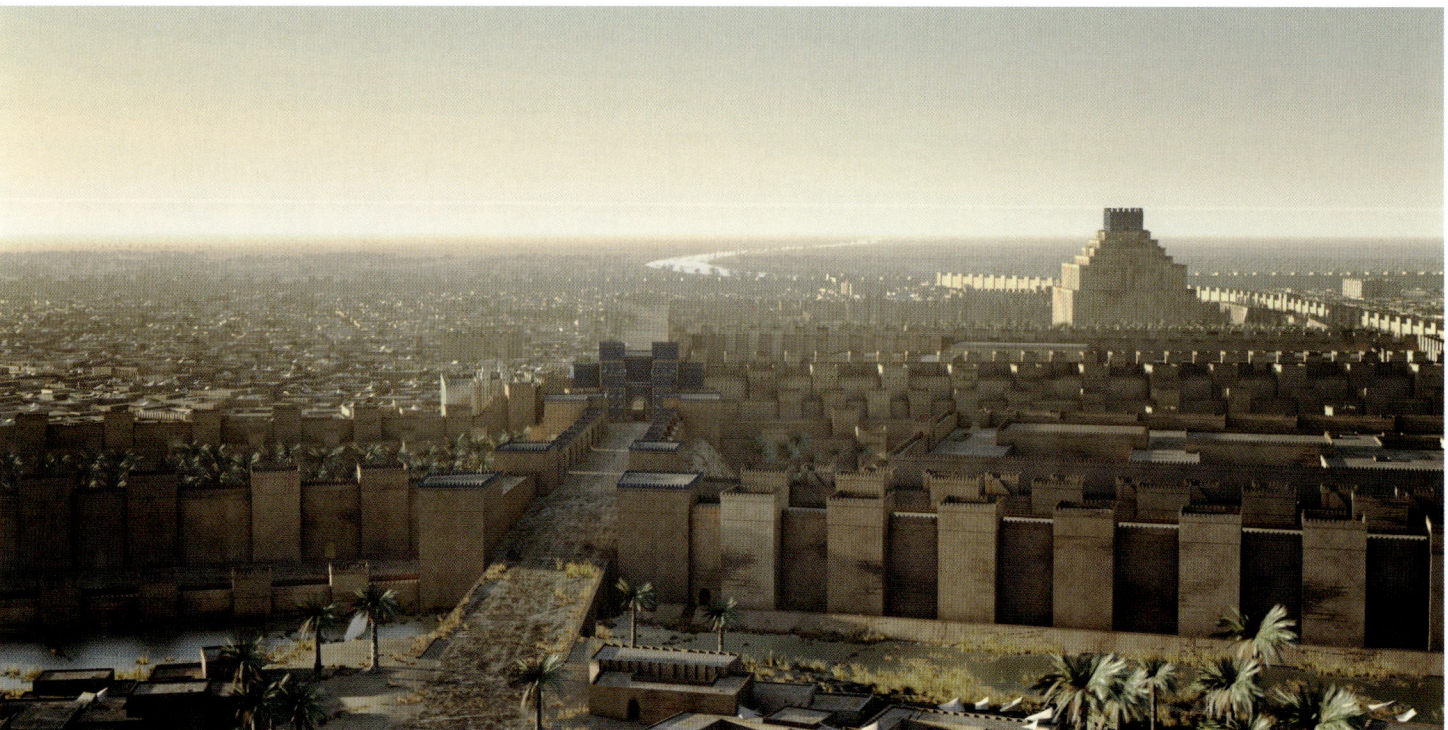

1 Rekonstruierte Ansicht von Babylon zur Zeit Alexanders.

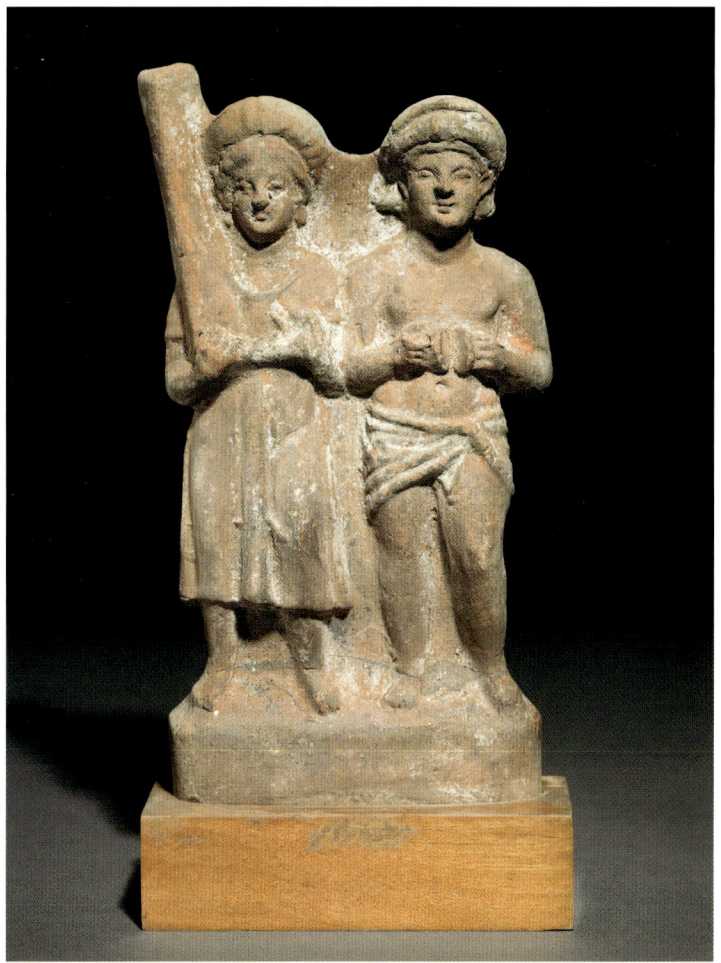

2 Terrakottarelief mit der Darstellung eines Musikerpaares, aus Babylonien, 2. Jh. v. Chr. – 2. Jh. n. Chr. London, The British Museum, Department of the Middle East, Inv. Nr. BM 91769 (Kat. Nr. 169).

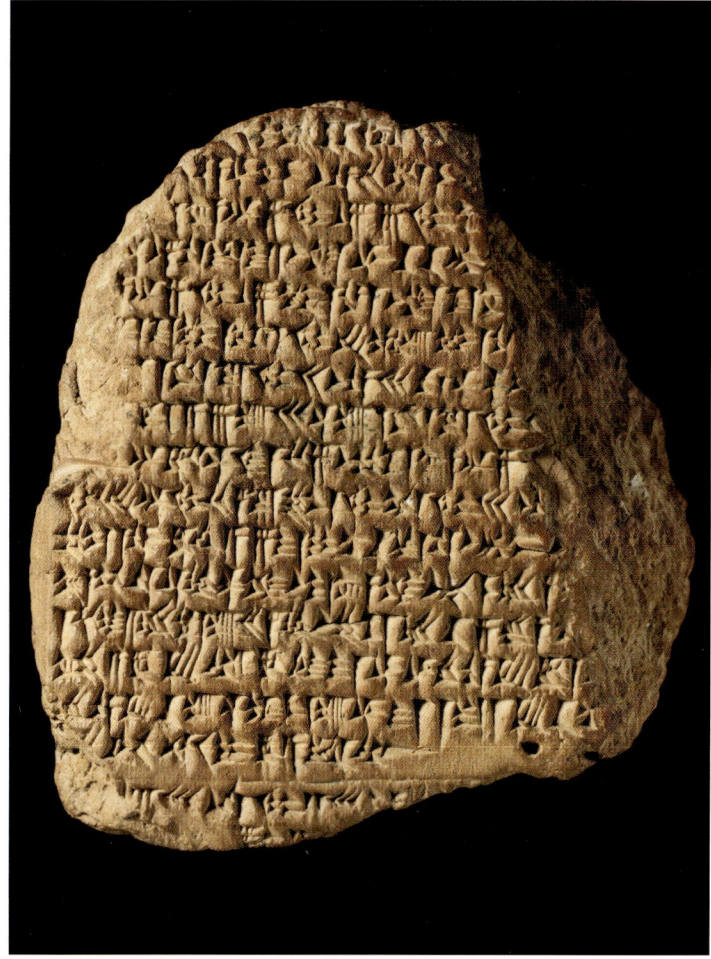

3 Tontafel. Fragment eines astronomischen Kalenders aus Babylon, in dem astronomische und meteorologische Phänomene der Monate Juni/Juli 331–330 v. Chr. festgehalten sind. London, The British Museum, Department of the Middle East, Inv. Nr. BM 36761 (Kat. Nr. 198).

damaligen Welt –, die auf die „friedlichen Eroberer", gerade im Vergleich zur makedonischen Königsresidenz Pella aber auch zu Athen, sicherlich grenzenlos wirkte. Bei genauerem Hinsehen wird allerdings rasch deutlich, dass – nicht zuletzt aufgrund der Ausgrabungssituation – weder die Stadtgröße noch die Einwohnerzahlen auch nur andeutungsweise exakt eruiert werden können.

Wenn auch während der Ausgrabungen der Verlauf der sagenumwobenen, insgesamt ca. 900 ha umfassenden Mauern Babylons festgestellt werden konnte, so wurde das 500 ha umfassende Gebiet zwischen der inneren und der äußeren Mauer kaum ergraben. Im Bereich der inneren Stadtmauer lag der Schwerpunkt der deutschen Ausgräber zu Beginn des 20. Jhs. auf den zentralen Bauwerken wie Palästen und Tempeln. Wohnviertel dagegen wurden nur wenige ausgegraben. Daher kann jeder Versuch einer Rekonstruktion des gesamten babylonischen Stadtgebietes zur Zeit Nebukadnezars II. oder der Achämeniden, ebenso wie Schätzungen der Einwohnerzahlen, nur sehr vorläufig sein.

Tom Boiy, der sich in jüngster Zeit mit der möglichen Größe und Bevölkerungsdichte Babylons auseinandergesetzt hat, kommt zu dem Schluss, dass – sollte das gesamte 900 ha große Stadtgebiet (inkl. der äußeren Gebiete) besiedelt gewesen sein – die Bevölkerungsgröße bei der höchsten derzeit angenommen Bevölkerungsdichte pro Hektar von 200 Menschen – maximal 180.000 Menschen umfasst hat. Da zur spätachämenidischen Zeit aber vermutlich nur das 400 ha große, von der inneren Stadtmauer umgebene Stadtgebiet besiedelt war und wohl eher von einer Bevölkerungsdichte von 125 Personen pro Hektar auszugehen ist, dürfte die Bevölkerung maximal 50.000 Personen umfasst haben.[6]

Als Residenz wählte Alexander die Südburg des babylonischen Herrschers Nebukadnezar II., die – ebenso wie der Sommerpalast – bereits von den Achämeniden als Königssitz genutzt worden war.[7]

Von dort aus hatte Alexander nicht nur einen guten Blick über das typische Gewirr einer altorientalischen Stadt mit ihrer agglutinierenden Bauweise und den typischen ein- bis zweistöckigen, häufig um einen Innenhof errichteten Lehmziegelhäusern, sondern auch zum Euphrat und zu den zahlreichen Tempeln, vor allem zum Tempelbezirk des Stadt- und Reichsgottes Marduk.

Vielleicht konnte Alexander von seiner Residenz aus auch einen Eindruck von der kosmopolitischen Atmosphäre erahnen, zu der spätestens seit dem 7./6. Jh. v. Chr. zahlreiche auswärtige Gelehrte, Händler, aber auch Verwaltungsbeamte nicht nur aus Persien, Medien und Phönizien, sondern auch aus Ägypten, Lydien und Griechenland beigetragen hatten (Abb. 5).

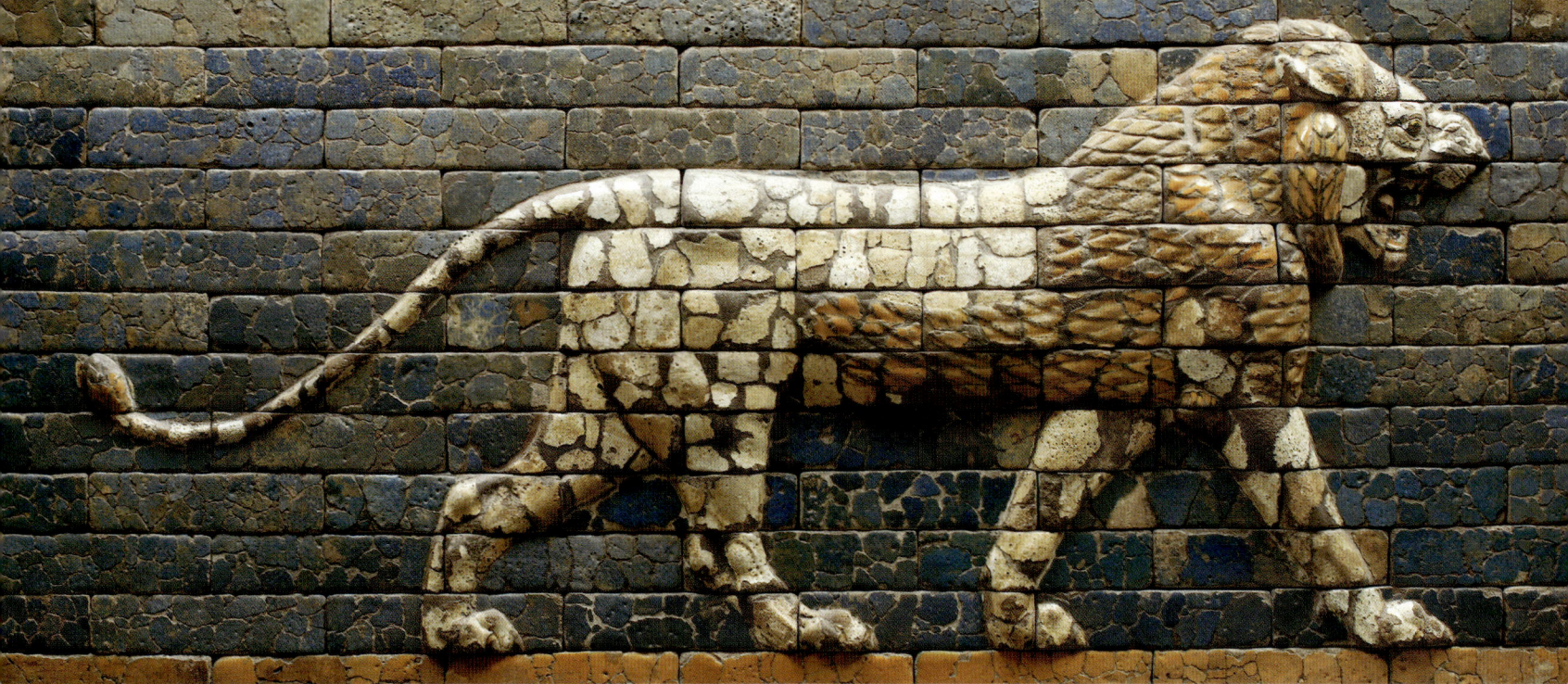

4 Relief eines schreitenden Löwen, aus Babylon, von der westlichen Mauer der Prozessionsstraße. Errichtet unter Nebukadnezar II., 604–562 v. Chr. Wien, Kunsthistorisches Museum, Ägyptisch-Orientalische Sammlung, Inv. Nr. Sem. 951 (Kat. Nr. 171).

Astronomie und Astrologie

Sicher ist, dass Alexander in Babylon Vertretern der uralten literarischen und wissenschaftlichen Traditionen begegnete, die unter den Achämeniden deutlich gefördert wurden. Insbesondere die Mathematik und die Astronomie erlebten unter den persischen Herrschern einen Höhepunkt, der zu zahlreichen Neuentwicklungen führte, von denen einige bis in die Gegenwart von Bedeutung sind. So wurde bereits im 3. Jt. v. Chr. ein Sexagesimal entwickelt, „dessen Reste noch heute in der Aufteilung einer Stunde in 60 Minuten, in der Unterteilung der Minute in 60 Sekunden sowie in der Winkeleinteilung des Kreises in 360 Grad erkennbar ist"[8].

In Verbindung mit der Sternkunde führte dies schließlich u. a. zu einer Teilung des Jahres in 12 Monate, markiert durch 12 Sternbilder des Tierkreises (Abb. 6). Aber auch die Astrologie ist bis heute von Errungenschaften jener Jahre beeinflusst, beispielsweise in Form von Horoskopen, einer astrologischen Technik, die ebenfalls in Babylon entstand.[9]

Gerade die Kunde von den Sternen war für Alexander von besonderem Interesse. Im Rahmen seines Babylon-Aufenthaltes gab es immer wieder Begegnungen mit den sogenannten „Chaldäern", von denen er Einblicke in die babylonische Sternenkunde erhielt und die er häufig um Rat fragte. Dabei ist die in diesem Zusammenhang gebrauchte Bezeichnung der babylonischen Gelehrten als „Chaldäer" missverständlich, denn die „Chaldäer" waren ursprünglich eine Herrscherdynastie, die im Jahr 625 v. Chr. erstmals den babylonischen Thron bestieg und erst mit der Eroberung Babyloniens durch die Achämeniden unterging. Erstmals von Herodot auf die babylonischen Sternkundigen übertragen, lässt diese Bezeichnung möglicherweise eine besondere Wertschätzung dieser Wissenschaftler erkennen und blieb in der griechischen Literatur weiter erhalten.

Die babylonischen Astronomen verfassten ausführliche astronomische Tagebücher, in denen die Sternkonstellationen sowie Sonnen- und Mondfinsternisse in Verbindung mit besonderen Ereignissen, wie Wasserstand des Euphrat, Zerstörung des Tempels, aber auch mit dem Tod

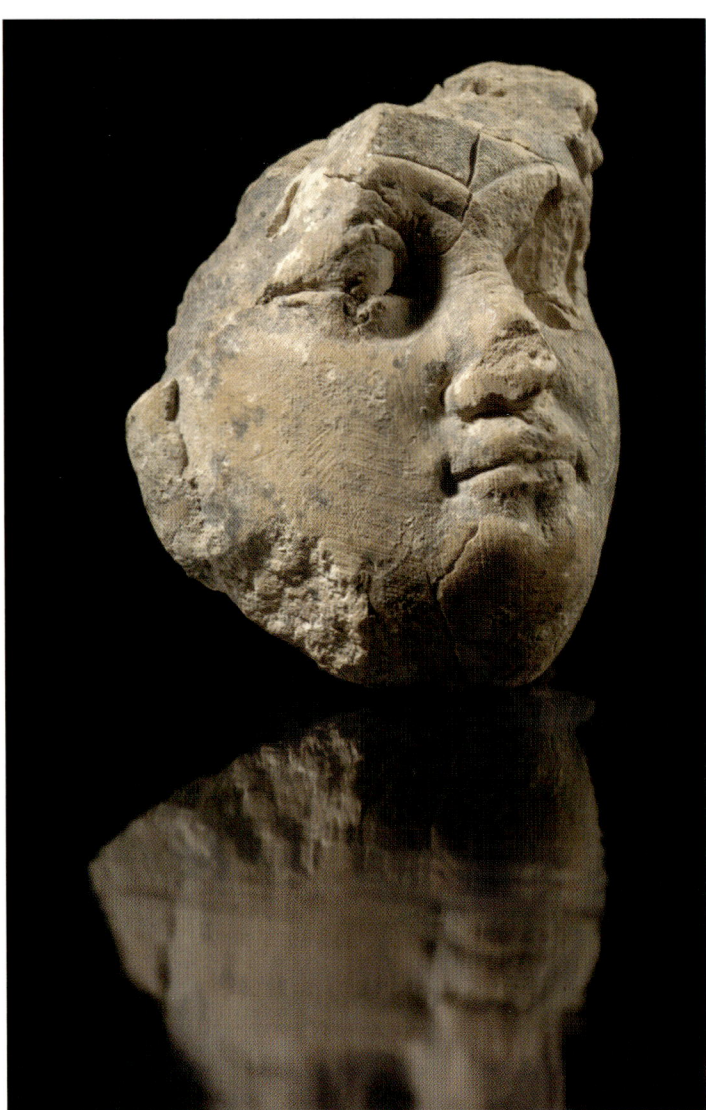

5 Fragment einer Terrakottastatuette aus Babylon, 8.–7. Jh. v. Chr. Berlin, Vorderasiatisches Museum SMB PK, Inv. Nr. VA Bab 3790c (Kat. Nr.149).

einer königlichen Person genannt wurden. Diese Tagebücher befassten sich auch mit Ereignissen um Alexanders Einzug und Aufenthalt in Babylon. So berichtete das bereits erwähnte astronomische Tagebuch auch von der Schlacht von Gaugamela und der Flucht des Dareios.

Zudem erstellten sie Listen mit rein historischen Ereignissen, die in der Forschung als Chroniken bezeichnet werden. Dabei wurden hier – im Gegensatz zu den sehr ausführlichen, aber auch subjektiven Deutungen historischer Ereignisse in den Königsinschriften – nur die jeweiligen Fakten wie Dauer einer Königsherrschaft, Erfolge und Niederlagen in Schlachten sowie Fakten zur Stadt Babylon, ihrer Tempel und Kulte genannt.

Darüber hinaus entwickelten die Babylonier eine extensive Omenliteratur, lange Listen mit Sterndeutungen, aber auch Leberomina und Omina zu einzelnen Ereignissen (Abb. 7). Heute wird meist davon ausgegangen, dass dieselben Gelehrten, die sich mit Omina und Sterndeutungen befassten, auch die Verfasser der astronomischen Tagebücher waren: "'History' was part of the Babylonian wisdom".[10]

Es ist leicht nachvollziehbar, dass die babylonischen Experten an allen assyrischen und babylonischen Königshäusern präsent waren und auch die achämenidischen Herrscher berieten, denn sie konnten nicht nur in die Zukunft schauen, sondern diese auch beeinflussen.

Ein interessanter Nebenaspekt der Übernahme und Weiterentwicklung der astronomisch-astrologischen Wissenschaften ist die Tatsache, dass ein Teil der Omen-Literatur ihren Weg bis nach Indien und in die Sanskritliteratur gefunden hat. Es wird davon ausgegangen, dass die mesopotamische Omenliteratur bereits während der Herrschaft der Achämeniden im 5./4. Jh. v. Chr. über Gandhara und das Industal in diese Region gelangte.[11]

Dieses große Interesse und die weite Verbreitung dieser Kenntnisse verdeutlichen die hohe Reputation der babylonischen Gelehrten, von denen nicht nur Griechen und Römer, sondern auch Israeliten und Inder lernten. Selbst Aristoteles, Alexanders ehemaliger Erzieher, war so sehr an deren Arbeit interessiert, dass er seinen Neffen Kallisthenes bat, die astronomischen Beobachtungen nach dem Einzug Alexanders in Babylon zu übermitteln.[12]

Beheimatet waren die Sterndeuter in den Tempeln, wo sie gemeinsam mit den Priestern eine mächtige Position innehatten. Durch ihre Voraussagen war es ihnen möglich, das Geschick und die Handlun-

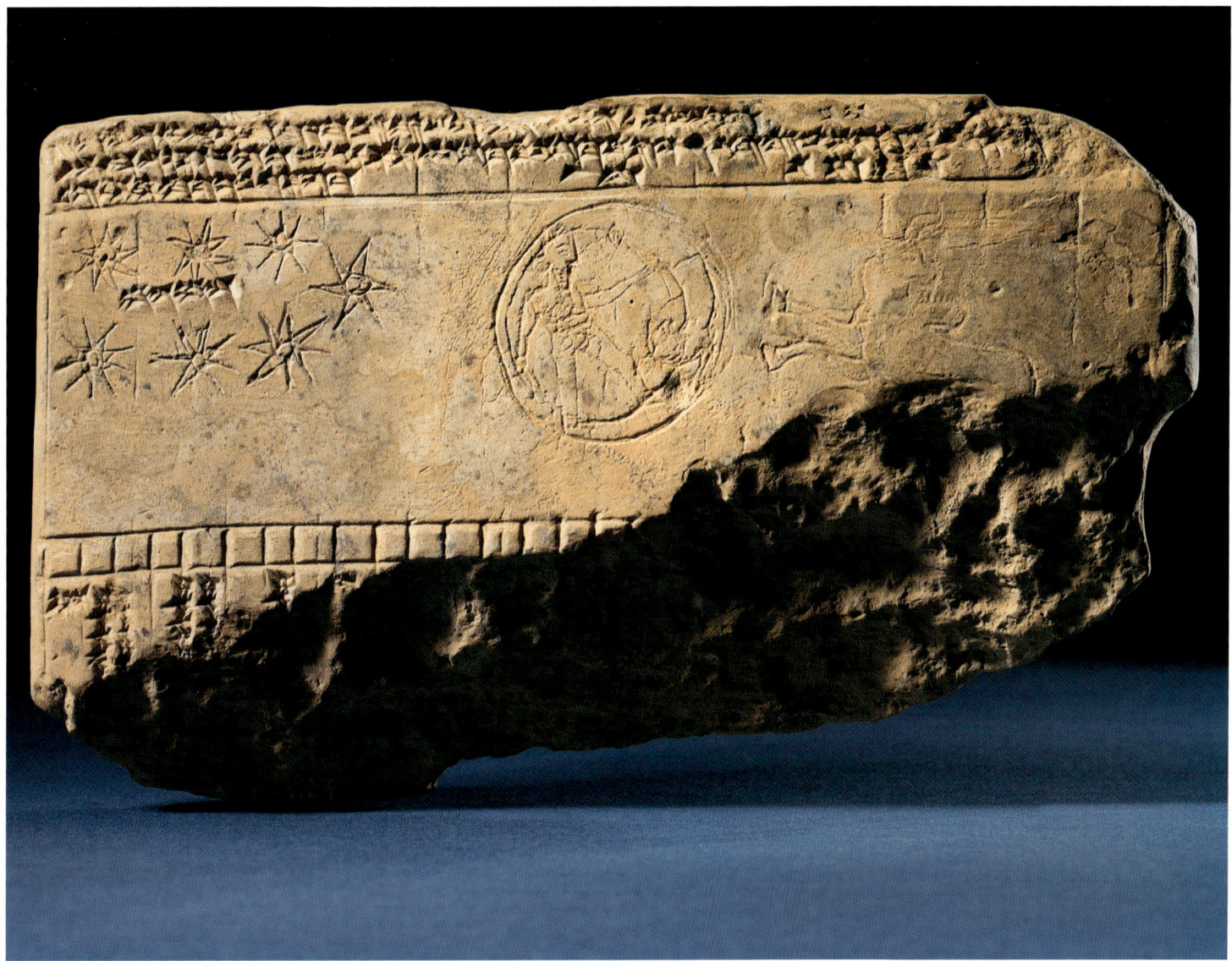

6 Zodiakalkalender des Sternzeichens Stier, aus Uruk, 2. Jh. v. Chr. Berlin, Vorderasiatisches Museum SMB PK, Inv. Nr. VAT 7851 (Kat. Nr. 196).

gen der Herrscher zu beeinflussen. Astronomische Omina konnten Könige oder ganze Länder betreffen. In der assyrischen Stadt Ninive wurden zahlreiche Briefe von Astronomen entdeckt, in denen sie dem König über Himmelszeichen und ihre Deutung berichteten und ihm eventuelle Maßnahmen vorschlugen. Ein schlechtes Omen konnte beispielsweise abgewendet werden, indem der verantwortliche Gott durch bestimmte Rituale besänftigt wurde.

So ist leicht verständlich, dass sich auch Alexander und seine Nachfolger von den Sternkundigen beeindrucken ließen und sie mehrfach konsultierten.

Der Turm von Babylon

Da die Sterndeuter spätestens seit der Achämenidenzeit Tempelangestellte waren, wird vermutet, dass die häufig neben den Tempeln gelegenen Stufentürme (*zikkurat*) auch als Observatorien benutzt wurden. Beweise dafür gibt es allerdings nicht.

Der Stufenturm in Babylon gehörte zum Tempelbezirk des Marduk – Stadtgott von Babylon sowie oberster Gott des babylonischen Reiches (Abb. 8).

Die babylonischen Götter und insbesondere Marduk wurden nicht nur von den Achämeniden entsprechend der Landessitten verehrt, sondern auch von Alexander und seinen Nachfolgern, die Marduk als Hauptgott Bel bezeichneten.

Der Turm von Babylon hatte vermutlich Vorgängerbauten, wurde aber schließlich von Nebukadnezar II. in seiner letzten Fassung mit einem Mantel aus gebrannten Lehmziegeln umgeben. Er war zu diesem Zeitpunkt ca. 92 m hoch und hatte sechs Stufen, auf deren oberster sich ein Tempel befand.

Im Zusammenhang mit Alexanders Einzug in Babylon wird in der Forschung sehr kontrovers darüber diskutiert, wie der Turm zu diesem Zeitpunkt ausgesehen habe könnte. War er nur noch eine kümmerliche Ruine, die Alexander schließlich ganz abtragen ließ, um etwas großartig Neues errichten zu lassen (wozu er nicht mehr kam) oder war er zwar restaurierungsbedürftig, aber doch weitestgehend vollständig erhalten?

Lange Zeit wurde (insbesondere in griechischen Quellen seit Herodot) darauf hingewiesen, dass der persische Großkönig Xerxes (496–465 v. Chr.) den Turm als Strafe für zwei babylonische Aufstände gegen ihn stark zerstört habe. Herodot berichtete über eine Entwendung der Kultstatue des Marduk und über die Ansicht des zerstörten und somit nur noch unvollständig erhaltenen Tempelturms. Später berichteten Diodor, Strabo und Arrian ausdrücklich von der Zerstörung der beiden Tempelbauten für Marduk durch Xerxes.

Inzwischen wird von vielen Seiten von dieser These Abstand genommen und darauf verwiesen, dass es nur wenige archäologische und textliche Belege für diese Situation gibt. Weder sind die Aufstände gegen die Achämeniden unter Xerxes zeitlich exakt einzuordnen, noch belegen die Ausgrabungen, die Zerstörungen bzw. massiven Veränderungen des äußeren Erscheinungsbildes der Stadt Babylon während der achämenidischen Herrschaft.[13] Vielmehr gehen heute viele Forscher davon aus, dass Xerxes von den griechischen Historikern gerne als intoleranter und brutaler Gegenspieler zu Alexander dem Großen gesehen wurde, der es sich zur Aufgabe gesetzt hatte, den babylonischen Turm wieder aufzurichten. Dies kann vor dem Hintergrund der griechischen Geschichte leicht nachvollzogen werden, war es doch Xerxes, der den Griechen besonders große Niederlagen beigebracht hatte und sogar die Akropolis zerstörte.

So wird heute häufig davon ausgegangen, dass der Turm von Babylon nicht ernsthaft zerstört war, wenn er auch möglicherweise an einigen Stellen zu bröckeln begann, da er unter der Herrschaft der Achämeniden vermutlich nicht mehr die intensive Aufmerksamkeit bekam, wie unter babylonischer Herrschaft.

Dennoch wird in verschiedenen Quellen berichtet, dass Alexander während seines ersten Aufenthalts Restaurierungsarbeiten an den Tempeln, insbesondere am Tempelturm von Babylon anordnete. Davon berichtet nicht nur Arrian, sondern auch zwei Tontafeln aus Babylon (beide heute im British Museum befindlich – Inv. Nr. BM 36613/LBAT 212), auf denen von Restaurierungsarbeiten am Tempel bzw. das Wegräumen von Schutt am Tempelturm als Vorbereitung für neue Aufbauarbeiten zu lesen ist.

Wie aber können diese Textstellen verstanden werden, wenn der Tempelturm keine größeren Zerstörungen durch Xerxes erfahren hatte und somit ein „Wiederaufbau" offenbar nicht dringend notwendig war?

Alexander und das altorientalische Königtum

Dies kann mit der Rolle des altorientalischen Königs und seinen rituellen Aufgaben in Verbindung gebracht werden. Wie bereits zu Beginn geschildert, hat der Makedone sich offenbar bereits bei seinem eindrucksvollen Einzug von den altorientalischen Riten lenken lassen. Zudem wurde darauf hingewiesen, dass er sich von den Aussagen der Sternkundigen beeinflussen ließ.

So kann sicherlich auch davon ausgegangen werden, dass Alexander sich hinsichtlich des Verhaltens gegenüber den – ihm bis dahin weitestgehend unbekannten – Göttern gemäß den Empfehlungen der Priester und Gelehrten richtete und diesen ebenso huldigte, wie er es andernorts bereits getan hatte. Dazu gehörte auch das Versprechen, die alten Tempel zu reparieren, zu erweitern bzw. neu aufbauen zu lassen.

Dass dabei in Babylon das Hauptheiligtum des Marduk mit seinem Tempelturm im Vordergrund stand, ist leicht nachvollziehbar. So können die Textstellen über Alexanders Bemühungen um den Tempelturm von Babylon mit seinem Versuch in Verbindung gebracht werden, sich entsprechend der Empfehlungen der „Chaldäer" zu verhalten – genau wie es vor ihm bereits andere Herrscher, darunter auch der Achämenide Kyros, getan hatten. Alexander reihte sich damit in die Reihe der altorientalischen Herrscher ein, die nicht nur im Zuge der Eroberung einer Stadt, sondern auch im Rahmen der jährlichen rituellen Handlungen die Rolle des Bauherrn übernahmen.

7 Tontafel mit Einritzungen von Eingeweideformen, aus Babylon, Ende 2. Jt. v. Chr. Berlin, Vorderasiatisches Museum SMB PK, Inv. Nr. VA Bab 2341 (Kat. Nr. 194).

NICOLA CRÜSEMANN

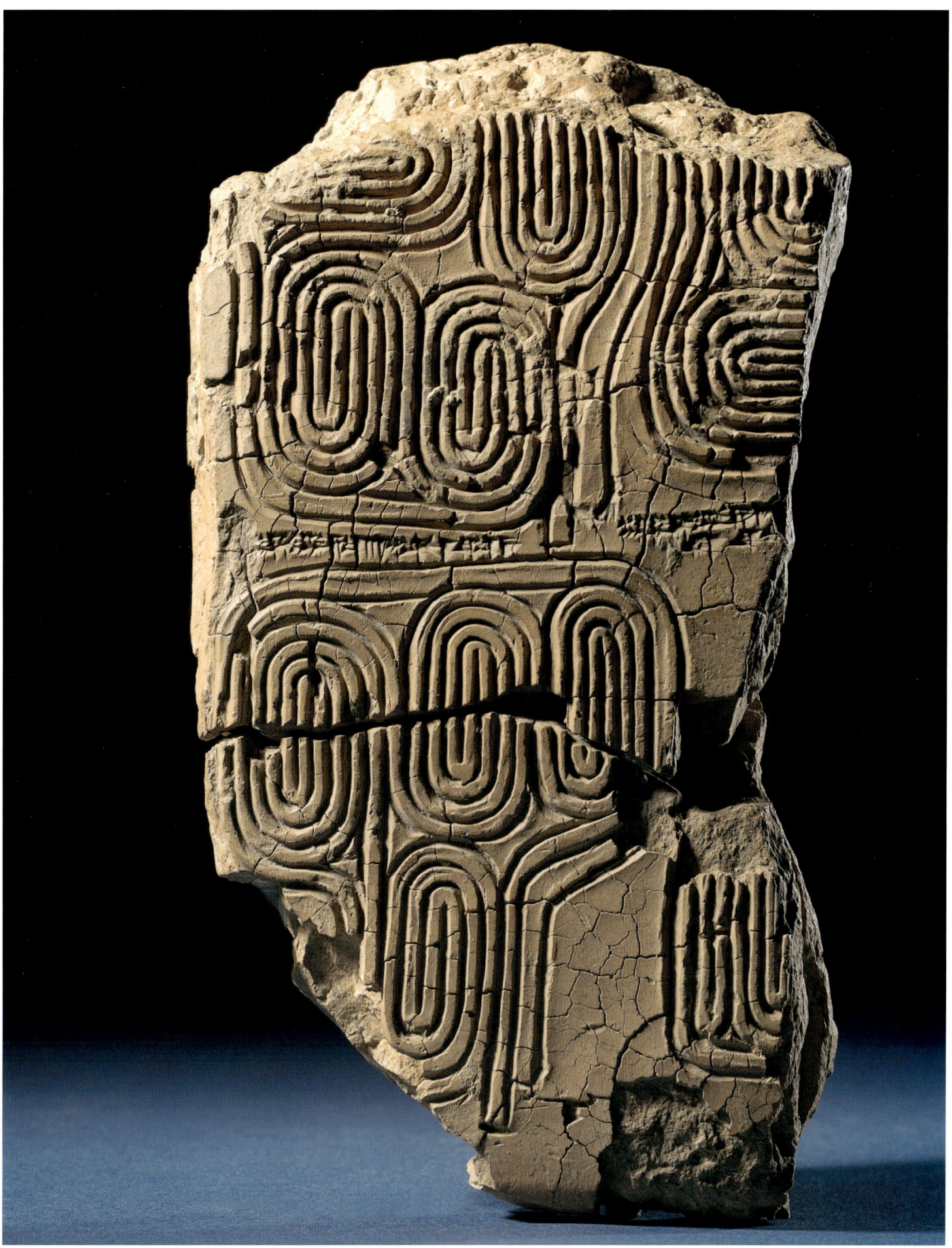

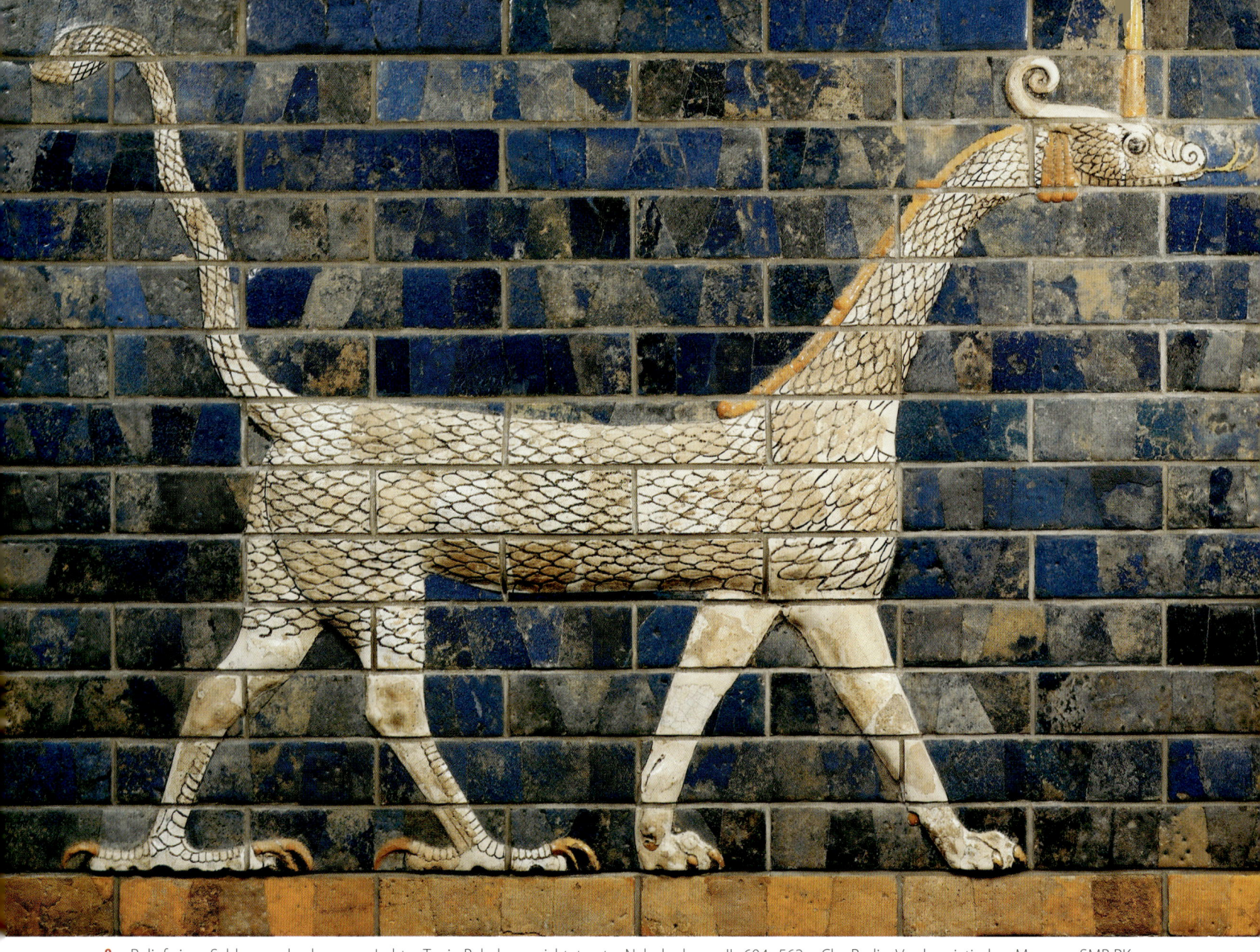

8 Relief eines Schlangendrachen vom Ischtar-Tor in Babylon, errichtet unter Nebukadnezar II., 604–562 v. Chr. Berlin, Vorderasiatisches Museum SMB PK, Inv. Nr. VA Bab 4431 (Kat. Nr. 172).

Diese Handlungen gehörten zum Konzept des babylonischen Königtums, durch die der Herrscher nicht nur seine fromme Haltung, sondern auch die göttliche Erwähltheit verdeutlichte. Denn nur die Götter selbst konnten die Genehmigung zu solchen Arbeiten erteilen, wozu es zunächst eines längeren Verfahrens mit positiven Omina bedurfte.

Dies macht deutlich, dass Alexander sich nicht nur bei der „Eroberung" der Stadt Babylon und den astronomischen Vorhersagen, sondern auch hinsichtlich der Götter möglichst eng an das Verhalten altorientalischer Herrscher anlehnte und sich somit in direkten Zusammenhang mit diesen stellte.

Bleibt die Frage nach den weltlichen Aspekten des Königtums. Dabei erscheint Alexanders Sehnsucht nach einem Eroberungszug bis ans Ende der Welt, seine Sehnsucht nach „Weltherrschaft" von besonderem Interesse, da diese an die immer wieder auftauchende altorientalische Königstitulatur „Herrscher der vier Weltgegenden" erinnert. Diese Begrifflichkeit erscheint im Alten Orient bereits im 3. Jt. v. Chr. unter Sargon von Akkad, der sich erstmals als „Herrscher der Gesamtheit" sowie „König der Könige" bezeichnete, aber auch davon berichtet, dass er die „vier Weltgegenden durchzog". Diese Bezeichnung wurde von seinem Enkel und dritten Nachfolger, Naram-Sin, aufgegriffen und erstmals zur programmatischen Königstitulatur erhoben.

Sargon von Akkad war auch derjenige, der die zahlreichen unabhängigen Stadtstaaten erstmals zu einem Reich zusammenführte, wodurch die Bezeichnung „Herrscher der Gesamtheit" eine reale Bedeutung erlangte. Zudem gelang es ihm, in weiteren Kriegszügen ein Reich zu schaffen, welches das gesamte Zweistromland umfasste. Darüber hinaus wurde von weiterführenden Kriegszügen berichtet, die sogar bis nach Indien führten.

Diese in der Zwischenzeit legendär ausgeschmückten Kriegszüge dienten vielen mesopotamischen Königen zum Vorbild. Darüber hinaus hatte sich unter der Dynastie von Akkad auch die Vorstellung des Königtums verändert, da Naram-Sin erstmals als Gott bezeichnet und dementsprechend mit der Hörnerkrone dargestellt wurde. Selbst wenn sich in der Folge nur wenige altorientalische Herrscher vergöttlichen ließen, so galten sie dennoch als Vertreter der Götter auf Erden.

Diese beiden Herrscher waren vielen altorientalischen Herrschern Vorbild und offenbar auch den Achämeniden bekannt. Und so kann davon ausgegangen werden, dass auch Alexander diese mittlerweile sagenumwobenen Herrscher bei seinem Aufenthalt in Babylon kennenlernte.

Vor allem aber kam er sicherlich mit der Titulatur „Herrscher der vier Weltgegenden" in Berührung, die von einigen der nachfolgenden altorientalischen Könige aufgenommen wurde, ohne notwendigerweise zum Programm zu werden. Für Alexander aber war die Weltherrschaft ein konkretes Ziel, das ihm hier als ein mit langer Tradition gefasster Königstitel entgegentrat.

Bemerkenswert ist in diesem Zusammenhang, dass in dem bereits mehrfach erwähnten astronomischen Tagebuch, Alexander direkt nach seinem Sieg in Gaugamela als „König der Welt" bezeichnet wurde, während der Verlierer Dareios nur noch König war.

Obwohl diese Bezeichnung sicherlich aus der Situation des Sieges Alexanders und seines Einzugs nach Babylon resultierte, kann dennoch vermutet werden, dass Alexanders Sehnsucht nach dem geographischen Ende der Welt sich in Babylon mit einem Begriff einer möglichst umfassenden Herrschaft verband, die ihn auch nach dem Sieg über die Perser immer weiter nach Osten trieb. Alexander verließ Babylon und zog gemeinsam mit seinem Heer weiter (Abb. 9/Startabb.). Vorher aber – auch dies vermutlich ein Zeichen für seine neue Sicht auf seine Feinde – bestätigte er den bereits von den Persern eingesetzten Satrapen Mazaios in seinem Amt.

Ausblick

"Alexander may have been impressed by Babylonian astronomy. Who knows whether he was not really impressed by Babylonian civilization?"[14]

Für Alexander gehörten sein erster Einzug nach Babylon sowie die dort erfolgten Begegnungen mit der altorientalischen Kultur sicherlich zu den größten Eindrücken seines Lebens. Auch wenn nirgends schriftlich belegt ist, dass Alexander Babylon zur Hauptstadt seines riesigen Reiches machen wollte, so wird doch deutlich, dass diese Stadt auch in seinen Zukunftsplänen eine bedeutende Rolle spielte und sie sicherlich eine der zentralen Herrscherresidenzen seines riesigen Reiches werden sollte.

Hier in Babylon konnte er erstmals tiefer gehende Einblicke in eine Kultur gewinnen, auf der das Reich seiner Feinde, der Perser, basierte und die er bis dahin nur als Gegner oder Besitzer eines außerordentlich großen und kostbaren Staatsschatzes, der ihm bereits in Issos in die Hände fiel, kannte.

In Babylon kam er mit uralten Traditionen in Berührung, auf denen die Herrschaftsideologie sowie die Organisation des achämenidischen Reiches basierten. So ist es leicht verständlich, dass Alexander in Babylon auch erstmals den achämenidischen Satrapen und nicht einen Vertrauten aus seinen eigenen Reihen als seinen Verwalter einsetzte.

Je tiefere Einblicke Alexander in diese ihm zunächst feindlich gesonnene Welt gewann, desto mehr begeisterte sie ihn. Nicht nur die Pracht und der Reichtum, sondern auch die Wissenschaften, insbesondere die Sternenkunde, das Königtum und das ausgeklügelte Wirtschafts- und Verwaltungssystem, von dem er vieles zur Gestaltung bzw. Planung seines eigenen Reiches übernahm, faszinierten ihn. Diese wachsende Begeisterung trug sicherlich dazu bei, dass Alexander sich nach dem Tod des Dareios selbst in die Reihe der achämenidischen Herrscher stellte.

Damit übernahm er nicht nur einen Königstitel, sondern teilweise auch – im zeremoniellen Bereich sowie mit dem offiziellen Habitus – die Rolle des „letzten achämenidischen Herrschers". So gewann der auf dem Schlachtfeld von Gaugamela erstmals ergriffene Titel „König von Asien" eine neue Dimension, die auch für viele seiner Mitstreiter nur schwer verständlich war.

---

1 Gehrke 2005, 55.
2 Lauffer 2005, 99.
3 Curt. 5,1,19–5,1,22.
4 Kuhrt 1990.
5 Wiesehöfer 2004.
6 Boiy 2005, 229–234.
7 Wiesehöfer 2004, 42/43.
8 Zu mathematischen Praktiken in Babylonien siehe Chambon 2008.
9 Zur Astronomie und Astrologie in Babylonien siehe Ossendrijver 2008.
10 Van der Spek 2003, 291.
11 Pingree 1991.
12 Siehe dazu van der Spek 2003, 290.
13 Siehe dazu ausführlich Kuhrt/Sherwin-White 1987; Kuhrt 1990; Rollinger 1998.
14 Van der Spek 2003, 342.

Quellen

Arr. an.; Curt.

Literatur

Boiy 2005; Chambon 2008; Fox 2007; Gehrke 2005; Kuhrt 1990; Kuhrt 2003; Kuhrt/Sherwin-White 1987; Lauffer 2005; Ossendrijver 2008; Pingree 1991; Rollinger 1998; Van der Spek 2003; Wiesehöfer 2004.

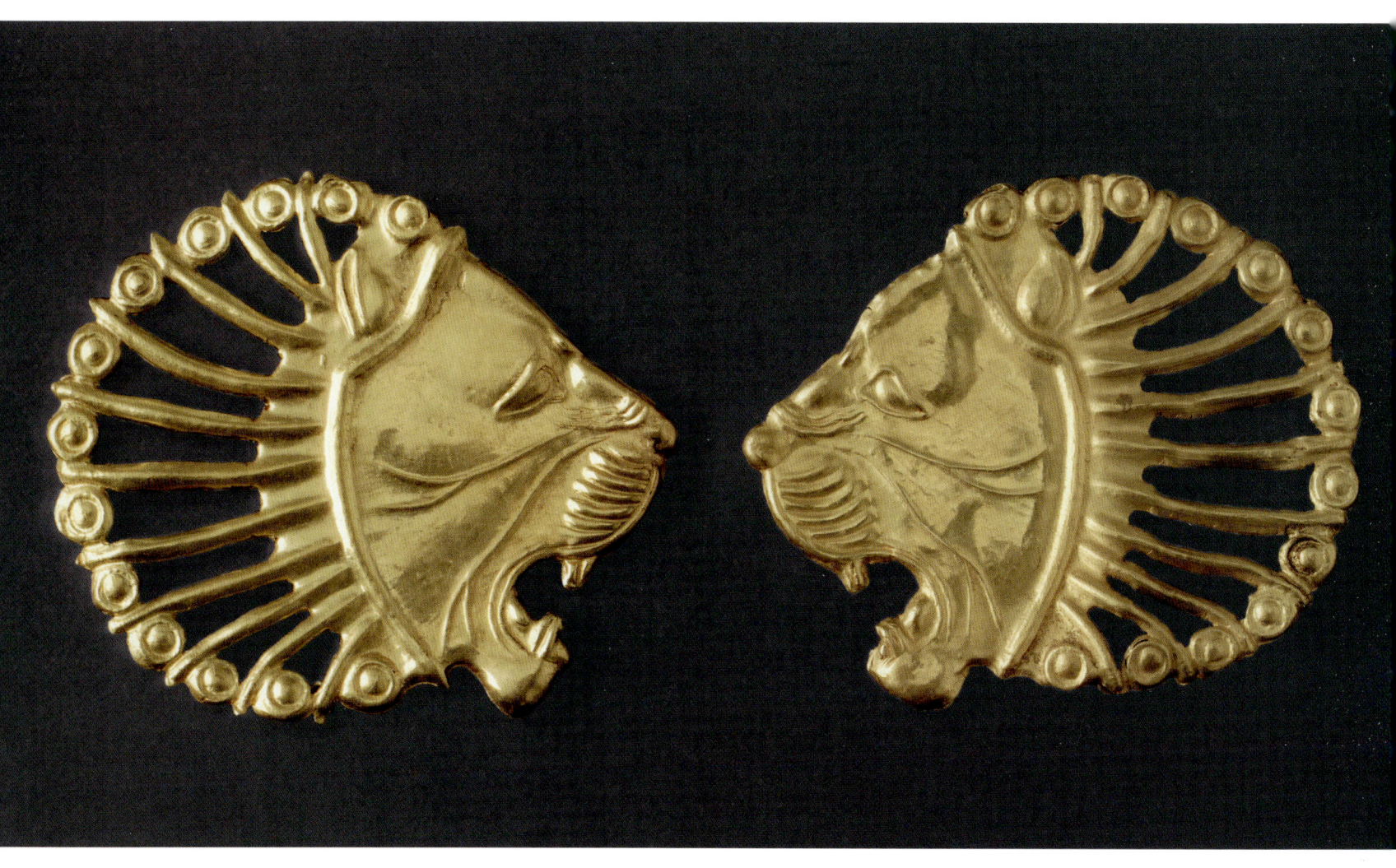

Alexander der Große und das Ornat des persischen Großkönigs

„… mit den Waffen herrschte er über ihren Leib, und mit den Gewändern gewann er ihre Seele"[1]

Annette Paetz gen. Schieck

Kleiderwechsel[2]

Alexander, sein Mythos, sein Charisma, seine enormen militärischen Leistungen und sein früher, plötzlicher Tod haben seit jeher Forscher fasziniert und beschäftigt. Seine Gestalt bietet Raum für verschiedene Erklärungsmodelle, gerade weil er selbst keine Zeugnisse über seine Beweggründe hinterlassen hat. Zudem liegen Augenzeugenberichte nur in der Überlieferung späterer Autoren vor, wie zum Beispiel bei Ephippos von Olynth (* vor 348 v. Chr.). Durch diesen Zeitgenossen sind mehrere Beschreibungen von Bekleidungsensembles Alexanders überliefert, die er je nach Anlass angelegt haben soll, was sein Spiel mit wechselnden Identitäten als politisches Mittel verdeutlicht.[3] So habe er sich mit Purpurmantel, Sandalen und Gehörn dem Gott Ammon angeglichen.[4] Fuhr er auf dem Streitwagen, gewandete er sich wie Artemis.[5] Bei Empfängen gab er sich als Hermes in geflügelten Sandalen, breitkrempigem Hut und mit Heroldsstab, und mit Löwenhaut und Keule des Herakles führte er die mythische Abstammung seiner Familie vor Augen.[6] Als tägliche Kleidung trug er den makedonischen Herrscherornat aus purpurner *Chlamys*, *Chiton*, *Kausia* und Königsdiadem. Auch ist die persische Stola, ergänzt durch Bogen und Jagdspeer, genannt. Darüber hinaus sind die Ausstattung als Zeus, Dionysos und Helios zu erwähnen und die sizilische Rüstung, die Alexander in der Schlacht von Gaugamela getragen hat.[7] Von besonderem Interesse ist jedoch das Gewand des persischen Großkönigs, das Alexander nach der Ermordung Dareios' III. im Jahr 330 v. Chr. angelegt hat.[8] Er zeigt sich so als legitimer Nachfolger, was er durch die Bestattung des Leichnams nach persischem Zeremoniell und die Verfolgung und Hinrichtung des Mörders Bessos noch unterstreicht.[9] Es ist jedoch nicht bekannt, ob Alexanders Ensemble aus dem unmittelbaren Besitz des Dareios stammte oder sich an die Ausstattung des Großkönigs anlehnte.

Genannte Beispiele zeigen, dass schon damals Kleidung neben der bedeckenden und schützenden Funktion immer auch eine kommunikative Wirkung hatte. Gewandformen, Schnitte, Materialien, Farbkombinationen in Ergänzung mit Accessoires sind sichtbare Zeichen, die Auskunft geben über die gesellschaftliche Stellung ihres Trägers. Als solches Medium haben auch antike Schriftsteller die Gewänder Alexanders verstanden und im Anlegen des persischen Ornats einen politischen Akt gesehen. So ist Alexander für Plutarch (um 45–125 n. Chr.) ein erfolgreicher Heerführer, der in erster Linie als Philosoph in Erscheinung tritt, staatsmännische Notwendigkeiten erkennt und gleichmütig erfüllt.[10] Dazu zählt auch das Anlegen des persischen Ornats, mit dem Alexander sein Ansinnen zur Vereinigung der Völker zum Ausdruck gebracht habe. Als kultivierter Herrscher agierte er mit Überzeugungskraft, indem er sein Ornat wechselte, was Plutarch als bedeutungslose Änderung in der Tracht bezeichnet, was aber dazu beitrug, dass er Asien gewinnen konnte.

Die Befundlage

Die archäologische Befundsituation ist ungünstig: Der Verbleib von Alexanders Leichnam ist ungeklärt, so dass sich das Sortiment seiner Beigaben – vor allem der textilen – nicht erschließen lässt, und abgesehen von einer Münzemission liegen keine Bildnisse Alexanders in persischem Gewand vor.[11] Dennoch lässt sich eine Vorstellung von der Bekleidung Alexanders in der Rolle als Großkönig gewinnen, indem die reichhaltigen Reliefdarstellungen von Persepolis herangezogen werden, die den persischen Großkönig unter anderem beim Empfang von Gesandtschaften zeigen.[12] Wie die Bestandteile im Einzelnen aussahen, aus welchen Materialien sie bestanden, in welcher Technik sie hergestellt worden sind, und vor allem welche Farben und Ornamente sie schmückten, dazu liegen wenig Informationen vor. Aus dem archäologischen Fundmaterial der Residenzstädte Susa, Babylon und Persepolis sind bislang keine originalen Textilfunde bekannt, die über die Beschaffenheit und Webtechniken im höfischen Kontext Persiens Aufschluss geben könnten. Es ist aber davon auszugehen, dass die Materialien erlesen, die Farbstoffe äußerst kostbar und die Ausführung aufgrund der gehobenen Stellung des Trägers höchst qualitätvoll waren. Antike Textquellen werden nicht müde, die höfischen Textilien zu erwähnen, die als Beutegut ebenso begehrt waren wie Gerätschaften aus Edelmetall und kostbaren Steinen.[13] So nennt Diodor goldgemusterte Gewänder, die Alexander als Beute aus Persepolis mitnahm, und Curtius Rufus berichtet, dass der persische Großkönig ein goldornamentiertes Gewand mit zwei sich attackierenden Falken trug.[14] Gewänder von besonders feiner Qualität waren zudem beliebte Geschenke des Großkönigs, und die häufige Erwähnung von Purpurstoffen vermittelt den Eindruck, dass purpurne Textilien am persischen Hof in großer Fülle vorhanden waren. Auch die textile Ausstattung der Räume und Bankettsäle muss überaus aufwändig gewesen sein.[15]

8 Gewandapplikationen aus Goldblech. 5./4. Jh. v. Chr. Karlsruhe, Badisches Landesmuseum, Inv. Nr. 60/48 a–b (Kat. Nr. 83).

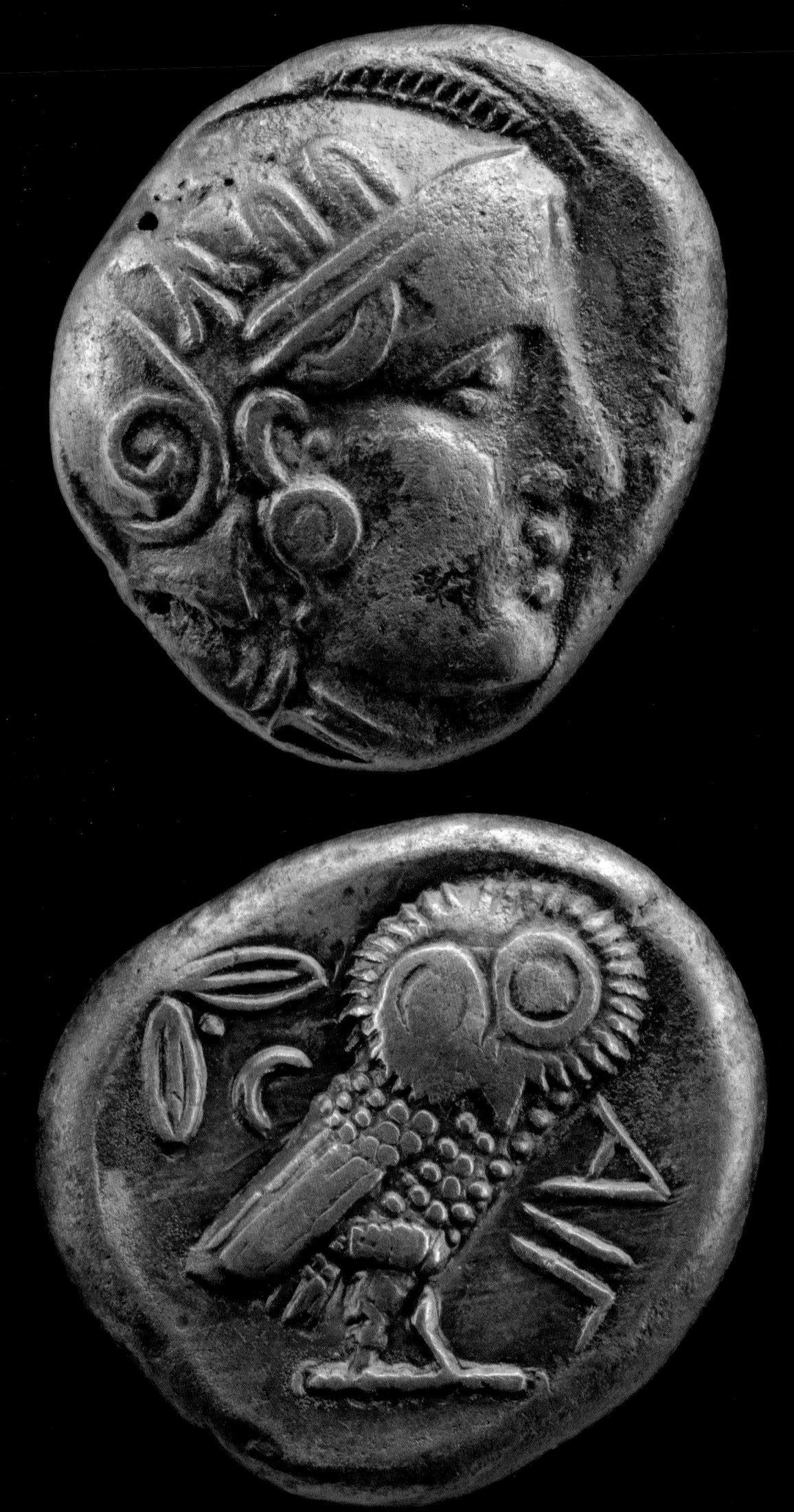

Alexander der Große und das Ornat des persischen Großkönigs

„… mit den Waffen herrschte er über ihren Leib, und mit den Gewändern gewann er ihre Seele"[1]

Annette Paetz gen. Schieck

Kleiderwechsel[2]

Alexander, sein Mythos, sein Charisma, seine enormen militärischen Leistungen und sein früher, plötzlicher Tod haben seit jeher Forscher fasziniert und beschäftigt. Seine Gestalt bietet Raum für verschiedene Erklärungsmodelle, gerade weil er selbst keine Zeugnisse über seine Beweggründe hinterlassen hat. Zudem liegen Augenzeugenberichte nur in der Überlieferung späterer Autoren vor, wie zum Beispiel bei Ephippos von Olynth (* vor 348 v. Chr.). Durch diesen Zeitgenossen sind mehrere Beschreibungen von Bekleidungsensembles Alexanders überliefert, die er je nach Anlass angelegt haben soll, was sein Spiel mit wechselnden Identitäten als politisches Mittel verdeutlicht.[3] So habe er sich mit Purpurmantel, Sandalen und Gehörn dem Gott Ammon angeglichen.[4] Fuhr er auf dem Streitwagen, gewandete er sich wie Artemis.[5] Bei Empfängen gab er sich als Hermes in geflügelten Sandalen, breitkrempigem Hut und mit Heroldsstab, und mit Löwenhaut und Keule des Herakles führte er die mythische Abstammung seiner Familie vor Augen.[6] Als tägliche Kleidung trug er den makedonischen Herrscherornat aus purpurner *Chlamys*, *Chiton*, *Kausia* und Königsdiadem. Auch ist die persische Stola, ergänzt durch Bogen und Jagdspeer, genannt. Darüber hinaus sind die Ausstattung als Zeus, Dionysos und Helios zu erwähnen und die sizilische Rüstung, die Alexander in der Schlacht von Gaugamela getragen hat.[7] Von besonderem Interesse ist jedoch das Gewand des persischen Großkönigs, das Alexander nach der Ermordung Dareios' III. im Jahr 330 v. Chr. angelegt hat.[8] Er zeigt sich so als legitimer Nachfolger, was er durch die Bestattung des Leichnams nach persischem Zeremoniell und die Verfolgung und Hinrichtung des Mörders Bessos noch unterstreicht.[9] Es ist jedoch nicht bekannt, ob Alexanders Ensemble aus dem unmittelbaren Besitz des Dareios stammte oder sich an die Ausstattung des Großkönigs anlehnte.

Genannte Beispiele zeigen, dass schon damals Kleidung neben der bedeckenden und schützenden Funktion immer auch eine kommunikative Wirkung hatte. Gewandformen, Schnitte, Materialien, Farbkombinationen in Ergänzung mit Accessoires sind sichtbare Zeichen, die Auskunft geben über die gesellschaftliche Stellung ihres Trägers. Als solches Medium haben auch antike Schriftsteller die Gewänder Alexanders verstanden und im Anlegen des persischen Ornats einen politischen Akt gesehen. So ist Alexander für Plutarch (um 45–125 n. Chr.) ein erfolgreicher Heerführer, der in erster Linie als Philosoph in Erscheinung tritt, staatsmännische Notwendigkeiten erkennt und gleichmütig erfüllt.[10] Dazu zählt auch das Anlegen des persischen Ornats, mit dem Alexander sein Ansinnen zur Vereinigung der Völker zum Ausdruck gebracht habe. Als kultivierter Herrscher agierte er mit Überzeugungskraft, indem er sein Ornat wechselte, was Plutarch als bedeutungslose Änderung in der Tracht bezeichnet, was aber dazu beitrug, dass er Asien gewinnen konnte.

Die Befundlage

Die archäologische Befundsituation ist ungünstig: Der Verbleib von Alexanders Leichnam ist ungeklärt, so dass sich das Sortiment seiner Beigaben – vor allem der textilen – nicht erschließen lässt, und abgesehen von einer Münzemission liegen keine Bildnisse Alexanders in persischem Gewand vor.[11] Dennoch lässt sich eine Vorstellung von der Bekleidung Alexanders in der Rolle als Großkönig gewinnen, indem die reichhaltigen Reliefdarstellungen von Persepolis herangezogen werden, die den persischen Großkönig unter anderem beim Empfang von Gesandtschaften zeigen.[12] Wie die Bestandteile im Einzelnen aussahen, aus welchen Materialien sie bestanden, in welcher Technik sie hergestellt worden sind, und vor allem welche Farben und Ornamente sie schmückten, dazu liegen wenig Informationen vor. Aus dem archäologischen Fundmaterial der Residenzstädte Susa, Babylon und Persepolis sind bislang keine originalen Textilfunde bekannt, die über die Beschaffenheit und Webtechniken im höfischen Kontext Persiens Aufschluss geben könnten. Es ist aber davon auszugehen, dass die Materialien erlesen, die Farbstoffe äußerst kostbar und die Ausführung aufgrund der gehobenen Stellung des Trägers höchst qualitätvoll waren. Antike Textquellen werden nicht müde, die höfischen Textilien zu erwähnen, die als Beutegut ebenso begehrt waren wie Gerätschaften aus Edelmetall und kostbaren Steinen.[13] So nennt Diodor goldgemusterte Gewänder, die Alexander als Beute aus Persepolis mitnahm, und Curtius Rufus berichtet, dass der persische Großkönig ein goldornamentiertes Gewand mit zwei sich attackierenden Falken trug.[14] Gewänder von besonders feiner Qualität waren zudem beliebte Geschenke des Großkönigs, und die häufige Erwähnung von Purpurstoffen vermittelt den Eindruck, dass purpurne Textilien am persischen Hof in großer Fülle vorhanden waren. Auch die textile Ausstattung der Räume und Bankettsäle muss überaus aufwändig gewesen sein.[15]

8 Gewandapplikationen aus Goldblech. 5./4. Jh. v. Chr. Karlsruhe, Badisches Landesmuseum, Inv. Nr. 60/48 a–b (Kat. Nr. 83).

Alexander der Grosse und das Ornat des persischen Grosskönigs

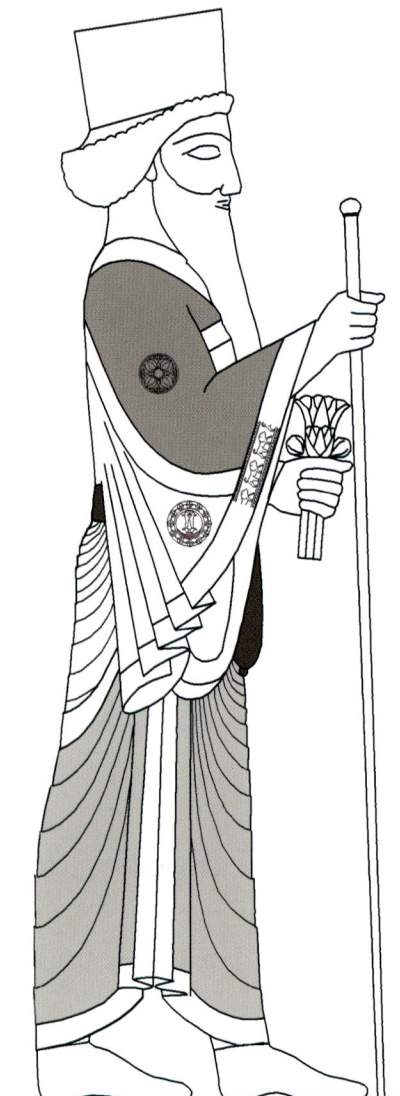

1 Schreitender Xerxes. Relief mit Ritzzeichnungen am Harem des Xerxes-Palastes von Persepolis.

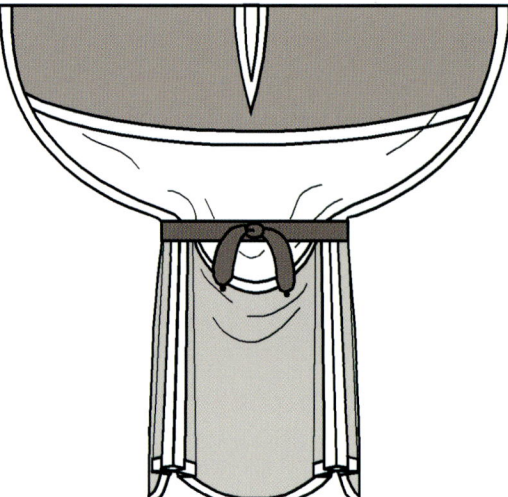

2 Gegürtetes Gewand bei ausgestreckten Armen.

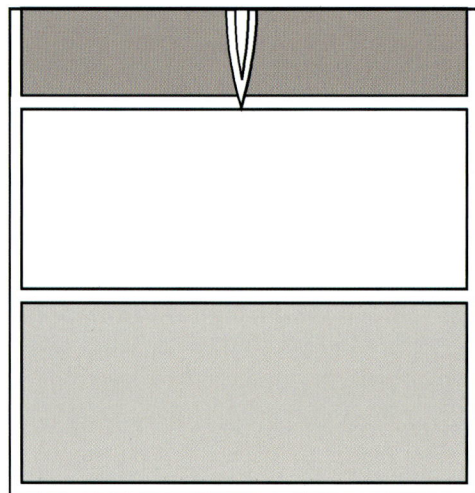

3 Ungegürtetes Gewand bei ausgestreckten Armen.

Das „Medische" Kostüm

In den Schriftquellen herrscht Uneinigkeit darüber, welches Gewandensemble Alexander nach dem Tod Dareios' III. im Jahr 330 v. Chr. anlegte, ob das medische, persische, oder eine Mischform mit makedonischen Elementen, wie dem Diadem und dem halb-weißen Chiton, kombiniert mit *Chlamys*, *Kausia* und *Krepides*.[16] Die Bezeichnung des „Medischen" Kostüms geht auf Herodot zurück, der schreibt, dass die Perser zwar ein eigenes Gewand besäßen, aber bevorzugt das Medische tragen würden.[17] Dieses Medische Kostüm besteht, so Herodot weiter, aus einem Obergewand mit langen, eng anliegenden Ärmeln, das bis auf die Oberschenkel reicht (*Sarapis*, auch *Chiton Mesoleukos* genannt), scharlachroten langen, weiten Hosen mit angearbeiteten Füßlingen (*Anaxyrides*), dem purpurfarbenen, langärmeligen Mantel (*Kandys*), der je nach Witterung umgehängt werden konnte, der Tiara und dem Diadem.[18] Diese Kombination ist bereits von Xenophon (um 426–355 v. Chr.) beschrieben worden und findet sich an der Osttreppe des Apadana von Persepolis abgebildet.[19] Kennzeichen der königlichen Macht ist neben der Purpurfarbe der senkrechte weiße Mittelstreifen am Obergewand, der noch im 4. Jh. n.Chr. als persische Herrschaftsinsignie bekannt gewesen ist.[20] (vgl. Abb. 4/ Startabb. Alexandermosaik Beitrag F.-W. von Hase)

Höfische Kleidung – das persische Faltengewand

Während das medische Gewand in kriegerischen Kontexten und bei der Jagd getragen wurde, trug der Großkönig zu offiziellen höfischen Anlässen ein voluminöses Faltengewand (*Kypassis*), über dessen Beschaffenheit zahlreiche Reliefs in Persepolis Aufschluss geben. Polychrom gestaltete Ziegelreliefs in Susa (1. Hälfte 4. Jh. v. Chr.) zeigen jedoch, dass der Schnitt und die Trageweise nicht ausschließlich dem Großkönig vorbehalten waren (vgl. Abb. 1 Beitrag A. Kuhrt). Unterschiede in der Gestaltung der Faltenverläufe sind auf das Material der Bildträger zurückzuführen, möglicherweise weisen sie aber auch auf verschiedene Gewebequalitäten hin.

Die am Ende des 6. und der ersten Hälfte des 5. Jhs. v. Chr. entstandenen Reliefs von Persepolis spiegeln eine starre Tradition, die sich auch in den Ornaten zeigt. Das gesamte Bildprogramm ist bestrebt, ethnische Eigenheiten verschiedener Völker zu charakterisieren, was vornehmlich über die Kleidung, Haar- und Barttracht erzielt wird. Insgesamt ist davon auszugehen, dass die Darstellungen in Bezug auf die Bekleidung weitgehend realistisch sind und dass auch die Gewandung des Großkönigs dem Ideal folgt, das noch zu Zeiten des Dareios III. üblich war. Zu besagtem Faltengewand trug man ein Diadem, das um eine Kopfbedeckung geschlungen wurde, und Schuhe ohne Verschlüsse.[21] Das bodenlange, stoffreiche Gewand bedeckte die Arme bis zu den Handgelenken und bildete durch die gegürtete Trageweise voluminöse Faltenschwünge und -stürze, die von den Körperseiten leicht nach vorne drapiert wurden. Unterhalb der Arme entstanden U-förmige Scheinärmel, während das Gewebe auf der Oberseite der Arme anlag (Abb. 1). Um das Gewand mit einem Gürtel in die gewünschte Drapierung zu bringen, musste der Anzukleidende mit ausgebreiteten Armen stehen, während ein Helfer den Gürtel anlegte (Abb. 1; 2).

Vielfach ist diskutiert worden, welcher Schnitt dem Gewand zugrunde lag und ob es sich um ein einteiliges Gewand oder ein mehrteiliges Ensemble mit komplizierten Schnittmustern handelte.[22] Auch seine Materialbeschaffenheit, Verzierungstechnik und Farbgebung haben zu umfangreichen Überlegungen angeregt. Nach eingehender Betrachtung der Reliefs von Persepolis wird hier von einem einteiligen Gewand mit einfacher Grundform ausgegangen (Abb. 3).[23] Ein rechteckiges Tuch, das bei ausgebreiteten Armen etwa der Distanz zwischen den Handgelenken entsprach, bildete die Grundform (Abb. 4). Glatte Übergänge und fehlende Verzugsfalten an den Dekorfeldern deuten auf die Herstellung des Tuches in einem Prozess, in einer Kette, samt Schmuckfeldern und sprechen gegen ein Zusammensetzen aus mehreren Gewebeteilen und applizierten Bordüren.[24] Der Halsausschnitt wurde beim Weben eingearbeitet. Bei einer Körpergröße von zum Beispiel 180 cm bedurfte es einer Gewebebreite von etwa 140 cm, was einer von einem Weber handhabbaren Webstuhlbreite entspricht.[25] Die Vorder- und Rückseiten des Gewandes dürften etwa von Schulter zu Fußgelenk gereicht haben. Es muss eine Zugabe eingerechnet werden, da das Gewand durch die Gürtung an Länge verlor, in gegürtetem Zustand aber bodenlang erscheinen sollte. Insgesamt lässt sich so bei der angenommenen Körpergröße für das Gewebe eine Länge von etwa 320 cm ansetzen.[26]

Bei einem solchen Tuch wurden, nachdem es aus der Kette genommen war, die Kanten versäubert, das Gewebe gefaltet und mit zwei Nähten zu einem sackartigen Gewand geformt (Abb. 3). Derartige Gewandkonstruktionen haben eine lange Tradition, sie finden sich bereits im Grab des Tut-Anch-Amun in Ägypten.[27] Als Material der in Persepolis dargestellten Gewänder bietet sich Leinen an, worauf die scharfen, geradlinigen Kanten und der leichte Schwung hindeuten. Archäologisch ist Leinen ebenso bezeugt wie Wolle. Aber auch die Verwendung von Seide ist nicht auszuschließen, da neuere Untersuchungen sie immer häufiger in vor-hanzeitlichen Kontexten außerhalb Chinas nachweisen.[28] Generell ist festzustellen, dass es sich um Gewebe handelte, deren Faltenwürfe sorgfältig präpariert wurden, wozu Prägebretter bei der Aufbewahrung dienten (Abb. 5; 6).[29]

Allen Darstellungen ist gemein, dass das Gewand in fünf horizontale Zierfelder unterteilt ist, von denen 2 x 2 Felder die gleiche Gestaltung aufweisen (Abb. 1; 4). In vernähtem Zustand stoßen sie im Be-

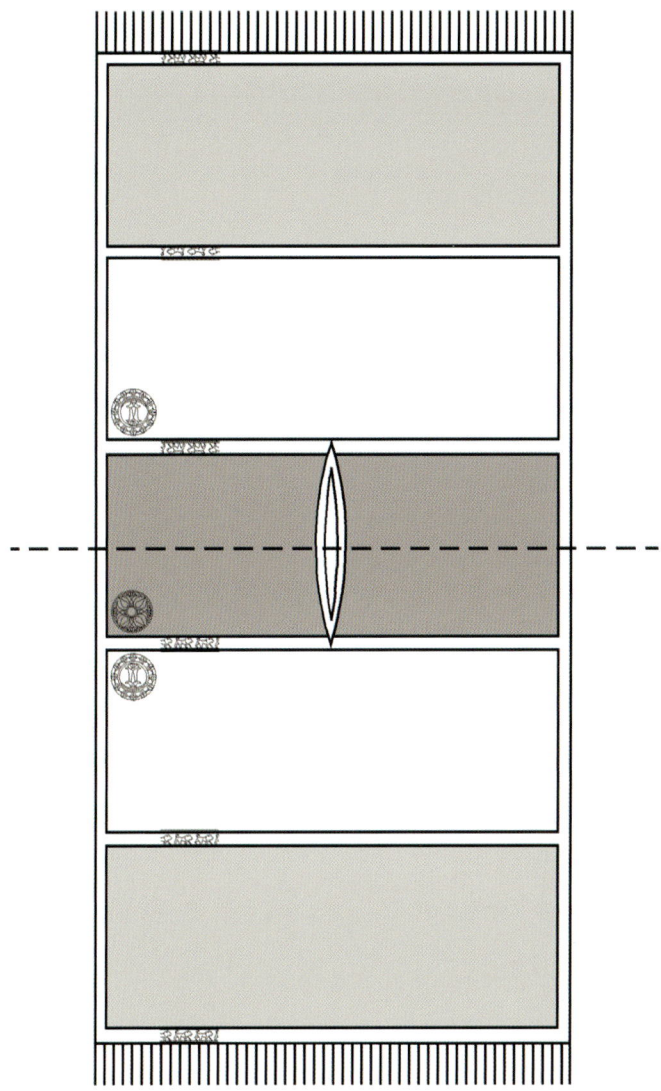

4 Gewandkonstruktion im Webstuhl – Kettverlauf vertikal, Schussverlauf horizontal.

reich der Beine und der Brust aneinander, während das Schulterfeld nur einfach vorkommt. Eine umlaufende Bordüre fasst alle Ränder und den Halsausschnitt ein.

Über die Musterung des königlichen Gewandes geben Ritzzeichnungen an einem Relief des Harems des Xerxespalastes Aufschluss (Abb. 1; 7).[30] Während das Gewand im Beinbereich unornamentiert ist, aber scharlachrote Farbreste aufweist, zieren die Schulter- und Brustfelder Kreismotive, die als regelmäßiges Streumuster angeordnet sind.[31] Im Brustbereich enthalten sie vierblättrige, geöffnete Lotusblüten, im darunterliegenden Bereich je eine geschlossene Lotusblüte mit abwärts gerichtetem Stiel (Abb. 7a; b). Die Löwen in der Bordüre wechseln ihre Ausrichtung und sind in getragenem Zustand des Gewandes immer vom Betrachter lesbar (Abb. 7c). Hinsichtlich des Gestaltungskonzeptes des gesamten Gewandes bedeutet das, dass sich die Ausrichtung des Dekors auf der Schulter um 180 Grad gewendet hat und dass zwei zueinander gespiegelte Gewandseiten konzipiert worden sind.

Archäologische Funde belegen mehrere Verzierungstechniken in und auf Textil, darunter in Treibarbeit gefertigte Goldbleche in Form

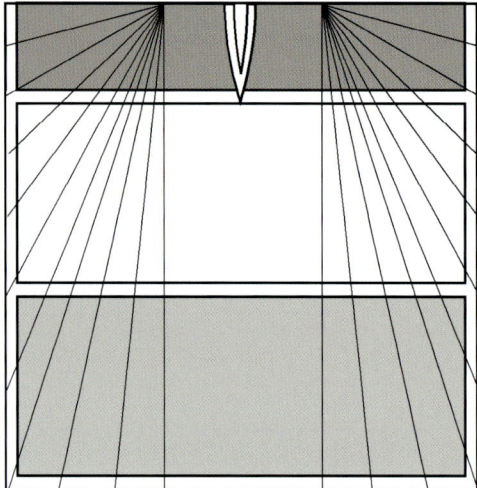

5 Konstruktion der Faltenverläufe.

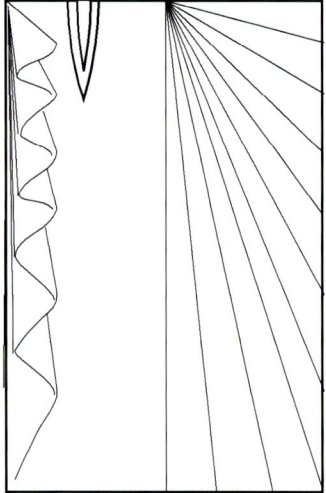

6 Vorbereitung der Faltenverläufe.

von Rosetten und Tierkörpern (vgl. Abb. 8/Startabb.), wie sie auch im Oxos-Schatz vorliegen. Sie waren in Streumustern auf Gewänder genäht.[32] Die Gewandornamente auf den Reliefs in Persepolis zeigen jedoch organische und fließende Formen, weshalb sie eher textile Verzierungstechniken darstellen dürften. Im östlichen Mittelmeerraum und bei nomadischen Reitervölkern finden sich zahlreiche Stickereien, die asiatisch anmutende Figuren mit mediterranen Rankenmotiven, Lotus-Palmetten-Friesen und Eroten kombinieren.[33] Zwar werden auch Stickereien mit gleichmäßigen Ornamenten angefertigt, aber die hier gezeigten Motivfolgen erinnern eher an mechanisch hergestellte Muster von seidenen Samiten, die mittels komplizierter Webstühle produziert worden sind. Allerdings lassen sich diese Gewebe erst unter Parthern und Sasaniden nachweisen, wo sie besonders auf die byzantinische Seidenweberei einwirkten.[34] Für die hier betrachtete Zeit sind derartige Gewebe und die benötigten Webstühle bislang nicht bezeugt.

Sehr wohl ist für diese Zeit aber die Technik der Wirkerei belegt. Beim Wirken wird in einem einfachen Kettsystem jedes Motiv unmittelbar von Hand eingebracht, für jede Farbe bedarf es einzelner Garnbündel, eine beliebig häufige Wiederholung der Motive ist möglich, jedes Motiv bleibt aber einzigartig, auch wenn die Vorlage die Gleiche ist. Jüngste Untersuchungen von Annemarie Stauffer zeigen, dass diese Technik in Persien entwickelt wurde und sich von dort über den Vorderen Orient bis nach Ägypten ausgebreitet hat.[35] Prominentestes Beispiel ist der Wandbehang in Xinjiang, der mit 25 unterschiedlich gefärbten Garnen gewebt worden ist, was für eine höfische Werkstatt und vor allem Infrastruktur spricht. Aber auch die polychromen Wirkereien des 5. Jh. v. Chr. aus Pazyryk, Sibirien, belegen eine bereits ausgefeilte Technik der Wirkerei.[36] Eine Steigerung zu diesen polychromen Meisterwerken ist die Verarbeitung von purpurgefärbter Wolle und Goldfäden, eine Technik, deren Erfindung Plinius den persischen Königen zuschreibt.[37] Er nennt betreffende Gewänder *phrygiae vestes*, *opus phrygionicum* und *barbaricae vestes phrygiae* und schreibt, dass der Maler Zeuxis (um 400 v. Chr.) ein Gewand trug, in das mit goldenem Garn sein Name eingewebt war.[38] Dass die Technik der Goldwirkerei in Purpur bereits zu Alexanders Lebzeiten am makedonischen Hof in perfektionierter Form praktiziert wurde, belegt das außerordentliche Gewebe aus dem Grab Philipps III. Arrhidaios († 317 v. Chr.) in Vergina, das aus purpurgefärbten tierischen Fasern in Kette und Wirkerei und einem Grundgewebe aus unversponnenem Goldblech besteht.[39] Da hierarchische Strukturen wie die des persischen Hofes nach Differenzierung verlangten, ist von einer optischen Unterscheidung der Höflinge über die Wahl der Farben und Materialien ihrer Kleidung auszugehen, was in diesem Fall sicher Purpur und Gold beinhaltet hat.

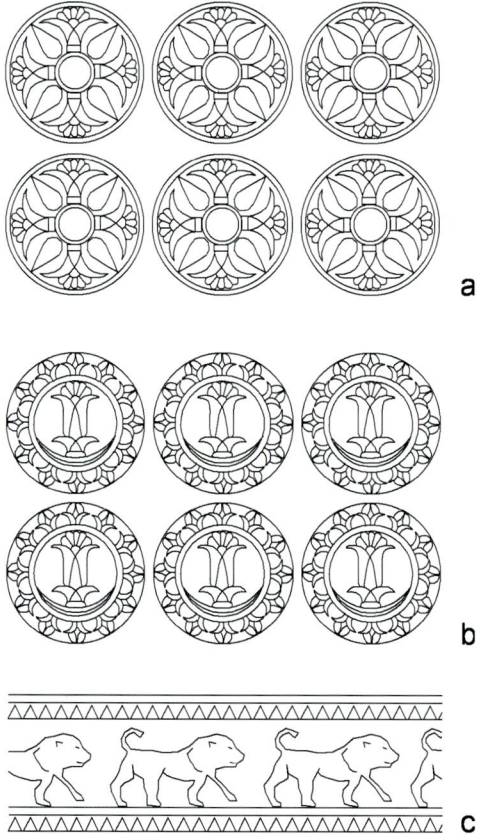

7a–c Rekonstruktion der Textildekore nach Ritzzeichnungen am sogenannten Harem von Persepolis. a Schultermotiv; b Motive im Brustbereich; c Bordüren.

Fazit

Das Anlegen des Gewandes des persischen Großkönigs kam einem Krönungsakt, einer Beanspruchung der Herrschaft, gleich, die auch für Bessos, den Mörder des Dareios, überliefert ist, bevor Alexander ihn hat verfolgen und hinrichten lassen.[40] Um nun als legitimer Nachfolger des Dareios zu erscheinen, vollzog auch Alexander diesen Akt. Mit dem Überstreifen des symbolträchtigen persischen Gewandes schuf er ein allgemein verständliches Bild, übernahm die Rolle des Großkönigs und dessen Herrschaft und stellte die Ordnung wieder her. Seine Stärke lag darin, sich nicht als fremder Eroberer zu gerieren, sondern nach landesüblichen Gepflogenheiten seine Herrschaft zu begründen. In Ägypten dagegen waren die Perser als Besatzer empfunden worden, so dass es dort für Alexander nicht geraten war, sich in ihre Tradition zu stellen. In Ägypten blieb ihm also nur die Möglichkeit, sich von göttlicher Seite legitimieren zu lassen, weshalb er zum Tempel des Zeus-Ammon nach Siwa zog.

---

1 Plut. mor. 330 C (Übersetzung W. Ax, Herausgeber, Sammlung Dietrich 47, Leipzig 1942, 271).

2 Dieser Beitrag ist im Rahmen des von der EU geförderten Projektes DressID entstanden (www.DressID.eu). Für den Inhalt ist allein die Autorin verantwortlich, die EU Kommission kann nicht für die weitere Verwertung der enthaltenen Informationen verantwortlich gemacht werden.

3 Überlieferung bei Athen. aus Naukratis in Ägypten (Ende 2. – Anfang 3. Jh. n.Chr.); Athen. 12,537e (FGrHist 126 F5).

4 Neuffer 1929, 14, 39–42.

5 Athen. 12,537e (FGrHist 126 F5) – Neuffer 1929, 52.

6 Neuffer 1929, 15–17.

7 Neuffer 1929, 9–10, 15–17, 27–30, 42–51; Plut. Alex. 32.

8 z.B. Pomp. Trog. 12,9.

9 Arr. Ind. 3; 22; 25; Pomp. Trog. 12,3.

10 Plut. mor. 330 A–F.

11 Vgl. Bernhard Weisser in diesem Band.

12 Koch 2001, 31–33 Abb. 43–45.

13 Curt. 5,6,1–8; Strab. 17, 15,3,7; 15,3,19.

14 Curt. 3,3,17; Diod. 17,69,70.

15 Vgl. dazu den fragmentierten Wandbehang in Xinjiang, AK Mannheim 2007, 57, 83, 213–214 Nr. 113.

16 Plut. Alex. 45 erwähnt einzelne Bestandteile, die übernommen wurden. Laut Arr. Ind. 4,7,4. (Mitte 2. Jh. n. Chr.) tauschte Alexander lediglich seinen makedonischen Kopfschmuck gegen die persische *Kitaris*. Siehe Neuffer 1929, 25, 30–38, bes. 35.

17 Hdt. 1,135.

18 Laut W. Messerschmidt 1989, 70 handelt es sich ursprünglich um das Gewand sakischer Reiternomaden. Nach B. Jacobs 1994, 140–141 ist die Bezeichnung „Nordwestarische Reitertracht" treffender; Neuffer 1929, 30–34; Jacobs 1994, 141–143. – Nach H. Koch 1992, 216–219 handelt es sich um eine Filzhaube, auch Stoff und Leder werden diskutiert; siehe auch Xenophon, Kyropädie. Die Erziehung des Kyros, 8. Buch III, Absatz 14.

19 Xen. Kyr. 8,3,15 – Koch 1992, Abb. 49, 50, 57, 62, 68. Vgl. auch Strab. 15,3,19 (Übersetzung C. G. Groskurd, Strabons Erdbeschreibung Teil 3, Berlin/Stettin 1833): *„Die Bekleidung der Anführer ist ein dreifaches Beinkleid, ein doppelter geärmelter Leibrock bis auf die Kniee [dessen] Unterzug weiss, der Ueberzug buntfarbig ist, und ein im Sommer purpurrother oder veilchenblauer, und im Winter buntfarbiger Mantel; dann Turbane, welche jenen der Mager gleichen, und tiefe doppelte Schuhe. Die Gemeinen tragen einen doppelten Leibrock bis auf halben Schenkel, und ein baumwollenes Tuch um den Kopf …"*.

20 Epit. Alex., 4. Jh. n.Chr. – Im 3. Jh. n.Chr. gelten Gewänder mit Mittelstreifen in Rom als fremdartig, sie wurden den Parthern zugeschrieben, siehe Herodian. 5,5,10.

21 Jacobs 1994, 132–133.

22 Koch 1992, 203–220 bes. 205 Abb. 151; Jacobs 1994, 125–134; Rehm 2006, 205; Bittner 1987, 90–115; Roes 1951 und Thompson 1965 rekonstruieren mehrteilige Ensembles.

23 Vgl. auch Beck 1972; Jacobs 1994, 125–134; Koch 1992, 206–220; jeweils mit weiterführender Literatur.

24 Jacobs 1994, 129; Koch 1992, 206.

25 Jacobs 1994, 129. – Die technischen Details ägyptischer Sacktuniken aus pharaonischer Zeit belegen, dass derartige Gewänder auch in besonders breiten Webstühlen hergestellt worden sind. Der Schuss würde in unserem Fall durch eine ca. 320 cm breite Kette geführt, wobei mehrere Weber parallel arbeiten müssten. Die Form und Ausrichtung des Halsausschnittes lässt aber von einem schmaleren Webstuhl ausgehen. Vgl. Vogelsang-Eastwood 1993, 130–154.

26 Anders Jacobs 1994, 129.

27 Vogelsang-Eastwood 1993, 130–154.

28 Zu allgemeinen Überlegungen zu textilen Rohstoffen in der Region vgl. Völling 2008, 55–69. – Auf den Apadanareliefs von Persepolis bestehen die Geschenke der Ionier aus Knäulen von gekämmter Wolle und wolltragenden Widdern, siehe Koch 1992, 113 Abb. 70; Koch 2001, 18–19 Abb. 24–25; Völling 2008, 28–29. Zur Verarbeitung von Seide am persischen Hof siehe Koch 1992, 209, zum Seidenhandel entlang der Seidenstrasse siehe Lind 2007, 21, zu Seidenfunden siehe Good 1995.

29 Hall 1986, 52 Abb. 40; Jacobs 1994, 130–131 geht davon aus, dass die Falten durch Nähte fixiert worden sind.

30 Koch 1992, 208 Abb. 152; Koch 2001, 49 Abb. 72–73. Die Gewänder der Wächter auf den Ziegelreliefs von Susa zieren dagegen einfache Rosetten, rechteckige Felder mit Stadtkonturen und Zickzackbänder als Bordüren. Vgl. Polosmak/Barkova/Molodin 2005, 134, Abb. 3.25.

31 Koch 1992, 207.

32 Lydische Funde und der Oxos-Schatz sowie antike Texte belegen, dass persische Kleidung der Achämenidenzeit reich mit Goldapplikationen verziert worden ist. Rehm 2006, 205 geht für das Königsgewand von dieser Art des Dekors aus, vgl. Koch 1992, 215; Gleba 2008, 61.

33 Die Ursprünge und Entwicklung der Stickereitechnik werden derzeit von der Autorin und S. Mitschke im Rahmen der Arbeitsgruppe 3 „Qualität" des DressID-Projektes an den Reiss-Engelhorn-Museen untersucht. – Siehe besonders Kurgan Nr. 6, Rudenko 1969, 108–112, Taf. LV, LVII–LVIII, Taf. LXII–LXVII, siehe Kat. Nr. 312.

34 Koch 1992, 207 schlägt als Deutung die Verwendung von Brokatstoffen vor.

35 Stauffer 2006, bes. 303–304; vgl. auch Wild 1967, 151–154. – Zahlreiche Gewebe und Gewänder aus dem Grab des Tut-Anch-Amun sind in Wirkereitechnik ausgeführt. Hall 1986, 40–47 nimmt hierfür eine syrische Herkunft an.

36 Sakamoto 2001, 61–63, bes. 61 Abb. 7; 8. Vgl. Polosmak/Barkova/Molodin 2005, 134, Abb. 3.25.

37 Plin. nat. 8,74,194–197 schreibt er die Erfindung König Attalos II. von Pergamon zu, der um 189 v. Chr. ins römische Blickfeld rückte.

38 Plin. nat. 33,19,61; 35,36,62. – Drougou 1987, 307 Abb. 1, Taf. 67–69.

39 Andronikos 1980, Taf. I, 35 Abb. 21, 49 Abb. 29, 51 Abb. 30; Drougou 1987, 303–315; Maße: 28,5 x 41 und 61,5 cm; 0,25 mm breites, unversponnenem Goldblech; 14–15 Kettfäden pro Zentimeter, 14–15 Schussfäden pro Zentimeter, ca. 70 Goldeinträge pro Zentimeter. Siehe Flury-Lemberg 1988, 234–237, 483 Kat. Nr. 51 – Als früheste Quelle für die in Vergina bezeugte Technik dient das Ex 39,3. Dort wird beschrieben, wie Gold gehämmert und in feine Streifen geschnitten wird, so dass es verwebbar ist. Vgl. auch weitere Erwähnungen Ex 28,5–6; 28,8; 39,5; 39,8. Die Kombination mit echtem Purpur ist bereits bei Hom. Il. 2,530 und Hom. Od. 14,468–502 erwähnt – Jüngste Zusammenstellung von antiken Goldgeweben, siehe Gleba 2008, 61–77.

40 Arr. Ind. 3,25.

Quellen

Arr. an.; Arr. Ind.; Athen.; Curt.; Diod.; Epit. Alex.; Hdt.; Herodian.; Hom. Il.; Hom. Od.; Plin. nat.; Plut. Alex.; Plut. mor.; Pomp. Trog.; Strab.; Xen. Kyr.

Literatur

Andronikos 1980; Beck 1972; Bittner 1987; Drougou 1987; Flury-Lemberg 1988; Gleba 2008; Good 1995; Good/Kenoyer/Meadow 2009; Hall 1986; Jacobs 1994; AK Mannheim 2007; Koch 1992; Koch 2001; Lind 2007; Messerschmidt 1989; Neuffer 1929; Polosmak/Barkova/Molodin 2005; Rehm 2006; Roes 1951; Rudenko 1969; Sakamoto 2001; Stauffer 2006; Thompson 1965; Völling 2008; Vogelsang-Eastwood 1993; Wild 1967.

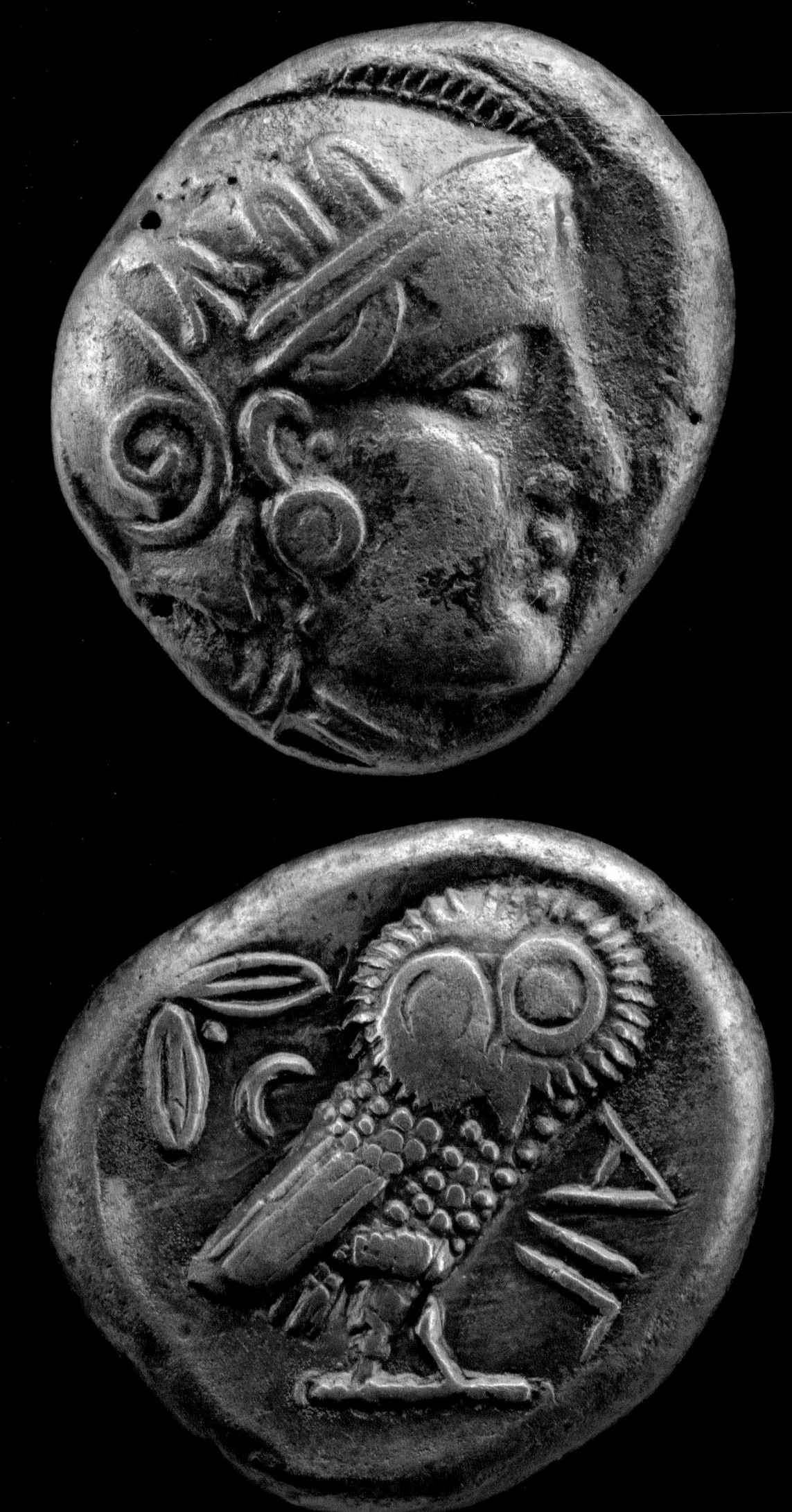

Perser, Alexander und die Seleukiden – Die Monetarisierung des Orients

Bernhard Weisser

Die frühen Hochkulturen des Zweistromlandes benötigten kein Münzgeld. Auch die Pharaonen kamen Jahrtausende ohne Münzen aus, und das weit gespannte Handelsnetz der Minoer funktionierte ohne Münzgeld. Die wirtschaftlich motivierte griechische Kolonisation begann lange, bevor die ersten Münzen geprägt wurden. Zahlungen erfolgten im Tauschhandel: Stoffe gegen Felle, Sklaven gegen Geräte, Getreide gegen Vieh oder Metallbarren gegen Waffen. Diese Form der Naturalwirtschaft existierte in der gesamten Antike parallel zu den sich entwickelnden Münzsystemen. Neben diesen beiden Systemen existierte noch ein drittes System, das mit Rechengrößen operierte, mit deren Hilfe versucht wurde, die verschiedenen Produkte vergleichbar zu machen. In Gesetzestexten und juristischen Schriften lassen sich schon sehr früh diese Rechengrößen entdecken. Die Griechen verwendeten hierfür die Begriffe Talent, Mine, Drachme und Obolos. Sie setzten diese Begriffe in eine Relation zueinander. Obolos bedeutet übersetzt „Bratspieß". Es handelte sich also ursprünglich um Gerätegeld. Eine Hand voll dieser Spieße ist eine Drachme, denn nichts anderes als Hand bedeutet dieses Wort. Das Talent mit einem Gewicht um die 20 kg ist die höchste Einheit und gibt einen Gewichtswert an, der im Handel noch von einer Person gut tragbar war.

Der Beginn der Münzprägung und die Perser

Münzgeld wurde im 7. Jh. v. Chr. in Kleinasien erfunden. Die frühesten Münzen bestanden aus goldfarbenem Elektron, einer Gold- und Silberlegierung. Der lydische König Alyattes (ca. 610–560 v. Chr.) führte als erster eine Währung in den Metallen Gold und Silber ein. Diese königliche Währung zeigte auf der Vorderseite die sich gegenüber stehenden Vorderteile von Rind und Löwe. Die Goldmünzen erlangten als „kroiseios stater" überregionale Verwendung. Silber und Gold waren von hoher Reinheit, was ihre weite Akzeptanz erleichterte. Nachdem die Perser 546 v. Chr. das Lyderreich erobert hatten, behielten sie zunächst das eingeführte Münzsystem und zunächst auch das Münzbild bei. Offensichtlich hielt man das eingeführte „Markenzeichen" für zu wertvoll, um es zu verändern. Was sich jedoch änderte, war das Gewicht, das für den Goldstater von 10,71 g auf 8,05 g verringert wurde (Abb. 1; Kat. Nr. 117; vgl. auch Kat. Nr. 118).

6 Imitation einer Athener Tetradrachme aus Baktrien, mit der Athena auf der Vorderseite und der Eule auf der Rückseite, 400–360 v. Chr. London, British Museum, Inv. Nr. 1880-7-10-10 (Kat. Nr. 130). Maßstab 5,8:1, Dm. 25 mm.

Unter Dareios I. (522–486 v. Chr.) änderte sich um 520 v. Chr. die Ikonographie der lydischen Münzen. Sie zeigten jetzt das Bild des persischen Großkönigs und behielten zunächst das lydische Gewichtssystem bei. In Gold wurden sie „Dareikos" in Silber „Sigloi" oder „Schekel" genannt, wobei ein goldener Dareikos 20 silbernen Sigloi entsprach. Von Xenophon (an. 1,5,6) wissen wir, dass ein Dareikos der Monatslohn eines Hopliten im griechischen Söldnerheer war, dessen Kaufkraft also enorm war (Abb. 2; Kat. Nr. 119). Die Änderung des Münzbildes muss dem Wunsch des Dareios nach herrscherlicher Selbstdarstellung entsprungen sein. Schon Herodot (4,166) vermutete, dass sich Dareios I. durch diese neuen Münzbilder ein Denkmal setzen wollte, wie es kein Herrscher vor ihm geschaffen hatte.

Das königliche Geld blieb bis zu seiner Abschaffung durch Alexander den Großen im äußeren Erscheinungsbild unverändert. Man verzichtete über den gesamten Prägezeitraum darauf, auch die Rückseiten mit einem aussagekräftigen Bild zu versehen. Alle Rückseiten bestehen aus einem oblongen Incusum (längliche Vertiefung) mit einer unregelmäßigen Binnengliederung. Die Vorderseiten zeigen den bärtigen Großkönig in einer Bewegung nach rechts. Vier Grundtypen lassen sich unterscheiden: Typ I gibt den Großkönig als Halbfigur wieder (vgl. Kat. Nr. 120), bei den übrigen wird die schnelle Bewegung mit Hilfe des archaischen Knielaufschemas dargestellt. Bei dem einen „Bogen spannenden" Typ II ist dieses Motiv als Knien uminterpretiert (vgl. Kat. Nr. 121). Das alle Typen verbindende Attribut ist der Bogen. Der Großkönig trägt diese Waffe demonstrativ in der erhobenen Rechten. Deshalb kursierten diese Münzen in Griechenland auch unter dem Rufnamen ‚Bogenschützen' (gr. τοξότες). Neben Bogen und Köcher konnte der Großkönig als weitere Waffen Lanze oder Dolch bzw. Kurzschwert tragen. Der König trat auf all seinen Münzen als aktiver Kämpfer auf. In der persischen Kunst sind seine Gegner häufig Löwen, gelegentlich aber auch menschliche Feinde.

Die vier Bildtypen unterscheiden sich durch folgende Besonderheiten:
I. Der König wird nur hier lediglich als Halbfigur gezeigt. Es ist kein Köcher sichtbar, er hält jedoch zwei Pfeile in der ausgestreckten rechten Hand. Dieser Typ wurde nur als Silbermünze geprägt (vgl. Kat. Nr. 120).
II. Die Sehne des Bogens ist mit der Rechten zum Bogenschuss zurückgezogen. Als goldener Dareikos und als Siglos. Es gibt Unternominale in Gold und Silber (vgl. Kat. Nr. 121).
III. Die Rechte hält eine Lanze diagonal nach unten. Dareikos und Siglos sowie Unternominale.

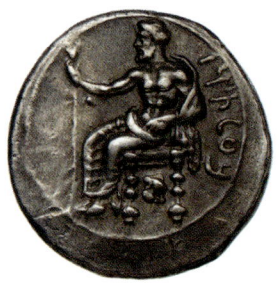
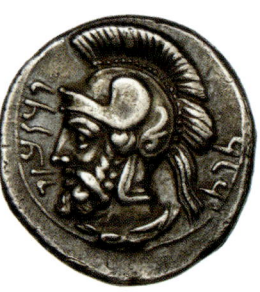

5 Stater des persischen Satrapen Pharnabazos in Tarsos mit der Darstellung des Gottes Baal und dem behelmten Kopf eines bärtigen Kriegers, der Bildnissen griechischer Strategen gleicht, ca. 380–375 v. Chr. Berlin, Münzkabinett SMB PK, Obj. Nr. 18203016 (Kat. Nr. 128). Maßstab 1,5:1, Dm. 23 mm.

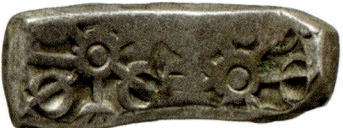
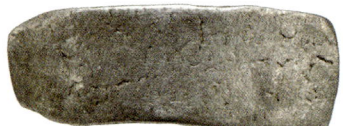

7 Ostachämenidische Emission einer barrenähnlichen Münze, mit doppelt gestempeltem kreisförmigen, blütenartigen Ornament, um 350 v. Chr. London, British Museum, Inv. Nr. 1987-11-01-1 (Kat. Nr. 133). Maßstab 1,5:1, Dm. 31 mm.

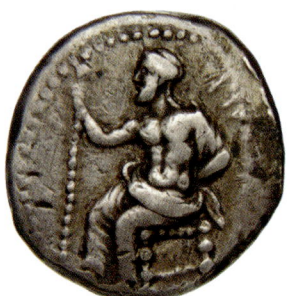
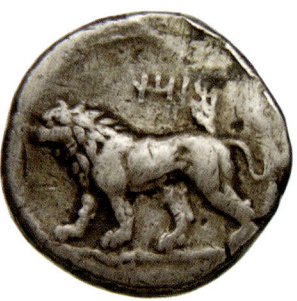

8 Münze des Mazaois, persischer Satrap Mesopotamiens und erster von Alexander eingesetzter Statthalter Babylons, 331–328 v. Chr. Man vermutet, dass solche Münzen die frühesten für Alexander in Babylon geschlagenen Münzen waren. Berlin, Münzkabinett SMB PK, Obj. Nr. 18203783 (Kat. Nr. 134). Maßstab 1,5:1, Dm. 25 mm.

ranoshaube zeigen. Beide Formen der Selbstdarstellung waren gleichzeitig möglich. Der Satrap Tarkumuwa-Datames (378–272 v. Chr.), auch dieser wieder eindeutig durch die Namenslegende bezeichnet, steht auf der Rückseite eines Siberstaters sogar mit griechischem Mantel im Habitus, wie man ihn etwa von griechischen Grabreliefs dieser Zeit kennt, dem Gott Ana gegenüber (vgl. Kat. Nr. 129). Die Verwendung der erläuternden Namenslegenden verdeutlicht, dass sich Auftraggeber und Stempelschneider der Eindeutigkeit ihrer Bilder nicht sicher waren. Diese „griechischen" Bilder der persischen Satrapen waren Experimente, die ohne nachhaltige Wirkung blieben, weil sowohl auf griechischer als auch auf persischer Seite eindeutig typisierende Darstellungen bevorzugt wurden.

Herodot (3,89–95) sind Einblicke in die Finanzverwaltung des persischen Reiches zu verdanken. Die umfängliche listenartige Aufzählung wirkt in der historischen Prosa des Herodot wie die Übertragung einer persischen Haushaltsabrechnung, die dem griechischen Historiker als Vorlage gedient haben könnte. Da jedoch die Informationen nicht durch andere Quellen gestützt werden und zumindest im Bereich der Satrapieneinteilung fragwürdig sind, bleibt sie eine interessante Momentaufnahme, die in ihrer Aussagefähigkeit aber beschränkt ist. Das Reich war demnach in 20 Satrapien unterteilt, die gemeinsam jährlich den Gegenwert von 380.799 kg Silber an Dareios I. abführten. Die Zahlungen erfolgten in Gold und Silber. Die meisten der 20 persischen Finanzdistrikte dürften hierzu jedoch kein Münzgeld benutzt haben, sondern Rohmetall oder Barren. Münzfunde können zur Kenntnis des persischen Finanzwesens wichtige Beiträge liefern. Verwendung fand das Geld in den Kontaktzonen, in denen sich Münzgeld bereits als Zahlungsmittel etabliert hatte. Gern benutzten es Griechen und Phönizier. Sie trugen zur Verbreitung des persischen Geldes bis hin nach Sizilien bei. Das persische Geld war auch ein Mittel der Außenpolitik, wenn mit ihm fremde Söldner bezahlt oder politische Entscheidungsprozesse durch Bestechungen beeinflusst wurden.

Plutarch schildert solch einen Vorgang, der den Spartanerkönig Agesilaos (reg. 401–360 v. Chr.) betraf, der als erfolgreicher Gegner von Tissaphernes und Pharnabazos 396/395 die Satrapien in Kleinasien verheerte (Plut. Agesil. 15). Nach Sparta zurückgerufen, beklagte Agesilaos sich, 30.000 τοξόται (Bogenschützen) hätten ihn aus Kleinasien vertrieben. Er meinte damit die Dareiken, die von den Persern nach Athen und Theben gesandt und unter den Demagogen verteilt wurden, die daraufhin das Volk in den Krieg gegen die Spartaner hetzten und so Agesilaos zwangen, seinen kleinasiatischen Raubzug abzubrechen. Umgekehrt kursierte auch griechisches und anderes Geld in den monetarisierten Bereichen des persischen Reiches. Fremdwährungen wurden demnach von der persischen Zentralgewalt nicht unterdrückt, auch wenn wahrscheinlich zumindest im Osten Münzen meist wie Metallbarren behandelt worden sein dürften. Immerhin war die athenische Tetradrachme mit dem Kopf der Athena auf der Vorderseite und der in Dreiviertelansicht hockenden Eule auf der Rückseite im 5. und 4. Jh. auch im persischen Reich als Fernhandelsmünze so bekannt und verbreitet, dass sie vielfach nachgeahmt wurde. Aus der ersten Hälfte des 4. Jh. stammt eine zentralasiatische „baktrische" Münze dieser Art, die durch die Legende ΑΙΓ die andere Herkunft offenbaret (Abb. 6/Startabb.; Kat. Nr. 130).

An diesen Münzen zeigt sich, dass die persische Herrschaft es zuließ, dass Satrapen und Städte nicht nur im Westen, sondern auch im Osten des persischen Reiches eigene Münzen prägten. Inspiriert von den dort umlaufenden fremden Münzen kam es im Bereich des heutigen Afghanistan zu eigenständiger regionaler Silbermünzprägung. Aus dem Schatzfund von Tchaman-i Hazouri stammt ein vermutlich in Kabul geprägter Schekel aus der ersten Hälfte des 5. Jhs. v. Chr. Auf der Vorderseite trägt die Silbermünze ein doppelköpfiges persisches Säulenkapitell. Noch in das 5. Jh. wird ein Schekel zu 5,53 g datiert. Er zeigt auf der Vorderseite einen frontalen Kopf, vielleicht einer Gorgo, auf der Rückseite vielleicht eine Ziege (vgl. Kat. Nr. 131). Diese Münzart lässt sich bis in das 4. Jh. v. Chr., etwa auch als Doppelschekel, nachweisen (vgl. Kat. Nr. 132). In der ersten Hälfte des 4. Jhs. bildete sich noch eine weitere Sonderform aus. Es handelt sich dabei um rechteckige barrenähnliche Münzen, die auf einer Seite mit zwei floralen Punzen gestempelt wurden, die sich motivisch eng mit den Rückseiten der gleichzeitigen runden Münzen verbinden lassen (Abb. 7; Kat. Nr. 133). Diese Mischform von ‚Barrenmünzen' wurde auch in der Region des heutigen Pakistan produziert und nach Indien exportiert. Möglicherweise waren sie dafür verantwortlich, dass man wenige Generationen später in derselben Region neben den runden auch viereckige Münzen kursieren ließ.

Alexander der Große und das Geld

Der Erfolg von Alexander dem Großen beruhte zu einem Gutteil auf der ungeheuer großen Beute, die dem Eroberer des persischen Reiches zwischen 333 und 330 v. Chr. in die Hände fiel. Mit ihr konnte er seine weiteren Feldzüge finanzieren und die Herrschaft stabilisieren. Alexander eroberte bereits 333 v. Chr. nach der Schlacht von Issos die Kriegskasse des Dareios. In Ekbatana sollen ihm 180.000 Talente Silber zugefallen sein. Für die gesamte Antike und bis in die Neuzeit hinein ist keine vergleichbar hohe Summe in Folge einer militärischen Eroberung erbeutet worden. Alexander ließ einen Teil des Metalls zu Münzen prägen. Abweichend von seinem Vater wählte er den attischen Standard auch für das Silber und knüpfte damit an die alte athenische ‚Eulenwährung' an, die vom ausgehenden 6. Jh. v. Chr. bis zum Ende des 5. Jh. die Leitwährung in der antiken Welt gewesen war, im 4. Jh. allerdings zugunsten eines leichteren Standards verdrängt worden war. Zu dem neuen Geldsystem gehörten auch Gold- und Bronzemünzen. Im Gegensatz zu dem athenischen Geld verbreitete sich dieses neue Geld nicht allmählich durch Akzeptanz, sondern wurde durch eine finanzpolitische Maßnahme mit großem Einsatz flächendeckend eingeführt. Hierzu gehörte auch die Gründung neuer Münzstätten, die in den alten Zentren des persischen Reiches lagen. Als früheste dieser Münzstätten wird Tarsos angenommen, das mit der Baalsdarstellung ein typologisches Vorbild für die Rückseite der Tetradrachme lieferte. Mit Babylon trat eine wichtige ehemalige persische Residenzstadt hinzu, die zugleich das Phänomen der Münzprägung weit in den Osten verschob. Man nimmt an, dass der dortige Satrap Mazaios, der zuvor in Tarsos tätig war, die frühesten Münzen für Alexander in Babylon schlagen ließ, die das tarsische Vorbild noch deutlich verrieten (Abb. 8; Kat. Nr. 134). Aber bereits ab 331 finden sich dort neue Münztypen. Die Goldprägung Alexanders mit Stateren in attischem Münzfuß zeigen auf der Vorderseite den Kopf der behelmten Athena und auf der Rückseite die Siegesgöttin Nike mit Kranz und Schiffsstandarte (Abb. 9; Kat. Nr. 135).

Auf die Vorderseite der Tetradrachmen ließ Alexander den Kopf des Heros Herakles mit Löwenskalpexuvie setzen, die Rückseite zeigt den auf dem Thron sitzenden Zeus, der einen Adler in der Hand hält (Abb. 10; Kat. Nr. 136). Zur Tetradrachme gab es in Babylon von vornherein als Mehrfaches die Dekadrachme (Abb. 11; Kat. Nr. 137) und als Unternominale die Didrachme, Drachme (Abb. 12; Kat Nr. 138), Hemidrachme, Obol und Hemiobol. In Babylon fehlt als das dritte Münzmetall die Bronze, die im Osten in der Zeit keine Rolle spielte. Noch zu Lebzeiten Alexanders wurden Münzstätten für die Reichsprägung in Hierapolis, Arados und Susa eingerichtet. Besonders in den letzten Jahren von Alexanders Herrschaft gab es eine intensive Prägetätigkeit, die mit der Auszahlung der seit 324 v. Chr. entlassenen Veteranen erklärt wird. Diese Veteranen sollten mit dem Geld überall im Alexanderreich bezahlen können. Die Bedeutung der Maßnahmen Alexanders, zu denen es kein Vorbild gab, besteht darin, dass der Vorgang der Monetarisierung von vornherein auf ein weites Verbreitungsgebiet hin geplant war und durch die Ausmünzung großer Metallmengen gesteuert wurde.

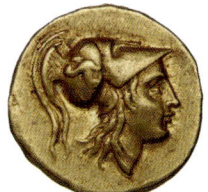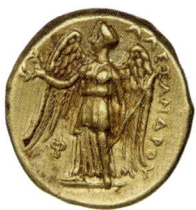

9 Goldener Stater Alexanders des Großen mit Darstellungen der Athena und der Siegesgöttin Nike, geprägt in Babylon, 331–325 v. Chr. Berlin, Münzkabinett SMB PK, Obj. Nr. 18207727 (Kat. Nr. 135). Maßstab 1,5:1, Dm. 18 mm.

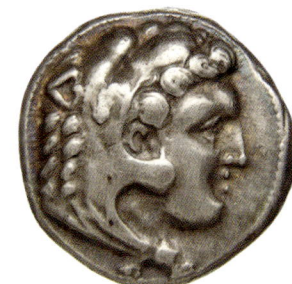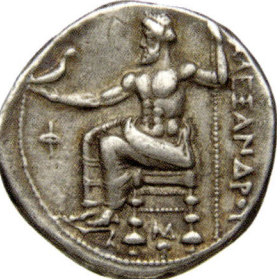

10 Tetradrachme Alexandros III., Babylon, ca. 331-325 v. Chr. Berlin, Münzkabinett SMB PK, Obj. Nr. 18207728 (Kat. Nr. 136). Maßstab 1,5:1, Dm. 25 mm.

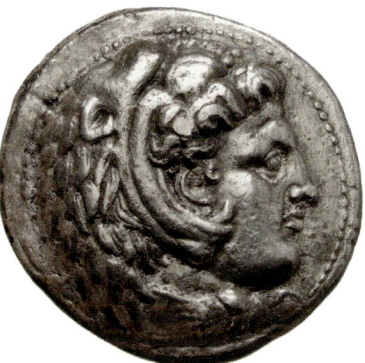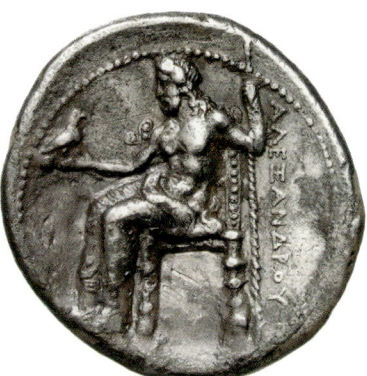

11 Dekadrachme Alexanders des Großen, Babylon, 325–323 v. Chr. Diese Münzen ließ Alexander ebenso wie die Tetradrachmen mit der Darstellung des Herakles mit Elefantenskalpexuvie auf der Vorderseite und dem thronenden Zeus mit Adler auf der Rückseite prägen. Berlin, Münzkabinett SMB PK, Obj. Nr. 18202989 (Kat. Nr. 137). Maßstab 1,5:1, Dm. 36 mm.

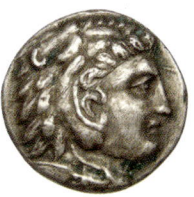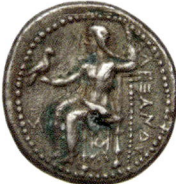

12 Drachme Alexandros III., Babylon, ca. 325 – 323 v. Chr. Berlin, Münzkabinett SMB PK, Obj. Nr. 18207747 (Kat. Nr. 138). Maßstab 1,5:1, Dm. 17 mm.

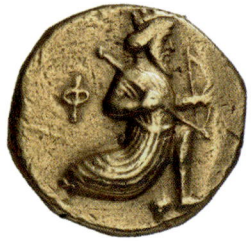 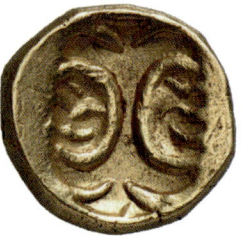

13 Doppeldareikos mit der typischen Darstellung eines persischen Großkönigs. Da diese Münze unter Alexander dem Großen eingeführt wurde, wird vermutet, dass es sich hierbei um eine Darstellung des Makedonen in der Tracht des Perserkönigs handelt, 4. Jh. v. Chr. Berlin, Münzkabinett SMB PK, Obj. Nr. 18200018 (Kat. Nr. 139). Maßstab 1,5:1, Dm. 21 mm.

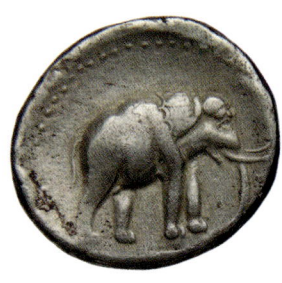 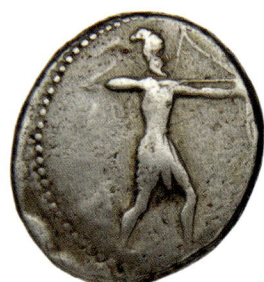

14 Silberner Doppelschekel, wurde anlässlich der Verherrlichung des Indien-Feldzuges Alexanders geprägt, ca. 326–323 v. Chr. Dargestellt ist Alexander als bogenschießender persischer Großkönig. Berlin, Münzkabinett SMB PK, Obj. Nr. 18202347 (Kat. Nr. 141). Maßstab 1,5:1, Dm. 25 mm.

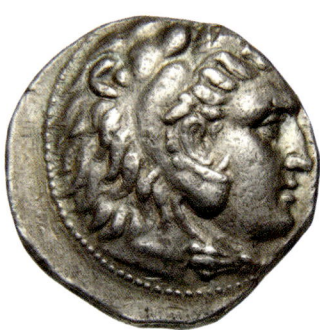 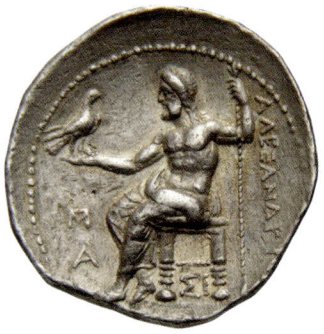

15 Tetradrachme Alexanders des Großen, Sidon, 309–308 v. Chr. Die Prägung dieser Münzen wurde auch von den Seleukiden fortgesetzt. Berlin, Münzkabinett SMB PK, Obj. Nr. 18214446 (Kat. Nr. 142). Maßstab 1,5:1, Dm. 28 mm.

Alexander als persischer Großkönig

Wie es im persischen Reich neben der Königsprägung auch regionale Prägungen durch Satrapen und Städte gab, so brach dieses Nebeneinander mit Alexanders Machtübernahme nicht ab und führte zu Münztypen, die die Übergangszeit gut illustrieren. Spektakulär ist der unter Alexander eingeführte Doppeldareikos (Abb. 13; Kat. Nr. 139). Die schwere Goldmünze dürfte aufgrund ihres hohen Wertes im Wesentlichen von der Oberschicht der kooperierenden persischen Anführer und neuen makedonischen Elite benutzt worden sein. Das Münzbild schloss sich in der Vorderseite nahtlos an die persischen Darstellungen an, so dass man ein Herrscherbild Alexanders in der Tracht des persischen Großkönigs erblicken konnte. Als griechische Prägungen erweisen sie sich lediglich durch griechische Emissionszeichen oder die Namenshinzufügung des von Alexander eingesetzten babylonischen Statthalters Stamenes. Diese Münzen illustrieren die literarisch überlieferte Verschmelzungspolitik Alexanders, die besonders von persischer Seite massiv unterstützt wurde.

In Hierapolis Bambyke in Syrien griff man zu einer anderen Lösung zur Vermittlung des neuen Herrschaftssystems. Hier wurde das griechische Bild des Reiterkönigs, wie man es von der makedonischen Prägung kannte, das ikonographisch, aber auch in orientalischem Zusammenhang nicht befremdlich wirkte, mit der Nennung Alexanders auf Aramäisch verbunden. Andere Münzen dieser Münzstätte setzten das vorherige Bildprogramm fort, nur der Name des Alexander verriet die veränderten Machtverhältnisse.

Eine Serie von Fünf- und Zwei-Schekel-Stücken, die zur Verherrlichung des Indienfeldzuges geprägt wurde, fasste beide Modelle zusammen: Das Fünf-Schekel-Stück zeigt den griechischen Reiterführer Alexander (vgl. Kat. Nr. 14), das Zwei-Schekel-Stück dagegen den persischen Großkönig Alexander als Bogenschützen (Abb. 14; Kat. Nr. 141).

Die Seleukiden

Nach dem Tod Alexanders 323 v. Chr. brach das geschaffene Staatsgebilde wieder auseinander. Im Machtkampf um die Nachfolge Alexanders konnte sich der makedonische Offizier Seleukos in einem mehrjährigen Kampf den Osten des Alexanderreiches sichern. Die Einnahme Babylons, nach makedonischem Kalender am 1. Oktober 312, nach babylonischem Kalender jedoch erst am 1. April 311 v. Chr., markierte den Beginn einer neuen Zeitrechnung für die Region, die seleukidische Ära. Babylon war seine Machtbasis, ab 311 wurde das neu gegründete Seleukeia am Tigris zur neuen Hauptstadt. Ab 305/304 führte Seleukos auch den Königstitel. Nach zahlreichen Kriegen umfasste das Reich des Seleukos zum Zeitpunkt seiner Ermordung im Jahr 281 den Iran, das Zweistromland, Nordsyrien sowie Süd- und Westkleinasien.

Unter den Seleukiden und den anderen Nachfolgern Alexanders wurde die von Alexander eingeführte Gold- und Silberprägung fortgesetzt und dominierte für die nächsten 250 Jahre den Fernhandel (Abb. 15; Kat. Nr. 142; 143). Über 4.000 Varianten konnten allein für das Silber unterschieden werden. Aufgrund ihrer Bilder mit Herakleskopf und Zeus waren die Tetradrachmen die einzige Währung, auf die sich alle Dynastien verständigen konnten, denn sie alle führten ihre Legitimation auf Alexander den Großen zurück. Deshalb erscheint der vergöttlichte Alexander auch bereits auf frühen seleukidischen Goldmünzen (vgl. Beitrag K. Dahmen). Unter den Seleukiden wurden zahlreiche neue Münzstätten gegründet (Abb. 16). In der Zeit nach 311 v. Chr. kamen die Städte Susa, Ekbatana und Carrhae hinzu. Gerade diese ersten Neugründungen beweisen das Bestreben, das Münzgeld im gesamten seleukidischen Herrschaftsgebiet zu etablieren. Mit Persis, Antigoneia und Orten in Kappadokien, Ost-Syrien und Nord-Mesopotamien nahmen etwa 305 v. Chr. weitere seleukidische Münzstätten ihre Tätigkeit auf. Etwa ab 305 v. Chr. arbeiteten auch Arados, Tarsos, Antiochia am Orontes, Seleukia in Pieria, Apamea am Orontes, Laodikeia ad mare und Hierapolis für die Seleukiden.

Die Seleukiden stellten eigene qualitätvolle Gold- und Silbermünzen her, die zur Verherrlichung der Dynastie und ihrer Herrscher dienten. Als Zeichen des Geschlechtes wählte schon Seleukos I. den Anker, der häufig auf seleukidischen Münzen zu finden ist (Abb. 17; Kat. Nr. 144). Eine Form der Demonstration der Herrschaft war es, den Bildtyp der Alexandertetradrachme beizubehalten, diese sich aber durch die eigene Königslegende ΒΑΣΙΛΕΩΣ ΣΕΛΕΥΚΟΥ anzueignen, wie es etwa auf Prägungen der Münzstätte Seleukia am Tigris nach 300 v. Chr. sowohl in Gold (vgl. Kat. Nr. 146) als auch in Silber (vgl. Kat. Nr. 147) geschah.

Die Vorderseiten konnten neben Götter- und Heroenköpfen nun auch die Porträts von Angehörigen der Dynastie tragen. Mit der Wiedergabe des eigenen Herrscherporträts schon unter Seleukos I. war eine neue Qualität der herrscherlichen Selbstdarstellung erreicht. In Susa wurde ein eindrucksvolles Herrscherbildnis geschaffen, auf dem der behelmte Kopf mit Götterattributen, Stierhörnern und -ohren sowie einem Pantherfell ausgezeichnet ist (Abb. 18; Kat. Nr. 148). Das von Seleukos zum Zeitpunkt seiner Ermordung weit ausgedehnte Reich konnten die Nachfolger nicht halten. Im Westen etablierte sich das pergamenische Reich, mit den Ptolemäern rang man um die Vorherrschaft in der Levante und im Osten spaltete sich Baktrien ab (vgl. Beitrag M. Alram).

Literatur

AK Berlin 2008; Carradice 1987; Carradice 1998; Cribb 2007; Friedländer 1881; Friedländer/von Sallet 1877; Hill 1922; Holt 2003; Houghton 2002; Houghton 2008; Iossif 2004; Kraay/Hirmer 1966; Kritt 1997; Le Rider 2003; Meadows 2005; Mosely 1986; Naster 1965; Newell 1916; Nicolet-Pierre 1999; Price 1991; AK Speyer 2006; Regling 1935; von Sallet/Regling 1922; Schultz 1997; SNG Deutschland; SNG Schweiz; Thompson/ Mørkholm et. al. 1973; Waggoner 1968.

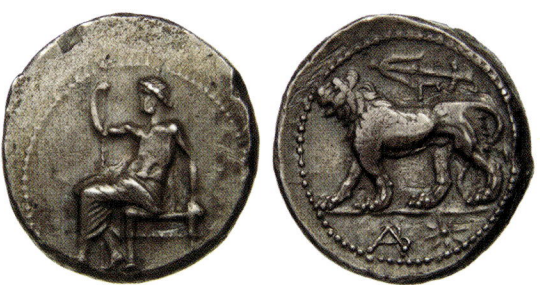

17 Silberner Stater Seleukos I., Babylon, ca. 311–nach 305 v. Chr. Als Zeichen des Geschlechts der Seleukiden wählte bereits Seleukos den Anker, der hier über dem Löwen zu sehen ist. Berlin, Münzkabinett SMB PK, Obj. Nr. 18207750 (Kat. Nr. 144). Maßstab 1,5:1, Dm. 25 mm.

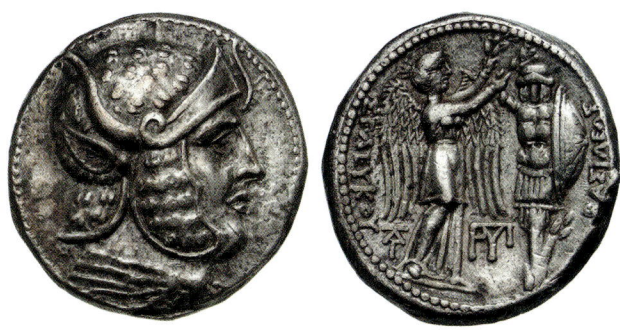

18 Tetradrachme mit der Darstellung eines behelmten Mannes mit Stierhörnern- und Ohren sowie einem Pantherfell, Susa, nach 300 v. Chr. Dieses eindrucksvolle Herrscherbildnis wird als Seleukos I. gedeutet. Berlin, Münzkabinett SMB PK, Obj. Nr. 18203076 (Kat. Nr. 148). Maßstab 1,5:1, Dm. 25 mm.

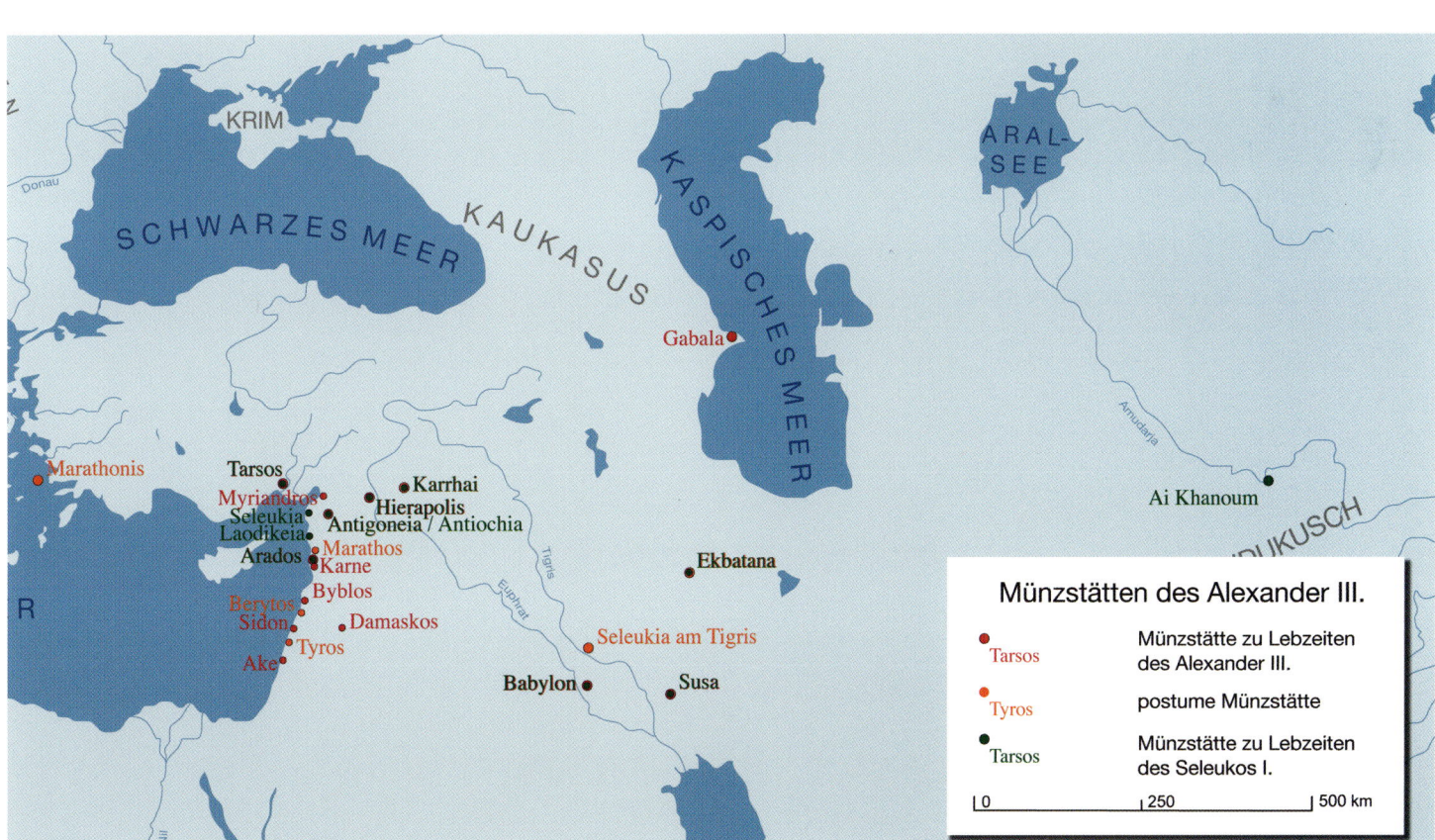

16 Entwicklung der östlichen Münzstätten für die Alexander-Tetradrachmen (nach Price 1991).

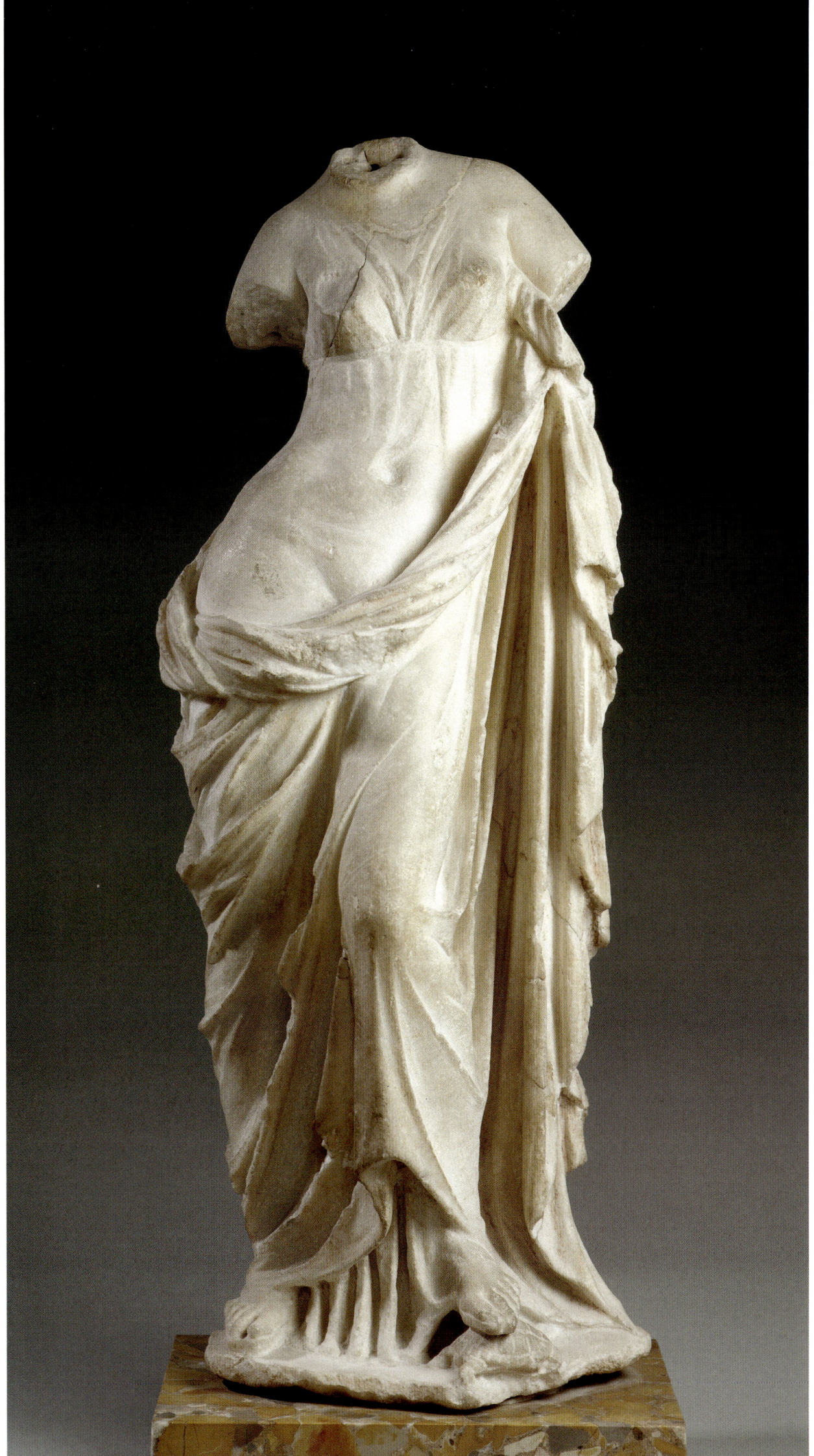

Seleukidische Kunst – eine archäologische Suche

Michael Pfrommer

Des Seleukidenreich war die Schöpfung Seleukos' I., der als *Nikator*, als *Sieger*, in die Geschichte einging.[1] Sein Imperium umfasste den größten Teil der asiatischen Landmasse des Alexanderreiches und erstreckte sich von der ägäischen Mittelmeerküste bis nach Indien und von den Steppen Zentralasiens bis nach Syrien und in den Libanon hinein.

Seleukos selbst stammte wie Alexander der Große aus Makedonien. Er nahm am Feldzug Alexanders teil, gelangte aber erst in den letzten Lebensjahren Alexanders zu höheren militärischen Ehren und stieg als Befehlshaber der Leibgarde in die Reihen der *hetairoi* (der Gefährten und Berater Alexanders) auf. Bei der Reichsteilung nach Alexanders Tod im Jahre 323/22 v. Chr. spielte Seleukos noch keine entscheidende Rolle und wurde lediglich zum Satrapen von Babylon ernannt. In den Folgejahren sehen wir ihn sogar als politischen Flüchtling in Ägypten. Erst 312 v. Chr. kehrte er nach Babylon zurück. Es folgte ein geradezu beispielloser Aufstieg, der Seleukos zu einer der faszinierendsten Persönlichkeiten des Hellenismus machen sollte. Mit vielen anderen Diadochen, den Nachfolgern Alexanders, nahm auch Seleukos 305/304 v. Chr. den Königstitel an.

Sein Riesenreich besaß keinerlei natürliche Grenzen und verstrickte sich über Generationen hinweg mit wechselndem Erfolg in Viel-Fronten-Kriege. Im Westen der heutigen Türkei kämpfte man gegen das Königreich Pergamon, das sich schon bald mit den Römern verbündete – eine Allianz, die schließlich für das Seleukidenreich verhängnisvoll wurde. In Syrien und Palästina rang man in endlosen Auseinandersetzungen mit dem Ptolemäerreich, während man sich im heutigen Pakistan bemühte, das indische Grenzland zu behaupten, was nur teilweise gelang. Noch dramatischer geriet die Lage im antiken Baktrien, dem heutigen Usbekistan, Tadschikistan und Afghanistan. Auf diesem Gebiet, das infolge der ständigen Bedrohung durch die Reitervölker der Steppe zu einer beachtlichen Macht geworden war, wurde bereits in der Mitte des 3. Jhs. v. Chr. das graecobaktrische Königreich gegründet, das sich von den Seleukiden unabhängig erklärte. Diese Abspaltung erwies sich als so nachhaltig, dass selbst der große Antiochos III. mit seiner Belagerung vor den Mauern der Hauptstadt Baktra scheiterte, auch wenn die baktrischen Könige im Jahre 206 v. Chr. formal seine Oberhoheit anerkannten. Zwar erreichte Antiochos auf seinem legendären Feldzug die Grenzen des indischen Subkontinents, doch konnte er den Abfall der Ostprovinzen nicht auf Dauer rückgängig machen.

Zu allem Überfluss hatten sich im späten 3. Jh. v. Chr. östlich des Kaspischen Meeres in der Provinz Parthien Reitervölker etabliert, die sich wie ein Keil zwischen das graeco-baktrische Reich und die seleukidischen Kernprovinzen im Westiran, in Mesopotamien und Syrien hineinschoben. In der Mitte des 2. Jhs. v. Chr. erreichten die Parther den Euphrat und kontrollierten Mesopotamien.

Die fortschreitende Desintegration des seleukidischen Reichsgebietes war nicht mehr aufzuhalten, bis schließlich der römische Feldherr Pompeius Magnus 64 v. Chr. in Syrien die bescheidenen Reste der einstigen Großmacht in eine römische Provinz umwandelte und damit das Ende des Seleukidenreiches besiegelte.

Das Seleukidenreich als Kunstlandschaft

Das Seleukidenreich umfasste zwar den hellenisierten Orient, doch wenn man nach einer typisch seleukidischen Kunst fragt, so gerinnt der Begriff ‚seleukidisch' schnell zu einer archäologischen Fata Morgana. Diese Schwierigkeit ist nicht nur im Zufall der archäologischen Überlieferung begründet, sie ist auch das direkte Ergebnis der geopolitischen Voraussetzungen.

In den gewaltigen Territorien des Seleukidenreiches stellten griechische und makedonische Siedler ungeachtet zahlreicher Städtegründungen nur eine verschwindend kleine Minderheit dar. Selbst wenn man also von einer griechischen Leitkultur im Seleukidenreich sprechen will, so stand das Griechentum nicht nur einer, sondern gleich mehreren verschiedenen orientalischen Zivilisationen gegenüber. Die griechische Kultur begegnete nicht nur der Kunst des alten Achämenidenreiches, auch die Babylonier in Mesopotamien blickten auf uralte Kulturtraditionen zurück, und aus Zentralasien drangen die Steppenvölker mit ihrer Vorliebe für magische Tierbilder über die Grenzen des Reiches. Die westlichsten Provinzen, an der Ägäisküste der heutigen Türkei, bildeten dagegen eine alte griechische Kunstlandschaft, deren reiche Hafenstädte, wie etwa Milet, bereits Jahrhunderte vor Alexander und den Seleukiden gegründet worden waren.

Daneben trafen die Seleukiden auch auf exotische Gegner wie etwa die Kelten oder Galater, die als marodierende Söldner Kleinasien unsicher machten. Das Seleukidenreich ist also gleichsam ein Synonym für einen multikulturellen Staat und das macht es für die Archäologie so außerordentlich schwierig, charakteristische Gemeinsamkeiten herauszuarbeiten. Erschwerend kommt hinzu, dass uns

4 Marmorstatuette einer Aphrodite aus Dura-Europos. Arme und Kopf waren separat gearbeitet und mit Eisendübeln am Körper befestigt. 2.–1. Jh. v. Chr. Paris, Musée du Louvre, Département des Antiquités Orientales, Inv. Nr. AO 20126 (Kat. Nr. 212).

Seleukidische Kunst – eine archäologische Suche

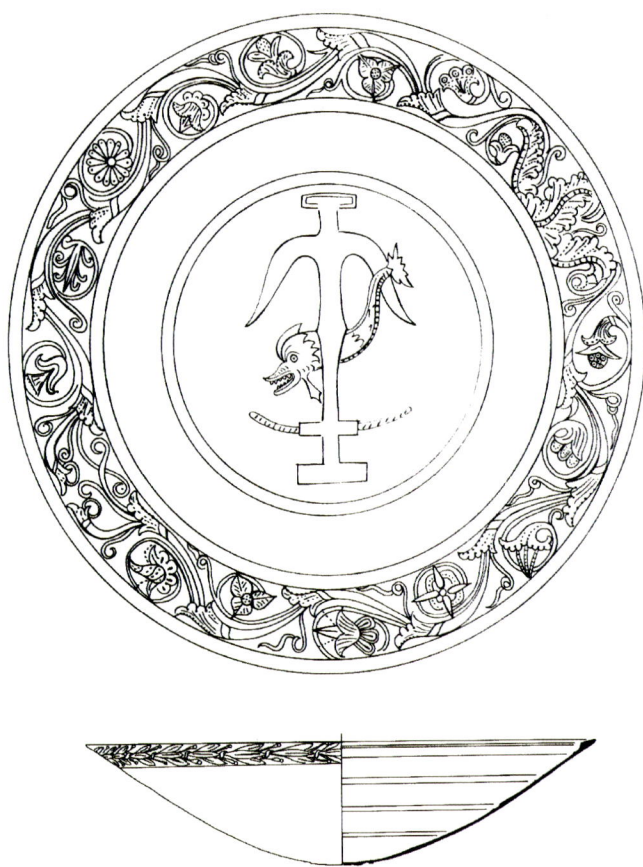

5 Silberschale. Malibu/USA, J. Paul Getty Museum, (Querschnitt, Blütenranke und Ankermedaillon).

Antiochos IV. und der seleukidische Königskult

Als die seleukidische Stellung im Iran und Mesopotamien im 2. Jh. v. Chr. ins Wanken geriet, versuchte Antiochos IV. Epiphanes in Anlehnung an andere hellenistische Dynasten einen Königskult zu forcieren, um den auseinanderdriftenden Kulturen seines Reiches eine vereinheitlichende Herrscherideologie zu bieten. Vor diesem Hintergrund wurde verschiedentlich angenommen, dass Fragmente einer überlebensgroßen Bronzestatue aus einem Heiligtum bei Shami im Iran zu einer Porträtstatue eines seleukidischen Königs gehörten.[15] Die Statue wurde gewaltsam zerstört und legt letztlich Zeugnis ab für den Zusammenbruch seleukidischer Macht und für den Aufstieg der Parther und ihres Königshauses, der Arsakiden.

In dem Heiligtum fand sich neben dieser übel zugerichteten Skulptur auch die weitgehend intakte Bronzestatue eines Parthers.[16] Es handelt sich nicht um einen König, wohl jedoch um einen Fürsten. Man darf somit annehmen, dass das Heiligtum unter den Parthern weiterbestand.

Eine ägyptische Göttin aus einem seleukidischen Heiligtum

Nicht selten werden im hellenistischen Osten griechische, ja selbst ägyptische Gottheiten, entdeckt, die man eigentlich im fernen Persien nicht so ohne weiteres erwarten sollte. Auch hier zeigt sich wieder, dass die hellenistische Welt über grenzübergreifende Ideen und Konzepte verfügt hat.

Ein Beispiel dafür bildet eine kleine bronzene Statuette der ägyptischen Göttin Isis aus einem Heiligtum im iranischen Nihavand, die an ihrer ägyptischen Götterkrone unschwer zu erkennen ist.[17] Aus der Sicht des Landes am Nil war Isis die Schöpferin der Welt. Die Griechen verbanden sie oftmals mit Aphrodite, aber auch mit Demeter, der Göttin der Fruchtbarkeit. Unsere kleine Statuette ist in rein griechischem Stil gehalten und folgt einem im ptolemäischen Ägypten weit verbreiteten Typus. Der Künstler verzichtete jedoch auf den für Isis typischen, zwischen den Brüsten geknoteten Mantel. Zusätzlich zur ägyptischen Götterkrone trägt unsere Seleukiden-Isis ein geschwungenes Füllhorn, das sie ebenfalls als Schicksalsgöttin Tyche ausweist. Die Kombination von Isis und Tyche findet sich zugleich bei Darstellungen ptolemäischer Königinnen.[18] In Nihavand liegt also eine Anspielung auf ein königliches Götterbild vor uns, dessen Wurzeln im fernen Ägypten liegen, obwohl die kleine Bronze einen völlig griechischen Eindruck hinterlässt. Man sollte hier nicht vergessen, dass im 3. und 2. Jh. v. Chr. einige Ptolemäerprinzessinnen an den Seleukidenhof verheiratet wurden und dort politisch hochbedeutende Aktivitäten entfalteten. Dies gilt vor allem für die legendäre Kleopatra Thea, die im 2. Jh. v. Chr. gleich mehrere Seleukiden heiratete und mit ihnen zusammen regierte.[19]

Wir müssen also davon ausgehen, dass mit dem Seleukidenreich auch griechische Skulptur im Orient heimisch wurde. Dies bezeugt ebenfalls eine hoch qualitätvolle Marmorstatue aus Dura Europos, wohl eine Aphrodite (Abb. 4/Startabb.). Diese Statue könnte indes an jedem anderen Ort der hellenistischen Welt gefunden worden sein. Die Skulptur vertritt die griechische Bildhauerei des 2. Jhs. v. Chr., sie steht jedoch nicht explizit für eine seleukidische Kunst.

Anker und Delfin

Lassen wir die bisher zitierten Denkmäler Revue passieren, dann wird erkennbar, dass unser Problem nicht darin liegt, dass uns keine Monumente der Seleukidenzeit bekannt wären, die Schwierigkeit liegt eher darin, dass es sich um Einzelstücke handelt.

Ist uns allerdings eine Denkmälergruppe in größerer Zahl erhalten, so stehen wir auf sichererem Grund. Dies gilt insbesondere für eine Gruppe von Silberschalen, die seit Jahrzehnten immer wieder im internationalen Kunsthandel erscheinen (Abb. 5).[20] Die Trinkgefäße sind sämtlich ohne Fuß und Henkel gearbeitet und beinahe alle im Schaleninneren mit vergoldeten Ornamenten geschmückt. Dass es sich tatsächlich um vorderasiatische Erzeugnisse handelt, beweisen die aramäischen Inschriften einiger Exemplare, die ihr Gewicht in parthischen Drachmen verzeichnen. Der Dekor ist weitgehend ornamental und favorisiert das Prinzip der Blütenranke. Dieses Ornament stammt ursprünglich aus dem italischen beziehungsweise makedonischen Umfeld, spielt dort jedoch eine ganz untergeordnete Rolle und wird nun auf unseren Silberschalen zum dominierenden Motiv.

Wir kennen diese fuß- und henkellosen Schalen auch aus anderen Gegenden der hellenistischen Welt, etwa aus Unteritalien und Sizilien oder aus dem ptolemäischen Ägypten, doch tragen diese Beispiele niemals unseren charakteristischen Dekor. Blicken wir zu den

Seleukidische Kunst – eine archäologische Suche

Michael Pfrommer

Des Seleukidenreich war die Schöpfung Seleukos' I., der als *Nikator,* als *Sieger,* in die Geschichte einging.[1] Sein Imperium umfasste den größten Teil der asiatischen Landmasse des Alexanderreiches und erstreckte sich von der ägäischen Mittelmeerküste bis nach Indien und von den Steppen Zentralasiens bis nach Syrien und in den Libanon hinein.

Seleukos selbst stammte wie Alexander der Große aus Makedonien. Er nahm am Feldzug Alexanders teil, gelangte aber erst in den letzten Lebensjahren Alexanders zu höheren militärischen Ehren und stieg als Befehlshaber der Leibgarde in die Reihen der *hetairoi* (der Gefährten und Berater Alexanders) auf. Bei der Reichsteilung nach Alexanders Tod im Jahre 323/22 v. Chr. spielte Seleukos noch keine entscheidende Rolle und wurde lediglich zum Satrapen von Babylon ernannt. In den Folgejahren sehen wir ihn sogar als politischen Flüchtling in Ägypten. Erst 312 v. Chr. kehrte er nach Babylon zurück. Es folgte ein geradezu beispielloser Aufstieg, der Seleukos zu einer der faszinierendsten Persönlichkeiten des Hellenismus machen sollte. Mit vielen anderen Diadochen, den Nachfolgern Alexanders, nahm auch Seleukos 305/304 v. Chr. den Königstitel an.

Sein Riesenreich besaß keinerlei natürliche Grenzen und verstrickte sich über Generationen hinweg mit wechselndem Erfolg in Viel-Fronten-Kriege. Im Westen der heutigen Türkei kämpfte man gegen das Königreich Pergamon, das sich schon bald mit den Römern verbündete – eine Allianz, die schließlich für das Seleukidenreich verhängnisvoll wurde. In Syrien und Palästina rang man in endlosen Auseinandersetzungen mit dem Ptolemäerreich, während man sich im heutigen Pakistan bemühte, das indische Grenzland zu behaupten, was nur teilweise gelang. Noch dramatischer geriet die Lage im antiken Baktrien, dem heutigen Usbekistan, Tadschikistan und Afghanistan. Auf diesem Gebiet, das infolge der ständigen Bedrohung durch die Reitervölker der Steppe zu einer beachtlichen Macht geworden war, wurde bereits in der Mitte des 3. Jhs. v. Chr. das graecobaktrische Königreich gegründet, das sich von den Seleukiden unabhängig erklärte. Diese Abspaltung erwies sich als so nachhaltig, dass selbst der große Antiochos III. mit seiner Belagerung vor den Mauern der Hauptstadt Baktra scheiterte, auch wenn die baktrischen Könige im Jahre 206 v. Chr. formal seine Oberhoheit anerkannten. Zwar erreichte Antiochos auf seinem legendären Feldzug die Grenzen des indischen Subkontinents, doch konnte er den Abfall der Ostprovinzen nicht auf Dauer rückgängig machen.

Zu allem Überfluss hatten sich im späten 3. Jh. v. Chr. östlich des Kaspischen Meeres in der Provinz Parthien Reitervölker etabliert, die sich wie ein Keil zwischen das graeco-baktrische Reich und die seleukidischen Kernprovinzen im Westiran, in Mesopotamien und Syrien hineinschoben. In der Mitte des 2. Jhs. v. Chr. erreichten die Parther den Euphrat und kontrollierten Mesopotamien.

Die fortschreitende Desintegration des seleukidischen Reichsgebietes war nicht mehr aufzuhalten, bis schließlich der römische Feldherr Pompeius Magnus 64 v. Chr. in Syrien die bescheidenen Reste der einstigen Großmacht in eine römische Provinz umwandelte und damit das Ende des Seleukidenreiches besiegelte.

Das Seleukidenreich als Kunstlandschaft

Das Seleukidenreich umfasste zwar den hellenisierten Orient, doch wenn man nach einer typisch seleukidischen Kunst fragt, so gerinnt der Begriff ‚seleukidisch' schnell zu einer archäologischen Fata Morgana. Diese Schwierigkeit ist nicht nur im Zufall der archäologischen Überlieferung begründet, sie ist auch das direkte Ergebnis der geopolitischen Voraussetzungen.

In den gewaltigen Territorien des Seleukidenreiches stellten griechische und makedonische Siedler ungeachtet zahlreicher Städtegründungen nur eine verschwindend kleine Minderheit dar. Selbst wenn man also von einer griechischen Leitkultur im Seleukidenreich sprechen will, so stand das Griechentum nicht nur einer, sondern gleich mehreren verschiedenen orientalischen Zivilisationen gegenüber. Die griechische Kultur begegnete nicht nur der Kunst des alten Achämenidenreiches, auch die Babylonier in Mesopotamien blickten auf uralte Kulturtraditionen zurück, und aus Zentralasien drangen die Steppenvölker mit ihrer Vorliebe für magische Tierbilder über die Grenzen des Reiches. Die westlichsten Provinzen, an der Ägäisküste der heutigen Türkei, bildeten dagegen eine alte griechische Kunstlandschaft, deren reiche Hafenstädte, wie etwa Milet, bereits Jahrhunderte vor Alexander und den Seleukiden gegründet worden waren.

Daneben trafen die Seleukiden auch auf exotische Gegner wie etwa die Kelten oder Galater, die als marodierende Söldner Kleinasien unsicher machten. Das Seleukidenreich ist also gleichsam ein Synonym für einen multikulturellen Staat und das macht es für die Archäologie so außerordentlich schwierig, charakteristische Gemeinsamkeiten herauszuarbeiten. Erschwerend kommt hinzu, dass uns

4 Marmorstatuette einer Aphrodite aus Dura-Europos. Arme und Kopf waren separat gearbeitet und mit Eisendübeln am Körper befestigt. 2.–1. Jh. v. Chr. Paris, Musée du Louvre, Département des Antiquités Orientales, Inv. Nr. AO 20126 (Kat. Nr. 212).

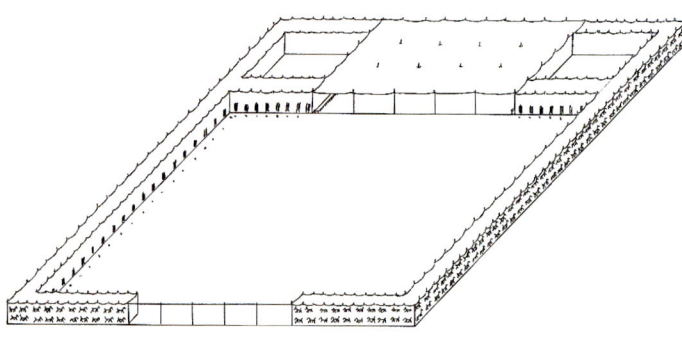

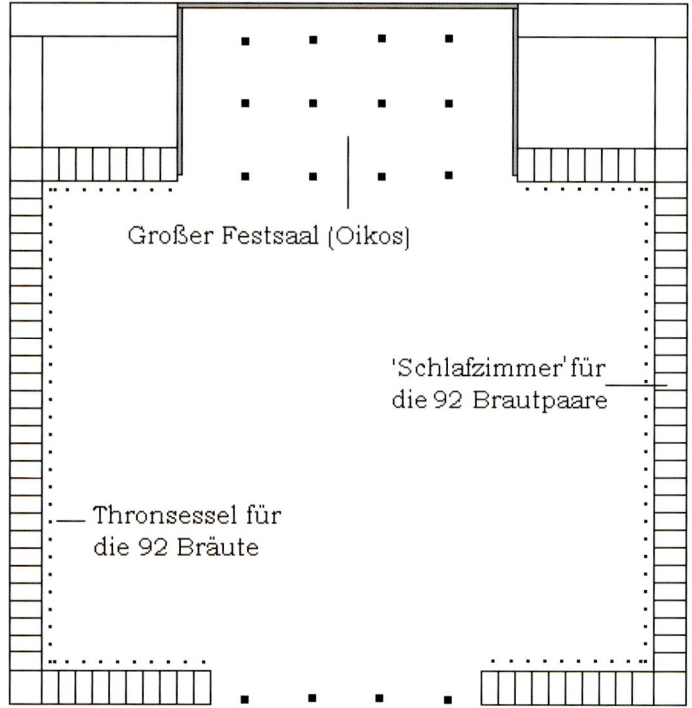

1, 2 Festzelt von Susa (Rekonstruktion).

bisher spektakuläre Funde aus den großen Zentren verwehrt blieben. Es wird also nicht einfach sein, ein Bild der seleukidischen Kunst zu formen.

Diese Schwierigkeiten sind indes nicht typisch für die gesamte hellenistische Welt. Im Gegenteil, in den Jahrhunderten nach Alexander kennen wir verschiedene Kunstlandschaften. Man denke nur an Makedonien mit seinen repräsentativen Palästen und den reichen Gräbern und Grabfunden. Selbst die makedonische Ornamentkunst unterscheidet sich von der des klassischen Griechenland und wir werden einige Details im Seleukidenreich wiederfinden. Es sind solche Besonderheiten, die es uns normalerweise erlauben, landschaftliche Präferenzen innerhalb der griechischen Gesamtkultur (der *koiné*) herauszuarbeiten. Dabei geht es bei einer Kunstlandschaft nicht um eine grundsätzliche Unterscheidung auf allen Ebenen, angefangen von der Architektur bis zu den Luxusgütern oder der Dekorationskunst, es geht vielmehr um die Diagnose von Besonderheiten, die in der einen Landschaft häufiger auftreten als in der anderen. Unser Augenmerk gilt also nicht grundsätzlichen Unterschieden, sondern vielmehr landschaftlichen Präferenzen.

Besonders eindrucksvoll ist ein Vergleich mit dem ptolemäischen Ägypten. Dort können wir unschwer verfolgen, wie sich Ägyptisches und Griechisches nebeneinander behaupten. Außerdem fanden hier noch lange nach der Etablierung ptolemäischer Herrschaft im Jahre 322/21 v. Chr. achämenidische Formen Verwendung,[2] ein Aspekt, der für uns noch bedeutsam werden wird. Ungeachtet der aus Makedonien stammenden Ptolemäer-Dynastie bleibt das Land am Nil immer pharaonisch geprägt, so dass man selbst in der Antike konstatierte, dass die von Alexander dem Großen gegründete Hauptstadt Alexandria eigentlich nicht ‚in' Ägypten, sondern ‚bei' Ägypten liege.

Am anderen Ende der hellenistischen Welt, im antiken Baktrien, manifestieren sich zahlreiche nicht-griechische Bauformen bei Tempeln und Palastanlagen, die Zeugnis ablegen vom Weiterbestehen altorientalischer Traditionen, eine Beobachtung, die sich auch im Bereich der Luxusgüter aus Edelmetall machen lässt. Es ist also die besondere Mischung, die eine Kunstlandschaft so unverwechselbar macht.

Das Hochzeitszelt von Susa – am Anfang einer Dynastie

Die Seleukiden-Dynastie nimmt ihren Anfang im Jahre 324 v. Chr. In diesem Jahr arrangierte Alexander der Große im iranischen Susa eine Massenhochzeit von 92 Männern seines engsten Umfeldes mit Frauen aus der orientalischen Oberschicht. Zu diesem Zweck ließ er ein gigantisches Hochzeitszelt errichten, das nicht weniger als 200 x 200 m maß (Abb. 1; 2). Die Beschreibung dieser Hochzeit und des Zeltes ist bei dem antiken Autor Athenaios erhalten, der sich auf einen zeitgenössischen Text stützt.[3]

Geheiratet wurde nicht nach makedonischem, sondern nach iranischem Ritus. Dazu passt, dass die Zeltleinwand nach orientalischer Sitte mit allerlei Tierfiguren geschmückt war. Da der König wohl nicht zu Unrecht fürchtete, so mancher seiner konservativen Gefolgsleute könnte sich insgeheim einer Ehe mit einer Orientalin verweigern, verordnete er allen eine fünftägige Hochzeitsfeier – anscheinend lag ihm sehr daran, dass die Ehen auch tatsächlich vollzogen wurden. Das bizarre Fest könnte man salopp unter das Motto stellen: Ein Weltreich bittet zum Sex. Alexander selbst heiratete bei diesem Anlass gleich zwei Töchter des letzten persischen Großkönigs. Und Seleukos ehelichte damals Apame, die Tochter eines sogdischen Adeligen. Aus dieser Verbindung entsprang sein Sohn und späterer Mitregent Antiochos I., der schließlich auch sein Nachfolger werden sollte. Die Wurzeln der neuen Dynastie waren somit halborientalisch, ganz im Gegensatz zum Hause der Ptolemäer in Ägypten. Dennoch galt das Seleukidenreich noch den Römern als *imperium macedonicum*, als makedonisches Reich.[4]

Das Hochzeitszelt umschloss einen gewaltigen Hof, in dem eine Reihe hochrangiger Künstler zur Belustigung der Gäste auftrat. Gerahmt wurde dieser Hof von 92 Hochzeitsgemächern, während an der Stirnseite ein gewaltiger Festsaal mit 100 Speisesofas (Klinen) auf die Bräutigame wartete. Versucht man diese Vorgaben in einem Grundriss unterzubringen, dann wird die Struktur dieses Festzelts deutlich.

Der Gedanke, das gewaltige Areal um einen Innenhof zu ordnen, ist eindeutig der makedonischen Palastarchitektur entlehnt.[5] Doch ein typisch makedonischer Palast besitzt einen wesentlich kleineren Hof und niemals einen Säulensaal als Festhalle. Diese überdimensionierte Festhalle erinnert vielmehr an die Thronsäle der achämenidischen Könige.[6]

Architekturgeschichtliche Parallelen für den weitläufigen Hof mit dem dahinterliegenden zentralen Festsaal sind Paläste und palastähnliche Bauten des späten 3. bzw. frühen 2. Jhs. v. Chr. im baktrischen Ai Khanoum.[7] Im Festzelt von Susa mag sich also bereits so etwas wie ein Palasttyp des hellenisierten Orients ankündigen. Im eigentlichen seleukidischen Kernland suchen wir dagegen entsprechende Hofanlagen vergeblich. Doch nachdem die zentralasiatischen Parther die Seleukiden in weiten Teilen des Vorderen Orients abgelöst hatten, erscheinen in ihren Palästen verwandte Strukturen.[8] Auch dort öffnen sich auf die Höfe mächtige Hallen, ein Architekturmotiv, das später als Aiwan in die islamische Architektur eingehen wird.

Antiochos II. Theos und das Grabmal von Belevi

Wie schwierig es ist, selbst bei repräsentativer Architektur genuin Seleukidisches zu erkennen, demonstriert exemplarisch das Grabmal von Belevi in der Nähe von Ephesos in der Westtürkei. Die Forschung hat mit guten Gründen in dem monumentalen Bau das Grabmal Antiochos' II. erkannt, der im Jahre 246 v. Chr. in Ephesos unter dubiosen Umständen gestorben war, und das bedeutet, dass wir hier ein seleukidisches Königsgrab vor uns haben (Abb. 3).[9] Das Grabmal besteht aus einem mächtigen Felsensockel, aus dem die Grabkammer herausgeschlagen wurde. Darüber thronte einst ein heute nur noch in Fragmenten erhaltener Säulenaufbau als erstes Stockwerk.

Fragt man nach den architekturgeschichtlichen Parallelen, dann zeigt sich schnell, dass wir es hier nicht mit seleukidischer Reichsarchitektur, sondern mit einer in Kleinasien wohlbekannten Bauform zu tun haben. Eine der besten Parallelen ist ausgerechnet eines der Sieben Weltwunder: Das Grabmal des Maussolos in Halikarnass. Diese monumentale Anlage entstand bereits gegen 350 v. Chr. und somit lange vor dem Aufstieg der Seleukiden.[10] Wieder zeigt sich, dass unsere Dynastie weniger auf ein eigenständiges imperiales Repertoire zurückgriff, als vielmehr auf lokale Vorgaben. Wäre der Seleukide im Iran verstorben, sein Grabmal hätte womöglich einem achämenidischen Königsgrab entsprochen.

Theater und Gymnasium – Die Städtegründungen der Seleukiden

Schon relativ kurz nach dem Aufstieg des Seleukidenreiches begannen Seleukos I. und sein Sohn Antiochos I. mit der Gründung neuer Metropolen.[11] Die neue Hauptstadt wurde das mesopotamische Seleukia am Tigris, und Antiochos gründete Antiochia an der Mündung des Orontes in Syrien. Seleukia wurde nach griechischem Muster mit sich rechtwinklig kreuzenden Straßen gleichsam auf dem Reißbrett entworfen.[12] Die Stadt unterschied sich also nicht von zahlreichen anderen Städtegründungen der hellenistischen Zeit. Antiochia erhielt mit der legendären Monumentalstatue der Tyche zudem eine griechische Stadtgottheit, die deutlich machte, dass es sich hier um eine griechische Stadt handelte.[13]

Andererseits ist eine genuin griechische Stadt (eine *Polis*) eigentlich ein eigener Staat, was in einer Monarchie durchaus unerwünscht war. Das bedeutet jedoch nicht, dass die Städtegründungen der Seleukiden nicht viele der für griechische Poleis so charakteristischen Bauten aufweisen würden. Zu einer typisch griechischen Stadt gehörte zunächst ein Gymnasion, dann ein Rathaus (*Bouleuterion*) sowie ein Archiv, ein Marktplatz (*Agora*) sowie nicht zuletzt ein Theater. Erst wenn in einer Siedlung all diese Gebäude versammelt waren, konnte man aus architektonischer Sicht von einer Stadt sprechen. Entscheidend war jedoch nicht die architektonische Form, sondern die Funktion. So waren in einem griechischen Gymnasion nicht nur die Bildungsaktivitäten konzentriert, dort vollzog sich auch die körperliche Ertüchtigung der männlichen Bevölkerung. Darüber hinaus wurde im Gymnasion die männliche Bevölkerung der Stadt organisiert – „die vom Gymnasion" bildeten gleichsam die stimmberechtigte Einwohnerschaft.

Aus diesem Blickwinkel ist es hochinteressant, dass nicht nur im fernen baktrischen Ai Khanoum, sondern auch in der mesopotamischen Metropole Babylon[14] ein griechisches Gymnasion gefunden wurde. In Babylon ist das Gymnasion kombiniert mit dem Theater, und die eigentliche Sportarena ist auf die Palästra beschränkt. Man würde sicherlich zu weit greifen, Babylon als griechische Stadt zu apostrophieren. Der Theater-Palästra-Komplex zeigt nur, dass man durchaus bemüht war, auch in orientalischem Umfeld griechische Architekturakzente zu setzen.

Babylon existierte natürlich bereits seit Jahrhunderten, doch Ai Khanoum wurde ganz im Sinne einer griechischen Stadt im 3. Jh. v. Chr. gegründet. Ganz wie in griechischen Poleis verehrte man dort in einem Heiligtum den Stadtgründer. Ob die Stadt jedoch je eine unabhängige Polis war, darf ernsthaft bezweifelt werden.

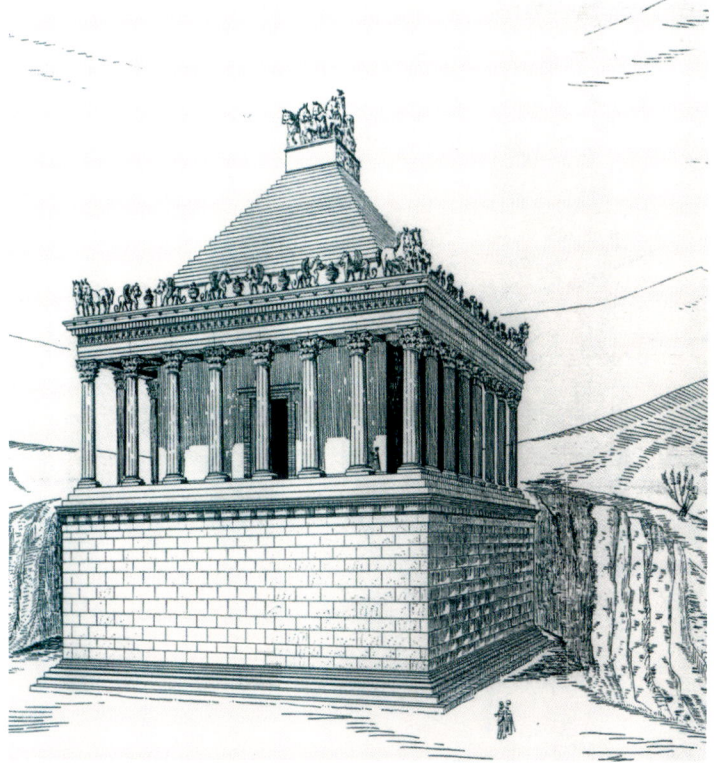

3 Grabmal von Belevi bei Ephesos (Rekonstruktion).

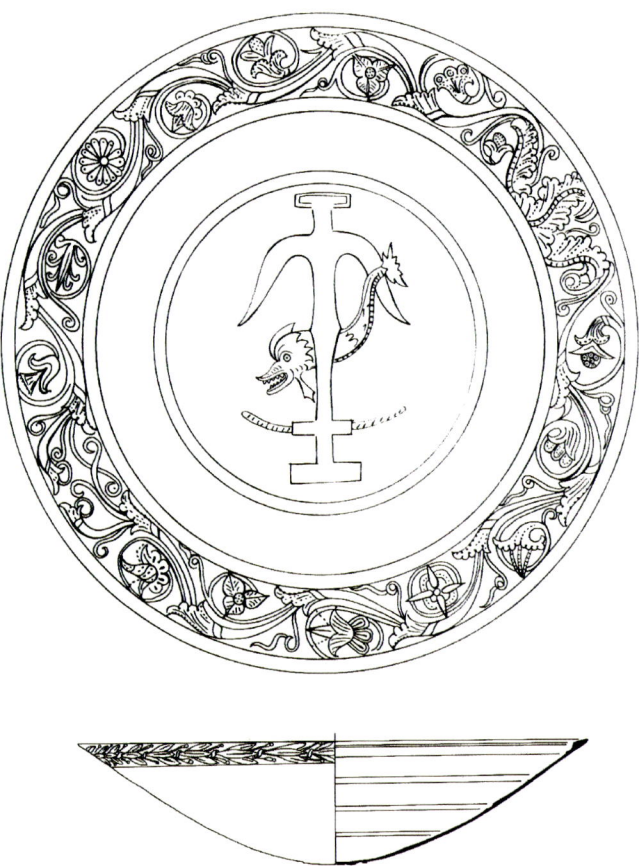

5 Silberschale. Malibu/USA, J. Paul Getty Museum, (Querschnitt, Blütenranke und Ankermedaillon).

Antiochos IV. und der seleukidische Königskult

Als die seleukidische Stellung im Iran und Mesopotamien im 2. Jh. v. Chr. ins Wanken geriet, versuchte Antiochos IV. Epiphanes in Anlehnung an andere hellenistische Dynasten einen Königskult zu forcieren, um den auseinanderdriftenden Kulturen seines Reiches eine vereinheitlichende Herrscherideologie zu bieten. Vor diesem Hintergrund wurde verschiedentlich angenommen, dass Fragmente einer überlebensgroßen Bronzestatue aus einem Heiligtum bei Shami im Iran zu einer Porträtstatue eines seleukidischen Königs gehörten.[15] Die Statue wurde gewaltsam zerstört und legt letztlich Zeugnis ab für den Zusammenbruch seleukidischer Macht und für den Aufstieg der Parther und ihres Königshauses, der Arsakiden.

In dem Heiligtum fand sich neben dieser übel zugerichteten Skulptur auch die weitgehend intakte Bronzestatue eines Parthers.[16] Es handelt sich nicht um einen König, wohl jedoch um einen Fürsten. Man darf somit annehmen, dass das Heiligtum unter den Parthern weiterbestand.

Eine ägyptische Göttin aus einem seleukidischen Heiligtum

Nicht selten werden im hellenistischen Osten griechische, ja selbst ägyptische Gottheiten, entdeckt, die man eigentlich im fernen Persien nicht so ohne weiteres erwarten sollte. Auch hier zeigt sich wieder, dass die hellenistische Welt über grenzübergreifende Ideen und Konzepte verfügt hat.

Ein Beispiel dafür bildet eine kleine bronzene Statuette der ägyptischen Göttin Isis aus einem Heiligtum im iranischen Nihavand, die an ihrer ägyptischen Götterkrone unschwer zu erkennen ist.[17] Aus der Sicht des Landes am Nil war Isis die Schöpferin der Welt. Die Griechen verbanden sie oftmals mit Aphrodite, aber auch mit Demeter, der Göttin der Fruchtbarkeit. Unsere kleine Statuette ist in rein griechischem Stil gehalten und folgt einem im ptolemäischen Ägypten weit verbreiteten Typus. Der Künstler verzichtete jedoch auf den für Isis typischen, zwischen den Brüsten geknoteten Mantel. Zusätzlich zur ägyptischen Götterkrone trägt unsere Seleukiden-Isis ein geschwungenes Füllhorn, das sie ebenfalls als Schicksalsgöttin Tyche ausweist. Die Kombination von Isis und Tyche findet sich zugleich bei Darstellungen ptolemäischer Königinnen.[18] In Nihavand liegt also eine Anspielung auf ein königliches Götterbild vor uns, dessen Wurzeln im fernen Ägypten liegen, obwohl die kleine Bronze einen völlig griechischen Eindruck hinterlässt. Man sollte hier nicht vergessen, dass im 3. und 2. Jh. v. Chr. einige Ptolemäerprinzessinnen an den Seleukidenhof verheiratet wurden und dort politisch hochbedeutende Aktivitäten entfalteten. Dies gilt vor allem für die legendäre Kleopatra Thea, die im 2. Jh. v. Chr. gleich mehrere Seleukiden heiratete und mit ihnen zusammen regierte.[19]

Wir müssen also davon ausgehen, dass mit dem Seleukidenreich auch griechische Skulptur im Orient heimisch wurde. Dies bezeugt ebenfalls eine hoch qualitätvolle Marmorstatue aus Dura Europos, wohl eine Aphrodite (Abb. 4/Startabb.). Diese Statue könnte indes an jedem anderen Ort der hellenistischen Welt gefunden worden sein. Die Skulptur vertritt die griechische Bildhauerei des 2. Jhs. v. Chr., sie steht jedoch nicht explizit für eine seleukidische Kunst.

Anker und Delfin

Lassen wir die bisher zitierten Denkmäler Revue passieren, dann wird erkennbar, dass unser Problem nicht darin liegt, dass uns keine Monumente der Seleukidenzeit bekannt wären, die Schwierigkeit liegt eher darin, dass es sich um Einzelstücke handelt.

Ist uns allerdings eine Denkmälergruppe in größerer Zahl erhalten, so stehen wir auf sichererem Grund. Dies gilt insbesondere für eine Gruppe von Silberschalen, die seit Jahrzehnten immer wieder im internationalen Kunsthandel erscheinen (Abb. 5).[20] Die Trinkgefäße sind sämtlich ohne Fuß und Henkel gearbeitet und beinahe alle im Schaleninneren mit vergoldeten Ornamenten geschmückt. Dass es sich tatsächlich um vorderasiatische Erzeugnisse handelt, beweisen die aramäischen Inschriften einiger Exemplare, die ihr Gewicht in parthischen Drachmen verzeichnen. Der Dekor ist weitgehend ornamental und favorisiert das Prinzip der Blütenranke. Dieses Ornament stammt ursprünglich aus dem italischen beziehungsweise makedonischen Umfeld, spielt dort jedoch eine ganz untergeordnete Rolle und wird nun auf unseren Silberschalen zum dominierenden Motiv.

Wir kennen diese fuß- und henkellosen Schalen auch aus anderen Gegenden der hellenistischen Welt, etwa aus Unteritalien und Sizilien oder aus dem ptolemäischen Ägypten, doch tragen diese Beispiele niemals unseren charakteristischen Dekor. Blicken wir zu den

Ostgrenzen der seleukidischen Sphäre, etwa nach Baktrien, dann zeigen uns die großen Schatzfunde, wie etwa der im Miho-Museum/Japan befindliche Komplex, dass unsere Rankenschalen dort nicht vertreten sind (Abb. 6).

Es scheint sich bei unseren Schalen also um Luxusgüter zu handeln, die vor allem im Iran verbreitet waren. Da der Dekor rein griechisch anmutet, liegt es nahe, hier etwas typisch Seleukidisches zu erkennen. Diese These wird noch zusätzlich durch ein mehrfach belegtes Medaillonmotiv im Schaleninneren gestützt, das den charakteristischen Seleukidenanker zeigt, gleichsam das Wappen der Seleukiden-Dynastie (vgl. Abb. 5).[21]

Der Anker erinnerte an die Abstammung der Familie von dem griechischen Gott Apollon. Der dynastischen Legende zufolge wurde Seleukos Nikator von Apollon persönlich gezeugt, wobei der Gott als Zeichen seiner Vaterschaft einen Ring mit dem Bild eines Ankers zurückließ. Seither trugen die Seleukiden angeblich ein Muttermal in Form eines Ankers. Konsequenterweise erscheinen Anker und Apollon auf zahllosen Münzen des seleukidischen Reiches. Wir hätten auf unseren Schalen also definitiv ein genuin seleukidisches Motiv vor uns, würde sich nicht um jeden Anker ein Delfin schlingen.

Die Kombination von Delfin und Anker kann eigentlich nicht erstaunen, doch sucht man sie vergeblich auf seleukidischen Münzen. Angesichts der aramäisch-parthischen Gewichtsangaben auf einigen unserer Schalen darf man sich fragen, ob die Embleme nicht noch eine zusätzliche Bedeutungsebene aufweisen, denn der Delfin oder der Fisch war anscheinend über Jahrhunderte hinweg das Symbol der Reiternomaden Zentralasiens. Selbst wenn Anker und Delfin ursprünglich ein rein seleukidisches Symbol gewesen sein sollten, dann wäre es denkbar, dass die parthischen Benutzer für das Ankermotiv noch eine eigene Deutung kannten. Pikant ist dabei, dass sich die parthischen Eroberer gleichsam als Rechtsnachfolger der Seleukiden betrachteten. Das würde auch die Popularität derartiger Schalen erklären.

Dass die griechisch verzierten Anker-Schalen ursprünglich dem seleukidischen Repertoire entstammten, liegt also auf der Hand. Zugleich illustrieren diese Gefäße jedoch auch die Vorliebe der Parther für griechische Kunsterzeugnisse. Als die Parther den Iran und später Mesopotamien eroberten, hätten sie auch eine Präferenz für orientalische Kulturgüter entwickeln können, aber sie firmieren auf ihren Münzen definitiv als *Philhellenoi*, als Freunde der Griechen. Die neuen Eroberer standen also gewissermaßen kulturell an der Seite der alten Eroberer, eine durchaus seltsame Allianz.

Dass der Begriff *Philhellenos* keineswegs nur ein Lippenbekenntnis war, zeigt schlaglichtartig eine Episode nach der Schlacht von Carrhae. Im Jahre 53 v. Chr. hatte ein parthischer Fürst den römischen Feldherrn Crassus vernichtend geschlagen. Dem gefallenen Crassus schlug man den Kopf ab und überbrachte ihn triumphierend dem Partherkönig. Man erzählt sich, dass der König gerade dabei war, im Theater eine griechische Tragödie zu genießen. Die Anekdote besitzt gleich mehrere Pointen. Sie erzählt nicht nur von einem der düstersten Momente der Römer und von der Begeisterung der nomadischen Parther für die griechische Kultur, sie lehrt auch, dass nicht jedes Theater in einer orientalischen Stadt automatisch einen griechischen Hintergrund besitzen muss. Es kann durchaus sein, dass wir ein Zeugnis der Akkulturation vor uns haben, gleichsam ein Sinnbild

für den hellenisierten Orient, in dem die Orientalen mitunter genuin griechische Traditionen übernahmen.

Künstlersignaturen

Dass der Stil eines Denkmals nicht entscheidend ist für die Frage, wer es in Auftrag gegeben hat oder wer der Künstler war, zeigen nicht minder eindrucksvoll zwei silberne Panther- oder Luchsrhyta im J. Paul Getty Museum/USA (Abb. 7).[22] Der Silberschmied gab den Raubtieren Halsbänder, möglicherweise eine Anspielung auf gezähmte Tiere. Der Stil ist definitiv nicht orientalisch, doch die Verwendung eines Luchses kennen wir als Protome von Rhyta bisher vor allem im Vorderen Orient.

Der Künstler trägt nach Ausweis der aramäischen Inschriften einen iranischen Namen, der jedoch bisher nicht entziffert werden konnte. Signaturen sind bei Silberarbeiten extrem selten und wenn überhaupt nur im griechischen und nicht im orientalischen Kunst-

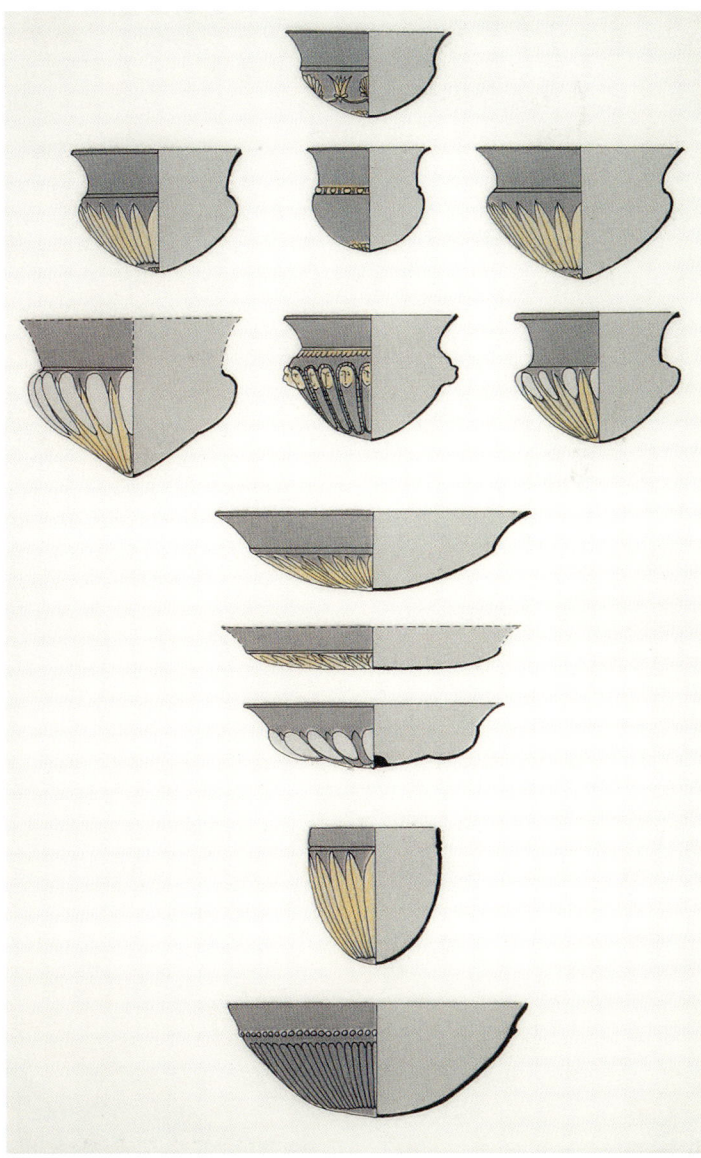

6 Gefäße des baktrischen Schatzes im Miho-Museum/Japan (Skizze Verfasser).

handwerk bekannt. Der Stolz des Silberschmieds drückt sich zwar in iranischen Worten aus, er folgt aber im Prinzip griechischen Künstlersignaturen. Auch dies ist sicherlich ein Zeichen der Akkulturation.

Die griechische Seite illustriert hingegen ein bekannter Frauenkopf aus Marmor mit orientalischer Zinnenkrone.[23] Der Porträtkopf stammt aus der alten achämenidischen Metropole Susa. Es handelt sich wahrscheinlich nicht um eine Göttin, sondern um eine parthische Königin. Das Zinnenmotiv stammt bereits aus der achämenidischen Zeit. Der Stil des Kopfes ist ausschließlich griechischer Kunst verpflichtet. Signiert hat der Bildhauer „Antiochos, der Sohn des Dryas" in griechischer Schrift direkt über der Stirn der Fürstin mitten auf der Zackenkrone. In Griechenland hätte man niemals eine Signatur an so prominenter Stelle angebracht. Die griechische Signatur, vielleicht auch der griechische Name des Künstlers, scheint also ein Wert an sich gewesen zu sein.

Man sollte sich jedoch nicht von griechischen oder orientalischen Namen täuschen lassen. Ein griechischer Name muss nicht notwendigerweise für griechische Abkunft stehen, und auch aus einer griechischen Familie oder aus einer Mischehe mag durchaus ein Kind mit orientalischem Namen entsprungen sein. Wir bewegen uns hier in einer multikulturellen Welt.

Das Weiterleben orientalischer Kunst im hellenistischen Osten

Vor der hellenistischen Zeit hatte die achämenidische Kunst für zwei Jahrhunderte den Vorderen Orient dominiert. Im gigantischen Großreich der Seleukiden bildeten die griechischen Einwanderer wahrscheinlich nicht mehr als eine kleine Minderheit. Angesichts dieser Zahlenverhältnisse ist es durchaus staunenswert, dass wir heute überhaupt von einem hellenisierten Orient sprechen.

Das Beispiel Ägyptens lehrt, dass man nach der griechischen Machtübernahme, ja selbst noch unter den römischen Kaisern, 700 Jahre lang Tempel in rein pharaonischem Stil errichtete, die der Laie meist nicht von altpharaonischer Architektur unterscheiden kann. Auch im Seleukidenreich ist davon auszugehen, dass Millionen von Orientalen ihren Kulturtraditionen verhaftet blieben. Zudem war das Seleukidenreich auch noch ein orientalischer Vielkulturen-Staat.

Die Archäologie benimmt sich jedoch gelegentlich so, als hätten die orientalischen Kulturen mit dem Eindringen Alexanders ihre kulturelle Eigenständigkeit verloren. Die Forschung hat sich daran gewöhnt, undatierte Zeugnisse auf stilistischem Wege einzelnen Kulturen zuzuweisen. Alles, was altorientalisch und vor allem achämenidisch anmutet, wird in der Regel in die Zeit vor Alexander datiert. Der Alexanderzug bildet in der Wahrnehmung der Wissenschaft häufig so etwas wie eine kulturelle Wasserscheide, eine vereinfachende Sichtweise, die Datierungen im Einzelfall völlig willkürlich macht. Dass dies schwerlich der Realität entsprochen haben kann, liegt angesichts des Überwiegens des orientalischen Elementes innerhalb der Bevölkerung des hellenisierten Orients auf der Hand.

Inschriftliche wie auch archäologische Zeugnisse demonstrieren das Weiterleben des altorientalischen Repertoires im hellenistischen Orient. Als die Seleukiden im frühen 3. Jh. v. Chr. kostbare Gefäße in das Apollon-Heiligtum von Didyma in Kleinasien stifteten, zeigt uns

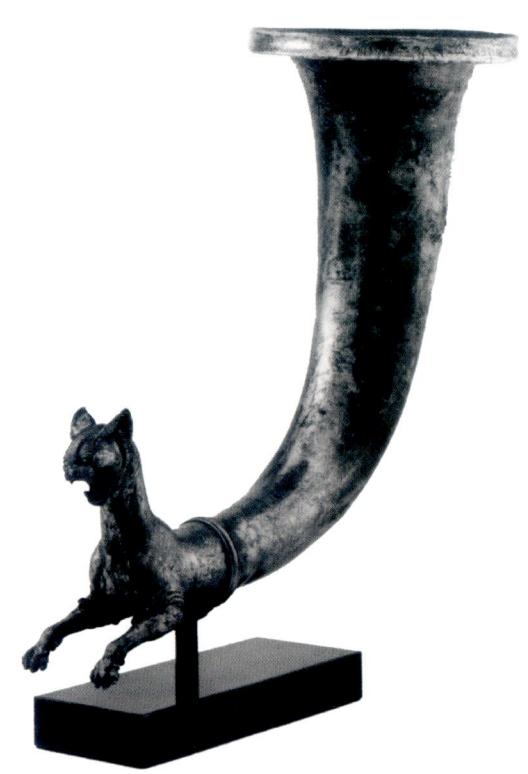

7 Silbernes Rhyton mit Ausguss in Form eines Luchses. Malibu/USA, J. Paul Getty Museum, Inv. Nr. 86.AM.752,2.

die antike Beschreibung unmissverständlich, dass zumindest ein Teil dieser mit Edelsteinen besetzten Gefäße von achämenidischem Stil gewesen sein muss.[24]

Auch ein höchstwahrscheinlich aus Baktrien stammender, vor einigen Jahren in das Miho-Museum bei Osaka gelangter Silberschatz zeigt, dass das achämenidische Formengut im baktrischen Raum zumindest im Bereich der Gefäßformen noch nach Generationen immer wieder über das griechische Fremdrepertoire triumphierte (Abb. 6).[25] So gehört zu diesem Schatz eine ganze Reihe der typischen achämenidischen Becher, eine der Leitformen des versunkenen Achämenidenreiches.

In welchem Ausmaß die Forschung den Orient ausblendet, zeigt auch exemplarisch der Ende des 19. Jhs. im heutigen Pakistan auf dem Kunstmarkt erworbene Oxos-Schatz.[26] Der Schatz stammt, wie sein Name schon sagt, aus dem antiken Baktrien und wurde an den Ufern des Amu-Darja, des antiken Oxos, gefunden. Obwohl dieser Schatz mit Dutzenden von Münzen erworben wurde, die bis in das 2. Jh. v. Chr. hinein streuen und nahezu ausschließlich der hellenistischen Zeit angehören, ging die Forschung ganz selbstverständlich davon aus, dass die Goldarbeiten im Schnitt 200 Jahre älter sein müssten als die numismatischen Zeugnisse. Ein absolutes Unding. Dabei genügt ein Blick auf den Schmuck und die anderen Goldarbeiten, um eine Reihe nicht-achämenidischer Charakteristika zu diagnostizieren. Dies bedeutet jedoch, dass ein erheblicher Prozentsatz dieser Fundstücke in Analogie zu den Funden im Miho-Museum ebenfalls erst der hellenistischen Zeit angehört und dass der Schatz zumindest in Teilen erst lange nach dem Alexanderzug entstand. Das bedeutet natürlich nicht, dass in diesem großen Schatz nicht auch achämenidische Originale enthalten sind, es zeigt nur, dass wir mit einer postachämenidischen Fundmasse rechnen müssen, auch wenn diese Zeugnisse auf den ersten Blick achämenidisch wirken.

In diesen Kontext gehört in gewisser Weise auch das berühmte Alexandermosaik, das wahrscheinlich der Schlacht von Issos des Jahres 333 v. Chr. gewidmet ist. Angesichts des Detailreichtums der Darstellung, die sicherlich auf das dem Mosaik als Vorbild dienende Gemälde zurückgeht, hat die Forschung auf eine zeitnahe Darstellung geschlossen. Doch die zahllosen Militaria, angefangen vom Wagen des Großkönigs über die Zaumzeuge bis hin zu den Waffen, zeigen, dass dieses Bild nicht die Alexanderzeit, sondern den hellenistischen Orient porträtiert.[27] Die Darstellung auf dem Alexandermosaik belegt, dass die materielle Kultur des Orients noch Jahrhunderte fortbestand und sich nur sukzessive mit griechischen Formen mischte.

Der hellenisierte Orient ist also keine in sich geschlossene, monolithe Kulturepoche wie die griechische Klassik, die in Griechenland unweigerlich die griechische Archaik als Formensprache ablöste. An der Seite des hellenisierten Orients stand immer der weiterbestehende Alte Orient.

Angesichts der riesigen geographischen Ausdehnung stellt gerade die Rekonstruktion seleukidischer Kunst die Forschung bis heute vor allergrößte Probleme, doch zeigt das Beispiel des Tafelsilbers, dass wir mit unserer Suche nicht vor einer wissenschaftlichen Unmöglichkeit stehen. Es scheint eher eine Zeitfrage zu sein, bis uns der Zufall mit repräsentativen Monumenten versorgt, um der Frage nach einem seleukidischen Repertoire Schritt für Schritt näherzukommen.

---

1 Schmitt 2005, 964f. Dort auch reiche Literaturangaben.
2 Pfrommer 1999, 37–40 (mit Literatur).
3 Athen. 12, 539d–540a (basierend auf einem zeitgenössischen Text des Chares).
4 Edson 1958, 153–170.
5 Zu makedonischen Palästen: Hoepfner/Brands 1996. Grundlegend Heermann 1986. Vgl. auch Pfrommer 1999, 93–124.
6 Trümpelmann 1988, 40 Abb. 30.
7 Lauter 1986, 282ff. Abb. 80.
8 Etwa der Partherpalast von Assur: Colledge 1967, 122 Abb. 29.
9 Praschniker/Theuer 1979; Pfrommer 1987, 153 (mit Literatur).
10 Waywell 1990, 134–163.
11 Schmitt/Schwartz 2005, 1026ff.
12 Held 2003; Held 2004, 23–26.
13 Zu römischen Kopien dieser Figur des Eutychides vgl.: Dohrn 1960.
14 Koldewey 1990, 293ff. Abb. 253–254.
15 Ghirshman 1962b, 20f. Abb. 26. 27; Fleischer 2001, 227–229.
16 Rostovtzeff 1955, Text und Tafel 98; Ghirshman 1962b, Abb. 99; Invernizzi 2001, 239f. Abb. 1.
17 Ghirshman 1962b, 19 Abb. 23 B; Invernizzi 2001, 247 f. (mit einer Datierung um die Zeitenwende).
18 Thompson 1973; Pfrommer 2001b, 79ff.
19 Schmitt 2005, 977–978.
20 Pfrommer 1993, 110–143, Nr. 1–17.
21 Pfrommer 1993, 23–26.
22 Pfrommer 1993, 186–190, Nr. 71 und 73.
23 Ghirshman 1962b; 96 Abb. 107 B; Parlasca 2002, 407–414 (vielleicht die Partherkönigin Musa, die Frau von Phraates IV.).
24 Welles 1934, 33ff.; Pfrommer 1987, 148.
25 Pfrommer 2005, 180 Abb. 68 (oberste drei Reihen: Achämenidische Becher). Zum Achämenidischen Becher vgl. Pfrommer 1987, 42–74.
26 Pfrommer1990, 291f. FK 182; Curtis 1997, 231–249.
27 Pfrommer 1998.

Literatur

Colledge 1967; Curtis 1997; Dohrn 1960; Edson 1958; Fleischer 2001; Ghirshman 1962b; Heermann 1986; Held 2003; Held 2004; Hoepfner/Brands 1996; Invernizzi 2001; Koldewey 1990; Lauter 1986; Parlasca 2002; Pfrommer 1987; Pfrommer 1990; Pfrommer 1993; Pfrommer 1998; Pfrommer 1999; Pfrommer 2001b; Pfrommer 2005; Praschniker/Theuer 1979; Rostovtzeff 1955; Schmitt/Vogt 2005; Schmitt 2005; Schmitt/Schwartz 2005; Thompson 1973; Trümpelmann 1988; Waywell 1990; Welles 1934.

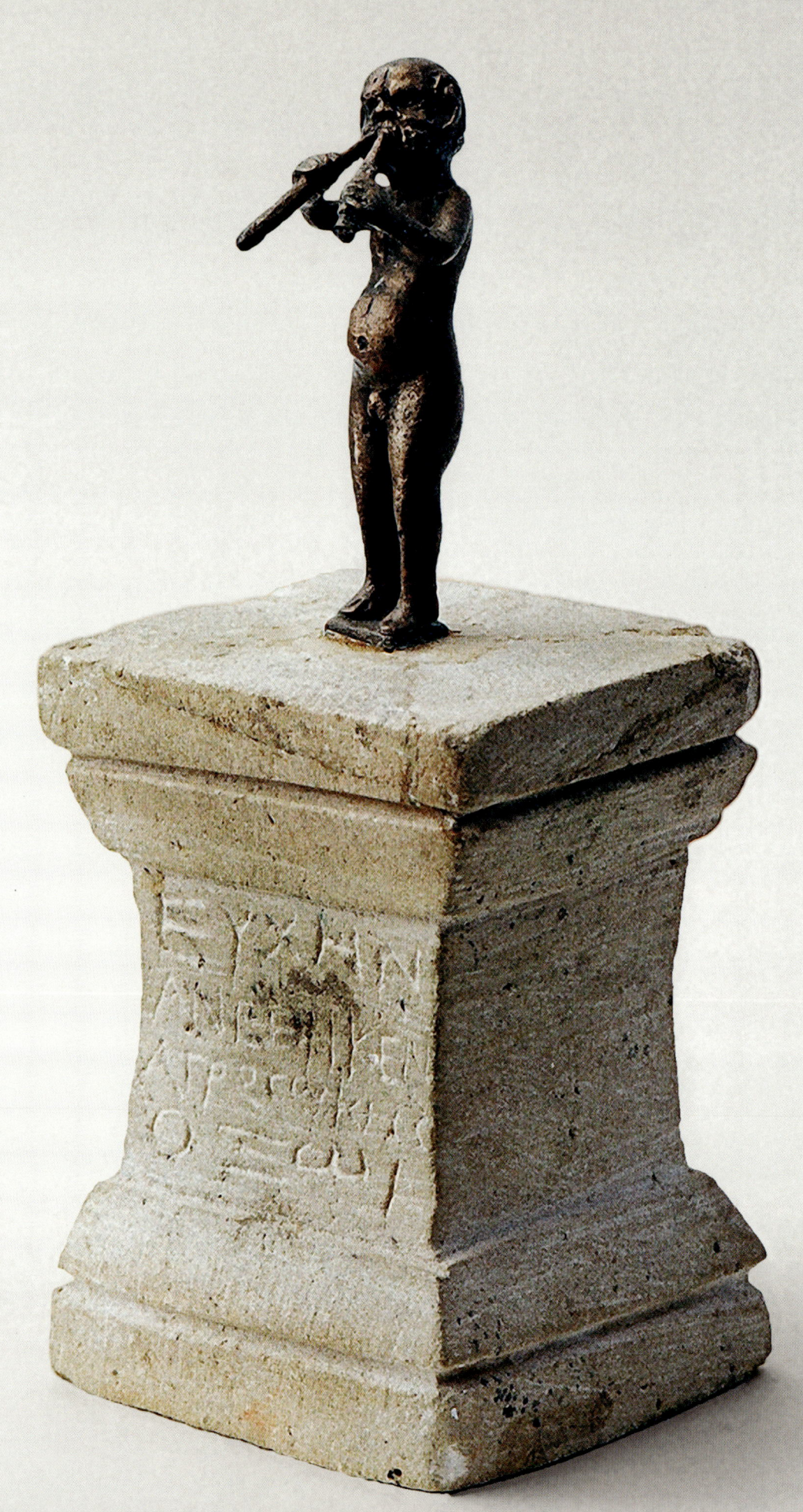

Heiligtümer und Kulte im hellenistischen Baktrien und Babylonien – ein Vergleich

Gunvor Lindström

Die Geschichte des Orients in den vergangenen Jahrhunderten ist durch viele Fremdherrschaften gekennzeichnet: Zu den prominentesten Eroberern dieser Gebiete gehört Alexander der Große. Nachdem seine Truppen die Perser bei Gaugamela im Jahr 331 v. Chr. vernichtend geschlagen haben, wurde Alexander zum Herrscher über Asien – ein Gebiet, das sich damals von den Küsten des Mittelmeers über Mesopotamien und Iran und das heutige Afghanistan hinweg bis an den Indus erstreckte. Damit begann die hellenistische Epoche des Orients – eine Phase griechischen Einflusses, der selbst dann noch wirksam blieb, als die Nachfolger Alexanders in der Mitte des 2. Jhs. v. Chr. weite Teile des Reiches verloren hatten.

Der Wechsel von persischer zu griechischer Herrschaft hatte im Alltag der einheimischen Bevölkerungen zunächst nur wenig tiefgreifende Auswirkungen. Wie allen Eroberern ging es den griechischen Herrschern vornehmlich darum, einen finanziellen Nutzen aus den eroberten Gebieten zu ziehen. Zu diesem Zweck richteten die Seleukiden, die Alexanders Erbe im Osten angetreten hatten, königliche Behörden ein, die den Handel kontrollierten und für die Erhebung von Steuern zuständig waren (Abb. 1). Dies ist durch epigraphische Quellen und antike Autoren zwar hauptsächlich für Kleinasien, Syrien und Mesopotamien belegt, lässt sich aber auch für die übrigen Regionen des Reiches annehmen. Für die Ausübung ihrer Herrschaft sowie der Kontrolle des Reiches und ihrer Untertanen konnten die Seleukiden auf Strukturen zurückgreifen, die sie von den Achämeniden übernommen hatten: die Einteilung des Herrschaftsgebietes in Satrapien, ein gut organisiertes Straßen- und Kommunikationssystem, eine Administration mit ähnlichen Strukturen und Ämtern in den verschiedenen Landesteilen sowie ein Steuersystem.

Angesichts dieser Übernahme administrativer und politischer Strukturen kann man fragen, ob für die Religion die achämenidischen Traditionen ähnlich prägend waren. Dabei ist jedoch zu berücksichtigen, dass es unter den Achämeniden keine „Reichsreligion" gegeben hat. Zwar weiß man aus verschiedenen Königsinschriften, dass die Herrscher Ahura Mazda als obersten Gott verehrten – was darauf hindeutet, dass sie dem Zoroastrismus anhingen, einer wohl in der ersten Hälfte des 1. Jts. v. Chr. von dem Religionsstifter Zoroastres begründeten Religion. Doch bedeutet dies nicht, dass diese Religion in allen Landesteilen verbreitet war und dort von der Bevölkerung praktiziert

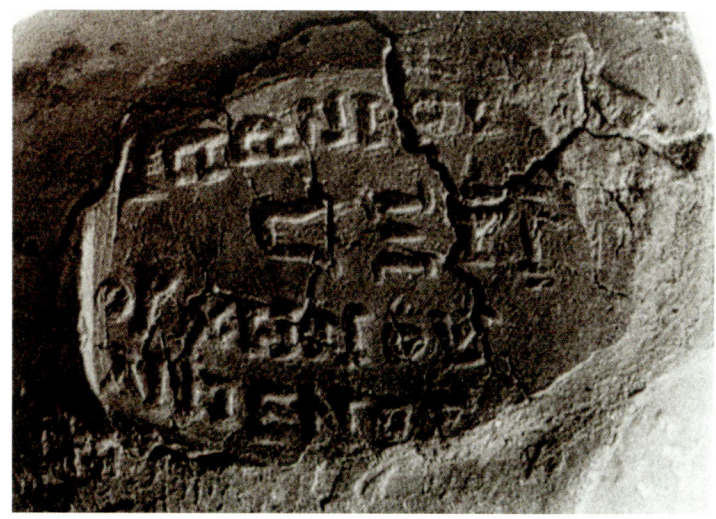

1 Ringförmige Tonbulle mit Abdrücken mehrerer Siegel, darunter einem, das die Zahlung einer Kaufsteuer im Jahr 146 v. Chr. bestätigt. Berlin, Vorderasiatisches Museum SMB PK, Inv. Nr. VA 6034 (Kat. Nr. 191).

wurde. Vielmehr herrschte unter den Persern eine große religiöse Toleranz und den Untertanen blieb es freigestellt, ihre althergebrachten Götter zu verehren. Mehr noch, die achämenidischen Könige zollten den in den unterschiedlichen Landesteilen verehrten Gottheiten ihren Respekt. Dies lässt sich zumindest für Babylonien belegen, wo durch keilschriftliche Texte überliefert ist, dass die Achämeniden an Feiern und Kulten zu Ehren der jeweiligen Stadtgottheiten teilnahmen (vgl. Beitrag N. Crüsemann).

Alexander der Große und die Seleukiden knüpften auch in dieser Hinsicht an die achämenidischen Traditionen an und griffen nicht in den Betrieb bestehender Heiligtümer ein. Diese Toleranz war politisch zweckmäßig – denn schließlich galt es, den Widerstand gegen das neue Regime klein zu halten und deshalb so wenig wie möglich in die lokalen Sitten und Gebräuche einzugreifen. Die Toleranz begründet sich im polytheistischen Charakter der griechischen Religion. Ein Grieche konnte ohne Weiteres mehrere Götter nebeneinander verehren.

Trotz der auch von Alexander und seinen Nachfolgern praktizierten Toleranz kam es im hellenistischen Osten zu religiösen Veränderungen. Diese Entwicklung wird gemeinhin mit dem Begriff „Synkretismus" belegt, womit die Vermischung von religiösen Ideen und Inhalten sowie ihre Umformung zu etwas Neuem gemeint ist.

Diese Verschmelzung unterschiedlicher Gottesvorstellungen können zunächst einige Darstellungen aus dem hellenistischen Osten pla-

7 Bronzestatuette eines aulosblasenden Silens auf einem Sockel mit griechischer Inschrift, Oxos-Tempel, Tachti Sangin, 2. Jh. v. Chr. Duschanbe, Nationalmuseum der Antike Tadschikistans, Inv. Nr. M 7010 (Kat. Nr. 238).

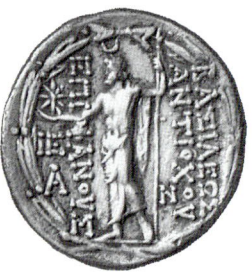

2 Zeus mit astralen Attributen – Uranios. Rückseite einer silbernen Tetradrachme des Antichos VIII. aus Antakya, 2. Jh. v. Chr. Berlin, Münzkabinett SMB PK, Obj. Nr. 18203086.

kativ vor Augen führen. Auf den Rückseiten der seleukidischen Münzen und der ihrer Nachfolger sind in der Regel Götter dargestellt. Darunter sind vor allem die in Silber und Bronze geprägten Münzen interessant, die in hellenistischer Zeit vermehrt Götter zeigen, die mit den Attributen ganz unterschiedlicher Gottheiten ausgestattet sind und sich so häufig gar nicht benennen lassen (vgl. Abb. 2). Auch eine im iranischen Nihavand gefundene Statuette zeigt eine Gottheit mit Attributen unterschiedlicher Götter. Sie trägt die Krone der ägyptischen Isis und dazu das Füllhorn der griechischen Schicksalsgöttin Tyche (vgl. Beitrag M. Pfrommer).

Eine Ursache für den in hellenistischer Zeit aufkommenden Synkretismus dürfte in der teils starken Durchmischung der Bevölkerung liegen. Insbesondere in den östlichen Randgebieten des Reiches wurden von Alexander und seinen Nachfolgern Tausende von Söldnern angesiedelt, von denen viele aus dem Mittelmeergebiet stammten. Diese Siedlungspolitik war zur Sicherung der griechischen Herrschaft in den weiten Gebieten des hellenistischen Ostens unabdingbar – insbesondere in den Gebieten, in denen sich die Bevölkerung, wie beispielsweise Baktrien und Sogdien, stark gegen die griechische Herrschaft gewehrt hatte. Die Siedler, zu denen sicherlich nicht nur Söldner, sondern auch Handwerker und andere Berufsgruppen gehörten, fanden ihre neue Heimat in Städten, Siedlungen und Garnisonen des Orients und es ist davon auszugehen, dass sie dabei auch ihre religiösen Vorstellungen und Bedürfnisse mitbrachten.

Aus der schriftlichen Überlieferung sind kaum Hinweise auf die Kulte und Religionen in den östlichen Gebieten des Seleukidenreiches zu finden. Einzige Ausnahme bildet diesbezüglich Babylonien, wo auch noch aus hellenistischer Zeit zahlreiche Keilschrifttexte erhalten sind, die Anhaltspunkte für die Beschreibung der religiösen Verhältnisse bieten.

Dennoch soll hier ein Versuch unternommen werden, einige Heiligtümer zu beschreiben, um so ein Bild von den im hellenistischen Orient praktizierten Kulten zu gewinnen. Herausgegriffen werden Heiligtümer in zwei Regionen des Seleukidenreiches: Baktrien und Babylonien.

Baktrien

In Baktrien sind zwei bedeutende, in hellenistischer Zeit gegründete Heiligtümer gefunden worden: der Nischentempel in Ai Khanoum sowie der Oxos-Tempel in Tachti Sangin. Die Heiligtümer und die darin praktizierten Kulte sind für die Frage von großem Interesse, ob im hellenistischen Osten auch auf dem Gebiet der Religion eine Verschmelzung, also eine gegenseitige Beeinflussung griechischer und orientalischer Kultur erfolgte.

Das ehemals außerordentlich reiche Baktrien wurde zwischen 329/327 v. Chr. durch die Truppen Alexanders des Großen erobert und gehörte später zunächst zum Seleukiden- und dann zum graeco-baktrischen Reich. Bereits während des Alexanderzuges, aber auch noch unter seinen Nachfolgern wurden hier zahlreiche, teils nach Alexander benannte Städte gegründet wie z. B. Alexandria Oxiana, das sich jedoch bisher nicht eindeutig mit einer archäologischen Fundstätte identifizieren ließ. Die antiken Autoren berichten in der Regel kaum mehr über diese Städte, als dass in ihnen sowohl Bewohner der umliegenden Gegenden als auch Veteranen aus dem Heer Alexanders angesiedelt wurden. Diese Pflanzstädte werden also eine sehr gemischte „multikulturelle" Einwohnerschaft gehabt haben. Dass die verschiedenen Gruppen der Bevölkerung unterschiedliche Götter verehrten und jeweils eigene religiöse Bräuche pflegten, versteht sich daher von selbst.

Einen guten Eindruck von dem Aussehen einer hellenistisch-baktrischen Stadt vermittelt das von französischen Archäologen in den 1960er und 1970er Jahren ausgegrabene Ai Khanoum (wahrscheinlich das antike Eukratideia), das im Norden Afghanistans, etwa 70 km nordöstlich von Kundus am Oberlauf des Amu-Darja liegt. Die Stadt ist wahrscheinlich unter Seleukos I. am Beginn des 3. Jhs. v. Chr. gegründet worden, hatte den epigraphischen Zeugnissen zufolge einen starken iranischen Bevölkerungsanteil und wurde bereits um 130 v. Chr. im Zuge kriegerischer Auseinandersetzungen komplett zerstört. Sie ist etwa 1,5 qkm groß, besitzt – wie zeitgenössische Städte im Mittelmeerraum – einen rechtwinkligen Stadtplan und hat mit Gymnasion, Theater und einem Heroon für den Stadtgründer wichtige, zu einer typisch griechischen Stadt gehörige Bauten. Von diesen in grie-

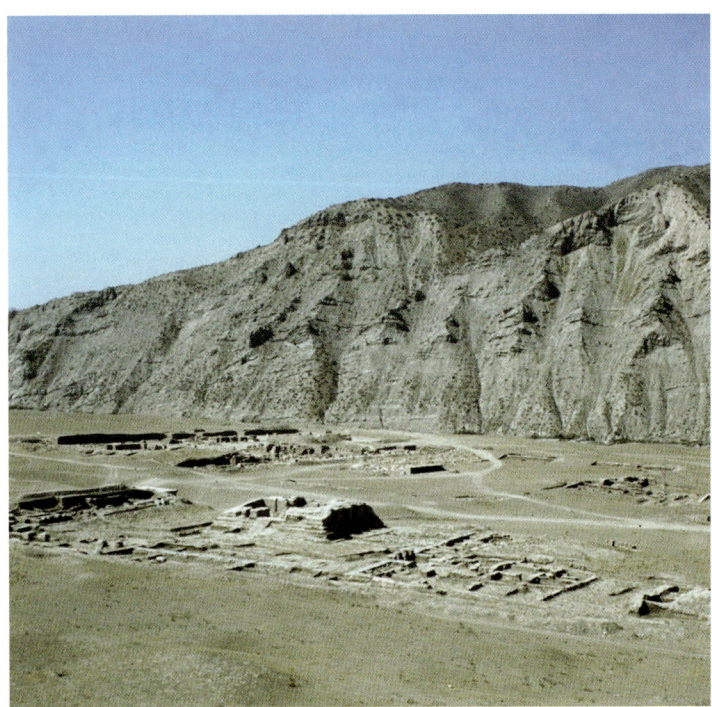

3 Die Unterstadt Ai Khanoum von der Oberstadt aus gesehen. Im Vordergrund der Nischentempel, im Hintergrund der Palast.

chischer Tradition stehenden Bauten hebt sich der wegen seiner Außengliederung als „Nischentempel" bezeichnete Haupttempel der Stadt ab (Abb. 3), ein etwa 20 x 20 m großer Bau, dessen Grundriss babylonischen Vorbildern folgt. Durch einen breit gelagerten Vorraum gelangte man zu einer von zwei Sakristeien flankierten Cella, in welcher sich der Sockel eines Kultbildes befand. Dort gefundene Bruchstücke der Kultstatue, u.a. von Fuß (Abb. 4) und Hand, belegen, dass es eine monumentale, aus verschiedenen Materialien zusammengesetzte Statue im Typus eines auf sein Zepter gestützten Zeus war. Dass eine solche Zeus-Figur trotz ihres griechischen Äußeren nicht notwendigerweise ausschließlich mit dem griechischen Göttervater identifiziert worden sein muss, zeigen Darstellungen auf graeco-baktrischen Münzen, die Zeus mit Attributen des iranischen Sonnen- und Lichtgottes Mithras darstellen[1]. Im Haupttempel von Ai Khanoum könnte demnach ein Gott verehrt worden sein, der zwar in griechischem Gewand erschien, aber Eigenschaften eines iranischen Gottes aufnahm. Auf diese Weise konnten sowohl die aus dem Mittelmeerraum stammenden als auch die iranisch-baktrischen Bewohner Ai Khanoums diesen Tempel für die Ausübung ihrer Religion nutzen. Unter den Funden aus dem Nischentempel sind ferner zwei Medaillons von Interesse, die möglicherweise als Bildzeichen (*semeia*) in den Sakristeien aufgehängt waren und dort kultische Verehrung genossen: ein Bronze-Medaillon mit der Büste einer Mond-Göttin sowie ein Silber-Medaillon mit der Darstellung der aus Anatolien bekannten Fruchtbarkeitsgöttin Kybele. Diese Bilder deuten darauf hin, dass der Tempel nicht nur für die männliche, sondern auch für die weibliche Bevölkerung einen wichtigen religiösen Bezugspunkt bot.

Nur etwa 100 km westlich von Ai Khanoum, auf der tadschikischen Seite des Amu-Darja, haben sowjetische Archäologen in den 1970er und 1980er Jahren in Tachti Sangin Ausgrabungen durchgeführt. Die Siedlung selbst ist wenig erforscht (vgl. Beitrag Drujinina); den erhaltenen Resten zufolge handelte es sich jedoch um eine eher weiträumig angelegte Siedlung ohne große Verdichtung der Wohnquartiere und mit nur einem repräsentativen Bau, dem Oxos-Tempel (Abb. 5). Dieser 51 x 51 m große Tempel war ebenso wie der Nischentempel aus ungebrannten Lehmziegeln errichtet und wurde nach Ausweis der Funde, darunter ein ionisches Kapitell der ersten Hälfte des 3. Jhs. v. Chr., spätestens in dieser Zeit gegründet. Ebenso wie der Tempel in Ai Khanoum scheint er um 130 v. Chr. zerstört worden zu sein, wurde aber wieder aufgebaut und bis in das 3. Jh. n. Chr., d.h. bis in die Kuschanzeit (1.–3. Jh. n. Chr.) genutzt.

Der Grundriss des Tempels wird durch einen zentralen quadratischen Vier-Säulen-Saal geprägt, der auf drei Seiten von langen Korridoren gerahmt wird (Abb. 6). Der Zugang zum Saal erfolgte über einen überdachten Hof, der auf beiden Seiten von Flügelbauten gerahmt wurde und so eine dreiseitig geschlossene Halle bildete, die an ihrer Vorderseite völlig offen gelassen ist – ein *Aiwan* genannter Bautypus, der für die zentralasiatische und persische Architektur viel späterer Epochen bezeichnend werden sollte. Vor allem aber aufgrund des Vier-Säulen-Saals und der umlaufenden Korridore lässt sich der Grundriss des Oxos-Tempels als iranischer Typus bezeichnen.

Während in Ai Khanoum ein zentraler Altar – der nach griechischer Kultpraxis vor dem Tempel, bei orientalischen Tempeln aber im Inneren des Gebäudes stehen müsste – nicht nachgewiesen werden konnte, bezeichneten die ehemaligen Ausgräber des Oxos-Tempels gleich meh-

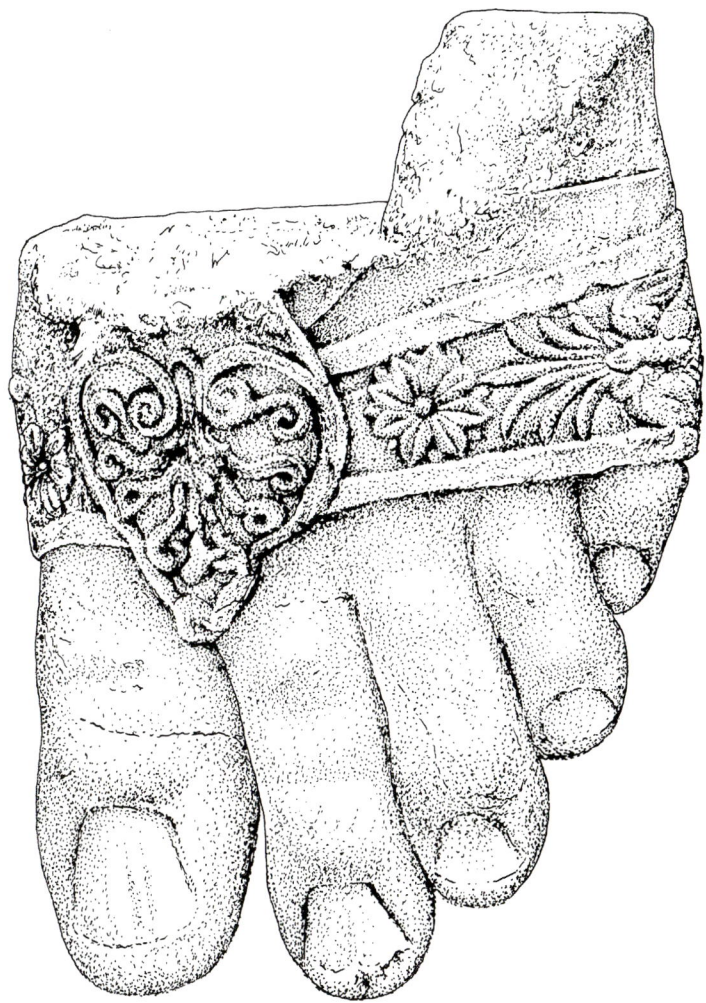

4 Fuß der Kultstatue des Nischentempels in Ai Khanoum. Kabul, Nationalmuseum Afghanistan.

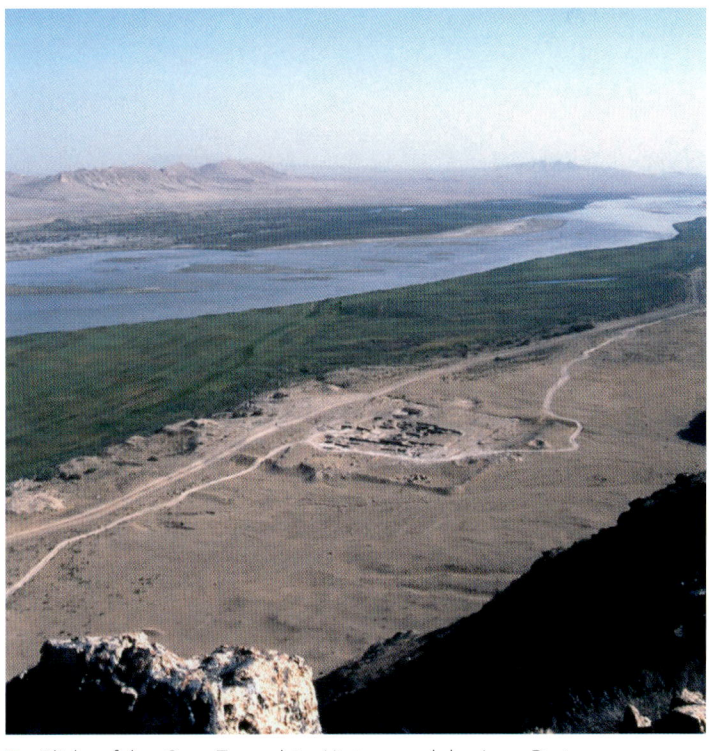

5 Blick auf den Oxos-Tempel, im Hintergrund der Amu-Darja.

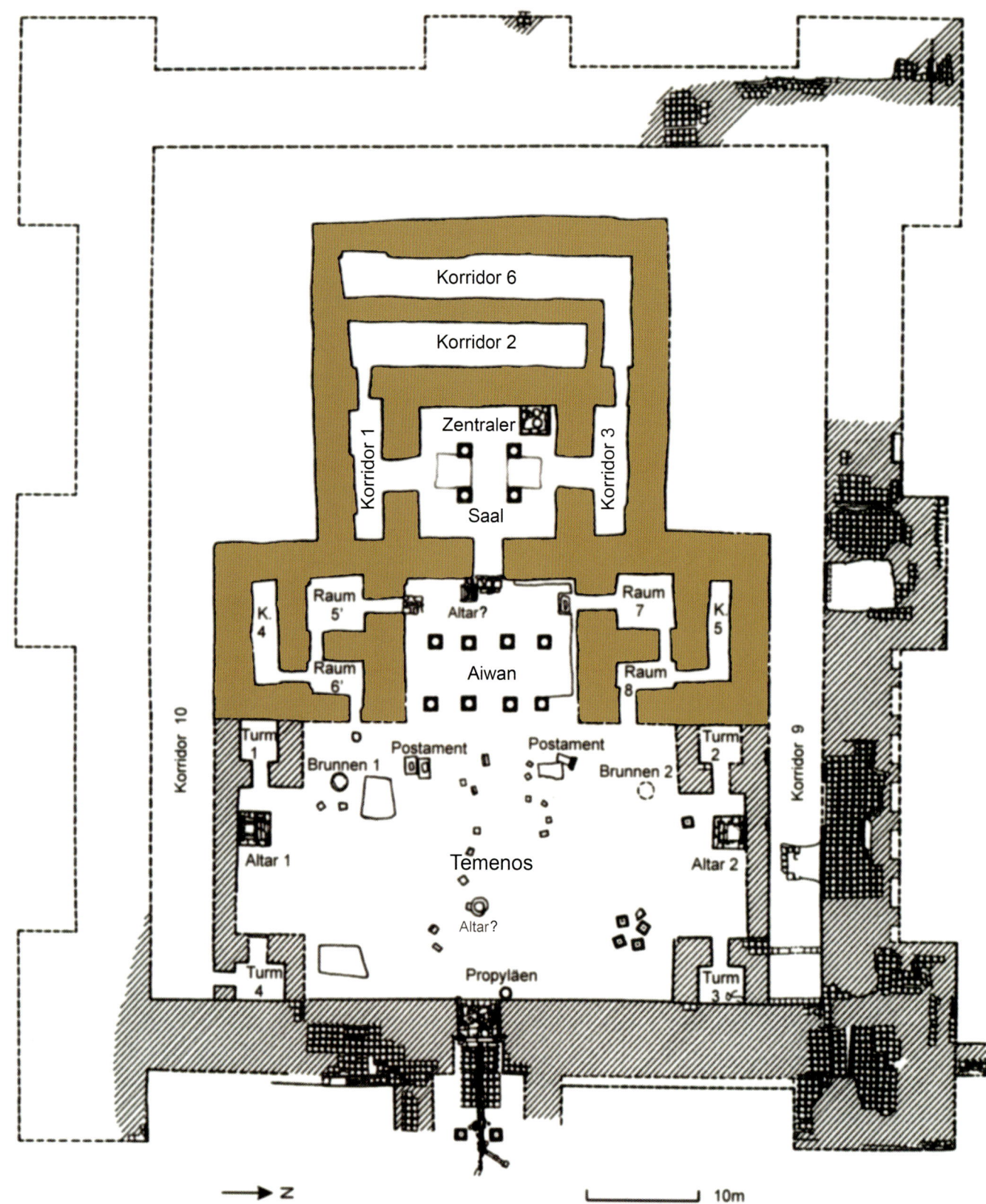

6   Grundriss des Oxos-Tempels. Braun markiert ist die erste Bauphase.

rere Einbauten als Altäre. Bei dem einen, in der Nordwestecke des zentralen Saals gelegenen Einbau, dürfte es sich jedoch eher um den Unterbau eines Kulttisches handeln. Ein weiterer, am Eingang zum zentralen Saal stehender sogenannter Altar ist offenbar die Basis einer monumentalen Statue. Es bleiben die beiden großen, profilierten Einbauten, die nahezu symmetrisch auf der Nord- und der Südseite des Kultbezirks (*Temenos*) errichtet wurden. Sollte es sich tatsächlich um Altäre handeln, wäre schwer vorstellbar, nach welchen Prinzipien die

Durchführung der Opfer auf die beiden Altäre aufgeteilt sein sollte. Aufgrund seiner Lage auf der zentralen Achse des Heiligtums im Temenos wäre am ehesten die kleine Rundbasis als Altar zu bezeichnen, die jedoch für die Aufgabe als Hauptaltar etwas zu klein dimensioniert scheint. Die Klärung dieser für die Rekonstruktion des Kultes wichtigen Fragen muss jedoch einer durch die heutige Ausgräberin vorbereiteten Publikation vorbehalten bleiben.

Die im Oxos-Tempel gefundenen Weihgaben und die erhaltenen Inschriften weisen darauf hin, dass der Bau dem Flussgott Oxos gewidmet war, mithin einer lokalen einheimischen Gottheit. Die Votive, bzw. deren Relikte, fanden sich vor allem in Gruben, die in den Korridoren, aber auch in den anderen Bereichen und im Vorhof des Tempels lagen und in die offenbar von Zeit zu Zeit ausgesonderte Weihgaben entsorgt wurden. Unter ihnen ist zweifellos eine kleine Statuette eines Flöte spielenden Silens am bedeutendsten (Abb. 7/Startabb.). Die Bronzefigur steht auf einem Steinsockel mit der griechischen Weihinschrift „einem Gelübde folgend weihte [dies] Atrosokes dem Oxos". Da Oxos als antike Bezeichnung des Amu-Darja bekannt ist, kann die Weihung nur einem Flussgott gleichen Namens gelten und erlaubt somit die Identifizierung des Heiligtums als Oxos-Tempel. Darüber hinaus ist die Statuette ein beeindruckendes Zeugnis für die Synthese von iranisch-baktrischen und griechischen Traditionen: Einheimisch baktrisch ist der verehrte Oxos, iranischen Ursprungs ist der Name des Stifters und eindeutig griechisch ist die Inschrift sowie die Ikonographie der Statuette.

Zu den gefundenen Weihgaben gehören mit farbig bemaltem Stuck überzogene Skulpturen aus ungebranntem Ton, darunter ausdrucksstarke Porträts eines seleukidischen und eines graeco-baktrischen Herrschers, sowie Fragmente mehrerer halblebensgroßer weiblicher Figuren (Abb. 8). Während diese Statuen griechischen Kunsttraditionen folgen, werden iranisch-baktrische Traditionen durch Steingefäße mit bunten Steinintarsien repräsentiert. Daneben stammen aus dem Oxos-Tempel auch zahlreiche Objekte aus Elfenbein, das wahrscheinlich als Rohmaterial aus Indien importiert und in Baktrien verarbeitet wurde. Dass der Heiligtumsbetrieb bis in die Kuschanzeit fortgeführt wurde, belegen die zahlreichen zu dieser Zeit geweihten Münzen sowie andere Weihgaben, wie beispielsweise einige Terrakotten (Abb. 9). Den größten Anteil an den Funden der späten Phase des Tempelbetriebes haben jedoch Speer-, Lanzen- und Pfeilspitzen sowie andere Relikte von Waffen. Aufgrund des Anstiegs der Waffenweihungen ist von einem Wandel im Kultbetrieb auszugehen, der möglicherweise auch mit veränderten Ansprüchen an die verehrte Gottheit zu tun hatte. Religionsgeschichtlich aufschlussreich ist allerdings, dass die Weihgaben weiterhin in Gruben innerhalb des Tempels deponiert wurden. Dies deutet auf eine Kontinuität der Kultpraxis über den politischen Bruch am Ende des 2. Jhs. v. Chr. hinweg bis in die Kuschanzeit, in der das nomadische Element der Invasoren mit den hellenistisch-baktrischen Traditionen verschmolz.

Betrachtet man die Architektur der beiden beschriebenen Tempel zusammen mit den in ihnen gefundenen Weihgaben, gewinnt man einen Eindruck vom engen Nebeneinander ganz unterschiedlicher kultureller Einflüsse und Traditionen – griechischer, iranisch-baktrischer, babylonischer und indischer. Es ist anzunehmen, dass dieses Nebeneinander die Hintergründe und Bedürfnisse der multikulturellen Bevölkerung spiegelt, welche die Kultgemeinden dieser Heiligtümer bildeten.

Babylonien

Die Situation in Babylonien ist eine gänzlich andere als die in Baktrien. Hier trafen die griechischen Eroberer auf eine uralte Kultur mit starken religiösen Traditionen. Zwar entstanden auch hier griechisch geprägte Ansiedlungen – als Beispiele dafür kann Seleukia am Elaios gelten, eine in der alten Stadt Susa oder zumindest in ihrer Nähe gelegene Garnison, oder die Stadt Seleukia am Tigris, die von Seleukos I. in der Nachbarschaft von Opis gegründet wurde und eine der beiden Hauptresidenzen seines Reiches sein sollte.[2] Die größten und wichtigsten Städte blieben jedoch zunächst Babylon und Uruk, in denen die aus dem Mittelmeerraum stammende Bevölkerung sicherlich eine Minderheit bildete.

Weil das hellenistische Babylon nur in Ausschnitten ergraben worden ist und kein Heiligtum dieser Zeit entdeckt wurde, soll das Augenmerk auf Uruk liegen. Über die Bevölkerung Uruks, deren griechischer Name *Orchoi* lautete, ist außerordentlich viel bekannt. Vertragstexte, die in Keilschrift auf Tontafeln geschrieben wurden und hauptsächlich aus der Zeit zwischen 320 und 140 v. Chr. stammen, nennen insgesamt über 3.000 Personen namentlich. Weil deren Herkunft jeweils über mehrere Generationen aufgeführt wird, weiß man, dass es sich beinahe ausschließlich um Einheimische handelte. Ihre Namen sind häufig mit einem theophoren, auf Anu oder Ischtar verweisenden Bestandteil gebildet und geben damit einen Hinweis auf die Verbundenheit der Urukäer mit den beiden Hauptgottheiten ihrer Stadt. Dagegen werden nur 26 Personen erwähnt, die einen griechischen Namen und eine griechische Herkunft aufweisen. Zwar betreffen die keilschriftlich fixierten Verträge vor allem bestimmte mit dem Tempelbetrieb zusammenhängende Geschäfte und dürften deshalb keinen repräsentativen Einblick in die Bevölkerung geben. Dennoch kann konstatiert werden, dass die Bevölkerung des hellenistischen Uruk – zumindest so, wie sie uns in den Keilschrifttexten gegenübertritt – überwiegend aus einheimischen Babyloniern bestand; Griechen scheinen in Uruk eine Minderheit gewesen zu sein.

In dieses Bild passt es, dass die beiden monumentalen, zwischen 250 und 200 v. Chr. erbauten Heiligtümer vollkommen in babylonischer Bautradition stehen: Um einen großen Kernbau, den eigentlichen Tempel, waren verschiedene Höfe angeordnet, die wiederum von Sälen gerahmt wurden (Abb. 10).

Das 167 x 213 m große Bit Resch wurde in mehreren Etappen errichtet, von denen es zu den zwei größten Baumaßnahmen auch eine keilschriftliche Überlieferung gibt. Anu-uballit Nikarchos, der Stadtherr von Uruk, ließ umfangreiche Umbauten an einem bestehenden Vorgängerbau durchführen und weihte diese im Jahr 244 v. Chr. ein. In seiner Stiftungsinschrift auf dem Gründungszylinder ließ er auch vermerken, dass er seinen griechischen Beinamen von Antiochos II. verliehen bekommen hatte. Im Jahr 201 v. Chr. ist das Heiligtum durch einen Kernbau ergänzt worden, der die Kulträume für Anu und Antum aufnahm und im Gegensatz zu den früheren Bauten nicht aus Lehmziegeln, sondern aus Backsteinen bestand. Die Fertigstellung dieses zweiten Bauabschnitts ist durch Inschriften belegt, die sich auf einigen Steinen des Baus erhalten haben. Sie nennen als Bauherrn Anu-uballit Kephalon – auch er zeigt mit seinem griechischen Zweitnamen seine Verbundenheit zu den Seleukiden. Nur kurze Zeit später wird der Kernbau des Irigal, des zweiten großen Heiligtums von Uruk, fertiggestellt. Auch für diese Baumaßnahme zeichnet Anu-uballit Kephalon verantwortlich.

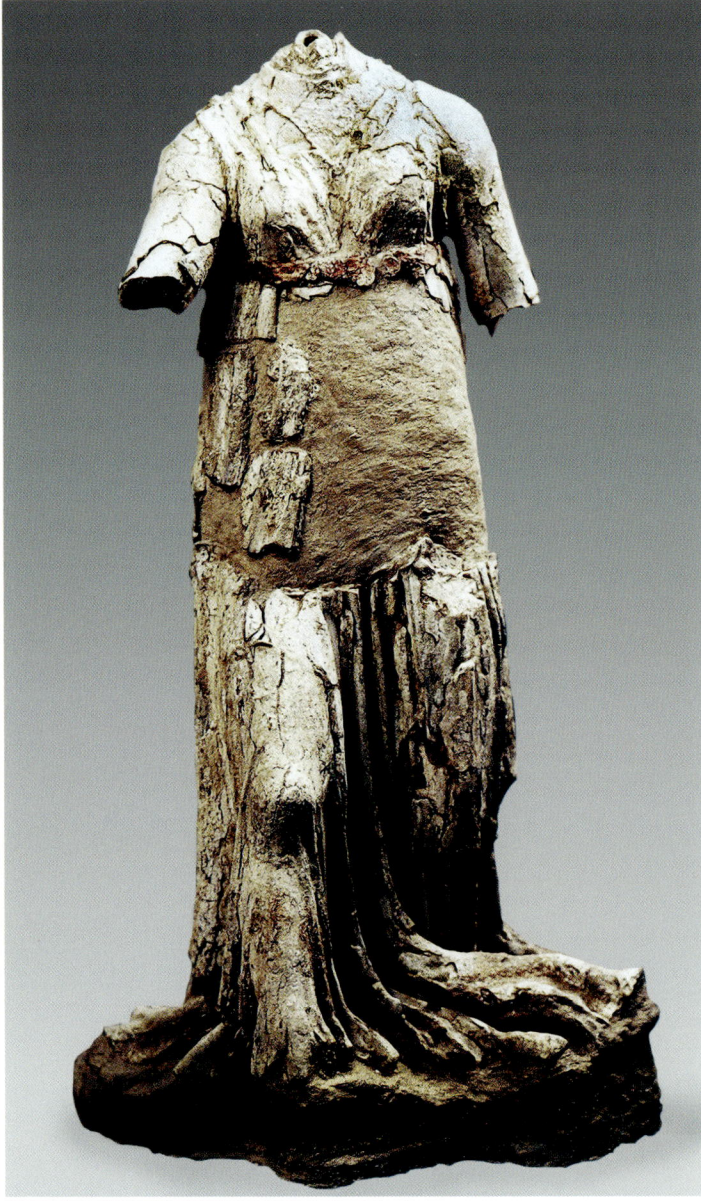

8 Weibliche Gewandfigur aus ungebranntem Ton, mit Stuck überzogen und bemalt. Oxos-Tempel, Tachti Sangin, 3./2. Jh. v. Chr. Duschanbe, Nationalmuseum der Antike Tadschikistans. (Kat. Nr. 237).

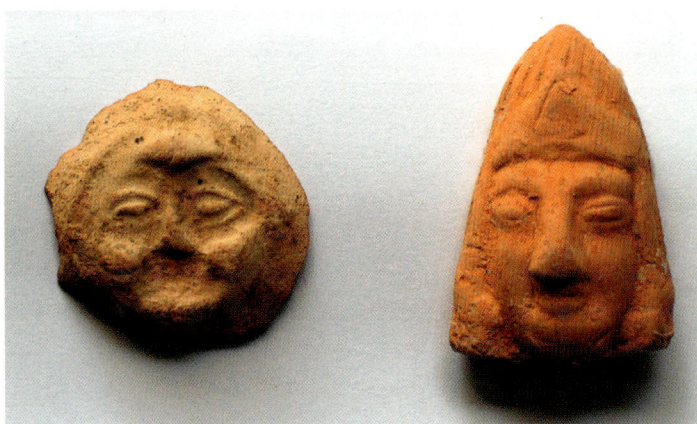

9 Terrakotta-Medaillon und Kopf einer männlichen Terrakotta-Statuette aus der Kuschanzeit, Oxos-Tempel, Tachti Sangin. Duschanbe, Nationalmuseum der Antike Tadschikistans.

Da die Ausgrabungen an den beiden Heiligtümern vor allem auf die Erfassung des Grundrisses ausgerichtet waren und keine vollständigen Raumkontexte freigelegt wurden, lässt sich über die kultische Nutzung dieser Bauten nur wenig sagen. Allerdings waren einige der um die großen Höfe gruppierten Räumlichkeiten mit rückwärtigen Flachnischen versehen, vor denen teils niedrige Postamente standen, die offenbar ursprünglich Statuen der Götter trugen. Davor fanden sich in der Regel kleinere Backsteinaltäre, auf denen wahrscheinlich die Brandopfer und Trankspenden für die verehrten Götter durchgeführt wurden.

Die Baumaßnahmen am Bit Resch und Irigal waren außerordentlich aufwendig – für den Kernbau des Bit Resch müssen 5 Millionen Backsteine gebrannt worden sein – und so ist unbedingt davon auszugehen, dass die Bauten im Auftrag der Seleukiden und mit ihrer finanziellen Beteiligung errichtet wurden. Es mag daher erstaunen, dass ein griechischer Einfluss auf die Gestalt und Funktion dieser Heiligtümer nicht zu erkennen ist – allenfalls die Anbringung von figürlichen Reliefziegeln unter den Dachtraufen der beiden Kernbauten könnte als Anklang an griechische Tempelbauten verstanden werden, bei denen die Friese ebenfalls unterhalb des Daches angebracht waren. Doch das Fehlen eines griechischen Einflusses auf die Architektur passt dazu, dass sich die Seleukiden auch aus der Tempelwirtschaft heraushielten und der Handel mit Tempelpfründen und -immobilien von einer Besteuerung ausgenommen blieb.

Im Hinblick auf das religiöse Leben in Uruk kann also eine weitgehende Kontinuität, das Festhalten an überkommenen Gebräuchen bei gleichzeitigem Fehlen eines seleukidischen Einflusses festgestellt werden. In anderen Bereichen der Kultur Uruks lassen sich dagegen eine stärkere Aufnahme von griechischen Elementen und ihre Verbindung mit babylonischen Traditionen beobachten.[3]

Ein gänzlich anderes Bild als die babylonischen Heiligtümer Uruks zeigen die ebenfalls unter den Seleukiden errichteten Tempelbauten auf Failaka. Diese Insel liegt vor der Mündung des Euphrats an der Küste des heutigen Kuwait. Sie wurde bereits am Beginn der hellenistischen Zeit zu einem Stützpunkt ausgebaut und mit einer Niederlassung versehen, deren Aufgabe es höchstwahrscheinlich war, den Handel im persischen Golf zu kontrollieren.

Von dänischen Archäologen wurden die Ruinen zweier nebeneinanderliegender Tempel freigelegt, die beide nach griechischem Muster zu rekonstruieren sind:[4] ein sehr schlecht erhaltener Tempel dorischer Ordnung und ein besser erhaltener ionischer Antentempel. Grundriss und Bauschmuck des besser erhaltenen Baus – ionische Kapitelle und mit Palmetten versehene Akrotere – stehen in griechischer Tradition. Die Säulenbasen mit ihren herabhängenden Blättern gehen dagegen auf achämenidische Vorbilder zurück. Sie sind zweifellos ein bewusstes Zitat, das die Bedeutung des achämenidischen Erbes im Seleukidenreich zum Ausdruck bringen sollte.[5]

Eine am Ort gefundene, wahrscheinlich in die zweite Hälfte des 3. Jhs. v. Chr. zu datierende Inschrift gibt einen Brief des Anaxarchos wieder, bei dem es sich offenbar um einen seleukidischen Beamten handelt. Der Text nennt nicht nur als Kultinhaber Apollon und Artemis, sondern besagt auch, dass die Transferierung der Kulte dieser beiden Götter von Seleukos veranlasst worden sei.

Die Übernahme eines griechischen Tempeltypus auf Failaka steht im auffälligen Gegensatz zu dem Fehlen griechischer Bezüge in den

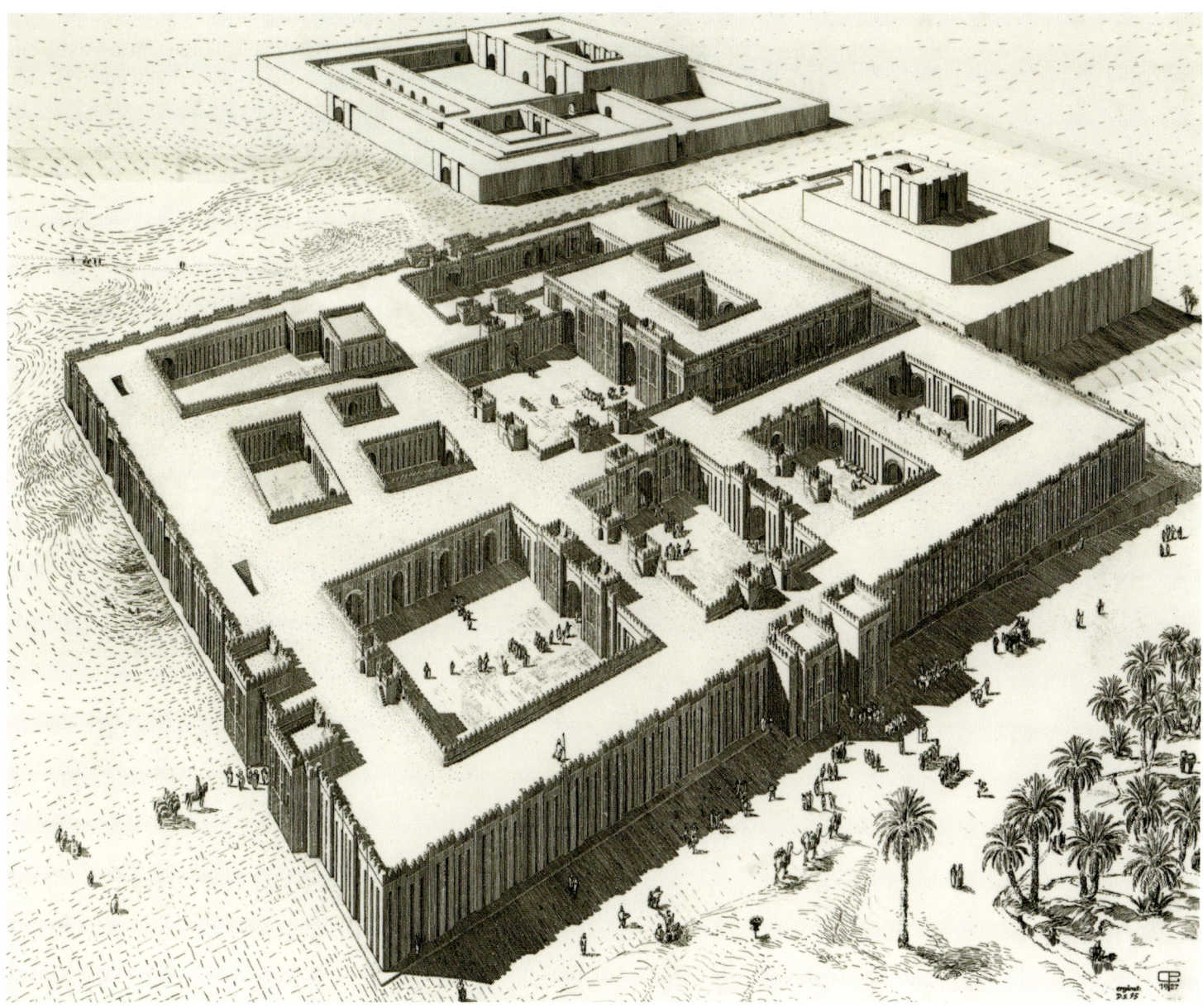

10 Rekonstruktionen des Bit Resch um 200 v. Chr. Im Hintergrund rechts die Anu-Zikkurat, oben das Irigal.

Heiligtümern von Uruk. Die Ursache hierfür ist sicherlich darin zu suchen, dass die Heiligtümer – mit ihrer Funktion, aber auch mit ihrer äußerlichen Erscheinung – die religiösen Bedürfnisse der lokalen Bevölkerung befriedigen mussten und diese Bevölkerung eben sehr unterschiedlich strukturiert war: die Besatzung Failakas, die möglicherweise überwiegend aus dem Mittelmeerraum stammte, und die Bewohner Uruks, unter denen die Griechen eine Minderheit darstellten.

Umfang und Art der Informationen über die Heiligtümer, die für diesen Überblick ausgewählt wurden, weichen sehr stark voneinander ab. Insofern muss auch der angestrebte Vergleich der Heiligtümer und Kulte lückenhaft und hypothetisch bleiben. Wie zu erwarten war, hatten lokale bzw. regionale Traditionen eine gewisse Bedeutung für die Gestaltung und die Funktion der im seleukidischen Osten gebauten Tempel. Es konnte allerdings gezeigt werden, dass daneben auch die Zusammensetzung der örtlichen Bevölkerung eine Rolle spielte. Nur wenn man versucht, die kulturelle Prägung der örtlichen Gemeinden zu erfassen, werden kleinräumige Unterschiede wie die zwischen den Heiligtümern in Uruk und Failaka sowie die zwischen dem Oxos-Tempel und dem Nischentempel in Baktrien erklärlich.

---

1 Grenet 1991, 148ff.
2 Held 2002.
3 Vgl. Lindström 2003, 18ff.; 77f.
4 Jeppesen 1989.
5 Parlasca 1996, 241.

Literatur

Bernard 1997; Crüsemann 2009; Drujinina 2001; Francfort 1984; Grenet 1991; Held 2002; Jeppesen 1989; Kose 1998; Lindström 2003; Litvinskij/Pitschikjan 2002; Parlasca 1996; Pfrommer 2009; Pitschikjan 1992.

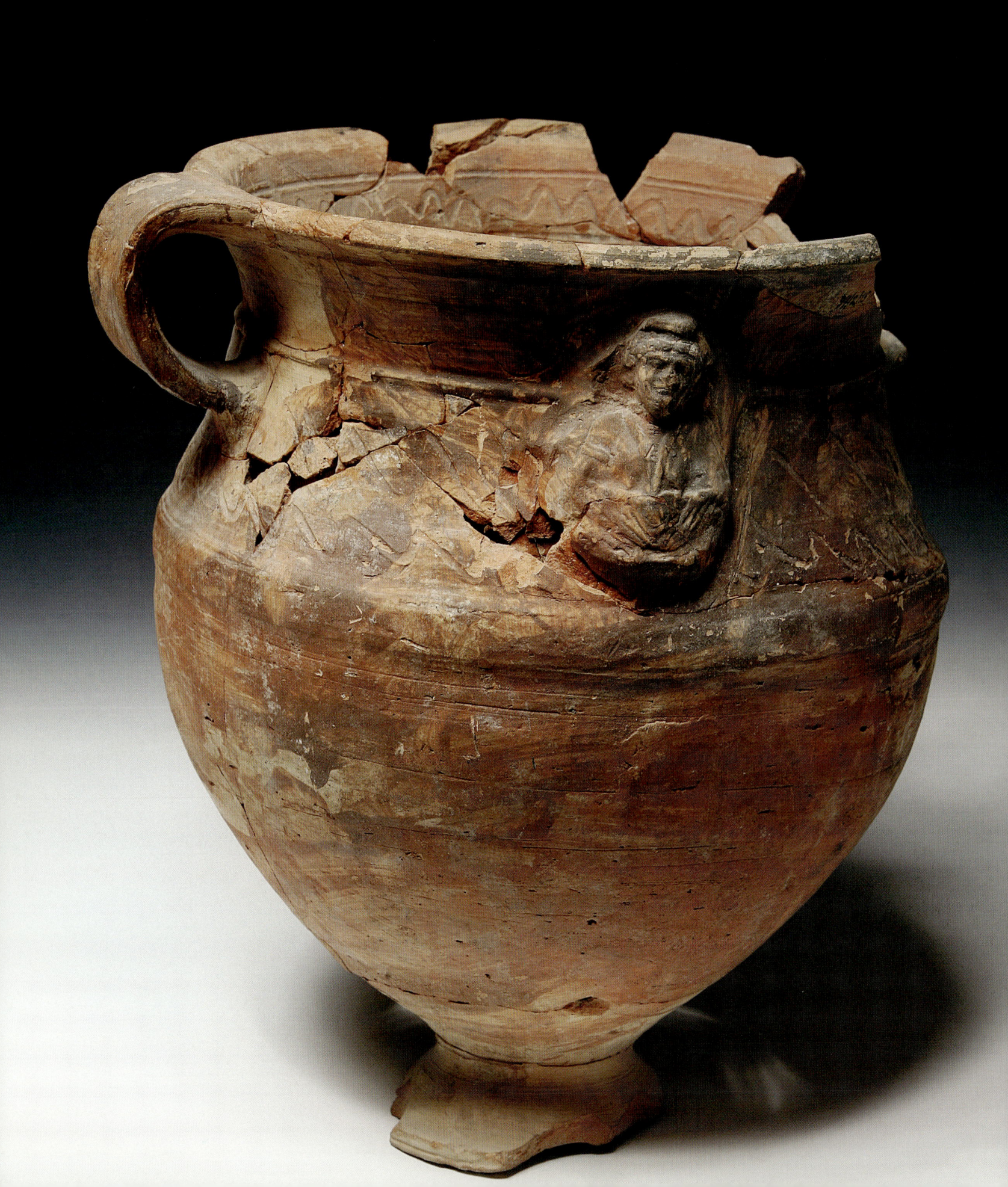

Siedlungsgeschichte in Nordbaktrien – Bandichan zwischen Spätbronzezeit und Frühmittelalter

Nikolaus Boroffka

Baktrien ist jene historische Landschaft Zentralasiens, die in der Mitte des 6. Jhs. v. Chr. unter Kyros II. als eine Satrapie des Persischen Reiches eingerichtet wurde. Als Teil des Persischen Reiches wurde Baktrien von Alexander dem Großen erobert. Seine Nachfolger, die Seleukiden und die graeco-baktrischen Könige, beherrschten das Gebiet bis in die letzten Jahrhunderte vor der Zeitenwende. Heute gehört diese Landschaft zu Nordafghanistan, Südtadschikistan und Südusbekistan. Unter Nordbaktrien versteht man dabei jene Teile, die nördlich des Flusses Amu-Darja (dem antiken Oxos) liegen.

Der usbekische Teil Baktriens liegt hauptsächlich in der heutigen Provinz Surchan-Darja, die im Süden an Afghanistan, im Osten an Tadschikistan und im Westen an Turkmenistan grenzt. Etwa in der Mitte der Provinz befindet sich Bandichan, der Hauptort des gleichnamigen Bezirks (Abb. 1). Im Norden schließt das Kernland Usbekistans an, das antike Sogdien.

Die Gegend um Bandichan ist für gemeinsame deutsch-usbekische Ausgrabungen gewählt worden, da hier, entlang des Urgulsaj, eines Nebenarms des Flusses Bandichansaj, Anfang der 1970er Jahre mehrere Tells (in den Turksprachen Tepa oder Tepe = mehrschichtiger Siedlungshügel) entdeckt und teils sondiert worden waren (Abb. 2). Das Besondere an der Siedlungskammer Bandichan ist, dass die Siedlungen jeweils am Wechsel von wichtigen Zeitabschnitten verlagert wurden: am Übergang von der Bronze- zur Eisenzeit, am Beginn der Persischen Herrschaft, mit der Eroberung durch Alexander oder mit dem Vordringen von Steppenvölkern nach Süden. Die Siedlungshügel gehören dadurch jeweils nur einer Periode an, so dass sich die archäologischen Spuren ohne Vermischungen untersuchen lassen und die Funde als Referenz für ganz Nordbaktrien dienen können – ein Sonderfall, denn sonst sind Siedlungen über Jahrhunderte übereinander gebaut worden und das Fundgut der unterschiedlichen Perioden kann daher nur schwer getrennt werden. Die Forschungen in der Siedlungskammer Bandichan haben somit Bedeutung weit über die eigentliche Kleinregion hinaus und erlauben es, die Geschichte von der späten Bronzezeit (etwa Mitte des 2. Jts. v. Chr.) bis in das frühe Mittelalter (Mitte des 1. Jts. n. Chr.) beispielhaft nachzuzeichnen.

Bandichan liegt am Fluss Bandichansaj, der von Nordwesten aus den bis über 3.000 m aufragenden Bergen um Bajsun kommt (Abb. 3) und nach dem Eintritt in die Ebene des Surchan-Darja einen Schwemmfächer bildet. Der fruchtbare Boden, von mehreren kleinen

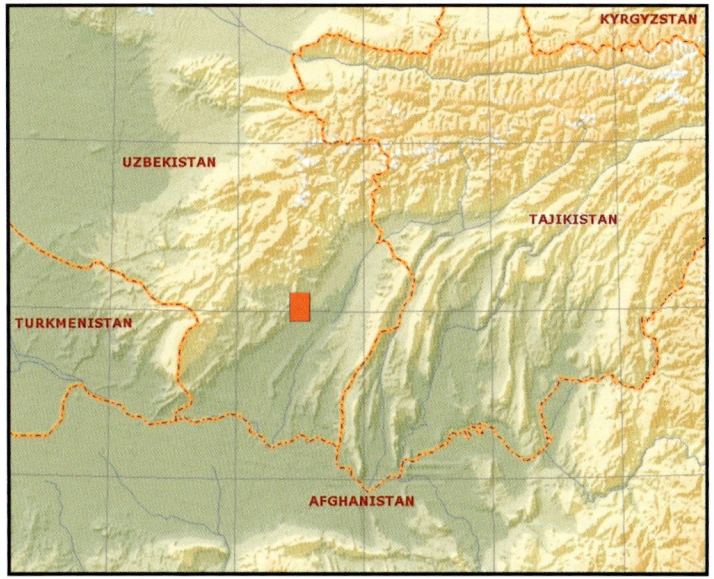

1   Lage der Kleinregion Bandichan innerhalb Zentralasiens.

Seitenarmen des Flusses gut bewässert, dürfte das Leben in der Mikroregion begünstigt haben. Von historischer Tradition zeugt heute der zweite Name des Bandichansaj, Taschkupriksaj, was soviel bedeutet wie „Steinbrücken-Fluss" – eine Bezeichnung, die sich auf eine weiter südöstlich und flussabwärts gelegene Brücke bezieht, die im Mittelalter erneuert oder ersetzt wurde und als „Brücke Alexanders" weithin bekannt ist.

Die älteste dokumentierte Siedlung bei Bandichan ist ein kleiner Tell der klassischen Bronzezeit (sogenannter Baktro-Margiana-Komplex), der Anfang der 1970er Jahre entdeckt wurde, aber heute leider nicht mehr untersucht werden kann, da er mittlerweile bei Bauarbeiten zerstört wurde. Der Baktro-Margiana-Komplex ist von Nordafghanistan bis in den Ostiran und Turkmenistan verbreitet, wird in die erste Hälfte des 2. Jts. v. Chr. datiert und fällt somit in die Zeit des mykenischen Griechenlands, Teilen der ägyptischen Hochkultur und der Entstehung des Alten Testaments. Die Kultur des Baktro-Margiana-Komplexes ist durch andere Fundorte gut bekannt. Sie ist durch große stadtartige Siedlungen geprägt, die sich zumeist um befestigte Zitadellen ausbreiten. Diesen Zitadellen wird neben der Befestigungsfunktion auch eine Funktion als zentrale Heiligtümer zugesprochen. Die Töpferware dieser Kultur wurde fast ausschließlich auf der Drehscheibe hergestellt, Bronze, Silber und Gold wurden zu Werkzeugen, Waffen, Gefäßen und Schmuck verarbeitet, häufig in

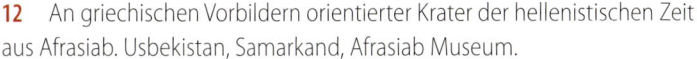

12   An griechischen Vorbildern orientierter Krater der hellenistischen Zeit aus Afrasiab. Usbekistan, Samarkand, Afrasiab Museum.

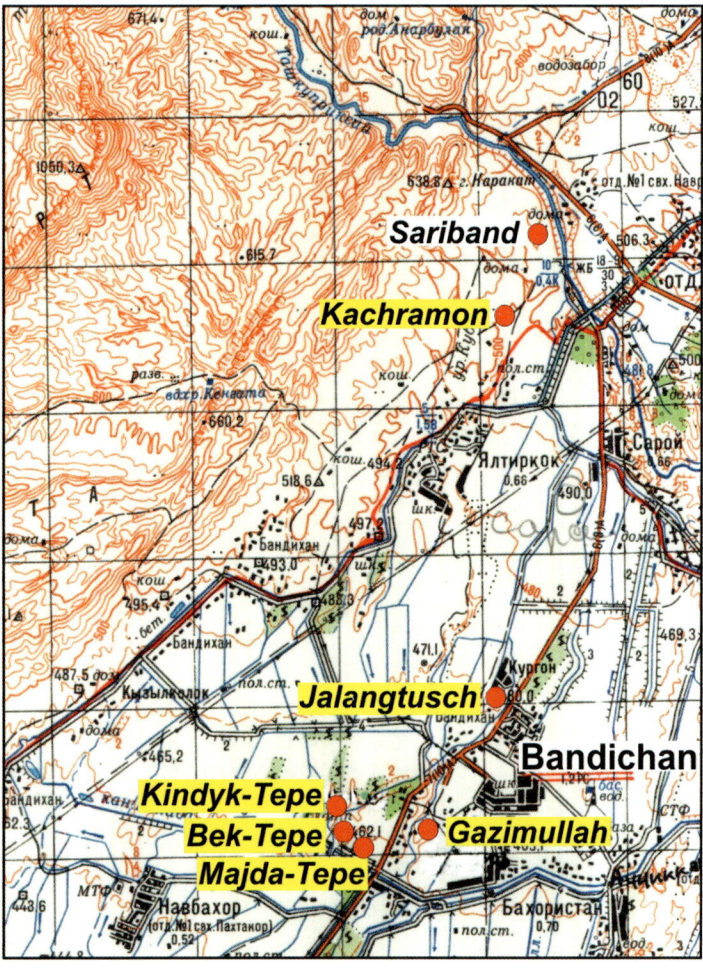

2 Lage der Monumente um Bandichan.

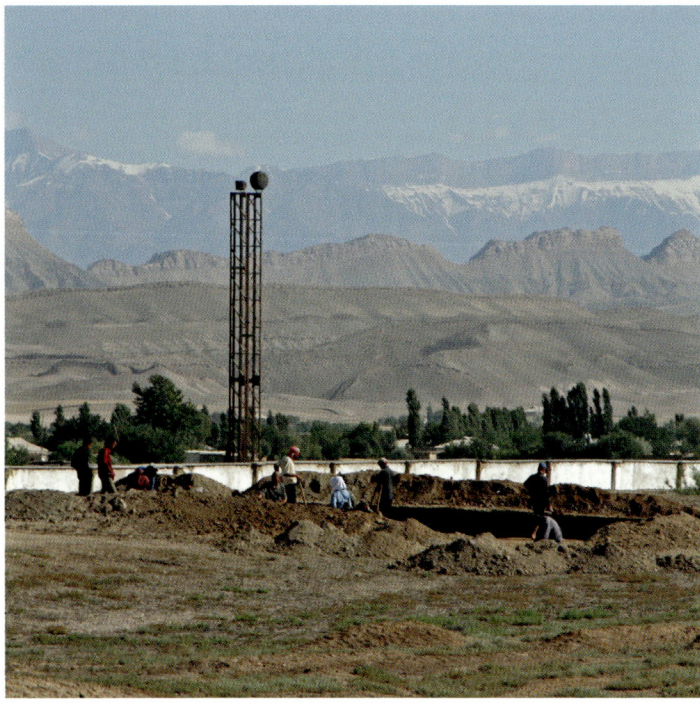

3 Blick in die Landschaft bei Bandichan von Südosten. Im Vordergrund liegt die Ausgrabung am Majda-Tepe, dahinter erhebt sich die Bergkette, die Bandichan vom Bajsun-Becken abgrenzt. Im Hintergrund sind die schneebedeckten Berge (über 3.000 m) des nördlichen Bajsun-Beckens zu erkennen.

Kombination mit edlen Steinen oder Glasfluss. Die Rohstoffe zirkulierten in einem weit gespannten Netzwerk, das im Osten bis an die Grenzen Chinas reichte und im Westen bis nach Troja. Die Verstorbenen wurden in verschieden ausgestatteten Gräbern, häufig in Kammern aus luftgetrockneten Lehmziegeln, dem allgemein genutzten Baumaterial, im Rahmen großer Friedhöfe beigesetzt.

In der Spätbronzezeit (etwa seit 1400 v. Chr.), bei Bandichan durch den Majda-Tepe repräsentiert, setzt ein grundlegender Wandel ein, der häufig mit der Invasion von Nomaden erklärt wurde. Die großen stadtartigen Siedlungen verschwinden und die Töpferware ist nun vorwiegend handgemacht. Allerdings belegen die Untersuchungen am Majda-Tepe, dass in den kleineren Siedlungen dieser als Jaz I bezeichneten Zeit weiterhin mit luftgetrockneten Ziegeln gebaut wurde und die Häuser geplant angelegt wurden. So konnte ein größerer Wohnkomplex freigelegt werden, bei dem sich rechteckige größere und kleinere Räume um einen zentralen Korridor gruppieren (Abb. 4). Innerhalb mancher Räume befanden sich komplexe Herdstellen mit seitlichen Kästen aus Ziegeln, in denen die Asche sorgfältig entsorgt wurde. Die Häuser wurden über mehrere Jahrzehnte hinweg immer wieder repariert oder an der gleichen Stelle neu aufgebaut, so dass sich am Majda-Tepe immerhin 3,5 m mächtige Siedlungsschichten angehäuft haben. Obwohl die Keramik vorwiegend handgemacht ist, wurde ihre Oberfläche fein geglättet; zudem sind die Gefäße nun, im Gegensatz zur vorhergehenden Zeit, häufig mit Farbe, vor allem Rot und Schwarz, bemalt. Die Muster sind zumeist geometrisch, es kommen jedoch vereinzelt auch solche vor, die an Zeichen erinnern. Es ist auch keineswegs so, dass die Töpferscheibe völlig vergessen wurde, denn 10–15% der Gefäße wurden mit ihrer Hilfe hergestellt. Verschlossen wurden die Töpfe mit großen flachen Deckeln (Abb. 5). Insbesondere die pokalartigen Fußschalen (Abb. 6), die sowohl in voller Größe als auch in Miniaturformen vorkommen, erinnern entfernt an typische Formen der vorhergehenden Periode. Ob die Miniaturgefäße (Abb. 7) für rituelle Bräuche benutzt wurden oder als Kinderspielzeug, kann kaum entschieden werden; gespielt wurde aber durchaus, wie ein auf dem Fußboden eines Zimmers beisammen liegend aufgefundenes Knöchelspiel und eine kleine vogelförmige Tonpfeife belegen (Abb. 7). Sehr einfache, für die Jaz I-Periode erstmals entdeckte, abstrakte Menschenfigürchen aus gebranntem und ungebranntem Ton (Abb. 8) könnten sowohl als Idole wie auch als Spielzeug gedeutet werden. Bronze wurde auch weiterhin zu Geräten und Schmuck verarbeitet und auch Glasfluss konnte in Form von Perlen am Majda-Tepe erstmals für diese Zeit nachgewiesen werden. Harte Gesteine, auf Grund der geologischen Daten sicherlich nicht aus der näheren Umgebung stammend, sind zu gut polierten Geräten verarbeitet worden (Abb. 7). Schmuckstücke aus Meeresmuscheln belegen Handelskontakte über mehrere Hunderte oder Tausende Kilometer, vielleicht bis an die Küsten des Indischen Ozeans. Waffen sind am Majda-Tepe bisher kaum gefunden worden, mit Ausnahme von zahlreichen gebrannten und ungebrannten tönernen Schleudersteinen in Ei-Form (Abb. 7).

In den Bodenproben aus dem Majda-Tepe konnten verschiedene Getreidesorten nachgewiesen werden: Gerste, Weizen und Hirse, eventuell auch Linsen. Die Umgebung war zu dieser Zeit wohl eine strauchbestandene Waldsteppenlandschaft mit Tamarisken, Pappeln und Weiden, vielleicht auch mit Pistazienbäumen. Zusätzlich züch-

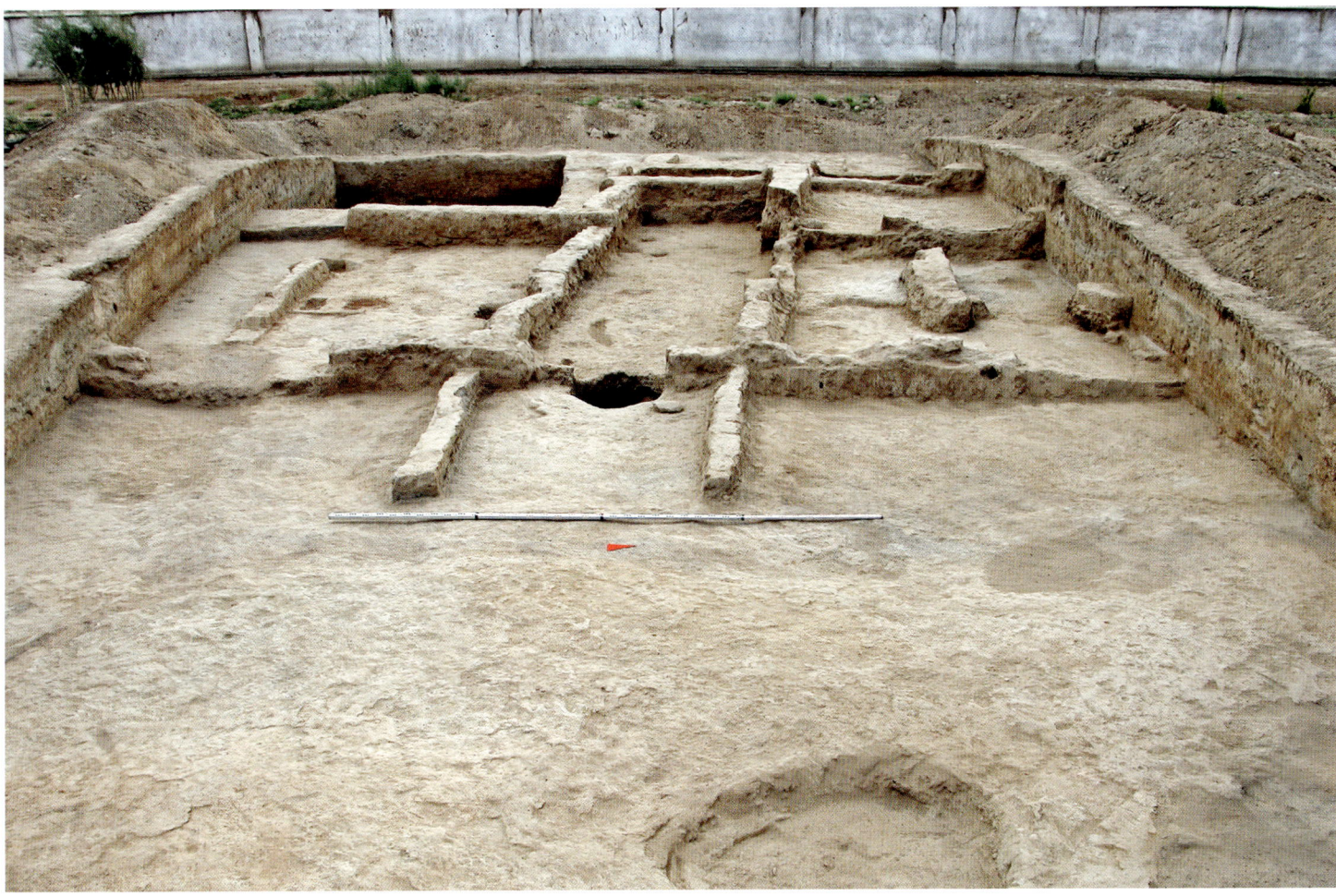

4 Blick auf die Siedlung am Majda-Tepe von Osten. Deutlich ist im Vordergrund der Hof zu erkennen, in den der zentrale Korridor mündet. Rechts und links davon sowie dahinter, liegen die Wohnräume. Im Hof sind runde Vorratsgruben zu erkennen.

tete man vor allem Schafe oder Ziegen und Rinder. Pferde und Kamele konnten Lasten über weite Strecken transportieren.

Die Grabungen am Majda-Tepe belegen also, dass es in der Spätbronzezeit (Jaz I) zwar zu einer Einschränkung der Siedlungsgröße kam, dass die Siedlungen jedoch weiterhin geplant angelegt worden sind. Dies sowie der nachgewiesene Getreideanbau sprechen gegen eine Invasion „nomadischer Barbaren".

Ein wesentlicher Unterschied zur klassischen Bronzezeit ist das völlige Fehlen von Gräbern. Dies dürfte weniger an einem schlechten Forschungsstand liegen, sondern vielmehr daran, dass sich die Bestattungssitten wohl so grundlegend geändert haben, dass sie archäologisch nicht mehr erfassbar sind. Die Änderungen dürften also sowohl politische (Verschwinden von Palästen) als auch religiöse (keine Tempel, neue Totenrituale) Ursachen gehabt haben.

Um 1000 v. Chr., an der Wende zur Eisenzeit, die in diesem Gebiet Zentralasiens als Jaz II bezeichnet wird, verlagert sich die Siedlung bei Bandichan um einige Hundert Meter nach Nordwesten an den Bek-Tepe. Über das Siedlungswesen der Jaz II-Zeit war bislang wenig bekannt. In den neuen Grabungen konnten aber erstmals große Grubenhäuser (ca. 5 x 5 m) nachgewiesen werden. Bei der Keramik ist – vor allem unter der Drehscheibenware, die nun wieder dominiert – eine Fortsetzung der Entwicklung aus der Jaz I-Zeit zu erkennen. Die Bemalung der Gefäße jedoch hört wieder auf. Metallgegenstände wurden nicht gefunden und auch Gräber sind nicht bekannt.

Mit der Eroberung Baktriens durch die Perser beginnt die Achämenidenzeit bzw. die Jaz III-Periode. Die Siedlung am Bek-Tepe wurde verlassen und es entstand etwa 1 km weiter östlich auf der anderen Seite des Urgulsaj, direkt beim heutigen Ort Bandichan, eine große stadtartige Anlage mit einer Zitadelle, welche als Gazimullah-Tepe bezeichnet wird. Auch in anderen Teilen Nordbaktriens bildeten sich solche Städte, von denen der Kyzyl-Tepe, etwa 65 km weiter nordöstlich bei Denau mit ca. 22 ha die größte sein dürfte, wogegen die weiter südwestlich gelegenen Orte von Talaschkan und Kutschuk-Tepe deutlich kleiner als der Gazimullah-Tepe sind. Am Gazimullah-Tepe sind die Grabungen bisher räumlich begrenzt, von anderen Fundorten wissen wir jedoch, dass die Städte von mächtigen Befestigungsmauern mit Türmen geschützt wurden. Dies konnten rechteckige Anlagen sein, wie am Kyzyl-Tepe, runde, wie im ca. 50 km südwestlich von Bandichan gelegenen Talaschkan, oder – seltener – dem Gelände angepasste Mauerzüge.

Da die riesigen Städte bislang nur in kleinen Ausschnitten untersucht wurden, ist ihre innere Struktur noch wenig bekannt. Auch Angaben über Paläste oder Tempel, wie sie etwa aus dem iranischen Persepolis bekannt sind, lassen sich für Zentralasien kaum machen, da viele der Zitadellen noch jahrhundertelang weiter besiedelt wurden –

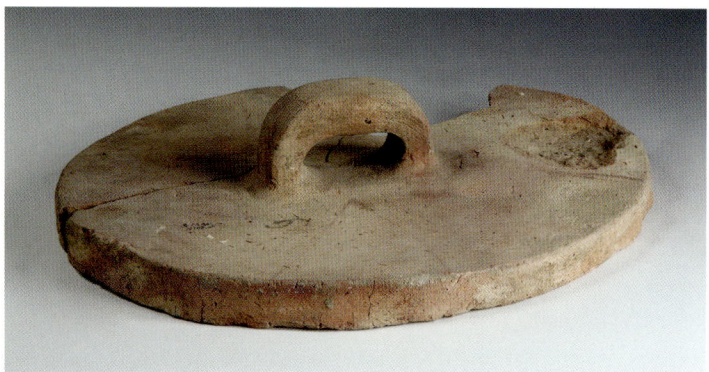

5 Deckel eines Topfes vom Majda-Tepe. Usbekistan, Termes, Archäologisches Museum.

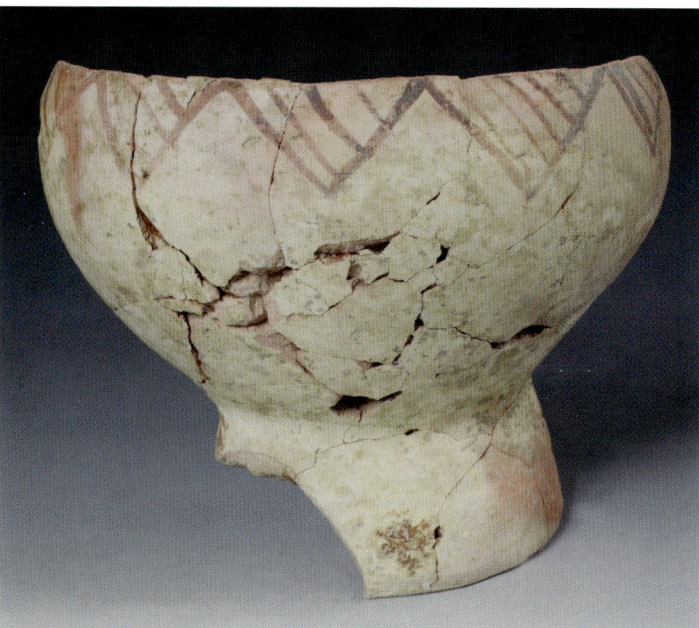

6 Fußschale mit geometrischer Bemalung vom Majda-Tepe. Usbekistan, Taschkent, Kunstwissenschaftliches Forschungsinstitut.

will man die späteren Überbauungen erhalten, so kann man die tieferen Schichten nicht freilegen. Die Keramik der Jaz III-Periode ist fast ausschließlich auf der Scheibe hergestellt und zeichnet sich in diesem als ostiranisch zu bezeichnenden Raum durch zylindrisch-konische Gefäße aus, die ein mehr oder weniger zylindrisches Oberteil und ein konisches Unterteil und häufig seine sehr kleine Standfläche haben (Abb. 9). Auch flache Deckel gehören weiterhin zum Inventar. Sehr selten, und bisher eigentlich nur aus dem nordbaktrischen Gebiet, kommt Bemalung vor und es erscheinen vereinzelt erste Stammes- oder Herrscherzeichen, sogenannte Tamgas (Abb. 10). Geräte und Waffen wurden nun vorwiegend aus Eisen hergestellt. Die Freude an Musik wird durch einen Fund aus der Spätzeit am Kindyk-Tepe belegt: eine Knochenflöte, die zu den ältesten Exemplaren Zentralasiens gehört.

In der späten Achämenidenzeit haben sich erneut wichtige Ereignisse abgespielt: Die Siedlung am Gazimullah-Tepe wurde aufgegeben und man zog wieder auf die andere Flussseite in das Gebiet des Bek-Tepe und des Kindyk-Tepe zurück. Am Bek-Tepe entstand eine rechteckige turmbewehrte Festung (etwa 120 x 130 m), deren Mauern man offenbar in Eile errichtete, da sie nicht aus Ziegeln standardisierten Formats gebaut wurde, wie es sonst üblich war, sondern alle möglichen Formate verwendet wurden, die gerade zur Verfügung standen. Eine ca. 13 ha umfassende, aber bisher nicht untersuchte Siedlung schloss sich nördlich daran an, deren eventuell ehemals vorhandene Umfassungsmauer nicht erhalten ist. Am Westrand dieser Siedlung liegt der dazugehörige Siedlungshügel, der Kindyk-Tepe, dessen Inneres bei den Deutsch-Usbekischen Grabungen bereits weitgehend freigelegt werden konnte. Der kleine Hügel enthielt ein einziges Bauwerk und hier ist es erstmals für Zentralasien gelungen, einen Repräsentationsbau – wahrscheinlich sakraler Funktion – der späten Achämenidenzeit zu identifizieren.

Das Gebäude mit Außenmauern von immerhin fast 3 m Dicke und einer Erhaltung bis zu 2,5 m Höhe bestand aus zwei Räumen (Abb. 11). Der südliche Hauptraum war annähernd rechteckig und ca. 11 x 18 m groß. Der einzige Eingang lag an der Südostecke; von ihm führte eine flache Rampe entlang der Südmauer bis zur Westwand, wo einige Stufen innerhalb des Mauerwerkes in ein Obergeschoss oder auf das Dach führten. Im mittleren Westteil des Raumes lag ein kompliziert strukturiertes Podium aus zwei seitlichen Rampen, die von der Mitte des Raumes bis an die Westwand führten, wobei der Westteil als flaches Podest gestaltet war. Darauf lag nochmals erhöht ein Podium, über dem vier Pfosten einen Baldachin getragen haben können. Zwischen den beiden seitlichen Rampen des Podiums lag erhöht eine rechteckige Anlage mit einer großen runden Feuerstelle (Durchmesser ca. 1,2 m), die als Altar gedeutet werden kann. Dahinter führte eine kurze Rampe und eine Stufe zu dem überdeckten höchsten Podest. Da die lichte Weite des Raumes zu groß für eine Dachkonstruktion war, wurden auf den seitlichen Rampen vier Pfeiler aus Lehmziegeln errichtet, die eine Überdachung stützen konnten. Möglicherweise war das Viereck innerhalb der Säulen oben offen, um den Rauch abziehen zu lassen. Zwei weitere Feuer brannten in der Nordwest- und der Nordostecke.

Der zweite, nördlich anschließende Raum konnte nur durch einen westlichen, ursprünglich überwölbten Eingang betreten werden. Der Raum ist etwa 15 m lang und nur 2 m breit, wobei eine Halbsäule die mächtige Nordwand etwa in der Mitte teilte. In den Boden waren acht runde oder ovale Gruben eingetieft, die sicherlich nicht einfach der Vorratshaltung oder der Abfallentsorgung dienten. Eine davon enthielt mehrere Gefäße, andere Gruben enthielten jedoch jeweils nur Schlacken und Gusstropfen, reinen weißen Sand, Wasser (durch feinste Schlammschichten erkennbar) und Feuer (durch Asche und Holzkohle belegt).

Die Deponierungen in den Gruben, vor allem aber die gesamte Konzeption des Tempels mit den Feueraltären, deuten auf einen Zusammenhang mit dem Zoroastrismus hin – einer Religion, die wahrscheinlich irgendwann nach 1800 aber vor 600 v. Chr. in Baktrien entstanden ist und Ahura Mazda als obersten Gott verehrte. Bisher lassen sich kaum frühe, vor der Zeitenwende entstandene Tempelbauten mit dem Zoroastrismus in Verbindung bringen, doch zeichnen sich die späteren Bauten durch Altäre in ihrem Inneren aus, auf denen das heilige Feuer, das Symbol des Ahura Mazda, entzündet und verehrt werden konnte. Eine wesentliche Rolle in dieser Religion spielen neben dem Feuer die anderen der vier Elemente Wasser, Erde und Luft. Zudem dürfen Feuer und Erde als heilige Elemente nicht

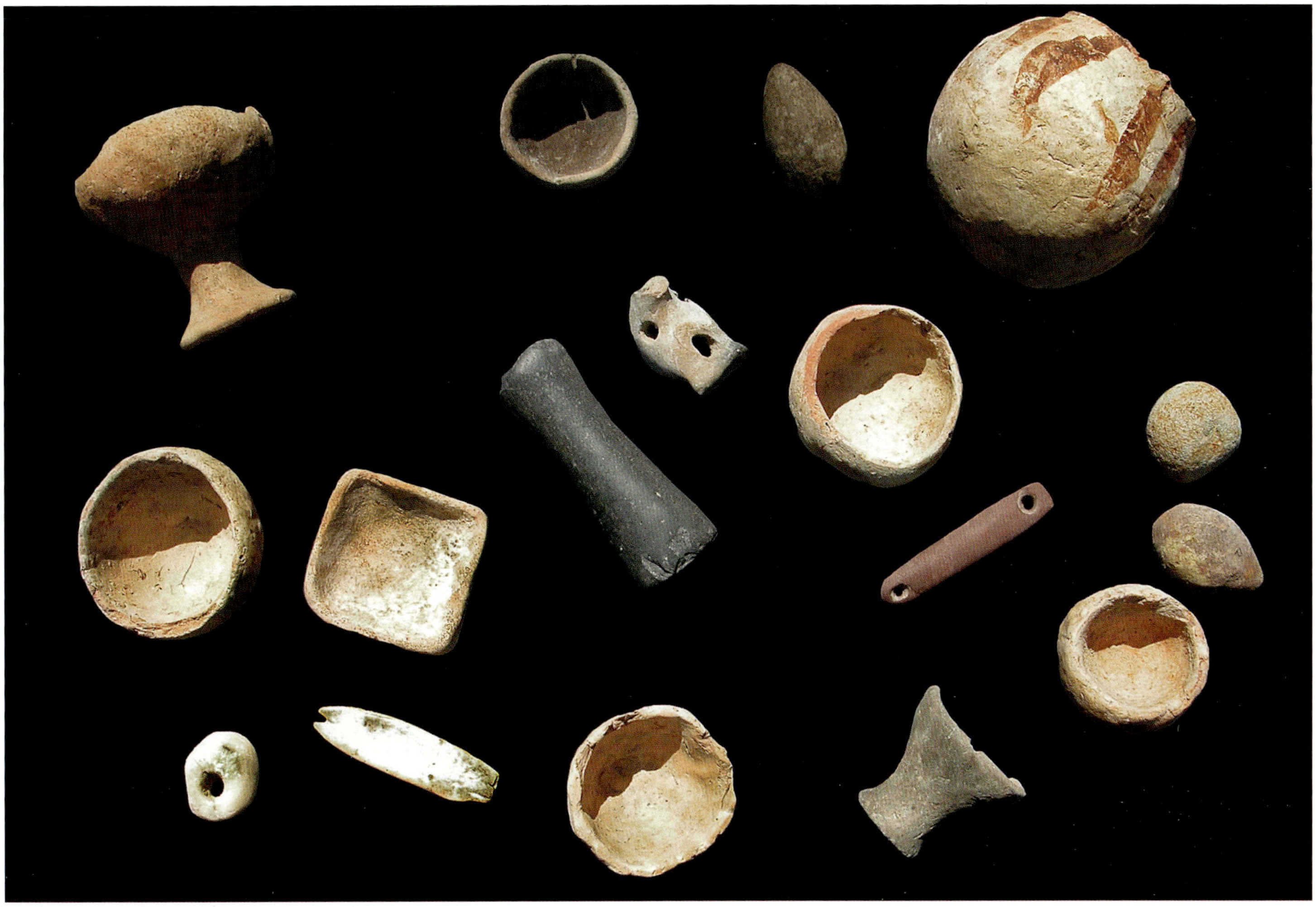

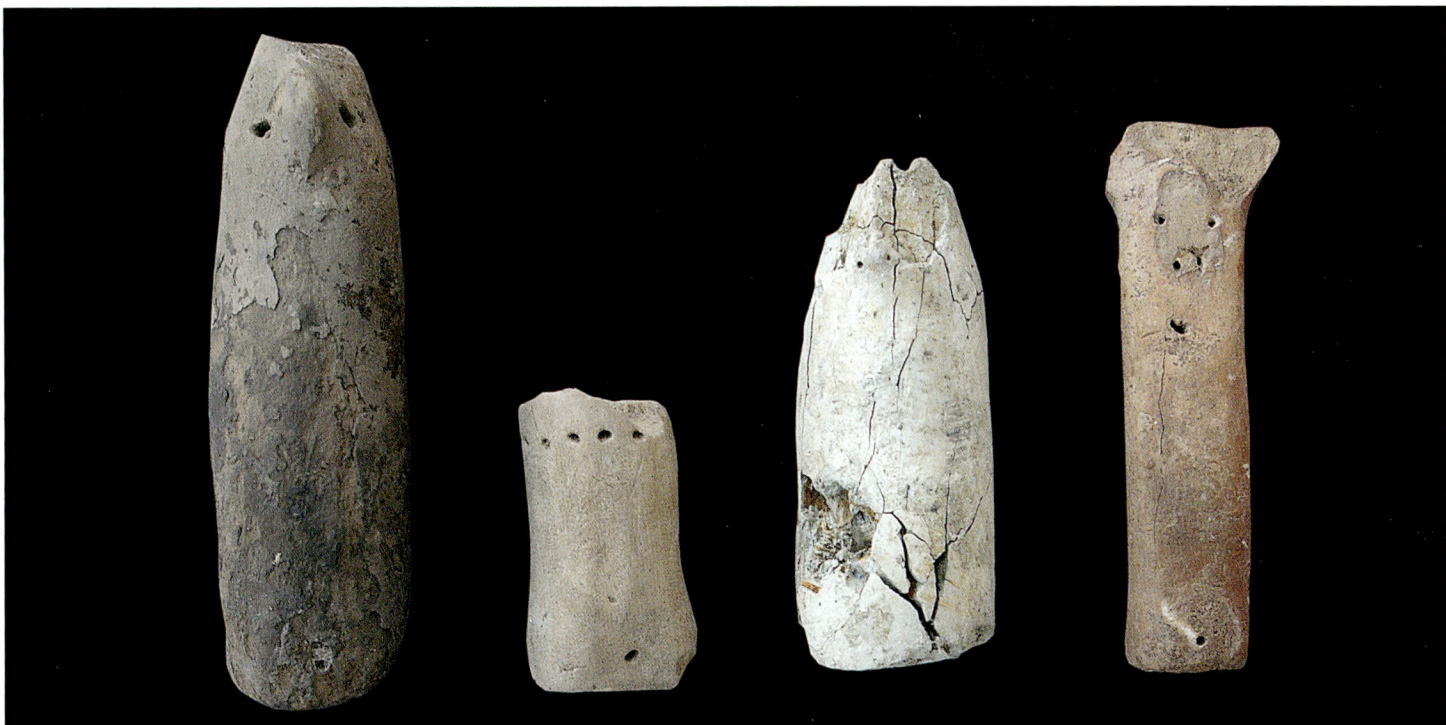

7 Miniaturgefäße und verschiedene andere Kleinfunde vom Majda-Tepe. In der Mitte ein polierter Steingegenstand, daneben eine vogelförmige Tonpfeife. Rechts und oben eiförmige Schleudergeschosse. Links unten ein Marmoranhänger und ein Knocheninstrument, Grabungsfoto.

8 Idole aus gebranntem und ungebranntem Ton vom Majda-Tepe. Usbekistan, Taschkent, Fond Bajsun.

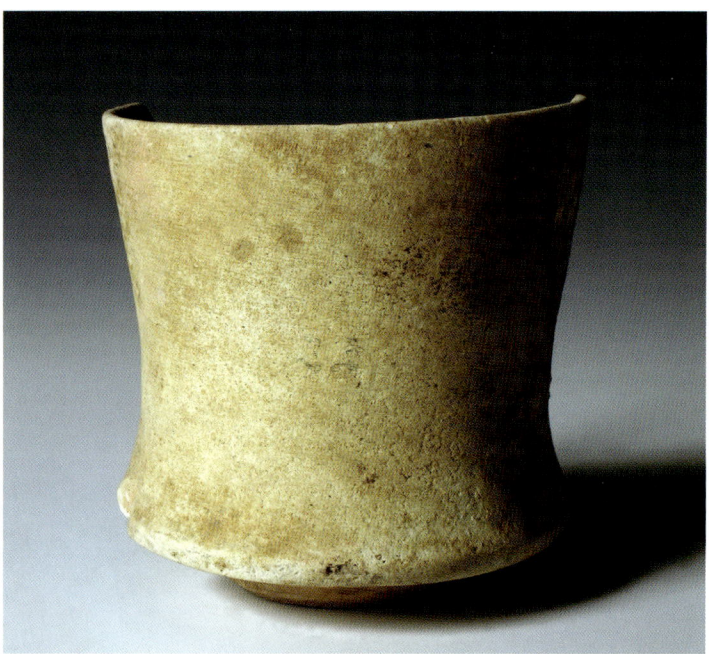

9 Zylindrisch-konisches Gefäß vom Gazimullah-Tepe. Usbekistan, Termes, Archäologisches Museum.

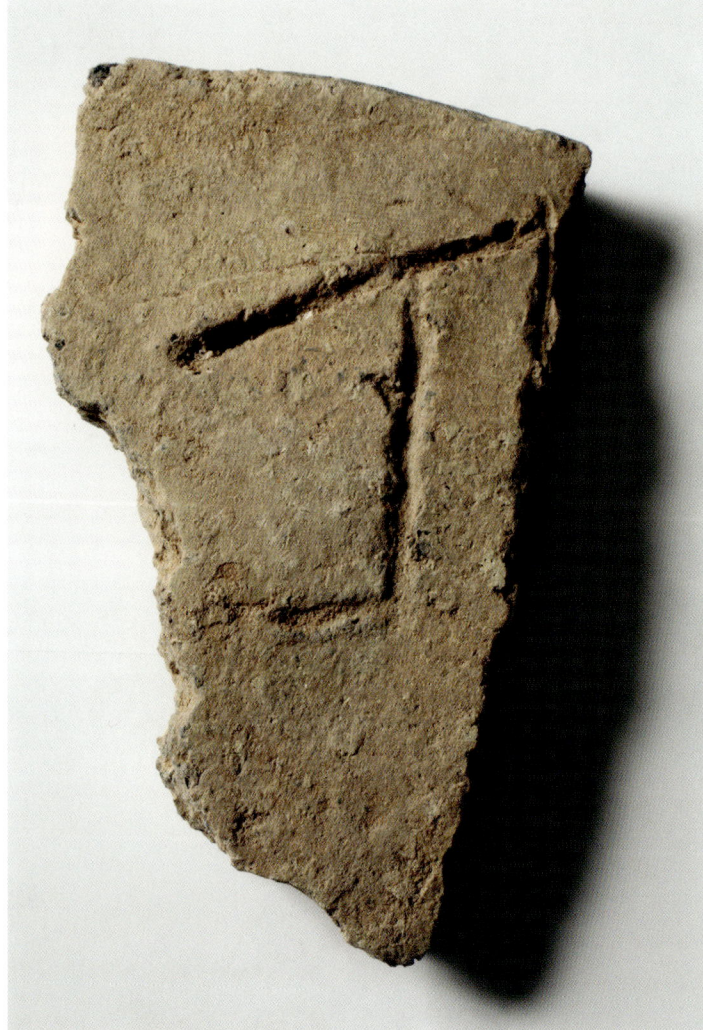

10 Gefäßscherbe mit einem eingeritzten Zeichen, höchstwahrscheinlich ein Stammeszeichen (Tamga). Usbekistan, Termes, Archäologisches Museum.

durch die Berührung mit Leichen verunreinigt werden, weshalb man die Toten auf speziellen Türmen den Vögeln zum Fraß aussetzte.

So kann man spekulieren, dass in dem Verschwinden von archäologisch sichtbaren Bestattungen in Baktrien um 1400 v. Chr. bis hin zu dem religiös bestimmten Repräsentationsbau vom Kindyk-Tepe, in dem Feuer offensichtlich eine zentrale Rolle spielte, die Entstehung dieser Religion in ihren Grundzügen erkennbar wird.

Der Kindyk-Tepe ist mit seiner Datierung in die späte Achämenidenzeit nicht nur einer der ältesten bekannten Feuertempel, sondern auch noch aus einem anderen Grund interessant. Als die Ansiedlung im späten 4. Jh. v. Chr. verlassen wurde, ist diese Anlage nicht einfach zerstört worden, sondern die Räume sind mit festgestampftem Lehm in meterdicken Schichten regelrecht beerdigt und versiegelt worden. Dies könnte durchaus damit zusammenhängen, dass mit und nach Alexander dem Großen alte Herrschafts- und Religionszentren absichtlich unbrauchbar gemacht werden sollten, um den neuen Machthabern Platz zu schaffen.

Das Siedlungszentrum wird danach erneut verlegt, und zwar einige Kilometer flussaufwärts an den Jalangtusch-Tepe, der im Zentrum des heutigen Ortes Bandichan liegt. In einer kleinen Grabung an der Zitadelle konnte hier nachgewiesen werden, dass die ältesten Schichten aus graeco-baktrischer Zeit stammen. Um die Zitadelle herum existierte eine ausgedehnte, befestigte Stadt, deren genaue Ausmaße noch unbekannt sind, da sie überwiegend unter der heutigen Ortschaft liegt. Dieses neue Zentrum dürfte kaum direkt durch Alexander den Großen gegründet worden sein; zu seinen Neugründungen gehört wohl eher die kleine Garnisonsfestung von Kurgansol, die etwa 30 km weiter nördlich den gleichen Fluss, den Bandichansaj, überragt und von wo der Weg durch das Eiserne Tor bei Derbent weiter nach Marakanda/Samarkand führte. Wann genau die Bevölkerung der Siedlung von Bek-Tepe und Kindyk-Tepe an den neuen Standort am Jalangtusch-Tepe umsiedelte, kann nicht geklärt werden, es wird aber vermutlich nicht sehr lange nach der Eroberung Baktriens durch Alexander gewesen sein. Die neue Stadt wurde jedenfalls bis in die klassische Kuschanzeit der ersten Jahrhunderte n. Chr. weiter besiedelt und mehrfach umgebaut.

Obwohl echte griechische Importkeramik bisher in Zentralasien fehlt, wurden doch zahlreiche Formen, etwa die sogenannten Fischteller, Kratere (Abb. 12/Startabb.) oder Amphoren nach griechischen Vorbildern angefertigt. Sie werden in diesem Beitrag nicht eingehend besprochen, da sie in Kurgansol, Samarkand und von anderen Orten wesentlich besser bekannt sind. Es sei lediglich angemerkt, dass etwa die Fußbecher (Abb. 13) sich durchaus von den achämenidischen zylindrisch-konischen Bechern herleiten lassen. Sie wurden mit der Zeit schlanker und entwickelten sich allmählich zu den hohen Pokalen der Kuschanzeit (Abb. 14). Diese Weinpokale sind etwa aus den Stadtanlagen von Kampyr-Tepe oder Samarkand in großer Zahl vorhanden – sie fehlen in keinem der Monumente der Kuschanzeit. Vom Jalangtusch-Tepe stammen mehrere kleine Tonfiguren (Abb. 15), die ebenfalls in die Kuschanzeit gehören, als sich der Buddhismus, aus Indien und Pakistan kommend, im südlichen Zentralasien verbreitete. Sie unterstreichen die Tatsache, dass nicht nur die Bevölkerung vom Bek-Tepe und Kindyk-Tepe umzog, sondern auch das Kultzentrum verlagert wurde. In der Umgebung des Jalangtusch-Tepe sind in der Kuschanzeit auch nach langer Pause erstmals wieder Gräber be-

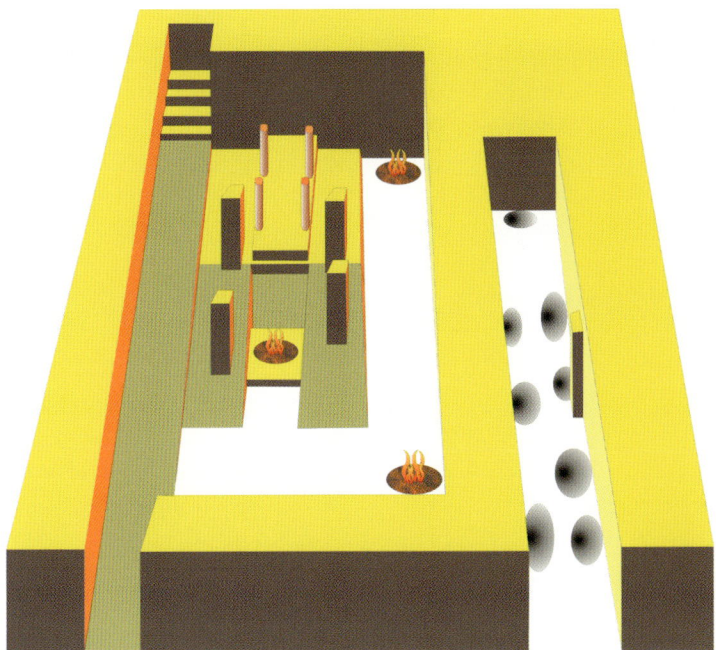

11 Rekonstruktion des Heiligtums vom Kindyk-Tepe bei Bandichan im Blick von Südosten. Der Hauptraum mit Rampen, Podesten, Säulen und Pfosten sowie den Feuerstellen wird im Norden von dem schmalen zweiten Raum mit den Gruben begleitet.

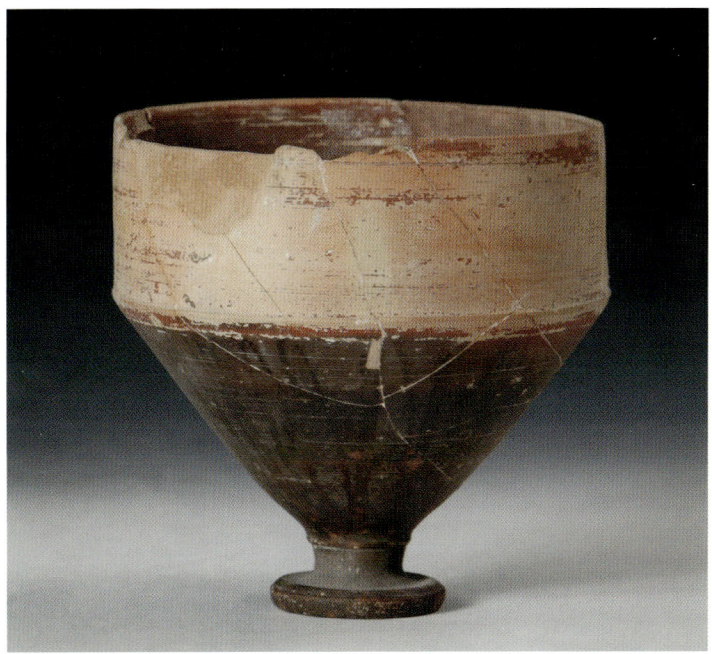

13 Fußbecher der hellenistischen Zeit aus Afrasiab. Usbekistan, Samarkand, Afrasiab Museum.

kannt; Bestattungen in oberirdischen gemauerten Grüften (*naoi*), die auch Gefäße und Schmuck enthalten.

In der späten Kuschanzeit, seit Beginn des 3. Jhs. n. Chr., entstand im Westen ein neuer bedrohlicher Nachbar, das Sasanidenreich. Mehrfach gab es kriegerische Auseinandersetzungen zwischen den beiden Staaten, die schließlich nach der Unterstützung der Sasaniden durch die Kuschan gegen Rom und Byzanz in einer Verschmelzung mündeten. Auch in der Region Bandichan kam es erneut zu Veränderungen, denn die Stadt um den Jalangtusch-Tepe erlebte einen Niedergang. Etwa 10 km flussaufwärts entstand eine neue Siedlung, von der vor allem die große Zitadelle von Sariband gut erhalten geblieben ist, die sich noch 6–7 m über die Ebene erhebt. Eventuell hatte hier bereits seit den ersten Jahrhunderten eine kleinere Siedlung bestanden, die den Fluss des Wassers im Bandichansaj kontrollierte. Der Name Sariband bedeutet soviel wie „Wassersperre" und tatsächlich ist unmittelbar unterhalb der Festung noch der Rest eines mittelalterlichen Dammes erhalten. Diese Überbleibsel aus gebrannten Ziegeln stammen aus dem 16. Jh., dürften jedoch auf ältere Vorgänger zurückgehen. Sariband wird derzeit nicht erneut ausgegraben, da die Kuschanzeit von zahlreichen anderen Monumenten Baktriens ausreichend bekannt ist.

Während bereits Achämeniden, Griechen und Kuschan immer wieder auch mit Steppenvölkern (Skythen/Saka, Sarmaten) aus dem Norden zu kämpfen hatten, sie jedoch abwehren konnten, drangen seit dem 4. Jh. n. Chr. verschiedene Gruppen auch in das südliche Zentralasien vor: Chioniten (oder Rote Hunnen), Kidariten und Hephthaliten (auch als Weiße Hunnen bekannt). Von den großen stadtartigen Anlagen im Gebiet von Bandichan blieb keine bestehen. Wenig südlich von Sariband entstand zu dieser Zeit am Kachramon-Tepe eine kleine quadratische Festung (35 x 35 m) mit einem einzigen

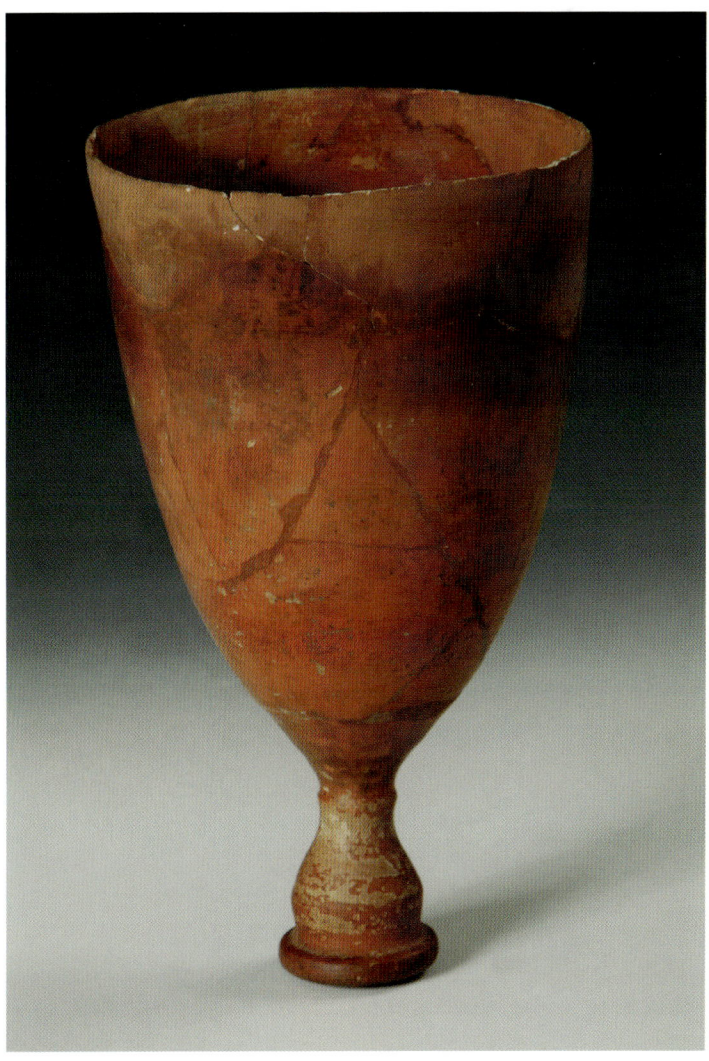

14 Pokal der Kuschanzeit aus Afrasiab. Usbekistan, Samarkand, Afrasiab Museum.

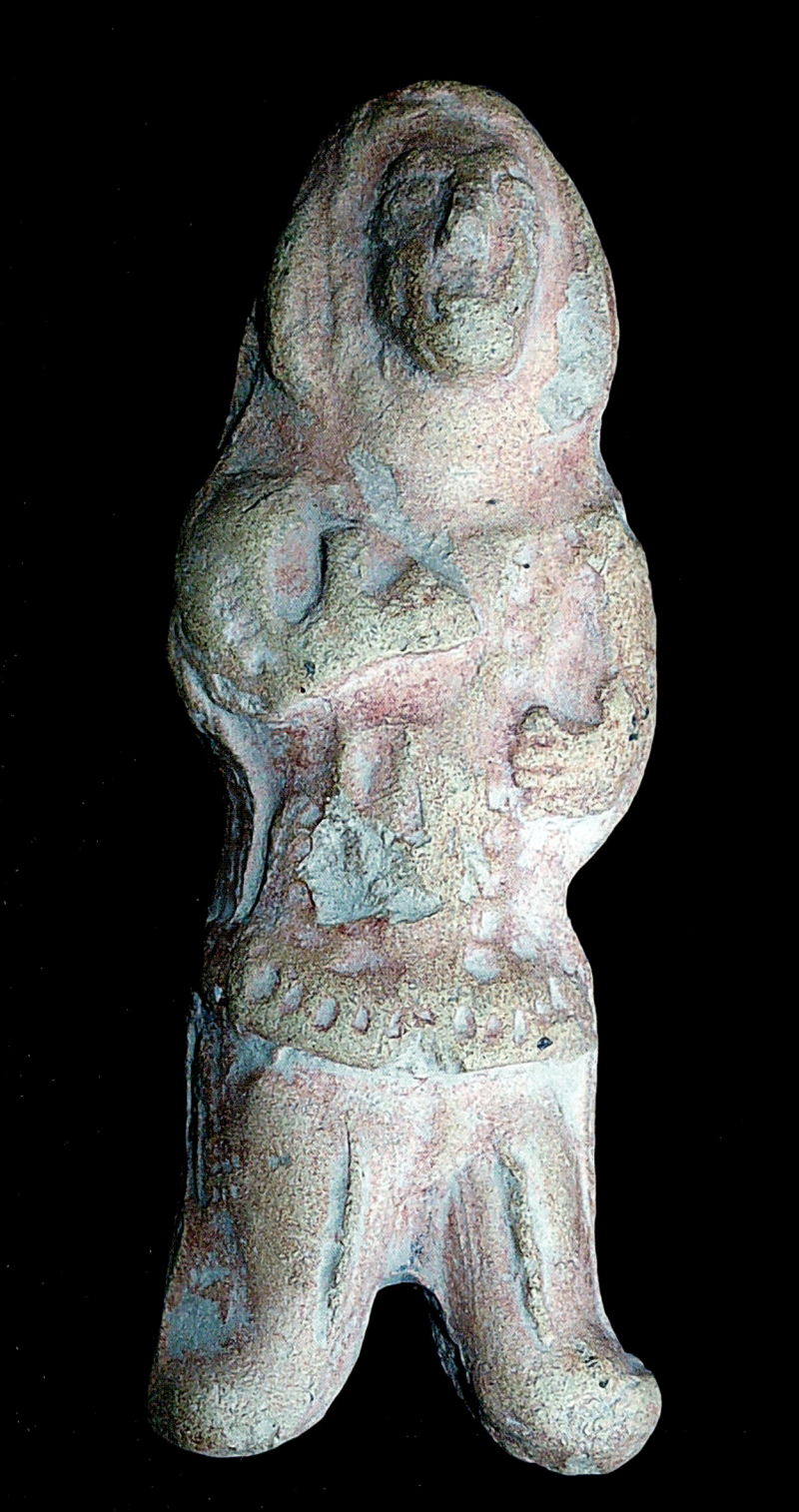

15 Terrakotta-Figur eines Mannes vom Jalangtusch-Tepe, Grabungsfoto.

Zugang im Osten. Etwa ein Viertel im südwestlichen Inneren der Anlage ist derzeit ausgegraben worden (Abb. 16). Es zeigt sich eine sorgfältig geplante Anlage, in der kleine Gassen rechtwinklig von einer zentralen Hauptstraße abgehen. Diese kleinen Gassen, etwas mehr als 2 m breit, enden an der Umfassungsmauer, wo Stufen auf den Wehrgang hinaufführen. Entlang der Straßen waren einzelne Räume von jeweils ca. 2 x 4,5 m Größe angeordnet. Die Eingänge liegen sich jeweils nicht direkt gegenüber, sondern sind versetzt, möglicherweise um bei einem Alarm ein Zusammenstoßen hervorstürmender Soldaten zu vermeiden. Die Decken waren spitz überwölbt, wobei die Gewölbe aus schräggestellten Lehmziegeln errichtet wurden. Die erhaltene Einrichtung ist äußerst spartanisch und besteht für jeden Raum nur aus jeweils einem Trinkgefäß und einem oder zwei größeren Behältern, vereinzelt auch einer Handmühle oder sonstigem Gerät. Offenbar handelte es sich bei den Bewohnern um die Soldaten einer kleinen Garnison. Allem Anschein nach wurde der Ort friedlich verlassen, denn es gibt keine Anzeichen von Zerstörung und so ließen sich auch die eher bescheiden wirkenden Hinterlassenschaften erklären. Abgesehen von einem Kupferanhänger und einem Eisenmesser fand sich nur Keramik, darunter sowohl Amphoren in griechisch-römischer Tradition als auch Imitationen von römischer Terra sigillata (sogenannte pseudoarretinische Keramik) und handgemachte Ware, wie sie zu dieser Zeit bei den nördlicher lebenden „Barbaren" üblich war. Daher ist es derzeit noch nicht möglich, mit Bestimmtheit festzulegen, wer diese Festung erbaut und verteidigt hat. Es könnte sich ebenso um einen (kuschano-) sasanidischen Außenposten handeln wie um eine kidaritische oder hephthalitische Anlage, denn die Region gehörte zum Grenzgebiet zwischen diesen Völkern.

Insgesamt können in der Kleinregion Bandichan rund 2000 Jahre frühe zentralasiatische Geschichte nachgezeichnet werden (Abb. 17). Dabei werden mehrere Aspekte deutlich: Zum einen konzentrierten sich in den trockenen Regionen Zentralasiens Siedlungen dort, wo die Umweltbedingungen günstig waren (fruchtbare Böden, Wasser), häufig auf Schwemmfächern am Fuß der Gebirge. Diese werden häufig als Oasen bezeichnet, man muss sich aber keineswegs eine wüstenhafte Umgebung vorstellen, vielmehr soll eben die besonders günstige Lage und die hohe Konzentration von Siedlungen damit bezeichnet werden. Zum anderen wird die sehr bewegte Geschichte dieser Kontaktregion zwischen hochentwickelten Stadtkulturen und den eher mobilen Viehzüchtern der Steppenregion deutlich. Obwohl wir nicht wissen, welche Völker in der Urgeschichte das Gebiet besiedelten, erkennen wir in der klassischen Bronzezeit große Stadtanlagen, die dann erheblich reduziert wurden und verschwanden. Die Mechanismen dahinter sind noch nicht vollständig entschlüsselt. Durch die Perser wurden dann (erneut) staatliche Strukturen eingeführt. Das Gebiet wurde von den Griechen erobert, das gesellschaftliche Gefüge veränderte sich, blieb jedoch in seinen allgemeinen Zügen erhalten. Auch unter den Kuschan, die sich durchaus auch als Erben der Griechen verstanden, wurde die politische Tradition fortgesetzt. Mit den Sasaniden erneuerte sich der persische Einfluss. Sie wurden von verschiedenen Gruppen mittel- und ostasiatischer Völker abgelöst, unter denen sich vermutlich auch turkmongolische Anteile befanden. Damit setzte also im frühen Mittelalter, der europäischen Völkerwanderung entsprechend, die Landnahme durch die Vorfahren jener Turkvölker ein, die bis heute in Zentralasien leben.

Literatur

Belenickij 1978; Briant 1984 ; Gnoli 1980; Kohl 1984; Masson 1959; Pugatschenkowa 1989; Rtweladse 1983; Stawiski 1979; Swertschkow 2005; Trudy 2007.

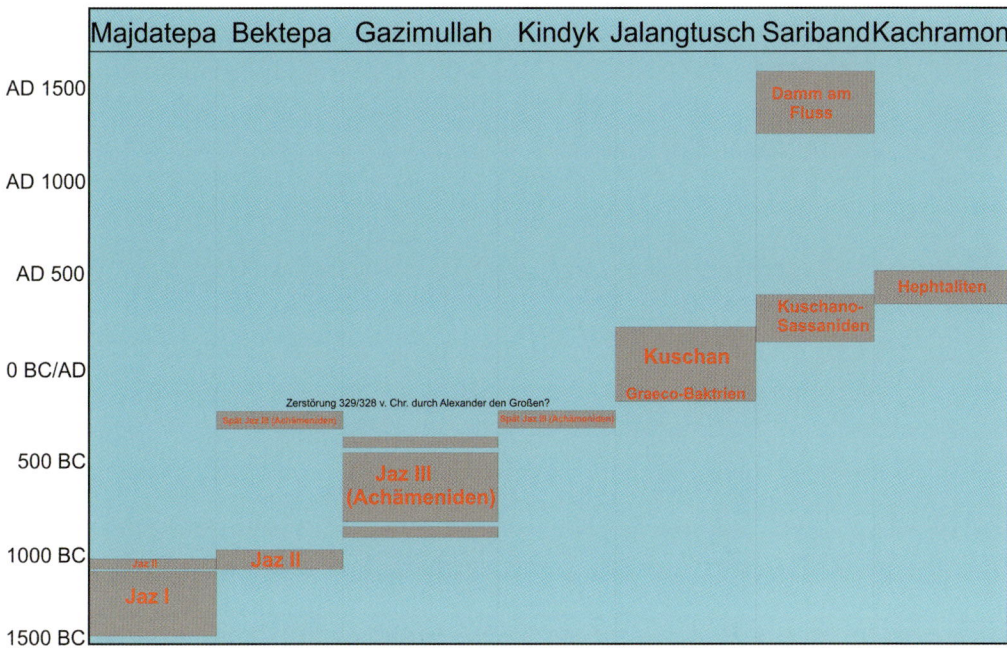

17 Übersicht zur Datierung der Monumente um Bandichan.

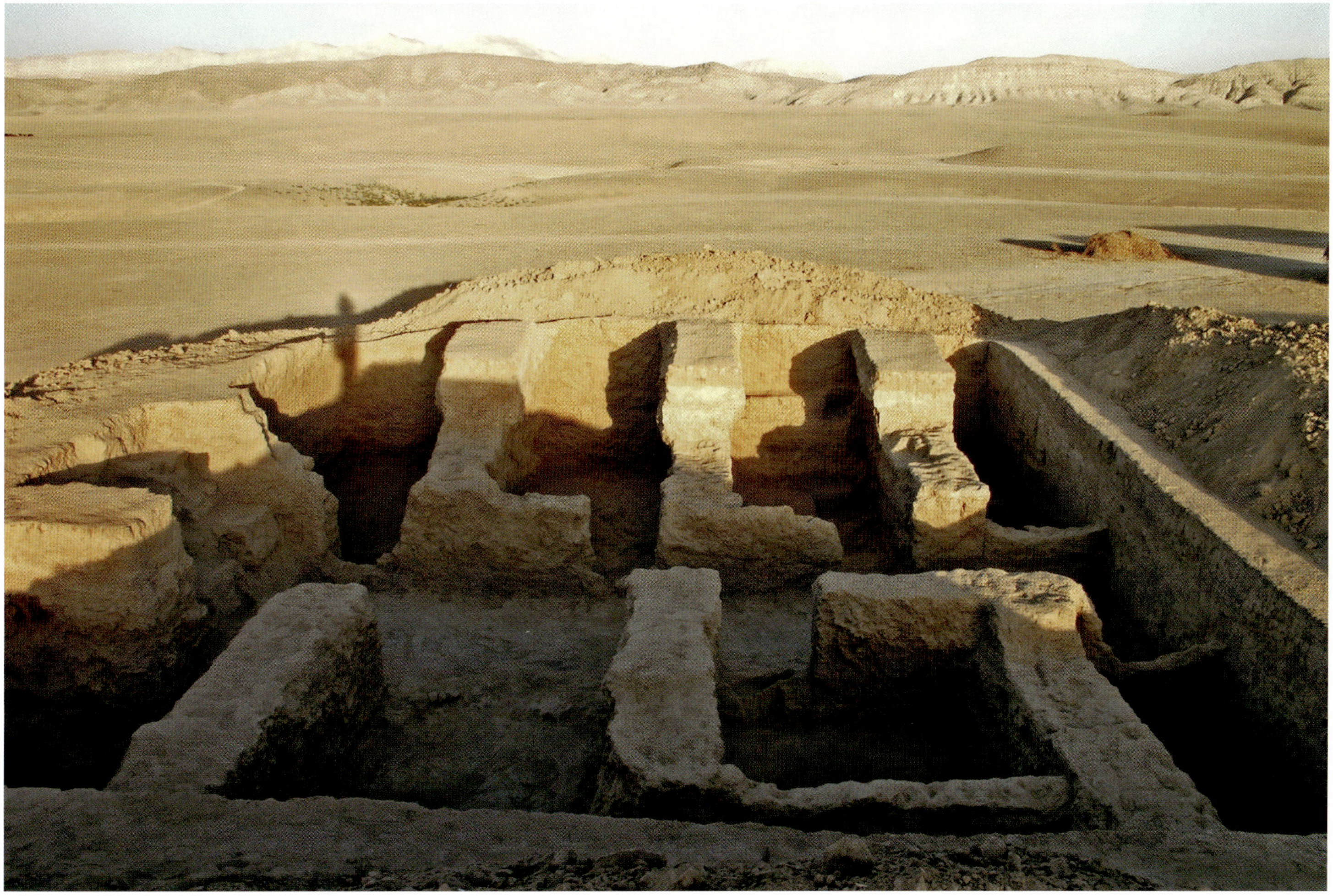

16 Blick von Osten auf die Grabung am Kachramon-Tepe. Links sind die Stufen am Ende der quer liegenden Gasse zu erkennen, die auf den Wehrgang führten. Die Räume im Vordergrund sind bereits umgebaut worden, so dass der linke zur Gasse hin völlig offen ist. Bei dem rechts daneben liegenden Raum ist der ursprüngliche Eingang noch vorhanden, wobei deutlich ist, wie er versetzt zu den Eingängen der gegenüber liegenden Räume (im Hintergrund) angelegt wurde. Bei den Räumen im Hintergrund ist auch das Einbiegen der Wände nach oben zum Bogen hin ansatzweise zu erkennen.

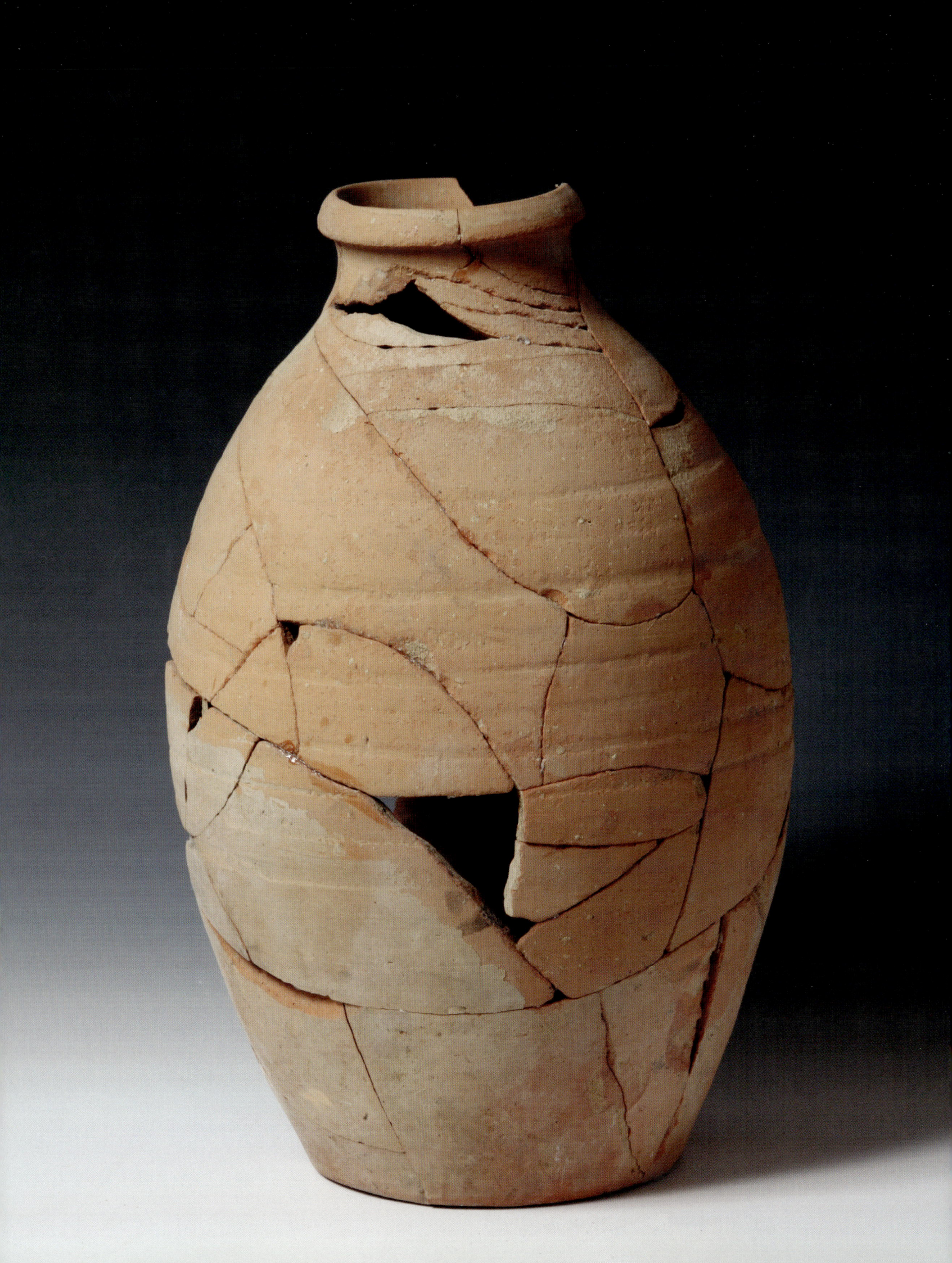

Die Grabungen im Fort Kurgansol im Süden Usbekistans – neue Daten zur Geschichte Zentralasiens am Ende des 4. Jhs. v. Chr.

Leonid M. Swertschkow

Die Naturwissenschaften und insbesondere die Physik kennen seit je her eine Unterteilung in einen theoretischen und einen experimentellen Zweig. Auch in der Geschichtswissenschaft existiert eine solche eigenständige theoretische Komponente, die auf der Analyse der schriftlichen Quellen beruht, während der praxisbezogene, d.h. der experimentelle Teil mangels einer Zeitreisemaschine in gewisser Weise von der Archäologie übernommen wird. Die Ergebnisse archäologischer Untersuchungen geben Historikern Fakten an die Hand, Mosaiksteine, wenn man so will, die wichtiges Material zur Rekonstruktion der Vergangenheit bilden.

Will man die Feldzüge Alexanders des Großen nach Zentralasien untersuchen, wird man feststellen, dass die Theorie, wie es in der Wissenschaft im Grunde anders nicht sein kann, die Praxis weit hinter sich lässt. Ohne die Bedeutung theoretischer Arbeiten schmälern zu wollen, kann man festhalten, dass ein Missverhältnis von Schreibtischtätigkeit und Feldarbeit besteht, das in diesem Falle, wenn auch oft genug durch objektive Gründe bedingt, nachgerade eklatant ist. Auf der einen Seite existiert eine hochkomplexe Theorie, mit der das Vordringen der hellenistischen Kultur nach Osten erfasst werden soll. Dieser stehen auf der anderen Seite verschwindend geringe archäologische Arbeiten zu Fundstätten aus spätachämenidischer und vor allem aus hellenistischer Zeit gegenüber. Zu den bekanntesten gehören zweifelsohne die Ausgrabungen der französischen archäologischen Mission in der Siedlung Ai Khanoum in Nordafghanistan sowie die bis heute andauernden Untersuchungen in der Siedlung Tachti Sangin, die I. R. Pitschikjan im Süden Tadschikistans entdeckte. Für Südusbekistan sind die mehrjährigen Arbeiten des Akademiemitglieds E. W. Rtweladse von exzeptioneller Bedeutung, die in vorbildlicher Weise Theorie und Praxis verknüpfen. Einen unschätzbaren Beitrag für die Archäologie und Geschichtswissenschaft stellt zudem die erste detaillierte Periodisierung eines hellenistischen Fundorts dar, die S. R. Pidajew anhand der Stratigraphie für die Zitadelle in Alt-Termes erarbeitete.

Fachleuten braucht man nicht zu erklären, welche Probleme mit der Untersuchung hellenistischer Schichten verbunden sind. Schlimmstenfalls – und das trifft leider für die meisten Fundstätten zu – lassen sie sich gar nicht mehr feststellen, da sie von späteren Ablagerungen überdeckt wurden, bestenfalls sind die hellenistischen Schichten und Funde im Zuge späterer Baumaßnahmen verlagert worden. Die Folge davon ist eine Datierung dieser Bodendenkmäler ohne präzisen stratigraphischen Befund, lediglich auf Basis der vor Ort angefertigten, aber griechische Formen nachempfindenden Keramik aus dem Zeitraum vom 4.–2. Jh. v. Chr. Lange Zeit wurde diese Keramik mit dem auf A. W. Sedow zurückgehenden Terminus als „keramischer Komplex des Typs Ai Khanoum" bezeichnet.[1] Die Untersuchung Ai Khanoums selbst hat indes gezeigt, wie schwierig es ist, die Chronologie für die frühe Phase eines hellenistischen Fundorts aufzustellen. Selbst die Frage, wann die Stadt überhaupt entstanden ist, konnte bis heute nicht geklärt werden, weshalb man nach wie vor meist von einem sehr langen Zeitraum – vom Ende des 4. bis zum Beginn des 3. Jhs. v. Chr. – ausgeht.[2] Mit dem gleichen Problem sah sich auch Pidajew konfrontiert, als er die Keramik aus der untersten Schicht der Zi-

11 Kurgansol. Amphora ohne Henkel. Spätes 4. Jh. v. Chr. Termes, Archäologisches Museum, Usbekistan. Inv. Nr. SVAM 6478.

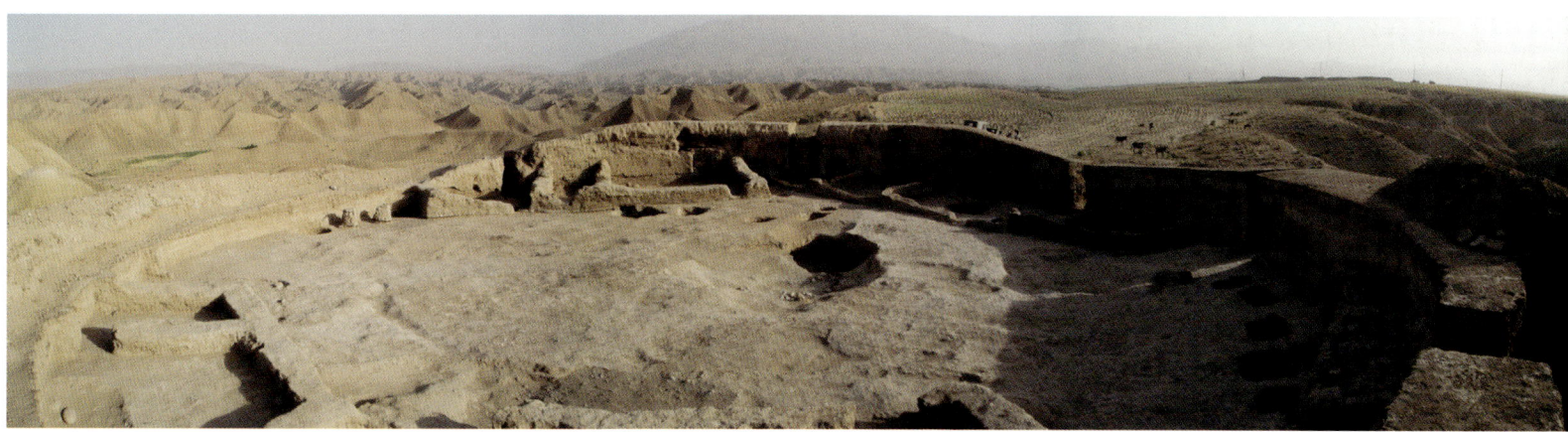

1 Kurgansol. Blick von Nordwesten auf das Grabungsgelände.

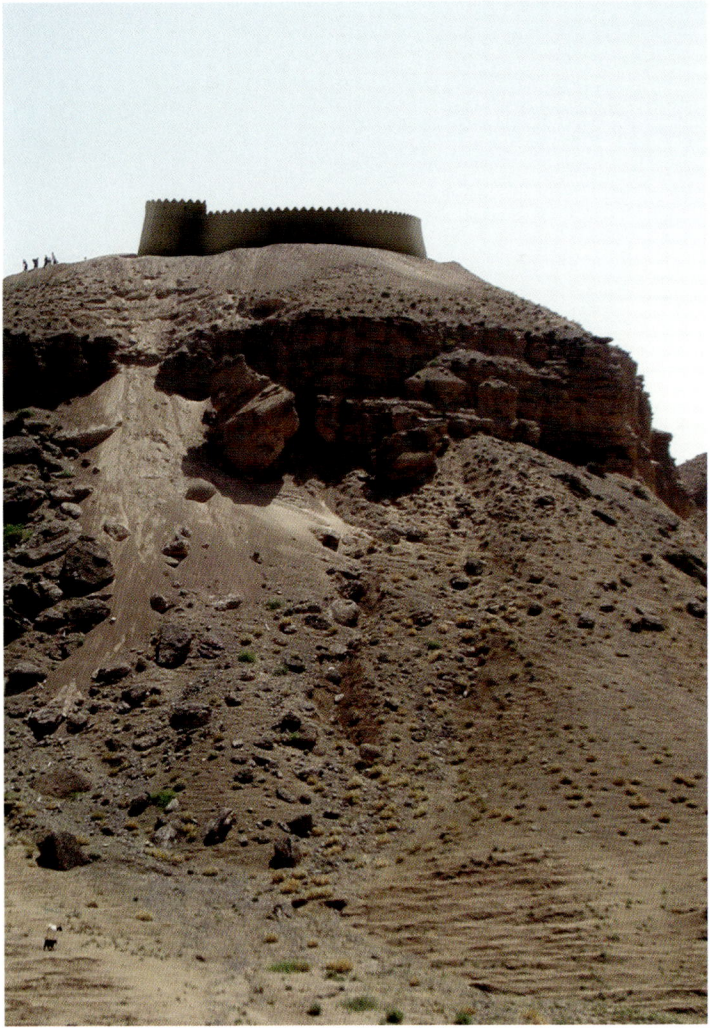

2 Kurgansol. Blick von Südwesten aus dem Tal des Utschkul auf die rekonstruierte Festung in Spornlage.

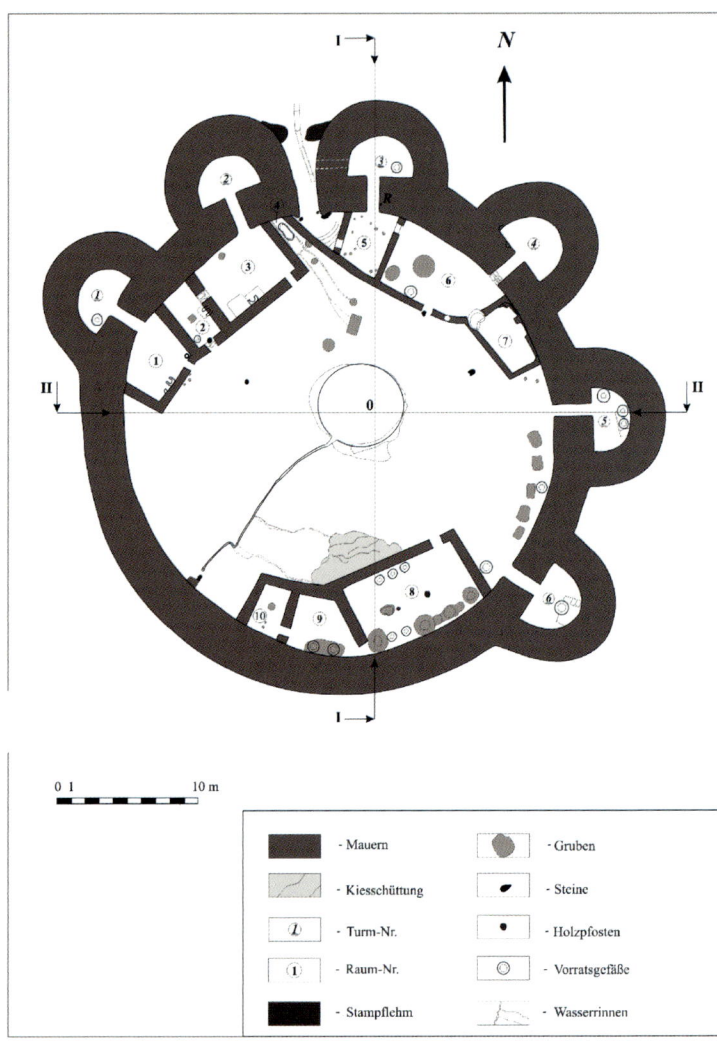

3 Grundriss der Festung Kurgansol, Phase 1.

tadelle in Alt-Termes analysierte; er setzt die älteste Phase im Leben der Stadt am Ende des 4. bzw. zu Beginn des 3. Jhs. v. Chr. an.[3]

Das Problem besteht jedoch nicht nur im Fehlen klarer Kriterien, mit denen ein Fundort vom Ende des 4. Jhs. v. Chr. präzise datiert werden kann. Stets gilt es auch zu bedenken, dass sich der kulturelle Wandel in dem von Alexander eroberten Gebiet sukzessive vollzog. Neben älteren, sogenannten „achämenidischen" Traditionen in der Keramikproduktion begegneten an Orten mit griechischer Bevölkerung auch neue, importierte Formen. Dies führte bisweilen zu der Suche nach sogenannter „Übergangskeramik" – ein Weg, der sich indes als Sack-

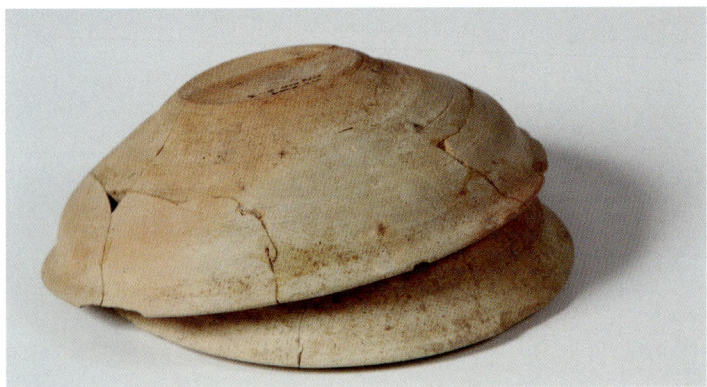

4 Kurgansol. Ineinander gestapelte Schalen. Spätes 4. Jh. v. Chr. Taschkent, Fond Baysun, Usbekistan, o. Inv. Nr.

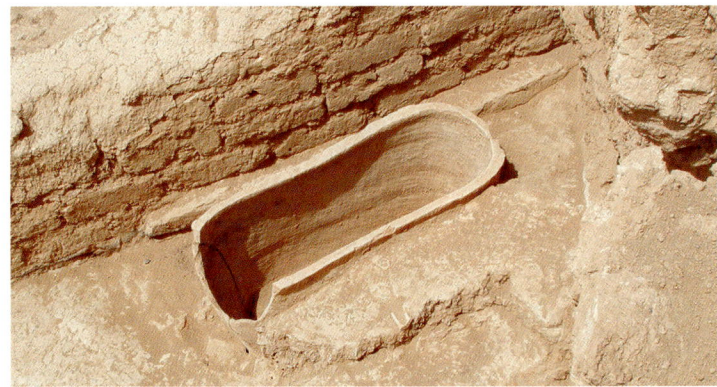

5 Kurgansol. Badewanne aus gebranntem Ton. 130 x 60 x 50 cm. Fragmente. Spätes 4. Jh. v. Chr. Termes, Archäologisches Museum, Usbekistan. Inv. Nr. SVAM 6476.

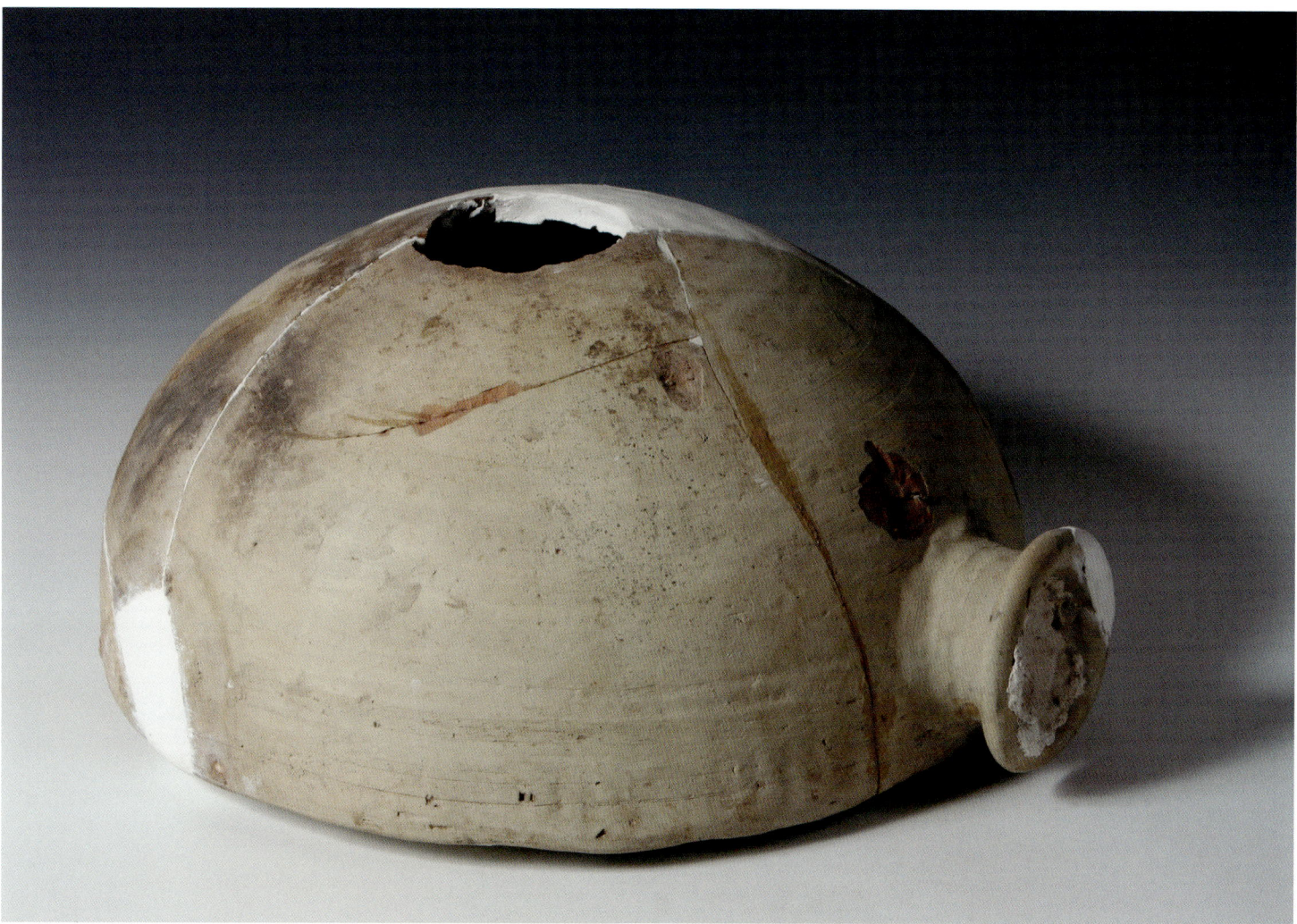

6 Kurgansol. Transportflasche aus Keramik. Spätes 4. Jh. v. Chr. Die Flickungen aus Gips wurden nachträglich angebracht. Taschkent, Fond Baysun, Usbekistan, o. Inv. Nr.

gasse herausstellen sollte. Insofern blieb das Problem, die geborgenen archäologischen Materialien in eine konkrete zeitliche Beziehung zum Alexanderzug zu setzen, lange Zeit eines der drängendsten Forschungsdesiderate für die Archäologie Zentralasiens.

Von der Entdeckung eines neuen hellenistischen Fundorts im Süden Usbekistans darf man sich nun wohl eine grundlegende Änderung der oben geschilderten Situation erhoffen (Abb. 1). Die Festung Kurgansol, zu der bereits verschiedentlich erste Grabungsergebnisse veröffentlicht wurden, liegt im Gebirgsbecken von Baysun, das wiederum einen südwestlichen Ausläufer des Gissar-Gebirges bildet (Koordinaten: 38° 05' 44,5" nördlicher Breite, 67° 11' 02" östlicher Länge; Höhe über dem Meeresspiegel: 924 m). Die Festung wurde in äußerst günstiger strategischer Lage auf der Südspitze eines Geländesporns errichtet (Abb. 2). Dieser Sporn schiebt sich von der Hochebene in das Tal des heute zumeist trockenen Flüsschens Utschkul, der weiter südlich in den Surchan-Darja mündet, der seinerseits in den Amu-Darja (den antiken Oxos) fließt. Folgt man von Kurgansol aus dem Flusstal aufwärts, so gelangt man über Derbent nach Maracanda in Sogdien. Insofern konnte die Festung Kurgansol einen Verbindungsweg vom Amu-Darja in das Innere Sogdiens kontrollieren.

Die Festung hat einen kreisförmigen Grundriss mit einem inneren Durchmesser von 30 m. Die nach Norden und Osten gelegene Seite – die einzig verwundbare Stelle der nach den anderen Seiten durch den steilen Geländeabfall gut geschützten Festung – sicherten sechs Türme (Abb. 3). Auf der Nordseite lag zudem eine kleinere Siedlung, von der im Jahr 2004 noch an einigen Stellen eine 40 cm mächtige Kulturschicht festgestellt werden konnte, die inzwischen jedoch durch Ackerbau weitgehend zerstört ist.

Im Jahr 2004 wurde zunächst ein Viertel der Festung ausgegraben und nach einer langen Unterbrechung konnten im Jahr 2008 dank der unschätzbaren Hilfe der Organisatoren dieser Ausstellung und der persönlichen Beteiligung von Dr. Boroffka die Grabungen fortgesetzt und abgeschlossen werden. An dieser Stelle möchte die Baysun-Expedition allen Beteiligten und Besuchern unserer Grabung ihren aufrichtigen Dank aussprechen.

Bereits 2004 stand außer Frage, dass die Festung Kurgansol in den Zeitraum vom 4.–2. Jh. v. Chr. datiert und dass die hellenistischen Schichten in der folgenden Zeit keine umfangreiche Überbauung erfahren haben – eine für die zentralasiatische Archäologie bis dahin einmalige Situation. Zunächst vermutete man, das Fort sei über die gesamte Zeitspanne, vom Ende des 4. bis zum Beginn des 2. Jhs. v.

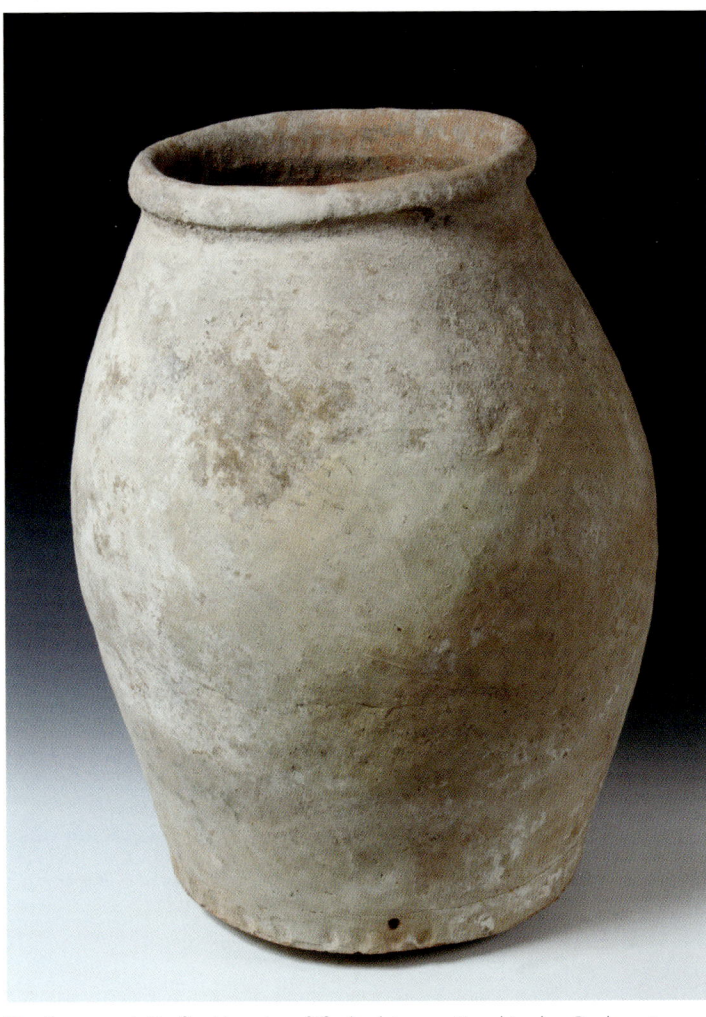

7 Kurgansol. Großes Vorratsgefäß, das bis zum Rand in den Boden eingegraben war. Spätes 4. Jh. v. Chr. Termes, Archäologisches Museum, Usbekistan. Inv. Nr. SVAM 6477.

Chr., besiedelt gewesen. Doch dank der im Zuge der jüngsten Ausgrabungen gewonnenen Erkenntnisse und Fakten kann die Periodisierung für Kurgansol nunmehr präzisiert werden. So handelt es sich bei den ursprünglich postulierten Perioden 1 und 2 lediglich um zwei Stufen einer Phase (Phase 1). Die Festung wurde also in zwei direkt aufeinander folgenden Etappen angelegt: Zunächst schuf man den äußeren Ring, anschließend erfolgte die Bebauung im Innern. Alle Mauern – sie sind mit einer Höhe von bis zu 3 m erhalten geblieben – wurden aus dem für die spätachämenidische Zeit typischen Ziegelstein rechteckigen Formats errichtet (46–48 x 35–36 x 12 cm).

Nachdem das Fort ein erstes Mal zerstört und niedergebrannt worden war – ein Ereignis, zu dem es, wie identische Materialien aus Baugruben und Horizont 1 nahelegen, unmittelbar nach der Errichtung gekommen sein musste –, erfolgte in Phase 2[4] eine übereilte Ausbesserung der Mauern und Zugänge zu den Türmen. Dafür wurden bereits die aus Grabungen hellenistischer Fundorte bekannten quadratischen Ziegelsteine (40–41 x 40–41 x 15 cm) verwendet. Allerdings wurden die Innenräume in Phase 2 nicht wiedererrichtet, was sich aus dem Bestreben erklären dürfte, die Verteidigungsfähigkeit möglichst umgehend wiederherzustellen. Der Horizont 2 liegt schräg über den zerstörten Mauern und den Schutt- und Brandschichten aus Phase 1, nur an ausgewählten Stellen kam es zu einer Nivellierung der Fläche, indem die oberen Kanten der Mauern abgetragen oder einzelne Bereiche mit Schotter aufgeschüttet wurden. In Phase 2 konnte die Festung also lediglich Verteidigungszwecken dienen, ein angenehmes Wohnen innerhalb der Mauern war nicht mehr möglich. Trotzdem wurde Kurgansol abermals zerstört und niedergebrannt, was sich an einer auf Horizont 2 aufliegenden Brandschicht ablesen lässt. Und in der Folge dieser zweiten Zerstörung wurde die Festung nie wieder errichtet.[5]

Wie die Ergebnisse der letzten Grabungen zeigten, kann es zwischen den beiden Nutzungsphasen, die sich stratigraphisch in zwei

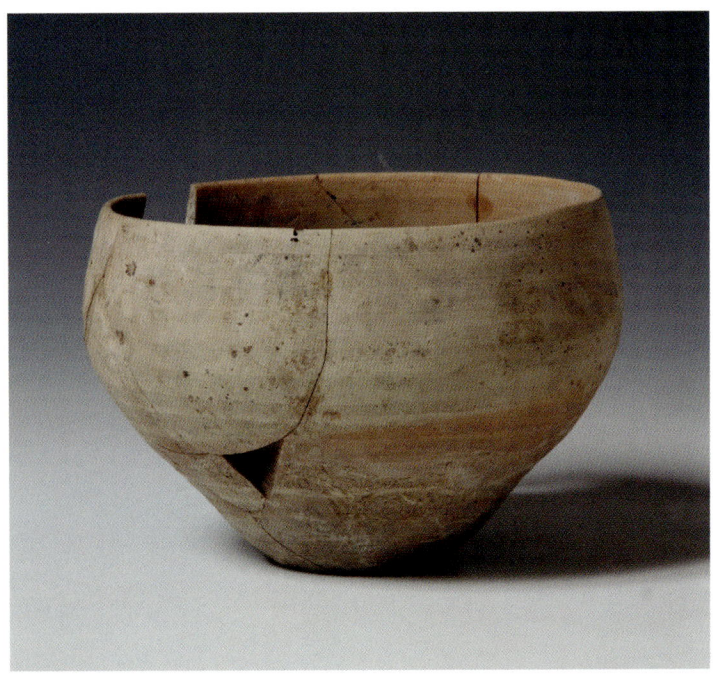

8 Kurgansol. Kleiner Becher mit Steilrand. Spätes 4. Jh. v. Chr. Termes, Archäologisches Museum, Usbekistan. Inv. Nr. SVAM 6491.

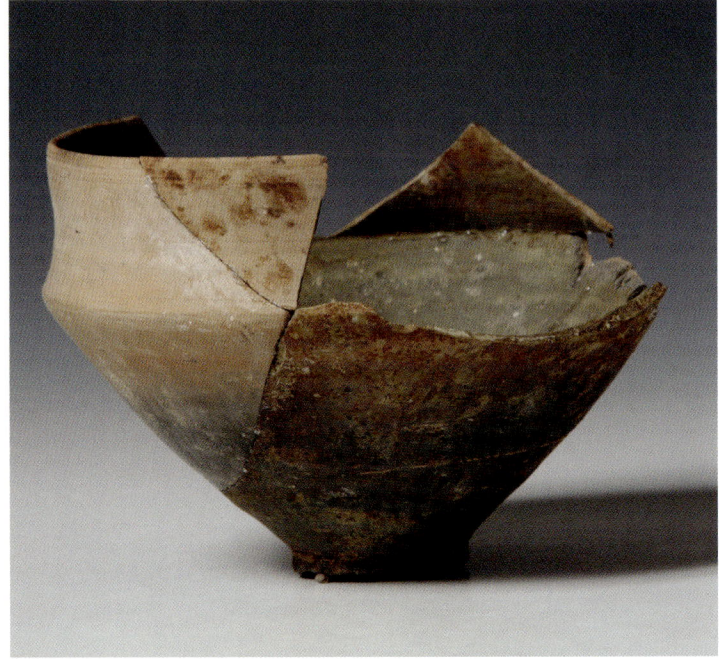

9 Kurgansol. Größerer Keramikbecher mit Knickrand. Spätes 4. Jh. v. Chr. Termes, Archäologisches Museum, Usbekistan. Inv. Nr. SVAM 6491.

auf unterschiedlichem Niveau liegenden Horizonten niederschlagen, keine gravierende zeitliche Differenz gegeben haben. Der Abstand zwischen Horizont 1 und Horizont 2 beläuft sich im südlichen Teil der Festung mitunter nur auf 4–5 cm. Auch ein Vergleich der Keramik aus den beiden Nutzungshorizonten, von der seit durch die Grabungen von 2008 eine statistisch auswertbare Anzahl vorliegt, lässt keine augenfälligen Veränderungen erkennen. Damit kann die Phase 2 nicht, wie noch nach den Grabungen von 2004 angenommen, erst in die zweite Hälfte des 3. Jhs. v. Chr. datiert werden, sondern muss einer früheren Zeit angehören. Dies bestätigen – bei allen Schwierigkeiten in der Bestimmung von Radiokarbondaten für die „dunkle Periode" in der Mitte des 1. Jts. v. Chr. – auch die ^{14}C-Daten von zwei Proben aus Kurgansol. So ließ sich ermitteln, dass ein 100-jähriger Holzbalken (Wacholder) aus dem Türrahmen in Turm 2 (Phase 1) nicht vor 470 und nicht nach 320 v. Chr. gefällt worden sein kann. Kohle von ebenfalls 100-jährigem Wacholder aus dem oberen Horizont (Phase 2) wurde ebenfalls analysiert, wonach der Baum nicht vor 500 und nicht nach 350 v. Chr. verbrannt sein kann[6]

Damit können wir uns der Frage zuwenden, ob die Festung Kurgansol der achämenidischen Zeit zuzuzählen ist (6.–4. Jh. v. Chr.). Hier gilt es festzuhalten, dass unter den Tausenden von Tonscherben in Kurgansol jene zylindrischen Gefäße, die in der zentralasiatischen Archäologie als entscheidender Indikator für einen achämenidenzeitlichen Fundort dienen, gänzlich fehlen. Das Keramikmaterial aus den Horizonten der Festung muss daher der frühhellenistischen Periode zugeschrieben werden und kann somit nur an das Ende des 4. Jhs. v. Chr. datiert werden. Damit bietet sich Archäologen erstmals die Möglichkeit, archäologische Daten mit der Phase von Alexanders Wirken in Zentralasien zu synchronisieren. Aufgrund der Analogien zu Kurgansol dürften die untere Schicht in der Zitadelle in Alt-Termes,[7] die frühe Periode in der Siedlung Ai Khanoum[8] sowie die jüngst entdeckten, bislang nur in geringer Zahl vorliegenden Funde aus

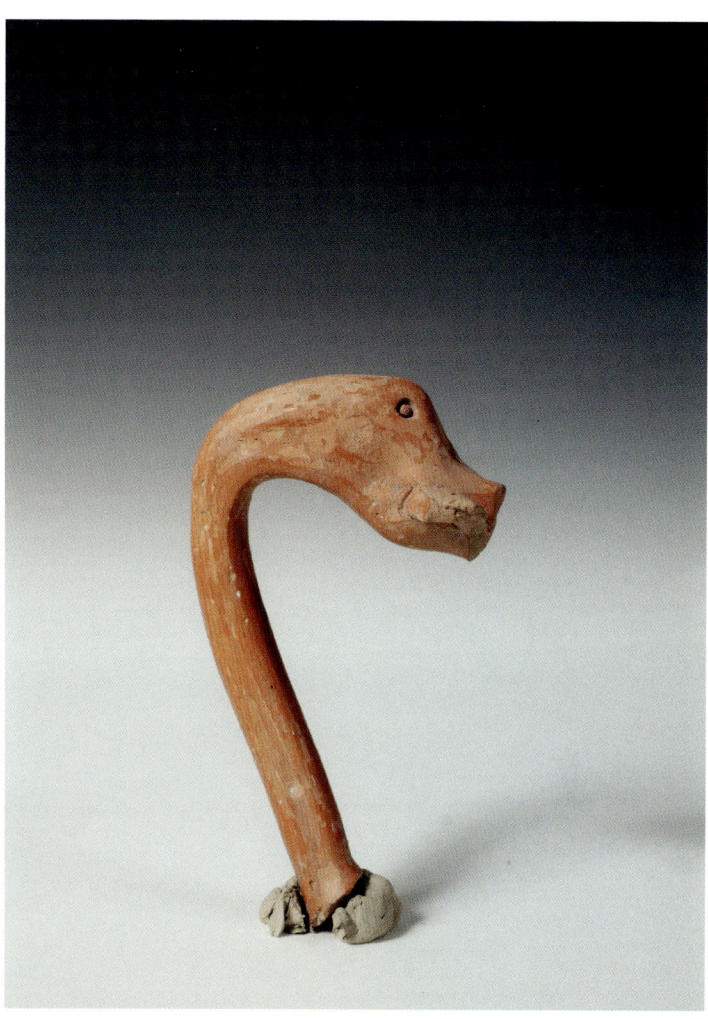

13 Kurgansol. Entenkopfförmiger Henkel eines Gefäßes. Spätes 4. Jh. v. Chr. Taschkent, Fond Baysun, Usbekistan, o. Inv. Nr.

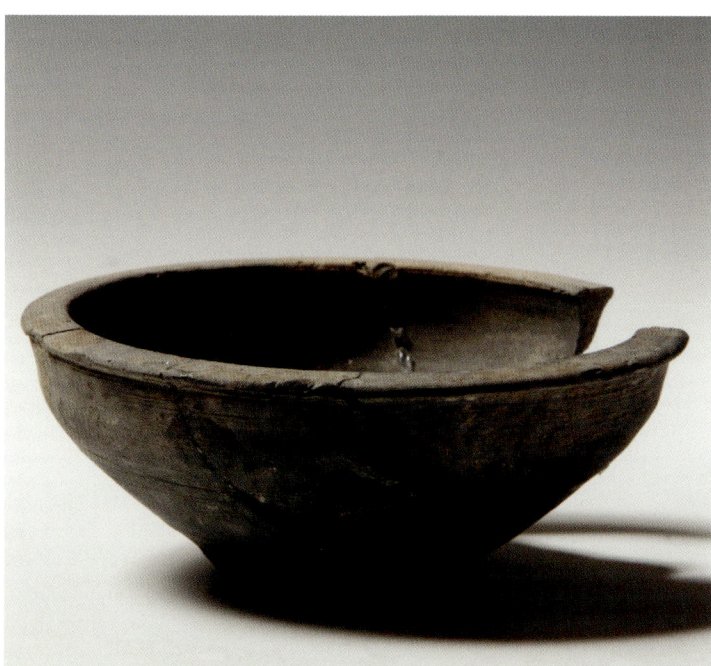

10 Kurgansol. Trinkschale. Spätes 4. Jh. v. Chr. Termes, Archäologisches Museum, Usbekistan. Inv. Nr. SVAM 6482,2,.

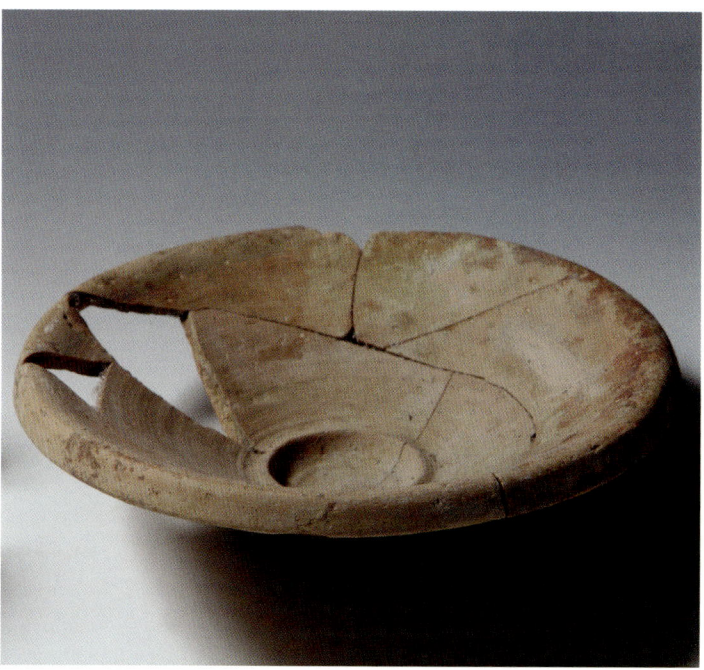

12 Kurgansol. Fischteller. Spätes 4. Jh. v. Chr. Termes, Archäologisches Museum, Usbekistan. Inv. Nr. SVAM 6482,3.

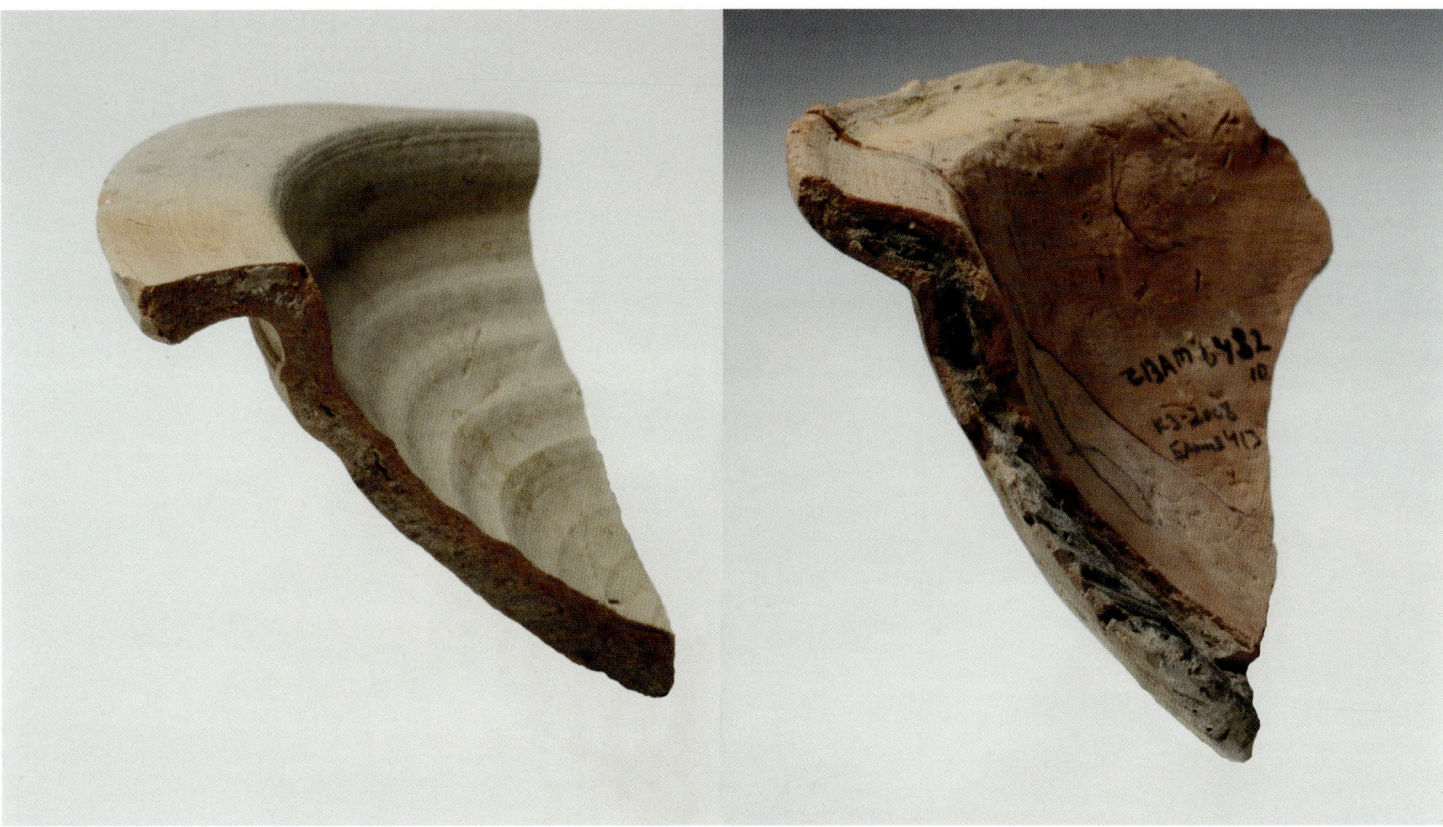

14 Kurgansol. Randfragmente von Fischtellern. Links von der Töpferscheibe, rechts handgefertigte Imitation. Spätes 4. Jh. v. Chr. Taschkent, Fond Baysun, Usbekistan. Inv. Nr. SVAM 6482,11.

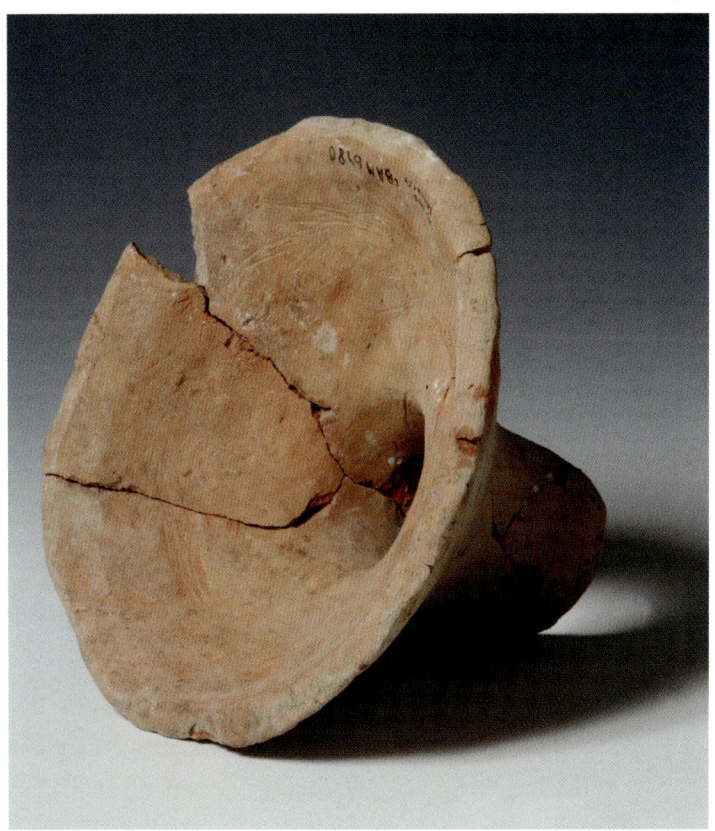

15 Kurgansol. Trichterförmiger Deckel eines Gefäßes zum Destillieren. Spätes 4. Jh. v. Chr. Termes, Archäologisches Museum, Usbekistan. Inv. Nr. SVAM 6480.

einer Grube (Erdhütte) in der Zitadelle Kampyr-Tepe[9] nunmehr mit großer Wahrscheinlichkeit ins 4. Jh. v. Chr. datiert werden können.

Die Ausgrabungen haben also mehrere Bauphasen ergeben. Nachdem die Griechen das Gelände zunächst durch Brand gerodet und geebnet hatten, wurde als Erstes die Umfassungsmauer errichtet, der dann die Türme hinzugefügt wurden. Die Innenbebauung der Festung erfolgte wenig später in ihrem Schutz.

Rechts und links des Tores waren mehrräumige Gebäude direkt an der Umfassungsmauer gebaut worden. Westlich des Tores lagen eine Küche und ein zum Tor hin angrenzender Speiseraum. In der Durchreiche, die diese beiden Räume verband, befanden sich noch zwei übereinandergestellte Schalen (Abb. 4). In einem kleinen abgetrennten Bereich unmittelbar westlich des Tores stand eine fest vermauerte tönerne Badewanne, die für Mittelasien ganz ungewöhnlich ist und möglicherweise durch die Griechen eingeführt wurde (Abb. 5). Nach Osten folgten Wohnräume, die teilweie zur Vorratshaltung unterkellert waren.

Der Hof, um den sich die Wohnbauten lagerten, war vollständig mit einer Gipslage verputzt und enthielt ein zentrales Wasserbecken. Sowohl die Badewanne, als auch das Wasserbecken im Hof konnten durch Regen oder möglicherweise in Trasportflaschen herbeigeschafftes Wasser (Abb. 6) gespeist werden. Es bestand aber auch noch ein wahrscheinlich beständig fließender Kanal, der an einer wenige Kilometer nördlich gelegenen Quelle begann und durch das Tor in die Festung führte. Von dem Teich im Hof gab es daher noch eine Überlaufrinne nach Süden bis zu einem Abflussloch kurz vor der Umfassungsmauer.

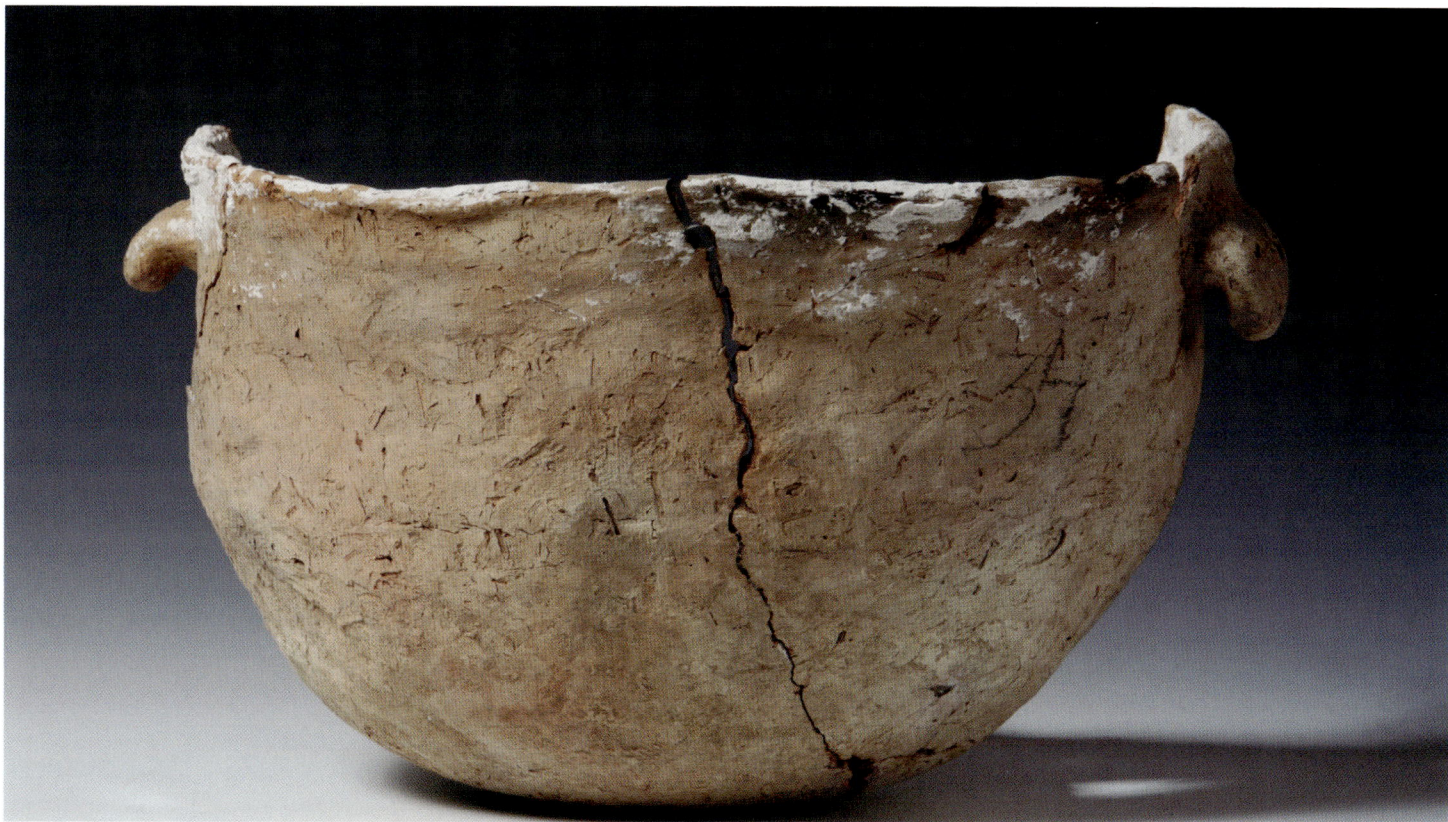

16 Kurgansol. Teilstück eines Gefäßes zum Destillieren. Spätes 4. Jh. v. Chr. Termes, Archäologisches Museum, Usbekistan. Inv. Nr. SVAM 6479.

Hatte man den Hof überquert, erreichte man im Süden einen weiteren Gebäudekomplex von drei Räumen. Durch seine Lage am Südrand der Festung, also in jenem Bereich der am wenigsten gefährdet war, könnte man dies als „Kommandatur" ansprechen. Die beiden kleineren westlichen Zimmer dürften dem Wohnen gedient haben, während der große östliche Saal zur Vorratshaltung verwendet worden ist: Entlang der Nord- und Südwände waren mannshohe Vorratstöpfe in Reihen in den Boden eingelassen. Da sie wohl durch Deckel aus vergänglichem Material verschlossen waren, konnte der Saal auch noch anderen Zwecken dienen. Er muss jedoch ziemlich dunkel gewesen sein, denn an seiner Südseite, die durch die Festungsmauer gebildet wurde, fanden sich mehrere verrußte Nischen, in denen Lampen gestanden hatten.

Der Bau der Festung durch Alexander den Großen zur Sicherung des Hinterlandes ist offensichtlich notwendig gewesen. Bevor sie Anfang des 3. Jhs. v. Chr. verlassen wurde, ist sie mindestens einmal heftig angegriffen worden. In den vier nördlichen Türmen um das Tor brannten die hölzernen Einbauten völlig ab und hinterließen dicke Kohle- und Ascheschichten. Auch ein Teil der eigentlichen Festungsmauer zwischen den beiden Türmen östlich des Tores musste erneuert werden. Der Wiederaufbau zeigt aber auch, dass sich die Garnison erfolgreich wehren konnte und nicht besiegt wurde.

Archäologische Ausgrabungen in Siedlungen ergeben nur selten spektakuläre Funde. Im Vordergrund stehen architektonische Reste und die Hinterlassenschaften des täglichen Lebens. Die Festung Kurgansol hatte zudem vorwiegend als Standort einer Garnison einen klar umrissenen militärischen Zweck, so dass von vornherein keine öffentlichen Repräsentationsbauten oder Luxusgüter zu erwarten waren. Nichtsdestotrotz spielt die Keramik in der Archäologie eine wichtige Rolle, denn anhand der Entwicklung von verschiedenen Gefäßformen sind zeitliche Abfolgen erkennbar und eine Datierung der Monumente überhaupt erst möglich. Darüber hinaus lassen sich kulturelle Strömungen erkennen.

Auch in der Festung Kurgansol besteht das Fundgut hauptsächlich aus Keramik. Anfangs wurde bereits erwähnt, dass in Mittelasien kaum Monumente aus der Alexanderzeit bekannt sind. Es lässt sich also erstmals das Gefäßspektrum der Region für diese wichtige Umbruchsperiode umfassend darstellen. Abgesehen von den sehr großen, fassartigen Vorratsgefäßen, die nur eingegraben stabil waren (Abb. 7), umfasst der Geschirrsatz kleinere Töpfe, Krüge, Schalen, Teller und Becher (Abb. 8–10; 11/Startabb.). Sie spiegeln vor allem die Vielfalt griechischer, auf der Scheibe gedrehter Formen wider. Besonders charakteristisch sind dabei gewisse Schalenformen und flache Teller mit dickerem Rand, sogenannte Fischteller (Abb. 12), die keinerlei örtliche Vorläufer haben und nur durch einen neuen äußeren Einfluss zu erklären sind, eben das Eintreffen der Griechen. Dabei ist nicht notwendigerweise davon auszugehen, dass die Soldaten das zerbrechliche Töpfergut den ganzen Weg aus Griechenland mitbrachten; vielmehr führten sie im Tross wahrscheinlich auch Töpfer mit, die aus örtlichem Ton die vertrauten Gefäße herstellten. Es handelt sich insgesamt gesehen hauptsächlich um das relativ einfache Koch- und Essgeschirr des täglichen Gebrauchs und spiegelt gut das eher karge Leben der Soldaten wider. Allerdings gab es, vielleicht für die Offiziere, auch einige Behälter von sehr viel besserer Qualität, manch-

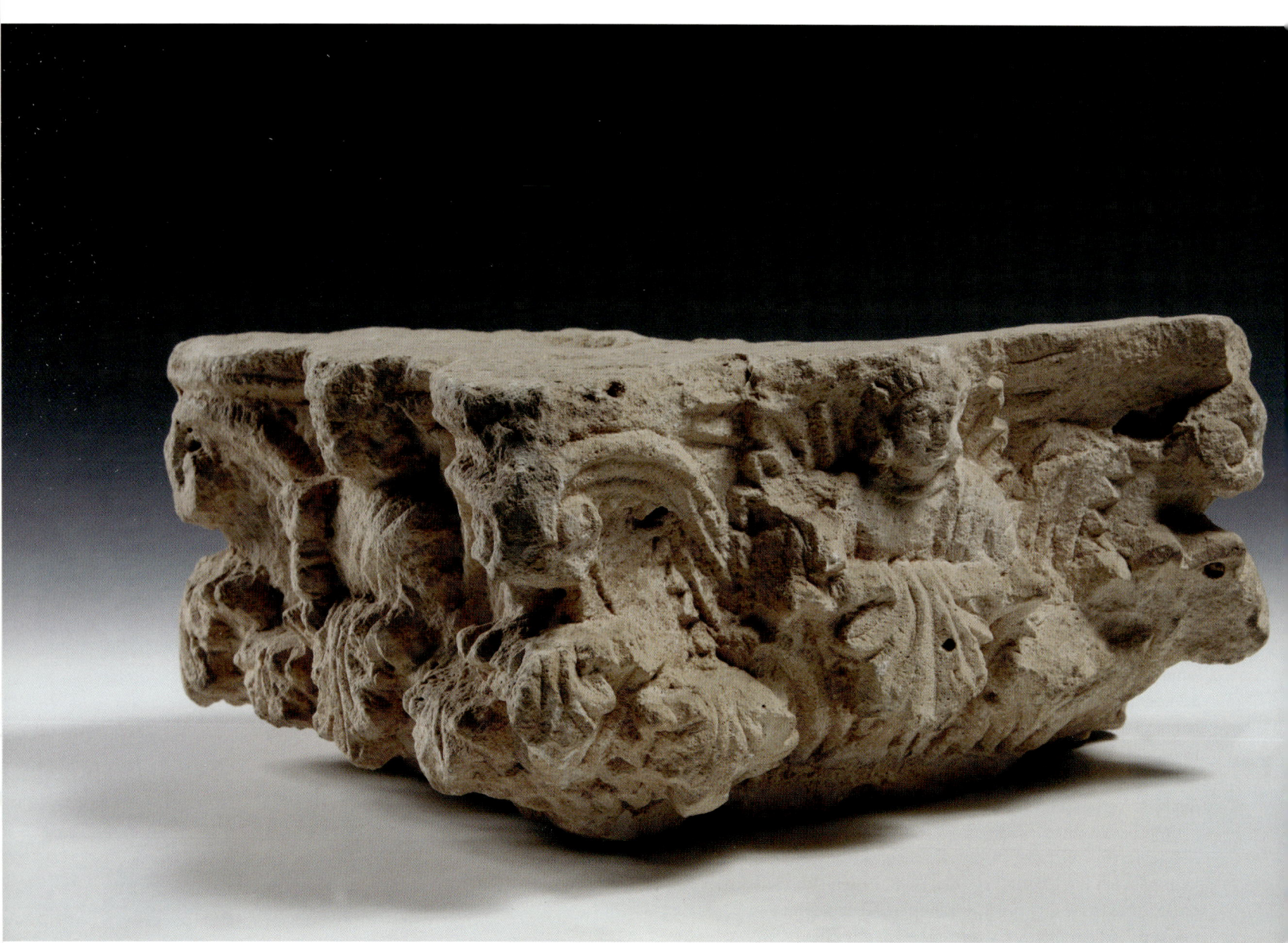

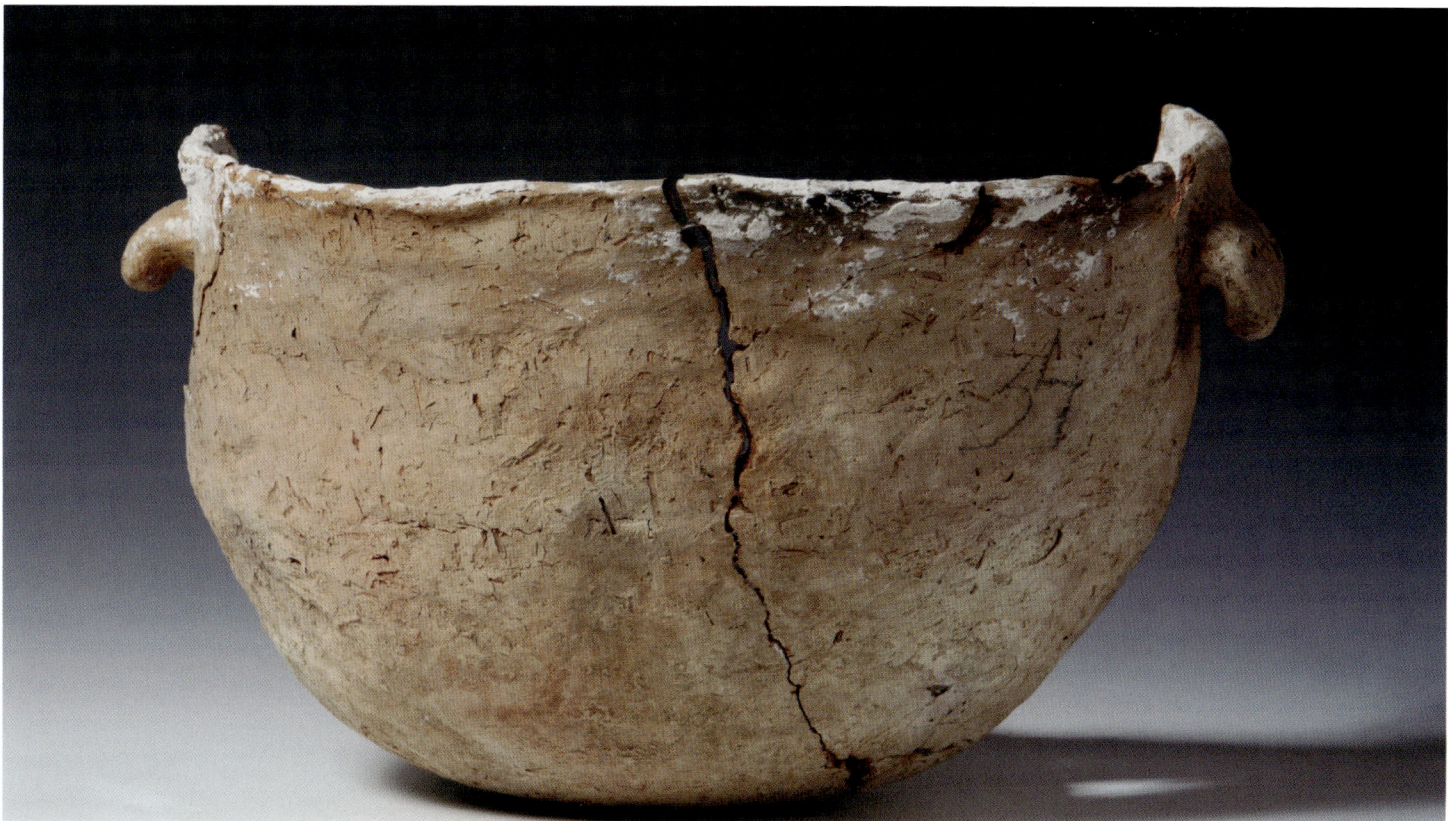

16 Kurgansol. Teilstück eines Gefäßes zum Destillieren. Spätes 4. Jh. v. Chr. Termes, Archäologisches Museum, Usbekistan. Inv. Nr. SVAM 6479.

Hatte man den Hof überquert, erreichte man im Süden einen weiteren Gebäudekomplex von drei Räumen. Durch seine Lage am Südrand der Festung, also in jenem Bereich der am wenigsten gefährdet war, könnte man dies als „Kommandatur" ansprechen. Die beiden kleineren westlichen Zimmer dürften dem Wohnen gedient haben, während der große östliche Saal zur Vorratshaltung verwendet worden ist: Entlang der Nord- und Südwände waren mannshohe Vorratstöpfe in Reihen in den Boden eingelassen. Da sie wohl durch Deckel aus vergänglichem Material verschlossen waren, konnte der Saal auch noch anderen Zwecken dienen. Er muss jedoch ziemlich dunkel gewesen sein, denn an seiner Südseite, die durch die Festungsmauer gebildet wurde, fanden sich mehrere verrußte Nischen, in denen Lampen gestanden hatten.

Der Bau der Festung durch Alexander den Großen zur Sicherung des Hinterlandes ist offensichtlich notwendig gewesen. Bevor sie Anfang des 3. Jhs. v. Chr. verlassen wurde, ist sie mindestens einmal heftig angegriffen worden. In den vier nördlichen Türmen um das Tor brannten die hölzernen Einbauten völlig ab und hinterließen dicke Kohle- und Ascheschichten. Auch ein Teil der eigentlichen Festungsmauer zwischen den beiden Türmen östlich des Tores musste erneuert werden. Der Wiederaufbau zeigt aber auch, dass sich die Garnison erfolgreich wehren konnte und nicht besiegt wurde.

Archäologische Ausgrabungen in Siedlungen ergeben nur selten spektakuläre Funde. Im Vordergrund stehen architektonische Reste und die Hinterlassenschaften des täglichen Lebens. Die Festung Kurgansol hatte zudem vorwiegend als Standort einer Garnison einen klar umrissenen militärischen Zweck, so dass von vorneherein keine öffentlichen Repräsentationsbauten oder Luxusgüter zu erwarten waren. Nichtsdestotrotz spielt die Keramik in der Archäologie eine wichtige Rolle, denn anhand der Entwicklung von verschiedenen Gefäßformen sind zeitliche Abfolgen erkennbar und eine Datierung der Monumente überhaupt erst möglich. Darüber hinaus lassen sich kulturelle Strömungen erkennen.

Auch in der Festung Kurgansol besteht das Fundgut hauptsächlich aus Keramik. Anfangs wurde bereits erwähnt, dass in Mittelasien kaum Monumente aus der Alexanderzeit bekannt sind. Es lässt sich also erstmals das Gefäßspektrum der Region für diese wichtige Umbruchsperiode umfassend darstellen. Abgesehen von den sehr großen, fassartigen Vorratsgefäßen, die nur eingegraben stabil waren (Abb. 7), umfasst der Geschirrsatz kleinere Töpfe, Krüge, Schalen, Teller und Becher (Abb. 8–10; 11/Startabb.). Sie spiegeln vor allem die Vielfalt griechischer, auf der Scheibe gedrehter Formen wider. Besonders charakteristisch sind dabei gewisse Schalenformen und flache Teller mit dickerem Rand, sogenannte Fischteller (Abb. 12), die keinerlei örtliche Vorläufer haben und nur durch einen neuen äußeren Einfluss zu erklären sind, eben das Eintreffen der Griechen. Dabei ist nicht notwendigerweise davon auszugehen, dass die Soldaten das zerbrechliche Töpfergut den ganzen Weg aus Griechenland mitbrachten; vielmehr führten sie im Tross wahrscheinlich auch Töpfer mit, die aus örtlichem Ton die vertrauten Gefäße herstellten. Es handelt sich insgesamt gesehen hauptsächlich um das relativ einfache Koch- und Essgeschirr des täglichen Gebrauchs und spiegelt gut das eher karge Leben der Soldaten wider. Allerdings gab es, vielleicht für die Offiziere, auch einige Behälter von sehr viel besserer Qualität, manch-

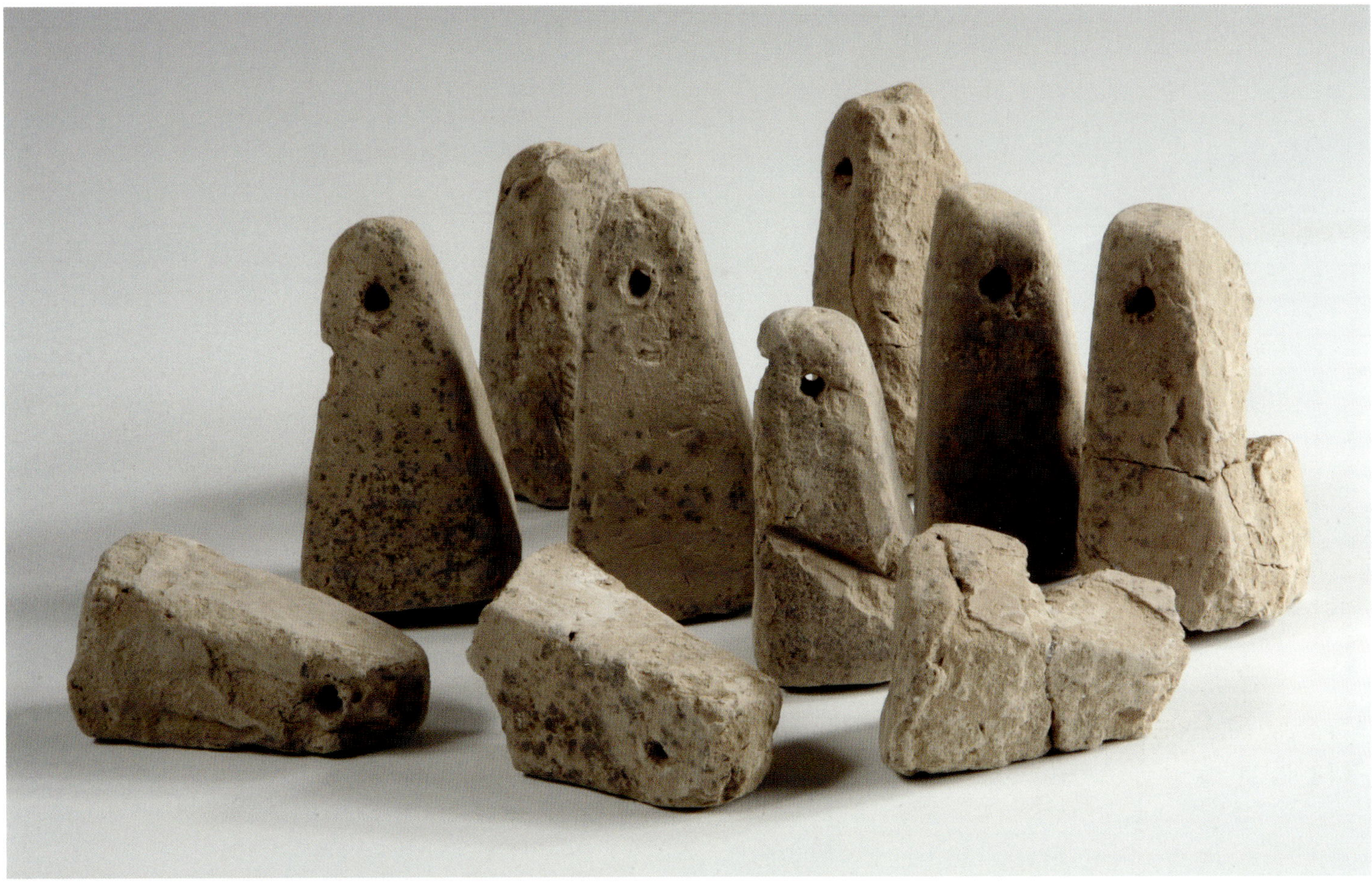

17 Kurgansol. Zehn Webgewichte. Spätes 4. Jh. v. Chr. Termes, Archäologisches Museum, Usbekistan. Inv. Nr. SVAM 6532.

mal auch mit einem feinen schwärzlichen Firnis überzogen, wie er in Griechenland weit verbreitet war. Oder einen Krug, dessen Henkel in Form eines Entenkopfes gearbeitet war und an entsrechendes Tafelgeschirr aus Metall erinnert (Abb. 13). Diese Ware dürfte aus dem etwas länger hellenisierten Süden oder Westen importiert worden sein.

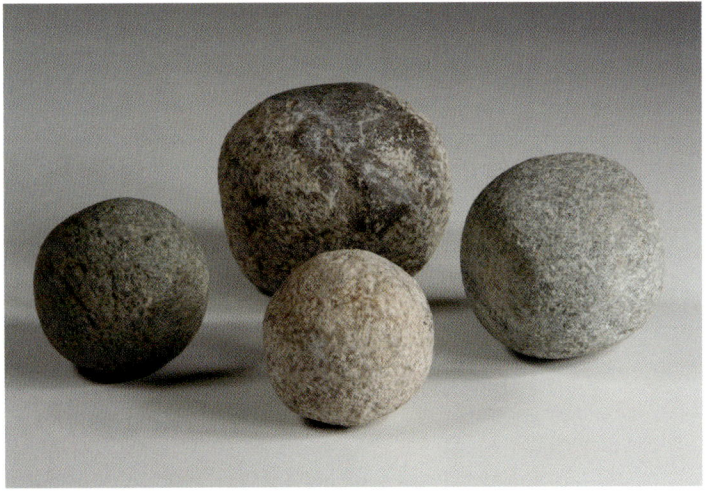

18 Kurgansol. Vier Schleuderkugeln aus Stein. Durchmesser 5–8 cm. Spätes 4. Jh. v. Chr. Termes, Archäologisches Museum, Usbekistan. Inv. Nr. SVAM 6494,1–3 u. 6582.

Bemerkenswert sind einige Gefäße, die zwar griechische Formen nachahmen, aber handgefertigt sind und nicht auf der Töpferscheibe gedreht wurden. Hier scheinen Einheimische, mit unterschiedlichem Erfolg, versucht zu haben, die griechischen Sitten zu übernehmen (Abb. 14). In diese Gruppe gehören aber auch größere, grobe handgemachte Töpfe, die wohl vorwiegend dem Kochen, bzw. der Lebensmittelverarbeitung (etwa Käseherstellung), gedient haben (Abb. 15 und 16). Sie lassen sich durch die dörfliche Siedlung vor der Festung erklären, wo wahrscheinlich ansässige Bevölkerung die Bedürfnisse der fremden Soldaten so gut wie möglich erfüllte.

Von der Anwesenheit von Frauen auf der Festung zeugen Webgewichte, die in einem der Türme gefunden wurden (Abb. 17). Dagegen beleuchten die Schleuderkugeln die militärische Funktion Kurgansols (Abb. 18).

Kurgansol wurde wohl Anfang des 3. Jhs. v. Chr. friedlich verlassen, als das Gebiet endgültig von Alexander, bzw. seinen Nachfolgern, befriedet worden und solch ein Wachposten nicht mehr erforderlich war. Dadurch erklärt sich die Seltenheit von vollständig erhaltenen hochwertigen Funden, die mitgenommen wurden. Die längst verfallenen Festungsmauern wurden etwa 100 Jahre später noch einmal kurz bewohnt, der Platz erlangte aber keine neue oder länger andauernde Bedeutung.

Die ersten Grabungen in Kurgansol fielen mit der Publikation zweier Artikel zur Frage, wo die bei Curtius Rufus erwähnte Stadt Margania (Marginia) zu suchen sei, zusammen. Da die Lokalisierung der Stadt von Bedeutung ist für die Fragen, welche Routen Alexander in Baktrien eingeschlagen hat, welche Festungen er gründete und wo er diese errichten ließ, soll hier näher darauf eingegangen werden.

In seiner Geschichte Alexanders des Großen beschreibt Curtius, wie Alexander, nachdem er im Jahr 328 v. Chr. von Baktra (im Norden des heutigen Afghanistan) aufgebrochen ist, die Flüsse Ochos und Oxos überquert und dann zur Stadt Margiana kommt. Alexander ließ auf Bergen in der Umgegend dieser Stadt sechs Festungen gründen, die so nah beieinander lagen, dass sich die Besatzungen im Ernstfall schnell gegenseitig Hilfe leisten konnten (Curt. 7,10,15).

In einem Artikel von Koschelenko, Gaibow und Bader wird die traditionelle Gleichsetzung von Margania mit Margiana bzw. dem heutigen Merw (Oase Murgab) vertreten.[10] Nach Frantz Grenet und Claude Rapin beruht diese Identifikation jedoch auf einer Verwechslung, die aus der Ähnlichkeit der Ortsnamen Margania und Margiana resultiert.[11] Nach Ansicht der beiden Autoren lässt sich die Lage Marganias nur bestimmen, wenn man jene Furt durch den Amu-Darja ermittelt, die Alexanders Truppen im Frühling wählten. Sie weisen schlüssig nach, dass sich hinter den in Schriftzeugnissen erwähnten Flussnamen Ochos und Oxos die Flüsse Pjandsch und Wachsch verbergen.[12] Damit bestätigen sie indirekt die Auffassung A. B. Bosworths, Margania entlang der Linie zwischen Ai Khanoum im Norden des heutigen Afghanistan und dem Eisernen Tor in Derbent zu suchen.[13] Koschelenko und Gaibow dagegen lehnen jeden Versuch, Margania irgendwo anders als in Merw zu suchen, kategorisch ab, obwohl selbst heute noch in Zentralasien mehr als ein Dutzend Ortsnamen mit der Wurzel „Marg" anzutreffen sind.[14] Wie viele Städte mögen es dann erst in der Vergangenheit gewesen sein?

Zwar wird sich wohl kaum ein Historiker finden, der sich erkühnen würde zu behaupten, Alexander habe nicht Merw erobert – den Maßen der dortigen Festung Erk-Kala nach zu urteilen eine der größten Städte des Achämenidenreichs. Nein, es ist eine andere Frage, welche die Hypothese Koschelenkos und Gaibows unweigerlich aufwirft: Warum hätten die griechischen Truppen vom Norden des heutigen Afghanistan kommend durch eine der Furten des Usboi oder Amu-Darja ziehen sollen, wenn sie Merw wesentlich einfacher auf anderem Wege hätten erreichen können? Damit wiederum ist unmittelbar die Archäologie in Verantwortung genommen, denn sie allein muss die Antwort auf die Frage geben, ob die Untersuchungen in Merw und seiner Umgebung tatsächlich mit dem Text von Curtius Rufus in Verbindung gebracht werden können und dürfen.

Wie bereits angedeutet, gründet das konkrete Interesse daran, wo Margania eigentlich lag, nicht allein auf schlichter Neugier. Wüsste man nämlich die genaue Lage der Stadt, ließen sich die Marschroute und die Verschiebungen der griechischen Truppen im Jahr 328 v. Chr. weitaus detaillierter rekonstruieren. Nach der Überlieferung des Curtius legte Alexander der Große irgendwo „in der Nähe" der Stadt Margania einen Brückenkopf an, um militärische Operationen am rechten Ufer des Amu-Darja durchzuführen. Er persönlich wählte jene sechs Orte, an denen Festungen errichtet werden sollten. Wir haben nun guten Grund zur Annahme, dass Kurgansol eine dieser Festungen war.

Ob die anderen fünf Anlagen je gebaut wurden, können wir bislang nicht sagen. In der untersten Schicht des 7 km nördlich von Kurgansol gelegenen Fundorts Pojenkurgan begegnet jedoch Keramik, die in den Zeitraum vom Ende des 4. bis zum Beginn des 3. Jhs. v. Chr. datiert.[15] Hellenistische Keramik wurde ferner 30 km südöstlich von Kurgansol gefunden, in der Zitadelle der kuschanzeitlichen Siedlung Jalangtusch-Tepe in der Oase Bandichan.[16] Hier liegt auch die zweitgrößte spätachämenidenzeitliche Siedlung in Surchan-Darja, Bandichan-2, die aus einem stadtähnlichen Kern, der Tempelanlage Kindik-Tepe, der Zitadelle Bek-Tepe und dem unbefestigten, eine Fläche von 13 ha einnehmenden Randgebiet mit Wohnhäusern besteht. Wie die kürzlich von der Bajsun-Expedition in Zusammenarbeit mit dem Deutschen Archäologischen Institut, vertreten durch Nikolaus Boroffka, vorgenommenen Grabungen in Kindik-Tepe zeigten, wurde der Tempel am Ende der Achämenidenzeit ausgeraubt und entweiht, die zentrale Halle zudem fest vermauert. Das gleiche Schicksal war der Zitadelle der Stadt, Bek-Tepe, beschieden, deren Mauern zerstört und deren Türme mit Steinen verschüttet wurden.[17] Sofern es sich bei der Stadt Margania nicht um einen Mythos, ein Fantasieprodukt des Curtius Rufus handelt, dürfte für ihre Lokalisierung wohl keine Alternative zur Oase Bandych bestehen, während Kurgansol eine der Festungen sein müsste, die auf Befehl Alexanders 328 v. Chr. errichtet wurden.

Übersetzung aus dem Russischen: Christiane Pöhlmann

---

1 Sedow 1984.
2 Vgl. Lerner 2004.
3 Pidajew 1991, 222; ders. 1992, 53.
4 Diese Phase wurde in den ersten Grabungsberichten noch als Periode 3 angesprochen.
5 In der den ganzen Fundort überziehenden staubartigen Anwehung konnte zwar eine kleinere Menge Keramik aus dem 2. Jh. v. Chr. sowie ein noch geringerer Anteil von Tonware aus dem 18. Jh. festgestellt werden, doch Spuren von Bauten fehlen.
6 Görsdorf 2007.
7 Pidajew 1991, 213 Abb. 1.
8 Lyonnet 1997, 379–384 Abb. 40–45.
9 Mkrtytschew/Bolelow 2006, 61 Abb. 3, 41–54.
10 Koschelenko/Gaibow/Bader 2000.
11 Grenet/Rapin 2001.
12 Grenet/Rapin 2001, 81–82.
13 Bosworth 1981.
14 Koschelenko/Gaibow 2006.
15 Abdullajew 2001, 28.
16 Rtweladse 2007, 92 – 93.
17 Sagdullajew 2007, 183.

Literatur

Abdullajew 2001; Bosworth 1981; Görsdorf 2007; Grenet/Rapin 2001; Koschelenko/Gaibow 2006; Koschelenko/Gaibow/Bader 2000; Lerner 2004; Lyonnet 1997; Mkrtytschew/Bolelow 2006; Pidajew 1991; Pidajew 1992; Rtweladse 2007; Sagdullajew 2007; Sedow 1984.

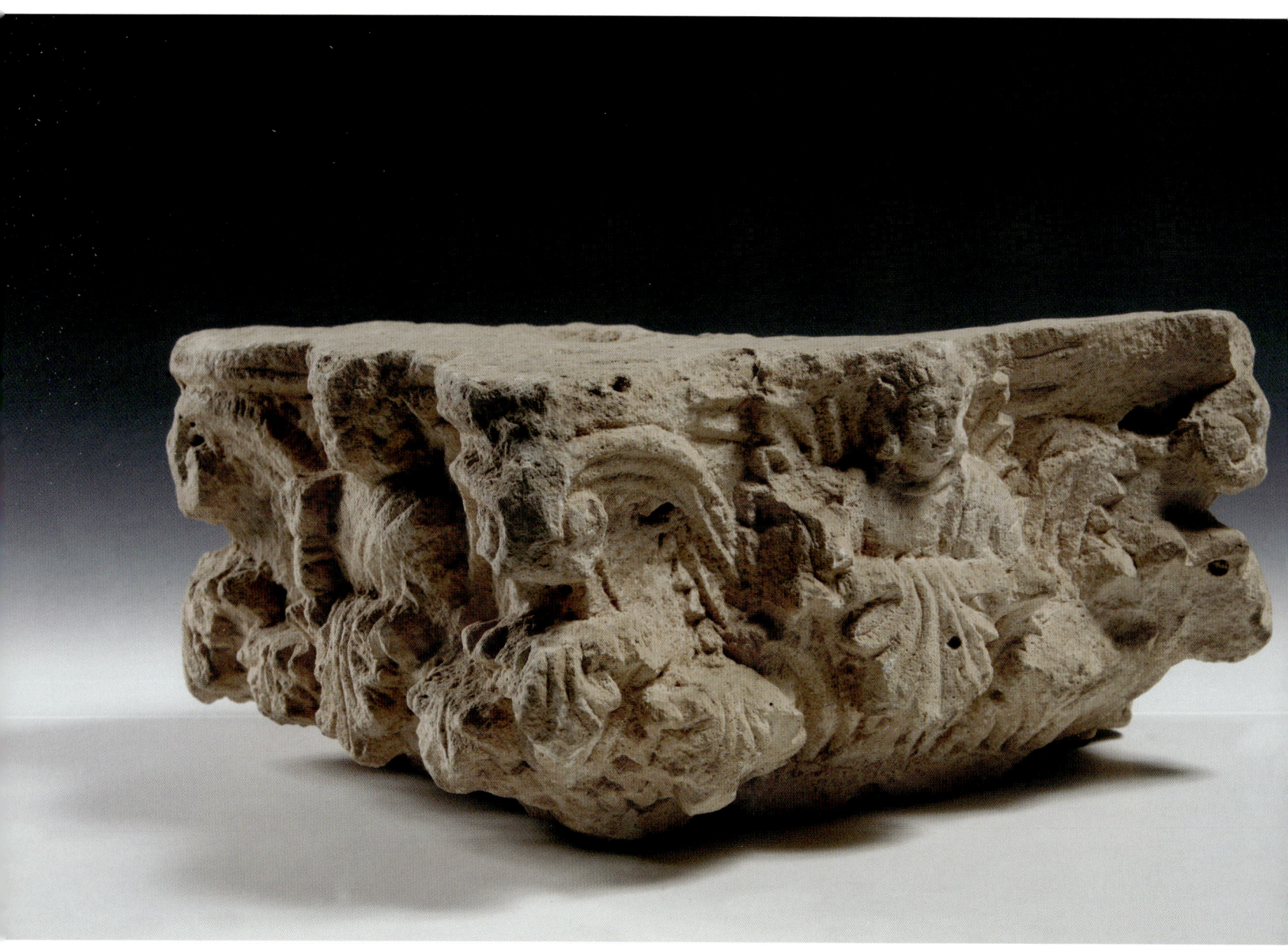

Das Baktrien der 1.000 Städte

Pierre Leriche

Die Zierde der gesamten iranischen Welt[1]

Die lange schmale Ebene Baktriens erstreckt sich von Westen nach Osten zwischen dem Hindukusch, der westlichen Verlängerung des Himalajas, und dem Gissar-Gebirge, das bis zum Pamir reicht (Abb. 1). Die Hauptachse des Landes ist der mittlere Lauf des Flusses Amu-Darja, der antike Oxos. Dieser im Himalaja entspringende Fluss ist der längste Zentralasiens, mündet in den Aralsee und wird links und rechts von mehreren Nebenflüssen, die aus den Bergen kommen (Abb. 2), mit Wasser versorgt. Eben diese Zuflüsse sind es, die in der Antike die Bewässerung des Landes gewährleisteten, die für die Landwirtschaft bei diesem trockenem Klima notwendig ist (Abb. 3). Der Oxos hingegen, ein mächtiger Fluss, der jedoch zu tief ins Tal eingeschnitten ist, kann ohne Hubmaschinen für die Bewässerung nicht verwendet werden und durchfloss Baktrien in der Antike mit majestätischer Gleichgültigkeit. Trotz seiner Bedeutung hat er also für Baktrien nie die Leben spendende Rolle, die der Nil in Ägypten spielte, eingenommen[2].

Heute haben die intensive Bewässerung und die tektonischen Veränderungen diese Ausgangslage modifiziert (Abb. 4). Die westlichsten Zuflüsse dieses Stromes erreichen den Amu-Darja nicht mehr und dieser große Fluss ist seinerseits ausgetrocknet, bevor er den Aralsee erreicht.

In der Antike waren die Fruchtbarkeit der Böden und der landwirtschaftliche Reichtum Baktriens berühmt: „Der Mensch möge sich Mühe geben, dieses Gebiet zu bewässern", schreibt Strabon, „alle Kulturen werden dort mit Ausnahme des Olivenbaums im Überfluss gedeihen".[3] Auf diese Weise sind die Oasen entstanden, deren reichste, die sich am inneren Delta des Flusses von Baktra entwickelte, dem Land seinen Namen gegeben hat (Abb. 5).

„Baktrien hat Gegenden mit stark unterschiedlicher Natur. Es gibt Gegenden, die von Bäumen und Weinbergen bedeckt sind, die große Mengen von schmackhaften Früchten und köstliche Weine hervorbringen. An anderen Stellen ist die Erde üppiger und von unendlich vielen Bächen durchzogen, wo es dieses schöne Grasland gibt, das sich sehr weit erstreckt. Die leichteren Böden sind der Aussaat von Weizen vorbehalten, die anderen dienen der Futterversorgung für das Vieh. Andererseits sind die größten Teile des Landes mit nur kargen Sandflächen bedeckt, die aufgrund der Dürren unbewohnbar sind… Aber an den fruchtbaren Orten gibt es eine große Zahl von Menschen und Pferden."[4]

Außerdem ist Baktrien eine der am stärksten benutzten Verkehrsachsen Zentralasiens. Das Tal des Amu-Darja durchschneidet das Pamir-Gebirge tief und man gelangt über die im Westen gelegenen Steppen und Wüsten von Sogdien und von Margiana im Süden in die indische Welt und im Osten ins chinesische Turkestan.

„Dieses vor allem agrarische und von Weiden überzogene Gebiet, das keine festgelegte Grenze nach Westen hin hat, und dessen Sicherheit immer prekär gewesen ist, wurde durch die Natur geschaffen, um als Durchgangs- und Austauschort zu dienen…".[5]

In diesem langen natürlichen Korridor wurden in der Antike die Produkte des Mittelmeerraumes, des Zweistromlandes und des Irans sowie die aus Indien und aus den entlegensten Gebieten Chinas stammenden Erzeugnisse befördert. So entdeckte Zhang Qian, die erste chinesische Amtsperson, die diese Gegend betrat, mit Erstaunen um 125 v. Chr. auf dem Basar von Baktra Bambus und Stoffe aus der heutigen chinesischen Provinz Sichuan, die über Indien verhandelt worden waren.

Der landwirtschaftliche Reichtum und die Lage als Verkehrsknotenpunkt haben Baktrien nicht nur zu einem der ersten Zivilisationszentren Mittelasiens gemacht (Abb. 6), sondern auch zu einem herausragenden Akteur bei der Entwicklung der Beziehungen und des Austausches zwischen den Zivilisationen, insbesondere durch die „Seidenstraße", von der eine der Verkehrsadern über Baktra und Termes führte (Abb. 7).

18 Alt-Termes. Griechisch-buddhistisches Kapitell mit Büste im Blätterkelch. Kalkstein. 1.–2. Jh. n. Chr. Taschkent, Archäologisches Institut der Akademie der Wissenschaften Usbekistans.

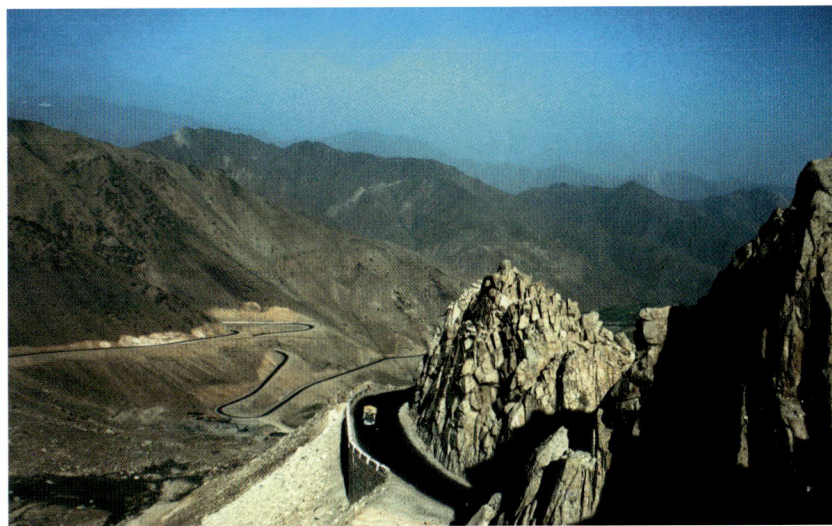

1 Der Hindukusch beim Salang-Pass. Blick in Richtung Südwesten.

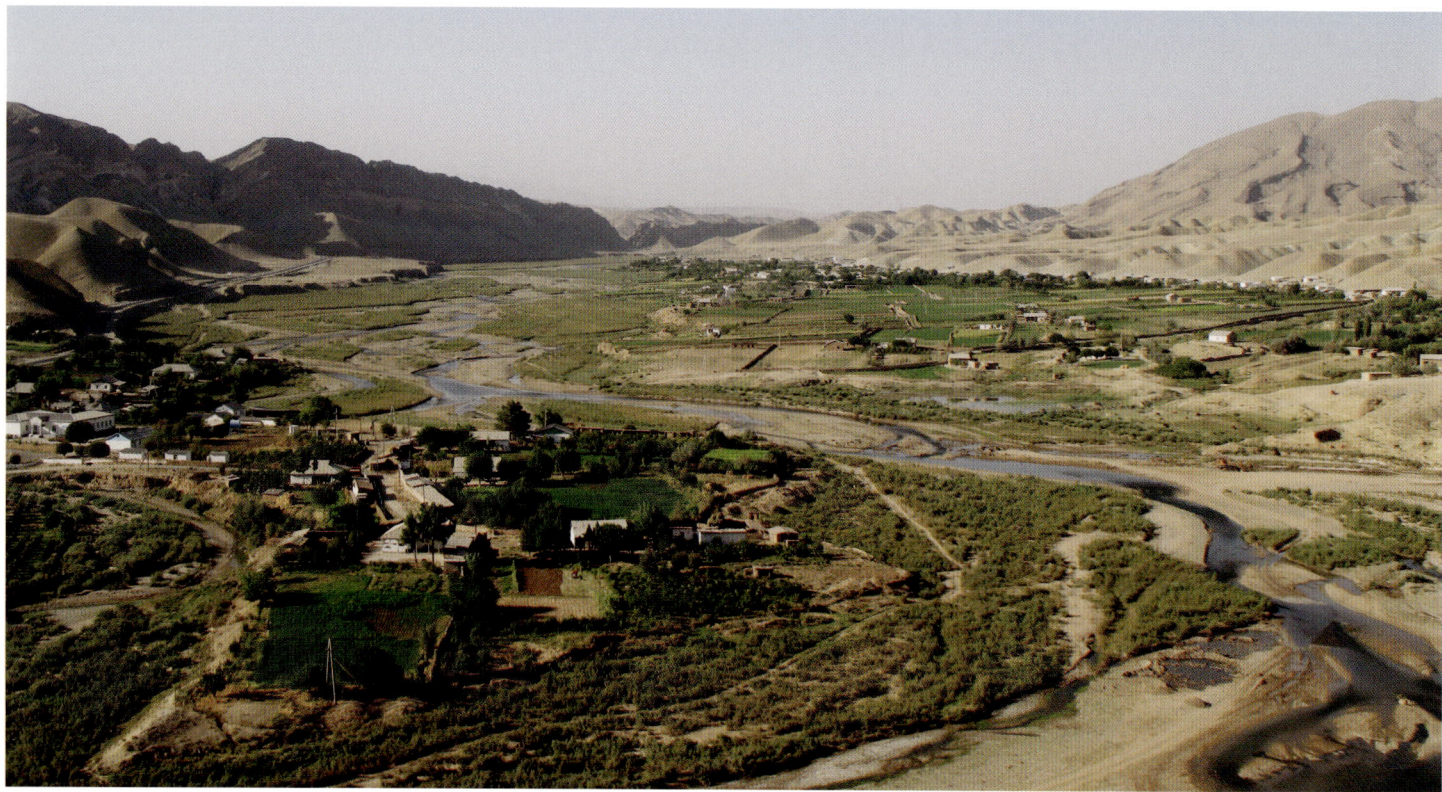

2 Das mittlere Tal des Surchan-Darja. Links der Baba Tau, rechts der Kugitang Tau. Blick in Richtung Süden.

Das antike Baktrien nach den Quellen

Der Name Baktrien war demnach Synonym für Wohlstand und Macht, aber die Angaben zu den ersten Abschnitten seiner Geschichte sind äußerst bruchstückhaft, da Baktrien wie auch der Rest Zentralasiens der Nachwelt keine Texte über seine eigene Geschichte vor der Eroberung Alexanders überliefert hat.

Man erahnt beim Lesen der heiligen Schriften des Avesta, dass sich in der ersten Hälfte des 1. Jts. v. Chr. ein unabhängiger Staat um Baktra-Zariaspa gebildet hatte, „die Stadt mit der aufgepflanzten Standarte", wo Zarathustra Zuflucht fand. Ende des 6. Jhs. v. Chr. wurde dieser Staat dem Achämenidenreich einverleibt und ist zusammen mit Sogdien zur zwölften Satrapie geworden. Zu dieser Zeit erschien der Name Baktrien (Baktrish) zum ersten Mal in den königlichen Inschriften der Perser (u. a. in den Behistun-Inschriften). Die Baktrier, die einen Tribut von 360 Talenten[6] zahlen mussten, nehmen einen prominenten Platz in der Gründungsurkunde von Susa und in den Flachreliefs der Tributträger von Susa oder von Persepolis ein.

In Griechenland war schon vor der Eroberung durch Alexander der Name Baktrien dank Hekataios von Milet, Hipparchos oder Ktesias bekannt. Herodot erzählt der Nachwelt vom Widerstand der Baktrier gegen Kyros und beschreibt dann die Bedeutung der baktrischen Streit-

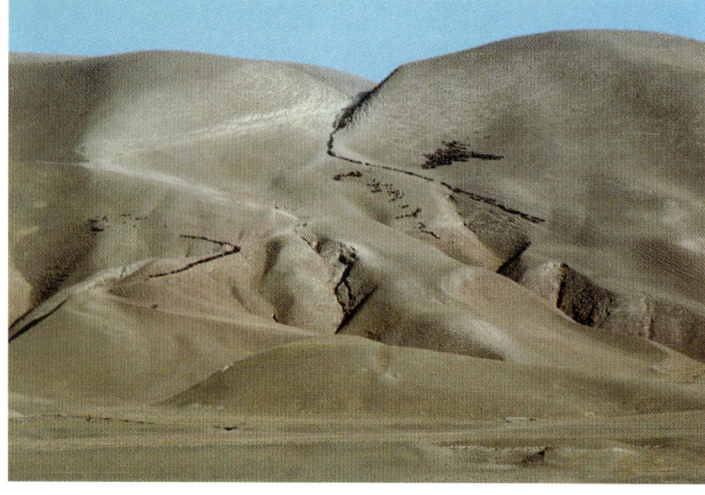

3 Eine für Herdenwirtschaft geeignete Lösslandschaft im östlichen Baktrien. Aufgenommen gegen Ende des Sommers.

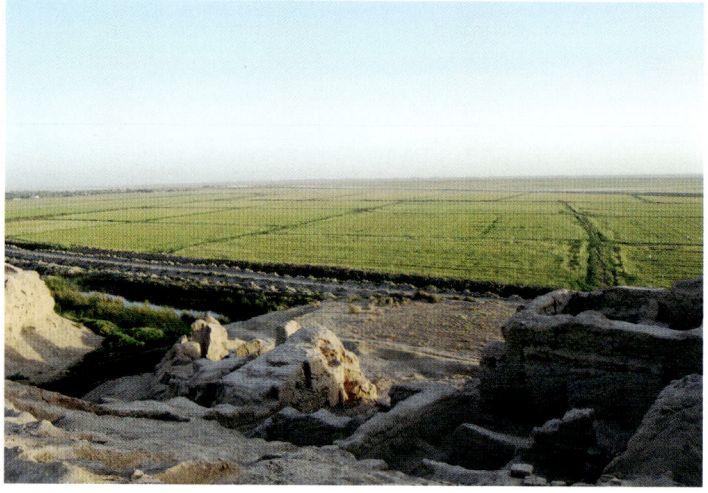

4 Die Oxos-Ebene am Fuße der Zitadelle Kampyr-Tepe, deren Überreste man im Vordergrund sehen kann. Blick in Richtung Süden.

kräfte in den Armeen des Großkönigs während der Kriege gegen die Meder. Die Anzahl und die Stärke dieser Krieger werden ebenfalls dramatisch in „Den Persern" von Aischylos (306,718,738) und bei den Geschichtsschreibern, die über Alexander berichteten, geschildert. Es ist überdies wahrscheinlich kein Zufall, dass Dareios III. Kodoman, nach dem Verlust der westlichen Satrapien und Mesopotamiens, durch seinen Schwager Bessos, den Satrapen von Baktrien-Sogdien, vom Thron verdrängt wurde, der zweifelsohne als der Fähigste erschien, um das Herzstück des Reiches und die hohen Satrapien vor der Begehrlichkeit des von jenseits des Mittelmeers kommenden Eroberers zu schützen.

Baktrien hat einen zentralen Platz in den diversen Berichten über die Feldzüge Alexanders, die im Römischen Reich verfasst wurden. Es gelang Alexander nämlich erst nach einem dreijährigen Feldzug, seine Macht in Baktrien und Sogdien durchzusetzen. Dies lag an dem erbitterten Widerstand, der von dem mit den Steppennomaden verbundenen Spitamenes und von den Edelleuten Sisimithres und Oxyartes, die in ihren Bergburgen eingeschlossen waren, geleistet wurde. Aber man weiß kaum etwas über die Geschichte des seleukidischen Baktriens, außer dass um das Jahr 250 v. Chr. der Satrap Diodotos die Unabhängigkeit des griechischen Königreichs Baktrien ausrief. Dank Polybios (X,49;XI,34,1–10) ist bekannt, dass Antiochos III. erfolglos versuchte,

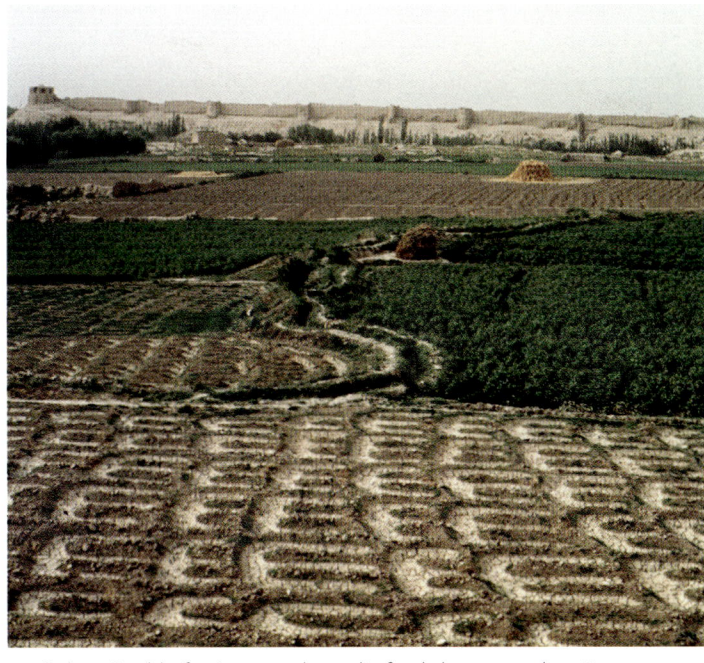

5 Baktra. Stadtbefestigungsanlage, die fruchtbaren, gut bewässerten Böden der Oase überragend. Blick in Richtung Norden.

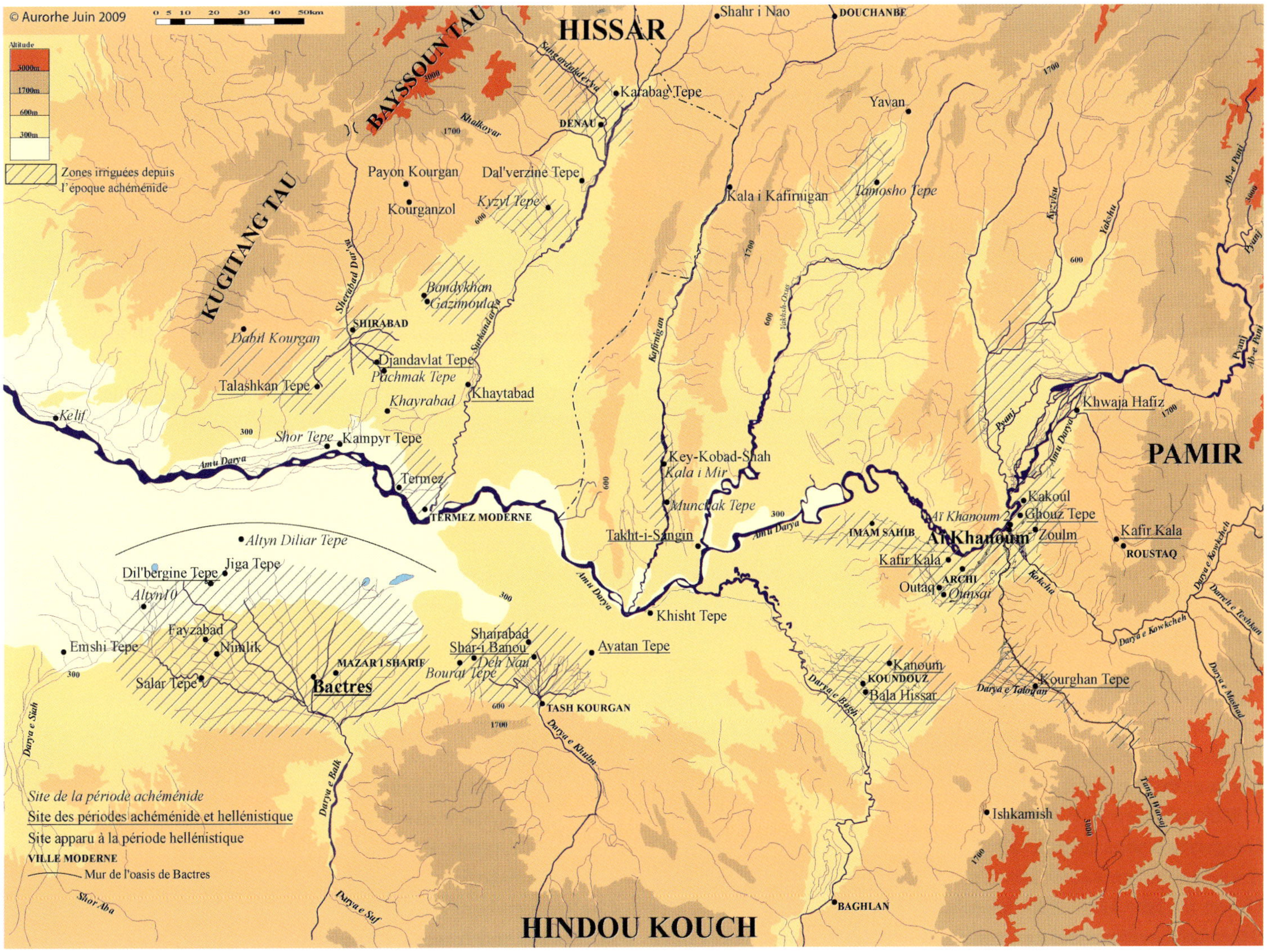

6 Karte des achämenidischen und hellenistischen Baktrien.

Das Baktrien der 1000 Städte

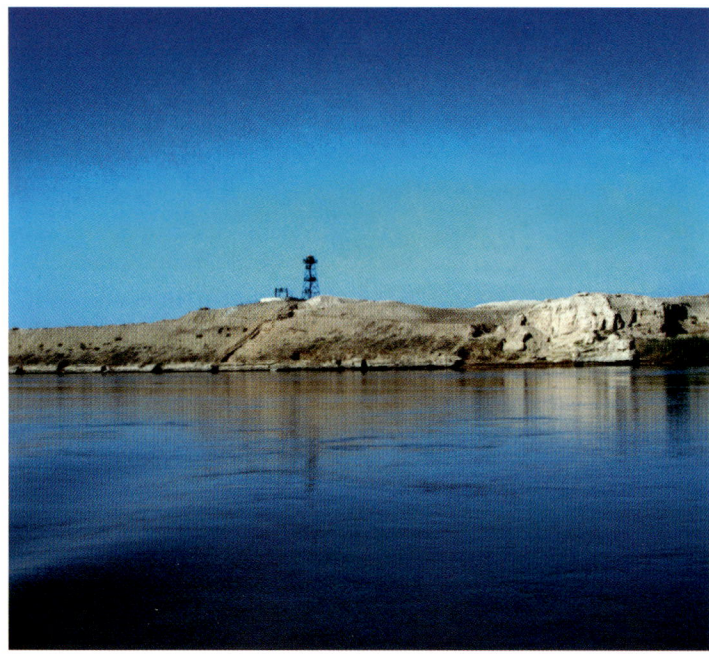

9 Das antike und mittelalterliche Termes. Die Zitadelle vom Amu-Darja aus gesehen.

Name bislang ausfindig gemacht werden konnte. Wie in ganz Zentralasien sind diese Ansiedlungen entlang der Bewässerungssysteme verteilt, da diese für eine durchgängige Landwirtschaft unerlässlich sind.

Nördlich des Amu-Darja

Zehn Oasen mit mehr als 30 Stätten auf dem Entwicklungstand der achämenidischen Zeit konnten bestimmt werden; die bekanntesten sind die befestigte Stadt Kyzyl-Tepe (Surchan Daria) und der Oxos-Tempel in Tachti Sangin (Wachsch). Eine derartige Besiedlung aller Täler und des rechten Ufers des Amu-Darja zeigt deutlich, dass die Region zur Zeit des Einfalls der makedonischen Armeen landwirtschaftlich weitgehend erschlossen war.

Südlich des Amu-Darja

Ein französisches Team hat entlang natürlicher Flussläufe oder künstlich angelegter Wassernetze, von denen einige sehr gekonnt ausgeführt wurden, 18 „Bewässerungszonen" in Ostbaktrien ausgemacht.[14] Die Hauptstätte dieses Teils von Baktrien scheint Bala Hissar (Oberstadt) von Kundus gewesen zu sein.

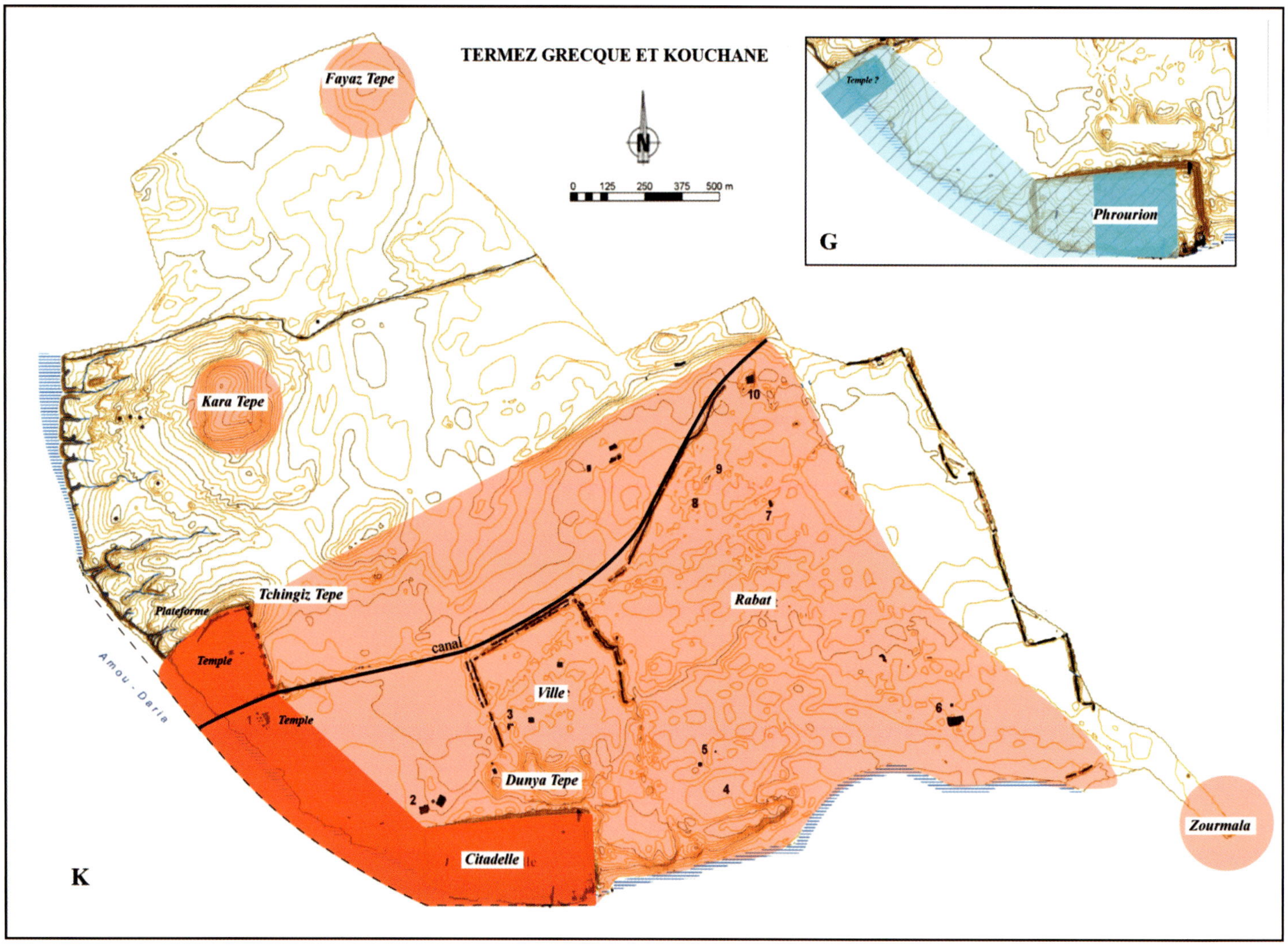

10 Das antike Termes. G: Ausdehnung zur griechischen Zeit; K: Ausdehnung zur Kuschanzeit mit den drei buddhistischen Klostern Kara-Tepe, Fajas-Tepe und Surmala am Rand.

kräfte in den Armeen des Großkönigs während der Kriege gegen die Meder. Die Anzahl und die Stärke dieser Krieger werden ebenfalls dramatisch in „Den Persern" von Aischylos (306,718,738) und bei den Geschichtsschreibern, die über Alexander berichteten, geschildert. Es ist überdies wahrscheinlich kein Zufall, dass Dareios III. Kodoman, nach dem Verlust der westlichen Satrapien und Mesopotamiens, durch seinen Schwager Bessos, den Satrapen von Baktrien-Sogdien, vom Thron verdrängt wurde, der zweifelsohne als der Fähigste erschien, um das Herzstück des Reiches und die hohen Satrapien vor der Begehrlichkeit des von jenseits des Mittelmeers kommenden Eroberers zu schützen.

Baktrien hat einen zentralen Platz in den diversen Berichten über die Feldzüge Alexanders, die im Römischen Reich verfasst wurden. Es gelang Alexander nämlich erst nach einem dreijährigen Feldzug, seine Macht in Baktrien und Sogdien durchzusetzen. Dies lag an dem erbitterten Widerstand, der von dem mit den Steppennomaden verbundenen Spitamenes und von den Edelleuten Sisimithres und Oxyartes, die in ihren Bergburgen eingeschlossen waren, geleistet wurde. Aber man weiß kaum etwas über die Geschichte des seleukidischen Baktriens, außer dass um das Jahr 250 v. Chr. der Satrap Diodotos die Unabhängigkeit des griechischen Königreichs Baktrien ausrief. Dank Polybios (X,49;XI,34,1–10) ist bekannt, dass Antiochos III. erfolglos versuchte,

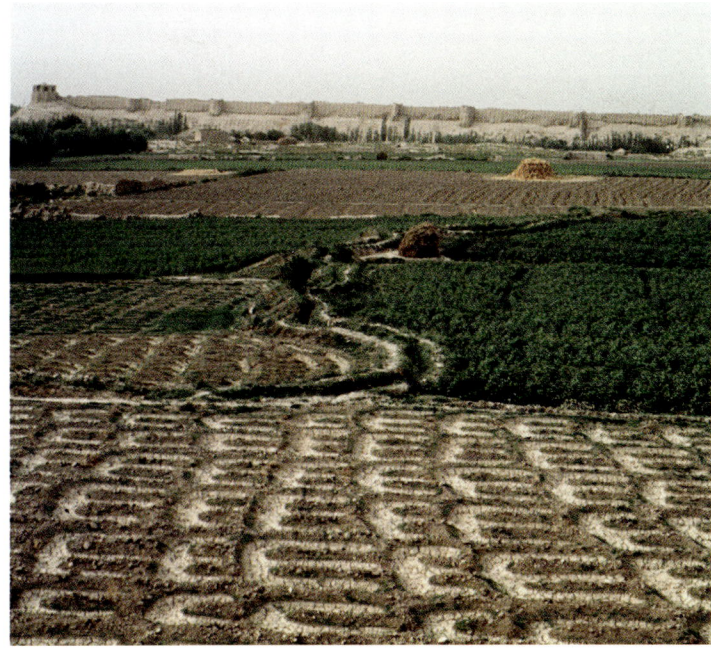

5 Baktra. Stadtbefestigungsanlage, die fruchtbaren, gut bewässerten Böden der Oase überragend. Blick in Richtung Norden.

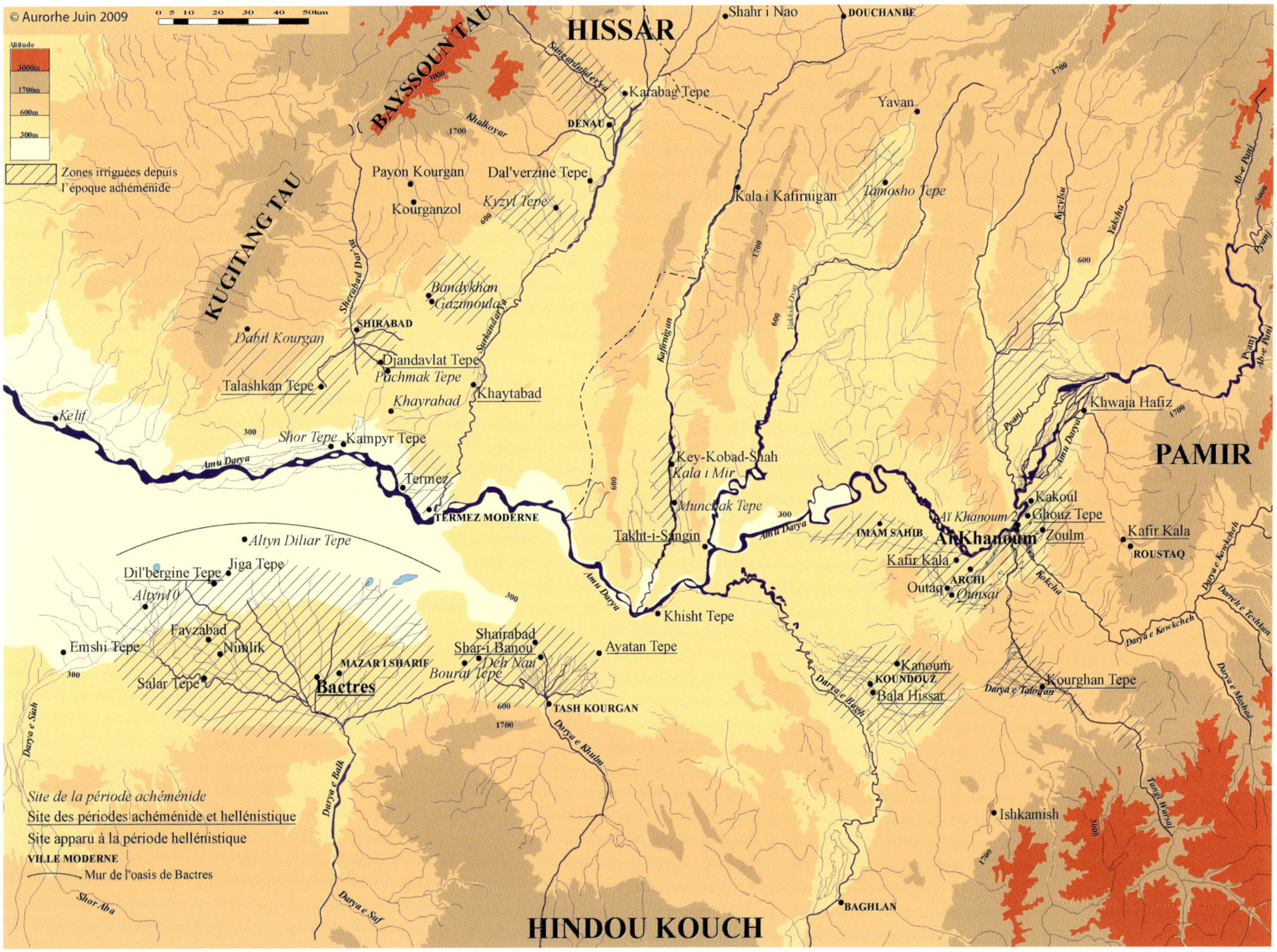

6 Karte des achämenidischen und hellenistischen Baktrien.

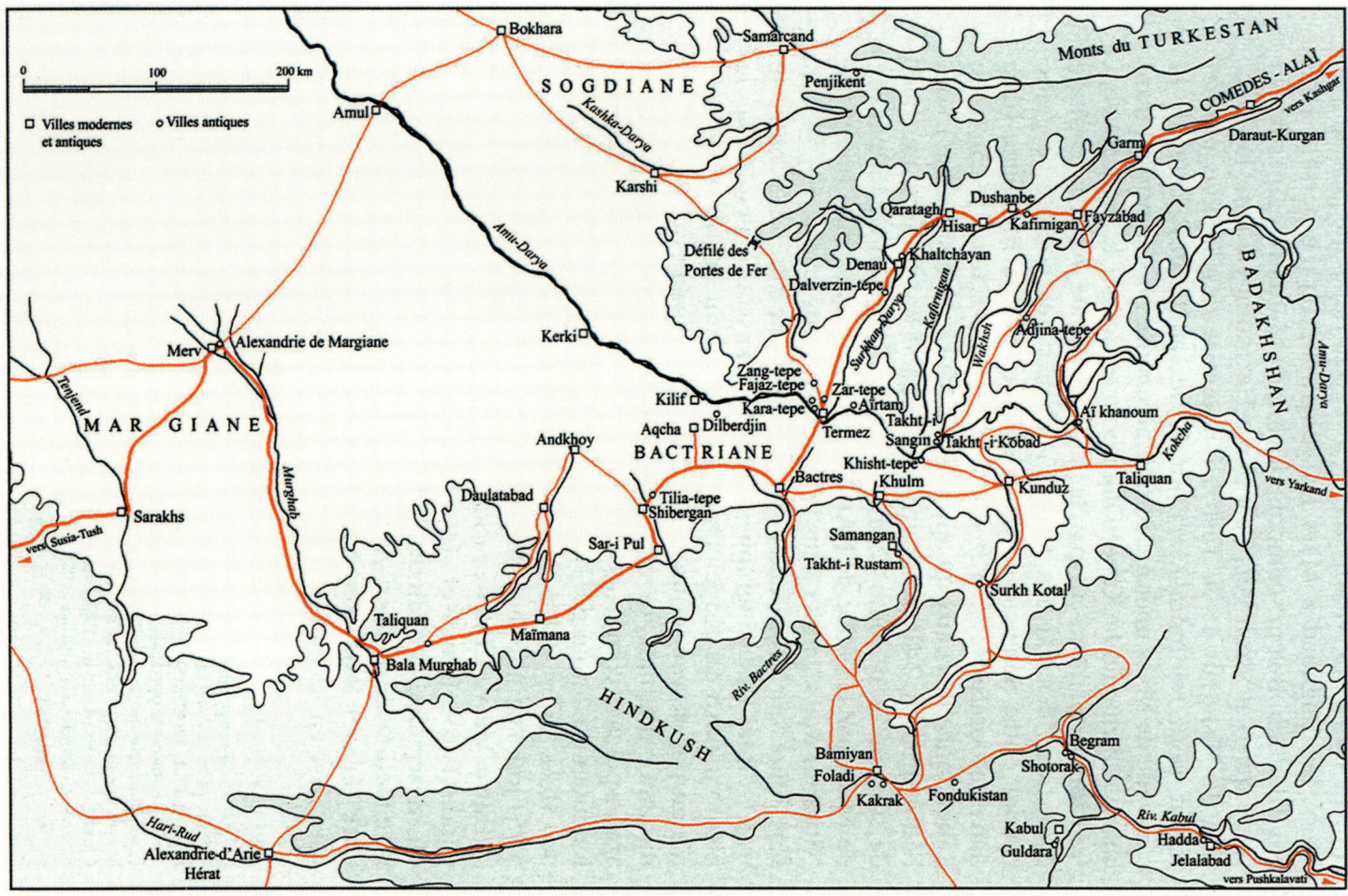

7 Straßenkarte Baktriens von Margiana über Sogdien bis nach Indien und China um das Jahr 100 n. Chr.

die Oberherrschaft über Baktrien wiederherzustellen, aber dass er nach einer zweijährigen erfolglosen Belagerung vor Baktra (208–206 v. Chr.) dazu gezwungen war, die Königswürde von Euthydemos zu bestätigen, der Diodotos II. entthront hatte.

Die Entwicklung des parthischen Reichs seit der Mitte des 2. Jhs. v. Chr. und der Zusammenbruch des graeco-baktrischen Reiches, von dem die Parther einen Teil eroberten, zerschnitten praktisch das Band zwischen dem Westen und Baktrien. Schon ab dem Ende des 1. Jhs. v. Chr. erhielt das Römische Reich keine direkten Informationen mehr über Zentralasien und Baktrien. Strabon setzt uns in seiner „Geographie" davon in Kenntnis, dass er seine Informationen aus einem Werk von Griechen, die in von den Parthern eroberten griechischen Städten lebten, schöpfen musste: „Es sind die Verfasser der Geschichte der Parther wie Apollodoros von Artemita, die uns mit Hyrkanien, Baktrien und den angrenzenden Ländern und den ihnen nachfolgenden skythischen Völkern vertraut machen."[7] Ptolemaios benutzte seinerseits Berichte eines Kaufmanns namens Maes Titianos vom Beginn des 2. Jhs. unserer Zeitrechnung.

Wir verfügen auf diese Weise dank Geschichtsschreibern und Geographen vom Beginn des Römischen Reiches,[8] aber auch dank des chinesischen Reisenden mit dem Namen Zhang Qian, der das Gebiet im Jahr 128 v. Chr. besuchte und einen Reisebericht in den „Historischen Erinnerungen von Si-ma Qian" hinterließ, über einige Bruchstücke der Geschichte Baktriens.

So erfährt man durch Justin, dass Eukratides, der vorletzte König des griechischen Baktriens, entweder von den Parthern oder von seinem Sohn Heliokles getötet worden sei, wobei Letzterer den Körper seines Vaters hinter seinem Wagen her geschleift habe. Man weiß, dass kurz darauf fünf Nomadenstämme, darunter die Jüeh-Chi, Baktrien in der zweiten Hälfte des 2. Jhs. v. Chr. besetzt haben, aber man weiß nur sehr wenig über die Existenz des Kuschanreiches, das von Kujula Kadphises, der den Jüeh-Chi angehörte, gegen Ende des 1. Jhs. n. Chr. gegründet wurde und das versuchte, direkte Beziehungen mit Nero aufzubauen und im Jahre 242 n. Chr. sasanidisches Protektorat wurde. Man weiß lediglich, dass um das 4. Jh. n. Chr. der Name Baktrien endgültig von dem Namen Tocharistan, was eine Ableitung von dem damals den Kuschen gegebenen Namen darstellt, abgelöst wird.

Welches Baktrien?

Nach Strabon (15,1,3) behauptet Apollodor in seiner Parthika, dass Eukratides 1.000 Städte sowohl in Baktrien als auch in Indien unter seiner Gewalt hatte, was Strabon in Zweifel zieht. Justin zögert hingegen nicht, von einem Baktrien der 1.000 Städte zur Zeit von Diodotos (um 250 v. Chr.) zu sprechen.[9] Nun aber am Ende des 1. Jhs. v. Chr., zu der Zeit, wo Strabon und Pompeius Trogus schrieben, hatten die Griechen Baktrien seit über einem Jahrhundert aufgegeben, um sich in Indien (um

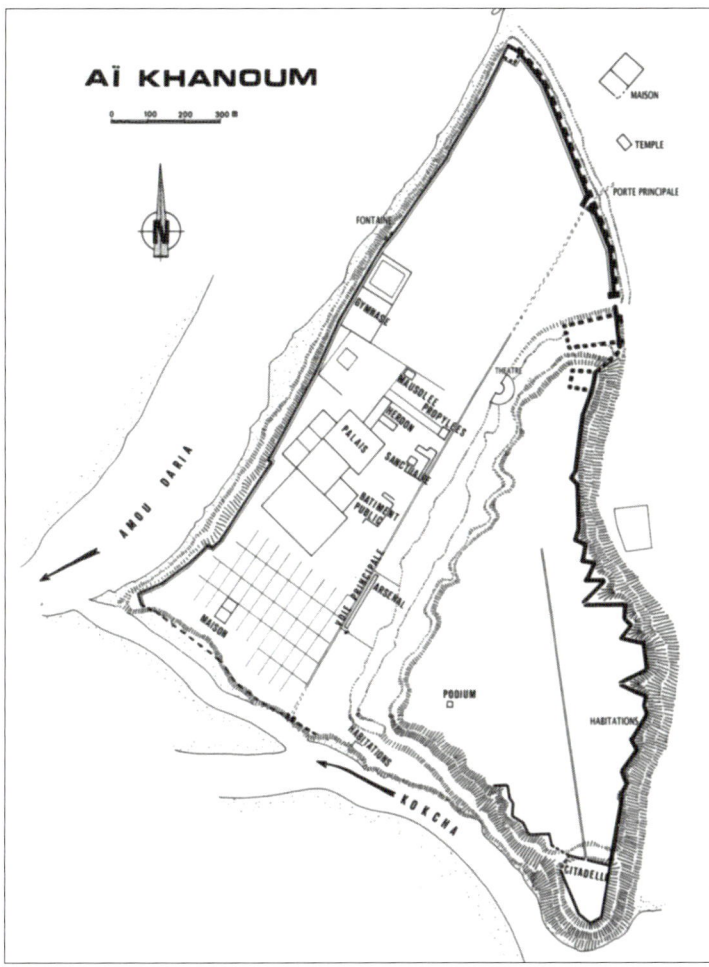

8 Ai Khanoum. Vereinfachte Gesamtübersicht über die Stadt.

Angesichts einer solchen Knappheit an Informationen ist man manchmal geneigt, Fakten zu addieren oder zu vergleichen, die nicht unbedingt derselben Epoche angehören und nicht denselben historischen Wert haben. Dies wird sehr deutlich, wenn man das Beispiel von Baktrien und Sogdien nimmt, die in allen Texten der Geschichtsschreibung und allen Versuchen einer historischen Geographie rätselhaft bleiben.

Polybios sagt der Nachwelt in der zweiten Hälfte des 2. Jhs. v. Chr. (10,48,4), dass „der Oxos durch Baktrien fließt". Ein Jahrhundert später trennt der Oxos für Strabon (11,8,8 und 11,11,2) Baktrien von Sogdien, während sein Zeitgenosse Quintus Curtius von „wüstenhaften Gegenden in Sogdien" zwischen Baktra und dem Oxos (7,5,1;11–16), der als Grenze dient (6,4,5–6; 7,4,21), spricht. Am Anfang des 1. Jhs. n. Chr. führt Plinius (6,18,47) aus: „Baktrien […] wird vom Oxos begrenzt, Sogdien befindet sich jenseits dieser Grenze". Schließlich gilt ein Jahrhundert später für Ptolem. (6,12,1): „Die Sogdier finden […] im Osten und im Süden sowie wieder im Westen durch Baktrien entlang des Abschnittes des Oxos ihre Grenzen", während Arrian davon ausgeht (4,21,1), dass die Südgrenze von Sogdien weit im Norden des Oxos, wahrscheinlich irgendwo im Gissar-Gebirge, liegt.

All diese Widersprüche erklären sich durch die Vielzahl der verwendeten Quellen, durch das Bemühen, daraus Erkenntnisse zu gewinnen, durch die Zweideutigkeit mancher Ortsnamen (Oxos-Ochos) und selbstverständlich durch den Sinn, den man den Worten gibt. So kann „Baktrien" eine geographische Region, einen administrativen Bezirk oder ganz einfach die Oase Baktra bezeichnen. Diese unterschiedlichen Bedeutungen veränderten sich im Laufe der Zeit, daher ergeben sich Schwierigkeiten, die Quellen miteinander abzustimmen. Manchmal haben die Forscher auch das Problem, dass sie selbst nicht wissen, von welchem Baktrien sie sprechen.

Am Ende des 20. Jhs. haben die Entwicklung der Archäologie und die Einführung von systematischen Grabungen in Afghanistan, Usbekistan und Tadschikistan jedoch eine beträchtliche Menge an neuem Material aus den Gebieten, die dies- und jenseits des Flusses Amu-Darja liegen, geliefert.[12] Dadurch hat sich die Vorstellung durchgesetzt – der wir uns anschließen –, dass nämlich die beiden Ufer des Oxos dieselbe Zivilisation teilten und grundsätzlich ein einziges Gebilde darstellten, und zwar die des antiken Baktriens. Andererseits wurde dadurch deutlich, dass die Tatsache, dass das traditionelle Schema die Entwicklung Baktriens, das in der Folge das „Baktrien der 1.000 Städte" wurde, der Eroberung durch die Griechen auf die Fahnen zurechnet, wieder in Frage gestellt werden muss.

145 v. Chr.) niederzulassen, und fünf aus dem Norden kommende Nomadenstämme hatten dort ihren Platz eingenommen. Für Tarn[10] ist es offensichtlich, dass diese 1.000 Städte, deren Existenz er nicht in Frage stellt, das direkte Erbe der griechischen Herrschaft sind. "The process is lost, but the consequences of the two centuries of Greek rule are well attested: Alexander in 326 (sic) found a land of open villages, Chang-ch'ien in 128 found a land of walled towns; to the Greeks of the Farther East the ‚thousand cities of Bactria' became a proverb, though perhaps not till after the destruction of Greek rule."

Es ist also schwierig und gewagt, das griechische Baktrien aufgrund des zu spärlichen Materials, welche die schriftliche Tradition der Nachwelt überliefert hat, zu beschreiben. Einige große Historiker (Müller, Kiepert, Droysen, Schwartz) haben versucht, es zu tun, indem sie dieses Material mit den Erkenntnissen der Numismatik und mit den Berichten von Reisenden wie Burnes oder Rawlinson kombiniert haben, was zu einem zwiespältigen Ergebnis geführt hat. Nach 1920 erbrachte die Archäologie der historischen Geographie in der Gestalt von Tscherikover, Tarn, Seibert und Pjankov[11] neue Informationen. Heute bleiben die Ergebnisse jedoch sehr überschaubar, da die Mehrheit der anerkannten und manchmal ausgegrabenen archäologischen Stätten keine Inschriften geliefert haben, wodurch man sie hätte identifizieren können, und es ganz selten Ortsnamen aus antiken Schriften gibt, die geographisch genau zugeordnet werden können.

Das achämenidische Baktrien

Einige große Stätten am Südufer des Amu-Darja, auf die Alexander gestoßen ist, konnten identifiziert werden: Baktra als Balch, Drapsaka als Kundus, Aornos als Tasch-Kurgan (Khulm).[13] Die Stätten am rechten Ufer müssen noch bestimmt werden: die Felsen von Sogdien und des Chorienes-Sisimithres sowie die beiden „Länder" Paraitakene und Bubakene, über die jahrein, jahraus eine Menge unbegründeter und widersprüchlicher Hypothesen aufgestellt wurden.

Zahlreiche achämenidische Stätten von geringerer Ausdehnung sind entdeckt worden und einige wurden ausgegraben, ohne dass ihr

Das Baktrien der 1000 Städte

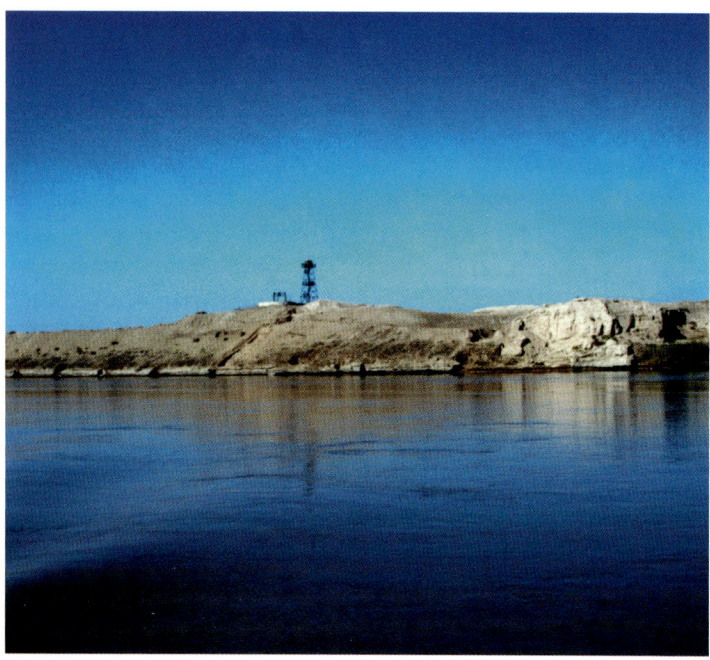

Name bislang ausfindig gemacht werden konnte. Wie in ganz Zentralasien sind diese Ansiedlungen entlang der Bewässerungssysteme verteilt, da diese für eine durchgängige Landwirtschaft unerlässlich sind.

Nördlich des Amu-Darja

Zehn Oasen mit mehr als 30 Stätten auf dem Entwicklungstand der achämenidischen Zeit konnten bestimmt werden; die bekanntesten sind die befestigte Stadt Kyzyl-Tepe (Surchan Daria) und der Oxos-Tempel in Tachti Sangin (Wachsch). Eine derartige Besiedlung aller Täler und des rechten Ufers des Amu-Darja zeigt deutlich, dass die Region zur Zeit des Einfalls der makedonischen Armeen landwirtschaftlich weitgehend erschlossen war.

Südlich des Amu-Darja

Ein französisches Team hat entlang natürlicher Flussläufe oder künstlich angelegter Wassernetze, von denen einige sehr gekonnt ausgeführt wurden, 18 „Bewässerungszonen" in Ostbaktrien ausgemacht.[14] Die Hauptstätte dieses Teils von Baktrien scheint Bala Hissar (Oberstadt) von Kundus gewesen zu sein.

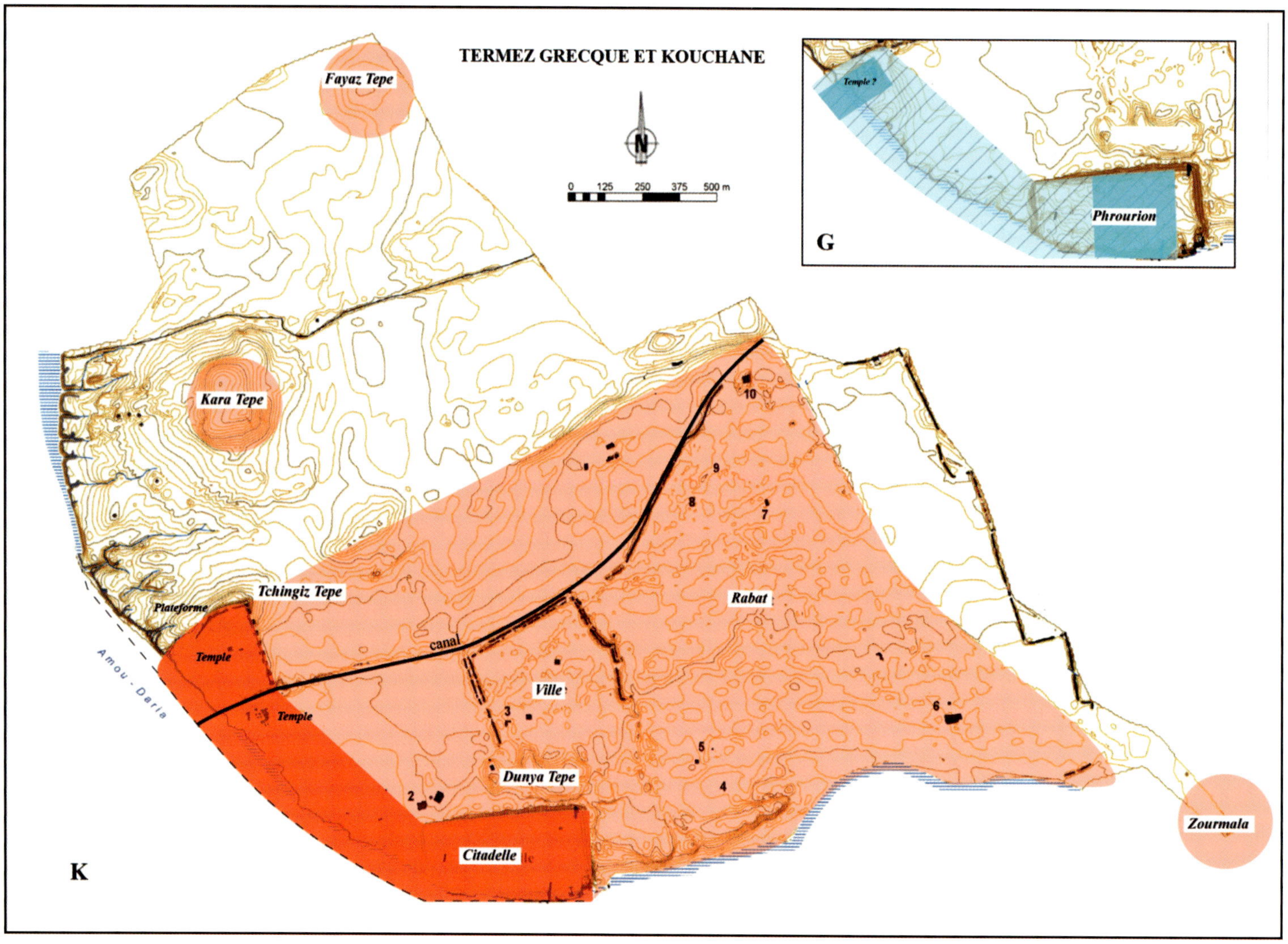

9 Das antike und mittelalterliche Termes. Die Zitadelle vom Amu-Darja aus gesehen.

10 Das antike Termes. G: Ausdehnung zur griechischen Zeit; K: Ausdehnung zur Kuschanzeit mit den drei buddhistischen Klostern Kara-Tepe, Fajas-Tepe und Surmala am Rand.

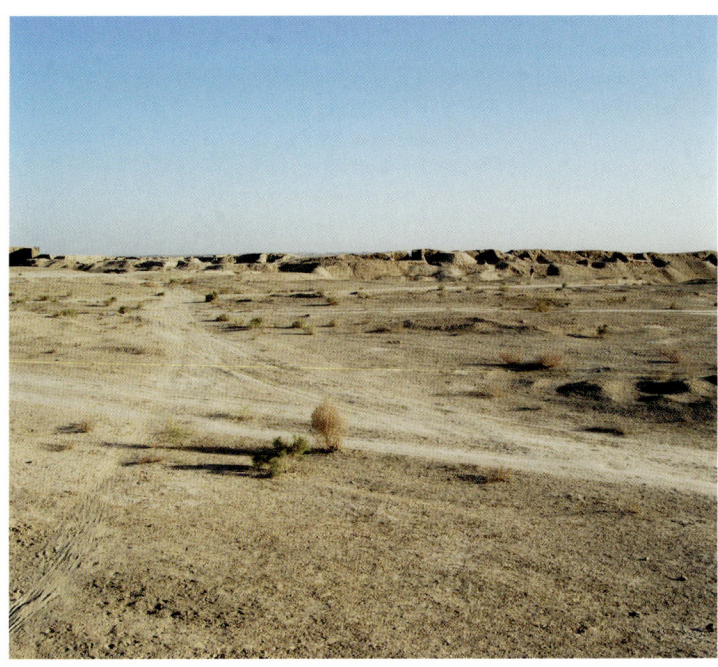

Die Region um Baktra bis Tasch Kurgan (Khulm) ist ebenfalls eine gut erschlossene und bevölkerte Region, insbesondere in der Oase Baktra, wo sich neun Stätten aus der achämenidischen Zeit um den riesigen Bala Hissar von Baktra (1.300 m Durchmesser) befinden.

Baktrien zur Zeit der Achämeniden war also schon eine reiche Region, wo die Menschen sich dauerhaft niedergelassen hatten, und die auf einer sehr entwickelten Bewässerungslandwirtschaft basierte. Sein Landadel hatte eine solide Basis. Dies war bereits in den historischen Texten wahrnehmbar,[15] dennoch ist die durch die Archäologie gemachte Entdeckung eines solchen Entwicklungsgrades der Bewässerung überraschend. Nach Pierre Briant, der auf persische und griechisch-lateinische Quellen zurückgreift, hängt diese Entwicklung wohl mit dem Eintritt Baktriens in das Reich der Achämeniden zusammen.[16] Im Gegensatz dazu weist die archäologische Dokumentation eher auf einen langsamen, weiter zurückliegenden Prozess hin: „Alle Beobachtungen zeigen, dass die großen Linien dieser Entwicklung bereits festgelegt waren, als die Satrapen – und dann ihre griechischen Nachfolger – die Verwaltung des Landes übernahmen".[17]

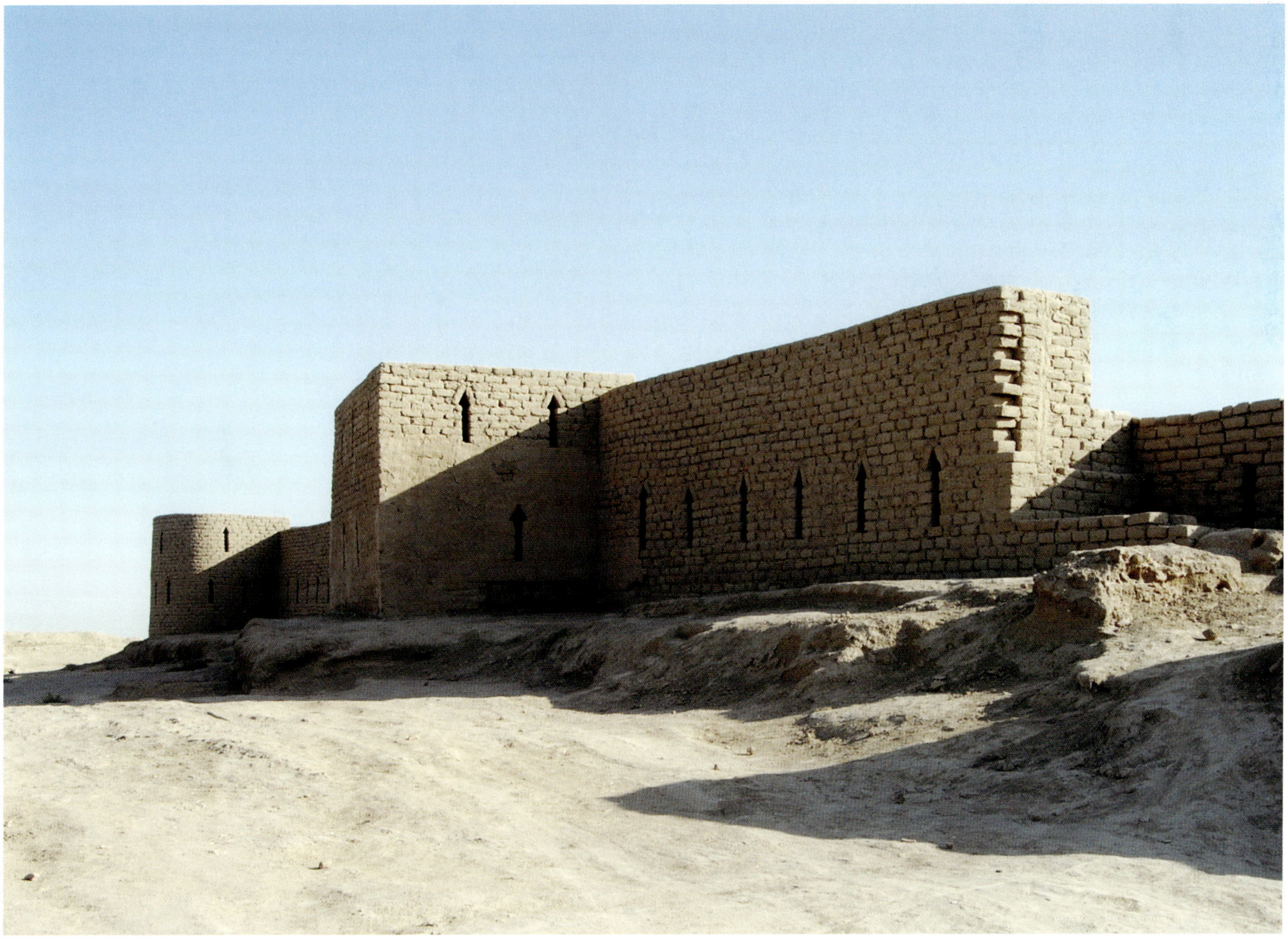

11 Kampyr-Tepe. Gesamtüberblick über die Festungsanlagen der Stadt aus der Kuschanzeit.

12 Kampyr-Tepe. Teil der restaurierten Stadtbefestigung mit markanten pfeilförmigen Lüftungsschlitzen, wie sie für die Region schon in hellenistischer Zeit typisch waren.

Das griechische Baktrien

In der politischen Geschichte wie auch im Bereich der Zivilisation, zu der der ganze Orient zu zählen ist – Kunst, Kultur, aber auch Kriegskunst, Städtebau, Befestigungsanlagen usw. –, stellt das hellenistische Zeitalter eine entscheidende Zäsur dar. Aber wenn man die Daten vor Ort untersucht, gelangt man zu der Feststellung, dass sich im Vergleich zu der Situation zur Zeit der Achämeniden wenig geändert hat.

Das östliche Baktrien
Die Entdeckung von Ai Khanoum im östlichen Baktrien hat alle Daten von Grund auf durcheinander gebracht. Von 1965 bis 1978 wurde diese große hellenistische Stadt unter Einsatz beträchtlicher Mittel ausgegraben (vgl. Abb. 3 Beitrag G. Lindström). Die zahlreichen Bauten, die dort erforscht wurden – ein weiträumiger Palast, ein Tempel, ein Heroon, ein Mausoleum, ein Gymnasion, ein Brunnen mit gemeißeltem Schmuck, ein Theater, mächtige Befestigungen und Häuser (Abb. 8) –, die Bildhauerarbeiten in Stein oder in stuckiertem und bemaltem Ton, die Inschriften und das architektonische Dekor in Stein offenbaren der Nachwelt einige Züge der Mischzivilisation, die sich in der Region unter der makedonischen Herrschaft ausgebildet hat. Die Forschungen, deren Ergebnisse zum Teil veröffentlicht sind,[18] haben ein neues Nachdenken über die materielle Wirklichkeit der griechischen Zivilisation befeuert. Hier wird ersichtlich, dass sie bis zum Schluss in engem Kontakt mit der hellenistischen Koine war, aber dass sie ebenso eine Vielzahl von Glaubensaspekten, sozialen Strukturen, Traditionen und vor allem technisches Wissen vor Ort aufgenommen hat.

Die Gründung von Ai Khanoum hatte selbstverständlich eine besondere Erschließung der unmittelbaren Umgebung zur Folge.[19] Demgegenüber haben die westlich von dieser Stadt gelegenen Regionen keinen besonderen Entwicklungsschub erfahren und einige am Rande gelegene Bewässerungsnetze wurden sogar aufgegeben.[20] Für das gesamte östliche Baktrien kann man feststellen, dass die Ausweitung der Bewässerungsflächen zehn Prozent der vorherigen Kapazitäten nicht übersteigt und dies trotz bedeutender Baumaßnamen im Bereich des Vorgebirges.

In diesem Teil Baktriens bildeten die einzigen griechischen Gründungen außer Ai Khanoum eine Reihe von kleinen Wehranlagen, in der Regel zwischen 1 und 1,5 ha groß, von denen zumindest einige dazu bestimmt waren, Passagen oder Furten (Arab Kakul, Kanum oder Kurghan-Tepe) zu bewachen. Wenige frühere befestigte Stätten weisen einen griechischen Entwicklungsstand auf, aber die Festung Bala Hissar von Kundus blieb weiterhin in Funktion.

Letztendlich hat sich die Situation nicht geändert, wenn man das unmittelbar liegende Gebiet um Ai Khanoum ausnimmt: In der achämenidischen Zeit findet man drei große befestigte Niederlassungen, drei mittlere und neun kleine; in der griechischen Epoche stößt man auf dieselben Zahlen und praktisch auf dieselben Stätten mit lediglich zwei Veränderungen.

Das mittlere Baktrien
Die Stadt Baktra war die Hauptstadt des graeco-baktrischen Königreichs und dank ihrer Stadtmauer konnte Euthydemos siegreich Antiochos III. widerstehen. Aber bis in die jüngste Zeit konnte die dortige griechische Besetzung niemals nachgewiesen werden. Augen-

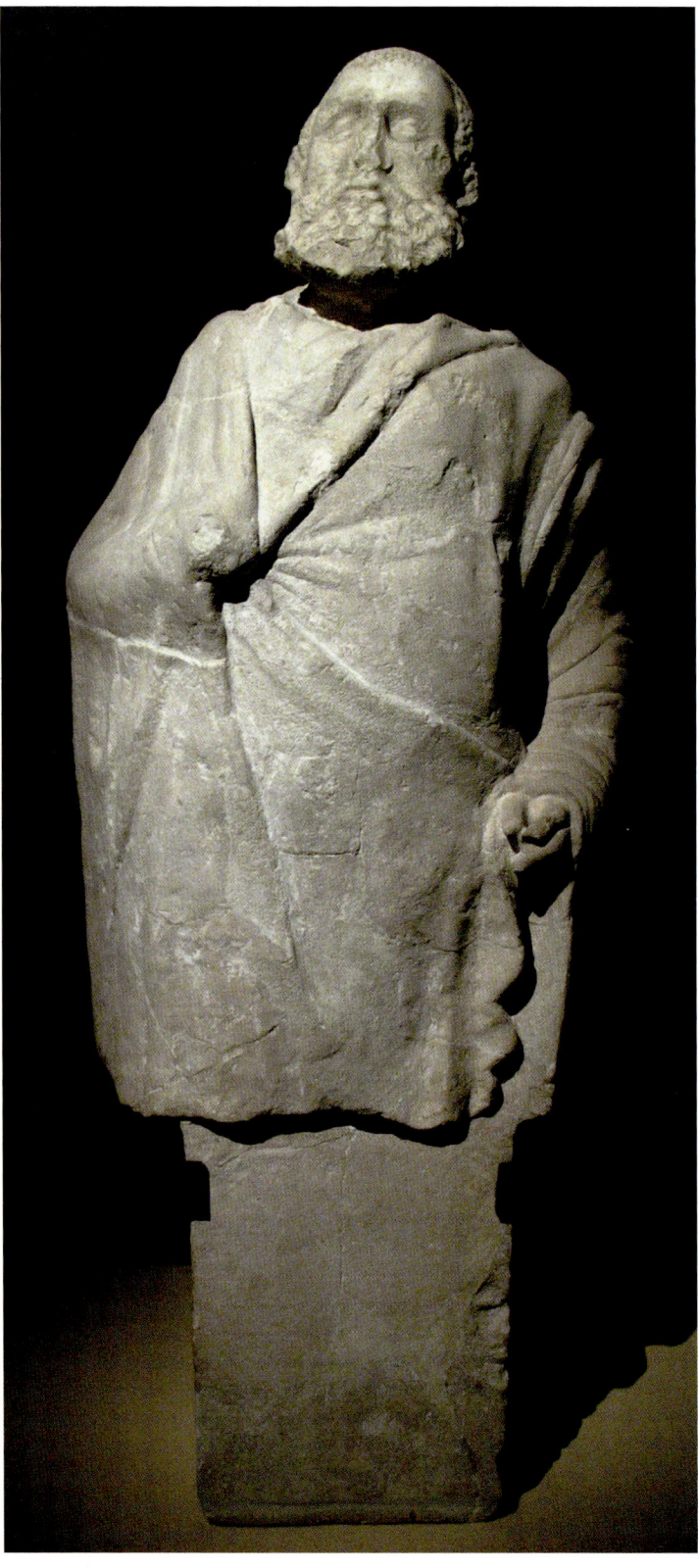

13 Ai Khanoum. Hermessäule aus der Palästra. Kalkstein. Erste Hälfte des 2. Jhs. v. Chr. Kabul, Nationalmuseum Afghanistan.

scheinlich siedelten diese hier in der Stadt aus der achämenidischen Zeit, die sie gemäß ihren Erfordernissen ausbauten. Vor Kurzem hat allerdings ein französisches Forscherteam in Zargaran-Tepe an der südöstlichen Ecke der Stadtmauer Fragmente von gerippten Säulen und von Kapitellen entdeckt, die denen in Ai Khanoum oder von

Pierre Leriche

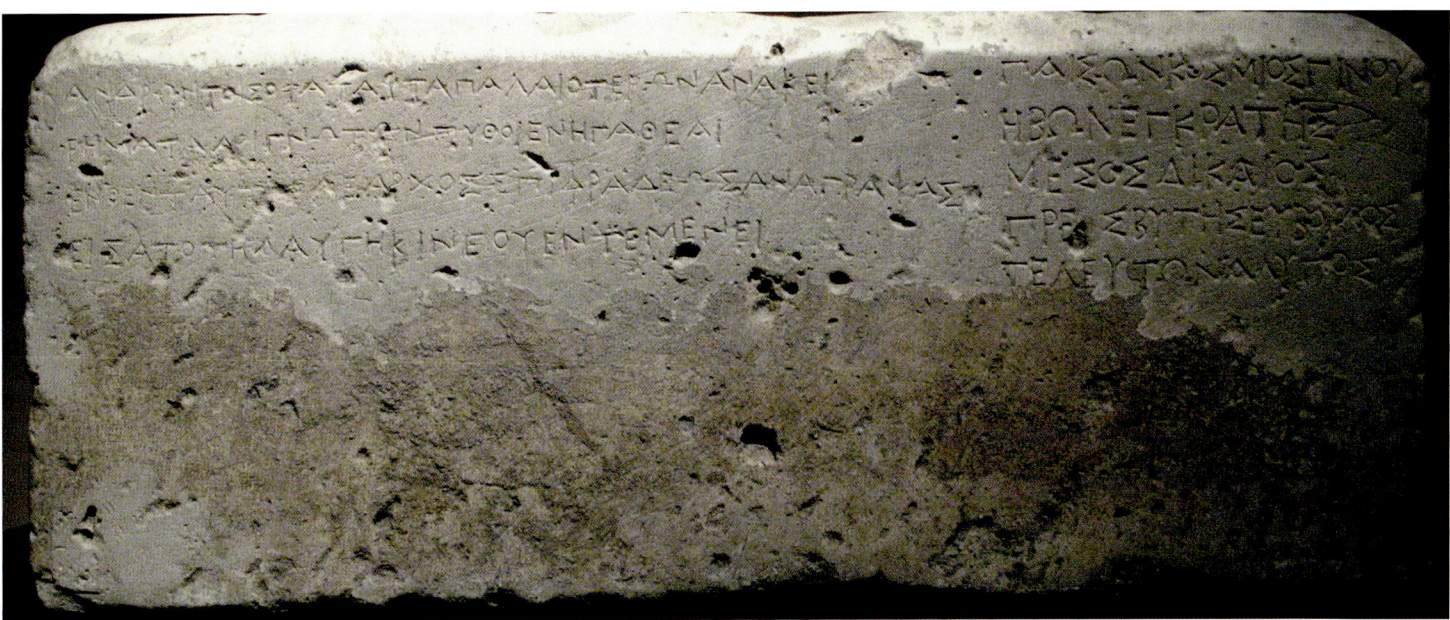

14 Ai Khanoum. Delphische Inschrift von Klearchos aus Soloi auf dem Heroon in Kineas. Kalkstein. Anfang des 3. Jhs. v. Chr. Kabul, Nationalmuseum Afghanistan.

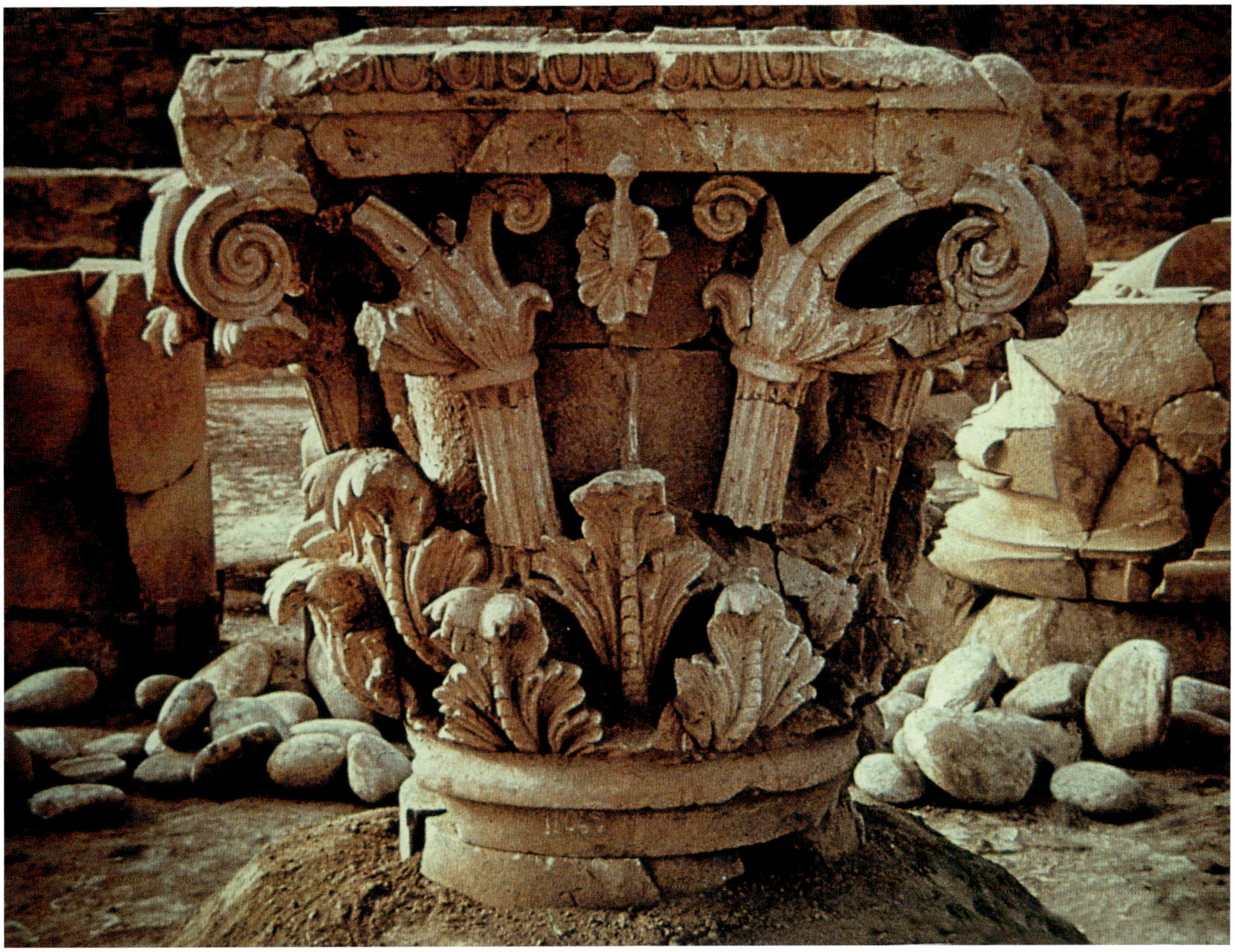

15 Ai Khanoum. Korinthisches Kapitell aus dem Hypostylonsaal des Palastes. Kalkstein. Erste Hälfte des 2. Jhs. v. Chr. Kabul, Nationalmuseum Afghanistan.

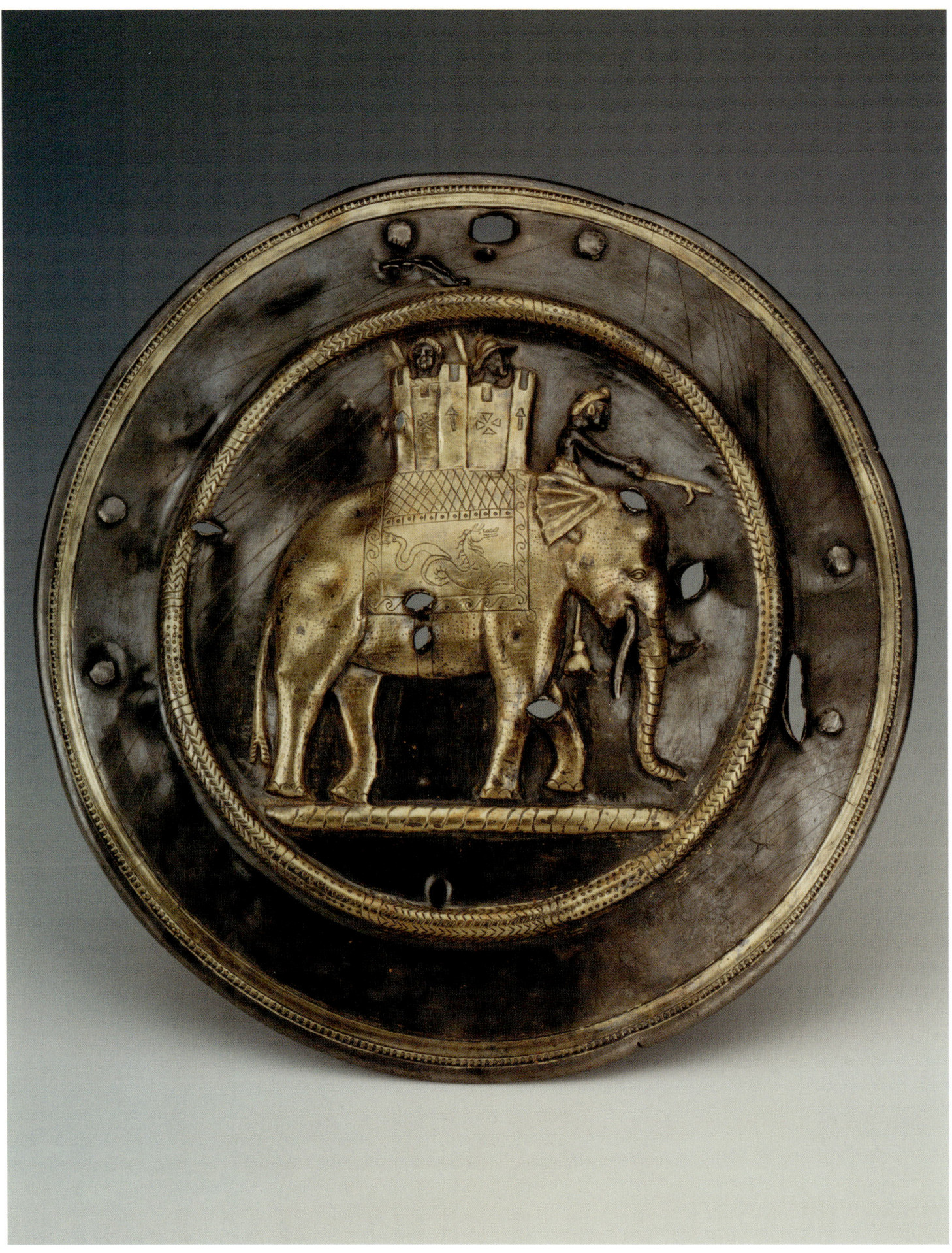

Tachti Sangin (Beginn des 2. Jhs. v. Chr.) ähnlich sind.[21] Das facht das Interesse für diese Stätten wieder an, aber es gibt uns nur noch wenige Hinweise auf den Stand zur Zeit der Griechen, da all diese architektonischen Fragmente wiederverwendet wurden.

In der Oase Baktra stammen nur drei kleine Zitadellen und die Mauer um die Oase aus dieser Zeit. Außerdem ist im Norden von Tasch Kurgan die kleine befestigte Stätte Schahr i Banu bekannt. Es handelt sich hierbei um Stätten von kleineren Ausmaßen, die eine militärische Bestimmung (Garnison) haben oder der Aristokratie als Wohnsitz dienten.

Das nördliche Baktrien
Hier tragen alle Stätten aus der achämenidischen Zeit Spuren einer gewaltsamen Zerstörung, was bedeutet, dass viele von ihnen wohl irgendwann endgültig verlassen wurden. Allerdings kann man bei zahlreichen Stätten, die allesamt befestigt sind, einen graeco-baktrischen Entwicklungsstand feststellen. Eine gewisse Anzahl von ihnen wurde vor Kurzem erforscht.

Einige zerstörte achämenidische Niederlassungen wurden wieder besiedelt, wie Khaytabad, Talaschkan und Dschandavlat-Tepe, und bewahren einen militärischen Charakter. Aber es sind mehrheitlich neue Ansiedlungen.

Im Surchan-Darja-Tal befinden sich die Stätte Dalversin-Tepe und Karabag-Tepe sowie weiter oben wahrscheinlich der Kern der künftigen großen Stadt Shachr-i Nau. In Dalversin-Tepe wurden Keramikfunde gemacht, die denen in Ai Khanoum ähnlich sind, sowie Befestigungen, von denen die ältesten aus dem 3.–2. Jh. v. Chr. zu stammen scheinen.[22]

Am Fluss Kafirnigan hat man die Festungen von Key Kobad Shah sowie von Kala-i Kafirnigan angelegt, und an einem Zufluss des Wachsch wurde möglicherweise die Festung Javan errichtet.

In den Bergen befinden sich neue griechische Ansiedlungen, zum einen am Eisernen Tor, einem Pass unweit von Derbent, und zum anderen in der Umgebung von Payon Kurgan und in Kurgansol, zwei Gründungen mit militärischem Zweck, die augenscheinlich zur Überwachung der Grenze zwischen Sogdien und Baktrien bestimmt waren.

Entlang des Amu-Darja unweit der Übergangsstellen ersetzt der *phrourion* (Festung) von Kampyr-Tepe den von Schor-Tepe, und in Termes wurde ein neuer Militärposten geschaffen, wobei das religiöse Zentrum Tachti Sangin weiterhin florierte.

Bei der Zitadelle von Alt-Termes wird der graeco-baktrische *phrourion*, der relativ klein angelegt war, um die Flussüberquerung zu überwachen und zu kontrollieren (Abb. 9 und 10), derzeit erforscht.[23] Ungefähr 30 km flussabwärts in Kampyr-Tepe wurde eine Zitadelle aus dem griechischen Zeitalter, die zum Teil in den Fluss Amu-Darja eingestürzt ist, ausgegraben. Dort wurden griechische *katoikoi* errichtet, um die Flussüberquerung zu kontrollieren. Die griechische Anwesenheit wird durch dicke Schichten von Keramik, darunter auch Ostraka und Münzen, sowie auch durch den Bautypus der ersten Zitadelle deutlich. Es könnte sich um Alexandria am Oxos[24] handeln.

16 Phalera mit einem nach rechts schreitenden Kampfelefanten. Silber mit Goldauflage. 3./2. Jh. v. Chr. St. Petersburg, Staatliche Eremitage, Abteilung für Kultur und Kunst der Länder des Orients, Inv. Nr. S-65 (Kat. Nr. 77).

Das Zeitalter der griechischen Herrschaft kommt also hier nur durch seine größenmäßig überschaubaren Gründungen zum Ausdruck. Hauptsächlich handelte es sich um *phrouria*, die häufig auf einem Felsen oder auf einem schwer zu erreichenden Berggipfel platziert wurden, um die Überquerungen von großen und kleinen Flüssen oder von Bergpässen zu überwachen. Unter ihnen befinden sich zweifelsohne die von Alexander geschaffenen Gründungen, die Hephaistion bevölkern sollte. Die Texte deuten darauf hin, dass es sich wahrscheinlich um Kolonien mit militärischer Zweckbestimmung handelte; die Archäologie scheint dies nun zu bestätigen.[25]

All dies zeigt den Willen der griechischen Machthaber, den Fluss, die nordwestliche Grenze und die Hauptverkehrsader im Inneren der Provinz, zu überwachen, allerdings sicherlich nicht den Willen, die Region wie in der vorhergehenden Epoche zu erschließen. Das nördliche Baktrien erscheint also wie ein Randgebiet, das am Rande der seleukidischen Satrapie und später am Rande des graeco-baktrischen Reiches liegt.

Schlussfolgerung
Welchen Teil des griechischen Königreichs Baktrien man auch immer untersucht: Man muss feststellen, dass die Niederlassung der Griechen in der Region die menschliche Umwelt nicht grundsätzlich verändert hat. Gewiss wurde die große neue Stadt Ai Khanoum von Grund auf errichtet, was eine Erschütterung in der umliegenden Region verursachte. Aber dies blieb ein Einzelphänomen und hat fast künstlichen Charakter. Außerhalb der zwei Hauptstädte ist die griechische Präsenz durch einen deutlich militärischen Charakter geprägt, und die zahlreichen Überreste mit architektonischem Dekor (attische Säulenfüße, graeco-baktrische Kapitele), die man in antiken Stätten Baktriens häufig vorfindet, stammen eher aus dem nachfolgenden Zeitalter.

Was die Entwicklung der Bewässerung angeht, ist bereits erwähnt worden, dass die hydro-agrarischen Techniken vor Ankunft der Griechen bereits sehr entwickelt waren und die Griechen die Bewässerungsflächen lediglich um ein Zehntel zu vergrößern vermochten.

Das Zeitalter der Nomadeneinfälle und des Königreichs Kuschan

Im östlichen Baktrien
Das graeco-baktrische Königreich verschwand etwa ein Jahrhundert nach seiner Gründung und die Stadt Ai Khanoum wurde mit Ausnahme der Zitadelle, die weiterhin militärisch besetzt blieb, aufgegeben und geplündert.

Man kann dann in dieser Region einen gewissen Rückgang der Bewässerungsflächen feststellen, aber auch die Erschließung von neuen Zonen wie das untere Kundus. Im Laufe der Jüeh-Chi und Kuschanzeit blieben von 133 griechischen Stätten weniger als die Hälfte (59) besetzt, während 67 neue Stätten entstanden.[26]

In Zentralbaktrien
Die Stadtbefestigungsanlage der Stadt Baktra wurde wieder aufgebaut und mit einem für die Kuschanzeit typischen geometrischen Dekor versehen. In der südwestlichen Zone, in Zargaran-Tepe, kamen Überreste einer mit Stein ausgekleideten Freifläche zum Vorschein, die zu

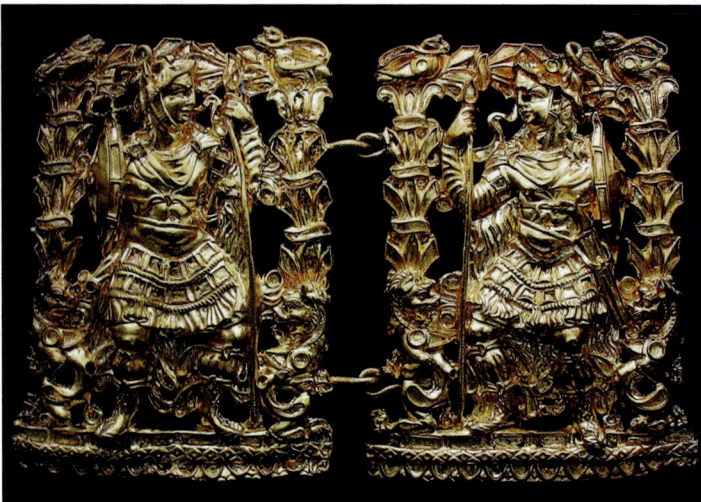

17 Schatz aus Tillja-Tepe. Fibelpaar, geschmückt mit zwei Kriegern in typisch makedonischer Kriegskleidung. Gold. Ende des 2. Jhs. v. Chr.(?). Kabul, Nationalmuseum Afghanistan.

einem religiösen Bauwerk mit einem typisch graeco-baktrischen architektonischen Dekor aus Stein gehörten und mit dem Bauwerk von Surkh Kotal identisch ist.[27]

Nördlich von Baktrien mutierte die Zitadelle von Dilberdschin-Tepe zu einer befestigten quadratischen Kleinstadt mit knapp 400 m Seitenlänge. In einem der Tempel befand sich eine Wandmalerei, die die Dioskuren zeigt. Nördlich von Tasch Kurgan entstand die große Stadt Qala e Zal, die nicht Gegenstand von Ausgrabungen war und nicht identifiziert wurde; ihre Fläche entspricht der von Ai Khanoum (1,8 km O-W und 900 m N-S).

Das nördliche Baktrien
Es fand eine echte Ausweitung der Besetzung des Gebiets statt, in dem sich die Stätten vermehrten. Neben den 21 Stätten der achämenidischen Zeit kamen etwa 30 Stätten der griechischen Phase hinzu, dann schnellte die Zahl auf fast 210 Stätten in der Kuschanzeit.

Die Vermehrung der Stätten ging mit einer Erweiterung der Fläche der Ansiedlungen oder der früheren Niederlassungen einher. Man kann über den demographischen und städtebaulichen Sprung in der Jüeh-Chi Zeit und in der Kuschanzeit nördlich des Amu-Darja nur verblüfft sein. Offensichtlich hat das Ringen um die Kontrolle der Region deren Entwicklung nicht gebremst.

In diesem Prozess spielte der Fluss Surchan-Darja eine Hauptrolle. Im Hochtal wird Shachr-i Nau, das leider nicht ausgegraben wurde,[28] zu einer der Hauptstädte in der Region mit einer Fläche von 350 ha und mit 7 km Stadtmauern. Im mittleren Tal wurde Chaltschajan gegründet, Dalversin-Tepe erhielt seine endgültige Form als rechteckige Stadt und um die Stadt herum vermehrten sich die neuen Niederlassungen zwischen 1 ha und 10 ha.

In der Oase Schirabad wurde die Kleinstadt Zar-Tepe (16 ha), ein kleines regionales Zentrum, das mehrere kleine Neuansiedlungen beherrschte, gegründet. Am Oberlauf des Wachsch entstand die Stätte Javan und erreichte eine Fläche von 30 ha.

Entlang des rechten Ufers des Amu-Darja erwuchs schrittweise die griechische Kolonie Kampyr-Tepe und wurde schließlich zu einer Kleinstadt, deren Form etwa einem Halbkreis entsprach (250 x 200 m), mit für die Kuschanzeit typischen Stadtmauern. Ihre Entwicklung brach allerdings zu dem Augenblick ab, in dem die 30 km flussaufwärts gelegene, ehemals graeco-baktrische Festung Termes eine beträchtliche Erweiterung erfuhr (Abb. 11 und 12).

In Termes wurde die Fläche der Zitadelle tatsächlich verdoppelt und zum Schutz eines Palastes mit mächtigen Mauern versehen. Weiter nördlich wurden auf dem höchsten Punkt des Hügels Dschingis-Tepe ein großer Tempel und eine Freifläche zu kultischen Zwecken errichtet; der Hügel wurde von einer mächtigen Maueranlage ähnlich den Mauern von Baktra umgeben. Zu dieser Zeit ist Termes vermutlich zur neuen Hauptstadt geworden, die man bis zu diesem Zeitpunkt eher in Dalversin-Tepe angesiedelt hatte. Diese Hauptstadt nahm nach und nach mehr Fläche ein. In ihren Vororten Kara-Tepe, Fajas-Tepe und Surmala wurden drei große buddhistische Klöster errichtet (vgl. Abb. 10).

Flussaufwärts von Termes erfuhr der Oxos-Tempel von Tachti Sangin einen bedeutenden Wiederaufbau. In kürzerer Entfernung zu Termes wurde in Airtam ein großes buddhistisches Kloster am Fluss Amu-Darja erbaut. Von dort stammen ein mit Skulpturen versehener Fries, ein berühmtes Beispiel griechisch-buddhistischer Kunst, und eine Inschrift, die ein dynastisches Heiligtum (*bagolango*) erwähnt.

In dieser Periode vermehrten sich tatsächlich die buddhistischen Bauten sowie auch große dynastische Heiligtümer unter freiem Himmel am höchsten Punkt eines Hügels mit angelegten Freiflächen. Die berühmteste Ausgrabungsstätte in diesem Zusammenhang ist die von Surkh Kotal südlich von Kundus.[29] Kürzlich wurde in Rabatak, nicht weit von Surkh Kotal ein weiteres Heiligtum gleicher Art entdeckt. G. Fussman fügt in seinen Ausführungen über die *bagolango*, die von Kanischka in Surkh Kotal, Rabatak und Termes errichtet worden sind, hinzu, dass Baktrien möglicherweise „von einem wahren Netz dynastischer Tempel" überzogen war und schließt daraus, dass Baktrien einen herausragenden Platz im Reich einnahm.[30]

Schlussfolgerung

Das Fazit dieser Untersuchung über den Urbanisierungsgrad Baktriens seit der Eroberung durch Alexander bis hin zum Ende des Kuschanreiches ist eindeutig. Beim jetzigen Stand der Forschung kann man festhalten, dass die Griechen keine systematische Politik der Städtegründung betrieben haben. Wo es Städte gab, haben sie sich ihrer bedient, indem sie die Befestigungsanlagen vermutlich nach dem Zeitgeschmack veränderten wie in Samarkand und wahrscheinlich in Baktra oder Merv (Erk-Kala). Tatsächlich haben sie nur eine wichtige Stadt gegründet: Ai Khanoum, dessen Entstehen die Organisation des östlichen Baktriens völlig durcheinander gebracht hat. Sie haben sich augenscheinlich damit zufrieden gegeben, Kontrollpunkte auf den wichtigsten Durchgangswegen und Furten zu schaffen. Die nachhaltige Wirkung ihrer Kunstsprache lässt sich an den archäologischen Funden jedoch deutlich ablesen (Abb. 13–17).

In Wirklichkeit entwickelte sich das tatsächliche Phänomen der Städtegründung erst nach dem Weggang der Griechen. Es handelte sich hierbei aber um die als „nomadisch" bezeichnete Zeit, eine Epoche des Interregnums, des Übergangs von einer Herrschaft zu einer anderen, eine im Allgemeinen kriegsfördernde Konstellation, die hier allerdings keine besonderen Unruhen verursacht zu haben scheint. Es ist heikel, dieses Phänomen zu analysieren, solange man nicht eine ausreichende Anzahl an ausgegrabenen Stätten hat, mit deren Hilfe gut begründete Schlussfolgerungen gezogen werden können.

Nichtsdestoweniger konnte dadurch, dass griechische Siedlungskerne nicht nur in großen Städten wie Baktra und Ai Khanoum, sondern auch in kleineren Ansiedlungen wie Dilberdschin oder Kampyr-Tepe vorhanden sind, die griechische Zivilisation in Zentralasien Wurzel schlagen und mittels der graeco-baktrischen Kunst fortbestehen, wobei sie auf diese Weise die dynastische Kunst der Kuschan und den Buddhismus stark prägte (Abb. 18/Startabb.).

Übersetzung aus dem Französischen: Marie-Line Joalland.

---

1 Apollodor, zitiert von Strab. 11,516.
2 Contra Tarn 1985, 102.
3 Strab. 11,516.
4 Curt. 7,4,26–31.
5 Foucher 1942, 82.
6 Briant 1996, 184–190, 402–404 und weitere Stellen.
7 Strab. 1,2,1.
8 Solche wie Strabon (11,8–9), Plinius (6,49–55), Pomp. Trog. Justin (Prol. 41), Justin (51,6,3 und 5), Plinius (6,22 u. weit. Stellen) oder Ptolemaio (6,10,5–8,7,1 u. weit. Stellen).
9 Just. Prol. 41,1,8: „opulentissimum illud mille urbium Bactrianum imperium"; 4,5: Theodotus, mille urbium Bactrianarum praefectus. Man weiß nicht, ob dieser Ausdruck von Trogus oder von Justin selbst stammt. Leider weist die Historische Bibliothek von Diodoros von Sizilien, die ebenfalls aus dem 1. Jh. v. Chr. stammt, eine Lücke auf, wo es um die baktrischen Jahre Alexanders geht. Es ist klar, dass polis und urbs zu dieser Zeit ihre ursprüngliche Bedeutung verloren haben und nur noch „Ansiedlung" bedeuten, egal wie groß diese ist. Siehe zum Beispiel Isidorus von Charakene, der im 1. Jh. n. Chr. alle Dörfer als polis bezeichnet.
10 W. W. Tarn, (GBI), 118.
11 Pjankov 1997.
12 Die Ergebnisse sind in drei Hauptwerken zusammengefasst: Ball 1982; Pugacenkova/Rtweladse 1990 sowie Gardin (Bd. 1 bis 3) 1989, 1997 und 1998.
13 Für Rtweladse (VDI 1982–1, 149–152) wäre dies Altyn Diliar-Tepe, 35 km nördlich von Baktra.
14 Gentelle 1978.
15 Leriche 1989.
16 Briant 1984.
17 Gardin 1998.
18 Acht zwischen 1973 und 1992 erschienene Bände (Grabungen 1965–68, Propyläen, Stadtbefestigungsanlagen, Gymnasion, Schatzkammer, kleine Objekte und Münzen) unter der Leitung von P. Bernard. Bernard, CRAI 2001, 971–1029.
19 Gentelle 1978.
20 Gardin 1998, Kommentar zur Karte F, 222.
21 Bernard/Jarrige,/Besenval, CRAI 2002, 1402.
22 Azimov, „Essai de reconstitution graphique de la citadelle de Kampyr Tepe", in: Leriche 2001, 235–240.
23 Leriche/Pidajew 2007.
24 Ptol. 6,12,6.
25 Strab. 11,11,4: acht Städte in Baktrien und Sogdien; Just. Prol. 12,5,13: zwölf Städte.
26 Gardin 1998, 115 und 27.
27 Bernard,/Jarrige/Besenval, CRAI 2002, 1393–1403.
28 Entdeckung von zwei griechisch-buddhistischen Kapitellen, Babaev 1979, 573–574.
29 Schlumberger/Le Berre/Fussman 1983.
30 Fussman, „L'inscription de la Bactriane et les Kouchans", Leriche/Pidajew/Gelin/Abdoullaev 2001.

Quellen

Curt.; Just. Prol.; Plin. nat.; Ptol.; Strab.

Literatur

Babaev 1979; Ball 1982; Bernard, CRAI 2001; Bernard/Jarrige,/Besenval, CRAI 2002; Briant 1984; Briant 1996; Foucher 1942; Gardin (Bd. 1 bis 3) 1989, 1997 und 1998; Gentelle 1978; Leriche 1989; Leriche 2001; Leriche/Pidajew 2007; Leriche/Pidajew/Gelin/Abdoullaev 2001; Pjankov 1997; Pugatschenkowa/Rtweladse 1990; Schlumberger/Le Berre/Fussman 1983; Tarn 1985

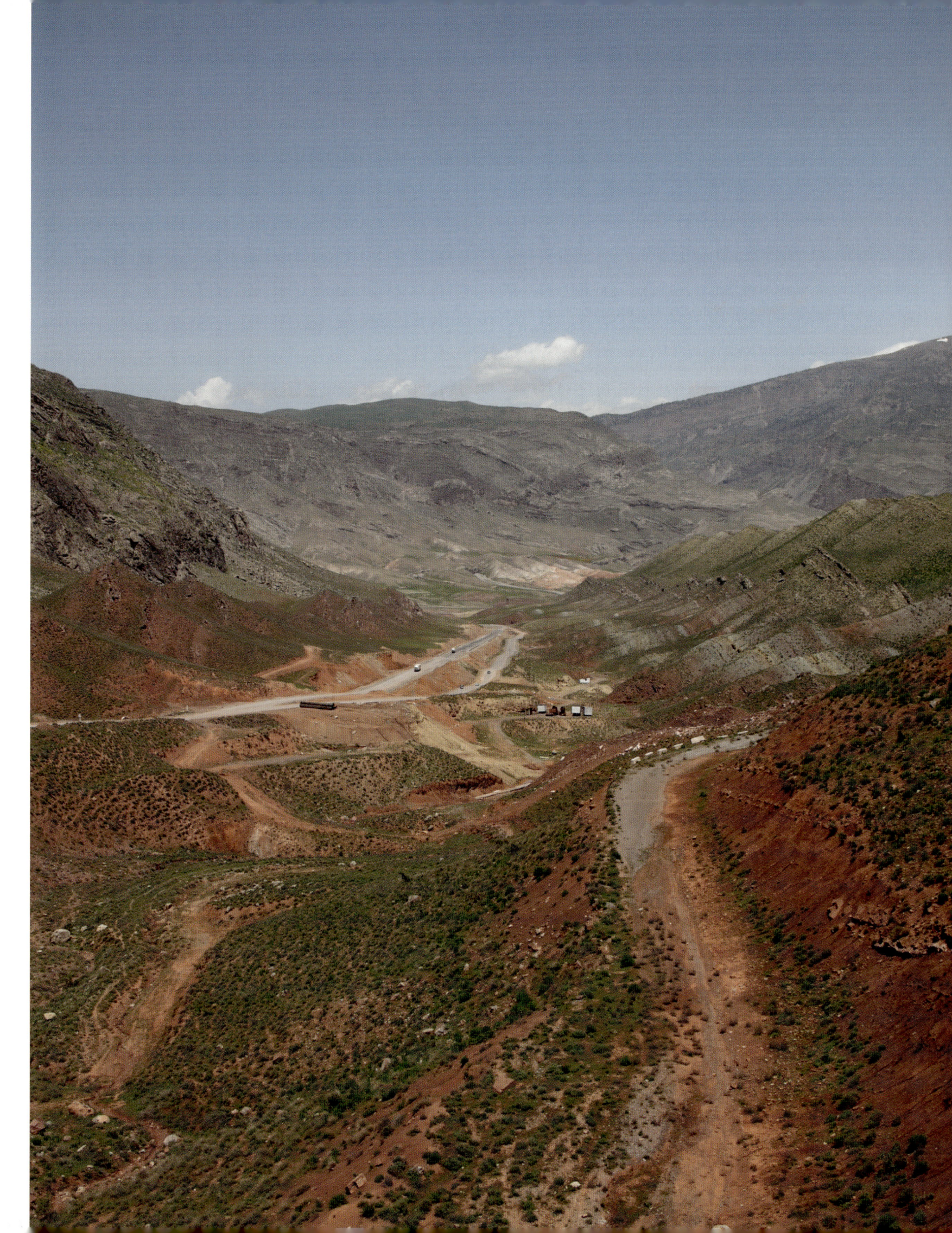

anderen, eine im Allgemeinen kriegsfördernde Konstellation, die hier allerdings keine besonderen Unruhen verursacht zu haben scheint. Es ist heikel, dieses Phänomen zu analysieren, solange man nicht eine ausreichende Anzahl an ausgegrabenen Stätten hat, mit deren Hilfe gut begründete Schlussfolgerungen gezogen werden können.

Nichtsdestoweniger konnte dadurch, dass griechische Siedlungskerne nicht nur in großen Städten wie Baktra und Ai Khanoum, sondern auch in kleineren Ansiedlungen wie Dilberdschin oder Kampyr-Tepe vorhanden sind, die griechische Zivilisation in Zentralasien Wurzel schlagen und mittels der graeco-baktrischen Kunst fortbestehen, wobei sie auf diese Weise die dynastische Kunst der Kuschan und den Buddhismus stark prägte (Abb. 18/Startabb.).

Übersetzung aus dem Französischen: Marie-Line Joalland.

---

1   Apollodor, zitiert von Strab. 11,516.
2   Contra Tarn 1985, 102.
3   Strab. 11,516.
4   Curt. 7,4,26–31.
5   Foucher 1942, 82.
6   Briant 1996, 184–190, 402–404 und weitere Stellen.
7   Strab. 1,2,1.
8   Solche wie Strabon (11,8–9), Plinius (6,49–55), Pomp. Trog. Justin (Prol. 41), Justin (51,6,3 und 5), Plinius (6,22 u. weit. Stellen) oder Ptolemaio (6,10,5–8,7,1 u. weit. Stellen).
9   Just. Prol. 41,1,8: „opulentissimum illud mille urbium Bactrianum imperium"; 4,5: Theodotus, mille urbium Bactrianarum praefectus. Man weiß nicht, ob dieser Ausdruck von Trogus oder von Justin selbst stammt. Leider weist die Historische Bibliothek von Diodoros von Sizilien, die ebenfalls aus dem 1. Jh. v. Chr. stammt, eine Lücke auf, wo es um die baktrischen Jahre Alexanders geht. Es ist klar, dass polis und urbs zu dieser Zeit ihre ursprüngliche Bedeutung verloren haben und nur noch „Ansiedlung" bedeuten, egal wie groß diese ist. Siehe zum Beispiel Isidorus von Charakene, der im 1. Jh. n. Chr. alle Dörfer als polis bezeichnet.
10 W. W. Tarn, (GBI) 118.
11 Pjankov 1997.
12 Die Ergebnisse sind in drei Hauptwerken zusammengefasst: Ball 1982; Pugacenkova/Rtweladse 1990 sowie Gardin (Bd. 1 bis 3) 1989, 1997 und 1998.
13 Für Rtweladse (VDI 1982–1, 149–152) wäre dies Altyn Diliar-Tepe, 35 km nördlich von Baktra.
14 Gentelle 1978.
15 Leriche 1989.
16 Briant 1984.
17 Gardin 1998.
18 Acht zwischen 1973 und 1992 erschienene Bände (Grabungen 1965–68, Propyläen, Stadtbefestigungsanlagen, Gymnasion, Schatzkammer, kleine Objekte und Münzen) unter der Leitung von P. Bernard. Bernard, CRAI 2001, 971–1029.
19 Gentelle 1978.
20 Gardin 1998, Kommentar zur Karte F, 222.
21 Bernard/Jarrige,/Besenval, CRAI 2002, 1402.
22 Azimov, „Essai de reconstitution graphique de la citadelle de Kampyr Tepe", in: Leriche 2001, 235–240.
23 Leriche/Pidajew 2007.
24 Ptol. 6,12,6.
25 Strab. 11,11,4: acht Städte in Baktrien und Sogdien; Just. Prol. 12,5,13: zwölf Städte.
26 Gardin 1998, 115 und 27.
27 Bernard,/Jarrige/Besenval, CRAI 2002, 1393–1403.
28 Entdeckung von zwei griechisch-buddhistischen Kapitellen, Babaev 1979, 573–574.
29 Schlumberger/Le Berre/Fussman 1983.
30 Fussman, „L'inscription de la Bactriane et les Kouchans", Leriche/Pidajew/Gelin/Abdoullaev 2001.

Quellen

Curt.; Just. Prol.; Plin. nat.; Ptol.; Strab.

Literatur

Babaev 1979; Ball 1982; Bernard, CRAI 2001; Bernard/Jarrige,/Besenval, CRAI 2002; Briant 1984; Briant 1996; Foucher 1942; Gardin (Bd. 1 bis 3) 1989, 1997 und 1998; Gentelle 1978; Leriche 1989; Leriche 2001; Leriche/Pidajew 2007; Leriche/Pidajew/Gelin/Abdoullaev 2001; Pjankov 1997; Pugatschenkowa/Rtweladse 1990; Schlumberger/Le Berre/Fussman 1983; Tarn 1985

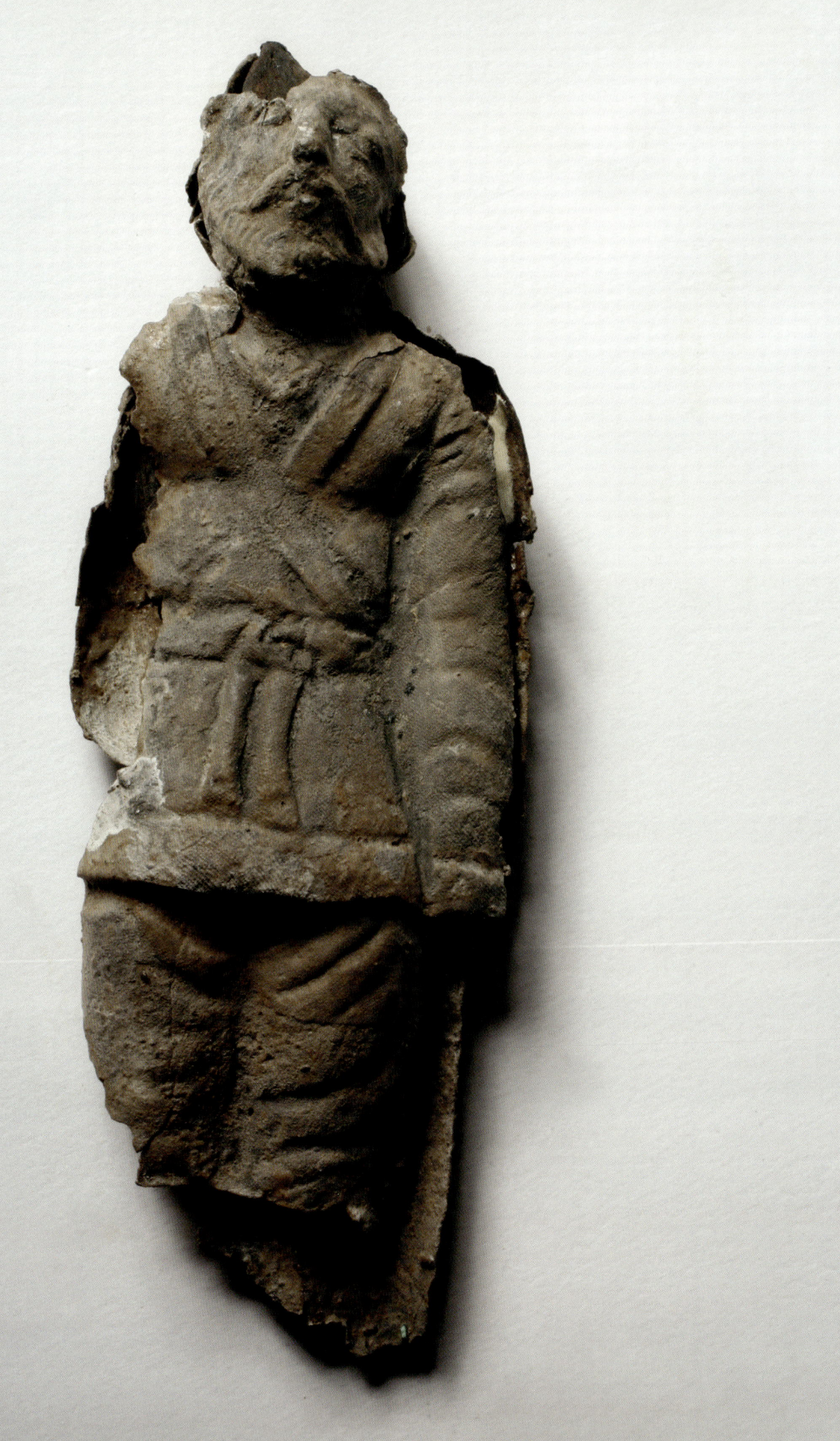

Kampyr-Tepe-Pandocheion – Alexandria Oxiana

Edward V. Rtweladse

Kampyr-Tepe (wörtlich: der Hügel der alten Dame) ist eine antike Stadt, die in der Zeit vom Ende des 4. Jhs. v. Chr. bis zur Mitte des 2. Jhs. n. Chr. bewohnt war. Sie liegt im Gebiet des Flusses Surchan-Darja in Usbekistan, am nördlichen Ufer des Flusses Amu-Darja, 30 km westlich von Termes (Abb. 1–2).

Kampyr-Tepe wurde zum ersten Mal im Jahr 1972 vom Autor des vorliegenden Beitrages erforscht. 1979 führte er die ersten Ausgrabungen im Bereich der Westvorstadt einschließlich der Nekropolis sowie an Grabkammern durch. Zwischen 1982 und 1992 wurden die Zitadelle, der Stadtbereich und die Zoroastrischen Begräbnisbauten innerhalb der Vorstadt ergraben und erforscht. Von 1999 bis heute werden jährliche Ausgrabungen durch die Tocharistan-Expedition des Wissenschaftlichen Forschungsinstituts der Kunstakademie Usbekistans unter Leitung des Autors durchgeführt. Das archäologische Feldforschungsprojekt von Kampyr-Tepe ist in Kooperation mit den Wissenschaftlern des Moskauer Museums für die Kunst der Völker des Ostens (T. K. Mkrtychev, S. B. Bolelov), dem Institut für Archäologie der Russischen Akademie der Wissenschaften (N. Dvuretschenskaja) sowie japanischen (Prof. Haga) und französischen (N. Lapierre) Archäologen entwickelt worden.

Zum ersten Mal in der Geschichte der Zentralasiatischen Archäologie gelang es den Ausgräbern, eine fast komplett erhaltene Stadt auszugraben, deren obere Kulturschichten in die Regierungszeit des Kuschan-Herrschers Kanischka I. (1. Hälfte des 2. Jhs. n. Chr.) fallen. Das ermöglichte wiederum die Untersuchung nicht nur zeitgleicher Architekturformen, sondern auch der Befestigungen und der Infrastruktur sowie des Münz- und Schriftsystems, um den Charakter und Eigenschaften der materiellen Kultur zu erkennen.

Die Forscher interpretieren Kampyr-Tepe als die durch Griechen kontrollierte Übergangsstelle über den Amu-Darja – πανδοχειον („*Pandocheion*", wörtlich: Gasthof), wie sie vom Hafiz-i Abru, einem persischen Historiker des 15 Jhs. erwähnt und beschrieben wurde. V. F. Minorski lokalisierte diese Flussquerung an der Einmündung des Surchan-Darja in den Amu-Darja, östlich von Termes gelegen. Ihm zufolge wird der Stamm des Wortes یوءادرب („Burdagui"), wie es durch Hafiz-i-Abru überliefert ist, durch eine Abkürzung des griechischen Wortes πανδοχειον (ohne ον: πανδοχει) gebildet. Dieselbe Ansicht wird von Walter B. Henning vertreten, der darauf hinweist, dass das griechische Wort πανδαχει sich im sogdianischen Dialekt in „pardavki" oder sogar „pardagvi" verwandelt habe, woraus sich schließlich „Burdagui" (یوءادرب) nach Hafiz-i-Abru ableitete.

Es wurden insgesamt neun Siedlungsperioden festgestellt (KT-1 bis KT-9). Vier davon (KT-1 bis KT-4) fallen in die hellenistische Periode vom Ende des 4. bis Mitte des 2. Jhs. v. Chr. Die darauf folgenden KT-5 und KT-6 gehören in die Zeit der Jüeh-Chi, beginnend in der zweiten Hälfte des 2. Jhs. v. Chr., und in die Parthische Periode, die von der Regierungszeit Orodes' II. (59–39 v. Chr.) bis Anfang des 1. Jhs. n. Chr. gerechnet wird. Die letzten drei Siedlungsperioden KT-7 bis KT-9 entsprechen der frühen Kuschanzeit, d.h. Anfang des 1. bis erste Hälfte des 2. Jhs. n. Chr.

Die früheste Besiedlung reicht bis ans Ende des 4. Jhs. v. Chr. zurück, nachdem die nahe gelegene achämenidenzeitliche Festung Schor-Tepe zerstört und von Alexander nicht wieder besetzt worden war. Unter den Seleukiden und den graeco-baktrischen Herrschern bestand Kampyr-Tepe aus einer ummauerten Zitadelle mit einem Tor und angrenzender Bebauung in der südöstlichen Ecke sowie aus der sogenannten Oberstadt mit den östlich davon gelegenen Töpfereien. Die sogenannte Unterstadt erstreckte sich entlang des Amu-Darja.

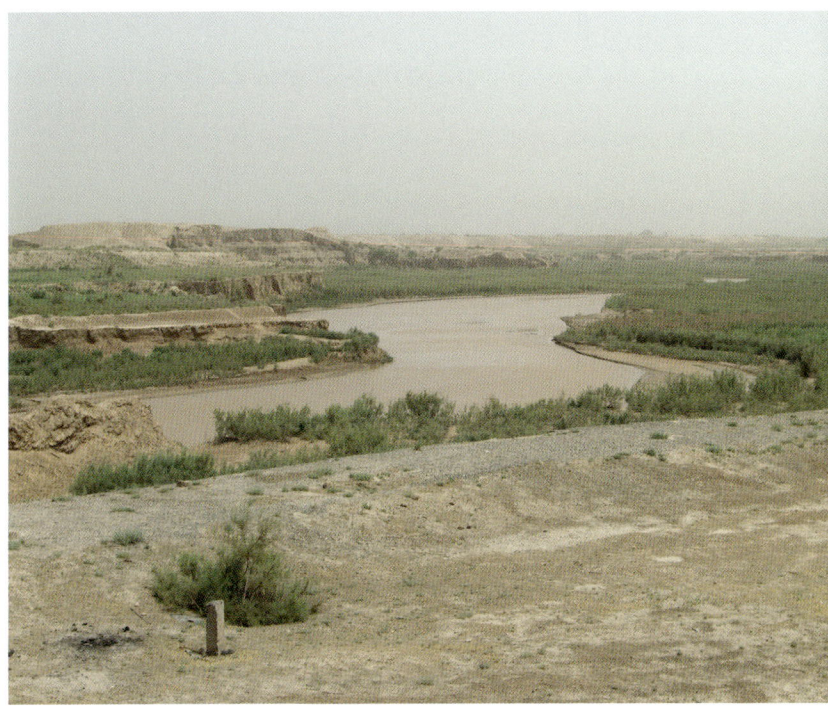

3 Silberstatuette. Frontal stehender Mann in Nomadentracht, aus Kampyr-Tepe. Taschkent, Kunstwissenschaftliches Forschungsinstitut, Inv. Nr. 166.

1 Der Fluss Amu-Darja (Oxos) in der Umgebung von Kampyr-Tepe.

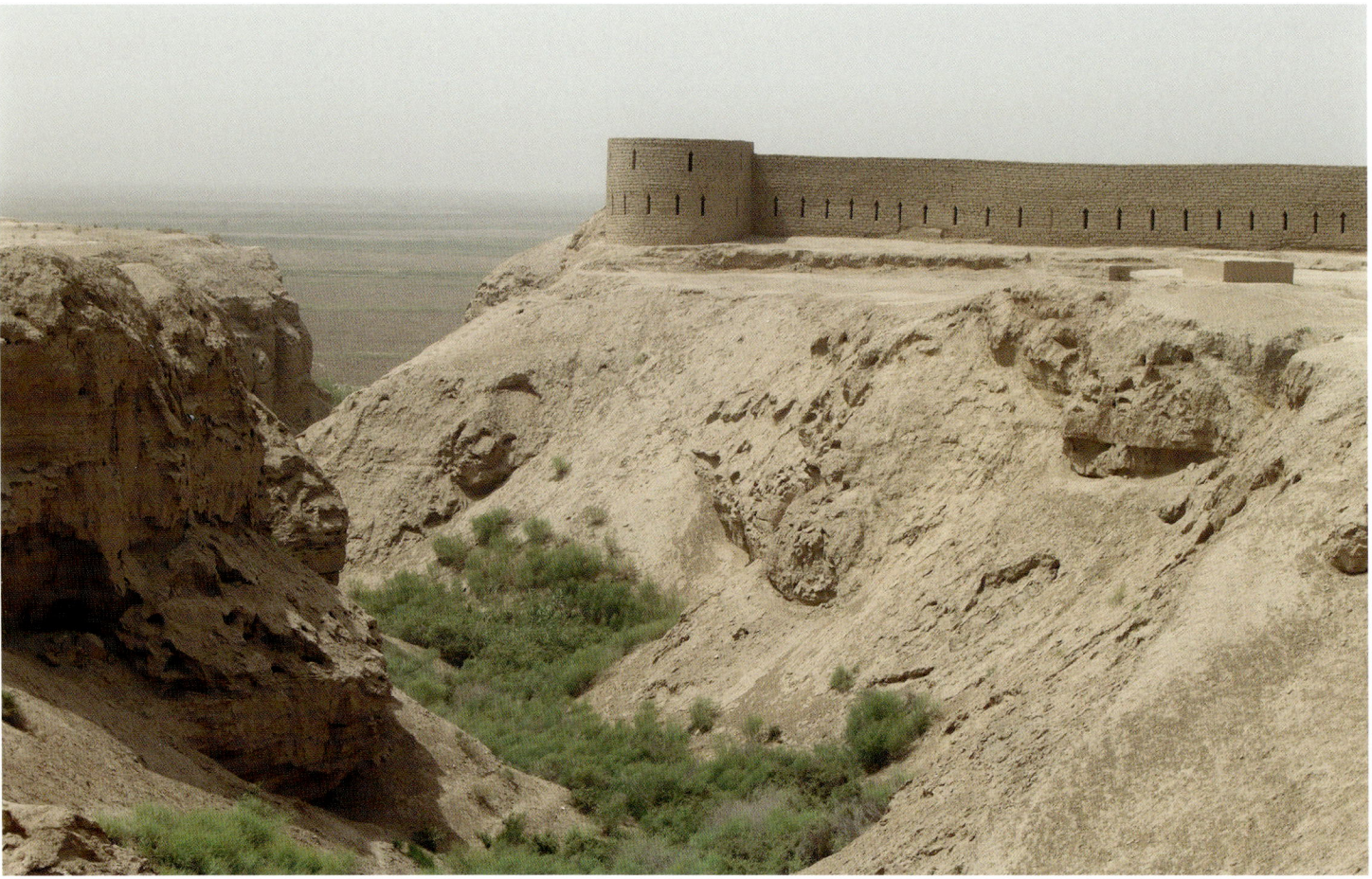

2 Kampyr-Tepe mit rekonstruierter kuschanzeitlicher Stadtmauer mit Rundtürmen. In der Ebene fließt der Amu-Darja.

Bis in die Jüeh-Chi-Periode blieben die Grenzen der Siedlung in ihrem ursprünglichen Umfang bestehen. Nur die Mauer der Zitadelle verlor dabei die militärische Funktion einer Befestigungsanlage: Die Tortürme wurden umgestaltet und Wohnhäuser an der Stelle der Festungsmauern errichtet.

In der zweiten Hälfte des 1. Jhs. v. Chr. gehörte Kampyr-Tepe den Parthern. Aus dem „Pandocheion" Kampyr-Tepe (also der kontrollierten Querung des Oxos) wurde der östliche Vorposten des Partherreiches mit der Funktion, die wichtigsten Straßen von Indien nach Margiana, zum Kaspischen Meer, nach Transkaukasien und weiter entlang des Oxos-Flusses zu kontrollieren. Davon berichteten bereits Strabon und Plinius.

Aus dieser Periode stammen zehn Bronzemünzen und weitere partherzeitliche Funde wie Silberstatuetten (Abb. 3/Startabb.), ein Bronzering mit dem Bild eines Bogenschützen sowie eine Terrakottafigur.

In der Regierungzeit von Soter Megas/Vima Takto (Abb. 4, Kat. Nr. 293) wurde Kampyr-Tepe durch die einfallenden Kuschan erobert, die aus den Provinzen Kabul und Gandhara kamen. Unter ihrer Herrschaft wuchs Kampyr-Tepe stark und war mit einer flächenmäßigen Ausdehung von über 20 ha ein großes Zentrum. Die Siedlung erstreckte sich von Osten nach Westen über 700 bis 750 m, von Norden nach Süden über 200 bis 250 m. Die südlichen Ausläufer der Stadt wurden durch den Amu-Darja weg gespült.

Unter der Kuschan-Herrschaft gliederte sich die Stadt Kampyr-Tepe in vier Bereiche:

1. Die Zitadelle (früher als *ark* bezeichnet): Unter der Herrschaft der Kuschan verlor die Zitadelle ihre militärische Funktion. Es gab keine Festungsmauer mehr und anstelle des Festungsgrabens wurde eine Straße gebaut. Die Zitadelle diente zugleich als ein großer Wohn- und Lagerbereich, wo Vorräte eingelagert wurden, um Karawanen zu versorgen.
2. Die Oberstadt war von einer Festungsmauer mit elf Türmen und einem Festungsgraben umgeben (vgl. Abb. 2). Innerhalb der Mauern befand sich eine 4 m breite Hauptstraße, welche die Oberstadt mit ihren schmalen Seitenwegen (bis 1,5 m breit) in zwei Teile – einen östlichen und einen westlichen – trennte. Das Wohnviertel umfasste insgesamt elf Häuserblöcke – fünf davon im östlichen

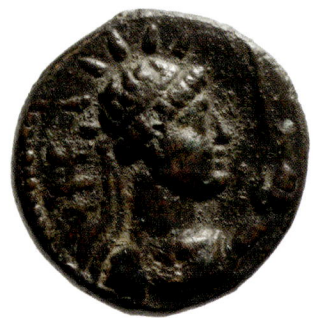 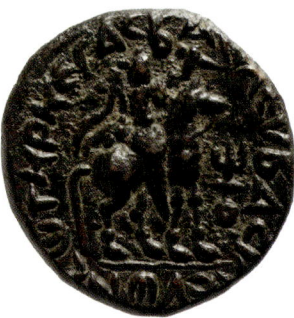

4 Kupferne Tetradrachme, Vima Takto/Soter Megas. Wien, Kunsthistorisches Museum, Münzkabinett, Inv. Nr. GR 023376 (Kat. Nr. 293).

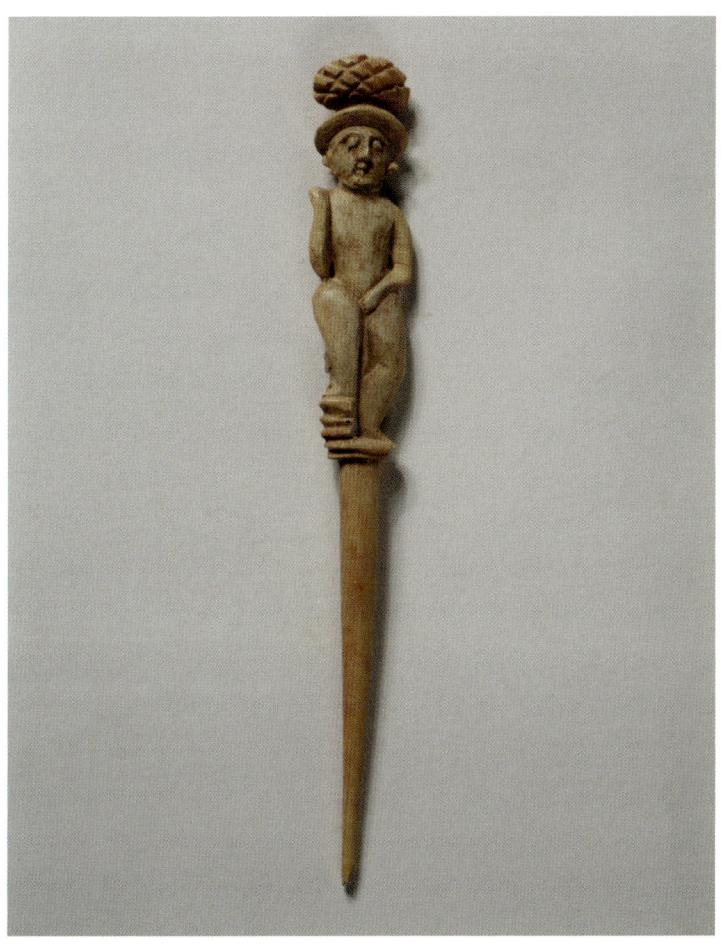

5 Nadel mit Kopf in Form einer unbekleideten Frau mit hohem Kopfputz, Elfenbein oder Knochen, aus Kampyr-Tepe. Taschkent, Kunstwissenschaftliches Forschungsinstitut.

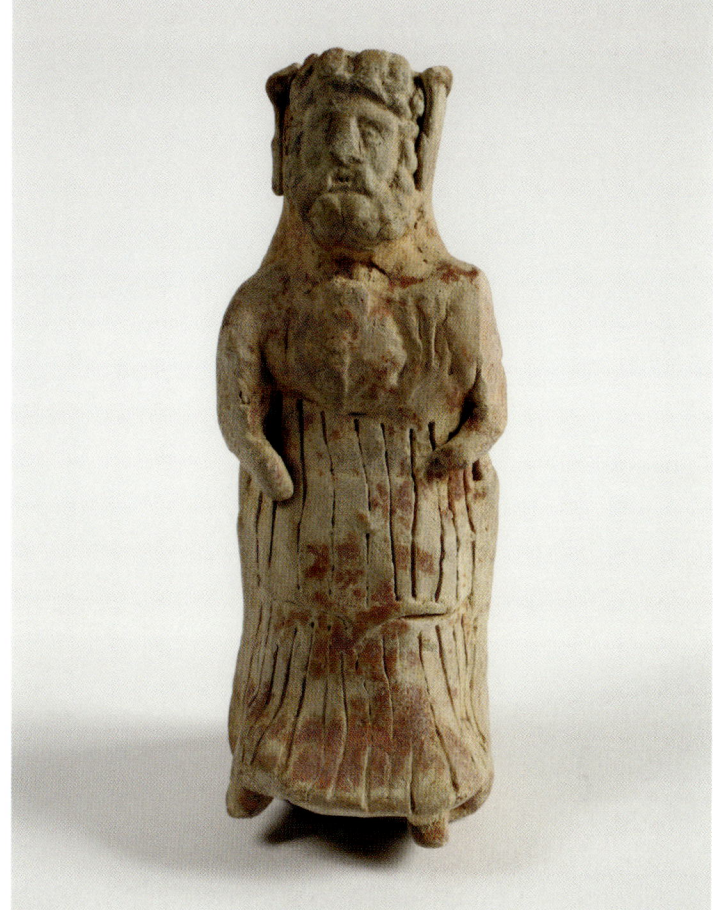

6 Terrakotta-Statuette eines bärtigen Mannes im langen Gewand mit scheibenförmigem Schmuck auf der Brust, aus Kampyr-Tepe. Der „Herakles"-Kopf ist von einer Bronzestatuette abgegossen, der Körper jedoch handgeformt; die Statuette kombiniert vor- und nachalexandrische Terrakottatechnik miteinander. Taschkent, Kunstwissenschaftliches Forschungsinstitut.

und sechs im westlichen Teil. An zwei dieser Blöcke (Nr. 1 und 5) lässt sich aus der unterschiedlichen Architektur auf wahrscheinlich verschiedene Funktionen schließen. Block 1 diente sozialen Zwecken, Block 5 hatte vermutlich kultische Funktion.

3. Die Vorstadt umfasste die West- und Ostnekropolen mit verschiedenen zoroastrischen Begräbnisbauten (*Kata, Naus*). Zehn *Naus*, bestehend aus zwei oder drei Zellen und gebaut aus denselben Lehmziegeln wie die Wohnanlagen (Maße: 33/35 x 33 cm, 35 x 12/13 cm), wurden in der westlichen Nekropole entdeckt, während in der östlichen neben einer Reihe von *Naus*-Strukturen ein Grabbau des *Kata*-Typs (65,5 m lang, 3 bis 4,2 m breit, in Nord-Süd-Ausrichtung) vorkam. Der *Kata*-Komplex umfasste insgesamt drei Bauten mit schmalen Durchgängen dazwischen.

4. Die entlang des Amu-Darja gelegene Unterstadt diente dem Handel und Handwerk. Leider haben sich davon nur wenige Abschnitte erhalten.

Wie bereits erwähnt, haben sich Infrastruktur und Bebauung erst in der Kuschan-Zeit herausgebildet, während in der hellenistischen Periode die Stadt nur im nördlichen Bereich der Zitadelle bewohnt war.

In der Regierungszeit von Soter Megas wurde das Areal nördlich der Zitadelle mit der Festungsmauer umgeben. Kadphises II. und Kanischka haben es dann weiter ausgebaut.

Die Existenz von zwei Nekropolen und die Zweiteilung der Stadt in eine Ober- und Unterstadt lassen vermuten, dass die Stadtbevölkerung aus zwei vielleicht nahe miteinander verwandten Familien bestand. Die Wohnviertel wurden von „großen patriarchalischen Familien" besiedelt, ähnlich wie es in den Chorezmischen Zeugnissen von Toprak-Kala dargestellt ist.

Die Funktionen der Stadt haben sich im Laufe der Zeit – je nach Herrscher – verändert. Zunächst gründeten die hellenistischen Herrscher Baktriens die Stadt als eine Festung mit der Aufgabe, den wichtigen Flussübergang über den Oxos und die Straße von Baktra nach Marakanda zu schützen. Während der Kuschan-Periode wurde die Stadt zu einer Zollstation, einem Warenlager und einem Handels- und Rastplatz für Karawanen.

Zahlreiche Zeugnisse der jeweiligen Kultur sind in der Stadt gefunden worden. Zu den Funden der hellenistischen Periode zählt die vielgestaltige Keramik, etwa Amphoren, *Phialen*, Becher, Megarische Becher, Metallgegenstände und Ostraka mit griechischen Inschriften.

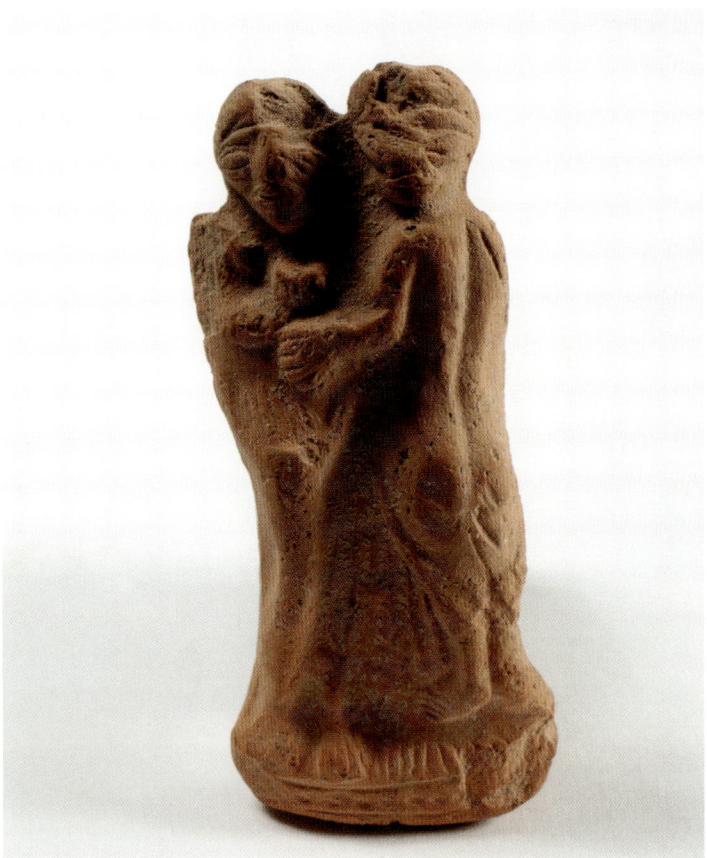

7 Terrakotta-Relief eines stehenden göttlichen Paares. Die Figuren sind eng aneinander geschmiegt. Es handelt sich um eine sog. Mithuna- Darstellung mit Einfluss indischer Ikonographie, 1. Jh. v. Chr., aus Kampyr-Tepe. Taschkent, Kunstwissenschaftliches Forschungsinstitut.

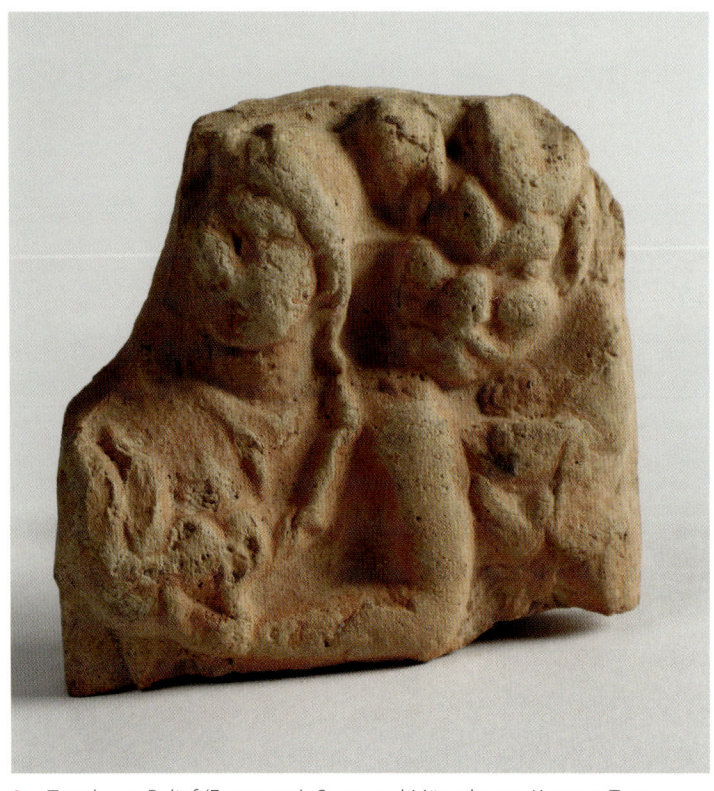

8 Terrakotta-Relief (Fragment): Satyr und Mänade, aus Kampyr-Tepe. Taschkent, Kunstwissenschaftliches Forschungsinstitut.

Dazu kommen mehr als 40 Münzen von Seleukos I., Antiochos I., Diodotos, Euthydemos, Demetrios, Apollodotos, Eukratides und Heliokles, einige von großer kulturhistorischer Bedeutung. Zur Kuschan-Periode gehören, neben der Keramik in unterschiedlichster Form, Waffen und Werkzeuge, Schmuck (Abb. 5), mehrere Terrakottastatuetten (Abb. 6–9), ein Metallteller und ca. 600 Bronzemünzen von Soter Megas, Kadphises II. und Kanischka I. Besonders bemerkenswert sind Reste von Birkenrinde mit baktrischen Inschriften. Dabei handelt es sich, neben den Texten in Kharoschti-Schrift, um die ältesten schriftlichen Zeugnisse Mittelasiens.

Das Gesamtspektrum der Funde beweist die Existenz gut entwickelter Handelsbeziehungen und vieler kultureller Kontakte zwischen Mittelasien, Indien, Parthien und dem östlichen Mittelmeergebiet.

Kampyr-Tepe-*Pandocheion* wurde kurz nach der Regierungszeit von Kanischka I., infolge eines Erdbebens und der anschließenden Überschwemmung durch den Oxos-Fluss aufgegeben und nicht mehr wieder besiedelt. Nur die zur Festungsmauer gehörenden Türme 10 und 11, die sich gut durch Huvischka-Münzen datieren lassen, wurden noch als Bestattungsplätze benutzt.

Ist Kampyr-Tepe gleichzusetzen mit der durch Alexander den Großen gegründeten Stadt Alexandria am Oxos – Alexandria Oxiana (nach Ptolemaios)?

Die Lokalisierung von Alexandria Oxiana wird bereits seit längerer Zeit diskutiert. Dabei kommen hauptsächlich drei Orte in Frage: Ai Khanoum (nach P. Bernard), das antike Termes (nach W. W. Tarn, S. Pidajew) und Kampyr-Tepe (nach E. Rtweladse). Ohne Anspruch auf die letztendliche Richtigkeit soll hier eine Reihe von Argumenten für die Gleichsetzung von Kampyr-Tepe mit Alexandria Oxiana folgen:

1. Als Alexander der Große im Jahr 330 v. Chr. auf dem Weg von Baktrien nach Aornos (Altyn-Dilier-Tepe) war und dann zur Übergangsstelle über den Oxos nach Sogdien gelangte, existierte am rechten Oxosufer (Amu-Darja) entlang der ganzen Strecke ab der Einmündung von Wachsch und Pjandsch bis hin zu Kerki (Turkmenistan) nur eine achämenidenzeitliche Festung: Schor-Tepe. Sie lag einen Kilometer westlich von Kampyr-Tepe und überwachte die Übergangsstelle und die Hauptstraße von Baktrien nach Marakanda, die durch das „Eiserne Tor" führte. Schor-Tepe wurde am Ende des 4. Jhs. v. Chr., vermutlich in Zusammenhang mit den Feldzügen Alexanders, aufgegeben.

2. Nach der Analyse der Keramik aus den untersten Schichten ist Kampyr-Tepe am Ende des 4. Jhs. v. Chr., wahrscheinlich im Laufe der Feldzüge von Alexander dem Großen oder kurz danach gegründet worden. Der große Feldherr hat möglicherweise die wichtige strategische Position des Ortes erkannt. Aus dem Oxos-Tal sind keine weitere Siedlungen aus derselben Periode bekannt.

3. Das wichtigste Argument, dass es sich bei Kampyr-Tepe um Alexandria Oxiana handelt, ist die Existenz der mächtigen und entwickelten hellenistischen Befestigungsanlage, die sonst keine Parallele im Oxos-Tal hat.

9 Terrakotta-Model: Figur mit spitzer Kopfbedeckung und Gefäß in der rechten Hand, aus Kampyr-Tepe. Taschkent, Kunstwissenschaftliches Forschungsinstitut.

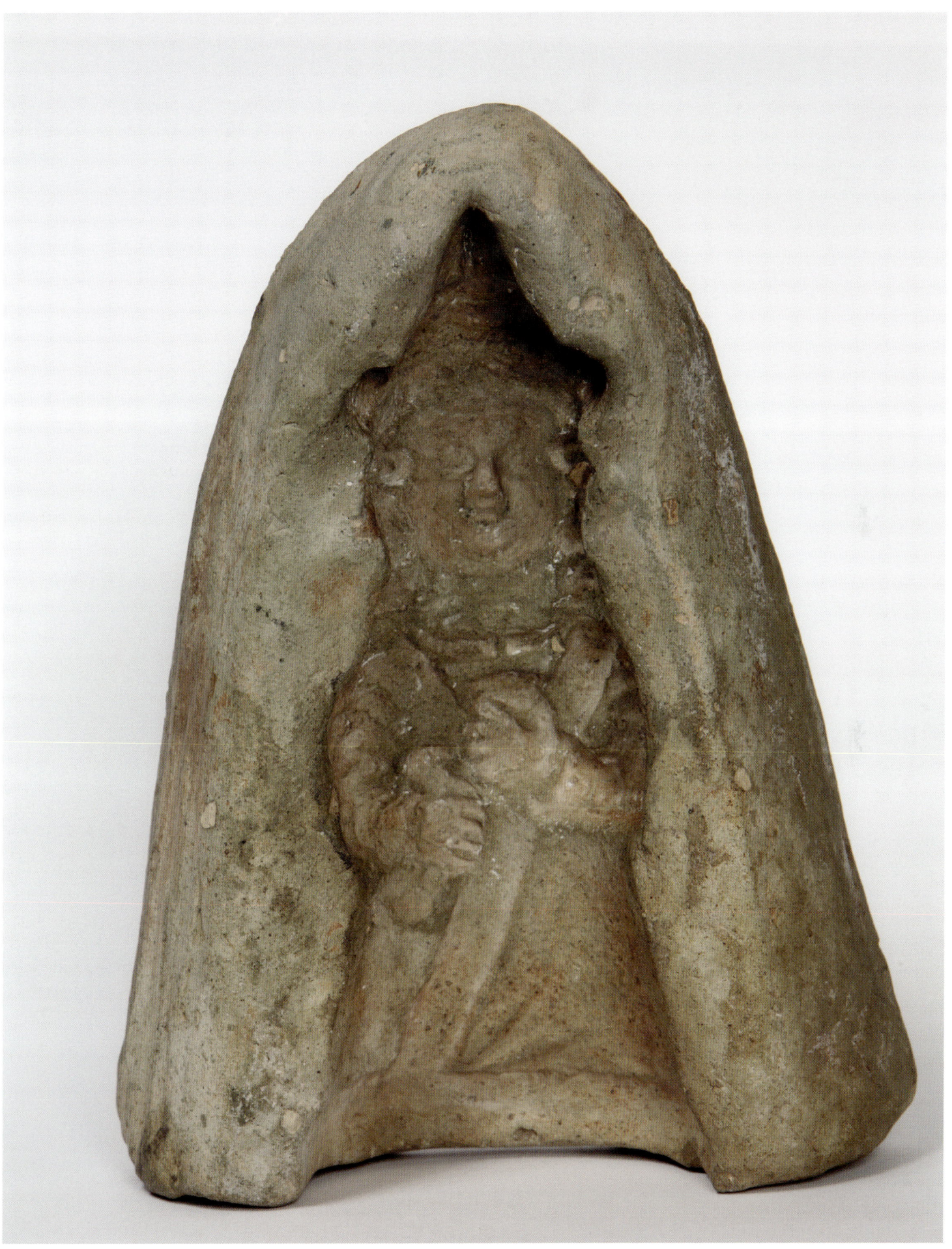

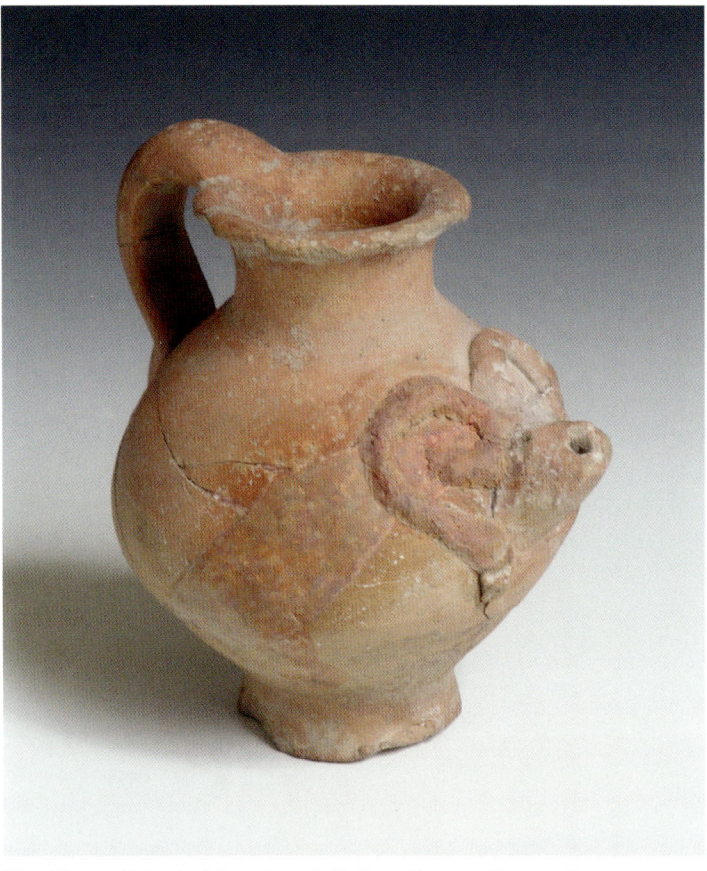

10 Kleines Schnabelkännchen, 1./2. Jh. n. Chr., aus Kampyr-Tepe. Taschkent, Kunstwissenschaftliches Forschungsinstitut.

4. Durch die Ausgrabungen im Bereich des Tores zur Akropolis wurden zwei Bauperioden nachgewiesen, beide fallen in die hellenistische Zeit. Die erste Bauperiode gehörte in die Regierungszeit von Euthydemos I. (230–200 v. Chr.) und früher (die untersten Schichten sind noch nicht untersucht). Die Akropolismauer dieser Periode erreichte eine Stärke von 2,9–3 m. In der zweiten Periode wurden das Tor und die Festungmauer komplett umgebaut: Neue Türme wurden angelegt, die Mauerstärke erreichte nun einen Umfang von 4 m. Die Umbauung erfolgte wahrscheinlich in der Mitte bis zweiten Hälfte des 2. Jhs. v. Chr. Der Grund der Verstärkung der Mauer lag wohl in der permanenten Gefahr von Einfällen der Saken und Jüeh-Chi. Der Durchgang des Tores zur Akropolis mit zwei mächtigen seitlichen Türmen war in dieser Periode verhältnismäßig schmal (1,5 m). Gleich daneben befand sich ein Bauwerk mit quadratischem Grundriss (4,1 x 4,1 m). Eine gestufte Galerie mit Wänden aus gebrannten Ziegeln lag 9,10 m vom Tor entfernt. Davor wurde eine bogenförmige Anlage aus Ziegeln mit den Maßen 76 x 16 x 6–7 m auf quadratischen Pfeilern errichtet, wobei einige Ziegel mit Kharoschti-Inschriften versehen sind. Südlich von der gestuften Galerie befand sich eine Reihe von Wachgebäuden, die durch die halbrunden Türme und den Graben geschützt waren. Eine ähnliche Reihe von Wachgebäuden lag wahrscheinlich auch nördlich der Galerie, wurden jedoch einst in einer Schlacht zerstört.

Das Galeriegebäude markierte den Anfang der Hauptstraße, die heute weitgehend niedergerissen ist. Die Straße führte ursprünglich

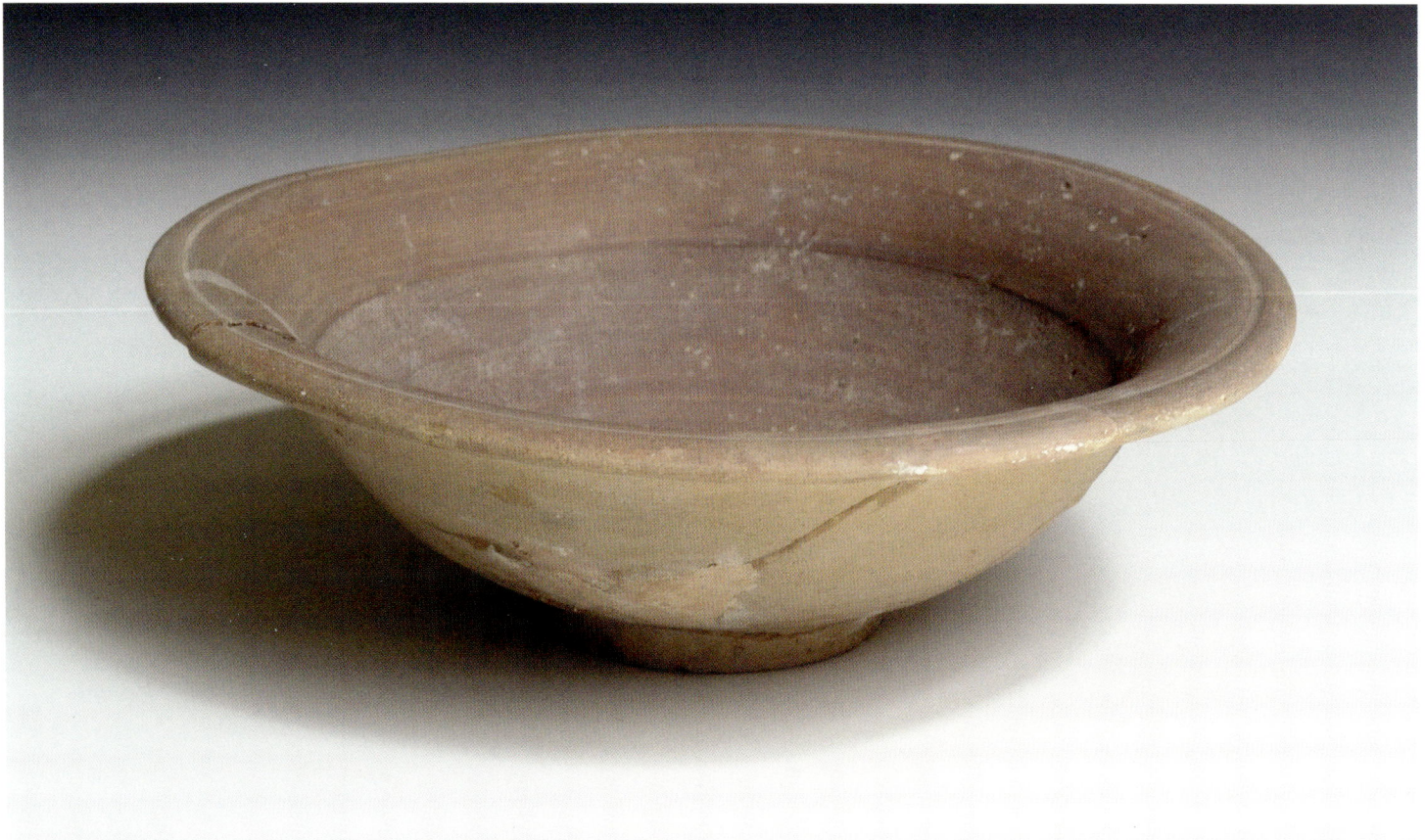

11 Teller, 1./2. Jh. n. Chr., aus Kampyr-Tepe. Taschkent, Kunstwissenschaftliches Forschungsinstitut.

durch das Tor und teilte sich im Bereich der Akropolis in zwei Teile – den nördlichen und den südlichen.

Die Festungmauer wurde während der Einfälle der Saken oder Jüeh-Chi in Baktrien zerstört und hat damals ihre Schutzfunktion für immer verloren. Unter der Herrschaft der Jüeh-Chi wurden die Mauerreste vermutlich als Wohnbereiche benutzt, denn auf der Oberfläche fand man neben Keramik und Metallgegenständen auch Münzen, welche die Oboloi von Euthydemos imitierten und damit an das Ende des 2. Jhs. v. Chr. oder den Anfang des 1. Jhs. v. Chr. zu datieren sind.

In der frühen Kuschanzeit wurde der Torbereich als eine Art Müllgrube benutzt. Während der Regierungszeit von Kanischka wurde dann an dieser Stelle außerhalb der Festungsmauer ein überwölbtes Gebäude, vermutlich ein buddhistisches Heiligtum, errichtet.

5. Archäologische Forschungen der letzten Jahre haben gezeigt, dass Kampyr-Tepe in der hellenistischen Periode eine bedeutende Siedlung war und über eine größere, mit einer 4 m starken Festungmauer umgebene Akropolis verfügte (vgl. Abb. 2). Das Tor wurde durch mächtige Türme und andere Verteidigungsanlagen geschützt. Es befand sich in der Mitte der östlichen Akropolismauer. Noch weiter östlich davon, hinter dem Schutzgraben, waren die Hügelabhänge mit Wohnhäusern bebaut und noch weiter östlich lagen die Töpfereien. In der Flussaue des Oxos, am Fuße der Akropolis, lag die Unterstadt, von der nur ein geringer Teil erhalten ist.

6. Anhand einer Reihe stadt- und festungsbaulicher Besonderheiten lässt sich die Stadt mit Dura Europos, Seleukia am Tigris und kleinasiatischen Städten der hellenistischen Periode vergleichen. Bei den Ausgrabungen fand man mehr als 30 Exemplare seleukidischer und graeco-baktrischer Münzen (vgl. Abb. 4), Ostraka mit griechischen Inschriften, hellenisierende Keramik (Abb. 10–11) und Terrakotten (vgl. Abb. 6–9).

Das alles spricht dafür, dass die befestigte Stadt Kampyr-Tepe in der Regierungzeit von Alexander dem Großen von Griechen gegründet und dann besiedelt worden war. Unter dessen Nachfolgern wurde die Stadt ein sehr wichtiger Stützpunkt für die hellenistischen Herrscher Baktriens.

Hafiz-i Abru, der persische Historiker des 15. Jhs., berichtet, dass sich unweit von Termes die sogenannte griechische Flussquerungsstelle یوهٔالدرپ = πανδοχειον [„Pandocheion"] = Pardagwi befand, die durch Rtweladse schon seit langem mit Kampyr-Tepe lokalisiert wurde.

Hafiz-i Abru erwähnt zwei Versionen für die Gründung *Pandocheions*: Die erste gibt Alexander den Großen als Gründer der Stadt an; nach der zweiten Version war *Pandocheion* lange vor Termes (und auch Alexander) aufgebaut worden, denn Hafiz-i Abru bringt die Gründung von Termes in Zusammenhang mit den Tätigkeiten Alexanders in dieser Region. Kampyr-Tepe entspricht den beiden Versionen, denn die nahe gelegene Festung Schor-Tepe ist im 6. oder 5. Jh. v. Chr. angelegt worden, während die Gründung von Kampyr-Tepe in die zweite Hälfte des 4. Jhs. v. Chr., also in die Regierungzeit von Alexanders, datiert wurde.

7. Sowohl die archäologischen als auch die mittelalterlichen schriftlichen Quellen deuten mit großer Wahrscheinlichkeit darauf hin, dass Kampyr-Tepe in der Regierungszeit von Alexander dem Großen gegründet wurde und dementsprechend mit der berühmten Stadt Alexandria Oxiana gleichzusetzen ist.

Hier war die Übergangsstelle über den Oxos, die von den Griechen auf dem Weg zu ihren nördlichen Provinzen genutzt wurde. Die hier gelegene mächtige Festung mit griechischer Garnison war in der traditionellen hellenistischen Bau- und Fortifikationstechnik errichtet worden.

Es bleibt mit Spannung abzuwarten, ob die künftigen Ausgrabungen der Tocharistan-Expedition in Kampyr-Tepe weitere wichtige Argumente dafür liefern, dass es sich bei dieser antiken Stadt um Alexandria Oxiana handelt.

Übersetzung aus dem Russischen: Vladimir Ioseliani

Literatur
Rtweladse 1994; Rtweladse 1999; Ruzanov 1994.

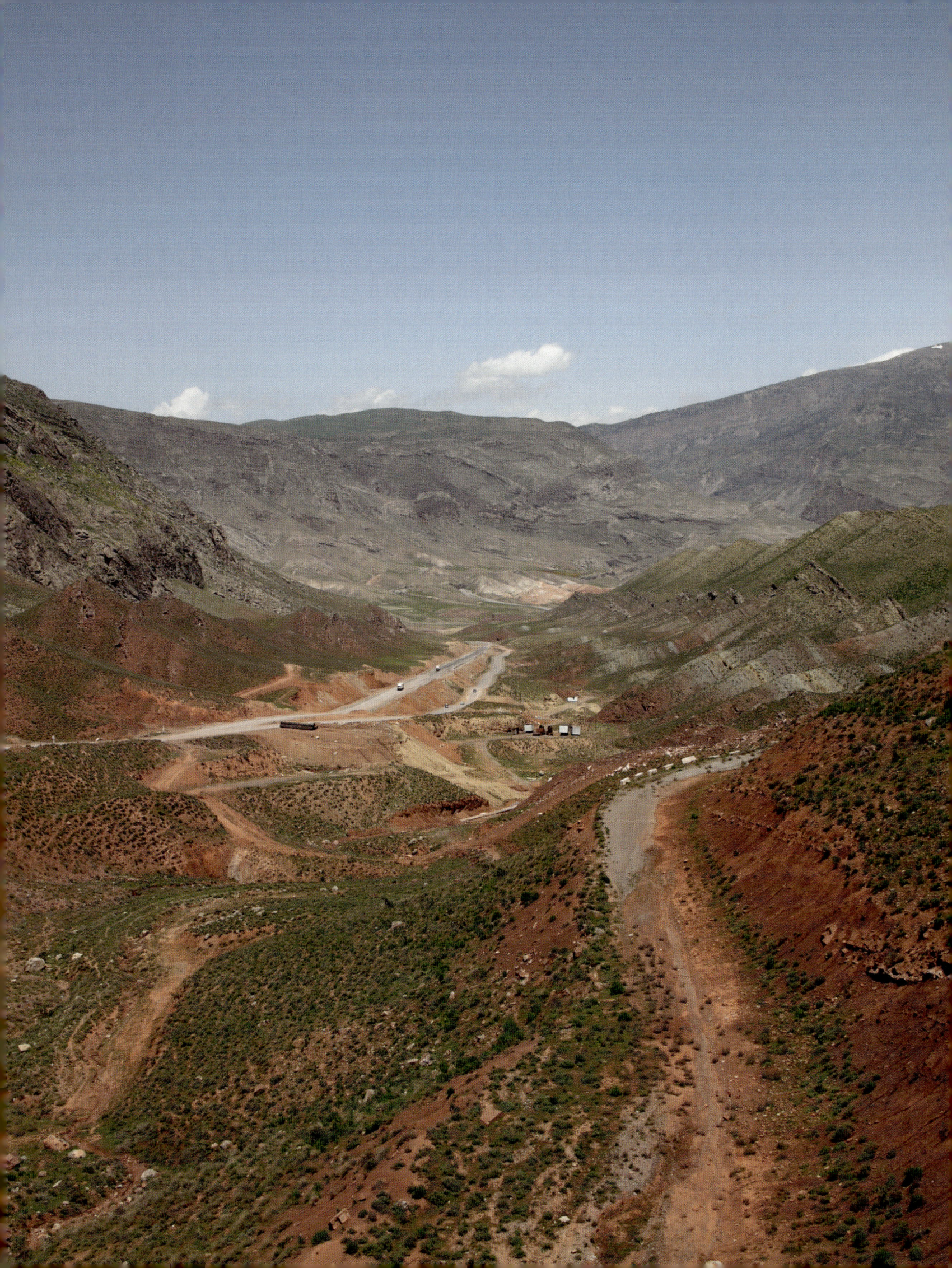

Wohnen im hellenistischen Baktrien – Wohnhäuser in der Stadt Oxeiane (Tachti Sangin)

Anjelina Drujinina

Stadtgründungen aus der Zeit Alexanders, der Diadochen und der Seleukiden sind durch zahlreiche Beispiele aus der griechischen Welt belegt. Allein die beiden ersten Seleukiden sollen mehr als 100 Städte angelegt haben[1]. Bekanntlich gehen die Stadtgründungen in den neu eroberten Gebieten in vielen Fällen auf die Aktivitäten griechischer Siedler zurück, welche die griechischen Stadtstrukturen als Teil ihrer Kultur begriffen. Die Verwendung griechischer Architektur müsste also eigentlich das charakteristische Merkmal der neu gegründeten Siedlungen und Städte auch in Baktrien[2] sein.

Baktrien gehörte nach dem Alexanderzug nicht nur politisch, sondern auch kulturell zur hellenistischen Welt, was durch zahlreiche Funde in der Siedlung Ai Khanoum (heute nach der Karte des Ptolemaios als Stadt Eukratidia identifiziert) bestätigt worden ist. Doch wie weit und wie tief ist die griechische Stadtkultur in das lokale baktrische Milieu an den Ufern des Amu-Darja eingedrungen? Da gerade in den Siedlungen Nord-Afghanistans keine großflächigen Ausgrabungen von Wohngebieten der hellenistischen Zeit vorgenommen worden sind, verdienen die Forschungen in der Siedlung Tachti Sangin in Süd-Tadschikistan besonderes Interesse. Diese Siedlung wird nach der Karte des Ptolemaios mit der Stadt Oxeiane identifiziert.[3] Ihre Wohngebiete erstrecken sich am Ufer des Amu-Darja über ca. 80 ha (Abb. 1).

Bei den Untersuchungen in der Siedlung Tachti Sangin stellte sich die Frage, ob die Stadt eine griechische Neugründung war oder ob sie sich an der Stelle einer schon bestehenden Siedlung aus achämenidischer Zeit entwickelt hat. Jüngste Forschungen belegen, dass nur ein bisher in seiner Ausdehnung noch nicht bestimmter Abschnitt nördlich der Zitadelle (Abb. 1 Grabungsbereich Nord-Stadt 5) schon in frühhellenistisch er Zeit, d.h. am Ende des 4. Jhs. v. Chr., besiedelt war. Für eine Datierung dieser Besiedlung in achämenidische Zeit reichen weder die gefundenen keramischen noch die damit verbundenen architektonischen Materialien aus. Dieser Bereich am Ufer des Amu-Darja scheint im Zuge der Politik der neuen griechischen Administration Baktriens besiedelt worden zu sein.

Die archäologische Forschung in Baktrien konzentrierte sich bisher vor allem auf die Auffindung und Freilegung monumentaler Bauten wie Tempel, Paläste und repräsentativer Anlagen, während Wohnbauten selten ins Blickfeld der Archäologen gerieten. Einzelne Wohnhäuser wurden zwar in den Siedlungen Dalversin-Tepe[4], Ai Khanoum[5] und seiner Umgebung[6] freigelegt, aufgrund dieser wenigen Einzelfunde konnten jedoch nur wenige charakteristische Züge der baktrischen Wohnarchitektur bestimmt werden. Dazu gehören in erster Linie die Verwendung für Baktrien traditioneller Baumaterialien und bautechnischer Verfahren, d.h. die Verwendung quadratischer ungebrannter Lehmziegel (Seitenlänge 30–51 cm, Dicke 11–16 cm) für den Wandaufbau und auch die Verwendung von Stampflehm. Durch diese Baumaterialien wiesen die Außenwände der Häuser mit einer Tiefe von bis zu 2,80 m eine oft beträchtliche Stärke auf, die sowohl konstruktiven Zwecken als auch dem Temperaturausgleich diente. Die Zwischenwände der Räume waren dagegen nur 1 m dick. In den Aiwanen und weiträumigen Bauteilen standen Holzsäulen auf Stein- oder Holzbasen mit einfachem Zierwulst (*Torus*) oder attischem Profil. Flachdächer könnten im Sommer als Wohnfläche mit Schattenplatz gedient haben. Die Fassaden der Häuser waren gewöhnlich blind, außer der Hauptseite, die durch einen Säulen-Aiwan hervorgehoben war. Die Hauptfassaden größerer Häuser schmückten Antifixe mit ornamental verzierten Schilden.

Die Ausgrabungen dieser großen Wohnanlagen erlaubten es, eine eher palastähnliche Typologie aufzustellen:[7] Hauptfassade mit Säulen-Aiwan, in seiner Achse angelegter Hauptsaal, dem zuweilen ein Vestibül vorgelagert ist; ein diese Zentralgruppe umlaufender Korridor, der manchmal in längere Abschnitte gegliedert ist; auf zwei oder drei Seiten des umlaufenden Korridors einzelne oder in Gruppen angelegte Räume; zwei Höfe (ein Wohn- und ein Wirtschaftshof); Gliederung der Räumlichkeiten in eine Gruppe von Repräsentations- und Gästezimmern, von Wohnräumen und verbindenden Durchgangsräumen,

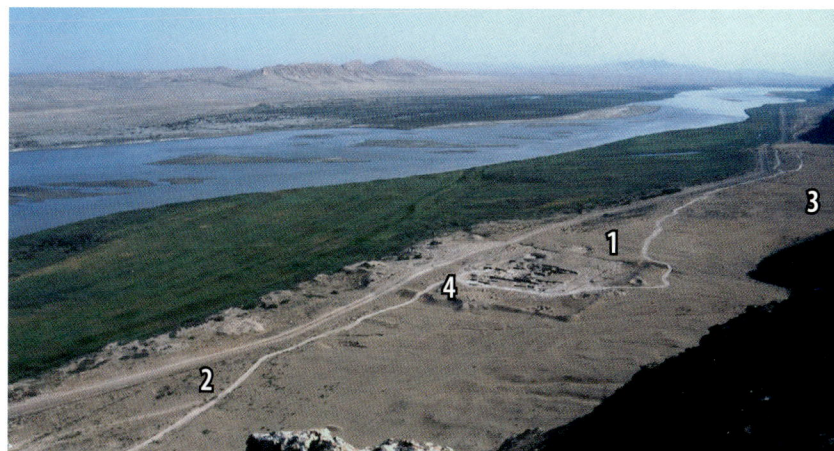

1 Siedlung Tachti Sangin von Nord-Westen mit Lage der Grabungsbereiche (1 = Süd-Stadt 2; 2 = Nord-Stadt 5; 3 = Süd-Stadt 369; 4 = Zitadelle Ost).

Landschaft in Süd-Usbekistan. Blick ins Tal des Scherabad-Saj bei Derbent.

Wohnen im hellenistischen Baktrien – Wohnhäuser in der Stadt Oxeiane (Tachti Sangin)

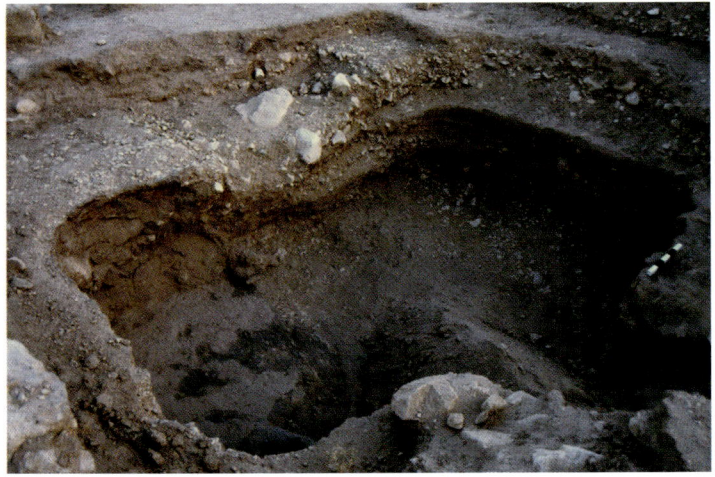

2a Grubenhaus im Grabungsbereich „Süd-Stadt 2" von Nord-Westen.

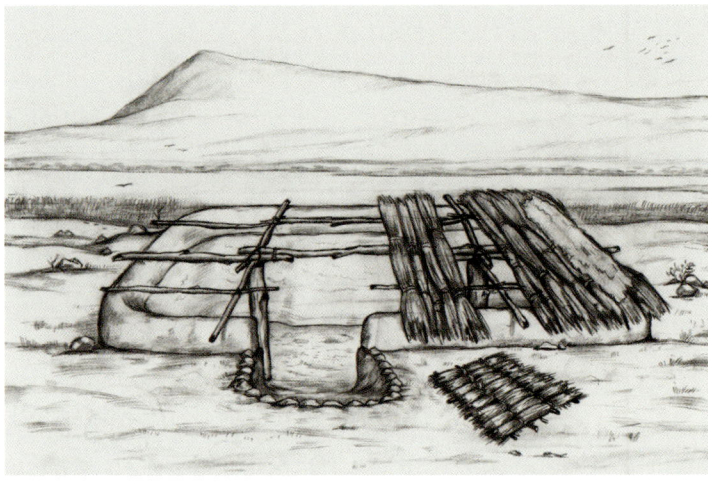

2b Grubenhaus. Rekonstruktion.

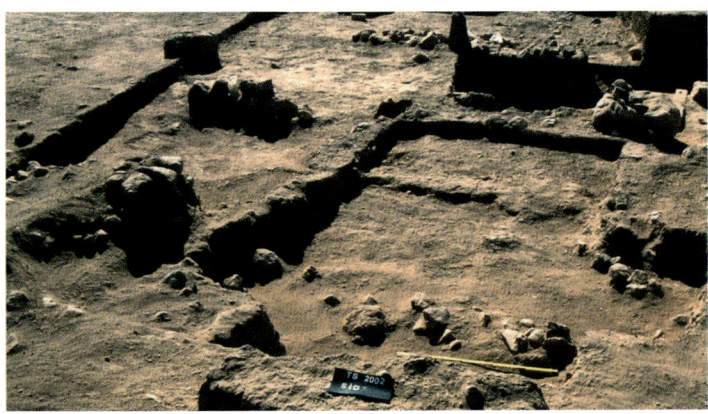

3a Reste eines eingetieften Hauses von Nord-Westen.

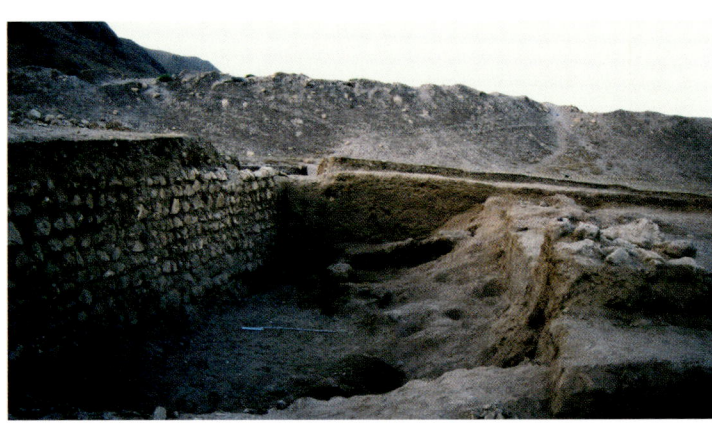

4a Ostmauer von Haus R und Westmauer von Haus P von Süd-Osten.

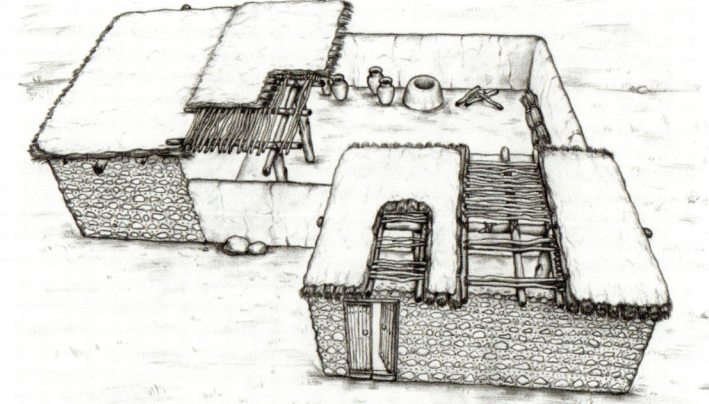

4b Rekonstruktion von Haus R.

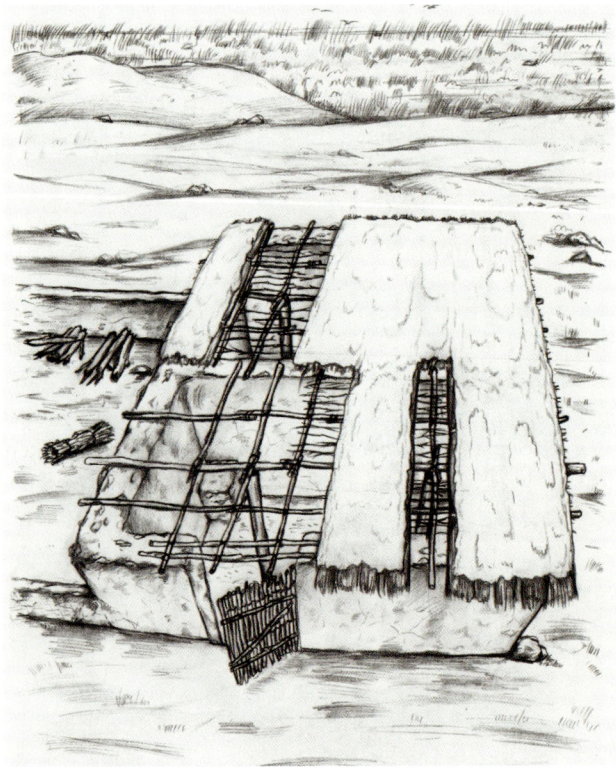

3b Rekonstruktion des eingetieften Hauses nach Vergleichsbefunden.

die oft Wirtschafts- und Depotfunktion hatten; zuweilen findet sich ein weiterer an die zentralen Räume angeschlossener Saal, dem als Gebetsraum Kultfunktion zugewiesen wird. Während die dekorativen Architekturelemente aus korinthisierten Kapitellen, attischen Säulenbasen und mit Holzschnitzerei in der Art von Lorbeerblättern verzierten Balken bestehen, die zur griechischen Architekturtradition gehören, beruhte die Gesamtplanung und Raumgliederung dieser großen Häuser dagegen auf einheimischer Tradition.

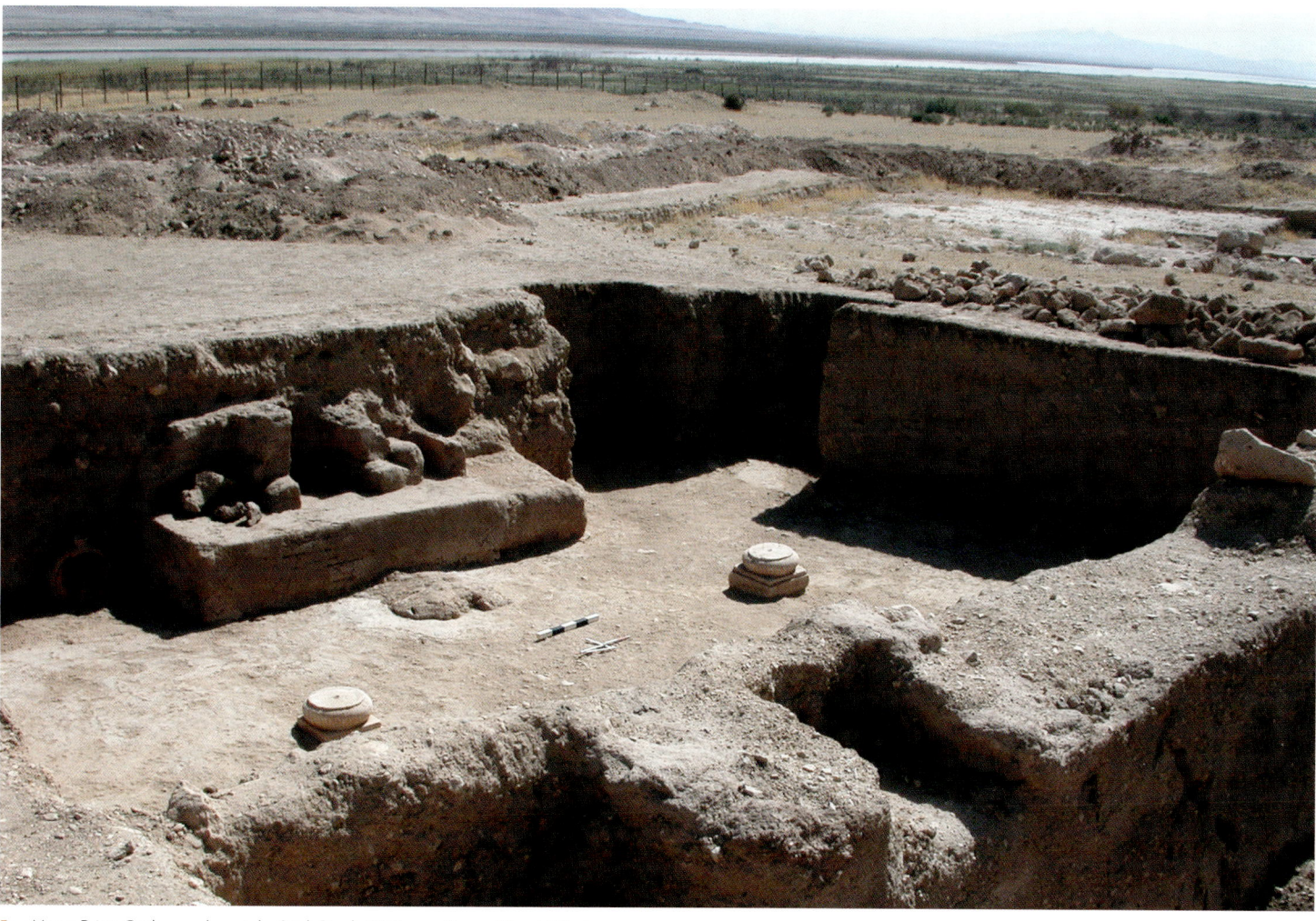

5 Haus P im Grabungsbereich „Süd-Stadt 2", Raum 2 von Nord-Westen.

Diese hier beschriebenen Besonderheiten charakterisieren eine Wohnarchitektur palastartigen Typs und sind eher Einzelbeispiele baktrischer Wohnarchitektur.

Anders zeigen sich die in der Siedlung Tachti Sangin freigelegten Wohnhäuser. Die frühesten Wohnstätten der Siedlung sind eingetiefte und halbeingetiefte Häuser, die südlich und nördlich der Zitadelle untersucht wurden (Abb. 1 Grabungsbereich Süd-Stadt 2 N und Nord-Stadt 5). Es handelt sich bisher um drei recht einfache Grubenhäuser. Eines von ihnen, das 2,50 m unter der heutigen Oberfläche liegt, ist vollständig ausgegraben (Abb. 2a und b). Es hat einen rechteckigen Grundriss (3 x 4,5 m) mit abgerundeten Ecken und war innen bis zum Lehmfußboden sehr sorgfältig mit dicker Lehmstuckatur ausgekleidet. Das Dach wurde von zwei Holzsäulen gestützt, die in kleine Gruben gesetzt waren. Die oberhalb der eigentlichen Grube aufgehenden Wände bestanden aus gestampftem Lehm. Dadurch wurde die Höhe des Hauses von 1,20 m Grubentiefe auf ca. 1,80 m erhöht. In der Grube wurde eine transportable hufeisenförmige Feuerstelle gefunden, was darauf hinweist, dass zumindest zeitweise außerhalb des Hauses im Freien gekocht wurde.

Konstruktionen in der Art von Grubenhäusern sind in Baktrien schon lange vor der hellenistischen Zeit bekannt (z.B. in der Siedlung Tasch-Guzor). Sie waren in Zentralasien in Nord-Usbekistan, vor allem im Gebiet von Orsch, bis nach Choresmien und in den Süden Usbekistans verbreitet.

In Tachti Sangin wurde nun festgestellt, dass es neben den stark eingetieften Grubenhäusern auch weniger stark in den Boden eingetiefte Häuser gegeben hat (Abb. 3b). Das ausgegrabene Beispiel (Abb. 3a) hatte ebenfalls Rechteckform (2,5 x 4,8 m) mit abgerundeten Ecken, was der besseren Statik diente. Der untere Teil der aus Stampflehm errichteten Wände stand in einer ausgehobenen Vertiefung. Die Räume hatten nur geringe Größe und waren mit einem Dach aus Schilf und Lehm überdeckt.

Im 3. Jh. v. Chr. kam es zu einem Wandel in der Bautechnik der Wohnhäuser. Er tritt vor allem im Wechsel der Baumaterialien, aber auch im Wechsel vom Grubenhaus zum oberirdisch angelegten Haus in Erscheinung. So begann man, die Wände aus unbearbeiteten Bruchsteinen zu errichten, wobei sich die Steinlagen mit dicken Lehmschichten abwechselten. Bei den so nur unzureichend verbundenen Steinreihen beruhte die Stabilität der Wände auf ihrer beträchtlichen Stärke. Diese neue Technik wurde am Beispiel einer Mauer nachgewiesen, die als tragende Wand für zwei Häuser – P und R im Abschnitt Süd-Stadt 2 N (Abb. 4a und b) – gedient hatte. Festzustellen ist, dass mit der einsetzenden Verwendung von Stein auch eine Veränderung der Raumgeometrie verbunden war.

Die weitere Entwicklung der Bautechnik im 3. Jh. v. Chr. lässt sich am Beispiel des Hauses P verfolgen, dessen Wände in unterschiedlicher Technik errichtet waren. So bestanden z.B. die Wände eines Rau-

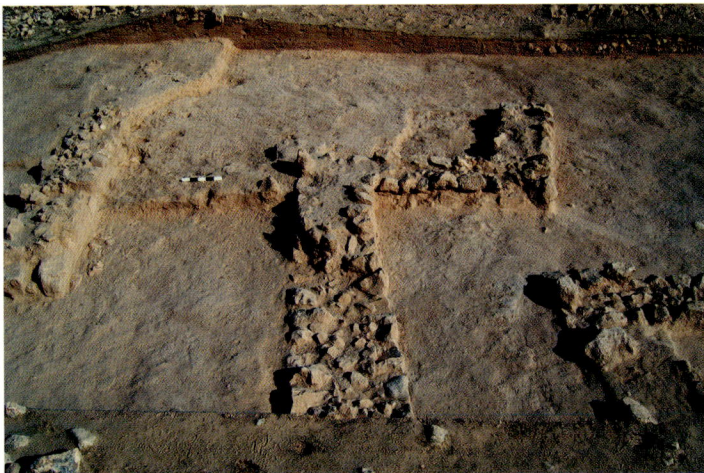

6 Haus im Grabungsbereich „Nord-Stadt 5" von Westen.

mes aus einer Mischung von Lehm und Kieseln (Abb. 5), dagegen besaßen die Wände eines anderen Raumes im unteren Teil gut verfugte Steinsockel und darüber Stampflehmaufbau. Die Überdeckung der bis zu 9 x 6 m großen Räume wurde von Holzsäulen auf kleinen, mit einfachem Wulst versehenen Kalksteinbasen sehr guter Steinmetzarbeit gestützt. Die Einrichtungselemente spiegeln die baktrische Tradition des Wohninterieurs wider, in der offenbar solche Elemente wie Nischen und kaminartige Öfen[8] grundlegende Bestandteile großer Räumlichkeiten waren. Die Form der Räume nähert sich einem Rechteck, was auf eine weitere Verbreitung griechischer Tradition in der baktrischen Wohnarchitektur hinweist. Außerdem befanden sich in zwei Räumen an den Wänden Gruben für die Deponierung von Gefäßen – von Krügen, Amphoren und Flaschen –, in denen in der Funktion eines ‚Kühlschrankes' gleichmäßig zu temperierende Lebensmittel aufbewahrt wurden. Auch das entspricht griechischer Tradition.

Im Abschnitt Nord-Stadt 5 wurden kleinere Räume freigelegt, deren Wände zwar einerseits über einen Steinsockel verfügen, was jedoch andererseits keine präziseren Raumformen erkennen lässt. Die Wände haben keine rechten Winkel und sind in einer Kombination verschiedener Techniken errichtet (Abb. 6).

Erst in der letzten Entwicklungsetappe der Bautechnik in hellenistischer Zeit kommt es zu allseitiger Verbreitung von Raumformen mit rechtem Winkel und sehr sorgfältig ausgeführter Schalentechnik beim Aufbau der Steinsockel (Abb. 7). Diese in der gesamten griechischen Einflusssphäre verbreitete Technik ist durch Zweischalensetzung mit dazwischen eingebrachtem Füllmauerwerk aus Lehm und kleinen Steinen charakterisiert.

Am Ende der hellenistischen Zeit (im 2. Jh. v. Chr.) bilden einzelnstehende große Häuser mit mehreren Räumen und Hof die Grundform der Hauseinheiten in der Stadt. Ein reguläres Bauschema für ein solches Hausanwesen und für einen möglichen Bebauungsplan konnte bisher noch nicht nachgewiesen werden.

In der Zitadelle der Stadt tritt die Hellenisierung der Wohnarchitektur sehr ausgeprägt in Erscheinung. So waren drei Hausparzellen im Abschnitt Zitadelle-Ost streng nach den Himmelsrichtungen aus-

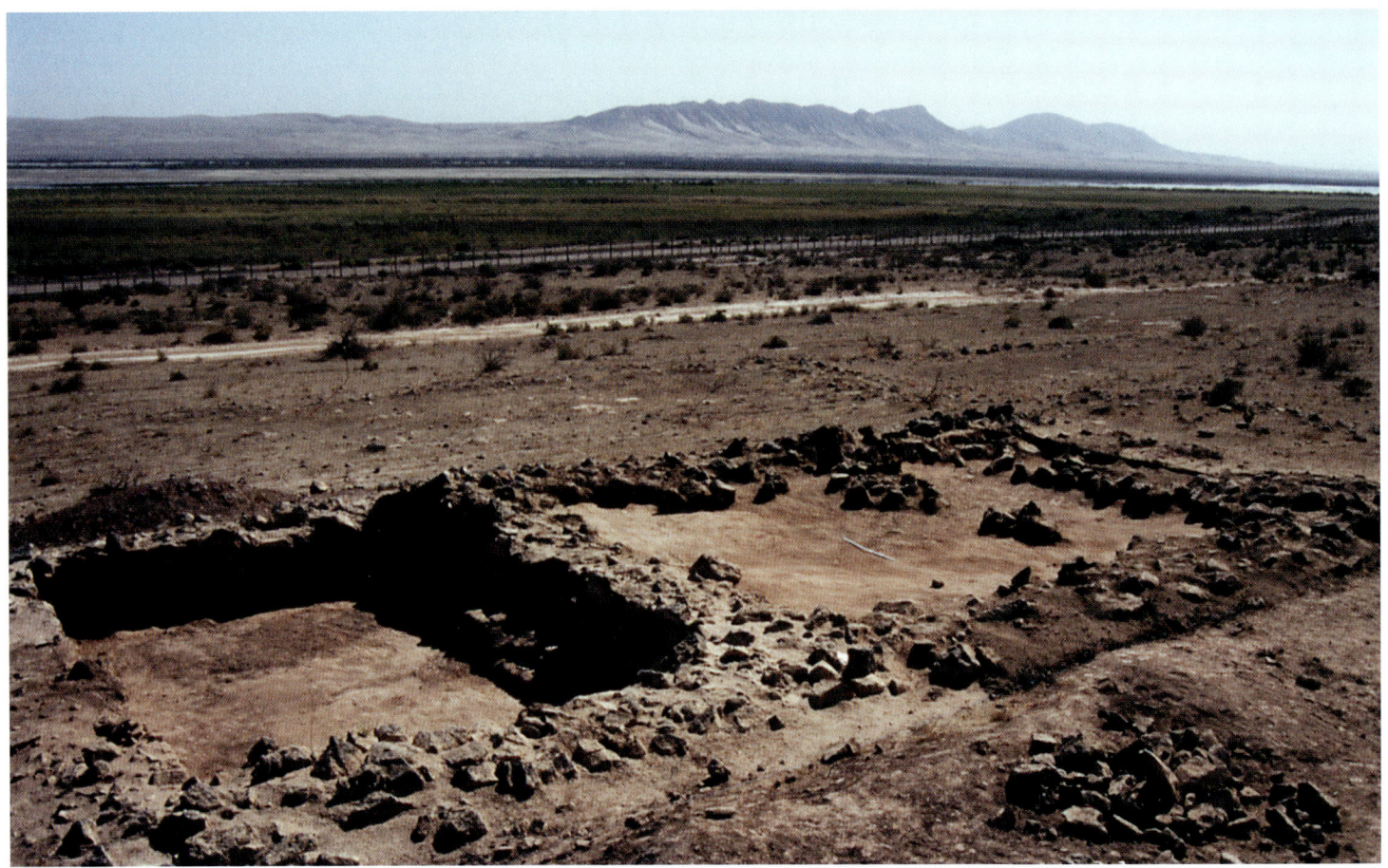

7 Haus im Grabungsbereich „Süd-Stadt 369" von Nord-Westen.

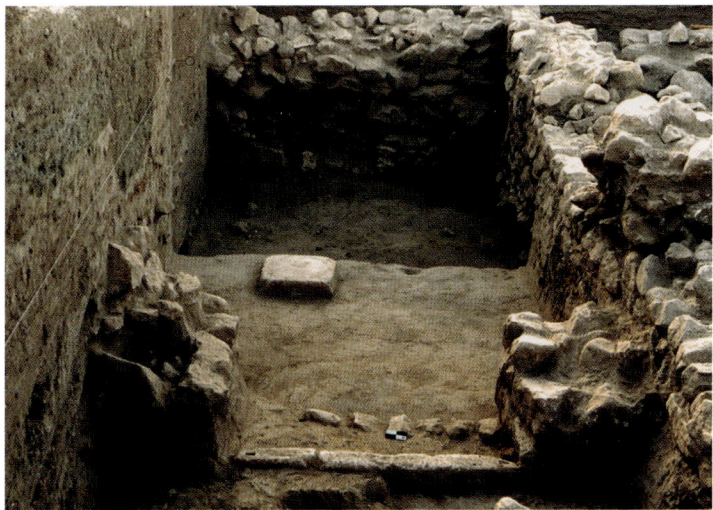

8a Haus A im Grabungsbereich „Zitadelle Ost" von Osten.

gerichtet und an einer planvoll angelegten Straße symmetrisch angeordnet (Abb. 8b). Das Haus A, ein Einraumhaus mit Vorhalle, also ein Typus, der schon im 5.–4. Jh. v. Chr. aus Griechenland bekannt ist[9], war sehr sorgfältig gebaut. Es besaß einen soliden Steinsockel, in der Raummitte eine Basis für einen viereckigen Steinpfeiler und einen mit zwei Basen und einer Steinschwelle repräsentativ gestalteten Eingang (Abb. 8a). Es verfügte zudem über einen Wirtschaftshof, der als Küche und Aufbewahrungsplatz für große Vorratsgefäße diente.

Die Siedlung Tachti Sangin bietet somit die Möglichkeit, an verschiedenen Beispielen die Veränderung nicht nur der Bautechnik in hellenistischer Zeit zu verfolgen, sondern auch den Übergang von der lokalen Lehmbauweise mit eingetiefter Lehmhütte zur geometrisierten Steinarchitektur unter Verwendung standardisierter Steinelemente wie Schwelle und Säulenbasis.

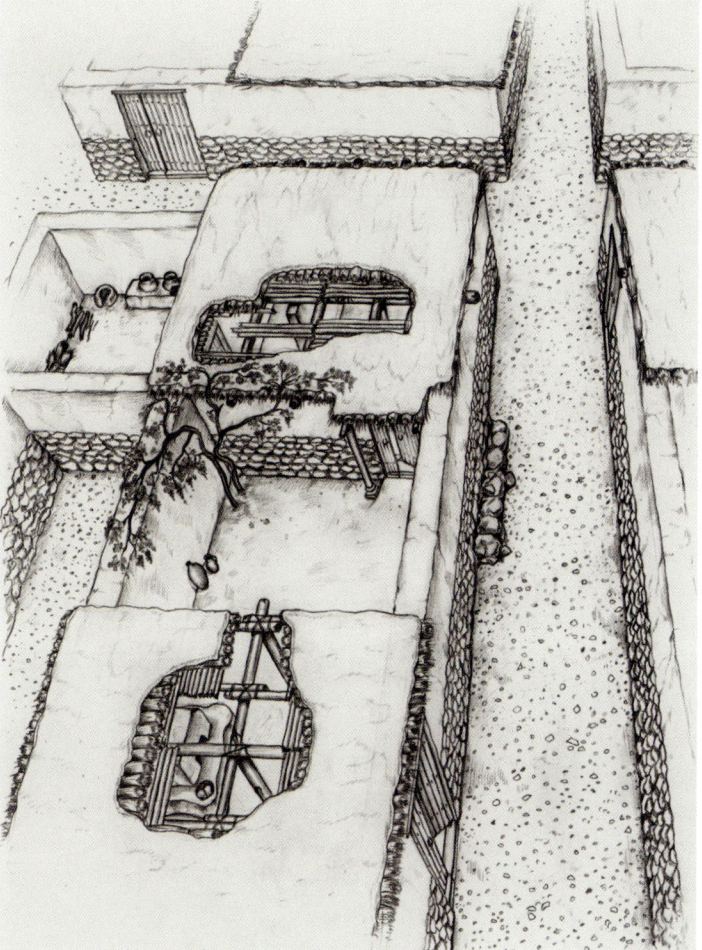

8b Rekonstruktion von Haus A mit Umgebung.

---

1 Lauter 1986, 65.
2 Die einzelnen, nördlich des Amu-Darja in Süd-Tadschikistan und Usbekistan gelegenen Oasen gehören der sowjetischen archäologischen Tradition nach zum nördlichen Baktrien. Ausgehend von den Angaben der griechischen Quellen, darunter auch der Karte des Ptolemaios, müssten diese Gebiete dagegen, wie auch viele europäische Forscher meinen, zu Sogdien gerechnet werden. Da jedoch diese Territorien in griechischer Zeit und mindestens bis zum Anfang des 2. Jhs. v. Chr. Baktrien unterworfen waren, kann Tachti Sangin als eine baktrische Stadt bezeichnet werden.
3 Rapin 1998, 211, 215.
4 Albaum 1966, 50; Pugatschenkowa/Rtweladse 1978, 53.
5 Bernard 1974, 283; Lecuyot 1987, 59–67.
6 Gardin 1998, 42. Francfort legte einen Wohnbau (16,8 x 17,4 m) mit einer Küche mit Herden und Wannen sowie mit Türmen frei.
7 Pugatschenkowa 1976, 40.
8 Lecuyot 1987, 60.
9 Hoepfner/Schwandner 1986, 268, Abb. 265.

Literatur

Albaum 1966; Bernard 1974; Gardin 1998; Hoepfner/Schwandner 1986; Lauter 1986; Lecuyot 1987; Pugatschenkowa 1976; Pugatschenkowa/Rtweladse 1978; Rapin 1998.

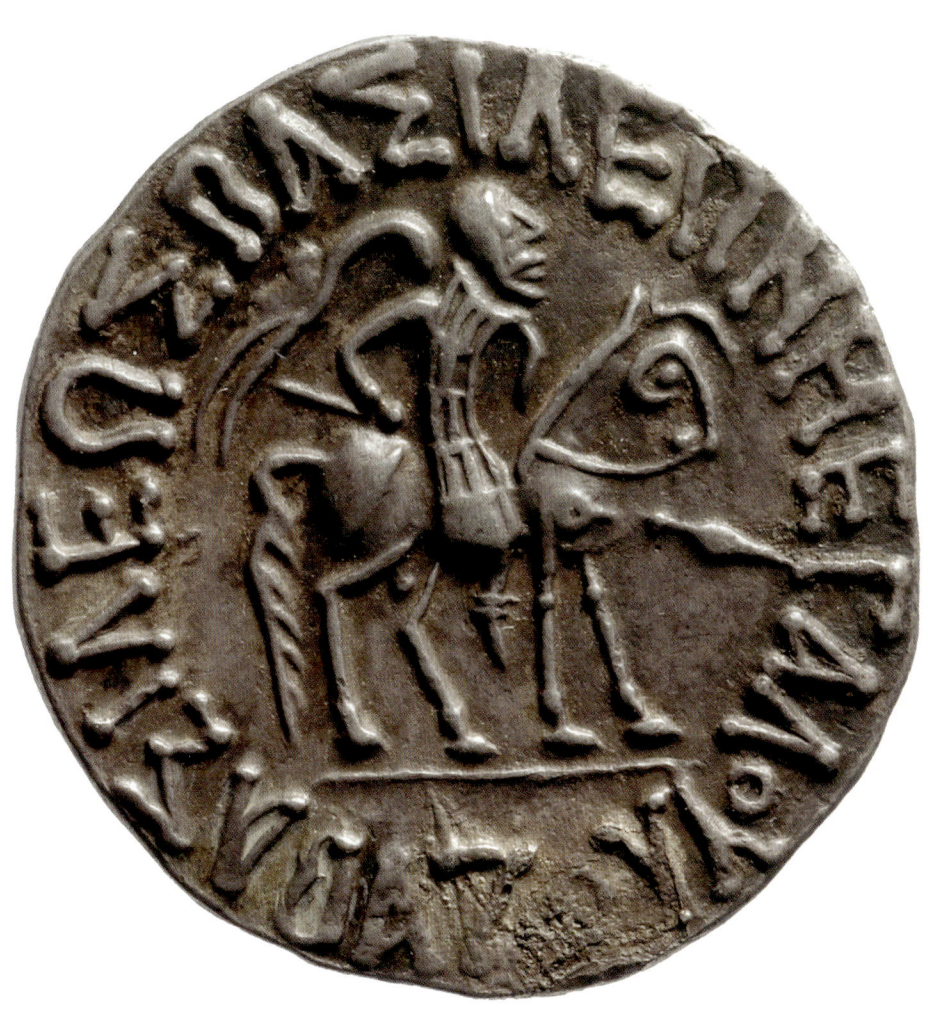

Münzprägung in Baktrien und Sogdien – von den graeco-baktrischen Königen bis zu den Kuschan

Michael Alram

Die Münzen der graeco-baktrischen Könige zählen zu den prachtvollsten der hellenistischen Welt. Ihre kraftvollen, ausdrucksstarken Herrscherporträts sind Höhepunkte griechischer Bildniskunst und dokumentieren in eindrucksvoller Weise das herrscherliche Selbstverständnis von Alexanders Erben in Zentralasien und Nordwestindien.

Als sich Diodotos, der seleukidische Satrap von Baktrien, nach 250 v. Chr. von seinem Oberherrn Antiochos II. (261–246 v. Chr.) (Kat. Nr. 274) lossagte und ein unabhängiges Königreich in Baktrien (dem heutigen Nordafghanistan) gründete, setzte er als erstes sein eigenes Porträt auf die Münzen. Auf den Münzrückseiten ließ er den griechischen Gott Apollon, den mythischen Ahnherrn der Seleukidendynastie, durch den höchsten der griechischen Götter, den Blitze schwingenden Zeus, ersetzen, der fortan als Schutzpatron des neuen Königreichs fungieren sollte. Die erste dieser in Gold und Silber geprägten Emissionen trug allerdings noch den Namen des Antiochos (ΒΑΣΙΛΕΩΣ ΑΝΤΙΟΧΟΥ; „[Münze] des Königs Antiochos"). Erst als sich Diodotos seiner Sache sicher war und die Revolte als geglückt betrachtete, tauschte er auch den Namen des Antiochos gegen seinen eigenen aus (ΒΑΣΙΛΕΩΣ ΔΙΟΔΟΤΟΥ; „[Münze] des Königs Diodotos") (Abb. 1, Kat. Nr. 275). Nach der schriftlichen Überlieferung folgte Diodotos sein gleichnamiger Sohn, dessen Münzen sich von jenen seines Vaters allerdings weder im Porträt noch durch die Aufschriften unterscheiden. Durch die „Ahnenmünzen" des späteren Königs Agathokles hingegen wissen wir, dass es tatsächlich zwei Könige dieses Namens gab: Agathokles führte seine Ahnengalerie auf Pantaleon, Demetrios I. und Euthydemos I. bis zu Antiochos II. und Alexander den Großen (vgl. Abb. 1 Beitrag K. Dahmen) zurück und ließ auch Münzen für einen Diodotos Soter und einen Diodotos Theos prägen.

Diodotos II. wurde um 230 v. Chr. von Euthydemos, einem Griechen aus dem ionischen Magnesia in Kleinasien, umgebracht. Unter ihm und seinem Sohn Demetrios erfolgte die Konsolidierung des baktrischen Reiches sowie die Expansion über den Hindukusch nach Paropamisadai, Arachosien (Südafghanistan) und Gandhara, wo der Niedergang des einst so mächtigen indischen Maurya-Reiches ein

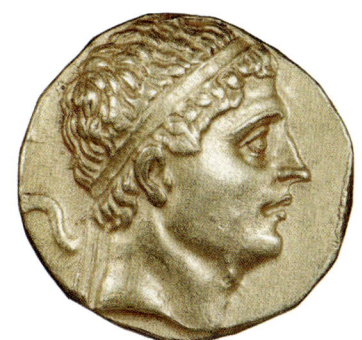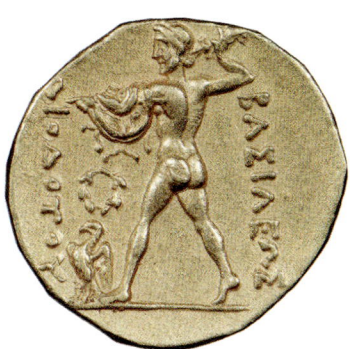

1 Stater des Diodotos I/II. von Baktrien, 3. Jh. v. Chr. Paris, Bibliothèque nationale de France, Inv. Nr. (1912) Armond-Valton (Kat. Nr. 275). Maßstab 2,4:1.

Machtvakuum hinterlassen hatte, in das die Griechenkönige nun vorstießen (Abb. 2). Das Münzporträt des Euthydemos zeugt von unbändiger Tatkraft und brutaler Entschlossenheit. Auf den Rückseiten tritt uns der auf einem Felsen sitzende Herakles, unbesiegbarer Heros der Griechen, entgegen, den schon Alexander als seinen Schutzpatron erwählt hatte (Abb. 3, Kat. Nr. 276). Dieser neue Münztyp des Euthydemos fand auch außerhalb des graeco-baktrischen Reiches große Verbreitung und diente ab dem Ende des 3. Jhs. v. Chr. als Vorbild für die sogdische Eigenprägung in Buchara.

Euthydemos' Sohn, Demetrios I. (ca. 200–185 v. Chr.), war der erste baktrische Griechenkönig, der den Hindukusch – von den Griechen Paropamisos genannt, manchmal aber auch fälschlich als Kaukasos bezeichnet – überschritt und mit dem indischen Kulturkreis in engere Berührung kam. Mit dem Einfall des Demetrios in Indien ist vermutlich auch der Beginn einer neuen Zeitrechnung in Gandhara verbunden, die mit dem Jahr 186/185 v. Chr. zu zählen beginnt und als Ära der Griechen (*yavana*) bezeichnet wird (Salomon 2005; Falk 2008). Die Porträtähnlichkeit des Demetrios mit seinem Vater ist unübersehbar, doch trägt er – wie Alexander als Eroberer Indiens – die Elefantenhaube (Abb. 4, Kat. Nr. 277). Auf den Rückseiten seiner Silbermünzen steht ein sich selbst bekränzender, jugendlich bartloser Herakles mit Keule und Löwenfell in der Linken. Dieser Bildnistyp ist ein besonderes Charakteristikum der baktrischen Münztypologie und wird auch noch von Euthydemos II. und König Lysias (ca. 120–110 v. Chr.) verwendet (vgl. Kat. Nr. 308 u. 309). Eine Bronzestatuette des sich selbst bekränzenden Herakles wurde auch im Nischentempel von Ai Khanoum, neben der Hauptstadt Baktra eines der wichtigsten städtischen Zentren im Nordosten Baktriens, gefunden.[1]

Mit der Eroberung Baktriens durch Alexander hatten auch die griechischen Glaubensvorstellungen in Zentralasien Einzug gehalten.

6 Tetradrachme des Azes I., ab 57 v. Chr. Herrscher des indo-skythischen Reiches von Arachosien im Westen bis zum Indus im Osten. Das Bild des reitenden Kriegers unterstreicht die nomadische Herkunft der Indoskythen. Wien, Kunsthistorisches Museum, Münzkabinett, Inv. Nr. GR037246 (Kat. Nr. 283). Maßstab 4,7:1.

Münzprägung in Baktrien und Sogdien – von den graeco-baktrischen Königen bis zu den Kuschan

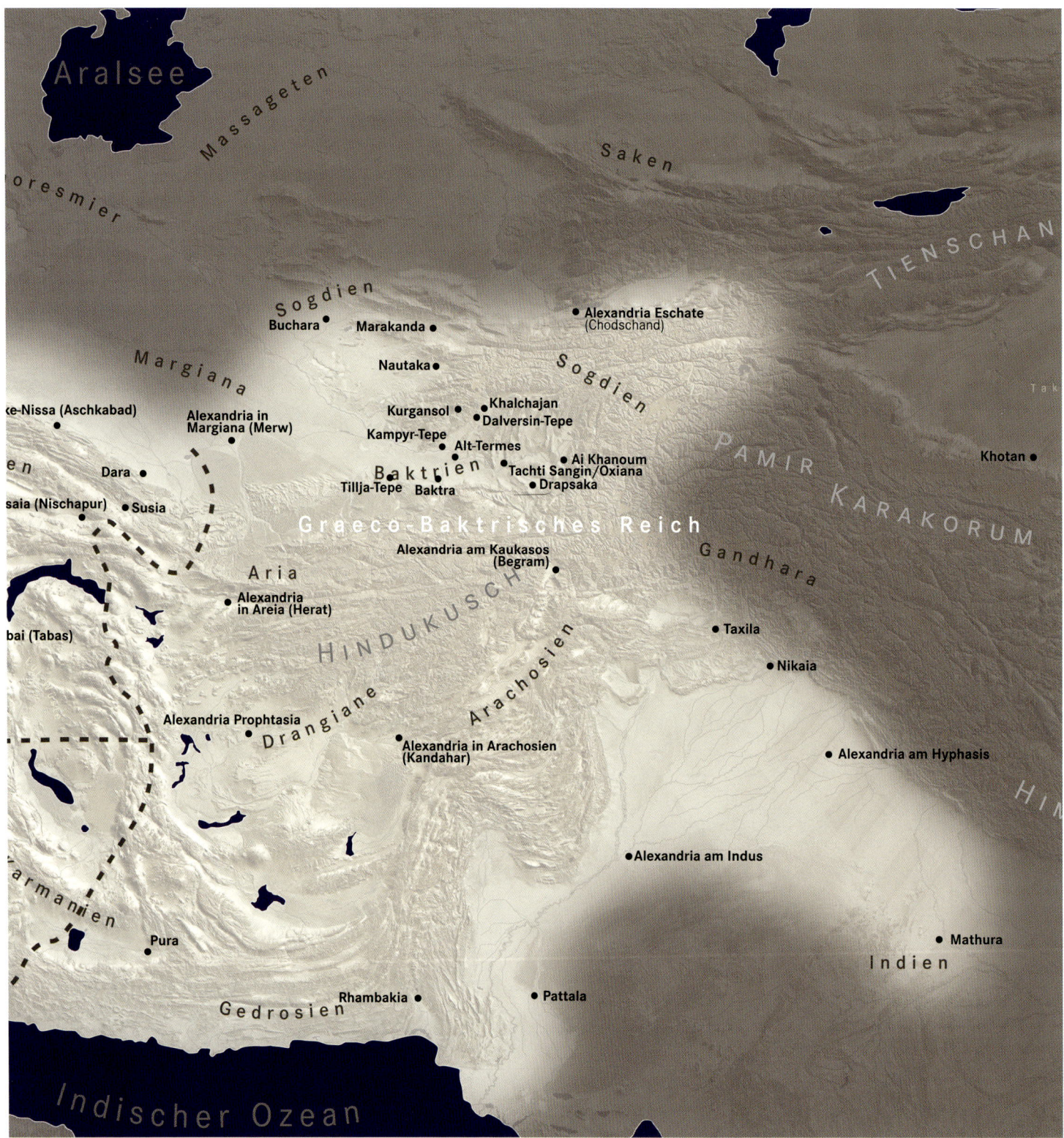

2 Karte des graeco-baktrischen Reiches.

Für die neue regierende griechischstämmige Oberschicht war neben der griechischen Sprache die Religion ein bedeutender identitätsstiftender Faktor. Die aus der Heimat mitgebrachte Ikonographie der griechischen Götterbilder fand nicht zuletzt durch die Münzen rasche Verbreitung und wurde von der einheimischen Bevölkerung schließlich in die Bildersprache der lokalen Kulte integriert. Griechische Götterbilder und deren Attribute wurden für die Darstellung nichtgriechischer Götter verwendet, was dazu führte, dass sich hinter einem ursprünglich rein griechischen Götterbild ganz andere Glaubensvorstellungen verbergen konnten. Ein gutes Beispiel ist Herakles, dessen Kult nicht nur mit Alexander dem Großen in enger Verbindung steht, sondern der im iranischen Zoroastrismus als Siegesgott Verethragna, bei den Buddhisten als Vajrapani und im Hinduismus als Shiva oder Krishna begegnet (Kat. Nr. 294; 295; 307–310).

Von Agathokles (ca. 185–170 v. Chr.) und Pantaleon (ca. 185–170 v. Chr.), die das Reich der Griechenkönige in Indien über den Indus hinaus zumindest bis Taxila ausdehnten, wurden zum ersten Mal auch zweisprachige Münzen ausgegeben: Sie sind auf einer Münzseite griechisch beschriftet, auf der anderen Seite wird die griechische Legende in Brahmi-Schrift ins indische Prakrit übersetzt. Agathokles scheint sich von der neuen Kultur und Religion in Indien überhaupt sehr angezogen gefühlt zu haben. So wählte er für seine neuen zweisprachigen Silberdrachmen, die vermutlich in Taxila geprägt wurden, keine griechischen Götter, sondern ließ zwei indische Götter, Samkarshana und Vasudeva-Krishna, darstellen. Seine Nachfolger kehren jedoch umgehend zur traditionellen griechischen Religionspolitik zurück. An der Zweisprachigkeit der für den indischen Raum bestimmten Münzen hielten sie allerdings fest, lediglich die Brahmi-Schrift wurde durch die Kharoschti-Schrift ersetzt.

Währungspolitisch stellte sich das Reich der Griechenkönige ab nun zweigeteilt dar: Nördlich des Hindukusch, in Baktrien, wurden ausschließlich griechisch beschriftete Münzen nach attischem Münzfuß ausgegeben (Drachme zu ca. 4,20 g; Tetradrachme zu ca. 16,80 g), während man in Gandhara vorwiegend zweisprachige Münzen nach dem leichteren indischen Münzfuß prägt (Drachme zu ca. 2,45 g; Tetradrachmen zu ca. 9,80 g). In Paropamisadai, Arachosien und im westlichen Gandhara, gleichsam an der Schnittstelle zu Baktrien, wurde mitunter auch der attische Münzfuß verwendet.[2]

Als Währungsmetalle waren Gold, Silber und Kupfer (selten auch Nickel und Blei) gebräuchlich. Charakteristisch für die indischen Währungsgebiete ist zudem die rechteckige Schrötlingsform für Drachmen und Kupfernominale, die sich an der traditionell indischen Münzform der „punch-marked coins" der Maurya orientiert, die über Jahrhunderte den indischen Zahlungsverkehr bestimmten und auch noch unter den Griechenkönigen zirkulierten. Im Jahr 1970 wurde ein Schatzfund von 677 solcher „punch-marked coins" zusammen mit sechs der eben erwähnten zweisprachigen Drachmen des Agathokles aus Taxila in Ai Khanoum gefunden.[3]

Die Münzen müssen in relativ kurzer Zeit aus dem Geldumlauf in Taxila angespart und über den Hindukusch nach Baktrien transferiert worden sein; sie dokumentieren die intensiven Handelsverbindungen zwischen Gandhara und Baktrien zu dieser Zeit. Der Schatz schließt wohl bald nach dem Tod des Agathokles und wurde im Zuge der endgültigen Zerstörung Ai Khanoums durch die Jüeh-Chi (s. u.) um ca. 129/28 v. Chr. zurückgelassen. Ein ganz anderes Bild liefert ein 1973 in Ai Khanoum entdeckter Schatz, der unter Eukratides I. (ca. 171–145 v. Chr., s.u.) schließt und sich ausschließlich aus griechisch beschrifteten Tetradrachmen attischen Standards zusammensetzt. 22 % der angesparten Münzen waren Alexander-Tetradrachmen bzw. kamen aus dem Seleukidenreich und zeigen, dass die Verbindungen Baktriens zum seleukidischen Mutterland nie ganz abgerissen sind.[4]

Um ca. 171 v. Chr., als im Iran der Partherkönig Mithradates I. (171–139/38 v. Chr.) den Thron bestieg, empörte sich in Baktrien Eukratides (ca. 171–145 v. Chr.) gegen die Herrschaft der Euthydemiden. Seine Herkunft ist unklar, jedenfalls hielt er es für nötig, seinen Eltern – Heliokles und Laodike – ein Andenken im Münzbild zu setzen, wobei lediglich die Mutter von königlicher Abkunft gewesen zu sein scheint, denn nur sie ist mit dem Diadem ausgezeichnet. Als Zeichen seiner königlichen Würde trägt Eukratides auf der Vorderseite

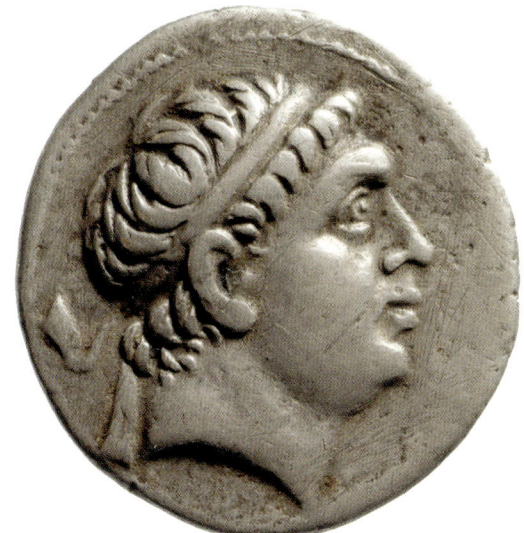

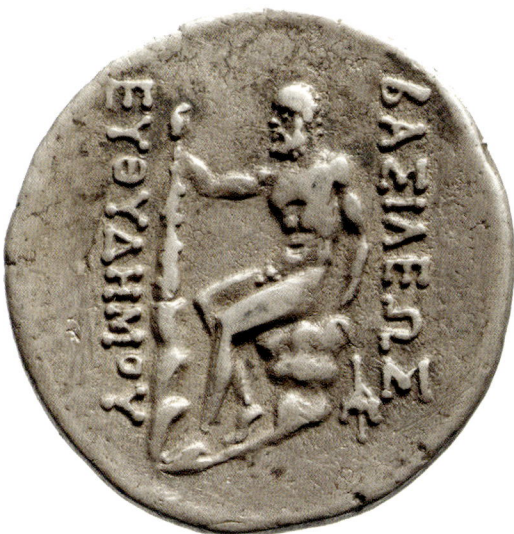

3 Tetradrachme mit dem Porträt des Euthydemos I. auf der Vorderseite und dem auf einem Felsen sitzenden Herakles auf der Rückseite, Ende 3. Jh. v. Chr. Wien, Kunsthistorisches Museum, Münzkabinett, Inv. Nr. GR035168 (Kat. Nr. 276). Maßstab 2,4:1.

seiner Münzen einen mit Stierhörnern und -ohren geschmückten makedonischen Helm – der Stier als Symbol königlicher Stärke hatte schon in der dynastischen Ikonographie des Seleukos I. eine besondere Rolle gespielt; auf der Rückseite sind die Dioskuren Kastor und Polydeukes zu Pferd dargestellt, umgeben von der griechischen Legende (ΒΑΣΙΛΕΩΣ ΜΕΓΑΛΟΥ ΕΥΚΡΑΤΙΔΟΥ „[Münze] des großen Königs Eukratides"). Eine herausragende Besonderheit, die von der unerhörten Machtfülle des Eukratides zeugt, stellt ein 20facher Goldstater dar, der angeblich in Buchara gefunden wurde und sich heute im Münzkabinett der Pariser Bibliothèque Nationale befindet – es ist dies die größte geprägte Goldmünze der hellenistischen Welt (Kat. Nr. 278)!

Eukratides gelang es, auch südlich des Hindukusch Fuß zu fassen und den dort regierenden König Menander (ca. 165/155–130 v. Chr.) in den östlichen Pandschab zurückzudrängen. Menander, der in der schriftlichen Überlieferung als König Indiens bezeichnet wird, hat als Förderer des Buddhismus und vorbildlicher Herrscher auch in die

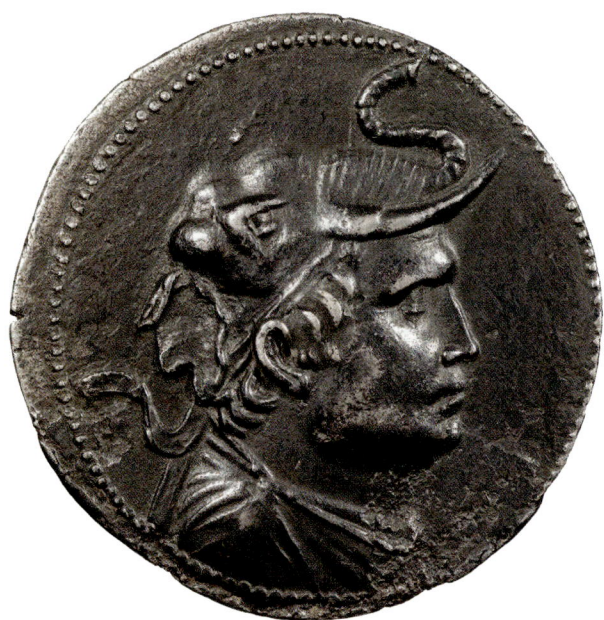

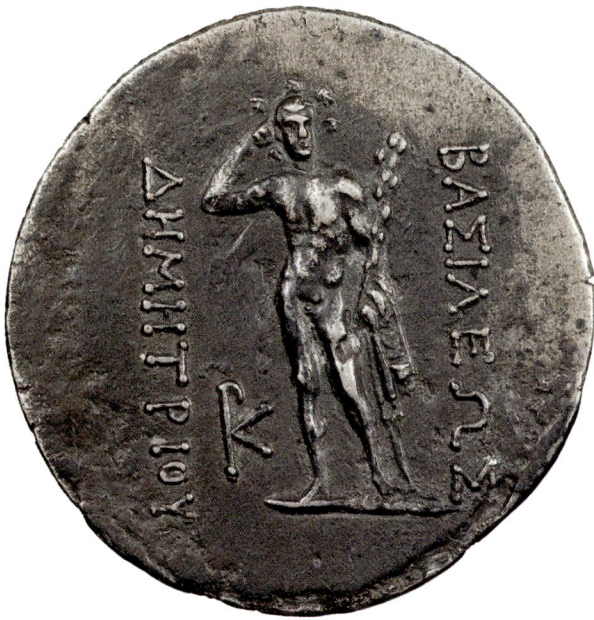

4 Tetradrachme des Demetrios I. (ca. 200–185 v. Chr.) mit dem Porträt des Herrschers mit Elefantenhaube auf der Vorderseite sowie Herakles mit Keule und Löwenfell auf der Rückseite. Paris, Bibliothèque nationale de France, Inv. Nr. Le Berre R 3681/41 (1963) (Kat. Nr. 277). Maßstab 2,4:1.

skythische Reiternomaden aus Zentralasien, die in den chinesischen Annalen als Sai bzw. Saiwang, in den westlichen Quellen als Sakai, Sakaraukai bzw. Skythai (die später sogenannten Indo-Skythen) begegnen, in Ostbaktrien (Tocharistan) ein und beendeten dort die Herrschaft der Griechenkönige. Im Zuge dieses Nomadensturms wurde auch Ai Khanoum geplündert und von der griechischen Bevölkerung aufgegeben, die sich nach Westbaktrien zurückzog. Die Eroberer begannen an Ort und Stelle, das in den Schatzkammern Ai Khanoums erbeutete Gold und Silber zu Barren umzuschmelzen.[5]

Von beschrifteten Tonscherben, die im Schatzhaus des Palastes gefunden wurden, wissen wir, dass die Griechenkönige ihre Silbermünzen in versiegelten Tonkrügen verwahrt hatten,[6] die nun den Skythenkriegern in die Hände gefallen waren.

Die Sai/Sakai konnten sich allerdings nicht lange in Ostbaktrien halten, sondern wurden um 129/128 v. Chr. von den nachrückenden Jüeh-Chi (den späteren Kuschan) aus Tocharistan vertrieben. Sie wichen nach Westen aus und eroberten Westbaktrien mit der Hauptstadt Balch vom letzten dort regierenden Griechenkönig Heliokles I. (ca. 145 – nach 130 v. Chr.) (Kat Nr. 279), womit eine fast 200-jährige griechische Dominanz in Zentralasien zu Ende ging. Die Griechenkönige verloren Baktrien also in zwei Phasen gegen die Sai/Sakai, die dann ihrerseits von den Jüeh-Chi aus Baktrien weichen mussten. Die endgültige Eroberung Baktriens durch die Jüeh-Chi erfolgte wohl noch gegen Ende der 20er Jahre des 2. Jhs. v. Chr.[7]

Auf welchen Wegen die Sakai/Skythai dann nach Arachosien (Südafghanistan) und Gandhara gelangten, ist unklar. Jedenfalls ließ Maues, der erste der sogenannte indo-skythischen Könige, etwa um 90/85 v. Chr. Münzen in Taxila prägen (Kat. Nr. 282). Maues ist hier der unmittelbare Nachfolger des Griechenkönigs Archebios. In Arachosien ergriff wenig später Vonones die Macht, der einen parthischen Namen trägt und auch den Titel eines „Königs der Könige" (ΒΑΣΙΛΕΩΣ ΒΑΣΙΛΕΩΝ ΜΕΓΑΛΟΥ ΟΝΩΝΟΥ; „[Münze des] großen Königs der Könige Vonones") führt. Er regierte zusammen mit seinem „Königsbruder" Spalahora sowie dessen Sohn Spaladagama. Nach Maues versuchten die Griechenkönige Apollodotos II. und Hippostratos in Taxila noch einmal die Macht zurückzugewinnen, sie scheiterten jedoch an Azes I., der ab 57 v. Chr. unangefochten von Arachosien im Westen bis zum Indus im Osten regierte (Abb. 6/Startabb.; Kat. Nr. 281; 283).

Was die Münznominale und die Münztypen angeht, verfolgten die indo-skythischen Könige ein klares Konzept, das auf den vorgefundenen Traditionen der Griechenkönige basierte: In Silber werden Tetradrachmen und Drachmen nach indischem Fuß in Serie geschlagen. Hinzu traten Kupfermünzen in verschiedenen Wertstufen, die überwiegend in Klippenform geprägt wurden. Bei den Silbermünzen ist zu Beginn des 1. Jhs. n. Chr. allerdings eine zunehmende Verschlechterung des Edelmetallgehalts zu bemerken. In den Aversen wird das Bild des reitenden Königs zu einem Markenzeichen der indo-skythischen Münzprägung und unterstreicht die nomadische Herkunft der Reiterkrieger. In den Reversen dominieren Götter- und Tierdarstellungen. Die Götter entstammen teils der griechischen, teils der indischen Mythologie und zeigen zunehmend synkretistische Züge. So begegnet auf einer Münzserie des Azilises, eines Zeitgenossen oder Nachfolgers des Azes I., die indische Fruchtbarkeitsgöttin Lakshmi flankiert von zwei Elefanten auf Lotosblüten, während auf einer anderen Serie desselben Königs die griechischen Dioskuren nicht nur zu Pferde, wie wir sie im

buddhistische Literatur Einzug gehalten. Er kürte Athena zu seiner Schutzpatronin, die in kämpferischer Pose mit Blitzbündel, Schild und Aegis (einer vom griechischen Gott Hephaistos ursprünglich für Zeus geschaffenen, fellartigen, mit goldenen Quasten geschmückten Wunderwaffe) auf seinen Münzen erscheint (Abb. 5; Kat. Nr. 280); schon der makedonische König Philipp V. (221–179 v. Chr.) hatte im griechischen Mutterland dieses Münzbild verwendet, das angeblich der Kultstatue der Athena Alkidemos von Pella nachempfunden ist.

Die Ermordung des Eukratides führte zu einem jähen Ende des Feldzugs in Indien. Dies geschah in Verbindung mit einem fundamentalen Ereignis, das den völligen Zusammenbruch der griechischen Herrschaft in Baktrien zur Folge hatte: Um 145 v. Chr. fielen

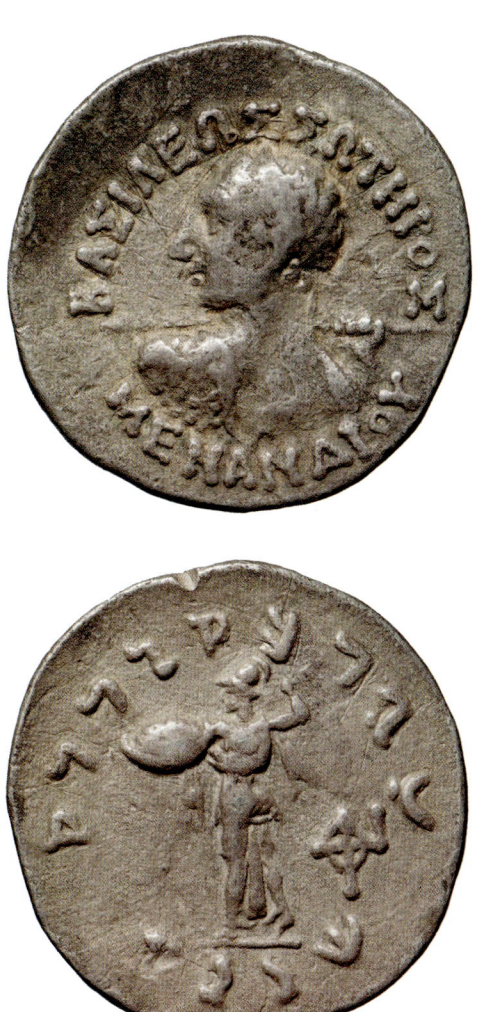
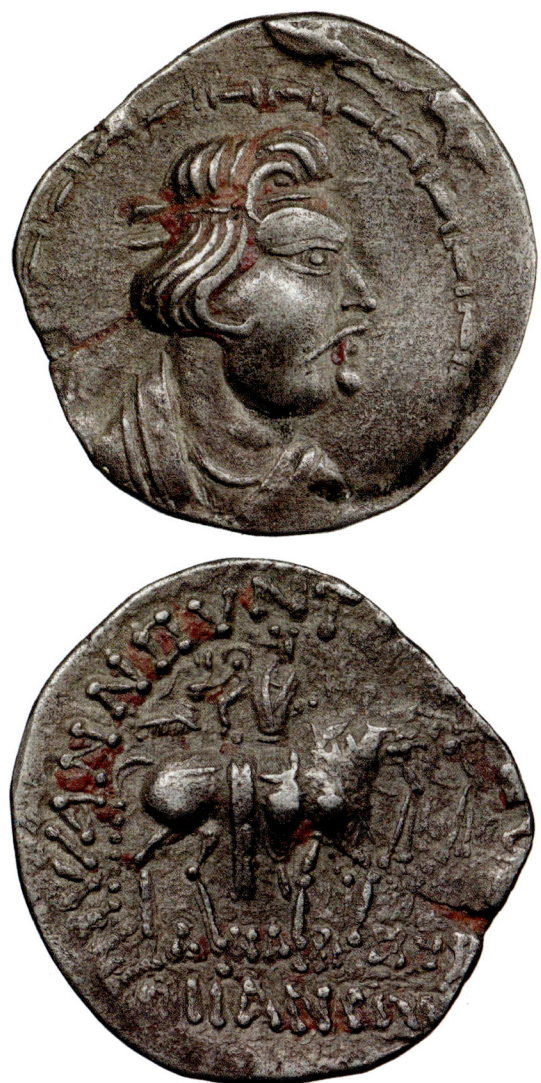

5 Tetradrachme des Menander I. mit der Darstellung der Göttin Athena. Paris, Bibliothèque nationale de Fance, Département des monnaies, médailles et antiues, Inv. Nr. L2839 (1892) Feuardent (Kat. Nr. 280). Maßstab 2,4:1.

7 Tetradrachme des „Heraios", mit dem Porträt des ersten Kuschan-Fürsten mit langem Haar, Schnauzbart und hellenistischem Herrscherdiadem, Paris, Bibliothèque nationale de France Inv. Nr. R.3681. 1066 Le Berre (Kat. Nr. 289) Maßstab 2,4:1.

Münzprogramm des Eukratides I. bereits kennen gelernt haben, sondern auch stehend dargestellt werden (Kat. Nr. 284). Dabei ist zu beachten, dass das Zwillingspaar auch in der religiösen Gedankenwelt des indo-iranischen Kulturkreises bekannt ist und in der Funktion als Begleiter oder Wächter einer übergeordneten Göttin im Tempel von Dilberjin (Südbaktrien, 40 km von Balch), der in das 2. (oder 3.) Jh. n. Chr. datiert wird, als Wandgemälde erscheint.[8]

Zu Beginn des 1. Jhs. n. Chr. steckte das indo-skythische Königreich in einer schweren Krise. Nun trat der indo-parthische König Gondophares (ca. 20 – nach 46 n. Chr.) auf den Plan und bemächtigte sich Zug um Zug der von den Indo-Skythen beherrschten Gebiete. Die Verbindungen der Indo-Parther zu der in Iran regierenden parthischen Arsakidendynastie sind unklar. Ihre Heimat dürfte die ostiranische Provinz Sistan gewesen sein, wo sie Drachmen nach parthisch/arsakidischem Vorbild prägten. Kern des indo-parthischen Königreiches blieben vorerst die Provinzen Arachosien und Gandhara, die von den Indo-Skythen übernommen wurden. Hinzu kamen im Westen die Heimatprovinz Sistan, im östlichen Panjab Sagala (Sialkot) sowie Sind am Unterlauf des Indus. In der Münzprägung der indo-parthischen Könige sind diese Gebiete als unterschiedliche Währungsbezirke klar erkennbar, so dass an der Ausdehnung des Reiches kein Zweifel besteht. Für jede der genannten Provinzen wurden eigene Nominale mit eigenen Bildern ausgegeben, die auf die lokalen Traditionen und Bedürfnisse abgestimmt waren. So werden etwa in Arachosien ausschließlich zweisprachige, kupferne Tetradrachmen geprägt, die auf der Vorderseite die mit Diadem und einer großgliedrigen Halskette geschmückte Büste des Königs zeigen, während auf der Rückseite die griechische Siegesgöttin Nike dargestellt ist (Kat. Nr. 285). Eine ganz ähnliche goldene Halskette, wie sie Gondophares auf seinen Münzen trägt, wurde in Grab IV von Tillja Tepe in Nordafghanistan gefunden[9] während das Bild der Nike wiederum Verbindungen zur reichsparthischen Münzprägung des Vonones I. (8/9–11/12 n. Chr.) erkennen lässt. Gleichfalls auf parthischen Einfluss ist das Bild des reitenden, von Nike bekränzten Königs zurück-

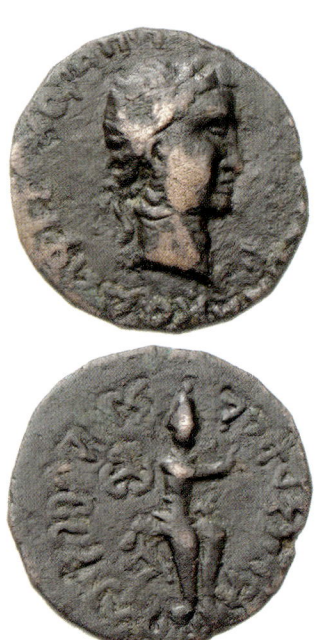
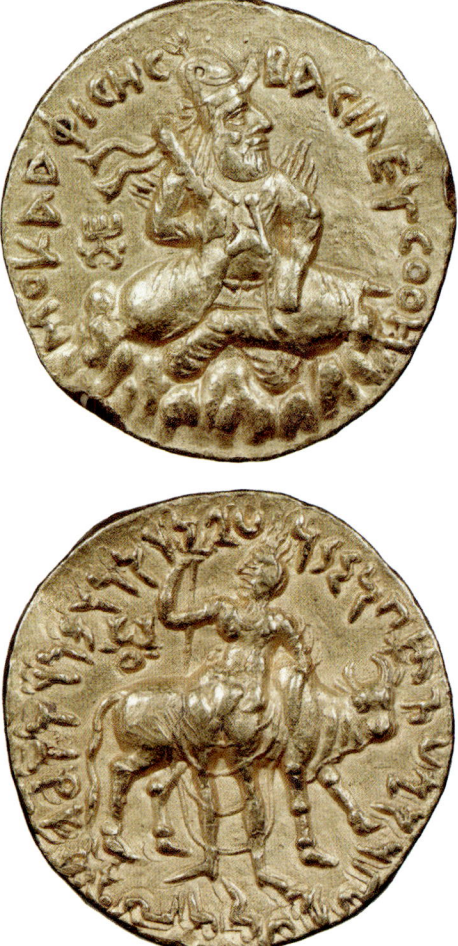

8 Bronzedrachme des Kujula Kadphises, ca. 30/40 bis 80/90 n. Chr. Berlin, Münzkabinett SMB PK, Obj. Nr. 18217592, Acc. 1876 Guthrie (Kat. Nr. 291). Maßstab 2,4:1.

9 Doppeldinar des Kuschan-Herrschers Vima Kadphises, auf dem er sich im Nomadensitz über einem Gebirge thronend darstellen ließ. Bibliothèque nationale de France, Inv. Nr. R. 3681.1090 Le Berre (Kat. Nr. 294). Maßstab 2,4:1.

zuführen, wie es mitunter auf den in Gandhara geprägten Tetradrachmen des Gondophares zu finden ist (Kat. Nr. 286).

Die Indo-Parther konnten sich allerdings nicht lange an der Macht halten. Ihre Gegner waren die Kuschan, die aus den Jüeh-Chi hervorgegangen waren. Wie bereits erwähnt, hatten die Jüeh-Chi um 129/28 v. Chr. Sogdien und ganz Baktrien erobert und begannen nun, konfrontiert mit den wirtschaftlichen Gepflogenheiten der sesshaften Welt, auch ihre eigenen Münzen zu prägen. Am Anfang stehen verschiedene Imitationsgruppen, die sich in erster Linie an den Vorbildern der Münztypen der beiden letzten Griechenkönige, Eukratides I. und Heliokles I., orientieren (Kat Nr. 287). Im berühmten Schatz von Kundus (Khisht Tepe, 90 km von Kundus am Südufer des Amu-Darja in Nordafghanistan), der bereits in die Zeit der Herrschaft der Jüeh-Chi/Kuschan in Baktrien datiert und 627 Silbermünzen seleukidischer, baktrischer und indo-griechischer Könige nach attischem Münzfuß in sich vereint, waren bereits zahlreiche dieser Imitationen enthalten.[10]

Um etwa 70 v. Chr. hatten die Jüeh-Chi/Kuschan dann bereits den Hindukusch überschritten und setzten sich in Paropamisadai mit der Hauptstadt Alexandria am Kaukasus (Begram) fest, wo sie die Nachfolge des letzten dort regierenden indo-griechischen Königs Hermaios (ca. 90–70 v. Chr.) antraten, dessen Münztypen sie nun zu imitieren begannen.

Der erste Kuschanfürst, der sich auf seinen Münzen ausdrücklich als solcher bezeichnet und auch sein eigenes Porträt darauf setzen lässt, ist ein gewisser Heraios. Er prägt in Baktrien Tetradrachmen und Obole (Sechsteldrachmen) nach attischem Standard (Abb. 7, Kat. Nr. 289). Das ausdrucksstarke Porträt steht klar in der Tradition der Münzbildnisse der graeco-baktrischen Könige und findet eine Parallele in den eindrucksvollen Herrscherbildnissen des frühkuschanischen Tempels von Khalchajan (Kat. Nr. 308, vgl. Abb 3b Beitrag L. Nehru). Es zeigt einen Nomadenfürsten mit langem Haar und Schnauzbart und hellenistischem Herrscherdiadem; auf der Rückseite ist er – wie auf Münztypen des Gondophares (vgl. Kat. Nr. 286) – zu Pferd, von einer Nike bekränzt, dargestellt. Die griechische Legende nennt den Titel eines „Herrschenden" sowie das Ethnikon „Kuschan". Die Münzbilder des Heraios vermitteln jedenfalls einen ersten, bedeutenden Schritt zur Bildung einer neuen Identität, die im Spannungsfeld zwischen dem eigenen, nomadischen Erbe und der vorgefundenen griechischen und lokal iranisch geprägten Kultur entsteht. Unklar ist, ob sich hinter diesen Emissionen bereits der erste namentlich bekannte Kuschankönig, Kujula Kadphises, verbirgt.[11]

Kujula Kadphises, dessen Namen wir nicht nur von zahlreichen Münzausgaben kennen, sondern der auch in der berühmten Rabatak-Inschrift (gefunden 1993 in Nordafghanistan)[12] als Urgroßvater

des großen Kanishka genannt wird, ist der erste eindeutig fassbare Kuschan-König und Begründer der kuschanischen Herrschaft in Indien. In wechselvollen Kämpfen versuchte er, die indo-parthischen Könige aus Gandhara zu vertreiben. Seine Münzen dokumentieren in ihrer komplexen Vielschichtigkeit den Vorstoß der Kuschan über den Hindukusch, in die Paropamisadai bis nach Gandhara und Sind (Abb. 8; Kat. Nr. 290; 291). Der chronologische Rahmen für diese Prägungen erstreckt sich von ca. 30/40 bis 80/90 n. Chr. Was die Nominale und Typen angeht stehen die Münzausgaben des Kujula Kadphises südlich des Hindukusch noch ganz in der Tradition der indo-parthischen Münzprägung, wobei ausschließlich Kupfer verprägt wird. Bemerkenswert ist eine Ausgabe von Kupferdrachmen, die im Avers einen mit Lorbeer bekränzten Kaiserkopf nach dem Vorbild römischer Aurei und Denare des julisch-claudischen Kaiserhauses zeigt, während am Revers Kujula auf einem kurulischen Stuhl thronend dargestellt ist (vgl. Abb. 8). Hier wird zum ersten Mal in der kuschanischen Münzprägung römischer Einfluss fassbar, mit dem die Kuschan über das auf dem Handelsweg so zahlreich nach Indien strömende römische Münzgeld konfrontiert wurden. In diesem Zusammenhang sei wieder auf die Gräber von Tillja Tepe verwiesen, wo in Grab III ein Aureus des römischen Kaisers Tiberius (14–37 n. Chr.) gefunden wurde.[13]

Nachfolger des Kujula Kadphises wurde sein Sohn Vima Takhtu, dessen Namen wir erst durch die Rabatak-Inschrift kennen gelernt haben. In der Folge war es möglich, Vima Taktos Namen auch auf einigen wenigen Kupfermünzen zu identifizieren, welche nahtlos an die Prägungen seines Vaters anschließen.[14] Auf die Münzserien des Vima Takto folgen jene des „namenlosen Königs", der nur den Titel ΣΩΤΗΡ ΜΕΓΑΣ („der große Retter") auf seinen Kupfermünzen führt (Kat. Nr. 293). Diese wurden mit einem einheitlichen Bildprogramm und aufeinander abgestimmten Münzwerten in ungeheuren Mengen ausgeprägt und stellen den ersten Schritt zu einer einheitlichen Reichswährung dar. Umstritten ist, ob es sich bei Vima Takto und Soter Megas um ein und denselben König oder um zwei unterschiedliche Herrscher handelt.[15]

Auf Soter Megas folgte Vima Kadphises, der Vater des großen Kanischka. Mit ihm beginnt die kuschanische Goldprägung. Die Eroberung Indiens setzte die Kuschan mit einem Schlag in den Besitz der

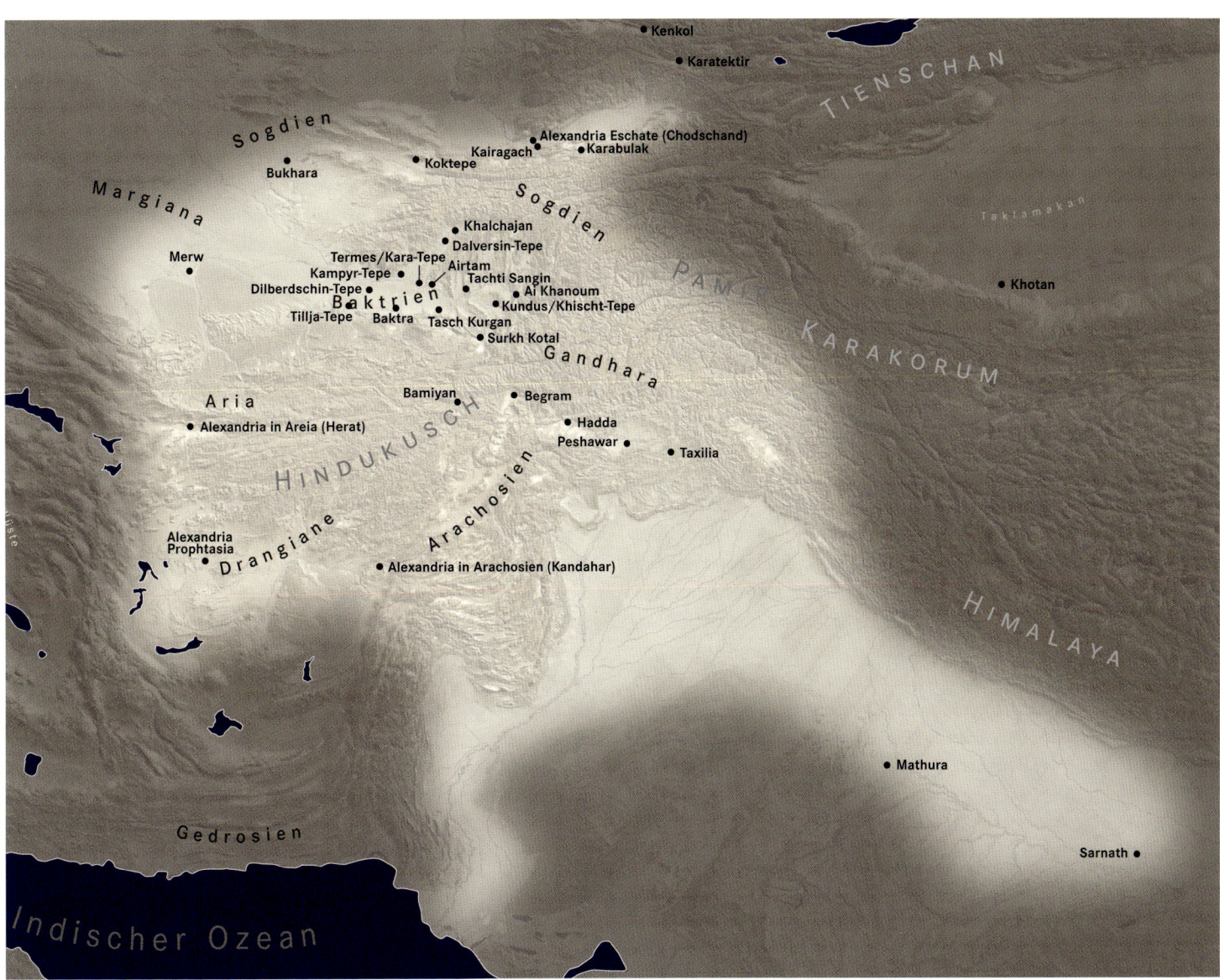

10 Karte des Kuschan-Reichs.

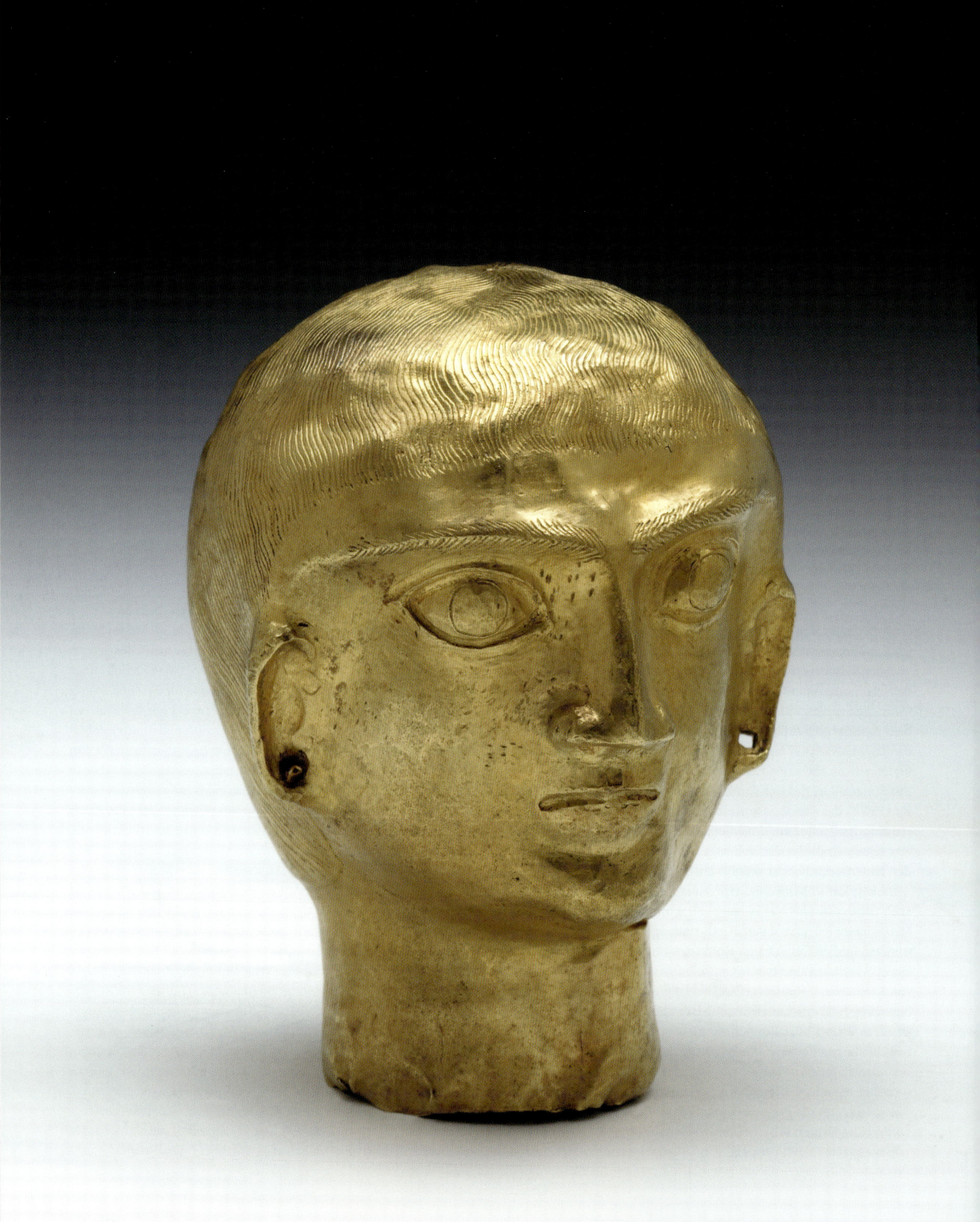

des großen Kanishka genannt wird, ist der erste eindeutig fassbare Kuschan-König und Begründer der kuschanischen Herrschaft in Indien. In wechselvollen Kämpfen versuchte er, die indo-parthischen Könige aus Gandhara zu vertreiben. Seine Münzen dokumentieren in ihrer komplexen Vielschichtigkeit den Vorstoß der Kuschan über den Hindukusch, in die Paropamisadai bis nach Gandhara und Sind (Abb. 8; Kat. Nr. 290; 291). Der chronologische Rahmen für diese Prägungen erstreckt sich von ca. 30/40 bis 80/90 n. Chr. Was die Nominale und Typen angeht stehen die Münzausgaben des Kujula Kadphises südlich des Hindukusch noch ganz in der Tradition der indo-parthischen Münzprägung, wobei ausschließlich Kupfer verprägt wird. Bemerkenswert ist eine Ausgabe von Kupferdrachmen, die im Avers einen mit Lorbeer bekränzten Kaiserkopf nach dem Vorbild römischer Aurei und Denare des julisch-claudischen Kaiserhauses zeigt, während am Revers Kujula auf einem kurulischen Stuhl thronend dargestellt ist (vgl. Abb. 8). Hier wird zum ersten Mal in der kuschanischen Münzprägung römischer Einfluss fassbar, mit dem die Kuschan über das auf dem Handelsweg so zahlreich nach Indien strömende römische Münzgeld konfrontiert wurden. In diesem Zusammenhang sei wieder auf die Gräber von Tillja Tepe verwiesen, wo in Grab III ein Aureus des römischen Kaisers Tiberius (14–37 n. Chr.) gefunden wurde.[13]

Nachfolger des Kujula Kadphises wurde sein Sohn Vima Takhtu, dessen Namen wir erst durch die Rabatak-Inschrift kennen gelernt haben. In der Folge war es möglich, Vima Taktos Namen auch auf einigen wenigen Kupfermünzen zu identifizieren, welche nahtlos an die Prägungen seines Vaters anschließen.[14] Auf die Münzserien des Vima Takto folgen jene des „namenlosen Königs", der nur den Titel ΣΩΤΗΡ ΜΕΓΑΣ („der große Retter") auf seinen Kupfermünzen führt (Kat. Nr. 293). Diese wurden mit einem einheitlichen Bildprogramm und aufeinander abgestimmten Münzwerten in ungeheuren Mengen ausgeprägt und stellen den ersten Schritt zu einer einheitlichen Reichswährung dar. Umstritten ist, ob es sich bei Vima Takto und Soter Megas um ein und denselben König oder um zwei unterschiedliche Herrscher handelt.[15]

Auf Soter Megas folgte Vima Kadphises, der Vater des großen Kanischka. Mit ihm beginnt die kuschanische Goldprägung. Die Eroberung Indiens setzte die Kuschan mit einem Schlag in den Besitz der

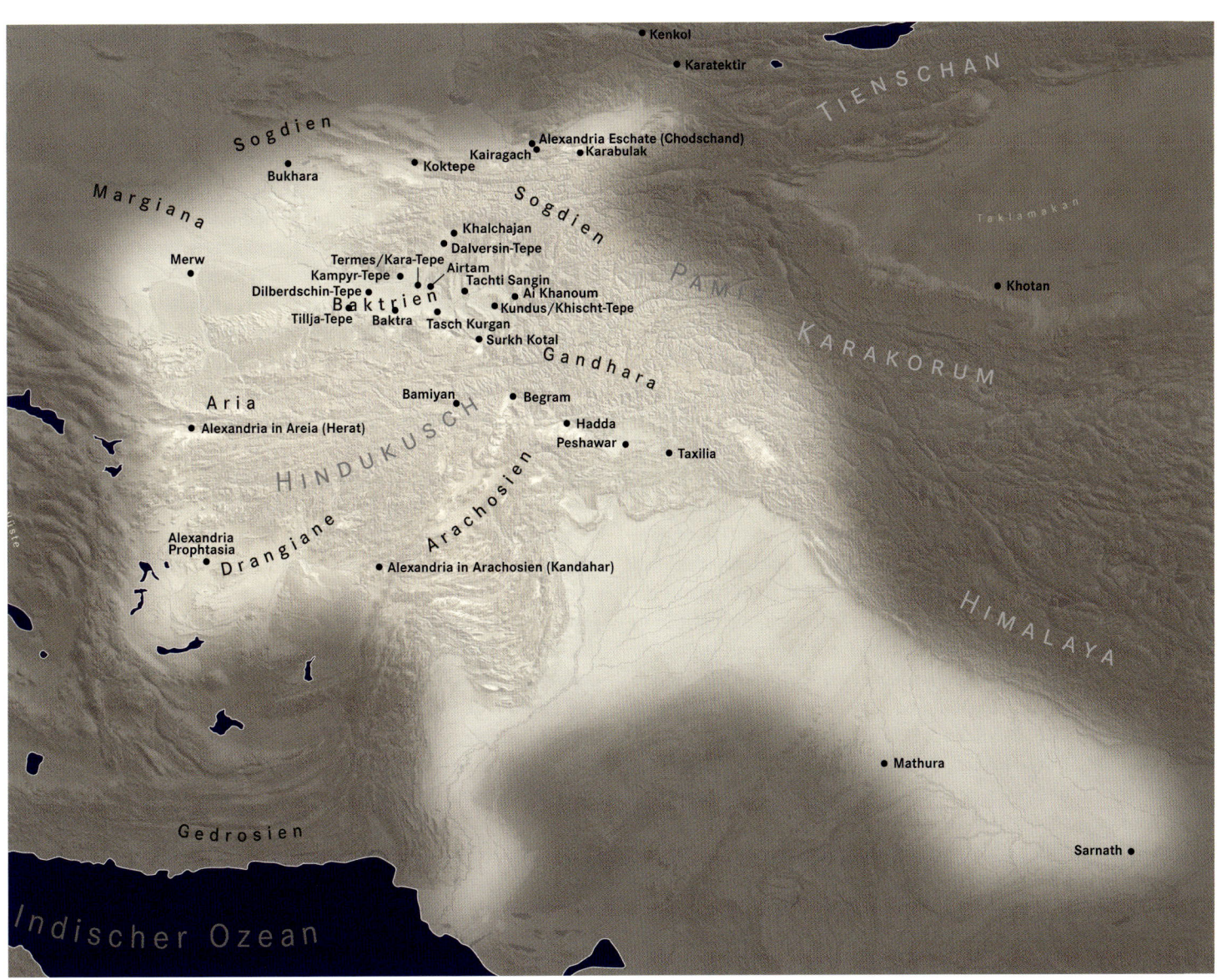

10 Karte des Kuschan-Reichs.

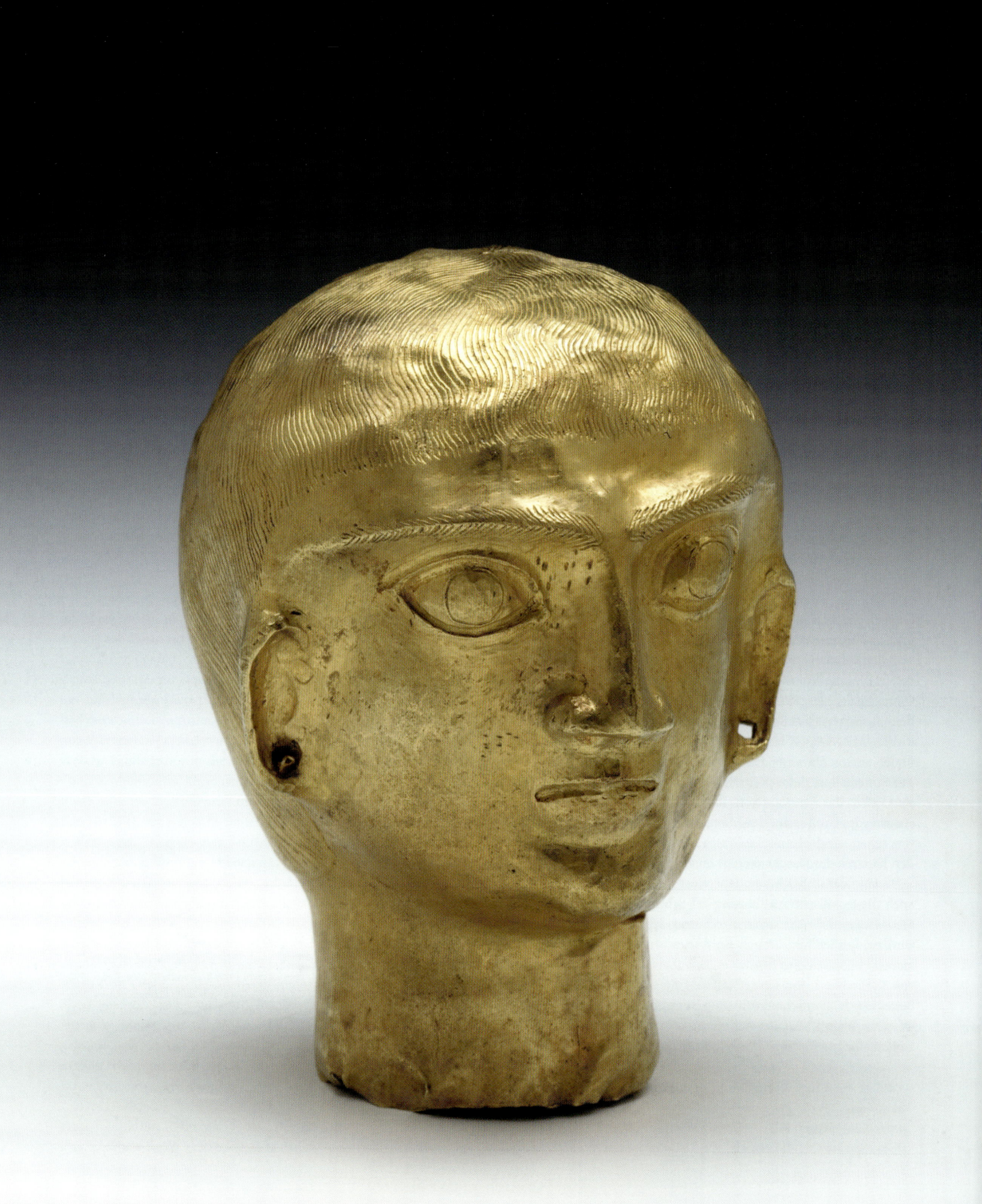

des großen Kanishka genannt wird, ist der erste eindeutig fassbare Kuschan-König und Begründer der kuschanischen Herrschaft in Indien. In wechselvollen Kämpfen versuchte er, die indo-parthischen Könige aus Gandhara zu vertreiben. Seine Münzen dokumentieren in ihrer komplexen Vielschichtigkeit den Vorstoß der Kuschan über den Hindukusch, in die Paropamisadai bis nach Gandhara und Sind (Abb. 8; Kat. Nr. 290; 291). Der chronologische Rahmen für diese Prägungen erstreckt sich von ca. 30/40 bis 80/90 n. Chr. Was die Nominale und Typen angeht stehen die Münzausgaben des Kujula Kadphises südlich des Hindukusch noch ganz in der Tradition der indo-parthischen Münzprägung, wobei ausschließlich Kupfer verprägt wird. Bemerkenswert ist eine Ausgabe von Kupferdrachmen, die im Avers einen mit Lorbeer bekränzten Kaiserkopf nach dem Vorbild römischer Aurei und Denare des julisch-claudischen Kaiserhauses zeigt, während am Revers Kujula auf einem kurulischen Stuhl thronend dargestellt ist (vgl. Abb. 8). Hier wird zum ersten Mal in der kuschanischen Münzprägung römischer Einfluss fassbar, mit dem die Kuschan über das auf dem Handelsweg so zahlreich nach Indien strömende römische Münzgeld konfrontiert wurden. In diesem Zusammenhang sei wieder auf die Gräber von Tillja Tepe verwiesen, wo in Grab III ein Aureus des römischen Kaisers Tiberius (14–37 n. Chr.) gefunden wurde.[13]

Nachfolger des Kujula Kadphises wurde sein Sohn Vima Takhtu, dessen Namen wir erst durch die Rabatak-Inschrift kennen gelernt haben. In der Folge war es möglich, Vima Taktos Namen auch auf einigen wenigen Kupfermünzen zu identifizieren, welche nahtlos an die Prägungen seines Vaters anschließen.[14] Auf die Münzserien des Vima Takto folgen jene des „namenlosen Königs", der nur den Titel ΣΩΤΗΡ ΜΕΓΑΣ („der große Retter") auf seinen Kupfermünzen führt (Kat. Nr. 293). Diese wurden mit einem einheitlichen Bildprogramm und aufeinander abgestimmten Münzwerten in ungeheuren Mengen ausgeprägt und stellen den ersten Schritt zu einer einheitlichen Reichswährung dar. Umstritten ist, ob es sich bei Vima Takto und Soter Megas um ein und denselben König oder um zwei unterschiedliche Herrscher handelt.[15]

Auf Soter Megas folgte Vima Kadphises, der Vater des großen Kanischka. Mit ihm beginnt die kuschanische Goldprägung. Die Eroberung Indiens setzte die Kuschan mit einem Schlag in den Besitz der

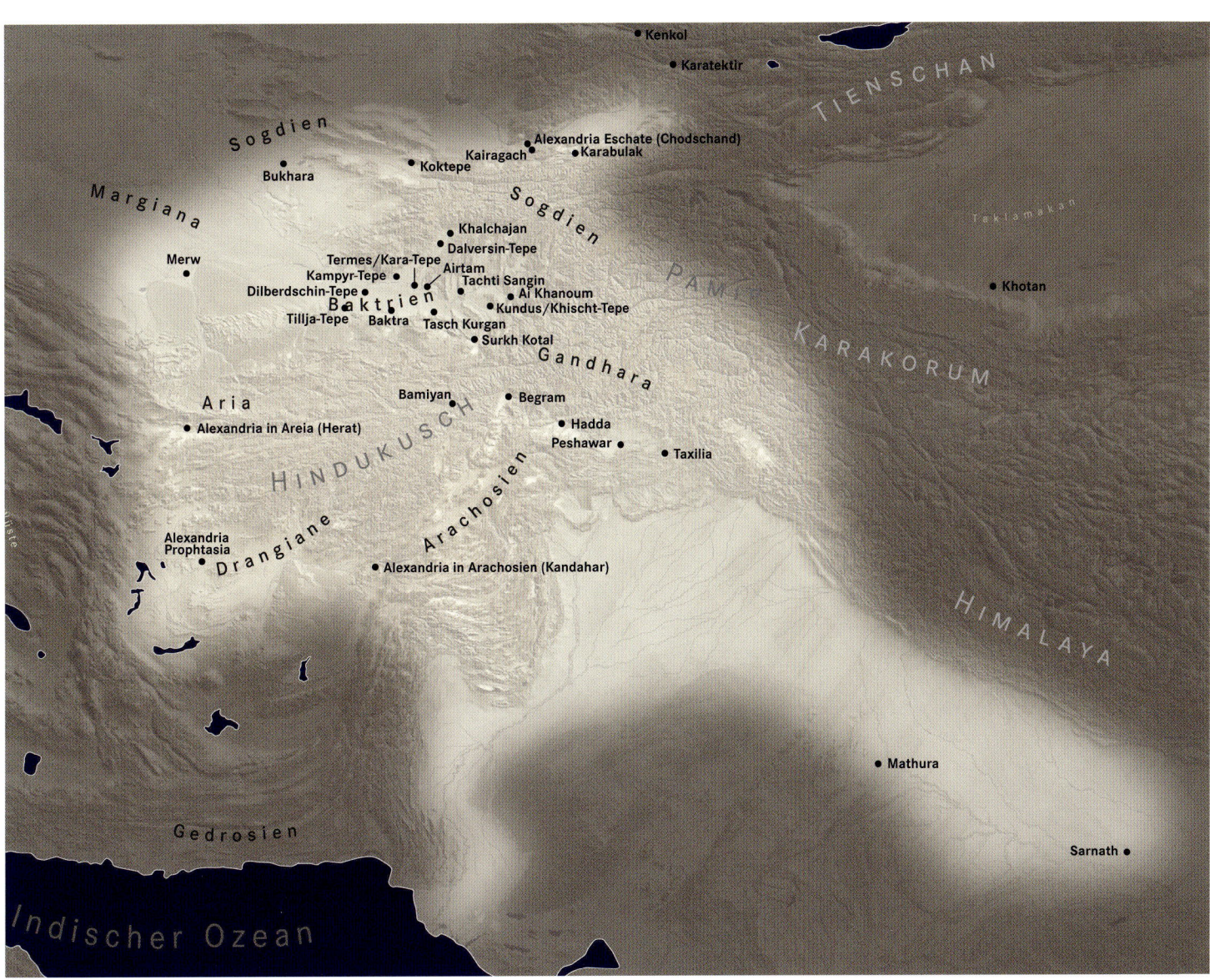

10 Karte des Kuschan-Reichs.

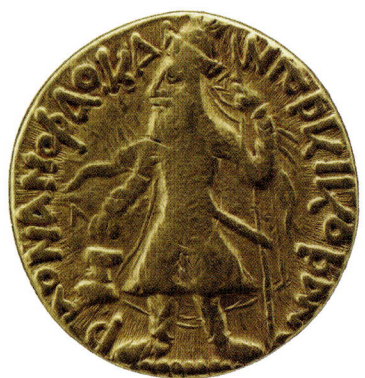

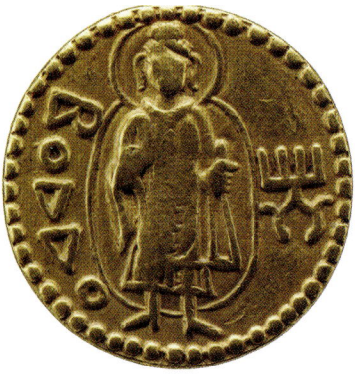

11 Golddinar Kanischkas I. mit der Darstellung des stehenden Buddha, daneben die baktrische Legende „Boddo" (ΒΟΔΔΟ), ca. 127–160 n. Chr. London, The British Museum, Department of coins and medals, Inv. Nr. 289, India Office Collection (Kat. Nr. 298). Maßstab 2,4:1.

ungeheuren Ströme römischen Importgoldes, die seit der frühen Kaiserzeit zur Finanzierung des kostspieligen Orienthandels von Rom nach Indien flossen. Auf dieser Grundlage schufen die Kuschan unter Vima Kadphises ihr eigenes Münzsystem, das in bestimmten Elementen auf dem römischen basiert. Hauptnominale war nach dem Vorbild des römischen Aureus der Golddinar (ca. 8 g), der in verschiedenen Wertstufen geprägt wurde, während für den kleineren Zahlungsverkehr Kupfermünzen dienten. Auf seinen Goldmünzen ließ sich Vima Kadphises in verschiedenen Posen darstellen: entweder als Büste oder im Nomadensitz über einem Gebirge thronend (Abb. 9, Kat. Nr. 294), auf einem Elefanten reitend oder in einem Triumphwagen fahrend. Er trägt einen hohen Kronhut, das hellenistische Herrscherdiadem und mitunter auch das römische Paludamentum (Feldherrnmantel). Über den Schultern lodern Flammen, die nach iranischer Sitte den königlichen Glücksglanz symbolisieren. Auf seinen Kupfermünzen ist er stets stehend neben einem kleinen Altar opfernd dargestellt, mit Kaftan, langen Hosen und schweren Filzschuhen bekleidet (Kat. Nr. 295). Die Reverse sind ausschließlich dem kuschanischen Gott Oesho vorbehalten, der in der Gestalt des Hindu-Gottes Shiva erscheint, aber auch mit Attributen des Zeus, Poseidon und Herakles ausgestattet wird.[16] Die Beschriftung folgt noch dem indogriechischen Vorbild und ist im Avers in korrektem Griechisch formuliert, während auf den Rückseiten Titel und Name in Kharoschti-Schrift wiedergegeben sind.

Der Höhepunkt kuschanischer Macht wurde unter dem Sohn des Vima Kadphises, Kanischka I., und dessen Sohn Huvischka erreicht. Das Kuschan-Reich erstreckte sich damals von Baktrien über den Hindukusch bis tief nach Mittelindien (Abb. 10). In diesem Zusammenhang sei nochmals auf die Rabatak-Inschrift verwiesen, in der Kanischka ausdrücklich kundtut, dass er ganz Indien bis zu den Städten Kausambi (Kosam, bei Allahabad), Pataliputra (Patna in Magadha) und Sri Campa (bei Bhagalpur) seinem Willen unterworfen habe. Er habe auch eine neue Ära eingeführt, die mit dem Jahr 1 zu zählen beginnt. Der Beginn dieser von Kanischka eingeführten Ära und damit sein erstes Regierungsjahr wird heute von der Mehrheit der Forschung mit dem Jahr 127/128 n. Chr. festgesetzt,[17] wenngleich ein um 100 Jahre späterer Beginn noch nicht völlig ausgeschlossen werden kann.

Unter Kanischka I. und Huvischka sind auf den Reversen der Münzen eine Vielzahl verschiedenster Götter dargestellt, die vorwiegend aus der iranischen Glaubenswelt stammen, in deren bildliche Umsetzung jedoch auch zahlreiche ikonographische Elemente der griechischen und indischen Götterwelt einflossen (Kat. Nr. 269–303; 310). Wie Kanischka in der Rabatak-Inschrift einleitend festhält, hat er seine Herrschaft von der Göttin Nana und allen anderen Göttern erhalten. So sind auch die zahlreichen auf den Münzen abgebildeten Götter in erster Linie als Investiturgötter zu verstehen, denen Kanischka sein Königtum verdankt. Darunter ist auch die in der Rabatak-Inschrift genannte Nana, manchmal auch als „königliche Nana" (Nanashao) bezeichnet, prominent vertreten. Von den Römern übernahmen die Kuschan auch die Sitte, die auf ihren Münzen dargestellten Götter schriftlich zu benennen. Anfänglich bediente sich Kanishka noch der griechischen Sprache (Kat. Nr. 296), führte dann jedoch das Baktrische – ein mit griechischen Buchstaben geschriebener ostiranischer Dialekt, welcher in der Rabatak-Inschrift von ihm als ariao („arisch") bezeichnet wird – als neue Staatssprache ein. Gegen Ende seiner Regierung erscheint auch Buddha auf Kanischkas Münzen, als dessen großer Verehrer der König auch in die buddhistische Literatur gepriesen wird (Cribb 2000). Auf den Goldmünzen ist der historische Buddha stehend mit der einfachen baktrischen Legende Boddo abgebildet (Abb. 11, Kat. Nr. 298); auf den Kupfermünzen lautet die Beischrift zu diesem Münzbild Sakamano Boudo. Der zukünftige Buddha Maitreya (Metrago Boudo) ist hingegen nur auf den Kupfermünzen, und zwar sitzend, dargestellt (Kat. Nr. 299). Beide Bildnisse sind wohl von plastischen Bildwerken abgeleitet.

Unter Vasudeva I., dem Nachfolger des Huvischka, kam es zum Niedergang des kuschanischen Imperiums. Geschwächt durch interne Auseinandersetzungen und im Westen von den persischen Sasaniden sowie im Osten von den indischen Guptas bedroht, wurde das Reich Schritt für Schritt unter den neuen Mächten aufgeteilt. Von den zahlreichen Göttern, die unter Kanischka I. und Huvischka noch ihre schützende Hand über das kuschanische Weltreich gebreitet hatten, blieben jetzt nur mehr Oesho (Kat. Nr. 304) und Ardochsho (Kat. Nr. 305), die Göttin des königlichen Glücks, übrig.

Der besondere Einfluss Roms auf die kuschanische Münzprägung wurde – wie schon erwähnt – erstmals unter Kujula Kadphises im 1. Jh. n. Chr. deutlich. In diesem Zusammenhang ist abschließend ein besonderes Schmuckstück zu erwähnen, das im kulturellen Spannungsfeld zwischen Rom und dem Kuschanreich in Indien entstanden ist (Abb. 12, Kat. Nr. 306). Es handelt sich um ein gefasstes Goldmedaillon, das auf der Vorderseite das Bildnis des römischen Kaisers Konstantin des Grossen (306–337 n. Chr.) zeigt. Als Prototyp ist ein

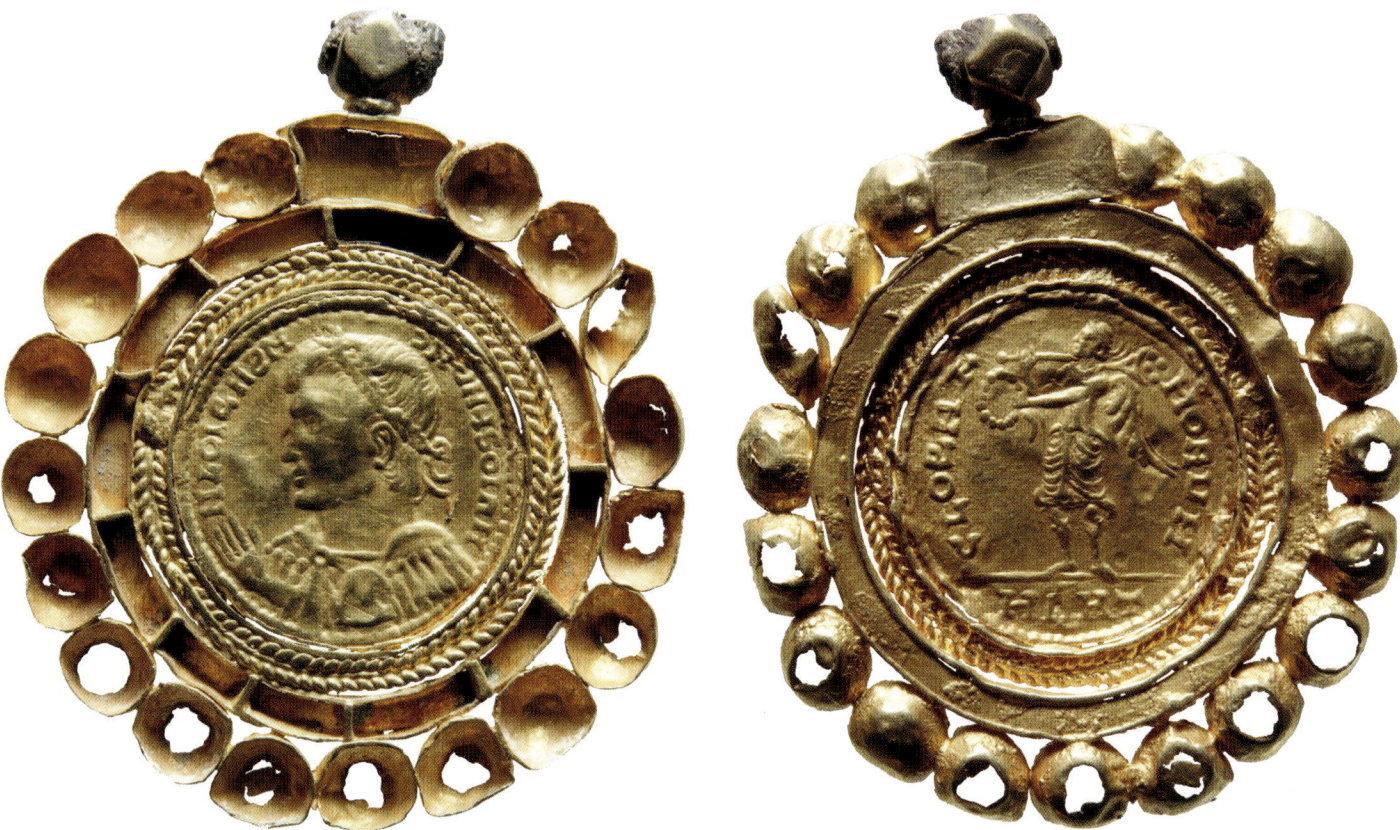

12 Kuschanisches Goldmedaillon nach römischem Vorbild in Schmuckfassung, 4. Jh. n. Chr., Wien, Kunsthistorisches Museum, Münzkabinett, Inv. Nr. GR003123 (siehe Kat. Nr. 306). Maßstab 2,4:1.

Doppelsolidus Konstantins anzusprechen, der im Jahre 325/326 n. Chr. in Nicomedia anlässlich des zwanzigjährigen Regierungsjubiläums des Kaisers geprägt wurde. Die Legende ist barbarisiert und lässt das lateinische Vorbild nicht mehr erkennen. Das Reversbild ist der römischen Siegesgöttin Victoria nachempfunden, sie ist jedoch mit dem indischen Dhoti bekleidet. Die Legende ist eindeutig von GLORIA ROMANORVM kopiert. Dieses außerordentliche Schmuckstück findet eine schlagende Parallele in einem römisch-kuschanischen Mischmedaillon, das sich im British Museum befindet:[18] Auch in diesem Fall ist das Aversbild von einem römischen Goldmultiplum Konstantins des Großen aus der Münzstätte Nicomedia abgeleitet. Im Revers sehen wir die iranische Göttin Ardochsho, wie sie etwa auch auf den Dinaren des Kuschankönigs Huvischka begegnet.

Neben der inhaltlichen Übereinstimmung beider Stücke zeigt auch die technische Ausführung der Schmuckfassungen, dass beide Medaillone vielleicht sogar in ein und derselben Werkstatt gefasst wurden. Schließlich ist noch ein drittes vergleichbares Exemplar bekannt.[19] In diesem Fall handelt es sich um einen originalen Golddinar von Kanischka I. (im Revers Oesho), der zu einem Anhänger verarbeitet wurde. Die Schmuckfassung ist mit derjenigen des Medaillons aus dem British Museum nahezu identisch, so dass auch in diesem Fall an eine gemeinsame Werkstätte gedacht werden kann.

4 Petitot-Biehler 1975.
5 AK Paris 2008, Kat. Nr. 5–8.
6 Ebd., Kat. Nr. 10.
7 Dorn'eich 2008.
8 Lo Muzio 1999.
9 AK Paris 2008, Kat. Nr. 116.
10 Bopearachchi 1990.
11 Cribb 1993.
12 Sims-Williams/Cribb 1996.
13 AK Paris 2008, Kat. Nr. 95.
14 Cribb 1999.
15 Bopearachchi 2008.
16 Cribb 1997.
17 Falk 2001; Falk 2004; Falk 2008.
18 Errington/Cribb 1992, Nr. 146.
19 Göbl 1999, Tf. 4.

Literatur

AK Lattes 2003; AK Paris 2008; Alram 1996; Alram 1999; Audouin/Bernard 1973/1974; Bopearachchi 1990; Bopearachchi 1991; Bopearachchi 1999; Bopearachchi 2008; Cribb 1993; Cribb 1997; Cribb 1999; Cribb 2000; Cribb 2007; Dorn`eich 2008; Errington/Cribb 1992; Errington/Sarkosh 2007; Falk 2001; Falk 2004; Falk 2008; Fröhlich 2008; Göbl 1984; Göbl 1993; Göbl 1999; Jenkins 1955; Lo Muzio 1999; Petitot-Biehler 1975; Salomon 2005; Senior 2001; Sims-Williams/Cribb 1996.

---

1 AK Paris 2008, 152, Kat. Nr. 14.
2 Bopearachchi 1990.
3 Audouin/Bernard 1973.

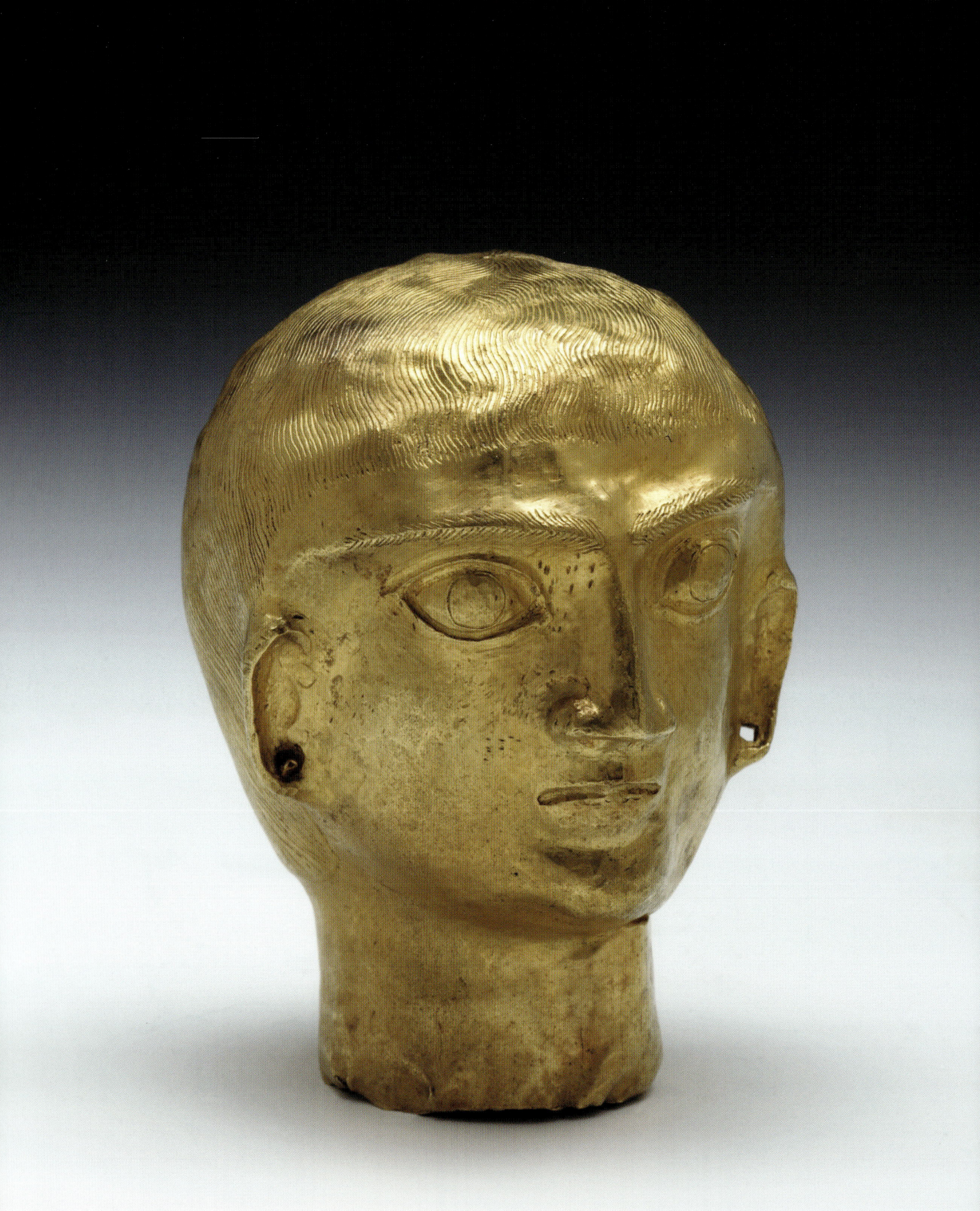

Die Skulpturen von Khalchajan[1]

Lolita Nehru

Der antike Ort Khalchajan, der im Tal des Surchan-Darja (einem nördlichen Zufluss des Oxos oder Amu-Darja) in Süd-Usbekistan liegt, wurde über einen bedeutenden Zeitraum hinweg von den Jüeh-Chi, einem Mitte des 2. Jhs. v. Chr. in dieses Gebiet (das antike Baktrien) eingewanderten Nomadenvolk, besiedelt. Zuvor war es von dem rivalisierenden Nomadenstamm der Huing-nu aus seiner Heimat in der nordwestchinesischen Provinz Gansu vertrieben worden. Die Jüeh-Chi sowie vermutlich weitere nomadisierende Gruppen (Sakas) unterwarfen die hellenistisch-griechische Dynastie, die Baktrien zu dieser Zeit beherrschte (die Region zwischen dem Hindukusch und dem Gissar-Gebirge, das heutige Nordafghanistan sowie die südlichen Teile von Usbekistan und Tadschikistan[2]). Vor dem Erscheinen der Jüeh-Chi war Baktrien zuerst von den achämenidischen Persern aus dem westlichen Iran (6.–4. Jh. v. Chr.) und nach den Eroberungszügen Alexanders des Großen von hellenistischen Griechen (4. bis Mitte des 2. Jhs. v. Chr.) regiert worden. Innerhalb eines Jahrhunderts seit ihrer Ankunft vereinten sich die fünf Stämme der Jüeh-Chi unter dem Banner der mächtigsten Gruppe, den Kuschan (die von da an so genannt wurden) und ihres Anführers Heraios. Der Palast in Khalchajan wurde wahrscheinlich von Heraios als Ausdruck des neu erlangten Status erbaut. Sein Baudatum wird, obgleich umstritten, in die Mitte des 1. Jhs. v. Chr. gelegt,[3] während der Ort selbst auf die vorangegangene hellenistische Epoche zurückgeht.

Khalchajan wurde von Galina Anatolevna Pugatschenkowa zwischen 1959 und 1963 ausgegraben.[4] Die dabei entdeckten Gemälde und knapp lebensgroßen Skulpturen (aus ungebranntem Ton und bemalt) wurden alle aus einem kleinen Gebäude oder Palast geborgen, das Pugatschenkowa zufolge ursprünglich als Empfangshalle und später im Zusammenhang mit dem Herrscherkult der Kuschan als „Haus der vergöttlichten Ahnen" genutzt wurde. Das Gebäude bestand aus einem kleinen sechssäuligen, nach Osten orientierten Portikus bzw. einem Aiwan und der rechteckigen Haupthalle mit einem Thronsaal am Ende. Flure und Räume entlang der Nord- und Südseite des Gebäudes dienten als Schatzkammer und als Räume für die Wachen.[5]

Die Skulpturen und Gemälde aus Khalchajan, die in Museen in Taschkent aufbewahrt werden,[6] gehören zu den bemerkenswertesten Funden der antiken Welt. Die Skulpturen waren neben dem Eingangsportikus hauptsächlich in der Haupthalle angebracht gewesen. Hier teilten sie sich auf drei große (von Pugatschenkowa rekonstru-

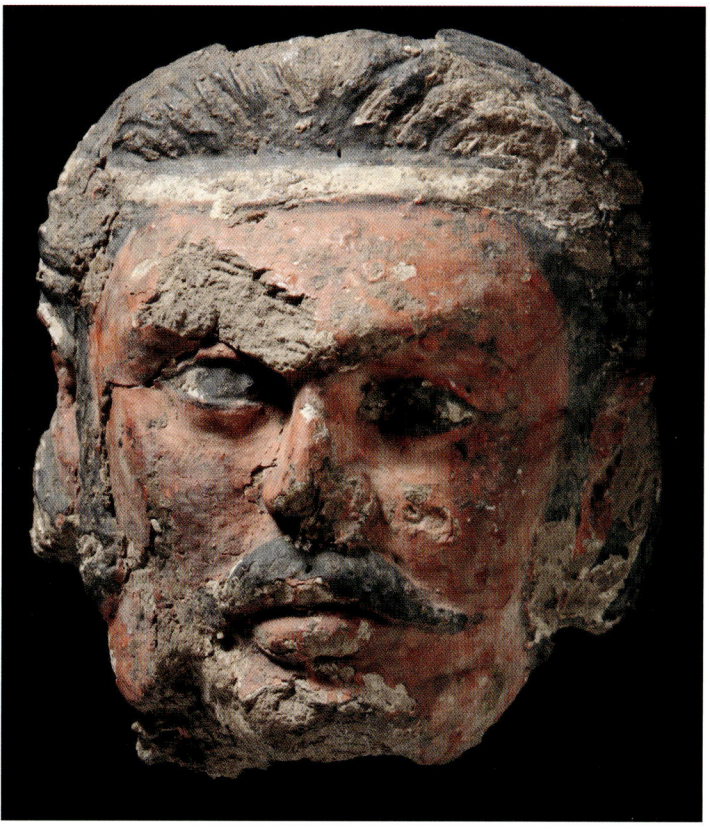

1a Khalchajan. Kopf eines jungen, bärtigen Fürsten. Relieffragment aus ungebranntem, bemaltem Ton. Taschkent, Kunstwissenschaftliches Forschungsinstitut, Inv. Nr. 17.

ierte) Kompositionen auf, die den oberen Bereich der drei Wände (im Westen, Norden und Süden) der Haupthalle bedeckten. Die vierte, östliche Wand war mit Gemälden verziert, die nur fragmentarisch erhalten sind.[7] Zwei der drei skulpturalen Kompositionen (an der West- und Nordwand) gaben die Kuschan-Herrscher, weitere Angehörige des herrschenden Adels und einen parthischen Bündnispartner (ihr nomadischer Nachbar im Westen) wieder. Alle sind frontal dargestellt, sitzend oder stehend, von Schutzgottheiten aus dem westasiatischen, iranischen und hellenistischen Pantheon (Kybele, Mithras, Herakles, Athena, Nike) bewacht.[8] Da der Palast offensichtlich als Herrscherkultzentrum der Kuschan diente (eine Praxis, die sie mit den Parthern gemeinsam hatten), war eine der Figuren, von der nur der Kopf erhalten geblieben ist, möglicherweise die eines Ahnen.[9] Das dritte Skulpturenfeld (an der Südwand), das Reiter zeigt, stellte

6 Goldener Kopf, Oxos-Schatz. London, British Museum, Inv. Nr. 123906.

Die Skulpturen von Khalchajan

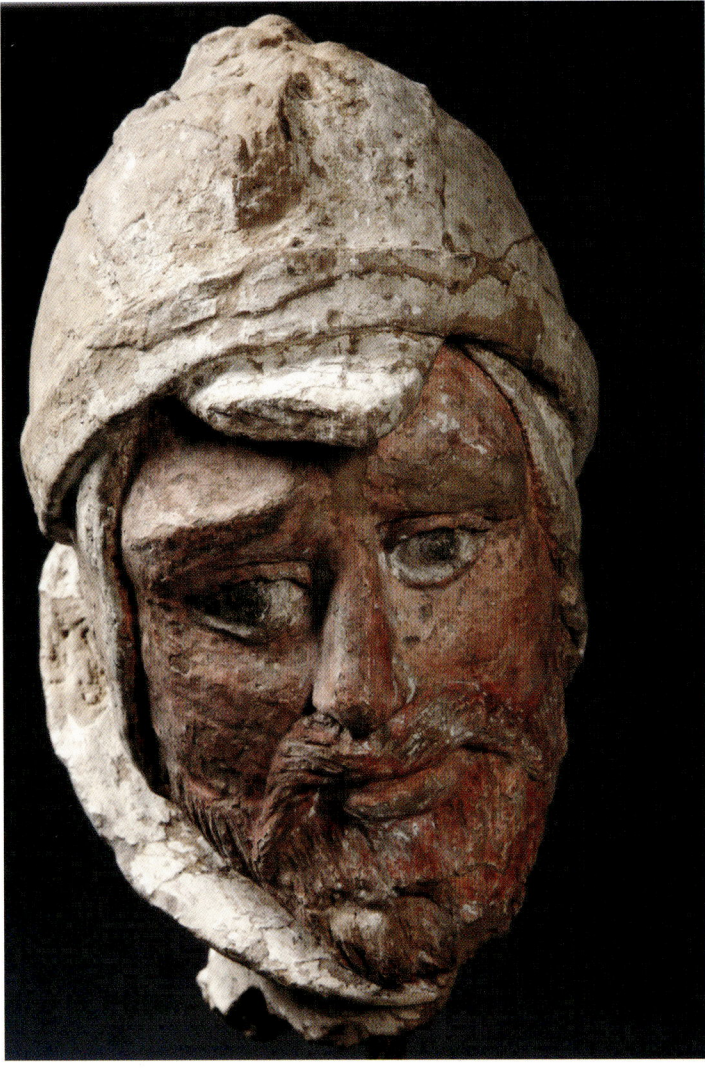

1b Khalchajan. Kopf eines bärtigen Kriegers mit Kragen der Rüstung und einem aus zusammengebundenen Platten bestehenden Helm. Statuenfragment aus ungebranntem, bemaltem Ton. Taschkent, Kunstwissenschaftliches Forschungsinstitut, Inv. Nr. P/5.

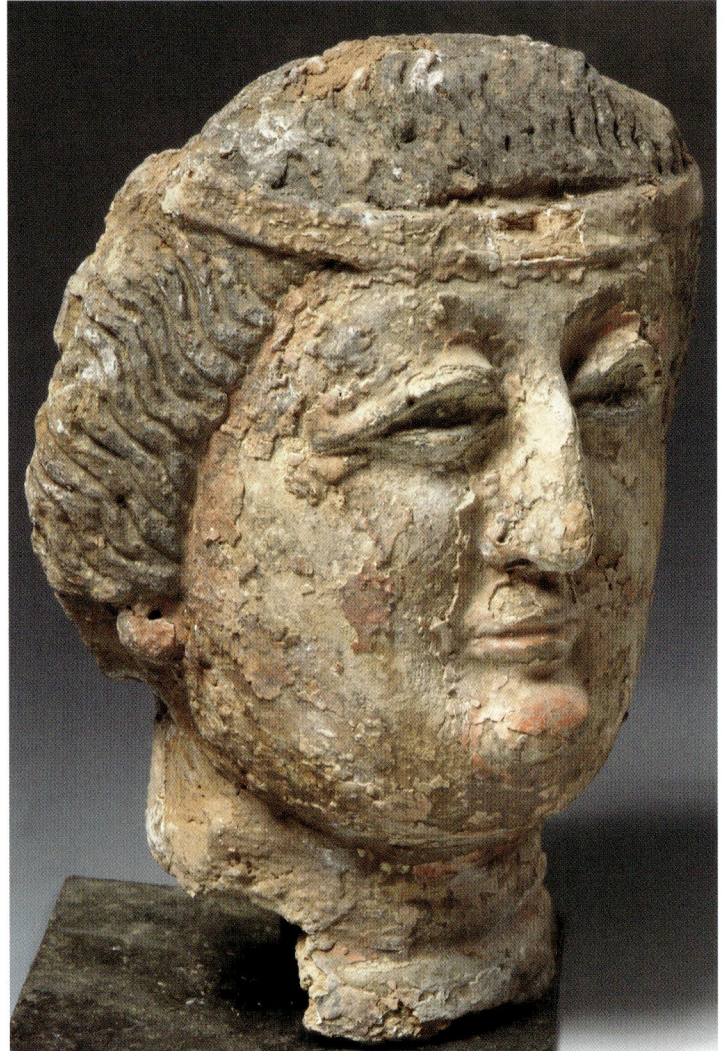

2 Khalchajan. Kopf einer Frau mit hochgesteckter Frisur und Diadem. Statuenfragment aus ungebranntem, bemaltem Ton. Taschkent, Kunstwissenschaftliches Forschungsinstitut, Inv. Nr. 1.

wahrscheinlich den Sieg der Jüeh-Chi bzw. Kuschan über ihre Rivalen in Baktrien, die nomadischen Sakas, dar.[10] Skulptierte Girlanden und Putti sowie in den Girlandenschlaufen platzierte Teilnehmer am dionysischen Treiben (Satyrn und musizierende Frauen) bildeten ein durchlaufendes Register oberhalb der drei Paneele.[11]

Die frühen Kuschan werden aufgrund einer unleugbaren von Pugatschenkowa bemerkten physiognomischen Ähnlichkeit zwischen dem Profilkopf des Heraios auf seinen Münzen und einer bestimmten Gruppe der Khalchajan-Skulpturen mit dem Ort in Verbindung gebracht.[12] Es ist daher sehr wahrscheinlich, dass diese Skulpturen Darstellungen der frühen Kuschan, darunter wahrscheinlich auch des Heraios selbst, sind.

Die Khalchajan-Skulpturen stellen einen äußerst bedeutenden Wendepunkt in der Kunst und Geschichte Baktriens dar. In historischer Hinsicht reflektieren sie den Aufstieg der Kuschan als politische Macht in Baktrien, die bald ein Reich formen sollte, welches das benachbarte Königreich von Gandhara jenseits des Hindukusch-Gebirges sowie Mathura in Nordindien umfasste. In künstlerischer Hin-

sicht rückten die Khalchajan-Skulpturen als erster plastischer Ausdruck der nomadisch lebenden Kuschan die einheimischen lokalen und nomadischen Traditionen Baktriens in den Vordergrund, die bis dahin wegen der vorherrschenden politischen und kulturellen Mächte der achämenidischen Perser und hellenistischen Griechen am Rande der künstlerischen Aktivitäten gestanden hatten. Darüber hinaus weist die von den Skulpturen verkörperte Synthese aus lokalen, nomadischen, achämenidischen und hellenistischen Stilrichtungen und Ikonographien auf vier Jahrhunderte vorangegangener Vermischung dieser verschiedenen Kulturen in Baktrien, beginnend mit dem Zeitpunkt der persischen Eroberung der Region. In der Tat legte die „Sprache" der Khalchajan-Skulpturen eine künstlerische Norm fest, die sich in Baktrien beinahe ein Jahrtausend lang hielt.

Der auffälligste Wesenszug der Skulpturen ist ihr „buchstabengetreuer" Realismus in der Darstellung der Personen, bei der jede in einem hoch individuellen Porträt abgebildet wird (Abb. 1).[13] Eine weitere Auffälligkeit ist das weite Spektrum dargestellter lokaler Physiognomien, das die zweifellos für Baktrien charakteristische Mischbevöl-

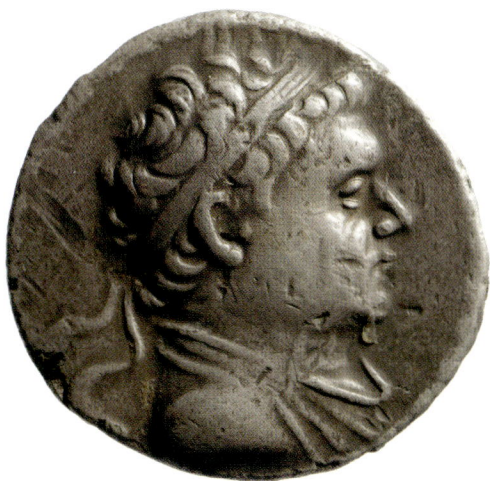

3a Tetradrachme des Heliokles, 2. Jh. v. Chr. Wien, Kunsthistorisches Museum Wien, Münzkabinett Inv. Nr. GR 023337, Kat. Nr. 279).

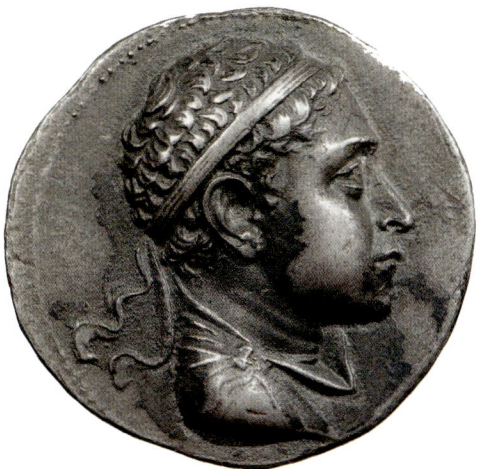

3b Tetadrachme des Euthydemos II., 2. Jh. n. Chr. Paris, Bibliothèque Nationale, Inv. Nr. R.368.1.47 (Kat. Nr. 308).

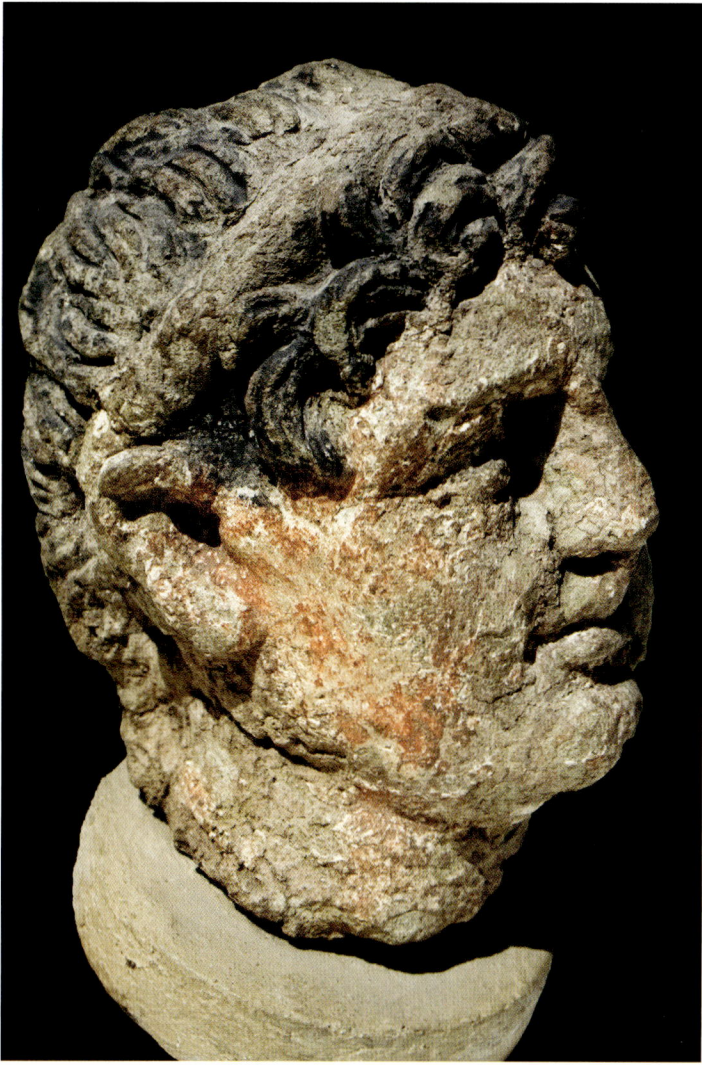

4 Kopf eines graeco-baktrischen Herrschers, Tachti Sangin. Stuck mit Bemalung. Duschanbe, Nationalmuseum der Antike Tadschikistans, Inv. Nr. M 7257, Kat. Nr. 232).

kerung reflektiert, denn dieses Land war im Laufe seiner gesamten Geschichte ein geographischer und kultureller Schnittpunkt (Abb. 2, vgl. Abb. 1a).[14] Man kann davon ausgehen, dass die Porträthaftigkeit von hellenistischen Traditionen abstammt, die zuvor in Baktrien ihren Niederschlag fanden. Prototypen für realistische Porträts gab es sicherlich unter den zahlreichen Darstellungen graeco-baktrischer Könige auf Münzen (Abb. 3a; b), wenn nicht gar die zu dieser Zeit gefertigten Skulpturen (aus Marmor, Kalkstein, Stuck, Ton, Terrakotta, Bronze). Diese reflektierten eher den idealisierten als porträthaften Realismus klassisch griechischer Prinzipien, an denen die baktrischen Griechen, weit ab von ihrem Heimatland und in ständiger Bedrohung durch nomadische Invasionen, in bewusstem Konservatismus festhielten (Abb. 4). Interessant ist allerdings der Gegensatz zwischen der impressionistischen Gestaltung der Gesichter in Khalchajan und der präziseren technischen Behandlung graeco-baktrischer Münzen und Skulpturen.

Noch wichtiger ist die Feststellung, dass der Realismus der Skulpturen von Khalchajan gleichermaßen lokalen einheimischen Kulturen in Baktrien wie auch hellenistischen Traditionen verpflichtet war. Bereits lange bevor das realistische Porträt ein wichtiges Thema der Griechen darstellte, finden sich nahezu porträthafte Gesichter auf einigen Goldplaketten des in Südtadschikistan gefundenen Oxos-Schatzes, der während der Achämenidenzeit lokal in Baktrien angefertigt wurde (Abb. 5).[15] Die Plaketten spiegeln eine einheimische Tradition wider, die auch in den dargestellten einheimischen Gesichtern deutlich wird (sie findet sich auch bei zwei ungefähr zur gleichen Zeit entstandenen, ebenfalls lokal gefertigten Goldköpfen des Schatzfundes, siehe Abb. 6/Startabb.).[16] Sie repräsentieren Vorgänger der drei bis vier Jahrhunderte später auftretenden Khalchajan-Skulpturen.

Diese einheimische Darstellungsweise, die einen „buchstabengetreuen", beinahe porträthaften Realismus sowie die Darstellung einheimischer Gesichter einschließt, findet sich auch in der hellenistischen Epoche in zahlreichen Beispielen aus der griechischen Stadt Ai Khanoum in Nordost-Afghanistan (Abb. 7; 8).[17] Einheimische Ausdrucksweisen traten hier an der Peripherie künstlerischer Produktion auf, bei Terrakotten, Keramik (Figurinen, Gefäßhenkel, mit menschlichen Figuren und Büsten verzierte Gips- oder Tonmodelle

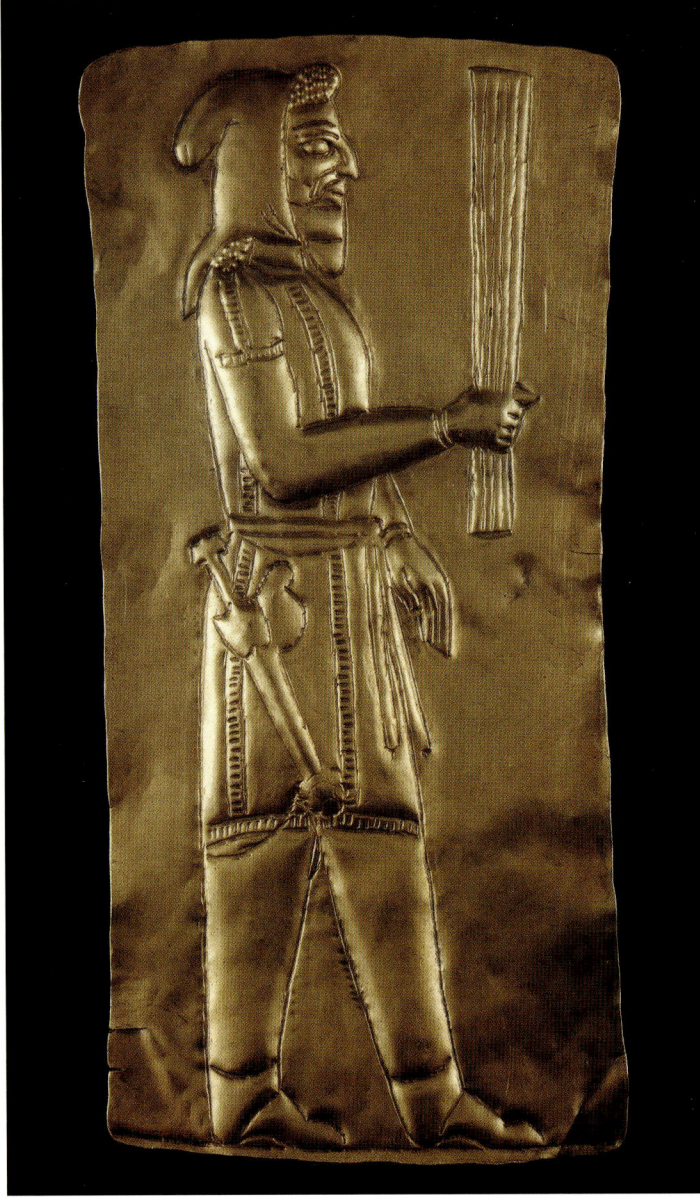

5 Goldenes Weiheplättchen, Oxos-Schatz. London, British Museum, Inv. Nr. 123949.

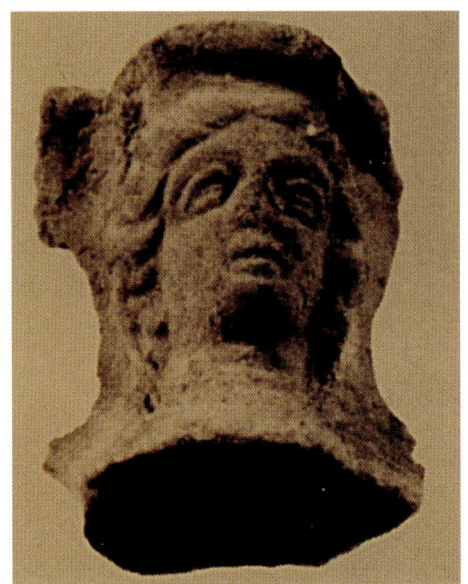

7 Terrakottarelief aus Ai Khanoum. Kabul, Nationalmuseum.

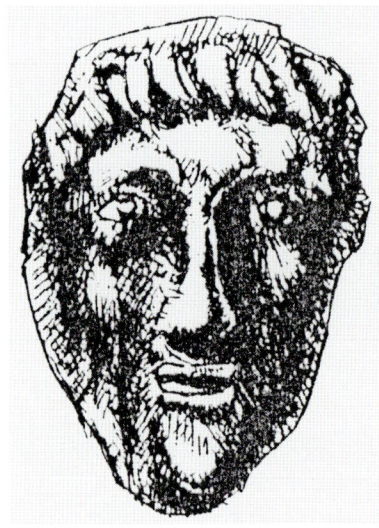

8 Kopf einer Terrakotta-Figurine aus Ai Khanoum. Kabul, Nationalmuseum.

und -formen) sowie in der Kleinkunst (Figurinen, figürliche Anhänger aus Silber, Elfenbein und Knochen).[18] Individualisierte, in einem impressionistischen Realismus gestaltete einheimische Gesichter lassen sich gut von Werken unterscheiden, die an klassisch griechische Vorbilder angelehnt sind.

Besonders beachtenswert ist diese lokale Darstellungsweise bei Funden aus Baktrien, die bereits im 2. Jt. v. Chr. in der Bronzezeit entstanden sind, wie beispielsweise ein kleiner steinerner Kopf aus Mirschade in Süd-Usbekistan unweit von Khalchajan (Abb. 9),[19] sowie eine Serie kleiner „Trompeten" aus Kupfer-Bronze, die wahrscheinlich bei der Jagd benutzt wurden und die auffallend individuelle einheimische Gesichtszüge zeigen. Aus dem spätbronzezeitlichen Ort Gonurdepe im antiken, an Baktrien angrenzenden Margusch (Süd-ost-Turkmenistan) gelegen, stammt ein Beispiel dafür (Abb. 10),[20] andere Stücke ohne genaue Angaben zur Herkunft oder zum archäologischen Kontext wurden hingegen angeblich in Baktrien gefunden (einige davon werden im Louvre aufbewahrt).[21] Es scheint so, als ob die einheimischen Vorläufer der Khalchajan-Skulpturen nicht nur auf die hellenistische und achämenidische Epoche in Baktrien, sondern möglicherweise auch bis in die Bronzezeit zurückverfolgt werden können, obwohl es für die dazwischenliegenden Jahrhunderte keine Beispiele gibt.

Daraus ergeben sich zwei wichtige Schlussfolgerungen. Sie widerlegen die allgemein vertretene Ansicht, dass es sich in Khalchajan um nur wenig mehr als eine direkte Fortsetzung des hellenistisch-griechischen künstlerischen Realismus bis in die Jüeh-Chi/Kuschan-Epoche unter Hinzufügung weniger lokaler Details (wie Gewandstile oder Gesichter) handle. Erstens gab es in Baktrien zwei Realismustraditionen, eine einheimische Tradition, deren Anfänge möglicherweise in die Bronzezeit zurückreichen, und die griechische Tradition. Zweitens spielten beide eine gleichermaßen wichtige Rolle für die Entstehung der Khalchajan-Skulpturen. Das Vorhandensein einer einheimischen

Tradition des Realismus und der Individualisierung sorgte wohl für die Aufnahmebereitschaft gegenüber griechischen/hellenistischen Normen und Techniken. Offenkundig sind die Anleihen bei den Porträts der Khalchajan-Skulpturen, die im Vergleich zu denen der vorangegangenen achämenidisch-persischen und griechischen Epochen (zum Beispiel aus dem Oxos-Schatz oder aus Ai Khanoum) genauer sind. Darüber hinaus konnte die Fortsetzung des impressionistischen Porträtrealismus der „Khalchajan-Sprache" in der Kunst Baktriens (und anderer Teile von Westzentralasien[22]) über beinahe ein Jahrtausend hinweg nur möglich sein, wenn diese Ausdrucksform bereits Bestandteil des einheimischen kulturellen Fundaments war.

Die individualisierte Darstellung eines breiten Spektrums einheimischer Physiognomien war offensichtlich ein wichtiges Thema der lokalen künstlerischen Tradition Baktriens (sowie anderer Gebiete Westzentralasiens). Möglicherweise hing dies mit der nach Stämmen organisierten Gesellschaft Westzentralasiens (nomadischer wie sesshafter Gemeinschaften) und mit Aspekten von Stammesidentität aufgrund ethnischer Zugehörigkeit zusammen. Bekanntlich gab es bereits seit der Bronzezeit Phasen von Wanderbewegungen nomadischer Stammesgruppen aus der Eurasischen Steppe im Norden nach Westzentralasien hinein, die mit der lokalen Bevölkerung verschmolzen. Die nomadische Präsenz in Baktrien zeigt sich beispielsweise in der Erregtheit und beständigen Bewegung in den Gesichtern von Khalchajan (im Vergleich mit den ruhigeren griechischen Darstellungen) und kann mit der rastlosen, kontinuierlichen Bewegung der „Tierstil"-Kompositionen in Verbindung gebracht werden, die für nomadische Kunst charakteristisch sind und die im Dekor von Pferdegeschirr, Gürtelschnallen, Schmuck und Waffen auftreten. Viele Beispiele dafür wurden ebenfalls in Baktrien gefunden und datieren in das 5. bis 4. Jh. v. Chr. (Abb. 11).[23] Die von den Khalchajan-Skulpturen ausgestrahlte, weitestgehend auf ihre impressionistische (anstatt verfeinerte) Gestaltung zurückgehende schwungvolle Vitalität kann vielleicht auch mit nomadischen Eigenschaften in Verbindung gebracht werden, die zum Überleben in der offenen Steppe erforderlich sind.

Lokale und nomadische Traditionen wurden verständlicherweise im Laufe der achämenidischen und hellenistischen Epoche durch die dominierenden Ausdrucksformen der Perser und Griechen überlagert. Ebenso nachvollziehbar ist, dass sie mit der Machtübernahme der nomadischen Kuschan in den Vordergrund traten und zur Entstehung der Khalchajan-Skulpturen führten. Diese setzten einen Maßstab, der in Baktrien und andernorts in Westzentralasien für nahezu ein Jahrtausend Gültigkeit besaß.

Übersetzung aus dem Englischen: Emily Schalk.

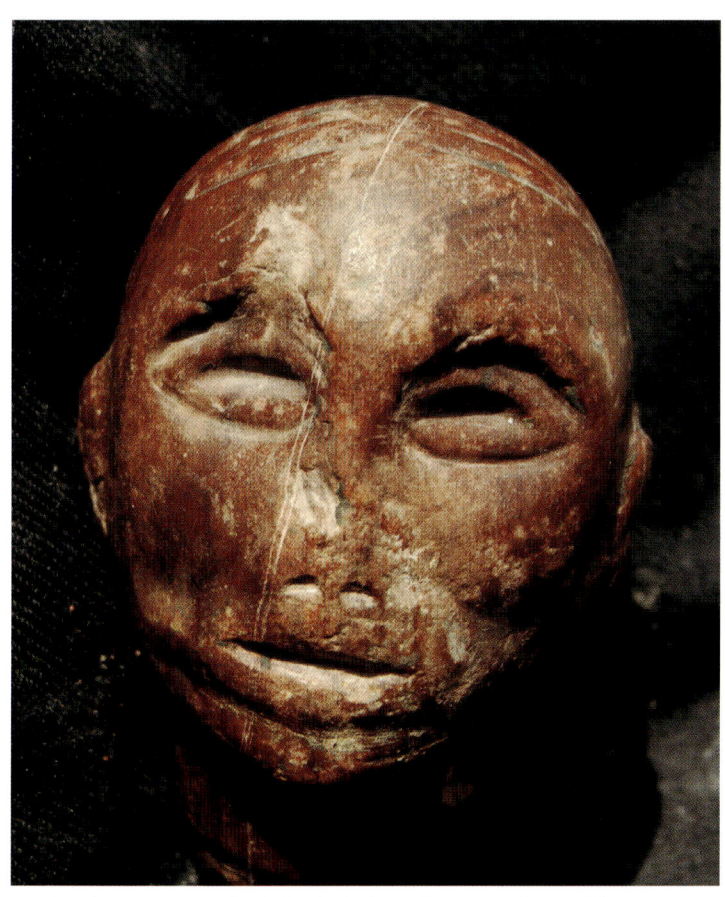

9 Steinkopf aus Mirschade (Südusbekistan). 2. Jt. v. Chr. Taschkent, Kunstwissenschaftliches Forschungsinstitut.

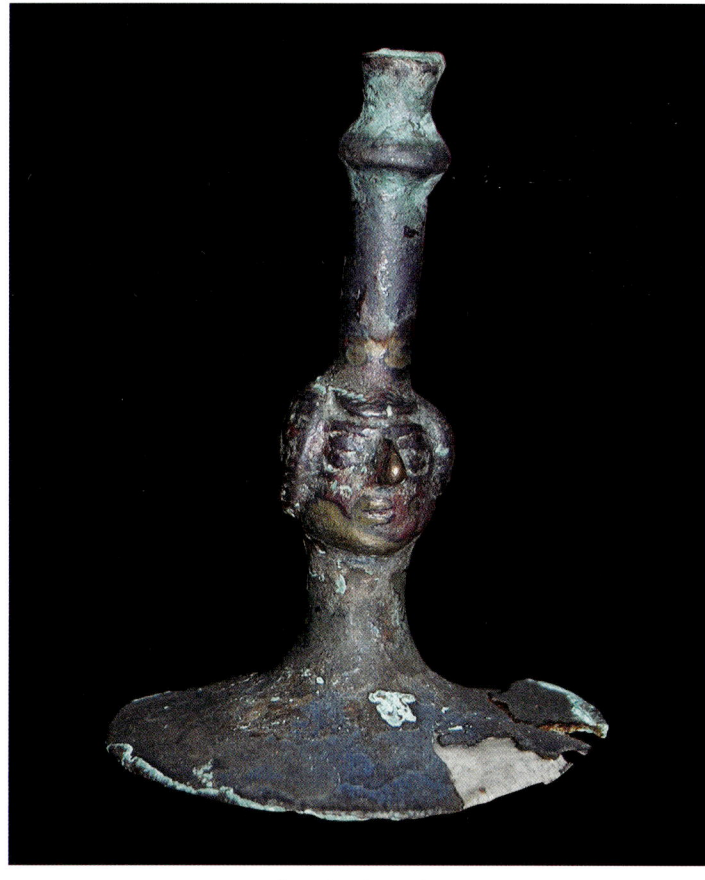

10 Bronzetrompete, Gonurdepe (Südostturkmenistan). Ende 3./Mitte 2. Jt. v. Chr. Aschchabad, Nationalmuseum für Geschichte und Ethnographie Turkmenistan.

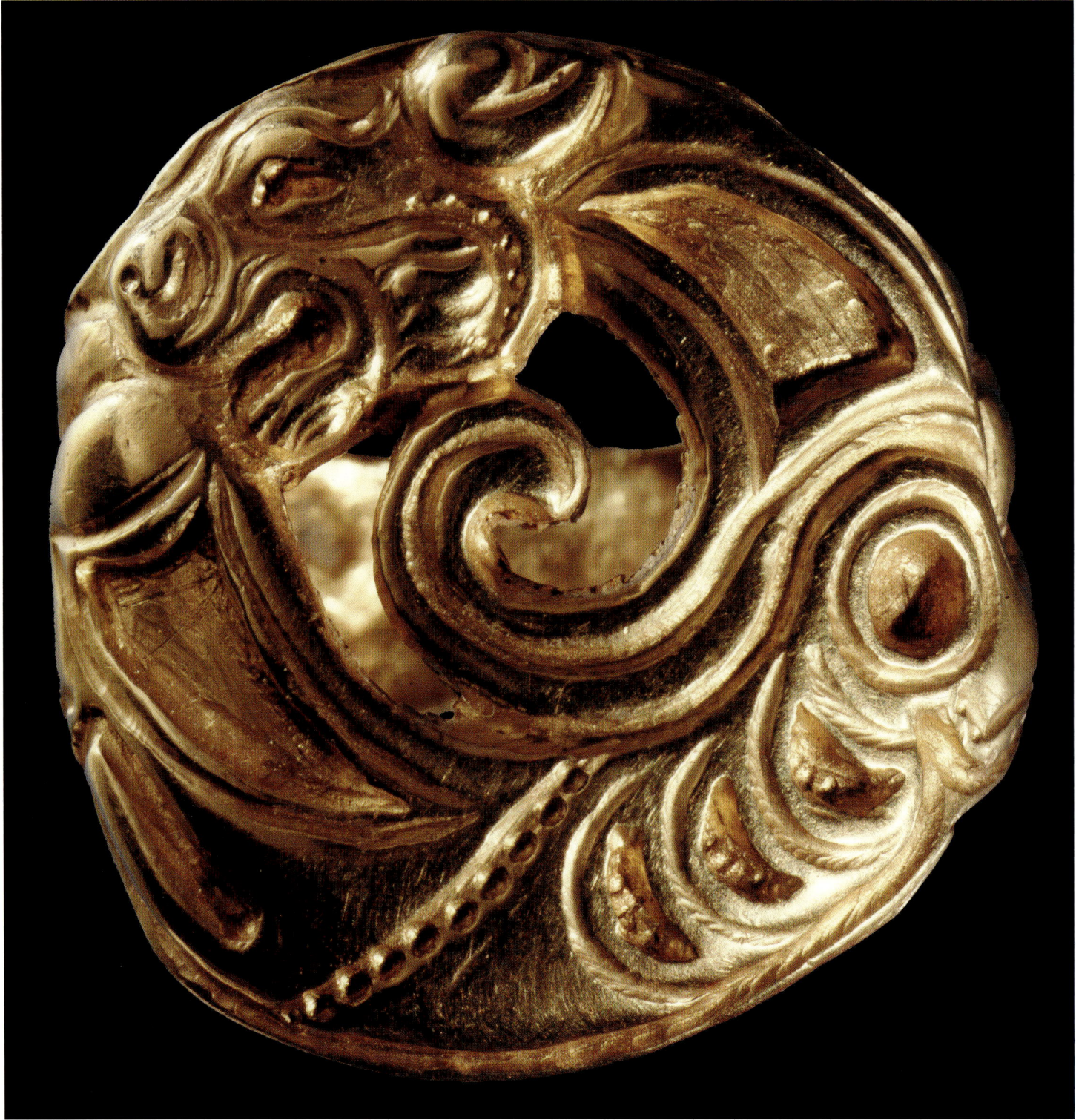

11 Goldener Fingerring, Oxos-Schatz. London, British Museum, Inv. Nr. 124012.

---

1 Dieser Aufsatz ist eine veränderte Fassung von Artikeln über Khalchajan, die von der Verfasserin in der Encyclopaedia Iranica, 2006, und in Silk Road Art & Archaeology, 6, 1999/2000, 217–239 veröffentlicht worden sind.

2 Während allgemeine Einigkeit darüber herrscht, dass die Hindukusch-Berge die südliche Grenze des antiken Baktriens darstellten, wird in der Forschung immer noch (obwohl hier nicht relevant) über die Nordgrenze diskutiert und ob diese durch den Oxos-Fluss oder das Gissar-Gebirge gebildet wurde.

3 Nicht alle folgen der Ansicht Galina Anatolevna Pugatschenkowas, die Khalchajan ausgrub und annahm, dass es in die Mitte des 1. Jhs v. Chr. datiert. Zeimal' datiert die Hera-

ios-Münzen auf den Anfang des 2. Jhs. n. Chr. (Pugatschenkowa, 1989, 97–99). Auch Cribb gibt für die Heraios-Münzen eine spätere Entstehungszeit um 30–80 n. Chr. an und weist sie Kujula Kadphises zu (Cribb 1993). Staviski ordnet Khalchajan zwei oder drei Generationen später als Pugatschenkowa ein und setzt es damit in die gleiche Zeit wie andere dynastische Zentren der Kuschan-Herrscher wie Mat und Surch Kotal (Stavisky, 1986, 225–230). Eine Gleichzeitigkeit der Skulpturen aus Khalchajan mit denen aus Mat und Surkh Kotal ist allerdings aus stilistischen Erwägungen nur schwer zu akzeptieren.

4 Die grundlegendsten Berichte der Khalchajan-Grabungen unter der Leitung von Pugatschenkowa sind Pugatschenkowa 1966 und Pugatschenkowa 1971.

5 Ebenda, 15, 127. Zum Plan und zu Rekonstruktionen siehe ebenda., 16, 17, Abb. 3, 4; Pugatschenkowa 1979, Abb. 62–63.

6 Die Skulpturen und Gemälde sind auf das Staatliche Museum der Kunst Usbekistans und das Kunstwissenschaftliche Forschungsinstitut, beide in Taschkent, aufgeteilt.

7 Zum Ort der Anbringung der drei Skulpturenkompositionen siehe Pugatschenkowa 1971, 129f. sowie 51, 61, 71 zur Rekonstruktion der drei Paneele. Zu den erhaltenen Gemäldefragmenten siehe ebenda, 16–18, 128, Abb. 5–8.

8 Ebenda, 130, mit Rekonstruktionen auf 51, 61. Zu den Skulpturen der Westwand siehe ebenda., Abb. 50, 53, 55, 59, 60, ebenso S. 48 (Nr. 5), S. 50 (Nr. 21). Der parthische Bündnispartner erscheint in Abb. 59. Zu den Skulpturen der Nordwand siehe ebenda., Abb. 68, 61–67, 69, 73. Zur Herakles-Gruppe siehe ebenda, 129, Abb. 45–48. Aus Pugatschenkowas Text wird nicht ganz klar ersichtlich, ob es sich bei der dargestellten Figur um Herakles oder eine „mithräische Figur in der Gestalt des Herakles" handelt. Die Büsten von zwei Figuren in den Ranken des Girlandenfrieses wurden von ihr als Begleiter des Mithras identifiziert – ebenda, 128 und Abb. 19–20. Zu Kybele siehe ebenda., 131, Rekonstruktion auf 61; zwei Fragmente sind auf 56 (Nr. 68) zu sehen. Zu einer in dem Portikus gefundenen Athenaskulptur siehe ebenda., 131, Abb. 88, 90.

9 Ebenda, 15, 131, Abb. 85.

10 Ebenda, 131, mit einer Rekonstruktion auf 71. Abbildungen der Skulpturen ebenda., Abb. 77–80, 67 (Nr. 36); drei unnummerierte Fragmente finden sich auf S. 70. Fragmente der Pferde sind abgebildet ebenda, Abb. 82–84, S. 66 (Nr. 24, 32), S. 68 (Nr. 39), S. 69 (Nr. 37–38, 48). Stammesangehörige des Heraios auf diesem Paneel sind ebenda in Abb. 78–79 (Nr. 45, 48) und vielleicht auf 67 (Nr. 36) zu sehen. Zur Deutung des Paneels siehe Bernard 1987.

11 Pugatschenkowa, 1971, 128 Abb. 10–16, 19–25 zu den Girlanden und Girlandenträgern; zu den Satyrn, Musikerinnen und anderen Figuren siehe ibid., 129 Abb. 26–27, 30, 33–34, 36–39, 42–44.

12 Ebenda, 130 Abb. 63, 112. Andere Stammesangehörige des Heraios erscheinen ebenda, 130, 131 Abb. 61, 63–64, 68, 78–79, S. 50 (Nr. 21), S. 67 (Nr. 36), abgebildet auf 75. Vgl. auch Pugatschenkowa 1965, 124f., 126, Taf. XXXII, XXXIII, XXXV, Abb. 3; Pugatschenkowa 1989, 97–99.

13 Abb. 1a: Pugatschenkowa 1971, Abb. 79 (Nr. 48); Abb. 1b: Abb. 77 Nr. 55.

14 Ebenda, Abb. 91–92.

15 Dalton 1964, Nr. 48.

16 Dalton 1964, S. 3, Taf. III, 5 (Nr. 5) und Taf. II, 6 (Nr. 6).

17 Guillaume/Rougeulle 1987, 64, Taf. 17 Nr. 10 (Nr. 1156 – Terrakottarelief); ebenda, 61, Taf. 19 Nr. 8 (Nr. 1138 – Terrakottafigur).

18 Zu Beispielen einheimischer Ausdrucksformen aus Ai Khanoum siehe:
a) Dekorationen auf Henkeln von Tongefäßen – ebenda, 65, Taf. 20 Nr. 6 (Nr. 1163).
b) Terrakottaform zur Herstellung von Masken – Francfort 1984, Taf. 18 Nr. 7 (Nr. 0.706)
c) Terrakottafigurinen – Guillaume/Rougeulle 1987, 61, Taf. 19 Nr. 5 (Nr. 1131), ebenso Taf. 16 Nr. 7.
d) Knochen- und Elfenbeinfigurinen – Francfort 1984, 15, Taf. 11 Nr. 3 (Nr. 0.781), ebenso Taf. 6 Nr. 3; ebenda, Taf. 11 Nr. 44 (Nr. 0.2144), ebenso Taf. 6 Nr. 44; ebenda, 16f., Taf. 5 Nr. 31 (Nr. 0.1245, von Francfort jedoch auf 16f. als Nr. 0.1244 bezeichnet). Beim zuletzt genannten Stück bemerkt Francfort den „verisme" der Figur, allerdings nicht im Hinblick auf ethnische (Gesichts-) Züge; die Figur wird hypothetisch als orientalische Fruchtbarkeitsgöttin gedeutet. Zu anderen Knochen- und Elfenbeinfigurinen siehe Guillaume und Rougeulle 1987, 62, Taf. 19 Nr. 12, 14 (bzw. Nr. 1142 und 1144), ebenso Taf. 16 Nr. 15 bzw. 16.
e) Silberfigurine – Rapin 1992, 246, 356, Taf. 85, T2, ebenso auf Taf. 120 Nr. 1. Die Figurine wird als grob gearbeitet und möglicherweise in der Tradition nackter orientalischer Gottheiten stehend beschrieben.
f) Zu Anhängern aus Knochen und Elfenbein siehe ebenda 245, 357, Taf. 85, T35, ebenso Taf. 120 Nr. 8; Guillaume/Rougeulle 1987, 58, Taf. 18 Nr. 50 (Nr. 1097), ebenso Taf. 15 Nr. 10.

19 Pugatschenkowa 1979, 13f., Abb. 7.

20 Heute im Nationalmuseum von Aschgabat, Turkmenistan.

21 Lawergren 2003.

22 Mit „Westzentralasien" sind hier Afghanistan nördlich des Hindukusch-Gebirges, die vier zentralasiatischen Republiken Turkmenistan, Usbekistan, Tadschikistan und Kirgisistan sowie der südliche Bereich von Kasachstan gemeint, das im Norden an die Eurasische Steppe angrenzt.

23 Dalton 1964, 29f., Abb. 60 (Nr. 111), 5. bis 4. Jh. v. Chr. Siehe ebenda, 11–13, Taf. I, 23 (Nr. 23), 5.–4. Jh. v. Chr.

Literatur

Barnett 1968; Bernard 1987; Bopearachchi 1991; Cribb 1993; Curtis/Searight/Cowell 2003; Dalton 1964; Francfort 1984; Guillaume/Rougeulle 1987; Lawergren 2003; Nehru 2006; Nehru 1999/2000; Pugatschenkowa 1965; Pugatschenkowa 1966; Pugatschenkowa 1971; Pugatschenkowa 1979; Pugatschenkowa 1989; Rapin 1992; Staviski 1986

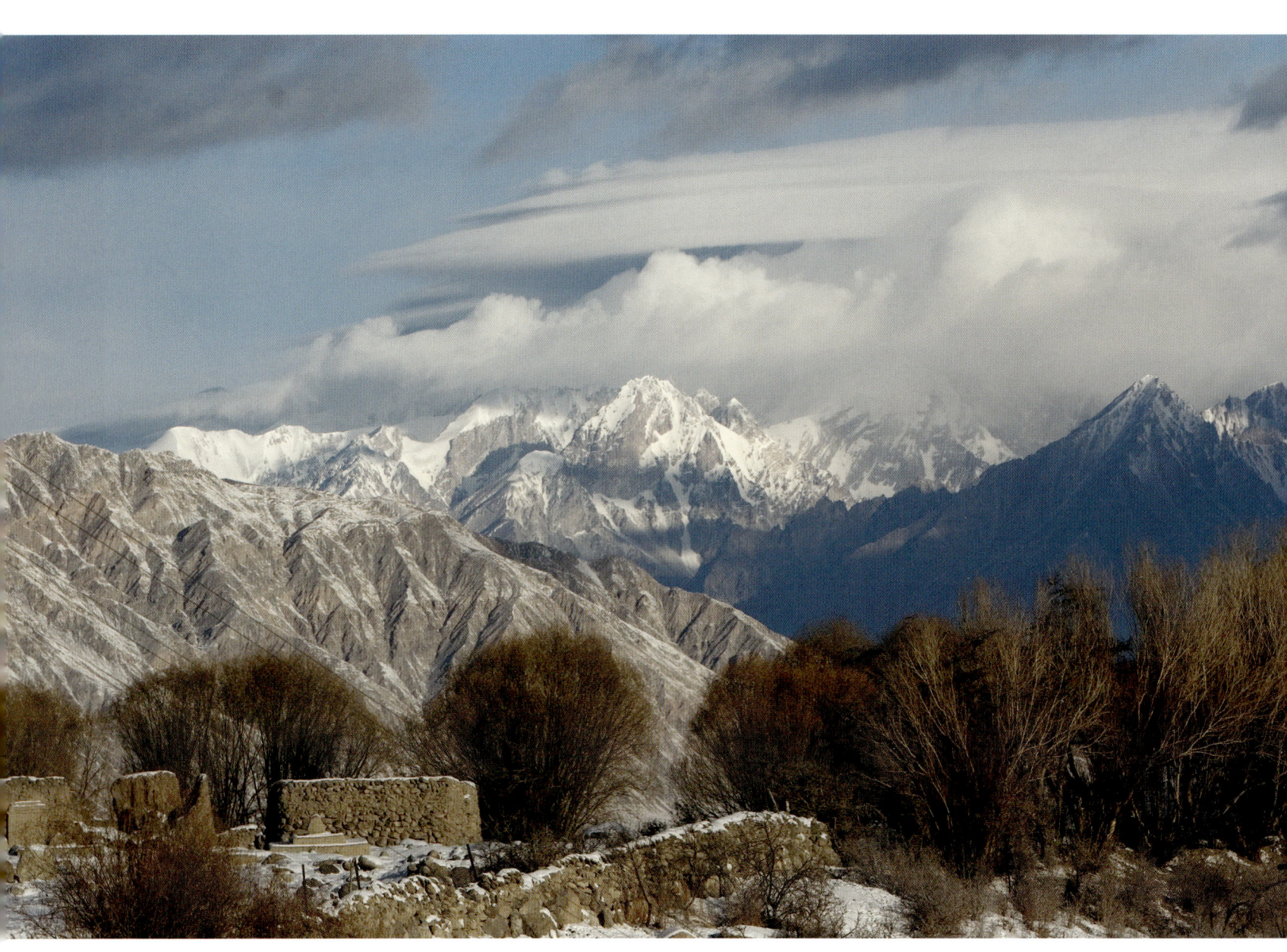

Chinas Kaisergeschenke in die Westlande und ihr Einfluss bis zum frühen Buddhabild

Jeanette Werning

„Als Euer Diener in Daxia war, sah er Bambusstöcke aus Qiong und Stoffe aus Shu; er fragte: ‚Wie erlangt man diese?' Ein Einwohner des Königreiches Daxia erwiderte ihm: ‚Unsere Händler gehen und kaufen sie im Königreich Shendu. Das Königreich Shendu liegt etwa mehrere tausend *Li* südöstlich von Daxia. Seine Bräuche sind die von Sesshaften und ähneln jenen von Daxia, aber es ist dort flach, feucht und sehr heiß. Zum Kampf steigt sein Volk auf Elefanten; dieses Königreich grenzt an einen großen Fluss'.… Schickt man heute eine Mission nach Daxia, so durchquert sie auf schwieriger Route [das Territorium der] Qiang, und die Bevölkerung von Qiang ist dem abgeneigt. Bewegt man sich etwas weiter nördlich, so riskiert man Gefangennahme durch die Xiongnu. Aber es muss auch eine Route über Shu geben, und zwar ohne Räuber." („Han Shu", Kap. 61)[1]

Mit diesem Bericht informierte der Gesandte Zhang Qian den Kaiser Han-Chinas, Wu Di, über bis dahin unbekannte chinesische Exporte aus der heutigen Provinz Sichuan (Qiong und Shu) via Nordindien nach Daxia (wahrscheinlich Baktrien).[2] Zhang war soeben, Ende des Jahres 126 oder Anfang 125 v. Chr., von einer 13-jährigen Reise nach Zentralasien zurückgekehrt, mit der die offiziellen politischen und kommerziellen Beziehungen mit den Gebieten im fernen Westen begannen. Dort in Daxia und seinen Nachbarstaaten waren, so Zhang Qian, die Produkte Chinas hoch geschätzt. Mit entsprechenden Geschenken könne man die Bewohner gewinnen und dazu bringen, eine nach Zentralasien ausgeweitete Souveränität Han-Chinas anzuerkennen.[3]

Historischer Hintergrund

Eigentlicher Anlass der Reise Zhang Qians war der kaiserliche Auftrag, eine Allianz mit den Jüeh-Chi herbeizuführen, um China von den bedrohenden Attacken der Xiongnu – einem mächtigen Nomadenverband im Norden – zu entlasten. Dieser Beginn der Öffnung Chinas nach Zentralasien fiel in die Schlussphase einer Völkerwanderungsperiode: Rachefehden unter den Nomadenstämmen hatten wiederholt Migrationswellen ausgelöst.

Der ersten Expedition Chinas jenseits des Pamir folgten weitere Missionen und drei große Feldzüge. Im Han-Reich trat bald ein anderes Motiv neben die diplomatischen Absichten des Zentralasien-Engagements: die Gier nach „himmlischen" Pferden. Wie im Fieber

Blick nach Westen ins Pamir Gebirge von Taschkorgan in Xinjiang, China.

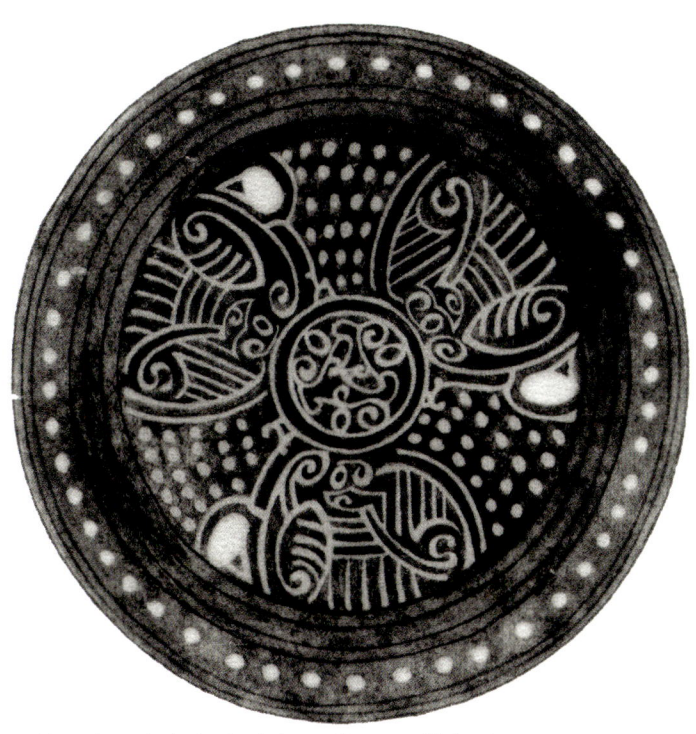

1 Han-chinesische Lackschale aus Begram, Afghanistan, (1. Hälfte 1. Jh. n. Chr.).

folgte eine Gesandtschaft der anderen, um solche zu erwerben. Längst war im fernen Westen der Markt mit Han-Gütern überschwemmt, vor allem in Dayuan (vermutlich Ferghana, ganz sicher ist das nicht)[4]. Am Kaiserhof bekämpften sich erbittert Befürworter und Gegner dieses Experiments: Die antiken chinesischen Texte liefern süffisante Schilderungen der Expeditionen und ihrer Auswüchse. Um 9 n. Chr. unterbrach China seine Aktivitäten abrupt. Sein politischer Einfluss in Zentralasien schwand in den ersten Jahrzehnten nach der Zeitwende, bis er ab 73 n. Chr. erneuert wurde.[5] Im 3./4. Jh. begann sich dieser Einfluss umzukehren.

Die chinesischen Quellen zeichnen ein buntes Kaleidoskop von Namen und Titeln aus dieser bewegten Zeit:

Die Jüeh-Chi waren einst ebenfalls nomadische Nachbarn Chinas gewesen und bereits nach früheren Konflikten mit den Xiongnu von der Schleife des Gelben Flusses westwärts in ein Gebiet zwischen Dun-Huang und dem Qilian-[Gebirge] gewandert.[6] Um 177/176 v. Chr. aber tötete Laoshang, der *chanyu*-Khan der Xiongnu, den Jüeh-Chi-König und fertigte aus seinem Schädel ein Trinkgefäß.[7] Der größere Teil der Jüeh-Chi zog daraufhin weit fort nach Westen. Zunächst

201

gelangten die Jüeh-Chi in das frühere Königreich der Se (Saken), deren König sie besiegten und vertrieben. Während der Sakenkönig nach Süden durch die „Hängenden Pässe" floh (zwischen 174 und 160 v. Chr.), besiedelten die Jüeh-Chi sein Territorium.[8] Dort griff sie später der *Kunmo*-Häuptling der Wusun an und überwältigte die Jüeh-Chi ihrerseits, die Dayuan (vermutlich Ferghana) durchquerten,[9] weiter nach Westen fortzogen und um ca. 148 v. Chr. Daxia unterwarfen.[10] Die Jüeh-Chi ließen sich dort nördlich des Flusses Gui (Oxos) nieder und gründeten eine Königs-*Ordu*.[11] Aber Lieqiaomi, der bei den Xiongnu aufgewachsene *Kunmo* der Wusun, verfolgte sie um 131/130 v. Chr. aus Rache für den Tod seines Vaters bis auf das Territorium von Daxia und etablierte sich dort, nachdem er die Bevölkerung geplündert hatte.[12] Zhang Qian, der chinesische Gesandte, traf im Juni 128 v. Chr. in Daxia ein,[13] wohin er den Jüeh-Chi aus Dayuan folgte. Er berichtete später, dass noch um 130 v. Chr. das von den Jüeh-Chi okkupierte Territorium im Süden an den bis dahin unbesetzten Teil von Daxia grenzte (getrennt durch den Oxos), im Westen an Anxi (Parthien) und im Norden an Kangju.[14] Da der Jüeh-Chi-König getötet worden war, führte seine Frau die Herrschaft fort.[15] Wusun und Jüeh-Chi scheinen sich geeinigt zu haben; von weiteren Kämpfen ist jedenfalls nicht die Rede. Die nachfolgende Geschichte dieses Gebietes dominierten aber die Jüeh-Chi. Zwischen 90 v. Chr. und 23 n. Chr. besetzten diese nämlich auch das südlich des Oxos gelegene Rest-Baktrien und verlagerten ihr politisches Zentrum in die alte Hauptstadt von Daxia.[16] Bei ihrer Eroberung Südbaktriens unterwarfen sie entweder fünf *xihou* bzw. *yabghu* – eine Art Stammesführer – (so das 198 n. Chr. entstandene „Han Shu"), oder aber sie teilten Daxia in fünf Bezirke mit je einem *xihou* an der Spitze (laut dem ca. 450 n. Chr. erstellten „Hou Han Shu").[17] Dem „Hou Han Shu" zufolge vereinte schließlich der Guishuang-*xihou* Qiujiuque (Kujula) zwischen 30 und 20 v. Chr. die vier anderen *xihou* zu einem großen Reich Guishuang: Kuschan.[18]

Archäologische Spuren

Sieht man von buchhalterischen Notizen zum Umfang kaiserlicher Lieferungen an Seide, Gold und Vieh ins hellenistische Mittelasien während der Han-Zeit (206 v. Chr. bis 220 n. Chr.) ab, äußern sich die historischen Quellen Han-Chinas spärlich zu anderen Sachgütern des Transfers. Eingangs sind Bambuswaren und Stoffe erwähnt, die unter Verstoß gegen das staatliche Handelsmonopol aus Südwestchina nach Daxia gelangten. Und von Dayuan berichtete Zhang Qian um ca. 125 v. Chr., man besäße dort weder Seide noch Lacke; vom Eisenguss habe man übrigens auch keine Ahnung.[19] Dies bleibt die einzige Erwähnung von Lack, einem begehrten chinesischen Luxusprodukt. Wie Lack fehlen auch Spiegel in den Geschenklisten offizieller Chroniken – vielleicht, weil beides für die Damen gedacht war.

Archäologisch sind diese Kostbarkeiten dagegen häufig als Grabfunde in Nord-, seltener in Mittelasien dokumentiert. Sie stammen aber überwiegend erst aus späterer Zeit, nämlich ab dem 1. Jh. n. Chr., als bereits merkantile Interessen die chinesischen Gesandtschaften nach Westen dominierten. Die meisten chinesischen Bronzespiegel kamen, nebst einheimischen Imitationen, im Ferghana-Becken zutage. Von dort sind auch vielfache Seidenfunde bekannt. Im Ili-Tal hingegen wurden nur einheimische unverzierte „sarmatische" Spiegel ausgegraben.[20] Dies ist von Bedeutung, weil oft angenommen wird, der Nomadenstamm der Wusun – den die Han-Kaiser durch Verheiratung von Prinzessinnen als Alliierten gewannen – habe (weiterhin) im Ili-Tal gelebt. Mitgiften und Geschenkvorräte würden zahlreiche chinesische Spiegelfunde erwarten lassen, was aber dort nicht der Fall ist.

Lacke

In Mittelasien gestatten die Erhaltungsbedingungen nur äußerst selten Funde chinesischer Lacke. Berühmt wurden darum einige Fragmente aus Begram in Nord-Afghanistan: mehrere Schüsseln und Schalen, zwei Ohrenschalen (ovale Trinkschalen mit zwei seitlichen Griffen) sowie ein Toilettenkasten, von dem nur noch Reste darin aufbewahrter rechteckiger Döschen übrig waren (Abb. 1).[21]

Die Lacke von Begram werden in die erste Hälfte des 1. Jhs. n. Chr. datiert, und zwar durch Vergleichsfunde aus den Fürstengräbern 5 und 6 von Noin Ula/Mongolei und Gräbern von Lelang/Nordkorea.[22] Deren Inschriften (mit Datum) weisen sie fast alle als Produkte der kaiserlichen Staatsmanufakturen (*Shu* und *Guanghan*) in Sichuan aus, die diplomatische Prestigegeschenke für ausländische Oberhäupter fertigten;[23] es war sicher keine Handelsware.[24] Vielleicht gelangten die Begramer Lacke als veruntreute diplomatische Geschenke in den Speicher eines dortigen Kaufmannes. Vorgesehen waren sie einst für eine Person von hohem Rang.[25]

Bis in die spätskythisch-sarmatische Nekropole von Ust'-Al'ma auf der Krim/Ukraine gelangten chinesische Lackkästen.[26] Römische Importe datieren diese Gräber in die Mitte bis ins dritte Viertel des 1. Jh. n. Chr. Für die Lackkästen ist eine Datierung ins 2. Jh. v. Chr. vorgeschlagen.[27] Ihr Dekor ist aber eventuell den Lackschalen von Begram oder auch Funden aus Lelang vergleichbar. Für eine endgültige Zuweisung muss das Ergebnis der Restaurierungen abgewartet werden.[28]

Seide

Seide gehörte zu den wichtigsten Diplomatiegeschenken Chinas und galt als Zahlungsmittel mit gehütetem Produktionsgeheimnis. Den antiken chinesischen Quellen ist zu entnehmen, dass in der Westlichen Han-Zeit (206 v. Chr. bis 25 n. Chr.) erhebliche Mengen an Seide ihren Weg ins hellenistische Mittelasien fanden – um Pferde zu kaufen, als Werbegeschenk, oder als Mitgift für Prinzessinnen und ihren Hofstaat. Die archäologischen Funde aus dieser Zeit sind jedoch keineswegs üppig. Seide hat sich nicht überall erhalten; Plünderungen zerstören oft noch vorhandene Reste. Dennoch blieben in Gräbern des Ferghana-Beckens häufiger Seiden der Han-Zeit bewahrt,[29] so z.B. in der Nekropole von Karabulak ein rotseidenes Haarband mit Besatz aus bronzenen bzw. vergoldeten Rosetten und herzförmigem Ornament.[30] Mit Seide waren Mumien in den Katakombengräbern des 1. bis 4./5. Jh. n. Chr. bei Kenkol im Tianshan-Gebirge Kirgistans bekleidet,[31] und farbige Reste des 1. bis 3. Jh. n. Chr. wurden in Termes, Kampyr-Tepe, Chaltschajan und Toprakkale in Usbekistan sowie in Tillja-Tepe in Afghanistan entdeckt. Manche Gelehrte

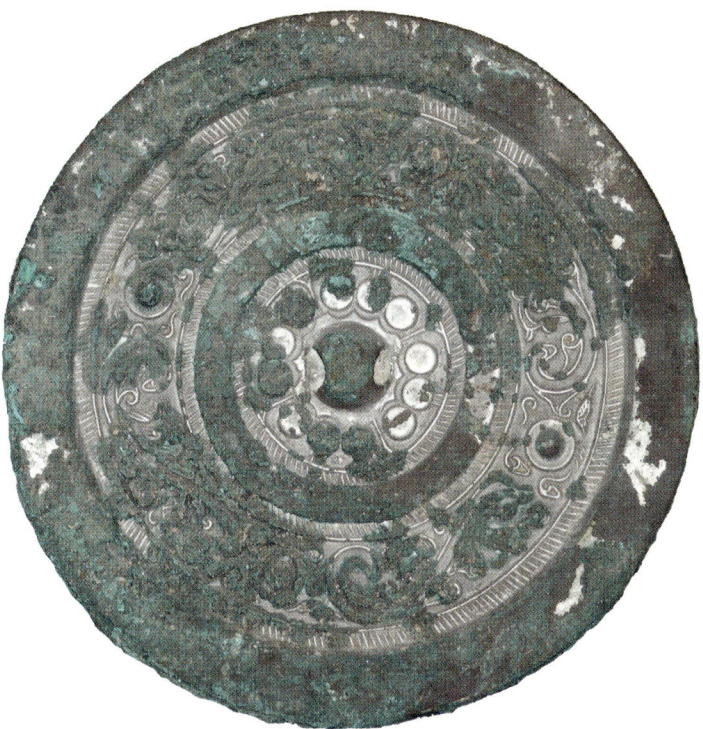

2 Spiegel mit vier S-Spiralen und vier Knubben aus einem Frauengrab von Koktepe bei Samarkand, Usbekistan. Taschkent, Staatliches Museum der Geschichte Usbekistans, Inv. Nr. 328/6.

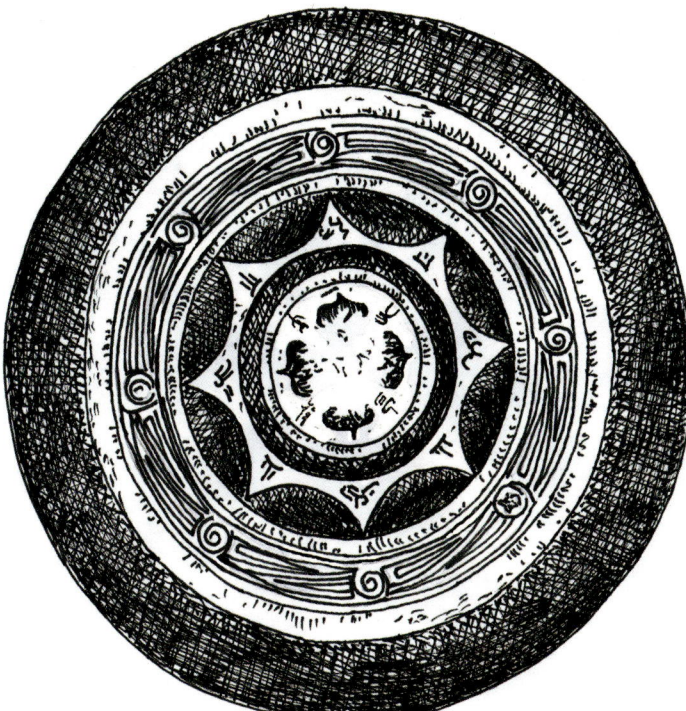

3 „Donner-Wolken"-Spiegel mit Band aus schrägen Linienbündeln und Kreisspiralmuster. Ein glatter Ring und ein 8-Bogen-Band umgeben das Zentrum mit einer Vierblatt-Knaufplatte.

sind der Ansicht, es habe eine frühe einheimische Seidenproduktion gegeben,[32] aber die Aussagen beruhen auf webtechnischen Merkmalen, nicht auf Faseranalysen.

Spiegel

Originale Han-chinesische Bronzespiegel und ihre Nachahmungen fand man vor allem am Südwest- und Nordostrand des Ferghana-Beckens und in der Gegend um Samarkand,[33] hauptsächlich aus dem 1. Jh. v. Chr. bis ins 1. Jh. n. Chr. Zur Datierung von Grabfunden taugen Spiegel allerdings nur eingeschränkt, da zum Teil lange Zeit von der Herstellung in China bis zur Niederlegung in einem Grab Mittelasiens verging. So lag etwa ein TLV-Spiegel – so benannt nach der Form seiner Dekorelemente – aus dem 1. Jh. n. Chr. in einem Grab des 5./6. Jh. in Kairakum.[34] Die chinesischen Spiegel tragen auf der Rückseite stets einen Reliefdekor – meist mehrere konzentrische Zierbänder, in deren Mitte der quer durchlochte, halbkugelige Knauf auf einer unterschiedlich geformten Basisplatte sitzt. Da sich das Design mehrfach prägnant änderte, können die Dekore einen Hinweis auf die Herstellungszeit liefern. Einige der häufigsten Spiegelarten in Mittelasien sollen hier vorgestellt werden:

Inschriftenspiegel waren im China des 1. Jhs. v. Chr. hochmodern, existierten aber bis ins 1. Jh. n. Chr. fort.[35] In Mittelasien waren sie eine beliebte Grabbeigabe des 1. Jhs. n. Chr. Zum Beispiel lag in den fürstlichen Frauengräbern 2, 3 und 6 von Tillja-Tepe in Nordafghanistan je ein Exemplar (jeweils mit Acht-Bogen-Band in der mittleren Dekorzone und zwölf Flachknubben auf der Knaufbasis) auf der Brust der Toten.[36]

Spiegel mit vier asymmetrischen S-Spiralen und vier großen Knubben sind ebenfalls weit verbreitet. Sie wurden Ende des 1. Jhs. v. Chr. bis Anfang des 1. Jhs. n. Chr. gefertigt.[37] Ein Exemplar begleitete eine Frau bei Kok-Tepe nahe Samarkand ins Grab, etwa gleichzeitig mit den Gräbern von Tillja-Tepe (Abb. 2). Weitere Beispiele kamen tief im südlichen Ferghana-Bergland bei Karabulak ans Licht.

Typisch für Gräber des 1. bis 2. Jh. n. Chr. sind **TLV-Spiegel** mit ihren winkligen Dekorelementen in Form der Buchstaben T, L und V, gruppiert um ein zentrales Quadrat. In China waren sie ab 9 n. Chr. bis zum Ende der Östlichen Han-Zeit sehr populär, und im Ferghanatal veranlasste ihre Beliebtheit häufige Nachahmungen.[38] Chinesische Originale fand man dort im südwestlichen Kairagach (südlich von Chugand) ebenso wie im nordöstlichen Karatektir (Region Toktogul).

Besonders interessant sind **Spiegel mit „Donner-Wolken"-Dekor**:[39] Auf einen glatten Rand folgt ein mit Schrägschraffen eingefasstes Band aus ineinander geschobenen Dreiecken feiner Linienbündel, unterbrochen durch meist sieben bis zwölf kleine Kreisspiralen. Gelegentlich wirkt das Band wie schräg laufende Fasern eines gedrehten Seils. Die mittlere Dekorzone zeigt ein Band mit acht Bögen und Schriftzeichen in den Zwickeln. Das Zentrum ist durch einen dünnen Ring abgetrennt, der Knauf sitzt auf einer Vierblatt-Basis, die an die Kelchblätter einer Kakifrucht erinnert (Abb. 3). Ein chinesisches Original-Fragment mit drei Zeichen einer Inschrift: „□ 甲 年(?)" aus Davljat bei Samarkand wird archäologisch ins 1./2. Jh. n. Chr. datiert. Exemplare ohne Inschrift kamen auch in Kenkol im Talas-Tal zutage,[40] Fragmente von Imitationen aus Karabulak und Karatektir.[41] In China selbst sind solche Spiegel typisch für die Östliche Han-Dynastie (25 bis 220 n. Chr.).[42]

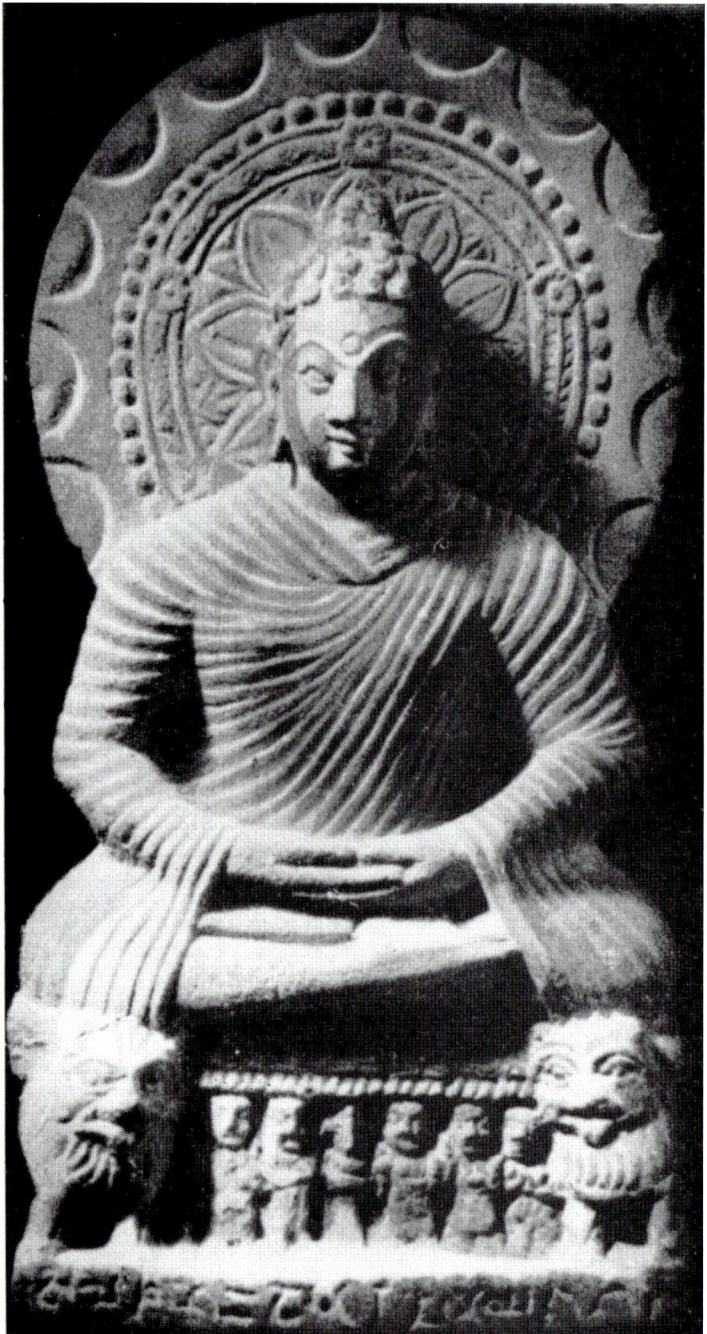

4 Statue eines sitzenden Buddha aus dem Jahr 136 der Kanischka-Ära (ca. 250 n. Chr.), gefunden nahe Mathura: Nimbus mit 16-Bogen-Rand, Perlband, seilartigem Band mit schrägen Punktlinien und Blütchen sowie Blattrosette hinter dem Kopf.

Zu den spätesten Funden dieses Zeithorizontes gehört schließlich ein **Spiegel mit senkrechter Inschrift zwischen zwei Drachen**. Zwischen ca. 150 und 250 n. Chr. in Nordchina hergestellt, gelangte er in ein Grab bei Toktogul (im Gebirge nordöstlich des Ferghana-Beckens).[43]

Sehr viele Spiegel aus Ferghana sind zerbrochen; meist lagen auch nur Einzelscherben in den Gräbern, was für eine absichtliche rituelle Zerstörung beim Tod oder Begräbnis spricht.[44]

Spiegel fanden zwar in den offiziellen Chroniken der Han-Zeit keine Erwähnung als kaiserliche Gabe. Es gab allerdings staatliche Werkstätten für Spiegel, darunter auch in Guanghan.[45] Spiegel blieben zunächst ein Luxusgegenstand mit magischen, Unheil abwehrenden Qualitäten, der in China dann um die Zeitenwende zur allgemein üblichen Grabbeigabe wurde.[46] In allen Nachbargebieten Chinas, deren Oberhäupter mit politischen Geschenken bedacht worden waren, findet sich stets die Kombination der drei attraktivsten Luxusgüter Chinas – Lacke, Seide, Spiegel. Dies gilt für das hellenistische Mittelasien ebenso wie für Südsibirien, die Mongolei, Korea und Japan.

Spiegel: Kosmogramm und Medium der Reflektion

Spiegel waren im alten China Sinnbild des Universums. Besonders in der Han-Zeit werden die kosmologischen Symbolismen deutlich. TLV-Spiegel und solche mit „Donner-Wolken"-Dekor werden gerne als „kosmische Spiegel" bezeichnet.[47] Anneliese Bulling schrieb dazu, Bogenbänder am Rand oder in der mittleren Dekorzone vertreten die Bergketten am Horizont der Erde; der Knauf im Zentrum stehe für den Polarstern. Die vierblättrige Knaufbasis sei als Symbol der vier Himmelsrichtungen und zugleich der vier Jahreszeiten aufzufassen. Zwölf Flachknubben auf dem Vierblatt der Knaufplatte seien als zwölf Monate oder Sterne zu deuten. Gestirne wurden im alten China stets als dicke Punkte dargestellt, auf Spiegeln oft als aufragende Knubben.[48] Ab 25 n. Chr. wandeln sich die abstrakt-symbolischen Flachreliefs zu Hochreliefs mit konkret-figürlichen Darstellungen der vier Richtungstiere (Drache, Vogel, Tiger, Schildkröte). Damit werden die Interpretationen ganz unzweideutig.

Kosmologische Spekulationen beschäftigten die Phantasien der Bewohner Han-Chinas sehr intensiv, einschließlich des Kaisers Wu Di selbst (reg. 140–86 v. Chr.).[49] Die Verse der Inschriftenspiegel waren – verstärkt ab der Zeitenwende – daoistisch geprägt. Neben vordergründig bodenständigen Glückwünschen nach Wohlstand, Prominenz und reicher Kinderzahl thematisieren sie Reinheit, Unsterblichkeit, das Motiv der Reflektion im direkten wie im übertragenen Sinne, des Erhellens, der Erleuchtung.[50] Am Ende der Östlichen Han-Zeit zeigen die Spiegel erste buddhistische Einflüsse.[51]

Spiegel und Buddha-Nimbus

Es überrascht daher eigentlich nicht, dass die in die Westlande gelangten chinesischen Spiegel der Han-Zeit (und der Jahrzehnte danach) angesichts ihrer assoziierten metaphysischen Qualitäten auch Spuren in der Verbildlichung des frühen Buddhismus hinterließen: auf dem Nimbus (engl. halo), also Heiligenschein.

So ist der Nimbus einer sitzenden Buddhastatue aus dem Jahr 136 der Kanischka-Ära (ca. 250 n. Chr.), die zwischen Mathura und Agra (südlich von Neu Delhi, Indien) entdeckt wurde, deutlich vom Dekor eines chinesischen „Donner-Wolken"-Spiegels inspiriert (Abb. 4):[52] Der Rand des Nimbus trägt ein 16-Bogen-Band, typisch für Spiegel der mittleren West-Hanzeit ab 140 v. Chr.[53] Die mittlere Dekorzone des Nimbus wird von einem Perlband und einer von zwei Graten eingefassten Girlande aus schrägen Punktlinien gebildet. Diese vermittelt den Eindruck eines gedrehten Seils, in regelmäßigen Abständen unterbrochen von etwa fünf Blütchen.[54] Sie gleicht den feinen Linien-

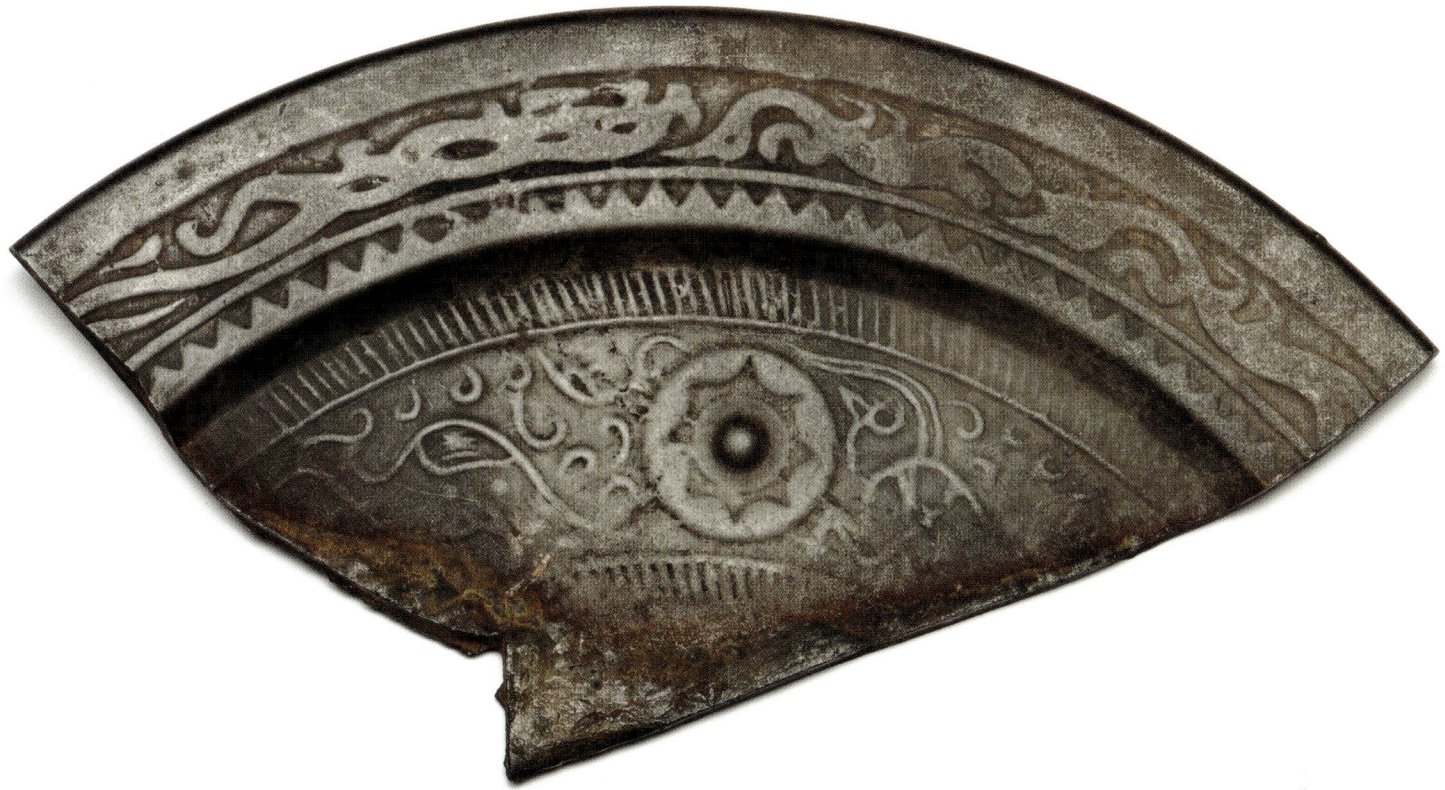

5 Noin Ula, Mongolei: Fragment eines Spiegels mit Blütchen-Dekor aus Grab 25. St. Petersburg, Eremitage, Inv. Nr. MR-810.

bändern auf Spiegeln mit „Donner-Wolken"-Dekor mit ihren meist sieben bis zwölf Spiral- oder Kreisaugenpunkten und schrägen Linienbündeln (Abb. 3). Blütchenförmige Elemente sind typisch für Spiegel der ersten Viertels des 1. Jhs. n. Chr., vor allem für TLV-Spiegel.[55] Sie erscheinen auch auf einem Fragment aus Grab 25 von Noin Ula (Abb. 5) – mit demselben Randdekor wie eine TLV-Spiegelscherbe aus Karatektir in der Ferghana.[56] Perlbänder fehlen auf Han-Spiegeln, aber Imitate aus der Ferghana tragen stattdessen häufig Bänder aus konkaven Vierecken.[57] Der Kopf des Buddha befindet sich genau im Zentrum des Nimbus; das entspricht bei den chinesischen Spiegeln der Position des Knaufs. Während der Knauf bei Spiegeln im 1. Jh. v. Chr. bis Anfang des 1. Jhs. n. Chr. auf einer Vierblatt-Basisplatte sitzt,[58] die den Kelchblättern einer Kakifrucht gleicht, entfaltet sich auf dem Nimbus der Buddhastatue an dieser Stelle eine Rosette aus Lotosblütenblättern.

Eine sitzende Jina-Statue aus Kankali Tila bei Mathura aus dem Jahr 131 der Kanischka-Ära zeigt einen ähnlichen Nimbus.[59] Anstelle der Girlande mit Blütchen trägt sie jedoch ein zweites Bogenband in der mittleren Dekorzone. Solche Wiederholungen von Bogenbändern sind auch auf Spiegeln der Han-Zeit nicht unbekannt.[60]

Selbst spätere Buddhastatuen des 5. Jhs. n. Chr. aus Mathura-Kankali Tila zeigen noch die Beeinflussung durch Han-chinesische Spiegel. Das gilt ebenso für die sehr ähnlichen (stehenden oder sitzenden) Buddha-Skulpturen aus Sarnath, das ca. 600 km weiter südöstlich bei Varanasi am Ganges liegt, aber einst wie Mathura zum Kuschanreich gehörte. Ihre Nimben tragen einen Randdekor aus vielen kleinen Bögen, gefolgt von einem Girlandenband aus schrägen Punktreihen mit kleinen Blütchen (nun in quadratischer Fassung). Ein bis zwei Perlreihen oder schmale Grate grenzen das Girlandenband ab. Zwischen dieses und die (Lotos-)Blütenrosette hinter dem Buddhakopf – bei manchen Statuen bleibt das Zentrum unverziert – ist nun eine Hauptdekorzone aus rankenartig verschlungenem Blattwerk eingefügt, gelegentlich ergänzt durch ein Palmettenband (Abb. 6). Das Rankenmotiv ist in seiner floralen Umsetzung nicht chinesisch. Es hat aber gewisse Parallelen in den chinesischen 蟠螭 pan chi-Spiegeln mit ihren spiralig verflochtenen Wolken oder Schlangendrachen, die schon ab 140 v. Chr. aus der Mode kamen und deshalb in Zentralasien nicht erscheinen (Abb. 7).[61] Die Kenntnis solcher Spiegel in Nordindien ist angesichts der eingangs dokumentierten Verbindungen über Südwestchina und Burma vor dieser Zeit möglich, aber mangels archäologischer Funde in Indien nicht bewiesen. Vielleicht verschmolzen bei diesem Motiv auf Buddha-Nimben hellenistische, chinesische und indigen-indische Elemente miteinander: Chinesische Schlangen und Wolken würden zu indischen floralen Ranken und Blättern – nicht unpassend für den Nimbus eines Buddha.[62]

Die Nimben der frühesten Buddhastatuen aus Mathura wie auch aus Gandhara sind unverziert und tragen höchstens einen Rand mit 16 (Mathura) oder mehr Bögen oder kleinen Dreiecken. Aber offenbar waren die rot gefleckten Sandstein-Buddhas von Mathura einst bunt bemalt oder sogar vergoldet,[63] so dass auch eine Verzierung dieser planen Nimben durch Farbauftrag anstelle von Skulpturierung denkbar wäre.[64]

Selbst auf hinduistischen Skulpturen, die stark durch die buddhistische Kunst beeinflusst wurden, lassen sich chinesische Spiegel wiederfinden. In Vrindavana bei Mathura hält die Figur des meditierenden Vishnu mit erhobener Hand einen Spiegel samt Haltebändern am Knauf (Abb. 8).[65] Dieser entspricht den 神獸 shen shou-Spiegeln der Wei-Dynastie (220–265 n. Chr.) mit hohem Rand und einem

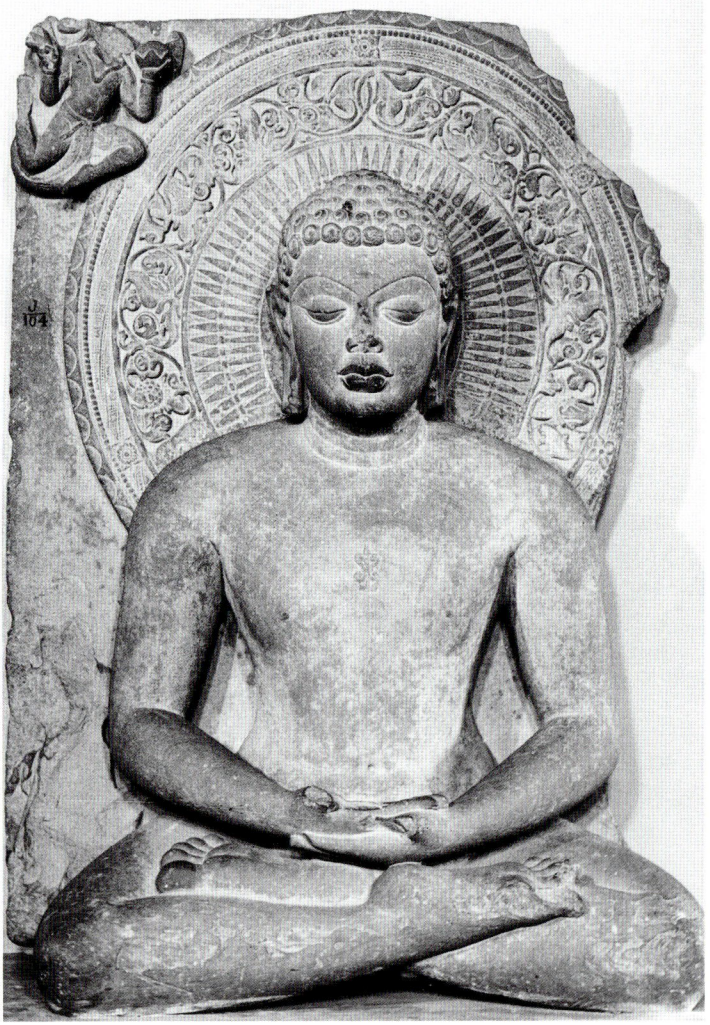

6 Statue eines sitzenden Buddha aus Mathura-Kankali-Tila, Indien: Nimbus mit Bogenrand, Perlreihe, seilartigem Band mit schrägen Punktreihen und Blütchen sowie zwei Reihen eines pfeilartigen Sägezahnmusters.

Ring aus Knubben und knötchenförmig reliefierten Himmelswesen. Solche Spiegel – brandneu und in Seide eingeschlagen – wurden in einigen japanischen Großgräbern (*kofun*) des 3. Jhs. n. Chr. entdeckt und mit der Königin-Schamanin Himiko in Verbindung gebracht, die um 239 n. Chr. eine Delegation mit Geschenken nach Wei-China entsandte (Abb. 9). Die Chronik „Wei Zhi" berichtet, wie sie dafür als kaiserliche Gegengabe Seide, Brokat, Stoffe aus Kashmir und 100 Bronzespiegel erhielt.[66]

Die Dekore auf den Buddha-Nimben sind hingegen in keinem Fall vollkommen exakte Abbildungen chinesischer Spiegel. Vielmehr werden dazu Motivelemente unterschiedlicher Spiegeltypen kombiniert, sogar aus verschiedenen Zeitphasen.

Daoistische Reflektion in buddhistischer Ikonographie?

Im buddhistischen Ritus spielen Spiegel eine wichtige Rolle; sie finden Verwendung bei Weihezeremonien, kontemplativen Übungen, auch Weissagungen. In indischen und tibetischen Schriften wird der Spiegel als Metapher für den Geist verstanden, als Symbol für die Leere aller Phänomene, deren wahre Natur einem im Spiegel reflektierten Bild gleiche, so wie auch alle *dharmas* nur Spiegelungen seien.[67]

Reinheit, Leerheit, Kontemplation, Reflektion und Erkenntnis sind wichtige religionsphilosophische Begriffe des Daoismus in China; sie sind es ebenso im Buddhismus. An dieser Stelle berühren sich die Vorstellungen der beiden Lehren, trotz anderweitig fundamentaler Unterschiede. Daoistisches Gedankengut und der Gebrauch daoistischer Terminologien bei der Übersetzung früher buddhistischer Schriften ins Chinesische erleichterten die Rezeption des Buddhismus in China, wohin er Mitte des 1. Jhs. gelangt war. Dort sah man ihn zunächst als eine indische Spielart des Daoismus. Die ältesten Buddhabilder in China finden sich übrigens auf Bronzespiegeln des 3. und 4. Jhs. n. Chr., wo sie ihren Entsprechungen mit Darstellungen daoistischer Götter gleichen.[68]

Wenn ihrerseits vor dieser Zeit die frühen Buddhabildner im Gebiet des (einstigen) Kuschanreiches als Vorbild für die Gestaltung der Nimben Spiegeldekore des 2. Jhs. v. Chr. bis 2. Jh. n. Chr. aus Han-China (oder ihre Imitate) wählten, so bedeutet das: Die kosmologischen Aspekte des Daoismus, die auf den chinesischen Spiegeln ihren Niederschlag finden, sind offenbar präsent in der frühen Darstellung des Buddha.

---

1 Übersetzung durch F. Thierry 2005, 518 (Übertragung aus dem Französischen durch die Autorin); vgl. auch Hulsewé 1979, 211. – 100 Li entsprechen ca. 40 km (Thierry 2005, 464).
2 Hulsewé 1979, 210 Fn. 774. Shendu lag in Nordindien; Qiang entspricht etwa dem heutigen Qinghai bzw. Nordtibet.
3 Hulsewé 1979, 211–212 („Han Shu" 61.3A, 3B).
4 Gleiche Toponyme können in den chinesischen Quellen zur Han-Zeit je nach Zeitpunkt oder Kontext verschiedene Orte bezeichnen. Dazu gehört auch Dayuan (Thierry 2005, 448, 510–511, Fn. 165).
5 Posch 1998, 361 Fn. 49; Hulsewé 1979, 26; Pirazzoli-t'Serstevens 1982, 172–173.
6 Weder Dunhuang noch Qilian sind identisch mit gleich lautenden heutigen Orts- bzw. Gebirgsnamen; Dunhuang wurde erst 111 v. Chr. gegründet. Vorgefasste Interpretationen und Gleichsetzungen von Orts- und Personennamen oder Ethnonymen mit griechischen Quellen haben lange die Sicht verstellt. Zeitpunkt und Kontext einer Nennung müssen beachtet werden: So ist es unzulässig, „Jüeh-Chi" stets mit „Kuschan" gleichzusetzen, „Dayuan" mit „Ferghana", oder „Kangju" mit „Sogdien". Dieselbe Ortsbezeichnung kann zu unterschiedlichen Zeitpunkten verschiedene Gegenden angeben (Thierry 2005, 448, 510–511, Fn. 165).
7 Zürcher 1968, 362 („Han Shu" 94A.11a)
8 „Han Shu" 91, 2692–2693; Thierry 2005, 460, 507. Das „Han Shu" gibt die Aussprache des Zeichens 塞 hier als „se" an; im Kantonesischen lautet die Aussprache „seg" (Thierry 2005, 451 Fn. 39). Der Sakenkönig zog weiter durch Xuandu nach Jibin (etwa das heutige Kaschmir) und machte sich dort zum Herrscher („Han Shu" 94A; 96B; Zürcher 1968, 363).
9 Thierry 2005, 491 („Han Shu" 96A, S. 3891); Hulsewé 1979, 120 („Han Shu" 96A.31B). Zu möglichen Routen siehe Benjamin 2003.
10 „Han Shu" 96B; Thierry 2005, 452 Fn. 40.
11 Chines. 王廷 wang ting (Thierry 2005,. 491; „Han Shu" 96A, 3891). Thierrys Übersetzung korrigiert die entsprechende Passage bei Zürcher 1968, 360.
12 Thierry 2005, 509 („Han Shu" 96B, 3901–3902); Hulsewé 1979, 217 („Han Shu" 61.5A).
13 Thierry 2005, 453–454.

8 Mathura-Vrindavan, Uttar Pradesh/Indien: Buddhistisch beeinflusste Vishnu-Skulptur, 10. Jh. n. Chr. (?). Die emporgehobene chakra-Scheibe ist als chinesischer Spiegel des 3. Jhs. n. Chr. mit Bändern am Knauf dargestellt.

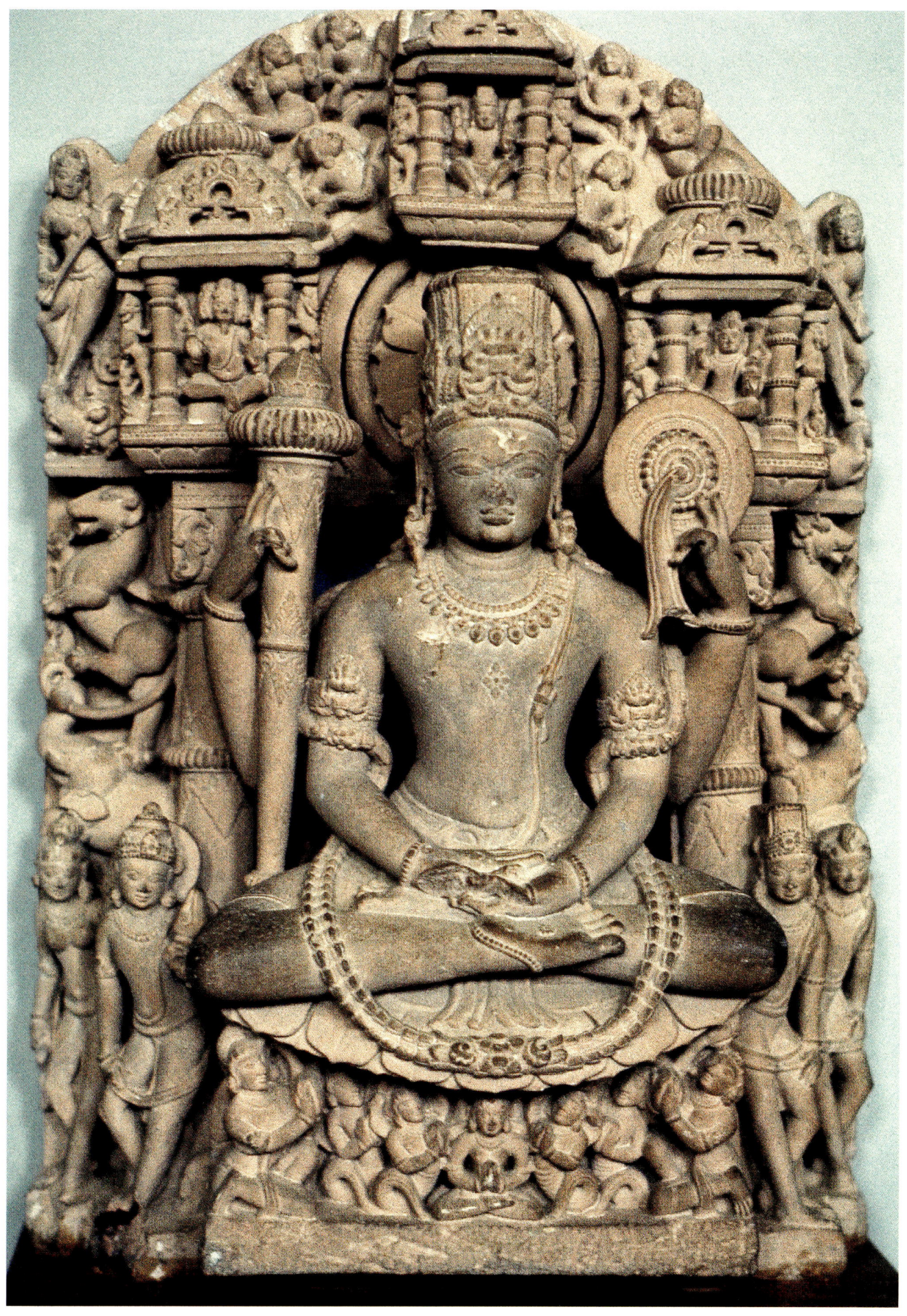

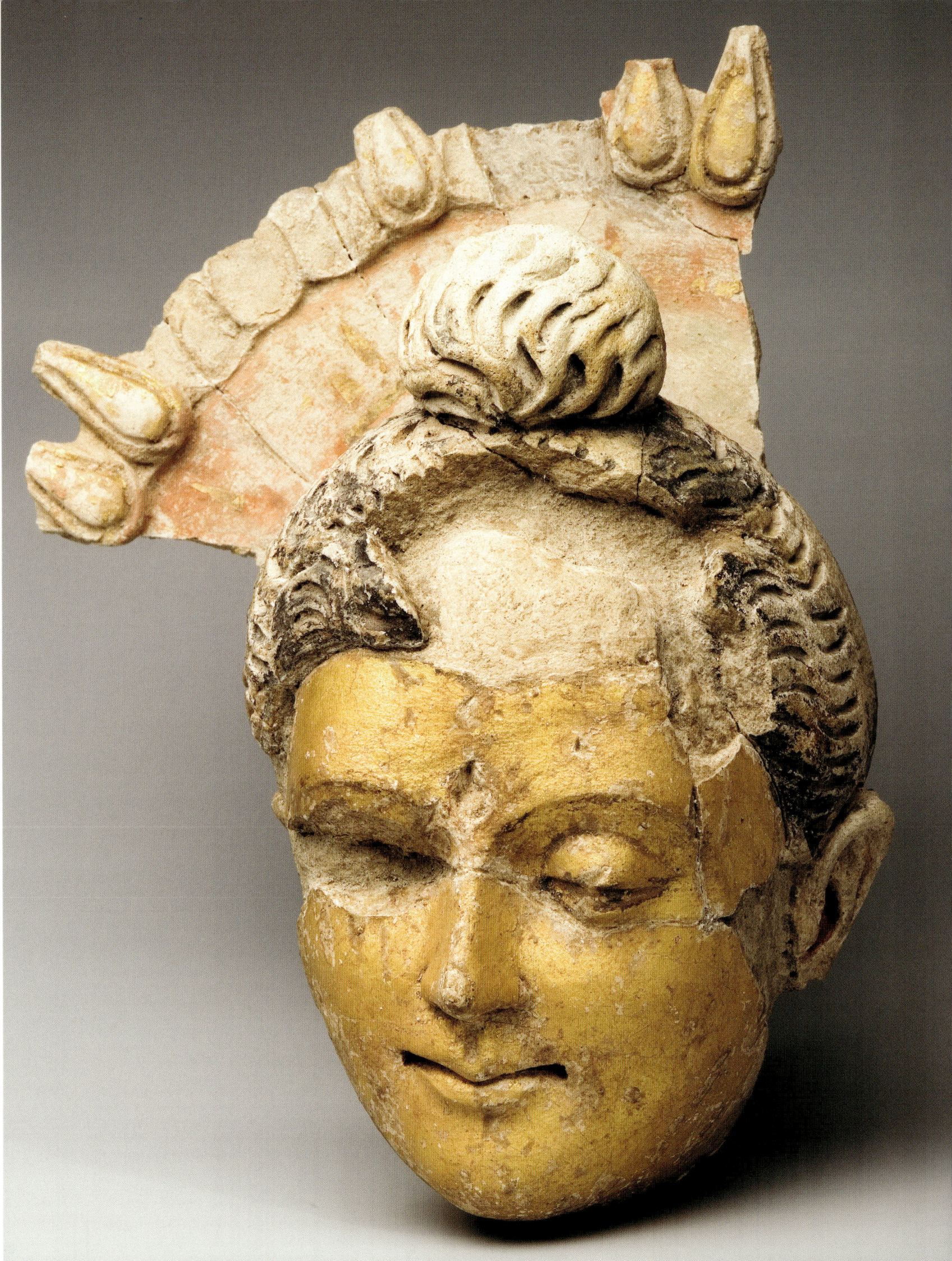

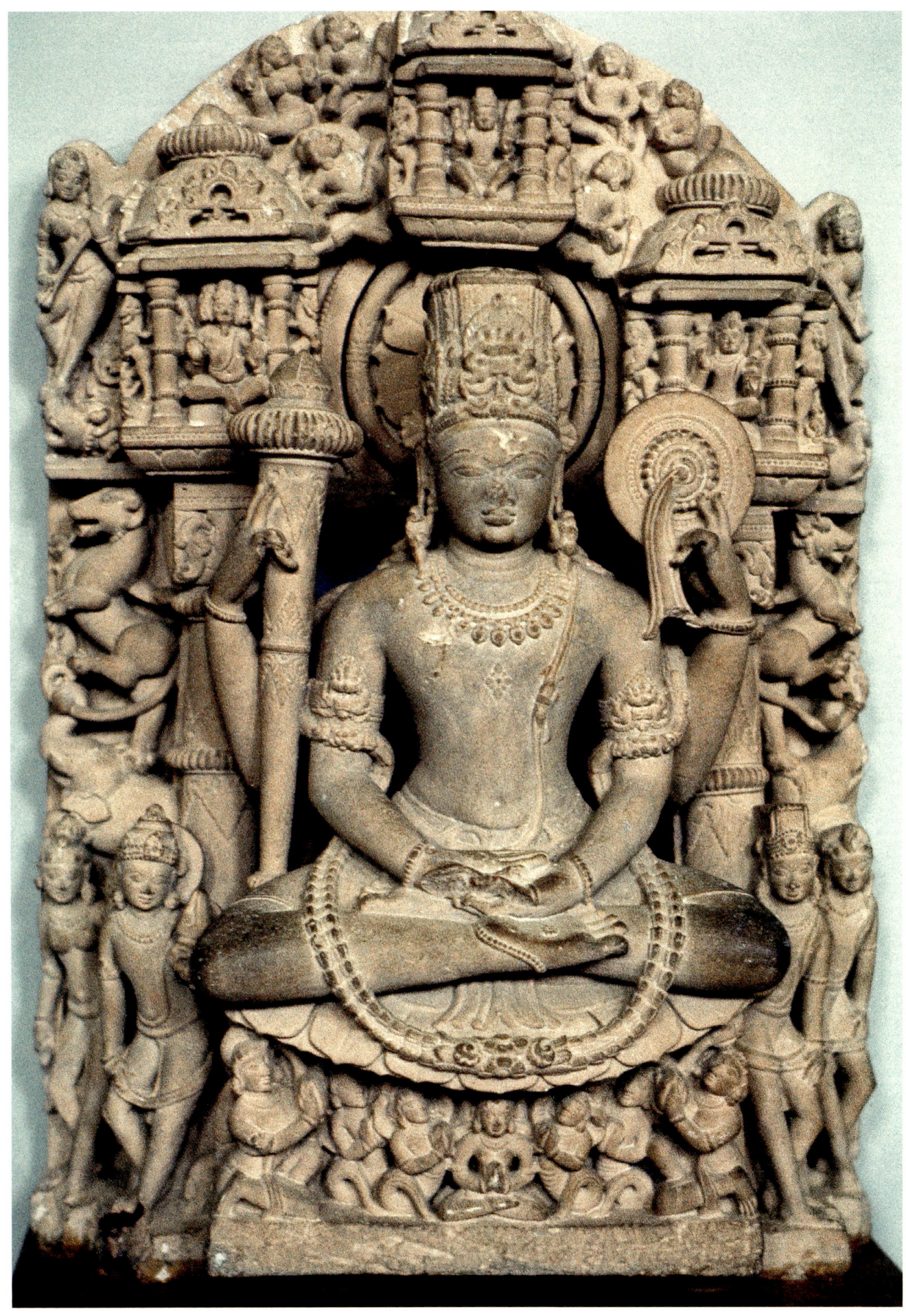

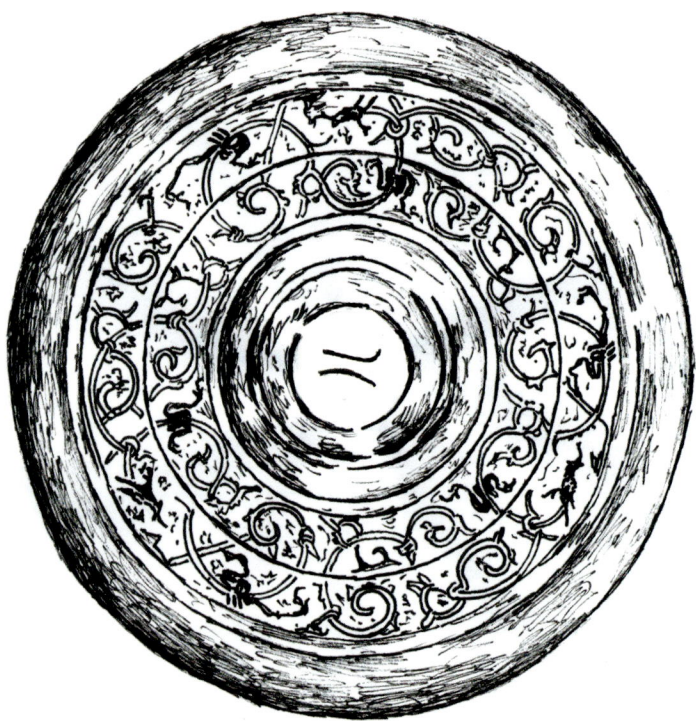

7 Chinesischer Spiegel der frühen Westlichen Han-Zeit mit verschlungenem Schlangendrachen-Wolken-Motiv über feinem Hintergrunddekor.

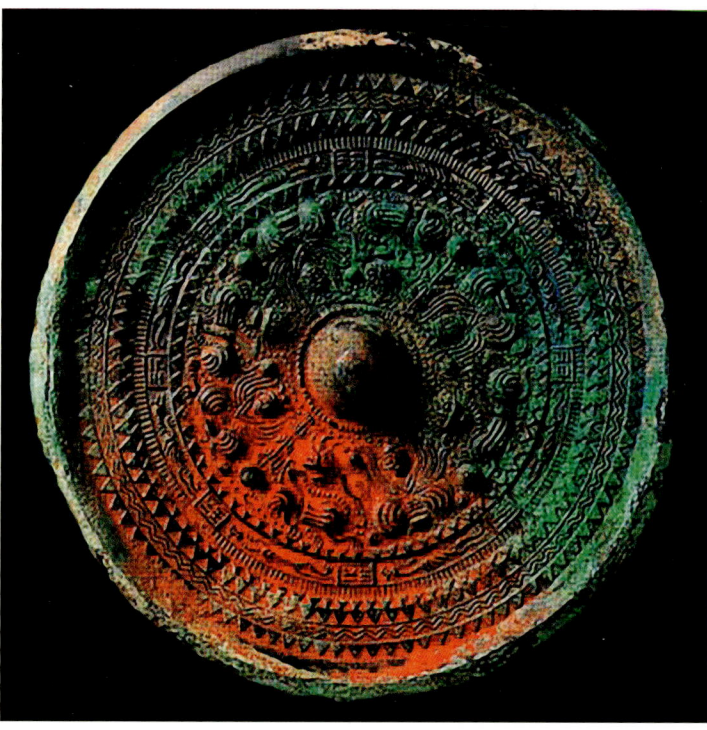

9 Chinesischer Bronzespiegel des 3. Jhs. n. Chr. aus dem kofun-Großgrab von Tsubai-Otsukayama, Präfektur Kyoto, Japan.

14 „Shi Ji" 123. Dieses Kapitel über Dayuan gehört zu späteren Rekonstruktionen des Werkes von Sima Qian (ca. 145–86 v. Chr.) (Hulsewé 1993, 406).

15 Hulsewé 1979, 208 („Han Shu" 61.2A).

16 Thierry 2005, 461; 462, 465. Die Berichte des „Han Shu" enden im Jahr 23 n. Chr.; es wurde zwischen 36 und 121 n. Chr. kompiliert (Hulsewé 1979, 26).

17 Das „Han Shu" nennt Xiumi, Shuangmi, Guishuang, Xidun und Gaofu als die fünf *xihou*, das „Hou Han Shu" dagegen Xiumi, Shuangmi, Guishuang, Xiaodun und Dumi (Thierry 2005, 463, 465).

18 Thierry 2005, 467. Weder das „Han Shu" noch die Heliokles-Imitationen erlauben eine Gleichsetzung Jüeh-Chi = Kuschan, nur das um ca. 450 n. Chr. durch Fan Ye erstellte „Hou Han Shu" lässt sich dazu vernehmen (Thierry 2005, 476, 510–511, Fn. 165).

19 Thierry 2005, 510 („Han Shu" 96A, 3894–3896); Hulsewé 1979, 132 („Han Shu" 96A.36B), 136–137 („Han Shu" 96A.38A). Aber die Textstelle ist korrumpiert; eine andere Version besagt, sie verfügten *sämtlich* über Lacke und Seide.

20 Mein Dank gilt Herrn Yu Zhiyong, Archäologisches Institut Xinjiang, Ürümqi/VR China, für seine freundlichen Mitteilungen vom 13.02.2009 und die Übermittlung eines Typoskripts von Zhu Yanshi, Archäologisches Institut der Chinesischen Akademie der Wissenschaften, von 1996.

21 Elisseeff 1954; Hackin 1954, Texte 295–297, Planches Abb. 243–249; Pirazzoli-t'Serstevens 2001.

22 Elisseeff 1954; Pirazzoli-t'Serstevens 2001 unter Berücksichtigung neuerer archäologischer Funde in China selbst. Lelang war eine Kolonie des Han-Imperiums in Korea nahe Pyöngyang.

23 Elisseeff 1954, 155; Pirazzoli-t'Serstevens 2001, 474, 478. Zur „Manufaktur des Westens" in Shu siehe auch Watson 1957, 24; Hong 2005 (für das freundliche Überlassen des Aufsatzes danke ich Herrn Franz Xaver Peintinger, M.A., München).

24 Pirazzoli-t'Serstevens 2001, 476–477; Elisseeff 1954, 155. Nach Louis wurden die Lacke der Sichuan-Manufakturen ab dem 1. Jh. n.Chr. Handelsware (Louis 2006/7, 51).

25 Pirazzoli-t'Serstevens 2001, 479; Elisseeff 1954, 155.

26 Loboda et al. 2002, bes. 327 f., Abb. 18, 23 (Katakombe 620); Puzdrovskij/Zajcev 2004, bes. 239 Abb. 6 (Katakombe 720). Weitere Lackkästen stammen aus den Katakomben 603, 612 und 642 (Loboda et al. 2002, 327). Dr. Ellen Kühnelt (Mannheim) danke ich für den Hinweis auf diesen Fund, Dr. Ute Luise Dietz (Frankfurt/M.) und Dr. Kühnelt für ihre Erläuterungen zu den Grabformen, Dr. Jurij Zajcev (Simferopol, Krim/Ukraine) für die Einsicht in Arbeitsfotos. In Ust'-Al'ma fanden sich weitere Parallelen zu Fundstellen Mittelasiens, darunter Tillja-Tepe (Puzdrovskij/Zajcev 2004, 248; auch Schmuckplättchen aus Katakombe 603, die solchen aus Grab 1 von Tillja-Tepe entsprechen: Loboda et al. 2002, 300 Abb. 3.16; Sarianidi 1985, 227, Abb. 11). Zu Han-Spiegeln und ihren Repliken im südlichen Osteuropa siehe Guguev et al. 1991 (*non vidi*).

27 Loboda et al. 2002, 327. Diese Datierung durch M. L. Menschikowa beruht auf einem Vergleich mit Grab 1 der Fürstin von Dai, Mawangdui bei Changsha (Prov. Hubei/VR China) aus der frühen Westlichen Han-Zeit; die Angaben sind jedoch zum Teil fehlerhaft. Zu Datierung und Identifikation der drei Fürstengräber von Mawangdui siehe He/Zhang 1982, 6–20. T.M. Mkrtytschew argumentiert für eine Grabdatierung ins 1. Jh. v. Chr. bis 1. Jh. n. Chr. (Loboda et al. 2002, 327–328.)

28 Gegenwärtig befinden sich die Lackobjekte von Ust'-Al'ma in Japan zur Restaurierung, die durch die Sumitomo-Stiftung unterstützt wird.

29 Zadneprovskij/Lubo-Lesničenko 1998, 93; Gorbunova 1992, 41.

30 Gorbunova 1992, 41; Stawiski 1979, 218.

31 Raschke 1978, 715 Fn. 221; Parzinger 2006, 790–795, 819; Gorbunova 1992, 41; Zadneprovskij 1992, 86 und Taf. 31.28, 29.

32 Persönliche Mitteilung von Otabek Y. Aripdjanov 11.02.2009; ferner Lyovushkina 1996, die eine frühe einheimische Seidenfabrikation erwägt. Aus Sapallitepa und Dscharkutan, beide Usbekistan, wurden offenbar bronze- und früheisenzeitliche Seidenfunde geborgen.

33 Gorbunova 1992, 39 u. 44 Abb. 5; Zadneprovskij/Lubo-Lesničenko 1998.

34 Zadneprovskij/Lubo-Lesničenko 1998, 93. Der chinesische Text gibt „Kayilajiaji" als Ortsnamen an, der zugehörige Fundpunkt ist aber südlich von Chugand bzw. Kairakum eingezeichnet (Zadneprovskij/Lubo-Lesničenko 1998, 87 Abb. 3).

35 Bulling 1960, 26; Kong/Liu 1988, 68–72 und Taf. XXIII; vgl. Guan 2006, 873–76. Nach Bulling sind sie eine Erfindung der mittleren West-Hanzeit.

36 Sarianidi 1985, 23, 28, 47; 235 Nr. 34, 245 Nr. 70, 258 Nr. 31, 203 Abb. 145; Li 1992.

37 Rapin 2001, 44–51; Kong/Liu 1988, 73–74 und Taf. XXV; vgl. Guan 2006, 81. Ein Spiegel dieses Typs wurde u. a. in Tsaraam/Mongolei ausgegraben (Miniaev/Sakharovskaia 2007, 45 Abb. 3, 4), weitere in Korea. So stammt ein Exemplar von Pyöngyang aus der ersten Hälfte des 1. Jh. n. Chr. (Nangnang 2001, 203, Abb. 206; 90 Abb. 78).

38 Vorläufer gab es aber bereits ab der Mitte des 2. Jh. v. Chr. (Bulling 1960, 21–23).

39 Chinesisch: 云雷连弧纹 *yunlei lianhu wen*. Zum Spiegeltyp vgl. Bulling 1960, 30, 31 und Taf. 24, 25; Kong/Liu 1988, 86 und Taf. XXVIII.1; Guan 2006, 75 Abb. 118; Kong/Liu 1992, 238, 239, 368, 369.

40 Für die Überlassung des Fotos des Davljat-Fragments danke ich Herrn Otabek Y. Aripdjanov, State Museum of the History of Uzbekistan.

41 Zadneprovskij/Lubo-Lesničenko 1998, 89 Abb. 6.2–4, 90–91.

42 Bulling 1960, 30, 31; vgl. Kong/Liu 1992, 366; Zadneprovskiy 1996, 470 Abb. 3.

43 Zadneprovskij/Lubo-Lesničenko 1998.
44 Siehe dazu Raschke 1978, 692 Fn. 69.
45 Kidder 2007, 170.
46 Bulling 1960, 32; Wang 1994, 512.
47 Bulling 1960, 31; Sullivan 1999, 84.
48 Loubo-Lesnitchenko 1973, 27; Bulling 1960, 30, 31–32, 35, 38.
49 Bulling 1960, 35.
50 Bulling 1960, 26, 35; Karlgren 1934, 18; Wang 1994, 528–529, zum daoistischen Bildkanon 512.
51 Li 1980, 68–70; Li 1984, 248–254.
52 Van Lohuizen 1968, 131. Die Inschrift erwähnt das Jahr 36.
53 Sichtbar sind zwölf Bögen; vier weitere sind durch die Statue verdeckt, in ihrem Abstand aber rekonstruierbar. 16-Bogen-Randdekore sind typisch für Spiegel ab 140 v. Chr. bis zum 1. Jh. v. Chr. (Bulling 1960, Taf. VI.13 u. 14, Taf. VII.15; 32, Taf. XIII.26 u. 27). In der Östlichen Han-Zeit erlebt der 16-Bogen-Rand eine Renaissance, die Bögen sind dann aber gefüllt mit Spiralen und Wirbeln.
54 Auf der Abbildung sind drei Blütchen deutlich zu erkennen, ein weiteres schwach, ein anderes durch Verschattung nicht (van Lohuizen 1968, Taf. IV).
55 Sie wurden jedoch auch später noch kopiert (Bulling 1960, 58; pl. 35, 41, 47, Abb. E, G). Die „Blütchen" sind verkleinerte Wiederholungen des Zentralmotivs vieler Spiegel, nämlich des von einem Acht-Bogen-Band umgebenen Knaufes.
56 Das Fragment aus Noin Ula gehört wohl zu einem „seven-stars"- oder „animal-belt"-Typ, datiert frühestens ins 1. Jh. n. Chr. (http://depts.washington.edu/silkroad/museums/shm/shmnoinula.html, Zugriff: 19.03.2009). Zur Spiegelscherbe aus Karatektir siehe Zadneprovskij/Lubo-Lesničenko 1998, 88 Abb. 4.2.
57 Vgl. Zadneprovskij/Lubo-Lesničenko 1998, 88 Abb. 4.3, 5.1, 3; 90 Abb. 7.3.
58 Vorzugsweise solchen mit „Donner-Wolken"-Motiv, Inschriftenspiegeln oder Spiegeln mit vier Knubben und vier S-Spiralen.
59 Van Lohuizen 1968, Taf. III.
60 So zum Beispiel auf „100-Knubben"-Spiegeln des 1. Jh. v. Chr. (Bulling 1960, 32; Taf. XIII.26, 27). Ein Spiegel mit drei konzentrischen Bogenbändern ist bei Kong/Liu 1992, 238, abgebildet: mit 20-Bögen auf dem Rand, gefolgt von einem „Donner-Wolken"-Band mit 12 Kreisspiralpunkten, 20 Bögen in der mittleren Dekorzone und 16 Bögen zwischen einem Inschriftband sowie dem 12-Flachknubbenkranz auf der Vierblatt-Knaufbasis.
61 Vgl. die Abbildungen bei Bulling 1960, Taf. I.2, II.5, II.6. Dieser Spiegeldekor existiert bereits zur Zeit der Streitenden Reiche (vgl. Kong/Liu 1988, 41 Abb. 23; Guan 2006, 46 Abb. 68.1). In der West-Hanzeit laufen die Spiralranken oft über zwei Zierzonen hinweg (Kong/Liu 1988, 58–60; Taf. 19.1).
62 Yoshitaka Takaki hat auf die Ähnlichkeit des floralen Nimbusdekors einer Avalokiteshvara-Statue aus dem 7. Jh. in Horyu-ji in Japan und chinesischen Spiegeln des 4. Jh. v. Chr. hingewiesen (http://www.asianart.com/forum/takaki/halo/Kuzekann.htm, Zugriff: 13.11.2008). Im Zentrum des Nimbus ist ein Vierblatt mit eingedrückten Spitzen zu erkennen, ein Merkmal der Spiegel um die Zeitenwende. Yoshitaka nimmt einen gemeinsamen Ursprung von Nimbus- und Spiegeldekor an.
63 Pugachenkova, G. A. et al. 1996, 371; Myer 1986, 108.
64 Angesichts der Erfolge neuerer Untersuchungen an griechischen Statuen wäre eine Überprüfung mit modernen archäometrischen Methoden interessant (vgl. Brinkmann 2007). Im übrigen waren auch manche chinesischen Bronzespiegel vor allem der Westlichen Han-Zeit bunt bemalt oder mit Ornamenten vergoldet (Bulling 1960, 35 und Taf. XIV.28; Li Xueqin 1980, 69, Abb. 30).
65 http://www.anthroarcheart.org/tblz645.htm, Zugriff 12.02.2009: Es handelt sich um die Skulptur einer Nische, die etwa aus dem 10. (?) Jh. n. Chr. stammt.
66 Edwards 1998. Himiko führte einen Spiegel-Kult ein (Kidder 2007, 106).
67 Bentor 1995, 57, 62, 65.
68 Hughes-Stanton 1982, 419.

Literatur

Alram/Klimburg-Salter 1999; Basham 1968; Bentor 1995, 57–71; Brinkmann ⁴2007; Bulling 1960; Edwards 1998; Elisseeff 1954, 151–155; Fukunaga 2004, 300–304; Gorbunova 1992, 31–48; Guan 2006 ; Hackin 1954; Ban Gu 1983; Harmatta ²1996; Hong 2005, 4, 381–410; Hulsewé 1979; Hughes-Stanton 1982, 419–420; Karlgren 1934, 9–81; Kawkami et al. 1999, 95–104; Kidder 2007; Kong ²1988; Kong/Liu 1992; Li 1980; Li 1984; Li 1992, 5, 15–16; van Lohuizen 1968, 126–133; Louis 2006/7, 2; Lubo-Lesnichenko 1999, 461–479; Lyovushkina, 1996, 143–150; Miniaev, 2007, 1, 44–56; Myer 1986, 2, 107–142; AK Soul 2001; Nishikawa 1999, 87–99; Parzinger 2006; Pirazzoli-t'Serstevens 1982; Pirazzoli-t'Serstevens 2001, 1, 451–472; Posch 1998, 355–364; Pugachenkova, G.A. et al. 1996, 331–395; Rapin 2001, 33–92; Raschke 1978, 604–1378; Sarianidi 1985; Schmidt-Glintzer ²2007; Stawiski 1979; Sullivan 1999 ; Thierry 2005, 421–539; Wang 1994, 3, 511–534; Watson 1957, 1, 21–26; Yoshitaka (undatiert); Yü 1967; Zadneprovskij 1992, 73–87; Zadneprovskij/Lubo-Lesničenko 1998, 3, 84–93; Zadneprovskij 1996, 457–472.

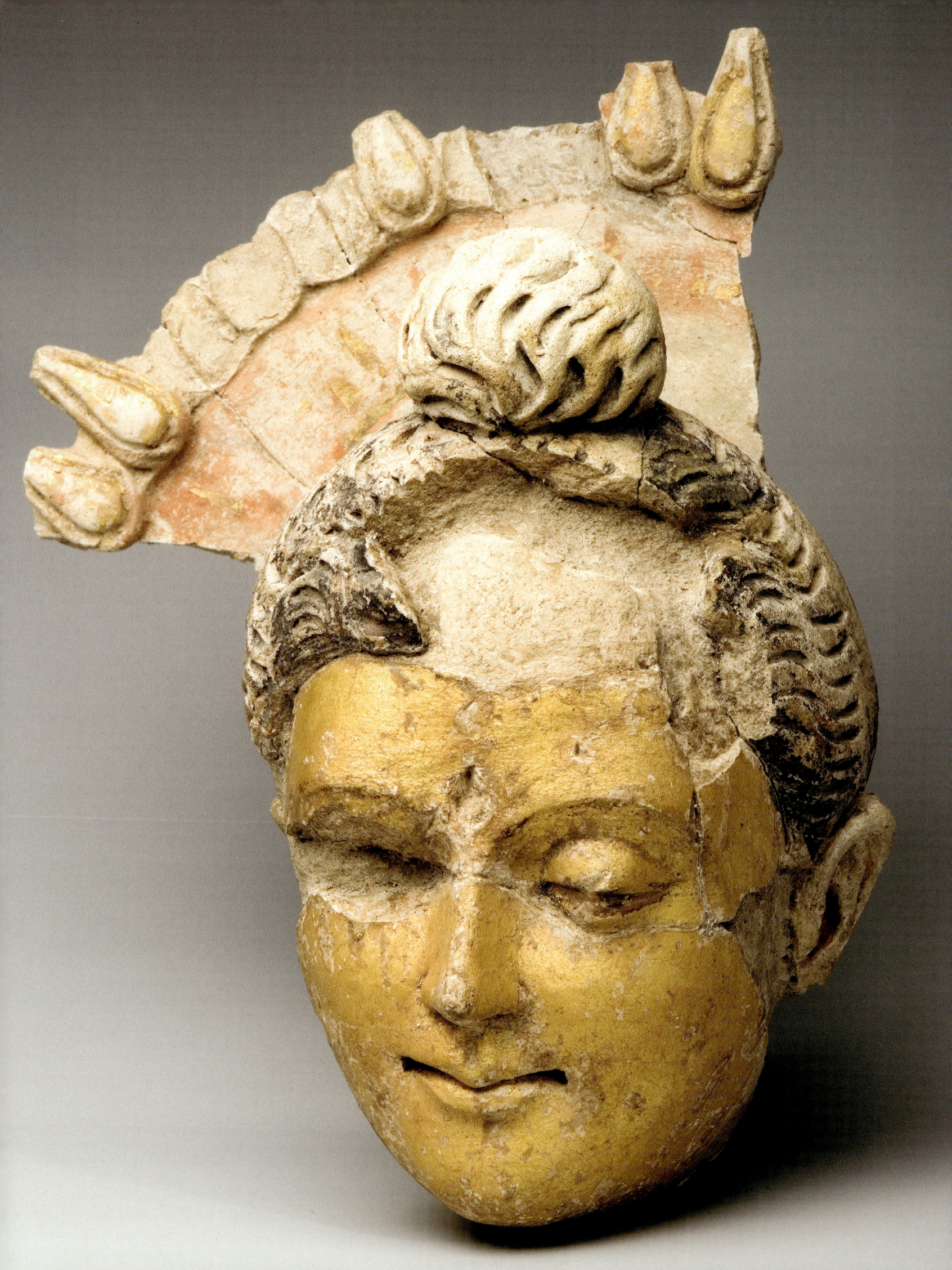

Buddhistische Kunst in Baktrien

Tigran Mkrtytschew

Zur buddhistischen Kunst liegt bereits umfangreiche Fachliteratur vor. Einen wesentlichen Einschnitt in ihrer Geschichte markiert die Erweiterung des Repertoires um die Darstellung Buddhas in Menschengestalt. In diesem Zusammenhang erheben zwei renommierte künstlerische Zentren Anspruch darauf, die erste anthropomorphe Darstellung Buddhas vorgelegt zu haben: Gandhara, eine kulturhistorische Region im Nordwesten Indiens, und Mathura, ein Ort in Zentralindien. Während jedoch in Gandhara westliche Kunsttraditionen starken Einfluss hatten, blickte man in Mathura auf autochthone indische Wurzeln zurück.[1]

Unter dem Begriff Gandhara-Kunst subsumiert man heute jene Kunst, die in einem weitläufigen geographischen Raum entstanden ist, zu dem nicht nur Gandhara, sondern auch eine Reihe von Nachbarregionen zählten, die im heutigen Pakistan, Afghanistan, Usbekistan und Tadschikistan liegen.

Innerhalb dieses Verbandes kam Baktrien, einer kulturhistorischen Region im Gebiet des heutigen Nord-Afghanistans, Süd-Usbekistans und Süd-Tadschikistans, eine Schlüsselrolle bei der Entstehung der Gandhara-Kunst zu. Dies erklärt auch, warum Susan Huntington in ihrem Standardwerk zur altindischen Kunst vorschlägt, den Ausdruck „Gandhara-Kunst" durch den Terminus „Kunst der Baktro-Gandhara-Region" zu ersetzen.[2]

Die Frage, wie sich Baktrien und Gandhara grundsätzlich und auch im Bereich der Kunst beeinflussten, wurde bereits mehrfach von renommierten, auf Zentralasien spezialisierten Archäologen abgehandelt.[3]

Unterdessen sind freilich neue Erkenntnisse gewonnen worden, die – zusammen mit einer Neuinterpretation bisheriger Befunde – einen neuen Zugang zur Thematik ermöglichen, bei dem die Frage im Vordergrund steht, was die buddhistische Kunst beider Regionen einte und was die Besonderheiten der buddhistischen Kunst im kuschanzeitlichen Baktrien waren.

Mit dem Alexanderzug wandelte sich Baktrien für viele Jahrhunderte zu einer Art Enklave der hellenistischen Kultur und Kunst in Zentralasien. Eine komplizierte Synthese aus griechischer und lokaler Kunst brachte eine außergewöhnliche neue Richtung hervor, in der die von professionellen griechischen Künstlern vermittelten Charakteristika dominierten.

Von der hellenistischen Kunst in Baktrien ging fraglos ein starker Impuls für die buddhistische Kunst in Gandhara aus, vor allem da sie wichtige Themen aus der Geschichte beider Regionen verband und das Verhältnis von Baktrien und Indien und die Verbreitung des Buddhismus in Baktrien aufgriff.

Die Frage nach dem Ursprung des Buddhismus in Baktrien, der ein solch bedeutsamer Faktor in der Kultur und Kunst dieser Region werden sollte, wurde in Fachkreisen bereits mehrfach erörtert. Die Antwort darauf ist unmittelbar an die Geschichte der Verbreitung des Buddhismus außerhalb Indiens geknüpft.

Der Anfang dieses Prozesses wird gewöhnlich im Dritten Konzil in Pataliputra festgemacht, auf dem die Entscheidung getroffen wurde, missionarische Tätigkeiten in allen Teilen der bewohnten Welt aufzunehmen. Möglicherweise trug gerade die Unterstützung seitens des Staats, welche die buddhistische Gemeinschaft unter Aschoka genoss (268–231 v. Chr.), dazu bei, dass die buddhistischen Mönche aus Indien den Hindukusch überqueren und bis zu den westlichen Grenzen des Maurya-Reichs vorstoßen konnten. Eine Zeitlang schienen verschiedene Edikte Aschokas, die man in Kandahar fand, diese Möglichkeit zu bestätigen – mehr noch, einige indische Wissenschaftler folgerten gar, der Buddhismus könne im 3. Jh. v. Chr. nicht nur in Kapisa, sondern durchaus auch im benachbarten Baktrien verbreitet gewesen sein.[4]

Wie Gennadij A. Koschelenko jedoch völlig zu Recht anmerkt, handelte es sich bei dem Dharma, das in den Edikten erwähnt wird, um ein „Herrscher-Dharma". Es symbolisiert ein System moralischer Normen, die über jeder Glaubenslehre – also auch über der buddhistischen – stehen.[5] Damit ist das Edikt von Kandahar als unwiderlegbarer Beweis für eine Verbreitung des Buddhismus jenseits des Hindukusch zur Zeit der Maurya abzulehnen.

Wie man inzwischen jedoch weiß, brachten die graeco-baktrischen Herrscher Indien ein lebhaftes Interesse entgegen: Das Aufblühen Baktriens am Ende des 3./Beginn des 2. Jhs. v. Chr. ging mit Kriegszügen und Eroberungen verschiedener Gebiete in Nordwest-Indien einher. An dieser Stelle sei darauf verzichtet, das wechselvolle Schicksal der einzelnen baktrischen Herrscher in Indien nachzuzeichnen;[6] festgehalten sei lediglich, dass die Kriegszüge gen Indien auch auf den graeco-baktrischen Münzen Widerhall fanden, die nunmehr indische Realien und Inschriften in Kharoschti- und Brahmi-Schrift zeigten.[7]

In ebendieser Zeit könnten die Baktrier durch den Kontakt zu Indien auch mit dem Buddhismus in Berührung gekommen sein. Verschiedentlich sucht man eine Bestätigung dieser Hypothese in der

---

12 Kara-Tepe. Kopf des Buddha. Ton, ungebrannt, stuckiert, farbig gefasst und vergoldet. 3. Jh. n. Chr. Moskau, Staatliches Museum für die Kunst des Orients, Inv. Nr. 724 KP-IV (Kat. Nr. 359).

Buddhistische Kunst in Baktrien

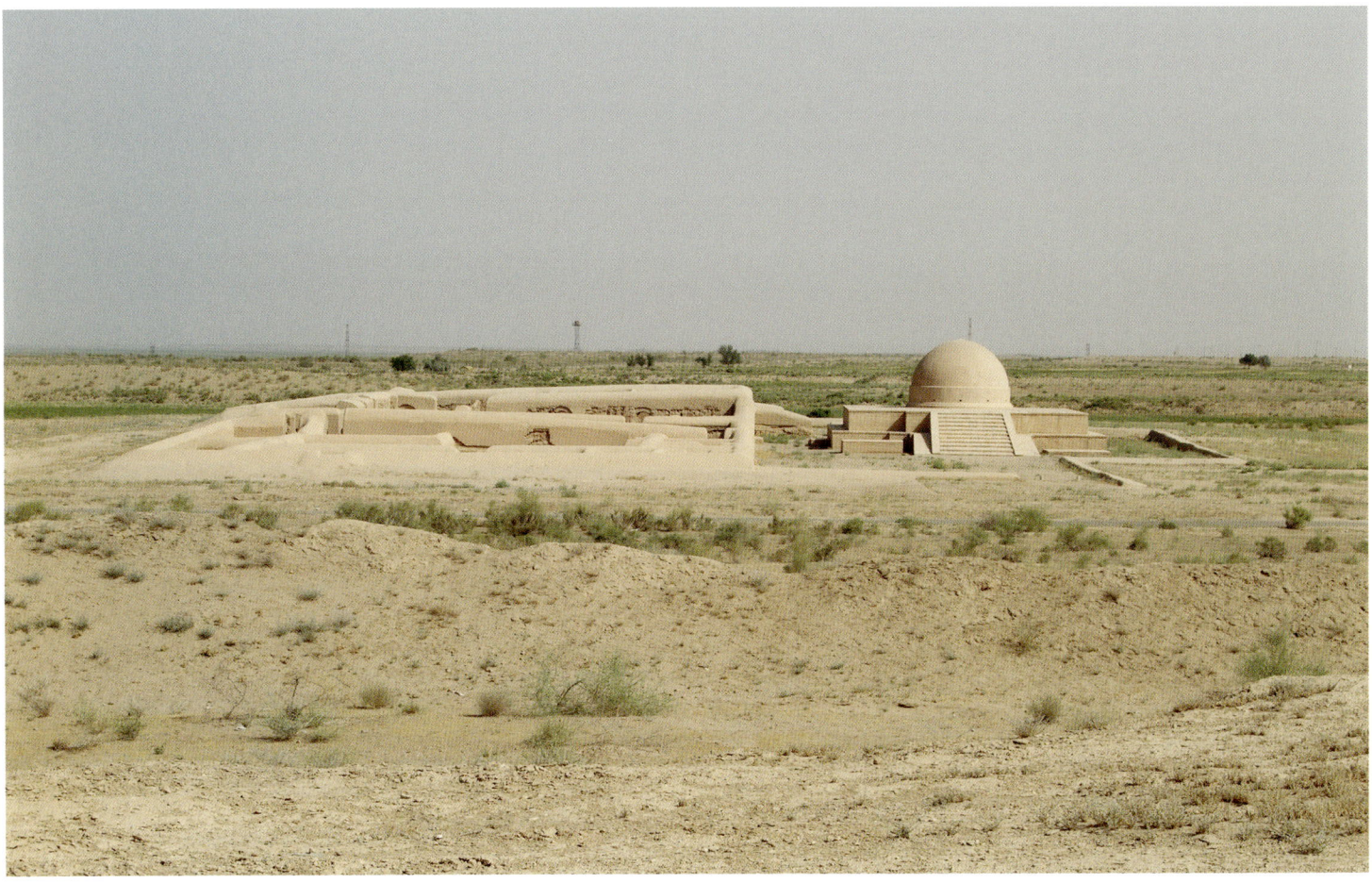

1 Ansicht von Fajas-Tepe.

Münzprägung graeco-baktrischer Herrscher, vor allem unter Agathokles. Auch die Vermutung, auf dem Revers seiner Münzen (Beginn des 2. Jhs. v. Chr.) sei ein Stupa abgebildet, wurde bereits wiederholt vorgebracht.[8] In diesem Zusammenhang äußerte jedoch David MacDowell, der die buddhistische Symbolik auf Münzen untersucht hat, begründete Zweifel, denn die Darstellung – einige Halbkreise in einem Dreieck, die von einem Baum gekrönt werden – dürfte kaum als Abbild oder Symbol eines Stupas gedeutet werden können, da in der elaborierten buddhistischen Ikonographie ein solches Zeichen für die Wiedergabe eines Stupas nicht bekannt ist.[9]

Um zu verstehen, wie der Buddhismus in neuen Gebieten Verbreitung fand und Teil der religiösen Praxis einer Region wurde, gilt es, sich zu vergegenwärtigen, dass dieser Prozess mit der Errichtung buddhistischer Kultbauten einherging. Auf dem Weg des Buddhismus von Indien nach Baktrien liegt Gandhara, in dem der Numismatik zufolge die ältesten buddhistischen Bauten nicht vor Beginn des 2. Jhs. v. Chr. geschaffen wurden.[10]

Im Gebiet Baktriens sind bislang keine buddhistischen Bauwerke aus dieser Zeit entdeckt worden. Man darf indes annehmen, dass in der ersten Hälfte des 2. Jhs. v. Chr. die engen Beziehungen zwischen Baktrien und Gandhara die Baktrier wenn nicht mit der Lehre, so doch mit den Erzeugnissen buddhistischer Kunst in Berührung gebracht haben, die als Trophäen nach Baktrien gelangt sein könnten. In der Schatzkammer von Ai Khanoum (die Stadt ging in der Mitte des 2. Jhs. v. Chr. unter) fand sich beispielsweise ein kleineres Fragment eines Korallenanhängers in Form des Triratna-Symbols, das im Buddhismus so relevant ist.[11]

Die Eroberung der nördlichen und östlichen Gebiete Baktriens durch Nomaden in der Mitte des 2. Jhs. v. Chr. wirkte sich auch auf die Beziehungen zwischen Baktrien und Gandhara aus. Zahllose Baktrier wanderten in die Gebiete Nordwest-Indiens aus, die bis zum Ende des 1. Jhs. v. Chr. von den letzten graeco-baktrischen Herrschern kontrolliert wurden.[12]

Gleichzeitig verzichteten buddhistische Missionare vorübergehend darauf, nach Baktrien, das seine politische Stabilität nunmehr eingebüßt hatte, zu ziehen. Der Zustrom von Emigranten aus Baktrien bedeutete wiederum einen wichtigen Impuls für die Kunst Gandharas, zumindest nach Ansicht der meisten Fachleute.[13]

Gleichwohl werden verschiedene Möglichkeiten angeboten, wie die Baktrier auf die Entwicklung der buddhistischen Kunst Gandharas Einfluss genommen haben könnten. Neben der geläufigen Meinung, es habe unter den baktrischen Emigranten Künstler gegeben, auf die die Darstellung Buddhas in Menschengestalt zurückgehe, gibt es auch eine Theorie, die von pakistanischen Archäologen entwickelt wurde. Eines der ältesten Kunstzentren ist Udayana, gewöhnlich wird es ebenfalls unter dem Begriff der Gandhara-Kunst subsumiert; nach Überzeugung der pakistanischen Archäologen nahm hier die neue Richtung der buddhistischen Kunst ihren Anfang. Für das buddhistische Kloster Butkara 3 ließen sich durch Ausgrabungen vier Nutzungsphasen belegen. Der Ausgräber M. F. Swati vertritt die Auf-

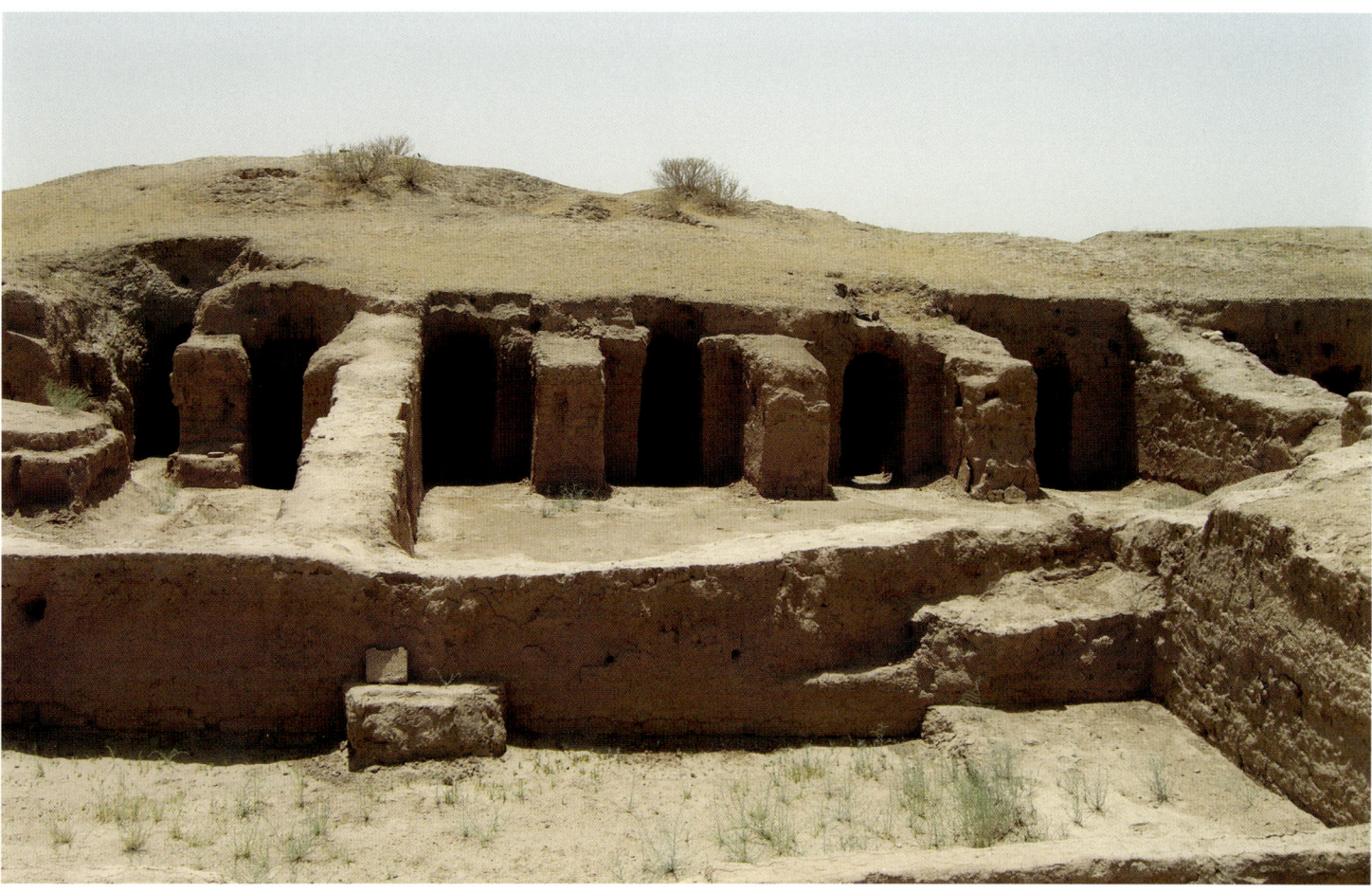

2 Kara-Tepe, Südhügel. Höhlenkloster.

fassung, in den ältesten Schichten, die möglicherweise zur ersten Periode zu zählen sind (190–75 v. Chr.), seien Reliefs mit anthropomorphen Darstellungen von Buddha gefunden worden;[14] diese Reliefs ließen einen markanten griechischen Einfluss erkennen, den Swati durch die starke Zuwanderung aus Graeco-Baktrien nach dem Einfall der sakischen Stämme in Baktrien erklärt. Allerdings nimmt er an, die Darstellungen seien von einheimischen Meistern angefertigt worden; als Prototypen hätten Stücke der nicht-buddhistischen Kunst Indiens mit anthropomorpher Ikonographie gedient. Swati geht davon aus, diese Ikonographie sei eigens für die Baktrier geschaffen worden, damit sie, die eine hellenistische Vorstellung von Göttern in Menschengestalt gehabt haben, leichteren Zugang zum Buddhismus fänden, der in Udayana vorherrschte.[15]

Bedauerlicherweise fehlen Materialien, mit denen sich exakt klären ließe, auf wen der Buddha in Menschengestalt zurückgeht.[16] Zweifellos waren jedoch die Baktrier, die nach Gandhara gekommen waren, in diesen Prozess in der einen oder anderen Form involviert.

Ein markantes Beispiel für diese Beteiligung der Baktrier liegt mit der goldenen Tempelplakette (Münze?) vor, die im Gräberfeld Tillja-Tepe, Grab 4, in Südbaktrien gefunden wurde. Die eine Seite dieser Plakette ziert die Darstellung eines bärtigen Mannes, der sich auf ein Rad mit acht Speichen stützt. Die dazugehörige Inschrift in Kharoschti lautet: „Drehung des Rads des Dharma". Die Paläographie und verschiedene Analogien legen für die Darstellung eine Datierung um die Zeitenwende/1. Jh. n. Chr. nahe.[17]

Aufgrund der Inschrift darf sicher davon ausgegangen werden, dass der Künstler, der den Stempel für diese Plakette anfertigte, Buddha darstellen wollte. Seine künstlerische Konzeption war jedoch recht vage, als Grundlage für die Darstellung Buddhas zog er die Ikonographie des Zeus heran.[18] Wie zahllose Werke der Gandhara-Kunst aus späterer Zeit indes zeigen, muss das vorliegende Stück als missglückter Versuch, einen Buddha in Menschengestalt zu schaffen, gewertet werden.

Doch unabhängig davon, wann man den ersten anthropomorphen Buddha ansetzt, muss der Auffassung, die Blütezeit für diese Figur in der buddhistischen Kunst falle in die Zeit des Kuschanreichs, widersprochen werden. Der Geschichte des Kuschanreichs, seiner Kultur und Kunst ist umfangreiche Literatur gewidmet, in der wiederholt auf die buddhistische Kunst und die Frage nach der Entstehung des Buddhas in Menschengestalt eingegangen wird.

In groben Zügen kann dieser Prozess wie folgt rekonstruiert werden: Die Kunstzentren in Nordwest-Indien (Gandhara) und in Zentralindien (Mathura) bildeten in der frühen Kuschanzeit, sich wechselseitig beeinflussend, standardisierte Formen der Buddha-Darstellungen heraus, die zum Kanon avancierten und zusammen mit der Lehre des Buddhismus nach Baktrien gelangten.

Trotz der differierenden Ansichten, wann der Buddhismus Baktrien erreichte, lässt sich mit Gewissheit über seine Verbreitung in dieser Region sprechen – und zwar aufgrund der entdeckten buddhistischen Bauwerke. Dank archäologischer Untersuchungen sind in Baktrien bis

Buddhistische Kunst in Baktrien

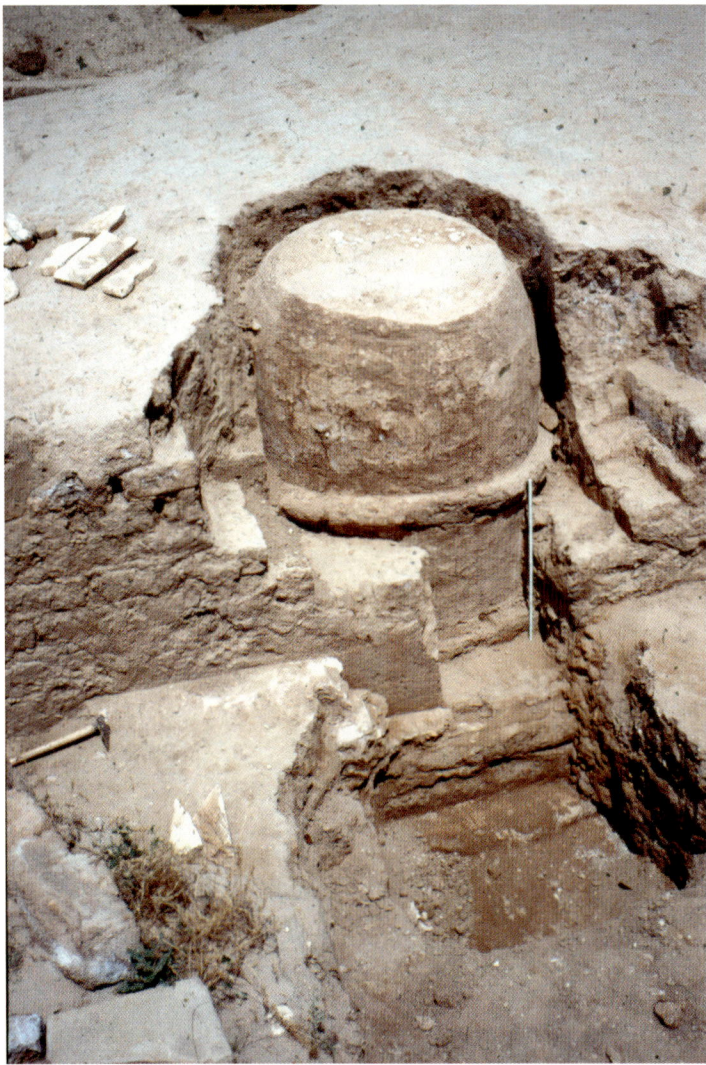

3   Kara-Tepe, Südhügel. Der frühe Stupa, Ende 1. Jh. n. Chr.

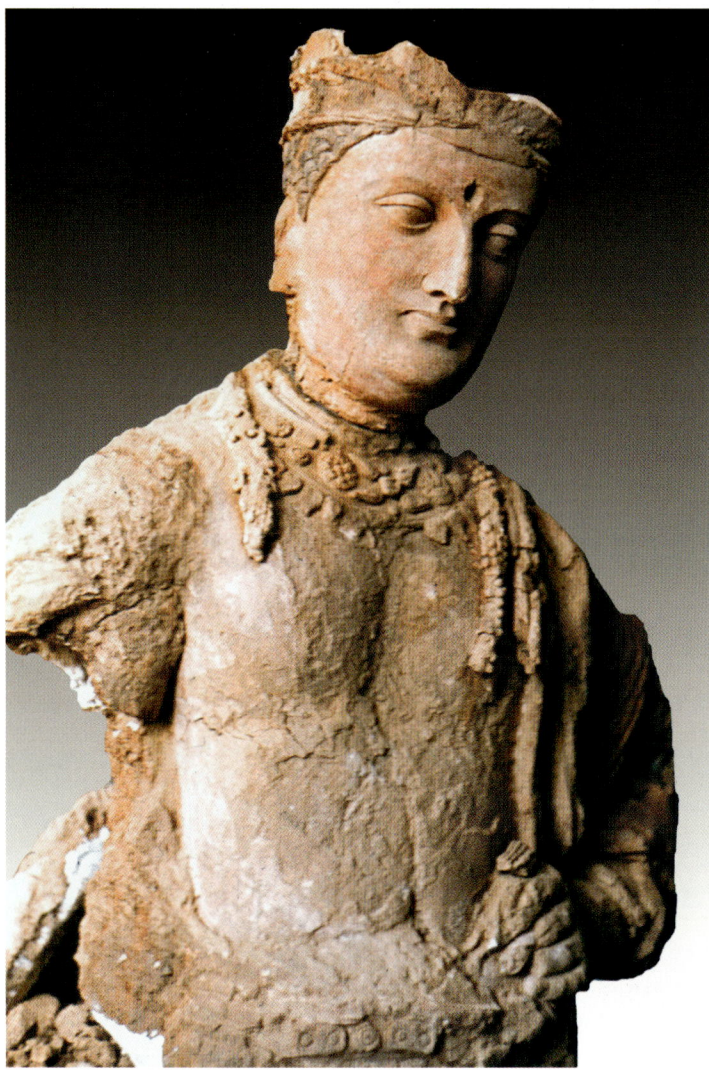

4   Dalversin-Tepe, Tempel DT-25. Bodhisattva, Statuenfragment, Ton, ungebrannt, stuckiert, farbig gefasst. H. ca. 1 m. Erste Hälfte 4. Jh. n. Chr. Taschkent, Kunstwissenschaftliches Forschungsinstitut.

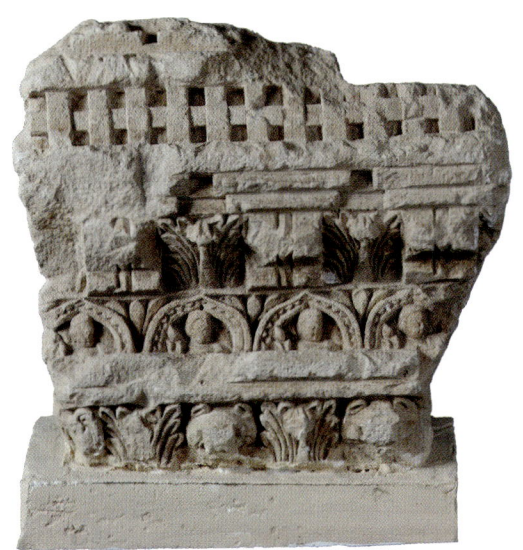

5   Alt-Termes. Gebälkfragment, Kalkstein, Ende 1./Anfang 2. Jh. n. Chr. Usbekistan, Archäologisches Museum Termes, Inv. Nr. SVAM 3315.

heute mehr als 15 Bauten entdeckt worden, die mit dem Buddhismus zu verbinden sind. Nach Berechnungen Boris Ja. Stawiskis hat es im kuschanzeitlichen Nordbaktrien elf unterschiedliche buddhistische Anlagen gegeben.[19] Ferner wurden in Südbaktrien (im heutigen Afghanistan) mindestens fünf buddhistische Objekte festgestellt.[20]

Die heute bekannten buddhistischen Bauten in Baktrien datiert niemand so früh wie Lasar I. Albaum, der für den ersten Stupa des Klosters in Fajas-Tepe das 1. Jh. v. Chr. ansetzt.[21] Diese Datierung wurde im Bericht zur Konservierung Fajas-Tepes wiederholt, die parallel zu den Grabungen erfolgte.[22] Doch weder Albaum noch die Wissenschaftler nach ihm führen überzeugende Argumente für eine derart frühe Datierung an.

Münzfunde belegen heute, dass die ersten buddhistischen Anlagen in Baktrien unter Vima Takto (*Soter Megas*), also in der zweiten Hälfte des 1. Jhs./Beginn des 2. Jhs. n. Chr., erbaut wurden. Die Münzen dieses Kuschanherrschers wurden in den frühen Fußbodenniveaus von Airtam, Fajas-Tepe[23] sowie unter dem Verputz des ersten Fußbodens in der Höhle des ältesten Komplexes (Komplex E) in Kara-Tepe gefunden.[24]

Offenbar wurden genau zu der Zeit, als sowohl Baktrien wie auch Nordwest-Indien zum Kuschanreich gehörten, die Voraussetzungen dafür geschaffen, dass der Buddhismus nach Baktrien vordringen konnte.

Wenn man über den Buddhismus in Baktrien spricht, muss man sich ferner die komplexe religiöse Situation in der Kuschanzeit allgemein sowie die in Baktrien im Besonderen vor Augen halten. Wie die Epigraphik erhellt, pflegten die Kuschana als Staatsreligion einen „dynastischen Kult", in dem verschiedene indo-iranische Gottheiten figurierten (Nana, Umma, Ahura Mazda [Ormusd], Sraosha, Mihr).[25] Daneben existierte im Kuschanreich eine gewisse religiöse Toleranz, die sich auch in der Münzprägung niederschlug. Auf den kuschanzeitlichen Münzen finden sich mehr als 20 Götter, die für unterschiedliche religiöse Traditionen stehen: vom ägyptischen Serapis bis zum indischen Shiva. Buddha-Darstellungen nehmen dabei einen vergleichsweise bescheidenen Platz ein.

Archäologische Grabungen in Baktrien (der Tempel Tachti Sangin, der Tempel der baktrischen Göttin in Dalversin-Tepe, die Grabanlagen in Tepai-Schach, Kampyr-Tepe, Dalversin-Tepe u. a.) zeigten, dass ein großer Teil der lokalen Bevölkerung in der Kuschanzeit nach wie vor der zoroastrischen Religion anhing, für die bestimmte Spezifika und lokale Gottheiten charakteristisch waren.[26] Der Buddhismus in Baktrien fügte sich als eine Komponente in diese heterogene religiöse Gemeinschaft der Region ein.

Epigraphischen Materialien zufolge war der Buddhismus in Baktrien vornehmlich durch die Mahasamghika-Schule vertreten.[27] Im südlichen Baktrien gab es zudem Anhänger der Dharmaguptaka-Schule.[28] Gegen Ende der Kuschanzeit kamen auch die Anhänger der Sammatiya-Schule nach Baktrien. Alle hier genannten Schulen hingen dem Hinayana an.[29]

Die Votivinschriften in buddhistischen Bauten weisen nach Wertogradowa hauptsächlich Namen iranischen Ursprungs auf, welche die Vertreter der örtlichen Adelsschicht trugen. Unter ihnen finden sich die Namen des Herrschers (*Termiz*), des Sohns des Herrschers, eines Quästors, eines Kriegsherrn (?) und einer Amtsperson, deren Status eine zusätzliche Bestimmung verlangte. Damit dürfte sich die buddhistische Gemeinschaft in Baktrien aus dem dortigen Adel rekrutiert haben, der Mittel für den Bau, die Ausgestaltung und die Instandsetzung buddhistischer Bauten zur Verfügung stellte.[30]

Da die buddhistische Kunst eng mit der buddhistischen Architektur verbunden ist, stellen Plastik und Wandmalerei, die obligatorisch für buddhistische Bauwerke sind, einen elementaren Teil buddhistischer Zeugnisse aus dem kuschanzeitlichen Baktrien dar.

Die Geschichte und Entwicklung der buddhistischen Architektur in Indien ist bereits hinlänglich in der Fachliteratur abgehandelt worden, von der Typologie der Bauten bis hin zu Verhaltensregeln für die Mönche in den Klöstern. Der Bau, die Einrichtung und Restaurierung buddhistischer Anlagen erfolgte unter der Aufsicht eines speziellen Mönchs, der als Navakammika bezeichnet wurde, oder einer Gruppe von Mönchen, deren Aufgabe mit der Arbeit eines Baumeisters und/oder einer Gruppe von Architekten verglichen werden kann. Sie achteten darauf, dass die für den Grundriss getroffenen Entscheidungen strikt eingehalten wurden, entschieden alle Fragen zur Anordnung der funktionalen Zonen in den Bauten und kontrollierten die richtige Ausgestaltung der Anlage.[31] Wie eine Analyse der buddhistischen Bauten Baktriens zeigt, beachtete man beim Bau und der Gestaltung Regeln, die für die buddhistischen Kultbauten in Indien typisch sind. Das spricht dafür, dass es in der buddhistischen Gemeinschaft Baktriens gleichfalls spezialisierte Personen gab, die die Aufgaben eines Architekten übernahmen und bestens mit der traditionellen buddhistischen Architektur Indiens vertraut waren.

Klöster

Für Baktrien sind zwei Konstruktionstypen belegt: freistehende Klöster und Höhlenklöster. Freistehende buddhistische Klöster in Baktrien (Fajas-Tepe (Abb. 1), nördlicher Komplex in Kara-Tepe, Ushtur-

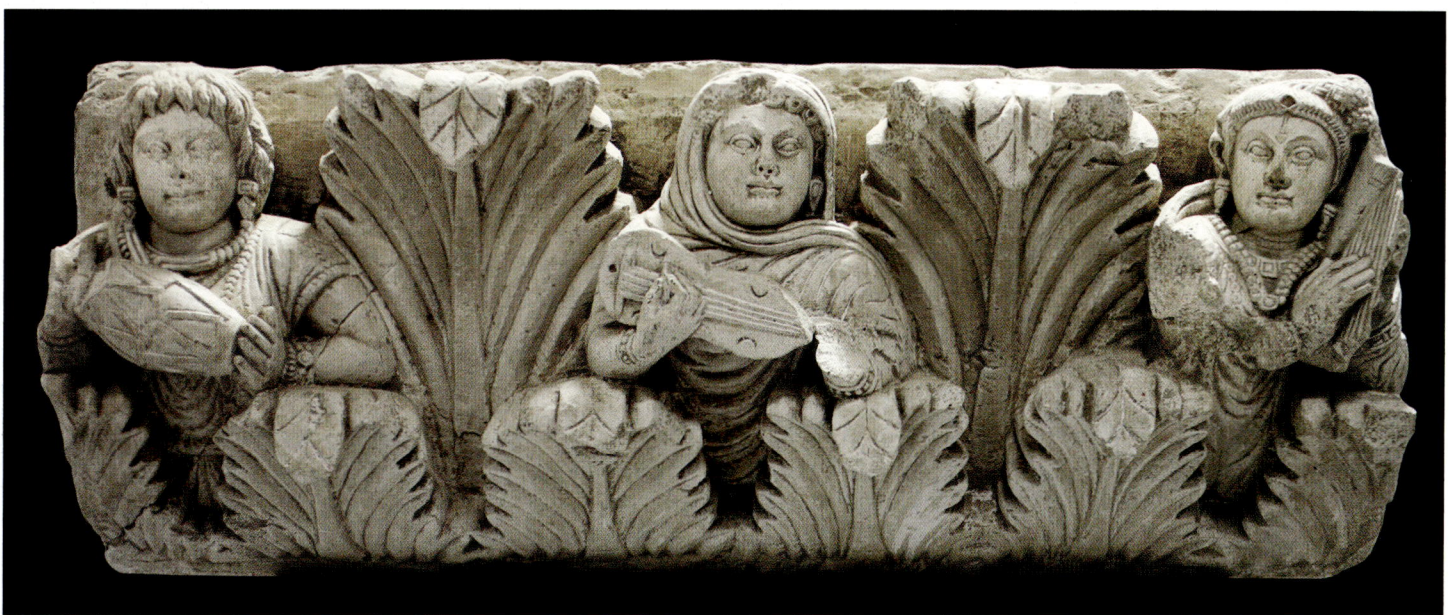

6 Airtam. Architekturdekor mit Büsten von Musikanten zwischen Akanthusblättern, Ende 1. Jh. n. Chr. Abguss. Usbekistan, Archäologisches Museum Termes.

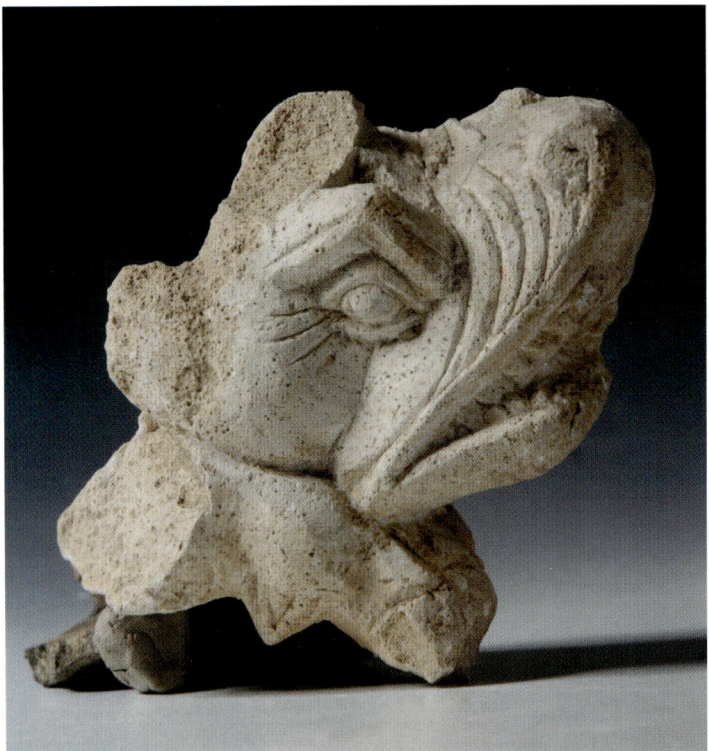

7 Kara-Tepe. Figürliches Architekturfragment, vermutlich Kopf eines Makara, 2. Jh. n. Chr., Kalkstein. Usbekistan, Taschkent, Akademie der Wissenschaften Usbekistans.

Mullo, Kundus) zeigen einen recht typischen Grundriss, der vermutlich bereits im 1. Jh. v. Chr. in Nordwest-Indien für den Bau dieser Klöster ausgearbeitet wurde und in der Kuschanzeit im gesamten Gebiet von Mathura bis nach Nordbaktrien seine Verbreitung erfuhr.[32]

Buddhistische Höhlenklöster begegnen in Baktrien am südlichen und westlichen Hang Kara-Tepes (Abb. 2). Im Grunde zeigen diese Bauten einen ambigen Charakter und verbinden in sich das freistehende Kloster aus ungebrannten Ziegeln und jene Bauten, die in die Hänge des Quartärsandsteins gehauen wurden.

Aus einer Analyse der Grundrisse der „Höhlenklöster" in Kara-Tepe geht hervor, dass sie jene der Höhlenklöster Westindiens variieren.[33] Der wesentliche Unterschied zwischen den Höhlenklöstern in Baktrien und denen in Indien besteht in der vereinfachten Ausführung. So findet sich in einer Reihe von Komplexen in Kara-Tepe anstelle des zentralen Saals ein Mittelpfeiler mit umlaufenden Gängen. Diese Konstruktion hat in der buddhistischen Praxis offenbar eine bestimmte Symbolik. Später fand dieser Bautyp Verbreitung in der Architektur des Östlichen Turkestan.

Stupa

Zur Konstruktion der Stupas, der Entwicklung ihrer Form sowie ihrer Symbolik liegt bereits umfangreiche Fachliteratur vor.[34] Die Stupas dienten im Indien der Vor-Kuschanzeit sowohl Mönchen wie auch Laien als Hauptobjekt der Verehrung. Entsprechend wurden sie innerhalb, aber auch außerhalb der Klosteranlagen errichtet, als einzeln stehende Bauten auf weltlichem Gelände.

In Baktrien sind mehrere einzeln stehende Monumentalstupas bekannt (der Surmala-Turm in Alt-Termes, Topi-Rustam, Shahri-Folak, Tachti Rustam in der Nähe von Balch, der Stupa in Airtam). Da jedoch in den angrenzenden Territorien keine Grabungen vorgenommen wurden, kann der Kontext ihrer Lage nicht näher beschrieben werden. Monumentale Stupas waren jedoch ein obligatorisches Element der buddhistischen Klosteranlagen in Baktrien.

Die baktrischen Stupas folgen der allgemeinen Tendenz in der Veränderung der Form für die Grundfläche der Stupas von rund zu quadratisch (rechteckig). Daneben kam es etwa zu Beginn des 1. Jhs./erste Hälfte des 2. Jhs. n. Chr. zu einer wesentlichen Vergrößerung der Stupas. Die Folge davon war, dass die älteren Stupas nunmehr innerhalb der jüngeren lagen und sich damit aus einem Reliqiuar in eine Reliquie verwandelt hatten (Abb. 3).

Verschiedene Monumentalstupas in Indien aus der Präkuschanzeit zeigen eine skulpturhafte Ausgestaltung (Sanchi, Bharhut). Dabei handelt es sich in gewisser Weise um eine plakative Darstellung der buddhistischen Lehre, die für jene Laien gedacht war, die um den Stupa herum Rituale ausführten.[35]

Umfangreiche Materialien vermitteln eine Vorstellung von den Stupas im kuschanzeitlichen Gandhara.[36] Bedauerlicherweise ist das Fundgut zur Ausgestaltung der baktrischen Stupas sehr begrenzt. Doch ein Fragment mit reliefhaftem Dekor, das in der Nähe des Surmala-Turms gefunden wurde,[37] das Fragment eines steinernen Dharmika sowie eine Ansammlung von Reliefs im südlichen Gang neben dem Stupa auf der Nordspitze von Kara-Tepe belegen für die baktrischen Stupas einen Dekor aus Steinreliefs.[38] Daneben wurde aber auch die Bemalung eines Stupas nachgewiesen (Kloster auf der Nordspitze in Kara-Tepe), eine Variante, welche die Gandhara-Kunst nicht kennt.

Tempel

Traditionell werden buddhistische Tempel nach dem Objekt der Verehrung, das im Tempel untergebracht ist, unterschieden.

Im kuschanzeitlichen Baktrien gab es zwei Tempelformen: Chaitiyghara, in dem das zentrale Objekt der Verehrung der Stupa war, und Patimaghara, das Haus des Bildes, in dem Skulpturen von Buddha und Bodhisattvas verehrt wurden. Wie die Ausgrabungen zeigten, waren sowohl der Chaitiyghara wie auch der Patimaghara obligatorische Elemente buddhistischer Klöster im kuschanzeitlichen Baktrien. Am markantesten ist in diesem Zusammenhang die Klosteranlage in Kara-Tepe (Komplex auf der Nordspitze; Komplex B am Südhang).

In Baktrien finden sich ferner Gebäude, die als einzeln stehende Tempel interpretiert werden können; insbesondere der Tempel im zentralen Teil der befestigten Siedlung Dalversin-Tepe (DT-25) ist hier zu nennen.[39] Aufgrund des hier entdeckten Skulpturendekors (Abb. 4) kann er den Tempeln des Patimaghara-Typs zugezählt werden. Ein Beispiel für einen baktrischen Chaitiyghara-Tempel ist mit der Anlage in Airtam gegeben, in dem die zentrale Fläche im großen Heiligtum ein Postament mit einem steinernen Stupa einnahm.[40]

Im Unterschied zu anderen Typen buddhistischer Architektur lassen die buddhistischen Tempel in Baktrien genau wie die in Gandhara den Einfluss iranischer Kultbauten erkennen. Dies zielt vor allem auf das zentrale Element einer Reihe buddhistischer Tempel in Baktrien, die quadratische Cella mit Umführung, die in der Kuschanzeit aus der iranischen Tempelarchitektur übernommen wurde.[41]

Bei der Analyse der buddhistischen Bauten, aber auch der buddhistischen Kunst sollte man sich vor Augen halten, dass es sich bei den buddhistischen Bauwerken in Baktrien nicht um erstarrte Monumente mit unveränderlichem Grundriss und Dekor handelte. Für sie lassen sich verschiedene Phasen aufzeigen: der Bau, der eine bestimmte Zeit beanspruchte; die Nutzung der Anlage und die damit verbundenen Ausbesserungen und Umbauten; die Phasen der Verödung, die mit der Zerstörung einhergingen. Es kann nicht die Aufgabe des vorliegenden Artikels sein, die Geschichte aller buddhistischen kuschanzeitlichen Bauten in Baktrien zu skizzieren. Ihr Schicksal weist jedoch gewisse Gesetzmäßigkeiten auf, welche die gesamtgesellschaftliche und politische Entwicklung der Region in dieser Zeit widerspiegeln.

Dies zielt zuallererst auf den Beginn der Bauarbeiten für die buddhistischen Anlagen, zu denen es, wie bereits erwähnt, mit der Festigung des Kuschanreichs unter Vima Takto in der zweiten Hälfte des 1. Jhs. n. Chr. nach der Vereinigung der Gebiete Nordwest-Indiens und Baktriens kam. Das Aufblühen des Buddhismus in Baktrien fällt in die Zeit Kanischkas, den die buddhistische Tradition als einen ihrer Schutzherren verehrt. Unter Kanischka und seinen Nachfahren wurden in buddhistischen Bauten zahlreiche Ausbesserungen vorgenommen und der Dekor erneuert. In dieser Zeit dürfte eine Anlage wie die in Kara-Tepe, die ein Konglomerat selbstständiger, zu unterschiedlichen Zeiten erbauter Klöster darstellt, als ein großes buddhistisches Zentrum verstanden worden sein.

In der Mitte des 3. Jhs. n. Chr., als der sasanidische Iran nach Baktrien expandierte, schlägt sich die politische Destabilisierung auch in den buddhistischen Kultanlagen nieder: Die Mittel für Reparaturen und für die Ausgestaltung wurden nunmehr in weitaus geringerem Maße zur Verfügung gestellt als bislang. In einem der Klöster in Kara-Tepe ließen sich beispielsweise Reparaturarbeiten an der Wandbemalung nachweisen, die von unprofessionellen Künstlern vorgenommen wurden. Vermutlich versickerte in dieser Zeit der Strom von Zuwendungen, die Zahl der Mönche ging zurück und die buddhistischen Bauten wurden nach und nach aufgegeben. Zuweilen war die buddhistische Gemeinschaft in Baktrien nicht einmal mehr imstande, sich gegenüber den Anhängern anderer Religionen aus der Region zu behaupten. Dies lässt sich gut am Beispiel Kara-Tepes ablesen, als die Bewohner im nahen Alt-Termes (deren religiöse Zugehörigkeit nicht ganz klar ist) anfingen, einen Teil der verlassenen Klosteranlagen für Bestattungen zu nutzen, während andere Bauten in Kara-Tepe weiterhin als Unterkunft für die buddhistischen Mönchen dienten.[42]

Obgleich die Macht an Kuschana und Sasaniden übergegangen war, die anderen Religionen den Vorzug gaben, verschwand der Buddhismus nicht aus Baktrien. Einige buddhistische Anlagen wurden nach wie vor unterhalten, repariert und genutzt. Dies gilt insbesondere für den Stadttempel DT-25 in Dalversin, der während seiner ganzen Geschichte umgebaut und mit neuem Skulpturendekor im Inneren versehen wurde, selbst nach den 70er Jahren des 4. Jhs. n. Chr.[43]

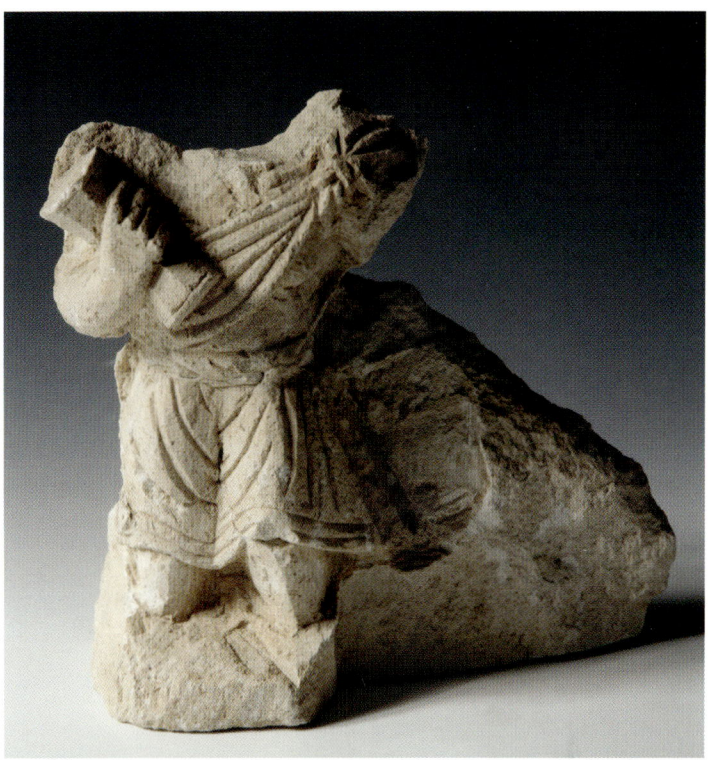

8 Kara-Tepe. Figürliches Architekturfragment, vermutlich Figur des Vajrapani, 2. Jh. n. Chr., Kalkstein. Usbekistan, Taschkent, Akademie der Wissenschaften Usbekistans.

Skulpturen

Die Plastik spielte während der Kuschanzeit eine wesentliche Rolle bei der Einrichtung buddhistischer Monumentalbauten in Baktrien. Erhalten gebliebene Skulpturen belegen für die Herstellung Stein, Lehm, Gantsch und Terrakotta.

Die buddhistische Steinplastik in Baktrien knüpft an die hellenistische Tradition für steinerne Skulpturen an. Bei einem großen Teil der Steinskulpturen, welche die buddhistischen Anlagen in Baktrien schmückten, handelte es sich um verschiedene Formen architektonischen Dekors, um Säulenschäfte, Basen von Säulen oder Kapitellen, Pilasterkapitelle (seltener Säulenkapitelle), Simse und Verblendplatten (Abb. 5). Als Material wurde meist vor Ort abgebauter Stein verwendet (Sandstein). Die uns vorliegenden Beispiele deuten auf eine mehrfarbige Bemalung aller Steinelemente des Dekors. Ebenfalls aus Stein wurden Votivattribute hergestellt, vor allem für Stupas (die Stupas in Kara-Tepe und Ushtur-Mullo),[44] aber auch Objekte, die bei der Ausübung von Ritualen eine Rolle spielten (die Reservoirs für die Waschungen im Kloster Fajas-Tepe).

Eine bildhafte, narrative Steinverzierung war Teil des Gesamtsystems bei der Ausgestaltung buddhistischer Monumentalbauten. Es fehlen jedoch die notwendigen Daten, um auf ihre Lage innerhalb der Bauten zu schließen. Folglich sind verschiedene Varianten, wo sich der berühmte Fries von Airtam (Abb. 6) befunden haben könnte, rekonstruiert worden.[45] Eine Ansammlung von Steinfragmenten aus dem Dekor (Abb. 7–8) im südlichen Gang des Stupas auf der Nordspitze von Kara-Tepe lässt zudem vermuten, dass in der Südseite des Stupas eine Nische lag, die mit Steindekor verziert gewesen war.[46]

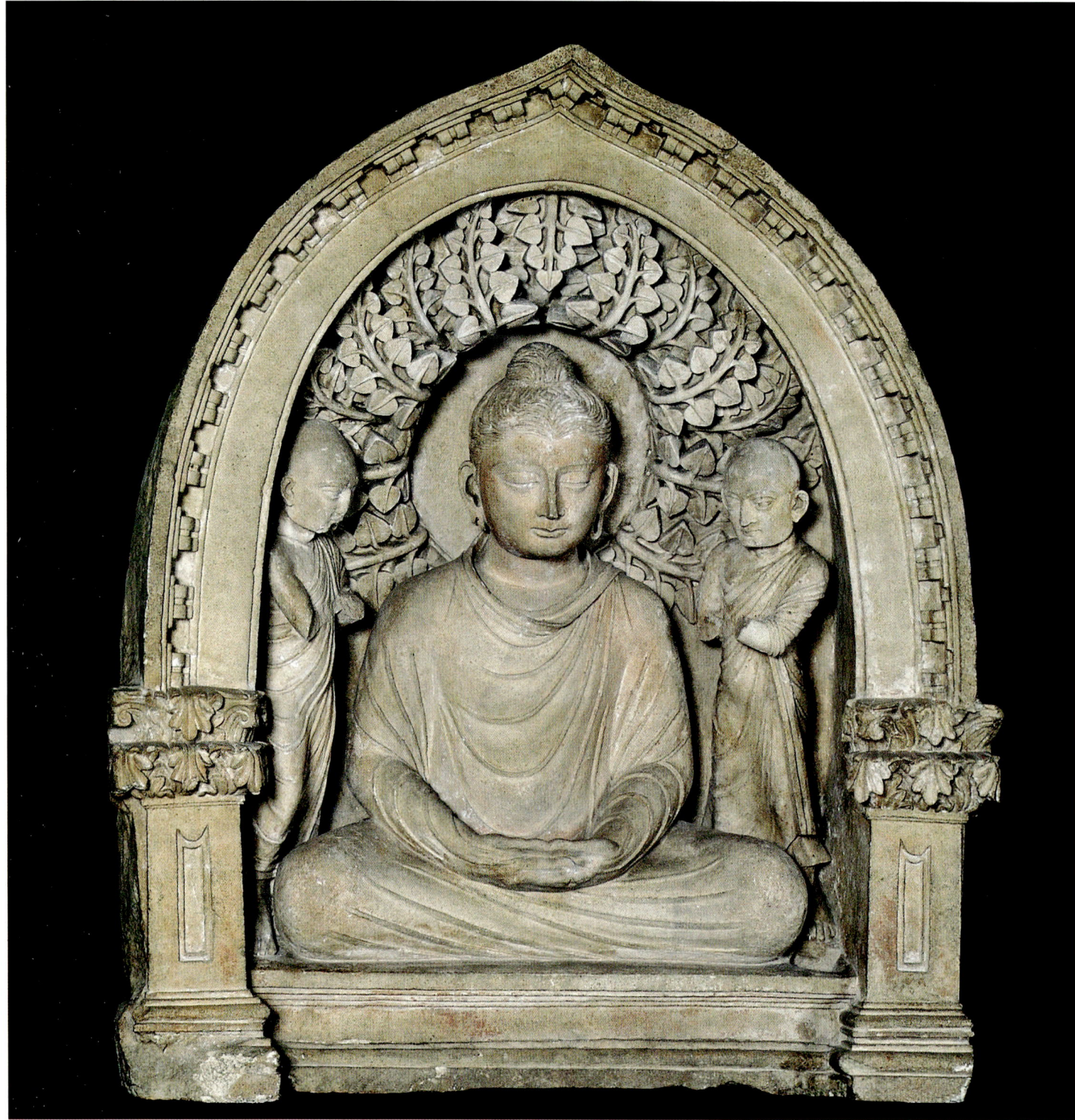

9 Fajas-Tepe, buddhistisches Heiligtum. Trias. Sitzender Buddha unter dem Boddhistrauch, flankiert von zwei stehenden Mönchen. Die Darstellung wird von einem Bogen gerahmt. Relief, 1.–2. Jh. n. Chr. Usbekistan, Taschkent, Staatliches Museum der Geschichte Usbekistans, Inv. Nr. 274/1.

Daneben existierten Kultobjekte, die unmittelbar verehrt wurden, beispielsweise die sogenannte Triade „Buddha mit den Mönchen" im zentralen Heiligtum der Klosteranlage in Fajas-Tepe (Abb. 9).[47]

Während der Grabungen in Kara-Tepe stieß man auf ein bemerkenswertes Phänomen: Das steinerne architektonische Dekor wurde in dem noch genutzten buddhistischen Heiligtum in der zweiten Hälfte des 3. Jhs. n. Chr. durch Zierrat aus Lehm und Gantsch ersetzt. Dies betraf die Reliefs, welche die Nische in dem monumentalen Stupa am Nordhang schmückten, wie auch die Basen der Säulen in den Höfen (Komplex E). Vermutlich deutet dieser Prozess auf den Bruch mit der Tradition, Stein für den architektonischen Dekor und die Skulpturen zu verwenden, am Ende der Kuschanzeit in Baktrien.

Eine Besonderheit der buddhistischen Plastik in Baktrien ist die Verwendung von Lehm und Gantsch als Grundmaterial für Skulpturen. Die wesentlichen Herstellungstechniken von Skulpturen aus diesen Materialien wurden in der zentralasiatischen Region im 4.–3. Jh. v. Chr. erarbeitet, als sich die lokale Tradition der Lehmskulptur und die hellenistische Praxis der Erstellung von Lehmmodellen für monumentale Statuen gegenseitig beeinflussten. Diese Tradition erhielt in der Kuschanzeit einen neuen Impuls. Vergleicht man die Fragmente der baktrischen Lehm- bzw. Gantschskulpturen aus den unterschiedlichen Epochen miteinander, fällt auf, dass die Herstellungstechnik seit graeco-baktrischer Zeit kaum nennenswert verändert worden ist.

Das Kernelement der Skulptur wird an einem Gerüst aus Schilf oder Holzstäben erstellt. Es wird in mehreren Schichten mit Lehm überzogen. Anschließend wird dieser Körper mehrfach mit festem Stoff umwickelt, auf den erneut eine Schicht Lehm oder Gantsch aufgetragen wird. Nun wird mit Hilfe von Stempeln die eigentliche Modellierung vorgenommen. Die Einzelelemente wurden in der Regel mit mehreren unterschiedlichen Stempeln ausgeführt (Abb. 10). Beim Kopf kamen beispielsweise Gesichtsstempel, Stempel für die Frisur und die Ohren zum Einsatz, die einzeln geprägt wurden. Die auf diese Weise aus Einzelelementen zusammengesetzte Skulptur wurde geglättet und anschließend meist mit einer Gantsch-Schicht grundiert und bemalt.

Die Lehm- bzw. Gantschskulptur konnte als Relief oder als Wandskulptur ausgeführt sein. Bei der Wandskulptur war für die Aufstellung an der Rückseite eine Vorrichtung zur Befestigung nötig; darüber hinaus verlangte ihre Aufstellung im Inneren der Monumentalbauten Postamente oder Nischen (Abb. 11).

Die Untersuchung der Fragmente von Lehm- bzw. Gantschskulpturen wie auch der Steinskulpturen zeigt, dass sowohl Kultgegenstände, die als Objekte der Verehrung dienten, wie auch narrative Darstellungen, die den rituellen Hintergrund in Kultbauten bildeten, in diesen Materialien erstellt wurden. Betrachtet man den Grundriss der ältesten buddhistischen Anlagen in Baktrien (Komplex E in Kara-Tepe), so darf man wohl davon ausgehen, dass der Baubeginn mit der Herausbildung und Verbreitung des anthropomorphen Buddhas in der buddhistischen Kunst zusammenfiel.

Archäologische Grabungen in Baktrien erbrachten Fragmente von Statuen, die eine Ikonographie für Buddha belegen, die aus der Gandhara-Kunst bekannt ist. Genau wie in Gandhara begegnet neben der herkömmlichen mehrfarbigen Bemalung der Skulpturen Vergoldung, entweder des Gesichts, wie in Kara-Tepe (Abb. 12/Startabb.) oder der ganzen Figur (Sar-Tepe).

Noch bis vor Kurzem glaubte man, in der buddhistischen Kunst des kuschanzeitlichen Baktriens habe es keine Motive aus Jatakas gegeben, wie sie für die Gandhara-Kunst anderer Kunstbereiche charakteristisch sind. Inzwischen hat die Analyse der Ikonographie eines Reliefs mit einer zweiteiligen Komposition aus Alt-Termes jedoch gezeigt, dass auf ihm eine klassische Szene aus dem Zyklus „Die Götter bitten Buddha, seine Lehren zu verkünden" dargestellt ist.[48] Bei den Grabungen in Kara-Tepe wurden in den letzten zehn Jahren Fragmente von Steinreliefs mit Darstellungen aus dem Leben Buddhas geborgen, so der wundersame Traum der Kaiserin Maya, die Geburt des Prinzen Siddhartha und andere.[49] Darüber hinaus sind auf den Steinfragmenten der Reliefs aus Kara-Tepe Darstellungen Vajrapanis zu erkennen: das populäre Motiv des Himmelsbogens, in dem die

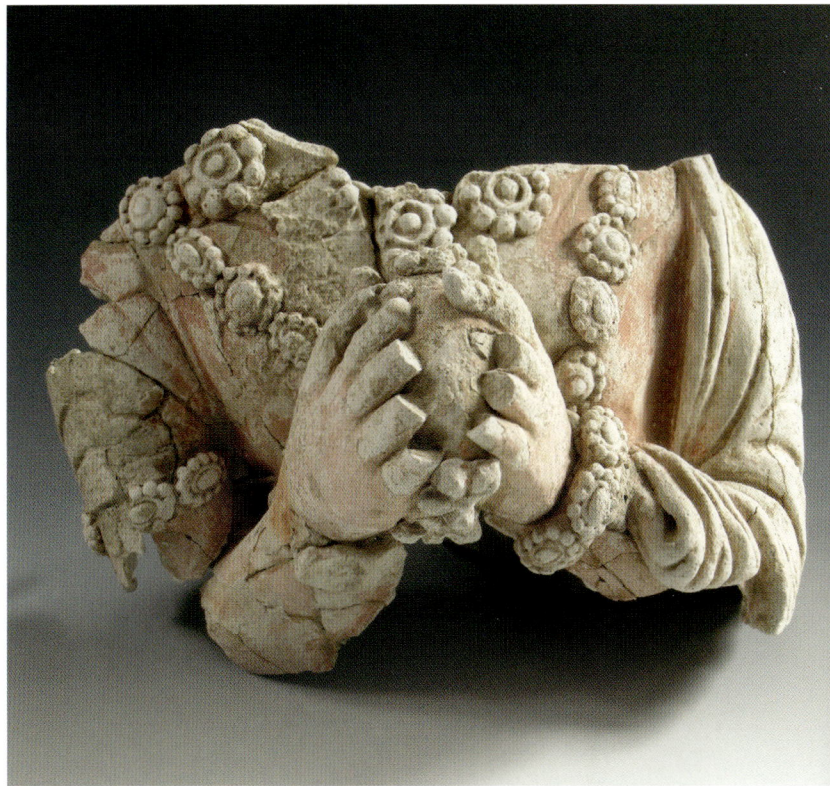

10 Dalversin-Tepe, Tempel DT-25. Skulpturfragment. Hände eines Stifters mit Blumen. Ende 3. Jh. n. Chr. Usbekistan, Taschkent, Kunstwissenschaftliches Forschungsinstitut.

Buddhas angesiedelt werden, aber auch klassische Figuren der buddhistischen Ikonographie Gandharas wie der Garuda, Makara oder Löwe.

Bereits in der Kuschanzeit muss in der buddhistischen Kunst neben der Buddha-Figur unter dem Einfluss des Mahayana-Buddhismus die Figur des Bodhisattva entstanden sein. In diesem Zusammenhang ist ein Fragment aus Kara-Tepe (Komplex E) aufschlussreich, das den Kopf Bodhisattvas mit einem Turban zeigt. Da in Kara-Tepe Vertreter des Mahayana-Buddhismus lebten, deren Lehre das Konzept über die Existenz des Bodhisattva Siddhartha vertrat,[50] könnte das Fragment aus Komplex E als Darstellung Siddharthas interpretiert werden.[51] Der Torso einer monumentalen Statue in Fajas-Tepe dürfte der Verzierung nach zu urteilen ebenfalls Bodhisattva darstellen. Die Skulpturen von mindestens sieben Bodhisattvas schmückten den Stadttempel DT-25 in Dalversin-Tepe. Anhand von Analogien kann eine der sieben Figuren recht sicher mit dem Bodhisattva Avalokiteshvara verbunden werden (Abb. 4),[52] eine andere vermutlich mit dem Bodhisattva Maitreya.[53]

Mit der Entwicklung des Mahayana-Buddhismus ging auch das Konzept des kosmischen Körpers Buddhas (Lokattara) einher. Man darf annehmen, dass es in der Kunst seinen Niederschlag in der Tendenz zur Vergrößerung der Buddha-Skulptur fand. So wurde beispielsweise im Heiligtum des Komplexes B in Kara-Tepe die ursprüngliche Gantschskulptur durch eine bedeutend größere Lehmfigur ersetzt. Die Tendenz, Skulpturen im 4. Jh. n. Chr. immer größer zu gestalten, lässt sich auch an den Bodhisattvas im Stadttempel (DT-25) in Dalversin-Tepe beobachten.

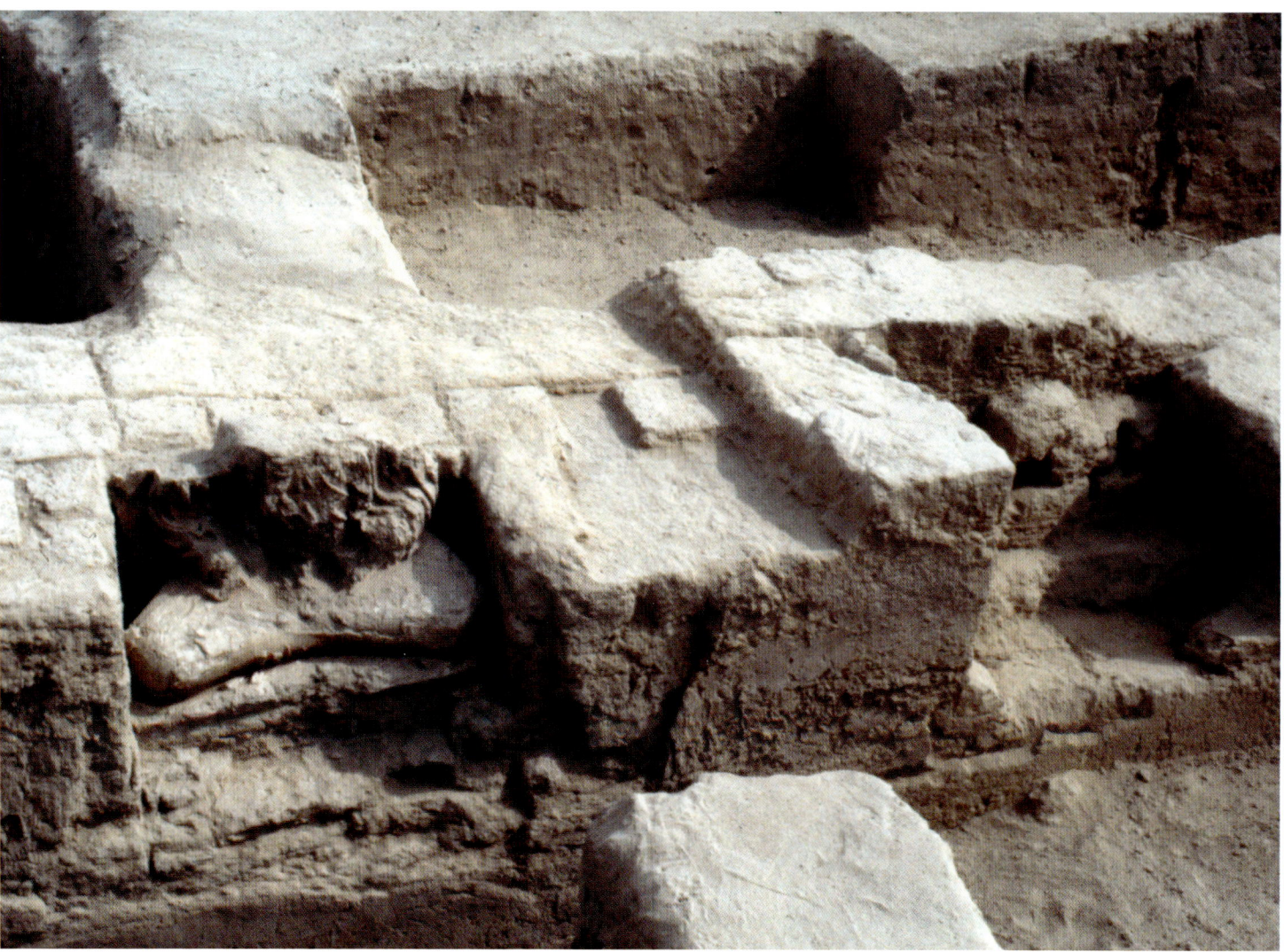

11 Kara-Tepe, Westhügel. Nischen mit Tonskulpturen im Hof. 2. Jh. n. Chr.

Malerei

Die Grabungen in buddhistischen Anlagen in Baktrien zeigten, dass sie im Unterschied zu den buddhistischen Stätten in Gandhara mit Wandmalerei verziert waren. Ein großer Teil der Wände war mit einer einfarbigen, meist roten Täfelung versehen. In einigen Fällen lag über der Verkleidung ein schmaler Ornamentstreifen, in der Regel ebenfalls einfarbig. Eine einfarbige Bemalung schmückte zudem einzelne Wandbereiche oder Teile der Stupas (z. B. die Kuppel in Fajas-Tepe). Darüber hinaus fanden sich in einigen Höhlenanlagen in Kara-Tepe mehrfarbige Ornamentstreifen über der Täfelung (Abb. 13). Die überzeugendsten Analogien für diese Ornamentstreifen lassen sich im Dekor der hellenistischen Kunst finden.[54] Eine mehrfarbige Sujetdarstellung zierte die Wände der Höfe und freistehenden Bauten, zuweilen auch die Postamente der Grundfläche der Stupas.[55] Bekannt sind die Darstellungen von Buddha und den Mönchen in Kara-Tepe (Abb. 14), Episoden aus verschiedenen Jatakas (Sar-Tepe) sowie von Buddha und den Stiftern (Fajas-Tepe, Ushtur-Mullo).

Neben der mehrfarbigen sujethaften Wandbemalung wurden auch Keramikfliesen entdeckt (50 x 50 cm) mit Darstellungen kuschanischer Götter und vor ihnen stehenden Stiftern.[56] Dieses Motiv lässt darauf schließen, dass die Fliesen für ein Familienheiligtum bestimmt waren. Bisher wurden keine weiteren Beispiele für diese Form der Malerei in buddhistischen Bauten Baktriens festgestellt.

Eine technische und technologische Analyse der mehrfarbigen sujethaften Malerei in den buddhistischen Bauwerken Baktriens der Kuschanzeit zeigt, dass die Meister, die sie ausführten, die hellenistische Tradition vertraten. Einer der wesentlichen Indikatoren für die westliche (hellenistische) Tradition ist mit der Gestaltung von Licht und Schatten gegeben, die für die Malerei Indiens nicht typisch ist.[57]

Die Künstler

Vergleicht man die technischen und technologischen Charakteristika der Kunstwerke (Wandmalerei und Skulpturen) aus nicht-buddhistischen und buddhistischen Bauten Baktriens, gelangt man zu dem Schluss, dass sie von denselben Künstlern geschaffen wurden. Das wiederum lässt vermuten, bei der Gestaltung buddhistischer Bauten in der Kuschanzeit seien professionelle Künstler tätig gewesen, die für ihre Arbeit entlohnt wurden, der buddhistischen Gemeinschaft aber nicht angehörten.[58] Daneben traten bereits im 3. Jh. n. Chr. in Bakt-

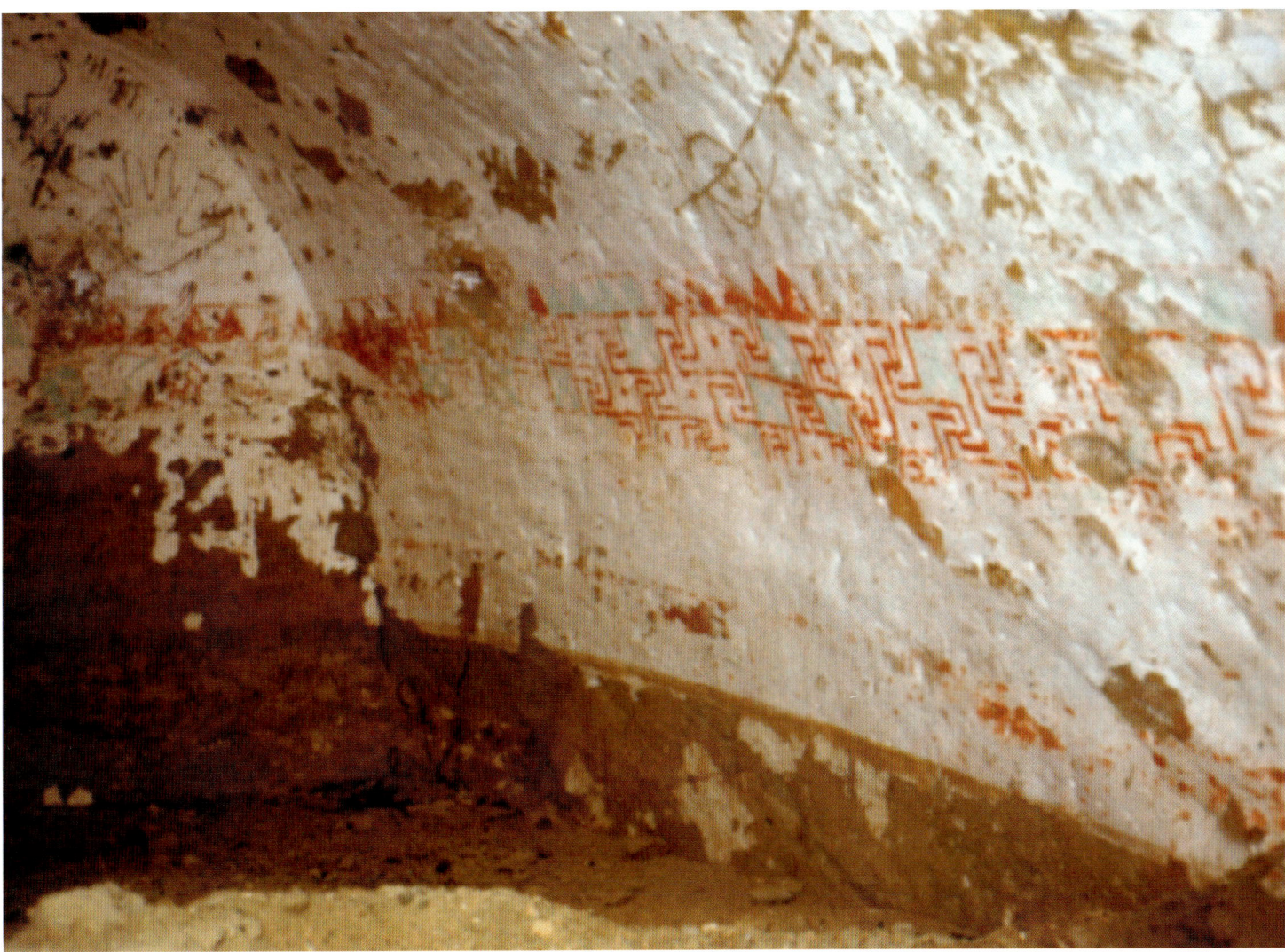

13 Kara-Tepe, Südhügel. Wandmalerei in der Höhle, Ende 1. Jh. n. Chr.

rien die ersten buddhistischen Künstler auf. Dies belegt die einfarbige Malerei in der Höhlenanlage des Komplexes D in Kara-Tepe, bei der eine Buddha-Darstellung mit einer erklärenden Inschrift in Kharoschti versehen ist.[59]

Bislang liegen keine entsprechenden Befunde vor, um die Frage zu beantworten, ob die buddhistische Gemeinschaft Baktriens in der Kuschanzeit professionelle Künstler herangezogen hat oder ob buddhistische Künstler aus Indien in die baktrischen Klöster kamen.

Terrakotta

Neben den Werken der buddhistischen Monumentalkunst sind in Baktrien auch einige buddhistische Terrakotten bekannt (Abb. 15). Die Existenz der kleinen Terrakottaplastik, diesen preiswerten Ikonen, setzt breite Bevölkerungsschichten voraus, die von diesen Erzeugnissen Gebrauch machten. Nach einer Analyse der buddhistischen Terrakotten in Baktrien ist der Autor des vorliegenden Artikels jedoch zum Schluss gelangt, dass diese Stücke weniger von der Popularität des Buddhismus in der dortigen Bevölkerung künden, als vielmehr von einer buddhistischen Mode, welcher der Kuschan-Adel anhing und die das Volk von ihm übernommen hat. In diesem Zusammenhang ist bezeichnend, dass eine der populärsten Figuren unter den buddhistischen Terrakotten Yakshini war, die auch unabhängig von der buddhistischen Konnotation rezipiert werden kann.[60]

Schlussfolgerungen

Nach diesem Überblick über die buddhistische Kunst in Baktrien lassen sich folgende Schlussfolgerungen formulieren:

Baktrien hat eine wichtige Rolle bei der Herausbildung der buddhistischen Kunst Gandharas gespielt, vor allem bei der Konzeptionierung des anthropomorphen Buddhas. Zwar lässt sich nicht sagen, ob dabei auch Künstler aus Baktrien involviert waren oder ob dieser Prozess allein von lokalen Meistern getragen wurde, mit Sicherheit gelangte jedoch die hellenistische Ikonographie wie auch eine Reihe technologischer Verfahren aus Baktrien nach Nordwest-Indien.

Der Buddhismus und damit auch die buddhistische Kunst erfuhr erst in der zweiten Hälfte/Ende des 1. Jhs. n. Chr. seine Verbreitung in Baktrien. Die buddhistischen Bauwerke gehen in ihrer Architektur und ihrem Grundriss auf die buddhistischen Anlagen in Indien zu-

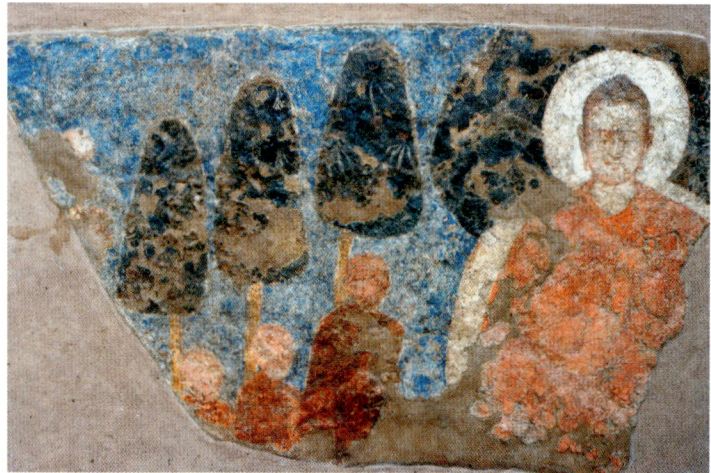

14 Kara-Tepe, Südhügel. Wandmalerei in der Höhle. Buddha unter Bäumen mit Affen, 2. Jh. n. Chr.

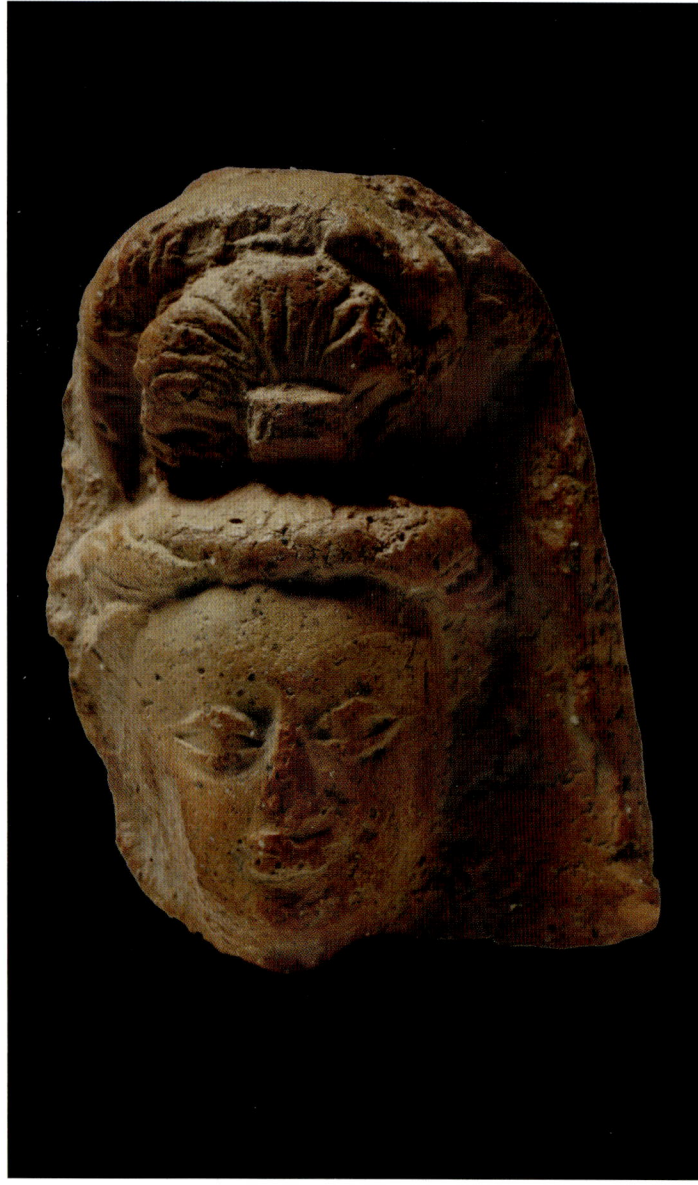

15 Ismail-Tepe. Kopf des Bodhisattva, Fragment eines Terrakottareliefs. 2. Jh. n. Chr. Archäologisches Museum Termes, Inv. Nr. SVAM 1779.

rück. Gleichzeitig lassen sich in ihrer Konstruktion lokale baktrische Merkmale erkennen: Für die freistehenden Bauten wurde nicht Stein, sondern ungebrannter Ziegel genutzt, bei der Ausgestaltung der Höhlenanlagen fehlte es den Meistern vor Ort indes an Erfahrung, um die indischen Prototypen zu imitieren.

Der architektonische Steindekor wie auch die Steinskulpturen in den buddhistischen Anlagen Baktriens wurden aus vor Ort gewonnenem Stein gefertigt. Während im architektonischen Dekor markante lokale Spezifika zu beobachten sind, die auf die graeco-baktrische Kunst zurückgehen, dominiert in der Skulptur traditionell die buddhistische Ikonographie, die aus Indien übernommen wurde.

Ein Charakteristikum der buddhistischen Kunst Baktriens ist der Bruch mit der Tradition, Steinskulpturen herzustellen, in der zweiten Hälfte/Ende des 3. Jhs. n. Chr. Im postkuschanzeitlichen Gandhara unterliegt die Tradition der Steinskulpturen dagegen nur gewissen Veränderungen, geht jedoch nicht völlig unter.

Die Herstellungstechnik für Skulpturen aus Lehm bzw. Gantsch, die in Baktrien entwickelt und in der buddhistischen Plastik der Region während der Kuschanzeit angewandt wurde, erfuhr eine starke Verbreitung in den übrigen Teilen der buddhistischen Welt, so auch in Gandhara.

Bei der Wandmalerei in den buddhistischen Bauwerken Baktriens handelt es sich um eine lokale Erscheinung, die auf die hellenistische Tradition der Gestaltung von Kultbauten in Graeco-Baktrien zurückgeht.

Für die buddhistische Kunst in Baktrien ist das Ende der Kuschanzeit gleichbedeutend mit dem Aufkommen professioneller buddhistischer Künstler. Allem Anschein nach waren es baktrische Bildhauer, welche die lokale Tradition der Herstellung von Lehm- bzw. Gantsch-Skulpturen wahrten, die in buddhistischen Bauten in Baktrien-Tocharistan im Zeitraum vom 6.–8. Jh. zum Tragen kommt.

Die Veränderungen in der politischen Situation, die auf das Vordringen der Sasaniden nach Baktrien zurückgingen, wirkten sich spürbar und nachteilig auf den Buddhismus in der Region aus. Die Grabungsbefunde geben jedoch keinen Anhaltspunkt für Verwüstungen, die die Sasaniden in buddhistischen Bauten verübt haben könnten. Das vorliegende Material lässt darauf schließen, dass einzelne Herrscher in der Region dem Buddhismus noch eine Zeitlang anhingen. Daneben kam es in der Post-Kuschanzeit zu einer deutlichen Schwächung der Kontakte zwischen den buddhistischen Gemeinschaften in Gandhara und Baktrien, das nachfolgende Aufblühen des Buddhismus in der Region im 6.–8. Jh. n. Chr. wurde bereits entscheidend durch andere kulturelle und künstlerische Kontakte stimuliert, vor allem durch Beziehungen zu Kaschmir.

Übersetzung aus dem Russischen: Christiane Pöhlmann.

1 Rowland 1967, 73–99.
2 Huntington 1985, 110.
3 Stawiski 1997; Litwinski 2004.
4 Bagchi 1955, 32.
5 Koschelenko 2001, 202.
6 Gaibow/Koschelenko/Serditych 1992, 18–22.
7 Cribb/Bopearachchi 1992, 60–63.

8 Puri 1993, 89–93; Rtweladse 2000, 9.
9 MacDowell 1987.
10 Errington 1999/2000, 204.
11 Rapin 1987, 117. Meiner Ansicht ist das Fragment aus Ai Khanoum zu unscheinbar, als dass es als Triratna-Symbol interpretiert werden könnte.
12 Gaibow/Koschelenko/Serditych 1992, 18–22.
13 „Gandhara had received Hellenistic culture from Bactria" (Dutt, S. 1988, 190). L. Nehru hat in ihrem Buch über die Gandhara-Kunst ein eigenes Kapitel „Bactrian Influences" aufgenommen. Vgl. Nehru 1989, 29–37.
14 Aus der Veröffentlichung geht nicht hervor, auf welcher Grundlage M. F. Swati die erste Periode des Fundorts ins 2. Jh. v. Chr. datiert, während er die zweite Periode aufgrund von Münzen des „Großen Retters" (*Soter Megas*) entsprechend in der zweiten Hälfte des 1. Jhs. n. Chr. ansiedelt. Vgl. Swati 1997, 7–9. Somit stellt sich die Frage, ob die Reliefs, die der Autor publiziert, darunter auch die Darstellungen des Buddha in Menschengestalt, tatsächlich ins 2. Jh. v. Chr. datieren. Der stratigraphische Kontext legt vielmehr nahe, dass sie später angefertigt wurden, in der sogenannten sakisch-parthischen Periode (75 v. Chr. – 55. n. Chr.).
15 Swati 1997, 8–9; 20.
16 Die Frage, wer die Künstler waren, welche die ersten Darstellungen von Buddha in Menschengestalt vorlegten, ist bereits mehrfach erörtert worden. A. Narain schlägt zwei mögliche Antworten vor: 1) griechische Künstler, 2) Handwerker vor Ort. Der Autor zieht die zweite Variante vor. Vgl. Narain 1985, 16.
17 Sarianidi/Koschelenko 1982, Abb. 1, 5.
18 Fussman 1987, 67–88. Nach Auffassung E. W. Zejmals stellt die Figur Shiva dar. Vgl. Zeymal 1999, 241.
19 Stawiski 1998, 23–76.
20 Ball 1982, 47–49; 172; 222–223. An dieser Stelle sei betont, dass aus meiner Sicht eine Reihe von Bauten fälschlich dem Buddhismus zugezählt werden. So lässt sich der Grundriss des sogenannten spätkuschanzeitlichen Heiligtums in Sar-Tepe nicht mit der buddhistischen Architektur vergleichen. Die Ansprache der Fundstätte basiert auf einigen Fragmenten buddhistischer Skulpturen, die jedoch völlig zufällig dorthin gelangt sein können.
21 Albaum 1982, 60.
22 Konservierung 2006, 42.
23 Auf die Münzfunde des Soter Megas in Fajas-Tepe hat mich freundlicherweise L. I. Albaum hingewiesen.
24 Rtweladse 1995, 75–76; Mkrtytschew 1999, 25.
25 Sims-Williams/Cribb 1995/1996, 106.
26 Litwinski/Sedow 1983, 116.
27 Wertogradowa 1995, 41–45.
28 Fussman 1974, 59–61.
29 Wertogradowa 1995, 41–45.
30 Ebd. 1995, 41–45.
31 Dutt 1988, 145.
32 Ebd., 1988, 213.
33 Mkrtytschew 2002, 111.
34 Stupa 1980.
35 Dutt, S. 1988, 187.
36 Behrendt 2007, Abb. 15.
37 Pidajew 1996, 330–333 Abb. 98.
38 Pidajew/Kato 2001, 117.
39 Turgunow 1989, 81–95.
40 Pugachenkowa 1991/1992, 27 Abb. 3.
41 Litvinski 1968, 106–108.
42 Staviski/Mkrtytschew 1996, 224–228.
43 Mkrtytschew/Russanow 1999, 76.
44 Mkrtytschew/Russanow 1999, 111–113 Abb. 48.
45 Stawiski 1972, 98.
46 Pidajew/Kato 2001, 117.
47 Albaum 1990, 21.
48 Mkrtytschew 2002, 111.
49 Pidajew/Kato 2001, 117.
50 Dutt, N. 1977, 81–82.
51 Mkrtytschew 1995, Abb. 4, 5.
52 Mkrtytschew 2002, 139.
53 Kawassaki 1997, 47–49.
54 Mkrtytschew 2002, 199–216.
55 Pidajew/Kato 2004, 153–155.
56 Carter 1995, 143.
57 Mkrtytschew 1998, 194.
58 Mkrtytschew 2005, 350.
59 Wertogradowa 1995, 37.
60 Mkrtytschew 2000, 167.

Literatur

Albaum 1982; Albaum 1990; Bagchi 1955; Ball 1982; Behrendt 2007; Carter 1995; Cribb/Bopearachchi 1992; Dutt, N. 1977; Dutt, S. 1988; Errington 1999/2000; Fussman 1974; Gaibow/Koschelenko/Serditych 1992; Huntington 1985; Kawassaki 1997; Konservierung 2006; Koschelenko 2001; MacDowell 1987; Mkrtytschew 2002; Litwinski 1968; Litwinski 2004; Litwinski/Sedow 1983; Mkrtytschew 1995; Mkrtytschew 1996; Mkrtytschew 1998; Mkrtytschew 1999; Mkrtytschew 2000; Mkrtytschew 2002; Mkrtytschew 2005; Mkrtytschew/Russanow 1999; Narain 1985; Nehru 1989; Pidajew 1996; Pidajew/Kato 2001; Pidajew/Kato 2004; Pugatschenkowa 1991/1992; Puri 1993; Rapin 1987; Rowland 1967; Rtweladse 1995; Rtweladse 2000; Sarianidi/Koschelenko 1982; Sims-Williams/Cribb 1995/1996; Stawiski/Mkrtytschew 1996; Stawiski 1997; Stawiski 1972; Stupa 1980; Swati 1997; Turgunow 1989; Wertogradowa 1995; Zeymal 1999.

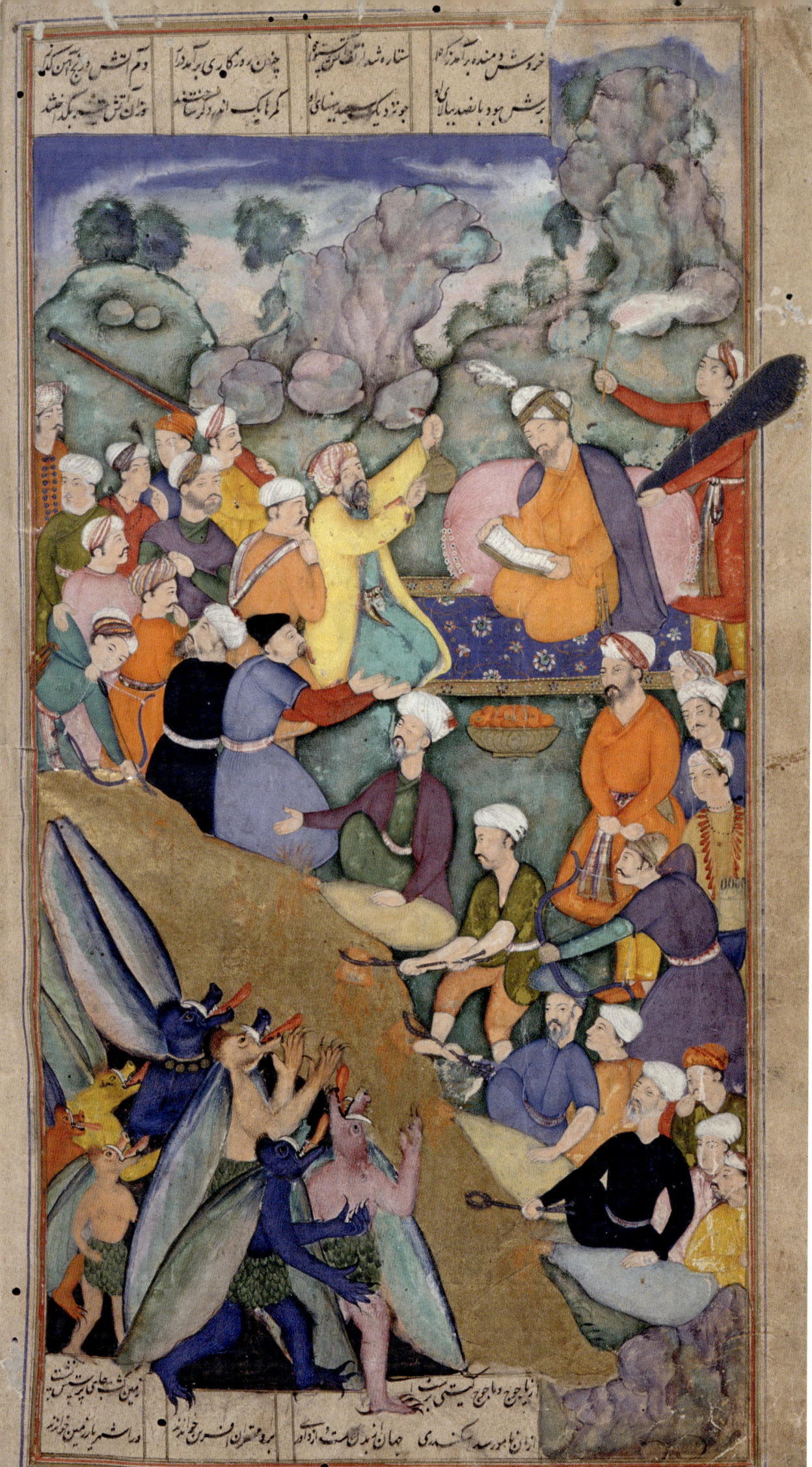

Alexander der Große in der orientalischen Literatur

Manuel Albaladejo

Nach dem Tod Alexanders des Großen sollten seine Person und Heldentaten Anlass zur Legendenbildung in all jenen Ländern des Ostens bilden, die vormals Teil seines Reiches gewesen waren.

Die Bedeutung dieser Überlieferung wird gesteigert durch den Umstand, dass sein Andenken auch in den Jahrhunderten nach der islamischen Eroberung noch lebendig bleiben sollte, d.h. über tausend Jahre nachdem seine Eroberungszüge auf ihrem Höhepunkt angelangt waren.

Ende des 3. Jhs. n. Chr. verfasste ein alexandrinischer Grieche die Dichtung des Pseudo-Kallisthenes,[1] so genannt, weil sich ihr Autor als Kallisthenes ausgab, den offiziellen Chronisten des Asienfeldzugs Alexanders.

Die romanhafte Erzählung stellt kein historiographisches Dokument dar, jedoch sollte sie in der Spätantike an Bekanntheit gewinnen, wie ihre Übersetzungen ins Lateinische, Armenische, Türkische, Hebräische, Arabische, Syrische, Koptische, Äthiopische und andere Sprachen unter Beweis stellen.

Zahlreiche moderne Spezialisten haben Parallelen zwischen verschiedenen Passagen dieses Alexanderromans und Stellen in der arabischen Literatur nachgewiesen.

Zu Beginn soll auf die hebräische Überlieferung verwiesen werden, die in engem Zusammenhang mit der Gamma-Rezension des Alexanderromans steht und bei der ein Text besondere Aufmerksamkeit verdient, der, im 12. Jh. in Latein verfasst und den Titel „Iter ad Paradisum" tragend, von der Reise des Königs ins irdische Paradies berichtet.

Das Werk erwähnt auch den unwahrscheinlichen Aufenthalt Alexanders in Jerusalem, bei dem sogar der Dichter Daniel auftritt. Teil dieser Überlieferung bildet die Beschreibung, wie Alexander die böswilligen Stämme Gog und Magog – bereits in der Genesis als Feinde der Zivilisation erwähnt – im Kaspischen Meer einschließt (Abb. 1).

Was die reiche arabische Tradition[2] angeht, so ist darauf hinzuweisen, dass im Koran eine Figur namens „Dhûl-Qarnain" (der Zweihörnige) auftritt (Abb. 2)[3], die verschiedene Spezialisten mit Alexander selbst in Verbindung gebracht haben. Zweifelhaft ist, ob es sich dabei um einen Propheten oder um einen einfachen Gläubigen handelt. Im Großen und Ganzen zeichnen die islamischen Autoren ein Bild Alexanders, das wesentlich durch den Inhalt ihrer Heiligen Schrift be-

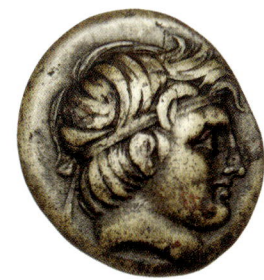

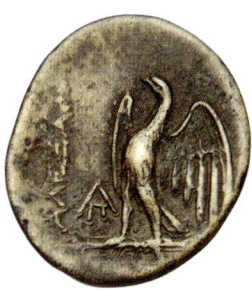

2 Bronzemünze Ptolemaios' I., Alexander mit Ammonshörnern, aus Alexandria, 315–305 v. Chr. Münzkabinett SMB PK, Inv. Nr. 18214374 (Kat. Nr. 19).

stimmt ist. Zweifellos wird er als guter Herrscher dargestellt, der jedoch menschlichen Schwächen erliegt.

In einer Koransure reist Dhûl-Qarnain in den Westen, wo er auf verschiedene Völker und wunderbare Dinge trifft. In Übereinstimmung mit diesem Bild werden in der späteren arabischen Literatur die Eroberungen des großen Makedonen im Westen zu einem häufig wiederkehrenden Motiv.

Einer der ersten arabischen Autoren, der über den Alexander der Legenden geschrieben hat, war Ibn Hischam (gestorben 833). Seine Absicht war es, jenem Stoff zu folgen, der dem Koran entnommen war. Gleichzeitig schuf er aber auch zahlreiche neue Parameter, die spätere muslimische Autoren beibehalten sollten.

So lernte Dhûl-Qarnain in Jerusalem den Propheten Musa al-Hadir[4] kennen, mit dem zusammen er in den Westen reiste, um einen Sandfluss zu finden und die Quelle, an der die Sonne untergeht. Dort betrat Dhûl-Qarnain das Land der Schatten, um schließlich zu einem Gebirge zu gelangen, auf dessen Gipfel sich die Quelle des Lebens befand. Erfolglos versuchte Alexander-Dhûl das Gebirge zu besteigen, während al-Hadir zum Gipfel gelangte und vom Wasser der Quelle trinken konnte, woraufhin sich ihm die Möglichkeit eröffnete, bis zum Jüngsten Gericht zu leben. Die Episoden mit den Gog und Magog und die Unterhaltung mit den Gymnosophisten sind übrigens im Werk des Ibn Hischam im Orient angesiedelt.

Um das Jahr 900 christlicher Zeitrechnung hat der Geograph Ibn al-Faqih al-Hamadhani einige Fragmente romanartiger Erzählungen über den makedonischen König in sein Werk eingefügt. Dabei handelte es sich um eine islamisierte, mit den Prinzipien des Korans in Einklang stehende Version des Alexanderromans, der in diesem Fall in der westlichen Hemisphäre der bekannten Welt spielte. Al-Hamadhani siedelte dort eine fabelhafte Landschaft an, ein Gegenstück

1 Alexander (Iskander) baut eine Mauer gegen Gog und Magog. Miniatur aus der Shahname, Indien, 17. Jh. Berlin, Staatsbibliothek SMB PK, MS or. fol. 172, f. 456v.

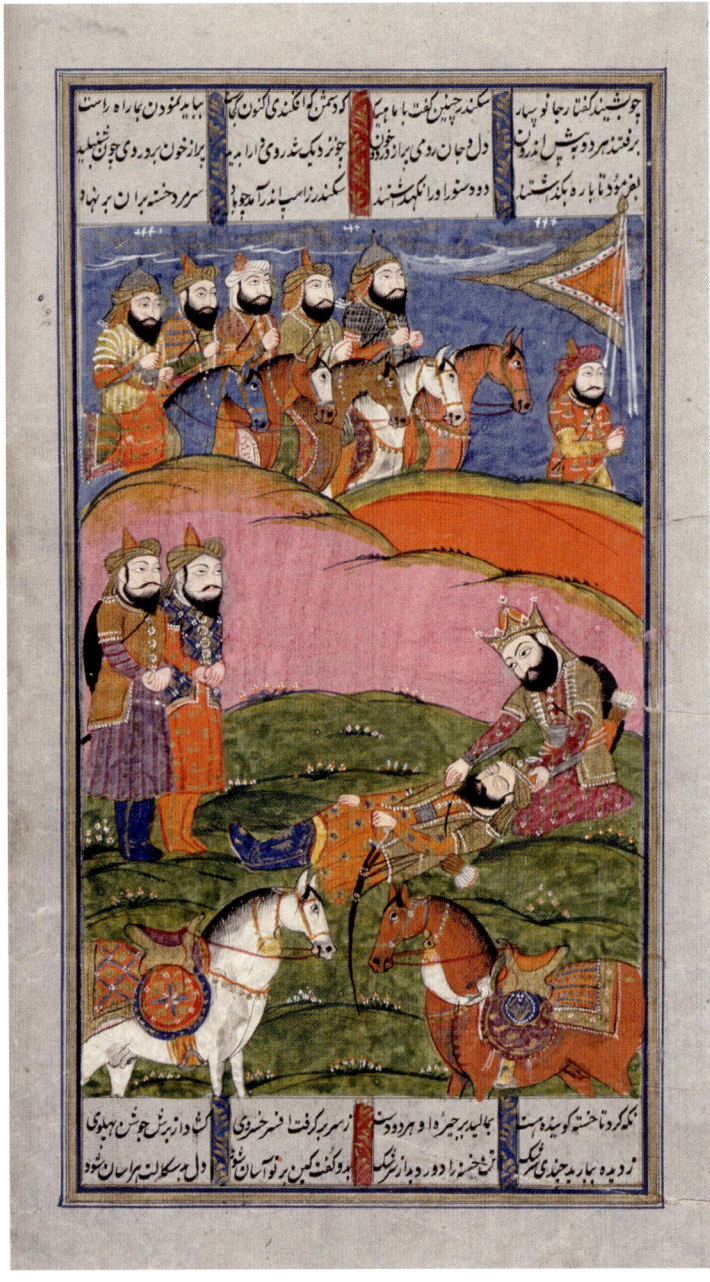

3 Alexander (Iskander) macht dem sterbenden Dareios seine Aufwartung. Miniatur aus der Shahname, Kashmir, 1830. Berlin, Staatsbibliothek SMB PK, M. Minutoli 134, f. 318v (Kat. Nr. 365).

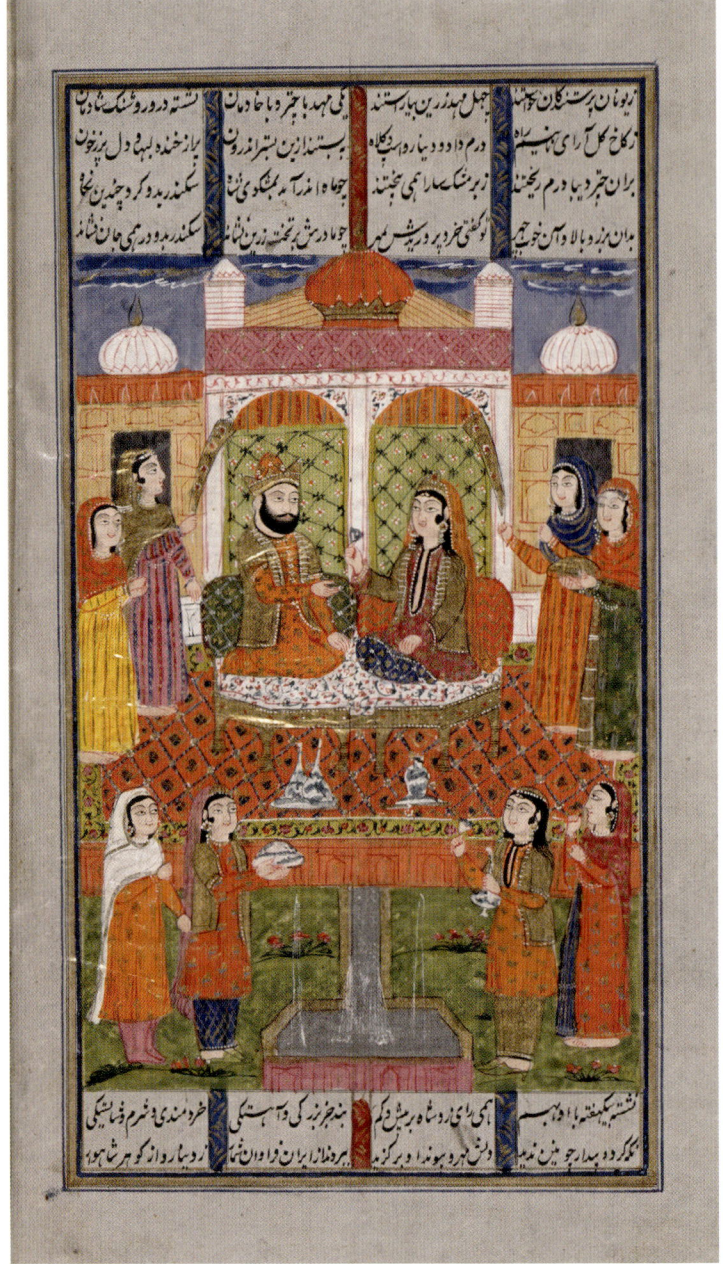

4 Alexander (Iskander) trifft Raushanak. Miniatur aus der Shahname, Kashmir, 1830. Berlin, Staatsbibliothek SMB PK, Ms Minutoli 134, fol. 384v (Kat. Nr. 365).

zum wundersamen Orient, wie er im Werk des Pseudo-Kallisthenes auftaucht.

Im Laufe der 1. Hälfte des 10. Jhs. verfasste der persischstämmige Autor Al-Masudi eine Universalgeschichte in arabischer Sprache, die später in dem „Buch der goldenen Wiesen" zusammengefasst werden sollte. In diesem widmet er dem Kommentar der Figur Alexanders einen großen Raum, indem er von dessen Reisen von einem Ende der Welt zum anderen berichtet. Er betont jedoch vor allem seine Untaten, wie z. B. die Zerstörung des Avesta, des heiligen Buchs des Mazdaismus. Das lässt darauf schließen, dass Al-Masudi sich in besonderem Maße auf die Werke verschiedener persischer Autoren stützt, die den Makedonen als gewalttätigen Usurpator angesehen haben, der sinnbildlich für die gesamten Aggressionen des Westens steht.[5]

Trotz dieser gewalttätigen Facette Alexanders bringt ihn Al-Masudi mit dem koranischen Dhûl-Qarnain in Verbindung, der eine gewaltige Mauer am Ende der Welt errichtet hatte, um die Menschheit vor den unreinen Völkern der Gog und Magog – hier gleichgesetzt mit den Verantwortlichen für das Weltenende – zu schützen.

Ibn Sina (980–1037) setzte die Quelle des Lebens als Ausgangspunkt von Alexanders Reise in den mystischen Osten, wo, im Gegensatz zum materialistischen Westen, der Schwerpunkt auf dem spirituellen Leben liegt.

Ein ähnlicher Grundgedanke wurde von Al-Suhrawardi (er lebte in der 2. Hälfte des 11. Jhs.) in seiner Beschreibung des westlichen Exils aufgegriffen. Am Ende dieses Werks unterhält sich Alexanders mit dem „König" der Gymnosophisten, welcher das Angebot des Makedonen zurückweist, ihn zum Minister („Wazir") zu ernennen. Die persischen Autoren muslimischer Religion, die über Alexander geschrieben haben, stützten ihre jeweiligen Schriften auf verschiedene Quellen, wie den erwähnten Alexanderroman, anderen Stoff über den Herrscher, den sie der arabischen, äthiopischen und syrischen Überlieferung sowie der islamischen Vorstellungswelt und Folklore und sogar dem Koran selbst entnahmen.

Die persischen Autoren des Zoroastrismus hingegen griffen auf eigene Überlieferungen und Quellen zurück, als sie ihre Schriften über Alexander verfassten. In ihnen spiegelt sich ein negatives Bild des Eroberers wider, in dem die Zerstörung von Tempeln und Heiligtümern des Mazdaismus betont wurden.

Um zu den Werken zurückzukehren, die von den muslimischen Persern in Pahlavi abgefasst wurden[6], so haben verschiedene Untersuchungen ihre starke Anlehnung vor allem an die Delta-Rezension der Alexandernovelle nachgewiesen.

Von diesen Autoren verdienen die Dichter Firdausi[7] (der um das Jahr 1010 das Epos „Schahname" oder „Buch der Könige" veröffentlichte, in dem man die Verwendung der erwähnten Rezension des Werks des Pseudo-Kallisthenes feststellen kann), Nezami (der 1204 sein Buch über Alexander vollendete, in dem er nach eigenen Angaben auf hebräische, christliche und pahlavische Quellen zurückgegriffen hatte) und Dschami (der Autor von „Die Weisheit Alexanders", 1490) hervorgehoben zu werden.

All diese Werke lassen eine authentische Biographie Alexanders vermissen, da ihre Inhalte phantastischer und legendärer Natur sind. So ist Alexander der Halbbruder des Großkönigs Dareios III., was ihn zum Anwärter auf den persischen Thron machte.

Ferner wird Dareios als überheblich, jähzornig, als Trinker und bei seinen Untertanen verhasst beschrieben. Alexander hingegen wird als aufrichtiger, gerechter Mensch dargestellt, der den Konflikt mit Dareios vermeiden will, sich jedoch in einen großen Militärführer verwandelt, als ihm kein Ausweg mehr bleibt (Abb. 3).

Alexander gibt sich mit seinen Erfolgen auf dem Schlachtfeld nicht zufrieden, sondern verfolgt weitere Bestrebungen und Ziele, wie die Suche nach Wunderbarem (Abb. 4).

Bei dieser Gelegenheit besucht der König das Grab Adams, die Quelle, an der die Sonne untergeht, das Land der Dunkelheit, das Land, wo Riesenbienen das Gold bewachen und andere von Riesen und Elfen bevölkerte Länder.

Weiter heben diese Autoren seinen Erfolg bei Frauen hervor: Alexander ist polygam und pflegt die Töchter der von ihm besiegten Herrscher zu ehelichen.

Einer der wenigen Kritikpunkte persischer Autoren an der Gestalt Alexanders ist der Vorwurf, er sei gierig gewesen und vom Wunsch besessen, mehr zu erkennen, als einem Menschen vergönnt ist.

Ein anderer wichtiger Gesichtspunkt ist der Hinweis auf seine Weisheit als Herrscher – vor wichtigen Entscheidungen habe er stets Aristoteles um Rat gefragt. Alexander selbst sei um die Pflege der Weisheit bemüht gewesen und habe sich fortwährend mit Philosophen umgeben, die seine Taten gerühmt haben. Im Hinblick auf die Religion ist er gläubig, er bekämpft den Götzendienst. Diese Charakterisierung ist zweifellos auf seine Gleichsetzung mit Dhûl-Qarnain zurückzuführen.

Auf seinem Zenit wird er begreifen, dass der menschliche Ruhm vergänglich ist und seine letzten Tage verbringt Alexander trübsinnig und enttäuscht, als menschliches Wesen, das letztendlich auch er ist.

Übersetzung aus dem Spanischen: Martin Knapp.

---

1 Über dieses Werk vgl.: Bounoure/Serret 1992; Lolos 1983; van Thiel 1974.
2 Lidzbarski 1893, 263–312; Genequand 1996; 125–133; Stoneman 2003, 3–21.
3 18, 82–98. Die Hörner werden mit Alexander in Verbindung gebracht, seit er das Heiligtum seines „Vaters" Zeus-Ammon in Siwah aufgesucht hat, um das Orakel zu befragen. Anderson 1927, 100–122; de Polignac 1984, 29–51.
4 De Polignac 1982, 296–306.
5 Southgate 1977, 278–284.
6 Kappler 1996, 165–190.
7 Bürgel 1996, 91–107.

Literatur

Anderson 1927; Bounoure/Serret 1992; Bürgel 1996; de Polignac 1982; de Polignac 1984; Genequand 1996; Kappler 1996; Lidzbarski 1893; Lolos 1983; Southgate 1977; Stoneman 2003; van Thiel 1974.

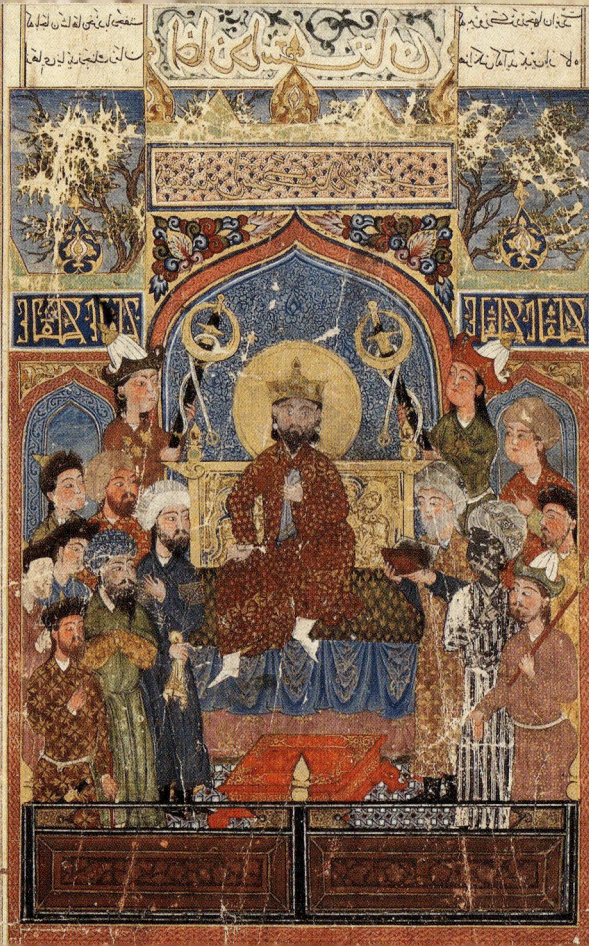

Die Alexanderlegenden in der islamischen Überlieferung

Claus-Peter Haase

Auf wie mannigfaltigen Ebenen die Kulturen der Antike, insbesondere der Perioden des Hellenismus und der Spätantike, tatsächlich die Entwicklung der Künste und Literaturen im Orient bis in die islamische Zeit beeinflusst haben, ist an den Überlieferungen zu Alexander dem Großen und seinem Wirken in überraschender Vielfalt deutlich. Mehr oder weniger umfangreiche Darstellungen und Erzählzyklen existieren in vielen Sprachen, eine intensive Forschung hat versucht, die Beziehungen und Unterschiede zu den Hauptquellen der griechischen spätantiken Alexandersage, einem vermuteten „Roman in Briefen" und der Romanfassung unter dem Namen eines Pseudo-Kallisthenes zu klären. Tatsächlich unterscheiden sich die orientalischen Legenden von den europäischen in der Hauptrichtung – sie schildern nicht allein den Abenteurer und Welteroberer, sondern stellen seine Beziehung zu Aristoteles und anderen Philosophen sowie seine Sinnsuche in den Vordergrund. Einzelne Motive und Legenden haben sprichwörtlichen Rang erhalten und seine Person ist in mancherlei Attributen, wie dem Namen als „Zweigehörnter" (arabisch: *Dhûl-Qarnain*), mit sagenhaften Gestalten der altorientalischen Tradition aus Geschichte und Religion verschmolzen worden – ein hohes Zeichen der Anerkennung.

Die Faszination Alexanders ist bis in die Offenbarungsbücher gedrungen – und das hat sicherlich die große Verbreitung von Legenden zusätzlich befördert. Im Alten Testament steht er exemplarisch für den Weltherrscher (Dan 7,6; 8,5–8; 8,21; 11,3–4; Makk 1,1–7). Bei den Christen kommt neben gelegentlicher Kritik am Lebenswandel, wie beim Kirchenvater Eusebios, „eine fast religiöse Verehrung des außergewöhnlichen Menschen" auf.[1] Im Koran wird eine mit dem Propheten Mose verbundene Erzählung von den meisten Kommentatoren dahingehend erläutert, dass sie auch von Alexander, in den islamischen Sprachen Iskander, mit seinem Beinamen *Dhûl-Qarnain* berichtet werde (Koran, Sure 18, al-Kahf, Die Höhle, Verse 60–64). Doch wird die Ableitung dieser Überlieferungsstränge neuerdings von muslimischer und orientalistischer Forschung abweichend interpretiert, mit dem Ziel, die thematische Initiative zu größeren Teilen in der koranischen Offenbarung und weniger bei antiken, christlichen oder gar „jüdischen" Quellen zu finden. Ob dabei der älteren Forschung tendenziöse Ziele nachgewiesen oder nur unterstellt werden, bedarf noch der Analyse – die neue Forschung erscheint dabei keineswegs tendenzfrei. Für manche Theologen zählt Alexander sogar zu den Propheten des Islams, doch das ist nicht unumstritten.

Ungewöhnlich ist die Aufmerksamkeit, die frühe muslimische Autoren und Künstler einem hellenistischen Herrscher schenken – sie erklärt sich aus der Konnotation, die dem griechischen Eroberer östlicher Länder zuteil wurde: Als Besieger des letzten Achämenidenkönigs oder -schahs, Dareios III., wurde Alexander schließlich als sein Nachfolger in die lange Reihe der iranischen Herrscher aufgenommen und vereinnahmt und in Chroniken ausführlich behandelt. Offenbar war dies nicht gleich geschehen, da in der mittelpersischen Literatur der Sasanidenzeit (3. – frühes 7. Jh.) das Wirken Alexanders und der Griechen als Zerstörer des Achämenidenreichs und Verderber der zoroastrischen Religion negativ dargestellt wird, in religiösen Büchern des Zoroastrismus noch z. B. im enzyklopädischen „Denkart" aus dem 9. Jh.[2] Auch wurde Alexanders direkten Nachfolgern in der Seleukiden-Dynastie, welche die Zersplitterung und Teil-Hellenisierung Irans durchführten, nicht jene positive Ehre zuteil. Doch zumindest in einer sasanidischen Chronik, der Biographie des Dynastiegründers Ardaschir (um 600, aber sicher nach älteren Quellen)[3], war er selbst als Nachfolger des Dareios und Vorgänger der Parther und Sasaniden zu einer historischen Bezugsperson in Iran geworden. Die griechische Fremdherrschaft war umgedeutet zu einem Kapitel iranischer Geschichte, die hellenistische Periode wurde in ihrem komplexen Kultur-Kosmopolitanismus aus westlichen und östlichen Elementen offenbar als Periode der eigenen, mit ausreichenden Identifikationsmerkmalen anerkannten Kulturgeschichte gezählt.

Dies ist umso erstaunlicher, als ein bemerkenswert stark ausgeprägtes iranisch-islamisches Identitätsgefühl zwar die inneren Gegensätze und äußeren Fremdherrschaften der frühislamisch-arabischen Eroberungen und der folgenden türkischen und mongolischen Herrschaften überbrücken konnte und kann, aber nicht ohne deutliche Polemik gegen jene fremden Zuwanderer und Machthaber ist – nicht so bei Alexander, dessen Person in Geschichtswerken und populären Romanen sowie in Bildern in der islamischen Zeit positiv und geradezu überhöht lebendig bleibt (Abb. 1/Startabb.).

Die Quellen

In den kleinen Fürstentümern in der Nachfolge der hellenistischen Großreiche dürften zahlreiche volkstümliche künstlerische und literarische Erzeugnisse entstanden sein, die den Stoff der großen Geschichtsumwälzungen und religiösen Neuerungen popularisierten.

1 Alexander (Iskander) auf dem Thron Irans, Miniatur, Großes Mongolisches Schahname (ca. 1330–1335), Tabris, Paris, Louvre, OA 7096.

Die biographische griechische Geschichtsdarstellung Alexanders des Großen bleibt dabei bis in die jüngste Gegenwart außen vor – sie wird erst in der ersten modernen iranischen Enzyklopädie von Dehkhoda ausführlich behandelt.[4] Literarische Zeugnisse sind in der sich ausbreitenden Mischsprache aus dem semitischen Aramäisch und iranischen Elementen nicht erhalten. Zumindest teilweise auf vorislamisch-iranischem Gebiet hatte sich nach diesen vermuteten mittelpersischen Vorgängern die altsyrische Version der Alexandersage des sogenannten „Alexanderromans" entwickelt. Die syrisch-orthodoxe, „jakobitische" Ostkirche, die gegen Byzanz und sein griechisches Erbe und mit dem eigenen christlichen Dogma des Monophysitismus argumentierte, förderte in ihrer frühen reichen Literatur auch eigene Versionen antiker Stoffe. Neben der wissenschaftlichen Überlieferung in einigen Klöstern breitete sich eine sehr volkstümliche, wohl mündlich überlieferte Literatur aus, die von den Kirchenoberen, wie dem Bischof Jakob von Sarug (gest. 521), in ihren Lehr- und Erbauungsschriften gern zwecks besserer Überzeugungskraft ausgeschlachtet wurde. Zeitlich nach einer syrischen Prosaversion ist ein Teil der Alexandergeschichte in einem Lehrgedicht (Homilie) des Jakob von Sarug verbreitet und mit einem zusätzlichen Motiv nach anderer Quelle bereichert, der Suche Alexanders nach dem Quell des ewigen Lebens. Hauptthema ist, vielleicht mit zeitgenössisch-politischem Bezug, Alexanders Bau der großen Abwehrmauer gegen die biblischen Dämonenvölker Gog und Magog am Kaukasus (Abb. 2, vgl. Abb. 1 Beitrag M. Albaladejo).

Diese Sagenkreise, auf der Materialgrundlage der verschiedenen Versionen des griechischen „Alexanderromans", dürften in unterschiedlichen Fassungen und in Auswahl in vorislamischer Zeit bereits viel umfangreicher verbreitet gewesen sein, als heute bekannt ist. Sie wurden früh ins Armenische gebracht (wohl im 5. Jh.), einiges im jüdischen Talmud zitiert und natürlich auch zu den arabischen Nachbarn sowie noch Jahrhunderte später ins christliche Äthiopien getragen. Mehrere andere Übersetzungen machten den „Alexanderroman" nach Bibel und Koran zum verbreitetsten Buch des Mittelalters.

Es passt zur Ausbreitung der syrisch-aramäischen Sprache fast im gesamten Mittleren Osten, dass die syrischen Versionen offenbar die späteren arabischen und persischen Alexanderlegenden mitgeprägt haben. Diese lassen kleine, aber deutliche Unterschiede zu den griechischen, wohl aus Ägypten stammenden Fassungen des „Alexanderromans" von einem anonymen, sogenannten Pseudo-Kallisthenes (der nicht erhaltene Grundtext im 3. Jh. n. Chr.) erkennen. Letztere waren seit der Kultverbreitung des vergöttlichten Alexander unter Caracalla und Alexander Severus im Römischen Reich griechisch und lateinisch im Umlauf und verbanden Alexander als natürlichen Sohn des letzten Pharaos „Nektabos" mit der altägyptischen Pharaonendynastie. Die Textform – eine Mischung aus Prosa und eingestreuten Versen sowie kurzen und langen Briefen – ist für manche Übersetzungen prägend geblieben. In den islamischen Versionen spielen insbesondere die Briefe, die Alexander mit Philosophen und seiner Mutter Olympias tauscht, eine gewichtige Rolle. Die Gestaltung einiger Textmotive weist nach Auffassung mancher Forscher aber auch auf altorientalische Quellen, vor allem aus dem sumerischen Epos über Gilgamesch, den Helden, der ebenso wie Alexander durch dunkle Einöden am Rand der Welt nach dem Quell des ewigen Lebens sucht.

Die Fülle von Varianten, Textüberschneidungen und Ausschmückungen, auch seltsamen Kombinationen der Sagenstoffe und Identifikationen von recht unterschiedlichen Helden, lag sicher an der mündlichen Überlieferung zu der faszinierenden Person und ihrem alle Neugier und Sehnsüchte befriedigenden Tatendrang. „Auch [der] Verfasser [Friedländer] sträubte sich lange dagegen, das uferlose Gebiet des Alexanderromans zu betreten" – was immerhin zu einer der ausführlichsten frühen Untersuchungen des orientalischen Stoffs führte.[5] Philologische Sorgfalt hat viele Überlieferungswege für die antiken und westlichen Sprachen klären können, doch fehlt diese akribische Arbeit noch für manche Probleme der orientalischen Texte. Erst wenn kritische Editionen der großen persischen und türkischen Epen vorliegen und wenn die arabischen theologischen und literarischen Quellen zur Alexanderlegende näher gesichtet sind, ließe sich ihr Verhältnis zur antiken und altorientalischen Überlieferung genauer definieren – derzeit liegen vielerlei Anregungen zu thematischen Fragen ohne neuere philologische Grundlagen vor.[6]

Die literarischen Themen

Die Themen dieser „Herrschergeschichte von unten" blieben, in Prosa und Epik ebenso wie in Bildern, bis ins späte Mittelalter exemplarisch und ziemlich konstant – der heldenhafte Jüngling, der nach der Weltherrschaft strebt, das ewige Leben sucht, die Nähe von Weisen und Philosophen genießt und in seinen Träumen vom Schicksal gebremst wird. Beratungen und Warnungen ist er zugänglich, auch zeigt er neben größtem Mut stets eine moralische Grundhaltung, doch können Erfolge und Wunder den tragischen Zug seiner Herrschaft, die immer auch Unterdrückung bedeutet, nicht übertönen. Die Grundlehren des literarischen Stoffes sind also der Umgang mit Überheblichkeit und der Bedarf an Beratung durch unabhängige und kluge Personen fern des Hofes sowie die Sorge um die Bedürfnisse von Untergebenen. Dies rückt die Alexanderlegenden einerseits in die Nähe der im Orient verbreiteten didaktischen Fürstenspiegelliteratur. Andererseits gehört die Erprobung von Grenzfällen des menschlichen Vermögens zu den Warnthemen der Offenbarungsschriften – die Suche nach dem ewigem Leben kommt dem hybriden Streben nach Gott allein vorbehaltenen Eigenschaften gleich. Zwar empfiehlt auch der Prophet Mohammed, dass man das Wissen suchen soll und wenn man dafür nach China reisen müsse – aber in die Tiefsee oder gar in den Himmel zu fahren, wie die Alexanderlegende beschreibt, zielt wieder ins Vermessene und wird, allerdings ohne Strafe, gebremst.

Die Ausschmückung dieser Themen wurde gern zu mehr oder weniger großen Romanen und Epen komponiert, deren literarische Form Ähnlichkeiten mit Zyklen von Wandgemälden hat. Beide erzählerischen Sequenzen kreisen jeweils um ein Thema, mit Liebe zu detailreicher Ausschmückung und fantastischen Abschweifungen, in die wiederum Elemente aus ganz anderen Zyklen einfließen können.

2 Kampf der Soldaten Alexanders (Iskanders) mit den Gog und Magog, Khamsa des Amir Khusrau Dihlawi, Herat, Abschrift im Jahre 1495, Staatsbibliothek zu Berlin SPK, Orientabteilung, Ms or fol 187, fol. 112a (Kat. Nr. 366).

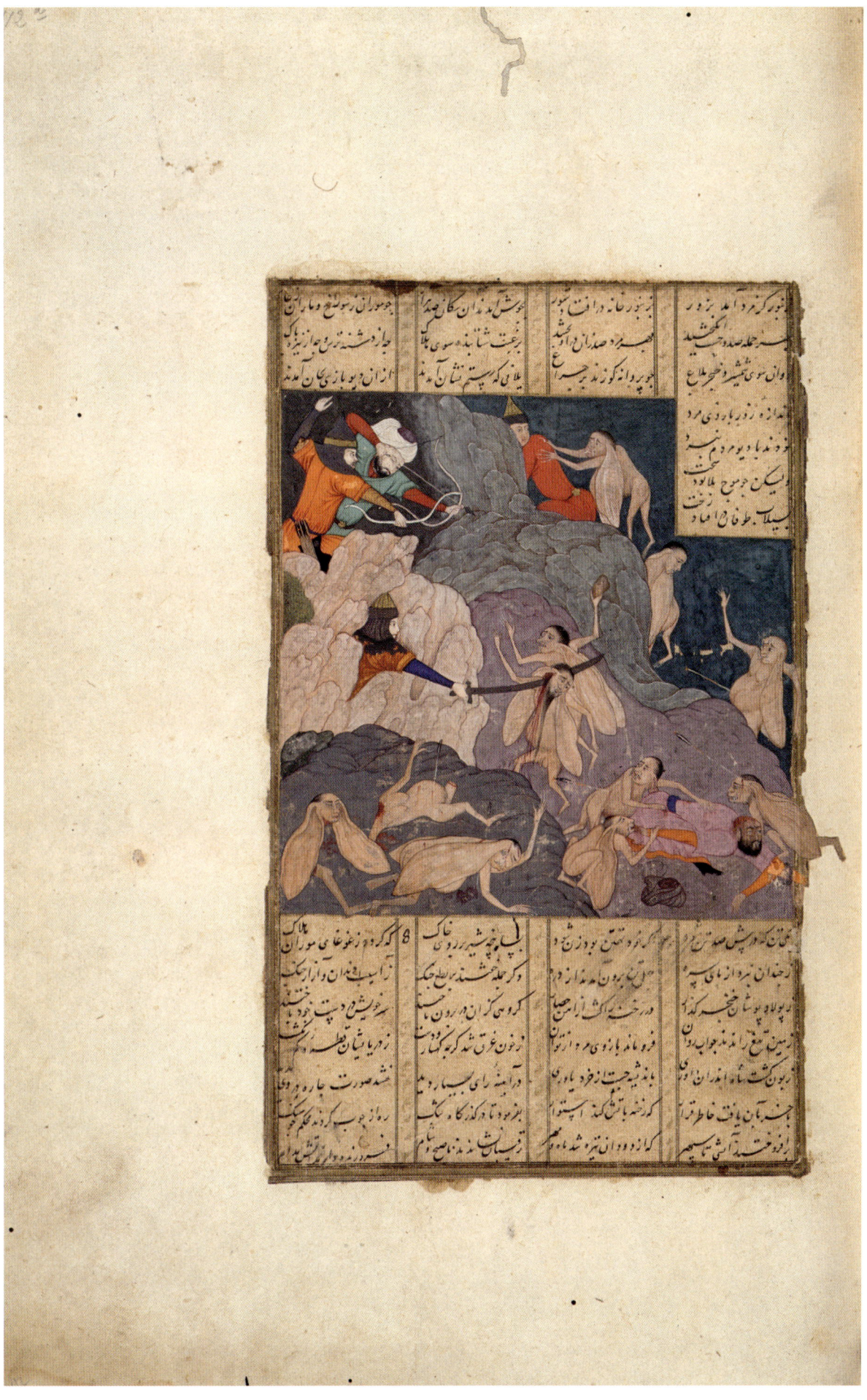

Der Eintritt Alexanders in die islamische Welt geschieht gewissermaßen unter einem Pseudonym. Im Koran werden – im Zusammenhang mit anderen Beispielen von Gläubigen und Propheten des Islams vor seiner Zeit, unter lauter Ungläubigen – in Sure 18 drei Erzählungen vom Propheten Mose bzw. dem „Zweigehörnten" gegeben.[7] Die erste Sure (Verse 60–64) schildert eine Begebenheit mit ihm und einem Begleiter („Burschen") auf einer Wanderschaft mit einem Fisch als Wegzehrung. Dieser entweicht an einer Bergrast des Weges und schwimmt (?) davon ins Meer. Der Begleiter erinnert sich erst später, als sie hungrig werden, daran und berichtet es Mose – der erfasst, dass es mit dem Vorfall und wohl dem Wasser eine besondere Bewandtnis hat, eben die, nach der sie suchten. Sie wird im Text nicht entschlüsselt, aber die Koran-Kommentatoren beziehen die Suche auf das „Wasser des Lebens" in diesem Quell. Nun wird diese aber sonst nicht mit dem Propheten Mose in Verbindung gebracht, sondern in der Spätantike am häufigsten eben mit Alexander und einem begleitenden Koch, der unwissentlich vom Lebensquell trinkt, während Alexander leer ausgeht. Auf die Parallele zu den Erzählungen von Alexander/Iskander weisen die Kommentatoren ebenfalls. Warum im Koran diese Suche auf den Propheten Mose bezogen wird, bleibt rätselhaft. Die ältere orientalistische Forschung (Nöldeke, Friedländer, Wensinck) ging von einer Verwechslung aus. Diese sei von den beiden folgenden Erzählungen angeregt gewesen, die von dem „Zweigehörnten" handeln, einem Beinamen, den sowohl Mose wie Alexander erhielten, aber auch andere Herrscher trugen, wie gleich zu erörtern ist. Doch kann man dem Offenbarungstext gegenüber vorsichtiger vermuten, dass der Herrschername Alexander/Iskanders, auch wenn dieser später als Muslim verstanden wird, im heiligen Buch anstößig wäre. Kaum ein Herrscher steht im Koran positiv da, auch Salomo wird allein als Prophet geführt.

Eine interessante neue Interpretation bietet Brennon Wheeler, der auf die Typologie des Suchenden eingeht und in der Koranpassage einen Anlass oder Hinweis auf gewisse Persönlichkeitsparallelen zwischen Mose und Alexander erkennt.[8] Bei genauerem Hinsehen seien sowohl die Umstände der Fisch-Erzählung als auch des eigentlichen Grundes der Wanderung philologisch nicht ganz eindeutig – es wird nicht gesagt, dass der Fisch zunächst tot war und wieder lebendig wurde und der Anschluss der folgenden Erzählung könnte auf ein anderes Ziel der Wanderung deuten, nämlich die Suche nach dem unsterblichen Chidr oder Chadir (der Grüne), einer geheimnisvollen Heiligengestalt, die aus frühen Mythen in die islamische, insbesondere die volkstümliche Glaubenswelt gelangt ist. Sie hat inhaltlich manche Bezüge zur Alexanderlegende, wie bereits die frühere Forschung feststellte, und wird so auch in einzelnen Korankommentaren charakterisiert. Typisch für die islamische Überlieferung sowohl der historischen wie der religiösen Themen ist die Beibehaltung widersprüchlicher Erklärungen, so auch in diesem Fall. Der Begleiter wird außer als „Koch" u.a. auch als der Prophet Ilyas/Elias bezeichnet. Der Bezugspunkt ist, dass dieser wegen seiner Himmelfahrt ebenfalls zu den Unsterblichen gezählt wird.

Die zweite koranische Erzählung (Verse 65–82) handelt von einem anderen Begleiter des Mose, der zwar nicht als Chidr benannt, aber in fast allen Kommentaren mit ihm identifiziert wird. In anderen wird er gleichfalls Ilyas/Elias genannt und die enge Verbindung dieser beiden Gestalten ist bei manchen islamischen Glaubensrichtungen fest, wie den türkischen Aleviten mit ihrem Heiligen Hidrellez (Chidr-Ilyas). Er führt Mose dessen mangelnde Durchhaltekraft im Glauben vor Augen. Dazu bohrt er ein Loch in den Kahn eines armen Fischers, ermordet einen Burschen und restauriert eine einfallende Mauer ohne Lohn – alles zum Entsetzen von Mose, doch erklärt der Begleiter ihm die triftigen Gründe für das Verhalten. Diese Geschichte ist tendenziell noch stärker moralisch ausgerichtet und erinnert an Volksromandarstellungen oder gibt Stoff für solche, die eine unerschütterliche Glaubensfestigkeit fordern. Die unsichere Haltung des Mose passt auch zum ungestümen, erst nachträglich reflektierenden Alexander.

Die dritte Geschichte (Verse 83–98) nennt nur den „Zweigehörnten" – und gibt damit eine Identifikation, die eigentlich sowohl auf Mose wie auf Alexander zutrifft. Da er hier tatsächlich als früherer Herrscher von Gottes Hand bezeichnet wird, aber einen Gottesbefehl nicht richtig versteht, kann sehr wohl Alexander/Iskander – oder ein anderer Herrscher des Orients – gemeint sein. Am Ende wird dies noch bekräftigt durch die Geschichte vom Mauerbau und Eisernen Tor gegen die Schreckensvölker Gog und Magog (arabisch: Yadschudsch und Madschudsch), die nach mehreren Überlieferungen nur auf Alexander bezogen wurde; nach dem Bau wird an der Landenge von Derbend am Kaspischen Meer (Aserbaidschan) mit ihren riesigen Mauern aus sasanidischer Zeit geforscht.

Wheeler sucht nach Anzeichen dafür, dass der Korantext nicht die Alexanderlegende reflektiere, sondern dass diese erst von den Kommentatoren in ihn hineingetragen worden sei. Polemisch beschuldigt er die Forschung, zu voreilig den alten Korantext mit den sich erst allmählich zu seiner Ausschmückung vervielfältigenden Kommentaren vermischt zu haben. Es gebe genügend andere Gestalten in der arabischen Überlieferung, die mit ähnlichen Erlebnissen und Erfahrungen verbunden wurden, z.B. einen himjaritischen König des Jemen, Sa'b Dhu maratib, auch Ra'id genannt. Dieser hatte ebenfalls lange Feldzüge gegen Türken und Chinesen geführt und in Jerusalem Chidr getroffen, der ihn *Dhûl-Qarnain* nannte.[9] Nun klingt dies allerdings nicht nach einer vorislamischen Überlieferung, da von keiner anderen Quelle bestätigt, und sie kann ebenso gut selbst aus der Alexanderlegende auf diese Person übertragen worden sein. Wheelers Schlussfolgerung, dass die Koranpassagen – und nicht der griechische oder syrische Alexanderroman – manchen Stoff für die späteren Texte, z.B. für die Identifikation Alexanders mit *Dhûl-Qarnain* in den orientalischen Romanen und Epen vorgegeben hätten, erscheint nicht sicher begründet, ist aber als Sicht aus anderer Perspektive bedenkenswert.

Die Entfaltung und Ausleuchtung der Alexanderlegende

Die Grundlage für die persische und türkische Epenkomposition zu Alexander/Iskander schuf Firdausi mit seinem „Schah-name", dem monumentalen Königsbuch der vorislamischen iranischen Dynastien (um 1000).[10] Der Dichter sagt, dass er sich hier an verschiedene historische Vorlagen halte, hauptsächlich das uns nicht erhaltene sasanidische Königsbuch, über dessen Inhalt nur spekuliert werden kann. Wie alle folgenden Schriftsteller, macht er Iskander/Alexander zu einem Iraner, als Sohn Darabs/Dareios I. mit einer Tochter des Makedoniers bzw. Griechen („Romäers") Phailakus/Philippos und damit zum Bruder Daras, des letzten Achämenidenkönigs. Ausführlich schildert er die Eroberung Irans und ihrer Vorgeschichte, wobei der letzte Achämenidenkönig Dara (Dareios III.) als vom Herrscherglück Verlassener nicht mehr die positive Rolle des vorausgehenden Kapitels behält. Er hatte Dara das Reich unter seiner Oberhoheit überlassen wollen, doch wird dieser von eigenen Höflingen ermordet und kann dem herbeieilenden Iskander nur mehr seine Familie anempfehlen (vgl. Abb. 3 Beitrag M. Albaladejo). Das Gleiche bietet Iskander anschließend einem indischen Herrscher, der nach kampfloser Anerkennung sein Reich behält, während ein anderer indischer Herrscher, Fur (griechisch: Poros), durch seinen Widerstand Leben und Reich verliert. Danach lässt der Dichter Iskander nach Mekka pilgern, als Muslim vor der Offenbarung an Mohammed – doch wird die islamische Glaubenshaltung sonst nicht besonders betont, wie übrigens auch die zoroastrische jener Zeit nicht. Firdausis Darstellungsweise hebt die ethischen Qualitäten Iskanders hervor, seine Begünstigung vom Schicksal und lässt ihn weniger als Helden, denn als wissbegierigen, die richtigen Ratgeber wählenden Politiker wirken. Für die Hilfe bei der Suche nach dem Lebensquell wählt er jenen Chidr, der selbst damit unsterblich werden will, während Iskander den Weg verliert. Nach Reisen in die großen Reiche (Abb. 3) und zum sprechenden Baum und anderen Wundererlebnissen lässt Firdausi auch die berühmten Briefe sprechen. Vor allem Aristoteles' staatsmännische Warnung ist ihm wichtig, Iskander solle nicht, wie er vorhatte, alle iranischen Prinzen ausrotten, um die griechische Herrschaft zu bewahren, sondern im Gegenteil sie als Duodezfürsten einen Schutzring um das griechische Reichszentrum bilden lassen.

In andere dichterische Dimensionen entfaltet Nizami (gest. 1209) das Wirken und Denken Iskanders in seinem letzten, vergrübelten Epos des berühmten „Fünf-Epen-Werkes". Er schildert, wer ihm die Methode seiner selbst gestellten Aufgabe empfahl: „Jüngst hat mir Chiser [Chidr] heimlich etwas anvertraut, das noch kein Ohr vernahm. ʿO Kammerdiener meiner Pläne, mein Vorkoster aus dem Becher des Wortsʾ, so sprach er, ʿder du der Lilie gleich freien Hauptes und vom Quell des Lebens betaut bist! Stimme nichts an, was missfällt und missbilligt wird, denn schiefen Tönen stimmt man nicht zu! […] Wiederhole nicht, was der frühere Dichter [Firdausi] gesagt hat – in eine Perle kann man nicht zwei Löcher bohren […]. Da du ein Pionier auf dieser Piste bist, folge den Pisten des Früheren nicht. Bist du potent genug, Jungfrauen zu erproben, so gib dich nicht mit Witwen ab! Gräm dich auch nicht, hast du ein Wildbret nicht erjagt; du kannst es ja als Pökelfleisch bekommen!"[11]

Im ersten Kapitel werden die berühmten Feldzüge und Reisen als Welteroberung und wunderbare Erlebnisse in reicher, bildhafter Sprache geradezu als Vorlagen für Illustrationen geschildert. Dabei vermeidet Nizami ausführliche Kampfschilderungen ebenso wie ausdrücklich allzu wundersame Erlebnisse, berichtet Firdausis chaotische geographische Vorstellungen und gibt an, zusätzliche neuere Chroniken sowie christliche, jüdische und mittelpersische Quellen befragt zu haben. Er betont Iskanders staatsmännische Fürsorge, feiert ihn als Erdvermesser und Städtegründer – z. B. von Samarkand und angeblich auch Herat. Er habe den zoroastrischen Feuerkult abgeschafft, aber das altiranische Königszeremoniell weitergeführt und als Erster systematisiert und Münzen geprägt.

Das Streben und Wirken Iskanders fasst Nizami zu drei Perioden zusammen – mit 20 Jahren sei er König geworden und habe eine ge-

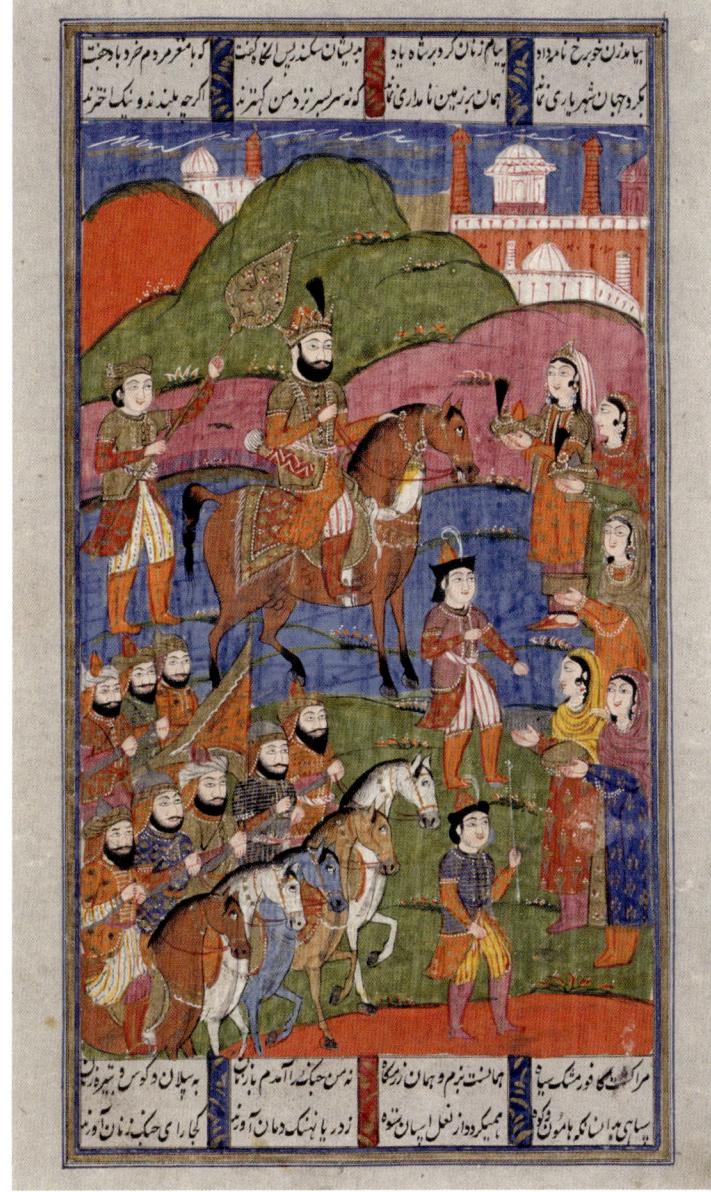

3 Alexander (Iskander) im Land der Amazonen, Miniatur, aus Shahname, Kashmir, 1830, Berlin, Staatsbibliothek SMB PK, M. Minutoli 134, fol. 398a (Kat. Nr. 366).

rechte Ordnung geschaffen, dann als Philosoph und mit 27 Jahren als Prophet. Mit ihm habe die alexandrinische Geschichts-Ära begonnen (was stimmt) und die reine Religion die Herrschaft bestimmt, was anachronistisch ist. Zum Propheten macht ihn Nizami wegen seiner Lauterkeit gegenüber den Schwachen und seiner Frömmigkeit, doch wird dieser Status nicht von allen Theologen anerkannt. Ausführlich beschreibt Nizami dann seinen philosophischen Werdegang, dem das ganze zweite Kapitel gewidmet ist. In Diskussionen und Briefwechsel ähnelt der Aufbau dem griechischen „Alexanderroman", aber mit welcher Fülle von Anspielungen und kulturübergreifenden Einsichten. Iskander habe bei den Vorsokratikern wie Thales ebenso wie bei Sokrates, Plato und Aristoteles gelernt, bei Porphyrius, Hermes (Trismegistos), den indischen Weisen und dem Kaiser von China. Nizami berichtet von Schöpfung und Tod, nach Alexanders Tod und Beweinung sogar von seinem eigenen, den er im Schlaf erleben werde.

Die Alexanderlegenden in der islamischen Überlieferung

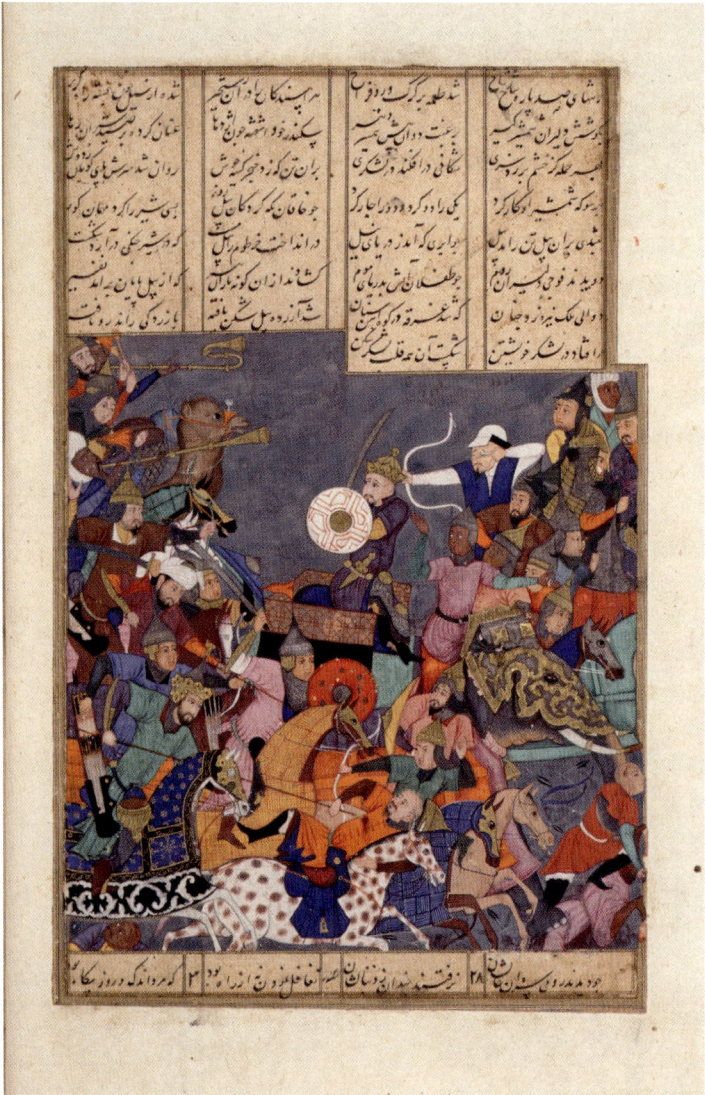

4 Kampf zwischen Alexander (Iskander) und dem Khaqan von Chin, Khamsa des Amir Khusrau Dihlawi, Herat, Abschrift im Jahre 1495, Staatsbibliothek zu Berlin SPK, Orientabteilung, Ms or. fol. 187, fol. 105b (Kat. Nr. 366).

Der erste Übersetzer des vollständigen Epos, Johann Christoph Bürgel, charakterisiert die vom Dichter eingeteilten Perioden als Idealzustand, gespiegelt für Nizamis eigene Zeit.[12] Die Sorge für die Schwachen, die Hinwendung zur Philosophie und die begrenzte Rolle der theologischen Dogmatik – Nizami schildere eher das urbane Wesen einer Idealstadt nach dem Philosophen al-Farabi (gest. um 950), ohne Moschee und Madrasa.[13] Dies steht im Gegensatz zu den Medresengründungen der türkischen Seldschuken-Dynastie zu Nizamis eigener Zeit.

Im geistigen Horizont war Nizamis Werk nicht zu übertreffen, aber die epischen und lyrischen Motive der Alexanderlegende haben andere persische Dichter, wie Amir Khusrau Dihlawi (gest. Delhi 1325) (Abb. 4) und Dschami (gest. 1492), noch mehrfach ausgeschöpft. Ein persischer Volksroman entfernte sich zunehmend von der historischen Legende zur reinen Wunderkolportage. Der osttürkische (tschagatayische) Dichter Ali Schir Nava'i (gest. 1506) formte den Stoff um. Auch ein früher osmanischer Dichter, Tadscheddin Ahmedi (gest. 1412/13 in Amasya) hat sich für die historischen Ereignisse nach Firdausi interessiert und gleich die Geschichte der Osmanen als Fortsetzung des Heldentums und der Weltherrschaft angeschlossen. Sonst jedoch ist der Stoff seltener ins Türkische gebracht worden. Der Literaturhistoriker E. J. W. Gibb vermutete, dass es bei den Vorlagen an Liebesgeschichten mangelte.

Die Illustrationen der Texte

Die orientalische Kunst kennt seit den frühen Hochkulturen die Wandmalerei als szenische Darbietung, sicher mit Bezug zu den Betrachtern bekannten Texten oder Erzählungen. Berühmt sind die Malereien des 6.–8. Jhs. in Palästen und Tempeln der Sogder in Zentralasien und neuerdings in chinesischen Ausgrabungen. Manche Szenen sind deutlich auf die iranische Königs- und Heldengeschichte zu beziehen, z.B. auf Rustam, die Firdausi später zum Shahname formt. Umso mehr erstaunt es, dass aus vorislamischer Zeit keine mit deutlichem Bezug zum Alexander-Thema erhalten zu sein scheinen. Der Versuch, ein Wandgemälde des sogdischen Fürstentums in Pendschikent (Tadschikistan) mit einer Beweinungsszene auf die Klage um Alexander zu deuten, mit Aristoteles als altem Bärtigen darauf, muss als zu unsicher gelten, auch dürfte die tote Gestalt eher eine Frau darstellen.[14] In islamischer Zeit muss es unter Timur (reg. 1371–1405) große bildliche Darstellungen seiner Geschichte gegeben haben, die in Chroniken erwähnt werden. Allerdings kommt unter den frühesten iranischen Bildern, als Einzelblätter in den sogenannten Saray-Alben des Topkapi Palastes erhalten, eine recht ähnliche Beweinungsszene mit einem „Philosophen" vor, die deutlicher auf Iskander bezogen werden könnte.

In den zahlreichen Bilderhandschriften der persischen Epen findet die Alexanderlegende reiche Bebilderung,[15] beim Shah-name jedoch eher dann, wenn der Zyklus umfangreich ist, sonst werden die bekannteren frühiranischen und sasanidischen Herrscher kurz illustriert. Gegenüber dem Text fällt auf, dass die Liebes- und Beziehungsgeschichten natürlich fast nie fehlen, vor allem mit der Tochter Daras, Rauschanak, (vgl. Abb. 4 Beitrag M. Albaladejo) und der Königin in Aserbaidschan, Nuschaba, der Iskander zu Hilfe kommt und die den verkleideten Besucher an einem vorher beschafften Porträt erkennt. Am häufigsten kommt aber doch die Szene mit Iskander vor, der allein trauernd den sterbenden Dareios auf dem Schoß hält (siehe Abb. 3 Beitrag M. Albaladejo). Das Interesse an der „iranischen" Seite des Weltherrschers ist dort stets am höchsten. Spätere Moghulbilder zu Kopien der persischen Epen haben entsprechend eher Darstellungen von den Indienfeldzügen und Besuchen bei den Brahmanen, die im Griechischen als „Gymnosophisten" (nackte Weise) bereits auftraten. Dabei sind die Andeutungen von Bevölkerungstypen und wunderlichen Kreaturen, die der Text bietet, reich ausgestaltet. Auch Objekte, die beschrieben werden, erhalten plausible Formen, als ob es sie wirklich noch gegeben hätte – etwa die Eisenarmee und Feuertöpfe, mit denen die Elefanten des indischen Herrschers Fur in Panik versetzt werden.

Die „fremden" Kulturen, deren Erforschung die Legende so anregend beschreibt, sind aber ebenso vorzügliche künstlerische Herausforderungen, wie die exotischen Wunderwelten des Drachens, des redenden Baumes oder der dunklen Einöde, der Meerfahrten, des

Mauerbaus gegen die dämonischen Völker Gog und Magog oder der Charakterstudien mit Philosophen und greisen Einsiedlern (Abb. 5).

Die historische Szenerie dient überwiegend als Folie für eine Beschreibung der Gegenwart des Malers, Gewandung und Zeremoniell bei Hofe, Architektur und Gartenlandschaften, Gruppen und Utensilien schildern dem Betrachter zeitgenössische Verhältnisse, woraus er Schlüsse auf den Sinn der Erzählungen ziehen kann. Farbperspektive, Bildachsen und Zeigegesten oder Blicke der Personen lenken die Entschlüsselung der Darstellungen. Sie erzählen oftmals Nebenstränge der Handlungen, die im Text nicht vorkommen und ergänzen die Interpretation des Dichters zu einer neuen Aktualität. Mit den Wundergebilden haben die Maler zum Teil einmalige Kompositionen geschaffen, aber auch motivische Traditionen bis in die jüngste Vergangenheit. Einige Fragen aber bleiben offen – so ist uns keine Darstellung des „Zweigehörnten" Iskander bekannt geworden und der Besuch in Mekka sowie die Wanderung mit Chidr/Chisr sind keineswegs häufig. Die islamische Legende hat für die Maler offenbar nur eine unter mehreren Szenen bedeutet, die nicht als zentrale Botschaft der Epen galt.

---

1 Van Thiel 1974, XXXIII.
2 Rypka 1968, 39f.
3 Klíma, in: Rypka 1968, 44.
4 Ali Akbar Dehkhoda, Lughat-nama, Tehran 1324SH/1945-, vgl. Iskandar-i Maqaduni: Bd. 4, 2367–2466; s.v. Dhul-qarnain: Bd. 18, 92–123.
5 Friedländer 1913, VIIf. Das aus der Nöldeke-Schule hervorgegangene Werk ist von einem erstaunlichen philologischen Spürsinn geprägt, aber auch von einer gewissen verständnislosen Herablassung gegenüber den widersprüchlichen Traditionsmethoden der arabischen Quellen. Dabei sind ihm wesentliche Beziehungszusammenhänge der syrischen, arabischen und griechischen Quellen zu verdanken.
6 Zuwiyya 2001, nach zwei andalusisch-arabischen Handschriften der Alexanderlegende wohl des 9. Jhs.; Southgate 1978; Sawyer 2003, 225–243.
7 Der Koran 1979, 209; Kommentar und Konkordanz von Rudi Paret 1980, 316–320.
8 Wheeler 1998, 191–215. Der Aufsatz hat eine Flut von Internet-Diskussionen, insbesondere von islamischer Seite ausgelöst.
9 Wheeler 1998, 200–202, hauptsächlich nach dem Korankommentar und der Chronik des Tabari (gest. 923 in Baghdad); auch ein Ghassanidenfürst, Mansur III., trägt denselben Beinamen. Diese Träger desselben Namens werden in den Quellen stets mit Hinweisen auf Verwechslungen aufgeführt, vgl. das persische Lexikon des Dehkhoda (wie Anm.4).
10 Im 20. Buch, persischer Text: Kahlegi-Motlagh/Omidsalar 2005; Davis 2004.
11 Übersetzung von Bürgel 1991, 26.
12 Bürgel 1991, 604–609.
13 Ebenda.
14 Belenickij 1980; Marshak 2002.

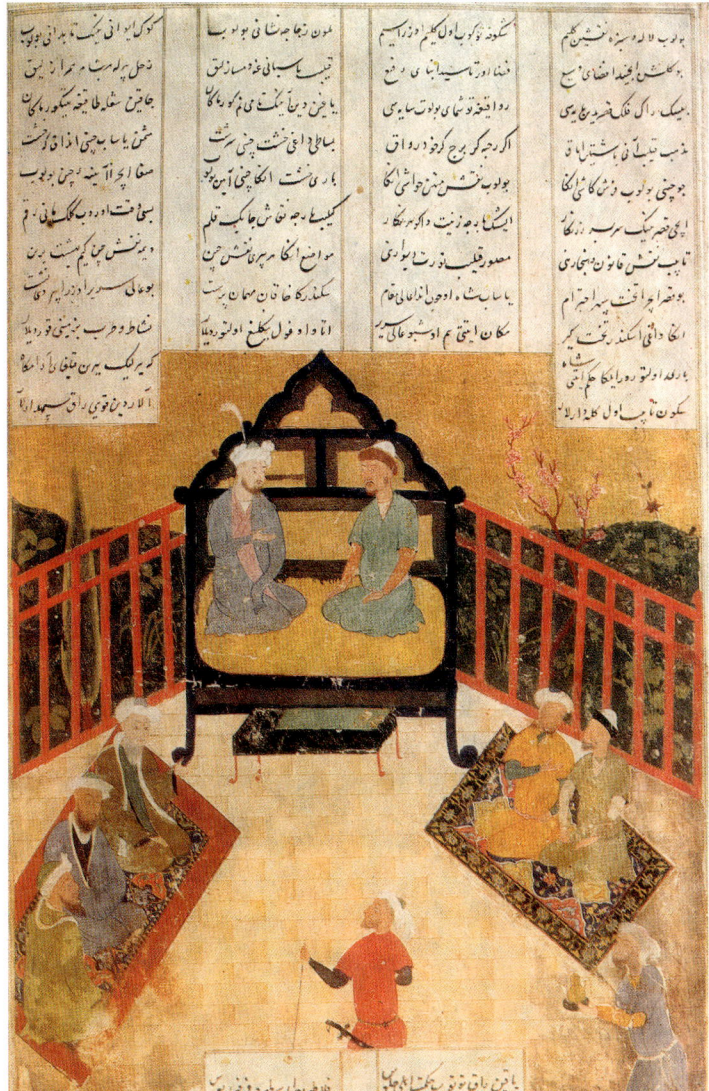

5 Die Unterhaltung Alexanders (Iskanders) mit den Weisen, Miniatur, aus; Alischer Nawoi, Die Mauer des Iskander, Herat, 1485–1486, Oxford, Die Mauer des Iskander, Elliot 339.

15 Eine erste Sammlung von Alexander-Bildern im Nizami-Epos bieten Jusuopov/Sulaimanova 1985; Sulejman/Sulaimanova 1983; Jusupov 1982. Feine Interpretationen iranischer Bilder bieten: Sims 2002; Hillenbrand 2005; Komaroff 2005.

Literatur
Belenickij 1980; Bürgel 1991; Davis 2004; Friedländer 1913; Hillenbrand 2005; Jusuopov/Sulaimanova 1985; Jusupov 1982; Kahlegi-Motlagh/Omidsalar 2005; Klima 1968; Komaroff 2005; Marshak 2002; Paret 1980; Rypka 1968; Sawyer 2003; Sims 2002; Southgate 1978; Sulejman/Sulaimanova 1983; van Thiel 1974; Wheeler 1998; Zuwiyya 2001.

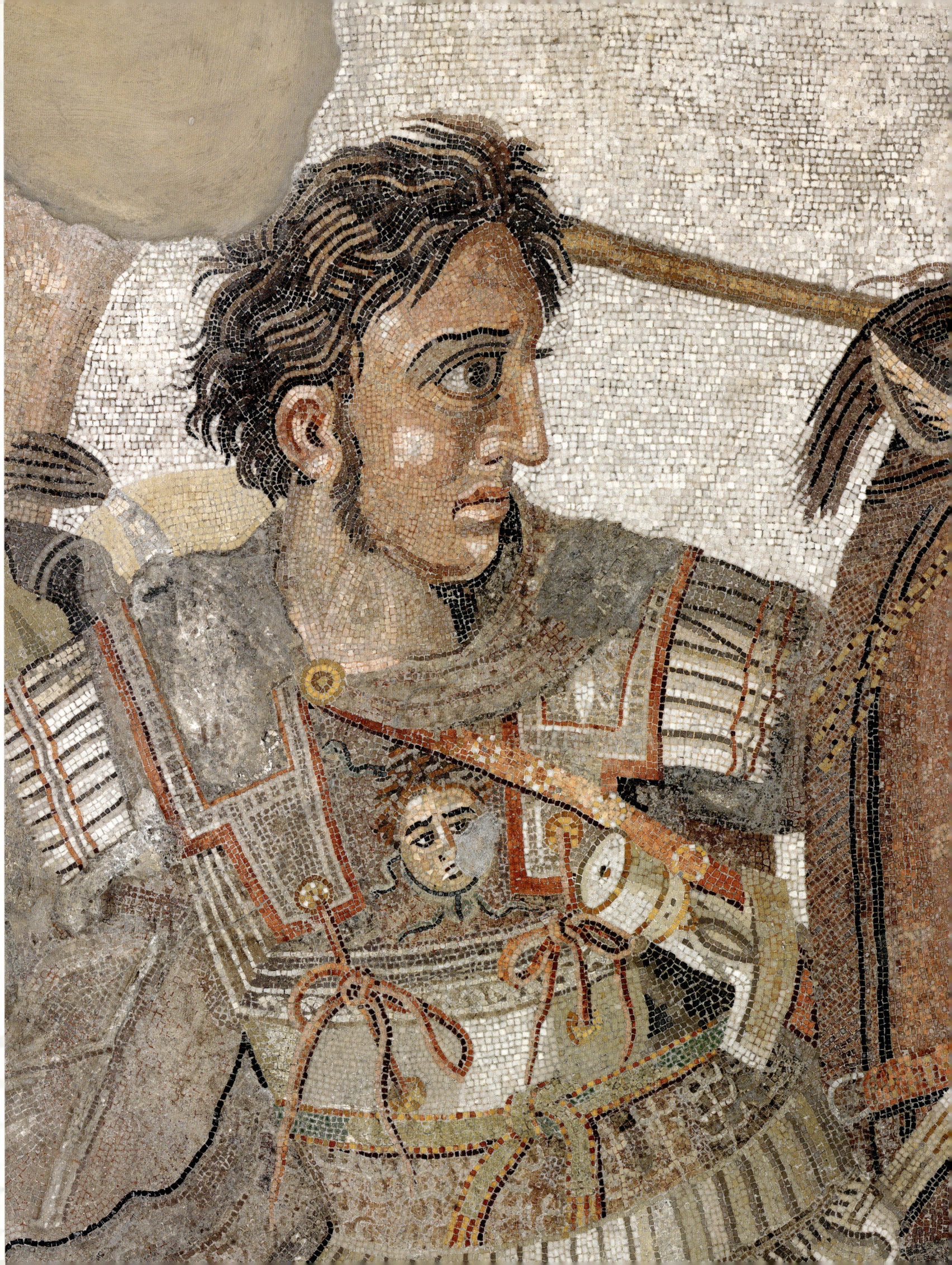

Mauerbaus gegen die dämonischen Völker Gog und Magog oder der Charakterstudien mit Philosophen und greisen Einsiedlern (Abb. 5).

Die historische Szenerie dient überwiegend als Folie für eine Beschreibung der Gegenwart des Malers, Gewandung und Zeremoniell bei Hofe, Architektur und Gartenlandschaften, Gruppen und Utensilien schildern dem Betrachter zeitgenössische Verhältnisse, woraus er Schlüsse auf den Sinn der Erzählungen ziehen kann. Farbperspektive, Bildachsen und Zeigegesten oder Blicke der Personen lenken die Entschlüsselung der Darstellungen. Sie erzählen oftmals Nebenstränge der Handlungen, die im Text nicht vorkommen und ergänzen die Interpretation des Dichters zu einer neuen Aktualität. Mit den Wundergebilden haben die Maler zum Teil einmalige Kompositionen geschaffen, aber auch motivische Traditionen bis in die jüngste Vergangenheit. Einige Fragen aber bleiben offen – so ist uns keine Darstellung des „Zweigehörnten" Iskander bekannt geworden und der Besuch in Mekka sowie die Wanderung mit Chidr/Chisr sind keineswegs häufig. Die islamische Legende hat für die Maler offenbar nur eine unter mehreren Szenen bedeutet, die nicht als zentrale Botschaft der Epen galt.

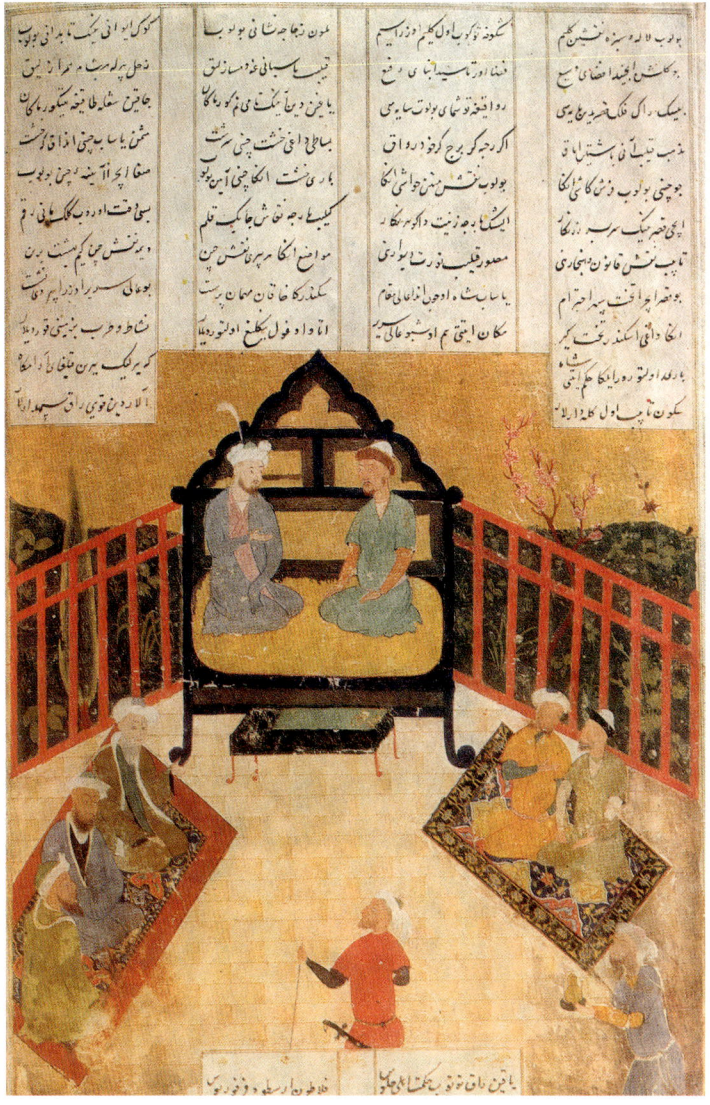

5 Die Unterhaltung Alexanders (Iskanders) mit den Weisen, Miniatur, aus; Alischer Nawoi, Die Mauer des Iskander, Herat, 1485-1486, Oxford, Die Mauer des Iskander, Elliot 339.

1   Van Thiel 1974, XXXIII.
2   Rypka 1968, 39f.
3   Klíma, in: Rypka 1968, 44.
4   Ali Akbar Dehkhoda, Lughat-nama, Tehran 1324SH/1945-, vgl. Iskandar-i Maqaduni: Bd. 4, 2367–2466; s.v. Dhul-qarnain: Bd. 18, 92–123.
5   Friedländer 1913, VIIf. Das aus der Nöldeke-Schule hervorgegangene Werk ist von einem erstaunlichen philologischen Spürsinn geprägt, aber auch von einer gewissen verständnislosen Herablassung gegenüber den widersprüchlichen Traditionsmethoden der arabischen Quellen. Dabei sind ihm wesentliche Beziehungszusammenhänge der syrischen, arabischen und griechischen Quellen zu verdanken.
6   Zuwiyya 2001, nach zwei andalusisch-arabischen Handschriften der Alexanderlegende wohl des 9. Jhs.; Southgate 1978; Sawyer 2003, 225–243.
7   Der Koran 1979, 209; Kommentar und Konkordanz von Rudi Paret 1980, 316–320.
8   Wheeler 1998, 191–215. Der Aufsatz hat eine Flut von Internet-Diskussionen, insbesondere von islamischer Seite ausgelöst.
9   Wheeler 1998, 200–202, hauptsächlich nach dem Korankommentar und der Chronik des Tabari (gest. 923 in Baghdad); auch ein Ghassanidenfürst, Mansur III., trägt denselben Beinamen. Diese Träger desselben Namens werden in den Quellen stets mit Hinweisen auf Verwechslungen aufgeführt, vgl. das persische Lexikon des Dehkhoda (wie Anm.4).
10 Im 20. Buch, persischer Text: Kahlegi-Motlagh/Omidsalar 2005; Davis 2004.
11 Übersetzung von Bürgel 1991, 26.
12 Bürgel 1991, 604–609.
13 Ebenda.
14 Belenickij 1980; Marshak 2002.

15 Eine erste Sammlung von Alexander-Bildern im Nizami-Epos bieten Jusuopov/Sulaimanova 1985; Sulejman/Sulaimanova 1983; Jusupov 1982. Feine Interpretationen iranischer Bilder bieten: Sims 2002; Hillenbrand 2005; Komaroff 2005.

Literatur

Belenickij 1980; Bürgel 1991; Davis 2004; Friedländer 1913; Hillenbrand 2005; Jusuopov/Sulaimanova 1985; Jusupov 1982; Kahlegi-Motlagh/Omidsalar 2005; Klima 1968; Komaroff 2005; Marshak 2002; Paret 1980; Rypka 1968; Sawyer 2003; Sims 2002; Southgate 1978; Sulejman/Sulaimanova 1983; van Thiel 1974; Wheeler 1998; Zuwiyya 2001.

KATALOG

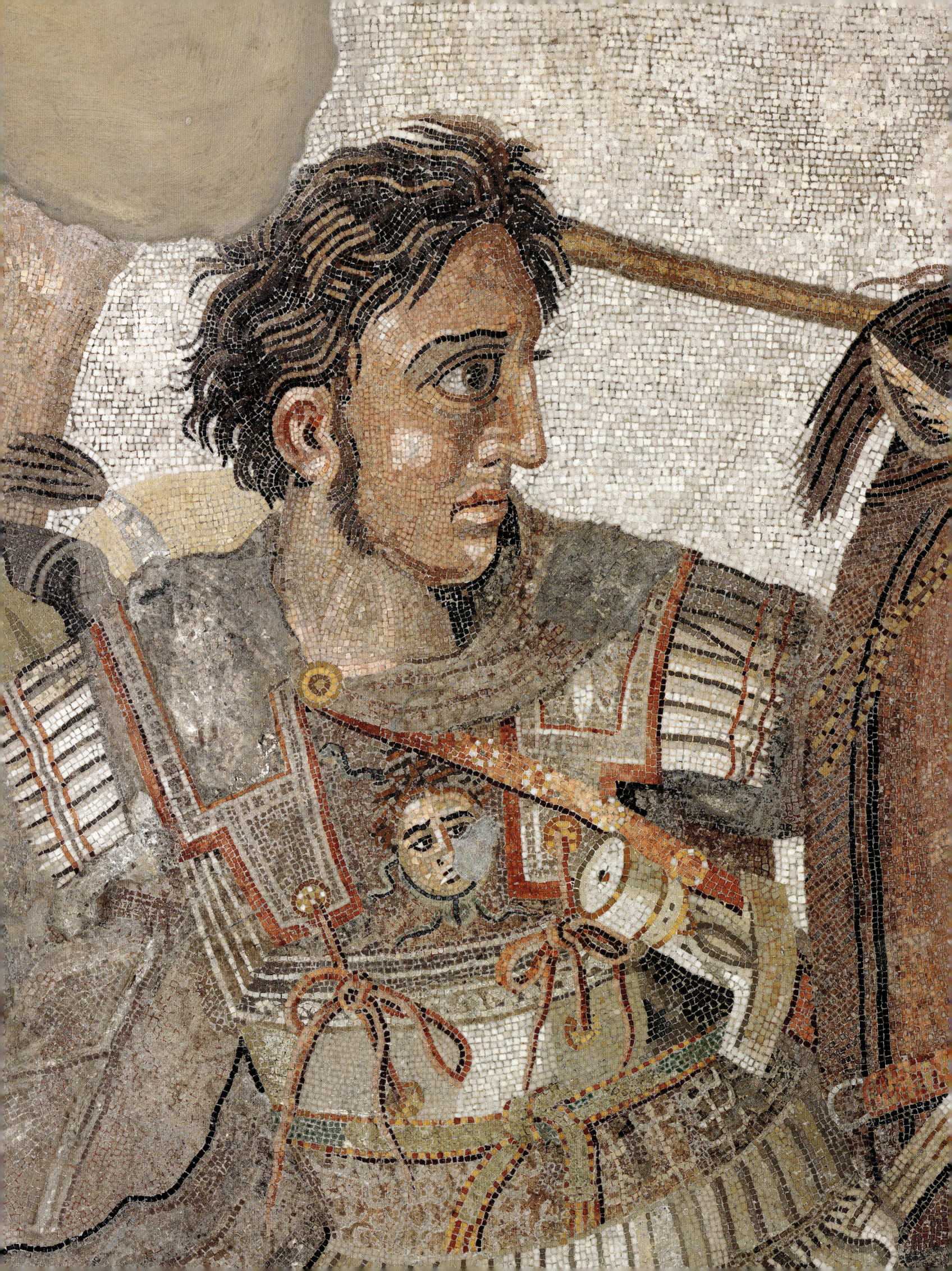

MYTHOS UND BILDNISSE ALEXANDERS

Als Alexander als erster Sohn des makedonischen Königs Philipp II. und dessen Frau Olympias an einem Julitag des Jahres 356 v. Chr. geboren wurde, soll ein Adler auf dem Palast zu Pella gesessen haben. Zur selben Stunde ging der Artemis-Tempel in Ephesos in Flammen auf und Philipp II. besiegte und zerstörte Poteidaia. Das Weltbeben, das Alexander späterhin bewirkte, ließen staunende antike Biographen schon in seiner Geburtsstunde beginnen.

Der Mythos von Alexander dem Großen entstand nicht erst nach seinem Tode. Das, was dieser junge Mann in seinem nur knapp 33 Jahre währenden Leben vollbrachte, konnten schon seine Zeitgenossen sich und anderen nicht erklären – es brauchte Übermenschliches im Grunde. Die Götter waren diesem Mann gewogen. Die Tatsache, dass Alexander jung starb, in Babylon, der alten Metropole des Orients, förderte die Entstehung eines Mythos, der unendlich weit verzweigt war und die tollsten Blüten trieb – und der noch immer lebt.

Eine stattliche und repräsentative Auswahl antiker Alexanderporträts ist in der Ausstellung versammelt. Aus antiken Beschreibungen zum Äußeren des Makedonen ist bekannt, dass er keinen Bart trug und von relativ kleiner Statur war, dass sein Hals etwas gewölbt und leicht zur linken Schulter hin gedreht war. Seine Augen waren von besonderer Klarheit und eigentümlichem Schmelz. Über der Stirn strebten lange wirre Haare in einem Wirbel auseinander und formten so die *Anastolé*.

Von Seiten Alexanders – also mit königlichem Auftrag – war es nur drei Künstlern gestattet, Bildnisse des Königs zu fertigen: dem Bildhauer Lysipp, dem Steinschneider Pyrgoteles und dem Maler Apelles. Von allen Bildhauern habe es Lysipp am besten verstanden, das Feuchte und den Schmelz der Augen (hygrótes kai diáchysis ton ommáton), den Charakter (to éthos), das Mannhafte (arrenopón), das Löwenähnliche (leontódes) und auch die Sehnsucht (póthos) Alexanders darzustellen. Als Porträt von der Hand Lysipps gilt die berühmte Azara-Herme. Sie ist das einzige Bildnis Alexanders, das inschriftlich als solches ausgezeichnet ist: ΑΛΕΞΑΝΔΡΟΣ ΦΙΛΙΠΠΟΥ ΜΑΚΕΔ… – Alexander, Sohn des Philipp von Makedonien. Auch die Köpfe der Sammlungen Schwarzenberg und Dressel gelten als Kopien lysippischer Porträts.

Während diese Bildnisse bereits aus der Königszeit Alexanders stammen, liegt in dem Typus Erbach ein Porträt des jugendlichen Kronprinzen vor. Von dessen drei Repliken sind in der Ausstellung zwei zu sehen.

Eine dritte Gruppe Alexanderporträts ist mit den alexandrischen Bildnissen des großen Feldherrn überliefert (Kopenhagen, Räuchergefäß Brüssel, Aigiochos Berlin), deren Variantenreichtum für eine Vielzahl statuarischer Vorbilder spricht. Eine schöne Auswahl an kleinen Bronzerepliken dieser verlorenen Statuen ist durch drei Pariser Stücke gegeben, die sich in vergleichbarer Form auch auf dem Revers hellenistischer und auch römischer Münzen wiederfinden.

Alexanderbildnisse waren in den Städten der antiken Welt des Mittelmeerraumes omnipräsent.

E.K.

Alexandermosaik aus Pompeji, Ausschnitt: Alexander der Große zu Pferde. Neapel, Museo Archeologico Nazionale.

MYTHOS UND BILDNISSE ALEXANDERS

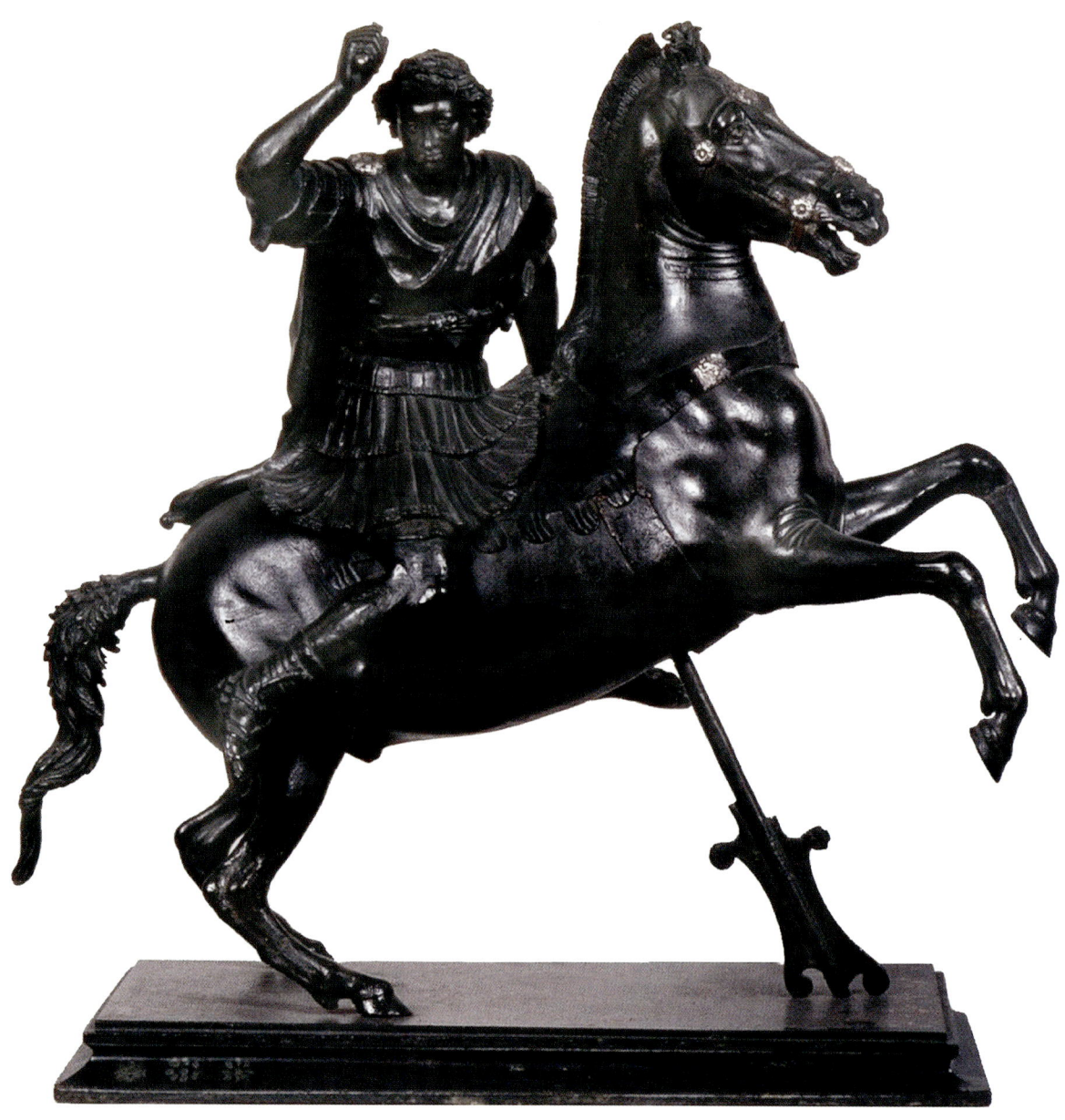

Kat. Nr. 1
Reiterfigur Alexanders des Großen

Italien, Herkulaneum, gefunden am 22. Oktober 1761 in der Nähe des Theaters, spätes 1. Jh. v. Chr. – 1. Jh. n. Chr.
Bronze mit kleinen Silbereinlagen, H. 48,5 cm, L. 47 cm
Neapel, Museo Archeologico Nazionale, Inv. Nr. 4996

Die Reiterfigur wurde schon bald nach ihrer Auffindung als Darstellung Alexanders des Großen identifiziert. In der Folgezeit bildete sie den Ausgangspunkt bei der Beschäftigung mit dem Reiterstandbild, das von Lysipp geschaffen wurde, um den Sieg Alexanders über die Perser in der Schlacht am Granikos (334 v. Chr.) zu verherrlichen. Der junge König, der als solcher durch das von ihm auf dem Haupthaar getragene Diadem gekennzeichnet wird, trägt eine makedonische Kavallerierüstung, zu der auch der Mantel gehört, der auf der rechten Schulter mittels einer runden, knopfartigen Schließe befestigt ist. Sein Oberkörper ist seitlich gedreht. In der erhobenen Rechten hielt er ursprünglich ein nicht mehr erhaltenes Schwert, mit dem er einen Hieb gegen einen seitlich von ihm zu denkenden Gegner führte. Sein vorwärts stürmendes Pferd mit Namen Bukephalos ist im Galopp wiedergegeben, den es einen Moment zu unterbrechen scheint. Das künstlerisch herausragende Werk zeichnet sich durch eine besondere Feinheit der Darstellung aus. Die Oberfläche der meisterhaft gestalteten Pferdefigur wird durch die Silberauflagen, mit denen das Zaumzeug geschmückt ist, zusätzlich belebt.

Lit.: Calcani 1993, 23–39, Abb. 1–3. 8; AK Rom 1995, 234ff. Kat. Nr. 27 mit älterer Lit.; AK Washington 2009, 250 Kat. Nr. 116 (mit weiteren Nachweisen).

M.R.B.

Porträtköpfe

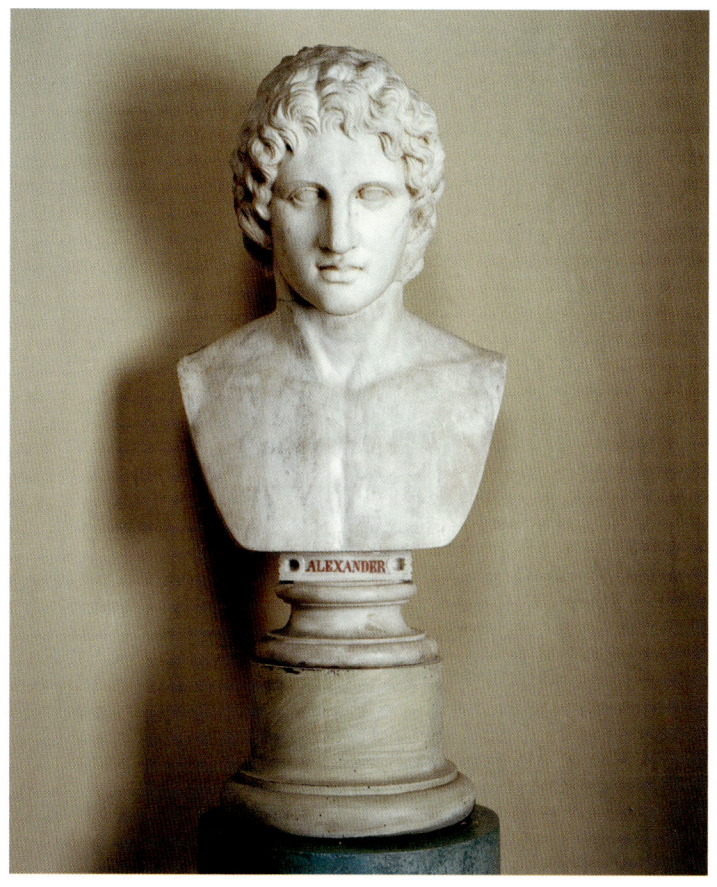

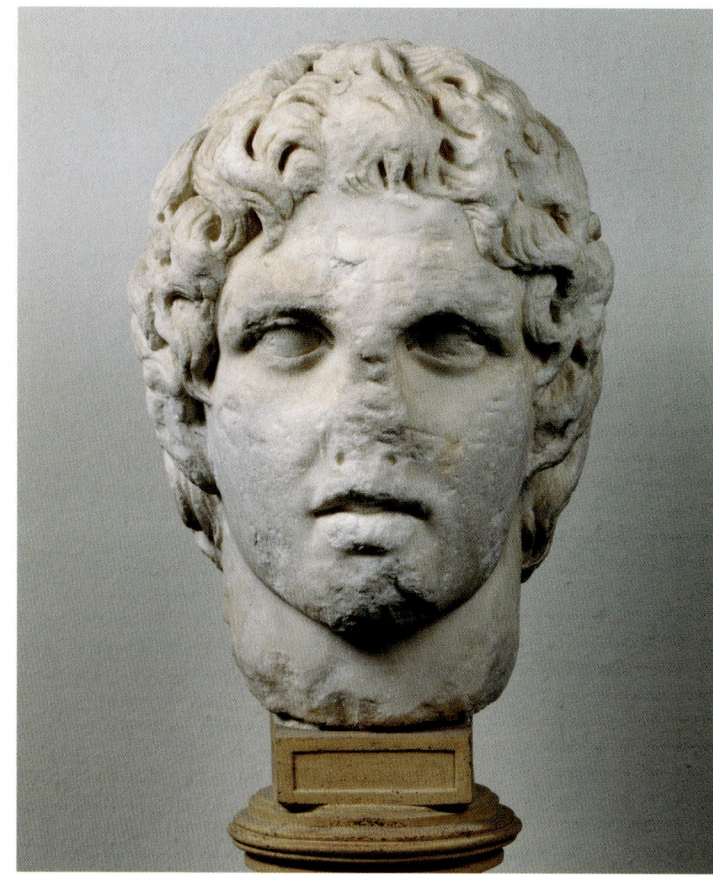

Kat. Nr. 2
Porträt Alexanders des Großen, sogenannter „Alexander Erbach"

Italien, Tivoli, wohl in der Villa Hadriana 1791 gefunden und von Graf Franz I. zu Erbach-Erbach vor Ort für seine Sammlung erworben, 2. Jh. n. Chr., römische Kopie eines griechischen Originals um 340/30 n. Chr. Marmor, H. mit neuzeitlicher Büste 63 cm, H. des antiken Kopfes 25 cm, Br. 37 cm, T. 30 cm
Bad Homburg, Verwaltung der Staatlichen Schlösser und Gärten Hessens, Inv. Nr. 3.2.6007

Die in der Regierungszeit des römischen Kaisers Hadrian (117–138 n. Chr.) geschaffene Skulptur ist die beste römische Kopie des frühesten Porträttypus Alexanders des Großen, welcher wohl auf ein im griechischen Mutterland für ihn errichtetes Standbild zurückgeht. Das Bildnis des jungen Kronprinzen weist zwar über der Stirnmitte den für ihn charakteristischen, löwenhaft-ungebändigt aufgeworfenen Haarwirbel (*anastolé*) auf, zeigt davon abgesehen jedoch deutlich beruhigte Züge, welche die harmonisch ausgewogenen Formen der griechischen Klassik aufgreifen. Alexander wurde hier demnach weniger als stürmischer Feldherr, denn als ideale Verkörperung eines edlen und gebildeten jungen Mannes vorgestellt.

Lit.: Fittschen 1977, 21ff. Nr. 5 Taf. 8; Stewart 1993, 106ff. 421 Abb. 6; Reinsberg 2005, 222f. 550 Kat. Nr. 114.
C.M.

Kat. Nr. 3
Porträt Alexanders des Großen, Typus „Erbrach"

1874 erworben in Madytos an der thrakischen Chersones (gegenüber von Abydos), römische Kopie eines griechischen Originals um 340 v. Chr. Marmor, H. 44,5 cm, Br. 22 cm, T. 22 cm
Berlin, Antikensammlung SMB PK, Inv. Nr. Sk 329

Der Typus Erbach, der in drei Repliken überliefert ist, gilt als Jugendporträt Alexanders des Großen. Das von schweren Locken gerahmte Gesicht strahlt die Jugend eines 16–18-jährigen Jünglings aus. Über der Stirn streben die Haare in dem für Alexander bezeugten Haarwirbel nach oben. Das Porträt Alexanders entstammt sicher noch der Regierungszeit seines Vaters Philipp II. und ist möglicherweise mit der anlässlich des Sieges bei Chaironeia 338 v. Chr. gefertigten Statuengruppe des Leochares, die in Olympia aufgestellt war, in Verbindung zu setzen (Paus. 5,20,9). Auch Euphranor käme als Bildhauer attischer Prägung in Frage: Plinius maior (Naturalis historia 34, 78) erwähnt Bronzestatuen Philipps und Alexanders auf Quadrigen, die aus inhaltlichen Gründen in dieselbe Zeit zu setzen sind.

Lit.: Fittschen 1977, 21–25 Taf. 8 Beil. 2f.; Smith 1988, 60f. 155f.; Himmelmann 1989, 88. 92 Abb. 28 (Athen); Moreno 1995, 209 Kat. Nr. 6; weitere Lit. in: Stewart 1993, 421.
E.K.

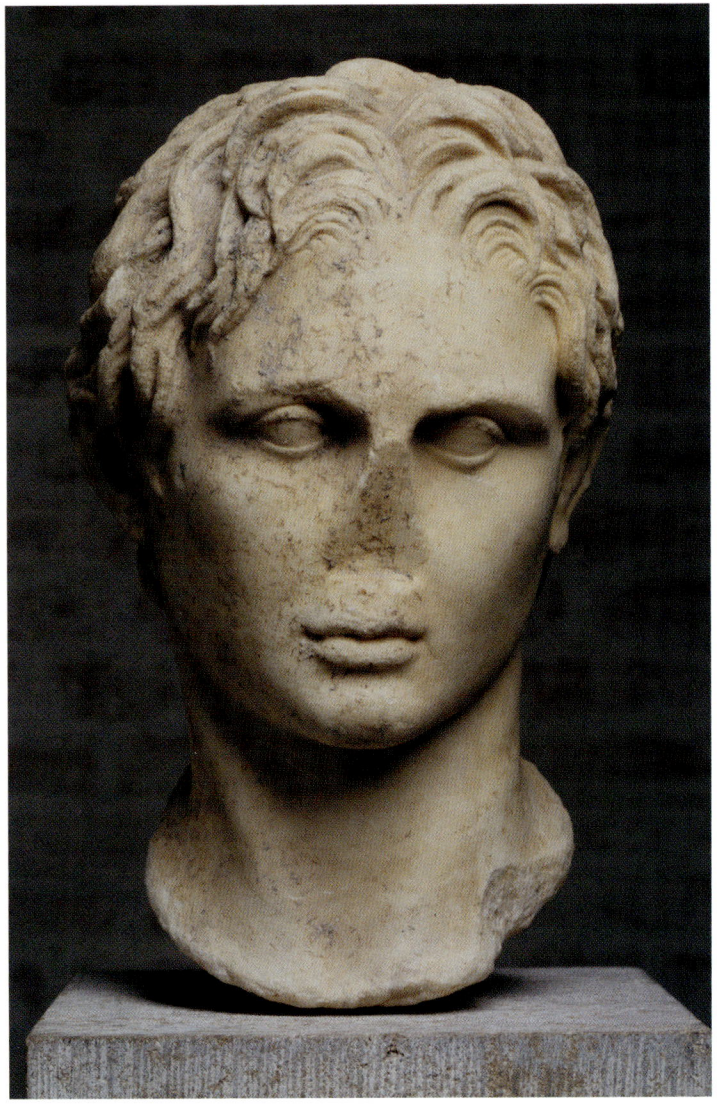
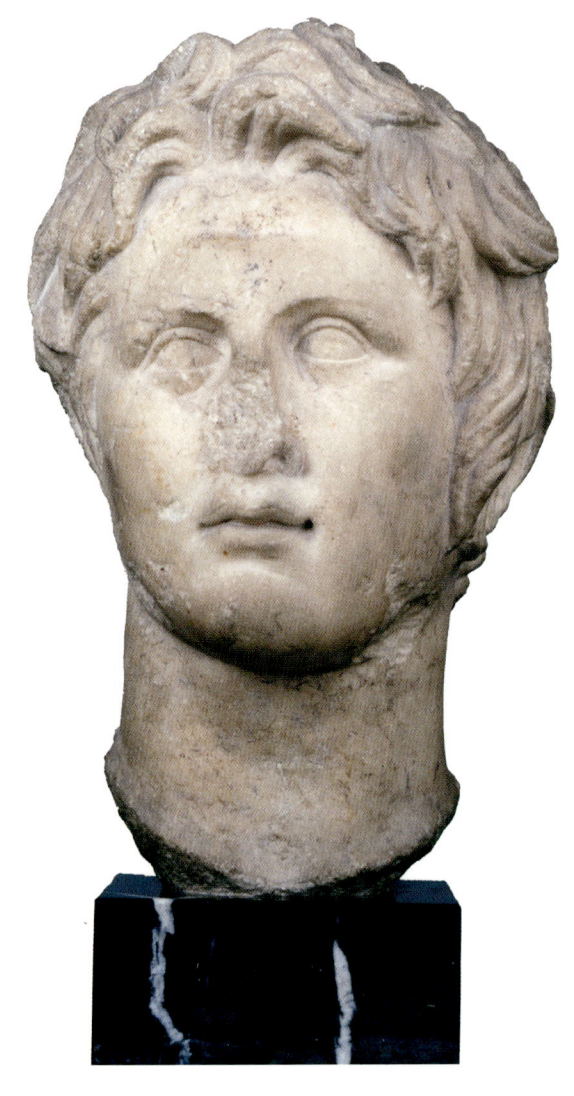

Kat. Nr. 4
Porträt Alexanders des Großen, „Alexander Schwarzenberg"

Aus der Sammlung Schwarzenberg, augusteische Kopie eines Originals aus der Zeit um 330 v. Chr.
Marmor, H. 35,5 cm, Br. 24 cm, T. 28 cm
München, Staatliche Antikensammlung und Glyptothek, Inv. Nr. GL 559

Der Kopf überliefert ein Werk des Lysipp. Das zeigt ein Vergleich mit der Statue des „Schabers", die diesem Bildhauer literarisch zugeschrieben ist. Beide Bildnisse kennzeichnet die Konzentration von Augen, Nase und Mund auf die Gesichtsmitte. Dagegen könnten das hagere Gesicht, die giebelförmige und leicht vorgewölbte Stirn sowie die markant hervortretenden Wangenknochen individuelle Züge Alexanders wiedergeben. Ebenso wie die unruhigen und in der Stirnmitte sich fontänenartig aufsträubenden Haare, Ausdruck der Alexander zugeschriebenen „löwenhaften Natur", vermitteln all diese Details den Eindruck einer kraftvollen, willensstarken Persönlichkeit. Der zugehörige Körper stützte sich wohl auf eine Lanze.

Lit.: Reinsberg 2005, 219–225, 550–551 Kat. 115 mit älterer Lit.; Wünsche 2006; Andreae 2008, 50. 53 Kat. Nr. 2.   F.S.K.

Kat. Nr. 5
Porträt Alexanders des Großen, Typus „Dresden"

Italien, Rom, 1. Jh. n. Chr. (?), nach einem Vorbild des späten 4. oder frühen 3. Jhs. v. Chr.
Marmor, H. 33,5 cm. Der Kopf war zum Einlassen in eine Statue bestimmt.
Dresden, Skulpturensammlung SKD, Inv. Nr. Hm 174

Die charakteristische Haarfontäne über der Stirn und die energische Kopfwendung zur rechten Seite verbinden den Dresdner Kopf mit anderen Alexanderporträts und rechtfertigen zusammen mit physiognomischen Details, wie den eng zusammenstehenden, tief liegenden Augen und dem kleinen Mund, seine Benennung. Eine Replik in Fulda bestätigt, dass der Kopf ein bekanntes Vorbild wiederholt, dessen Zeitstellung allerdings nicht abschließend geklärt ist. Der Porträttypus Dresden bietet ein gelungenes Beispiel für die Stilisierung des bartlosen Jünglings zur löwenhaft-männlichen Herrscherpersönlichkeit.

Lit.: Stewart 1993, 106f. 111f. 425 Abb. 9; Kiderlen 2000, Nr. 7; Reinsberg 2005, 554 Kat. Nr. 120; von den Hoff 2005, 26f. Kat. Nr. 1.   C.V.

Kat. Nr. 7
Fragment eines Räuchergefäßes

Vermutlich in Amisos (Türkei) gefunden und dort gefertigt, späthellenistisch oder römisch
Ton, gebrannt, H. 16 cm
Brüssel, Musées Royaux d'Art et d'Histoire, Département Antiquité, Collection Grècque, Inv. Nr. 1938

Dieses außergewöhnliche Objekt besteht aus einem an eine Vase angefügten plastisch ausgearbeiteten Kopf, der mit seinen tief liegenden Augen und den langen Locken mit der *Anastolé* deutlich durch Porträts Alexanders des Großen beeinflusst ist. Auf dem Kopf ruhen eine Mondsichel und darin ein achtzackiger Stern sowie jeweils ein fünfzackiger Stern an den Seiten. Der vermutliche Fundort (Amisos) deutet ebenso wie die Attribute (Mondsichel und Stern, auf lokalen Münzen allgegenwärtig) auf eine Darstellung des Mondgottes Men, der in dieser Stadt verehrt wurde. Das Objekt ist ungewöhnlich: auf seiner Spitze befinden sich Reste einer Kuppel mit Brandspuren an einer Seite. Daher ist anzunehmen, dass es sich um ein Räuchergefäß (*thymiaterion*) handelt, geschmückt mit dem plastischen Kopf der Gottheit, zu deren Ehren es verwendet wurde.

Lit.: Cumont 1942, 208; Michel 1967, 31. 100-1; Moreno/Tytgat 1995, Nr. 107; Summerer 1999, 58–60. N.M.

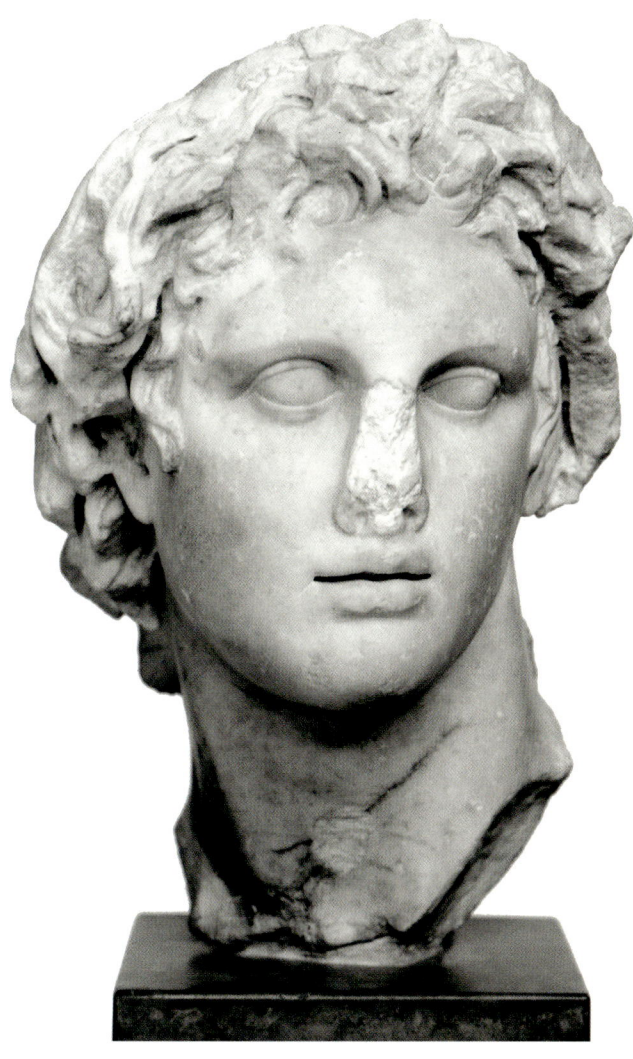

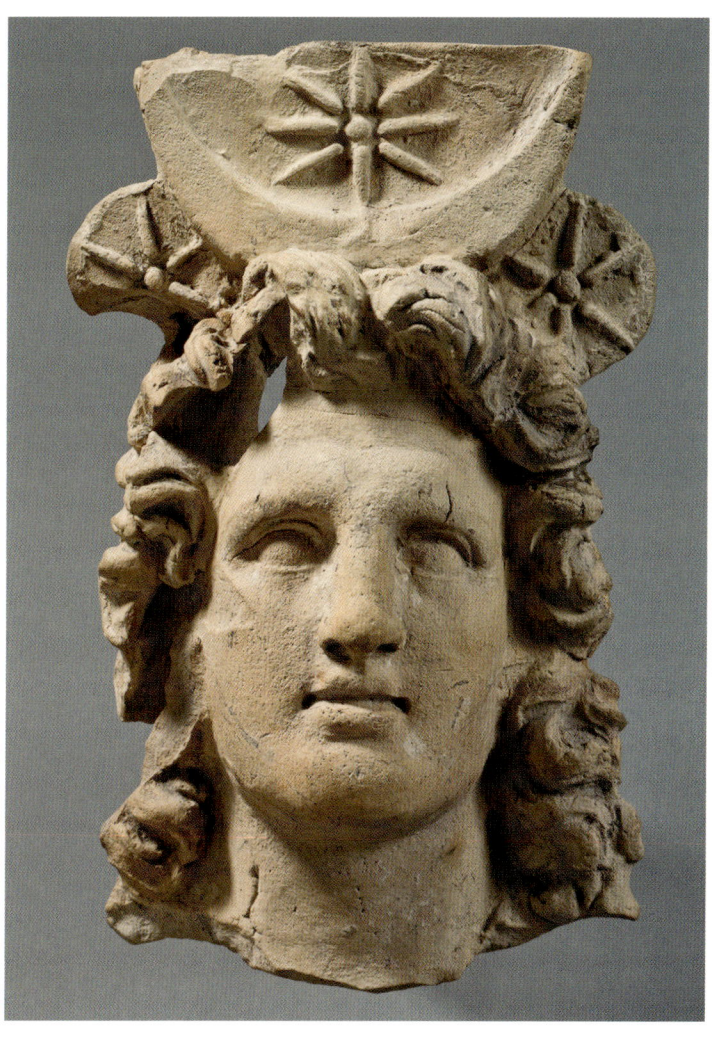

Kat. Nr. 6
Porträt Alexanders des Großen

Angeblich aus Alexandria, 3. Jh. v. Chr.
Marmor, H. 35 cm
Kopenhagen, Ny Carlsberg Glyptothek, Inv. Nr. IN 574

Das Porträt des jungen Alexander entspricht dem Stil und der Formensprache des Bildhauers Lysipp, wie sie aus der literarischen Tradition abgeleitet werden: Er ist bartlos, mit straffen Gesichtszügen, das Haar ist wild gelockt mit dem berühmten Wirbel, der *Anastolé*, er blickt in die Ferne über den menschlichen Horizont hinaus, der Kopf ist stark zu seiner Linken gewendet. Die Zusammenarbeit zwischen dem König und dem Bildhauer begründete ein neues Konzept der offiziellen griechischen Porträtkunst: ein königliches Bild mit einer politischen Botschaft verbunden mit realistischen Zügen wie auch stark idealisierenden Elementen. Das Interesse am individuellen Charakter führte dazu, dass das Porträt berühmte, einzigartige Persönlichkeiten stärker betonte.

Lit.: Poulsen 1951, Nr. 441; Nielsen 1987; Johansen 1992, Nr. 24; Ancient Art 2004, Nr. 47. A.M.N.

Standbilder

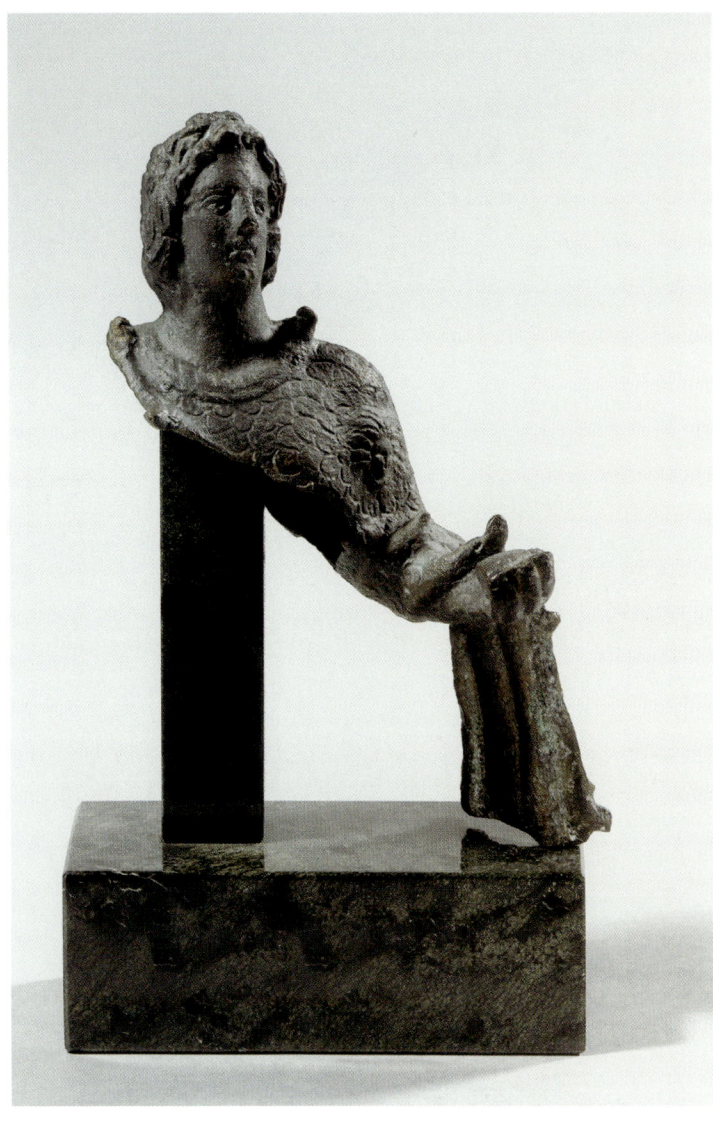

Kat. Nr. 9
Statuette des Alexander

Ägypten, Alexandria, 1845 gefunden, hellenistisch
Bronze, im Wachsausschmelzverfahren gegossen, erhaltene H. 15,5 cm
Paris, Musée du Louvre, Département des Antiquités grecques, étrusques et romaines, Inv. Nr. Br 369

Die Statuette reiht sich in den Corpus der Repliken von Lysipps „Alexander mit der Lanze" ein, insbesondere unter diejenigen Werke, die den so genannten Typus „Alexander Fouquet" wiedergeben. Der rechte Arm der hier gezeigten Statuette ist gesenkt, das Gewicht des Körpers ruht auf dem linken Bein. Der Schwung der (nackten) Figur wird betont durch die geöffnete Schrittstellung und das Zurücksetzen des Spielbeins, durch die starke Drehung des Kopfes zur rechten Schulter und durch das Anschwellen des erhaltenen Bizepses. Aber wie ist der linke Arm zu rekonstruieren? Nach D. Kent Hill erfordert der (im Übrigen gut belegte) Herstellungsprozess, hier Gewandfalten anzubringen, um den Bereich der Lötstelle zu verbergen. Der erhobene Arm war also teilweise von einem Stoff verborgen. Lanze und

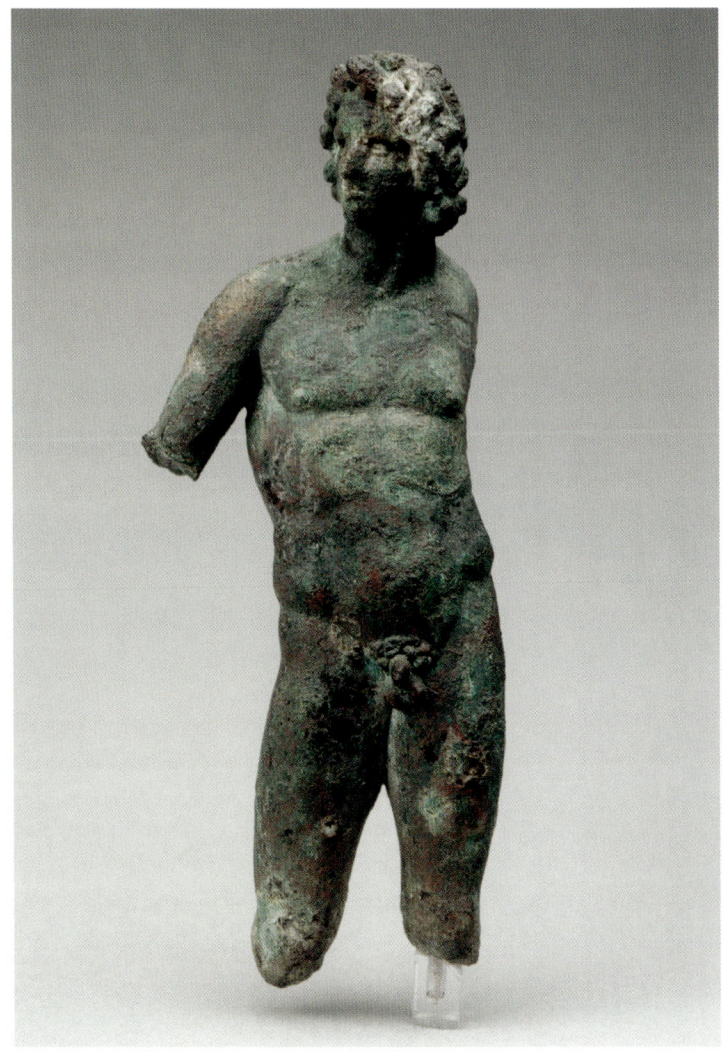

Kat. Nr. 8
Bronzestatuette des Alexander, Typus „Aigiochos"

Ägypten, Alexandria, 2. Jh. v. Chr.
Bronze, H. 14,1 cm
Berlin, Antikensammlung SMB PK, Inv. Nr. Misc. 8632

Die kleine Statuette ist eine von 15 motivisch gleichen, zumeist kleinplastischen Darstellungen, die auf ein heute verlorenes großplastisches, ursprünglich in Alexandria aufgestelltes Werk zurückgehen. Dargestellt ist Alexander, stehend, barfuss, in der rechten Hand eine Lanze haltend, die Haare charakterisiert durch die markante *Anastolé*. Er ist bekleidet mit der Aegis des Zeus, die in der Form einer makedonischen Chlamys (Mantel) gestaltet ist. Auf der Schulter sitzt ein kleines Gorgoneion. In seiner ausgestreckten linken Hand hielt Alexander ein auf einer viereckigen Basis gesockeltes Objekt – ein Palladion oder eine Nike. Das Vor- oder Urbild, das die kleine Bronze wiedergibt, ist im späten 4. Jh. v. Chr. im Zusammenhang mit dem aufkommenden Alexanderkult entstanden.

Lit.: Stewart 1993, III 4.1 Abb. 82f.; Svenson 1995, Taf. 3f.; Kühnen 2008, 14f.

E.K.

Gewand können durchaus miteinander kombiniert sein, wie es eine Bronzestatuette des Alexander (?) mit Blitz belegt. Die Statuette muss daher als eine vom Typus des lysippischen „Alexander Doryphoros" abgeleitete Adaption oder als Nachhall einer Variante dieses Typus gedeutet werden.

Lit.: de Ridder 1913, 58 Nr. 369 Taf. 31; Hill 1982, bes. 282 Nr. 38; Stewart 1993, 425. 51f. Abb.70.   S.D.

Kat. Nr. 10
Statuette des Alexander (?)

Römische Kaiserzeit
Bronze, im Wachsausschmelzverfahren gegossen, H. 24 cm
Paris, Musée du Louvre, Département des Antiquités grecques, étrusques et romaines, Inv. Nr. Br 724, ehemals Sammlung Campana

Die Figur hat den rechten Arm erhoben und umfasst mit der Hand einen jetzt verlorenen Schaft. Der linke Arm ist nach vorn angewinkelt, die Hand hält einen abgebrochenen Gegenstand, der vielleicht als Schwertknauf gedeutet werden kann. Aufgrund dieser Haltung scheint die Figur vom Statuentypus des „Alexander mit der Lanze" abgeleitet zu sein. Sie trägt Beinschienen, einen auf den Haaren sitzenden korinthischen Helm sowie einen Panzer mit Schulterklappen und Lederstreifen am unteren Rand. Der mit einer Rosette geschmückte Panzer wird von einem Gürtel geschnürt, dessen Endfransen in zwei kurzen Zipfeln herabfallen. Man hat die Hypothese in Betracht gezogen, wonach Lysipps „Alexander mit der Lanze" einen Panzer getragen hätte, sie aber nicht weiter verfolgt. Die Statuette spiegelt dennoch eine Variante des originalen Statuentypus wider.

Lit.: de Ridder 1913, 100 Nr. 724 Taf. 50; Ridgway 1990, 115. 139 Nr. 14.   S.D.

Kat. Nr. 11
Statuette des Alexander

Römische Kaiserzeit
Bronze, im Wachsausschmelzverfahren gegossen, H. 19,5 cm
Paris, Musée du Louvre, Département des Antiquités grecques, étrusques et romaines, Inv. Nr. Br 723

Die Bronzestatuette wird bei den Werken erwähnt, die den so genannten Typus „Alexander Stanford" überliefern, da sie die Drehung des Körpers wie auch die Haltung des Kopfes und der Arme der

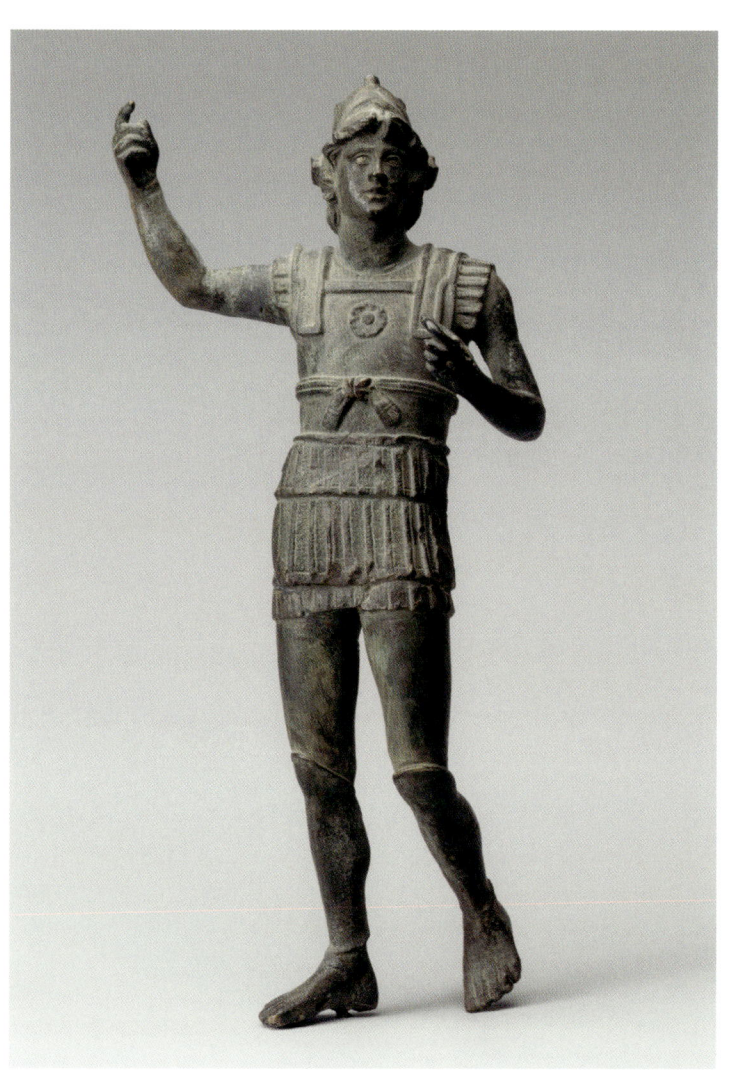

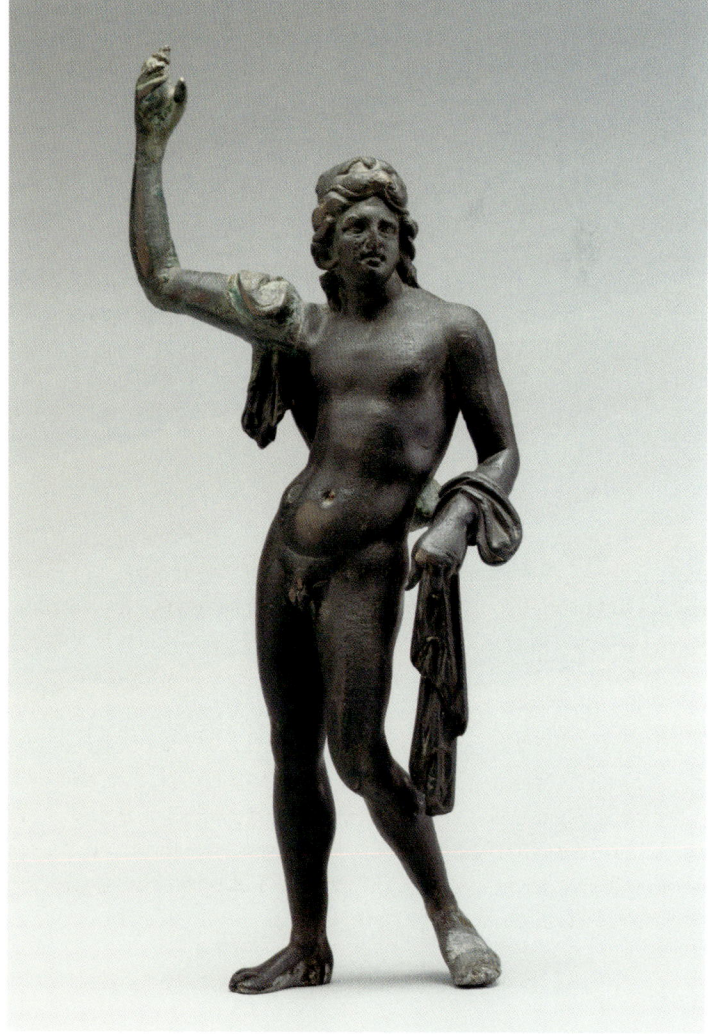

gleichnamigen Statuette wieder aufnimmt. Sie unterscheidet sich aber auch in mehreren Punkten: Die Ponderation der Beine ist vertauscht, auf dem Kopf sitzt ein Helm mit Löwenfell in der Art des berittenen Alexander auf dem Sarkophag von Sidon und um den linken Vorderarm ist ein Gewand gewickelt, das über den Rücken geführt ist und die Chlamys ersetzt. An der Statuette stört die übergroße Länge des rechten Arms: Man feilte einen antiken nicht zugehörigen Arm einer größeren Figur an, um ihn an die hochgezogene Schulter der Statuette anpassen zu können. Der Eingriff, der durch das Anfügen eines Mantelstücks an der linken Seite ergänzt wurde, erfolgte in moderner Zeit, und zwar vor 1825, als das Objekt zusammen mit der Sammlung Durand in den Louvre gelangte. Die Statuette war mit Säure behandelt und patiniert worden, im Unterschied zu den Ergänzungen, deren korrodierte Oberfläche konserviert wurde.

Lit.: de Ridder 1913, 100 Nr. 723 Taf. 50; Stewart 1993, 429 (mit falscher Nummerierung). S.D.

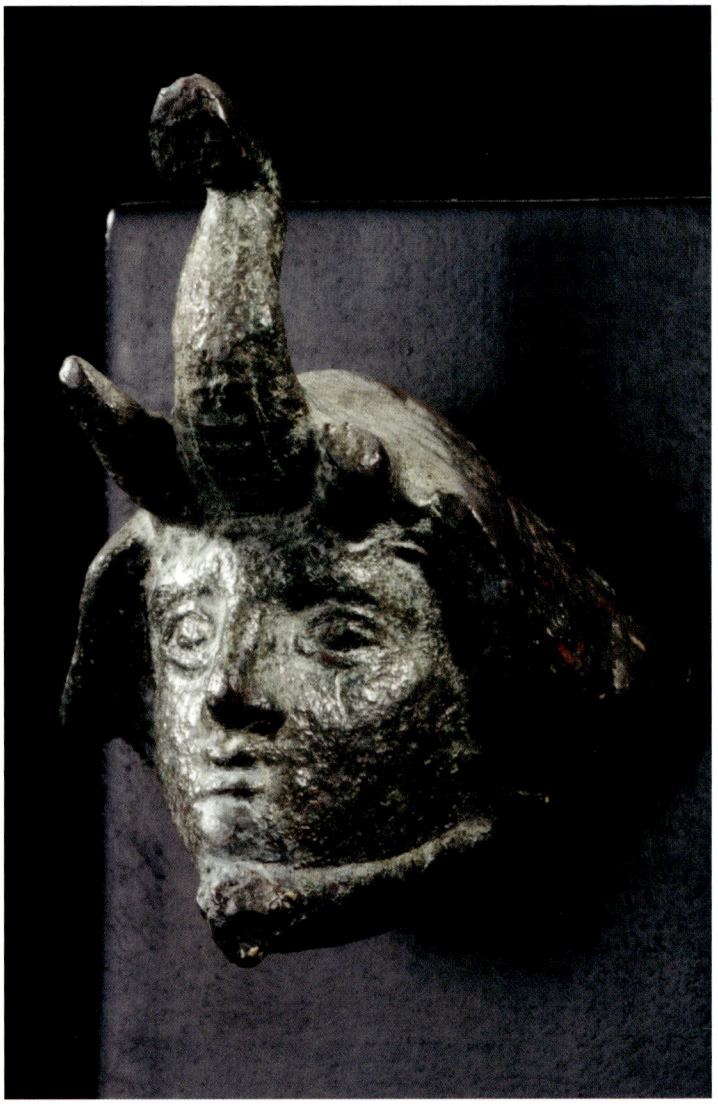

Kat. Nr. 12
Bronzeapplik: Kopf mit Elefantenskalp

Ägypten, Sammlung Sieglin, frühe römische Kaiserzeit
Bronze, H. 6 cm, Br. 4,2 cm, T. 4,4 cm
Stuttgart, Landesmuseum Württemberg, Inv. Nr. 3.814

Menschlicher Kopf mit kleinem Mund, stark betonten Augen und gelocktem Haar in einem Elefantenskalp, dessen Rüssel und Stoßzähne nach oben weisen. Der linke Stoßzahn ist bestoßen, die Rückseite hohl. Die Applik weist einen unregelmäßigen Abschluss mit Spuren moderner Befestigungen sowie eine grünliche, stellenweise korrodierte Patina auf. Ursprünglich ein königliches Zeichen der hellenistischen Herrscher Ägyptens, von denen Alexander der erste war, wandelte sich der Elefantenskalp, eigentlich ein Symbol für Alexanders Indiensieg, im 1. Jh. v. Chr. zum Attribut der Personifikation der römischen Provinz Africa. Eine Besonderheit dieser Applik – wohl Teil eines Geräte- oder Möbelaufsatzes – ist das unten geschlossene Elefantenkinn.

Lit.: Pagenstecher 1927, 71f. Nr. 3. Taf. 29,1; Sauer 1964, 154 Nr. 6; Kalter 1995, 35; Salcedo 1996, 85 Nr. 81; Domes 2007, 22f. 34f., 184 Nr. To. 6f. M.K.

VOM KÖNIG ZUR LEGENDE – EIN ÜBERBLICK ZU DEN DARSTELLUNGEN ALEXANDERS DES GROSSEN IM ANTIKEN MÜNZBILD

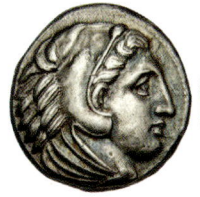
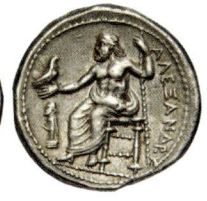

Kat. Nr. 13
Tetradrachme Alexanders III.

Geprägt in Amphipolis (?), 336–323 v. Chr.
Silber, Dm. 26 mm, 17,18 g, 9 h
Berlin, Münzkabinett SMB PK, Obj. Nr. 18214359

Vs.: Kopf des Herakles mit Löwenfellhaube nach rechts. **Rs.:** ΑΛΕΞΑΝΔΡΟΥ (ALEXANDROU in griechischer Schrift = [Münze] des Alexander). Zeus Aetophoros (einen Adler tragend) sitzt auf einem Hocker (*diphros*) nach links, in seiner linken Hand ein Zepter. Im linken Feld eine ityphallische Herme nach links.

Lit.: Price 1991, Nr. 78 (datiert 336–323 v. Chr.); Troxell 1997, 22, 90f., 96 Nr. 41 Taf. 2 (Gruppe E 2, 325–324 v. Chr.). K.D.

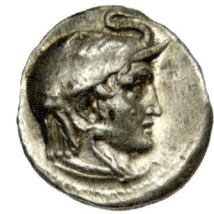
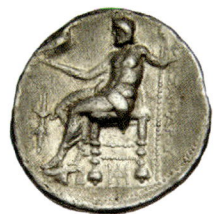

Kat. Nr. 15
Tetradrachme Ptolemaios' I.

Geprägt in Alexandria, ca. 315 v. Chr.
Silber, Dm. 28 mm, 17,11 g, 12 h
Berlin, Münzkabinett SMB PK, Obj. Nr. 18214368

Vs.: Kopf Alexanders mit Elefantenhaube und Ammonshorn nach rechts. **Rs.:** ΑΛΕΞΑΝΔΡΟΥ (ALEXANDROU in griechischer Schrift = [Münze] des Alexander). Zeus Aetophoros sitzt auf einem Thron nach links, in der linken Hand ein Zepter. Im linken Feld ein Blitzbündel, unter dem Thron ein Monogramm.

Lit.: Svoronos 1904–1908, Nr. 22γ; Lorber 2005, 62 (datiert Serie IX ca. 315 v. Chr.). K.D.

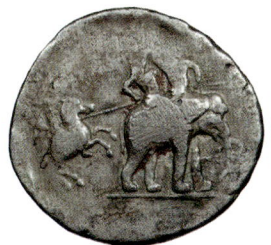
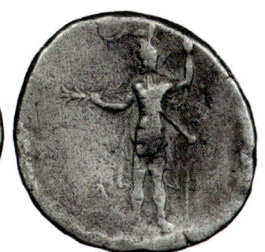

Kat. Nr. 14
„Fünf-Schekel", sogenanntes Poros-Medaillon

Um 323 v. Chr.
Silber, Dm. 35 mm, 39,88 g, 5 h
Paris, Bibliothèque nationale de France, Département des monnaies, médailles et antiques, Inv. Nr. 1971.28

Vs.: Alexander zu Pferd greift von links einen von zwei Gegnern besetzten nach rechts laufenden Kriegselefanten an. Im linken Feld ein Ξ. **Rs.:** Alexander in voller Rüstung mit Helm, Schwert und Speer in der linken Hand hält in seiner rechten Hand ein Blitzbündel. Er wird durch eine von links heranfliegende Nike (Siegesgöttin) bekränzt. Im linken Feld ein Monogramm aus AB.

Lit.: Holt 2003, 167 E/A 5 mit Literatur. K.D.

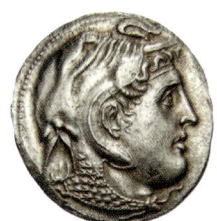
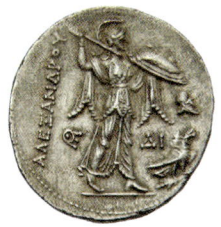

Kat. Nr. 16
Tetradrachme Ptolemaios' I.

Geprägt in Alexandria, um 300/299 v. Chr.
Silber, Dm. 29 mm, 15,68 g, 12 h
Berlin, Münzkabinett SMB PK, Obj. Nr. 18214372

Vs.: Kopf Alexanders mit Elefantenhaube, Stirnband (*mitra*), Ammonshorn und geschuppter Aegis nach rechts. **Rs.:** ΑΛΕΞΑΝΔΡΟΥ (ALEXANDROU in griechischer Schrift = [Münze] des Alexander). Athena mit Helm, Schild und Speer nach rechts. Im rechten Feld unten ein Adler auf einem Blitzbündel nach rechts, darüber ein korinthischer Helm. Im linken und rechten Feld innen je ein Monogramm.

Lit.: Svoronos 1904–1908, Nr. 117; Lorber 2005, 57 Tab. 2 (datiert 300/299 v. Chr.). K.D.

VOM KÖNIG ZUR LEGENDE

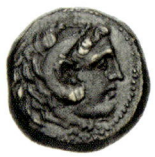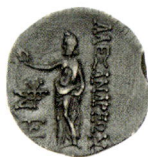

Kat. Nr. 27
Bronzemünze der Stadt Alexandria kat'Isson (am Issos) in Kilikien

2.–1. Jh. v. Chr.
Bronze, Dm. 20 mm, 8,04 g, 12 h
Berlin, Münzkabinett SMB PK, Obj. Nr. 18214444

Vs.: Kopf Alexanders als Herakles mit der Löwenfellhaube nach rechts. **Rs.:** ΑΛΕΞΑΝΔΡΕΩΝ (ALEXANDREON in griechischer Schrift = der Bürger von Alexandria). Zeus steht nach links, in seiner erhobenen rechten Hand hält er einen Kranz. Im linken Feld zwei Monogramme.

Lit.: SNG Cilicie, Nr. 2406–2407.　　　　　　　　　　　K.D.

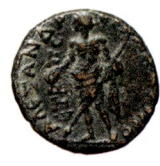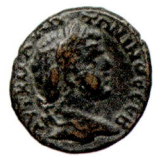

Kat. Nr. 28
Bronzemünze der Stadt Alexandria kat'Isson (am Issos) in Kilikien

215/216 n. Chr.
Bronze, Dm. 20 mm, 6,52 g, 6 h
Paris, Bibliothèque nationale de France, Département des monnaies, médailles et antiques, Inv. Nr. SNG Cilicie Nr. 2418 (282)

Vs.: AVT K M A AN-TΩNINOC CEB (AUT[okrator] K[aisar] M[arkos] A[urelios] ANTONEINOS SEB[astos] in griechischer Schrift). Kopf des römischen Kaisers Caracalla mit Lorbeerkranz nach rechts. **Rs.:** ΑΛΕΞΑΝΔΡ-ΕΩΝ ΚΑΤ ΙCCΟΝ (ALEXANDREON KAT ISSON in griechischer Schrift = der Bürger von Alexandria am Issos). Alexander im Hüftmantel als Stadtgründer. In seiner rechten Hand eine Schale, in seiner linken Hand ein Speer mit der Spitze nach unten. Im linken Feld ET B-ΠC (Jahr 282).

Lit.: SNG Cilicie, Nr. 2418.　　　　　　　　　　　K.D.

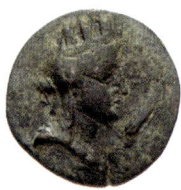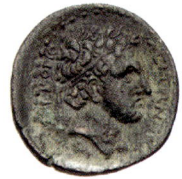

Kat. Nr. 29
Bronzemünze der Stadt Hierapolis-Kastabala in Kilikien

1. Jh. n. Chr.(?)
Bronze, Dm. 24 mm, 7,92 g, 12 h
Berlin, Münzkabinett SMB PK, Obj. Nr. 18214442

Vs.: Verschleierte Büste der Tyche (Schicksals- und Stadtgöttin) nach rechts, davor ein Zweig. **Rs.:** ΙΕΡΟΠΟΛΕΙΤΩΝ (HIEROPOLEITON in griechischer Schrift = der Bürger von Hierapolis). Kopf Alexanders(?) mit Diadem nach rechts.

Lit.: RPC I 1992, Nr. 4064,1.　　　　　　　　　　　K.D.

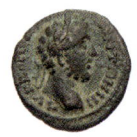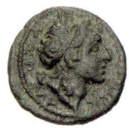

Kat. Nr. 30
Bronzemünze der Stadt Nikaia in Bithynien

Ca. 181–184 n. Chr.
Bronze, Dm. 17 mm, 2,85 g, 6 h
Berlin, Münzkabinett SMB PK, Obj. Nr. 18214440

Vs.: ΑΥ Κ ΚΟΜΟΔ[Ο]C – ΑΝΤΩΝΙΝ (AU[tokrator] K[aisar] KOMODOS ANTONEIN[os] in griechischer Schrift). Kopf des römischen Kaisers Commodus mit Lorbeerkranz nach rechts. **Rs.:** ΑΛΕΞΑΝ[Δ-Ρ-ΟΝ ΝΙ]ΚΑΙΕΙC (ALEXANDRON NIKAIEIS in griechischer Schrift = den Alexander [ehren?] die [Bürger von] Nikaia). Kopf Alexanders mit Diadem nach rechts.

Lit.: Waddington 1910, 430 Nr. 287.　　　　　　　　K.D.

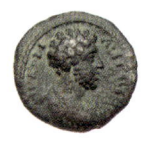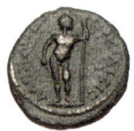

Kat. Nr. 31
Bronzemünze der Stadt Nikaia in Bithynien

Ca. 181–184 n. Chr.
Bronze, Dm. 17 mm, 3,29 g, 7 h
Berlin, Münzkabinett SMB PK, Obj. Nr. 18214441

Vs.: ΑΥ ΚΟΜ – ΑΝΤΩΝ (AU[tokrator] KOM[modos] ANTON[einos] in griechischer Schrift). Drapierte (Panzer-) Büste des römischen Kaisers Commodus mit Lorbeerkranz in der Rückenansicht nach rechts. **Rs.:** ΑΛΕΞΑΝΔ[ΡΟΝ] – ΝΙΚΑΙΕΙC (ALEXANDRON NIKAIEIS in griechischer Schrift = den Alexander [ehren?] die [Bürger von] Nikaia). Alexander steht gestützt auf einen Speer in seiner Linken und ein Blitzbündel (?) in seiner rechten Hand haltend in der Vorderansicht.

Lit.: Waddington 1910, 435 Nr. 292.　　　　　　　　K.D.

VOM KÖNIG ZUR LEGENDE – EIN ÜBERBLICK ZU DEN DARSTELLUNGEN ALEXANDERS DES GROSSEN IM ANTIKEN MÜNZBILD

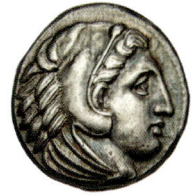 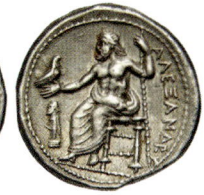

Kat. Nr. 13
Tetradrachme Alexanders III.

Geprägt in Amphipolis (?), 336–323 v. Chr.
Silber, Dm. 26 mm, 17,18 g, 9 h
Berlin, Münzkabinett SMB PK, Obj. Nr. 18214359

Vs.: Kopf des Herakles mit Löwenfellhaube nach rechts. **Rs.:** ΑΛΕΞΑΝΔΡΟΥ (ALEXANDROU in griechischer Schrift = [Münze] des Alexander). Zeus Aetophoros (einen Adler tragend) sitzt auf einem Hocker (*diphros*) nach links, in seiner linken Hand ein Zepter. Im linken Feld eine ityphallische Herme nach links.

Lit.: Price 1991, Nr. 78 (datiert 336–323 v. Chr.); Troxell 1997, 22, 90f., 96 Nr. 41 Taf. 2 (Gruppe E 2, 325–324 v. Chr.). K.D.

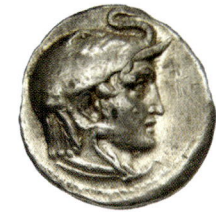 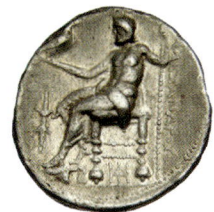

Kat. Nr. 15
Tetradrachme Ptolemaios' I.

Geprägt in Alexandria, ca. 315 v. Chr.
Silber, Dm. 28 mm, 17,11 g, 12 h
Berlin, Münzkabinett SMB PK, Obj. Nr. 18214368

Vs.: Kopf Alexanders mit Elefantenhaube und Ammonshorn nach rechts. **Rs.:** ΑΛΕΞΑΝΔΡΟΥ (ALEXANDROU in griechischer Schrift = [Münze] des Alexander). Zeus Aetophoros sitzt auf einem Thron nach links, in der linken Hand ein Zepter. Im linken Feld ein Blitzbündel, unter dem Thron ein Monogramm.

Lit.: Svoronos 1904–1908, Nr. 22γ; Lorber 2005, 62 (datiert Serie IX ca. 315 v. Chr.). K.D.

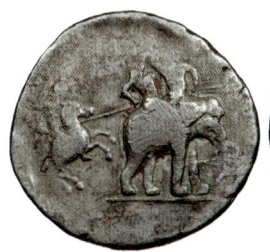 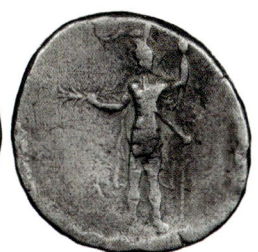

Kat. Nr. 14
„Fünf-Schekel", sogenanntes Poros-Medaillon

Um 323 v. Chr.
Silber, Dm. 35 mm, 39,88 g, 5 h
Paris, Bibliothèque nationale de France, Département des monnaies, médailles et antiques, Inv. Nr. 1971.28

Vs.: Alexander zu Pferd greift von links einen von zwei Gegnern besetzten nach rechts laufenden Kriegselefanten an. Im linken Feld ein Ξ. **Rs.:** Alexander in voller Rüstung mit Helm, Schwert und Speer in der linken Hand hält in seiner rechten Hand ein Blitzbündel. Er wird durch eine von links heranfliegende Nike (Siegesgöttin) bekränzt. Im linken Feld ein Monogramm aus AB.

Lit.: Holt 2003, 167 E/A 5 mit Literatur. K.D.

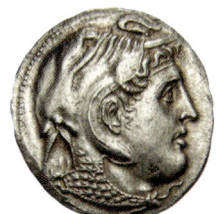 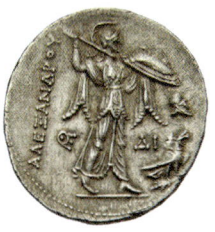

Kat. Nr. 16
Tetradrachme Ptolemaios' I.

Geprägt in Alexandria, um 300/299 v. Chr.
Silber, Dm. 29 mm, 15,68 g, 12 h
Berlin, Münzkabinett SMB PK, Obj. Nr. 18214372

Vs.: Kopf Alexanders mit Elefantenhaube, Stirnband (*mitra*), Ammonshorn und geschuppter Aegis nach rechts. **Rs.:** ΑΛΕΞΑΝΔΡΟΥ (ALEXANDROU in griechischer Schrift = [Münze] des Alexander). Athena mit Helm, Schild und Speer nach rechts. Im rechten Feld unten ein Adler auf einem Blitzbündel nach rechts, darüber ein korinthischer Helm. Im linken und rechten Feld innen je ein Monogramm.

Lit.: Svoronos 1904–1908, Nr. 117; Lorber 2005, 57 Tab. 2 (datiert 300/299 v. Chr.). K.D.

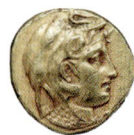 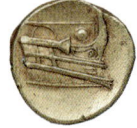

Kat. Nr. 17
Stater Ptolemaios' I.

Nach 312 v. Chr.
Gold, Dm. 17 mm, 8,54 g, 10 h
Paris, Bibliothèque nationale de France, Département des monnaies, médailles et antiques, Inv. Nr. FG 2

Vs.: Kopf Alexanders mit Elefantenhaube, Stirnband (*mitra*), Ammonshorn und geschuppter Aegis nach rechts. **Rs.:** Schiffsbug (*prora*) nach rechts.

Lit.: Svoronos 1904–1908, Nr. 25β. K.D.

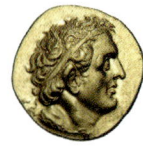 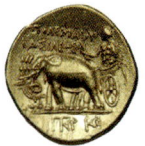

Kat. Nr. 18
Stater Ptolemaios' I.

Geprägt in Kyrene, ca. 298–294 v. Chr.
Gold, Dm. 18 mm, 7,11 g, 12 h
Berlin, Münzkabinett SMB PK, Obj. Nr. 18214394

Vs.: Kopf Ptolemaios' I. mit Diadem und Aegis nach rechts. **Rs.:** ΠΤΟΛΕΜΑΙΟΥ / ΒΑΣΙΛΕΩΣ (PTOLEMAIOU BASILEOS in griechischer Schrift = [Münze] des Königs Ptolemaios). Alexander mit Blitzbündel in seiner rechten Hand in einer Elefantenquadriga nach links, im Abschnitt zwei Monogramme.

Lit.: Svoronos 1904–1908, Nr. 151α; Lorber 2005, 60 (datiert ab 298/297 – ca. 294 v. Chr.). K.D.

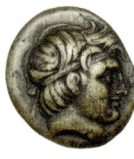 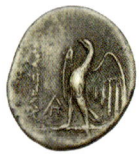

Kat. Nr. 19
Bronzemünze Ptolemaios' I.

Geprägt in Alexandria, ca. 315/312 – 305 v. Chr.
Bronze, Dm. 20 mm, 4,05 g, 12 h
Berlin, Münzkabinett SMB PK, Obj. Nr. 18214374

Vs.: Kopf Alexanders mit kurzem Haar, Widderhorn und Stirnband (*mitra*) nach rechts. **Rs.:** ΑΛΕΞΑΝ[ΔΡΟΥ] (ALEXANDROU in griechischer Schrift = [Münze] des Alexander). Adler auf Blitzbündel nach links. Im linken Feld ein Monogramm.

Lit.: Svoronos 1904–1908, Nr. 51α. K.D.

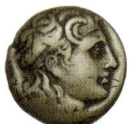 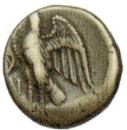

Kat. Nr. 20
Bronzemünze Ptolemaios' I.

Geprägt in Alexandria, ca. 305–283 v. Chr.
Bronze, Dm. 17 mm, 4,64 g, 12 h
Berlin, Münzkabinett SMB PK, Obj. Nr. 18214377

Vs.: Kopf Alexanders mit langem Haar, Widderhorn und Stirnband (*mitra*) nach rechts. **Rs.:** [ΠΤΟΛΕΜΑΙΟΥ] (PTOLEMAIOU in griechischer Schrift = [Münze] des Ptolemaios). Adler auf Blitzbündel nach links, im linken Feld oben eine Schiffszier (*aphlaston*), darunter [Δ]Ι.

Lit.: Svoronos 1904–1908, Nr. 157γ; Lorber 2005, 49f. (datiert nach 305/304 v. Chr.). K.D.

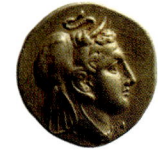 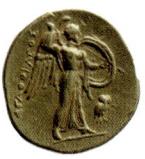

Kat. Nr. 21
Stater des Agathokles von Syrakus

Geprägt in Syrakus, ca. 310–307 v. Chr.
Gold, Dm. 19 mm, 8,45 g, 2 h
Wien, Kunsthistorisches Museum, Münzkabinett, Inv. Nr. MK GR 7234

Vs.: Kopf Alexanders mit Elefantenhaube und Aegis nach rechts. **Rs.:** ΑΓΑΘΟΚΛΕΟΣ (AGATHOKLEOS in griechischer Schrift = [Münze] des Agathokles). Geflügelte Athena Promachos (die an vorderster Linie Kämpfende) mit Helm, Schild und Speer nach rechts. Unten rechts eine Eule.

Lit.: Stewart 1993, 266–269. K.D.

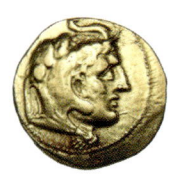 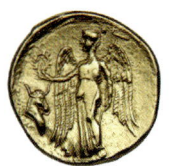

Kat. Nr. 22
Doppeldareike Seleukos' I.

Geprägt in Ekbatana, ca. 300–298 v. Chr.
Gold, Dm. 21 mm, 16,61 g, 11 h
Berlin, Münzkabinett SMB PK, Obj. Nr. 18214351

Vs.: Kopf Alexanders mit Elefantenhaube nach rechts. **Rs.:** Die Göttin Nike steht in der Vorderansicht, Kopf nach links, und bekränzt mit ihrer rechten Hand einen gehörnten Pferdekopf. In ihrer linken Hand eine Schiffsstandarte (*stylis*). Im linken Feld unten ΔI.

Lit.: Seleucid Coins, Nr. 219. K.D.

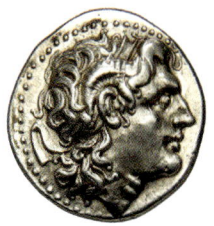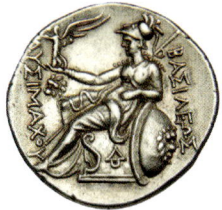

Kat. Nr. 23
Tetradrachme des Lysimachos

Geprägt in Lysimacheia, ca. 297–281 v. Chr.
Silber, Dm. 19 mm, 17,13 g, 9 h
Berlin, Münzkabinett SMB PK, Obj. Nr. 18214381

Vs.: Kopf Alexanders mit Ammonshörnern und Diadem nach rechts. **Rs.:** ΒΑΣΙΛΕΩΣ / ΛΥΣΙΜΑΧΟΥ (BASILEOS LYSIMACHOU in griechischer Schrift = [Münze] des Königs Lysimachos). Nach links sitzende Athena Nikephoros (eine Nike tragend) in Rüstung mit Schild (darauf ein Löwenkopf) und Speer. Im linken Feld innen ein Löwenkopf nach links, auf dem Thron ein Monogramm.

Lit.: Thompson 1968, 169 Nr. 16. K.D.

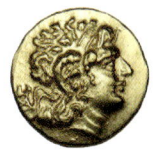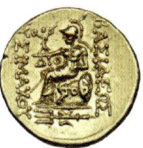

Kat. Nr. 24
Stater der Stadt Tomis in Thrakien

Ca. 100–80 v. Chr.
Gold, Dm. 19 mm, 8,29 g, 12 h
Berlin, Münzkabinett SMB PK, Obj. Nr. 18214364

Vs.: Kopf Alexanders mit Diadem und Ammonshorn nach rechts. **Rs.:** ΒΑΣΙΛΕΩΣ / [Λ]ΥΣΙΜΑΧΟΥ (BASILEOS LYSIMACHOU in griechischer Schrift = [Münze] des Königs Lysimachos). Athena Nikephoros sitzt nach links. Im linken Feld innen ΔIO, unter dem Thron das Stadtkürzel TO, im Abschnitt ein Dreizack.

Lit.: AMNG I-2 Nr. 2476,1. K.D.

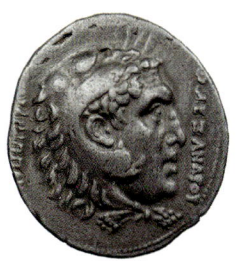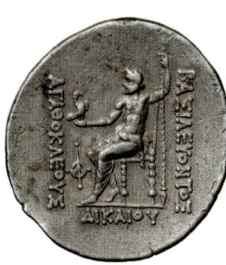

Kat. Nr. 25
Tetradrachme des Agathokles von Baktrien

Ca. 190–170 v. Chr.
Silber, Dm. 33 mm, 16,75 g, 12 h
Paris, Bibliothèque nationale de France, Département des monnaies, médailles et antiques, Inv. Nr. L3505

Vs.: ΑΛΕΞΑΝΔΡΟΥ / ΤΟΥ ΦΙΛΙΠΠΟΥ (ALEXANDROU TOU PHILIPPOU in griechischer Schrift = des Alexander, Sohn Philipps). Kopf des Herakles (Alexander) mit Löwenfellhaube nach rechts. **Rs.:** ΒΑΣΙΛΕΥΟΝΤΟΣ / ΔΙΚΑΙΟΥ / ΑΓΑΘΟΚΛΕΟΥΣ (BASILEUONTOS DIKAIOU AGATHOKLEOUS in griechischer Schrift = unter der Herrschaft Agathokles' des Gerechten). Zeus Aetophoros sitzt auf einem Hocker (*diphros*) nach links, in seiner linken Hand ein Zepter. Im linken Feld innen ein Monogramm.

Lit.: Bopearachchi 1991, 177 Nr. 22. K.D.

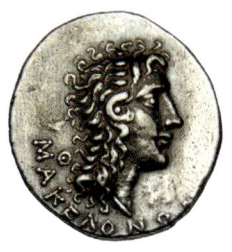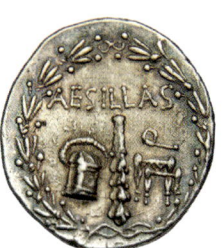

Kat. Nr. 26
Tetradrachme der Provinz Makedonien

Ca. 90–75 v. Chr.
Silber, Dm. 31 mm, 16,66 g, 1 h
Berlin, Münzkabinett SMB PK, Obj. Nr. 18214360

Vs.: ΜΑΚΕΔΟΝΩΝ (MAKEDONON in griechischer Schrift = der Makedonen). Kopf Alexanders mit Widderhorn nach rechts. Im linken Feld Θ, im rechten Feld SI. **Rs.:** AESILLAS / Q. Keule nach unten. Im linken Feld eine Kiste (*acerra*), im rechten Feld der Amtsstuhl des Quaestors (römischer Beamter). Das Ganze umrahmt von einem Lorbeerkranz.

Lit.: AMNG III-1 Nr. 224,1; Bauslaugh 2000, 47 Stempel 17–91. K.D.

VOM KÖNIG ZUR LEGENDE

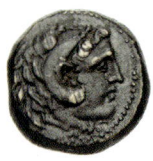 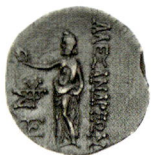

Kat. Nr. 27
Bronzemünze der Stadt Alexandria kat'Isson (am Issos) in Kilikien

2.–1. Jh. v. Chr.
Bronze, Dm. 20 mm, 8,04 g, 12 h
Berlin, Münzkabinett SMB PK, Obj. Nr. 18214444

Vs.: Kopf Alexanders als Herakles mit der Löwenfellhaube nach rechts. **Rs.:** ΑΛΕΞΑΝΔΡΕΩΝ (ALEXANDREON in griechischer Schrift = der Bürger von Alexandria). Zeus steht nach links, in seiner erhobenen rechten Hand hält er einen Kranz. Im linken Feld zwei Monogramme.

Lit.: SNG Cilicie, Nr. 2406–2407. K.D.

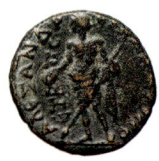 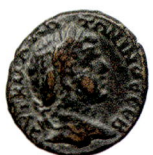

Kat. Nr. 28
Bronzemünze der Stadt Alexandria kat'Isson (am Issos) in Kilikien

215/216 n. Chr.
Bronze, Dm. 20 mm, 6,52 g, 6 h
Paris, Bibliothèque nationale de France, Département des monnaies, médailles et antiques, Inv. Nr. SNG Cilicie Nr. 2418 (282)

Vs.: AVT K M A AN-TΩNINOC CEB (AUT[okrator] K[aisar] M[arkos] A[urelios] ANTONEINOS SEB[astos] in griechischer Schrift). Kopf des römischen Kaisers Caracalla mit Lorbeerkranz nach rechts. **Rs.:** ΑΛΕΞΑΝΔΡ-ΕΩΝ ΚΑΤ ΙCCΟΝ (ALEXANDREON KAT ISSON in griechischer Schrift = der Bürger von Alexandria am Issos). Alexander im Hüftmantel als Stadtgründer. In seiner rechten Hand eine Schale, in seiner linken Hand ein Speer mit der Spitze nach unten. Im linken Feld ET B-ΠC (Jahr 282).

Lit.: SNG Cilicie, Nr. 2418. K.D.

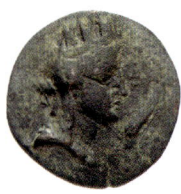 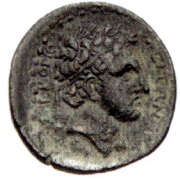

Kat. Nr. 29
Bronzemünze der Stadt Hierapolis-Kastabala in Kilikien

1. Jh. n. Chr.(?)
Bronze, Dm. 24 mm, 7,92 g, 12 h
Berlin, Münzkabinett SMB PK, Obj. Nr. 18214442

Vs.: Verschleierte Büste der Tyche (Schicksals- und Stadtgöttin) nach rechts, davor ein Zweig. **Rs.:** ΙΕΡΟΠΟΛΕΙΤΩΝ (HIEROPOLEITON in griechischer Schrift = der Bürger von Hierapolis). Kopf Alexanders(?) mit Diadem nach rechts.

Lit.: RPC I 1992, Nr. 4064,1. K.D.

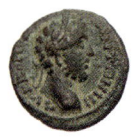 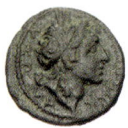

Kat. Nr. 30
Bronzemünze der Stadt Nikaia in Bithynien

Ca. 181–184 n. Chr.
Bronze, Dm. 17 mm, 2,85 g, 6 h
Berlin, Münzkabinett SMB PK, Obj. Nr. 18214440

Vs.: AY K KOMOΔ[O]C – ANTΩNIN (AU[tokrator] K[aisar] KOMODOS ANTONEIN[os] in griechischer Schrift). Kopf des römischen Kaisers Commodus mit Lorbeerkranz nach rechts. **Rs.:** ΑΛΕΞΑΝ[Δ-P-ON NI]ΚΑΙΕΙC (ALEXANDRON NIKAIEIS in griechischer Schrift = den Alexander [ehren?] die [Bürger von] Nikaia). Kopf Alexanders mit Diadem nach rechts.

Lit.: Waddington 1910, 430 Nr. 287. K.D.

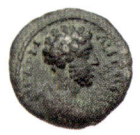 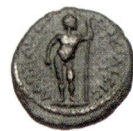

Kat. Nr. 31
Bronzemünze der Stadt Nikaia in Bithynien

Ca. 181–184 n. Chr.
Bronze, Dm. 17 mm, 3,29 g, 7 h
Berlin, Münzkabinett SMB PK, Obj. Nr. 18214441

Vs.: AY KOM – ANTΩN (AU[tokrator] KOM[modos] ANTON[einos] in griechischer Schrift). Drapierte (Panzer-) Büste des römischen Kaisers Commodus mit Lorbeerkranz in der Rückenansicht nach rechts. **Rs.:** ΑΛΕΞΑΝΔ[PON] – ΝΙΚΑΙΕΙC (ALEXANDRON NIKAIEIS in griechischer Schrift = den Alexander [ehren?] die [Bürger von] Nikaia). Alexander steht gestützt auf einen Speer in seiner Linken und ein Blitzbündel (?) in seiner rechten Hand haltend in der Vorderansicht.

Lit.: Waddington 1910, 435 Nr. 292. K.D.

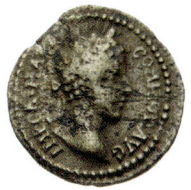 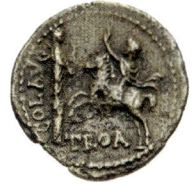

Kat. Nr. 32
Bronzemünze der Stadt Alexandria Troas

178–192 n. Chr.
Bronze, Dm. 24 mm, 6,16 g, 6 h
Berlin, Münzkabinett SMB PK, Obj. Nr. 18214403

Vs.: IMP CAI M AVR – COMMOD AVG (IMP[erator] CAI[sar] M[arcus] AUR[elius] COMMOD[us] AUG[ustus]). Kopf des römischen Kaisers Commodus mit Lorbeerkranz nach rechts. **Rs.:** COL AVG –/ TROA (COL[onia] [Alexandria] AUG[usta] TROA[s]). Alexander zu Pferde nach links begrüßt das Standbild des Gottes Apollon.

Lit.: Bellinger 1961, 108 Nr. A 194 Typ 12. K.D.

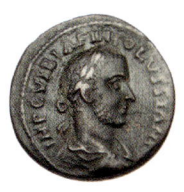 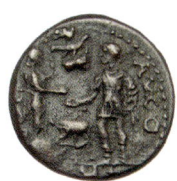

Kat. Nr. 33
Bronzemünze der Stadt Alexandria Troas

251–253 n. Chr.
Bronze, Dm. 23 mm, 7,65 g, 12 h
Berlin, Münzkabinett SMB PK, Obj. Nr. 18214400

Vs.: IMP C VIBIAFINI OLVSSIANV (IMP[erator] C[aesar] [Gaius] VIBI[us] AFINI[us] VOLUSIANU[s]). Drapierte Panzerbüste des Volusianus (Sohn und Mitregent des römischen Kaisers Trebonianus Gallus) mit Lorbeerkranz in der Rückenansicht nach rechts. **Rs.:** AVG O – TR ([Colonia Alexandria] AUG[usta] TR[oas]). Alexander (rechts) in Rüstung opfert vor dem Standbild des Gottes Apollon (links), oben ein Adler mit Stierkopf.

Lit.: Bellinger 1961, 138 Nr. A 415 Typ 11. K.D.

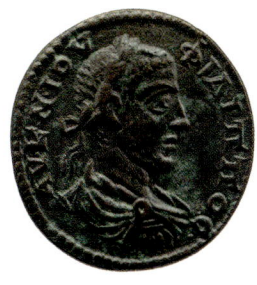 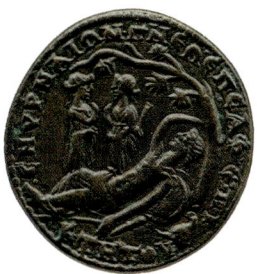

Kat. Nr. 34
Bronzemünze der Stadt Smyrna in Ionien

244–249 n. Chr.
Bronze, Dm. 35 mm, 21,14 g, 6 h
London, British Museum, Department of Coins & Medals, Inv. Nr. 1979.1-1.1797

Vs.: AV K M IOV ΦΙΛΙΠΠΟC (AU[tokrator] K[aisar] M[arkos] IOU[lios] PHILIPPOS in griechischer Schrift). Drapierte Panzerbüste des römischen Kaisers Philippus Arabs in der Rückenansicht nach rechts. **Rs.:** CMVPNAIΩN Γ NEΩ ΕΠ C ΑΦ ΕΠΙ//ΚΤΗΤΟV (SMYRNAION G NEO EP S APH EPIKTETON in griechischer Schrift = der Bürger von Smyrna, dreimal Neokoros, unter dem Strategen Aph… Epiktetos). Der schlafende Alexander unter einer Platane, den Kopf auf Waffen gestützt. Die beiden Nemeseis von Smyrna (doppelgestaltiges Kultbild der Nemesis als Göttin des rechten Maßes und der strafenden Vergeltung) erscheinen links.

Lit.: Klose 1987, 313 Nr. 1 Taf. 54. – Zum Traum Alexanders als Gründer des neuen Smyrna vgl. Paus. 7,5,2. K.D.

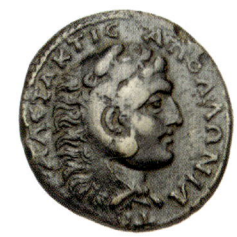 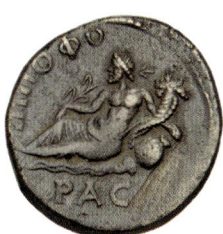

Kat. Nr. 35
Bronzemünze der Stadt Apollonia Mordiaion in Pisidien

Ca. 198–209 n. Chr.
Bronze, Dm. 31 mm, 19,49 g, 6 h
Berlin, Münzkabinett SMB PK, Obj. Nr. 18214435

Vs.: ΑΛΕΙΑ ΚΤΙC ΑΠΟΛΛΩΝΙΑ-ΤΩΝ (ALEXA KTIS APOLLONIATON in griechischer Schrift = Alexander, der Gründer von Apollonia). Kopf Alexanders als Herakles mit Löwenfellhaube nach rechts. **Rs.:** ΙΠΠΟΦΟ//ΡΑC (HIPPOPHORAS in griechischer Schrift). Der Flussgott Hippophoras mit Schilfrohr in der rechten Hand und Füllhorn in der linken Armbeuge, rechts ein Quellgefäß.

Lit.: Aulock 1977, 54 Nr. 45. K.D.

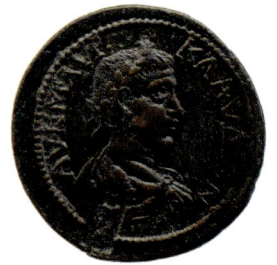
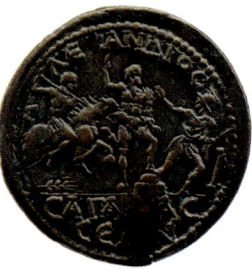

Kat. Nr. 36
Bronzemünze der Stadt Sagalassos in Pisidien

268–270 n. Chr.
Bronze, Dm. 34 mm, 17,76 g, 12 h
London, British Museum, Department of Coins & Medals,
Inv. Nr. 1892.7-9.234

Vs.: AV K M AVP – KΛAVΔION (AU[tokratoron] K[aisaron] M[arkon] AUR[relion] KLAUDION). Drapierte Panzerbüste des römischen Kaisers Claudius Gothicus mit Lorbeerkranz in der Rückenansicht nach rechts. Unten ein rechteckiger Gegenstempel mit dem Kopf der Göttin Tyche. **Rs.:** ΑΛΕΞΑΝΔΡΟΣ // ΣΑΓΑΛΑΣ/ΣΕΩΝ (ALEXANDROS SAGALASSEON in griechischer Schrift = Alexander, der Bürger von Sagalassos). Alexander zu Pferde nach rechts, im Zentrum eine Figur des stehenden Zeus mit Blitzbündel, ganz rechts ein fortschreitender pisidischer Krieger nach rechts. Unten links eine Getreideähre, im rechten Feld das Wertzeichen I (= 10).

Lit.: BMC Pisidia, 250 Nr. 50. K.D.

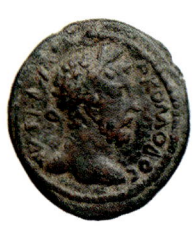
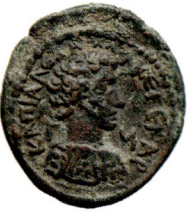

Kat. Nr. 37
Bronzemünze der Stadt Kapitolias

Um 189/191 n. Chr.
Bronze, Dm. 27 mm, 11,14 g, 12 h
Paris, Bibliothèque nationale de France, Département des monnaies, médailles et antiques, Inv. Nr. Y.24526

Vs.: AVT K M AV-P KOMOΔOC (AUT[okrator] K[aisar] M[arkos] AUR[elios] KOMODOS in griechischer Schrift). Büste des römischen Kaisers Commodus mit Lorbeerkranz nach rechts. **Rs.:** ΚΑΠΙ ΑΛΕΞ-Α ΜΑΚΕ ΓΕΝΑΡ (KAPI ALEXA MAKE GENAR in griechischer Schrift = Alexander der Makedone, Ahnherr von Kapitolias) Reich drapierte Büste des Alexander nach rechts. Im linken Feld Γ, im rechten Feld Ч (= Jahr 93).

Lit.: Spijkerman 1978, 102 Nr. 15; Lichtenberger 2003, 449 MZ 62. K.D.

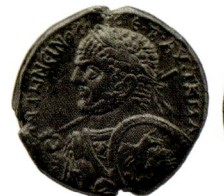
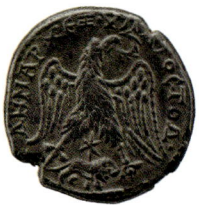

Kat. Nr. 38
Tetradrachme der Stadt Heliopolis (Baalbek) in Arabia

215–217 n. Chr.
Silber, Dm. 25 mm, 12,40 g, 12 h
London, British Museum, Department of Coins & Medals, Inv. Nr. 1852-0903-82

Vs.: CEB AVT K MA – ANTΩNEINOC (SEB[astos] AUT[okrator] K[aisar] M[arkos] A[urelios] ANTONEINOS in griechischer Schrift). Panzerbüste des römischen Kaisers Caracalla in der Brustansicht mit Lorbeerkranz sowie geschultertem Speer und Schild, darauf eine Darstellung Alexanders als Bezähmer des Bukephalos und ein Kopf Alexanders nach links. **Rs.:** ΔΗΜΑΡΧ ΕΞ ΥΠΑΤΟC ΤΟ Δ. (DEMARCH[ikes] EX[ousias] HYPATOS TO D in griechischer Schrift = Volkstribun, Konsul zum vierten Male). Ein Adler, darunter Stern und Löwe.

Lit.: BMC Galatia, Cappadocia and Syria, 143 Nr. 44. K.D.

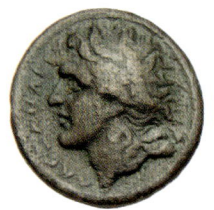
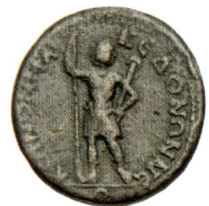

Kat. Nr. 39
Münze des makedonischen Koinon

Geprägt in Beroia, 231–235 n. Chr.
Bronze, Dm. 27 mm, 13,94 g, 6 h
Berlin, Münzkabinett SMB PK, Obj. Nr. 18214419

Vs.: ΑΛΕΞΑΝΔΡΟV (ALEXANDRON in griechischer Schrift = des Alexander). Kopf Alexanders mit Diadem nach links. **Rs.:** ΚΟΙΝΟΝ ΜΑ-ΚΕΔΟΝΩΝ ΝΕ//Ο (KOINON MAKEDONON NEO[koron] in griechischer Schrift = Koinon der Makedonen, Neokoros). Alexander steht in Rüstung in der Vorderansicht, den Kopf nach rechts gewendet. In seiner rechten Hand hält er einen Speer mit der Spitze nach unten, in seiner linken Armbeuge ein umgedrehtes Schwert in der Scheide.

Lit.: AMNG III-1, Nr. 404, 1. K.D.

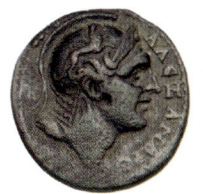 

Kat. Nr. 40
Münze des makedonischen Koinon

Geprägt in Beroia, 238–244 n. Chr.
Bronze, Dm. 25 mm, 9,55 g, 2 h
Berlin, Münzkabinett SMB PK, Obj. Nr. 18214417

Vs.: ΑΛΕΞΑΝΔΡΟV (ALEXANDROU in griechischer Schrift = des Alexander). Kopf Alexanders mit attischem Helm, darauf ein Greif, nach rechts. Unten ein Stern. **Rs.:** KOINO-N ΜΑΚΕΔΟΝΩΝ B // ΝΕΩΚΟ/Ρ (KOINON MAKEDONON B NEOKOR[on] in griechischer Schrift = Koinon der Makedonen, zum zweiten Male Neokoros). Zwischen zwei Tempelbauten (Neokorietempel als Orte des regionalen Kaiserkultes) steht eine hohe Säule mit dem Standbild Alexanders.

Lit.: AMNG III-1, Nr. 786,2 Taf. 4,16, 5,9.   K.D.

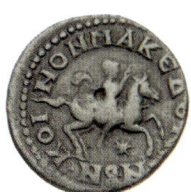

Kat. Nr. 42
Münze des makedonischen Koinon

Geprägt in Beroia, 238–244 n. Chr.
Bronze, Dm. 25 mm, 10,42 g, 12 h
Berlin, Münzkabinett SMB PK, Obj. Nr. 18214409

Vs.: ΑΛΕΞΑΝΔΡΟ-V (ALEXANDROU in griechischer Schrift = des Alexander). Kopf Alexanders mit Diadem nach rechts. **Rs.:** KOINON ΜΑΚΕΔΟΝΩΝ B N (KOINON MAKEDONON B N[eokoron] in griechischer Schrift = Koinon der Makedonen, zum zweiten Male Neokoros). Alexander zu Pferde nach rechts. Unten ein Stern.

Lit.: AMNG III-1, Nr. 664,1.   K.D.

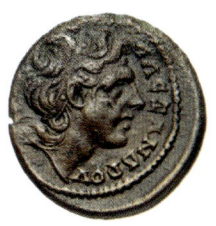 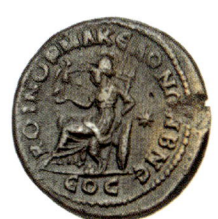

Kat. Nr. 41
Münze des makedonischen Koinon

Geprägt in Beroia, 244 n. Chr.
Bronze, Dm. 28 mm, 13,66 g, 1 h
Berlin, Münzkabinett SMB PK, Obj. Nr. 18214414

Vs.: ΑΛΕΙΑΝΔΡΟV (ALEIANDROU [I statt X] in griechischer Schrift = des Alexander). Kopf Alexanders mit punktverziertem Diadem nach rechts. **Rs.:** KOINON ΜΑΚΕΔΟΝΩΝ B NE // EOC (KOINON MAKEDONON B NE EOS in griechischer Schrift = Koinon der Makedonen, zum zweiten Male Neokoros, [im Jahre] 275). Athena Nikephoros sitzt mit Helm auf dem Kopf nach links. Sie hält in ihrer linken Hand einen Speer mit der Spitze nach oben, hinter dem Sitz lehnt rechts ein Schild. Im rechten Feld ein Stern.

Lit.: Vgl. AMNG III-1, Nr. 841 (andere Vs., Rs. ohne Stern).   K.D.

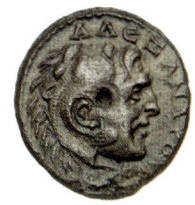 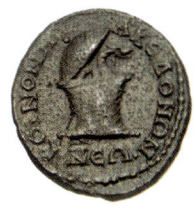

Kat. Nr. 43
Münze des makedonischen Koinon

Geprägt in Beroia, 231–235 n. Chr.
Bronze, Dm. 26 mm, 11,17 g, 1 h
Berlin, Münzkabinett SMB PK, Obj. Nr. 18214413

Vs.: ΑΛΕΞΑΝΔΡΟΥ (ALEXANDROU in griechischer Schrift = des Alexander). Kopf Alexanders als Herakles mit Löwenfellhaube nach rechts. **Rs.:** KOINON M-ΑΚΕΔΟΝΩΝ // ΝΕΩ (KOINON MAKEDONON NEO[koron] in griechischer Schrift = Koinon der Makedonen, Neokoros). Korb (*cista mystica*) mit daraus aufsteigender Schlange.

Lit.: AMNG III-1, Nr. 437.   K.D.

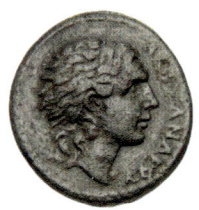 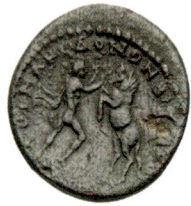

Kat. Nr. 44
Münze des makedonischen Koinon

Geprägt in Beroia, 218–222 n. Chr.
Bronze, Dm. 26 mm, 13,63 g, 6 h
Berlin, Münzkabinett SMB PK, Obj. Nr. 18214411

Vs.: ΑΛΕΞΑΝΔΡΟΥ (ALEXANDROU in griechischer Schrift = des Alexander). Kopf Alexanders mit Diadem nach rechts. **Rs.:** ΚΟΙ ΜΑΚΕΔΟΝΩΝ Β Ν[ΕΩΚΟ-ΡΩΝ] (KOI[non] MAKEDONON B NEOKORON in griechischer Schrift = Koinon der Makedonen, zum zweiten Male Neokoros). Alexander zähmt den sich aufbäumenden Bukephalos.

Lit.: AMNG III-1, Nr. 463,1. K.D.

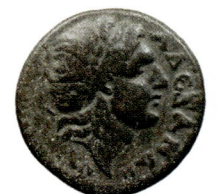 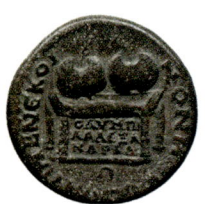

Kat. Nr. 46
Münze des makedonischen Koinon

Geprägt in Beroia, 238–244 n. Chr.
Bronze, Dm. 26 mm, 13,11 g, 6 h
Paris, Bibliothèque nationale de France, Département des monnaies, médailles et antiques, Inv. Nr. FG 179

Vs.: ΑΛΕΞΑΝΔΡ-ΟΥ (ALEXANDROU in griechischer Schrift = des Alexander). Kopf Alexanders mit Diadem nach rechts. **Rs.:** ΚΟΙ-ΝΟΝ ΜΑΚΕΔΟΝΩΝ – Β ΝΕ//Ω (KOINON MAKEDONON B NEO[koron] in griechischer Schrift = Koinon der Makedonen, zum zweiten Male Neokoros). Preistisch mit zwei Preiskronen und Palmzweigen, darauf ΟΛΥΜΠΙ/Α ΑΛΕΞΑ/ΝΔΡΙΑ (OLYMPIA ALEXANDR[e]IA in griechischer Schrift = olympische Alexanderspiele).

Lit.: AMNG III-1, Nr. 801,2. K.D.

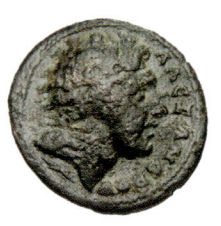 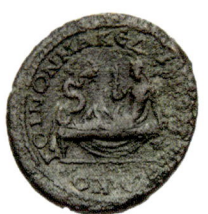

Kat. Nr. 45
Münze des makedonischen Koinon

Geprägt in Beroia, 238–244 n. Chr.
Bronze, Dm. 28 mm, 13,17 g, 1 h
Berlin, Münzkabinett SMB PK, Obj. Nr. 18214361

Vs.: ΑΛΕΙΑΝΔΡΟΥ (ALEIANDROU [I statt X] in griechischer Schrift = des Alexander). Kopf Alexanders mit Diadem nach rechts, darunter ein Blitz. **Rs.:** ΚΟΙΝΟΝ ΜΑΚΕΔ[ΟΝΩΝ Ν]ΕΩΚΟ (KOINON MAKEDONON NEOKO[ron] in griechischer Schrift = Koinon der Makedonen, Neokoros). Von links nähert sich Zeus Ammon in der Gestalt einer Schlage der ihn auf einer Liege (*kline*) erwartenden Olympias.

Lit.: AMNG III-1, Nr. 367,2 Taf. 4,35. K.D.

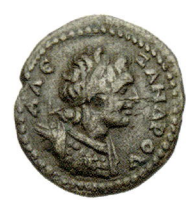 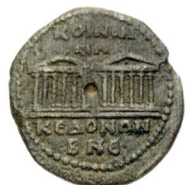

Kat. Nr. 47
Münze des makedonischen Koinon

Geprägt in Beroia, 238–244 n. Chr.
Bronze, Dm. 25 mm, 8,09 g, 1 h
Berlin, Münzkabinett SMB PK, Obj. Nr. 18214405

Vs.: ΑΛΕ-ΞΑΝΔΡΟΥ (ALEXANDROU in griechischer Schrift = des Alexander). Panzerbüste Alexanders mit Diadem in der Brustansicht nach rechts. **Rs.:** ΚΟΙΝΟΝ / ΜΑ//ΚΕΔΟΝΩΝ / Β ΝΕ (KOINON MAKEDONON B NE[okoron] in griechischer Schrift = Koinon der Makedonen, zum zweiten Male Neokoros). Zwei Tempelfassaden (Neokorietempel als Orte des regionalen Kaiserkultes) nebeneinander in der Vorderansicht.

Lit.: AMNG III-1, Nr. 813,1. K.D.

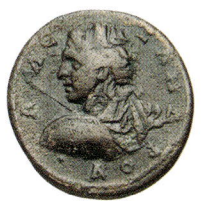 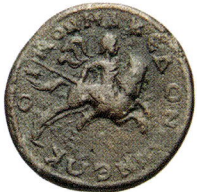

Kat. Nr. 48
Münze des makedonischen Koinon

Geprägt in Beroia, 231–235 n. Chr.
Bronze, Dm. 26 mm, 11,27 g, 6 h
Berlin, Münzkabinett SMB PK, Obj. Nr. 18214406

Vs.: A-ΛE-ΞANΔ-POV (ALEXANDROU in griechischer Schrift = des Alexander). Drapierte Panzerbüste Alexanders in der Rückenansicht nach links mit Diadem und Schild vor der linken Schulter sowie mit nach vorne gehaltenem Speer. Auf dem Schild ist ein Pferd oder Reiter nach links dargestellt. **Rs.:** K-OI-NON MAKEΔONΩN NEΩK (KOINON MAKEDONON NEOK[oron] in griechischer Schrift = Koinon der Makedonen, Neokoros]. Alexander zu Pferde mit eingelegtem Speer nach rechts.

Lit.: AMNG III-1 Nr. 405,1 Taf. 4,18. K.D.

Kat. Nr. 49
Goldmedaillon

Gefunden in Tarsos, Kilikien, ca. 220–240 n. Chr.
Gold, Dm. 67 mm, 98,65 g, 12 h
Paris, Bibliothèque nationale de France, Département des monnaies, médailles et antiques, Inv. Nr. F 1671

Vs.: Büste Alexanders als Herakles mit Löwenfellexuvie in der Rückenansicht nach rechts. **Rs.:** Alexander in Panzer und Mantel zu Pferde jagt nach rechts mit dem Speer einen Löwen. Im Abschnitt AΛEZANΔPOC (ALEXANDROS in griechischer Schrift), links BA-CIΛEYC (BASILEUS in griechischer Schrift = König).

Lit.: de Longpérier 1868, 310 Nr. 1 Taf. 10; AMNG III-1 Nr. 873; Savio 1994–1995, 74 Nr. 1. K.D.

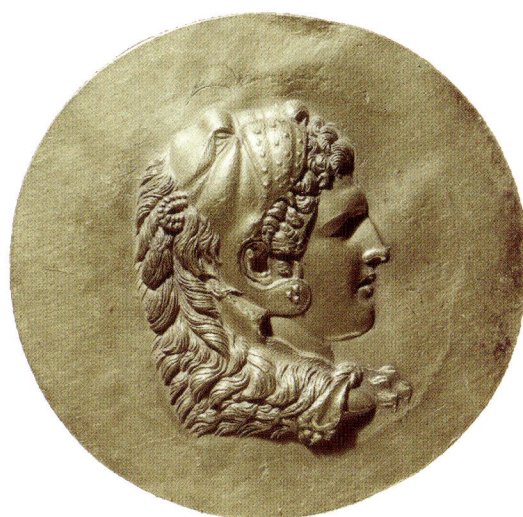

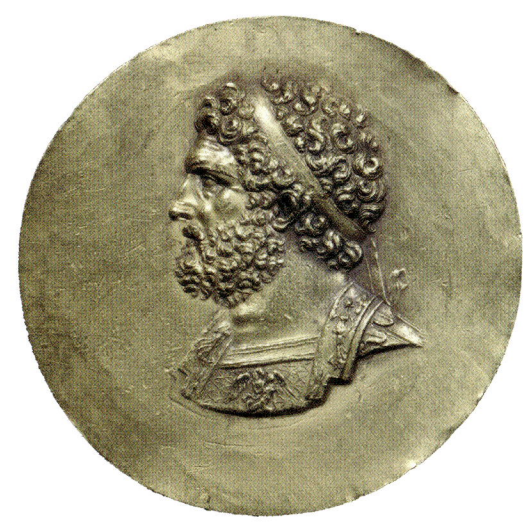

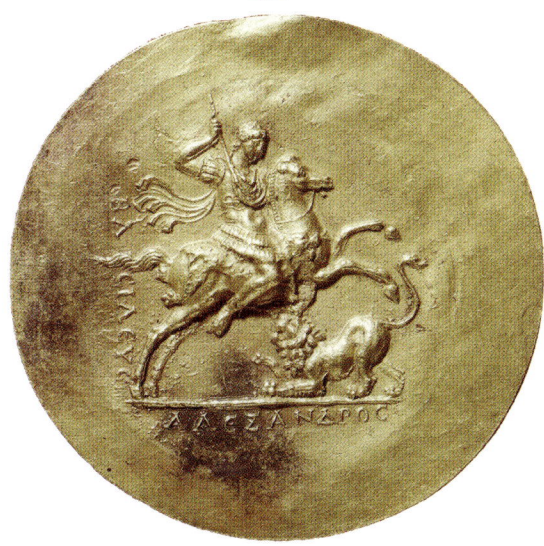

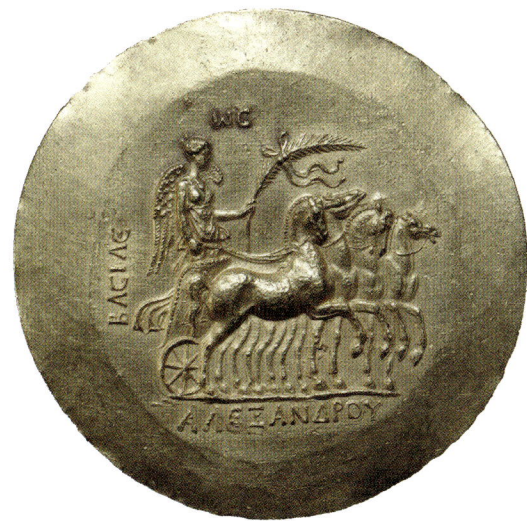

Kat. Nr. 50
Goldmedaillon

Gefunden in Tarsos, Kilikien, ca. 220–240 n. Chr.
Gold, Dm. 67 mm, 93,85 g, 12 h
Paris, Bibliothèque nationale de France, Département des monnaies, médailles et antiques, Inv. Nr. F 1673

ALEXANDERS HERKUNFT –
DER GEISTIGE UND KULTURELLE HINTERGRUND

Alexander wurde 356 v. Chr. als legitimer Sohn des makedonischen Königs Philipp II. und der Olympias in der Königsresidenz von Pella geboren. Seine Herkunft, aber auch seine Jugend- und Prinzenjahre waren prägend für sein Wesen und späteres Wirken.

Zum Zeitpunkt seiner Geburt arbeitete sein Vater intensiv an der Neuorganisation des Stammesverbands der Makedonen sowie der Festigung seiner eigenen Herrschaft. Oberstes Ziel aber war es, Makedonien zu stärken und in den Rang einer Großmacht zu erheben. Dazu diente auch seine Eheschließung – eine von insgesamt sieben Ehen - mit Olympias, die der Herrscherfamilie im westlich gelegenen Epiros entstammte.

Beide Elternteile waren stolz auf ihre mythischen Stammesväter, die Alexander sein Leben lang begleiten sollten. So führten die Argeaden, denen alle makedonischen Könige entstammten, sich auf den Halbgott Herakles zurück. Die Familie der Olympias dagegen konnte ihren Stammbaum bis zu Achill, dem Helden der Homerischen *Ilias*, zurückverfolgen, der für Alexander zeitlebens Vorbild war.

Willenskraft, Zielstrebigkeit und diplomatisches Geschick, aber auch zügellose Leidenschaft und Unberechenbarkeit können sicherlich als Erbe seiner Eltern betrachtet werden, denen beiden starke und leidenschaftliche Charaktere nachgesagt werden.

Schon von klein auf wurde Alexander auf seine Aufgaben als künftiger König von Makedonien vorbereitet. So ließ seine Mutter ihn – gemeinsam mit gleichaltrigen Jungen - seit seinem sechsten Lebensjahr von Erziehern mit griechischer Bildung unterrichten. Bereits hier lernte er nicht nur auf literarischer Ebene die Helden Homers kennen, sondern traf auch Freunde, die später seine wichtigsten Begleiter wurden. Ab dem 13. Lebensjahr kümmerte sich Philipp II. selbst um die Ausbildung seines Nachfolgers. Er engagierte den Philosophen Aristoteles als Erzieher, der in den folgenden Jahren (342–340 v. Chr.) wesentlich zur geistigen Entwicklung Alexanders beitrug.

Eine zentrale Rolle spielte dabei die griechische Literatur. So wurde die *Illias* zu Alexanders Lieblingsbuch, das er stets bei sich hatte. Zudem lernte Alexander Medizin und Naturwissenschaften so sehr zu schätzen, dass er später aus der Ferne regelmäßig Beobachtungen und Materialien an Aristoteles schickte. Von besonderem Interesse aber waren für ihn die Geographie und das Weltbild des Aristoteles, welches er während seiner Suche nach dem Ende der Welt immer wieder korrigieren musste.

Alexanders Lehrjahre, zu denen auch politische Unterweisungen sowie Sport, Jagd und natürlich eine militärische Ausbildung gehörten, endeten mit 16 Jahren, als er zum Stellvertreter seines Vaters in Makedonien ernannt wurde und nur vier Jahre später dessen Nachfolge antrat.

N.C.

VOM KÖNIG ZUR LEGENDE

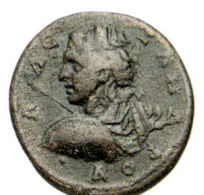 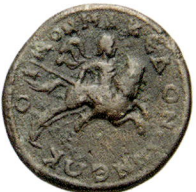

Kat. Nr. 48
Münze des makedonischen Koinon

Geprägt in Beroia, 231–235 n. Chr.
Bronze, Dm. 26 mm, 11,27 g, 6 h
Berlin, Münzkabinett SMB PK, Obj. Nr. 18214406

Vs.: Α-ΛΕ-ΞΑΝΔ-ΡΟV (ALEXANDROU in griechischer Schrift = des Alexander). Drapierte Panzerbüste Alexanders in der Rückenansicht nach links mit Diadem und Schild vor der linken Schulter sowie mit nach vorne gehaltenem Speer. Auf dem Schild ist ein Pferd oder Reiter nach links dargestellt. **Rs.:** K-OI-NON ΜΑΚΕΔΟΝΩΝ ΝΕΩΚ (KOINON MAKEDONON NEOK[oron] in griechischer Schrift = Koinon der Makedonen, Neokoros]. Alexander zu Pferde mit eingelegtem Speer nach rechts.

Lit.: AMNG III-1 Nr. 405,1 Taf. 4,18.   K.D.

Kat. Nr. 49
Goldmedaillon

Gefunden in Tarsos, Kilikien, ca. 220–240 n. Chr.
Gold, Dm. 67 mm, 98,65 g, 12 h
Paris, Bibliothèque nationale de France, Département des monnaies, médailles et antiques, Inv. Nr. F 1671

Vs.: Büste Alexanders als Herakles mit Löwenfellexuvie in der Rückenansicht nach rechts. **Rs.:** Alexander in Panzer und Mantel zu Pferde jagt nach rechts mit dem Speer einen Löwen. Im Abschnitt ΑΛΕΞΑΝΔΡΟC (ALEXANDROS in griechischer Schrift), links ΒΑ-CIΛΕΥC (BASILEUS in griechischer Schrift = König).

Lit.: de Longpérier 1868, 310 Nr. 1 Taf. 10; AMNG III-1 Nr. 873; Savio 1994–1995, 74 Nr. 1.   K.D.

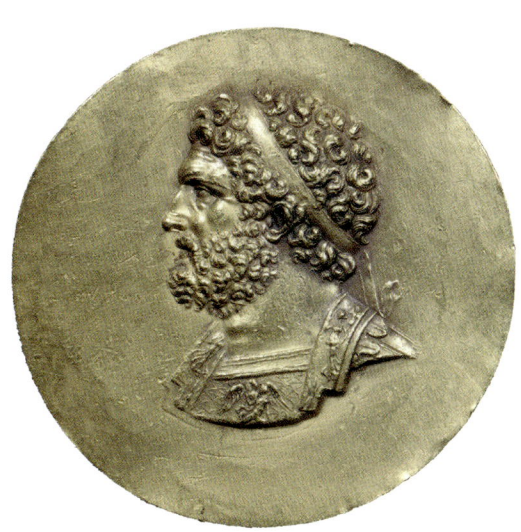

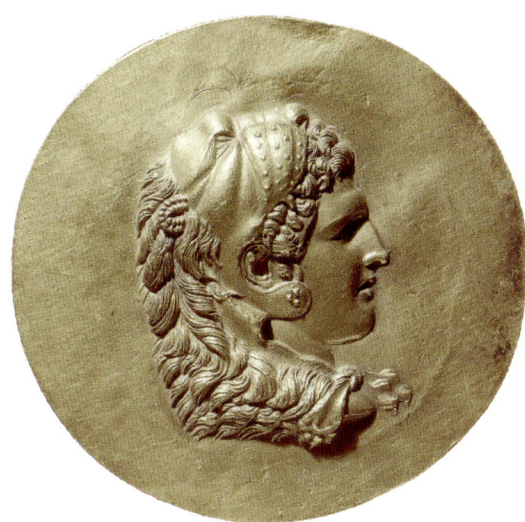

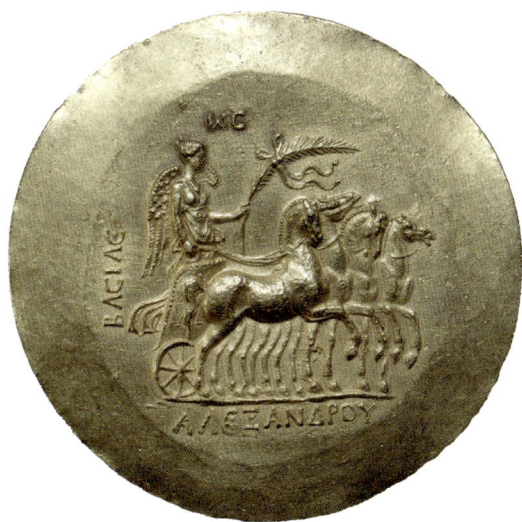

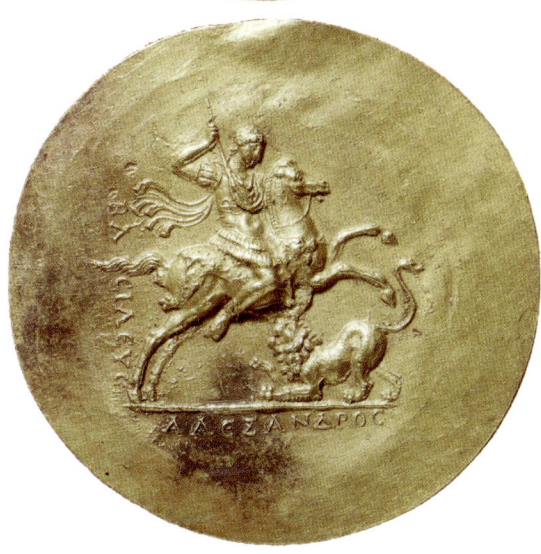

Kat. Nr. 50
Goldmedaillon

Gefunden in Tarsos, Kilikien, ca. 220–240 n. Chr.
Gold, Dm. 67 mm, 93,85 g, 12 h
Paris, Bibliothèque nationale de France, Département des monnaies, médailles et antiques, Inv. Nr. F 1673

VOM KÖNIG ZUR LEGENDE

Vs.: Panzerbüste Philipps II. mit Diadem in der Brustansicht nach links. Auf dem Panzer eine Aegis mit Darstellung des Zeusadlers, der Ganymed entführt (Szene aus der griechischen Mythologie). Auf den Schulterklappen je eine Schild tragende Nike. **Rs.:** Nike in einer Quadriga nach rechts. Sie hält einen Palmzweig mit Binde (*taenia*) in ihrer linken Hand. Auf dem Wagen, fast gänzlich von einem Pferdeschwanz verdeckt, die Darstellung einer wohl menschlichen Figur. Links ΒΑCΙΛΕ (BASILE in griechischer Schrift), oben WC [OS], im Abschnitt ΑΛΕΞΑΝΔΡΟΥ (ALEXANDROU = des Königs Alexander).

Lit.: de Longpérier 1868, 310 Nr. 2 Taf. 11; AMNG III-1 Nr. 874; Savio 1994–1995, 74 Nr. 2. K.D.

Vs.: Kopf Alexanders mit Diadem im flammengleichen Haar nach rechts. Der Kopf ist leicht angehoben. **Rs.:** Löwenjagd wie auf dem ersten Medaillon (siehe Kat. Nr. 49), wahrscheinlich stempelgleich.

Lit.: de Longpérier 1868, 311 Nr. 3 Taf. 12; AMNG III-1 Nr. 872; Savio 1994–1995, 74 Nr. 3. K.D.

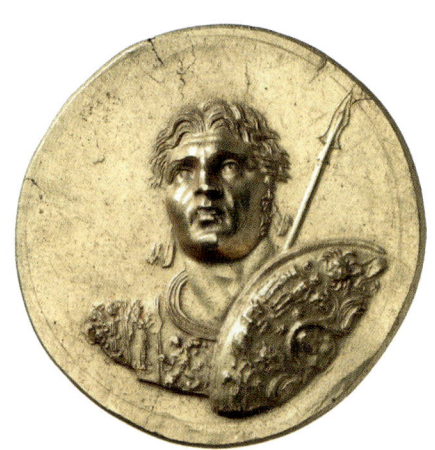

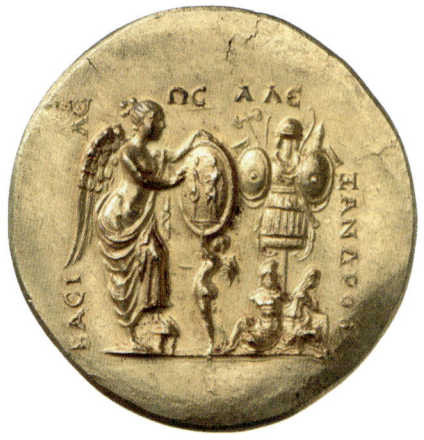

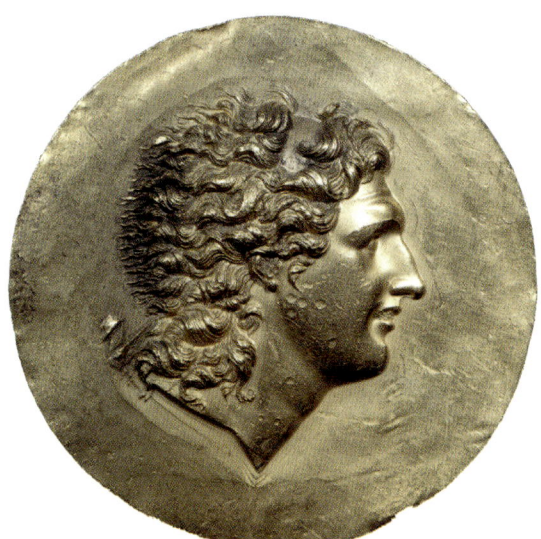

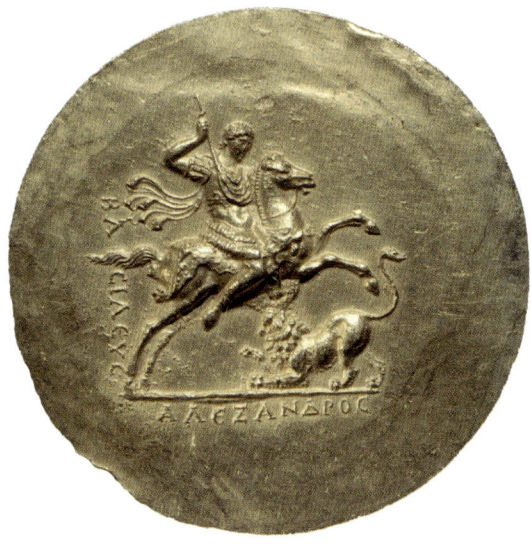

Kat. Nr. 51
Goldmedaillon

Gefunden in Tarsos, Kilikien, ca. 220–240 n. Chr.
Gold, Dm. 70 mm, 110,30 g, 12 h
Paris, Bibliothèque nationale de France, Département des monnaies, médailles et antiques, Inv. Nr. F 1672

Kat. Nr. 52
Goldmedaillon

Gefunden in Aboukir, Ägypten, ca. 220–240 n. Chr.
Gold, Dm. 56 mm, 84,30 g, 12 h
Berlin, Münzkabinett SMB PK Obj. Nr. 18200016

Vs.: Panzerbüste Alexanders in der Vorderansicht mit Diadem, Rundschild und Speer. Der Kopf ist leicht nach links gewandt und erhoben; Blick nach oben. Auf dem Schild: die Göttin Gaia (Erdmutter), darüber die Köpfe des Helios (Sonne) und der Selene (Mond), umgeben von fünf Tierkreiszeichen. **Rs.:** BACI-ΛΕ-ΩC – ΑΛΕ-ΞΑΝΔΡΟΥ (BASILEOS ALEXANDROU in griechischer Schrift = des Königs Alexander). Nike, nach rechts gewandt und den linken Fuß auf einen Helm gestellt, deutet mit ihrer rechten Hand auf einen ovalen Schild, den sie mit der linken Hand am Rand umfasst. Der Schild wird von einem geflügelten Eroten nach links gehalten. Auf dem Schild sind Alexander (?) und eine Gefährtin dargestellt. Ganz rechts ein *Tropaion* (Siegesmal) und zwei Gefangene.

Lit.: Dressel 1906, 9f. C Taf. 2; Savio 1994–1995, 78 C Taf. B 3.6. K.D.

VOM KÖNIG ZUR LEGENDE

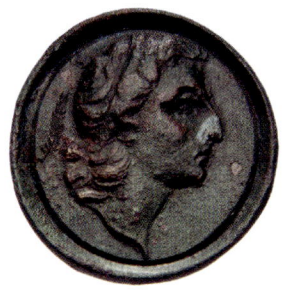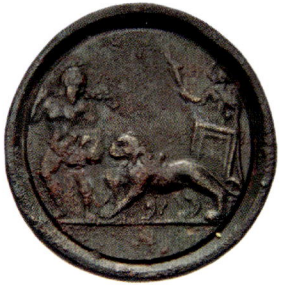 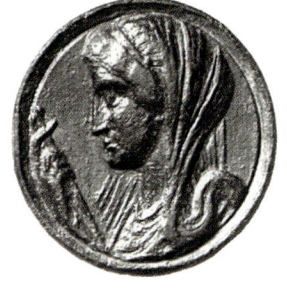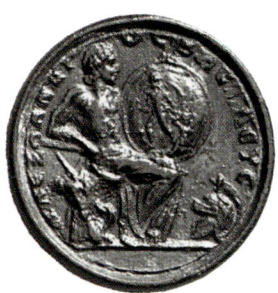

Kat. Nr. 53
Kontorniat

Rom, ca. 355–395/423 n. Chr.
Bronze, Dm. 37 mm, 27,64 g, 12 h
Berlin, Münzkabinett SMB PK, Obj. Nr. 18214788

Vs.: Kopf Alexanders mit Diadem nach rechts. Im linken Feld vertieft ein Palmzweig. **Rs.:** Herkules, links außen, führt das von einem Eber und einem Löwen gezogene Zweigespann (*biga*) der Göttin Aurora (Morgenröte) nach links.

Lit.: Alföldi 1976, 17 Nr. 55 Rs.-Nr. 44 Taf. 20,11. K.D.

Kat. Nr. 55
Kontorniat

Rom, ca. 355–395/423 n. Chr.
Bronze, Dm. 36 mm, 32,61 g, 6 h
Berlin, Münzkabinett SMB PK, Obj. Nr. 18203481

Vs.: Die drapierte Büste der Olympias mit verschleiertem Kopf in der Brustansicht nach links. Sie hält ein Zepter / einen Stab in der mit einem Armband verzierten rechten Hand. Im rechten Feld ganz schwach die Spuren des Monogramms PE. **Rs.:** ΑΛΕΖ–ΑΝΔΡ–ΟC ΒΑCΙΛΕΥC (ALEZANDROS [Z statt X] BASILEUS in griechischer Schrift = König Alexander). Alexander sitzt nach rechts auf einem Waffenhaufen und hält einen Rundschild auf seinem Schoß, auf dem die Tötung der Amazonenkönigin Penthesilea durch den griechischen Helden Achilleus dargestellt ist. Auf dem Boden rechts ein Helm attischen Typs.

Lit.: Alföldi 1976, 18 Nr. 61,6 Rs.-Nr. 11 Taf. 22,12. K.D.

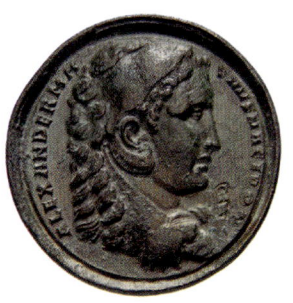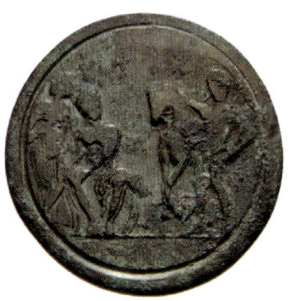

Kat. Nr. 54
Kontorniat

Rom, ca. 355–395/423 n. Chr.
Bronze, Dm. 38 mm, 25,87 g, 6 h
Berlin, Münzkabinett SMB PK, Obj. Nr. 18214786

Vs.: ALEXANDER MA–GNVS MACEDON (= der große Alexander, der Makedone). Büste Alexanders mit dem Löwenfellskalp in der Rückenansicht nach rechts. Im rechten Feld vertieft PE (ligiert). **Rs.:** Die beiden Dioskuren (Brüderpaar der griechischen Mythologie und römische Schutzgottheiten), einer rechts mit geführtem Pferd, der andere links sitzend, mit Helena (Schwester der Dioskuren) ganz links außen.

Lit.: Alföldi 1976, 3 Nr. 9,3 Rs.-Nr. 56 Taf. 4,2. K.D.

ALEXANDERS HERKUNFT – DER GEISTIGE UND KULTURELLE HINTERGRUND

Alexander wurde 356 v. Chr. als legitimer Sohn des makedonischen Königs Philipp II. und der Olympias in der Königsresidenz von Pella geboren. Seine Herkunft, aber auch seine Jugend- und Prinzenjahre waren prägend für sein Wesen und späteres Wirken.

Zum Zeitpunkt seiner Geburt arbeitete sein Vater intensiv an der Neuorganisation des Stammesverbands der Makedonen sowie der Festigung seiner eigenen Herrschaft. Oberstes Ziel aber war es, Makedonien zu stärken und in den Rang einer Großmacht zu erheben. Dazu diente auch seine Eheschließung – eine von insgesamt sieben Ehen - mit Olympias, die der Herrscherfamilie im westlich gelegenen Epiros entstammte.

Beide Elternteile waren stolz auf ihre mythischen Stammesväter, die Alexander sein Leben lang begleiten sollten. So führten die Argeaden, denen alle makedonischen Könige entstammten, sich auf den Halbgott Herakles zurück. Die Familie der Olympias dagegen konnte ihren Stammbaum bis zu Achill, dem Helden der Homerischen *Ilias*, zurückverfolgen, der für Alexander zeitlebens Vorbild war.

Willenskraft, Zielstrebigkeit und diplomatisches Geschick, aber auch zügellose Leidenschaft und Unberechenbarkeit können sicherlich als Erbe seiner Eltern betrachtet werden, denen beiden starke und leidenschaftliche Charaktere nachgesagt werden.

Schon von klein auf wurde Alexander auf seine Aufgaben als künftiger König von Makedonien vorbereitet. So ließ seine Mutter ihn – gemeinsam mit gleichaltrigen Jungen - seit seinem sechsten Lebensjahr von Erziehern mit griechischer Bildung unterrichten. Bereits hier lernte er nicht nur auf literarischer Ebene die Helden Homers kennen, sondern traf auch Freunde, die später seine wichtigsten Begleiter wurden. Ab dem 13. Lebensjahr kümmerte sich Philipp II. selbst um die Ausbildung seines Nachfolgers. Er engagierte den Philosophen Aristoteles als Erzieher, der in den folgenden Jahren (342–340 v. Chr.) wesentlich zur geistigen Entwicklung Alexanders beitrug.

Eine zentrale Rolle spielte dabei die griechische Literatur. So wurde die *Illias* zu Alexanders Lieblingsbuch, das er stets bei sich hatte. Zudem lernte Alexander Medizin und Naturwissenschaften so sehr zu schätzen, dass er später aus der Ferne regelmäßig Beobachtungen und Materialien an Aristoteles schickte. Von besonderem Interesse aber waren für ihn die Geographie und das Weltbild des Aristoteles, welches er während seiner Suche nach dem Ende der Welt immer wieder korrigieren musste.

Alexanders Lehrjahre, zu denen auch politische Unterweisungen sowie Sport, Jagd und natürlich eine militärische Ausbildung gehörten, endeten mit 16 Jahren, als er zum Stellvertreter seines Vaters in Makedonien ernannt wurde und nur vier Jahre später dessen Nachfolge antrat.

N.C.

ALEXANDERS HERKUNFT – DER GEISTIGE UND KULTURELLE HINTERGRUND

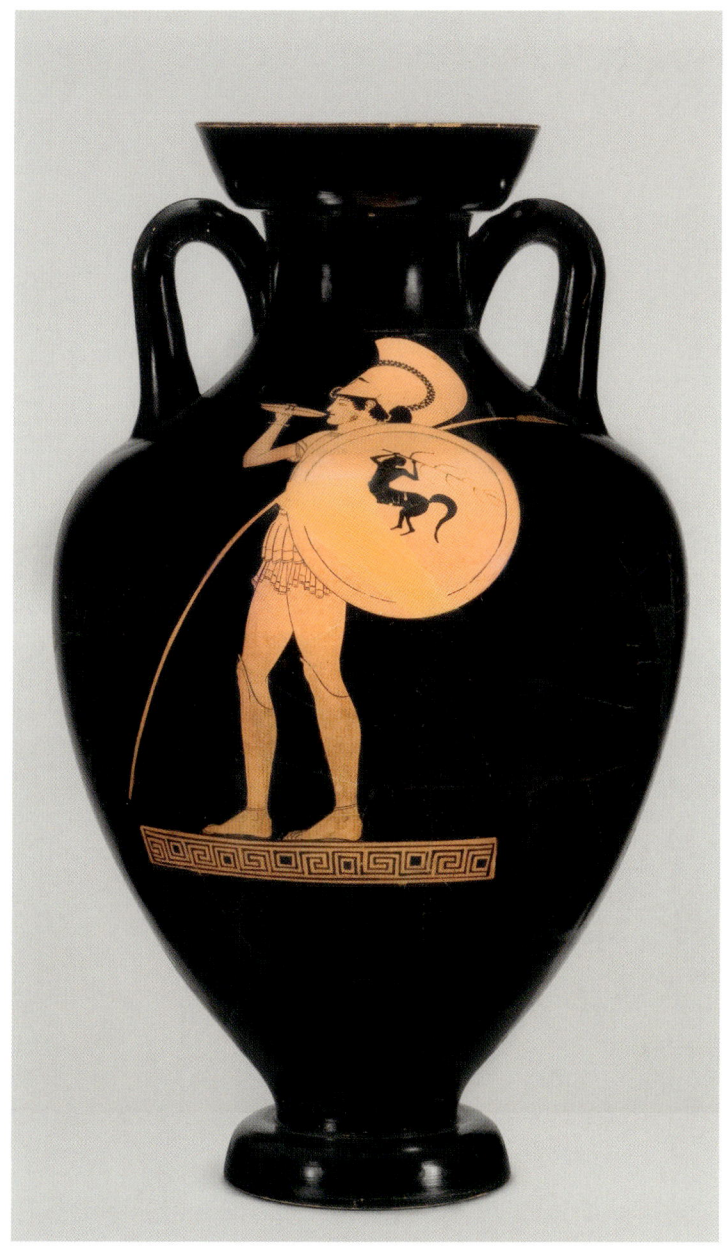

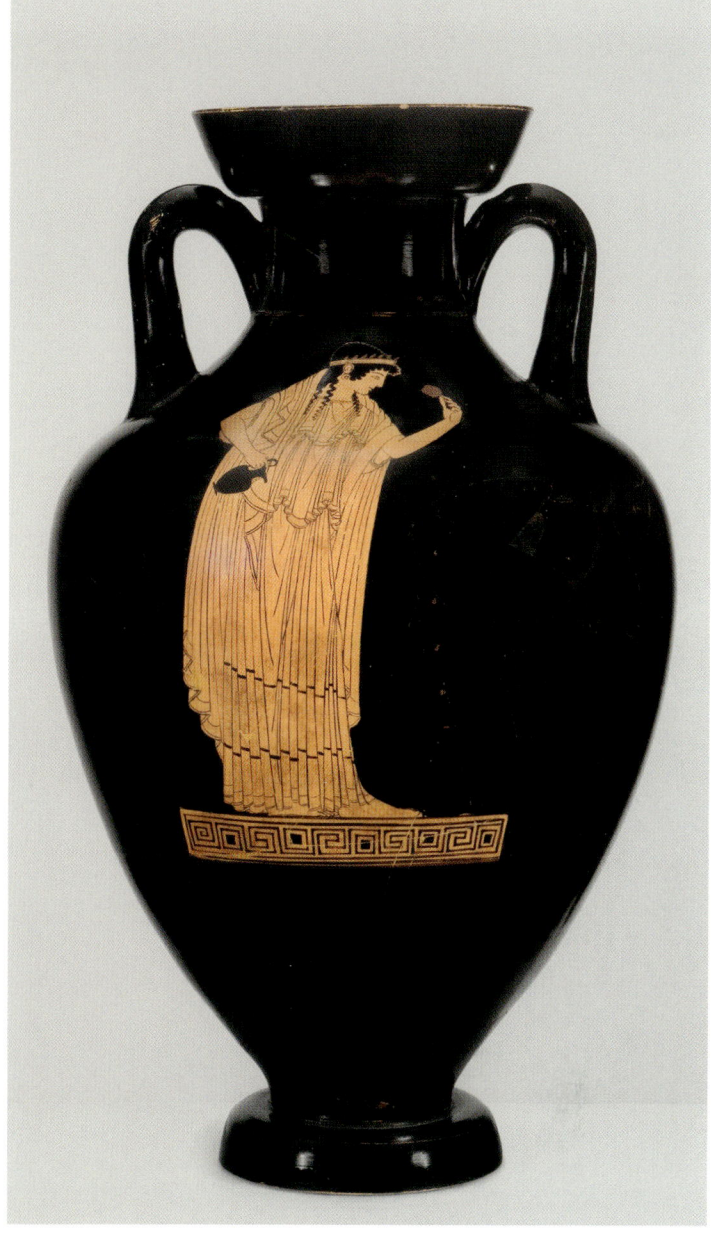

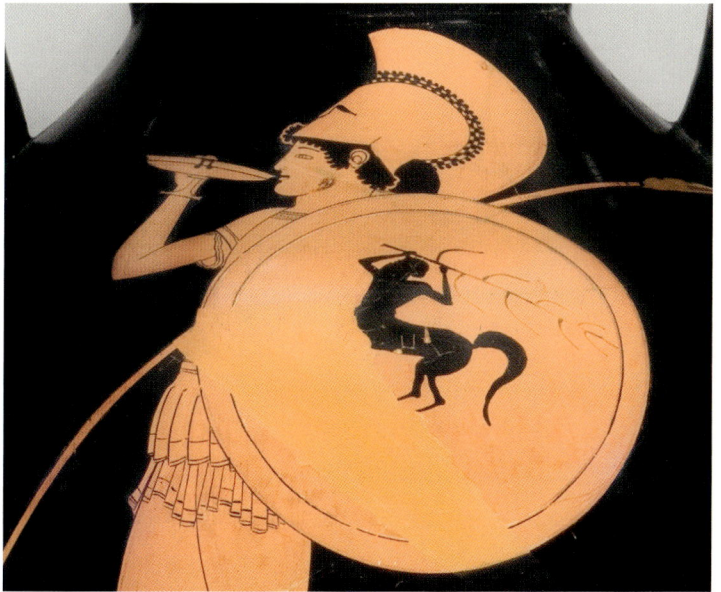

Kat. Nr. 56
Attisch rotfigurige Amphora (panathenäische Form) mit Achill und Briseïs

Gefertigt in Athen, um 490/480 v. Chr., Kleophrades-Maler
Ton, bemalt und gebrannt, H. 46,5 cm, max. Dm. 28,8 cm
Basel, Antikenmuseum Basel und Sammlung Ludwig, Inv. Nr. Kä 424

Ein Krieger in voller Rüstung und ein Mädchen stehen jeweils auf einer Seite der Amphora. Das Mädchen trägt einen Chiton und einen langen Mantel, sie ist mit einem Diadem und Scheibenohrringen geschmückt. In der Linken hält sie eine Blüte, in der Rechten eine Weinkanne (*Oinochoe*). Mit ihr hatte sie die Schale gefüllt, aus der der Krieger trinkt. Die beiden Figuren wurden als Achill und Briseïs gedeutet, bei der Spende an die Götter vor dem Auszug in die Schlacht. Alexander führte seine Abstammung mütterlicherseits auf den strahlenden Helden Achill zurück. Bei seinem Aufenthalt in Ilion (Troja) besuchte er daher das vermeintliche Grab des Helden. C.B.

ALEXANDERS HERKUNFT – DER GEISTIGE UND KULTURELLE HINTERGRUND

Kat. Nr. 57
Halskette mit Antilopenköpfen

250–150 v. Chr.
Gold, Karneol, L. 25 cm
Berlin, Antikensammlung SMB PK, Inv. Nr. 30219,315

Die Kette wird aus kleinen Spulen aus Gold und Karneol gebildet, die durch Ringösen verbunden sind. Die Manschetten umschließen Karneolperlen und die Verschlüsse sind als Antilopenköpfe mit Haken und Öse geformt. Ketten sowie Ohrringe (vgl. Kat. Nr. 58) mit Tierköpfen verbreiten sich von Makedonien aus seit dem späten 4. Jh. v. Chr. in der hellenistischen Welt, seit dem späten 3. Jh. v. Chr. bestehen sie auch aus farbigen Steinen.

Lit.: Platz-Horster 2001, 77 Nr. 45. C.B.

Kat. Nr. 58
Ohrring mit Delfinkopf

Ägypten, 250–150 v. Chr.
Gold, Granat, Dm. 2,1 cm
Berlin, Antikensammlung SMB PK, Inv. Nr. Misc. 8949

Der hellenistische Ohrring besteht aus einem gewickelten Drahtbügel, der sich in einer Manschette mit Granatperle fortsetzt. Die Perle wird von granulierten Drahtringen gefasst und von einem Delfinkopf bekrönt. In seinem Maul hält er eine kleine Goldperle. Auf der Unterseite des Delfinkopfs ist eine gewundene Drahtöse angebracht, durch die der Bügel geführt wurde.

Lit.: Platz-Horster 2001, 77 Nr. 45. C.B.

Kat. Nr. 59
Makedonische „Windrad"-Fibel

Griechenland, Umgebung von Thessaloniki, aus dem sogenannten Ganymedfund, 330–300 v. Chr.
Gold, Br. des Bogens 4,3 cm
Berlin, Antikensammlung SMB PK, Inv. Nr. 30219,453

Am Bogen der typisch makedonischen Fibel erkennt man fünf wie Windrädchen geformte Elemente, die von tordierten und glatten Drahtringen gefasst sind. Der flache Nadelhalter ist herzförmig und mit unterschiedlichen Motiven dekoriert: eine Doppelvolute, ein Akanthus und eine Rosette auf seiner Unterseite, zwei turmartige Aufsätze aus Hohlkugeln auf einem Zylinder, um den tordierte Drähte geführt sind, auf der Vorderseite. Zwischen den Kugeln sitzen die Vorderteile eines Greifen sowie eines Pferdes. Die heute verlorene Nadel war in einem quadratischen Kästchen am anderen Bogenende befestigt. Dieses wiederum ist beidseitig mit dem Kopf der Göttin Bendis mit Löwenfell geschmückt. Vorläufer der „Windrad"-Fibeln waren makedonische Knotenfibeln, die seit dem 6. Jh. v. Chr. verbreitet waren.

Lit.: Hoffmann/Davidson 1965, 197f. Nr. 75; Platz-Horster 2001, 66f. Nr. 40. C.B.

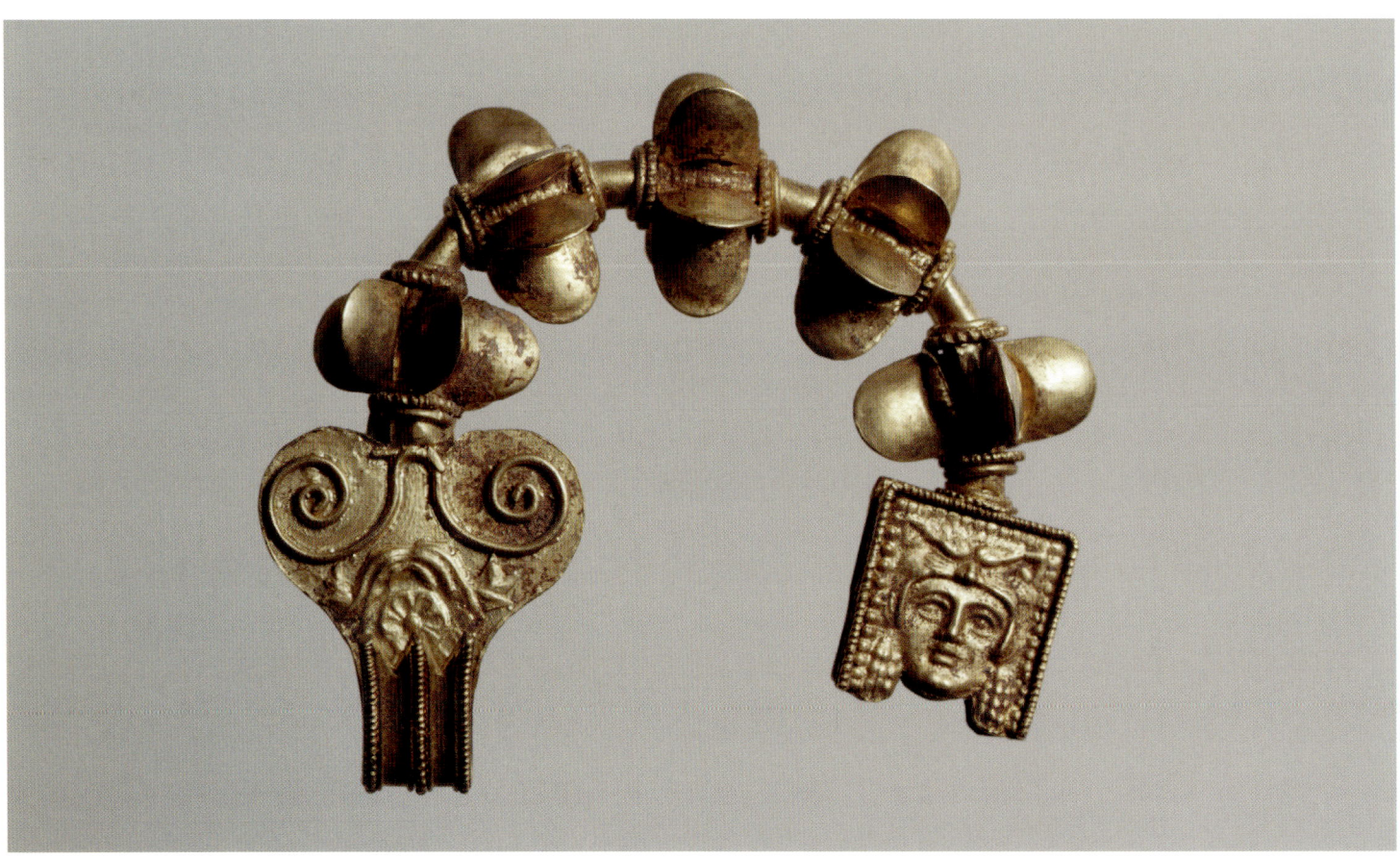

ALEXANDERS HERKUNFT – DER GEISTIGE UND KULTURELLE HINTERGRUND

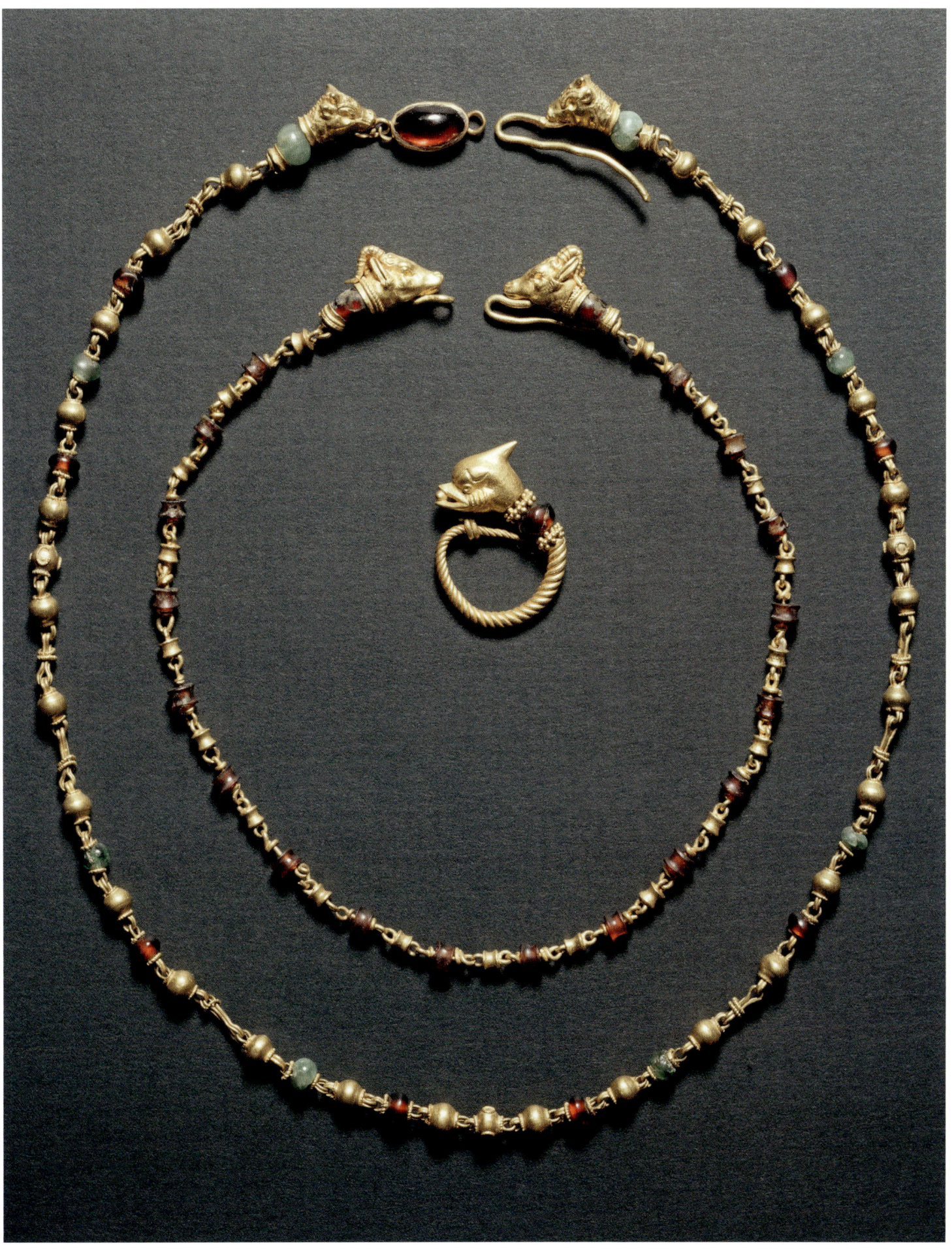

261

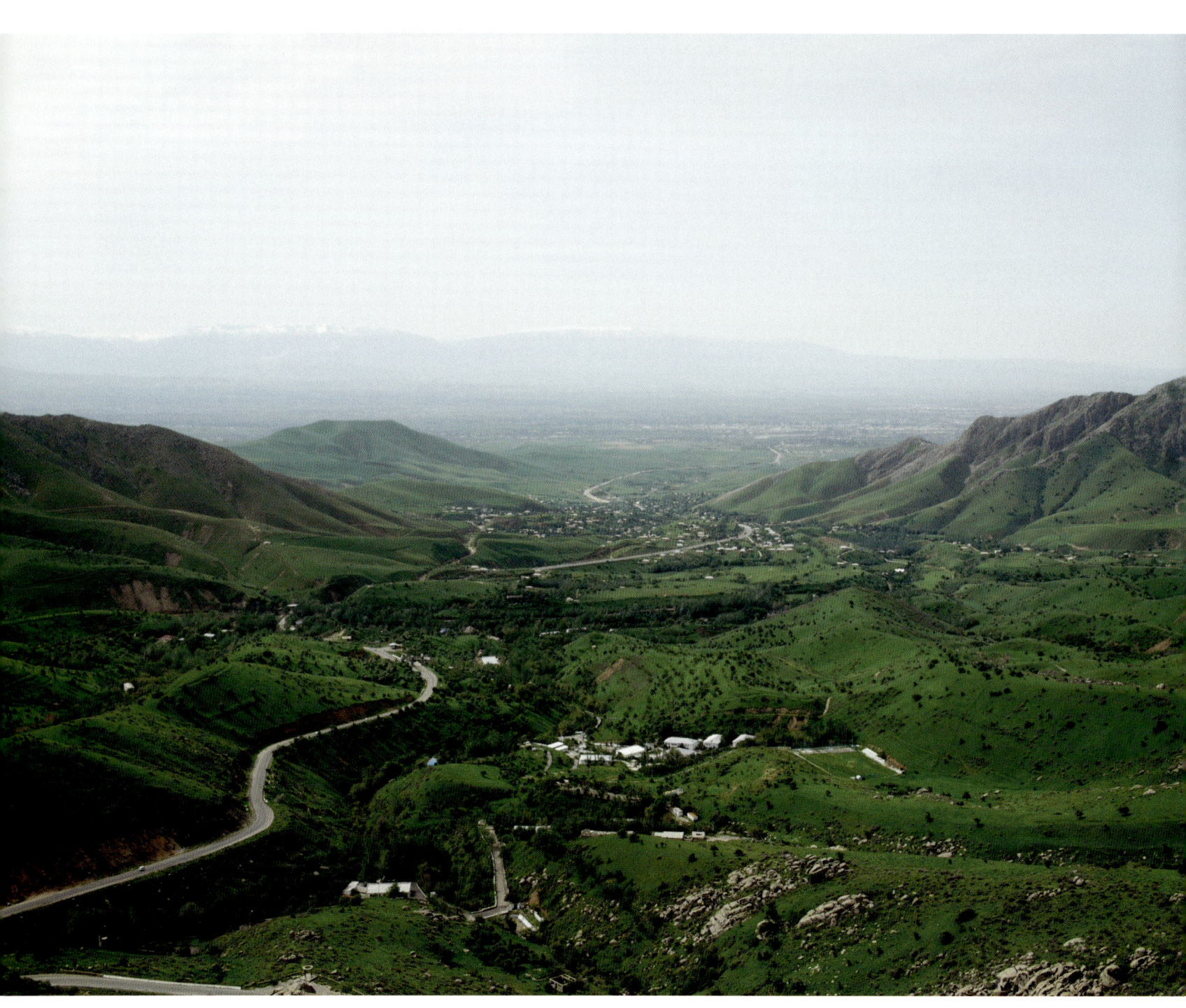

ALEXANDERS FELDZUG NACH OSTEN – DIE ÖFFNUNG DER WELT

Als Philipp II. gestorben war und Alexander der Große im Jahr 336 v. Chr. zum neuen makedonischen König wurde, übernahm er nicht nur die Herrschaft seines Vaters, sondern gezwungenermaßen auch dessen Pläne zu einem Feldzug gegen das Persische Reich. Alexanders großes Verlangen nach einer umfassenden Erkundung der Welt machte aus diesem Vorhaben sein ganz eigenes Lebenswerk. Durch seine umfassende Bildung und die Erziehung durch den Philosophen Aristoteles war er mit dem vorherrschenden griechischen Weltbild vertraut, das den Mittelmeerraum im Mittelpunkt des bewohnten Erdkreises sah. Die vorhandenen Weltkarten beruhten vor allem auf geometrischen Annahmen, weniger auf Erfahrungen. Über die genaue Größe Europas oder Asiens oder die exakte Lage und den Zusammenhang von Flüssen und Meeren war nur wenig bekannt. Eben dieses Desiderat mag Alexander, dem eine unstillbare Wissbegier und Sehnsucht nach der Überwindung bestehender Grenzen nachgesagt wurde, bewogen haben, seinen Eroberungs- und gleichzeitigen Erkundungszug immer weiter voranzutreiben – bis an das Ende der Welt, hinter dem man den großen Ozean (*Okeanos*) vermutete, der alles umfasst. Dabei musste er seine bisherigen Kenntnisse immer wieder aufs Neue überprüfen und korrigieren, weshalb er in seinen Tross eine große Zahl an Wissenschaftlern und Vermessern aufnahm.

Im Frühjahr 334 v. Chr., nach ersten Erkundungszügen noch zu Lebzeiten seines Vaters, begann Alexander seinen Feldzug gegen die Perser und setzte mit seinem Heer nach Kleinasien über. Dieser Übergang wurde mit einer Vielzahl symbolischer Rituale in die Reihe ruhmvoller mythischer Kämpfe (Trojanischer Krieg) wie historisch überlieferter Auseinandersetzungen (Perserkriege des 5. Jhs. v. Chr.) eingebettet.

Bereits im Mai desselben Jahres trafen die Makedonen am Granikos auf das zahlenmäßig weit überlegene Heer der Satrapen aus den kleinasiatischen Provinzen, die vom persischen Großkönig Dareios III. vorgeschickt wurden, um den Eindringling niederzuwerfen. In der offenen Feldschlacht gelang es Alexander, durch eine ungewöhnliche Strategie mit riskanten Manövern die Gegner überraschend zu schlagen. In der Folge konnte er Kleinasien unter seine Kontrolle bringen.

Dieser Erfolg machte es für Dareios notwendig, sich nun selbst mit seinem riesigen Heer, das dem Alexanders um das zwei- bis dreifache überlegen war, der Gefahr entgegenzustellen. Die berühmte Schlacht am Issos im November 333 v. Chr. sollte jedoch wiederum der Makedone dank seiner flexiblen Taktik für sich entscheiden. Er drang dabei sogar fast bis zum Großkönig selbst vor, der daraufhin zum Rückzug rief und die Flucht ergriff. Die Perser waren somit erstmals zu Verhandlungen gezwungen, die Alexander jedoch mehrfach ausschlug, vermutlich, weil er bereits eine Eroberung des Gesamtreiches anstrebte.

Der Marsch nach Ägypten scheint dabei eher symbolischen Charakters gewesen zu sein, da Alexander sich zum Pharao und Sohn des Gottes Amun-Re ausrufen ließ. Hier gründete er auch die wohl berühmteste aller nach ihm benannten Städte – Alexandria.

Bis 330 v. Chr. gelang es dem Makedonen mit der endgültigen Vernichtung von Dareios' Armee auch das persische Kernland, das jenseits des Euphrat lag, einzunehmen. Mit großem Aufgebot zog er in die alte Königsstadt Babylon ein und ließ sich zum „König von Asien" ausrufen. Um die Unterstützung seines Herrschaftsanspruchs zu sichern, integrierte er den persischen Adel und das auf ihm beruhende Verwaltungssystem in seine eigenen Strukturen. Die ebenfalls damit zusammenhängende intensive Verfolgung des Mörders des Dareios in den folgenden Jahren war gleichzeitig ein Eroberungszug in den nordöstlichen Reichsprovinzen Hyrkanien, Baktrien und Sogdien. Auch hier gründete er einige nach ihm benannte Städte, darunter Alexandria Areia (das heutige Herat), Alexandria in Arachosien (Kandahar) und Alexandria Eschate (das heutige Chudschand in Tadschikistan). Dabei überschritt Alexander auch den Hindukusch, von dem man glaubte, er läge so nah am Ende der Welt, dass man von dort den Okeanos sehen könnte. Möglicherweise war es die Tatsache, dass diese Erwartung nicht erfüllt wurde, die den jungen König dazu trieb, nach der Eroberung des gesamten Perserreiches im Jahr 326 v. Chr. bis in das für die Griechen fast unbekannte wie legendäre Indien (dazu zählten damals auch der Osten Afghanistans und Pakistan) vorzudringen – eine militärische Notwendigkeit gab es dafür nicht mehr. Auch als seine Soldaten ihn in Pakistan vorzeitig zur Rückkehr zwangen, wählte er neue, riskante Routen – wie später den Weg durch die Gedrosische Wüste – zur weiteren Erforschung des Landes und ließ eine Flotte zur Beschiffung des Indus bauen, um an dessen Mündung in den Indischen Ozean doch noch sein Ziel, das Ende der bewohnten Welt, den großen Okeanos, zu erreichen. Das Zentrum der bekannten griechischen Welt hatte sich längst verschoben.

A.B.

Landschaft im heutigen Usbekistan, zwischen Schachr-i Sabs und Samarkand.

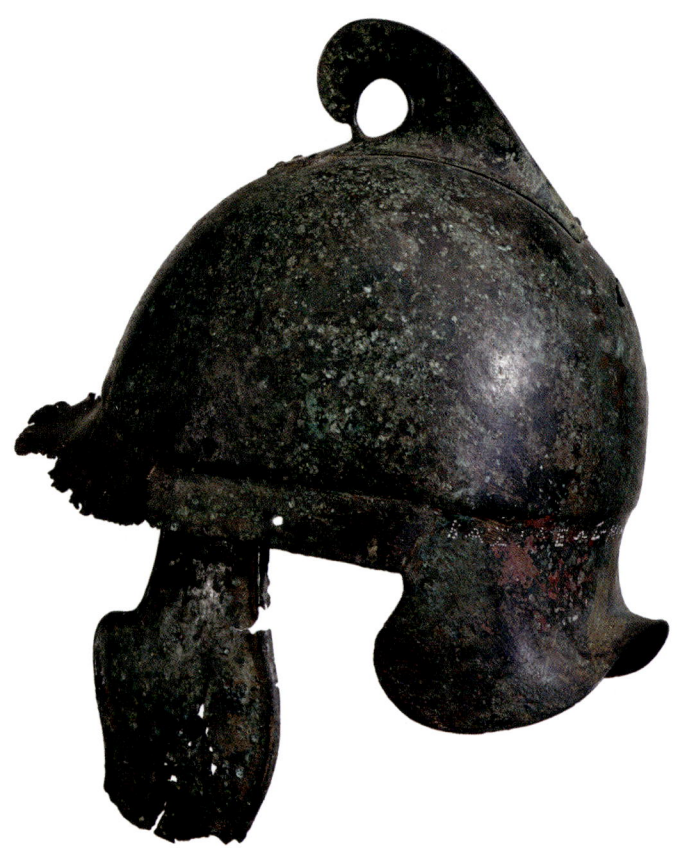
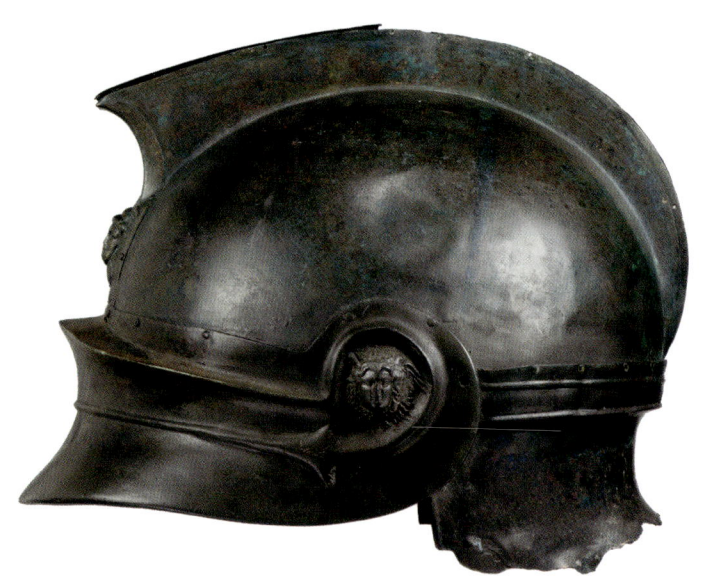

Kat. Nr. 62
Attischer Helm

Albanien/Makedonien (Illyrien), Ochrid-See, 1. Hälfte 3. Jh. v. Chr.
Bronze, H. gesamt 29,5 cm, H. ohne Wangenklappen 24,3 cm, L. 26,6 cm, Br. 20,5 cm
Berlin, Antikensammlung SMB PK, Inv. Nr. Misc. 11905

Der aus Bronze getriebene Helm besitzt eine flache Kalotte, auf der ein gebogener Aufsatz angenietet ist. Anders als bei den meisten attischen Helmen fehlt der in seitlichen Voluten auslaufende Stirngiebel. Unter dem nach außen gezogenen Rand sind seitlich Wangenklappen befestigt. Lotspuren an den Kalottenseiten zeigen, dass hier Halterungen zum Aufstecken von Helmschmuck angelötet waren. Die auf dem abgesetzten Nackenschirm eingepunzte Inschrift BASILEOS MONOUNIOY nennt den Illyrerkönig Monounios, der um 280 v. Chr. das heutige Makedonien und Albanien bis zur Adriaküste beherrschte. Der Helm stammt offenbar aus dem königlichen Waffenarsenal, wie das auf dem Aufsatz eingepunzte Zahlzeichen N (= 50) nahelegt.

Lit.: Dintsis 1986, 131 Anm. 72, 279 Nr. 221 Taf. 56, 5 Beil. 9, 377; Antike Helme 1988, 174, 441f. Nr. 51 (mit älterer Lit.); Pflug 1989, 28f. Abb. 26, 64 Nr. 32.   H.P.

Kat. Nr. 63
Attischer Helm

Griechenland, Insel Melos, 3.–1. Hälfte 2. Jh. v. Chr.
Bronze, H. 18,4 cm, L. 24,2 cm, Br. 20,7 cm
Berlin, Antikensammlung SMB PK, Inv. Nr. Fr. 1010

Der aus sehr dünnem Bronzeblech bestehende Helm ist teilweise ergänzt, der untere Rand des ursprünglich weiter herabgezogenen Nackenschirms fehlt, ebenso fehlen die Wangenklappen. Er besitzt die charakteristische Form des hellenistischen attischen Helms mit Stirnschirm, seitlichen Voluten, Scheitelkamm und abgesetztem Nackenschirm. Technisch gesehen gehört er zu einer kleinen Gruppe von Helmen, die aus vier größeren Teilen zusammengesetzt sind: an die beiden Kalottenhälften, die über dem Kamm von einem Profilblech zusammengehalten werden, sind das Stirnblech und der Nackenschirm angenietet. Als besonderen Schmuck trägt das Berliner Exemplar in den seitlichen Voluten getriebene Gorgo-Köpfe und auf dem vorderen Deckblech des Kammes eine Athenabüste. Helme dieser Art wurden seit dem ausgehenden 4. Jh. v. Chr. in der gesamten hellenistischen Welt getragen.

Lit.: Dintsis 1986, 121, 277f. Nr. 217 Taf. 55, 5.6. 56,1 Beil. 9, 362; Antike Helme 1988, 170, 443 Nr. 52 (mit älterer Lit.); Pflug 1989, 28, 64f. Nr. 33.   H.P.

ALEXANDERS FELDZUG NACH OSTEN – DIE ÖFFNUNG DER WELT

Als Philipp II. gestorben war und Alexander der Große im Jahr 336 v. Chr. zum neuen makedonischen König wurde, übernahm er nicht nur die Herrschaft seines Vaters, sondern gezwungenermaßen auch dessen Pläne zu einem Feldzug gegen das Persische Reich. Alexanders großes Verlangen nach einer umfassenden Erkundung der Welt machte aus diesem Vorhaben sein ganz eigenes Lebenswerk. Durch seine umfassende Bildung und die Erziehung durch den Philosophen Aristoteles war er mit dem vorherrschenden griechischen Weltbild vertraut, das den Mittelmeerraum im Mittelpunkt des bewohnten Erdkreises sah. Die vorhandenen Weltkarten beruhten vor allem auf geometrischen Annahmen, weniger auf Erfahrungen. Über die genaue Größe Europas oder Asiens oder die exakte Lage und den Zusammenhang von Flüssen und Meeren war nur wenig bekannt. Eben dieses Desiderat mag Alexander, dem eine unstillbare Wissbegier und Sehnsucht nach der Überwindung bestehender Grenzen nachgesagt wurde, bewogen haben, seinen Eroberungs- und gleichzeitigen Erkundungszug immer weiter voranzutreiben – bis an das Ende der Welt, hinter dem man den großen Ozean (*Okeanos*) vermutete, der alles umfasst. Dabei musste er seine bisherigen Kenntnisse immer wieder aufs Neue überprüfen und korrigieren, weshalb er in seinen Tross eine große Zahl an Wissenschaftlern und Vermessern aufnahm.

Im Frühjahr 334 v. Chr., nach ersten Erkundungszügen noch zu Lebzeiten seines Vaters, begann Alexander seinen Feldzug gegen die Perser und setzte mit seinem Heer nach Kleinasien über. Dieser Übergang wurde mit einer Vielzahl symbolischer Rituale in die Reihe ruhmvoller mythischer Kämpfe (Trojanischer Krieg) wie historisch überlieferter Auseinandersetzungen (Perserkriege des 5. Jhs. v. Chr.) eingebettet.

Bereits im Mai desselben Jahres trafen die Makedonen am Granikos auf das zahlenmäßig weit überlegene Heer der Satrapen aus den kleinasiatischen Provinzen, die vom persischen Großkönig Dareios III. vorgeschickt wurden, um den Eindringling niederzuwerfen. In der offenen Feldschlacht gelang es Alexander, durch eine ungewöhnliche Strategie mit riskanten Manövern die Gegner überraschend zu schlagen. In der Folge konnte er Kleinasien unter seine Kontrolle bringen.

Dieser Erfolg machte es für Dareios notwendig, sich nun selbst mit seinem riesigen Heer, das dem Alexanders um das zwei- bis dreifache überlegen war, der Gefahr entgegenzustellen. Die berühmte Schlacht am Issos im November 333 v. Chr. sollte jedoch wiederum der Makedone dank seiner flexiblen Taktik für sich entscheiden. Er drang dabei sogar fast bis zum Großkönig selbst vor, der daraufhin zum Rückzug rief und die Flucht ergriff. Die Perser waren somit erstmals zu Verhandlungen gezwungen, die Alexander jedoch mehrfach ausschlug, vermutlich, weil er bereits eine Eroberung des Gesamtreiches anstrebte.

Der Marsch nach Ägypten scheint dabei eher symbolischen Charakters gewesen zu sein, da Alexander sich zum Pharao und Sohn des Gottes Amun-Re ausrufen ließ. Hier gründete er auch die wohl berühmteste aller nach ihm benannten Städte – Alexandria.

Bis 330 v. Chr. gelang es dem Makedonen mit der endgültigen Vernichtung von Dareios' Armee auch das persische Kernland, das jenseits des Euphrat lag, einzunehmen. Mit großem Aufgebot zog er in die alte Königsstadt Babylon ein und ließ sich zum „König von Asien" ausrufen. Um die Unterstützung seines Herrschaftsanspruchs zu sichern, integrierte er den persischen Adel und das auf ihm beruhende Verwaltungssystem in seine eigenen Strukturen. Die ebenfalls damit zusammenhängende intensive Verfolgung des Mörders des Dareios in den folgenden Jahren war gleichzeitig ein Eroberungszug in den nordöstlichen Reichsprovinzen Hyrkanien, Baktrien und Sogdien. Auch hier gründete er einige nach ihm benannte Städte, darunter Alexandria Areiea (das heutige Herat), Alexandria in Arachosien (Kandahar) und Alexandria Eschate (das heutige Chudschand in Tadschikistan). Dabei überschritt Alexander auch den Hindukusch, von dem man glaubte, er läge so nah am Ende der Welt, dass man von dort den Okeanos sehen könnte. Möglicherweise war es die Tatsache, dass diese Erwartung nicht erfüllt wurde, die den jungen König dazu trieb, nach der Eroberung des gesamten Perserreiches im Jahr 326 v. Chr. bis in das für die Griechen fast unbekannte wie legendäre Indien (dazu zählten damals auch der Osten Afghanistans und Pakistan) vorzudringen – eine militärische Notwendigkeit gab es dafür nicht mehr. Auch als seine Soldaten ihn in Pakistan vorzeitig zur Rückkehr zwangen, wählte er neue, riskante Routen – wie später den Weg durch die Gedrosische Wüste – zur weiteren Erforschung des Landes und ließ eine Flotte zur Beschiffung des Indus bauen, um an dessen Mündung in den Indischen Ozean doch noch sein Ziel, das Ende der bewohnten Welt, den großen Okeanos, zu erreichen. Das Zentrum der bekannten griechischen Welt hatte sich längst verschoben.

A.B.

Landschaft im heutigen Usbekistan, zwischen Schachr-i Sabs und Samarkand.

MILITÄRISCHE GRUNDLAGEN DES ALEXANDERZUGES

Als Alexander von Makedonien nach Persien aufbrach, nahm er ein Heer von etwa 35.000 Mann mit, jeweils etwa zur Hälfte Griechen und Makedonen. Zum Fußvolk, das den Großteil des Heeres bildete (etwa 30.000 Mann), gehörte die makedonische *Phalanx*, die sich aus 12.000 Soldaten zusammensetzte. Diese waren mit Schwert und Lanze, Panzer (meist aus festem Leder), Helm und Beinschienen sowie einem Rundschild ausgestattet. Die schwer bewaffneten „Gefährten zu Fuß" (*Pezhetairen*) mit 9.000 Mann trugen eine fünf bis sechs Meter lange und bis zu acht Kilogramm schwere Lanze (*Sarissa*). Die leichter bewaffneten „Schildträger" (*Hypaspisten*) mit 3.000 Mann führten kürzere Lanzen von etwa zwei Metern Länge mit sich und waren dadurch beweglicher.

Schwerer als die makedonischen Phalangiten waren die griechischen Hopliten ausgerüstet. Der hölzerne, etwa einen Meter im Durchschnitt messende Rundschild konnte mit Bronzeblech beschlagen sein und verbarg den Oberkörper. Angriffswaffen waren Lanze und Schwert. Gebräuchlich waren gerade Kurzschwerter und schwere Hiebschwerter, so genannte „*Máchaira*". Neben dem ursprünglichen Bronzepanzer (Glockenpanzer, Muskelpanzer) kam der Leder- und später vor allem der Leinenpanzer häufiger zur Anwendung. Letzterer ist aus mehreren Leinenschichten zu einer steifen Stoffhülle zusammengefügt, deren Oberfläche wiederum mit Metallappliken schützend versehen werden konnte. Dies hatte auch eine ästhetische Wirkung, denn die einzelnen Metallapplikationen konnten filigran und kunstvoll verziert sein. Ein derartiger Schuppenpanzer wird auch von Alexander auf dem Pompeijanischen Schlachtmosaik getragen.

Insgesamt wirkte der Anblick von Alexanders Heer durch seine Größe und Struktur, die dicht geschlossen formierte Phalanx und die 5.000 Reiter sicher beeindruckend, wenn nicht beängstigend. Optisch imposant waren bestimmt auch das lange Sarissenfeld wie das weitflächige Funkeln der Metalle von Stichwaffen, Schildbeschlägen, Schienen und Helmen. Dem Ganzen muss in der Vorstellung noch Farbe hinzugefügt werden: Die Helme konnten verziert sein mit einem imposanten Federbusch, die Schilde zudem bunt bemalt, oft mit abwehrenden oder Angst einflößenden Motiven, wie Gorgonen mit fletschenden Zähnen, dem Keule schwingenden Herakles oder Kerberos, dem Hadesbewacher, selbst.

E. K.

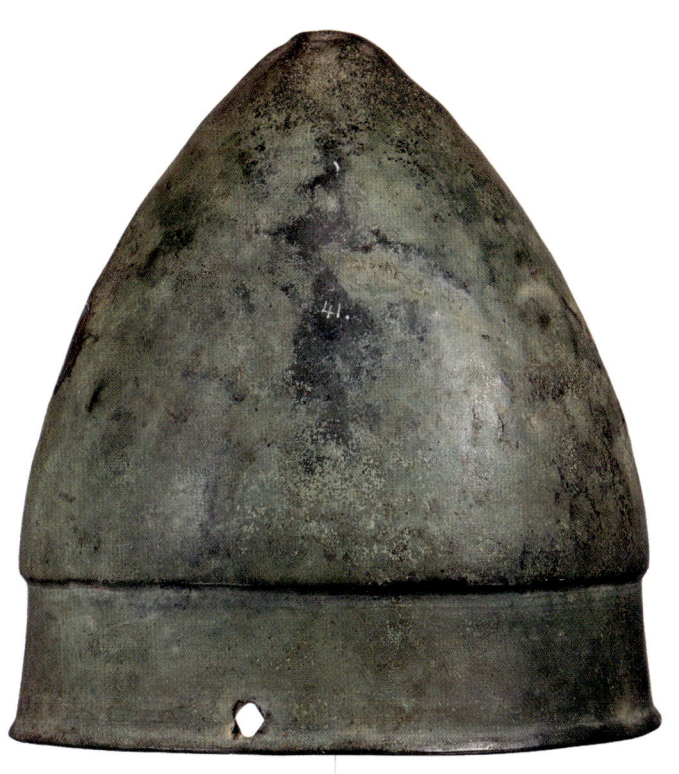
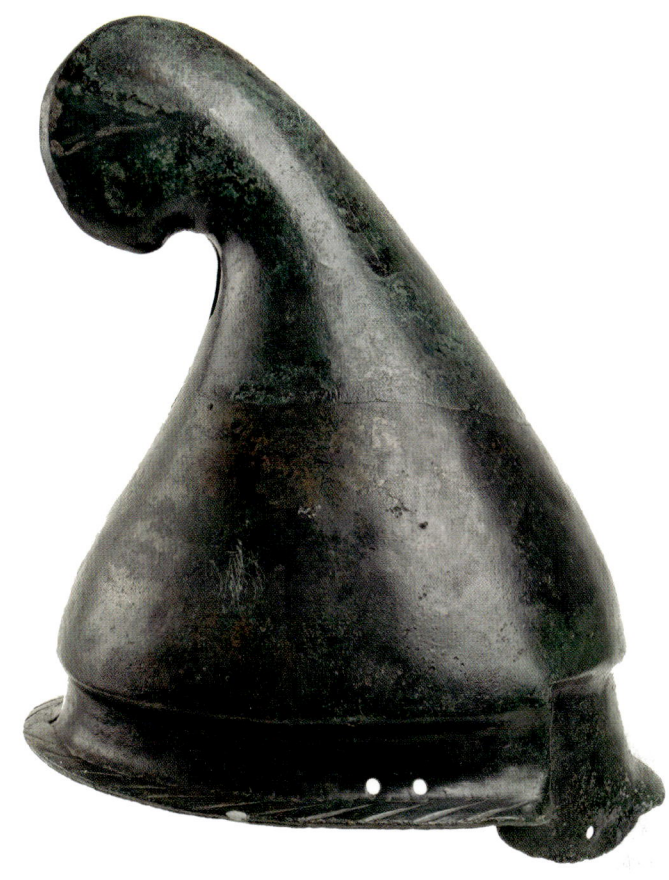

Kat. Nr. 60
Pilos-Helm

Oberägypten, 2. Hälfte 5.–1. Hälfte 4. Jh. v. Chr.
Bronze, H. 21 cm, Dm. 22,2 cm
Berlin, Antikensammlung SMB PK, Inv. Nr. L 41

Der nur geringfügig ergänzte Helm in Form einer konischen Filzmütze (*pilos*) ist aus dünnem Bronzeblech getrieben. Ein schwach ausgeprägter Absatz trennt die niedrige Wand von der fast kreisrunden, hochgewölbten Kalotte. Die beiden am unteren Rand grob durchgestoßenen Löcher werden zur Befestigung eines Kinnriemens gedient haben. Der Piloshelm kam nach Ausweis von Darstellungen auf Vasen und Reliefs um die Mitte des 5. Jhs. v. Chr. in Griechenland auf und blieb in weiterentwickelter Form mit Wangenklappen bis in hellenistische Zeit hinein in Gebrauch. Der Einsatz leichterer Schutzwaffen, die wie der Piloshelm ein freies Gesichtsfeld boten, lässt sich mit der wachsenden Bedeutung beweglicher Schlachtreihen sowie der Reiterei seit dem späteren 5. Jh. v. Chr. erklären.

Lit.: Vokotopoulou 1980, 240 Nr. 7; Dintsis 1986, 61 Taf. 22, 3 Beil. 3, 120; Antike Helme 1988, 156f., 437 Nr. 48; Pflug 1989, 26, 62 Nr. 30; AK Speyer 1990, 20 Abb. 14.   H.P.

Kat. Nr. 61
Phrygischer Helm

Bulgarien, Garrnen (Blagoevgrad-Region), 4. Jh. v. Chr.
Bronze, H. 26 cm, Dm. 24 cm
Sofia, Archäologisches National-Institut und Museum – BAS, Inv. Nr. 8246

Phrygische Kopfbedeckung mit angesetztem kleinen Visier. Ein mit kurzen Linien verzierter, nach oben gebogener Rand bildet den Übergang zwischen dem oberen und (nicht erhaltenen) unteren Teil des Helms. Der Helm weist Spuren einer antiken Reparatur auf.

Lit.: AK Köln 1979, 125 Kat. Nr. 244.   P.I.

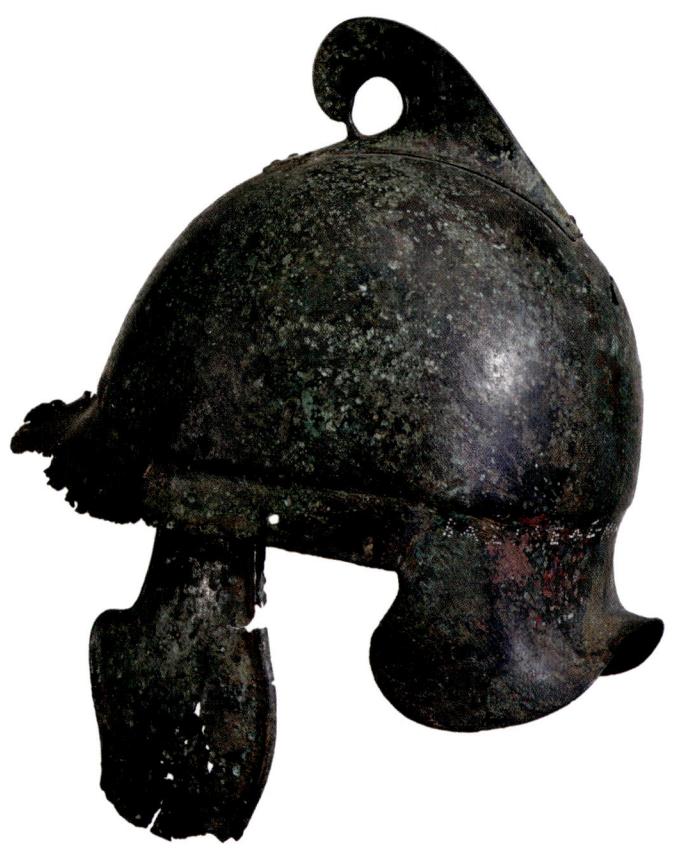
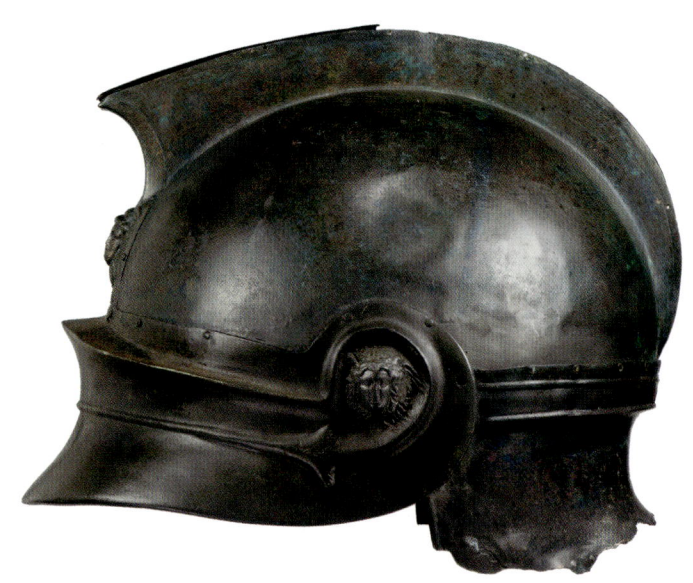

Kat. Nr. 62
Attischer Helm

Albanien/Makedonien (Illyrien), Ochrid-See, 1. Hälfte 3. Jh. v. Chr.
Bronze, H. gesamt 29,5 cm, H. ohne Wangenklappen 24,3 cm, L. 26,6 cm, Br. 20,5 cm
Berlin, Antikensammlung SMB PK, Inv. Nr. Misc. 11905

Der aus Bronze getriebene Helm besitzt eine flache Kalotte, auf der ein gebogener Aufsatz angenietet ist. Anders als bei den meisten attischen Helmen fehlt der in seitlichen Voluten auslaufende Stirngiebel. Unter dem nach außen gezogenen Rand sind seitlich Wangenklappen befestigt. Lotspuren an den Kalottenseiten zeigen, dass hier Halterungen zum Aufstecken von Helmschmuck angelötet waren. Die auf dem abgesetzten Nackenschirm eingepunzte Inschrift BASILEOS MONOUNIOY nennt den Illyrerkönig Monounios, der um 280 v. Chr. das heutige Makedonien und Albanien bis zur Adriaküste beherrschte. Der Helm stammt offenbar aus dem königlichen Waffenarsenal, wie das auf dem Aufsatz eingepunzte Zahlzeichen N (= 50) nahelegt.

Lit.: Dintsis 1986, 131 Anm. 72, 279 Nr. 221 Taf. 56, 5 Beil. 9, 377; Antike Helme 1988, 174, 441f. Nr. 51 (mit älterer Lit.); Pflug 1989, 28f. Abb. 26, 64 Nr. 32.   H.P.

Kat. Nr. 63
Attischer Helm

Griechenland, Insel Melos, 3.–1. Hälfte 2. Jh. v. Chr.
Bronze, H. 18,4 cm, L. 24,2 cm, Br. 20,7 cm
Berlin, Antikensammlung SMB PK, Inv. Nr. Fr. 1010

Der aus sehr dünnem Bronzeblech bestehende Helm ist teilweise ergänzt, der untere Rand des ursprünglich weiter herabgezogenen Nackenschirms fehlt, ebenso fehlen die Wangenklappen. Er besitzt die charakteristische Form des hellenistischen attischen Helms mit Stirnschirm, seitlichen Voluten, Scheitelkamm und abgesetztem Nackenschirm. Technisch gesehen gehört er zu einer kleinen Gruppe von Helmen, die aus vier größeren Teilen zusammengesetzt sind: an die beiden Kalottenhälften, die über dem Kamm von einem Profilblech zusammengehalten werden, sind das Stirnblech und der Nackenschirm angenietet. Als besonderen Schmuck trägt das Berliner Exemplar in den seitlichen Voluten getriebene Gorgo-Köpfe und auf dem vorderen Deckblech des Kammes eine Athenabüste. Helme dieser Art wurden seit dem ausgehenden 4. Jh. v. Chr. in der gesamten hellenistischen Welt getragen.

Lit.: Dintsis 1986, 121, 277f. Nr. 217 Taf. 55, 5.6. 56,1 Beil. 9, 362; Antike Helme 1988, 170, 443 Nr. 52 (mit älterer Lit.); Pflug 1989, 28, 64f. Nr. 33.   H.P.

MILITÄRISCHE GRUNDLAGEN DES ALEXANDERZUGES

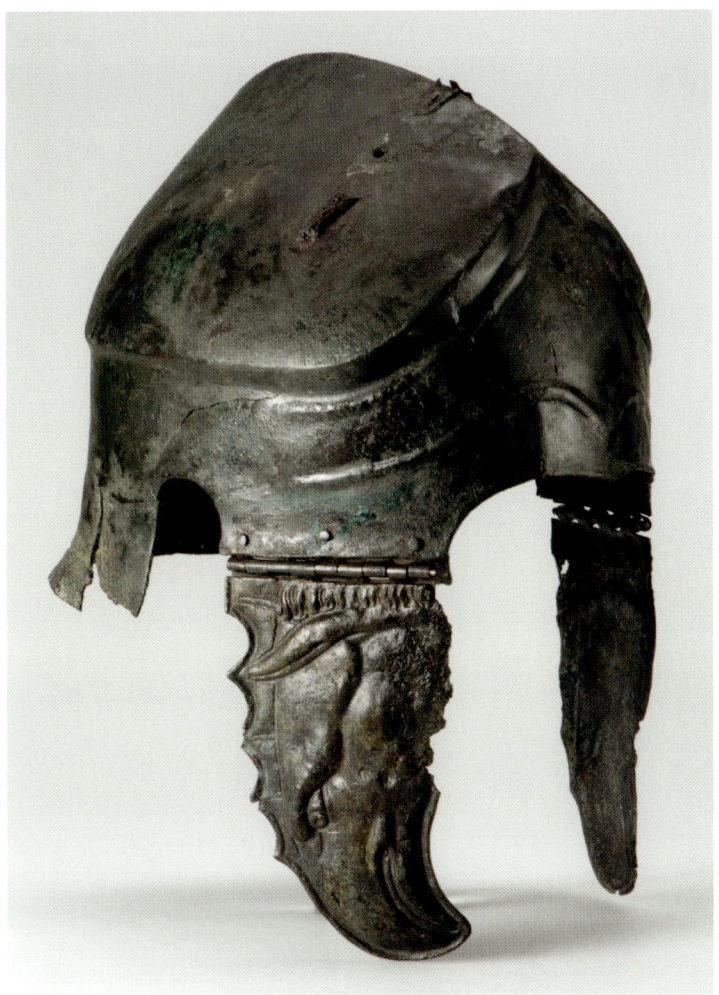

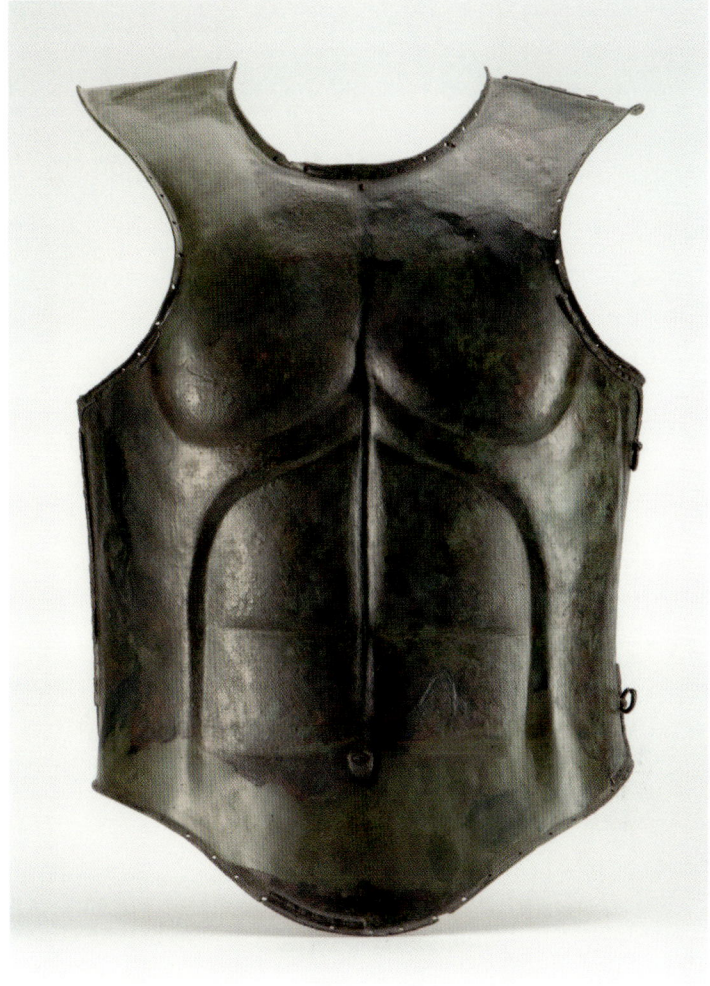

Kat. Nr. 64
Chalkidischer Helm

Italien, Ruvo (Apulien), unteritalisch, 2. Hälfte 4. Jh. v. Chr.
Bronze, H. 18, 5 cm, Br. 16, 5 cm, T. 22, 5 cm, Blechstärke 0, 2–0, 3 cm
Wangenklappen: H. 12/12,1 cm, Br. 8,4/8 cm, Blechstärke 0,1–0,2 cm
Karlsruhe, Badisches Landesmuseum, Inv. Nr. F 431

Diese Form der chalkidischen Helme war vor allem in Unteritalien, besonders im westlichen Lukanien, verbreitet. Der Helm läuft nach oben spitz zu und besitzt einen hochgezogenen Stirngiebel. Auf seiner Kalotte waren ursprünglich ein Helmbuschträger sowie seitliche Helmzierden angebracht. Besondere Aufmerksamkeit verdienen die Wangenklappen in Gestalt von Greifenköpfen: Die Hälse der Vögel sind mit Scharnieren am Helm befestigt, die langen spitzen Schnäbel enden am Kinn des Helmträgers. Die jetzigen Scharniere sind moderne Ergänzungen, daher ist die Zugehörigkeit der Wangenklappen zum Helm nicht völlig gesichert, auch wenn sie aufgrund der passgleichen Maße als wahrscheinlich anzusehen ist.

Lit.: Bottini/Fresa 1991, 97 A 1; Jurgeit 1999, 137f. Nr. 180.   A.S.

Kat. Nr. 65
Brustpanzer

Italien (Etrurien), etruskisch, 2.–3. Viertel 4. Jh. v. Chr.
Bronze, H. 47,5 cm, Br. 33 cm, Blechstärke 0,2 cm
Karlsruhe, Badisches Landesmuseum, Inv. Nr. F 598

Bei dem anatomisch geformten Brustpanzer handelt es sich um einen sogenannten „langen Panzer". Er reicht vorne bis zur Hälfte des Unterbauches hinunter, an den Seiten bis zum Hüftansatz. Daher war er wohl für Reiter ungeeignet und wurde von Fußsoldaten getragen. Die zum Brustpanzer zugehörige Rückenschale wird ebenfalls in Karlsruhe aufbewahrt. So lässt sich erkennen, dass Brust- und Rückenteil ursprünglich durch Scharniere miteinander verbunden waren, wobei sich das Scharnier der linken Seite zum An- und Ausziehen öffnen ließ. Zum Tragen wurde der Panzer zusätzlich mit einem textilen Futter ausgepolstert, welches an kleinen Löchern an den Kanten des Panzers befestigt war.

Lit.: Jurgeit 1999, 102–104 Nr. 135.   A.S.

MILITÄRISCHE GRUNDLAGEN DES ALEXANDERZUGES

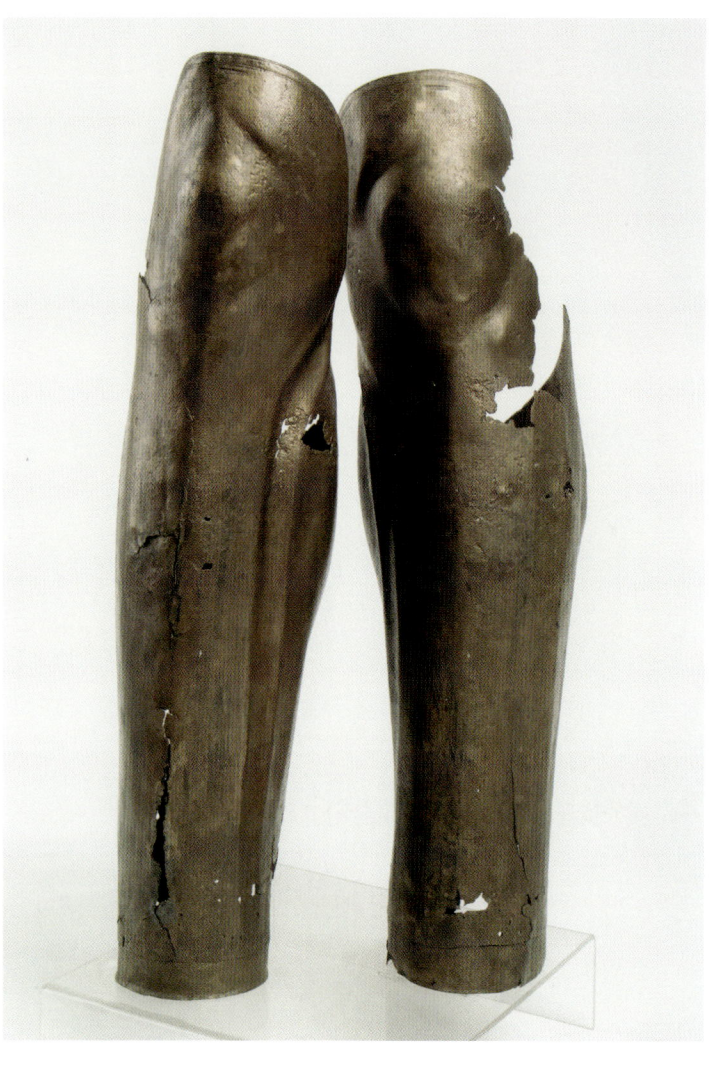

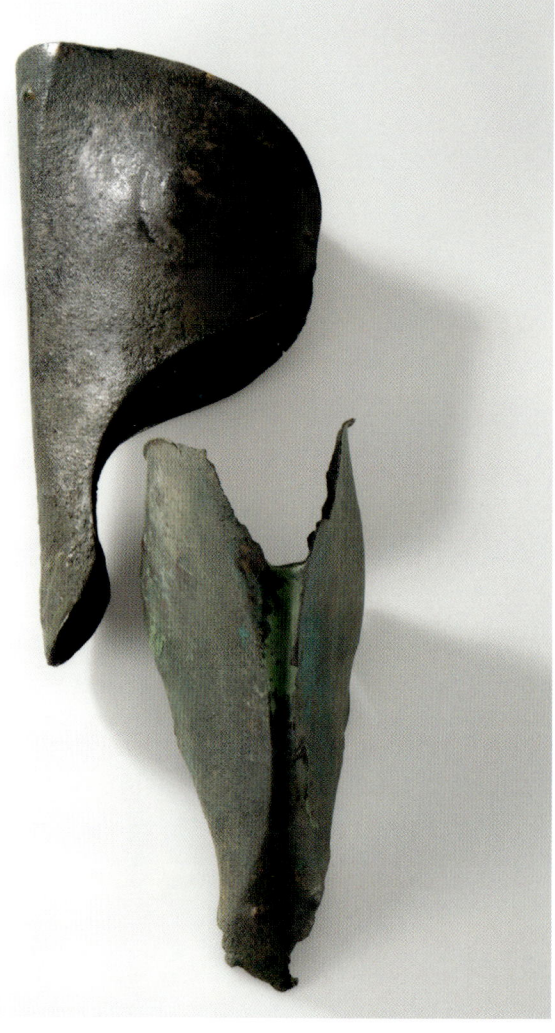

Kat. Nr. 66
Beinschienenpaar

Bulgarien, Asenovgrad (Plovdiv-Region), 4. Jh. v. Chr.
Bronze, H. 42 cm
Sofia, Archäologisches National-Institut und Museum – BAS, Inv. Nr. 7309

Plastisch modellierte Beinschienen, bei beiden fehlt der Fußteil. Die Muskeln sind kunstvoll und detailreich wiedergegeben. Am oberen Rand der Vorderseite findet sich der Stempel des Herstellers.

Lit.: Ivanov 1948, 101; Gold der Thraker 1979, 125f. Kat. Nr. 245.   P.I.

Kat. Nr. 67
Fersenschienenpaar

Italien (Apulien), apulisch (-lukanisch), 2. Hälfte 5.–1. Hälfte 4. Jh. v. Chr.
Bronze, H. 23/26,3 cm, T. 11,9/12,4 cm, Blechstärke 0,1/0,1 cm
Karlsruhe, Badisches Landesmuseum, Inv. Nr. F 441, F 442

Fersenschienen dienten zum Schutz von Ferse und Fußknöchel. Sie bedeckten weiter auch einen Teil der Waden. Ihre Befestigung am Fuß erfolgte mithilfe von Schnüren, die durch Löcher am Rand der Schienen gezogen wurden. F 441 war für den rechten Fuß bestimmt, F 442 für den linken. Die Schienenrückseiten sind mit jeweils drei Buckelpaaren verziert. Die relativ lang über die Waden reichende Form der Fersenschienen ist typisch für Exemplare aus Unteritalien. Sie schließt das Tragen weiterer Schutzschienen für die Schienbeine aus, wie es andernorts, beispielsweise in Griechenland, üblich gewesen zu sein scheint.

Lit.: Bottini/Fresa 1991, 101f. Nr. 7; Jurgeit 1999, 143 Nr. 184.   A.S.

MILITÄRISCHE GRUNDLAGEN DES ALEXANDERZUGES

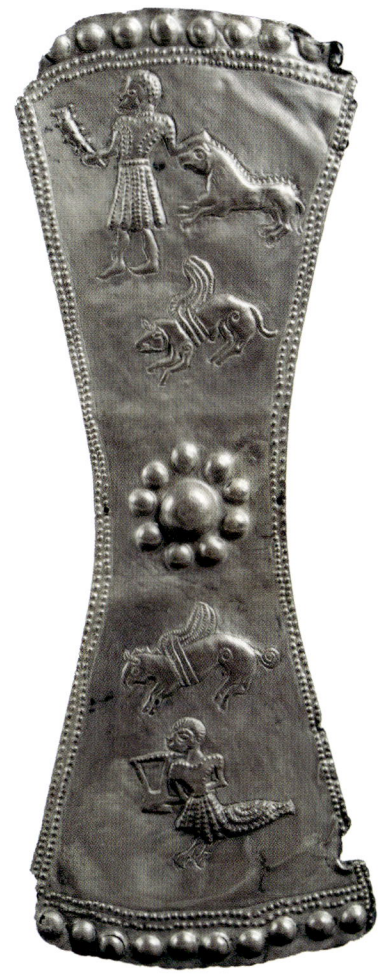

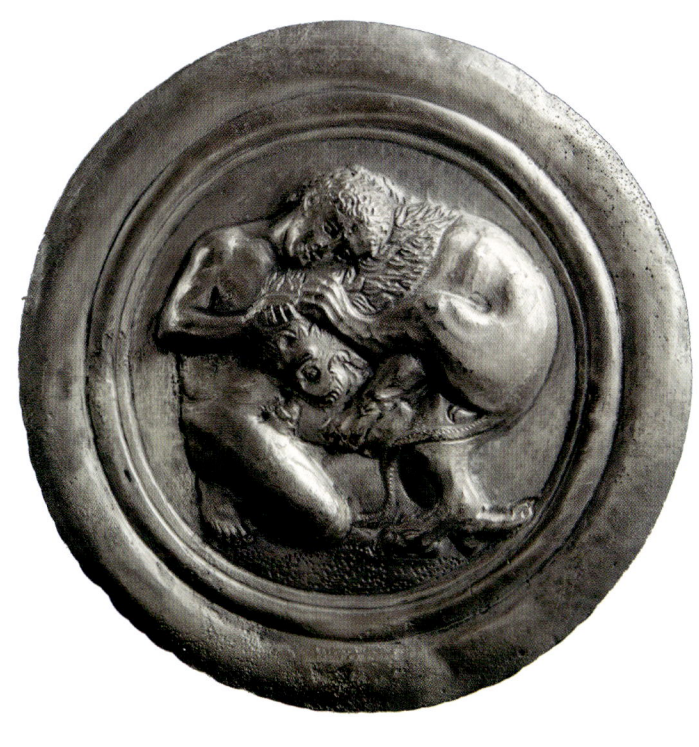

Kat. Nr. 68
Zentrale Zierplatte eines Schildes

Bulgarien, 1903 im Mramor-Grab in der Nähe von Panagurishte
(Plovdiv-Region) gefunden, 4. Jh. v. Chr.
Silber, H. 32 cm
Sofia, Archäologisches National-Institut und Museum – BAS, Inv. Nr. 3555

Mittig angebrachte Verzierung eines Schutzschildes. Im oberen Teil ist Herakles im Kampf mit dem nemeischen Löwen dargestellt, während der untere Abschnitt von einer Sirene in Gestalt einer weiblichen Figur mit Vogelfüßen eingenommen wird, die in ihrer Linken eine Lyra hält. Sowohl Herakles als auch die Sirene sind beide bekleidet und ihre Köpfe im Profil wiedergegeben. Ober- und unterhalb der zentralen Buckel-Rosette befindet sich jeweils die Darstellung eines Löwengriffen. An den Rändern des Schilds finden sich Perlschnurornamente in Doppelreihen, am oberen und unteren Schildrand bildet eine Reihe von Buckeln den Abschluss.

Lit.: Ognenova 1952; AK Köln 1979, 178f. Kat. Nr. 357. P.I.

Kat. Nr. 69
Runder Zierbeschlag eines Pferdegeschirrs

Bulgarien, 1903 im Mramor-Grab in der Nähe von Panagurishte
(Plovdiv-Region) gefunden, 4. Jh. v. Chr.
Silber, Dm. 8,6 cm
Sofia, Archäologisches National-Institut und Museum – BAS, Inv. Nr. 3559.

Runder Zierbeschlag mit hochgewölbtem profilierten Rand. Auf dem Innenbild findet sich eine Darstellung des Herakles im Kampf gegen den nemeischen Löwen. Der nackte kniende Herakles hat den Kopf des Löwen zwischen seinen rechten Arm und seinen Brustkorb geklemmt, während der Löwe sich mit Hilfe seiner Hintertatzen aus der Umklammerung zu befreien sucht. Die Darstellung zeigt leichte Spuren von Vergoldung. Auf der Rückseite des Beschlags befindet sich eine Schlaufe.

Lit.: Ognenova 1952, 1; AK Köln 1979, 177 Kat. Nr. 355. P.I.

MILITÄRISCHE GRUNDLAGEN DES ALEXANDERZUGES

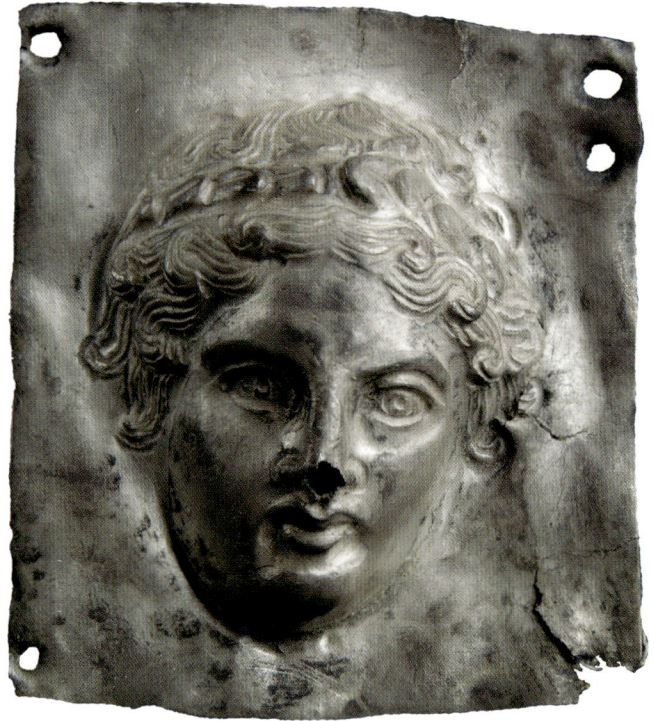

Kat. Nr. 70
Zwei viereckige Zierbeschläge eines Pferdegeschirrs

Bulgarien, 1903 im Mramor-Grab in der Nähe von Panagurishte (Plovdiv-Region) gefunden, 4. Jh. v. Chr.
Silber, H. 5,5 cm
Sofia, Archäologisches National-Institut und Museum – BAS, Inv. Nr. 3553

Ein Paar identischer, dekorierter Beschläge eines Pferdegeschirrs mit dem Kopf des Gottes Apollon.

Lit.: Ognenova1952, 1; AK Köln 1979, 178 Kat. Nr. 356. P.I.

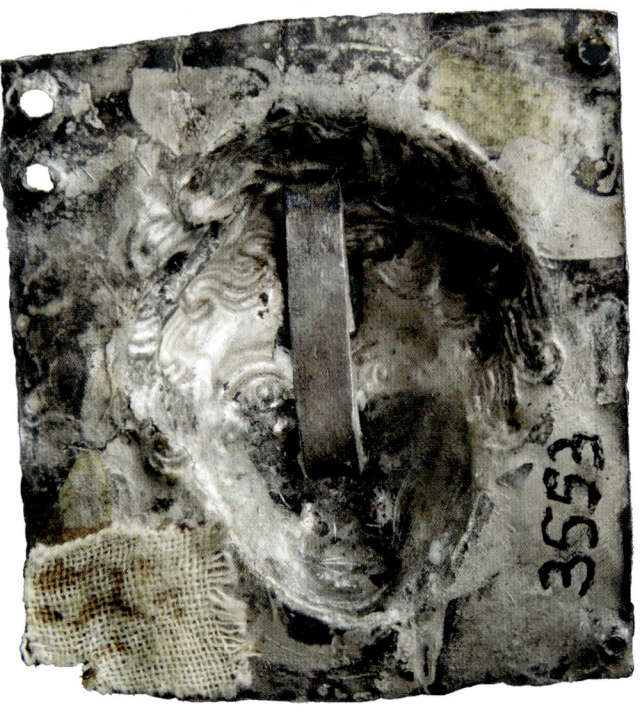

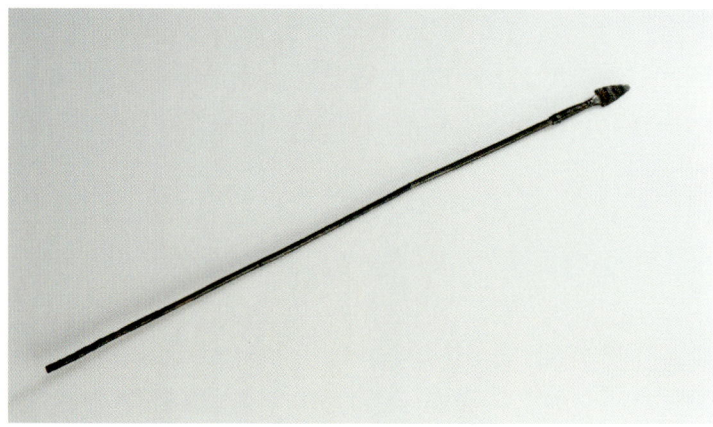

Kat. Nr. 71
Pfeil

Italien (Etrurien), etruskisch-italisch, hellenistische Zeit
Bronze, L. gesamt 46,2 cm, L. Spitze 7 cm
Karlsruhe, Badisches Landesmuseum, Inv. Nr. F 161

Gegossene Pfeilspitze auf leicht konischer Tülle, flach ausgeschmiedet. In der Tülle ist noch der Niet der antiken Schäftung erhalten. Der Bronzestab, an dem die Spitze heute befestigt ist, ist – im Unterschied zum unteren Teil des Schafts – nicht antik. Sicher handelt es sich hier nicht um eine Kampfwaffe, sondern um eine Weihgabe aus einem Heiligtum oder um das Attribut einer Statue. Die Wirkung eines Bogens ließ sich steigern, wenn die Geschosse mit tierischen und pflanzlichen Giften versehen waren (unser Wort „toxisch", giftig, ist von dem griechischen Wort für Pfeil, *tóxon*, abgeleitet). Alexanders Armee war bei ihrem Zug nach Indien mit ihr unbekannten todbringenden Pfeilgiften konfrontiert, die vor allem aus Schlangen gewonnen wurden. Da schon leichte Schussverletzungen ein grausames Ende herbeiführen konnten, muss die psychologische Wirkung der Bogenschützen beträchtlich gewesen sein.

Lit.: Jurgeit 1999, 168f. Nr. 227 Taf. 85; Mayor 2003, 63–97. C.H.

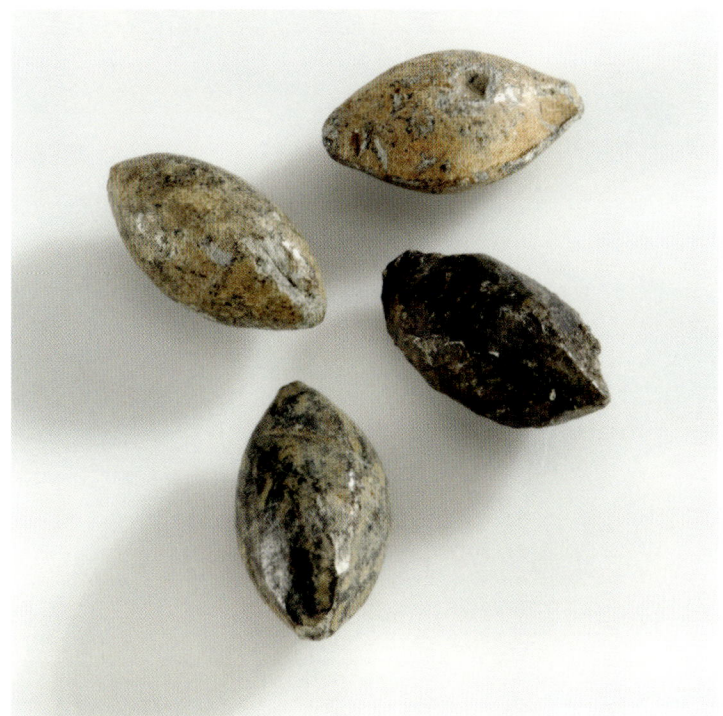 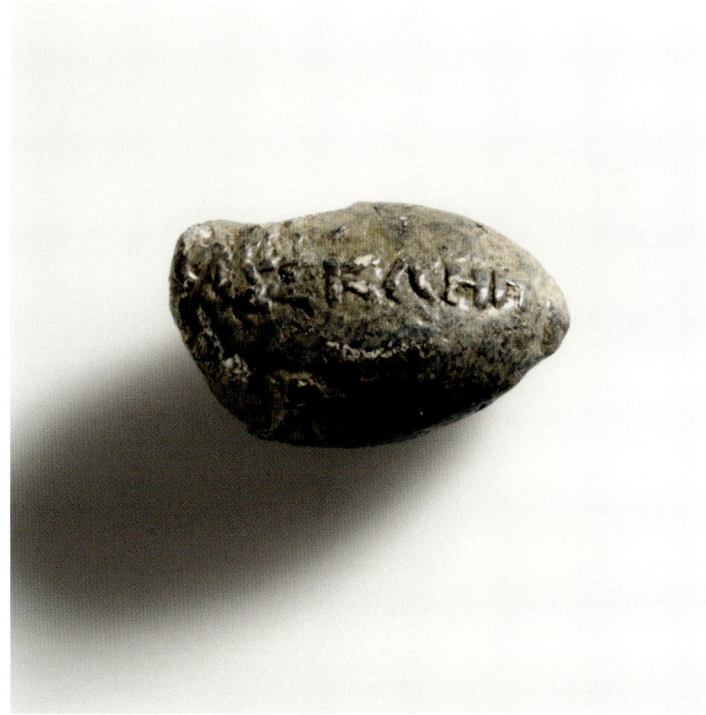

Kat. Nr. 72–75
Vier Schleuderbleie

Wohl etruskisch-italisch
Blei, L. 2,7–3 cm, 20,76–36,09 g
Karlsruhe, Badisches Landesmuseum, Inv. Nr. F 614, F 853, F 1535 b, F 1896 b

Als Munition geübter Schleuderer stellten die kleinen, olivenförmigen Projektile eine präzise und verheerende Waffe dar. Hohe Reichweite und Durchschlagskraft, Lautlosigkeit und schlechte Sichtbarkeit im Flug sowie hohe Wurffrequenz gaben die Gewähr, dass man sich vor dieser Fernwaffe nur schwer schützen konnte. Die Schleuder war effizient, unempfindlich gegen Witterungseinflüsse und leicht. Zudem waren die Geschosse günstig – neben den bleiernen konnten auch solche aus Stein oder Ton zum Einsatz kommen.

Lit.: Jurgeit 1999, 176f. Nr. 245, 247, 249, 252 Taf. 89; Dohrenwend 2002. C.H.

Kat. Nr. 76
Schleuderblei mit griechischer Inschrift

Griechisch, 4. Jh. v. Chr.
Blei, L. 3,2 cm, 44,46 g
Karlsruhe, Badisches Landesmuseum, Inv. Nr. F 855

Mandelförmiges Schleudergeschoss, an einer Spitze beschädigt. Es trägt verteilt auf beide Seiten die mitgegossene Inschrift (A)ΣΣΚΛΗΠ / ΙΟΔΩ(ΡΟΥ) (ASKLEPIODOROU in griechischer Schrift), die das Stück als Besitz oder Produkt eines Asklepiodoros ausweist. Neben Namensinschriften sind von Schleuderbleien auch Schmähungen des Gegners bekannt. Markige Sprüche, wie „Nimm das!" bzw. „Fang auf!" (ΔΕΞΑ [DEXA]), finden sich ebenfalls. Der Geschosshagel der Schleuderer konnte bei den Getroffenen schwerste innere Verletzungen bewirken. Rhodos und die balearischen Inseln waren in der Antike für ihre besonders versierten Schleuderer berühmt.

Lit.: Schumacher 1890, Nr. 753 Taf. 14,57; Jurgeit 1999, 176. C.H.

MILITÄRISCHE GRUNDLAGEN DES ALEXANDERZUGES

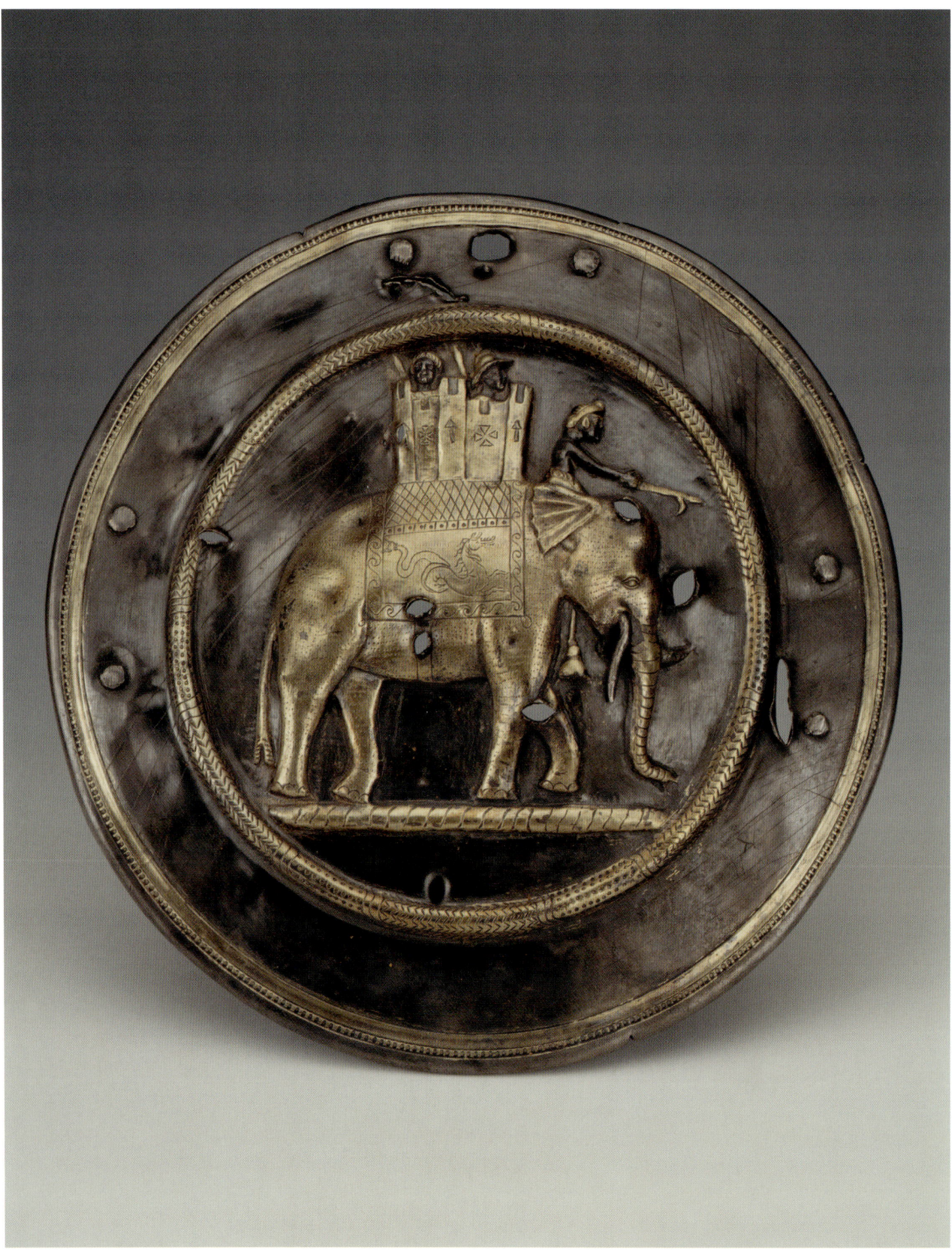

MILITÄRISCHE GRUNDLAGEN DES ALEXANDERZUGES

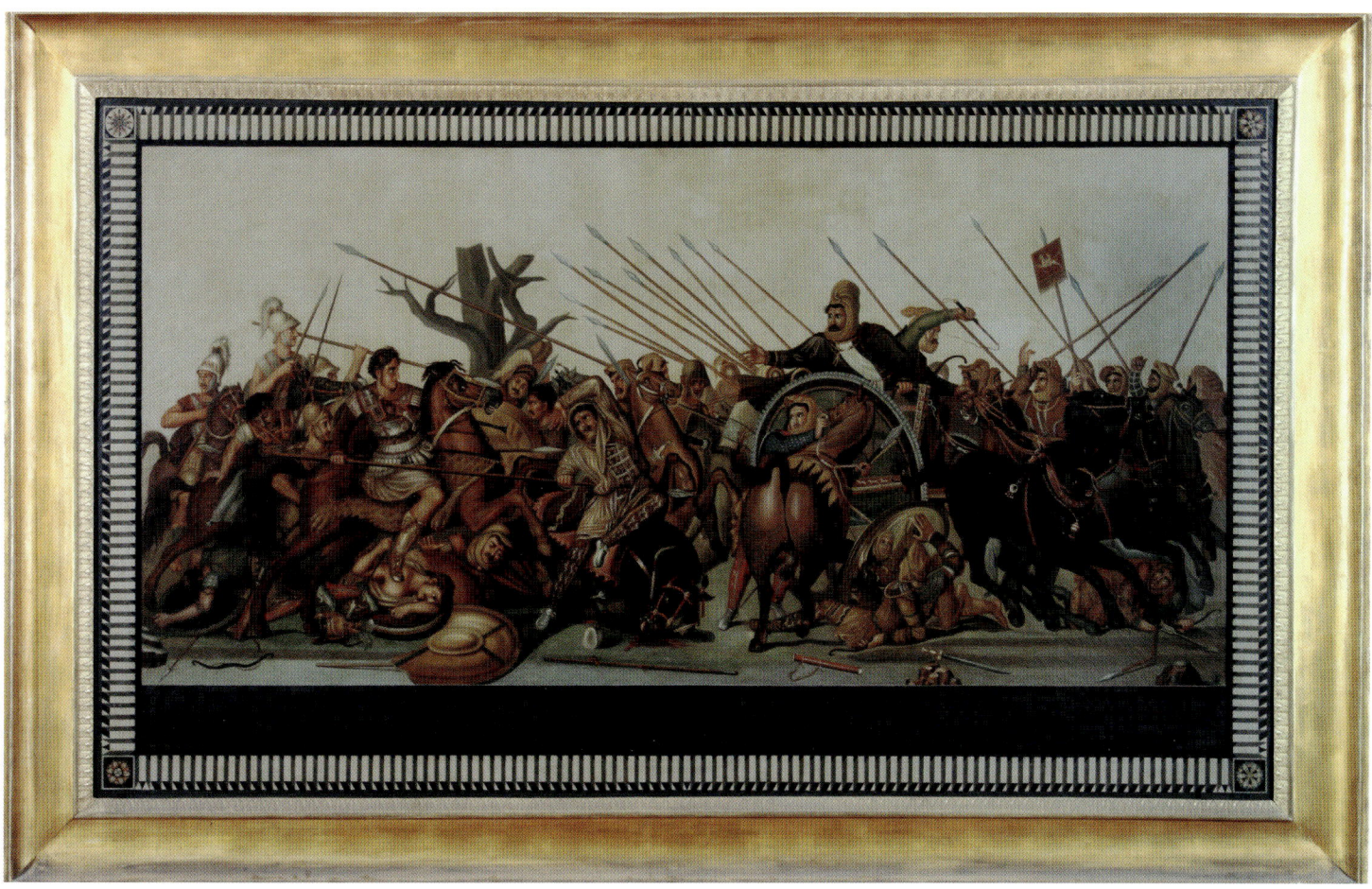

Kat. Nr. 77
Phalera mit Darstellung eines Kriegselefanten

Vor 1725 gefunden, vermutlich in Sibirien oder an der Wolga bei illegalen Grabungen, bis 1859 in der Kunstkammer (St. Petersburg), wahrscheinlich in Ost-Iran angefertigt, 3.–2. Jh. v. Chr.
Silber, Vergoldung, Dm. 24,7 cm
St. Petersburg, Staatliche Eremitage, Abteilung für Kultur und Kunst der Länder des Orients, Inv. Nr. S-65

Das Stück gehört zu einem Phalaerenpaar, das in der Eremitage aufbewahrt wird. Im runden Rahmen ist durch Prägung ein Kriegselefant dargestellt, auf dessen Hals ein Treiber mit Turban und Pluderhose sitzt. Über dem Rücken des Elefanten liegt eine Decke mit der Darstellung eines Hippokampen, auf dem Rücken ragt ein Turm auf, in dem bewaffnete Menschen zu erkennen sind. Der Typus des Treibers lässt darauf schließen, dass die Phalera in Gebieten nahe Indien angefertigt wurde, anderseits bezeugen der Hippokamp und Details des Ornaments sowie die vorzügliche plastische Wiedergabe des laufenden Elefanten griechischen Einfluss. Deshalb nimmt man üblicherweise an, die Phalera stamme aus dem baktrischen Königreich, in dem die kulturellen Einflüsse der westlichen Welt auf die des Fernen Ostens trafen.

Lit.: Trewer 1940, 46; Smirnov 1990, Taf. 120; Dandamayeva 2007, 305. M.Da.

Kat. Nr. 78
Gemälde: Wiedergabe des Alexandermosaiks aus Pompeji

Italien, Pompeji, Mitte 19. Jh., signiert: Michele Mastracchio
Öl auf Leinwand, mit Rahmen: 2,10 x 1,32 m, ohne Rahmen: 1,83 x 1,05 m
Neapel, Museo Archeologico Nazionale, Inv. Nr. 10020

Am 24. Oktober 1831 wurde in der Casa del Fauno in Pompeji das berühmteste uns aus der Antike überlieferte Mosaik entdeckt – das sogenannte „Alexandermosaik" - mit der Darstellung einer großartigen Schlachtszene: der Begegnung zwischen Alexander dem Großen und seinem Gegner Dareios III., vermutlich in der Schlacht von Issos 333 v. Chr. Die außergewöhnliche Entdeckung bewirkte, dass unmittelbar darauf das Sujet mehrfach reproduziert wurde, so auf Majoliken (vgl. Kat. Nr. 368) aber ebenso auf verschiedenen Einrichtungsgegenständen, wobei teilweise auch nur Ausschnitte der Gesamtdarstellung wiedergegeben wurden. Das Ölbild ist eine Kopie des Mosaiks, frei ergänzt sind jene Teile im linken Bildfeld, die nicht erhalten sind. Michele Mastracchio, seit 1837 als offizieller Zeichner bei den Grabungen in Pompeji tätig, führte das Ölgemälde aus, und zwar nachdem das Mosaik 1849 ins Museum gebracht worden war.

Lit.: Catapano 1996, 146 Abb. 8. M.R.B.

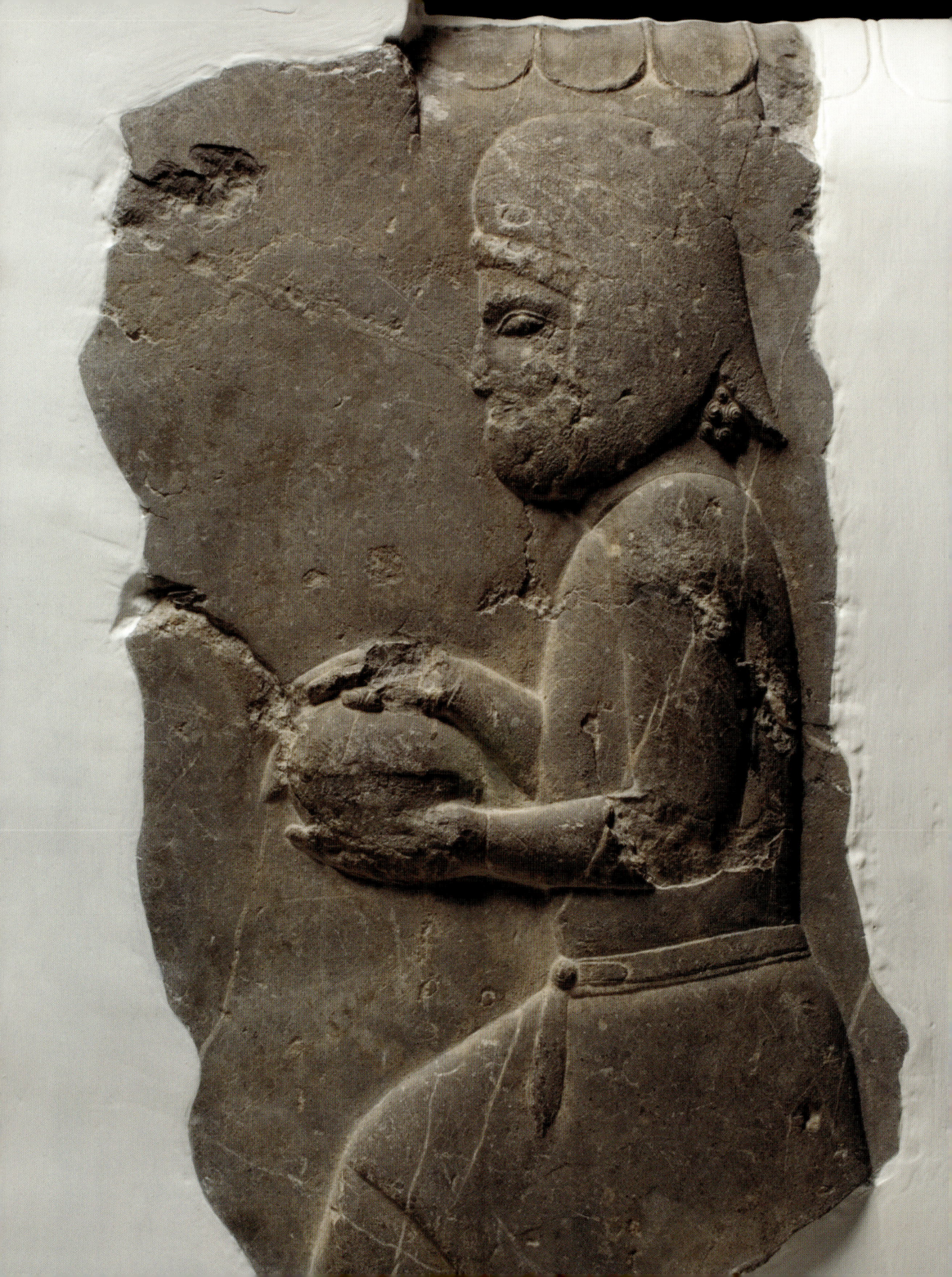

FEIND UND FASZINATION – DAS PERSISCHE GROSSREICH UNTER DEN ACHÄMENIDEN

Der Kriegszug Alexanders des Großen richtete sich gegen die Perser unter der Herrschaft des Achämeniden Dareios III. Das achämenidische Großreich war das erste wirkliche Weltreich des Altertums, das sich im 4. Jh. v. Chr. vom Hellespont bis an den Indus erstreckte. Es umfasste den gesamten Orient, von Kleinasien bis über den Hindukusch hinaus, von Ägypten bis zum Kaukasus und prägte somit weite Teile des späteren Alexander-Reichs.

Die Bezeichnung *Achämeniden* leitet sich ab von Achaemenes, dem legendären Gründer der Herrscherdynastie, deren Mitglieder mehr als 200 Jahre lang regierten. Ausgehend von dem Gebiet der heutigen iranischen Provinz Fars begann Kyros um 550 v. Chr. den persischen Eroberungszug, der unter anderem auch zu kriegerischen Auseinandersetzungen mit den Griechen führte.

In rascher Folge gelang die Eroberung zahlreicher hochentwickelter Reiche, die zur Herausbildung der achämenidischen Reichsorganisation ebenso wie zu ihrer Machtsymbolik beitrugen. So entstand eine ausgeklügelte Reichs- und Verwaltungsstruktur, die sich spätestens unter Xerxes I. (519–465 v. Chr.) als stabiles Herrschafts- und Staatssystem bezeichnen lässt.

An dessen Spitze stand der König, meist als „König der Könige" und „Herrscher der Welt" bezeichnet. Voraussetzung für die Thronbesteigung war es, Mitglied der Achämeniden-Dynastie und Iraner zu sein. Direkt durch den obersten Gott Ahura Mazda eingesetzt, war der König dazu ermächtigt, die gottgegebene Ordnung aufrechtzuerhalten. Dementsprechend besaß er die absolute Macht und galt als Inbegriff von Recht und Gesetz. Seine Untertanen mussten ihm absoluten Gehorsam entgegenbringen und ihn vor allen Gefahren schützen.

Diese königliche Position wurde visuell u.a. durch das weit verbreitete Bild auf Siegeln manifestiert, das den königlichen Helden bei der Bändigung eines wilden Tieres oder Ungeheuers zeigt. Zudem war der Herrscher auf monumentalen Steinreliefs, insbesondere in den vier königlichen Residenzen in Susa, Persepolis, Ekbatana und Babylon, präsent.

Zur Kontrolle des riesigen Reichsgebietes, das zahlreiche unterschiedliche Völker in sich vereinte, war es in einzelne *Satrapien* (Provinzen) unterteilt. Diese wurden von Satrapen (Statthaltern) regiert – größtenteils adlige persische Bewohner der jeweiligen Satrapien-Hauptstadt, die als Verwaltungszentrum diente. Dabei gehörte zur Besonderheit der persischen Herrschaft, dass die einzelnen Satrapien meist ihre regional spezifischen Verwaltungsstrukturen sowie ihre charakteristische Kultur, darunter Architektur, aber auch das religiöse System beibehalten durften.

Die ausgedehnten Gebiete des Reiches waren durch ein komplexes Straßensystem verbunden, das durch eine Abfolge von Wegestationen gesichert wurde.

Aus den verschiedenen kulturellen Begegnungen und Einflüssen entwickelte sich eine achämenidische Kunst und Kultur, die insbesondere in der Architektur mit ihrer reichen Bildausstattung sowie bei kostbarem Schmuck, wertvollen Schalen und Trinkgeräten, darunter auch die eindrucksvollen Rhyta, deutlich hervortritt.

Je tiefere Einblicke Alexander in diese ihm zunächst feindliche Welt gewann, desto stärker faszinierte sie ihn. Das Interesse galt nicht nur der Pracht und dem Reichtum, sondern v.a. dem ausgeklügelten Wirtschafts- und Verwaltungssystem, das er größtenteils bei der Gestaltung seines eigenen Reiches übernahm. Diese Faszination trug sicherlich mit dazu bei, dass Alexander sich schließlich selbst in die Reihe der achämenidischen Herrscher stellte.

N.C.

„Gabenbringer" in medischer Tracht, vgl. Kat. Nr. 102

Herrscherrepräsentation

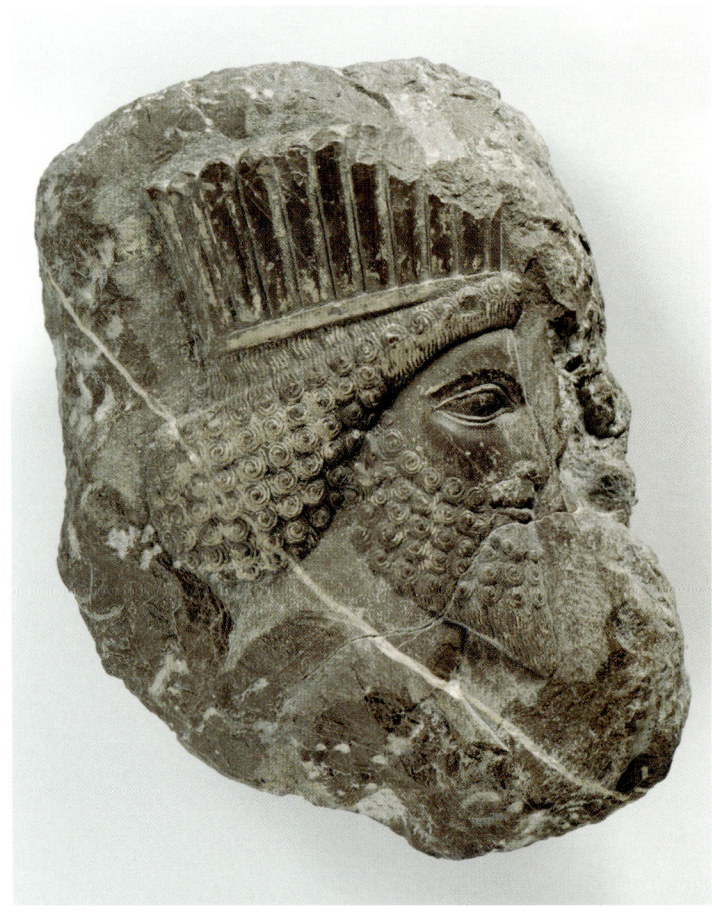

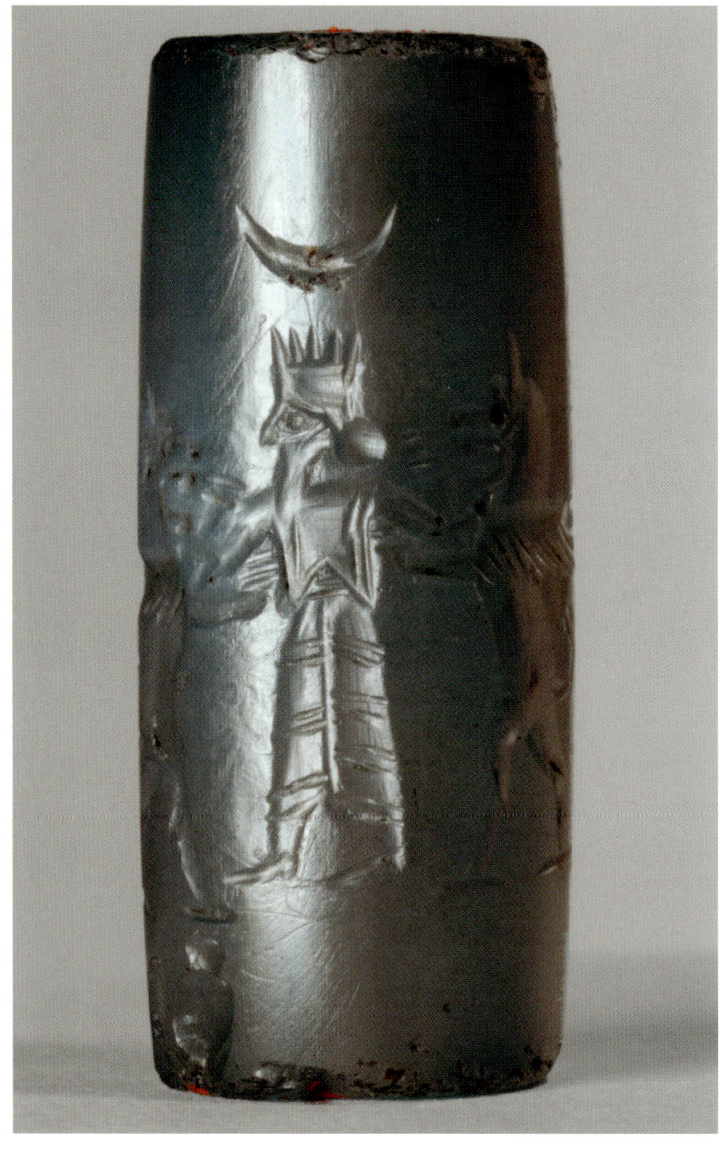

Kat. Nr. 79
Reliefkopf eines persischen Adeligen

Iran, Persepolis, Zeit des Königs Dareios, 522–486 v. Chr.
Grauer Kalkstein, H. 28,7 cm, Br. 21,2 cm, T. 8,5 cm
Kunsthistorisches Museum Wien, Ägyptisch-Orientalische Sammlung,
Inv. Nr. SEM 940

Dieser im Profil wiedergegebene Reliefkopf gehörte zur Figur eines persischen Adeligen. Bemerkenswert ist, dass die Linie von der Stirn bis zur Nase beinahe gerade nach unten verläuft. Der Dargestellte trägt eine Federkrone, darunter wellt sich das Haar; an der Stirn und an den Seiten rollt es sich spiralförmig ein. Das Haar des spitz zulaufenden Vollbarts ist ebenfalls in Spiralen eingerollt, endet jedoch in einer gewellten Partie.
Solche Reliefdarstellungen von Würdenträgern schmückten in großer Zahl die monumentale Treppenanlage der Empfangshalle des Königspalastes in Persepolis. Sie fanden sich aber auch an den Torgewänden des sogenannten „Hundert-Säulen-Saales".

Lit.: AK Mannheim/Wien 1999, Kat. Nr. 163; Hölzl 2007, Kat. Nr. 74.   R.H.

Kat. Nr. 80
Rollsiegel

Iran, achämenidisch, 5. Jh. v. Chr.
Blaugrauer, durchscheinender Chalzedon, H. 2,78 cm, Dm. 1,15 cm
Kunsthistorisches Museum Wien, Ägyptisch-Orientalische Sammlung,
Inv. Nr. SEM 1245

Die in den Stein geschnittene Darstellung zeigt einen nach rechts orientierten König in seinem langen Faltengewand, auf dem Kopf trägt er die Zackenkrone. Mit den Händen greift er nach zwei aufgerichteten Dämonen in Gestalt von Löwengreifen, die ihn von beiden Seiten bedrängen. Über dem König schwebt die Mondsichel.

Lit.: AK Mannheim/Wien 1999, Kat. Nr. 186, 123–124; AK Speyer 2006, 120.
R.H.

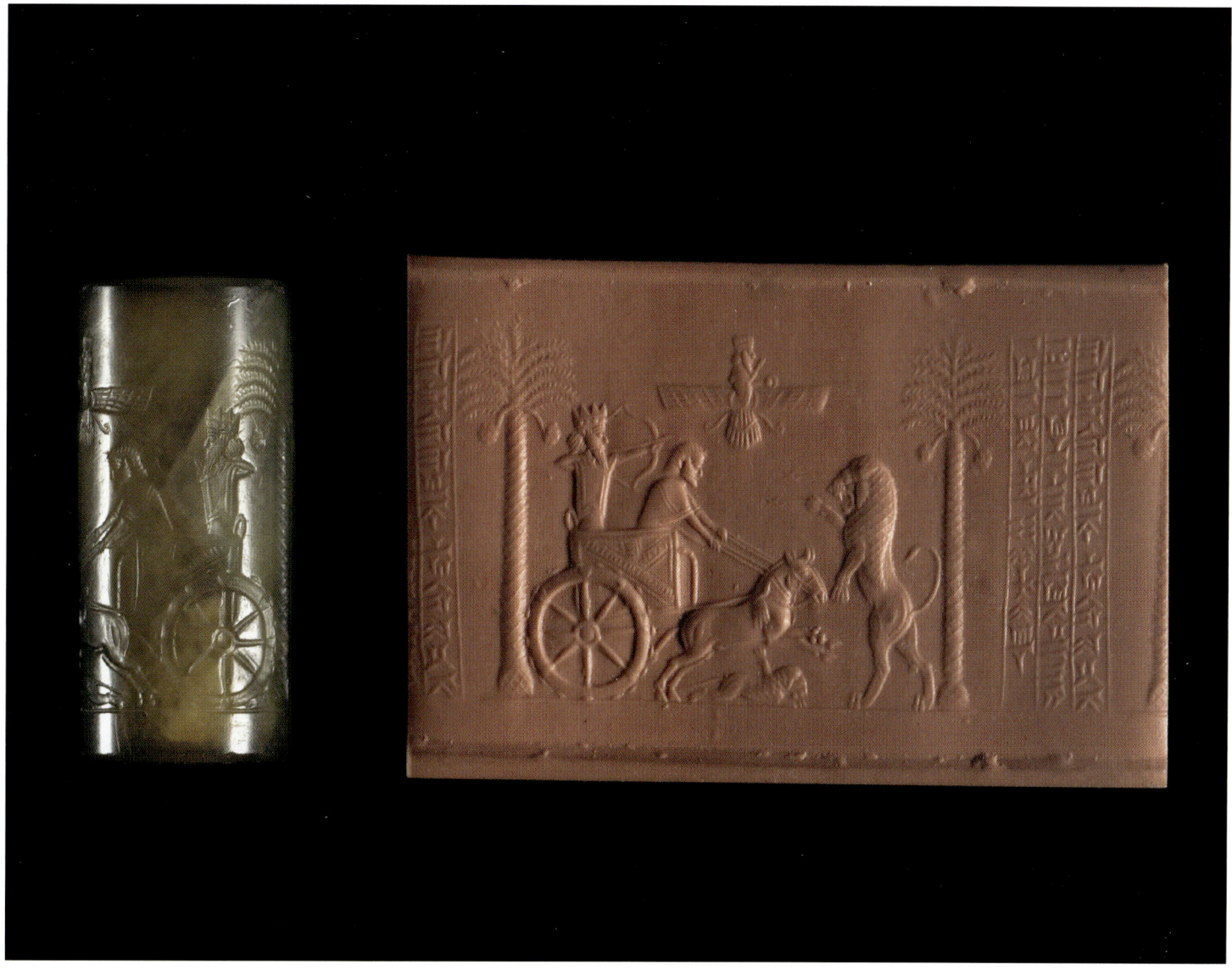

Kat. Nr. 81
Rollsiegel des Dareios

Angeblich gefunden in Ägypten, Theben, achämenidisch
Chalzedon, H. 3,7 cm, Dm. 1,7 cm
London, British Museum, Department of the Middle East, Inv. Nr. 89132

Vermutlich handelt es sich um ein Amtssiegel, obwohl es allgemein als „Siegel des Dareios" bezeichnet wird. Es ist eines der am häufigsten veröffentlichten und abgebildeten Beispiele achämenidischer Kunst. Die Darstellung zeigt Dareios I. auf einem zweirädrigen Wagen stehend, der von seinem Wagenlenker geführt wird. Das Kreuzmuster an der Seite des Wagens ähnelt dem auf der Vorderseite eines goldenen Wagenmodells aus dem Oxos-Schatz, ebenso die Beschläge der Räder wie auch der Griff am rückwärtigen Teil des Wagens, der das Aufsteigen erleichterte. Thema der Darstellung ist eine Löwenjagd, sie wird von Früchte tragenden Palmen gerahmt. Über der Szene schwebt eine geflügelte Sonnenscheibe, aus welcher der Oberkörper einer männlichen Figur aufragt, die meist als Gott Ahura Mazda gedeutet wird. Eine dreisprachige Keilschriftinschrift wiederholt den Satz „Ich [bin] Dareios, der König" auf Altpersisch und Elamisch. In der babylonischen Fassung ist sie etwas ausführlicher: „Ich [bin] Dareios, der große König".

Lit.: AK London 2005, Kat. Nr. 398; Merrillees 2005, Kat. Nr. 16.   St.S.

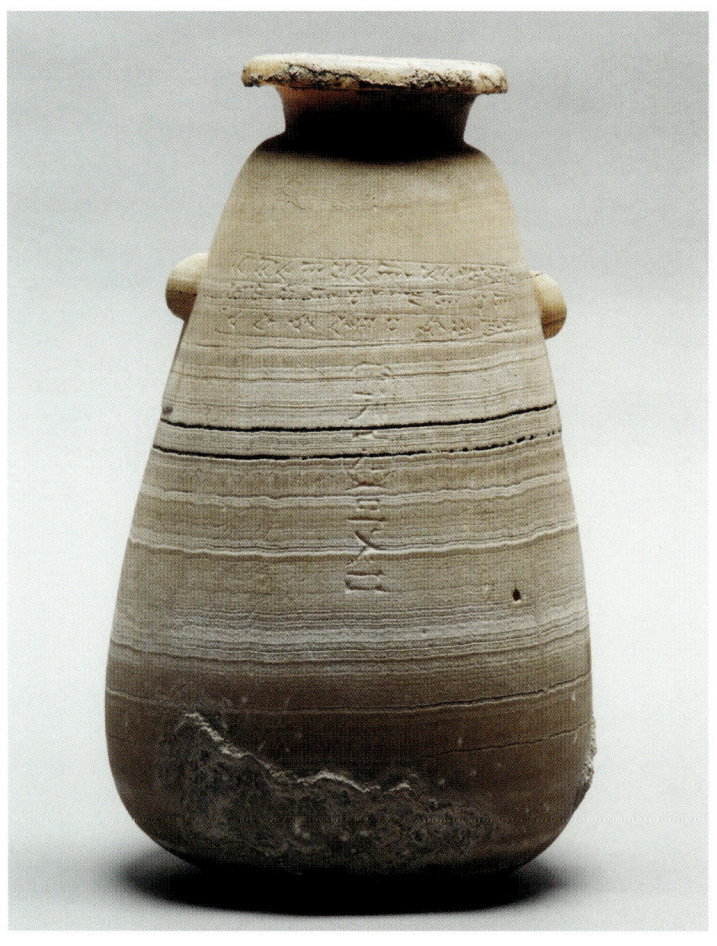
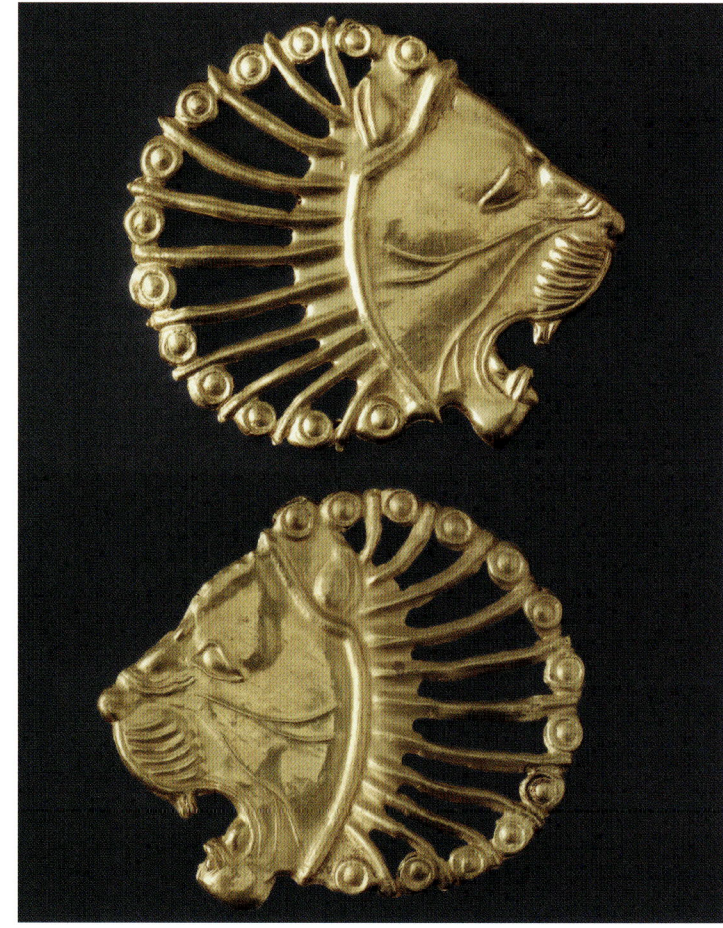

Kat. Nr. 82
Großes Alabastron des Xerxes

Ägypten oder Iran, Spätzeit, 27. Dynastie, Zeit des Xerxes, 486–466 v. Chr.
Alabaster, H. 32,1 cm, Dm. 19,6 cm
Wien, Kunsthistorisches Museum, Ägyptisch-Orientalische Sammlung, Inv. Nr. ÄS 9922

Ein Alabastron ist ein birnenförmiges Gefäß mit rundem Boden und breitlippigem Rand, das zur Aufbewahrung von duftenden Essenzen verwendet wurde. Als Vorbild dienten ägyptische Behälter für Duftöle, die oft aus Alabaster gefertigt waren.

Auf einer Seite dieses besonders großen Exemplars ist in verschiedenen Sprachen der Name: „Xerxes, der Großkönig" eingeritzt. Die beiden Knubben stellen Knoten von Leinwandschleifen dar, wobei die herabhängenden Enden im Relief nur wenig erhaben sind. Zwischen den Knubben sind untereinander drei Zeilen in Keilschrift mit Inschriften in altpersischer, elamischer und babylonischer Sprache zu sehen. Darunter steht eine Kolumne in ägyptischen Hieroglyphen, wobei der Königsname in eine Kartusche eingeschrieben ist und hier der Titel „der große Pharao" lautet, wie Xerxes ihn erst im fünften Jahr seiner Regierungszeit in Ägypten annahm. Mehrsprachige Inschriften waren in der Achämenidenzeit üblich und stehen somit sinnbildlich für die Größe als auch die Vielschichtigkeit des Reiches.

Lit.: AK Mannheim/Wien 1999, Kat. Nr. 165; Hölzl 2007, Kat. Nr. 75. R.H.

Kat. Nr. 83
Zwei Löwenkopfapplikationen

Achämenidisch, 5.–4. Jh. v. Chr.
Gold, H. 5 cm, Br. 5,9 cm, T. 0,1 cm
Karlsruhe, Badisches Landesmuseum, Inv. Nr. 60/48 a-b

In der persischen Kunst wurden Löwen häufig dargestellt, mitunter auch in reduzierter Form, so z.B. hier nur der Kopf. Die feinen Durchbruchsarbeiten zeigen je einen Löwenkopf mit aufgerissenem Maul im Profil. Im Gegensatz zu den ausdrucksstarken, realistisch dargestellten Gesichtern mit schmalen gepunzten Linien für Lefzen und Wangen, sind die Mähnen wie ein Ornament als strahlenförmiges Halbrund aus jeweils elf feinen Rippen stilisiert. Die einzelnen Strähnen enden zwischen kleinen Kreisen. Die fünf bzw. drei kleinen Ösen auf den Rückseiten dienten zur Befestigung. Wie aus Schriftquellen und Darstellungen überliefert ist, waren solche Applikationen auf Kleider aufgenäht.

Lit.: Rehm 1992, 187–189; Rehm 1997, I. 8. C.L.

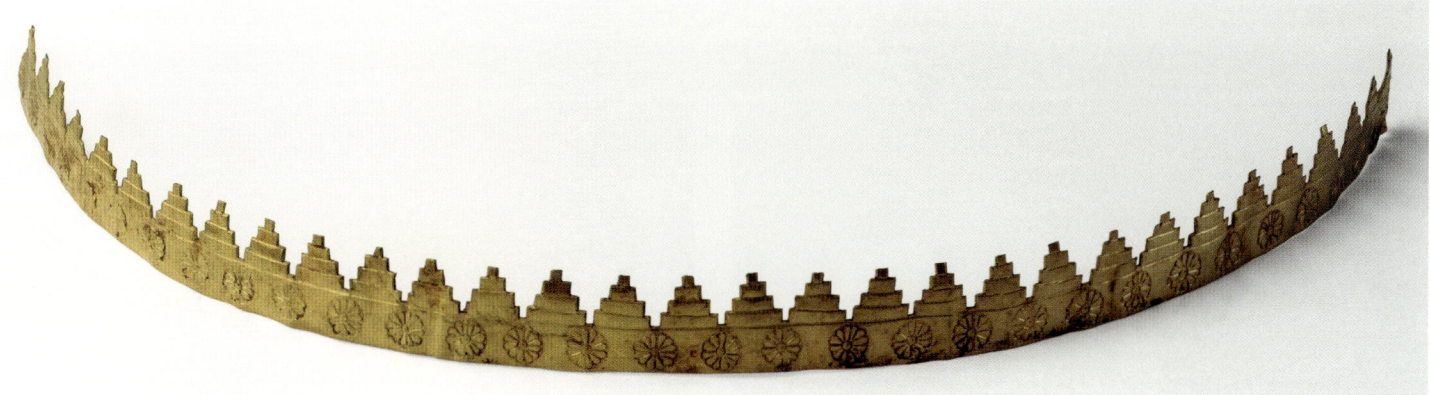

Kat. Nr. 84
Diadem

Achämenidisch, 5.–4. Jh. v. Chr.
Gold, H. 1,3 cm, erhaltene L. 26 cm, Dm. 18,6 cm
Karlsruhe, Badisches Landesmuseum, Inv. Nr. 77/28

Der aus Goldblech gearbeitete Kopfschmuck ist mit gepunzten Rosetten verziert und mit Zinnen bekrönt, deren treppenartige Abstufungen durch dünne Querrillen betont werden. Die Zinnenkrone ist in der achämenidischen Kunst als Element der Herrscherikonographie mehrfach belegt. Mit Rosetten geschmückte Bänder galten in Mesopotamien entweder als Zeichen für ein Mitglied des Königshauses oder als Zeichen für ein göttliches Wesen. Es spricht somit viel dafür, dass das Diadem ursprünglich von einer hochgestellten Persönlichkeit der achämenidischen Gesellschaft getragen wurde.

Lit.: Rehm 1992, 172–174; Rehm 1997, I. 9.   C.L.

Kat. Nr. 85
Ohrringe mit Löwenanhängern

Irak (?), 5.–4. Jh. v. Chr.
Gold, H. 1,9 cm
Brüssel, Musées Royaux d'Art et d'Histoire, Département Antiquité, Collection Iran, Inv. Nr. O.1045

Ein Paar goldener Ohrringe in Gestalt liegender Löwen mit einer Palmette auf dem Kopf. Der gebogene Schwanz endet in einer kleinen Öse, die als Verschluss für den Anhänger dient. Obwohl man früher annahm, diese Ohrringe stammten aus den Königsgräbern von Ur in Mesopotamien (3. Jt. v. Chr.), spricht der Stil der Palmetten für eine Datierung in persische Zeit. Das Löwenmotiv erfreute sich während der achämenidischen Epoche außerordentlicher Beliebtheit und wurde zum Symbol königlicher Macht.

Lit.: Gubel/Overlaet 2007, Nr. 329.   E.G.

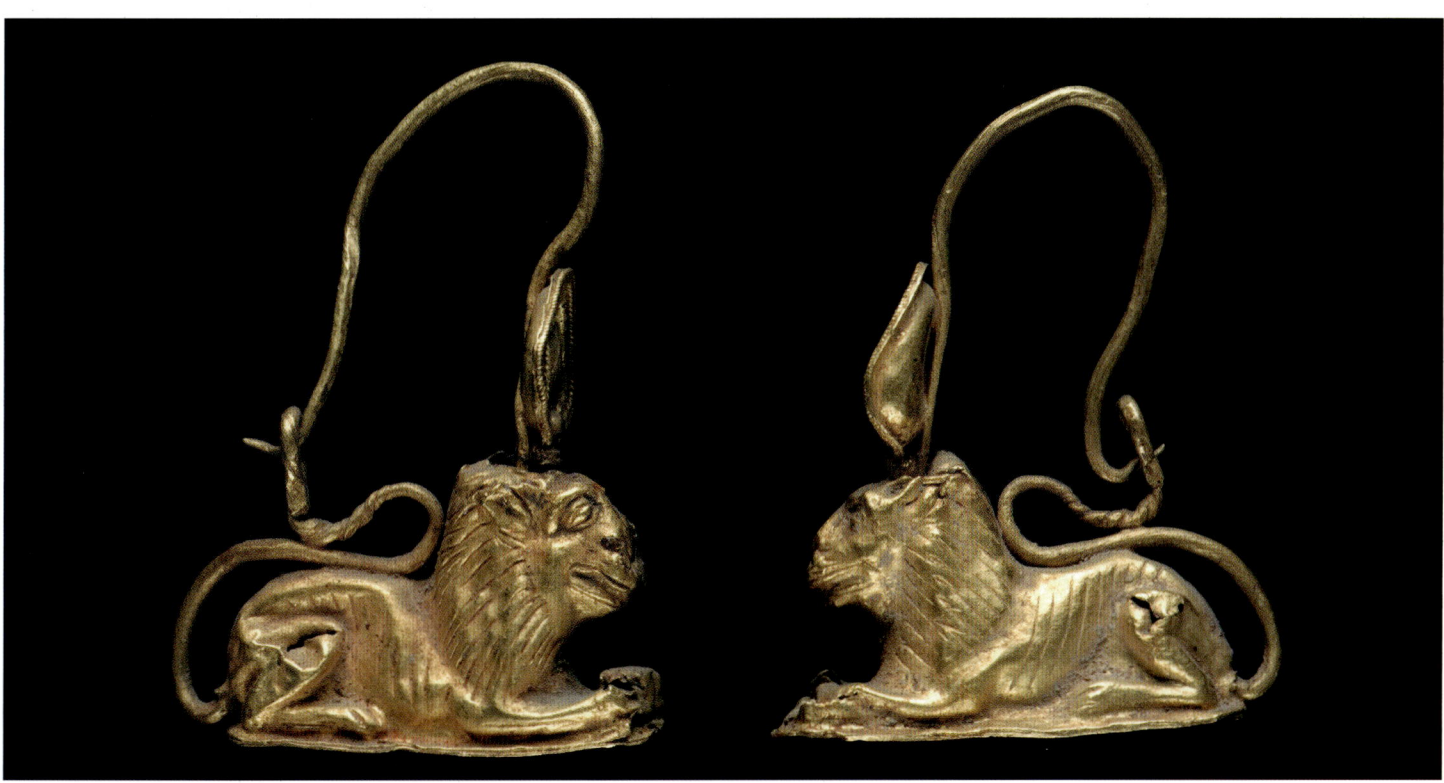

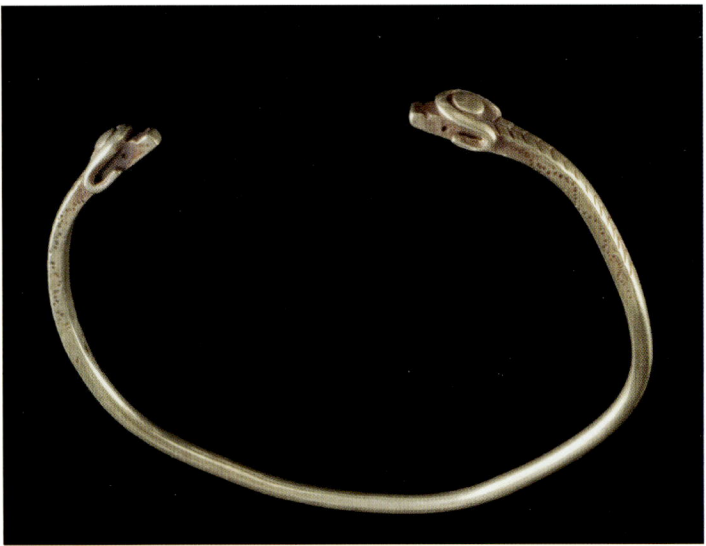
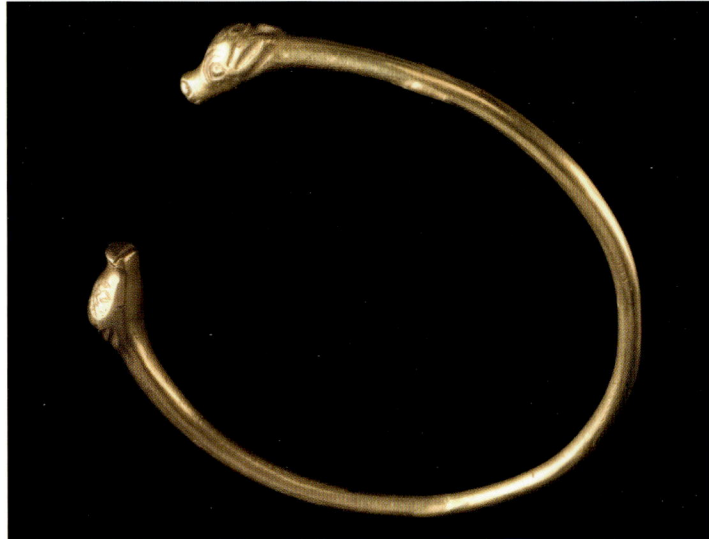

Kat. Nr. 86
Armreif mit Tierkopfenden

Iran (?), 6.–4. Jh. v. Chr.
Gold, Dm. 6,4 cm
Brüssel, Musées Royaux d'Art et d'Histoire, Département Antiquité,
Collection Iran, Inv. Nr. IR.1148

Der Armreif weist in der Mitte einen runden Querschnitt auf, der sich zu den mit Tierköpfen geschmückten Enden hin zu einem quadratischen Querschnitt entwickelt. Diese Art von Armreifen waren in der achämenidischen Epoche sehr beliebt (vgl. Kat. Nr. 87) Das nahe den Kopfenden eingravierte Fischgrätenmuster deutet vermutlich Fell an. Zudem sind jeweils ein gebogener Golddraht, der die Hörner des Tieres wiedergibt, und ein kleiner Goldpunkt aufgelötet. Dies deutet darauf hin, dass mit der Darstellung eine Art Ziege gemeint ist.

Lit.: Gubel/Overlaet 2007, Nr. 328. B.O.

Kat. Nr. 87
Armreif mit Tierkopfenden

Iran (?), 6.–4. Jh. v. Chr.
Gold, Dm. 6,4 cm
Brüssel, Musées Royaux d'Art et d'Histoire, Département Antiquité,
Collection Iran, Inv. Nr. IR.2544

Armreife mit Endungen in Gestalt von Tierköpfen oder Fabelwesen (z.B. Greifen) haben eine lange Tradition in der iranischen Kunst. Viele eisenzeitliche Exemplare wurden in Luristan und Fundstätten wie Tepe Siyalk und Marlik-Tepe ausgegraben. Ihre Beliebtheit setzte sich in achämenidischer Zeit fort. Kunstvolle Stücke aus dieser Epoche wurden z.B. in Susa gefunden und sind auf Reliefs in Persepolis abgebildet. Fehlende Hörner und die großen Ohren legen nahe, dass es sich bei den Ausschmückungen dieses Armreifs um Kalbsköpfe handelt.

Lit.: Gubel/Overlaet 2007, Nr. 327. B.O.

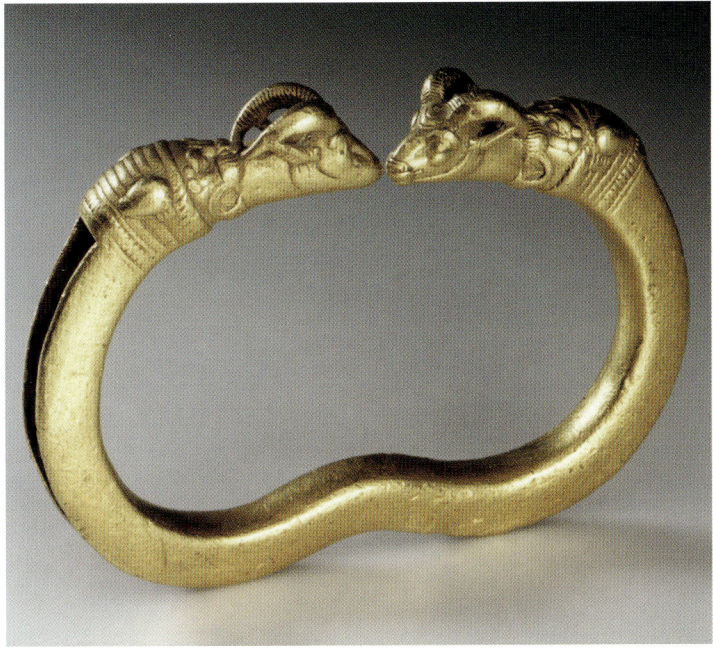
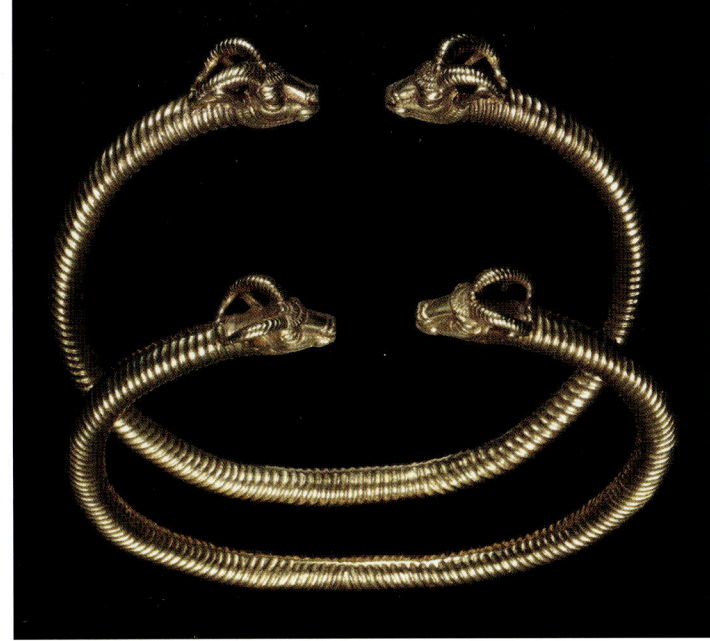

Kat. Nr. 88
Armreif mit Löwenkopfenden

Griechenland, Korinth, gefunden 1887 bei Anlage des Kanals, 5. Jh. v. Chr.
Gold, H. 7,9 cm, Br. 10,6 cm, T. 1,4 cm
Karlsruhe, Badisches Landesmuseum, Inv. Nr. F 1816

Der ovale Reif endet beiderseits in je einem Löwenkopf, der einen Capriden verschlingt. Charakteristisch für achämenidische Armreife ist die der Öffnung gegenüber befindliche Welle. Das Stück besitzt einen u-förmigen Querschnitt und ist an den Seiten abgeflacht. Die nach außen zeigende gekehlte Seite dürfte ursprünglich mit Halbedelstein- oder Glaseinlagen verziert gewesen sein, die allerdings nicht erhalten sind. Auf den Reliefs der Empfangshalle (*Apadana*) in Persepolis dargestellte Lyder bringen vergleichbare Reife, was für eine Herstellung des Stücks in der Satrapie Sardes spricht. Armreif-Endungen mit je zwei Köpfen sind in der persischen Kunst eher selten. Das Motiv scheint dem Repertoire der Steppenvölker entlehnt.

Lit.: Rehm 1992, A.33; Rehm 1997, I.7; Koch 2006. C.L.

Kat. Nr. 89
Armreif mit Wildziegenkopfenden

1904 in Sardis erworben, um 400–350 v. Chr.
Gold, H. 6,7 cm, Dm. außen 7,3 cm, Dm. innen 6,5 cm
Berlin, Antikensammlung SMB PK, Inv. Nr. 30989

Der spätachämenidische Tierkopfarmreif endet in Wildziegenköpfen, für die ein Kehlbart charakteristisch ist, der hier aus zwei gefächerten Reihen von Locken besteht. Die Hörner und Ohren sind weitgehend plastisch ausgebildet. Während der gegossene Reif bei anderen Beispielen glatt geformt ist, ist das Berliner Stück geriefelt und täuscht damit eine Torsion vor. Ein weiterer Unterschied zeigt sich im Fehlen der sonst für diese Armreifen typischen Einziehung gegenüber der Öffnung mit den Tierköpfen (vgl. Kat. Nr. 88). Die achämenidischen Tierkopfarmreifen waren auch außerhalb des persischen Reiches verbreitet und dienten lokalen Werkstätten im Schwarzmeergebiet, auf Zypern und in Griechenland als Vorbild.

Lit.: Pfrommer 1990, 98. 113f. 346 Taf. 20,2 oben; Platz-Horster 2001, 53 zu Nr. 30. C.B.

Tafelgeschirr und andere Edelmetallarbeiten

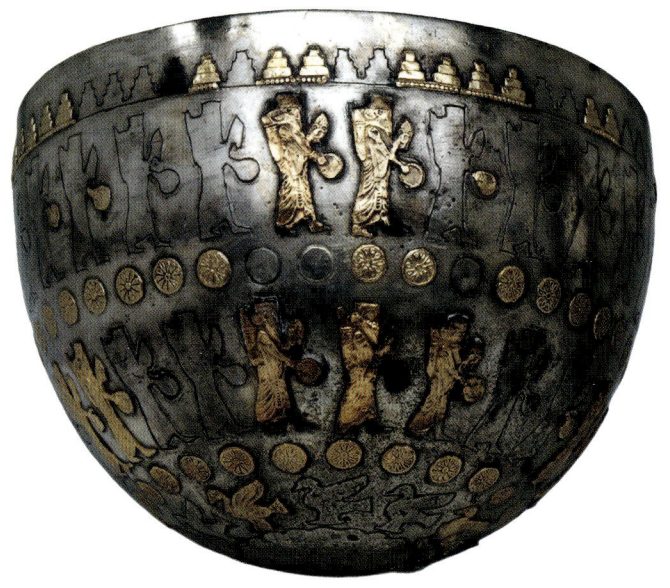
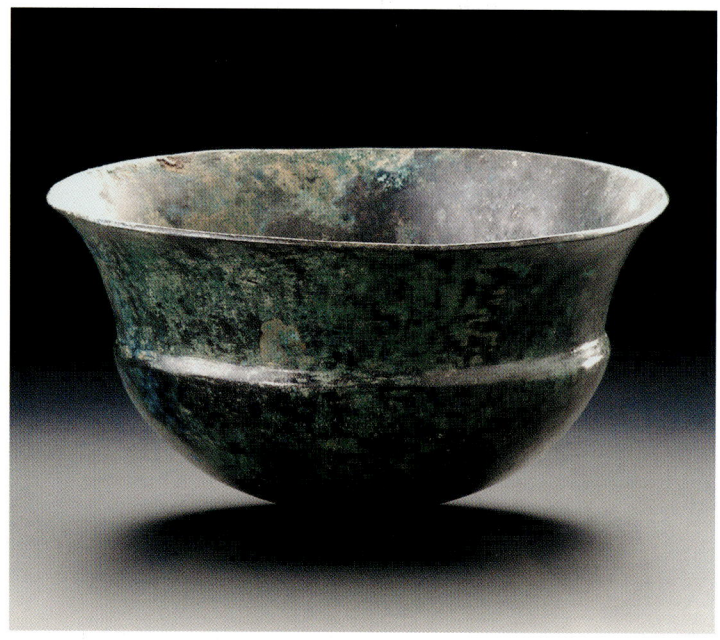

Kat. Nr. 90
Halbkugelförmiger Silberbecher mit Reliefdekor
Türkei, achämenidisch, 5.–4. Jh. v. Chr.
Silber, Gold, H. 6,9 cm, 188 g
London, British Museum, Department of the Middle East, Inv. Nr. 134740

Halbkugelförmiger Silberbecher mit einem Fassungsvermögen von ca. einem Drittel Liter. Der Becher ist mit dünnen ausgestanzten Goldapplikationen verziert, die offenbar als Massenprodukt mit Hilfe von Standardpunzen hergestellt wurden. Um den Rand verläuft über einem Perlstab eine Reihe von Zinnen. Zwei um den Becher laufende, durch eine horizontal verlaufende Rosettenreihe voneinander getrennte Friesfelder zeigen Männer im Typus des „königlichen Helden", die Kronen und persische Gewänder tragen. Jede dieser Figuren trägt einen um den Oberkörper gegürteten Köcher für Pfeile und Bogen auf dem Rücken und hält einen gedrehten Kranz in der rechten sowie ein florales Objekt in der linken Hand. Den unteren Abschluss bildet ein Vogelfries. Die Becherform entspricht der anderer Beispiele, die nicht nur in Anatolien, sondern auch im Oxos-Schatz gefunden wurden, und deren Ikonographie ebenfalls typisch achämenidisch ist.

Lit.: Moorey 1971; AK Wien 1996, 216. 394 Kat. Nr. 60; AK London 2005, 118 Kat. Nr. 111.
St.S.

Kat. Nr. 91
Bronzeschale
Achämenidisch, 5.–4. Jh. v. Chr.
Bronze, H. 7 cm, Dm. 13,4 cm
Stuttgart, Landesmuseum Württemberg, Inv. Nr. Arch 98/ W 24a

Einfache halbkugelige, unverzierte Bronzeschale mit hochgezogenem Rand. Vollständig erhalten, braun-grüne Patina.
Solche einfachen und wie hier unverzierten Gefäße – sogenannte „achämenidische Becher" – sind in großer Zahl auf den Gabenbringer-Reliefs in Persepolis dargestellt und zeugen von den Luxusvorstellungen der persischen Herrscher. Ihre große Anzahl und weite Verbreitung sprechen für ihre außerordentliche Beliebtheit im persischen Reich und belegen ihren Gebrauch als Trinkgefäß für besondere Anlässe. Die Form solcher Gefäße wurde in hellenistischer Zeit im gesamten Mittelmeerraum nachgeahmt und auch in anderen Materialien umgesetzt, wie Keramik, Edelmetall oder Glas.

Lit.: Abkaʼi-Khavari 1988, 91–137; Calmeyer 1993, 147–160 Taf. 44 unten links; Stern/Schlick-Nolte 1994, 53 Anm. 208 Abb. 68; AK Speyer 2006, 194 Nr. a.
M.K.

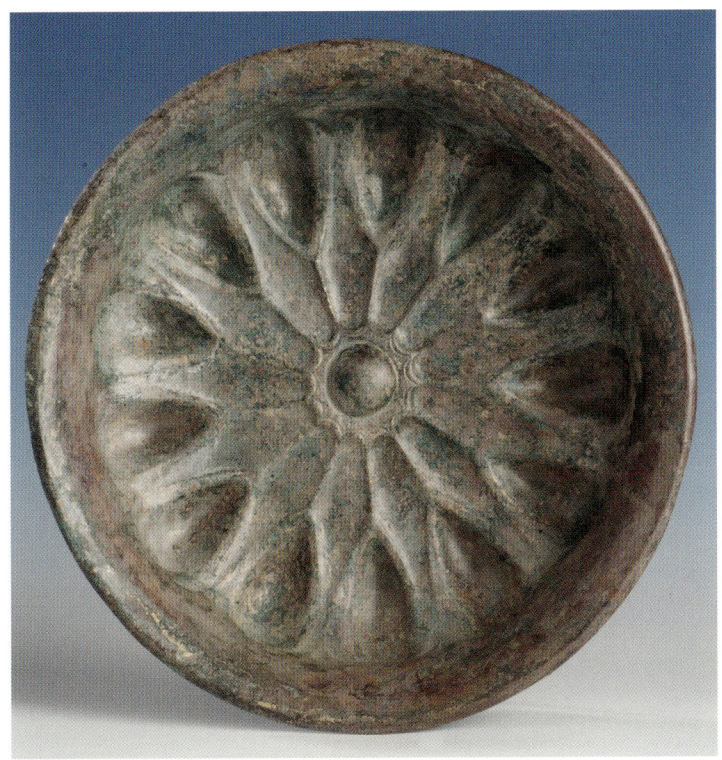
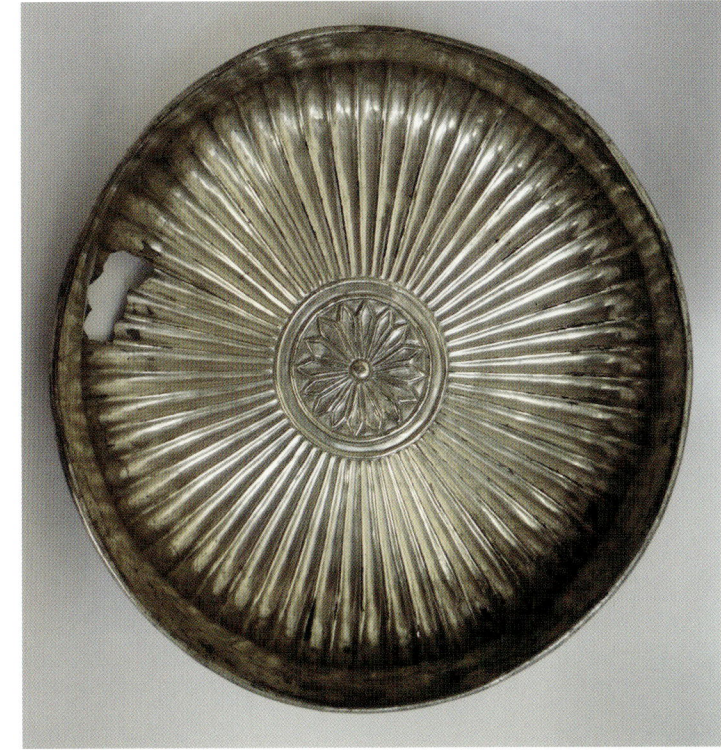

Kat. Nr. 92
Schale

Türkei (nahe der syrischen Grenze), Deve Hüyük bei Karkemisch,
5.–4. Jh. v. Chr.
Bronze, H. 3,9 cm, Dm. 16,1 cm
Berlin, Vorderasiatisches Museum SMB PK, Inv. Nr. VA 7086

Die Bronzeschale stammt wahrscheinlich aus einem Grab des sogenannten Friedhofes Deve Hüyük II, dessen Belegungszeit anhand der Grabbeigaben in die Zeit der persischen Herrschaft datiert wird (ca. 550–330 v. Chr.). Der Typ, der aus einem scheibenförmigen Rohling getriebenen Schalen mit ausladendem Rand, innerem kleinen Mittelbuckel (*Omphalos*) und aus der Wandung nach außen vorgewölbter blattförmiger Dekoration ist von neuassyrischen Vorläufern ableitbar bzw. entspricht diesen weitgehend.

Das Dekorationsschema wird bestimmt von den 13 tropfenförmigen Buckeln, die sich aus den Blättern des zentralen Blattsternes herausdrängen. Die Spitzen der Sternblätter gehen in schmale geöffnete Kelchblätter über, die fein ziselierte Blütendolden umschließen.

Lit.: Luschey 1939, 41ff. 162 Nr. 18 Abb. 18 a–c (GB 8); Klengel-Brandt 1990, 136f. Nr. 15; Wartke 2006, 196.

R.-B.W.

Kat. Nr. 93
Schale

Iran, 6.–5. Jh. v. Chr.
Silber, getrieben und graviert, max. Dm. 17 cm
Rom, Museo Nazionale d'Arte Orientale „Giuseppe Tucci", Inv. Nr. 874/692

Flache Schale (*Phiale*) mit konzentrischem Strahlenmuster, im Zentrum eine Rosette mit 16 Blütenblättern. Das Stück zählt zu einem Schalentyp, der im 1. Jt. v. Chr. vom Iran bis zum Mittelmeerraum weit verbreitet war. Das Vorbild stammte vermutlich aus Ägypten und gelangte über Vermittlungsstationen in Nordsyrien, wenn auch mit Veränderungen, nach Assyrien, wo es vom 9.–7. Jh. v. Chr. bekannt war. Im westlichen Teil Irans (Luristan) ist es hingegen vom Ende des 8. Jhs. v. Chr. an belegt und weist dort, ebenso wie in der assyrischen Produktion, eine Rosette als Zentralelement auf. Obwohl diese Form nur durch eine geringe Zahl von Exemplaren bezeugt ist, besteht sie in der achämenidischen Zeit weiterhin neben der bekannteren und weiter verbreiteten Schale mit halbkugelförmigem Körper.

Lit.: Moorey 1971, Nr. 539; AK Rom 1995, Nr. 39; Sciacca 2005, Nr. 31, 32, 38, 40, 47–49.

P.P.

FEIND UND FASZINATION – DAS PERSISCHE GROSSREICH UNTER DEN ACHÄMENIDEN

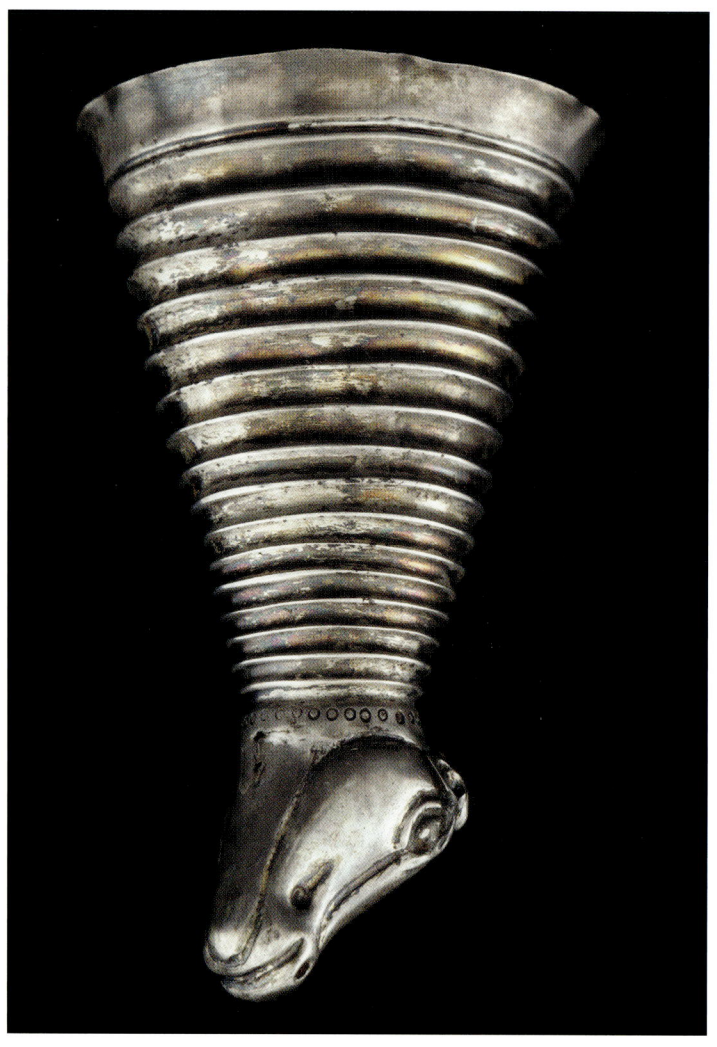

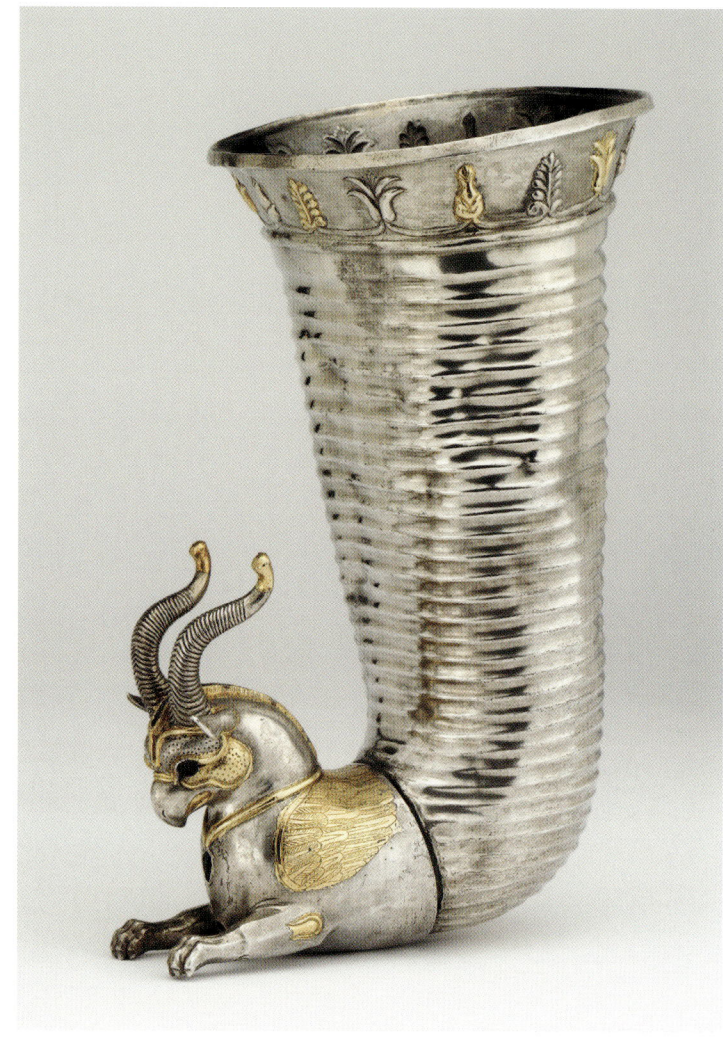

Kat. Nr. 94
Rhyton

Iran (Westiran), Qasr-e Shirin, 4. Jh. v. Chr.
Silber, getrieben und graviert, H. 13,4 cm, max. Dm. 7 cm
Rom, Museo Nazionale d'Arte Orientale „Giuseppe Tucci", Inv. Nr. 5846, Depot IsIAO

Rhyton in Form eines Kegelstumpfes, dessen Schmalende einen Rinderkopf wiedergibt. Diese Art von Trinkhörnern mit Tierdarstellungen am Ende sind seit dem 4. Jt. v. Chr. charakteristisch für die iranische Kunst. Sie waren gleichermaßen zur Aufnahme wie zum Ausguss von Flüssigkeiten gedacht, wofür die meist an den Enden befindlichen beiden Öffnungen sprechen. Das vorliegende Exemplar verweist jedoch auf die Typologie der Situlen mit nur einer Öffnung am Boden, wie sie im 9. Jh. v. Chr. im eisenzeitlichen Gilan und im 8. Jh. v. Chr. in der Kunst sowohl des Nahen Ostens (Urartu und Assyrien) als auch der eurasischen Steppen belegt sind. In der achämenidischen Epoche fand das komplexere Modell, bei dem der Kelch in ein Tierprotom mündet, weite Verbreitung.

Lit.: Ghirshman 1962b, 57–80; AK Rom 1990, Nr. 18; AK Rom 1995, Nr. 41.   P.P.

Kat. Nr. 95
Vergoldetes Silberrhyton mit Flügelgreifen-Protome

Möglicherweise aus der Osttürkei, Altıntepe, achämenidisch, 5.–4. Jh. v. Chr.
Vergoldetes Silber, H. 23 cm, Dm. 13,4–14, 5 cm, 891 g
London, British Museum, Department of the Middle East, Inv. Nr. 124081

Dies ist eines der bekanntesten und besonders kanonischen Beispiele des erhaltenen achämenidischen Silbergeschirrs. Es besteht aus zwei Teilen: Das Trinkhorn wurde durch Hämmern angefertigt und weist die typisch achämenidischen Kanneluren auf, die Protome hingegen wurde separat im Wachsausschmelzungsverfahren hergestellt. Das Gerät diente zum Ausschenken von Wein und nimmt anderthalb Liter Flüssigkeit auf. Nach Herodot „mögen die Perser den Wein sehr" und nach anderen Quellen wird deutlich, dass zu dieser Zeit im gesamten Perserreich viele verschiedene Weinsorten getrunken wurden. Die besondere Funktion des Rhytons bestand darin, eine genau abmessbare Menge in die Trinkschale des Bankett-Teilnehmers zu gießen, obwohl die bacchanalische Ikonographie griechischer und späterer Künstler Rhyten zeigt, die bei exzessiven Orgien direkt an den Mund gesetzt wurden.

Lit.: Dalton 1964, 42–43 Taf. XXII, Kat. Nr. 178; AK Wien 1996, 217, 394 Kat. Nr. 61; AK London 2005, 122 Kat. Nr. 119.   St.S.

TAFELGESCHIRR UND ANDERE EDELMETALLARBEITEN

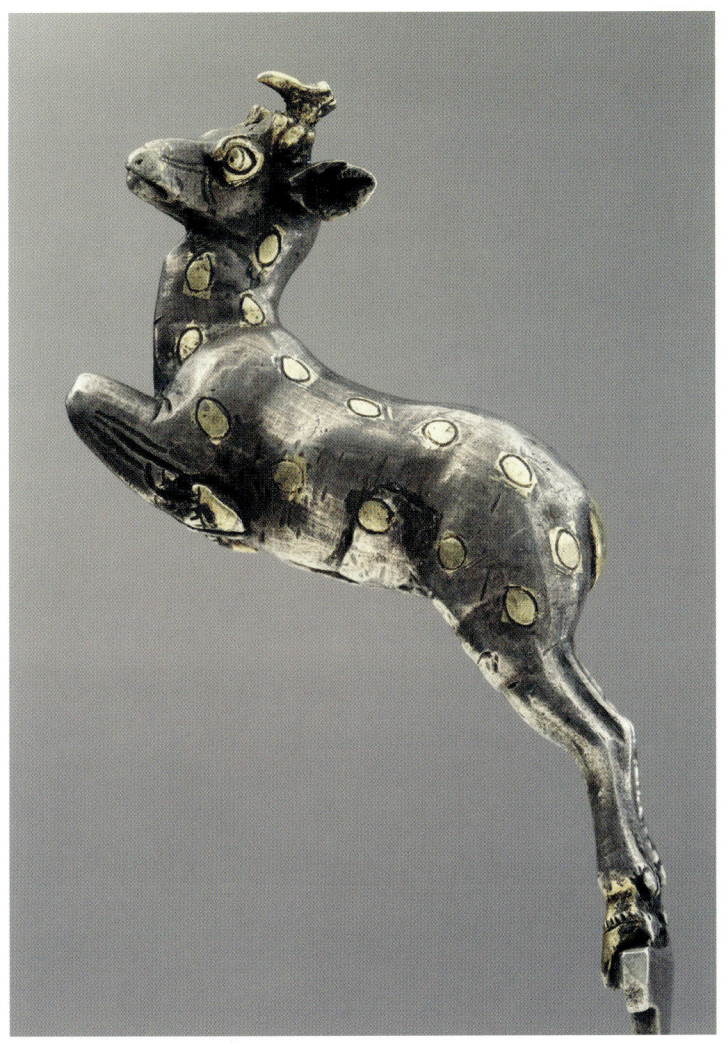

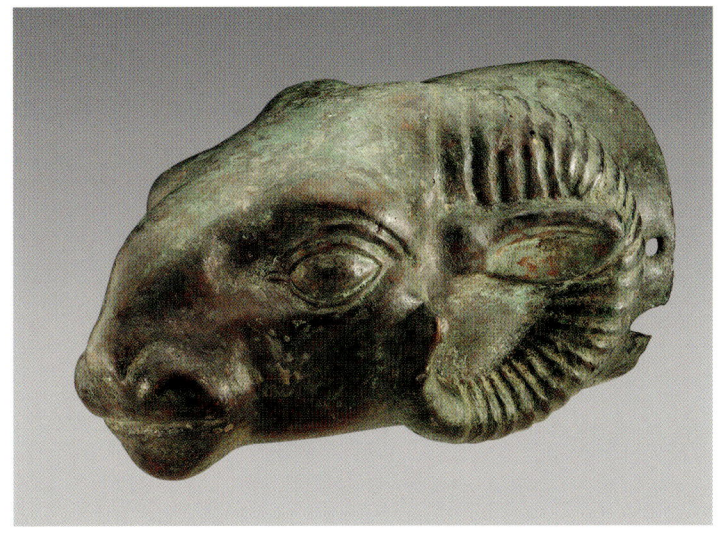

Kat. Nr. 96
Gefäßgriff in Hirschform

Vor 1725 in Sibirien gefunden, bis 1859 in der Kunstkammer
(St. Petersburg) aufbewahrt, angefertigt im Iran, 5.–4. Jh. v. Chr.
Silber, Vergoldung, H. 16 cm
St. Petersburg, Staatliche Eremitage, Abteilung für Kultur und Kunst der
Länder des Orients, Inv. Nr. S-273.

Die Figur eines laufenden Sikahirschs war einer von zwei Griffen für ein Gefäß, in einer für den achämenidischen Iran typischen Form.

Lit.: Ivanov/Lukonin/Smessova 1984, 20.   M.D.

Kat. Nr. 97
Möbelzier in Widderkopfform

6.–5. Jh. v. Chr.
Bronze, H. 6,96 cm, L. 4,3 cm, max. Br. 9,2 cm
Basel, Antikenmuseum Basel und Sammlung Ludwig, Inv. Nr. Su 24

Der kleine Widderkopf ist sehr naturalistisch gestaltet. Die Löcher am Rand lassen auf eine Befestigung durch Nägel an Möbeln schließen, zum Beispiel konnten sie bei Hockern und Stühlen überstehende Seitenbalken der Sitzflächen abschließen. Besonders bei den Assyrern in der 1. Hälfte des 1. Jts. v. Chr. beliebt, wie zahlreiche Reliefs belegen, wurde diese Art von Möbelzier bei den Achämeniden fortgeführt. Widder, aber auch Stiere und Löwen wählte man als Motive aus, weil man sich erhoffte, deren Stärke und Kraft möge sich auf den Benutzer des Möbels übertragen und ihn somit schützen. Hierbei konnte der Kopf als *pars pro toto* für die Eigenschaften des vollständigen Tieres stehen.

Lit.: Curtis 1988, Taf. 74, 77 (Typus); Paradeisos 1992, 86ff. Nr. 26; AK London 2005, 101–102.   E.R.

Architektur

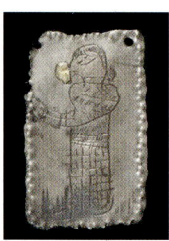 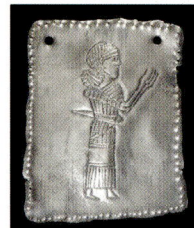 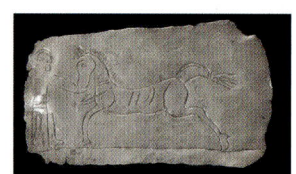

Kat. Nr. 98–100
Votivplättchen

Iran, Mahi Dasht (?), 8.–6. Jh. v. Chr.
Silber mit Gold, H. 4,4 cm / 5,5 cm / 5,9 cm
Brüssel, Musées Royaux d'Art et d'Histoire, Départment Antiquité, Collection Iran, Inv. Nr. O.3436 c,h,p

Die kleinen Plättchen sind Teil einer Serie von insgesamt 17 Stücken, die aus dem Mahi Dasht-Tal stammen sollen. Dieses Tal grenzt an Luristan in West-Iran und liegt an einer Straße, die das Zagros-Gebirge kreuzt.

Kleine Löcher lassen darauf schließen, dass die Plättchen einst auf einen Hintergrund aufgenagelt waren. Auf einem der Bleche sind ein Pferd und ein Mann dargestellt, auf den anderen beiden sind es Männer mit erhobenen Händen in Gebetshaltung. Am Gesicht des einen Mannes ist zusätzlich eine kleine Goldplakette angebracht, was eine Deutung als persischen „Magus" oder Priester nahe legt. Heutzutage werden solche Gesichtsbedeckungen (*padan*) noch immer im zoroastrischen Kult verwendet, um eine Verunreinigung des heiligen Feuers durch den Atem zu verhindern. Ähnliche Votivplättchen sind in Tempeln im gesamten Nahen Osten zu finden (Urartu, Surkh Dum-i Luri, Oxos-Schatz), aber schwierig zu datieren, da sie oft nur grob ausgeführt sind.

Lit.: Rehm 2000, Abb. 3, 4c; Gubel/Overlaet 2007, Nr. 230. B.O.

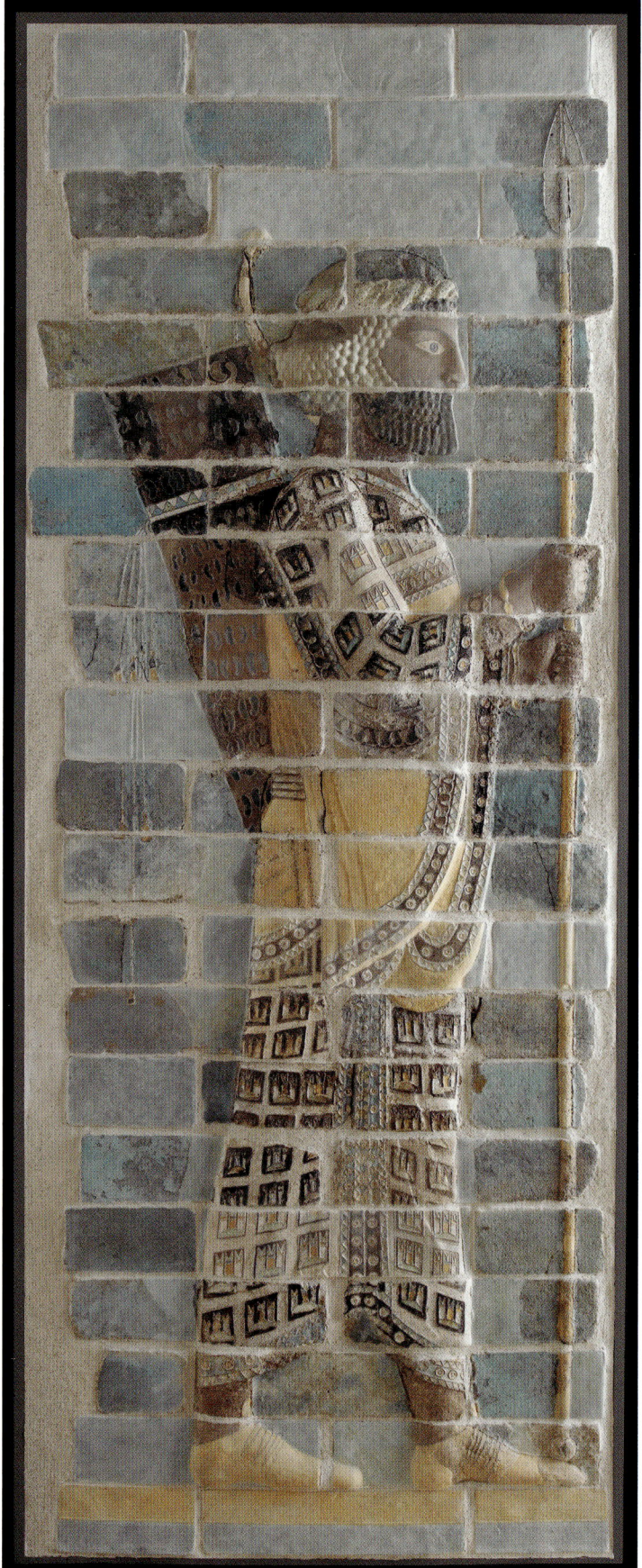

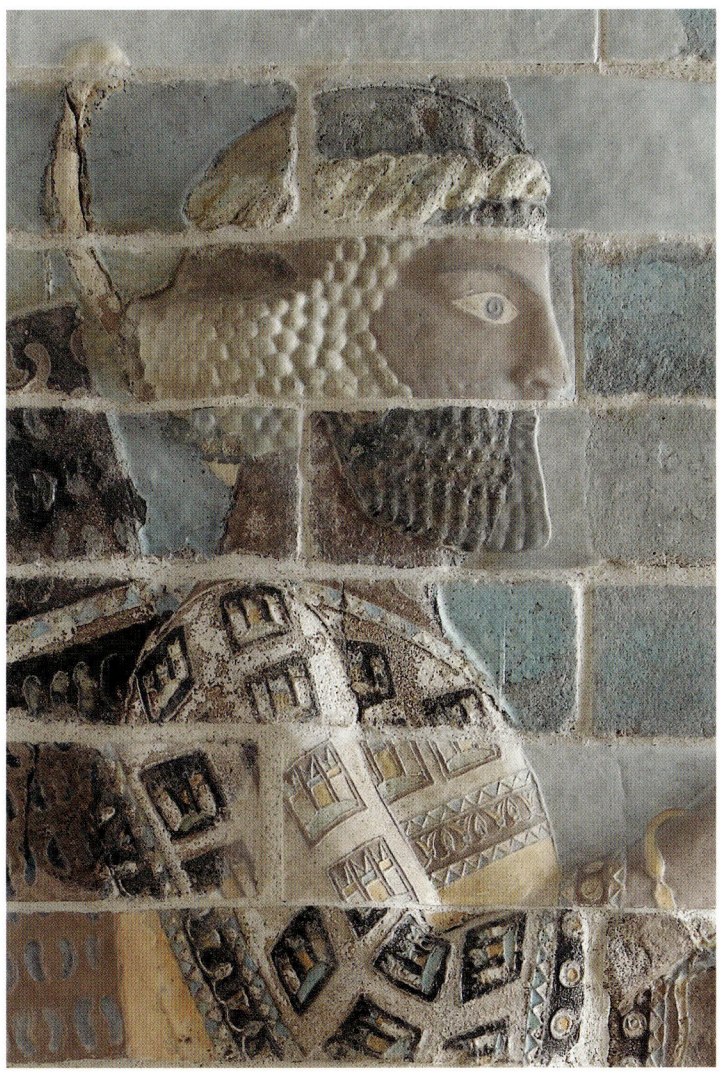
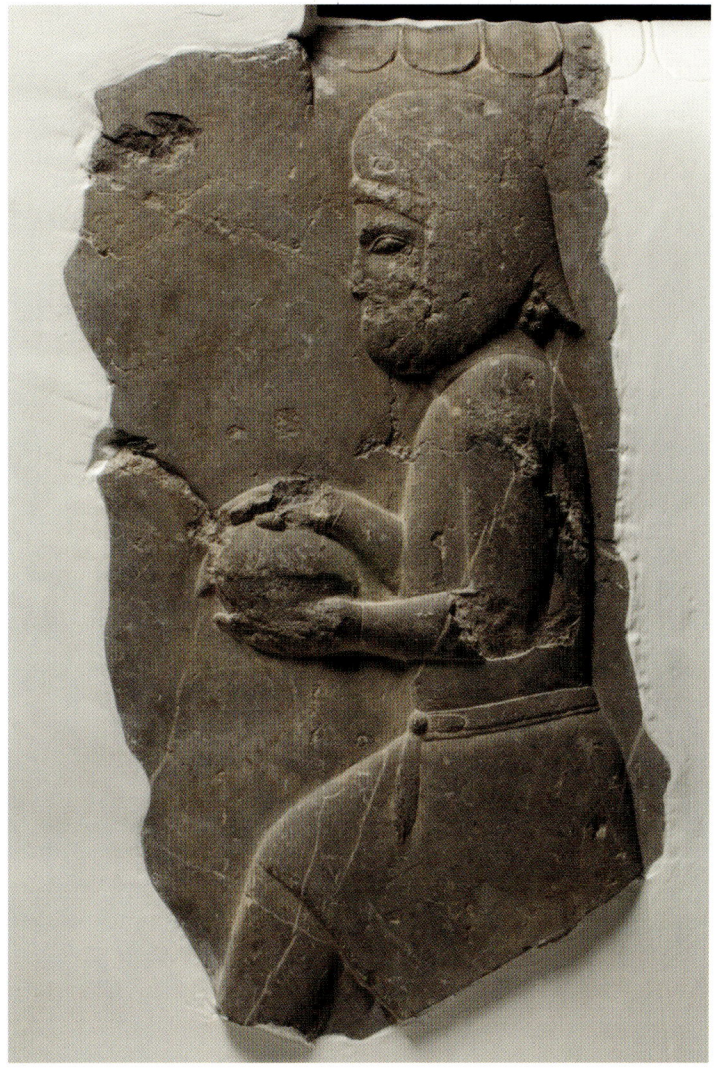

Kat. Nr. 101
Relief aus glasierten Ziegeln mit Darstellung eines Bogenschützen

Iran, Susa, aus dem Palast Dareios I., achämenidisch, 6.–5. Jh. v. Chr.
Ziegel, siliziumhaltig, reliefiert und glasiert, H. 1,94 m, Br. 81 cm, D. 22 cm
Paris, Musée du Louvre, Département des antiquités orientales,
Inv. Nr. SB 23177

Ende des 6. Jhs. v. Chr. machte der achämenidische Herrscher Dareios I. Susa zur Hauptstadt und errichtete zahlreiche repräsentative Bauwerke. Der Königspalast war aufwendig mit glasierten Ziegelreliefs dekoriert, die menschliche und tierische Figuren darstellten. Vorbilder hierzu waren u.a. die reliefierten Löwen und Drachen aus dem Babylon König Nebukadnezars II. Das hier gezeigte Relief stammt vermutlich aus dem Bogenschützenfries, auch „Wache der zehntausend Unsterblichen" genannt, vom Osttor des Palastes. Jeder der Wächter hält einen Speer in beiden Händen, während Bogen und Köcher über die Schulter gehängt sind. Alle tragen ein Stirnband sowie das persische Gewand, dessen Stoff mit Rosetten oder Turmmotiven dekoriert ist. Dies ermöglicht einen Eindruck von der Farbigkeit und den Mustern der aufwendigen Kleidung, die am persischen Hof getragen wurde.

Lit.: AK New York 1992; Ziffer 1999, 187ff., 224f.; AK London 2005, 87ff.   N.C.

Kat. Nr. 102
Steinrelief: eine Treppe hinaufsteigender Mann in medischer Tracht

Iran, Persepolis, 5.–4. Jh. v. Chr.
Kalkstein, H. 47 cm
Brüssel, Museés Royaux d'Art et d'Histoire, Département Antiquité,
collection Iran, Inv. Nr. IR.1034

Ein Mann in medischer Tracht, mit einer Kopfbedeckung, die Ohren und Mund bedeckt, steigt eine Treppe hinauf. Er hält eine Schüssel mit Deckel in seinen Händen. Derartige Figuren wurden häufig in den achämenidischen Palästen in Persepolis und Susa dargestellt. Die Gabenbringer können verschiedene Objekte und sogar lebende Tiere tragen. Es gibt Höflinge, die Besucher mit Geschenken heranführen, Diener, die Speisen und Utensilien für das königliche Bankett herbei tragen, wie auch Priester mit Opfergaben für die unterschiedlichen religiösen Rituale, die bekanntermaßen in Persepolis stattfanden. Derartige Reliefs waren ursprünglich bemalt, doch auf diesem Stück sind keine Farbspuren erhalten. Ähnliche Reliefs aus bunt glasierten Ziegeln wurden in Susa entdeckt.

Lit.: Goossens 1961; Gubel/Overlaet 2007, Nr. 319.   B.O.

DAS BILD DER ANDEREN – GRIECHEN UND PERSER VOR DER ZEIT ALEXANDERS DES GROSSEN

Das Perserbild der Griechen

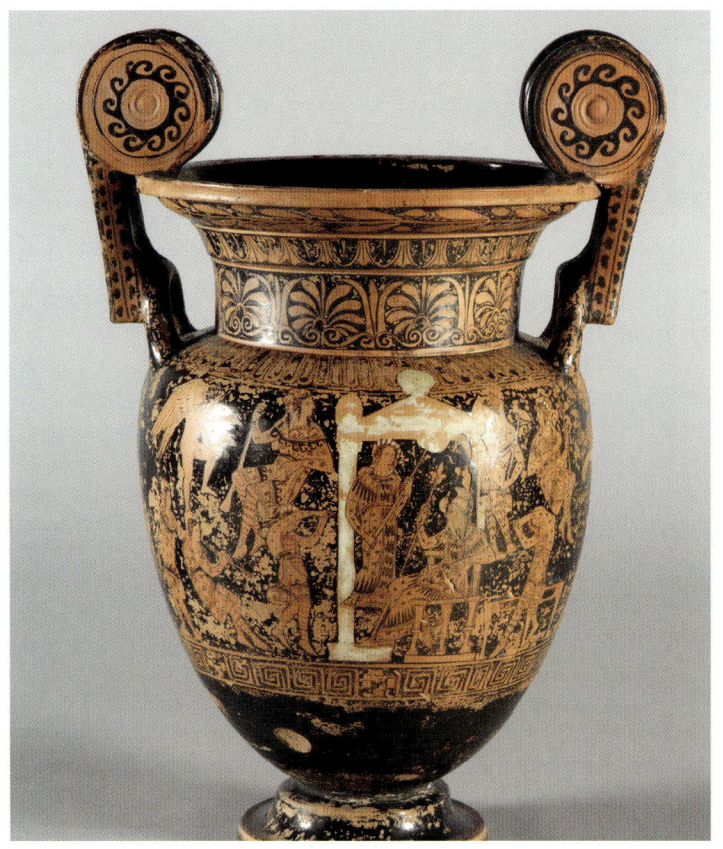

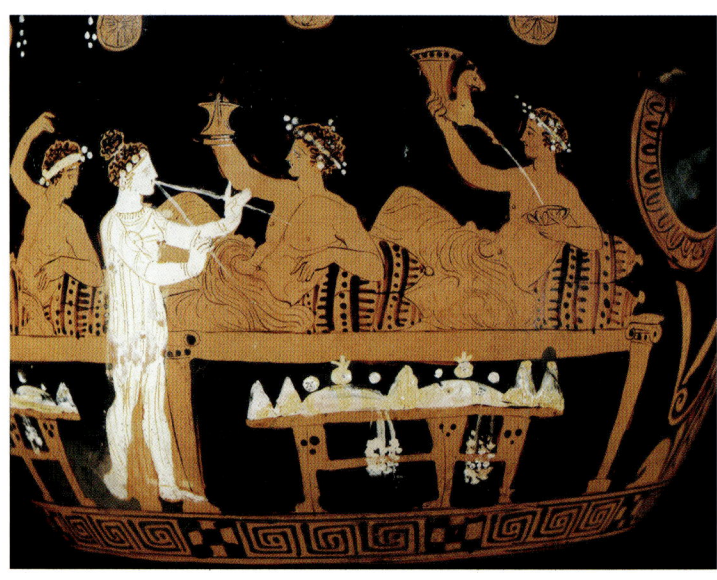

Kat. Nr. 105
Volutenkrater mit Darstellung eines orientalischen Fürstenhofes
Gefertigt in Athen, 1. Hälfte 4. Jh. v. Chr., Meleager-Maler
Ton, bemalt und gebrannt, H. 42,5 cm, Dm. 24,5 cm
Wien, Kunsthistorisches Museum, Antikensammlung, Inv. Nr. IV 158

Vor einem Tempelchen (*Naiskos*) thront ein bärtiger Herrscher mit Zepter, gekleidet in fußlangem Gewand und mit einer Kopfbedeckung, die aus einem griechischen Helm und einer persischen Tiara zusammengesetzt scheint. Vor ihm steht eine Fächerträgerin, hinter ihm ein Waffenträger mit geschultertem Doppelbeil. In der oberen Bildzone sitzt auf jeder Seite ein junger Mann, vor dem linken ein Eros mit einem Kranz. In der unteren Zone sind links und rechts der Mittelgruppe zwei Oklasma-Tänzer(innen ?) in heftiger Bewegung wiedergegeben, die von einem Aulosbläser auf der linken Seite begleitet werden.
Zweifellos handelt es sich um eine Szene aus dem orientalischen Hofleben. Ob damit der Hof des persischen Großkönigs oder eines anderen orientalischen Fürsten gemeint ist, ist aber unklar. In der Darstellung von Kleidung und Ausstattung sind griechische und orientalische Elemente vermengt.

Lit.: CVA Österreich 3, 37 Taf. 139; Raeck 1981, 152ff. P 612; AK Wien 1988/89, 260f. Nr. AS 3 (W. Oberleitner); Schäfer 1997, 113 Nr. VII 2g Taf. 54, 2; AK Speyer 2006, 168f. (W. Raeck).   A. B.-W.

Kat. Nr. 106
Attisch rotfiguriger Glockenkrater mit Gelageszene
Gefertigt in Athen, 1. Hälfte 4. Jh. v. Chr.
Ton, bemalt und gebrannt, H. 42,5 cm
Wien, Kunsthistorisches Museum, Antikensammlung, Inv. Nr. IV 910

In der griechischen Vasenmalerei ist das Symposion, das Trinkgelage, ein beliebtes Bildthema. Zur Geräteausstattung gehörte auch der Krater, ein Mischgefäß, in dem Wein mit Wasser und Gewürzen angerichtet worden ist.
Die Vorderseite dieses Glockenkraters ist mit einer Gelageszene bemalt: Auf zwei Klinen, vor denen mit Speisen bedeckte Tische stehen, lagern Jünglinge auf Kissen gestützt. Einer hält ein Trinkgefäß hoch, ein anderer gießt aus einem Trinkhorn (*Rhyton*) mit Pferdeprotome Wein in eine Schale (*Phiale*). *Rhyta* waren insbesondere für den persischen Kulturkreis charakteristisch und spätestens seit den Perserkriegen auch in Griechenland sehr geschätzt. Zwischen den Tischen steht eine Doppelflöten (*Aulos*)-Bläserin in dünnem Chiton.
Über den großen Stellenwert des Gelages im Privatleben hinaus wird man bei den Darstellungen eine tiefer gehende Bedeutung vermuten dürfen, die sich auf die Vorstellung vom ewigen Symposion nach dem Tod bezieht. (Gesamttabb. vgl. Essay J. Wiesehöfer in diesem Band, S. 83)

Lit.: CVA Österreich 3, 33 Taf. 133, 3, 4, 6; Tzouvara-Souli 1983, 117 Abb. 102; Schäfer 1997, 113 Nr. VII 1b Taf. 51, 1.   G.P.

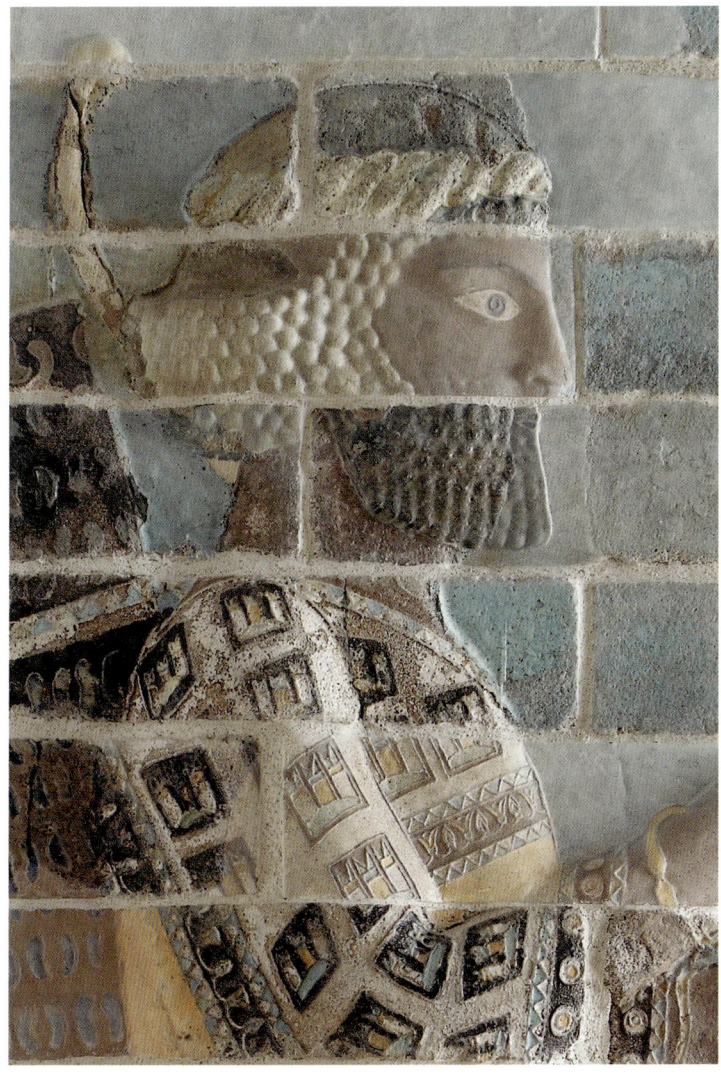 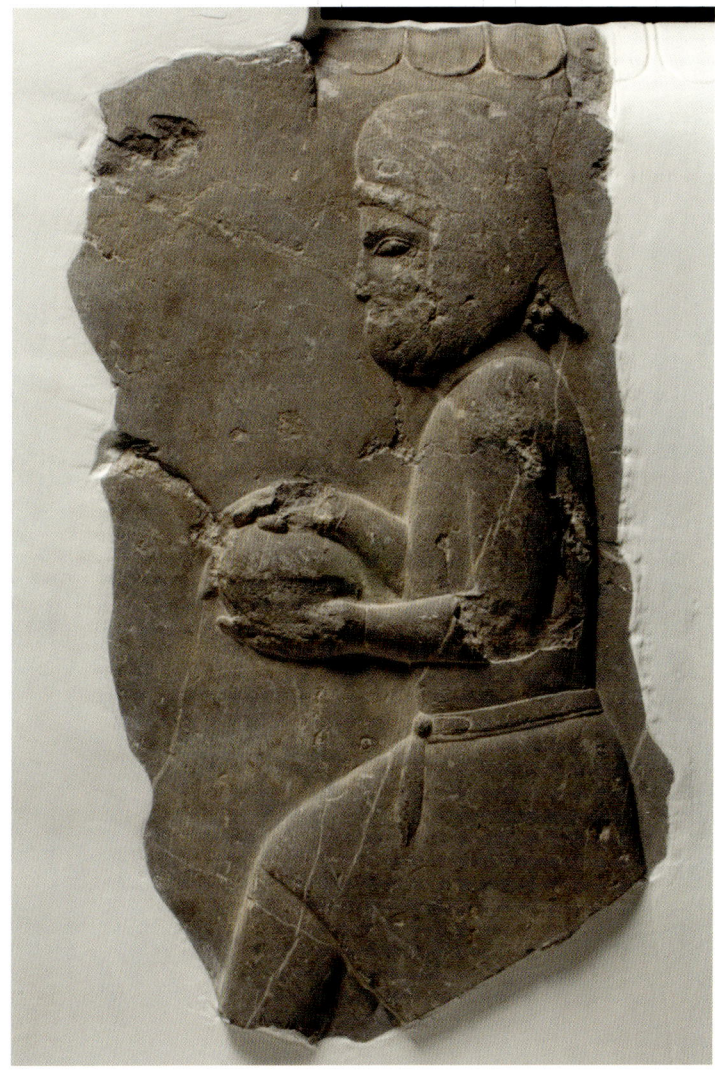

Kat. Nr. 101
Relief aus glasierten Ziegeln mit Darstellung eines Bogenschützen

Iran, Susa, aus dem Palast Dareios I., achämenidisch, 6.–5. Jh. v. Chr.
Ziegel, siliziumhaltig, reliefiert und glasiert, H. 1,94 m, Br. 81 cm, D. 22 cm
Paris, Musée du Louvre, Département des antiquités orientales,
Inv. Nr. SB 23177

Kat. Nr. 102
Steinrelief: eine Treppe hinaufsteigender Mann in medischer Tracht

Iran, Persepolis, 5.–4. Jh. v. Chr.
Kalkstein, H. 47 cm
Brüssel, Museés Royaux d'Art et d'Histoire, Département Antiquité,
collection Iran, Inv. Nr. IR.1034

Ende des 6. Jhs. v. Chr. machte der achämenidische Herrscher Dareios I. Susa zur Hauptstadt und errichtete zahlreiche repräsentative Bauwerke. Der Königspalast war aufwendig mit glasierten Ziegelreliefs dekoriert, die menschliche und tierische Figuren darstellten. Vorbilder hierzu waren u.a. die reliefierten Löwen und Drachen aus dem Babylon König Nebukadnezars II. Das hier gezeigte Relief stammt vermutlich aus dem Bogenschützenfries, auch „Wache der zehntausend Unsterblichen" genannt, vom Osttor des Palastes. Jeder der Wächter hält einen Speer in beiden Händen, während Bogen und Köcher über die Schulter gehängt sind. Alle tragen ein Stirnband sowie das persische Gewand, dessen Stoff mit Rosetten oder Turmmotiven dekoriert ist. Dies ermöglicht einen Eindruck von der Farbigkeit und den Mustern der aufwendigen Kleidung, die am persischen Hof getragen wurde.

Lit.: AK New York 1992; Ziffer 1999, 187ff., 224f.; AK London 2005, 87ff.   N.C.

Ein Mann in medischer Tracht, mit einer Kopfbedeckung, die Ohren und Mund bedeckt, steigt eine Treppe hinauf. Er hält eine Schüssel mit Deckel in seinen Händen. Derartige Figuren wurden häufig in den achämenidischen Palästen in Persepolis und Susa dargestellt. Die Gabenbringer können verschiedene Objekte und sogar lebende Tiere tragen. Es gibt Höflinge, die Besucher mit Geschenken heranführen, Diener, die Speisen und Utensilien für das königliche Bankett herbei tragen, wie auch Priester mit Opfergaben für die unterschiedlichen religiösen Rituale, die bekanntermaßen in Persepolis stattfanden. Derartige Reliefs waren ursprünglich bemalt, doch auf diesem Stück sind keine Farbspuren erhalten. Ähnliche Reliefs aus bunt glasierten Ziegeln wurden in Susa entdeckt.

Lit.: Goossens 1961; Gubel/Overlaet 2007, Nr. 319.   B.O.

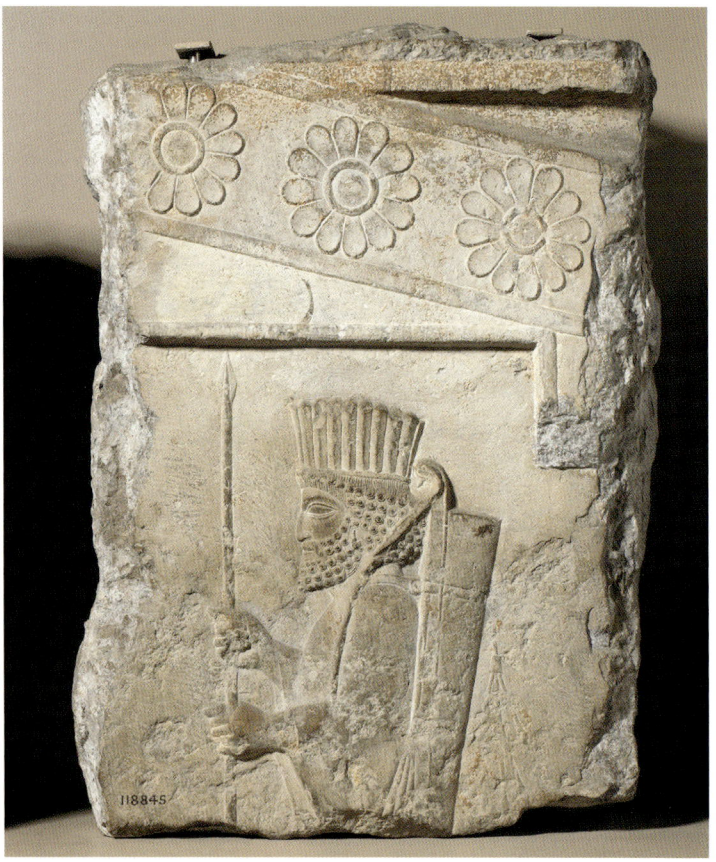 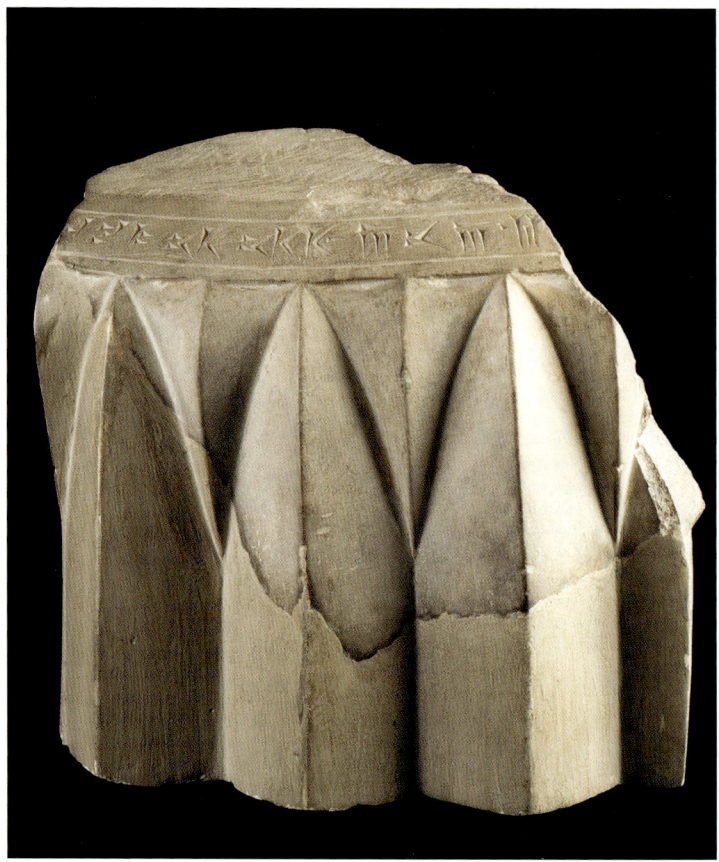

Kat. Nr. 103
Relieffragment mit Kriegerdarstellung

Iran, Persepolis, Apadana (Säulenhalle), Nordtreppe, Westflügel, achämenidisch
Kalkstein, H. 58 cm, Br. 33 cm, T. 21,5 cm
London, British Museum, Department of the Middle East, Inv. Nr. 118844

Fragment eines Eckreliefs aus Kalkstein. Auf einer Seite befindet sich die Darstellung eines stehenden, nach links gewandten Wachsoldaten in persischer Kleidung mit gefälteter, vermutlich aus Filz bestehender Kopfbedeckung, der einen Speer in beiden Händen hält und über der linken Schulter einen gespannten, an den Enden in Vogelköpfen auslaufenden Bogen sowie auf dem Rücken einen mit Quasten besetzten Köcher trägt. Die andere Seite des Reliefs zeigt einen nach rechts gewandten Beamten in persischer Kleidung, der in der Rechten einen Stab hält und die Linke über seinen rechten Unterarm gelegt hat. Wie alle Skulpturen aus Persepolis war dieses Stück ursprünglich in bunten Farben bemalt, wenngleich die einzigen Hinweise darauf einige mikroskopisch kleine Reste von Farbpigmenten in Ägyptisch Blau sind, die unter Infrarotlicht sichtbar werden.

Lit.: Barnett 1957, 62 Nr. 21 Taf. XX 2; Mitchell 2000, 51 Taf. XXI.d; AK London 2005, 71 Kat. Nr. 27. St.S.

Kat. Nr. 104
Fragment einer Säulenbasis mit altpersischer Inschrift

Irak, Babylon (?), 2.–3. Viertel 5. Jh. v. Chr.
Kalkstein, H. 14 cm
Brüssel, Museés Royaux d'Art et d'Histoire, Département Antiquité, collection Iran, Inv. Nr. O.1929

Große Säulenhallen gehörten zur Ausstattung der Palastanlagen im gesamten achämenidischen Reich. Die fragmentierte Säulenbasis trägt eine Verzierung aus stilisierten Blättern, wie sie für die achämenidischen Paläste in Persepolis, Susa, Babylon und anderen Städten charakteristisch ist. Dieses Exemplar kann in die Regierungszeit Xerxes' I. (486–465 v. Chr.) oder seines Nachfolgers Artaxerxes I. (465–424 v. Chr.) datiert werden. Bedauerlicherweise ist der Name des Königs nicht mehr erhalten, sondern nur seine Titulatur. Die persische Inschrift in Keilschrift lautet: „[…] großer [König], König der Könige".

Lit.: AK Speyer 2006, 111; Gubel/Overlaet 2007, Nr. 320. E.G.

DAS BILD DER ANDEREN – GRIECHEN UND PERSER VOR DER ZEIT ALEXANDERS DES GROSSEN

Die Betrachtung der archäologischen und literarischen Zeugnisse zum Verhältnis zwischen Griechen und Persern führt oft zum vordergründigen Eindruck, dass alles Persische bzw. Orientalische dem Griechischen prinzipiell entgegengesetzt sei. In Wirklichkeit ist das Bild jedoch viel komplexer. Zu vielfältig waren die orientalischen Kulturen im Nahen Osten ebenso wie die Kontakte der Griechen zu eben diesen Kulturen, facettenreich war auch die Sicht der Orientalen auf die Menschen im Westen. Auf beiden Seiten müssen wir daher eine differenzierte und sogar uneinheitliche Sichtweise zugrunde legen. Dennoch fällt auf, dass nach den Perserkriegen das Bild der Perser in der Literatur und Kunst der Griechen mehr und mehr bestimmt ist durch das Andere, das Fremde, das oft auch drastisch als minderwertig im Gegensatz zu griechischen Werten geschildert wird. Die negativ geprägte Darstellung erklärt sich jedoch aus dem Anspruch Athens auf die Herrschaft im Delisch-Attischen Seebund und seiner Deutungshoheit über die Perserkriege. In der Kunst des späteren 5. und des 4. Jh. v. Chr. wandelt sich dagegen das Bild mit zunehmender Distanz zu den militärischen Auseinandersetzungen. Hierzu trägt ebenfalls ein deutlich ausgewogener Kulturaustausch bei, der sowohl das Alltagsleben – unterstützt durch rege Handelsbeziehungen – als auch religiöse und philosophische Anschauungen beeinflusst. Während in der klassischen griechischen Kunst die Faszination der persischen mit Luxus und Reichtum verbundenen Welt fassbar wird, kommt es jedoch in der Literatur des 4. Jhs. v. Chr. erneut zu diffamierenden Darstellungen der Perser.

Umgekehrt suchen die Perser bei den Griechen Anregungen und Hilfe in kulturellen wie politischen Fragen. Griechischer, insbesondere ionischer und lydischer Einfluss auf die persische Architektur und Kunst ist vielfach sichtbar, wenngleich in unterschiedlichem Ausmaß. Als Symbol dieses Einflusses kann auch die Auffindung des Torsos einer griechischen Skulptur der Penelope im Palast des achämenidischen Herrschers in Persepolis betrachtet werden. Dennoch ist festzuhalten, dass in der persischen Kunst eben nicht nur griechische Anregungen zu finden sind, sondern auch Einwirkungen anderer Völker, mit denen die Perser in Kontakt kamen.

Das Bild der Anderen ist somit in zweifacher Hinsicht beeinflusst: Militärische Auseinandersetzungen und zeitgleich ein Kulturtransfer prägen die jeweiligen Vorstellungen in besonderer Weise.

Lit.: Curtis 2005, 115ff.; Villing 2005, 236ff.; Raeck 2006, 150ff.; vgl. Essay J. Wiesehöfer in diesem Band, S. 79ff.
C.B.

DAS BILD DER ANDEREN – GRIECHEN UND PERSER VOR DER ZEIT ALEXANDERS DES GROSSEN

Das Perserbild der Griechen

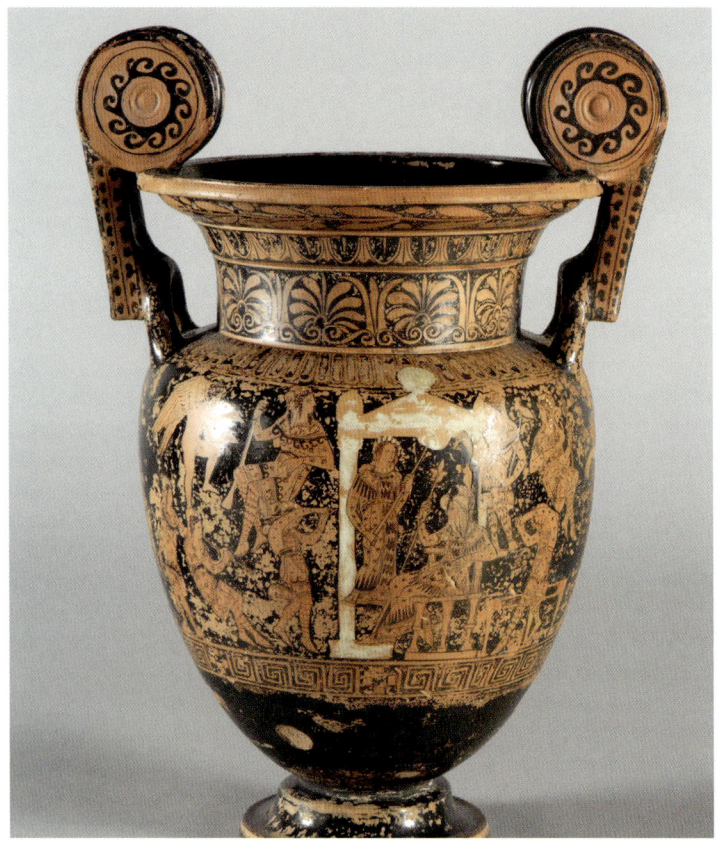

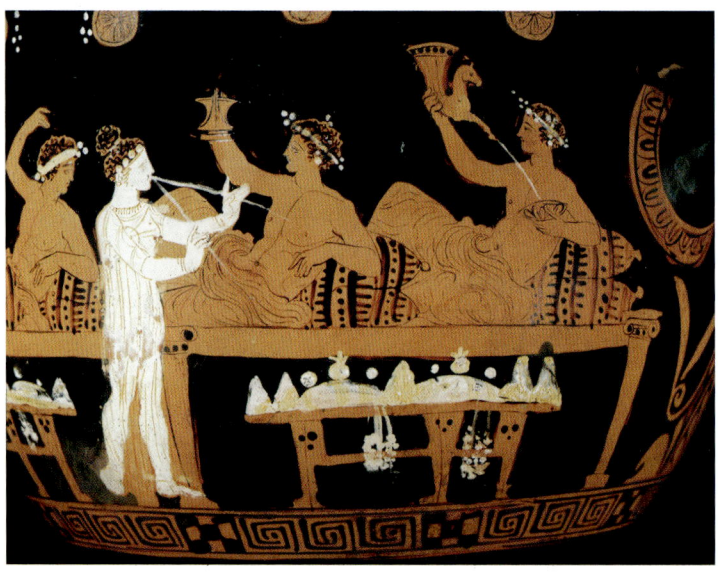

Kat. Nr. 105
Volutenkrater mit Darstellung eines orientalischen Fürstenhofes

Gefertigt in Athen, 1. Hälfte 4. Jh. v. Chr., Meleager-Maler
Ton, bemalt und gebrannt, H. 42,5 cm, Dm. 24,5 cm
Wien, Kunsthistorisches Museum, Antikensammlung, Inv. Nr. IV 158

Vor einem Tempelchen (*Naiskos*) thront ein bärtiger Herrscher mit Zepter, gekleidet in fußlangem Gewand und mit einer Kopfbedeckung, die aus einem griechischen Helm und einer persischen Tiara zusammengesetzt scheint. Vor ihm steht eine Fächerträgerin, hinter ihm ein Waffenträger mit geschultertem Doppelbeil. In der oberen Bildzone sitzt auf jeder Seite ein junger Mann, vor dem linken ein Eros mit einem Kranz. In der unteren Zone sind links und rechts der Mittelgruppe zwei Oklasma-Tänzer(innen?) in heftiger Bewegung wiedergegeben, die von einem Aulosbläser auf der linken Seite begleitet werden.

Zweifellos handelt es sich um eine Szene aus dem orientalischen Hofleben. Ob damit der Hof des persischen Großkönigs oder eines anderen orientalischen Fürsten gemeint ist, ist aber unklar. In der Darstellung von Kleidung und Ausstattung sind griechische und orientalische Elemente vermengt.

Lit.: CVA Österreich 3, 37 Taf. 139; Raeck 1981, 152ff. P 612; AK Wien 1988/89, 260f. Nr. AS 3 (W. Oberleitner); Schäfer 1997, 113 Nr. VII 2g Taf. 54, 2; AK Speyer 2006, 168f. (W. Raeck). A. B.-W.

Kat. Nr. 106
Attisch rotfiguriger Glockenkrater mit Gelageszene

Gefertigt in Athen, 1. Hälfte 4. Jh. v. Chr.
Ton, bemalt und gebrannt, H. 42,5 cm
Wien, Kunsthistorisches Museum, Antikensammlung, Inv. Nr. IV 910

In der griechischen Vasenmalerei ist das Symposion, das Trinkgelage, ein beliebtes Bildthema. Zur Geräteausstattung gehörte auch der Krater, ein Mischgefäß, in dem Wein mit Wasser und Gewürzen angerichtet worden ist.

Die Vorderseite dieses Glockenkraters ist mit einer Gelageszene bemalt: Auf zwei Klinen, vor denen mit Speisen bedeckte Tische stehen, lagern Jünglinge auf Kissen gestützt. Einer hält ein Trinkgefäß hoch, ein anderer gießt aus einem Trinkhorn (*Rhyton*) mit Pferdeprotome Wein in eine Schale (*Phiale*). *Rhyta* waren insbesondere für den persischen Kulturkreis charakteristisch und spätestens seit den Perserkriegen auch in Griechenland sehr geschätzt. Zwischen den Tischen steht eine Doppelflöten (*Aulos*)-Bläserin in dünnem Chiton.

Über den großen Stellenwert des Gelages im Privatleben hinaus wird man bei den Darstellungen eine tiefer gehende Bedeutung vermuten dürfen, die sich auf die Vorstellung vom ewigen Symposion nach dem Tod bezieht. (Gesamtabb. vgl. Essay J. Wiesehöfer in diesem Band, S. 83)

Lit.: CVA Österreich 3, 33 Taf. 133, 3, 4, 6; Tzouvara-Souli 1983, 117 Abb. 102; Schäfer 1997, 113 Nr. VII 1b Taf. 51, 1. G.P.

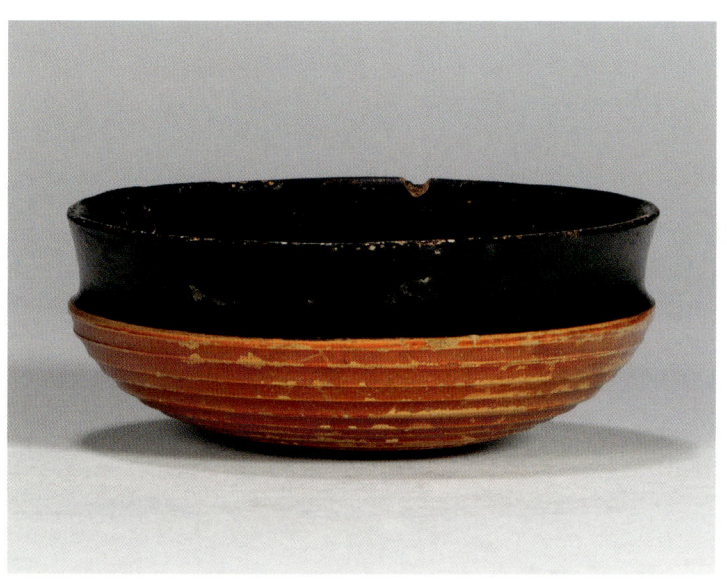
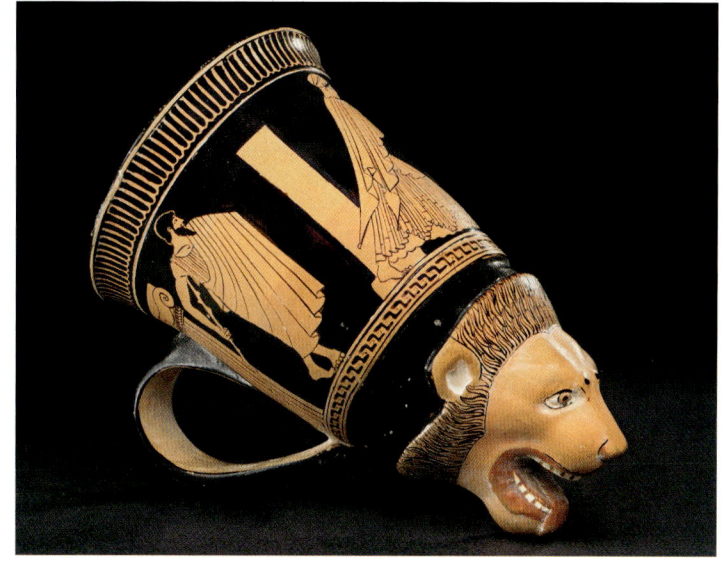

Kat. Nr. 107
Schale

Italien, Capua; gefertigt in Athen, um 450 v. Chr.
Ton, bemalt und gebrannt, H. 4,2 cm, Dm. 10,2 cm
Berlin, Antikensammlung SMB PK, Inv. Nr. V.I. 4499

Zur Gruppe der „achämenidischen Phialen", die über einen Zeitraum von 50 Jahren seit Ende des 6. Jhs. v. Chr. hergestellt wurden, gehört auch diese Schale. Sie weist unten auf der Außenseite konzentrische Querrillen auf. In der oberen Hälfte ist sie mit Schwarzglanzton überzogen, in der unteren mit einem sogenannten „intentional red"- oder „coral-red"- Firnis. Durch Form und Dekor ahmt die Schale achämenidische Metallgefäße nach. Interessant ist der Funktionswandel: Während vergleichbare flache Schalen bei den Griechen zuvor nur beim Opfer verwendet wurden, dienten sie im Vorderen Orient als Trinkschalen. Durch die Übernahme der Form – im Übrigen lange vor Alexander – werden die Schalen auch bei den Griechen zu Trinkgefäßen.

Lit.: CVA Berlin 1, 80 Taf. 52, 5. 53, 1. Beil. 8; Miller 1993, 118ff. Taf.20, 6; Miller 1997, 136ff.; AK Speyer 2006, 108f.   C.B.

Kat. Nr. 108
Attisch rotfiguriger Löwenkopfbecher

Italien, Capua; gefertigt in Athen, ca. 480–470 v. Chr., dem Vasenmaler Douris zugeschrieben
Ton, bemalt und gebrannt, H. 14 cm
London, British Museum, Department of Greek and Roman Antiquities, Inv. Nr. GR 1873.8-20.276 (Vase E796)

Der tiefe einhenklige Becher endet in dem plastisch ausgestalteten Kopf eines Löwen mit offenem Maul. Die Zone darüber trägt rotfigurige Malerei: Ein Mann im Manteltuch (*Himation*), vielleicht ein attischer König, lehnt auf einem Stock, während eine Frau (die Göttin der Morgenröte Eos?) einen jungen Mann (der attische Heros Kephalos?) verfolgt. Säulen und Altar deuten ein Heiligtum an. Die Form des Bechers ist in metallischer Ausführung im neuassyrischen und achämenidischen Reich vielfach belegt, die Löwenkopfbecher besonders im königlichen Umfeld. Wie auch die neuassyrischen Beispiele weist das attische Exemplar einen „doppelten Boden" auf und ist ein typisches Beispiel für die Adaption nahöstlicher Trinkgefäße im griechischen Töpferhandwerk ab dem späten 6. Jh. v. Chr. und insbesondere nach den Perserkriegen.

Lit.: Hoffmann 1962, 13ff. Nr. 18 Taf. 4. 1, 2; Buitron-Oliver 1995, 38. 70, 86 Nr. 246, Taf. 114; Ebbinghaus 2008, 145–172, bes. 148–151.   A.V.

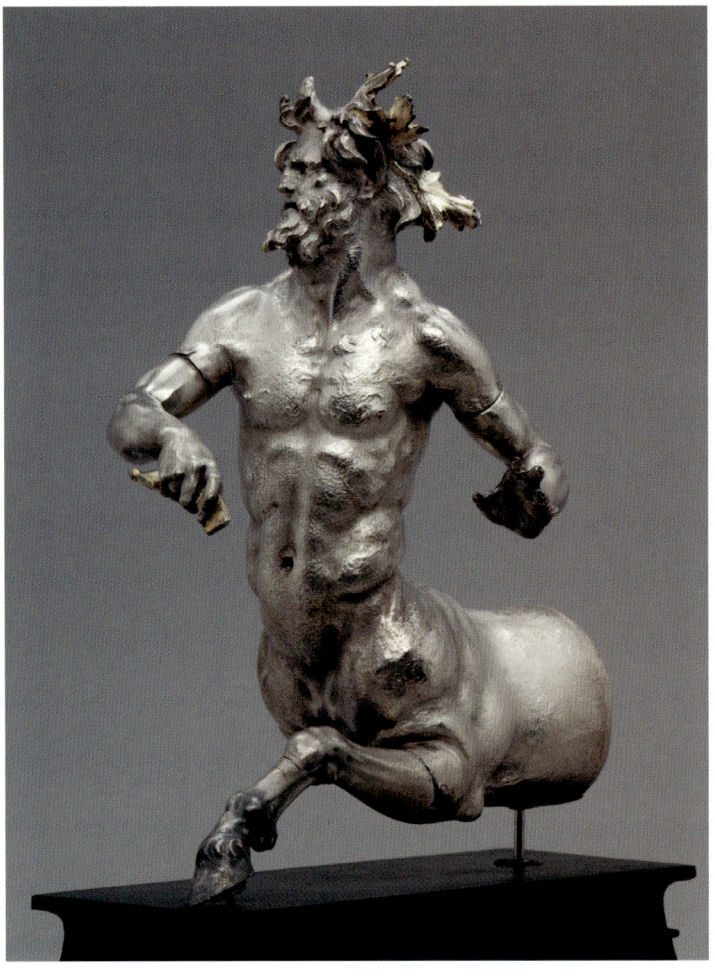
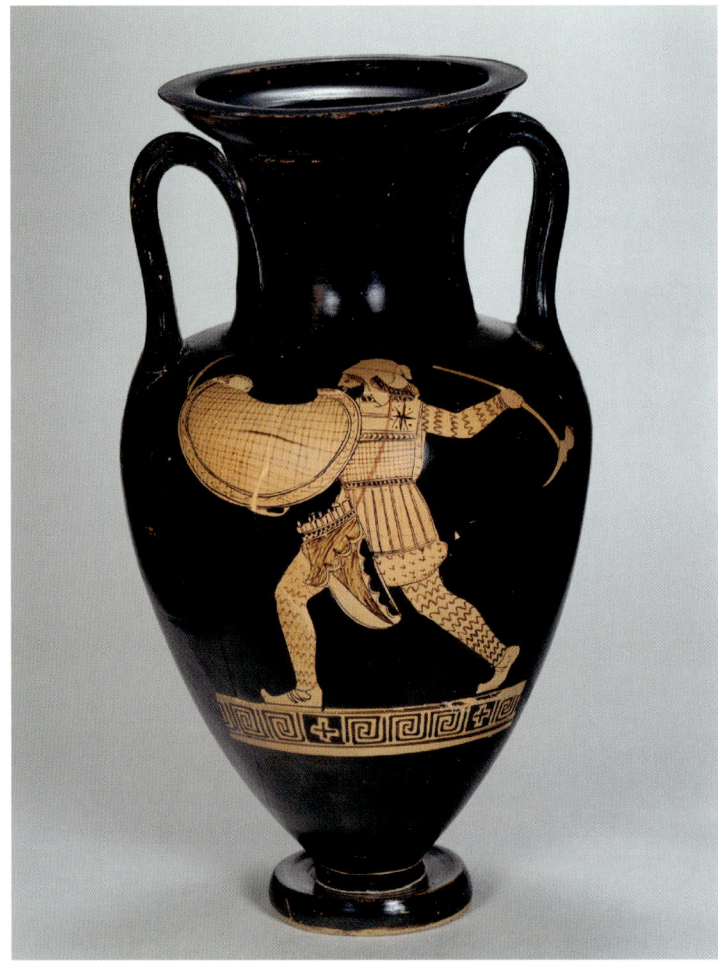

Kat. Nr. 109
Vorderteil eines Rhytons in Form eines Kentauren

Italien, Falerii (Città Castellana) seleukidisch, um 160 v. Chr.,
Silber, teilweise feuervergoldet, H. 22 cm
Wien, Kunsthistorisches Museum, Antikensammlung, Inv. Nr. VIIa 49

Der Kentaur war Teil eines Trinkhorn (*Rhytons*), der becherförmige Teil mit der Mündung ist verloren. Das Fabelwesen mit menschlichem Oberkörper und Pferdeleib hielt ein Saiteninstrument, das er mit einem Plektron in der Rechten schlug.

Der Kentaur ist ein Meisterwerk antiker Technik: Kopf und Rumpf sind aus einem Stück Silberblech getrieben, selbst die äußersten Haar- und Bartspitzen sind ausgetrieben, also hohl, Arme und Beine hingegen gegossen.

Das Gefäß wird stilistisch einer seleukidischen Werkstatt zugewiesen, zumal Trinkhörner mit Kentaurenprotomen bisher nur aus dem Seleukidenreich bekannt sind. In diesem ursprünglich größten in der Nachfolge Alexanders des Großen entstandenen Diadochenreich gehörten solche Trinkgefäße zum vornehmen Gelagegeschirr.

Lit.: Morawietz 2001, 62, 114–117; Gschwantler 2005, 122f. G.P.

Kat. Nr. 110
Attisch rotfigurige Halsamphora (Nolanische Amphora) mit Darstellung eines griechischen und persischen Kriegers

Gefertigt in Athen, um 460 v. Chr.
Ton, bemalt und gebrannt, H. 33 cm
Berlin, Antikensammlung SMB PK, Inv. Nr. F 2331

Die Darstellung auf der Amphora zeigt als ebenbürtige Gegner einen griechischen Krieger auf der einen, einen persischen auf der anderen Seite. Sie stehen sich in Kampfhaltung gegenüber. Zur Ausrüstung des Griechen gehören Beinschienen, Schild und Lanze. Wie der Krieger auf dem Krater in Basel (Kat. Nr. 112) trägt er nur ein kurzes Mäntelchen (*chlamys*). Der Perser ist mit einer Hose, einer Ärmeljacke, einem Untergewand, einem Brustpanzer, Schnürschuhen und einer Tiara ausgestattet. Der mit Pfeilen gefüllte und reich verzierte Köcher (*gorytos*) hängt an seiner Hüfte. In der Linken hält der Perser den halbmondförmigen Schild (*pelte*) sowie den Bogen, in der Rechten die Streitaxt.

Lit.: AK Speyer 2006, 164. C.B.

DAS PERSERBILD DER GRIECHEN

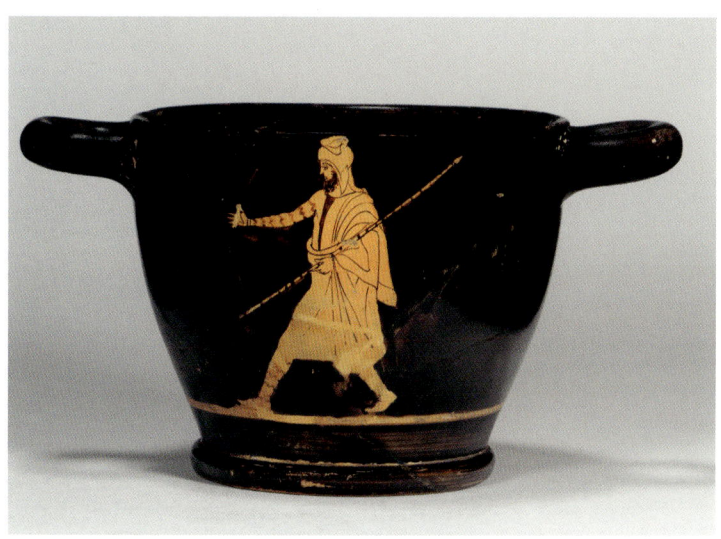

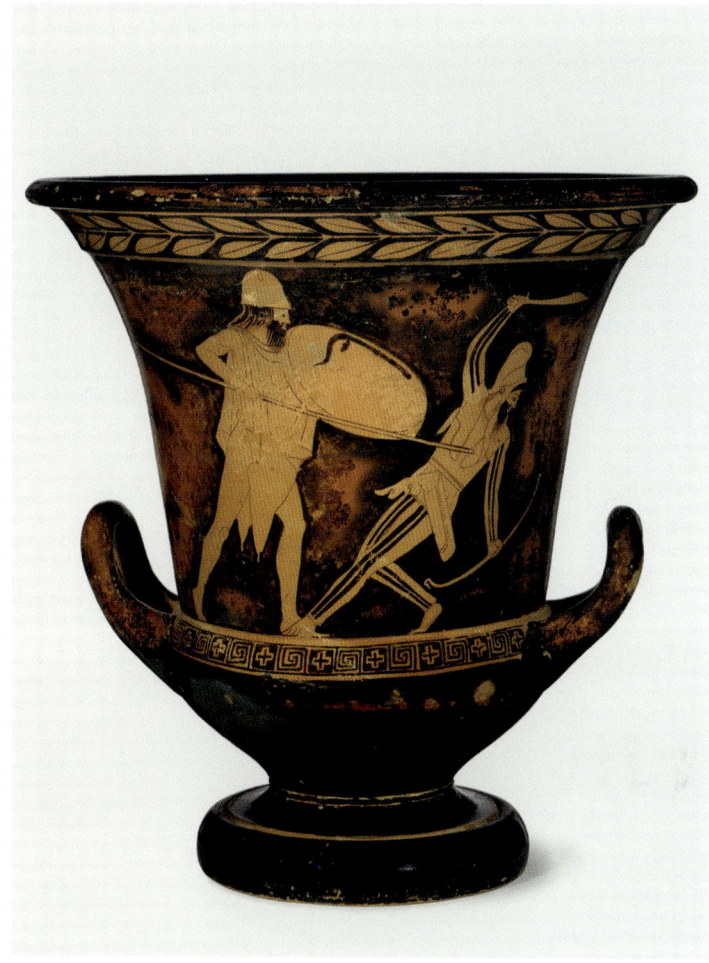

Kat. Nr. 111
Attisch rotfiguriger Skyphos mit Darstellungen von Persern

Italien, Triest, aus der Sammlung Fontana, gefertigt in Athen, um 450 v. Chr., Schüler des Vasenmalers Douris
Ton, bemalt und gebrannt, H. 12,5 cm, Dm. 15,7 cm
Berlin, Antikensammlung SMB PK, Inv. Nr. V.I. 3156

In den auf dem Trinkbecher (*Skyphos*) dargestellten Personen sieht Wulf Raeck einen ranghohen Perser, der auf einen anderen auf einem Felsen sitzenden Krieger zuläuft und ihn anspricht, möglicherweise begrüßt. Der herbeilaufende Perser trägt ein Zepter im linken Arm und über seiner persischen Tracht einen griechischen Mantel. Der sitzende Perser wendet sich ihm zu und stützt sich mit seiner Linken auf den Felsen. Anscheinend fällt gerade aus seiner geöffneten Rechten der langrechteckige Schild. Das Wegwerfen des Schildes bedeutete für die Griechen ein äußerst unehrenhaftes Verhalten.

Lit.: CVA Berlin 3, 25 Taf.141, 2, 5–6; Raeck 1981, 136f.; AK Speyer 2006 (Broschüre), 9.   C.B.

Kat. Nr. 112
Attisch rotfiguriger Kelchkrater mit Kampfdarstellung zwischen Griechen und Persern

Gefertigt in Athen, um 470/460 v. Chr.
Ton, bemalt und gebrannt, H. 37,3 cm, Dm. 38,9 cm
Basel, Antikenmuseum Basel und Sammlung Ludwig, Inv. Nr. BS 480

Auf der Vorderseite des Kraters sticht ein kräftiger Grieche mit der Lanze einen Perser nieder. Den Griechen schützen ein pilosartiger Helm und ein großer Rundschild; er trägt nur ein kurzes Mäntelchen (*chlamys*). Der Perser ist mit gestreifter Jacke und Hose, einem Brustpanzer sowie einer Tiara bekleidet. Bewaffnet ist er mit einem Schwert und einem Bogen, der Köcher (*gorytos*) hängt an seiner Hüfte. Auf der Gegenseite des Kraters stürmt ein Perser nach rechts. Er wendet sich zum Betrachter, sein Mund ist weit geöffnet. In den Händen schwingt er Schwert und Bogen, an der Hüfte hängt der Gorytos. Bei diesem Krater wie auch bei der Halsamphora in Berlin (Kat. Nr. 110) werden die Perser als ebenbürtige Gegner gezeigt.

Lit.: Hölscher 1974, 78–85; Blome 1999, 97f.; AK Speyer 2006, 162f.   C.B.

DAS BILD DER ANDEREN – GRIECHEN UND PERSER VOR DER ZEIT ALEXANDERS DES GROSSEN

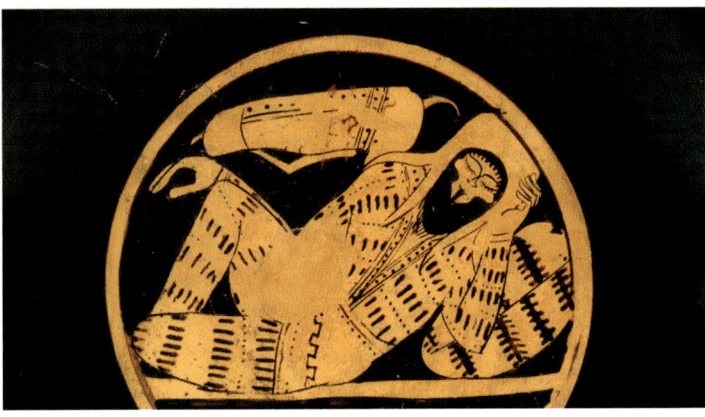

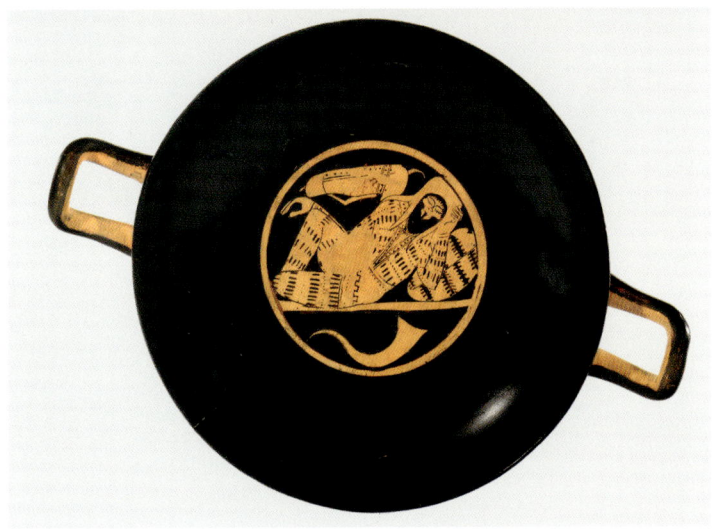

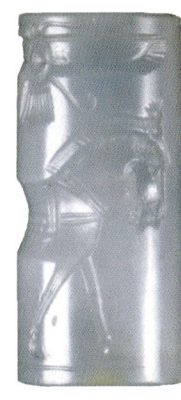 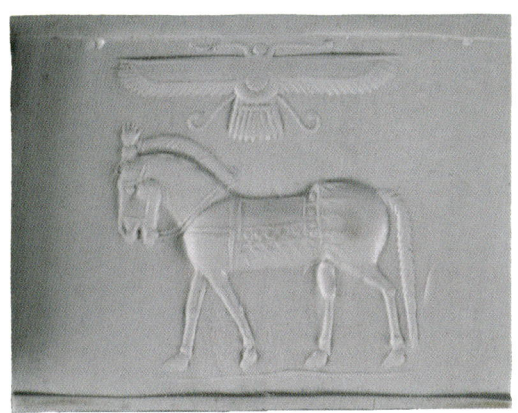

Kat. Nr. 113
Attisch rotfigurige Schale mit Darstellung eines schlafenden Orientalen

Gefertigt in Athen, um 500 v. Chr., Maler der Chairiasschalen der Agora
Ton, bemalt und gebrannt, H. 7,1 cm, Dm. 25,5 cm
Basel, Antikenmuseum Basel und Sammlung Ludwig, Inv. Nr. BS 1423
(ehemals Sammlung Bosshard, Inv. Nr. Bo 16)

Darstellungen von betrunkenen Symposion-Teilnehmern finden sich in der griechischen Vasenkunst häufig, originell ist jedoch das Innenbild dieser Schale: Ein betrunkener Orientale schläft auf den Klinenpolstern und stützt den Kopf auf die linke Hand. Unter der Kline liegt ein übergroßes Trinkhorn, an der Wand hängt der Gorytos, der orientalische Köcher. Die Tracht besteht aus einem gemusterten Hosentrikot, Lendenschurz und Tiara. Wenn man den Schlafenden als Perser deutet, so wäre er aufgrund der Datierung der Schale ein bis zwei Jahrzehnte vor der Schlacht von Marathon (490 v. Chr.) einer der frühesten Belege für die Darstellung eines Persers in einer friedlichen Szene.

Lit.: Blome 1999, 82ff. C.B.

Kat. Nr. 114
Rollsiegel mit Darstellung eines gezäumten Reitpferdes

Griechenland, Attika, gefertigt wahrscheinlich in Iran, 5.–4. Jh. v. Chr.
Blauer Chalzedon, H. 2,1 cm, Dm. 1 cm
Berlin, Antikensammlung SMB PK, Inv. Nr. FG 180

Die Abrollung des Siegels zeigt ein Pferd unter einer Flügelsonne, einem Symbol, das ursprünglich aus Ägypten stammt. Das gedrungene Pferd ist in typisch achämenidischer Weise geschmückt: die Mähne oben auf dem Kopf aufgebunden und seitlich, wie auch der Schwanz, geflochten. Die für das Reitervolk der Perser charakteristische Satteldecke ist unten und hinten mit Borden und Fransen versehen. Der Lebensstil der orientalischen Herrscher mit ihren entsprechenden Realien hielt in den kleinasiatischen Satrapien Einzug. Man stellte sich den Persern entgegen, ließ sich aber auch beeinflussen. Prestigeobjekte wie dieses im achämenidischen Hofstil gefertigte Siegel waren bei den Einheimischen äußerst beliebt.

Lit.: Zwierlein-Diehl 1969; Boardman 2003, 192 Abb. 5, 14. E.R.

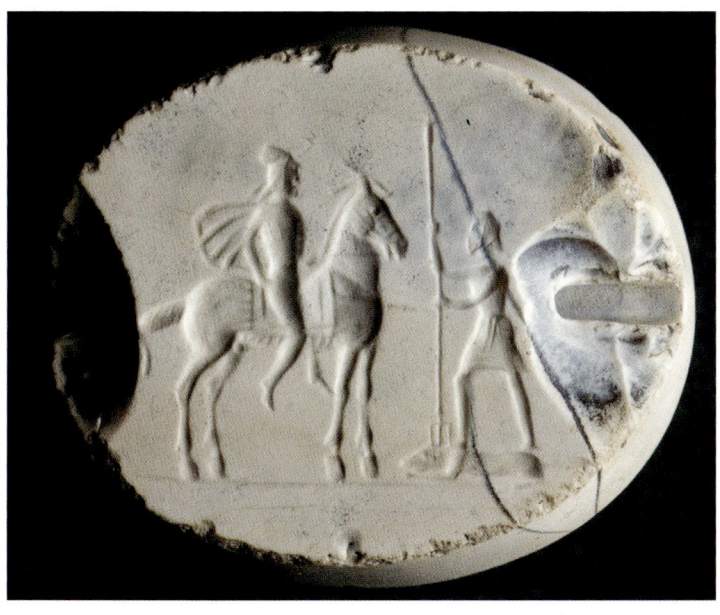
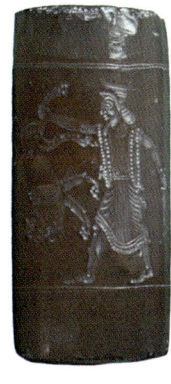
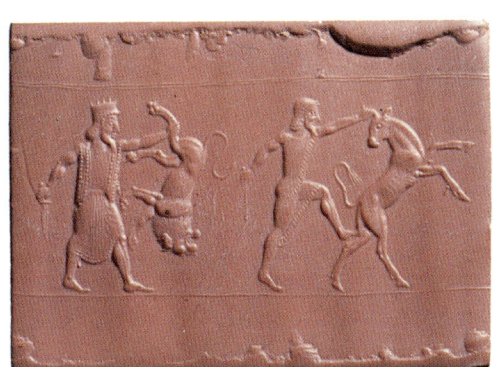

Kat. Nr. 115
Stempelsiegel mit Jagddarstellung

Griechenland, Peloponnes, Ithome (bei Messene), gefertigt wahrscheinlich im westlichen Kleinasien, 5.–4. Jh. v. Chr.
Chaldezon, verbrannt, H. 2,5 cm, B. 3 cm, T. 1,3 cm
Berlin, Antikensammlung SMB PK, Inv. Nr. FG 183

Auf dem Siegelbild wird die Jagdbeute, wohl ein Fuchs, präsentiert. Der Reiter ist in die sogenannte medische Hosentracht gekleidet und trägt die typische Kappe, den Baschlyk. Auch das Pferd ist mit Fransensatteldecke sowie geflochtener Mähne und Schweif orientalisch geschmückt. Dennoch ist diese Darstellung deutlich von dem ornamentalen achämenidischen Hofstil entfernt; hier herrschen Bewegung und Naturalismus der griechischen Kunst vor. Das gilt auch für die andere Figur mit dem Dreizack. Ebenso steht diese Genredarstellung im Unterschied zur persischen offiziellen Kunst, wenngleich das Thema Jagd vor allem im Orient ein Privileg des Herrschers war. Das Siegel belegt die Verschmelzung der beiden Kulturen.

Lit.: Zwierlein-Diehl 1969, 84 Nr. 186; Boardman 2003, 206 Abb. 5, 40. E.R.

Kat. Nr. 116
Rollsiegel mit Darstellung von Kampfszenen

Irak, Borsippa, aus der Sammlung Rich, erworben 1825, achämenidisch (?), 5.–4. Jh. v. Chr.
Grau-brauner Chaldezon, H. 4,75 cm, Dm. 2,2 cm
London, British Museum, Department of the Middle East, Inv. Nr. BM 89337

Ein Bereich, in dem ein griechischer Einfluss auf die achämenidische Kultur erkennbar wird, ist die Siegelkunst. Auf dem vorliegenden Rollsiegel ist links eine typische achämenidische Kampfszene dargestellt, in der der persische Großkönig als königlicher Held – ausgestattet mit Zackenkrone, Faltengewand und kurzem Schwert – einen Löwen am Hinterbein nach oben reißt, so dass dieser kopfüber herabhängt.

Daneben befindet sich eine zweite Kampfgruppe bestehend aus einer männlichen Figur mit gefranstem Gewand und Peitsche, die einen fliehenden Stier am Horn packt. Diese eher untypische Darstellung lässt, insbesondere in der Bewegung und der Figurbetonung des Helden, griechischen Einfluss vermuten.

Das Siegel kann somit als Beispiel für die Verbindung verschiedener Kultureinflüsse unter den Persern bereits vor Alexander dem Großen gedeutet werden.

Lit.: Collon 1987, 90–93, Kat. Nr. 428; AK London 2005, 93 Nr. 72; Curtis 2005.
N.C.

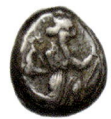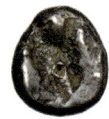

Kat. Nr. 127
Siglos des persischen Großkönigs

Vor 425–375 v. Chr.
Silber, Dm. 15 mm, 5,53 g
Berlin, Münzkabinett SMB PK, Obj. Nr. 18202984

Vs.: Persischer Großkönig nach rechts mit Bogen in der Linken und Kurzschwert in der Rechten. **Rs.:** Unregelmäßiges Incusum.

Lit.: Carradice 1987, 78 Nr. 33–35 Taf. 13 (Typ IV früh); Carradice 1998, 8 Nr. 169–170 Taf. 7; Weisser 2006, 74f. Nr. 13; l.   B.W.

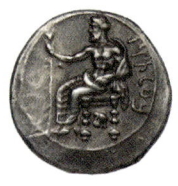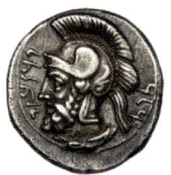

Kat. Nr. 128
Stater des persischen Satrapen Pharnabazos in Tarsos

Geprägt in Tarsos, ca. 380–375 v. Chr.
Silber, Dm. 23 mm, 10,79 g, 3 h
Berlin, Münzkabinett SMB PK, Obj. Nr. 18203016

Vs.: BLTRZ (BAALTARS in aramäischer Schrift). Baal im Hüftmantel, die rechte Hand auf ein Zepter gestützt, sitzt nach links auf einem Hocker (*diphros*), darunter ein Beizeichen. **Rs.:** FRNBZ – HLK (PHARNABAZOS CILICIA in aramäischer Schrift). Kopf eines bärtigen Kriegers mit Helm und Umhang nach links. Aufgrund der Namenslegende erscheint es möglich, dass mit dem Kriegerkopf Pharnabazos selbst dargestellt ist. Er wäre hier in der Art eines griechischen Strategen gezeigt. Ein Argument für diese Deutung bietet der Vergleich mit der Silbermünze des Tarkumuwa-Datames, auf welcher der Herrscher als griechischer Himationträger erscheint. Der Kopf wurde aber ebenfalls als Ares gedeutet.

Lit.: Mosley 1986, 33 Nr. 46a; Weisser 2006, 81 Nr. 38; SNG Schweiz I Nr. 71–74; SNG Aulock Nr. 5928.   B.W.

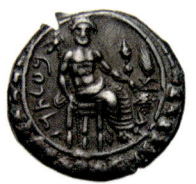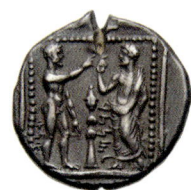

Kat. Nr. 129
Stater des persischen Satrapen Tarkumuwa-Datames

Geprägt in Tarsos, 378–372 v. Chr.
Silber, Dm. 23 mm, 10,58 g, 1 h
Berlin, Münzkabinett SMB PK, Obj. Nr. 18203018

Vs.: BLTRZ (BAALTARS in aramäischer Schrift). Der Gott Baal Tarsios sitzt nach rechts mit Ähre, Traube und Adlerszepter. Das Ganze gerahmt von einem umlaufenden Schmuckband. **Rs.:** ANA (neben dem Bein der linken Figur), TRDMW (TARKUWAMA in aramäischer Schrift) (vor dem Bein der rechten Figur). Der Satrap Tarkumuwa tritt im griechischen Habitus (entsprechend z.B. gleichzeitiger attischer Grabreliefs) auf. Ihm gegenüber steht der Gott Ana.

Lit.: Meadows 2005, 357; SNG Aulock, Nr. 5946.   B.W.

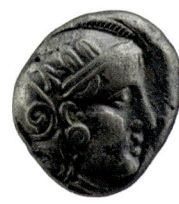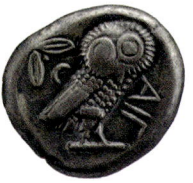

Kat. Nr. 130
Imitation einer Athener Tetradrachme

Geprägt in einer unbekannte Münzstätte in Baktrien (?), 400–360 v. Chr.
Silber, Dm. 25 mm, 16,85 g
London, British Museum, Inv. Nr. 1880-7-10-10

Vs.: Kopf der Athena mit attischem Helm, darauf zwei Olivenblätter und eine Palmette, nach rechts. **Rs.:** Eule sitzt nach rechts, daneben im linken Feld Olivenzweig mit zwei Blättern und Frucht und Halbmond, im rechten Feld ΑIΓ.

Lit.: Cribb 2007, 342 Abb. 1.   B.W.

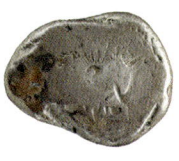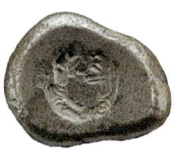

Kat. Nr. 130a
Stater, unbekannte Münzstätte Raum Kabul

Ca. 500–450 v. Chr.
Silber, 22,5 x 18 mm, 11,48 g
London, British Museum, Department of Coins & Medals,
Inv. Nr. 1995-10-15-1

Das Griechenbild der Perser

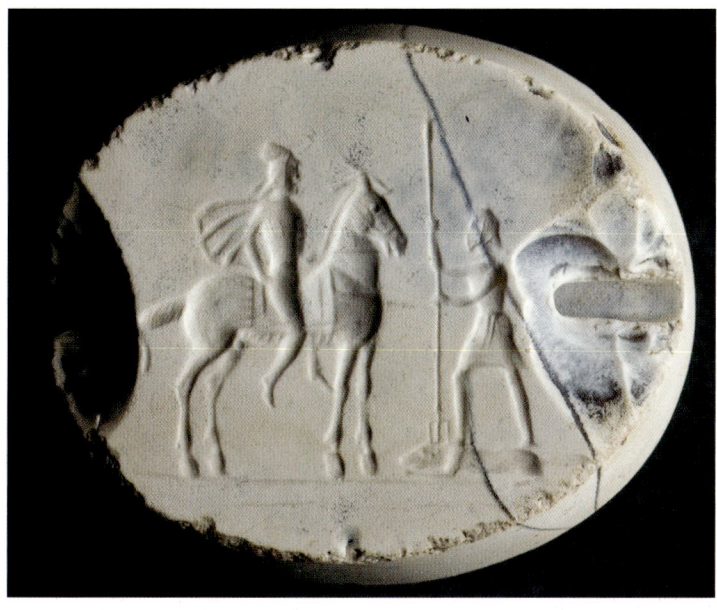

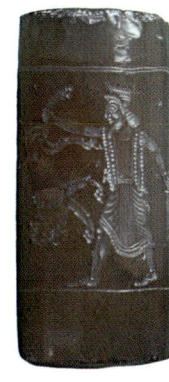

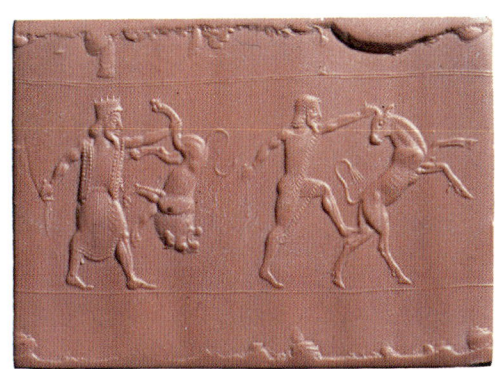

Kat. Nr. 115
Stempelsiegel mit Jagddarstellung

Griechenland, Peloponnes, Ithome (bei Messene), gefertigt wahrscheinlich im westlichen Kleinasien, 5.–4. Jh. v. Chr.
Chaldezon, verbrannt, H. 2,5 cm, B. 3 cm, T. 1,3 cm
Berlin, Antikensammlung SMB PK, Inv. Nr. FG 183

Auf dem Siegelbild wird die Jagdbeute, wohl ein Fuchs, präsentiert. Der Reiter ist in die sogenannte medische Hosentracht gekleidet und trägt die typische Kappe, den Baschlyk. Auch das Pferd ist mit Fransensatteldecke sowie geflochtener Mähne und Schweif orientalisch geschmückt. Dennoch ist diese Darstellung deutlich von dem ornamentalen achämenidischen Hofstil entfernt; hier herrschen Bewegung und Naturalismus der griechischen Kunst vor. Das gilt auch für die andere Figur mit dem Dreizack. Ebenso steht diese Genredarstellung im Unterschied zur persischen offiziellen Kunst, wenngleich das Thema Jagd vor allem im Orient ein Privileg des Herrschers war. Das Siegel belegt die Verschmelzung der beiden Kulturen.

Lit.: Zwierlein-Diehl 1969, 84 Nr. 186; Boardman 2003, 206 Abb. 5, 40. E.R.

Kat. Nr. 116
Rollsiegel mit Darstellung von Kampfszenen

Irak, Borsippa, aus der Sammlung Rich, erworben 1825, achämenidisch (?), 5.–4. Jh. v. Chr.
Grau-brauner Chaldezon, H. 4,75 cm, Dm. 2,2 cm
London, British Museum, Department of the Middle East, Inv. Nr. BM 89337

Ein Bereich, in dem ein griechischer Einfluss auf die achämenidische Kultur erkennbar wird, ist die Siegelkunst. Auf dem vorliegenden Rollsiegel ist links eine typische achämenidische Kampfszene dargestellt, in der der persische Großkönig als königlicher Held – ausgestattet mit Zackenkrone, Faltengewand und kurzem Schwert – einen Löwen am Hinterbein nach oben reißt, so dass dieser kopfüber herabhängt.

Daneben befindet sich eine zweite Kampfgruppe bestehend aus einer männlichen Figur mit gefranstem Gewand und Peitsche, die einen fliehenden Stier am Horn packt. Diese eher untypische Darstellung lässt, insbesondere in der Bewegung und der Figurbetonung des Helden, griechischen Einfluss vermuten.

Das Siegel kann somit als Beispiel für die Verbindung verschiedener Kultureinflüsse unter den Persern bereits vor Alexander dem Großen gedeutet werden.

Lit.: Collon 1987, 90–93, Kat. Nr. 428; AK London 2005, 93 Nr. 72; Curtis 2005. N.C.

PERSER, ALEXANDER UND DIE SELEUKIDEN – DIE MONETARISIERUNG DES ORIENTS

Der Beginn der Münzprägung und die Perser

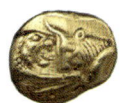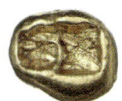

Kat. Nr. 117
Stater des persischen Großkönigs

Geprägt in Sardis, 546–522 v. Chr.
Gold, Dm. 13–15 mm, 8,05 g
Berlin, Münzkabinett SMB PK, Obj. Nr. 18202899

Vs.: Löwenvorderteil nach rechts und ihm gegenüber eine Stierprotome nach links. Jeweils ein Bein ist sichtbar und waagerecht nach vorne gestreckt. **Rs.:** Zwei Punzen, die linke deutlich kleiner. Die frühesten persischen Münzen behalten das Münzbild der lydischen Könige in einem nun allerdings leichteren Gewichtsstandard bei.

Lit.: Carradice 1987, 73–75 Taf. 10,6.; Weisser 2006, 73 Nr. 1; I. Vgl. zur Technik Naster 1965, 25–36. B.W.

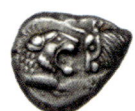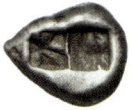

Kat. Nr. 118
Halber Stater eines persischen Satrapen

Geprägt in Sardis, 546–522 v. Chr.
Silber, Dm. 14–17 mm, 5,34 g
Berlin, Münzkabinett SMB PK, Obj. Nr. 18202903

Vs.: Löwenvorderteil nach rechts und ihm gegenüber eine Stierprotome nach links. Jeweils ein Bein ist sichtbar und waagerecht nach vorne gestreckt. **Rs.:** Zwei Punzen, die linke deutlich kleiner.

Lit.: Carradice 1987, 73–75 Taf. 10,3; Carradice 1998, 3f. Taf. 1–2; Weisser 2006, 73 Nr. 2; I. Vgl. zur Technik Naster 1965, 25–36. B.W.

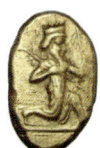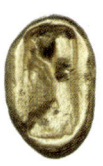

Kat. Nr. 119
Dareikos des persischen Großkönigs

Ca. 500–475 v. Chr.
Gold, Dm. 13–20 mm, 8,33 g
Berlin, Münzkabinett SMB PK, Obj. Nr. 18202912

Vs.: Großkönig nach rechts mit Bogen in der Linken und Lanze in der Rechten, die er diagonal nach unten hält. Die Drapierung des Mantels (*Kandys*) über dem linken Knie ist deutlich sichtbar. Standlinie. **Rs.:** Oblonges Incusum.

Lit.: Carradice 1987, 78f. Nr. 27–29 Taf. 13 (Typ IIIb früh); Weisser 2006, 74 Nr. 8; I. B.W.

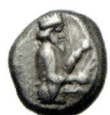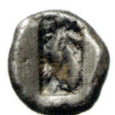

Kat. Nr. 120
Siglos des persischen Großkönigs

Ca. 522–500 v. Chr.
Silber, Dm. 15 mm, 5,32 g
Berlin, Münzkabinett SMB PK, Obj. Nr. 18202908

Vs.: Großkönig mit Kidaris und Kandys mit Bogen und Pfeilen als Halbfigur nach rechts **Rs.:** Oblonges Incusum. Das Münznominal wird von den lydischen Bildtypen der zweiten Hälfte des 6. Jhs. v. Chr. übernommen, der Entschluss des Großkönigs Dareios I. zur herrscherlichen Repräsentation auf Münzen führt zur neuen Münzikonographie.

Lit.: Carradice 1987, 78f. Nr. 10 Taf. 11 (Typ I); Carradice 1998, 4 Nr. 52–57 Taf. 3; Weisser 2006, 73 Nr. 3; I. B.W.

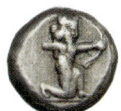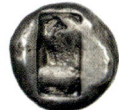

Kat. Nr. 121
Siglos des persischen Großkönigs

Ca. 522–500 v. Chr.
Silber, Dm. 15 mm, 5,38 g
Berlin, Münzkabinett SMB PK, Obj. Nr. 18202910

Vs.: Großkönig nach rechts kniend mit Bogen. Die Bogensehne ist zum Bogenschuss zurückgezogen, Standlinie. **Rs.:** Oblonges Incusum.

Lit.: Carradice 1987, 78f. Nr. 12–13 Taf. 11 (Typ II); Carradice 1998, 5f. Nr. 58–106 Taf. 10–11; Weisser 2006, 73 Nr. 4; I.   B.W.

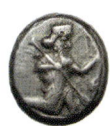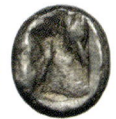

Kat. Nr. 122
Siglos des persischen Großkönigs

Ca. 500–475 v. Chr.
Silber, Dm. 15 mm, 5,38 g
Berlin, Münzkabinett SMB PK, Obj. Nr. 18202911

Vs.: Großkönig nach rechts mit Bogen in der Linken und Lanze in der Rechten, die er diagonal nach unten hält. Zwei Punkte neben dem Bart. **Rs.:** Oblonges Incusum.

Lit.: Carradice 1987, 78f. Nr. 14–15 Taf. 11 (Typ IIIa); Carradice 1998, 7f. Nr. 107–154 Taf. 5–7; Weisser 2006, 74 Nr. 7; I.   B.W.

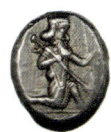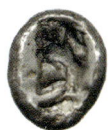

Kat. Nr. 123
Siglos des persischen Großkönigs

Ca. 500–475 v. Chr.
Silber, Dm. 14–16 mm, 5,40 g
Berlin, Münzkabinett SMB PK, Obj. Nr. 18202913

Vs.: Persischer Großkönig nach rechts mit Bogen in der Linken und Lanze in der Rechten, die er diagonal nach unten hält. Die Drapierung des Mantels (*Kandys*) über dem linken Knie ist deutlich sichtbar. **Rs.:** Oblonges Incusum.

Lit.: Carradice 1987, 16–19 (Typ IIIb früh); Carradice 1998, 8 Nr. 155–168 Taf. 7 und 13–17 Nr. 17–133 Taf. 8–12; Weisser 2006, 74 Nr. 9; I.   B.W.

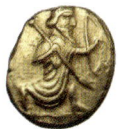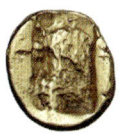

Kat. Nr. 124
Dareikos des persischen Großkönigs

Vor 425–375 v. Chr.
Gold, Dm. 15–17 mm, 8,32 g
Berlin, Münzkabinett SMB PK, Obj. Nr. 18202980

Vs.: Großkönig nach rechts mit Bogen in der Linken und Lanze in der Rechten, die er diagonal nach unten hält. Die Drapierung des Kandys ist durch den Mantelsaum überdeckt, der bogenförmig vom linken Knie zum rechten Knöchel verläuft. **Rs.:** Oblonges Incusum.

Lit.: Carradice 1987, 78f. (Typ IIIb spät); Weisser 2006, 74 Nr. 10; I.   B.W.

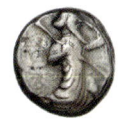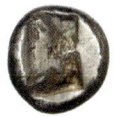

Kat. Nr. 125
Siglos des persischen Großkönigs

Vor 425–375 v. Chr.
Silber, Dm. 15 mm, 5,57 g
Berlin, Münzkabinett SMB PK, Obj. Nr. 18202981

Vs.: Großkönig nach rechts mit Bogen in der Linken und Lanze in der Rechten, die er diagonal nach unten hält. Die Drapierung des Kandys ist durch den Mantelsaum überdeckt, der bogenförmig vom linken Knie zum rechten Knöchel verläuft. **Rs.:** Oblonges Incusum.

Lit.: Carradice 1987, 78 Nr. 20–26 Taf. 12 (Typ IIIb spät); Carradice 1998, 8 Nr. 155–168 Taf. 7 und 13–17 Nr. 17–133 Taf. 8–12; Weisser 2006, 74 Nr. 11; I.   B.W.

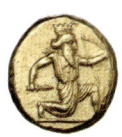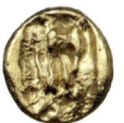

Kat. Nr. 126
Dareikos des persischen Großkönigs

Ca. 425–375 v. Chr.
Gold, Dm. 16 mm, 8,29 g
Berlin, Münzkabinett SMB PK, Obj. Nr. 18202983

Vs.: Großkönig nach rechts mit Bogen in der Linken und Kurzschwert in der Rechten. Standlinie. **Rs.:** Unregelmäßiges Incusum.

Lit.: Carradice 1987, 78f. Nr. 32 Taf. 13 (Typ IV, früh); Weisser 2006, 74 f. Nr. 12; I.   B.W.

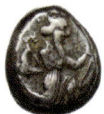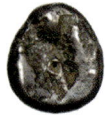

Kat. Nr. 127
Siglos des persischen Großkönigs

Vor 425–375 v. Chr.
Silber, Dm. 15 mm, 5,53 g
Berlin, Münzkabinett SMB PK, Obj. Nr. 18202984

Vs.: Persischer Großkönig nach rechts mit Bogen in der Linken und Kurzschwert in der Rechten. **Rs.:** Unregelmäßiges Incusum.

Lit.: Carradice 1987, 78 Nr. 33–35 Taf. 13 (Typ IV früh); Carradice 1998, 8 Nr. 169–170 Taf. 7; Weisser 2006, 74f. Nr. 13; I.   B.W.

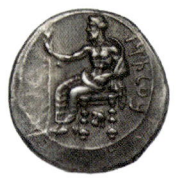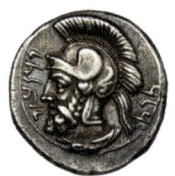

Kat. Nr. 128
Stater des persischen Satrapen Pharnabazos in Tarsos

Geprägt in Tarsos, ca. 380–375 v. Chr.
Silber, Dm. 23 mm, 10,79 g, 3 h
Berlin, Münzkabinett SMB PK, Obj. Nr. 18203016

Vs.: BLTRZ (BAALTARS in aramäischer Schrift). Baal im Hüftmantel, die rechte Hand auf ein Zepter gestützt, sitzt nach links auf einem Hocker (*diphros*), darunter ein Beizeichen. **Rs.:** FRNBZ – HLK (PHARNABAZOS CILICIA in aramäischer Schrift). Kopf eines bärtigen Kriegers mit Helm und Umhang nach links. Aufgrund der Namenslegende erscheint es möglich, dass mit dem Kriegerkopf Pharnabazos selbst dargestellt ist. Er wäre hier in der Art eines griechischen Strategen gezeigt. Ein Argument für diese Deutung bietet der Vergleich mit der Silbermünze des Tarkumuwa-Datames, auf welcher der Herrscher als griechischer Himationträger erscheint. Der Kopf wurde aber ebenfalls als Ares gedeutet.

Lit.: Mosley 1986, 33 Nr. 46a; Weisser 2006, 81 Nr. 38; SNG Schweiz I Nr. 71–74; SNG Aulock Nr. 5928.   B.W.

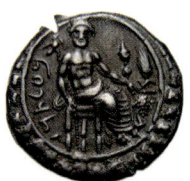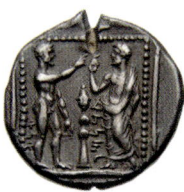

Kat. Nr. 129
Stater des persischen Satrapen Tarkumuwa-Datames

Geprägt in Tarsos, 378–372 v. Chr.
Silber, Dm. 23 mm, 10,58 g, 1 h
Berlin, Münzkabinett SMB PK, Obj. Nr. 18203018

Vs.: BLTRZ (BAALTARS in aramäischer Schrift). Der Gott Baal Tarsios sitzt nach rechts mit Ähre, Traube und Adlerszepter. Das Ganze gerahmt von einem umlaufenden Schmuckband. **Rs.:** ANA (neben dem Bein der linken Figur), TRDMW (TARKUWAMA in aramäischer Schrift) (vor dem Bein der rechten Figur). Der Satrap Tarkumuwa tritt im griechischen Habitus (entsprechend z.B. gleichzeitiger attischer Grabreliefs) auf. Ihm gegenüber steht der Gott Ana.

Lit.: Meadows 2005, 357; SNG Aulock, Nr. 5946.   B.W.

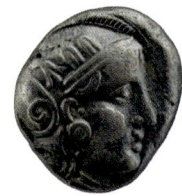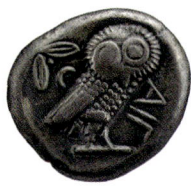

Kat. Nr. 130
Imitation einer Athener Tetradrachme

Geprägt in einer unbekannte Münzstätte in Baktrien (?), 400–360 v. Chr.
Silber, Dm. 25 mm, 16,85 g
London, British Museum, Inv. Nr. 1880-7-10-10

Vs.: Kopf der Athena mit attischem Helm, darauf zwei Olivenblätter und eine Palmette, nach rechts. **Rs.:** Eule sitzt nach rechts, daneben im linken Feld Olivenzweig mit zwei Blättern und Frucht und Halbmond, im rechten Feld ΑΙΓ.

Lit.: Cribb 2007, 342 Abb. 1.   B.W.

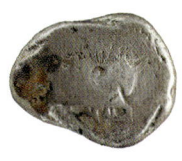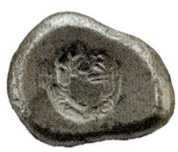

Kat. Nr. 130a
Stater, unbekannte Münzstätte Raum Kabul

Ca. 500–450 v. Chr.
Silber, 22,5 x 18 mm, 11,48 g
London, British Museum, Department of Coins & Medals,
Inv. Nr. 1995-10-15-1

Vs: Persisches Säulenkapitell mit doppeltem Tierkopf. Rs: Kreisförmige inkuse Punze.

Lit.: Meadows 2005, 208 Abb. 381.

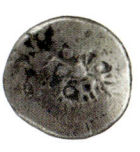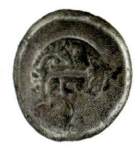

Kat. Nr. 131
Schekel, ostachämenidische Emission

Ca. 450 v. Chr.
Silber, Dm. 17 mm 5,53 g
London, British Museum, Inv. Nr. 1995-10-15-1

Vs.: Frontal gezeigtes groteskes Gesicht (?) mit Helm. **Rs.:** Eine nach links stehende, sich umblickende Ziege oder ein Steinbock.

Lit.: Cribb 2007, 342 Abb. 2.   B.W.

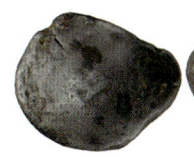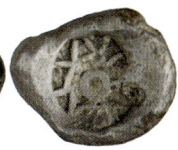

Kat. Nr. 132
Doppelschekel, ostachämenidische Emission

Ca. 350 v. Chr.
Silber, Dm. 23 mm, 9,47 g
London, British Museum, Inv. Nr. 1957-1-7-5

Vs.: Pfeilspitze (?). **Rs.:** Ornamental verziertes vertieftes rundes Incusum.

Lit.: Cribb 2007, 342 Abb. 3.   B.W.

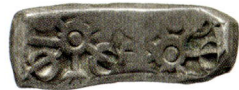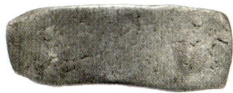

Kat. Nr. 133
Barrenmünze, ostachämenidische Emission

Geprägt im Raum Kabul, um 350 v. Chr.
Silber, L. 31 mm, B. 12 mm, 11,29 g
London, British Museum, Inv. Nr. 1987-11.01.01

Vs.: Mit einem kreisförmigen, blütenartigen Ornament zweimal gestempelt. **Rs.:** –

Lit.: Cribb 2007, 342 Abb. 4.   B.W.

Das Geld Alexanders des Großen

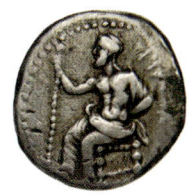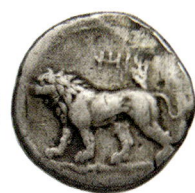

Kat. Nr. 134
Tetradrachme des Satrapen Mazaios

Geprägt in Babylon, 331–328 v. Chr.
Silber, Dm. 25 mm, 16,89 g, 8 h
Berlin, Münzkabinett SMB PK, Obj. Nr. 18203783

Vs.: BLTRZ (BAALTARS in aramäischer Schrift). Baaltars auf einem Schemel nach links sitzend, in seiner rechten Hand ein Zepter. **Rs.:** MZDI (MAZAIOS in aramäischer Schrift). Löwe nach links. Mazaios, zuvor Satrap in Kilikien, hatte den Auftrag des persischen Großkönigs, Babylon gegen Alexander III. von Makedonien zu verteidigen. Angesichts der aussichtslosen Lage übergab er im Oktober 331 v. Chr. die Stadt und wurde von Alexander als sein Statthalter dort eingesetzt. Diese Aufgabe erfüllte Mazaios bis zu seinem Tod im Jahre 328 v. Chr. – Diese Silbermünzen im attischen Gewicht und sonst völlig unveränderten Äußeren (man vergleiche Prägungen des Mazaios aus Myriandros im persischen Standard) stellen damit die ersten Produkte der Münzstätte Babylon dar.

Lit.: Nicolet-Pierre 1999, 285ff, 288 M 7; Dahmen 2008, 449ff., 452 Nr. 467 Abb. 321. – Überblick zu den Prägungen des Mazaios mit Literaturhinweisen bei Le Rider 2003, 274ff. und Price 1991, 451–453.   B.W.

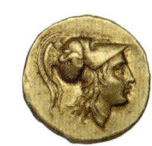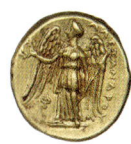

Kat. Nr. 135
Stater Alexandros III.

Geprägt in Babylon, ca. 331–325 v. Chr.
Gold, Dm. 18 mm, 8,59 g, 3 h
Berlin, Münzkabinett SMB PK, Obj. Nr. 18207727

Vs.: Kopf der Athena mit korinthischem Helm nach rechts, auf dem Helmkessel eine Sphinx nach rechts. **Rs.:** ΑΛΕΞΑΝΔΡΟΥ (ALEXANDROU in griechischer Schrift). Nike steht in der Vorderansicht, den Kopf nach links gedreht. Sie hält in ihrer vorgestreckten rechten Hand einen Kranz, in ihrer Linken eine Schiffsstandarte (stylis). Im rechten Feld M, im linken Feld Φ.

Lit.: Price 1991, Nr. 3592.   B.W.

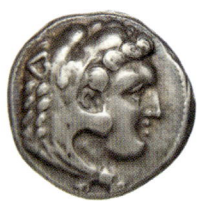 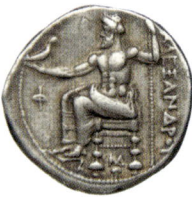

Kat. Nr. 136
Tetradrachme Alexandros III.

Geprägt in Babylon, ca. 331–325 v. Chr.
Silber, Dm. 25 mm, 17,17 g, 12 h
Berlin, Münzkabinett SMB PK, Obj. Nr. 18207728

Vs.: Kopf des Herakles mit Löwenfellexuvie nach rechts. **Rs.:** ΑΛΕΞΑΝΔΡΟΥ (ALEXANDROU in griechischer Schrift). Zeus Aetophoros sitzt auf einem Hocker (*diphros*) ohne Lehne nach links, in der linken Hand ein Zepter. Im linken Feld Φ, unter dem Thron M über Weintraube.

Lit.: Price 1991, Nr. 3585. B.W.

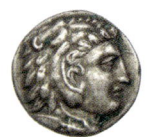 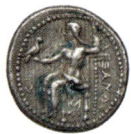

Kat. Nr. 138
Drachme Alexandros III.

Geprägt in Babylon, ca. 325–323 v. Chr.?
Silber, Dm. 17 mm, 2,92 g, 4 h
Berlin, Münzkabinett SMB PK, Obj. Nr. 18207747

Vs.: Kopf des Herakles mit Löwenfellexuvie nach rechts. **Rs.:** ΑΛΕΞΑΝΔΡ (ALEXANDR in griechischer Schrift). Zeus Aetophoros sitzt auf einem Thron nach links, in der linken Hand ein Zepter. Im linken Feld M, unter dem Thron ein Monogramm.
Die Münze ist gefüttert, d.h. ein unedler Kern ist von einer silbernen Hülle umgeben.

Lit.: Price 1991, Nr. 3604 B.W.

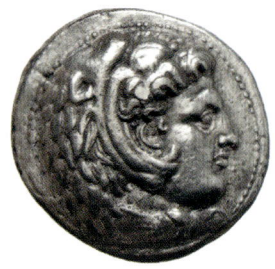 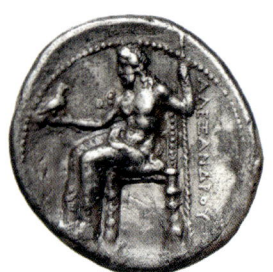

Kat. Nr. 137
Dekadrachme Alexandros III.

Gefunden in Babylon, geprägt in Babylon, ca. 325–323 v. Chr.
Silber, Dm. 36 mm, 41,65 g, 9 h
Berlin, Münzkabinett SMB PK, Obj. Nr. 18202989

Vs.: Kopf des Herakles mit Löwenfellexuvie nach rechts. **Rs.:** ΑΛΕΞΑΝΔΡΟΥ (ALEXANDROU in griechischer Schrift). Zeus Aetophoros sitzt auf einem Thron nach links, in der linken Hand ein Zepter. Unter dem Thron ein schwer lesbares Monogramm, darunter wohl ein M. IGCH 1749 erwähnt das Berliner Exemplar in seiner Listung neben dem Stück in London als eines der beiden erhaltenen, weil nicht in Bagdad eingeschmolzenen Exemplare dieses bereits 1849 in Babylon gemachten Fundes. Teilweise verwirrend ist daher die kurze Bemerkung in Friedländers Erwerbungsbericht, der als Herkunftsangabe „aus Bagdad" schreibt und im 1877 erschienenen Kabinettsführer Sardis als Fundort nennt.

Lit.: Friedländer 1881, 1ff. 5 Taf. 2 (Zeichnung, „aus Bagdad"); Friedländer/von Sallet (kein Jahr) Nr. 366 A (Fundortangabe Sardis!); von Sallet/Regling 1922, 38 mit Abb.; IGCH I Nr. 1749 (erwähnt); Franke/Hirmer 1964, 117 Nr. 572 Taf. 173; Kraay/Hirmer, Greek 1966, 351 Nr. 572 Taf. 173; Waggoner 1968, 33 Nr. 21 Taf. 2; Price 1991, 459 Nr. 3600. B.W.

Alexander als persischer Großkönig

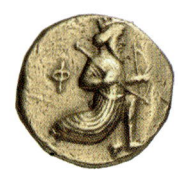 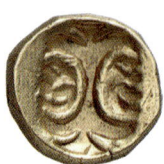

Kat. Nr. 139
Doppeldareikos mit persischem Großkönig

4. Jh. v. Chr.
Gold, Dm. 21 mm, 16,06 g
Berlin, Münzkabinett SMB PK, Obj. Nr. 18200018

Vs.: Der persische Großkönig im Knielaufschema nach rechts. In seiner rechten Hand ein Speer, in seiner linken Hand ein Bogen. Links unten neben dem linken Fuß eine Traube, im linken Feld Φ. **Rs.:** Ovales Incusum, darin symmetrisches Ornament. Das griechische Emissionszeichen Φ zeigt, dass diese Münze von griechischen Stempelschneidern geschnitten wurde. Das Bild des Großkönigs überdauerte den Tod des Dareios bei Gaugamela. Mit den makedonischen Goldmünzen Philippos' II. stand den Makedonen bereits eine Goldwährung zur Verfügung. Der Grund, weshalb trotzdem der Doppeldareikos als neues Nominal eingeführt wurde, kann als einer der Versuche Alexanders, persische Traditionen zu bewahren, interpretiert werden.

Lit.: Weisser 2006, 75 Nr. 14. Vgl. BMC Persia 178f. Nr. 11–13 (alle mit Φ, aber dabei weitere Beizeichen, ohne Traube, König ebenfalls ohne Köcher). B.W.

Seleukidische Münzprägung

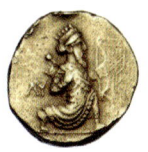 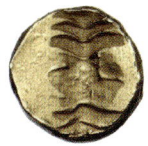

Kat. Nr. 140
Doppeldareikos mit persischem Großkönig

Ca. 331–317 v. Chr.
Gold, Dm. 18 mm, 16,7 g
Berlin, Münzkabinett SMB PK, Obj. Nr. 18207691

Vs.: Der persische Großkönig im Knielaufschema nach rechts. In seiner rechten Hand ein Speer, in seiner linken Hand ein Bogen, auf dem Rücken einen Köcher. Im linken Feld ΛΥ. **Rs.:** Incusum. Im unveränderten Typus der achämenidischen Prägung unter makedonischer Herrschaft nach 331 v. Chr. (siehe die griechischen Buchstaben ΛΥ) ausgegeben.

Lit.: Vgl. I. Carradice 1987, 95 Nr. 53–54 Taf. 14 (dort mit anderen bzw. ohne Beizeichen). B.W.

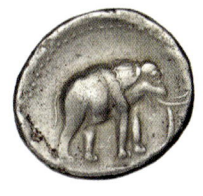 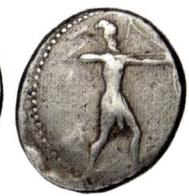

Kat. Nr. 141
Doppelschekel Alexandros III.

Ca. 326–323 v. Chr.
Silber, Dm. 25 mm, 16,89 g, 9 h
Berlin, Münzkabinett SMB PK, Obj. Nr. 18202347

Vs.: Elefant nach rechts. **Rs.:** Bogenschütze nach rechts. Dieses Nominal und ein weiteres mit der Darstellung eines Elefanten bzw. eines Streitwagens gelten als in mehreren Exemplaren überlieferte Teilstücke („Doppelschekel/Tetradrachmen") zu den bekannteren silbernen als „Fünf-Schekel" bzw. „Dekadrachmen" bezeichneten Stücken mit dem stehenden gerüsteten Alexander bzw. Alexander zu Pferde, der Poros auf dem Elefanten attackiert.

Lit.: Coin Hoards I (1975) Nr. 38 Abb. 7; Holt 2003, 167 E/B 6; Dahmen 2008, 449ff. 453 Nr. 468 Abb. 322. B.W.

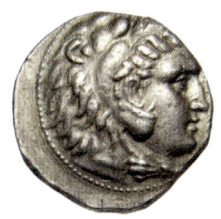 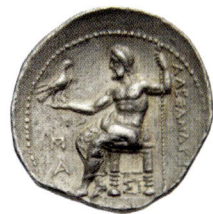

Kat. Nr. 142
Tetradrachme Alexandros III.

Geprägt in Sidon (Saida), 309–308 v. Chr.
Silber, Dm. 28 mm, 17,11 g, 1 h
Berlin, Münzkabinett SMB PK, Obj. Nr. 18214446

Vs.: Kopf des Herakles mit Löwenfellexuvie nach rechts. **Rs.:** ΑΛΕΞΑΝΔΡ[ΟΥ] (ALEXANDR[OU] in griechischer Schrift). Zeus Aetophoros sitzt auf einem Hocker (diphros) nach links, in der linken Hand ein Zepter. Im linken Feld ein Monogramm aus Π und Μ über Α (= Jahr 1), unter dem Thron ΣΙ.

Lit.: Newell 1916, 20 Nr. 63 Taf. 4, 21; Price 1991, Nr. 3518. B.W.

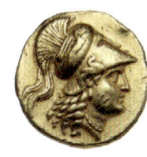 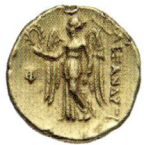

Kat. Nr. 143
Stater Alexandros III.

Geprägt in Sidon (Saida), 313–312 v. Chr.
Gold, Dm. 19 mm, 8,56 g, 12 h
Berlin, Münzkabinett SMB PK, Obj. Nr. 18214212

Vs.: Kopf der Athena mit korinthischem Helm nach rechts, auf dem Helmkessel ein Greif nach rechts. **Rs.:** ΑΛΕΞΑΝΔΡΟΥ (ALEXANDROU in griechischer Schrift). Nike steht in der Vorderansicht, den Kopf nach links gedreht. Sie hält in ihrer vorgestreckten rechten Hand einen Kranz, in ihrer Linken eine Schiffsstandarte (*stylis*). Im linken Feld Φ (= Jahr 21). Das Φ ist aus einem Υ umgeschnitten.

Lit.: Newell 1916, 19 Nr. 55; Price 1991, Nr. 3509. B.W.

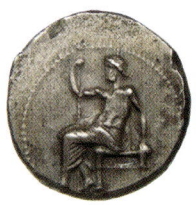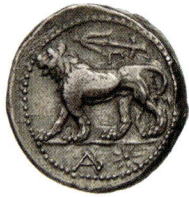

Kat. Nr. 144
Stater Seleukos I.

Geprägt in Babylon, ca. 311 – nach 305 v. Chr.
Silber, Dm. 25 mm, 15,61 g, 11 h
Berlin, Münzkabinett SMB PK, Obj. Nr. 18207750

Vs.: Baaltars auf einem Schemel (*diphros*) nach links sitzend, in seiner rechten Hand ein Zepter. **Rs.:** Löwe nach links, darüber ein Anker über Π. Im Abschnitt ein Monogramm aus AB und ein achtstrahliger Stern.

Lit.: Seleucid Coins I Nr. 88, 8c (Babylon, ca. 311 – nach 305 v. Chr.); Newell 1978, 103 Nr. 277 (Babylon, ca. 306–281 v. Chr.). B.W.

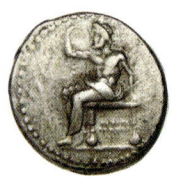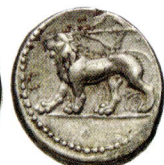

Kat. Nr. 145
Stater Seleukos I.

Geprägt in Babylon, ca. 311 – nach 305 v. Chr.
Silber, Dm. 22 mm, 16,98 g, 9 h
Berlin, Münzkabinett SMB PK, Obj. Nr. 18207749

Vs.: Baaltars auf einem Schemel (*diphros*) nach links sitzend, in seiner rechten Hand ein Zepter. **Rs.:** Löwe nach links, darüber ein Anker.

Lit.: Newell 1978, 100 Nr. 263η; Seleucid Coins I Nr. 88,2a (Babylon, ca. 311 – nach 305 v. Chr.). B.W.

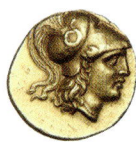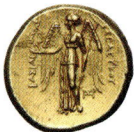

Kat. Nr. 146
Stater Seleukos I.

Geprägt in Seleukia am Tigris, um 300 v. Chr.
Gold, Dm. 18 mm, 8,59 g, 9 h
Berlin, Münzkabinett SMB PK, Obj. Nr. 18205990

Vs.: Kopf der Athena mit Korinthischem Helm nach rechts. **Rs.:** ΒΑΣΙ-ΛΕ-ΩΣ / ΣΕΛΕΥΚΟΥ (BASILEOS [König] SELEUKOU in griechischer Schrift). Nike steht in der Vorderansicht, den Kopf nach links gewendet, und hält in ihrer rechten Hand einen Kranz, in ihrer Linken eine Schiffszier (*stylis*). Im rechten Feld innen ein Monogramm.

Lit.: Friedländer/von Sallet Nr. 398; Newell 1938, Nr. 1 Taf. 1, 1 (Seleukia, datiert ca. 305–304 v. Chr.); Seleucid Coins I Nr. 115, 2 (Seleukia, um 300 v. Chr.). B.W.

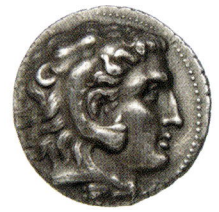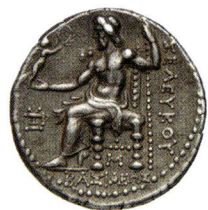

Kat. Nr. 147
Tetradrachme Seleukos I.

Geprägt in Seleukia am Tigris, nach 300 v. Chr.
Silber, Dm. 27 mm, 17,02 g, 9 h
Berlin, Münzkabinett SMB PK, Obj. Nr. 18207746

Vs.: Kopf des Herakles mit Löwenfellexuvie nach rechts. **Rs.:** ΒΑΣΙΛΕΩΣ / ΣΕΛΕΥΚΟΥ (BASILEOS [König] SELEUKOU in griechischer Schrift). Zeus Nikephoros sitzt auf einem Thron nach links, in der linken Hand ein Zepter. Im linken Feld ein Monogramm, unter dem Thron M.

Lit.: Seleucid Coins I Nr. 119, 8c (Seleukia am Tigris, ab ca. 300 v. Chr.); Newell 1978, 17 Nr. 27 Taf. 5, 10 (Seleukia am Tigris, ca. 301–300 v. Chr.). B.W.

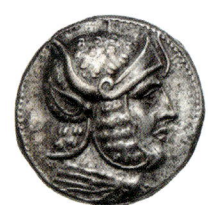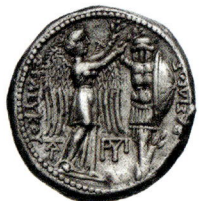

Kat. Nr. 148
Tetradrachme Seleukos I.

Geprägt in Susa, nach 300 v. Chr.
Silber, Dm. 26 mm, 17,02 g, 9 h
Berlin, Münzkabinett SMB PK, Obj. Nr. 18203076

Vs.: Drapierte Büste eines Mannes mit attischem Helm, Stierhörnern und -ohren nach rechts, am Helm ein Pantherfell. Eher Seleukos I. als Alexander III. **Rs.:** ΒΑΣΙΛΕΩΣ – ΣΕΛΕΥΚΟΥ (BASILEOS SELEUKOU in griechischer Schrift). Nike bekränzt ein Siegesmal (*tropaion*) nach rechts. In der Mitte unten und im linken Feld je ein Monogramm. Die Benennung des Mannes auf der Vorderseite ist umstritten. Während die ältere Literatur Alexander III. dargestellt sah, wird heute die Identifizierung als Seleukos I. bevorzugt.

Lit.: Friedländer/von Sallet Nr. 401; Newell 1978, Nr. 426γ Taf. 32, 16 (Persepolis, ca. 300 v. Chr. und später); Schultz 1997, Nr. 194; Kritt 1997, 12 Nr. 22 Taf. 12; Seleucid Coins I Nr. 173, 4 (Susa, ca. 305/304–295 v. Chr., „hero"); Seleucid Coins II 640 (Addendum, datiert ab ca. 300 v. Chr., mit weiterer Literatur); Iossif 2004, 249–271 (Prägung anlässlich des Sieges bei Ipsos). B.W.

BABYLON – VON DER ALTORIENTALISCHEN ZUR HELLENISTISCHEN METROPOLE

Alexanders Einzug in Babylon nach seiner siegreichen Schlacht von Gaugamela im Herbst des Jahres 330 v. Chr. gehörte sicherlich zu den größten Eindrücken seines Lebens. Zudem ermöglichte ihm der mehr als einen Monat dauernde erste Aufenthalt in der lebendigen Metropole Einblicke in eine bis dahin unbekannte altorientalische Welt, die seinen weiteren Weg ebenfalls prägten.

Zunächst trugen die Begegnungen in Babylon zu einer veränderten Sicht auf die Achämeniden bei, die Alexander bis dahin in erster Linie als Waffen schwingende Feinde sowie Besitzer prachtvoller Ausrüstungen und großen Reichtums kennen gelernt hatte. Babylon – seit dem 2. Jt. v. Chr. Hauptstadt des babylonischen Reiches – wurde nach der Eroberung durch Kyros im Jahr 539 v. Chr. hochgeschätzte Königsresidenz der Achämeniden, unter deren Herrschaft die alten Traditionen in Religion, Architektur, Verwaltung und Wissenschaften fortgesetzt werden konnten.

So waren ein Großteil der monumentalen Bauwerke, an denen Alexander vorbeizog, darunter das Ischtar-Tor und der Tempelturm (*zikkurat*), bereits Anfang des 6. Jhs. v. Chr. vom babylonischen König Nebukadnezar II. errichtet worden.

In Babylon entdeckte der junge König die uralten literarischen und wissenschaftlichen Traditionen, die unter den Achämeniden deutlich gefördert wurden. Dabei beeindruckten Alexander und seine Nachfolger insbesondere die Sternenkunde sowie deren Deutung (Astronomie und Astrologie).

Vor allem aber lernte der Makedone die altorientalische Königsideologie kennen, die er durch seine rituellen Opferungen an den höchsten babylonischen Gott Marduk gar erneuerte. Dabei begegnete Alexander ebenso der Vorstellung des „Herrschers der vier Weltgegenden", also des Herrschers der Welt, die ihn vermutlich bei seinem weiteren Zug beeinflusste.

Schließlich wurde Babylon auch zu seinem Schicksal: Denn als Alexander nach seinem Kriegszug durch den Osten im Jahr 323 v. Chr. in die Metropole zurückkehrte, fand er dort – für alle überraschend – im Alter von 32 Jahren den Tod.

Doch auch unter seinen Nachfolgern im Osten des Reiches, den Seleukiden, blieb Babylon eine zentrale Metropole, in der zahlreiche Spuren ihrer Begegnungen mit den alten Kulturen und den neuen hellenistischen Einflüssen erkennbar waren. So zeugen in Keilschrift geschriebene astronomische Tagebücher und Sterndeutungstafeln davon, dass die Wissenschaften in Babylon auch weiterhin blühten und sich von dort aus bis in den Westen verbreiteten.

N.C.

BABYLON – VON DER ALTORIENTALISCHEN ZUR HELLENISTISCHEN METROPOLE

Menschen in Babylon

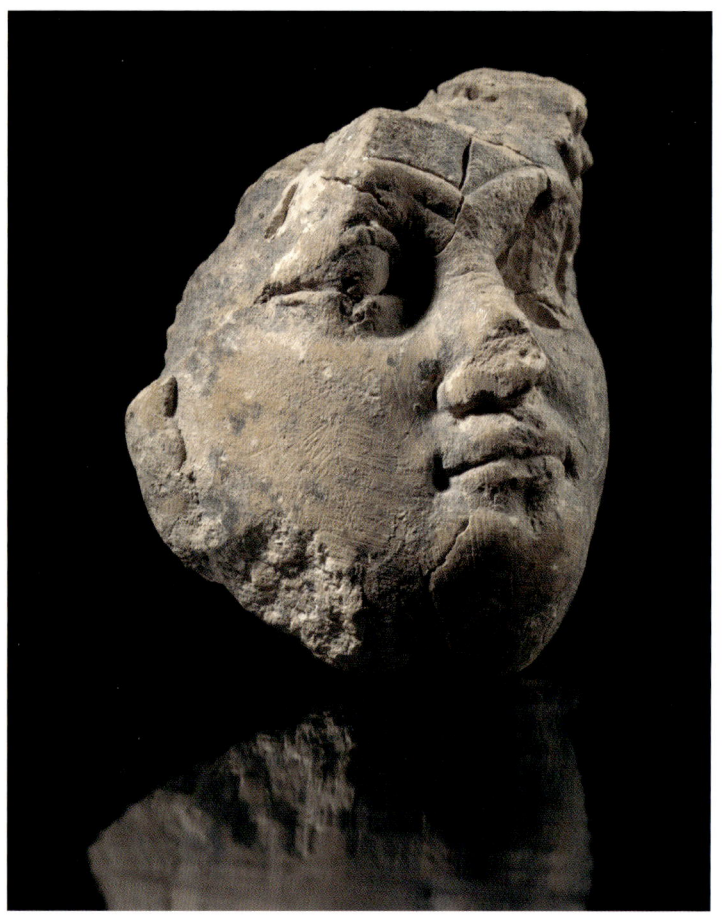

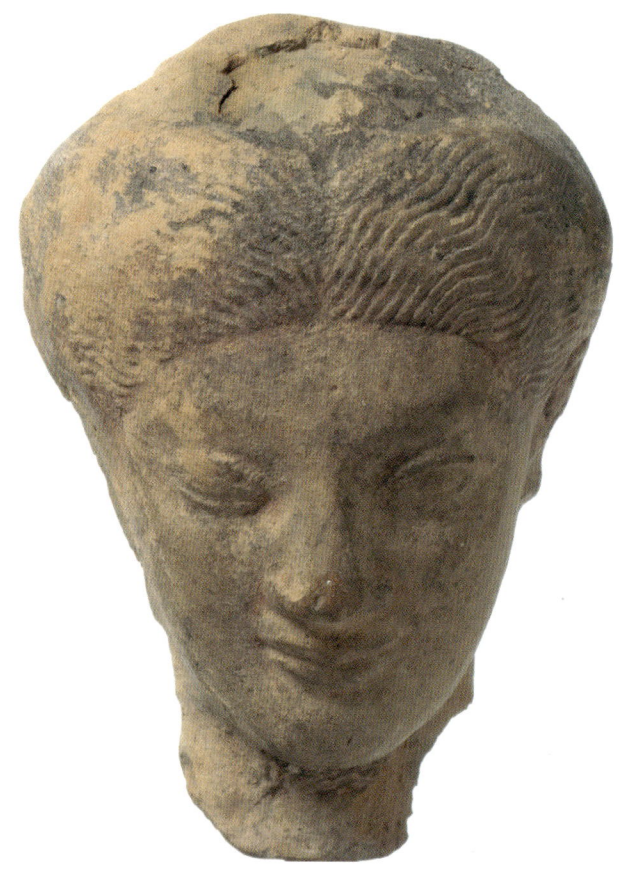

Kat. Nr. 149
Kopffragment

Irak, Babylon, 8.–7. Jh. v. Chr.
Ton, ungebrannt, H. 7 cm, Br. 6 cm
Berlin, Vorderasiatisches Museum SMB PK, Inv. Nr. VA Bab 3790c

Das qualitätvolle Fragment eines runden bartlosen Gesichtes wurde aus dem Ton herausgeschnitten. Die Rückseite blieb ungestaltet. In Höhe der rechten Wange sowie im Bereich der linken Schläfe des Gesichtes sind Reste der gelockten Haarfrisur erhalten, die das Gesicht umrahmte.

Trotz erheblicher Beschädigungen besticht das kleine Gesicht durch seine besonders sorgfältige Ausarbeitung. Eng verwandte Köpfe mit den gleichen vollen, weichen Gesichtsformen zeigen charakteristische Stilmerkmale neuassyrischer Plastik. Das kleine Köpfchen könnte somit zur Zeit der assyrischen Herrschaft in Babylon hergestellt worden sein. Eine Werkstatt außerhalb Babylons scheint jedoch ebenfalls möglich.

Lit.: Klengel-Brandt/Cholidis 2006, 136f. Taf. 25 (Nr. 673); Klengel-Brandt 2008, 143 Nr. 98 (Abb. auf 142); Invernizzi 2008a, 297f. Nr. 252 Abb. 207.   R.-B.W.

Kat. Nr. 150
Frauenköpfchen

Irak, Babylon, 4.–3. Jh. v. Chr.
Ton, gebrannt, H. 6,4 cm, Br. 4,5 cm
Berlin, Vorderasiatisches Museum SMB PK, Inv. Nr. VA Bab 560

Das kleine Frauenköpfchen gehörte zu einer Hohlterrakotte und wurde mit Hilfe einer Form hergestellt. Die fehlende Rückseite war aus einer zweiten Form gefertigt und angestückt. Reste des Verstrichs an der Nahtstelle zwischen beiden Figurenhälften sind insbesondere im Bereich der rechten Schläfe bis zum Hals erkennbar. Nur das linke Ohr ist plastisch ausgebildet. Das nach unten schmaler werdende Gesicht ist fein durchmodelliert. Der Gesichtsausdruck wird von den mandelförmigen Augen und dem Mund bestimmt, der wie zu einem ‚archaischen Lächeln' fein ausgearbeitet ist. Das in der Mitte gescheitelte Haar ist in zahlreichen parallel wellenförmig geführten Strähnen angegeben. Die Frisur ist auf der Oberseite des Kopfes flächig abgeplatzt. Farbspuren am Gesicht, Hals und Ohr (rotbraun) sowie am Haar (schwarz) belegen die ehemalige Oberflächengestaltung.

Lit.: Klengel-Brandt/Cholidis 2006, 576ff. Taf. 158 (Nr. 4097); Klengel-Brandt 2008, 297f. Nr. 251 Abb. 206.   R.-B.W.

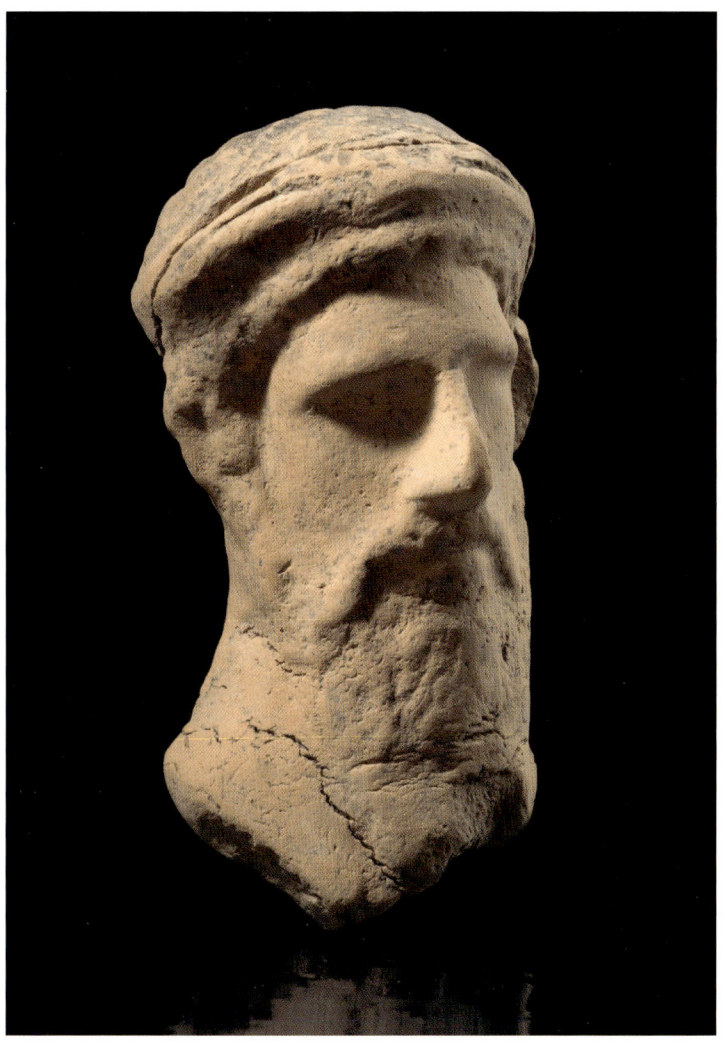
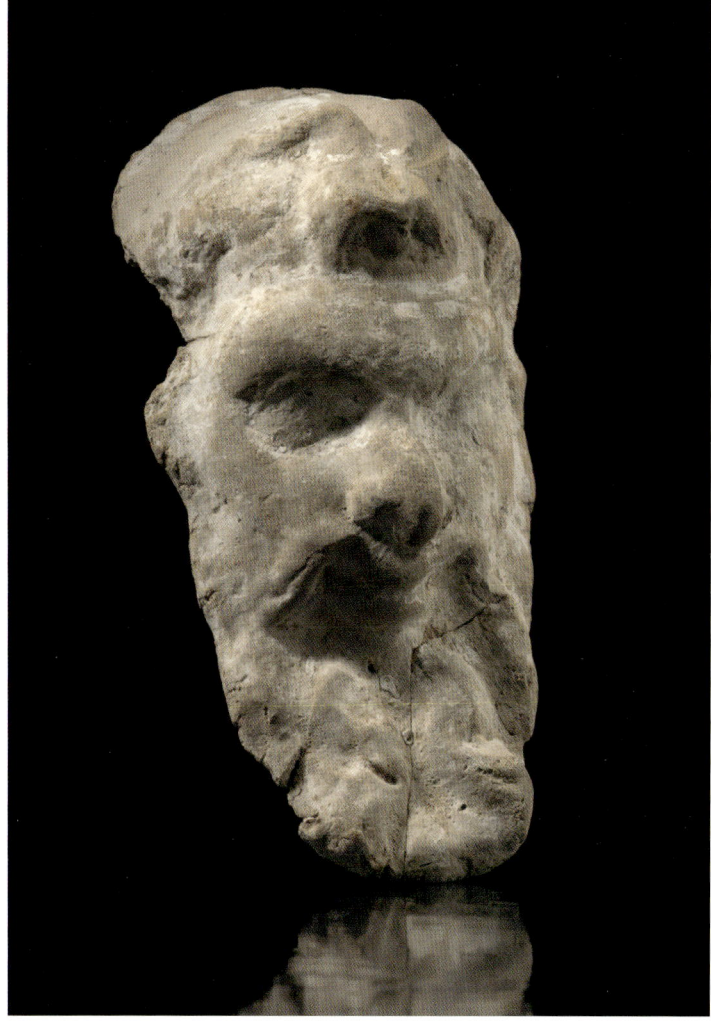

Kat. Nr. 151
Männerkopf

Irak, Babylon, 2.–1. Jh. v. Chr.
Ton, gebrannt, H. 12,4 cm, Br. 7 cm
Berlin, Vorderasiatisches Museum SMB PK, Inv. Nr. VA Bab 492

Der Männerkopf ist als zweiteilige Hohlterrakotte gearbeitet, wobei sich die Naht des angestückten Hinterkopfes deutlich im Bereich der Haare abzeichnet. Die Maße des Kopfes bedingen eine Ergänzung zu einer Figur größeren Formates. Dargestellt ist ein bärtiger Mann mit schlankem Gesicht, das optisch durch den langen Bart zusätzlich gestreckt erscheint. Der Vollbart und der seitlich ausschwingende Oberlippenbart sind flau und undifferenziert wiedergegeben, die Augen unter den kantigen Brauen kaum plastisch herausgearbeitet. Dagegen ist das von einem Band gehaltene und mit einer Lockenreihe die Stirn begrenzende Haar aufgelöst in runde Noppen, die als einzelne Löckchen zu deuten sind. Im Haar sind Reste der schwarzen Bemalung erhalten.

Lit.: Klengel-Brandt/Cholidis 2006, 576ff. Nr. 4102; Invernizzi 2008b, 269 Nr. 222 (Abb.); Invernizzi 2008a, 300 Nr. 258 Abb. 212.   R.-B.W.

Kat. Nr. 152
Satyrmaske

Irak, Babylon, 1.–2. Jh. n. Chr.
Ton, gebrannt, H. 17 cm, Br. 8,5 cm
Berlin, Vorderasiatisches Museum SMB PK, Inv. Nr. VA Bab 668

Die aus der Form gedrückte Hohlterrakotte wurde im Bereich des sogenannten griechischen Theaters gefunden. Eine Durchlochung nahe des oberen Randes weist darauf hin, dass die kleine Maske ursprünglich hängend positioniert war, möglicherweise als Architekturschmuck. Das bärtige Gesicht ist plastisch stark durchmodelliert und zeigt die typischen Merkmale des aus der griechischen Sagenwelt bekannten dämonischen Mischwesens, das menschliche und tierische Züge vereint. Charakteristisch sind die Bockshörner über der Stirn, die kräftige Nase mit aufgeblähten Nasenflügeln und der geradezu lüstern wirkende Mund, der vom Schnurrbart eingefasst wird.
Auf Vorder- und Rückseite haben sich umfangreiche Reste weißer Bemalung erhalten.

Lit.: van Buren 1930, 218, Nr. 1063; Klengel-Brandt 1970, 249 Abb. 99; Koldewey 1990, 275f. Abb. 230; Klengel-Brandt 1993, 195f. Abb. 13; Klengel-Brandt/Cholidis 2006, 583. 587 Nr. 4157 Taf. 164; Invernizzi 2008a, 327 Nr. 361 Abb. 244 auf 325.   R.-B.W.

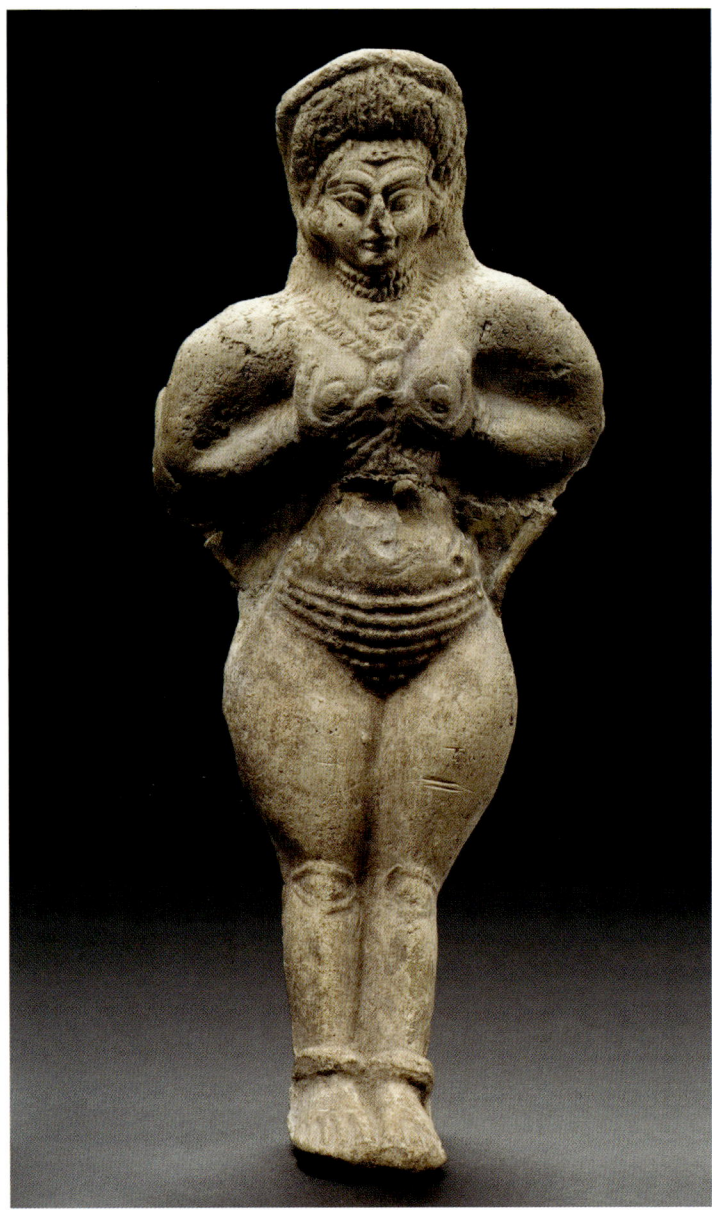

Kat. Nr. 153
Terrakottafigur einer nackten Göttin

Iran, Susa, 1500–1000 v. Chr.
Ton, gebrannt, H. 15,7 cm
Brüssel, Musées Royaux d'Art et d'Histoire, Département Antiquité,
Collection Iran, Inv. Nr. IR.379

Bei Ausgrabungen in Susa und Chogha-Zanbil fand man eine Vielzahl nackter Frauenfiguren aus Ton, die ihre Brüste umfassen. Solche Statuetten wurden vom 3. Jt. v. Chr. an in großen Serien durch die Verwendung einer einfachen offenen Hohlform gefertigt. Die Frauen werden als Fruchtbarkeitsgöttinnen gedeutet und sind mit Fußkettchen, Armreifen und zwei Bändern über der Brust geschmückt. Die starke Betonung der Schambehaarung sowie der breiten Hüften ist charakteristisch. Mehrere Details erlauben eine Datierung dieses spezifischen Typs in die mittelelamische Zeit.

Lit.: Spycket 1992, 168–178 Taf. 121–130; Gubel/Overlaet 2007, Nr. 183.   B.O.

Kat. Nr. 154–157
Vier Terrakotten mit Darstellungen stehender Männer

Irak, Babylon, 7./6. Jh. v. Chr. – Ende 1. Jt. v. Chr.
Ton, gebrannt, H. 13,9 cm, 10,4 cm, 10 cm, 10,6 cm,
Br. 4,2 cm, 5,4 cm, 4,5 cm, 6,2 cm (von links nach rechts)
Berlin, Vorderasiatisches Museum SMB PK, Inv. Nr. VA Bab 441, 409, 3653, 3609a (von links nach rechts)

Die vier Terrakotten demonstrieren augenfällig den Wandel des Menschenbildes von der neubabylonischen bis in die seleukidische Zeit. Der Typ des Flaschen haltenden Mannes in seiner in sich ruhenden Statik (Figur links) – bärtig, schulterlanges Haar, bekleidet mit langem gegürteten Gewand, mit beiden Händen ein kleines Gefäß vor der Brust umfassend – war besonders in neubabylonischer Zeit beliebt. Typologisch verwandte Götterfiguren mit übersprudelnden Wassergefäßen in den Händen lassen sich als Garanten für lebensspendendes Wasser deuten. Bei den in großer Zahl bekannt gewordenen ‚Flaschenhaltern' fehlen aber alle göttlichen Attribute, so dass wir in ihnen eher Menschen sehen müssen, die vielleicht ein Trankopfer darbringen wollen.

Die in achämenidische Zeit zu datierende Statuette (zweite Figur von links) besticht durch den Reichtum der Gewandung – langer über die Schulter gelegter Mantel (*kandys*), darunter ein halblanges gegürtetes Faltengewand (*chiton*) und Hosen (*anaxyrides*) – sowie durch die detailliert wiedergegebene lineare Gewandfältelung und durch die Attribute. Die Lotosblüte in der rechten und der Kranz in der linken Hand kennzeichnen möglicherweise die besondere Position des Dargestellten, der Mitglied des persischen Hofstaates gewesen sein könnte.

Die griechische Kleidung des stehenden Mannes, dessen fehlender Kopf in der Antike abgebrochen und mit Bitumen als Bindemittel wieder angefügt worden war (zweite Figur von rechts), verrät einen ganz anderen kulturhistorischen Kontext. Der Mann trägt einen knielangen gegürteten Chiton und hat ein Himation um die Schultern gelegt, das über den linken Unterarm fällt.

Auch die rechte Statuette ist ein Beispiel für das griechisch geprägte Menschenbild. Sie stellt einen Mann in bewegter Schrittstellung dar, der ein kurzes, die Bewegung kaum einschränkendes Gewand trägt und mit seiner rechten Hand ein Schwert in Angriffshaltung schräg über den Körper führt. Ein großer Ovalschild bedeckt den linken Arm und schützt die gesamte linke Körperflanke gegen einen imaginären Gegner.

Lit.: (linke Figur) AK Göttingen 1975, 76 Nr. 137; Klengel-Brandt/Cholidis 2006, 116f. Nr. 513 Taf. 22; (zweite Figur von links) Koldewey 1990, 272 Abb. 216; Klengel-Brandt/Cholidis 2006, 258ff. Nr. 1594 Taf. 67; Invernizzi 2008b, 271 Nr. 226 (Abb.); Invernizzi 2008a, 300 Abb. 213 Nr.259; (zweite Figur von rechts) Klengel-Brandt/Cholidis 2006, 275f. 278 Nr. 185 Taf. 73; (rechte Figur) Klengel-Brandt/Cholidis 2006, 287f. Nr. 1804 Taf. 78.   R.-B.W.

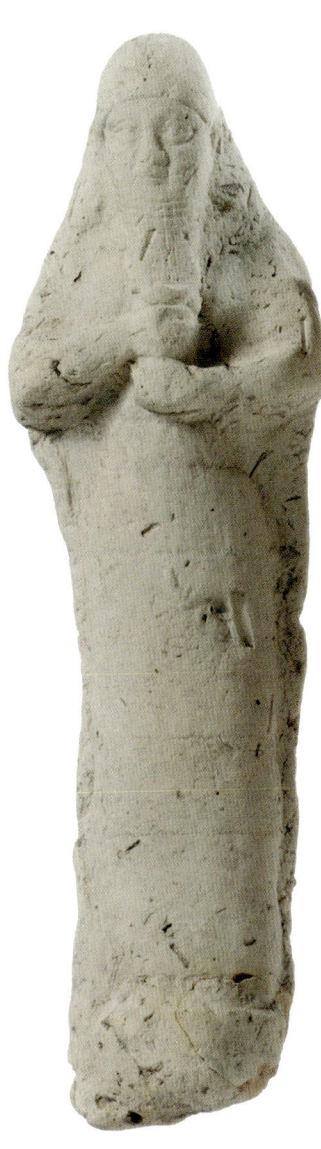
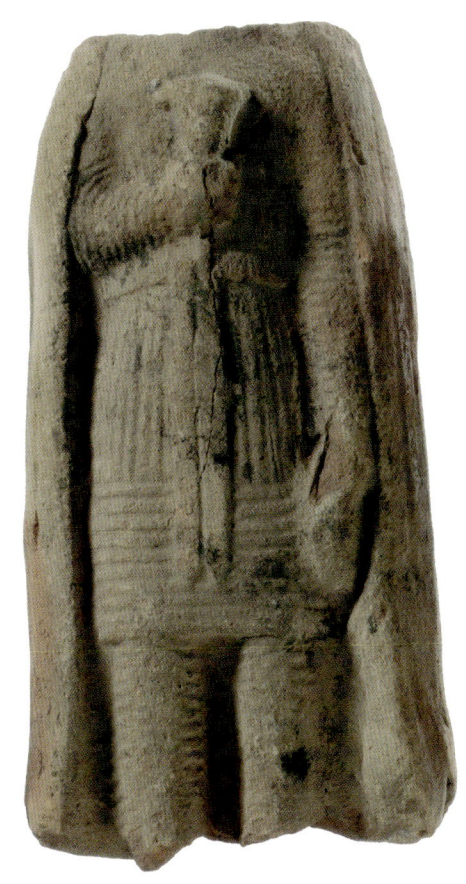
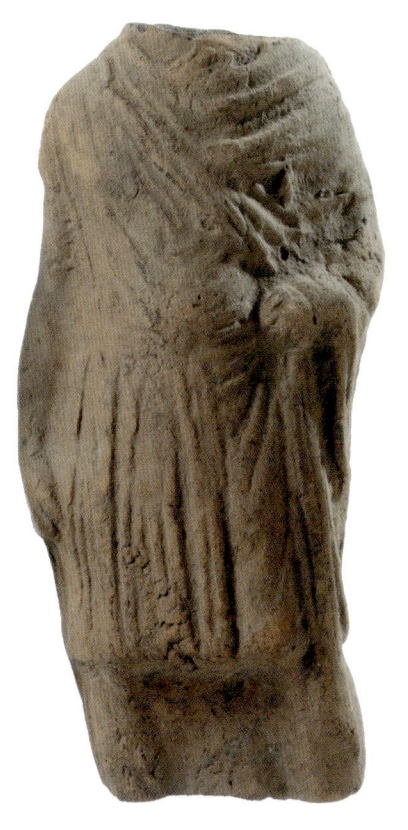
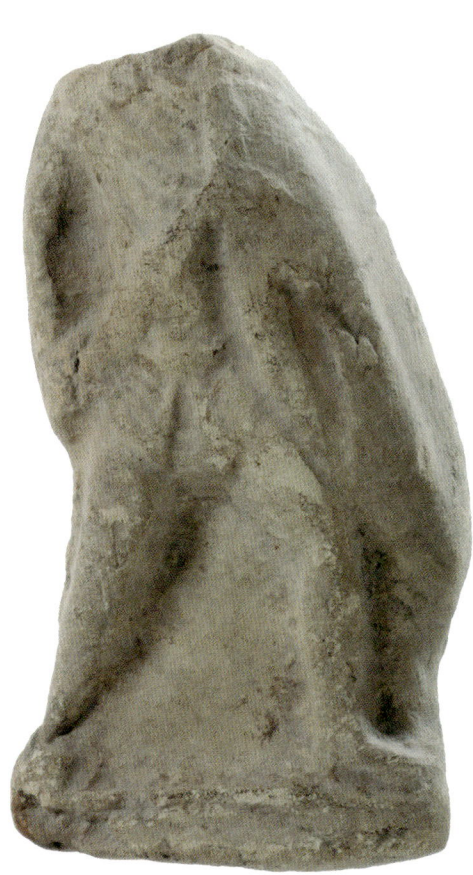

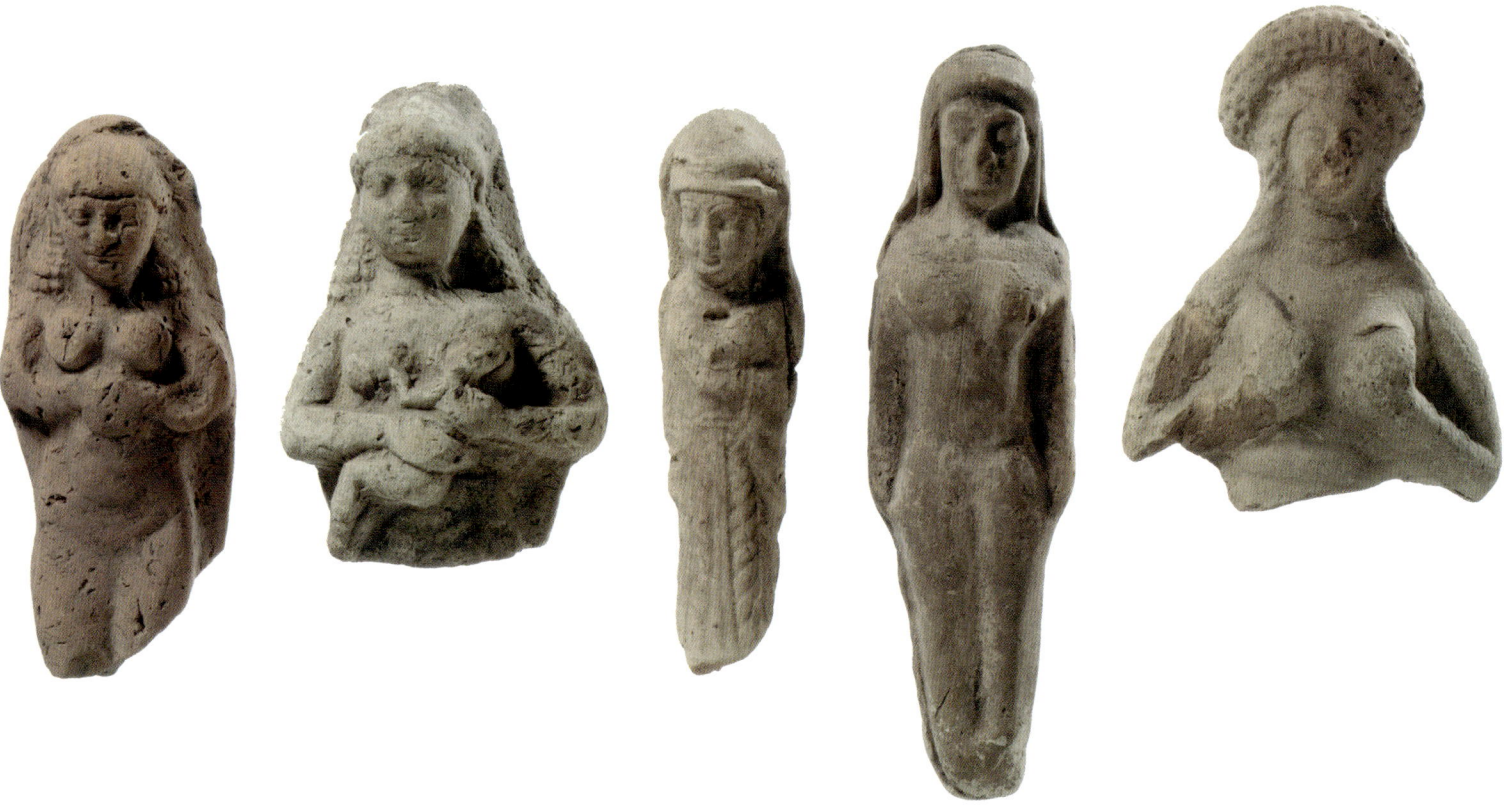

Kat. Nr. 158–162
Fünf Terrakotten mit Darstellungen stehender Frauen

Irak, Babylon, 7./6. Jh. v. Chr. – Anfang 1. Jt. n. Chr.
Ton, gebrannt, H. 8,9 cm, 7,4 cm, 8,8 cm, 11,8 cm, 7,9 cm,
Br. 3,8 cm, 5,3 cm, 2,4 cm, 3,3 cm, 6,1 cm (von links nach rechts)
Berlin, Vorderasiatisches Museum SMB PK, Inv. Nr. VA Bab 781, 25, 405, 892, 874 (von links nach rechts)

Insbesondere aus neubabylonischer Zeit ist aus Babylon eine große Zahl von Terrakottafiguren nachgewiesen, die als Grundmotiv stehende nackte Frauen darstellen, variiert insbesondere durch die Armhaltung: unter der Brust gefaltete Hände (Figur links), mit den Händen die Brüste haltend, ein Kind im Arm (zweite Figur von links), letzteres Motiv in der Variante der sitzenden Frau. Wiedergegeben ist ein weitgehend einheitlicher Frauentyp, charakterisiert durch schlanken Körper und üppige Brüste, sorgfältig ausgestaltetes rundes Gesicht und glatt anliegendem Haupthaar, das in reichen Locken auf die Schultern fällt.

Der Frauentyp der späteren Jahrhunderte (Ende 4. Jh. v. Chr. – Anfang 1. Jt. n. Chr.) fällt durch eine zurückgenommene Sinnlichkeit auf, die auch bei den nackten Frauen spürbar ist. Geradezu als Massenware zu bezeichnen ist der Typ in strenger Haltung mit eng am Körper anliegenden Armen (zweite Figur von rechts). Weniger zahlreich sind die ihre Brüste haltenden Frauen (Figur rechts mit auffälligem wulstigen Haarschmuck/Diadem), deren Körperformen einschließlich der Gesichtsausprägung kaum differenziert und vereinfacht wiedergegeben sind.

Besonderer Detailreichtum zeichnet dagegen die kleine Terrakotte einer stehenden bekleideten Frau aus, die in die achämenidische Zeit (5./4. Jh. v. Chr.) zu datieren und auf einem Postament zu ergänzen ist (mittlere Figur). Die Frau mit zart ausgebildetem Gesicht ist als reiche Perserin charakterisiert. Sie trägt ein langes in der Taille gegürtetes Gewand mit weiten Ärmeln, das am Unterkörper in dekorative Falten fällt. Der rechte Arm liegt lang dem Körper an, in der Hand des linken angewinkelten Armes hält die Frau eine Blüte. Über den Kopf ist ein Schleier gelegt, der von einem Stirnreif gehalten wird. Die aufwendige Ausstattung wird ergänzt durch einen Armreif am rechten Handgelenk, Ohrringe und eine Perlenkette am Hals.

Lit.: (linke Figur) Klengel-Brandt/Cholidis 2006, 84 Nr. 185 Taf. 17, l; (zweite Figur von links) Klengel-Brandt/Cholidis 2006, 93 Nr. 259 Taf. 19; (dritte Figur von links) Klengel-Brandt/Cholidis 2006, 205f. Nr. 1205 Taf. 46; Invernizzi 2008b, 247 Nr. 201 (Abb.); Invernizzi 2008a, 503 Abb. 349 (auf 495) Nr. 525; (zweite Figur von rechts) Klengel-Brandt/Cholidis 2006, 149 Nr. 700 Taf. 33; (rechte Figur) Klengel-Brandt 1993, 185f. Abb. 1; Klengel-Brandt/Cholidis 2006, 183f. 188 Nr. 1075 Taf. 42.   R.-B.W.

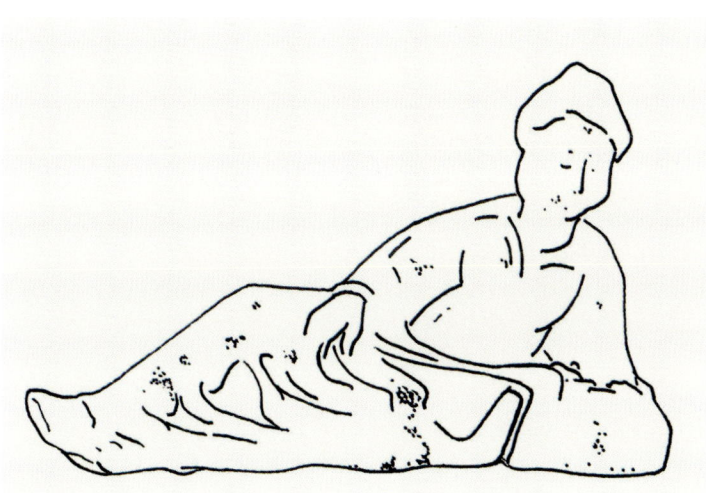
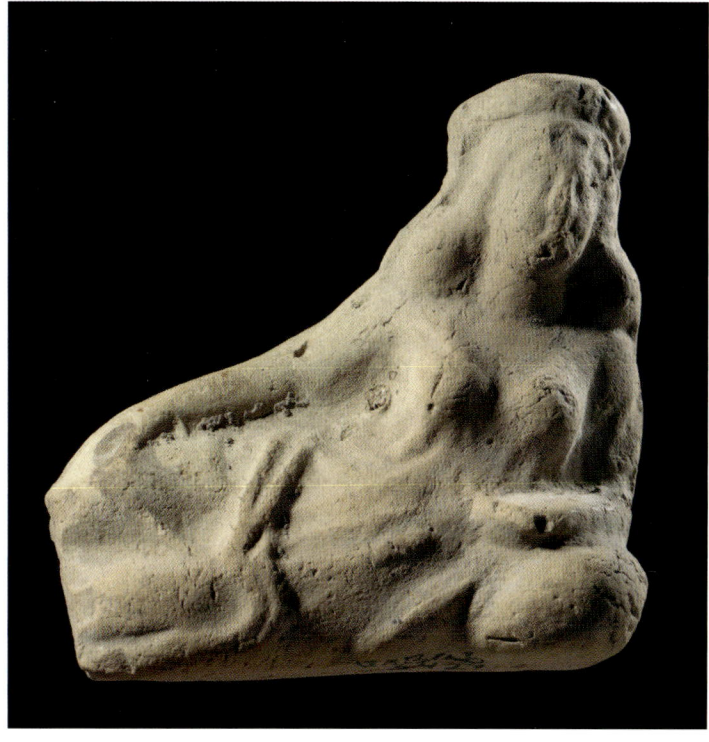

Kat. Nr. 163
Terrakottafigur einer lagernden Frau

Irak, Babylon (?), seleukidisch/parthisch
Ton, gebrannt, H. 10,5 cm, Br. 17 cm, T. 3,6 cm
Paris, Musée du Louvre, Département des antiquités orientales, Inv. Nr. AO 24694

Solche in Babylonien gefundenen Terrakotten ruhender Frauen sind eindeutig der seleukidischen und parthischen Periode zuzuweisen. Die Kleidung, die angedeuteten Liegeflächen sowie die Haltung der Figuren zeigen direkte Verbindungen zur hellenistischen Welt. Eine genauere zeitliche Einordnung ist nicht möglich, sie kann ca. vom 2. Jh v. Chr. – 2. Jh. n. Chr. reichen. Sämtliche dieser Terrakotten sind als Hohlfiguren aus zwei Formen hergestellt und waren farbig bemalt. Die Frauen wenden dem Betrachter ihren Oberkörper zu und stützen sich dabei auf einen Arm. Die Beine können gestreckt oder in den Knien angewinkelt sein. Die Gestaltung der Bekleidung, der Köpfe und Frisuren weist Varianten auf. Evelyn Klengel-Brandt vermutet, dass es sich dabei um austauschbare Details handelt, die je nach Wunsch des Käufers in Form und Farbigkeit ausgestaltet werden konnten.

Lit.: Klengel-Brandt/Cholidis 2006, 249ff. N.C.

Kat. Nr. 164
Terrakottafigur einer liegenden Frau

Irak, Babylon, 2. Jh. v. Chr. – 2. Jh. n. Chr.
Ton, gebrannt, H. 9 cm, L. 9,5 cm
Berlin, Vorderasiatisches Museum SMB PK, Inv. Nr. VA Bab 3427

Die Hohlterrakotte ist aus zwei separat gefertigten Teilen zusammengesetzt. Dargestellt ist eine gelagerte Frau, die sich mit dem linken Unterarm auf einem Kissen abstützt. Ihr rechter Arm ruht auf dem Oberschenkel, in ihrer Linken hält sie eine Schale. Die Gelagerte wendet sich mit Gesicht und Oberkörper demonstrativ dem Betrachter entgegen. Unter ihrem Gewand, das den gesamten Körper bedeckt und in Falten gelegt ist, zeichnet sich der pralle Busen ab. Auf dem Haar sitzt ein wulstartiger Kranz, auf den Schultern liegen die kräftigen Haarbäusche auf.

Der Typ der gelagerten (nackten oder bekleideten) Frau ist für die hellenistisch-parthische Zeit häufiger belegt. In dem lebensbejahenden Motiv ist ein Bezug zu kultisch-religiösen Vorstellungen zu vermuten.

Lit.: van Buren 1930, 61, Nr. 323; Koldewey 1990, 275, Abb. 228; Klengel-Brandt 1993, 183ff. Abb. 5; Klengel-Brandt/Cholidis 2006, 249f. Nr. 1551 Taf. 62. R.-B.W.

Kat. Nr. 166–168
Drei Terrakotten mit Darstellungen von Musikanten

Irak, Babylon, 3.–1. Jh. v. Chr.
Ton, gebrannt, H. 14 cm, 6,3 cm, 8,5 cm, Br. 6,7 cm, 4,4 cm, 4,1 cm
(von links nach rechts)
Berlin, Vorderasiatisches Museum SMB PK, Inv. Nr. VA Bab 3401, 3341, 3320
(von links nach rechts)

In Babylon wurde eine Vielzahl von Terrakotten gefunden, die Musikanten mit verschiedenen Instrumenten darstellen. Die drei Beispiele zeigen den Einfluss der hellenistischen Welt auf Babylon, der sich stilistisch, insbesondere in der Kleidung, und in der Ikonographie verrät. Bei den Instrumenten sind folgende zu unterscheiden: Kithara, Laute, Harfe, Doppelflöte, Trommel (Rahmentrommel/Tamburin). Die Instrumentalisten der kleinen Musikantengruppe sind als Spezialisten des Spiels auf der Kithara, der Doppelflöte und der Winkelharfe charakterisiert (von links):

Der Kitharaspieler, dessen Kopf fehlt, ist mit einem langen in der Taille gegürteten Chiton bekleidet, auf den Schultern glaubt man ein umgelegtes kurzes Mäntelchen zu erkennen. Beide Handgelenke sind mit einem glatten Armreif geschmückt. Während der oben in zwei kleinen Hörnern endende Rahmen der Kithara im linken Arm ruht und hinter den Saiten die flache Hand wiedergegeben ist, hängt der rechte Arm am Körper herab. Die rechte Hand muss das Plektron zum Anschlagen der Saiten gehalten haben. Dieser Typ des Kithara-Spielers kann vom griechischen Vorbild des Apollon Kitharoides abgeleitet werden, der in mehreren Statuen überliefert ist.

Die mittlere Figur zeigt eine Musikantin mit Doppelflöte (*aulos*), deren Körper weitgehend vom Mantel (*himation*) bedeckt wird, den sie über den Kopf mit wulstartigem Haarschmuck gezogen hat.

Aufgrund der Ausprägung des Gesichtes scheint auch die dritte Figur mit der Winkelharfe weiblich zu sein. Die Musikantin trägt ein gefälteltes Gewand und einen kräftigen plastischen Kopfschmuck über dem kurzen Stirnpony, dessen üppiger Wulst durch senkrechte Linien und punktförmige Einstiche strukturiert ist. Die Winkelharfe ruht auf der rechten Schulter, wobei beide Hände den stark gegliederten Querträger (Saitenhalter) in Brusthöhe halten. Die Saiten sind auf der dreieckigen glatten Fläche neben dem langen Resonanzkasten zu ergänzen, der mehrere Löcher (Schalllöcher) aufweist.

Alle drei Statuetten sind aus der Form gedrückt und auf ihren Rückseiten weitgehend ungestaltet. Die linke Figur des auf einem kleinen Podest stehenden Musikanten ist im unteren Drittel hohl gearbeitet. Eine farbige Bemalung ist vorauszusetzen, auf der Oberfläche der Figur des Kithara-Spielers haben sich Spuren von weißer Grundierung erhalten. Die Funktion der Darstellungen von Musikanten/innen ist nicht gesichert, eine Beziehung sowohl zu festlich-kultischen Anlässen mit lebensbejahenden Themen als auch zum Totenkult (Grabbeigaben) ist jedoch wahrscheinlich.

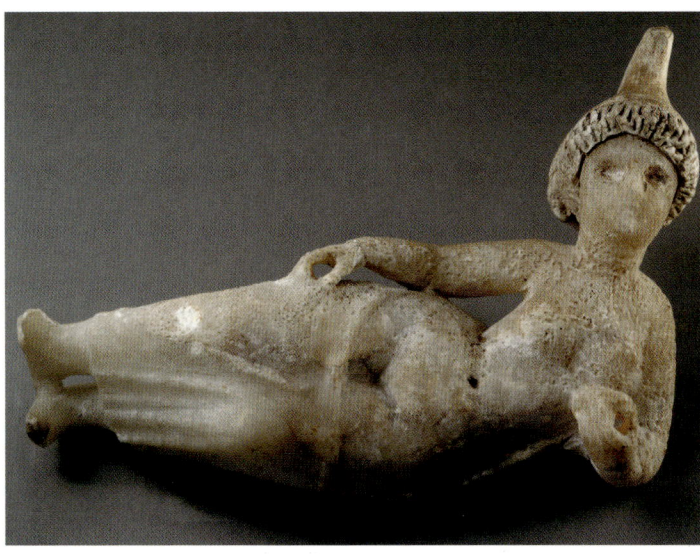

Kat. Nr. 165
Statuette einer lagernden unbekleideten Frau

Irak, Babylon (?), seleukidisch/parthisch
Alabaster, H. 14,7 cm, L. 20,8 cm
Paris, Musée du Louvre, Département des antiquités orientales,
Inv. Nr. AO 24588

Neben den zahlreichen Darstellungen von Frauen als Terrakotten gab es auch Frauen-Statuetten aus Stein, häufig Alabaster, die ebenfalls der hellenistischen oder parthischen Periode zugeordnet werden können. Die hier gezeigte liegende Frau ist unbekleidet. Sie stützt sich auf den linken Ellbogen, während der rechte Arm auf dem Körper ruht. Die Beine sind ausgestreckt und eher schematisch dargestellt, die Füße ragen seitlich hervor. Die Augen waren möglicherweise mit farbigen Steinen oder einer Glasmasse ausgelegt. Besonders auffällig sind Frisur und Kopfbedeckung: Deutlich zu erkennen ist ein Haarkranz, der vielleicht – in Analogie zu vergleichbaren Statuen – mit einer Art Haarnetz zusammengehalten wird. Darüber befindet sich vermutlich eine nach oben spitz zulaufende Kopfbedeckung, deren Spitze nach vorne fällt.

Lit.: Klengel-Brandt/Cholidis 2006, 249ff.   N.C.

Lit.: (linke Figur) Klengel-Brandt/Cholidis 2006, 308f. Nr. 1935 Taf. 87; (mittlere Figur) Klengel-Brandt/Cholidis 2006, 327f. Nr. 2041 Taf. 95; (rechte Figur) van Buren 1930, 238 Nr. 1168; Rashid 1984, 150f. Abb. 178; Koldewey 1990, 274 Abb. 225; Klengel-Brandt 1993, 190f. Abb. 6; Klengel-Brandt/Cholidis 2006, 318f. Nr. 1982 Taf. 91; Invernizzi 2008b, 270 Nr. 225 (Abb.); Cholidis 2008, 319f. Abb. 239 Nr. 333.   R.-B.W.

MENSCHEN IN BABYLON

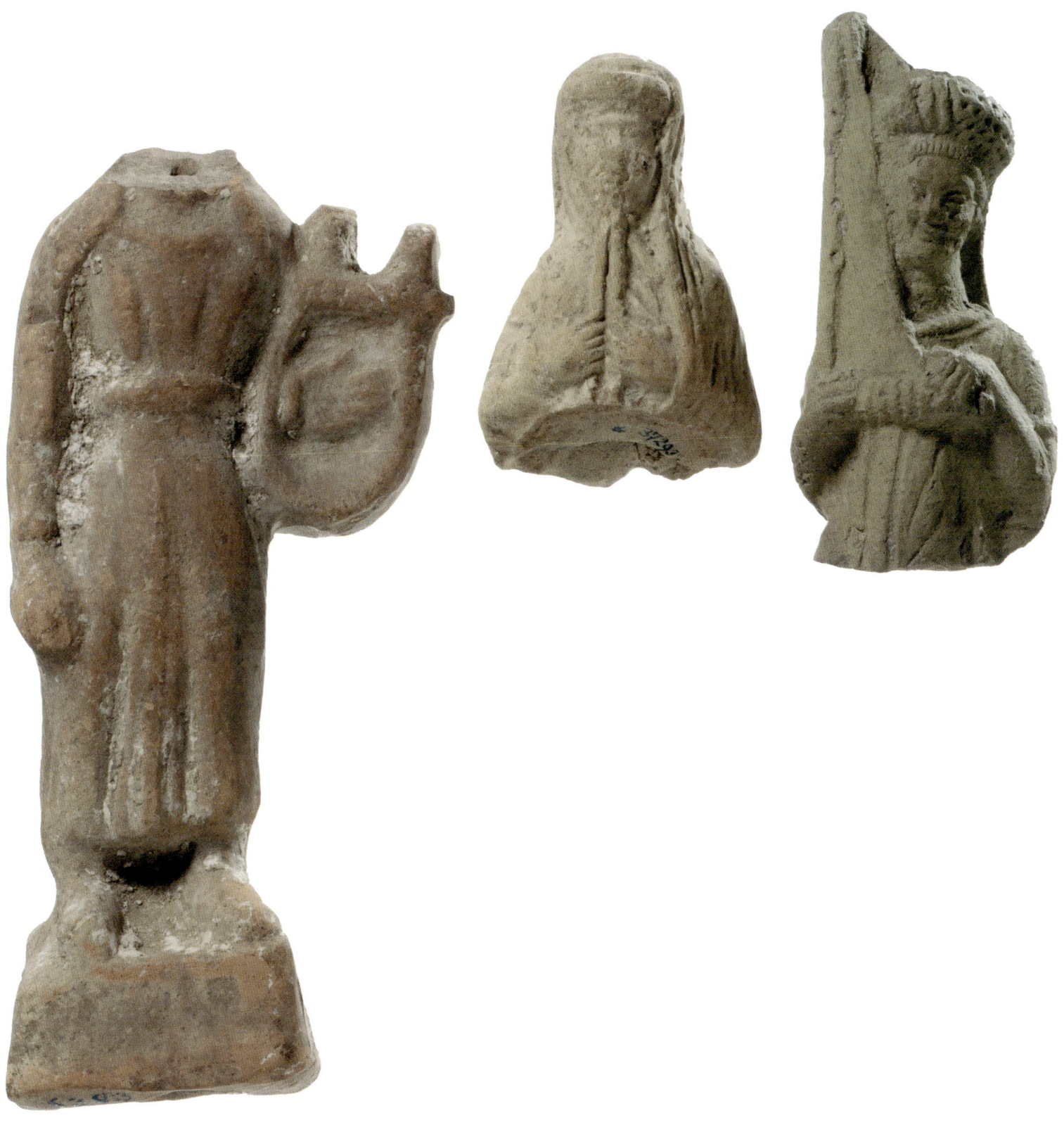

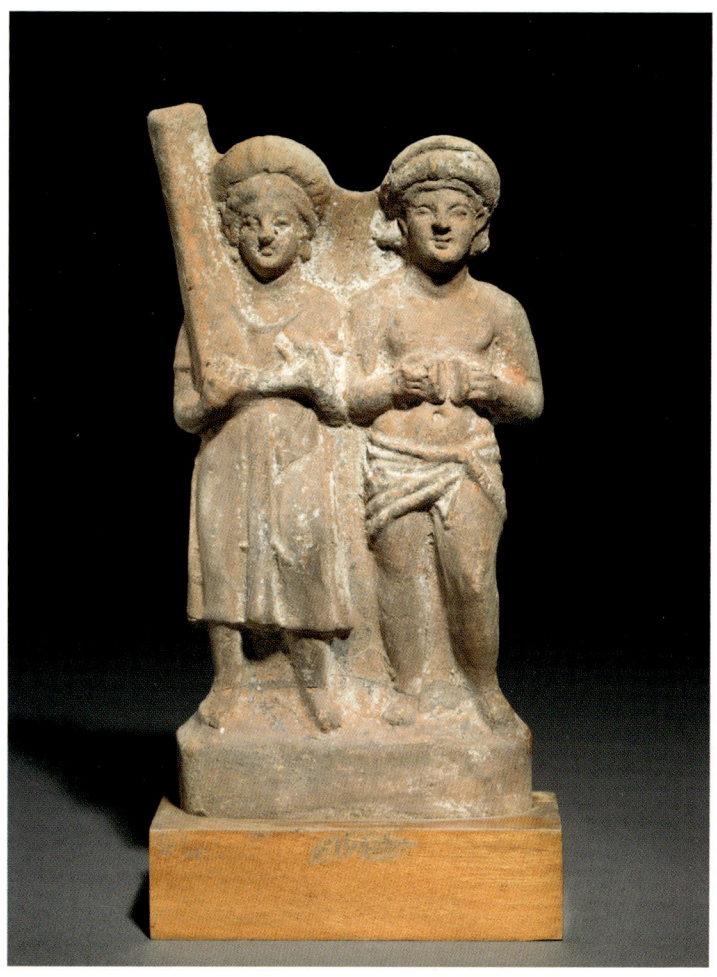
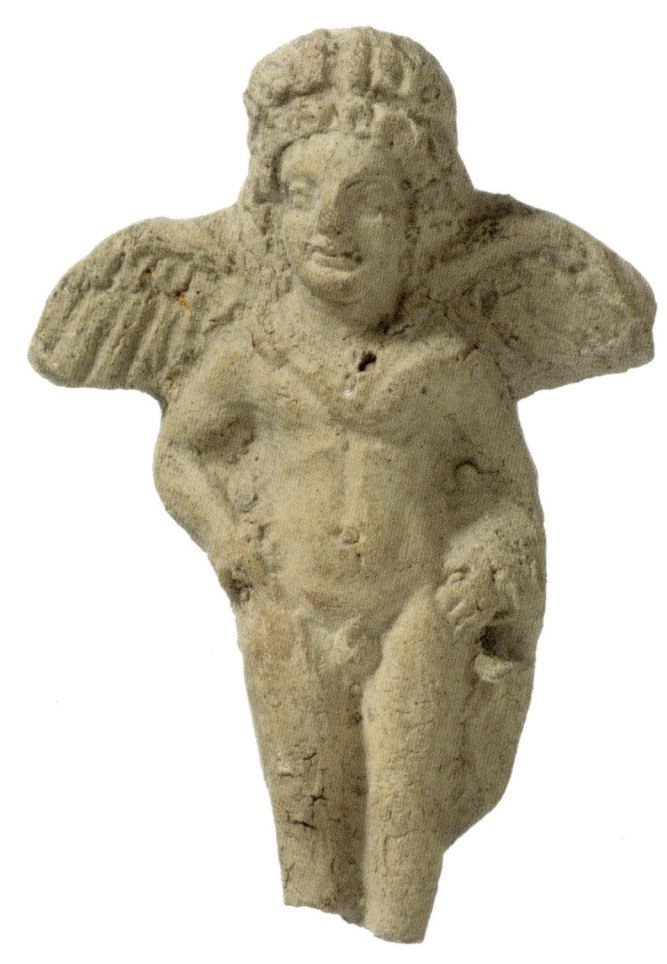

Kat. Nr. 169
Terrakotta-Relief mit Darstellung eines Musikerpaars

Irak, Babylon, 2. Jh. v. Chr. – 2. Jh. n. Chr., seleukidisch/parthisch
Rötlicher Ton, gebrannt, mit Bemalungsresten, H. 16,5 cm, Br. 9 cm
London, British Museum, Department of the Middle East, Inv. Nr. 91794

Die Vorderseite des Terrakotta-Reliefs wurde aus einer zweiteiligen Form hergestellt, während die Rückseite manuell gefertigt ist. Dargestellt sind zwei musizierende Kinder, die beide im Kontrapost auf einer viereckigen Plinthe stehen. Das Mädchen ist mit einer kurzärmeligen Tunika mit einem runden gesäumten Halsausschnitt bekleidet. Sie spielt auf einer Harfe, die sie an ihre rechte Schulter gelehnt hat. Ihr Begleiter schlägt dazu das Becken. Er trägt lediglich ein Lendentuch, aber beide sind mit üppigen Kränzen auf dem Kopf geschmückt. Das Relief war ursprünglich bemalt: es finden sich Spuren von Kalktünche, rote Farbreste auf der Haut des Jungen und schwarze Farbpigmente auf dem Hintergrund. Nach einem Bruch erfolgte eine moderne Restaurierung.

Lit.: Karvonen-Kannas 1995, 160 Kat. Nr. 326 Taf. 55; AK Turin 2007, 202f. Kat. Nr. 143. A.B.

Kat. Nr. 170
Kleiner Eros

Irak, Babylon, 4.–3. Jh. v. Chr.
Ton, gebrannt, H. 6,4 cm, Br. 4,6 cm
Berlin, Vorderasiatisches Museum SMB PK, Inv. Nr. VA Bab 3567

Von der kleinen Figur eines geflügelten Knaben existieren zahlreiche Parallelstücke, die wohl aus der gleichen Form gedrückt worden sind. Trotz der geringen Abmessungen sind die Details des als Eros anzusprechenden Figürchens besonders fein modelliert, insbesondere das von einem Blütenkranz gerahmte Gesicht. Plastisch durchmodelliert ist die Bauchpartie, differenziert angegeben sind die Federn der aus den Schultern erwachsenden Flügel und die Finger der linken Hand. Der kleine Eros ist nackt, er trägt einzig eine schmale Chlamys, deren eines Ende über seinen linken Unterarm fällt. Die Figur ist in Höhe der Oberschenkel quer durchlocht, was zu der Deutung geführt hat, dass derartige Figürchen Teile von gereihten Kettengliedern waren.

Lit.: AK Göttingen 1975, 90 Nr. 208 (Abb. auf 140); Klengel-Brandt/Cholidis 2006, 305f. Nr. 1923 Taf. 86. R.-B.W.

Architektur

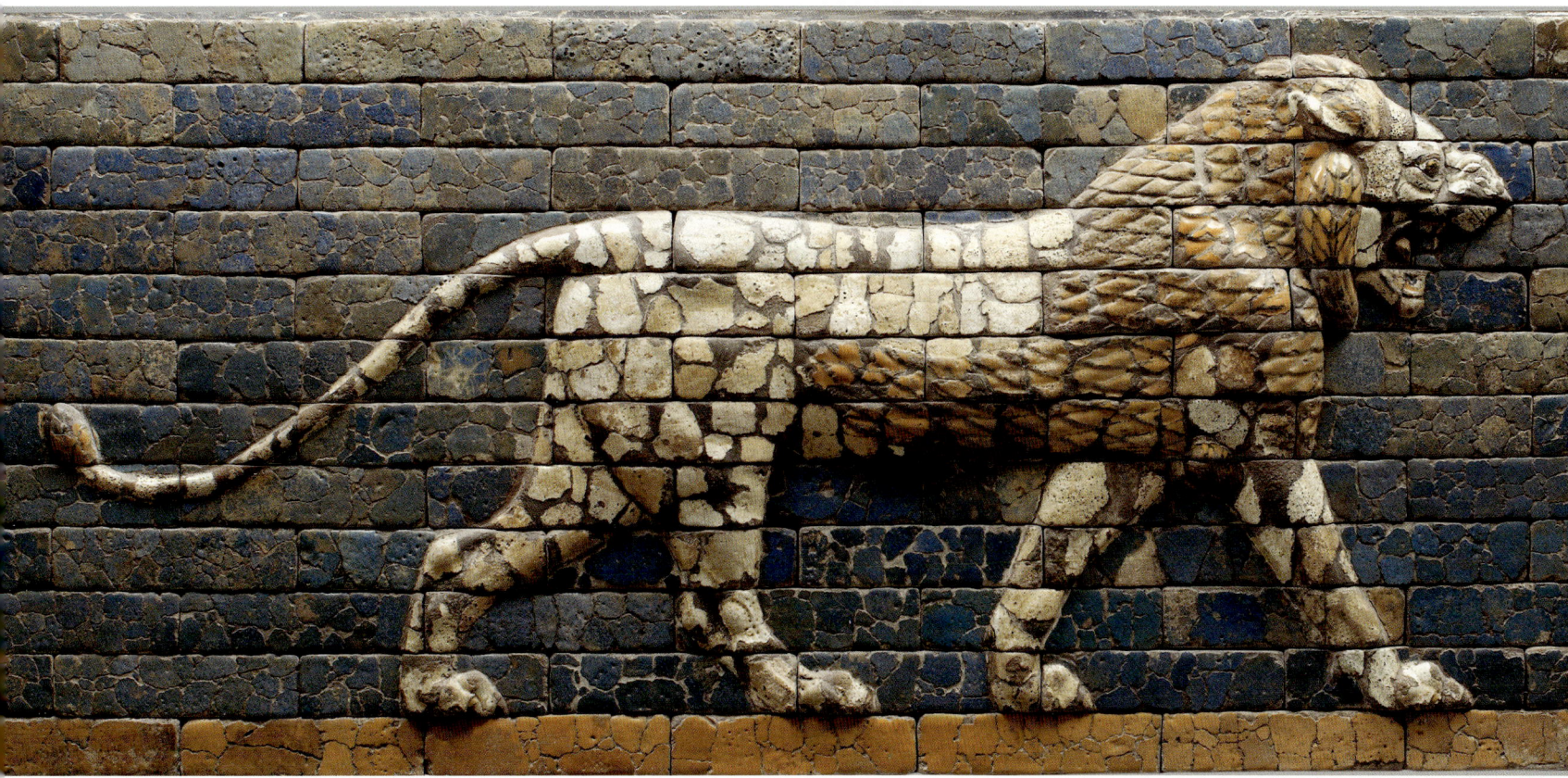

Kat. Nr. 171
Ziegelrelief eines schreitenden Löwen

Irak, Babylon, Prozessionsstraße, Zeit Nebukadnezars II. (604–562 v. Chr.)
Ton, gebrannt und glasiert, H. 1,07 m, Br. 2,30 m
Kunsthistorisches Museum Wien, Ägyptisch-Orientalische Sammlung,
Inv. Nr. SEM 951

Das Ischtar-Tor in Babylon zählt zu den eindrucksvollsten Monumenten aus der Zeit Nebukadnezars. Das Tor und die Türme der Zugangsstraße waren mit Friesen aus gebrannten und glasierten Ziegeln dekoriert. Auf dem Ischtar-Tor selbst waren Drachen und Stiere abgebildet – Symbole des Gottes Marduk bzw. des Wettergottes Adad –, die Türme der Zugangsstraße schmückten dagegen Darstellungen von Löwen, den Symboltieren der Göttin Ischtar.

Von 1898 bis 1917 führte die Deutsche Orientgesellschaft in Babylon Ausgrabungen durch und legte unter anderem die gesamte Anlage des Ischtar-Tores frei. Ein Teil davon wurde im Pergamon-Museum in Berlin wiedererrichtet. Auch das Wiener Ziegelrelief befand sich ursprünglich im Besitz der Staatlichen Museen Berlin und wurde 1930 für das Kunsthistorische Museum angekauft.

Lit.: AK Graz 2003, 175 Kat. Nr. 1.2.2.; Hölzl 2007, Kat. Nr. 72. R.H.

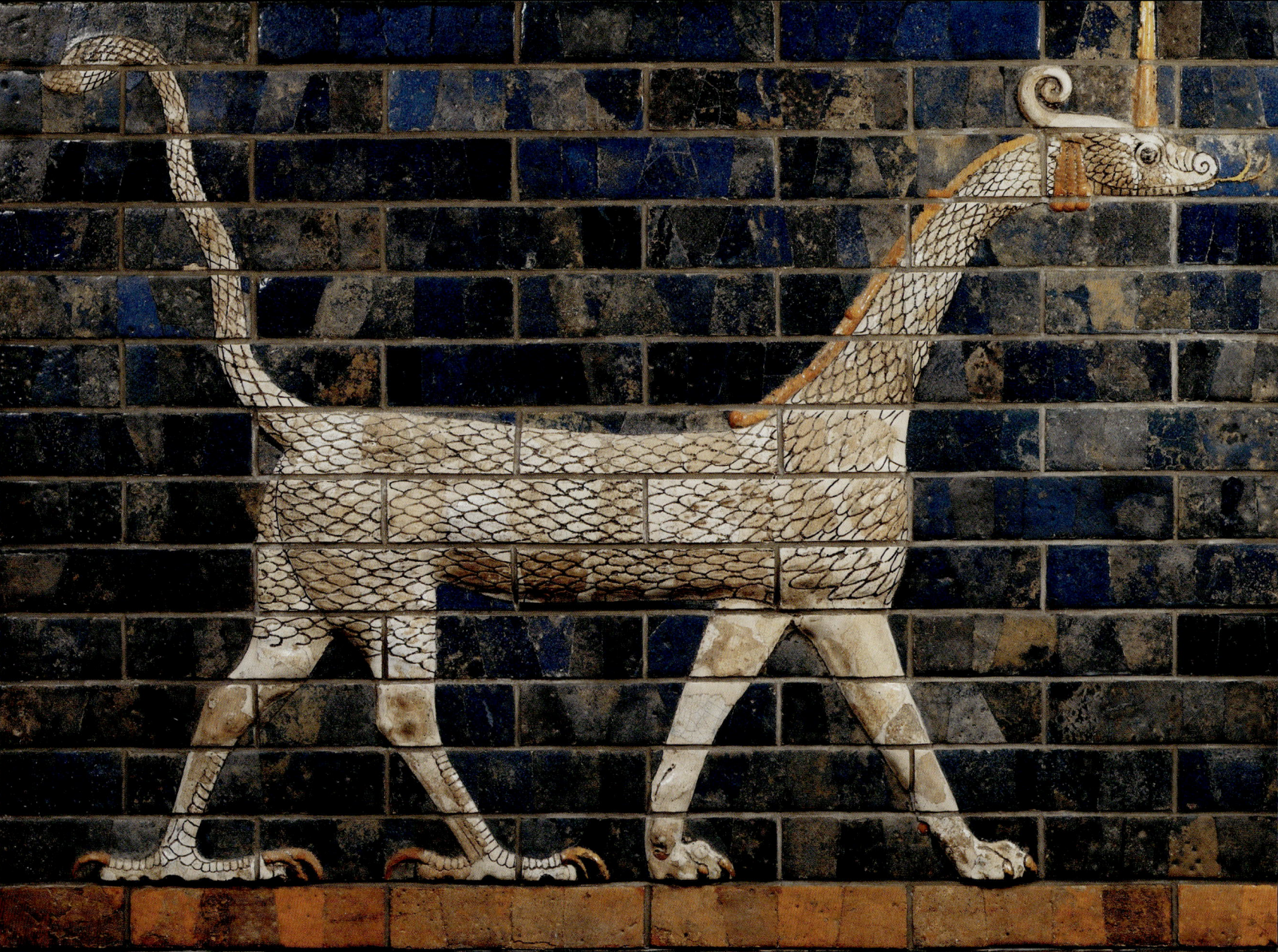

Kat. Nr. 172
Ziegelrelief eines Schlangendrachen

Irak, Babylon, Regierungszeit Nebukadnezars II. (604–562 v. Chr.)
Ton, gebrannt und farbig glasiert, H. 1,19 m, Br. 1,69 m, T. 8 cm
Berlin, Vorderasiatisches Museum SMB PK, Inv. Nr. VA Bab 4431

Der nach rechts schreitende Schlangendrache gehörte zum prächtigen Reliefziegelschmuck des Ischtar-Tores von Babylon, das mit wechselnden Reihen von Stieren – Symboltier des Wettergottes Adad – und mythischen Drachenwesen – Symbole des Stadtgottes Marduk – dekoriert war. Wie die übrigen Tiere und dekorativen Elemente auch, wurde das heilige Tier des Marduk, *Muschchuschu*, aus zahlreichen Bruchstücken glasierter Backsteine zusammengesetzt. Das hier vorgestellte Beispiel des Kompositwesens mit Elementen von Schlange, Löwe, Greif und Skorpion (Schweifquaste) ist nicht für die Rekonstruktion der babylonischen Toranlage verwendet worden, vor allem, weil die Technik des Zurechtschneidens und Zusammenpassens der Fragmente bei Unterdrückung der originalen Bruchkanten nicht den restauratorischen Prinzipien entsprach.

Lit.: Marzahn 2008, 187f. Nr. 91 (Abb. 101 auf 169). R.-B.W.

Architektur

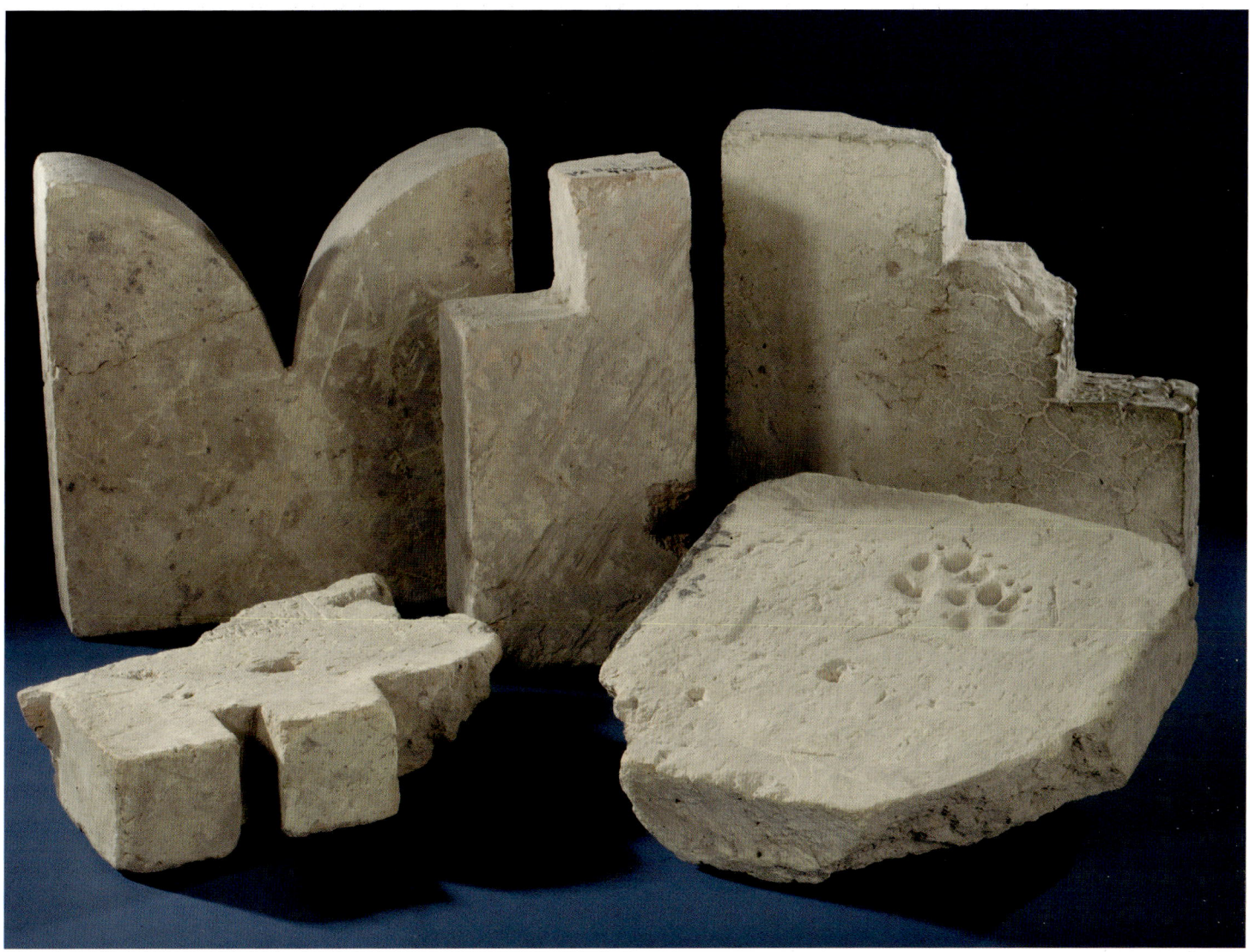

Kat. Nr. 173
Ziegel mit eingezogener Kante

Irak, Babylon, 7.–6. Jh. v. Chr.
Ton, gebrannt, H. 32,5 cm, Br. 32 cm, T. 8 cm
Berlin, Vorderasiatisches Museum SMB PK, Inv. Nr. VA Bab 4062

Kat. Nr. 174
Ziegel mit abgetreppter Kante

Irak, Babylon, Arachtu-Grabung, 7.–6. Jh. v. Chr.
Ton, gebrannt, H. 32 cm, Br. 33 cm, T. 7,5 cm
Berlin, Vorderasiatisches Museum SMB PK, Inv. Nr. VA Bab 4061.001 (Bab 35647)

Kat. Nr. 175
Ziegel mit abgetreppter Kante

Irak, Babylon, 7.–6. Jh. v. Chr.
Ton, gebrannt, H. 14,5 cm, Br. 33 cm, T. 8 cm
Berlin, Vorderasiatisches Museum SMB PK, Inv. Nr. VA Bab 4060.001

Kat. Nr. 176
Ziegel mit Pfotenabdrücken

Irak, Babylon, 7.–6. Jh. v. Chr.
Ton, gebrannt, H. 33 cm, Br. 31 cm, T. 7 cm
Berlin, Vorderasiatisches Museum SMB PK, Inv. Nr. VA Bab 4061.002

Kat. Nr. 177
Ziegel mit verspringender Kante

Irak, Babylon, Merkes, 7.–6. Jh. v. Chr.
Ton, gebrannt, H. 22 cm, Br. 30 cm, T. 7,5 cm
Berlin, Vorderasiatisches Museum SMB PK, Inv. Nr. VA Bab 4060.002 (Bab 44561)

Das typische Baumaterial und geradezu ein kulturelles Attribut des Zweistromlandes ist der Lehmziegel – seltener der Tonziegel. Beide wurden in der Regel in ungebranntem Zustand verwendet, was der Architektur geringe Haltbarkeit verlieh. Dies ist der Grund, warum heute so wenig von den einst gewaltigen und beeindruckenden Bauten Babyloniens zu finden ist. Das Format der Ziegel war veränderbar, erhielt jedoch im 1. Jt. v. Chr. eine gewisse Normgröße: Durchschnittlich war ein babylonischer Ziegel ca. 33 x 33 cm lang (also quadratisch) und etwa

8 cm hoch. Hierdurch konnten nicht nur exakte Bauabmaße geplant, sondern auch in großem Maßstab eingehalten werden. Aus bautechnischen Gründen wurden natürlich auch Halbsteine geformt. Glattes Mauerwerk, mithilfe von Lehm oder Asphalt als Mörtel aufgeschichtet und mit gelegentlichen Schilfmattenlagen in den Fugen versehen, erschien so farblich sehr zurückhaltend, falls nicht Verputz, Bemalung oder sogar Glasurflächen die sichtbaren Ziegelseiten verzierten. Zusätzlich kamen verschiedenste Formziegel zum Einsatz, so dass eine aufgelockerte Wandgestaltung in Form von Nischen, Halbsäulen, Abtreppungen, Pfeilern, etc. möglich wurde. Nicht alle, aber sehr viele der im Mauerwerk befindlichen Ziegel trugen überdies – einer jahrtausendealten Tradition folgend – kurz gefasste Weihinschriften der Bauherren. Sie konnten sowohl handgeschrieben als auch gestempelt sein.

Lit.: AK Berlin 2008, Kat. Nr. 45, 46, 48, 49 und 54.   J.M.

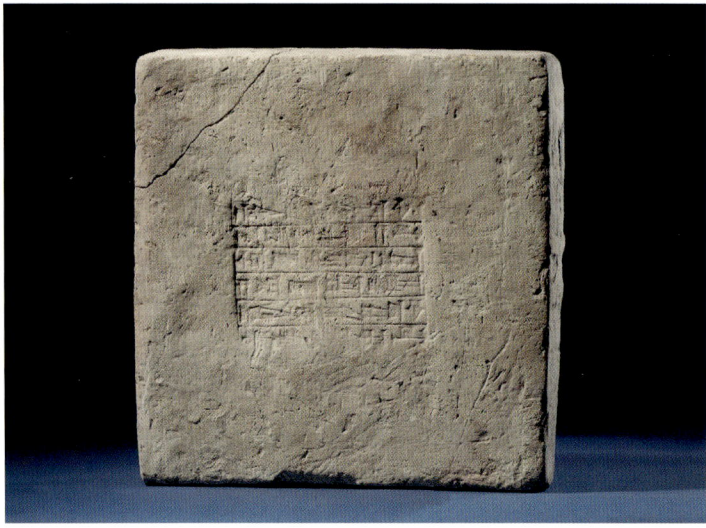

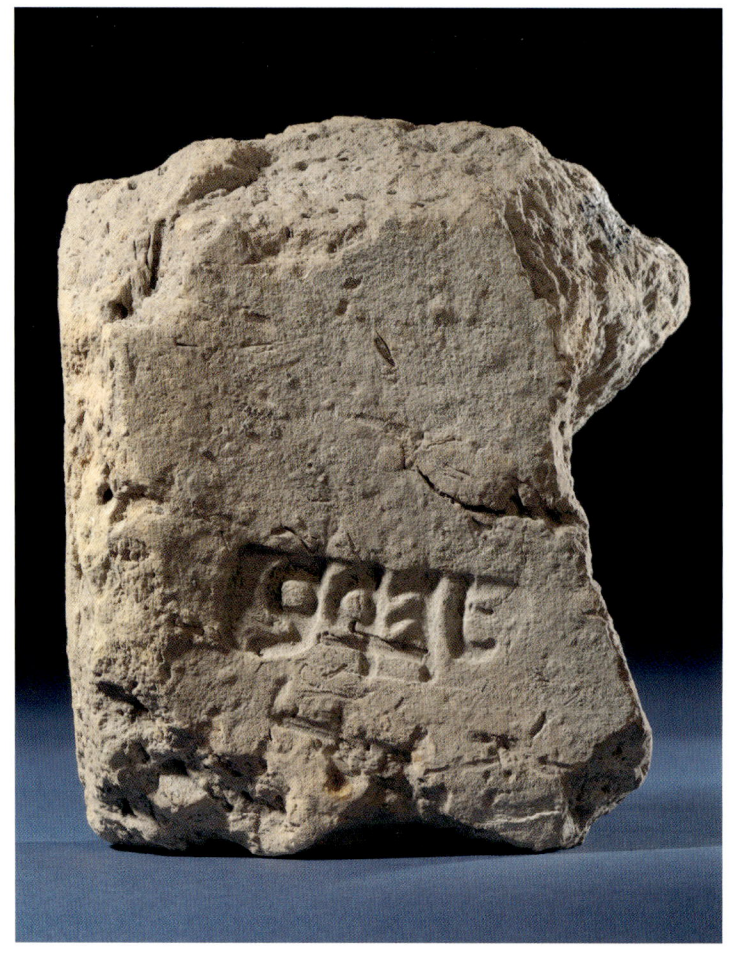

Kat. Nr. 178
Quadratischer Ziegel mit Inschriftstempel

Irak, Babylon, Zeit Nebukadnezars II. (604–562 v. Chr.)
Ton, gebrannt, H. 7,5 cm, L. 33 cm, Br. 33 cm
Berlin, Vorderasiatisches Museum SMB PK, Inv. Nr. VA Bab 4068

Dieser Ziegel aus Babylon ist ein typisches Exemplar des allgemeinen Baumaterials (vgl. die anderen Ziegel) und trägt gut sichtbar eine Weihinschrift des Bauherrn Nebukadnezar II. (604–562 v. Chr.). Diese Inschrift stellt zugleich einen Eigentumsvermerk dar, indem sich der König als „Erhalter der Tempel Esagila und Ezida" von Babylon und Borsippa bezeichnet (einschließlich Titulatur und Filiation). Die zeilenverkehrte Abfolge der Inschrift weist darauf hin, dass diese mithilfe eines falsch zusammengesetzten Letternstempels hergestellt wurde. Die Schrift ist als Zeichen der Ehrwürdigkeit in einem archaisierenden Duktus gehalten.

Lit.: Ungnad 1907, Nr. 52; Weissbach 1938, 48; Wetzel 1938, 21 Abb. 6; Berger 1973, 219 Nr. B I 13. 220 Nr. B I 14 Nr. 3. Nr. B I 14 Nr.1; vgl. aber zur Inschrift: Berger 1973, 188–192.   J.M.

Kat. Nr. 179
Fragment eines Ziegels mit aramäischem Stempel

Irak, Babylon, neubabylonisch
Ton, gebrannt, H. 7,5 cm, L. 18,5 cm, Br. 16,5 cm
Berlin, Vorderasiatisches Museum SMB PK, Inv. Nr. VA Bab 4547

Ziegel mit Keilschriftstempeln waren die am meisten verbreiteten Inschriftenträger innerhalb von Bauwerken. Daneben fanden sich jedoch auch zahlreiche Beistempel anderer Art, wie z.B. graphische Symbole, Löwenfiguren, etc. Am auffälligsten sind jene Beistempel, die aramäische Inschriften wiedergeben (hier die Buchstabenfolge LHRB). Es kann sich dabei um Namensinschriften oder Herkunftsbezeichnungen handeln, doch geben die Fundplätze keine näheren Hinweise darauf. In jedem Fall sind solche Exemplare ein Hinweis auf die Anwesenheit zahlreicher fremdsprachiger Bauarbeiter in Babylon zur Zeit Nebukadnezars II.

Lit.: AK Berlin 2008, Nr. 390.   J.M.

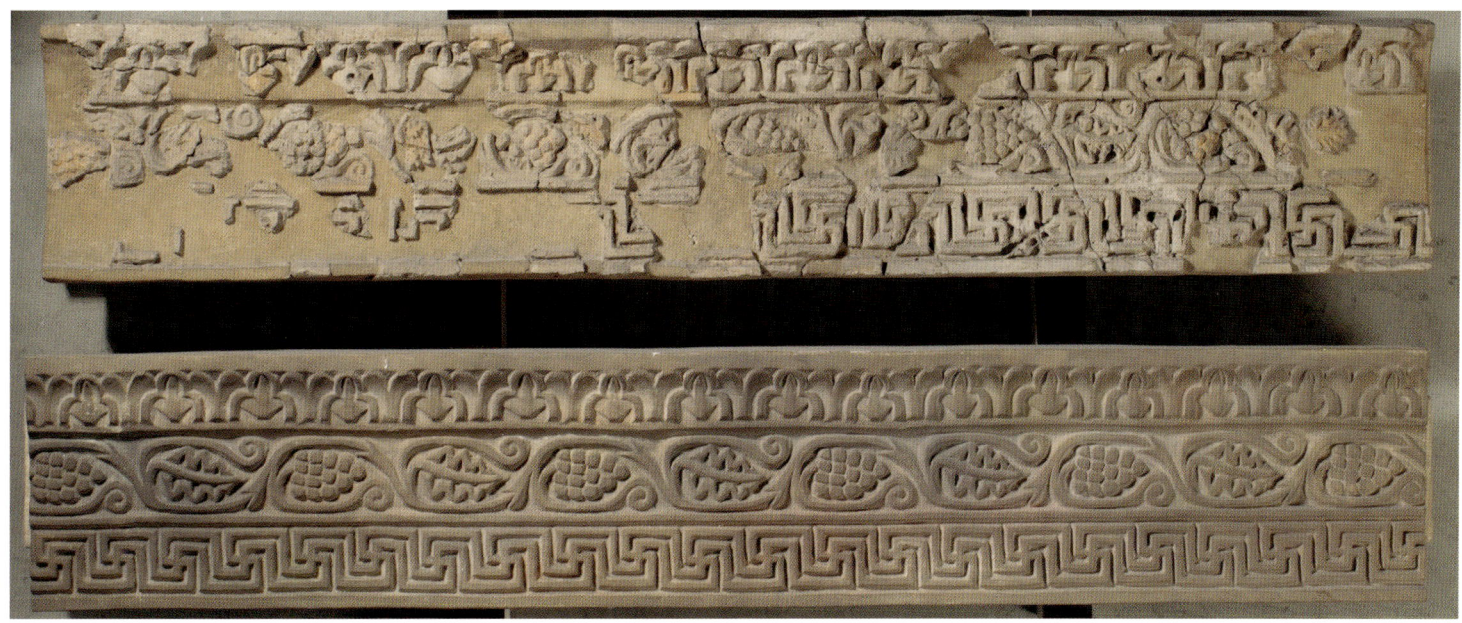

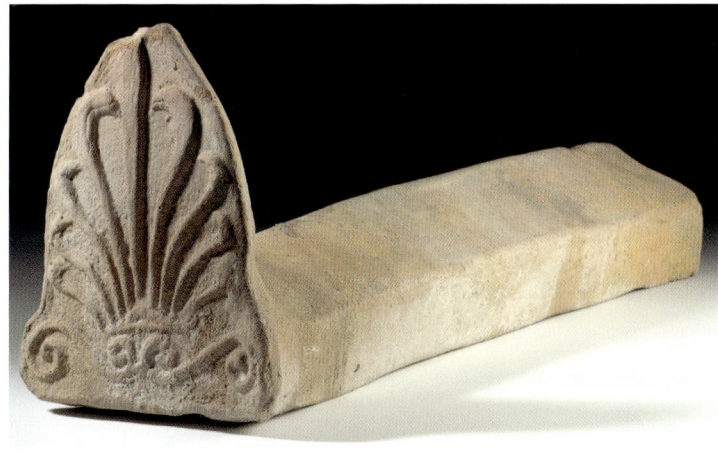

Kat. Nr. 180
Dachziegel

Irak, Babylon, 3.–2. Jh. v. Chr.
Ton, gebrannt, H. 20,5 cm, L. 58,5 cm, Br. 17 cm
Berlin, Vorderasiatisches Museum SMB PK, Inv. Nr. VA Bab 4455

Im Bereich des Sommerpalastes Nebukadnezars II. wurde eine Vielzahl griechischer Dachziegel entdeckt, was für eine Nutzung der königlichen Residenz bis in die Zeit nach Alexander dem Großen spricht. Wahrscheinlich waren in die Palasthöfe Peristyle eingebaut, von deren Pultdächern die Ziegel offenbar stammen.
Der vollständig erhaltene Ziegel ist auf seiner Stirnseite mit einem sorgfältig gestalteten Relief einer Palmette dekoriert.

Lit.: Wetzel 1957, 24 Taf. 23c; Klengel-Brandt 1997, 137 Nr. 46 mit Abb.; Invernizzi 2008b, 252. 262 Nr. 209 (Abb.); Marzahn 2008, 158f. Abb. 91 Nr. 73.
R.-B.W.

Kat. Nr. 181
Fries

Irak, Babylon, 1.–2. Jh. n. Chr.
Stuck, H. 28 cm, L. 1,54 m, D. 12 cm
Abb. oben zeigt den Originalfries.
Abb. unten zeigt die Rekonstruktion.
Berlin, Vorderasiatisches Museum SMB PK, Inv. Nr. VA Bab 7559

Der aus zahlreichen Fragmenten zusammengesetzte Fries gehört in den Zusammenhang des Skenengebäudes (Bühnenbau) und wird mit dem Umbau des möglicherweise bereits in den Jahrzehnten nach Alexanders Tod in Babylon errichteten Griechischen Theaters in Verbindung gebracht (= jüngere Phase II). Die genaue Lokalisierung ist allerdings unbekannt.

Das Dekorationsschema des Frieses mit gekreuztem Mäanderband und Weinranke, von der Blätter und Trauben abzweigen, sowie das oben abschließende lesbische Kyma ist vom griechischen Vorbild beeinflusst. Die Ausführung allerdings ist eher schlicht und lässt das Formengefühl des partherzeitlichen Architekturschmucks erkennen.

Lit.: Mallwitz 1957, 15f. 21 Taf. 22a; Invernizzi 2008b, 252f. 263 Nr. 213 mit Abb. (oben).
R.-B.W.

Verwaltung

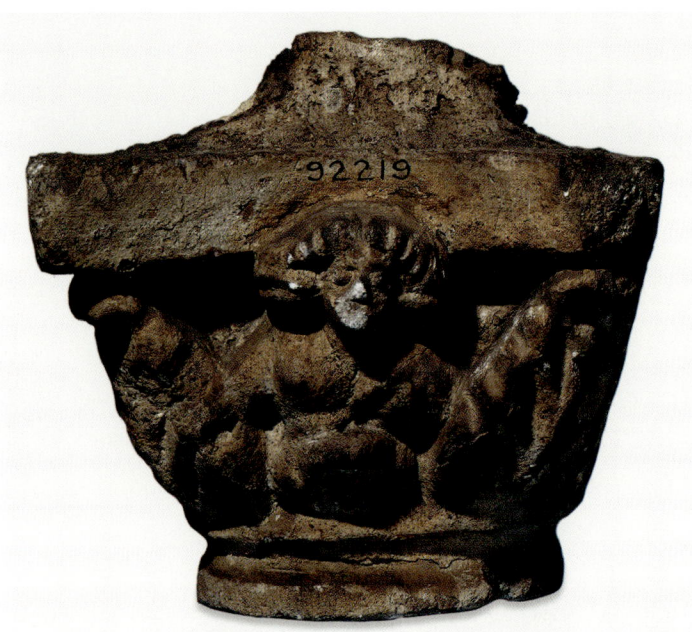

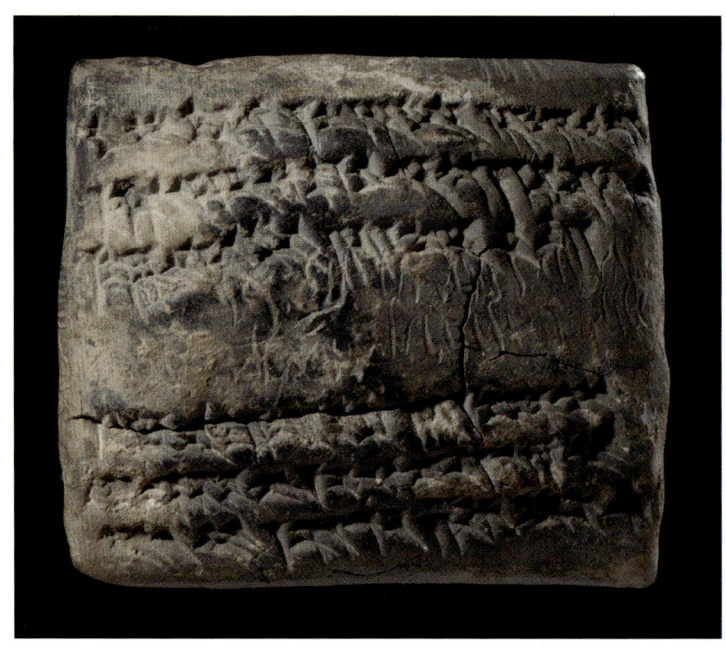

Kat. Nr. 182
Figuratives Kapitell

Irak, Uruk, vermutlich aus dem parthischen Haus, parthisch, 1.–2. Jh. n. Chr.
Stuck, bemalt, H. 20 cm, Br. 21 cm
London, British Museum, Department of the Middle East, Inv. Nr. BM 92219

Dieses Kapitell aus Stuck gehört zu einer Gruppe von sieben figurativen Kapitellen, die alle während der ersten britischen Ausgrabungen in Uruk durch William Kenneth Loftus gefunden wurden. Dargestellt ist die frontale Büste einer menschlichen Figur, die als männlich oder weiblich interpretiert wird und von floralen Ornamenten umgeben ist. Stuck-Dekorationen an Gebäuden wurden im Zweistromland während des 1. Jhs. n. Chr. sehr beliebt. Ihre Verzierungen und Muster wurden entweder in den feuchten Stuck geschnitten, oder – wie im vorliegenden Fall – in einer Form hergestellt und mit kräftigen Farben bemalt. Die Gestaltung verbindet hellenistische und altorientalische Motive miteinander. Das vorliegende Kapitell verdeutlicht somit die Veränderung der Architektur und ihrer Elemente im Zweistromland als Folge des Eroberungszuges Alexanders und der Herrschaft seiner Nachfolger.

Lit.: Kose 1998, 362 Taf. 128:1–e; AK Turin 2007, 188f. Kat. Nr. 107.   N.C.

Kat. Nr. 183
Tontafel mit aramäischer Beischrift

Irak, Babylon, 414 v. Chr.
Ton, gebrannt, H. 6,5 cm, Br. 7,5 cm, T. 2,1 cm
Berlin, Vorderasiatisches Museum SMB PK, Inv. Nr. VAT 13407 (Bab 55823)

Diese bei einem Brand stark beschädigte Urkunde (die Vorderseite ist zerstört) behandelt den Resten des Textes zufolge ein Pachtverhältnis. Abgefasst ist der Text im üblichen Akkadisch Babyloniens. Die zusätzliche Beischrift in Aramäisch, die als Hilfsmittel zur Archivierung diente (Notiz zu Gegenstand, Summe, Datum und Namen) zeigt jedoch, dass die beteiligten Schreiber wohl aramäischer Herkunft waren. Ähnliches ist schon seit vorpersischer Zeit belegt. Zur Beglaubigung der Zeugennamen sind auf dem Tafelrand sowohl Abdrücke von Siegelringen als auch von Fingernägeln zu sehen (Siegelersatz).

Lit.: Jakob-Rost/Freydank 1972.   J.M.

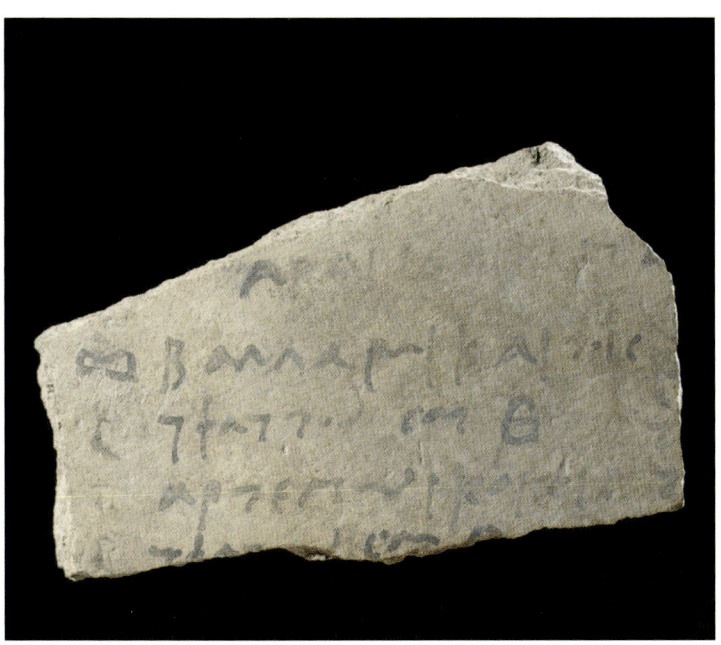
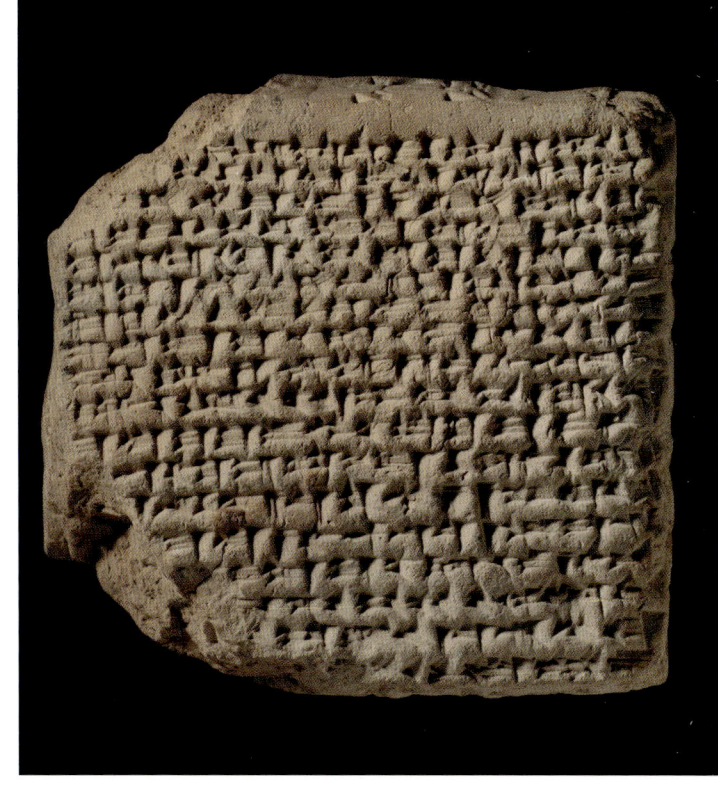

Kat. Nr. 184
Ostrakon mit griechischer Aufschrift

Irak, Babylon, zweites Viertel 3. Jh. v. Chr.
Keramik, H. 4,2 cm, Br. 6,9 cm, St. 0,8 cm
Berlin, Vorderasiatisches Museum SMB PK, Inv. Nr. VA Bab 2797

Als *Ostraka* bezeichnet man Scherben von Keramikgefäßen, die als leicht verfügbarer Beschreibstoff für meist kurze Inschriften dienten. Dabei wurde der Text eingeritzt oder – wie in diesem Fall aus Babylon – mit Tinte geschrieben.

Der Text ist eine Anweisung für Lieferungen (wahrscheinlich von Getreide) an Ballaros und Artemon mit ihren Untergebenen. Dabei dürfte es sich wahrscheinlich um zwei Kommandeure und ihre jeweiligen militärischen Abteilungen handeln, die in Babylon stationiert waren. Während der Name Artemon kein ungewöhnlicher griechischer Name ist, kennt man den Namen Ballaros nur aus dem sardisch-korsischen Raum. Die Namen der Kommandeure belegen also eindrücklich die Herkunft der stationierten Söldner aus dem gesamten Mittelmeerraum.

Lit.: Wetzel/Schmidt/Mallwitz 1957, 50f. Taf. 40b; Sherwin-White/Kuhrt 1993, 155 Taf. 6.　　　　　　　　　　　　　　　　　　　　　　　　　　G.L.

Kat. Nr. 185
Keilschriftliche Rechtsurkunde

Irak, Kisch (unweit Babylon), seleukidisch: Regierungszeit des Philippos Arrhidaios (323–317 v. Chr.)
Ton, gebrannt, H. 9,7 cm, Br. 10,2 cm, D. 3,9 cm
Berlin, Vorderasiatisches Museum SMB PK, Inv. Nr. VAT 13103

Diese blockartige Urkunde erscheint ganz im Stil der babylonischen Spätzeit und ähnelt auffällig den Exemplaren aus dem Süden des Landes. Sie stammt jedoch aus Kisch, einer Stadt in der Nähe Babylons, wo sie dem deutschen Grabungsteam zum Kauf angeboten wurde. Gegenstand der Urkunde ist ein Hausgrundstück (bisher unpubliziert). Die Vertragsparteien bzw. Zeugen des Geschäftes haben den Vorgang durch Siegelung beglaubigt, wobei sowohl die den Keilschrifttraditionen nahe stehenden Rollsiegel wie auch die besser zu kleinen Tonbullen passenden Siegelringe zur Anwendung kamen. Sie gehören zur Reihe der in der Spätzeit verbreiteten Urkunden auf Pergament oder anderen vergänglichen Materialien.

Lit.: Oelsner 1986, 200.　　　　　　　　　　　　　　　　　　　　　　　　J.M.

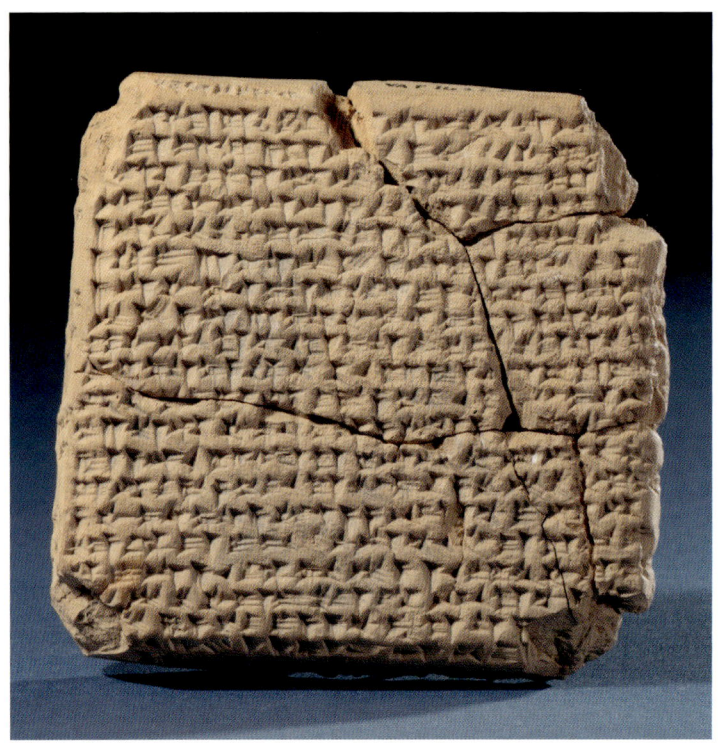

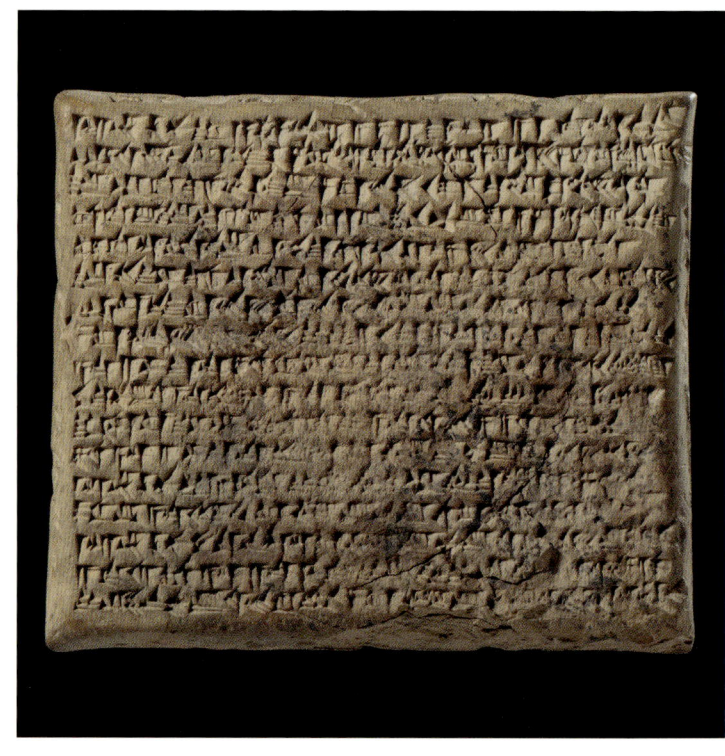

Kat. Nr. 186
Rechtsurkunde (Zwiegesprächsurkunde)

Irak, Babylon, 319 v. Chr.
Ton, gebrannt, H. 9,2 cm, Br. 9,7 cm, T. 3,1 cm
Berlin, Vorderasiatisches Museum SMB PK, Inv. Nr. VAT 16268 (Bab 15516)

Zwiegesprächsurkunden stellen eine Form von Rechtsurkunden des 1. Jts. v. Chr. in Babylonien dar. In ihnen wird der Vertragsinhalt zwischen den an dem Geschäft beteiligten Parteien in wörtlicher Rede zitiert. Beide Vertragspartner erhielten ein Exemplar ausgefertigt. Solche Urkunden, die traditionell in akkadischer Sprache und in Keilschrift geschrieben sind, werden in der Zeit Alexanders seltener, da man nun zunehmend in aramäischer Sprache Urkunden auf Leder oder Pergament verfasst. Aufgrund der Vergänglichkeit des Materials sind diese jedoch kaum erhalten. Gegenstand des Vertrages ist eine Eheschließung (?). Der Inhalt ist bisher nicht bearbeitet.

Lit.: Oelsner 1986, 200 (mit Anm. 466 und 779); Boiy 2004, 17; Pedersén 2005, N 18. 　　　　　　　　　　　　　　　　　　　　　　　　J.M.

Kat. Nr. 187
Keilschriftliche Tontafel, Grundstückskauf

Irak, Uruk, Bit Resch, Nordhof II, 165 v. Chr.
Ton, gebrannt, H. 8,6 cm, Br. 10 cm, D. 2,7 cm
Berlin, Vorderasiatisches Museum SMB PK, Inv. Nr. VAT 12991

Die Tontafel stammt aus einem durch Brand zerstörten Archiv. In ihrem Text geht es um den Verkauf eines Grundstückes im Jahr 146 der Seleukidenära (= 165 v. Chr.). Obwohl Babylonien in dieser Zeit längst unter der Verwaltung der Seleukiden stand, wurden bestimmte Verträge noch in akkadischer Sprache und in Keilschrift geschrieben. Die im Text genannten, auf die Hauptgottheit Uruks – Anu – verweisenden Namen der am Vertragsabschluss Beteiligten belegen ihre Herkunft aus alteingesessenen Familien Uruks. Am Rand der Tafel befinden sich die Eindrücke von Siegeln, mit denen die Verkäufer und Zeugen den rechtmäßigen Abschluss des Vertrages beglaubigten. Einige Siegelmotive, darunter Krebs, Skorpion und Stier, lassen sich als Tierkreiszeichen deuten und spiegeln die durch griechische und römische Autoren bezeugte Bedeutung der Astronomie im hellenistischen Uruk.

Lit.: Schröder 1916, Nr. 13 (zum Text der Urkunde); Lindström 2003, 158 Nr. 8 (zu den Siegelabdrücken); AK Turin 2009, Nr. 199. 　　　　G.L.

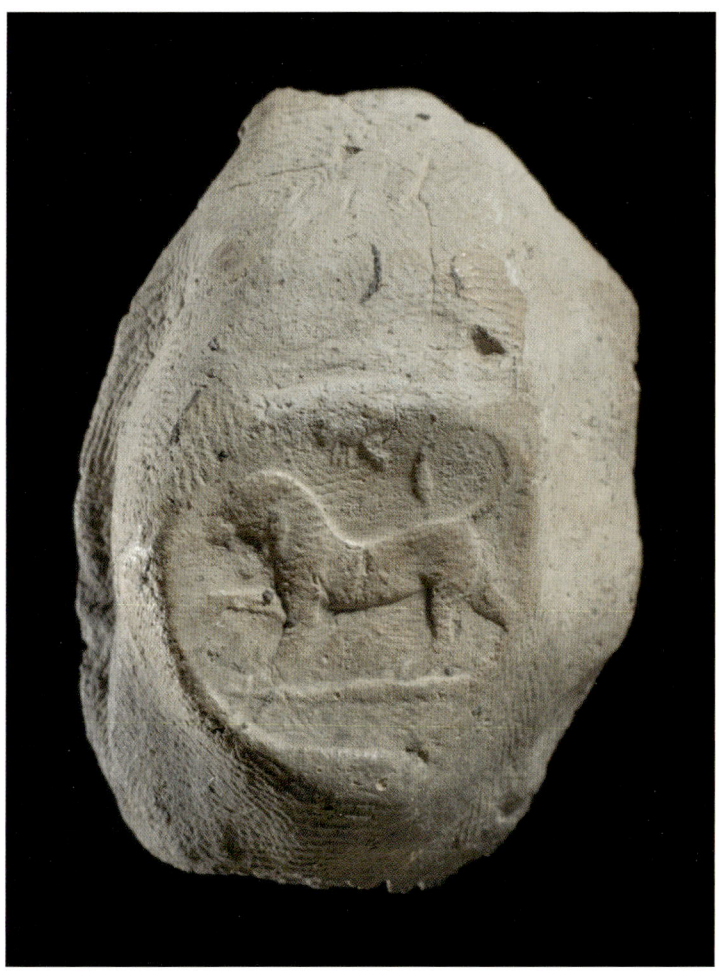 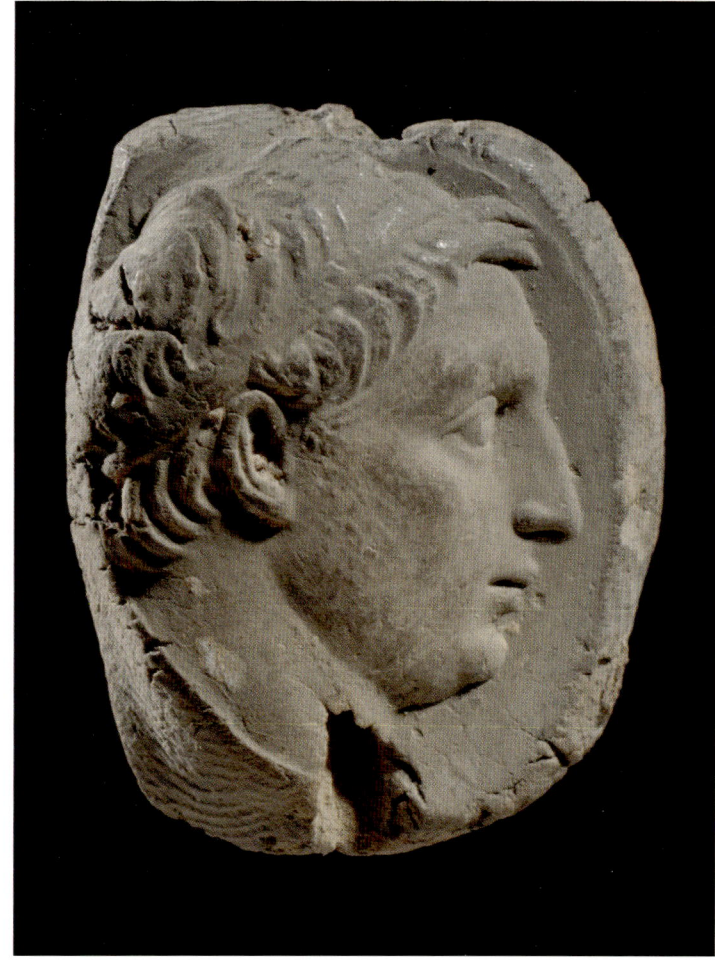

Kat. Nr. 188
Ringförmige Tonbulle mit Siegelabdrücken

Irak, Babylon, 3.–2. Jh. v. Chr.
Ton, gebrannt, Dm. 1,5–3,5 cm
Berlin, Vorderasiatisches Museum SMB PK, Inv. Nr. VA Bab 1855 (Bab 54982)

Solche Tonbullen dienten dem Versiegeln von Pergamentrollen, um die herum sie wie Serviettenringe gelegt waren. Während die Urkunden selbst durch Feuer verbrannt sind, wurden ihre Versiegelungen gebrannt und blieben so erhalten.

Ringförmige Tonbullen sind ausschließlich aus dem hellenistischen Babylonien bekannt. Ihre Form erklärt sich daraus, dass hier die Beglaubigung durch Verkäufer und zahlreiche Zeugen obligatorisch war und die Ringform für die Eindrücke ihrer Siegel ausreichend Platz bot. Löwen gehörten – wohl aufgrund ihrer Bedeutung als königliches Tier sowie als eines der Tierkreiszeichen – zu den beliebtesten Siegelmotiven im hellenistischen Babylonien. Während sie auf den Siegelabdrücken aus Babylon meist nach links dargestellt sind, laufen sie auf jenen aus Uruk vor allem nach rechts. Diese unterschiedlichen Konventionen sprechen für eine lokale Produktion der Siegel, bei denen es sich in der Regel um bronzene Ringe mit graviertem Ringschild gehandelt haben dürfte.

Lit.: Schmidt 1941, 796; Wetzel/Schmidt/Mallwitz 1957, 42f. Nr. 141–149 Taf. 40. 41.
G.L.

Kat. Nr. 189
Plombenförmige Tonbulle mit Abdruck eines Amtssiegels

Irak, Uruk, Bit Resch, Hof VIII, Raum 90, 162–150 v. Chr.
Ton, gebrannt, H. 2,8 cm; Br. 3,3 cm
Berlin, Vorderasiatisches Museum SMB PK, Inv. Nr. VA 6109

Der Abdruck auf dieser plombenförmigen Tonbulle zeigt den seleukidischen König Demetrios I. (Regierungszeit 162–150 v. Chr.) und zwar mit einer Frisur, wie er sie auf den Münzen der ersten Hälfte seiner Regierungszeit vor 155 v. Chr. trägt.

Lit.: Rostovtzeff 1932, 44 Nr. 68 Taf. 5, 4; Fleischer 1991, 57 Taf. 30b; Lindström 2003, 36. 100 Nr. 191.
G.L.

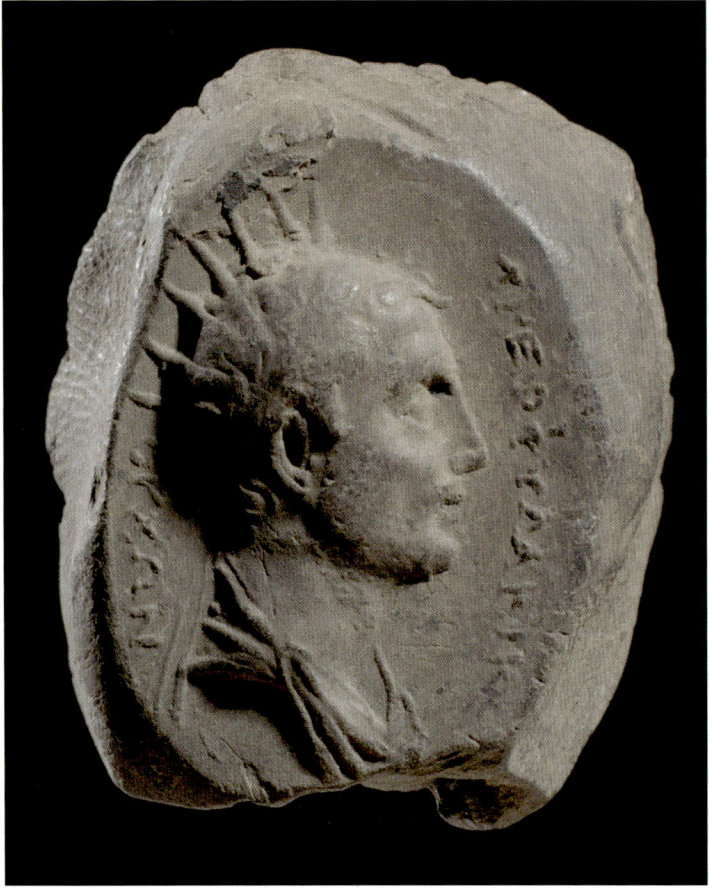
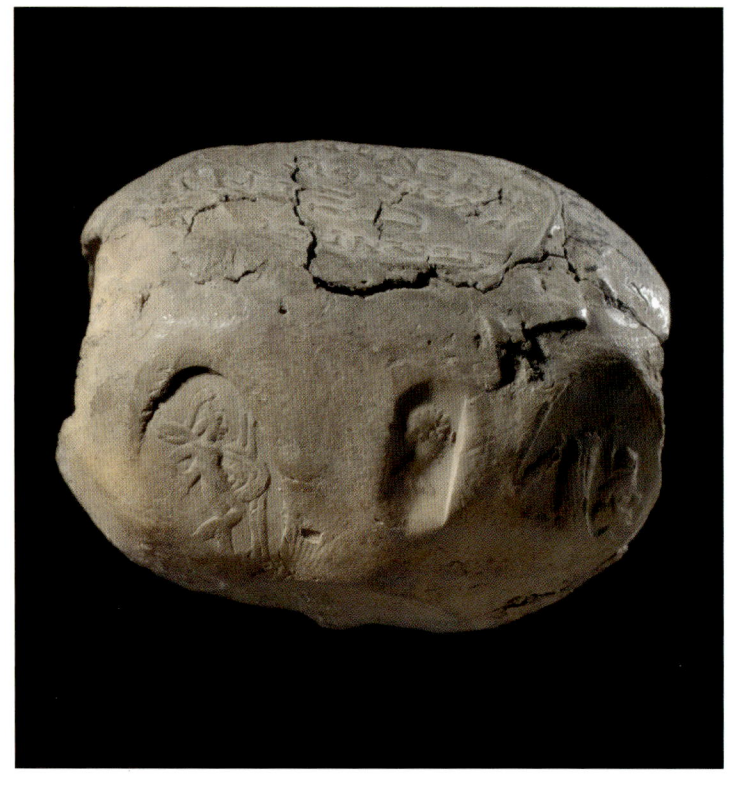

Kat. Nr. 190
Plombenförmige Tonbulle mit Abdruck eines Amtssiegels, Porträt Antiochos' IV.

Irak, Uruk, Bit Resch, Hof VIII, Raum 90, 187–175 v. Chr.
Ton, gebrannt, H. 2,8 cm, Br. 3,3 cm
Berlin, Vorderasiatisches Museum SMB PK, Inv. Nr. VA 6109

Neben ringförmigen Tonbullen wurden in Uruk auch plombenförmige Exemplare entdeckt. Sie lagen lediglich auf einer Seite der Schriftrolle an und tragen in der Regel nur einen Siegelabdruck, der von einem seleukidischen Beamten stammt. Die Amtssiegel lassen sich an ihrer Größe und ihren Motiven erkennen, die sich an denen der seleukidischen Münzen orientieren. Nicht selten tragen sie zusätzlich eine griechische Inschrift, die den Titel des siegelnden Beamten nennt. In diesem Fall ist es der *chreophylax* von Uruk. Der Siegelabdruck zeigt den seleukidischen König Antiochos IV. (Regierungszeit 187–175 v. Chr.). Er trägt ein Diadem und eine Strahlenaureole. Solche Strahlen sind eigentlich ein Attribut des Sonnengottes Helios, können aber in Verbindung mit einem Herrscherporträt allgemeiner als Hinweis auf die göttliche Sphäre gedeutet werden, in die der Dargestellte erhoben wurde.

Lit.: Rostovtzeff 1932, 44 Nr. 7 Taf. 5, 2; Fleischer 1991, 54 Taf. 28b; Lindström 2003, 33f. 94 Nr. 101. G.L.

Kat. Nr. 191
Ringförmige Tonbulle

Irak, Uruk, Bit Resch, Hof XI, Südost-Teil, 146 v. Chr.
Ton, gebrannt, Dm. 3,5–3,8 cm
Berlin, Vorderasiatisches Museum SMB PK, Inv. Nr. VA 6034

Die heute verlorene mit der Tonbulle versiegelte Urkunde scheint ein Vertrag gewesen zu sein, der einer besonderen staatlichen Kontrolle bedurfte und dessen Abschluss mit einer Steuer belegt war. Es siegelten nämlich nicht nur die beteiligten Privatpersonen, sondern auch der *chreophylax* von Uruk, bei dem es sich um einen höheren Verwaltungsbeamten gehandelt hat. Das Bild seines Siegels nimmt die Darstellung der Athena Nikephoros (eine Nike tragend) von zeitgenössischen Bronzemünzen auf und ist mit einer Inschrift versehen, die den Amtstitel nennt. Außerdem findet sich der Abdruck eines Inschriftensiegels, mit dem die Bezahlung einer Kaufsteuer im Jahr 166 der Seleukidenära (= 146 v. Chr.) bestätigt wird.

Lit.: Rostovtzeff 1932, 39f. Nr. 51 Taf. 10, 6; Lindström 2003, 110 Nr. 234. G.L.

Wissenschaften

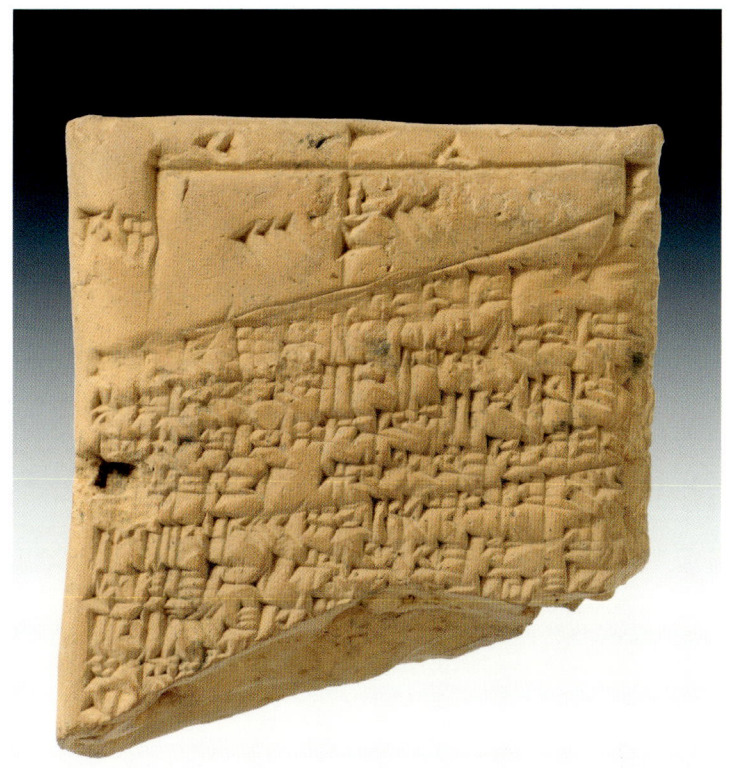

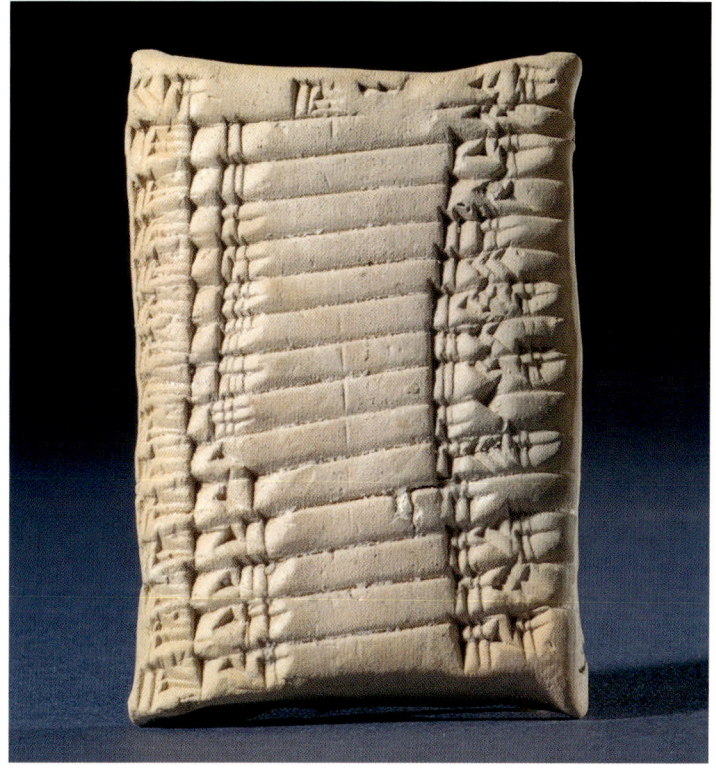

Kat. Nr. 192
Mathematischer Problemtext mit geometrischer Abbildung (Trapez)
Altbabylonisch
Ton, gebrannt, H. 7,5 cm, Br. 7,1 cm, T. 3 cm
Berlin, Vorderasiatisches Museum SMB PK, Inv. Nr. VAT 7621

Das Textfragment zeigt auf der Vorderseite eine Zeichnung mit eingetragenen Seitenlängen, geschrieben im sexagesimalen Stellenwertsystem (Stellenwertschreibung sichtbar an senkrechten Linien). Diese Zeichnung – wohl eine Figur für Flächenberechnungen – bezieht sich, soweit erkennbar, nicht auf den folgenden Text. Hier sind Fragestellungen formuliert, welche die mathematische Teilbarkeit anhand von Beispielen aus der Lebensumwelt (Versorgungslandteile für Soldaten) behandeln. Ob es sich dabei um Realberechnungen handelt, bleibt offen, da solche Beispiele auch ein Rechenkonstrukt darstellen können („Textaufgabe"). Vielleicht ist es eine Kombinationsaufgabe aus Geometrie und Arithmetik.

Lit.: Neugebauer 1935–1937, Bd. 1, 289; Thureau-Dangin 1938, 99–100; Nemet-Nejat 1993, 268; Høyrup 2000.   J.M.

Kat. Nr. 193
Mathematischer Schultext mit Multiplikationstabelle
Altbabylonisch
Ton, gebrannt, H. 6 cm, Br. 4,2 cm, T. 1,5 cm
Berlin, Vorderasiatisches Museum SMB PK, Inv. Nr. VAT 2704

Während der Schreiberausbildung wurden mathematische Hilfsmittel als Übungsmaterialien in großen Mengen hergestellt und verwendet. Sie dienten als Schreibübung wie auch als eigentliche Aufgabenstellung, die es zu lösen galt. Zugleich konnten sie theoretisch als Arbeitsunterlagen verwendet werden, wie diese Multiplikationstabelle zeigt, die die Ergebnisse der Multiplikation der Zahl 25 enthält. Ob sie allerdings eine reale praktische Verwendung fanden, ist nicht sicher. Eindeutig ist hingegen, dass dieses Exemplar einen Beleg für die Perfektion der Schreibkunst (Tafelformatierung und Blocksatz der Einträge) dieses Schülers darstellt.

Lit.: Neugebauer 1935–1937, Bd.1, 37.   J.M.

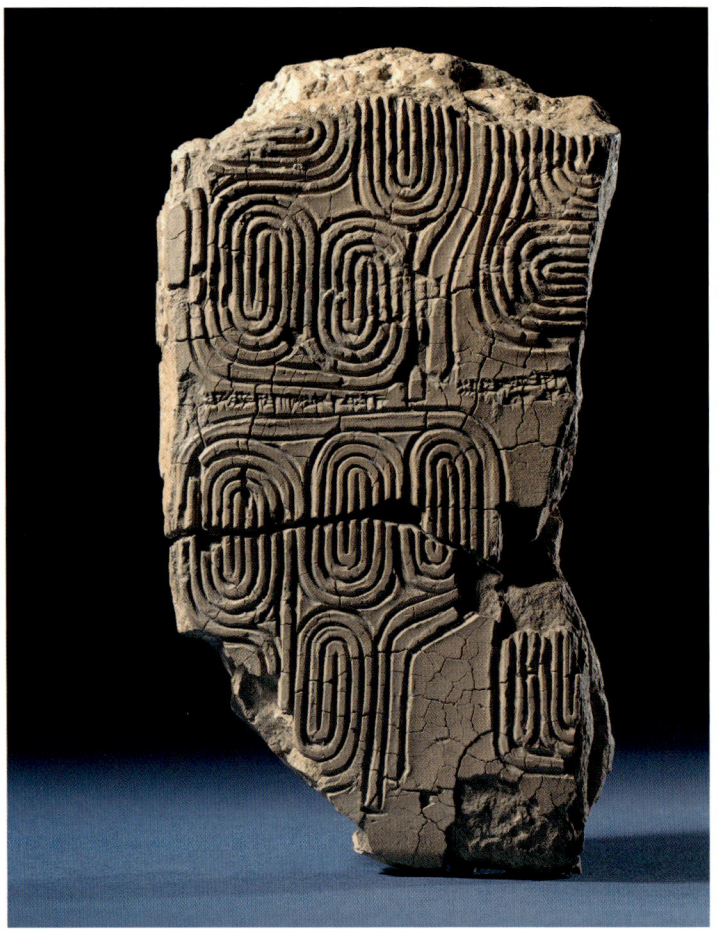
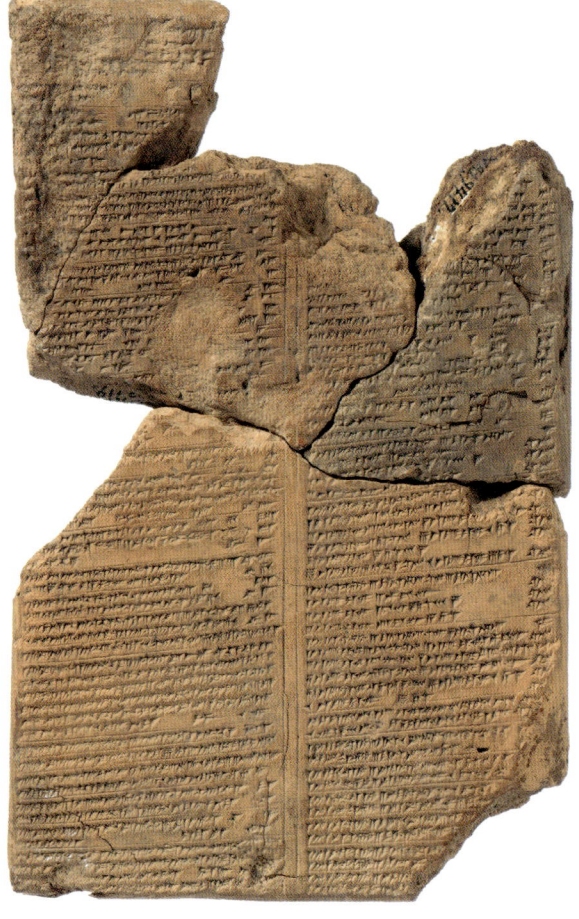

Kat. Nr. 194
Tontafel mit Einritzungen von Eingeweideformen

Irak, Babylon, Ende 2. Jt. v. Chr.
Ton, gebrannt, H. 8,5 cm, Br. 14,9 cm, T. 3,5 cm
Berlin, Vorderasiatisches Museum SMB PK, Inv. Nr. VA Bab 2341 (Bab 36412)

Die sowohl im offiziell-kultischen als auch im eher privat-familiären Bereich weit verbreitete Vorzeichenkunde der Babylonier erforderte ein profundes Wissen der damit beauftragten Fachleute („Opferschau"-Priester), konnten sie doch in hellenistischer Zeit bereits auf eine mehrere Jahrtausende umfassende Überlieferung solcher Praktiken zurückblicken. Zudem besaßen sie eine kaum zu überblickende Fülle an Literatur, die alle nur denkbaren und sogar künstlich konstruierten Fälle von Vorzeichen und den daraus ableitbaren Folgen verzeichnete. Solche Serien von Keilschrifttafeln wurden ergänzt durch Zeichnungen von Eingeweiden und deren Erklärungen, die wohl zu Ausbildungszwecken hergestellt und genutzt wurden.

Lit.: Böhl 1935, 19f.; Jakob-Rost 1962, 31f.; AK Berlin 1992, 130 Nr. 69; Reallexikon der Assyriologie Bd. 10, Berlin/New York 2003–2005, s.v. Omina und Orakel. A. (Maul, S.M.). J.M.

Kat. Nr. 195
Zweite Tafel der Serie über Sterne „MUL.APIN"

Irak, Assur, 687 v. Chr.
Ton, gebrannt, H. 22,6 cm, Br. 14,3 cm, D. 2,9 cm
Berlin, Vorderasiatisches Museum SMB PK, Inv. Nr. VAT 9412

Diese Textserie stellt einen Sternenkatalog dar, eingeleitet durch den Eintrag „MUL.APIN" = „Pflugstern" (ein Stern des bedeutenden Gottes Enlil). Er verzeichnet Sternenlisten des Sternkreises, heliakische Aufgänge von Fixsternen und Konstellationen, Sichtbarkeiten von Sternen, Sonne und Planeten im Weg des Mondes, nennt die astronomischen Jahreszeiten und erklärt den babylonischen Kalender sowie seine Schaltungspraxis etc. Es ist eines der grundlegenden Werke der jüngeren babylonischen Astronomie, das sich jedoch auf ältere Beobachtungswerke stützen kann (bis ins 24. Jh. v. Chr. zurück). Der Serie MUL.APIN verdanken wir viele Identifikationen später u.a. durch die Griechen benannter Sterne und Sternbilder.

Lit.: Weidner 1923–24, 186ff; Hunger 1982, 127ff. J.M.

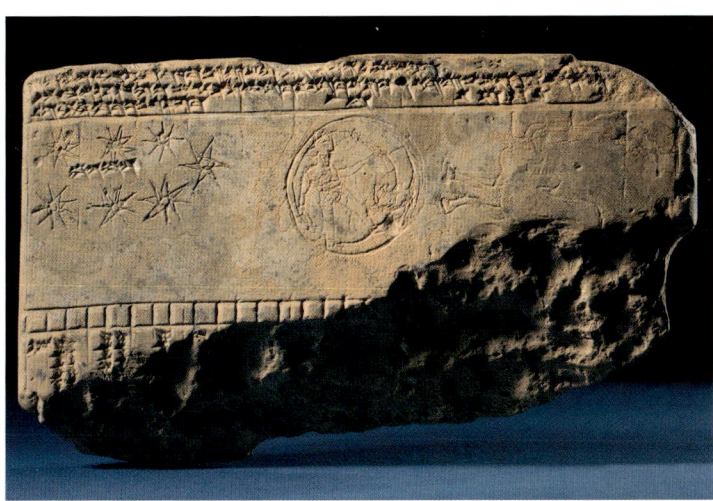

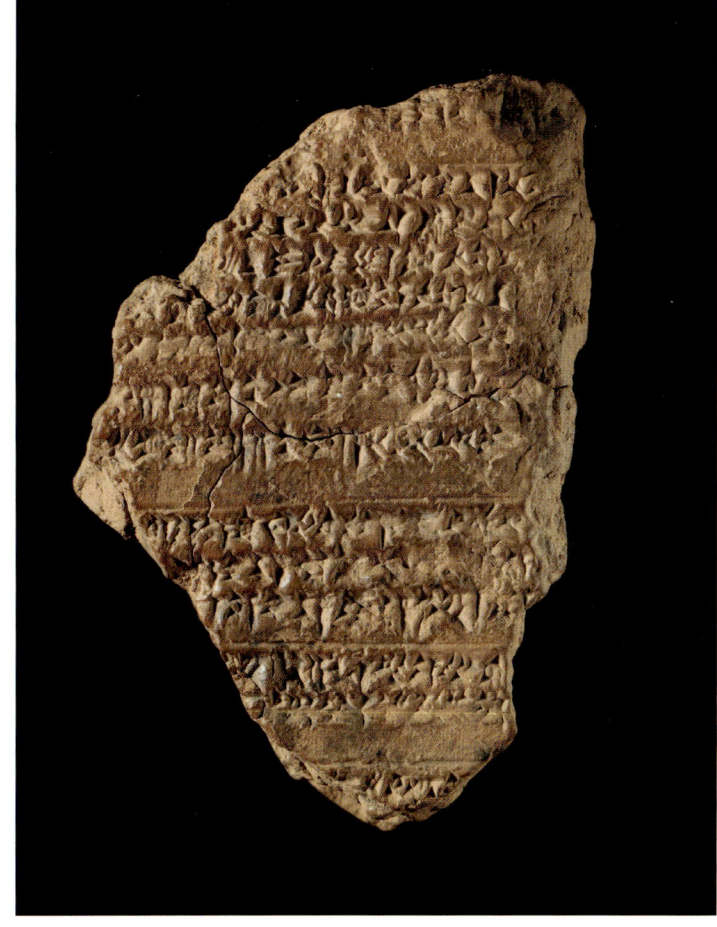

Kat. Nr. 196
Zodiakalkalender mit Sternzeichen

Irak, Uruk, 2. Jh. v. Chr.
Ton, gebrannt, H. 11 cm, Br. 19 cm, T. 3 cm
Berlin, Vorderasiatisches Museum SMB PK, Inv. Nr. VAT 7851

Das Fragment einer einst viel größeren Tafel trägt am oberen Rand einen Bericht über eine Mondfinsternis und darunter die Zeichnung des Mondes, der Plejaden sowie des Taurus (mit Beischrift). Der untere Tabellenteil – ergänzbar nach ähnlichen Stücken – führt in Spalten die Eintragungen der Tierkreiszeichen auf, denen ein Tempel, eine Stadt oder andere Dinge zugeordnet sind. Es geht um die Verbindung der Gestirne mit den Sternbildern und deren jeweils mächtigsten Einfluss, den man aus den Tabellen ablesen konnte. Obschon die Tafel selbst relativ jung ist, zeigen doch die keilschriftliche Aufzeichnung wie auch die Verwendung alter Sternnamen die lange astronomische Tradition der Babylonier.

Lit.: AK Paris 2008, 346 Nr. 317. J.M.

Kat. Nr. 197
Babylonische Keilschriftchronik

Irak, Babylon, seleukidisch, Ende 4. – Anfang 3. Jh. v. Chr.
Ton, gebrannt, L. 7,25 cm, Br. 6 cm
London, British Museum, Department of the Middle East, Inv. Nr. 36304 (80-6-17, 30)

Dieses Tontafelfragment ist eine alte babylonische Chronik mit einer Auflistung historischer Ereignisse in chronologischer Reihenfolge. Das Genre ist eng mit den gleichzeitigen astronomischen Kalendern verwandt. Ursprünglich besaß die Tafel auf jeder Seite jeweils zwei Spalten, doch wirft ihr schlechter Erhaltungszustand Deutungsfragen auf. Der erhaltene Text befasst sich mit Ereignissen aus der Regierungszeit Dareios' III. und Alexanders des Großen. Für den Einleitungsteil bietet sich das Jahr 330 v. Chr. an aufgrund des Satzes „Be[ssus(?)] … den sie Artaxerxes nannten, und Alexander" sowie wegen der Erwähnung „Hanäischer Truppen", einer alten Bezeichnung für die makedonische oder griechisch-römische Armee. Vermutlich steht dieser Textabschnitt im Zusammenhang mit der Verfolgung des Dareios sowie dessen Tod. Die Rückseite der Tafel scheint sich auf Harpalus zu beziehen und umfasst die Regierungszeit Alexanders bis zum Jahr 324 v. Chr.

Lit.: Grayson 1975, 112–113 Nr. 8 Taf. XVII; van der Spek 2003; http://www.livius.org/cg-cm/chronicles/bchp-alexander/alexander_01.html (Zugriff: 22/06/2009). I.F.

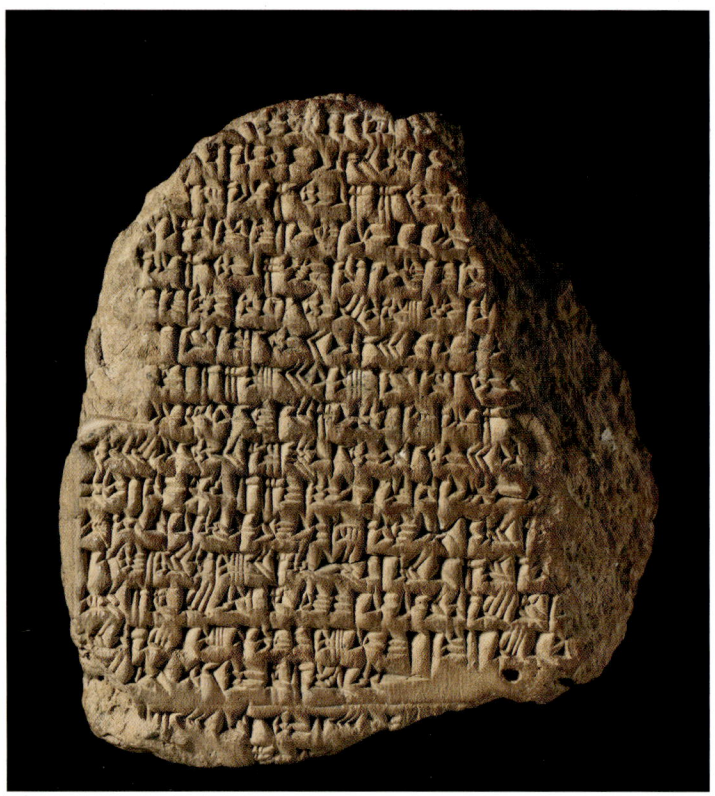
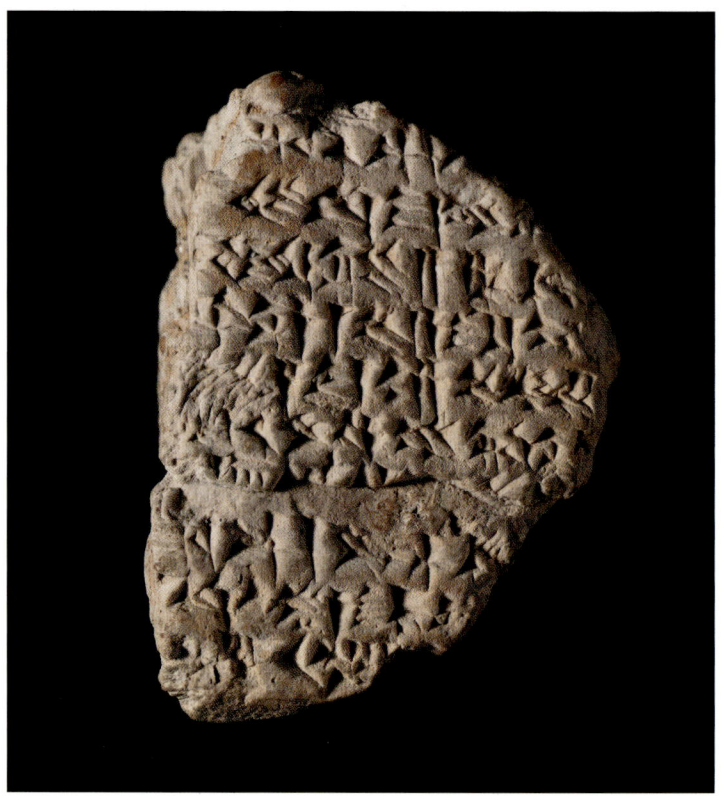

Kat. Nr. 198
Astronomischer Kalender in Keilschrift

Irak, Babylon, seleukidisch, Ende 4. – Anfang 3. Jh. v. Chr.
Ton, gebrannt, L. 8,5 cm, Br. 8 cm
London, British Museum, Department of the Middle East, Inv. Nr. 36761

Astronomische Kalender verknüpfen eng datierte astronomische Informationen mit Angaben zur Höhe des Flusses Euphrat, zu Warenpreisen, Seuchen und historischen Ereignissen. Von diesem Kalender sind zwei nicht aneinander anpassende Fragmente bekannt. Die Vorderseite berichtet vom Sieg Alexanders, des „Königs der Welt", über Dareios, „den König", in der Schlacht von Gaugamela. Es wird erzählt, wie Dareios' Truppen desertieren und er in den Iran flieht, der als „Land der Guti" bezeichnet wird. Die Schlacht ist auf den 24. Tag des Monats datiert, der dem 1. Oktober 331 v. Chr. entspricht. Die Rückseite dokumentiert Alexanders Einzug in Babylon und sein in seinen eigenen Worten wiedergegebenes Versprechen an die Babylonier: „Ich werde eure Häuser nicht betreten".

Lit.: Sachs/Hunger 1988, 176–179 Nr. 330. I.F.

Kat. Nr. 199
Keilschriftchronik (?)

Irak, Babylon, seleukidisch, Ende 4. – Anfang 3. Jh. v. Chr.
Ton, gebrannt, L. 5 cm, Br. 3,5 cm
London, British Museum, Department of the Middle East, Inv. Nr. 41080

Dieses leider nur kleine Fragment einer viel größeren Tafel war entweder Teil einer Chronik oder vielleicht auch eines astronomischen Kalenders. Es erwähnt Alexander, den König, der den Fluss Tigris überquert, und bezieht sich wahrscheinlich auf seinen zweiten Einzug in die Stadt Babylon im Jahre 323 v. Chr. Besonders interessant ist die Erwähnung von „Han]äischen [Truppen]" in [oder für] das Land Arabia" (KUR a-ra-bi). Sie bezieht sich wahrscheinlich auf Alexanders Kriegsvorbereitungen gegen Arabien, die in den Schriften der griechischen Autoren Arrian und Strabon beschrieben werden.

Lit.: van der Spek 2003 (erste Lesung); http://www.livius.org/cg-cm/chronicles/bchp-arabia/arabia_01.html (Zugriff: 22/06/2009). I.F.

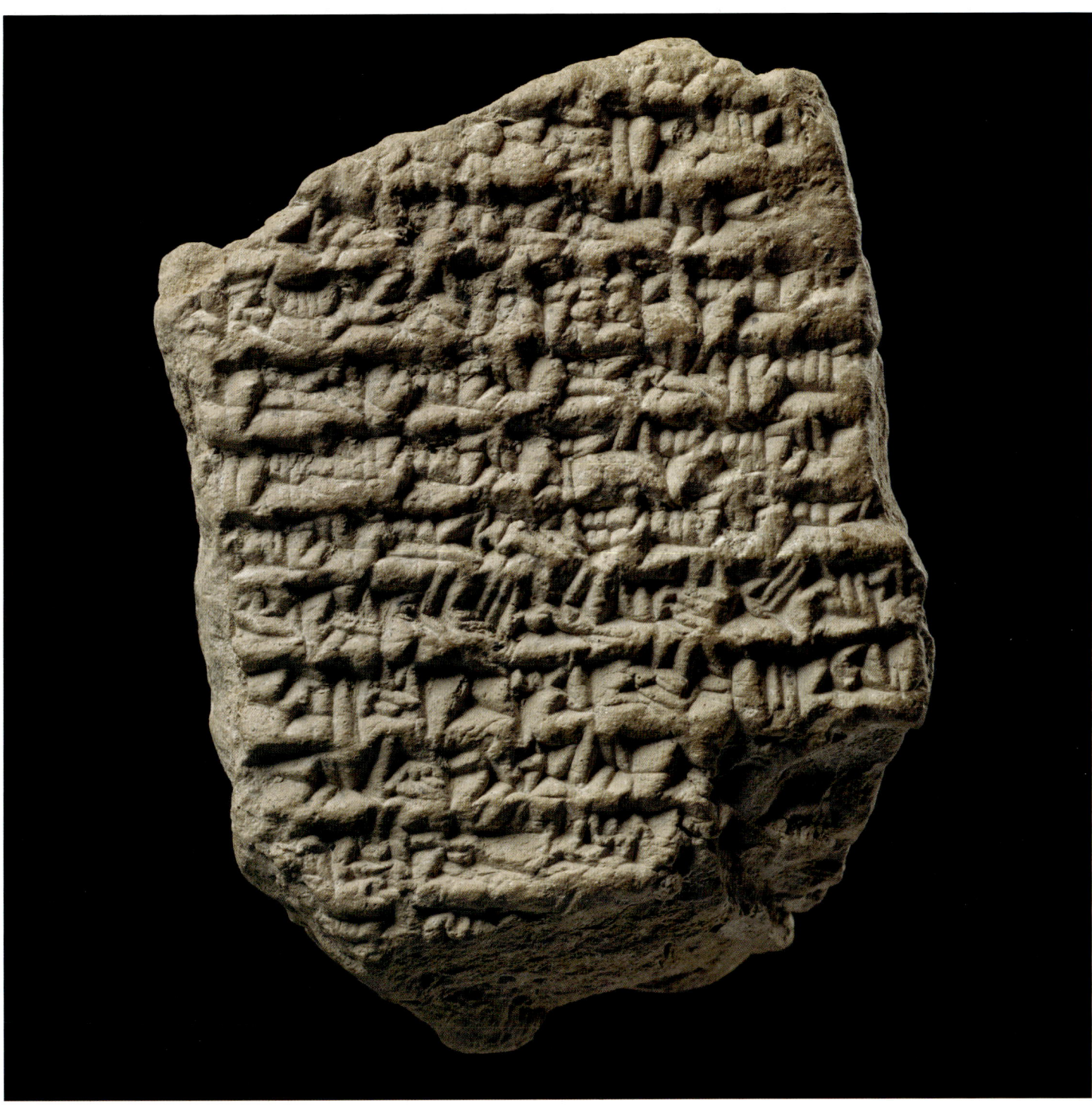

Kat. Nr. 200
Astronomischer Kalender in Keilschrift

Irak, Babylon, seleukidisch, Ende 4. – Anfang 3. Jh. v. Chr.
Ton, gebrannt, L. 6 cm, Br. 4,6 cm
London, British Museum, Department of the Middle East, Inv. Nr. 45962
(81-7-6,403)

Dieses Kalenderfragment ist von besonderer Bedeutung, da es – wenn auch nur sehr lakonisch – den Tod Alexanders III. erwähnt, der sich, wie es von den griechischen Historikern wohl bezeugt ist, in Babylon ereignete: „Am 29. starb der König; Wolken [....] den Himmel." Alexanders Tod ist auf dieser Tafel auf den 29. Tag des zweiten Monats datiert, bei dem es sich um den 11. Juni des Jahres 323 v. Chr. handelt. Dies zeigen Erwähnungen der genauen Position des Merkur sowie allgemeine Äußerungen über die Position des Mars und Saturn. Die hier genannte Datierung ist insofern bemerkenswert, als sie von anderen Quellen abweicht und damit dem in der gängigen Forschungsliteratur angeführten Datum des 10. Juni 323 v. Chr. widerspricht, was Anstoß zu einer neuen Diskussion des Todesdatums gab (s. Depuydt 1997).

Lit.: Sachs/Hunger 1988, 204–219 Nr. 322; Depuydt 1997.   I.F.

BABYLON – VON DER ALTORIENTALISCHEN ZUR HELLENISTISCHEN METROPOLE

Kunstgewerbe

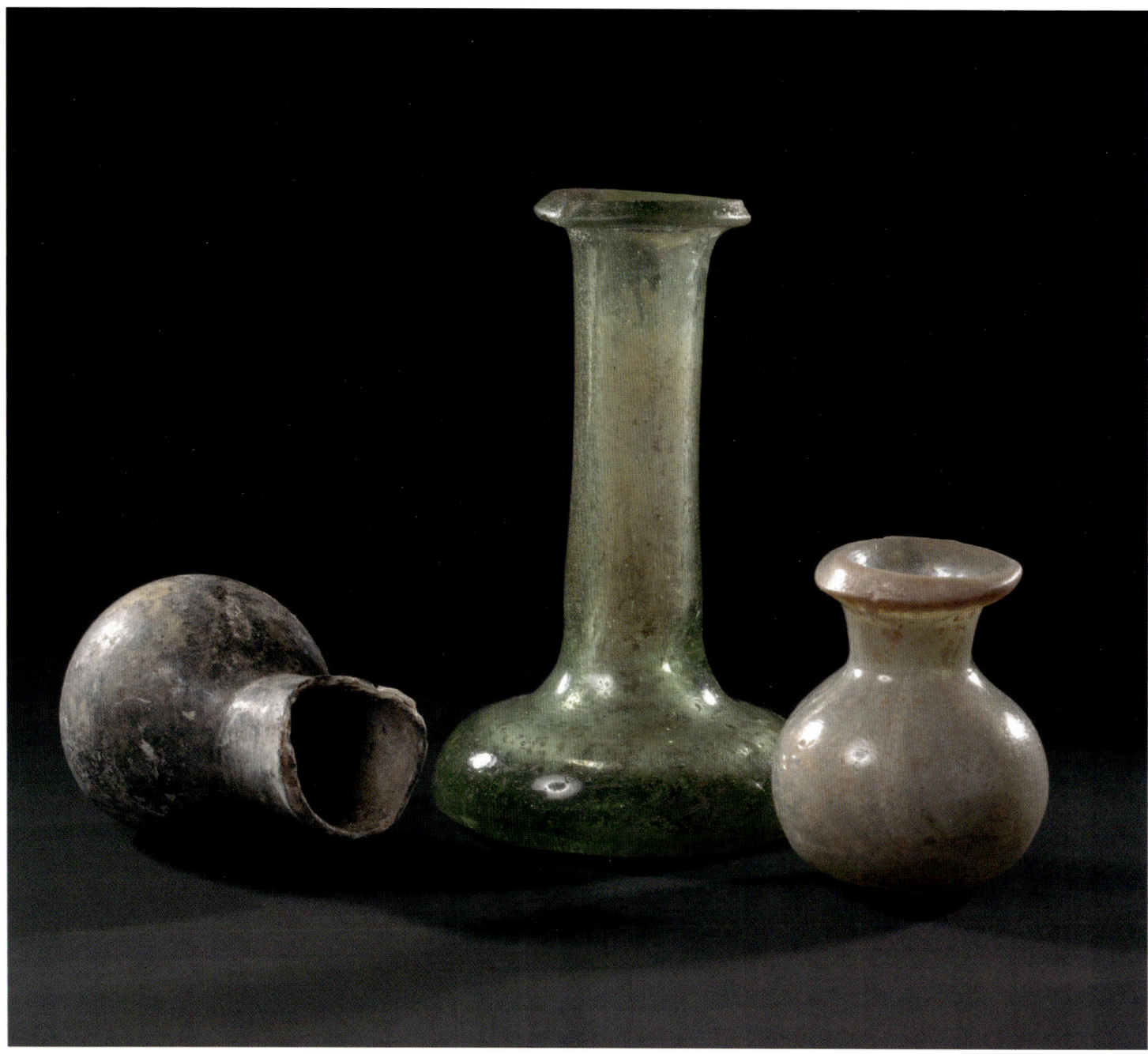

Kat. Nr. 201–203
Drei Glasfläschchen

Irak, Babylon, 1.–2. Jh. n. Chr.
Glas, H. 5,3 cm, 7,8 cm, 4,0 cm, max. Dm. 3,4 cm, 5,0 cm, 3,4 cm (von links)
Berlin, Vorderasiatisches Museum SMB PK, Inv. Nr. VA Bab 4196c, 4193e, 4195l (von links)

Die drei kleinen Glasgefäße wurden in den oberen Siedlungsschichten gefunden und dürften der parthisch-römischen Zeit zuzuweisen sein. Es handelt sich um Beispiele für die in großer Zahl und in mannigfachen Formen erhaltenen Glasgefäße, wie sie nach der Erfindung der „Glasmacherpfeife" (ca. Mitte des 1. Jhs. v. Chr.) in der Technik des freien Blasens hergestellt worden sind. Kennzeichen der geblasenen Gläser sind neben den typischen Formen – z.B. gezogener Hals und gestauchter Körper (mittleres Gefäß), kugelförmige Gefäßkörper (äußere Gefäße) – und der Dünnwandigkeit der häufig durchsichtigen oder transluzenten Gefäße meist die Abrissmarken am Gefäßboden (kreisförmige Bruchfläche, linkes Gefäß). Diese Narben stammen vom Glasbläserrohr oder Hefteisen, an dem das heiße, noch zähflüssige Glasgefäß zur weiteren Bearbeitung angeheftet war und dann mechanisch abgetrennt wurde.

Lit.: Unveröffentlicht.   R.-B.W.

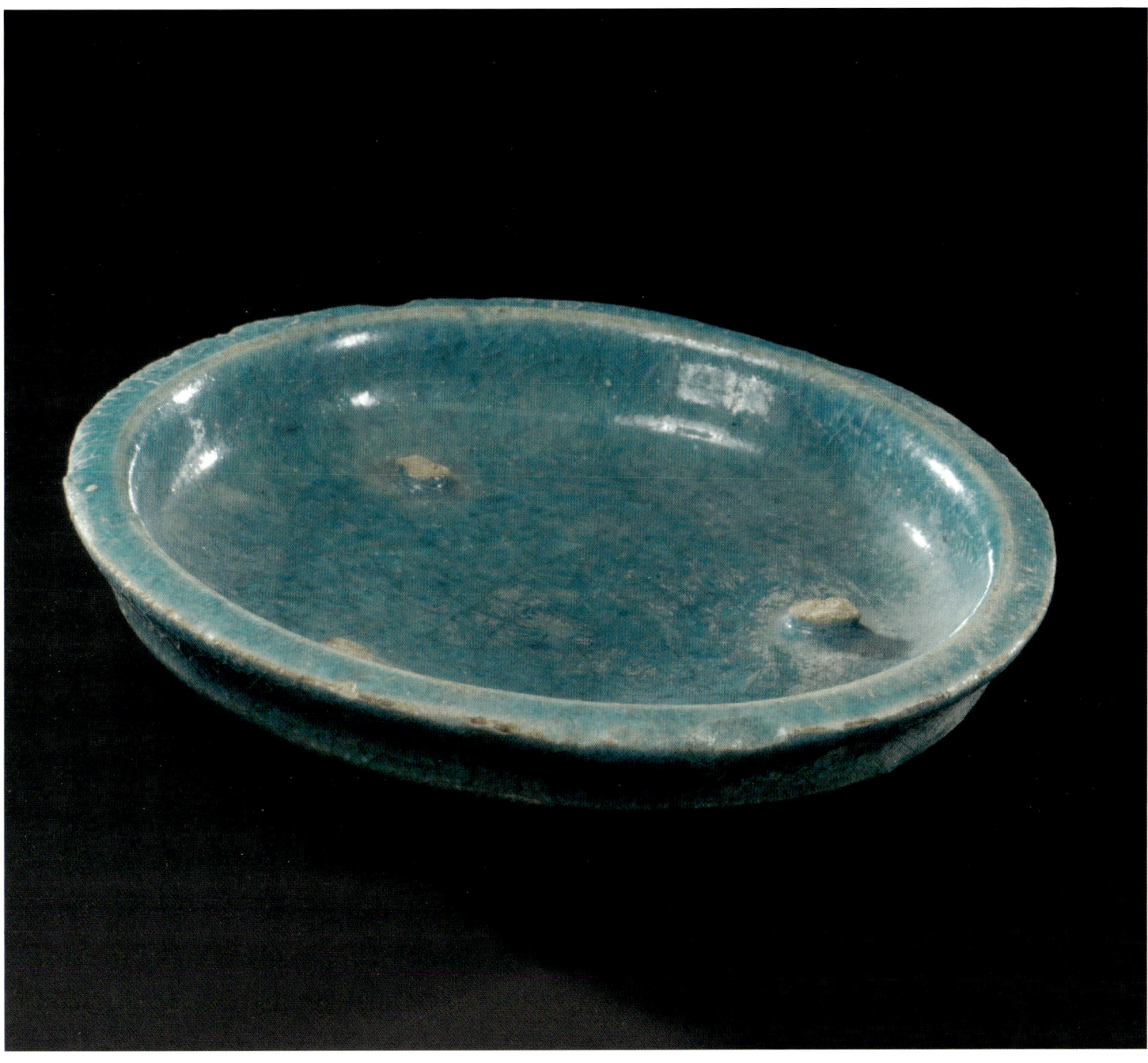

Kat. Nr. 204
Glasiertes Schälchen

Irak, Babylon, 1. Jh. v. Chr. – 2. Jh. n. Chr.
Ton, gebrannt, türkisfarbige Glasur, H. 2,2 cm, Dm. 8,4 cm
Berlin, Vorderasiatisches Museum SMB PK, Inv. Nr. VA Bab 3061

Das kleine und sehr flache Schälchen aus unspezifischem Fundkontext ist in die partherzeitliche Epoche Babylons zu datieren. Eines der charakteristischen Kennzeichen der Keramik aus jener Periode sind grüne, blaugrüne, türkisfarbene und helle graue Glasuren.

Die gute Erhaltung der nahezu unkorrodiert gebliebenen Oberfläche des innen und außen glasierten Schälchens belegt eine entwickelte Glasurtechnologie. Am Gefäßboden und im Gefäßinneren zu beobachtende punktförmige Abrissmarken an der Glasur belegen, dass das Schälchen während des Glasurbrandes im Brennofen mit Hilfe kleiner Brenndreiecke aus Keramik, zusammen mit weiteren Gefäßen, rationell übereinander gestapelt war.

Lit.: Wartke 1992, 138f. Nr. 80 (vorne); Wartke 2008, 271 Nr. 224 Abb. 166 (243, 2. von unten).
R.-B.W.

DER HELLENISTISCHE OSTEN

Der Begriff Hellenismus wurde von Johann Gustav Droysen, einem deutschen Historiker der Mitte des 19. Jhs., geprägt und seitdem für die politische Epoche vom Regierungsantritt Alexanders des Großen bis zum Ende der Nachfolgerstaaten des Alexanderreiches im Jahr 30 v. Chr. verwendet. Das Wort Hellenismus leitet sich vom Griechischen ab und bedeutet soviel wie „korrekte griechische Sprache und Stil", aber auch „Nachahmung der griechischen Sprache und Kultur". Als Kennzeichen dieser Geschichtsepoche gilt das kulturelle Phänomen der wechselseitigen Durchdringung von orientalischer und griechischer Kultur, ein Prozess, der noch über die römische Kaiserzeit bis in die Spätantike fortdauerte. Dass für das Verständnis der hellenistischen Kunst und Kultur die archäologischen Entdeckungen im Orient eine besondere Bedeutung haben, versteht sich daher von selbst.

Der hellenistische Orient erstreckte sich von der Ostküste des Mittelmeers über Syrien, Mesopotamien, Iran und das heutige Afghanistan bis an den Indus. Die hellenistische und parthische Kunst aus den westlichen Teilen des Orients, aus Baalbek im Libanon, Palmyra, Dura Europos und Hatra in Syrien und vom Nemrud Dagh im Südosten der heutigen Türkei ist in Europa relativ gut bekannt. Das liegt zum einen daran, dass europäische Archäologen diese Stätten ausgegraben und die Funde durch Publikationen bekannt gemacht haben, zum anderen daran, dass die Originale selbst in den großen europäischen Häusern präsentiert werden. Dagegen ist die hellenistische Kunst aus dem östlichen Teil der hellenistischen Welt weniger gut bekannt – auch, weil der zentralasiatische Bereich lange zur Sowjetunion gehörte und kaum westeuropäische Forscher dort gearbeitet haben.

Die Ausstellung setzt hier an und legt ihren Fokus auf den östlichen Teil des hellenistischen Orients. Sie führt in die Regionen, die zunächst vom Seleukidenreich, dann von den sich ausbreitenden Reichen der Graeco-Baktrer und der Parther eingenommen wurden. Vor allem seit den 1960er Jahren wurden in Afghanistan und den ehemaligen Sowjetrepubliken Turkmenistan, Usbekistan, Tadschikistan archäologische Ausgrabungen gemacht und dabei antike Heiligtümer, Siedlungen und Städte entdeckt. Objekte aus den wichtigsten dieser Fundorte, aus dem parthischen Nisa, dem baktrischen Ai Khanoum und Tachti Sangin mit dem Oxos-Tempel, aber auch aus vielen anderen weniger bekannten Orten führen die Ausprägung des Hellenismus im Osten vor Augen.

G.L.

Die Götter des Westens im hellenistischen Osten

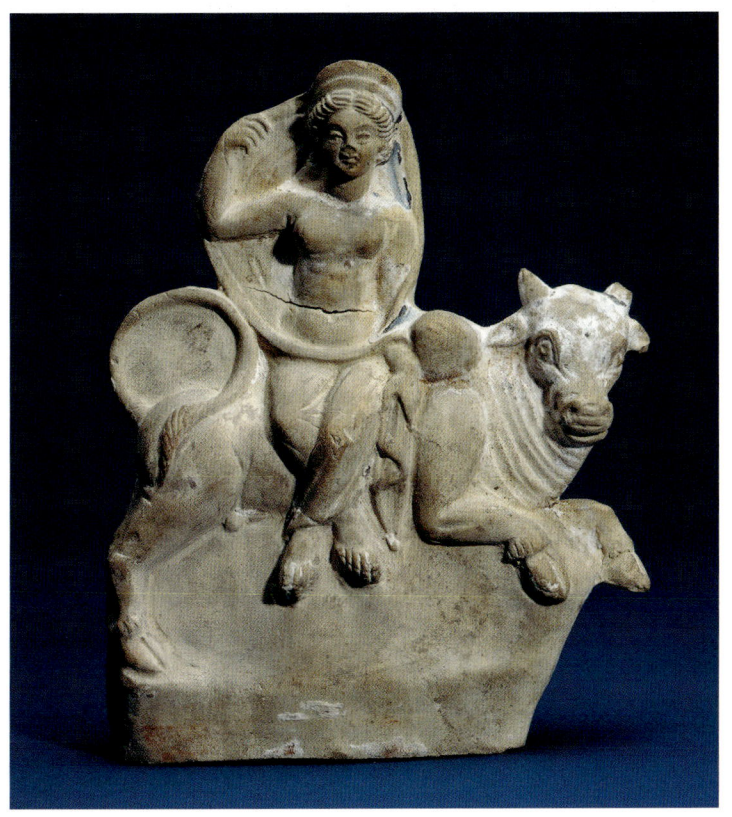

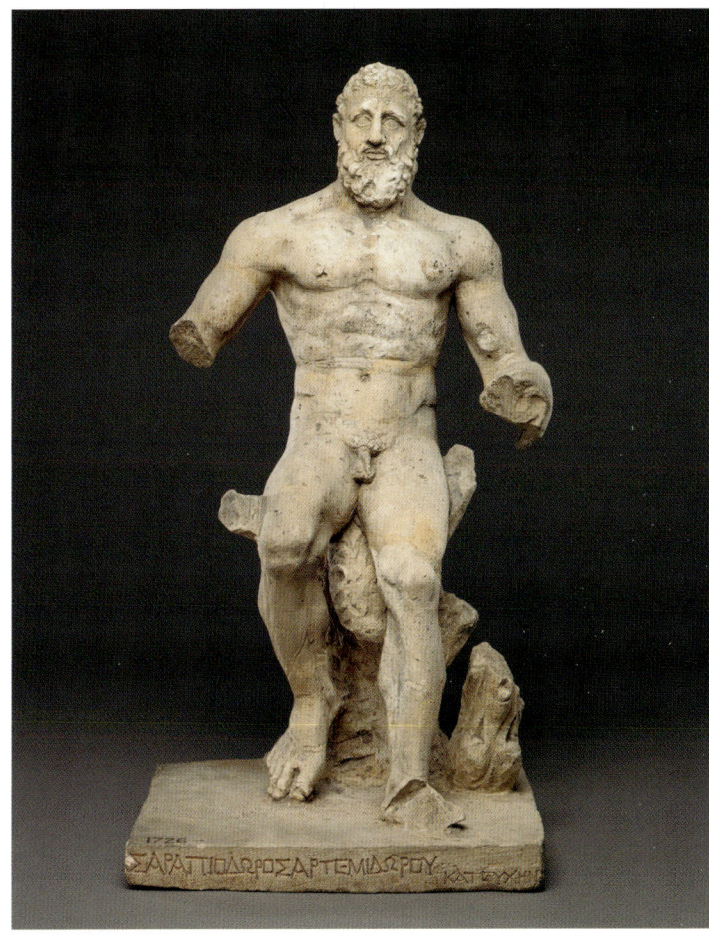

Kat. Nr. 205
Terrakotta-Relief: Europa auf dem Stier

Irak, Babylon, seleukidisch/parthisch, 3. Jh. v. Chr. – 1. Jh. n. Chr.
Blass-grünlicher Ton, gebrannt, mit Bemalungsresten, H. 18,8 cm, Br. 16, 5 cm
London, British Museum, Department of the Middle East, Inv. Nr. ANE 91782

Die aus einer zweiteiligen Form gefertigte Terrakotte gibt eine beliebte, häufig dargestellte Szene aus der griechischen Mythologie wieder. In Gestalt eines Stieres entführt der liebestolle Göttervater Zeus die Königstochter Europa über das Meer zur Insel Kreta, wo sie ihm mehrere Söhne, darunter den sagenhaften König Minos, gebiert. Auf diesem Relief sitzt die Entführte seitwärts mit gekreuzten Beinen auf dem Rücken des Stieres, der auf einer hohen ovalen Basis nach rechts galoppiert. Europa lagert mit dem linken Ellbogen auf einem kleinen Kissen und ist unbekleidet bis auf ein Diadem auf ihrem Kopf, von dem ein großer durchsichtiger Schleier herabfällt. Neben Resten von Kalktünche haben sich auch Spuren von Farbpigmenten der ursprünglichen Bemalung erhalten: blau auf dem Schleier, rosa auf der Haut der Europa, rot auf der Basis und schwarz auf dem Kopf des Stiers sowie an den Rändern des Schleiers. Die Datierungen schwanken zwischen dem 3. Jh. v. Chr. und dem 1. Jh. n. Chr., doch wird eine Entstehung in parthischer Zeit aufgrund der ausgeprägten Frontalität der Figur bevorzugt.

Lit.: van Buren 1930, 54; Karvonen-Kannas 1995, 153 Nr. 274 Taf. F (Datierung ins 3.–2. Jh. v. Chr.); AK Turin 2007, 172. 174 Kat. Nr. 84. A.B.

Kat. Nr. 206
Herakles Epitrapezios

Irak, Ninive, Ruine des Palastes von Sanherib, 1.–3. Jh. n. Chr.
Kalkstein, H. 52,9 cm
London, British Museum, Department of Greek and Roman Antiquities, Inv. Nr. GR 1881.7-1.1 (Sculpture 1726)

Diese Figur entspricht dem Typus des Herakles Epitrapezios („auf dem Tisch"), der in römischer Zeit häufig kopiert wurde. Bei dem Vorbild könnte es sich um die berühmte, ca. 30 cm hohe Bronzestatuette des Bildhauers Lysipp gehandelt haben, die sich im Besitz Alexanders des Großen befand und die ihn der Überlieferung zufolge bei Reisen begleitete. Der Typus zeigt Herakles sitzend, mit einer Trinkschale in der einen und einer Keule in der anderen Hand. Auf der Vorderseite des Sockels findet sich die Weihinschrift „ΣΑΡΑΠΙΔΟΡΟΣ ΑΡΤΕΜΙΔΩΡΟΥ ΚΑΤ' ΕΥΚΗΝ" (SARAPIDOROS ARTEMIDOROU KAT' EUKEN in griechischer Schrift = Sarapiodorus, Sohn des Artemidorus, [hat dies geweiht] in Erfüllung seines Gelübdes) und direkt an der rechten Kante der Oberseite die Künstlersignatur „ΔΙΟΓΕΝΗΣ ΕΠΟΙΕΙ" (DIOGENES EPOIEI in griechischer Schrift = Diogenes hat [dies] gemacht).

Lit.: Smith 1904, Nr. 1726; Bartmann 1992, 181 Nr. 15 Abb.90–91; Ridgway 1997, 294–304, bes. 300. P.H.

DER HELLENISTISCHE OSTEN

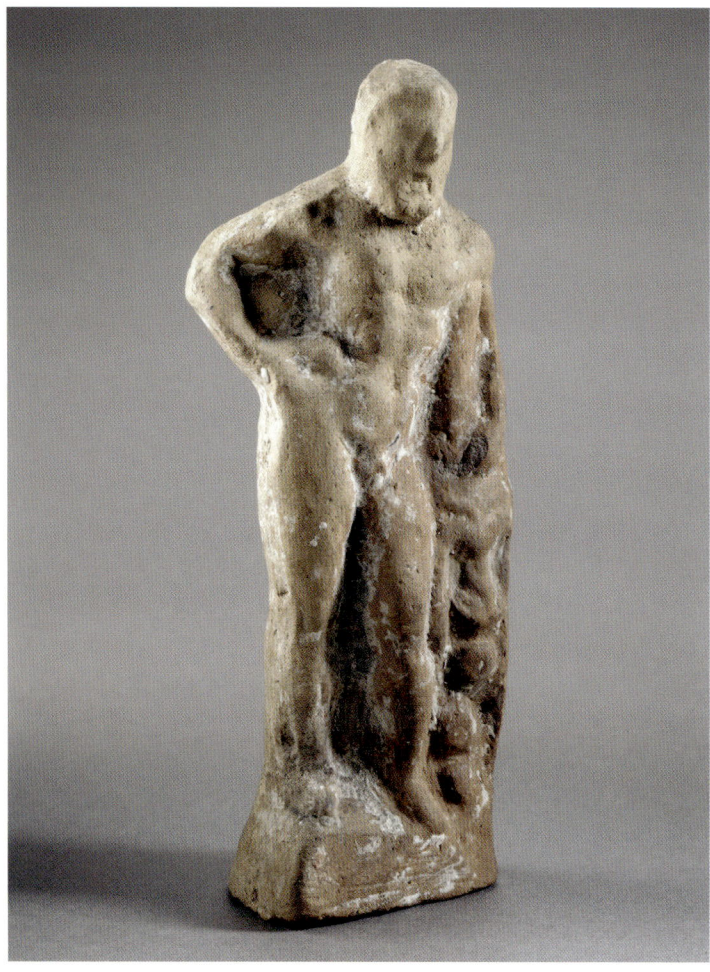

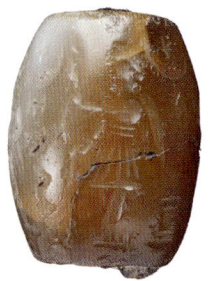

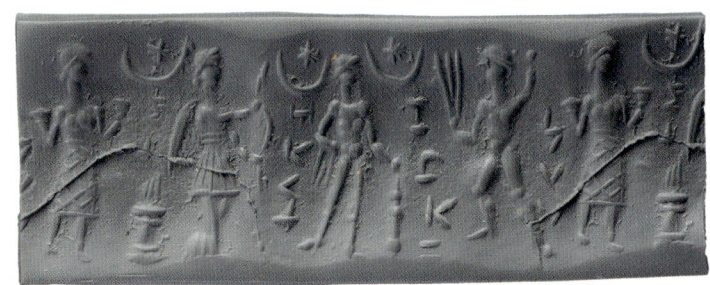

Kat. Nr. 207
Terrakottafigur des Herakles

Irak, Babylonien, seleukidisch/parthisch
Ton, gebrannt, Reste einer Bemalung, H. 15 cm, Br. 5 cm, T. 2,2 cm
Paris, Musée du Louvre, Département des Antiquités orientales, Inv. Nr. AO 25926

Diese Terrakotte stellt Herakles in seiner charakteristischen ruhenden Position dar. Dabei stützt er sich mit dem linken Arm auf eine lange Keule, die von einem Löwenfell umhüllt ist. Die rechte Hand ist so in die Hüfte gestützt, dass der Ellbogen nach außen gestellt ist. Das Gesicht mit dem lockigen Bart und dem kurzen Haar ist stark abgenutzt. Die naturalistisch gearbeitete Figur zeigt Spuren weißer Bemalung und roter Farbe. Die Hohlterrakotte wurde aus einer zweiteiligen Form hergestellt, auf dem Rücken befindet sich das Brennloch. In Babylon und auch in Seleukia sind zahlreiche vergleichbare, aus zwei Formen gedrückte Terrakotten diesen Typs gefunden worden, deren Datierung nicht eindeutig ist und vom 2. Jh. v. Chr. bis ins 2. Jh. n. Chr. reicht.

Lit.: Karvonen Kannas 1995, 151 Nr. 261 Taf. 46; Klengel-Brandt/Cholidis 2006, 289ff.; AK Berlin 2008, 504, Kat. Nr. 526.　　　　　　　　　　　　N.C.

Kat. Nr. 208
Rollsiegel mit Darstellung des nackten Herakles

Iran (?), 3. Jh. v. Chr. – 3. Jh. n. Chr.
Achat, H. 3,2 cm
Brüssel, Musées Royaux d'Art et d'Histoire, Département Antiquité, Collection Iran, Inv. Nr. IR.239

Die zentrale Figur auf diesem Siegel ist der nackte Herakles, erkennbar an seiner Keule sowie dem Fell des Nemeischen Löwen. Er steht einer anderen nackten Figur (einer Gottheit?) gegenüber, die etwas in den Händen hält, das ein Barsom-Bündel (ein Zweigbündel, das von Priestern im zoroastrischen Kult verwendet wird) zu sein scheint. Die aramäischen Inschriften neben den beiden Figuren sind noch immer nicht entziffert. Zwei Begleiter und ein kleiner Altar oder Räuchergefäß sind auf der anderen Seite zu sehen. Die Figur des Herakles gewann nach den Eroberungszügen Alexanders des Großen zunehmend an Beliebtheit im Iran. Er ist auf einem seleukidischen Relief in Behistun dargestellt und erscheint auf parthischen Reliefs in Tangi Butan Shimbar.

Lit.: Speelers 1943, 182–183 Nr. 1445, Gubel/Overlaet 2007, Nr. 345.　　B.O.

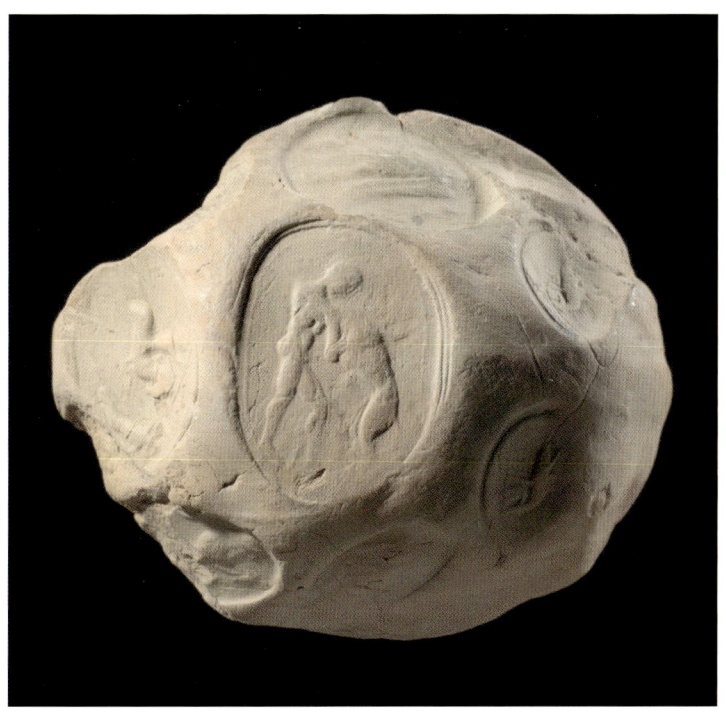

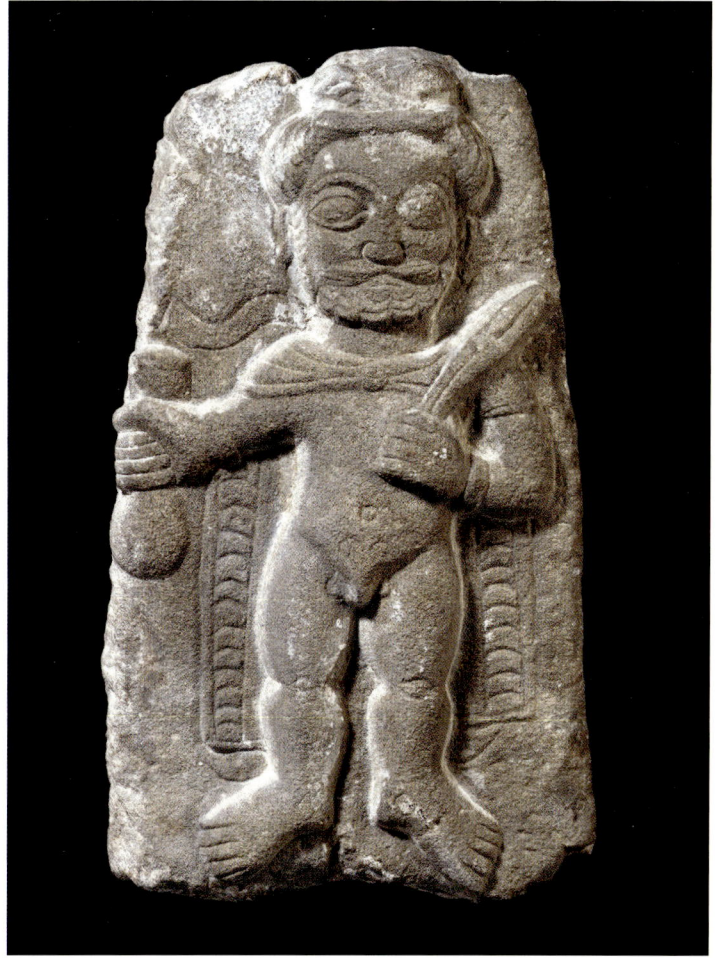

Kat. Nr. 209
Fragment einer ringförmigen Tonbulle mit Siegelabdrücken

Irak, Babylon, 3.–2. Jh. v. Chr.
Ton, gebrannt, H. 2 cm, L. 5,2 cm, T. 4,3 cm
Berlin, Vorderasiatisches Museum SMB PK, Inv. Nr. VA Bab 1823 (Bab 47476)

Zu den bekanntesten Taten des griechischen Helden Herakles gehört die Bezwingung des Nemeischen Löwen, dem er die Kehle abschnürte, bis dieser erstickte. Von nun an trug er das Fell des Löwen, das zu seinem Erkennungszeichen wurde – und später als Attribut für die Darstellungen Alexanders des Großen übernommen wird, womit eine Angleichung des makedonischen König an den mythischen Helden verbunden ist. Dass der griechische Mythos um Herakles sowie andere Gestalten der griechischen Sagenwelt in Babylonien bekannt und verbreitet waren, zeigen der Siegelabdruck aus Babylon, aber auch zahlreiche vergleichbare Abdrücke solcher Privatsiegel auf Tonbullen und Tontafeln aus Uruk und Seleukia am Tigris.

Lit.: AK Berlin 2008, 264, Kat. Nr. 192. G.L.

Kat. Nr. 210
Stele mit Darstellung einer Gottheit

Südwest-Iran, Masjid-i Suleiman, parthisch, ca. 150–250 n. Chr.
Kalkstein, H. 29,8 cm, Br. 18,2 cm, T. 7,7 cm
London, British Museum, Department of the Middle East, Inv. Nr. 127335

Reliefplatte aus grauem Kalkstein mit Darstellung eines frontal stehenden nackten, bärtigen Mannes mit Schnurrbart. Er trägt vermutlich Ohrringe, ein schlichtes Diadem und einen knöchellangen Mantel mit Randverzierung im nach hinten herabhängenden Innenfutter, das vermutlich vorne mit einer Fibel befestigt war, was in der Darstellung allerdings nicht sichtbar ist. An den Fersen befinden sich kleine Flügel. Die Figur hält in der ausgestreckten rechten Hand einen kleinen Beutel und mit der Linken einen stark stilisierten Heroldstab (*caduceus*), der offenbar an die linke Schulter gelehnt war. In der terrassierten Tempelanlage im alten Elymais wurde eine Reihe von Steinplatten gefunden, die meist die Darstellung des Herakles Verethragna zeigen. Diese Figur wurde anfänglich bei der Erstregistrierung als Athar, der iranische „Gott des Feuers" gedeutet, später dann als Herakles (z.B. Curtis 1989, 59, später geändert zu Herakles Verethragna, s. Curtis 2000, 69 Abb. 77). Allerdings legen der Mantel, die Flügel an den Fersen und der Beutel in der rechten Hand eine andere Deutung als Merkur (bzw. eine lokale Gottheit, die mit diesen Attributen versehen ist) nahe.

Lit.: Curtis 1989; Curtis 2000. St.S.

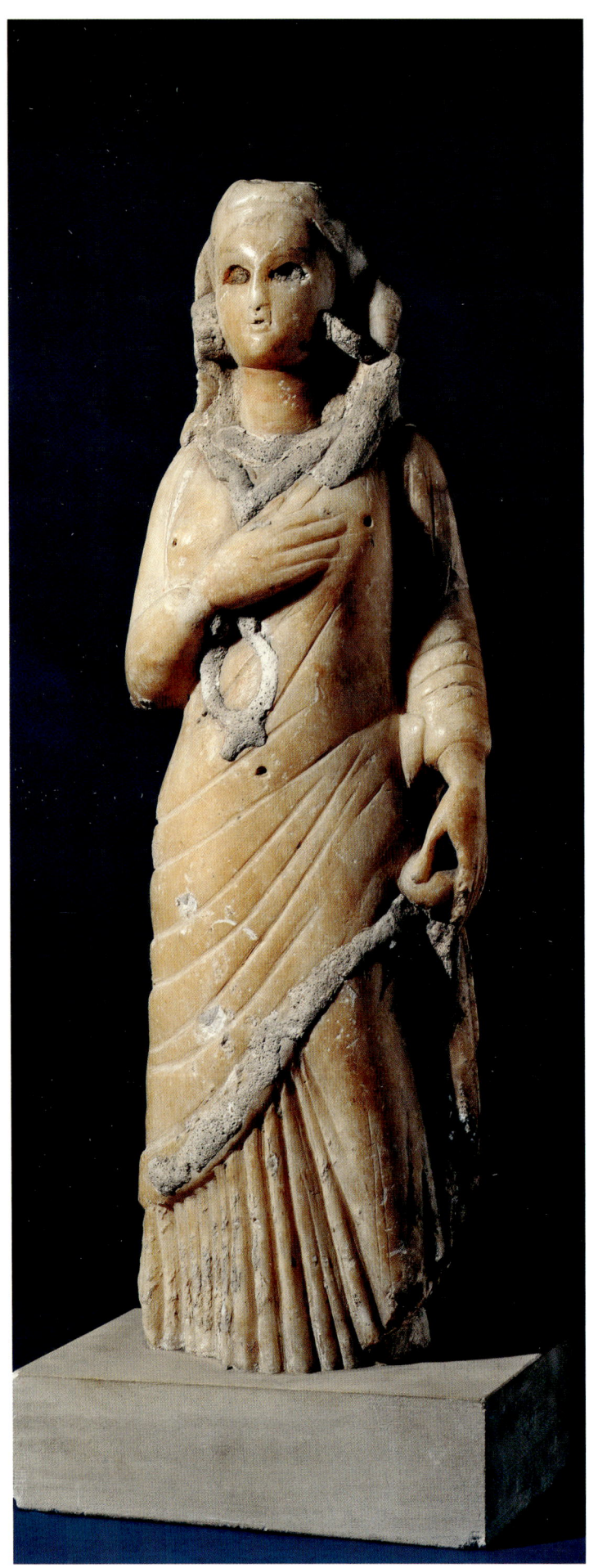

Kat. Nr. 211
Weibliche Statuette

Irak, Borsippa, parthisch, 1.–2. Jh. n. Chr.
Stein (Alabaster?), Gewandsaum und Ornament mit Gips abgesetzt,
Farbspuren, H. 46 cm, Br. 15 cm
London, British Museum, Department of the Middle East, Inv. Nr. BM 91593

In dieser Statuette sind hellenistische und altorientalische Elemente eindrucksvoll miteinander verbunden. So waren die großen Augen sicherlich mit farbigen Steinen eingelegt, wie es im Alten Orient seit frühen Zeiten üblich war. Die Kleidung sowie die Gesamtpräsentation erinnern dagegen eher an den griechischen statuarischen Typus. Die zahlreichen Reste originaler Farbspuren lassen die Farbigkeit der Statue erahnen. So sind schwarze Farbpigmente auf Wangen, Augenbrauen und Haaren, rote Farbreste an Hals, Händen und Gewand, sowie gelbe Spuren an Nabel, der linken Hand und an einigen Falten des Gewands zu finden. Die Deutung dieser Figur ist vielfältig und reicht von einer Priesterin der Mondgöttin Artemis – Nachfolgerin der altorientalischen königlichen Priesterinnen des Mondgottes in Ur – bis zu Kleopatra.

Lit.: Invernizzi 1973/74, Abb. 76; Parlasca 1994; Collon 1995, 190 Nr. 153. N.C.

Kat. Nr. 212
Statuette der Aphrodite

Syrien, Dura Europos, Tempel der Artemis, Kapelle der Aphrodite, Raum B, 2.–1. Jh. v. Chr.
Marmor, H. 56 cm, Br. 22 cm, T. 14 cm
Paris, Musée du Louvre, Département des Antiquités orientales, Inv. Nr. AO 20.126

Die Aphrodite trägt unter ihrem umgelegten Mantel einen dünnen, eng anliegenden *Chiton*, der ihren Oberkörper beinahe wie nackt erscheinen lässt. Mit ihrer Darstellungsweise folgt die in Dura Europos am mittleren Euphrat gefundene Statuette zwei klassischen griechischen Statuentypen: einerseits der von Phidias geschaffenen „Aphrodite Urania", für die das Stehen auf einer Schildkröte schriftlich überliefert ist, andererseits einem Typus, bei dem sich Aphrodite mit dem Ellenbogen auf einen Pfeiler stützt. Die Schildkröte als Attribut der Aphrodite Urania lässt sich möglicherweise mit der gemeinsamen Vorliebe für das Feuchte erklären, denn Urania ist für Sexualität, Zeugung und Kindersegen zuständig. Die Figur weist am Mantel schwache Spuren einer rötlichen Bemalung auf. Die Löcher in Hals und Armen zeigen, dass Kopf und Arme ehemals separat gearbeitet und mit Dübeln am Körper befestigt wurden.

Lit.: AK Turin 2007, 162f. Kat. Nr. 67; LIMC II, 45 Nr. 334 (Angelos Delivorrias u.a.), 164 Nr. 214 (Marie-Jolie Jentel). G.L.

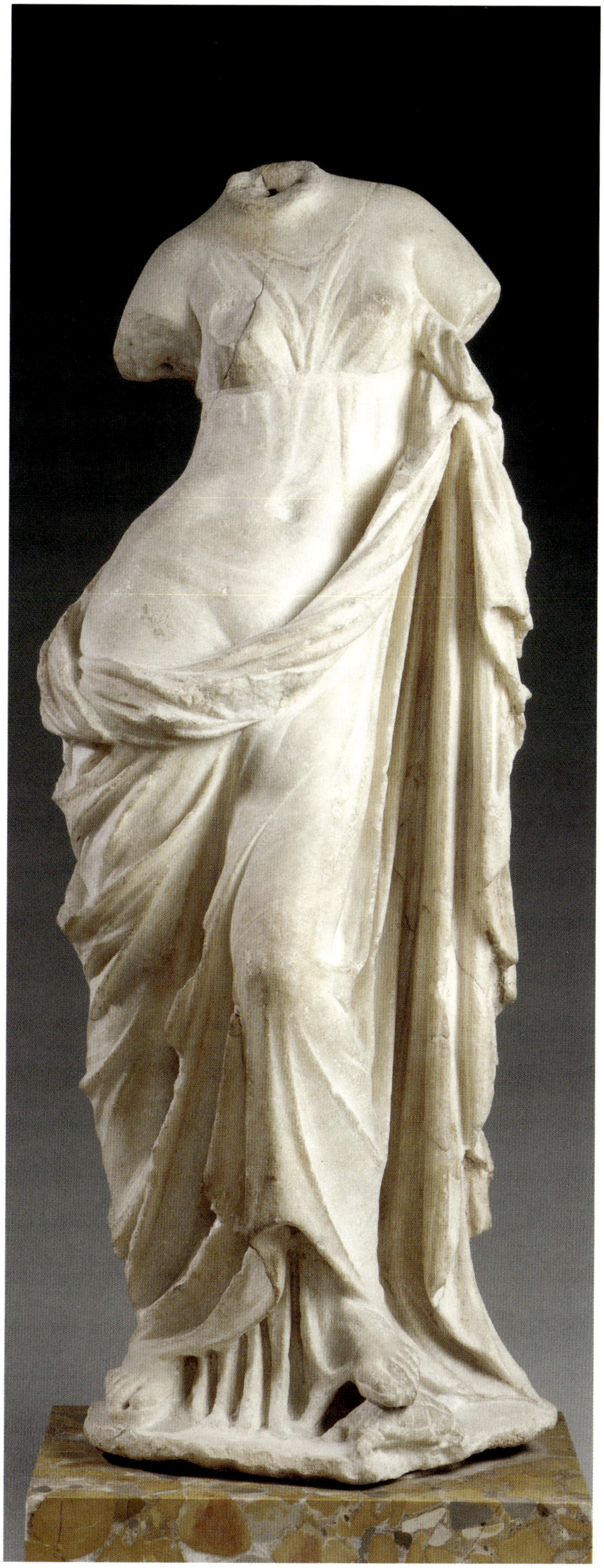

Die Götter des Westens im hellenistischen Osten · Die Parther und ihre Residenz Nisa

Die Parther und ihre Residenz Nisa

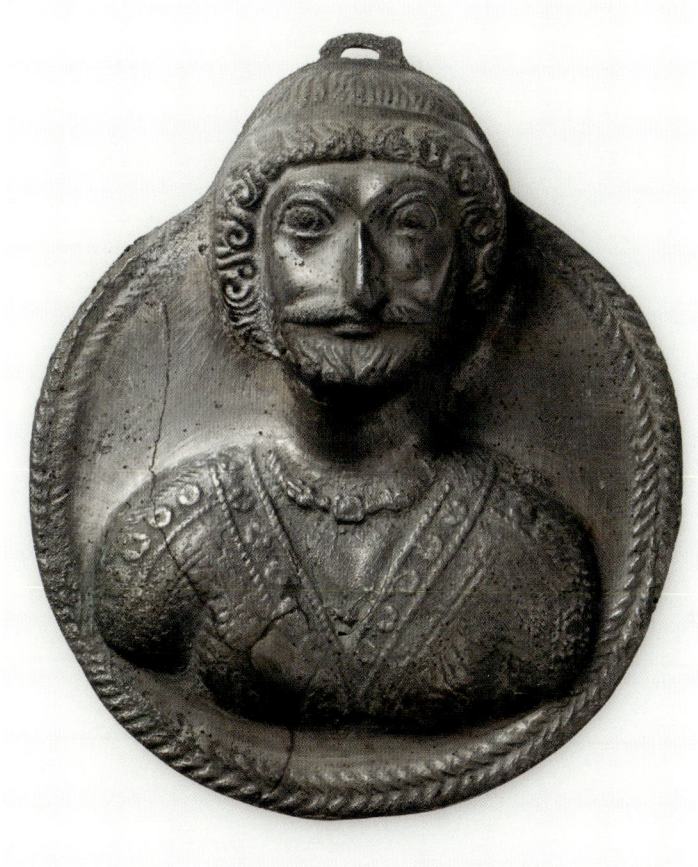

Kat. Nr. 213
Medaillon mit Darstellung eines Partherkönigs

Die Fundumstände sind nicht bekannt, das Stück kam 1939 aus dem Museum der Stadt Khanty-Mansisk (Gebiet Tjumen) in die Eremitage, angefertigt in Parthien, 1. Jh. v. Chr.
Bronze, Dm. 12,8 cm und 11,2 cm
St. Petersburg, Staatliche Eremitage, Abteilung für Kultur und Kunst der Länder des Orients, Inv. Nr. S-284

Obwohl das Medaillon eine Öse zur Aufhängung hat, könnte es ursprünglich eine Schale oder einen anderen Gegenstand verziert haben. Das Stück ist im Guss mit verlorener Form angefertigt worden und zeigt einen bärtigen Mann mit den für die parthische Kunst typischen scharfen Gesichtszügen. Das gelockte Haar bekränzt ein Diadem in Form eines schmalen Bandes. Um den Hals liegt ein Schmuckreif, in dessen Mitte ein rechteckiges Medaillon zu sehen ist, das offenbar eine Steineinlage imitiert, es wird auf beiden Seiten von Tierköpfen gerahmt. Der Kaftan ist mit Rosetten verziert, die Metallbleche darstellen dürften. Ein Vergleich dieser Schmuckstücke mit Darstellungen auf parthischen Münzen deutet darauf hin, dass hier ein Herrscher aus der Dynastie der Arsakiden wiedergegeben ist.

Lit.: Marschak/Kramarovski 1996, 46–47 (Beschreibung von E. Zeimal). M.D.

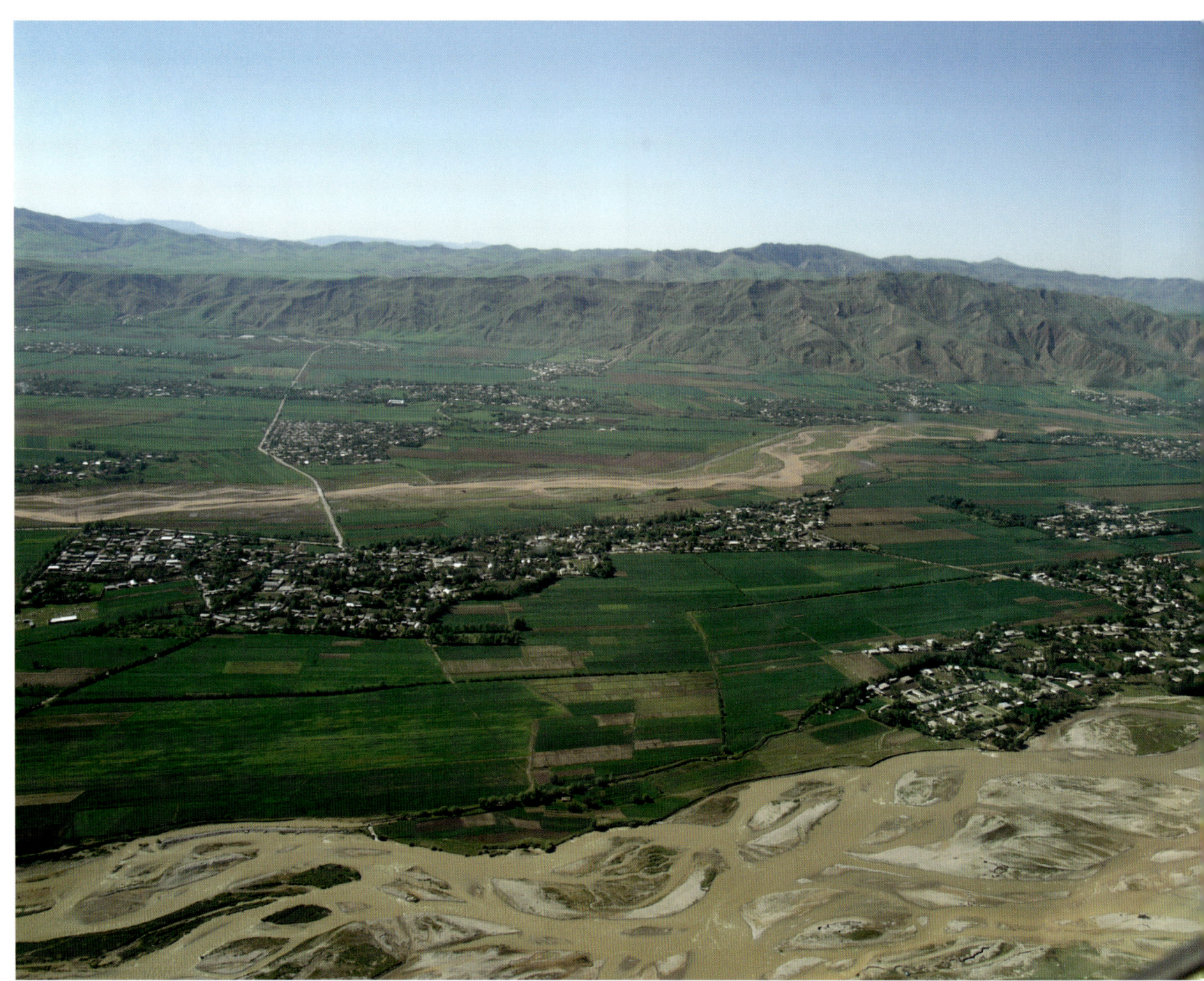

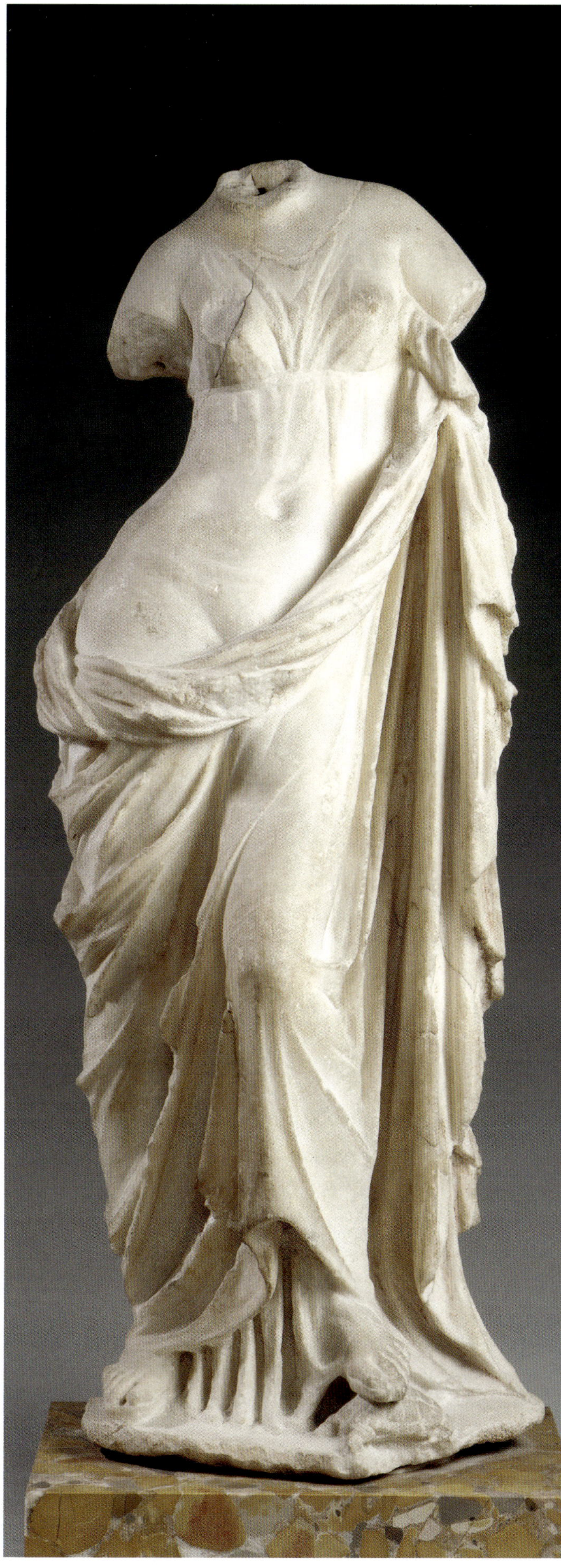

Die Parther und ihre Residenz Nisa

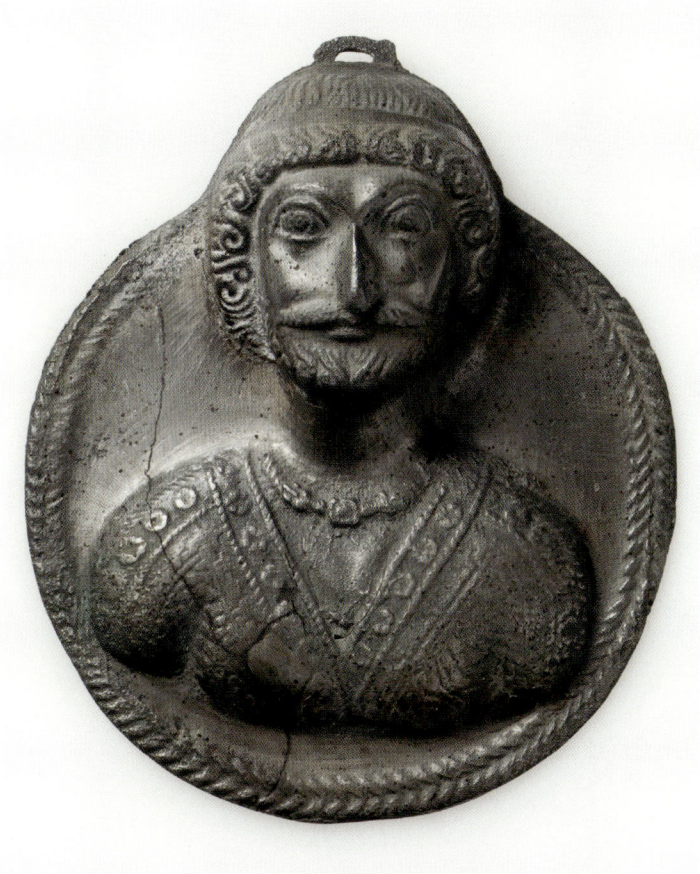

Kat. Nr. 213
Medaillon mit Darstellung eines Partherkönigs

Die Fundumstände sind nicht bekannt, das Stück kam 1939 aus dem Museum der Stadt Khanty-Mansisk (Gebiet Tjumen) in die Eremitage, angefertigt in Parthien, 1. Jh. v. Chr.
Bronze, Dm. 12,8 cm und 11,2 cm
St. Petersburg, Staatliche Eremitage, Abteilung für Kultur und Kunst der Länder des Orients, Inv. Nr. S-284

Obwohl das Medaillon eine Öse zur Aufhängung hat, könnte es ursprünglich eine Schale oder einen anderen Gegenstand verziert haben. Das Stück ist im Guss mit verlorener Form angefertigt worden und zeigt einen bärtigen Mann mit den für die parthische Kunst typischen scharfen Gesichtszügen. Das gelockte Haar bekränzt ein Diadem in Form eines schmalen Bandes. Um den Hals liegt ein Schmuckreif, in dessen Mitte ein rechteckiges Medaillon zu sehen ist, das offenbar eine Steineinlage imitiert, es wird auf beiden Seiten von Tierköpfen gerahmt. Der Kaftan ist mit Rosetten verziert, die Metallbleche darstellen dürften. Ein Vergleich dieser Schmuckstücke mit Darstellungen auf parthischen Münzen deutet darauf hin, dass hier ein Herrscher aus der Dynastie der Arsakiden wiedergegeben ist.

Lit.: Marschak/Kramarovski 1996, 46–47 (Beschreibung von E. Zeimal). M.D.

DER HELLENISTISCHE OSTEN

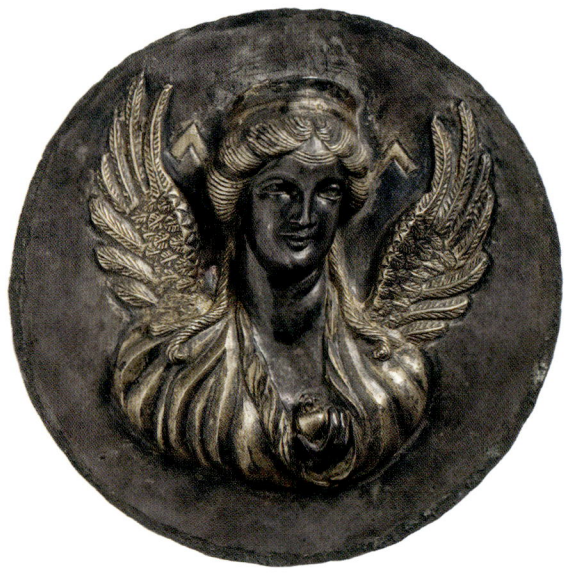

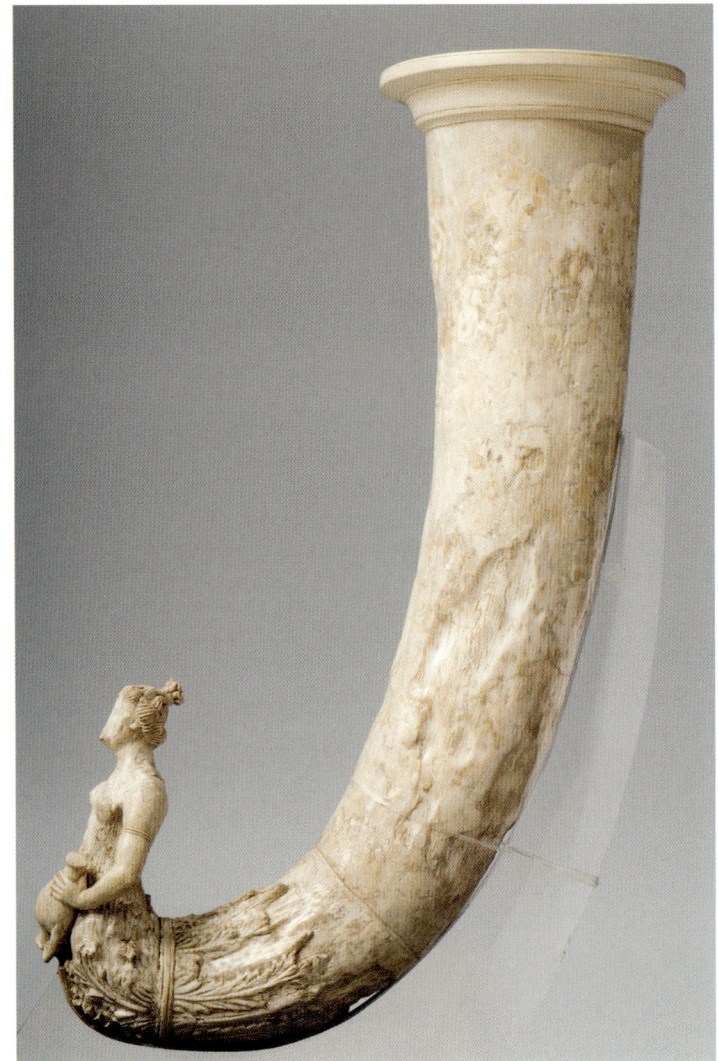

Kat. Nr. 214
Medaillon mit Darstellung einer geflügelten Göttin

Das Stück kam 1894 aus der Kaiserlichen Akademie der Wissenschaften (St. Petersburg) in die Eremitage, angefertigt im Ost-Iran (?), 2. Jh. v. Chr.
Silber, Vergoldung, Dm. 12 cm
St. Petersburg, Staatliche Eremitage, Abteilung für Kultur und Kunst der Länder des Orients, Inv. Nr. S-76

Das Medaillon dürfte eine Schale oder einen anderen Gegenstand verziert haben. In der Mitte ist in Prägetechnik die Büste einer geflügelten weiblichen Figur mit einem Granatapfel in der Hand dargestellt. Die Gesichtszüge sowie die Modellierung der rundlichen Halsform und der Brust unter den Gewandfalten bezeugen einen starken griechischen Einfluss. Der Kopfschmuck erinnert an einen griechischen Reif, die Bedeutung der gebrochenen Linien zu beiden Seiten des Kopfes ist unklar. Kamilla Trewer vermutet, der orientalische Meister habe hier den mit Bändern verzierten Kopfschmuck der hellenistischen Glücksgöttin und Schutzheiligen der Städte, Tyche, kopieren wollen, ohne jedoch den Sinn der Abbildung verstanden zu haben.

Lit.: Trewer 1940, 64–66.

M.D.

Kat. Nr. 215
Rhyton

Turkmenistan, Alt-Nisa (Parthien), 2. Jh. v. Chr.
Elfenbein, z.T. mit Goldüberzug, H. 30 cm, L. 8,5 cm
Moskau, Staatliches Museum für die Kunst des Orients, Inv. Nr. 3949-III

Ein *Rhyton* ist ein Weingefäß in der Form eines Horns, mit einem als Skulptur ausgearbeiteten unteren Ende (*Protome*), hier in Gestalt einer Frau. Sie hält eine Amphora mit der Öffnung nach unten in den Händen. Vermutlich trug die Frau ein durchscheinendes Gewand, das in Brusthöhe von einer Schärpe zusammengehalten wurde. Der untere Teil ihres Torsos wächst aus Akanthusblättern heraus, die den Übergang vom Rhytonkörper zur Protome schmücken.

T.M.

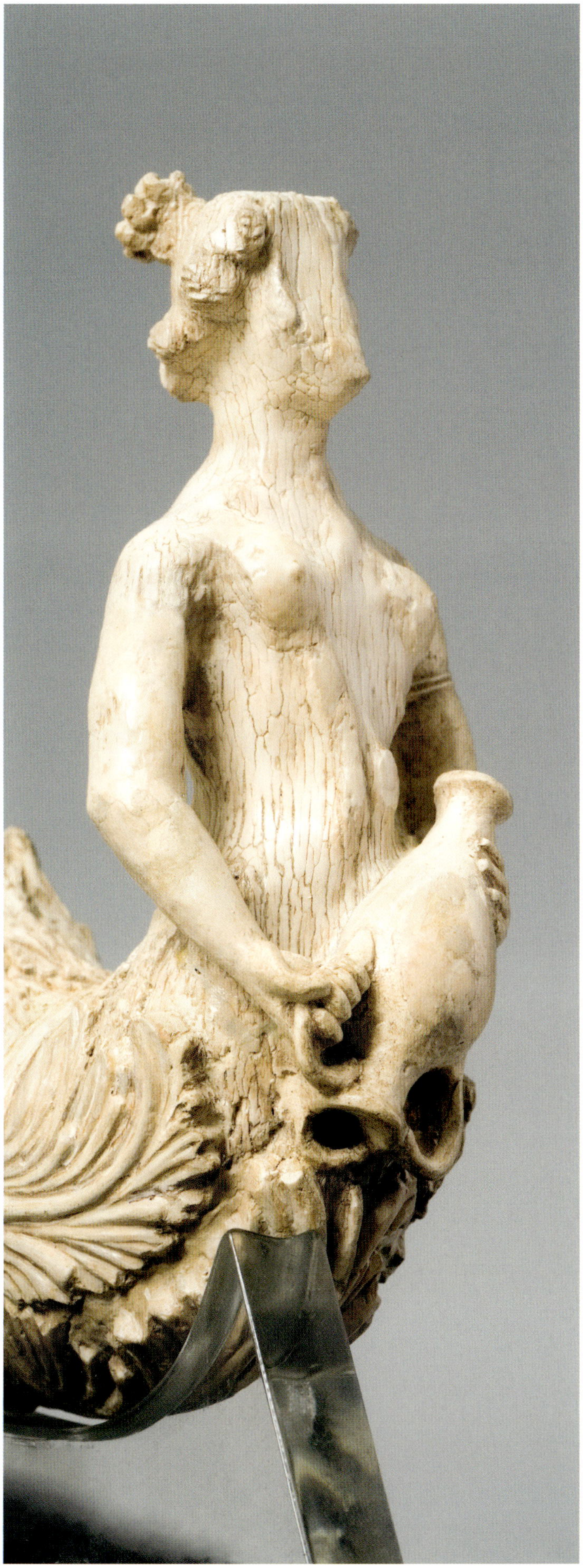

Die Parther und ihre Residenz Nisa

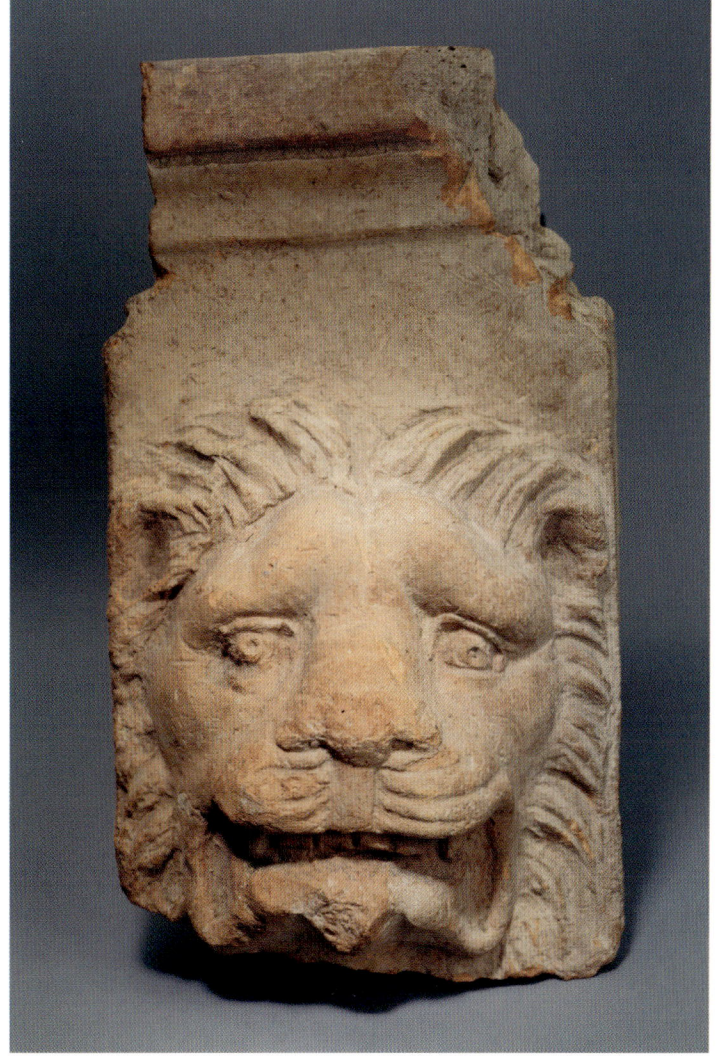

Kat. Nr. 216
Zierplatte (*Metope*) mit Darstellung eines Löwenkopfs

Turkmenistan, zwischen 1930–1935 in Alt-Nisa (Parthien) gefunden,
2. Jh. v. Chr. – 1. Jh. n. Chr.
Terrakotta, H. 25,3 cm, Br. 14,4 cm
St. Petersburg, Staatliche Eremitage, Abteilung für Kultur und Kunst der Länder des Orients, Inv. Nr. SA-8064

Metope mit reliefhafter Darstellung eines Löwenkopfs mit offenem Maul, zottiger Mähne, tiefliegenden Augen und breiter, platter Nase. Unter dem Sims sind noch Vertiefungen zu erkennen, welche die dreieckigen oberen Teile der vertikalen Seitenöffnungen bildeten. Einige gut erhaltene Fragmente vergleichbarer Metopen weisen Spuren einer Bemalung der Mähne mit schwarzer Farbe und der Zunge mit roter Farbe auf; die Vertiefungen an der Nase und an der Stirn sowie die Augäpfel waren mit roten Strichen akzentuiert. Die Matrix für die Herstellung dieser Metopen wurde von einem vorzüglich ausgebildeten Meister angefertigt. Die Platte zeigt eine klare Parallele zu den Löwenmasken in der griechischen Kunst des 4.–3. Jh. v. Chr.

Lit.: Pugatschenkowa 1949, 230–240; Pilipko 2001, 226–228 Abb. 164.   A.Ni.

DER HELLENISTISCHE OSTEN

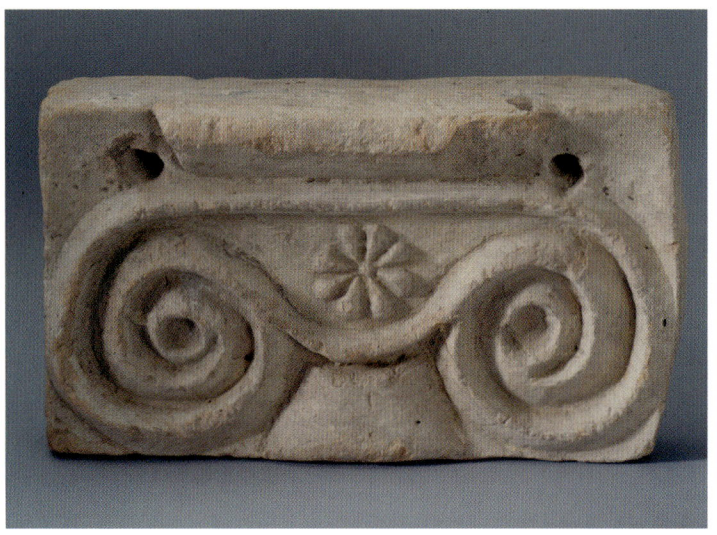

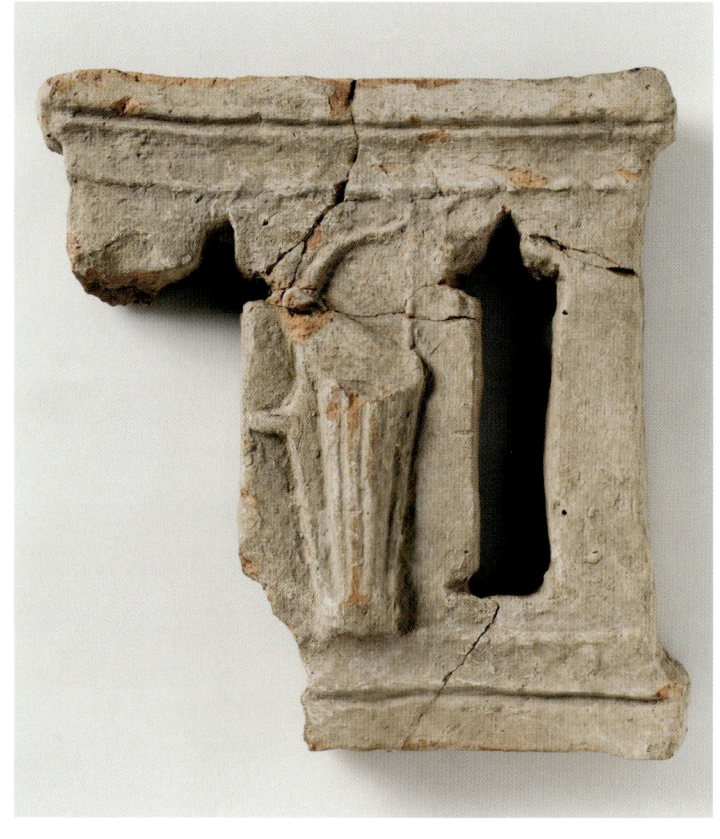

Kat. Nr. 217
Ionisches Kapitell

1936 in den Überresten des parthischen Naos von Nisa, Turkmenistan (Parthien) gefunden, 1. Jh. v. Chr. – 1. Jh. n. Chr.
Terrakotta, H. 23 cm, Dm. 4–6 cm, Br. 13 cm
St. Petersburg, Staatliche Eremitage, Abteilung für Kultur und Kunst der Länder des Orients, Inv. Nr. SA-15045

Ionisches (proto-ionisches) Kapitell in Form einer rechteckigen Terrakottaplatte. Auf der Schauseite ist die reliefhafte Darstellung von zwei volutenförmigen Schnecken ausgeführt, zwischen denen eine Rosette mit acht Blütenblättern liegt. Die Voluten (häufig mit Akanthustrieben) stellen ein charakteristisches Element des architektonischen Dekors in Alt-Nisa dar. Rosetten (am weitesten verbreitet sind solche mit vier und zwölf Blütenblättern) sind sowohl in der achämenidischen wie auch in der griechischen Kunst belegt. An der oberen Längskante ragt ein Sims vor. Bei der Platte dürfte es sich um das Kapitell eines Pilasters handeln. Zwei durchgehende Löcher unter dem Sims bezeugen eine Befestigung der Platte an der Ziegeloberfläche der Wand des Heiligtums.

Lit.: Vjasmitina 1949, 158 Abb. 8; Pilipko 2001, 237.   A.Ni.

Kat. Nr. 218
Zierplatte (*Metope*) mit Darstellung eines Köchers

Turkmenistan, zwischen 1930–1935 in Alt-Nisa (Parthien) gefunden, 2. Jh. v. Chr. – 1. Jh. n. Chr.
Terrakotta, H. 33,5 cm, Br. 32,3 cm
St. Petersburg, Staatliche Eremitage, Abteilung für Kultur und Kunst der Länder des Orients, Inv. Nr. SA-8063

Bei den Grabungen in der befestigten Siedlung Alt-Nisa wurden sieben unterschiedliche Formen von Metopen, rechteckigen Zierplatten aus Terrakotta, entdeckt. Metopen mit der Darstellung eines *Goryts* (ein Köcher für Bogen und Pfeile) liegen in mehreren Varianten vor. Neben meisterhaft ausgeführten Platten begegnen auch sehr grob gestaltete oder spiegelverkehrte Darstellungen (wie beim ausgestellten Exponat). Anscheinend wurde in den späten Nutzungsphasen in Alt-Nisa nach dem Verlust der ursprünglichen Matrizen versucht, erneut Metopen dieses Typs herzustellen. Möglicherweise handelt es sich bei dem Emblem im mittleren Teil um ein Symbol des parthischen Heeres oder des Herakles.

Lit.: Pugatschenkowa 1949, 220–221 Abb.9; Pilipko 2001, 229 Abb. 165–166, 252–253 Abb. 180.   A.Ni.

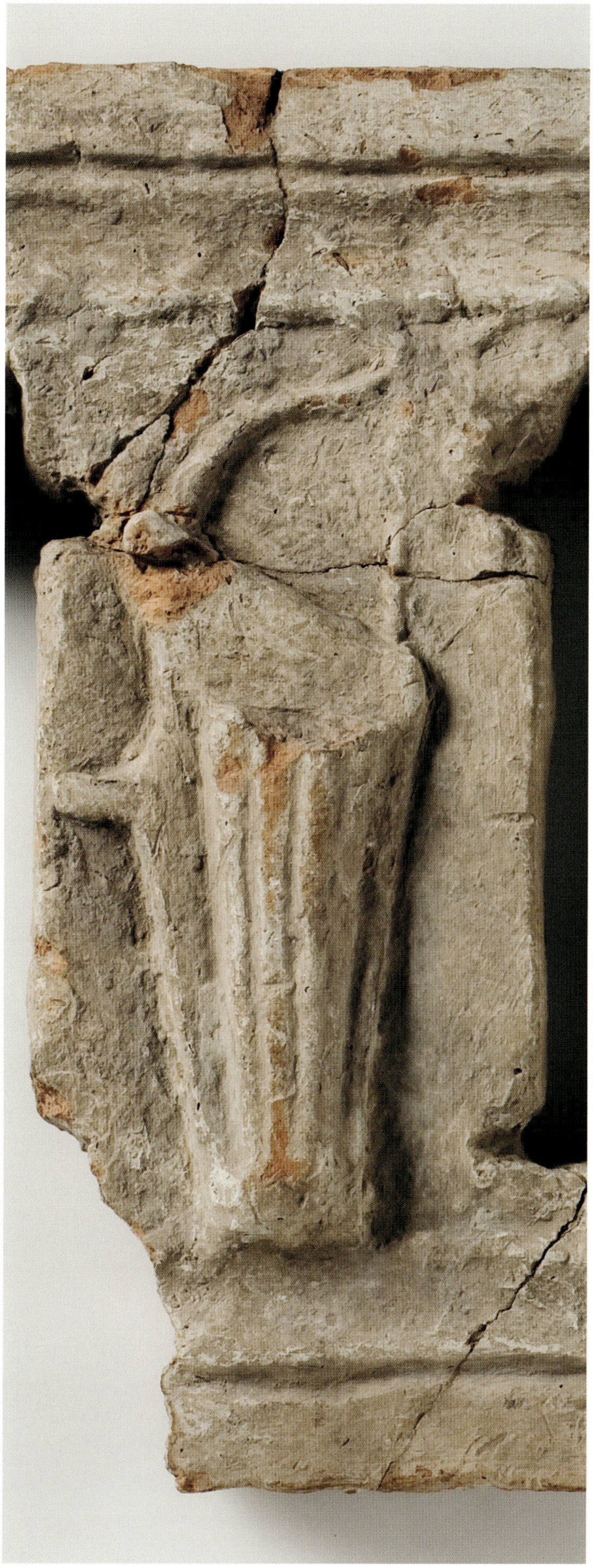

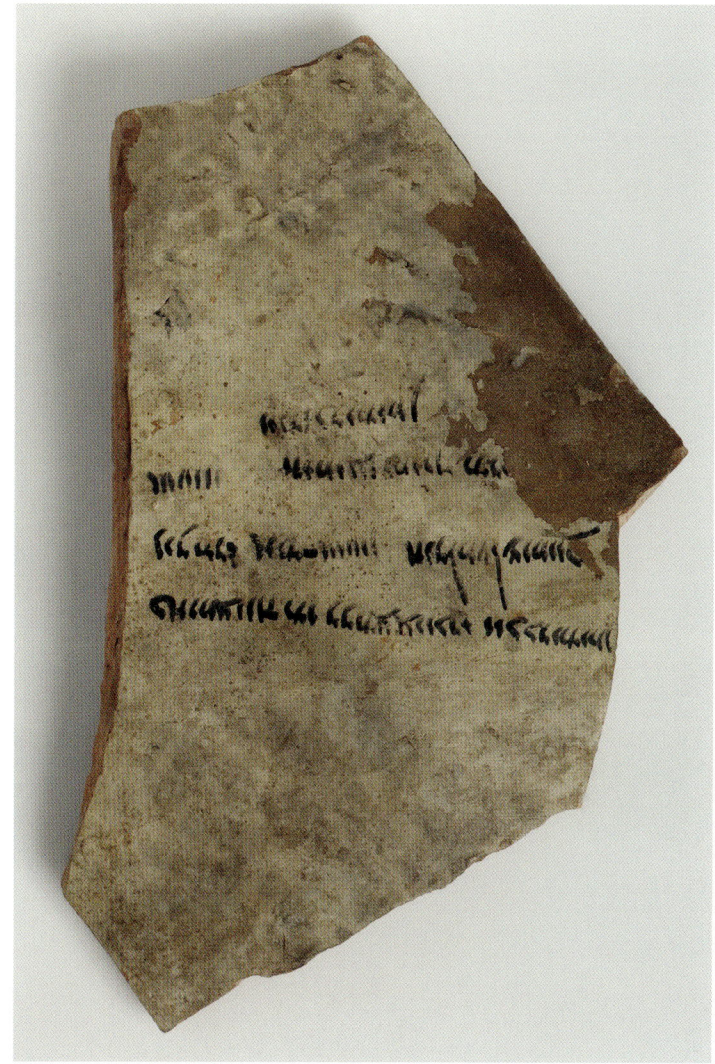

Kat. Nr. 219
Parthisches Ostrakon

Turkmenistan, 1950 in der befestigten Siedlung Alt-Nisa (Parthien) gefunden, im Jahr 207 der Arsakiden-Herrschaft (40 v. Chr.) angefertigt
Keramik, Tinte, H. 34 cm, Br. 21 cm
St. Petersburg, Staatliche Eremitage, Abteilung für Kultur und Kunst der Länder des Orients, Inv. Nr. PW-383

Das Ostrakon zeigt eine ungleichmäßige Form und ist auf der Außenseite mit vier Zeilen in parthischer Schrift versehen: „In diesem Gefäß von dem Weinberg *uzbari*, der in Barsmetan liegt, das ‚Neu' genannt wird, sind 17 *mari* Wein. Geliefert für das Jahr 207, gebracht vom Winzer Ogtanuk, der aus Barsmetan ist."

Lit.: Diakonoff/Livshits 2001, Cii. 413. A.N.

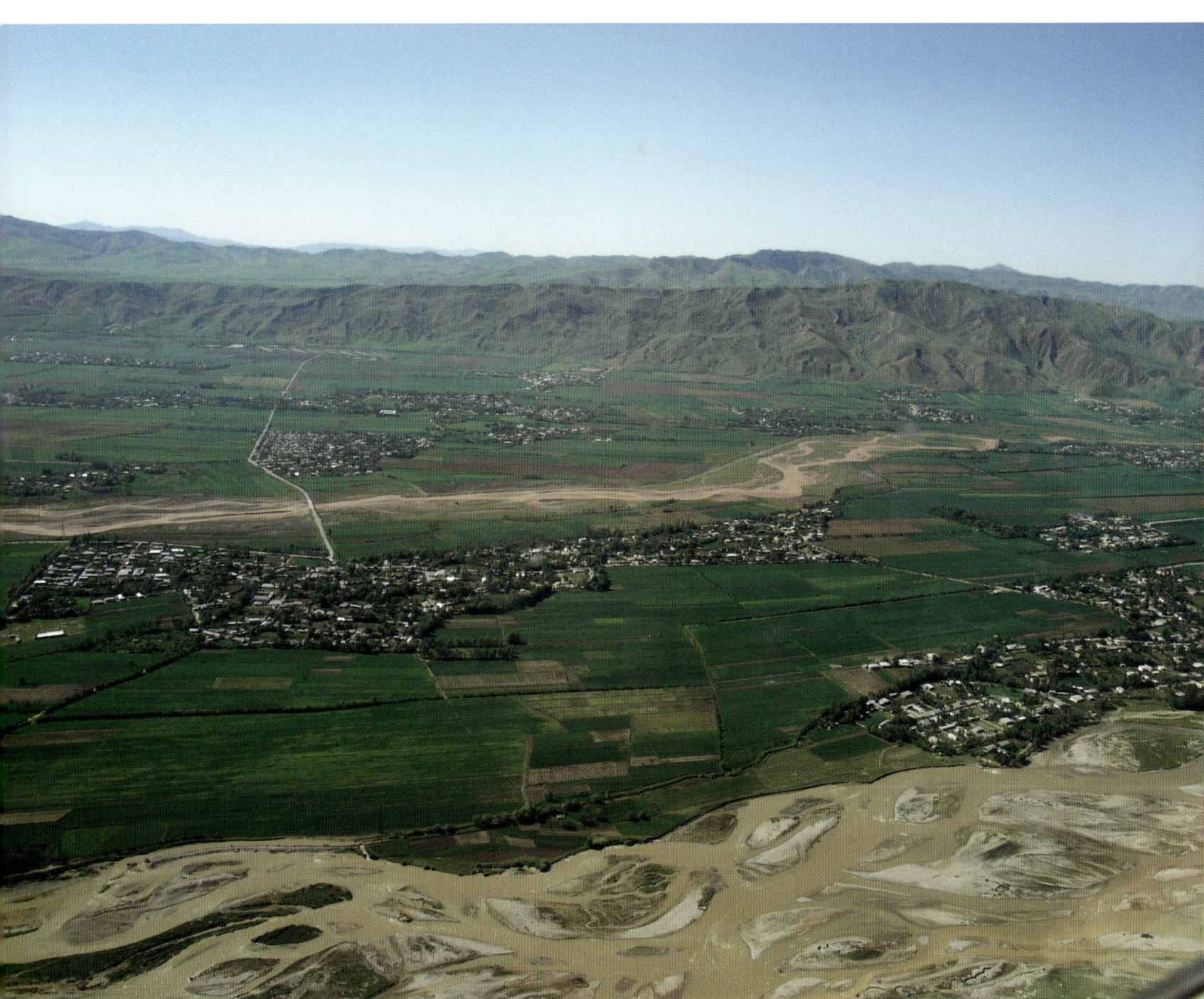

ALEXANDERZEIT UND HELLENISMUS IN BAKTRIEN

Die antike Landschaft Baktrien liegt am Oberlauf des Amu-Darja. Sie wird im Norden von der Gissar-Kette, im Osten vom Pamir und im Süden von den Ausläufern des Hindukusch begrenzt. Nach Westen öffnet sich die Landschaft in die wüstenartige Ebene Karakum.

Baktrien gehörte seit dem 6. Jh. v. Chr. zum persischen Reich und bildete zusammen mit dem benachbarten Sogdien eine seiner reichsten Satrapien. Von Alexander dem Großen konnte das Gebiet nur in schweren und von den Einheimischen teils in „Guerilla-Taktik" geführten Kämpfen erobert werden, die von 329–327 v. Chr. andauerten. Um das Land zu sichern, gründeten Alexander, vor allem aber Seleukos I. und Antiochos I., die Alexanders Nachfolge im Osten angetreten hatten, Garnisonen und Städte und siedelten dort Söldner an. Dennoch konnten die Seleukiden das Gebiet nicht auf Dauer halten. In der Mitte des 3. Jhs. v. Chr. erhob sich Diodotos, der Satrap von Baktrien, und gründete ein eigenes Königtum. Im Jahr 206 v. Chr. erkannte der Seleukidenherrscher Antiochos III. die Herrschaft des Euthydemos, eines Griechen aus Magnesia und Nachfolgers des Diodotos, an. Euthydemos und sein Sohn Demetrios schufen das graeco-baktrische Reich, das sich zeitweilig bis nach Nordindien erstreckte.

Neben Syrien und Babylonien ist Baktrien eines der interessantesten Gebiete für die Erforschung des hellenistischen Orients, denn hier liegen verhältnismäßig dicht benachbart einige bedeutende Fundstätten: die erst jüngst entdeckte, offenbar in unmittelbarem Zusammenhang mit dem Alexanderzug gegründete Festung Kurgansol, Ai Khanoum, die am besten erhaltene hellenistische Stadtanlage überhaupt und der im 3. Jh. v. Chr. gegründete Oxos-Tempel in Tachti Sangin. Hinzu kommen zahlreiche Fundorte, an denen die Archäologen eine hellenistische Besiedlung nachweisen konnten, wo die entsprechenden Schichten aber durch spätere Bebauung weitgehend überlagert sind. Zu diesen Fundorten gehört die Siedlung im heutigen Stadtgebiet von Duschanbe, aber auch Alt-Termes und Kampyr-Tepe im heutigen Usbekistan, sowie Baktra, die einstige Hauptstadt Baktriens, die im Norden Afghanistans liegt.

Die eigentliche hellenistische Epoche wird in Baktrien um 140/130 v. Chr. beendet, als das graeco-baktrische Reich infolge mehrerer Invasionsschübe der Saken und Jüeh-Chi zusammenbrach. Doch die hellenistischen Traditionen blieben über diesen politischen Bruch hinweg wirksam, was sich eindrucksvoll an den Münzen, aber auch an der Keramik und den Kleinfunden der Kuschan-Zeit (1.–3. Jh. n. Chr.) zeigt. Die figürlichen Darstellungen verknüpfen nicht selten griechisch-hellenistische mit „nomadischen" Darstellungsweisen.

G.L.

Baktrien. Landschaft bei Duschanbe.

ALEXANDERZEIT UND HELLENISMUS IN BAKTRIEN

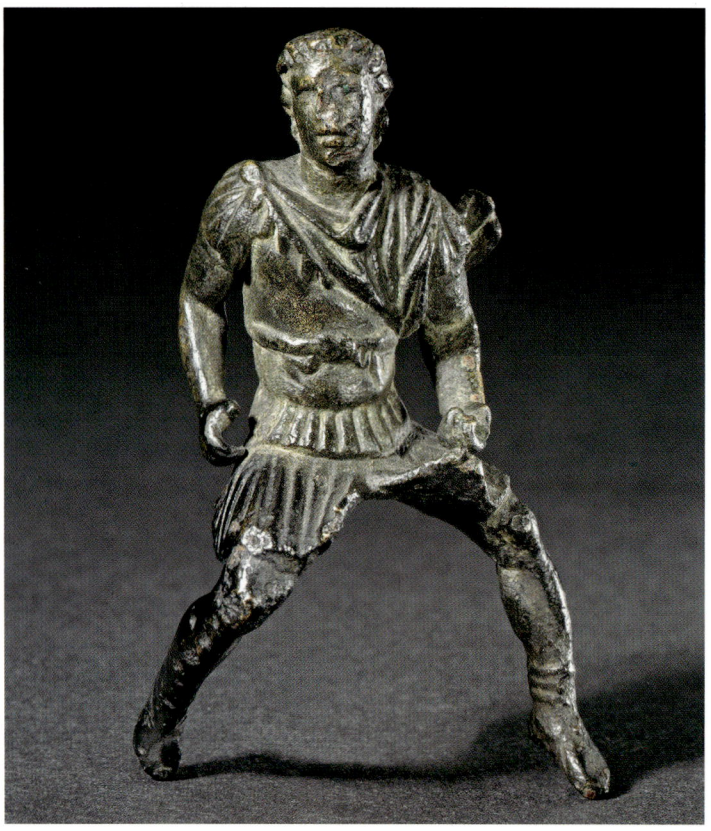

Kat. Nr. 220
Reiterstatuette Alexanders des Großen

Römisch, nach einem nicht erhaltenen hellenistischen Original,
1.–2. Jh. n. Chr.
Bronze, H. 5,2 cm
London, British Museum, Department of Greek and Roman Antiquities,
Inv. Nr. GR 1824.4-70.9

Junger, auf einem nicht mehr erhaltenen Pferd sitzender Reiter, der ursprünglich in beiden Händen die Zügel hielt. Er trägt einen Panzer und darüber einen Mantel, der mit einer Fibel befestigt ist. Gesichtszüge und Frisur erinnern an Figuren, die als Alexander der Große identifiziert werden. Möglicherweise ist die Statuette von der großformatigen Bronzegruppe beeinflusst, die Alexander und 34 seiner Gefährten darstellt, die bei der Schlacht am Granikos ums Leben gekommen waren. Sie stammt von dem Bildhauer Lysipp und war ursprünglich in Dion in Makedonien aufgestellt, wurde 146 v. Chr. aber nach Rom gebracht.

Lit.: Walters 1899, Nr. 1618; Schreiber 1903, 96 Anm. 46.   P.H.

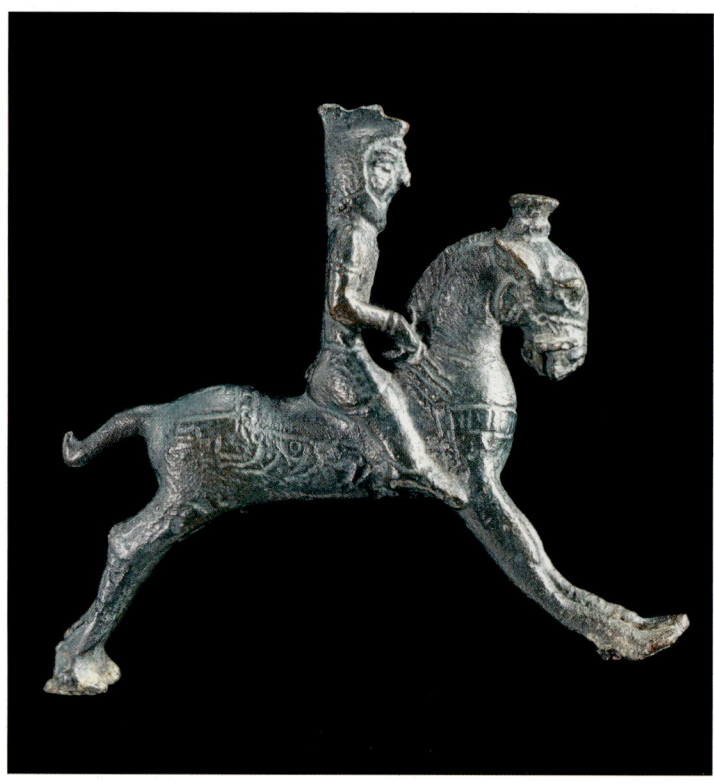

Kat. Nr. 221
Bronzestatuette eines Reiter in medischer Tracht

Vermutlich in Ägypten erworben, achämenidisch, 5.–4. Jh. v. Chr.
Bronze, H. 8,5 cm, L. 10,1 cm, T. 1,7 cm, 217 g
London, British Museum, Department of the Middle East, Inv. Nr. 117760

Statuette eines Reiters in medischer Reittracht mit weicher Kopfbedeckung und einem *akinakes*-Dolch, der von seinem rechten Oberschenkel herabhängt. Der Saum seiner Tunika ist verziert und er trägt Armreifen. Das Pferd hat eine rechteckige Satteldecke mit Quastenborten am unteren und abgestuften Fransen am hinteren Rand. Ein Riemen unter der Decke dient dazu, die Decke oder eine Schabracke und den Brustgurt zu halten. Die Pferdemähne ist nach oben gezogen, doch im unteren Halsbereich gibt es lange Strähnen und das Stirnhaar ist oben

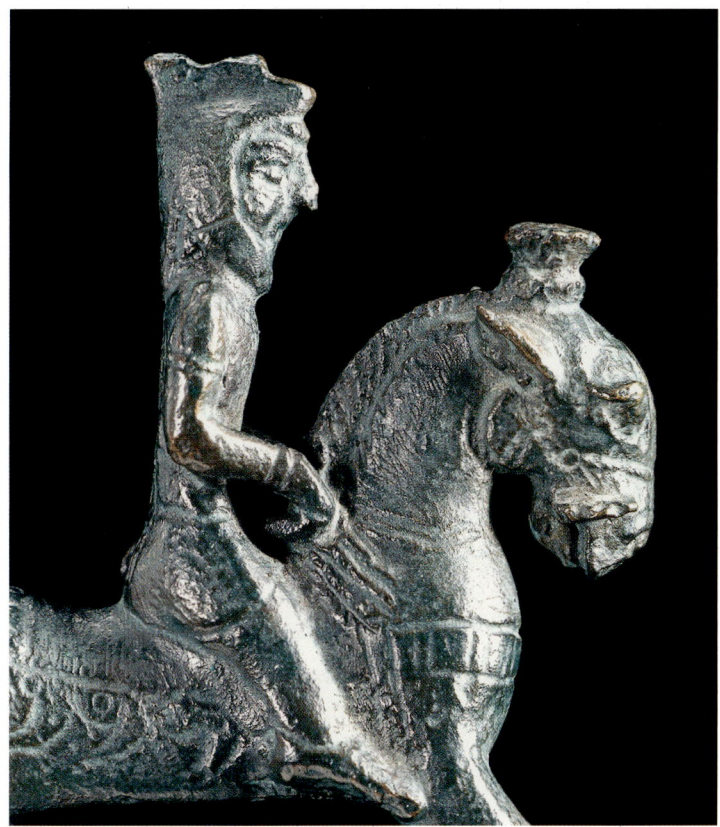
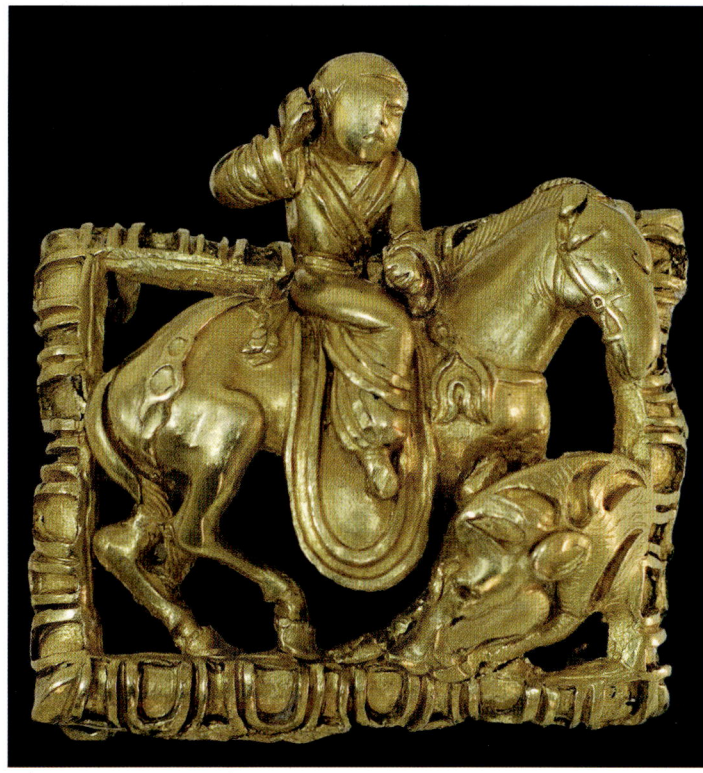

auf dem Kopf zu einem breiten Büschel zusammengebunden. Das Pferd ist in gestrecktem Galopp dargestellt, die Vorder- und Hinterhufpaare sind jeweils miteinander verbunden, um an einem heute verlorenen Gegenstand befestigt zu werden. Diese Reiterstatuette wurde von einigen Autoren irrtümlich als Partherdarstellung bezeichnet, doch das Gewand, die besondere Dolchform und die Art der Pferdedarstellung legen eine Datierung in das 5. oder frühe 4. Jh. v. Chr. nahe. Vergleichbare Reiterfiguren sind auch auf einem post-achämenidischen Wandbehang oder Teppich dargestellt, der in Pazyryk gefunden wurde (Rudenko 1970, Taf. 174–176). Im gleichen Tumulus wurde eine verzierte Satteldecke mit abgestuften Fransen gefunden (Rudenko 1970, Taf. 160).

Lit.: Ghirshman 1964, 261 Abb. 315; Rudenko 1970; Curtis/Tallis 2005, Kat. Nr. 409.

St.S.

Kat. Nr. 222
Gürtelschnalle mit Eberjagdszene

Tadschikistan, Saksanochur, 1.–2. Jh. n. Chr.
Gold, H. 5,4 cm, Br. 5,3 cm
Duschanbe, Nationalmuseum der Antike Tadschikistans, ohne Inv. Nr.

Die aus Gold gegossene Gürtelschnalle besteht aus einem rechteckigen Rahmen mit Eierstab-Motiv und einer halbplastischen figürlichen Darstellung, die nur auf der Oberseite über den Rahmen hervortritt. Dargestellt ist ein Jäger mit der für die Tracht der Kuschan typischen weiten Hose und einem langen auf der Brust übergeschlagenen Mantel. Mit der in der erhobenen Rechten zu ergänzenden Lanze ist er dabei, dem bereits zusammengebrochenen Eber einen tödlichen Stoß zu versetzen. Sowohl die einzelnen Felder des Eierstab-Bandes als auch die tropfenförmigen Aussparungen an den Ohren und auf dem Pelz des Ebers waren für Stein- oder Pasteeinlagen bestimmt, von denen bei der Auffindung der Schnalle noch Reste beobachtet wurden, die aber heute verloren sind.

Lit.: AK Duschanbe 1985, 117 Nr. 324 Abb. S. 88; AK Zürich 1989, 52f. Nr. 25.

G.L.

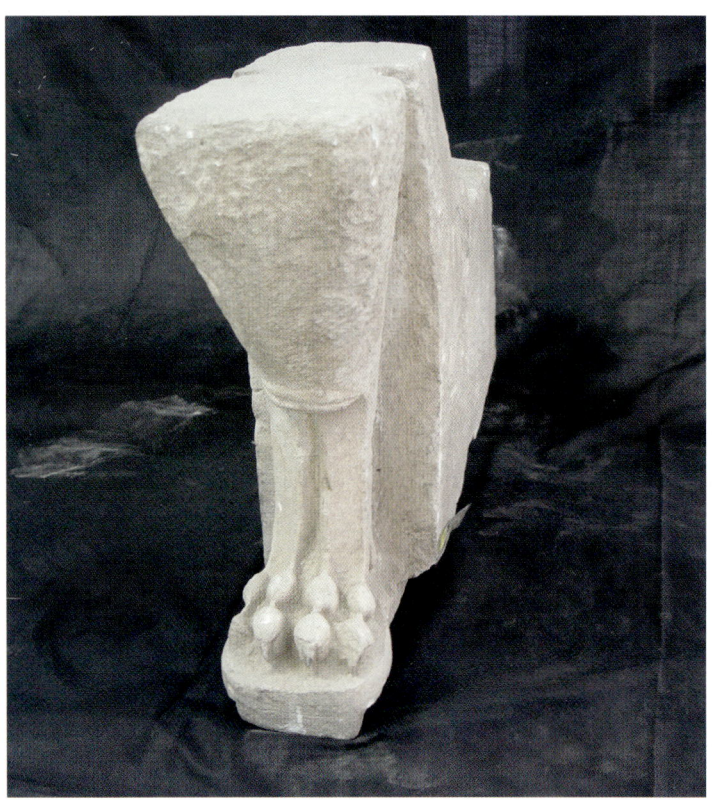 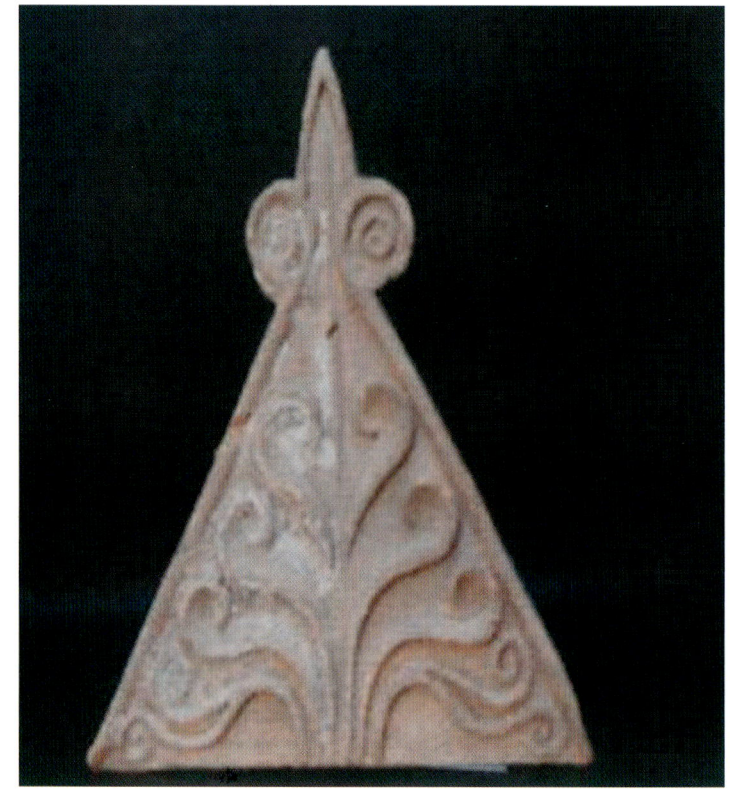

Kat. Nr. 225
Stütze einer Bank

Afghanistan, Ai Khanoum, 3.–2. Jh. v. Chr.
Kalkstein, H. 40,5 cm, Br. 14 cm, T. 63 cm
Kabul, National Museum of Afghanistan, Inv. Nr. 05.42.36

Der vordere Teil der fragmentarisch erhaltenen Bankstütze ist als stilisiertes Löwenbein mit Pranke gestaltet.

Lit.: Tissot 2006, 38 (He.p.AK.G.73.5a&b). C.B.

Kat. Nr. 226
Antefix mit Palmettendekor

Afghanistan, Ai Khanoum, 3.–2. Jh. v. Chr.
Ton, gebrannt, H. ca. 38 cm, Br. 35 cm, T. 45 cm
Kabul, National Museum of Afghanistan, Inv. Nr. 05.42.83/1

Zu den Dachrandverkleidungen und Firsten griechischer Bauten gehören mit Palmetten oder Löwenköpfen verzierte Stirnziegel (*Antefixe*) aus Ton. Auch am Palast von Ai Khanoum fanden sich diese unteren Abschlüsse der Überdachung.

Das dreieckige Antefix wird von einem Palmetten-Ornament geschmückt und von einer lanzettförmigen Spitze bekrönt. Rechts und links von dieser Spitze rollen sich die seitlichen Begrenzungsgrate des Antefixes zu Voluten ein.

Lit.: Tissot 2006, 24 zu einem ähnlichen Stück (He.P.AK.H.33,1). C.B.

ALEXANDERZEIT UND HELLENISMUS IN BAKTRIEN

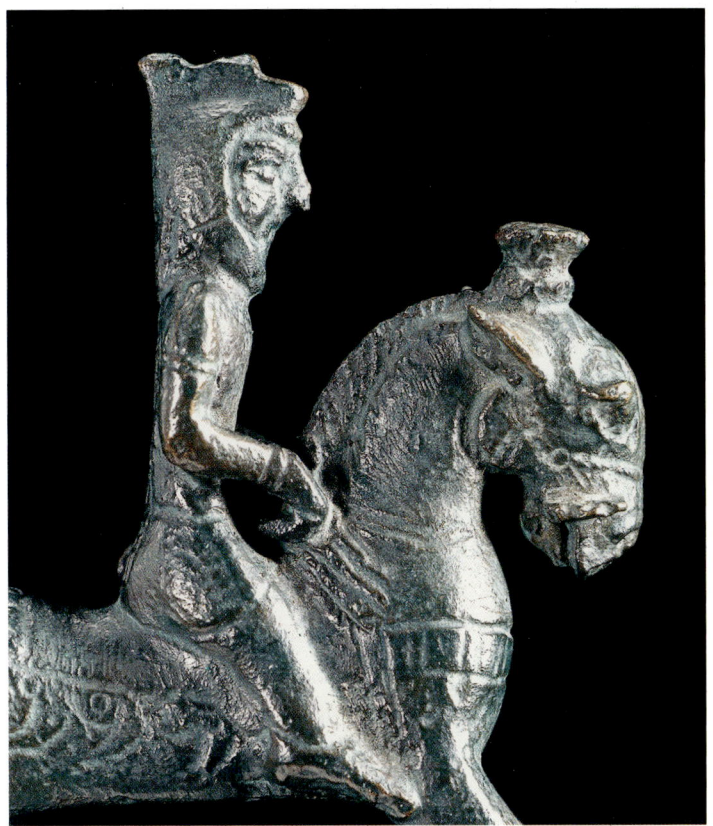

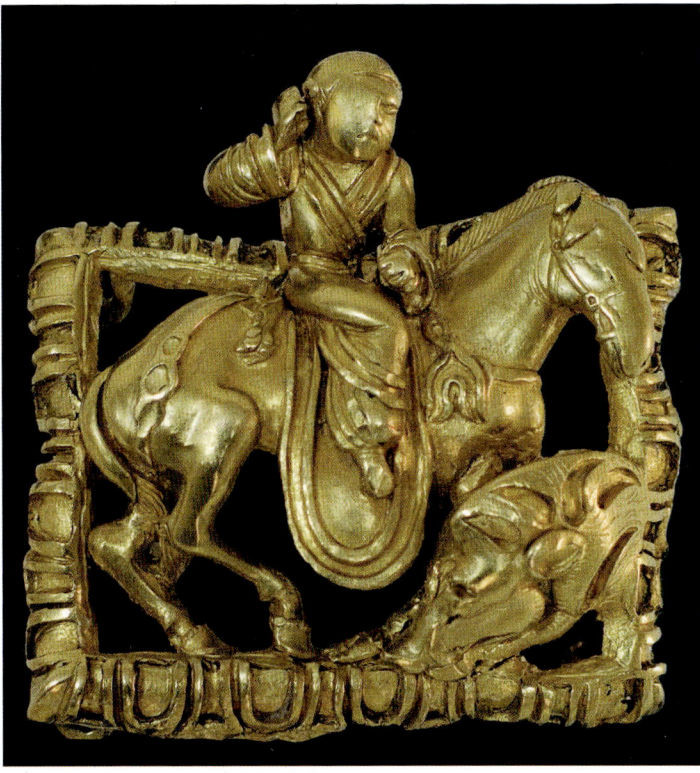

auf dem Kopf zu einem breiten Büschel zusammengebunden. Das Pferd ist in gestrecktem Galopp dargestellt, die Vorder- und Hinterhufpaare sind jeweils miteinander verbunden, um an einem heute verlorenen Gegenstand befestigt zu werden. Diese Reiterstatuette wurde von einigen Autoren irrtümlich als Partherdarstellung bezeichnet, doch das Gewand, die besondere Dolchform und die Art der Pferdedarstellung legen eine Datierung in das 5. oder frühe 4. Jh. v. Chr. nahe. Vergleichbare Reiterfiguren sind auch auf einem post-achämenidischen Wandbehang oder Teppich dargestellt, der in Pazyryk gefunden wurde (Rudenko 1970, Taf. 174–176). Im gleichen Tumulus wurde eine verzierte Satteldecke mit abgestuften Fransen gefunden (Rudenko 1970, Taf. 160).

Lit.: Ghirshman 1964, 261 Abb. 315; Rudenko 1970; Curtis/Tallis 2005, Kat. Nr. 409.   St.S.

Kat. Nr. 222
Gürtelschnalle mit Eberjagdszene

Tadschikistan, Saksanochur, 1.–2. Jh. n. Chr.
Gold, H. 5,4 cm, Br. 5,3 cm
Duschanbe, Nationalmuseum der Antike Tadschikistans, ohne Inv. Nr.

Die aus Gold gegossene Gürtelschnalle besteht aus einem rechteckigen Rahmen mit Eierstab-Motiv und einer halbplastischen figürlichen Darstellung, die nur auf der Oberseite über den Rahmen hervortritt. Dargestellt ist ein Jäger mit der für die Tracht der Kuschan typischen weiten Hose und einem langen auf der Brust übergeschlagenen Mantel. Mit der in der erhobenen Rechten zu ergänzenden Lanze ist er dabei, dem bereits zusammengebrochenen Eber einen tödlichen Stoß zu versetzen. Sowohl die einzelnen Felder des Eierstab-Bandes als auch die tropfenförmigen Aussparungen an den Ohren und auf dem Pelz des Ebers waren für Stein- oder Pasteeinlagen bestimmt, von denen bei der Auffindung der Schnalle noch Reste beobachtet wurden, die aber heute verloren sind.

Lit.: AK Duschanbe 1985, 117 Nr. 324 Abb. S. 88; AK Zürich 1989, 52f. Nr. 25.
    G.L.

DIE HELLENISTISCHE STADT AI KHANOUM

Am Rande der Steppe im östlichen Baktrien, an der Mündung des Kokcha in den Oxos (heute Amu-Darja), liegen die Ruinen von Ai Khanoum, dessen antiker Name unbekannt ist.

Die Gründung der Stadt in einer fruchtbaren Ebene erfolgte gegen 300 v. Chr. durch Seleukos I., zu dessen Reich Baktrien nach Alexanders Tod gehörte. Das direkt an den Flussufern liegende Stadtgebiet hat die Form eines Dreiecks von 1,8 x 1,6 km, dessen eine Seite die 60 m hoch aufragende Akropolis bildet. Eine mächtige Stadtmauer aus Lehmziegeln und eine Zitadelle im Südosten der Akropolis sicherten Ai Khanoum zusätzlich.

Die starke griechische Kolonie, die innerhalb der Stadt eine dominierende Rolle spielte, machte Ai Khanoum zu einem Vorposten der hellenistischen Welt in Zentralasien. Dies wird nicht nur in der Beibehaltung der griechischen Sprache über einen langen Zeitraum, sondern insbesondere auch in der Architektur des Theaters und des Gymnasions deutlich. Beide sind weitestgehend griechischen Formen verpflichtet, während bei Letzterem die dicken Lehmziegelmauern ein orientalisches Element darstellen. Hufeisenförmige Nischen im Gymnasion belegen zudem die Übernahme eines hellenistischen Raumtypus in Zentralasien. Auch das *Heroon* des als Stadtgründer verehrten Kineas gehört zu den griechisch geprägten Bauwerken.

Im 150–125 v. Chr. endgültig ausgebauten Palast lässt sich die Vermischung verschiedener Einflüsse aus Ost und West besonders deutlich fassen. Zwar weist der Palast griechische Bauteile wie Antefixe oder 108 korinthische Säulen mit reich gestalteten Kapitellen auf, doch der Grundriss mit dem großen, zum Hof hin offenen Empfangssaal ist von achämenidischen Vorbildern bzw. vom persischen Liwan abgeleitet. Die übrigen Verwaltungs-, Wohn- und Wirtschaftsräume des Palastes sind ebenfalls im Wesentlichen orientalisch.

Orientalisch geprägt sind auch die Grundrisse der Privathäuser von Ai Khanoum. Allen gemeinsam ist zwar das griechische Badezimmer, es war aber viel einfacher gestaltet als die Vorbilder aus dem Mittelmeerraum. Auch die Heiligtümer gehen auf orientalische Bautypen zurück.

Das gewaltsame Eindringen der Nomadenstämme 145 v. Chr. führte zur Zerstörung des Palastes mit seinen Schatzkammern und zur Vertreibung der Griechen aus Ai Khanoum. Gegen 135 v. Chr. kam es zum endgültigen Niedergang und zur Verwandlung in eine Ruinenstätte, die 1964–1980 von einem französischen Team ausgegraben wurde.

Lit.: Lauter 1986, 282ff.; Tissot 2006, 23; Cambon 2007, 24ff. 55ff. 146f.   C.B.

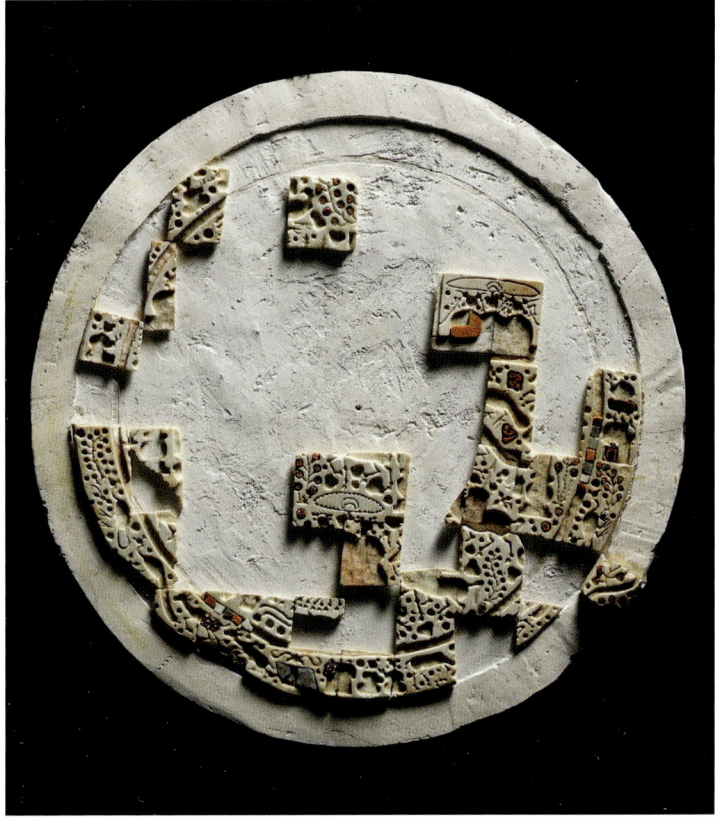

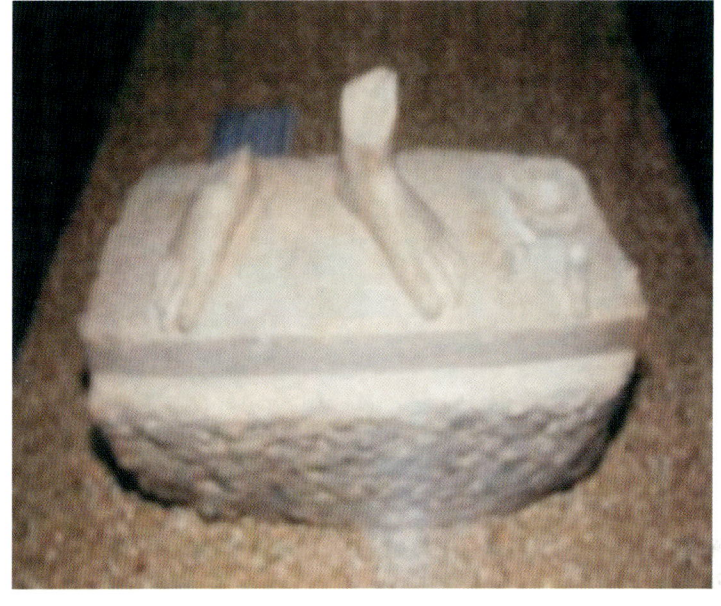

Kat. Nr. 223
Indische Platte (Gipsabguss)

Afghanistan, Ai Khanoum, 20. Jahrhundert (Abguss nach einem Original des 2. Jhs. v. Chr.)
Gips, Kunstharz; Original: Muschel, mit Einlagen aus farbigem Glas und Goldauflagen, H. 30 cm, Br. 30 cm, Dm. der Platte 20,5 cm
Paris, Musée national des Arts Asiatiques-Guimet, Inv. Nr. S.N.Afgh.

Das Original der runden Platte stammt aus der Schatzkammer des Palastes von Ai Khanoum und wird ins 2. Jh. v. Chr. datiert. Claude Rapin unterzog 1992 die überaus lückenhaft erhaltene Platte, auf der man einen Park, Tiere und ein königliches Gefolge erkennt, einer gründlichen Studie. Er sah in der Darstellung die indische Legende vom König Dusyanta und von Sakuntala und rekonstruierte dahingehend die fehlenden Teile. Als Zierrat oder als Rückseite eines Spiegels gedacht, ist die Platte mit Goldauflagen und Einlagen aus Glas in Zellen-Technik verziert. Sie ist eines der ältesten Beispiele der figürlichen indischen Kunst aus Afghanistan und belegt die Beziehungen zwischen den Griechen in Baktrien und Indien.

Lit.: Rapin 1992, 185ff., 358ff. Taf. 86–95, 121–124. P.C.

Kat. Nr. 224
Sockel mit Rest einer Skulptur

Afghanistan, Ai Khanoum, 3.–2. Jh. v. Chr.
Marmor
Kabul, National Museum of Afghanistan, o. Inv. Nr.

Von einer aus Marmor gefertigten, wohl griechisch geprägten Skulptur sind nur noch zwei nackte Füße erhalten, die auf einem Sockel stehen. Rechts neben den Füßen erkennt man eine kreisförmige Einlassung auf der Oberseite des Sockels sowie drei Reste eines auf dem Boden stehenden, nicht näher bestimmbaren Gegenstands.
Es ist ungewiss, ob es sich hierbei um den Rest eines Akrolithons handelt, einer Statue, bei der die nackten Teile (Gesicht, Hände, Füße) aus Stein gehauen sind, während der restliche Körper aus Holz oder Ton gefertigt wurde. Über dem Körper wurden aus Metall geformte Gewänder befestigt. Diese Technik war von den graeco-baktrischen Bildhauern in Ai Khanoum übernommen und in Zentralasien verbreitet worden.

Lit.: Vgl. auch AK Paris 2007, 64. C.B.

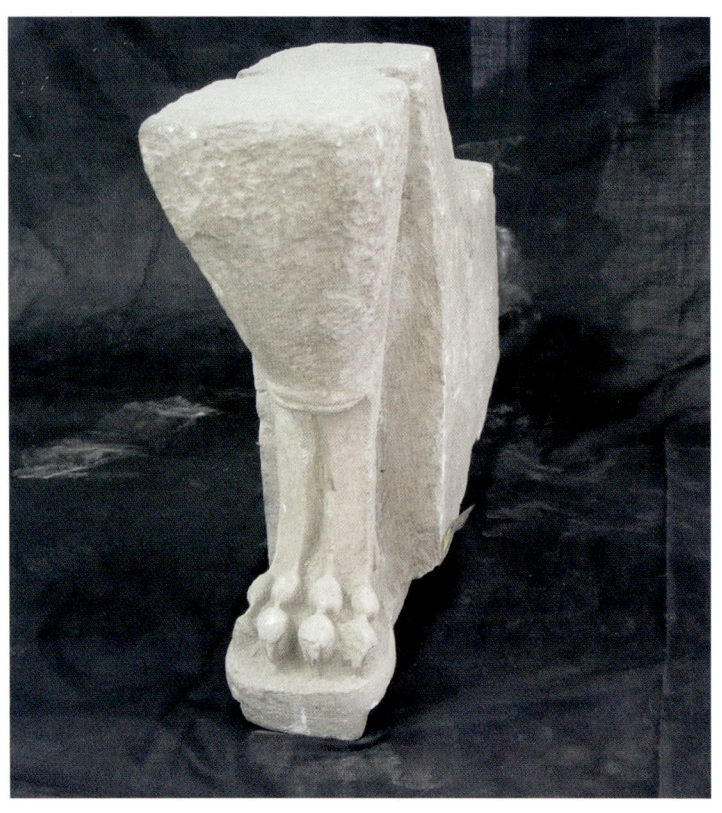 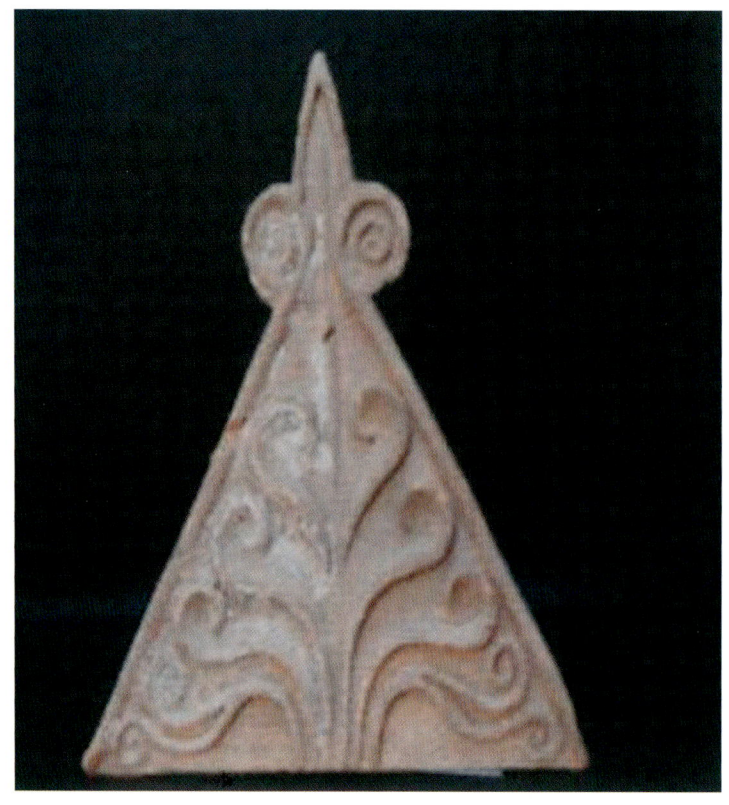

Kat. Nr. 225
Stütze einer Bank

Afghanistan, Ai Khanoum, 3.–2. Jh. v. Chr.
Kalkstein, H. 40,5 cm, Br. 14 cm, T. 63 cm
Kabul, National Museum of Afghanistan, Inv. Nr. 05.42.36

Der vordere Teil der fragmentarisch erhaltenen Bankstütze ist als stilisiertes Löwenbein mit Pranke gestaltet.

Lit.: Tissot 2006, 38 (He.p.AK.G.73.5a&b). C.B.

Kat. Nr. 226
Antefix mit Palmettendekor

Afghanistan, Ai Khanoum, 3.–2. Jh. v. Chr.
Ton, gebrannt, H. ca. 38 cm, Br. 35 cm, T. 45 cm
Kabul, National Museum of Afghanistan, Inv. Nr. 05.42.83/1

Zu den Dachrandverkleidungen und Firsten griechischer Bauten gehören mit Palmetten oder Löwenköpfen verzierte Stirnziegel (*Antefixe*) aus Ton. Auch am Palast von Ai Khanoum fanden sich diese unteren Abschlüsse der Überdachung.

Das dreieckige Antefix wird von einem Palmetten-Ornament geschmückt und von einer lanzettförmigen Spitze bekrönt. Rechts und links von dieser Spitze rollen sich die seitlichen Begrenzungsgrate des Antefixes zu Voluten ein.

Lit.: Tissot 2006, 24 zu einem ähnlichen Stück (He.P.AK.H.33,1). C.B.

DIE HELLENISTISCHE STADT AI KHANOUM

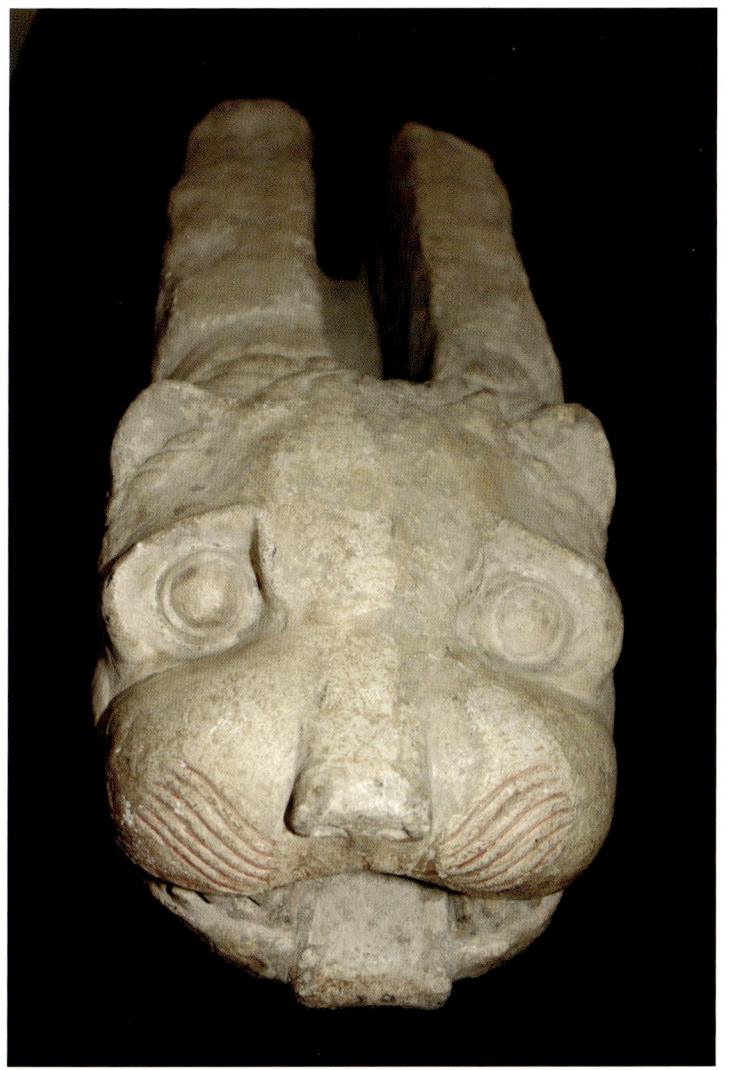

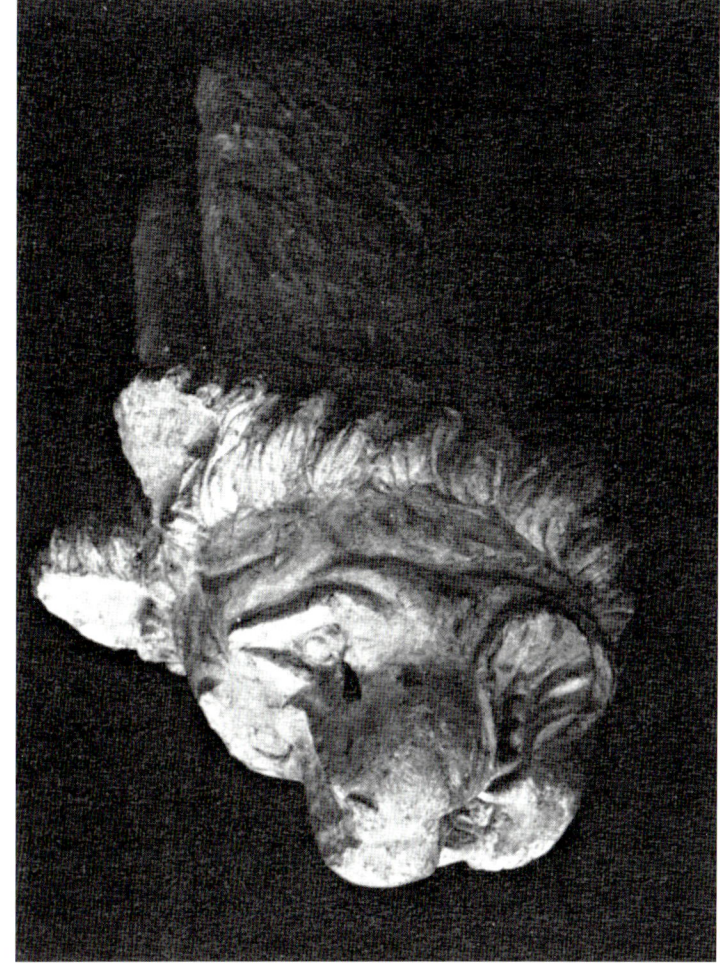

Kat. Nr. 227
Wasserspeier

Afghanistan, Ai Khanoum, 3.–2. Jh. v. Chr.
Stein, H. 13,5 cm, Br. 11 cm, L. 23 cm
Kabul, National Museum of Afghanistan, Inv. Nr. 07.42.647

Seit dem 6. Jh. v. Chr. waren in Griechenland Löwenköpfe als Wasserausgüsse am Dachrand von Tempeln, aber auch an Quellen, großen Brunnenanlagen und kleineren Wasserbecken verbreitet. Die Gestaltung des Kopfes hängt dabei von der Verwendung als reines Schmuckglied oder als wirklicher Wasserspeier ab.

Bei dem aus Ai Khanoum stammenden Löwenkopf ist deutlich die Ablaufrinne für das Regenwasser erkennbar. Am maskenartig wirkenden Kopf ist die Mähnenkrause, in der die kleinen Ohren sitzen, nur sehr flach angegeben. Die großen runden Augen liegen in rechteckig angelegten Höhlen, die Schnauze ist flächig in die Breite gezogen. Von der Nase mit ihrem breiten Rücken gehen Furchen schräg nach oben aus, in denen man Farbreste erkennt. Aus dem geöffneten Maul hängt die Zunge heraus.

Lit.: Tissot 2006, 29 zu einem Exemplar mit ähnlich geformter Rinne (He.p.AK.T.52.6); Mertens-Horn 1988, 16ff.
C.B.

Kat. Nr. 228
Hundekopf-Wasserspeier

Afghanistan, Ai Khanoum, 3.–2. Jh. v. Chr.
Kalkstein, H. 17 cm, L. 47 cm
Kabul, National Museum of Afghanistan, Inv. Nr. 08.42.649

Als Teil von Dachrandverkleidungen waren seit der Archaik Löwenköpfe als Wasserspeier geradezu kanonisch. Erst in späteren Jahrhunderten wurden in anderen Regionen Wasserausgüsse auch in Form von unterschiedlichen Tierköpfen gestaltet. Das in Ai Khanoum gefundene Exemplar gibt den Kopf eines Hundes mit zottiger Mähne und spitzen Ohren wieder. Die Brauen über den großen geweiteten Augen sind steil nach oben gezogen. Im geöffneten Maul dominieren die mächtigen Fangzähne, während die Lefzenkrausen auf ihrer Oberfläche rot bemalt sind.

Lit.: Vgl. auch Tissot 2006, 41 (He.p.AK.F.78.2a&b); Mertens-Horn 1988, 16ff.
C.B.

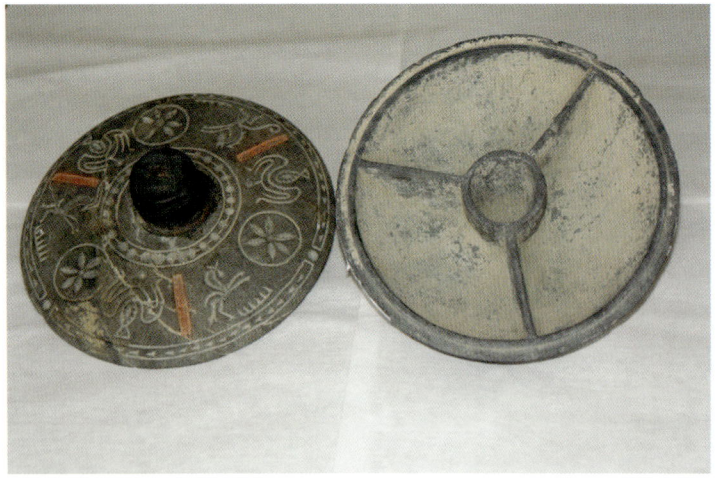

Kat. Nr. 229
Deckelschale (*Pyxis*)

Afghanistan, Ai Khanoum, 3.–2. Jh. v. Chr.
Schiefer, Dm. 19 cm (Schale), 10,5 cm (Deckel)
Kabul, National Museum of Afghanistan, Inv. Nr. 05.42.648

Unter den Funden aus Ai Khanoum gibt es zahlreiche Dosen (*Pyxiden*) aus grau-blauem Schiefer, deren Deckel mit Einlagen aus andersfarbigen Steinen und eingeritzten Elementen verziert sind. Allen gemeinsam ist ferner die innere Aufteilung der tiefen Schale in „Kammern". Die Mitte wird von einem Zylinder gebildet. Von diesem gehen radial drei Stege aus und unterteilen die restliche Fläche. Solche Deckelschalen sind direkte Vorläufer von buddhistischen Reliquiarbehältern.

Die Oberseite des hier gezeigten Deckels ist am Rand und um den runden Knauf jeweils mit einem Schmuckband versehen. Zwischen den beiden Bändern sind im Wechsel springende Pferde, von einem Kreis umfasste Rosetten und eine offenbar anthropomorphe Figur mit erhobenen Armen wiedergegeben, unterteilt von drei in rotem Stein eingelegten Balken, die die Dreiteilung im Inneren der Schale wieder aufnehmen.

Lit.: Tissot 2006, 32f. 46, 48; AK Paris 2007, 63, 154f. (zu anderen Beispielen für diese Pyxiden); AK Bonn 2008, 78 (buddhistisches Reliquiar). C.B.

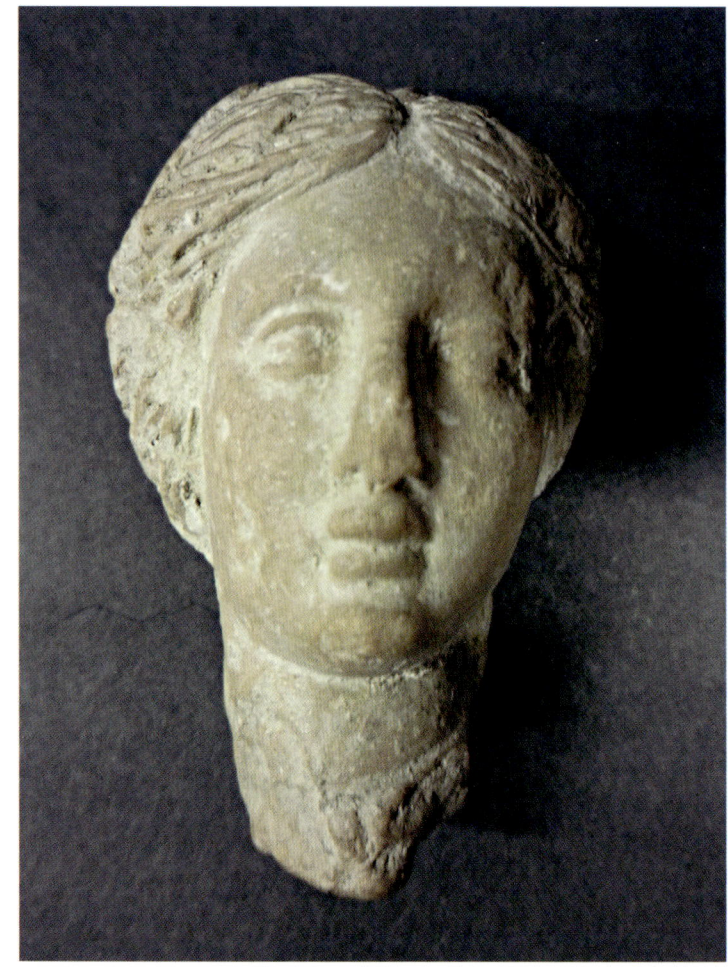

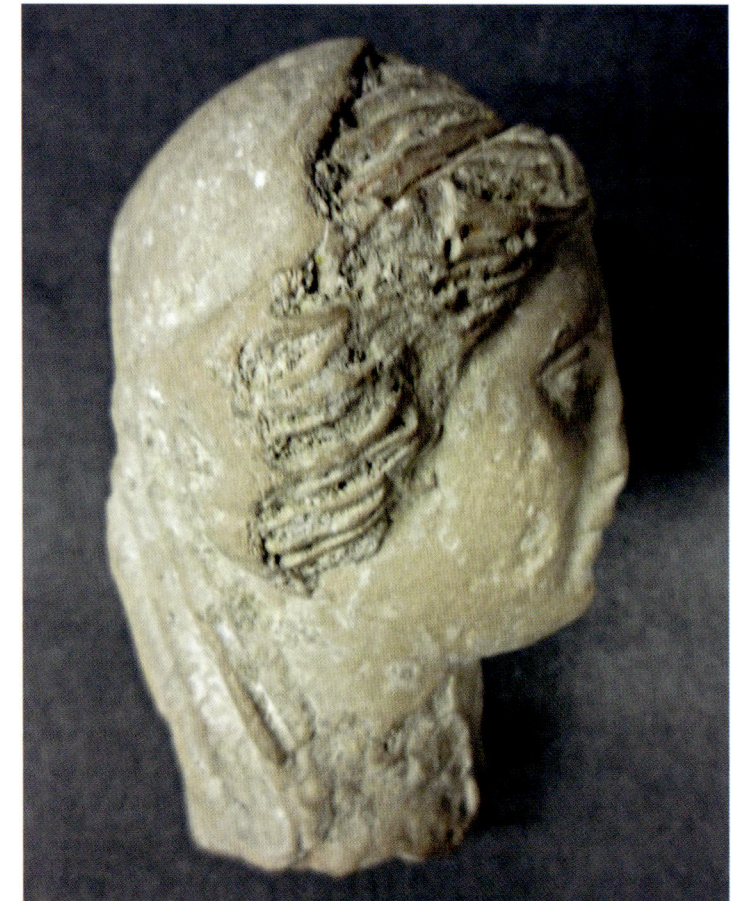

Kat. Nr. 230
Fragment einer Terrakottafigur: Kopf einer verschleierten Frau

Afghanistan, 3.–2. Jh. v. Chr.
Rosefarbener Ton, gebrannt, H. 7,3 cm, Br. 4,6 cm, T. 4,6 cm
Rom, Museo Nazionale d'Arte Orientale „Giuseppe Tucci", Inv. Nr. 13152/16543

Kopf einer Frau in Vorderansicht. Das Gesicht ist vollständig eingerahmt von einem Haarkranz, der durch ein Band und einen gefältelten Schleier zurückgehalten wird. Dieses Exemplar, wie auch das Folgende, verweist auf die Frauendarstellungen in der Koroplastik der hellenistischen Epoche, besser bekannt aus den Produktionszentren von Tanagra (Böotien) und Myrina (Kleinasien) vom 4.–1. Jh. v. Chr. Die dort produzierten Stücke, die votiven sowie vornehmlich funerären Charakter besaßen, erfuhren sowohl im Westen als auch im Osten weite Verbreitung und trugen in den verschiedenen Gebieten zur Ausbildung eines Kunsthandwerkes bei, dessen lokale Traditionen durch den hellenistischen Beitrag vermittelt worden zu sein scheinen. Der Frauenkopf wurde per Hand und mit der Matrize hergestellt und weist an der Oberfläche zahlreiche Reste eines hellen Kalküberzugs auf.

Lit: Karvonen-Kannas 1995, Nr. 577; D'Amore 1997, 102–111 Nr. 8; AK Turin 2007, Nr. 129.   P.P.

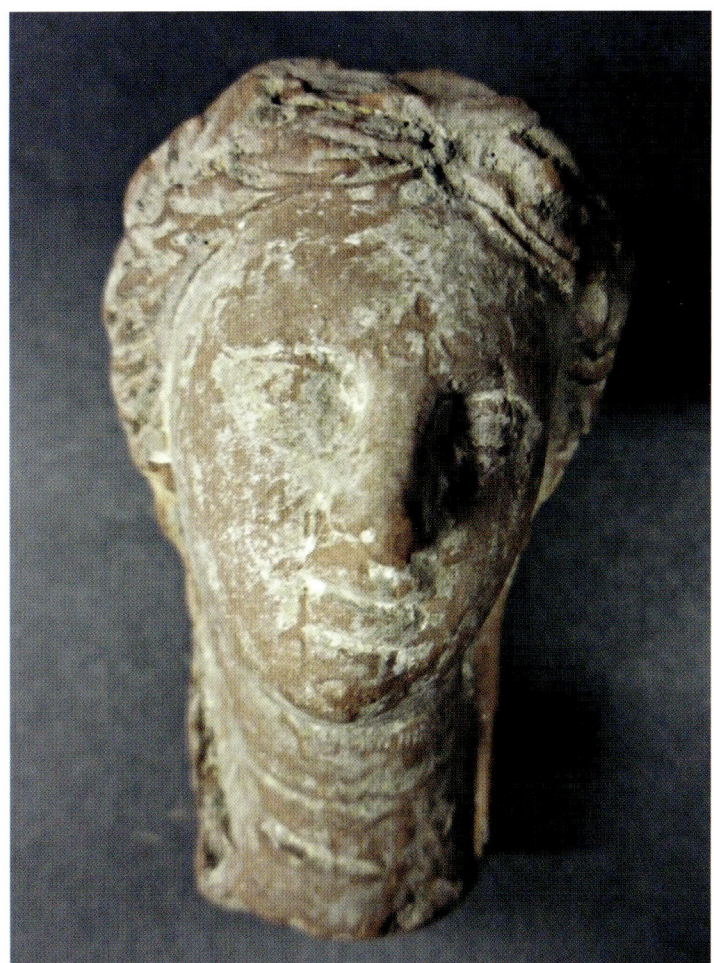

Kat. Nr. 231
Fragment einer Terrakottafigur: Kopf einer verschleierten Frau

Afghanistan, 3.–2. Jh. v. Chr.
Rötlicher Ton, gebrannt, H. 7,4 cm, Br. 4,2 cm, T. 5,6 cm
Rom, Museo Nazionale d'Arte Orientale „Giuseppe Tucci", Inv. Nr. 13153/16544

Kopf einer Frau in Vorderansicht mit einer leichten Wendung zur linken Seite, das Gesicht hat regelmäßige Züge. Das in Strähnen nach hinten geführte Haar ist gescheitelt und im Nacken zusammengefasst. Von der Kopfspitze fällt ein Schleier in breiten Falten in den Nacken herab. Stilistisch manifestiert sich der hellenistische Naturalismus in der vollen Plastizität des Gesichtes mit einem Feingefühl, das in der Tradition der alexandrinischen und kleinasiatischen Produktionszentren zu beobachten ist. Auf die bekannte Werkstatt in Myrina (Kleinasien) verweist gleichermaßen die Gestaltung des schweren Schleiers, welcher das Gesicht einrahmt. Bei den ältesten Exemplaren wurde der Körper im allgemeinen aus der Form gedrückt, während der Kopf per Hand geformt und mit einem Stäbchen bearbeitet wurde, wie dies auch hier die Ausarbeitung des Haares nahe legt.

Lit.: Mollard-Besques 1963, Nr. 208h, 211i; D'Amore 1997, Nr. 7; AK Turin 2007, Nr. 130.   P.P.

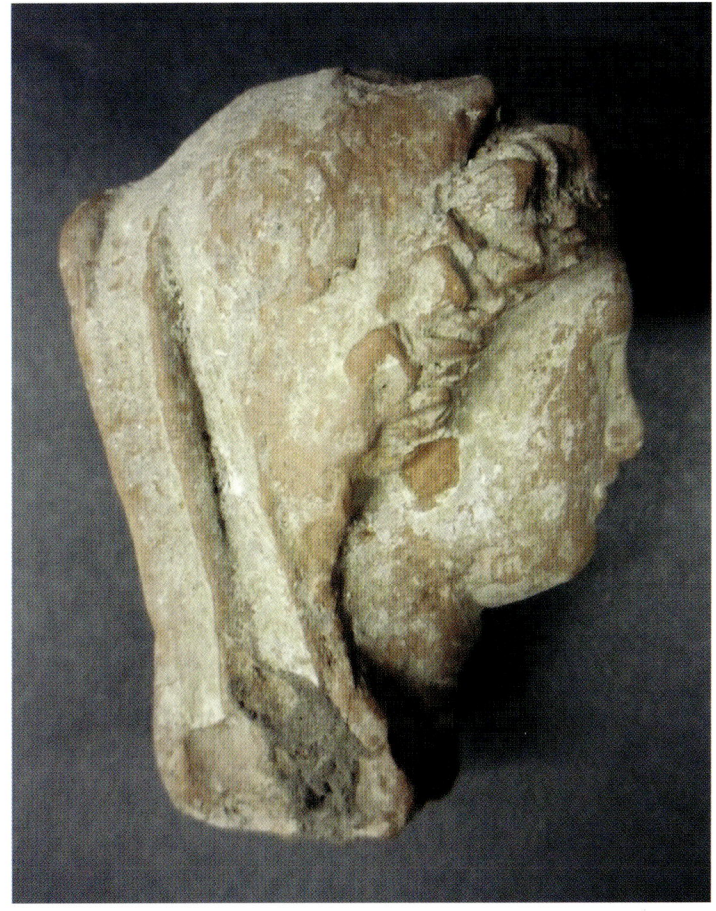

DER OXOS-TEMPEL IN TACHTI SANGIN

Der Oxos-Tempel liegt im Südwesten Tadschikistans, dort wo die Flüsse Wachsch und Pjandsch ineinander münden und den Amu-Darja, den antiken Oxos, bilden. Das Heiligtum befindet sich inmitten einer antiken, heute Tachti Sangin („steinerner Thron") genannten Siedlung, die sich über zwei Kilometer an der Flussaue des Amu-Darja hinzieht.

Die dortigen Ausgrabungen begannen 1976, damals noch als Gemeinschaftsprojekt des Orient-Instituts der Akademie der Wissenschaften in Moskau, der Eremitage in Leningrad (heute St. Petersburg) und der Akademie der Wissenschaften Tadschikistans. Nach insgesamt 13 Kampagnen mussten die Arbeiten abgebrochen werden, als sich Tadschikistan im Jahr 1991 – genau wie die anderen zentralasiatischen Republiken – von der Sowjetunion löste. Nach der Unabhängigkeit herrschte in Tadschikistan ein teils heftig geführter Bürgerkrieg. Die Ausgrabungen konnten deshalb erst im Jahr 1998 wieder aufgenommen werden. Sie werden nun von der Akademie der Wissenschaften Tadschikistans gemeinsam mit dem Miho-Museum in Japan durchgeführt und stehen unter der Leitung von Anjelina Drujinina.

Der Oxos-Tempel wurde am Beginn der hellenistischen Epoche gegründet. Wie verschiedene im Heiligtum gefundene Inschriften belegen, war er dem Oxos geweiht, bei dem es sich um einen Flussgott gehandelt haben muss. Der Tempel wurde aus Lehmziegeln errichtet und ist etwa 50 x 70 m groß. Seine Räume gruppieren sich um einen zentralen durch vier Säulen gestützten Saal. Von diesem gehen verschiedene gammaförmige Korridore aus. Den zentralen Saal betrat man durch einen dreiseitig umschlossenen Vorhof, dessen Dach durch Säulen getragen wurde. Nördlich und südlich dieses Vorhofs schließen Räumlichkeiten mit quadratischem Grundriss an, östlich ein großer *Temenos* (Kultbezirk), der in einer späteren Bauphase durch Mauern zu einem geschlossenen Hof umgebaut wurde. Der Zugang zum Heiligtum erfolgte über eine gepflasterte Straße, welche die Temenosmauer im Osten durchschneidet und von dort in Richtung des Amu-Darja verläuft, an dessen Ufern es in der Antike sicher eine Anlegestelle gegeben hat.

Innerhalb des heiligen Bezirks, vor allem in den Korridoren des Tempels, wurden die Reste von zahlreichen Weihgaben gefunden, die hier in eigens angelegten Gruben (so genannten *Bothroi*), aber auch oberirdisch deponiert wurden – offenbar nachdem sie aus dem zur Präsentation im Heiligtum gedachten Bestand ausgesondert wurden. Die Datierung dieser Weihgaben weist auf eine Nutzung des Heiligtums vom 3. Jh. v. Chr. bis ins 3. Jh. n. Chr. Der Tempelbetrieb wurde also noch aufrechterhalten, nachdem das graeco-baktrische Reich zusammengebrochen war und die Kuschan über Baktrien herrschten.

G.L.

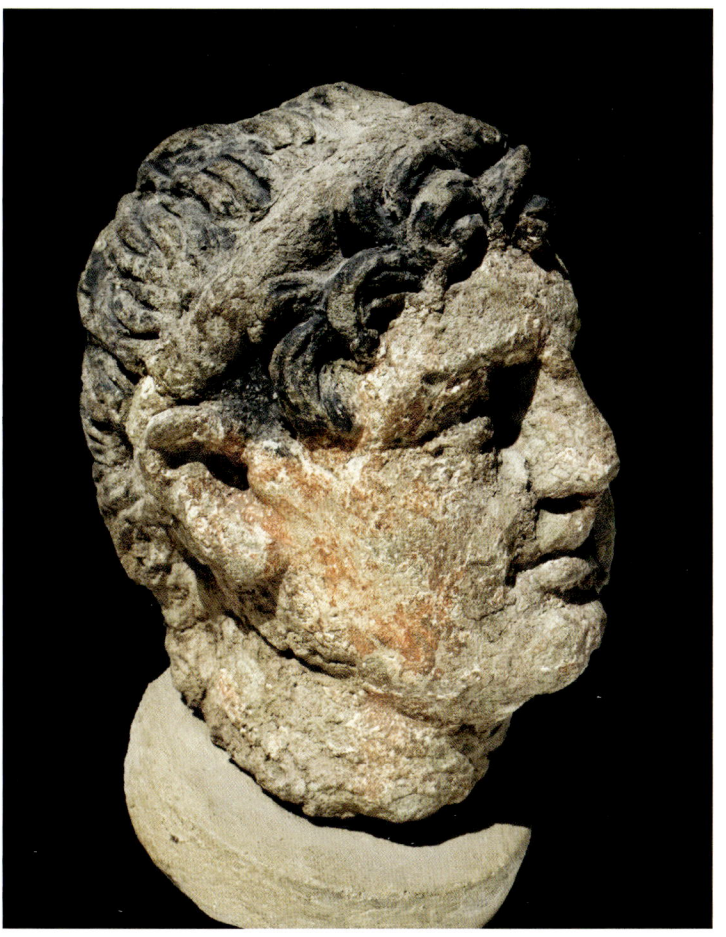 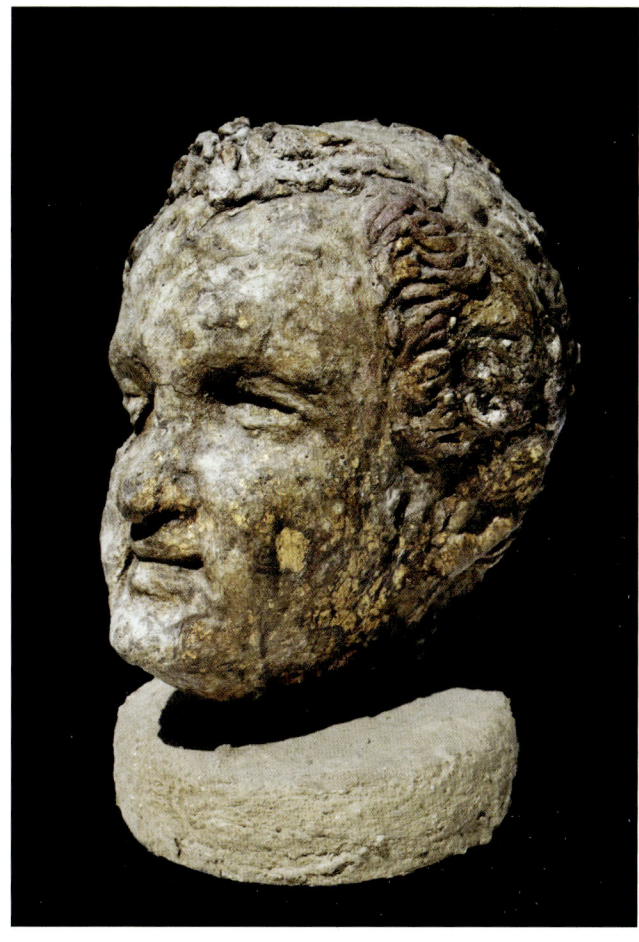

Kat. Nr. 232
Porträt eines seleukidischen oder graeco-baktrischen Herrschers

Tadschikistan, Oxos-Tempel, Korridor 2, Weihgabesammlung 4, 3.–2. Jh. v. Chr.
Ton, ungebrannt mit Stucküberzug und farbiger Bemalung, H. 14 cm, Br. 10,5 cm, T. 12,5 cm
Duschanbe, Nationalmuseum der Antike Tadschikistans, Inv. Nr. M 7257

Der Kopf gehörte ehemals zu einer etwa halblebensgroßen, aber nicht erhaltenen Statue. Er lagerte mit einer ganzen Reihe von Skulpturfragmenten in einem der hinter dem zentralen Saal des Oxos-Tempels liegenden Korridore. Die aus ungebranntem Ton bestehenden Fragmente wurden im Block geborgen und nach Duschanbe transportiert, wo sie vorsichtig präpariert und mit einer festigenden Lösung getränkt wurden. Die Fehlstellen wurden mit einem dem originalen Material entsprechenden Ton ausgeglichen. Die rechte Gesichtshälfte des Porträts ist gut erhalten, die linke jedoch infolge der Lagerung im Boden verdrückt. Das Gesicht ist mit einer rötlichen, die Haare mit einer schwarzen Farbe gefasst. Die im Haar liegende wulstförmige Binde zeigt, dass es sich um ein Herrscherbildnis handelt. Das schwere Kinn und die unter der kräftigen Stirn tief liegenden Augen lassen sich gut mit den Münzporträts des Seleukos I. (301–281 v. Chr.) verbinden, doch muss eine Benennung letztlich offen bleiben.

Lit.: Litwinski/Pitschikjan 1980, 64 Abb. 6; Litwinski/Pitschikjan 1981a, 155 Taf. 3; Litwinski/Pitschikjan 1981b, 204f. Abb. 9; AK Duschanbe 1985, Kat. Nr. 209 Abb. S. 93; AK Zürich 1989, 42 Nr. 13; Litwinski 2004, 38ff. Abb. 3–5.   G.L.

Kat. Nr. 233
Porträt eines seleukidischen oder graeco-baktrischen Herrschers

Tadschikistan, Oxos-Tempel, Korridor 6, 3.–2. Jh. v. Chr.
Ton, ungebrannt mit Stucküberzug, farbiger Bemalung und Blattgoldauflage, H. 13,5 cm, Br. 10,5 cm, T. 13,5 cm
Duschanbe, Nationalmuseum der Antike Tadschikistans, Inv. Nr. TS 4002/1091

Mit spitzem und schmalem Kinn, der langen Nase und der hohen Stirn unterscheiden sich die Gesichtszüge dieses Herrschers sehr stark von Kat. Nr. 232. Welcher Herrscher gemeint ist, muss auch hier letztlich offen bleiben, doch ist aufgrund der hohen Stirn mit tiefen Geheimratsecken an Antiochos III. (223–187 v. Chr.) zu denken. Einer der Ausgräber schlug dagegen eine Benennung als graeco-baktrischer König vor. An diesem Kopf sind zahlreiche Reste von Blattgold erhalten, das im Gesicht direkt auf den Ton, am Haar auf einen rötlichen Malgrund aufgelegt war. Der Kopf dieses Mannes war also ursprünglich vollkommen mit Blattgold überzogen, so dass die Skulptur mit diesem glänzenden Überzug wie eine polierte Bronzestatue ausgesehen haben mag. Auch wenn die beiden Porträts Kat. Nr. 232 und Kat. Nr. 233 nur etwa halblebensgroß sind, so belegen sie doch, dass die Sitte, Statuen der Herrscher in die Heiligtümer zu weihen, im hellenistischen Osten ebenso praktiziert wurde wie im Mittelmeergebiet.

Lit.: Pitschikjan 1991, 189ff. Abb. 34–35; Litwinski 2004, 42ff. Abb. 6-9; AK Duschanbe 2005, Abb. S. 101 Nr. 13.   G.L.

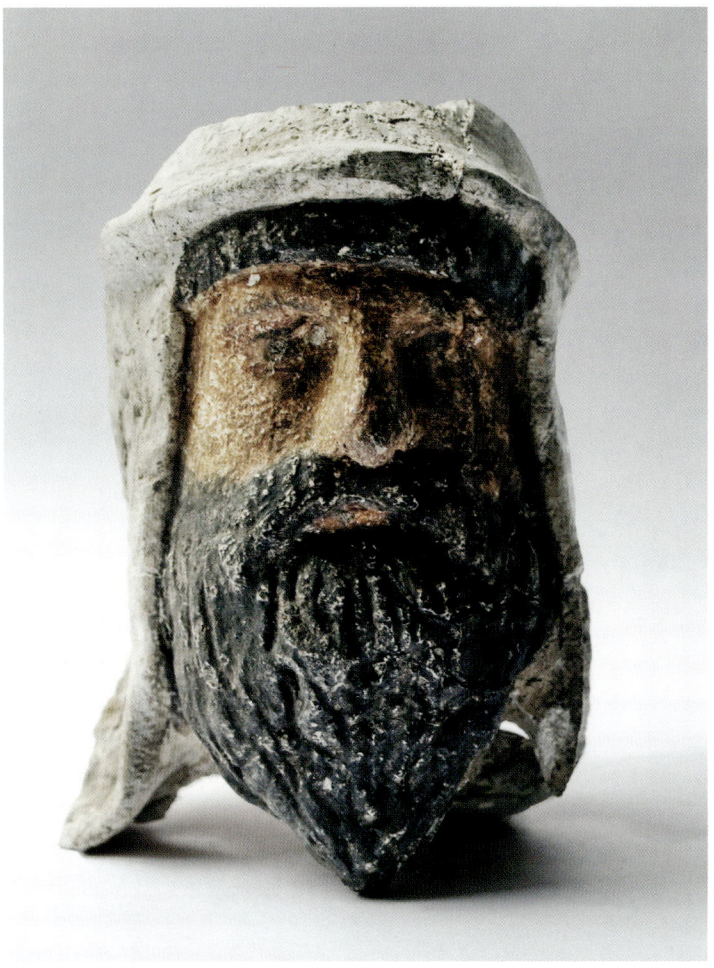
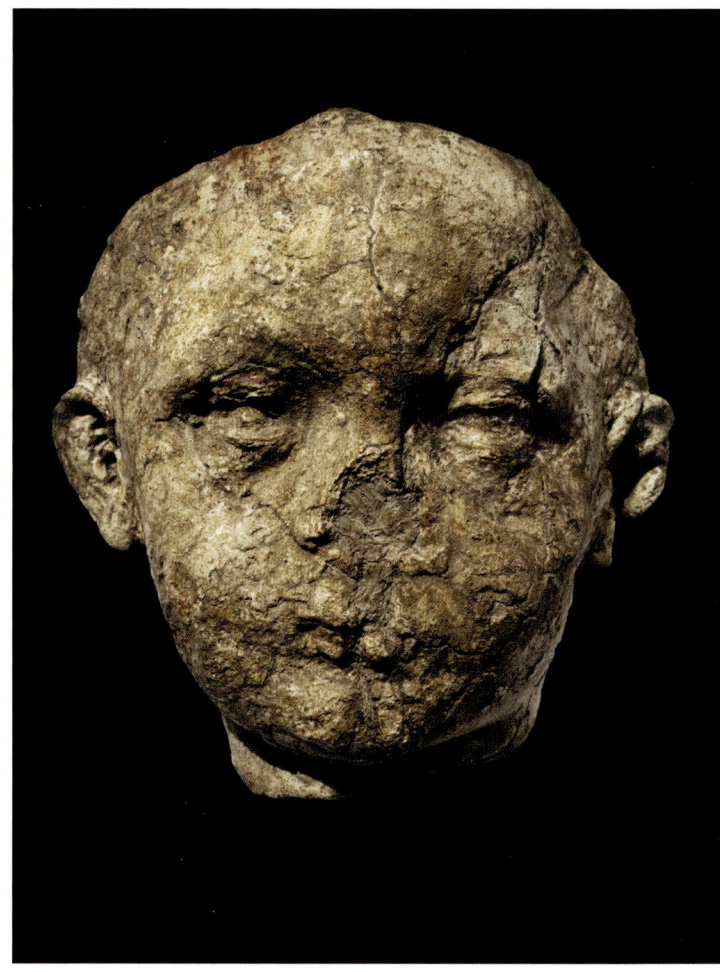

Kat. 234
Bildnis eines graeco-baktrischen Fürsten

Tadschikistan, Oxos-Tempel, Korridor 2, Weihgabesammlung 4, 3.–2. Jh. v. Chr.
Ton, ungebrannt mit Stucküberzug und farbiger Bemalung, H. 10,5 cm; Br. 7,4 cm (auf Höhe der Stirn), T. 6 cm
Duschanbe, Nationalmuseum der Antike Tadschikistans, Inv. Nr. M 7258

Das etwa ein Drittel der Lebensgröße messende Bildnis zeigt einen Mann mit spitzem Vollbart. Er trägt eine weiße turbanartige Kopfbedeckung mit langen Wangenklappen. Die Spitze dieser *kyrbasia*, eine von zahlreichen Darstellungen bekannte, typisch persische Mütze, sowie die Enden der auf den Schultern aufliegenden Wangenklappen sind nicht erhalten. Vom Gesicht ist nur ein schmaler durch Stirnhaare, die Wangenklappen und den Bart begrenzter Streifen zu sehen. Augenbrauen und -lider sind durch schwarze Linien markiert, im weiß gefassten Augapfel sticht die graue Iris mit der dunklen Pupille deutlich hervor.

Lit.: AK Duschanbe 1985, Kat. Nr. 205; AK Zürich 1989, 40 Nr. 12; AK Duschanbe 2005, Abb. S. 100 Nr. 11. G.L.

Kat. Nr. 235
Bildnis eines Jungen

Tadschikistan, Oxos-Tempel, Korridor 2, Weihgabesammlung 4, 3.–2. Jh. v. Chr.
Ton, ungebrannt mit Stucküberzug, H. 16 cm, Br. 9,5 cm (Wangen), 15 cm (Ohren), T. 6,5 cm
Duschanbe, Nationalmuseum der Antike Tadschikistans, Inv. Nr. M 7256

Der pausbäckige Junge hat ein volles Gesicht mit einer breiten Nase, deren Spitze leider nicht erhalten ist. Über den Ohren sind noch Ansätze seines lockigen Haares zu erkennen. Obwohl sich im Falle dieser Tonskulptur keine Farbspuren bewahrt haben, muss doch von einer ursprünglichen Bemalung ausgegangen werden.
Der Kopf ist eines von zwei im Oxos-Tempel gefundenen Kinderbildnissen und gehörte möglicherweise wie Kat. Nr. 237 zu einer Familienweihung. Das Bildnis ist ein schönes Beispiel für die Beliebtheit, die Darstellungen von Kindern und Kleinkindern vor allem seit hellenistischer Zeit genossen.

Lit.: AK Duschanbe 1985, Kat. Nr. 208; AK Zürich 1989, 40 Nr. 11. G.L.

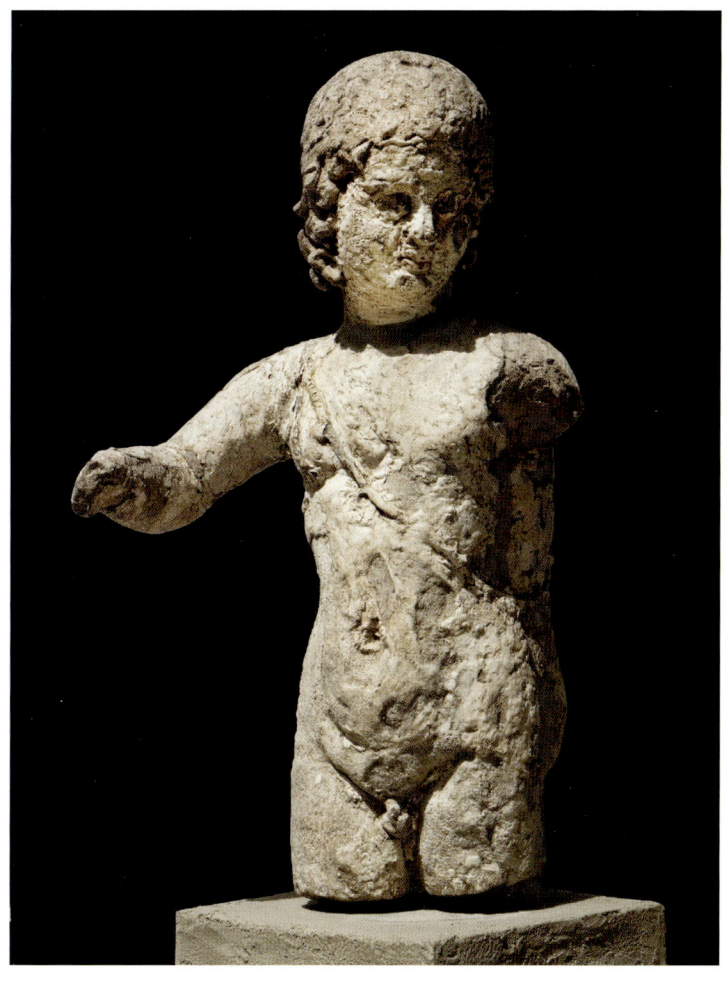
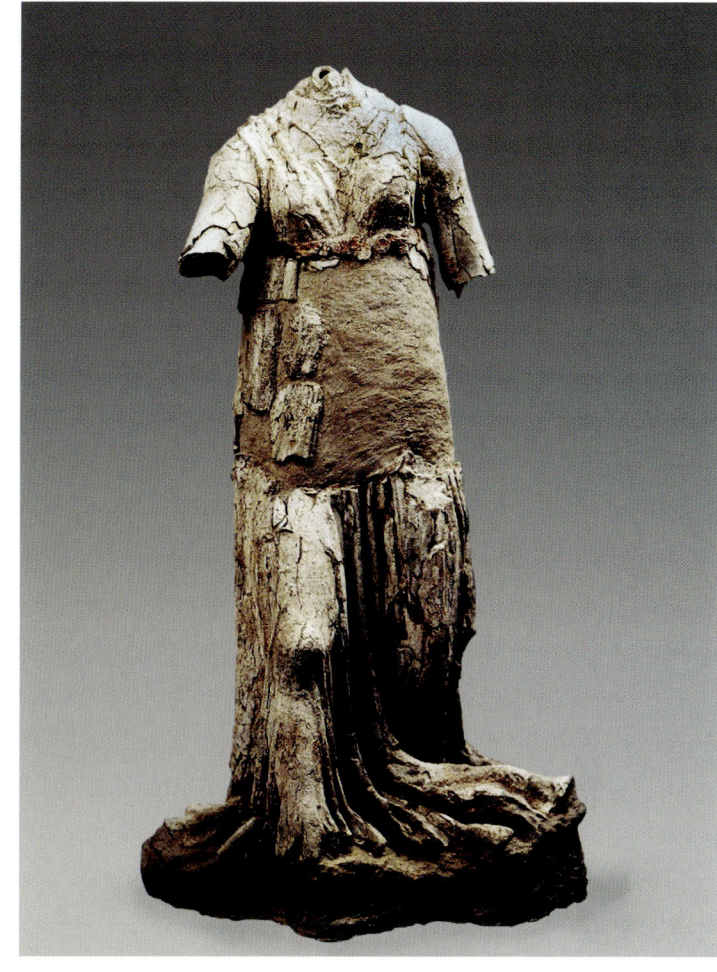

Kat. Nr. 236
Figur eines jungen Gottes (Apollon) oder Erot

Tadschikistan, Oxos-Tempel, Korridor 2, Weihgabesammlung 4, 3.–2. Jh. v. Chr.
Ton, ungebrannt mit Stucküberzug und Resten farbiger Bemalung, H. 32,2 cm, Br. 23 cm (auf Höhe des Unterarms)
Duschanbe, Nationalmuseum der Antike Tadschikistans, Inv. Nr. M 7109

Die einst farbig gefasste Figur hatte das rechte Bein leicht vorgestellt, die Rechte vorgestreckt und den linken Arm am Körper herabgeführt. Die Nacktheit lässt auf ein Bildnis eines griechischen Gottes schließen. Das quer über die Brust laufende Band, das der Befestigung eines (nicht erhaltenen) Köchers diente, ist ein Hinweis auf einen mit Pfeil und Bogen ausgestatteten Gott. In früheren Publikationen hat man hierbei aufgrund der halblangen, mit einem Band zusammengehaltenen Haare und der mit dem berühmten um 330/320 v. Chr. geschaffenen Apoll vom Belvedere vergleichbaren Haltung an Apollon gedacht. Die dicklichen und schwammigen Körperformen wurden dabei als Indiz für eine späthellenistische Entstehung der Figur gewertet. Ebenso gut könnte es sich aber um den Erosknaben handeln, den Begleiter der Aphrodite, der mit Pfeil und Bogen das süße Gift der Liebe verschießt und seit hellenistischer Zeit häufig mit kindlichen Körperformen dargestellt wurde.

Lit.: AK Duschanbe 1985, 91 Kat. Nr. 204 Abb. S. 74; AK Zürich 1989, 39 Nr. 10; AK Duschanbe 2005, Abb. S. 100 Nr. 10. G.L.

Kat. Nr. 237
Figur einer Frau in langem Chiton

Tadschikistan, Oxos-Tempel, Korridor 6, Weihgabesammlung 5, 3./2. Jh. v. Chr.
Ton, ungebrannt mit Stucküberzug und Resten farbiger Bemalung, H. 86 cm, Br. 48 cm (Plinthe), T. 40 cm (Plinthe)
Duschanbe, Nationalmuseum der Antike Tadschikistans, Inv. Nr. TS 4003, 4005, 4006/1091

Die unterlebensgroße weibliche Figur trägt einen weißen, unter der Brust mit einem leuchtend roten Band gegürteten *Chiton*, der in langen, um die Füße fächerförmig ausgebreiteten Falten ausläuft. Zwei weitere am selben Ort gefundene Statuenfragmente mit bis in die Details übereinstimmenden Gewandfalten deuten darauf hin, dass die Figur zu einer mindestens aus drei weiblichen Figuren bestehenden Gruppe gehörte. Möglicherweise repräsentierten die einzelnen Figuren die Mitglieder der stiftenden Familie. Die nahezu komplett erhaltene Figur veranschaulicht eindrücklich die Wirkung der Tonskulpturen, die dem im Mittelmeerraum verwendeten Marmor sehr nahegekommen sein muss. Die für den zentralasiatischen Raum charakteristische Verwendung von Ton erlaubte jedoch eine lebendigere Gestaltung der Oberfläche, was sich hier insbesondere an den teils sehr tief eingeschnittenen Gewandfalten ablesen lässt.

Lit.: AK Duschanbe 2005, Abb. S. 101 Nr. 12. G.L.

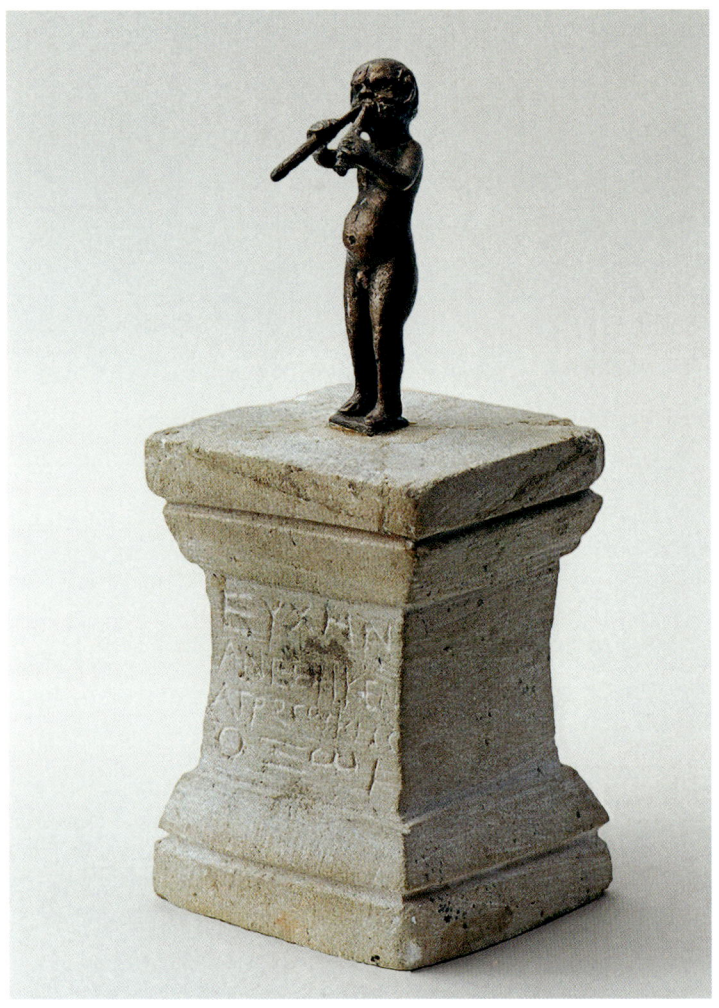 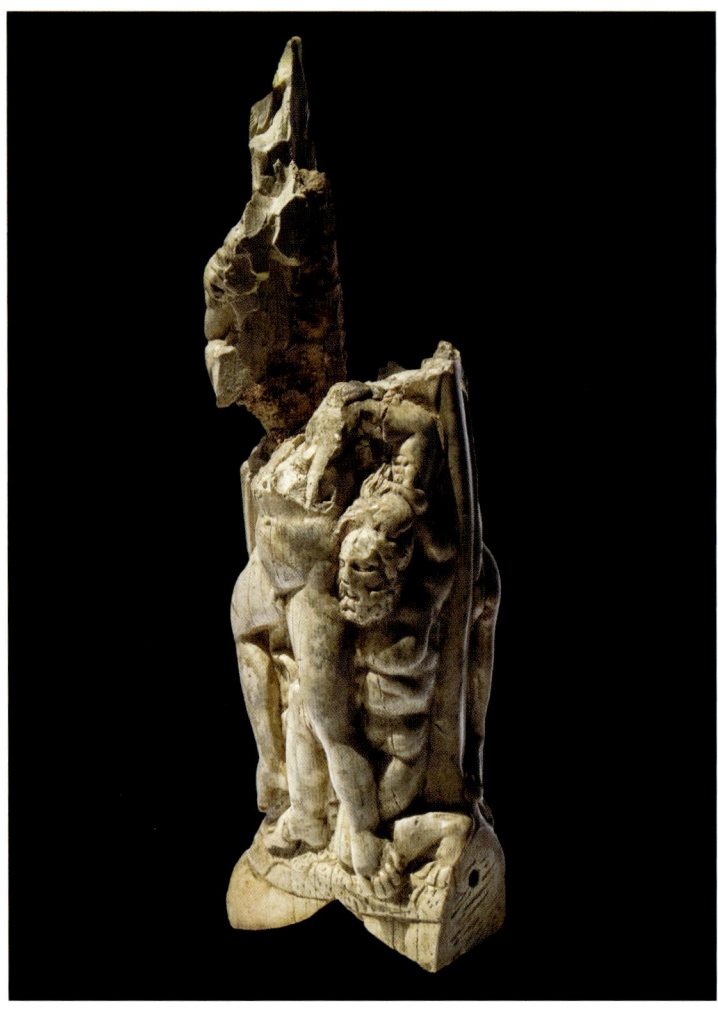

Kat. Nr. 238
Statuette eines Aulos blasenden Silens auf einem Sockel mit griechischer Inschrift (Gipsabguss)

Tadschikistan, Oxos-Tempel, Korridor 2, Weihgabesammlung 4, 3.–2. Jh. v. Chr.
Original: Bronze, Kalkstein, H. 16 cm, Br. 7,2 cm, T. 6,2 cm
Duschanbe, Nationalmuseum der Antike Tadschikistans, Inv. Nr. M 7010

Unter den im Oxos-Tempel gefundenen Weihgaben ist zweifellos diese kleine Statuette eines Flöte spielenden Silens am bedeutendsten. Die Bronzefigur steht auf einem profilierten Sockel aus Kalkstein, der die griechische Weihinschrift „einem Gelübde folgend weihte [dies] Atrosokes dem Oxos" trägt. Da Oxos als antike Bezeichnung des Amu-Darja bekannt ist, kann die Weihung nur einem Flussgott gleichen Namens gelten und erlaubt somit die Identifizierung des Heiligtums als Oxos-Tempel. Darüber hinaus ist die Statuette ein beeindruckendes Zeugnis für die Synthese von iranisch-baktrischen und griechischen Traditionen: Einheimisch baktrisch ist der verehrte Oxos, iranischen Ursprungs ist der Name des Stifters und eindeutig griechisch ist die Inschrift sowie die Ikonographie der Statuette.

Lit.: Litwinski/Pitschikjan 1980, 129–131; Litwinski/Pitschikjan 1980, 61ff. Abb. 4; Litwinski/Pitschikjan 1981a, 153f. Taf. 2; Litwinski/Pitschikjan 1981b, 202ff. Abb. 8; AK Duschanbe 1985, 93 Kat. Nr. 213 Abb. S. 79; AK Zürich 1989, 44 Nr. 14; AK Duschanbe 2005, Abb. S. 102 Nr. 14. G.L.

Kat. Nr. 239
Reliefierter Schwertgriff: Herakles kämpft mit einem Satyr

Tadschikistan, Oxos-Tempel, Korridor 2, Weihgabesammlung 3, 3.–2. Jh. v. Chr.
Elfenbein, H. 10,6 cm, Br. 3,2 cm, T. 3,1 cm
Duschanbe, Nationalmuseum der Antike Tadschikistans, Inv. Nr. M 7249

Der stark fragmentarisch erhaltene Schwertgriff besteht aus einem mit schmalen Lanzettblättern geschmückten Band, einer anschließenden Zone mit einer figürlichen Darstellung und einem schwalbenschwanzförmigen Griffende. Auf Vorder- und Rückseite des Griffes ist in weitgehender Übereinstimmung dieselbe Szene dargestellt: der Kampf zwischen Herakles und einem Satyrn. Herakles, nur mit seinem über der Brust geknoteten Löwenfell bekleidet, hat einen Satyr zu Fall gebracht. Er hält ihn an seinem Haarschopf fest, während er mit seiner hoch erhobenen knorrigen Keule zum Schlag ausholt. Der durch seine spitzen Ohren und den zwischen den Beinen des Herakles hervorscheinenden langen Schwanz charakterisierte Satyr wehrt sich verzweifelt, wird jedoch offenbar gleich durch den griechischen Helden endgültig bezwungen werden.

Lit.: Litwinski/Pitschikjan 1980, 78 Abb. 10; Pitschikjan 1981, 272f.; Litwinski/Pitschikjan 1981a, 157 Taf. 5; Litwinski/Pitschikjan 1981b, 207f. Abb. 12; AK Duschanbe 1985, 72, 89 Nr. 187 Abb. S. 72; AK Zürich 1989, 37 Nr. 8; Litwinski/Pitschikjan 1995, 129ff. Abb. 4–11; Litwinski/Pitschikjan 1999, 76f. Abb. 2. G.L.

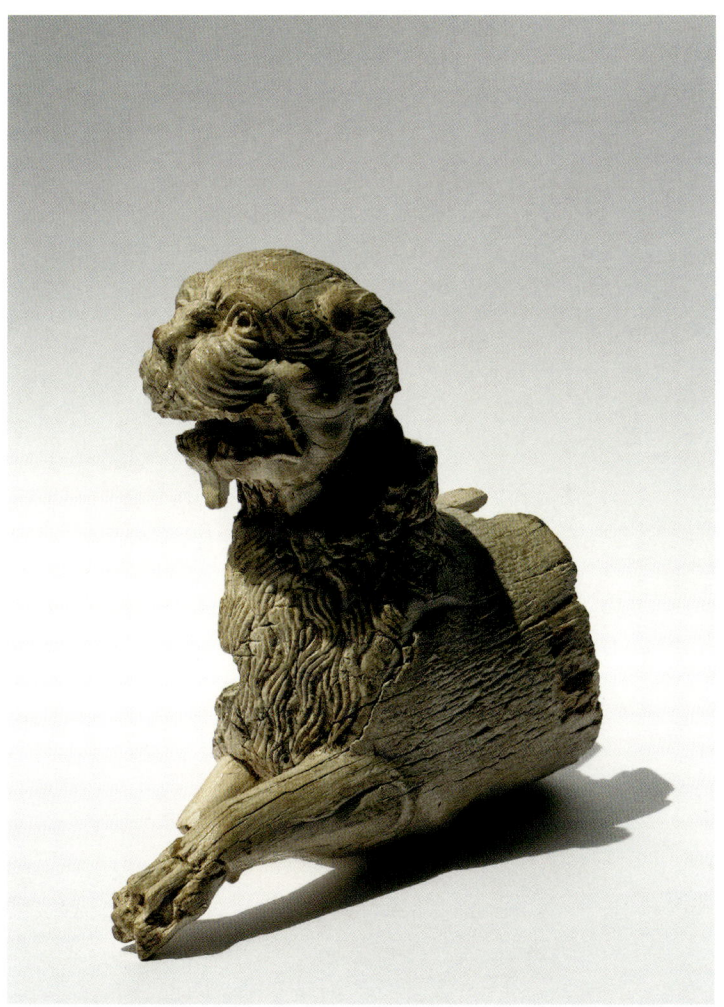
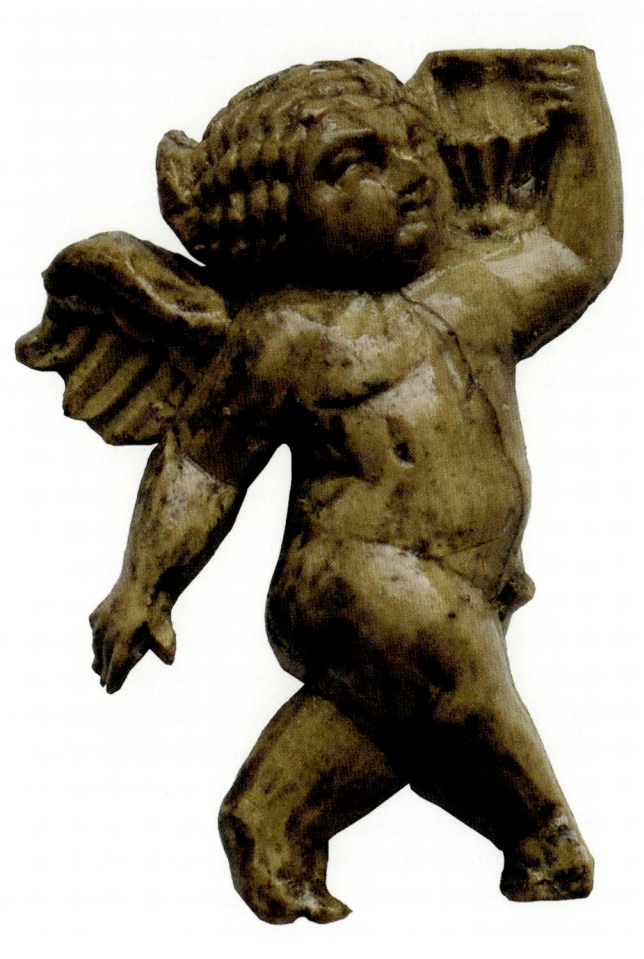

Kat. Nr. 240
Ausguss eines Rhytons in Gestalt einer Raubkatzenprotome

Tadschikistan, Oxos-Tempel, Korridor 3, 3.–2. Jh. v. Chr.
Elfenbein, H. 8,3 cm, Br. 3,9 cm, L. 8,9 cm
Duschanbe, Nationalmuseum der Antike Tadschikistans, Inv. Nr. M 7252

Die äußerst fein wie auch detailreich geschnitzte Raubkatze weist auf dem Kopf das kurze und glatte Fell eines Panthers, im Halsbereich die Mähne eines Löwen auf. Die Gefährlichkeit des Tieres wird durch das aufgerissene Maul mit den großen Zähnen und die scharfen Falten auf der Schnauze betont. Die Protome bildete lediglich den unteren Abschluss eines Trinkhorns, dessen Oberteil nicht erhalten ist. Der gerade Abschluss des Löwenleibes zeigt, dass das Oberteil separat gearbeitet war. Es könnte ebenfalls aus Elfenbein, aber auch aus Horn oder Holz gearbeitet gewesen sein. Ein zwischen den Beinen befindliches Röhrchen diente als Ausguss für das im Horn befindliche Getränk. Da die Protome ähnliche Maße wie die Tierkörper der Rhyta aus Nisa hat, ist eine Gesamthöhe des Trinkhorns von mehr als 30 cm zu rekonstruieren.

Lit.: Pitschikjan 1981, 266 Abb. 2; AK Duschanbe 1985, 72 Nr. 186 Abb. S. 72; Pitschikjan 1992, 48f. Abb. 24, 25; AK Zürich 1989, 34 Nr. 6 Abb. S. 33; Litwinski/Pitschikjan 1994, 355ff.; AK Duschanbe 2005, Abb. S. 97 Nr. 3. G.L.

Kat. Nr. 241
Erot, der eine Muschel trägt

Tadschikistan, Oxos-Tempel, Korridor 6, 1.–2. Jh. n. Chr.
Elfenbein, H. 3,1 cm, Br. 2,2 cm
Duschanbe, Nationalmuseum der Antike Tadschikistans, Inv. Nr. TS 4137/1091

Der nach rechts stolzierende Erot hat gewelltes, hochgestecktes Haar und trägt eine fein ausgearbeitete Muschel auf der Schulter. Die im Relief gearbeitete Figur diente möglicherweise als Schmuck eines Kästchens. Ebenso wie die Silhouettenfiguren Kat. Nr. 258 ist sie aufgrund der fülligen Körperformen in das 1. oder 2. Jh. n. Chr. zu datieren.

Lit.: AK Duschanbe 2005, Abb. S. 99 Nr. 7. G.L.

DER OXOS-TEMPEL IN TACHTI SANGIN

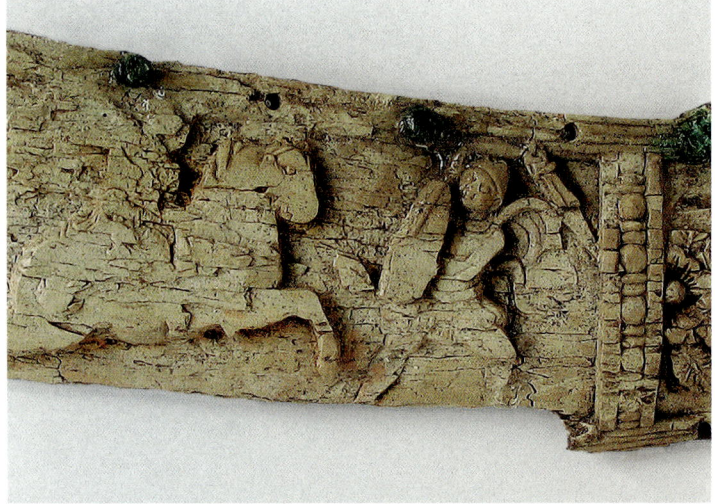

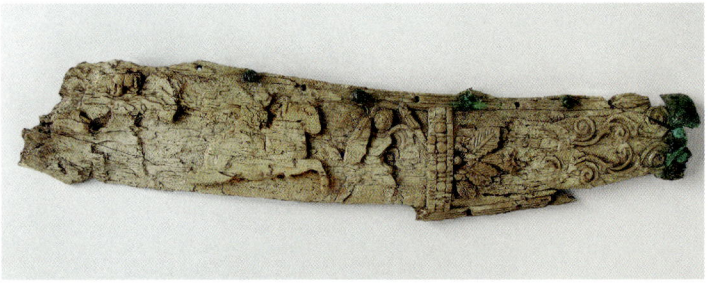

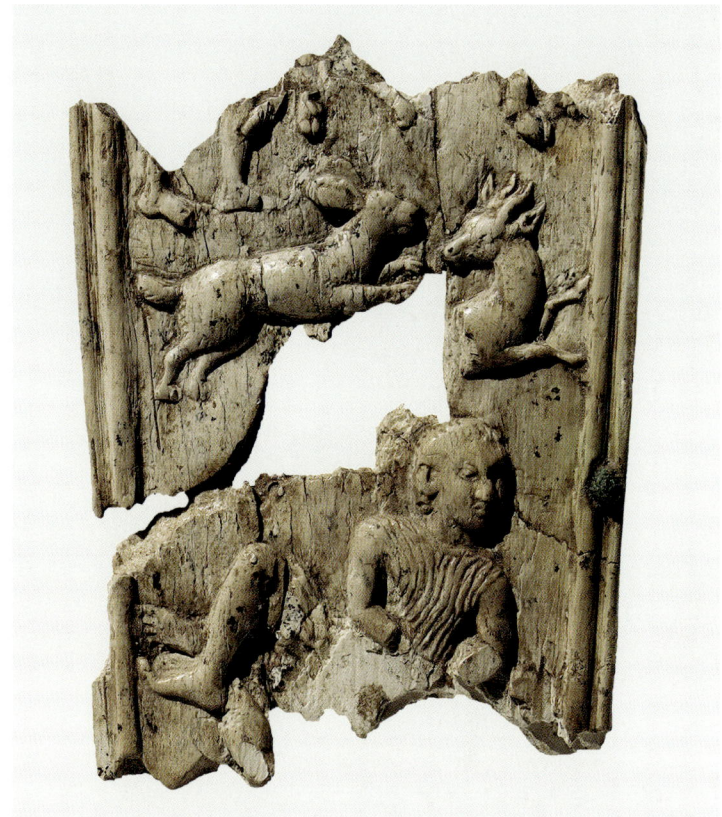

Kat. Nr. 242
Beschlag einer Schwertscheide mit Reliefdekor: Reiterkampfszene

Tadschikistan, Oxos-Tempel, Korridor 2, Weihgabesammlung 4, 3.–2. Jh. v. Chr.
Elfenbein mit Resten bronzener Nieten und Beschläge, H. 3,4 cm, L. 19,2 cm, T. 0,5 cm
Duschanbe, Nationalmuseum der Antike Tadschikistans, Inv. Nr. TS 1170/1091

Das Relief zeigt einen Kampf zwischen Reitern und Fußkämpfern. Von den ehemals mindestens zwei Kampfgruppen hat sich die rechte zur Scheidenspitze gelegene Gruppe besser erhalten. Man erkennt einen nach rechts preschenden Reiter mit fliegendem Mantel, der mit einer schräg nach unten geführten Lanze einen Fußkämpfer überwinden will. Dieser ist mit Helm und Schild gerüstet und mit einem kurzen Gewand sowie einem ebenfalls nach hinten aufgebauschten Mantel bekleidet. Er weicht dem Angriff mit einem Ausfallschritt aus und versucht, ihn mit einem Schwert zu parieren, mit dem er weit zum Schlag ausholt. Die figürliche Reliefzone wird von einer unteren floralen Ornamentzone durch ein Perlband getrennt. Die Biegung der Scheide zeigt, dass sie ehemals der Aufnahme einer *Machaira*, eines gebogenen Kurzschwertes, diente.

Lit.: Litwinski/Pitschikjan 1999, 68f. Abb. 43,2. G.L.

Kat. Nr. 243
Schwertscheidenbeschlag (Fragment) mit einer bukolischen Szene

Tadschikistan, Oxos-Tempel, Zentraler Saal, Bothros 6, 1.–2. Jh. n. Chr.
Elfenbein mit Rest einer bronzenen Niete, H. 7,2 cm, Br. 5,7 cm, T. 0,5 cm
Duschanbe, Nationalmuseum der Antike Tadschikistans, Inv. Nr. M 7119

Im Unterschied zu Kat. Nr. 242 ist das Relief dieser Schwertscheide vertikal ausgerichtet. Es zeigt eine bukolische Szene, die in der freien Natur angesiedelt ist. Ein kurzhaariger Mann, dessen Kopf in die Dreiviertelansicht gedreht ist, lagert auf dem Boden. Er ruht auf dem linken angewinkelten Arm und hat seine Beine übereinander geschlagen. In seiner nicht erhaltenen Linken wird ein Trinkgefäß zu ergänzen sein. Über ihm laufen ein Hirsch und ein Hase nebeneinander her, die kurioserweise in gleicher Größe dargestellt sind. Über diesen sind noch die Füße eines nach rechts schreitenden Mannes zu erkennen sowie rechts davon zwei Füße eines Vierbeiners.

Lit.: Litwinski/Pitschikjan 1981a, 162 Taf. 9; Litwinski/Pitschikjan 1981b, 215 Abb. 18; AK Duschanbe 2005, Abb. S. 98 Nr. 4. G.L.

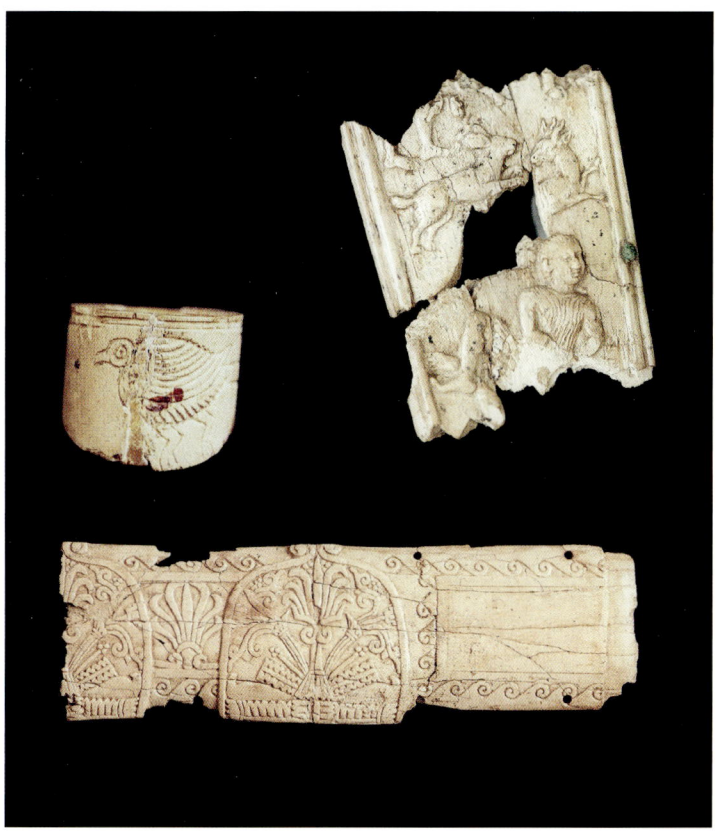
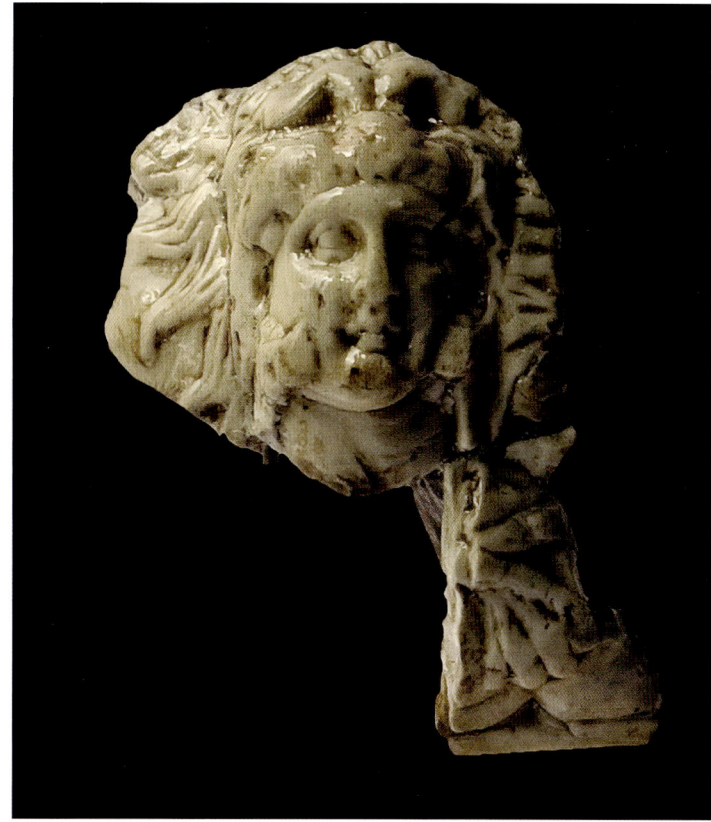

Kat. Nr. 244
Schwertscheidenbeschlag mit einem stilisiertem Lebensbaum

Tadschikistan, Oxos-Tempel, Korridor 2, Weihgabesammlung 2, 3.–2. Jh. v. Chr.
Elfenbein, H. 4,8 cm, L. 15,8 cm, T. 0,5 cm
Duschanbe, Nationalmuseum der Antike Tadschikistans, Inv. Nr. M 7122

Die in flachem Relief ausgeführte Ornamentierung dieser Schwertscheide besteht aus einem langrechteckigen freien Feld und einer Zone mit gestaffelt angeordneten bogenförmigen Feldern, die ein kompliziertes, an einen Lebensbaum erinnerndes, florales Ornament füllt. Zwischen den Bögen belegt eine Palmette das Feld. An den Kanten läuft ein sehr regelmäßig gestaltetes Wellenband um, das nur von den Bogenfeldern unterbrochen wird. Zu den Funden aus dem Oxos-Tempel gehören mehrere Fragmente dieser leicht gewölbten Schwertscheide, die jeweils an dem seitlich umlaufenden Wellenband zu erkennen sind. Darunter sind auch zwei Fragmente, an denen die antike Verbindung der beiden Seiten des Scheidenbeschlags erhalten ist, die aus einem über das Wellenband geschlagenen und mit bronzenen Nieten versehenen Silberblechstreifen besteht.

Lit.: Litwinski/Pitschikjan 1999, 72 Abb. 43,1, 47; AK Duschanbe 2005, Abb. S. 98 Nr. 6.

G.L.

Kat. Nr. 245
Schnitzarbeit (Fragment): Kopf des Herakles (angeblich Porträt Alexanders des Großen)

Oxos-Tempel, Korridor 2, Weihgabesammlung 2, 3. Jh. v. Chr.
Elfenbein, H. 3,1 cm, Br. 2,7 cm, T. 0,8 cm
Duschanbe, Nationalmuseum der Antike Tadschikistans, Inv. Nr. TS 1134/1091

Die recht kleine Schnitzarbeit zeigt das von einem Löwenskalp gerahmte Gesicht eines Mannes. Auf seinem Haupt ruht die Kopfhaut des Löwen mit tiefliegenden, von kräftigen zusammengezogenen Brauen überschatteten Augen. Die Haut des Löwenmauls ist wie die Wangenklappen eines Helmes bis unter das Kinn gezogen.
Die Ausgräber haben den Kopf als Porträt Alexanders des Großen bezeichnet, dessen bekanntes Münzbildnis ihn mit dem Löwenskalp des Herakles darstellt und den Herrscher auf diese Weise mit dem göttlichen Helden gleichsetzt. Das kleine Elfenbeinköpfchen wäre damit das einzige plastische Porträt Alexanders aus dem hellenistischen Osten. Allerdings lässt sich an dem Kopf nicht die für Alexander charakteristische *Anastolé* beobachten, der über der Stirn nach oben gerichtete Haarwirbel. Da dieses Merkmal fehlt, ist wahrscheinlich nicht Alexander der Große gemeint, sondern Herakles. Ein ähnlich gestalteter und dimensionierter Kopf ist für die Heraklesfigur des Schwertgriffes Kat. Nr. 239 anzunehmen.

Lit.: Litwinski/Pitschikjan 1980, 67ff. Abb. 9; Litwinski/Pitschikjan 1981a, 159f. Taf. 8; Litwinski/Pitschikjan 1981b, 212f. Abb. 17; Pitschikjan 1983; AK Duschanbe 1985, 97 Nr. 243; AK Zürich 1989, 49 Nr. 21; Litwinski/Pitschikjan 1999, 64 Abb. 6; AK Duschanbe 2005, Abb. S. 99 Nr. 9.

G.L.

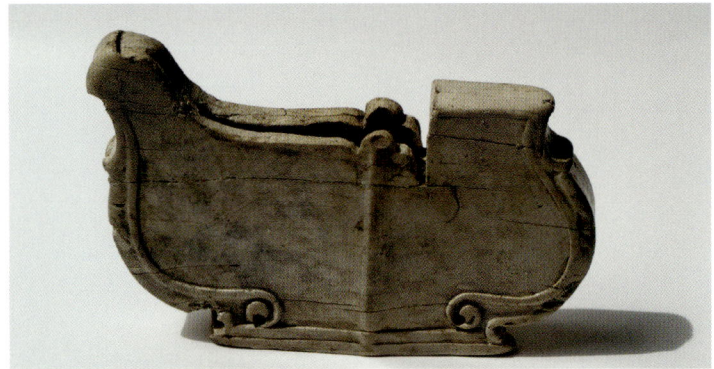

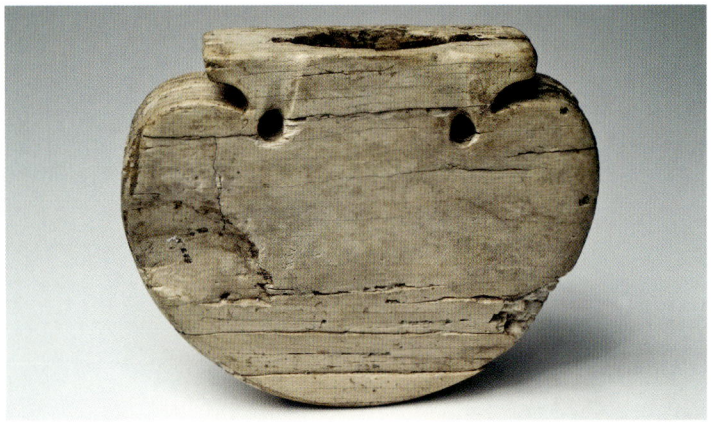

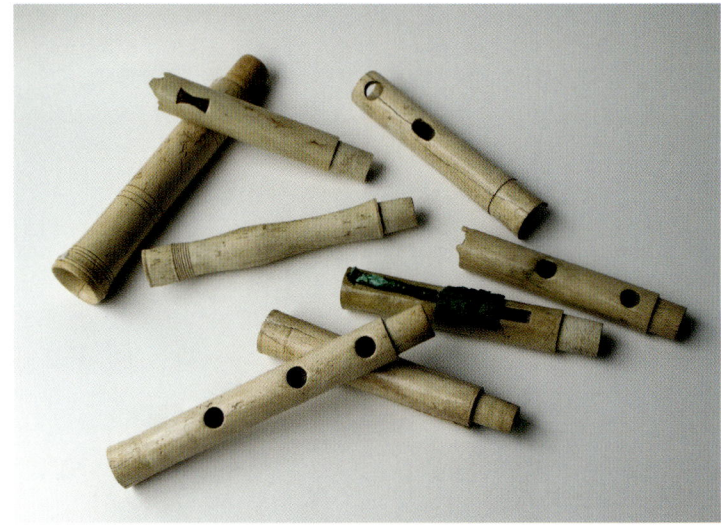

Kat. Nr. 246
Mündung einer Schwertscheide
und
Kat. Nr. 247
Ortband

Tadschikistan, Oxos-Tempel, Korridor 6, 3.–2. Jh. v. Chr.
Elfenbein, (Kat. Nr. 246) H. 8 bzw. 6,9 cm, Br. 12,5 cm, T. 2,2 cm; (Kat. Nr. 247) H. 9,7 cm, Br. 12 cm; T. 2,2 cm
Duschanbe, Nationalmuseum der Antike Tadschikistans, Inv. Nr. M 7164, M 7171

Im Oxos-Tempel wurden zahlreiche aus Elfenbein gefertigte Bestandteile von Schwertscheiden gefunden, so auch diese beiden Exemplare. Während die Scheidenmündung den oberen Abschluss einer Schwertscheide bildete, war das Ortband am unteren Ende der Scheide befestigt und nahm die Spitze des eingesteckten Schwertes auf. Das zwischen Mündung und Ortband befindliche Stück wird in der Regel durch ein flexibleres und leichteres Material wie beispielsweise Leder gefertigt gewesen sein, konnte aber auch – wie Kat. Nr. 242, 243 und 244 zeigen – ebenfalls aus Elfenbein bestehen. Die asymmetrisch geformte Scheidenmündung weist darauf hin, dass die Scheide der Verwahrung einer *Machaira* diente. Mit einem solchen oberen Abschluss versehene Scheiden von Krummschwertern sind von zahlreichen Darstellungen aus dem griechischen Raum, unter anderem von Waffenreliefs, bekannt. Möglicherweise gehörten die Mündung und das Ortband aufgrund der vergleichbaren Proportionen ehemals zu derselben Schwertscheide, bei der es sich allerdings aufgrund der Übergröße um ein eigens für die Weihung gefertigtes Rüstungselement gehandelt haben wird.

Lit.: Litwinski/Pitschikjan 1999. G.L.

Kat. Nr. 248
Elemente von Flöten

Tadschikistan, Oxos-Tempel, Korridor 6, 3./2. Jh. v. Chr.
Bein, L. 10–15 cm, Dm. 1,2–2,3 cm
Duschanbe, Nationalmuseum der Antike Tadschikistans, Inv. Nr. M 7173, 7178, 7179, 7181, 7182, 7185, 7186, 7189

Im Oxos-Tempel wurden mehr als 40 Flötenelemente gefunden – die umfangreichste Kollektion dieser Musikinstrumente der antiken Welt. Die acht Flötenelemente gehörten wahrscheinlich zu Doppelflöten, wie sie beispielsweise der Silen Kat. Nr. 238 bläst. Nicht erhalten sind die Mundstücke solcher *Auloi*, die aus Rohr gefertigt waren. Die einzelnen Elemente konnten in dem von heutigen Holzflöten bekannten System zusammengesteckt werden. Das jeweils unterste Element lief trompetenförmig aus, die oberen Elemente weisen Grifflöcher verschiedener Form auf. An einem der Elemente ist eine stark korrodierte Bronzeplatte erhalten, bei der es sich möglicherweise um eine Klappe handelt.

G.L.

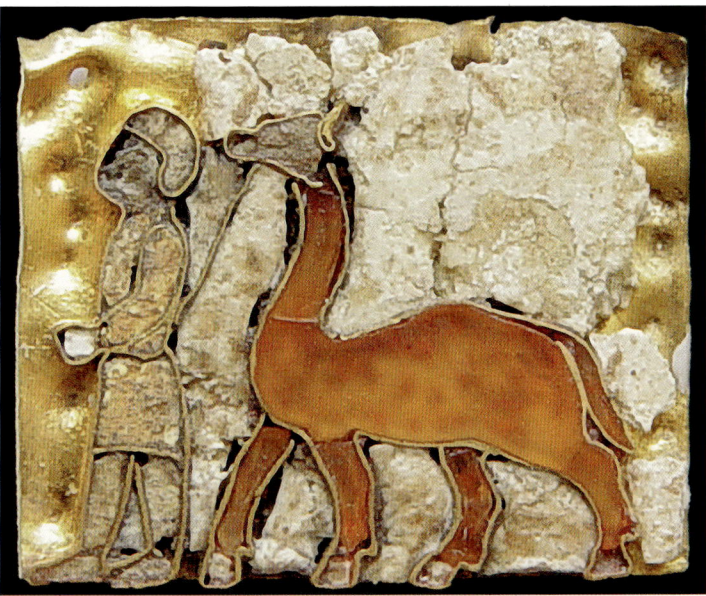

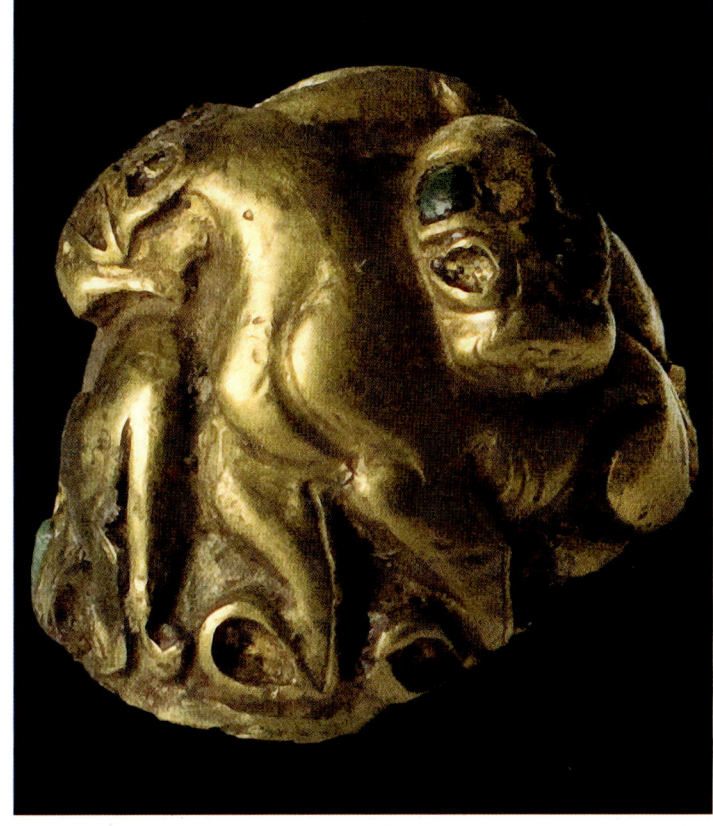

Kat. Nr. 249
Goldblech mit Einlegearbeiten

Tadschikistan, Oxos-Tempel, Korridor 6, 3.–2. Jh. v. Chr.
Gold, Paste, Glas (?), H. 1,6 cm, Br. 1,9 cm, St. 0,3 cm
Duschanbe, Nationalmuseum der Antike Tadschikistans, Inv. Nr. TS 4202/1091

Ein ruhig nach links schreitender Kamelführer zieht ein unbepacktes Kamel hinter sich her. Die Darstellung ist in der sogenannten „Cloisonée"-Technik gearbeitet, wobei die Konturen der Figuren von Stegen aus schmalen Goldblechstreifen gebildet und die Zwischenfelder mit farbigen Einlagen gefüllt werden. Das Plättchen ist nicht, wie vom Ausgräber ursprünglich angenommen, als ein für die Aufhängung im Heiligtum gefertigtes Weihplättchen zu bezeichnen. Es dürfte sich vielmehr um das Fragment eines größeren Schmuckstückes handeln. Sowohl in der Technik als auch in Format und Stil der Darstellung unmittelbar vergleichbar ist die zentrale Schmuckplatte eines möglicherweise ebenfalls aus Baktrien stammenden, heute im Miho-Museum in Japan befindlichen Pektorals. Trotz deutlicher Übereinstimmungen mit Objekten der achämenidischen Kunst muss nicht zwangsläufig eine Datierung in das 5./4. Jh. v. Chr. angenommen werden, da achämenidische Darstellungskonventionen auch noch in hellenistischer Zeit fortwirkten.

Lit.: Pitschikjan 1992, 32ff. Abb. 17; AK Duschanbe 2005, Abb. S. 97 Nr. 2. G.L.

Kat. Nr. 250
Zierknopf einer Schwertscheide mit Pantherfries

Tadschikistan, Oxos-Tempel, Korridor 2, 2.–1. Jh. v. Chr.
Gold, Türkis, Paste, H. 2,2 cm, Dm. 2,9 cm
Duschanbe, Nationalmuseum der Antike Tadschikistans, Inv. Nr. TS 1108/1091

Um den buckelförmigen Knopf sind im Relief drei nach links schreitende Panther dargestellt, die jeweils dem vorderen in den Rücken beißen. Pranken, Augen und Ohren sind durch polychrome Einlagen aus Türkis und Paste betont.
Auf der Unterseite des über einem aus braunem harten Material bestehenden Kern getriebenen Goldknopfes ist ein Steg erhalten, welcher der Befestigung diente. Eine beinahe komplett erhaltene Scheide eines *Akinakes* (Kurzschwert) aus einem sarmatischen Grab in Datschi (Südrussland) weist sehr ähnliche Knöpfe an den Enden von Querstreben auf, durch welche die Befestigung der Scheide am Oberschenkel eines Reiters gewährleistet wurde. Aufgrund dieser Parallele ist anzunehmen, dass der Knopf aus dem Oxos-Tempel früher ebenfalls zur Scheide eines Kurzschwertes gehörte.

Lit.: Litwinski/Pitschikjan 1981a, 163 Taf. 11; Litwinski/Pitschikjan 1981b, 216 Abb. 21; AK Duschanbe 1985, 94 Nr. 220 Abb. S. 94; AK Zürich 1989, 47 Nr. 18.
G.L.

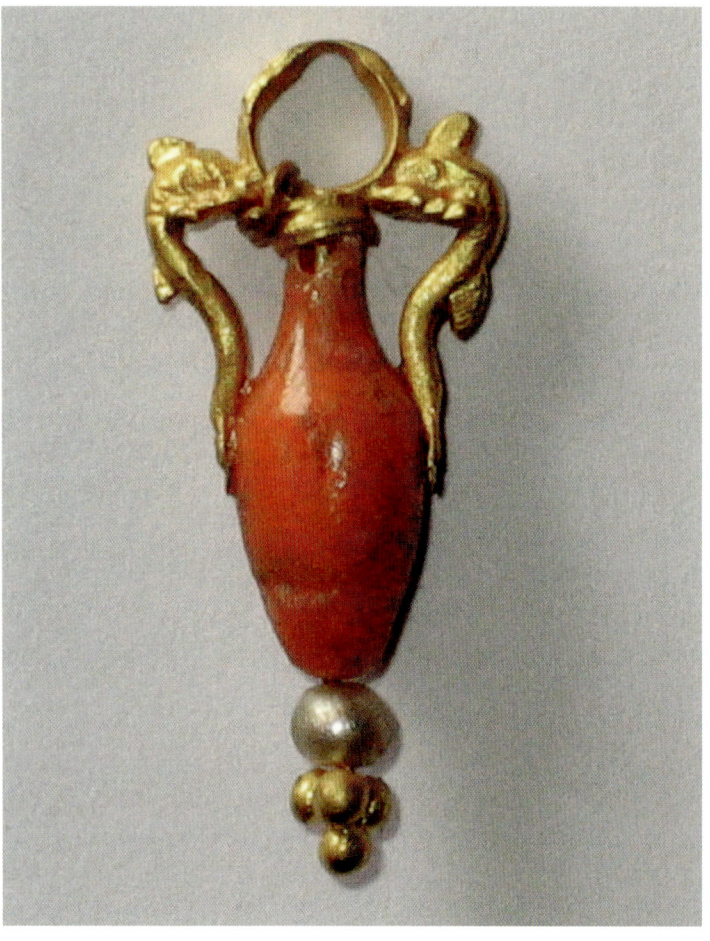

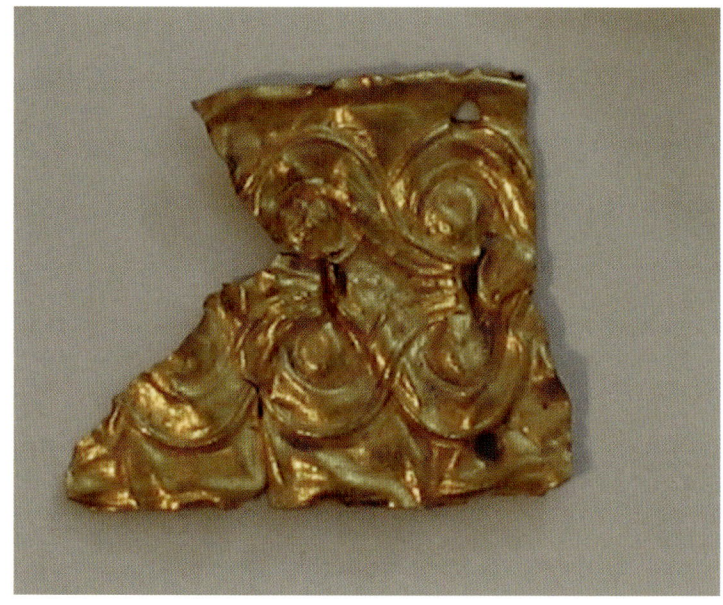

Kat. Nr. 251
Hänger eines Ohrrings in Form einer Amphora

Tadschikistan, Oxos-Tempel, Grabungsschnitt T-18, Grube 5, im Abraum in der Gießgrube des Tempelvorplatzes, 1.–2. Jh. n. Chr.
Karneol, Gold, Perle, H. 2,7 cm, Br. 1,2 cm
Duschanbe, Nationalmuseum der Antike Tadschikistans, Inv. Nr. TS 18018/1091

Der als Amphora gestaltete Hänger wird durch einen vasenförmigen Karneol und zwei als Delfine ausgearbeitete Henkel gebildet. Durch den mittig durchbohrten Stein sowie eine darunter angebrachte Perle ist ein Golddraht geführt, dessen unteren Abschluss vier pyramidenartig angeordnete Goldkügelchen bilden. Der Hänger gehörte mit einem beinahe identisch gearbeiteten, aus demselben Fundkontext stammenden Hänger zu einem Paar. Ganz ähnliche amphorenförmige Hänger bzw. Ohrringe mit solchen Hängern sind als Grabbeigaben in den im südlichen Tadschikistan liegenden Nekropolen BM V und Ksirow III gefunden worden. Aufgrund ihrer Datierung lässt sich der Hänger aus dem Oxos-Tempel ebenfalls in das 1.–2. Jh. n. Chr. datieren. G.L.

Kat. Nr. 252
Fragment eines Blechstreifens mit floralem Ornament

Tadschikistan, Oxos-Tempel, Korridor 3, auf dem anstehenden Boden, 6.–5. Jh. v. Chr.
Gold, Br. 1,4 cm, L. 1,7 cm
Duschanbe, Nationalmuseum der Antike Tadschikistans, ohne Inv. Nr.

Das langrechteckige Fragment aus Goldblech wird aufgrund der seitlichen Nietlöcher zu einem Dekorband eines heute verlorenen Gegenstandes gehört haben, der aus Holz oder einem anderen vergänglichen Material bestand. Das Blech wird von einem breiten, aus dem Blech gedrückten Flechtband geziert. Die spezielle Form dieses Ornaments ist vor allem aus dem archaischen und klassischen Griechenland, aber auch aus der hethitischen und assyrischen Kunst bekannt, weshalb eine relativ frühe Datierung angenommen werden kann. Die Entstehung vor dem 4. Jh. v. Chr. bedeutet, dass die Weihgabe, an der das Blech ursprünglich befestigt war, ein älteres Objekt war, das nach Jahrhunderten der Nutzung im Tempel geweiht wurde.

Lit.: Pitschikjan 1992, 55f. Abb. 35. G.L.

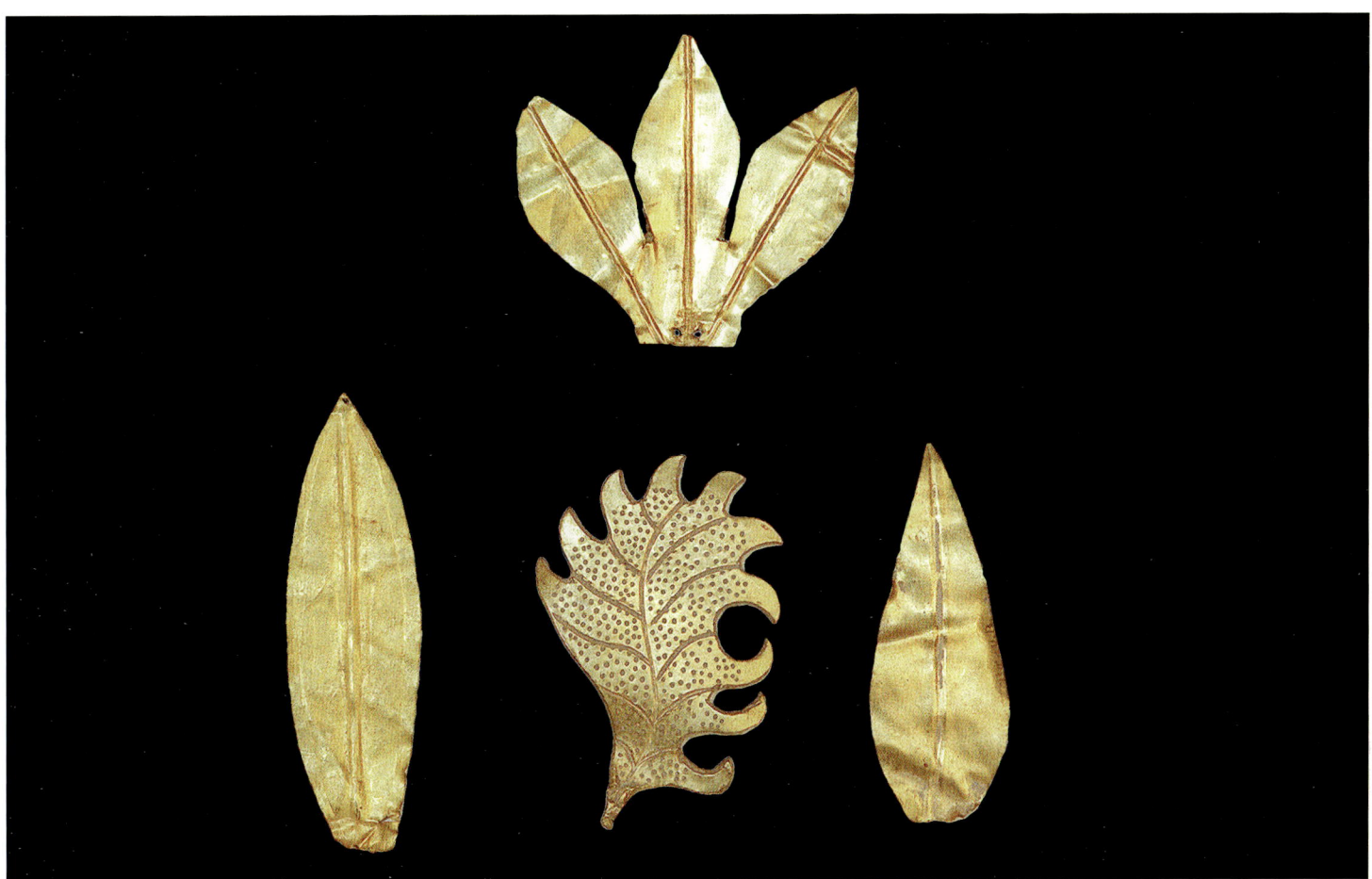

Kat. Nr. 253
Blech in Form eines gefiederten Blattes

Tadschikistan, Oxos-Tempel, Korridor 6, 3.–2. Jh. v. Chr.
Gold, H. 4,1 cm, Br. 2,8 cm; St. 0,1 cm
Duschanbe, Nationalmuseum der Antike Tadschikistans, Inv. Nr. TS 5052/1091

Das in zehn Spitzen endende Blatt ist offenbar gegossen. Es weist auf der Vorderseite gravierte Blattadern auf, zwischen denen flächendeckend Punkte eingepunzt sind, wobei lediglich die Blattspitzen ausgespart wurden. Die Rückseite des Blattes ist glatt belassen. Da ein der Befestigung dienendes Loch fehlt, muss davon ausgegangen werden, dass das Blatt mit seinem stielförmigen Ende an einem Gegenstand oder einer Skulptur eingesteckt war. Es könnte sich um den Flügel oder das Geweih eines Tieres handeln.

Lit.: AK Duschanbe 2005, Abb. S. 105 Nr. 21. G.L.

Kat. Nr. 254
Dreifach gefächertes Blatt
und
Kat. Nr. 255
Zwei lanzettförmige Blätter eines Kranzes

Tadschikistan, Oxos-Tempel, Korridor 1 und Korridor 3, 3.–2. Jh. v. Chr.
Gold, Kat. Nr. 254 H. 3,4 cm, Br. 3,9 cm; Kat. Nr. 255 L. 5 cm bzw. 4,2 cm, Br. 1,5 cm
Duschanbe, Nationalmuseum der Antike Tadschikistans, Inv. Nr. TS 4331/1091; TS 2999/1091; TS 2549/1091

Alle drei Blätter haben schmale, erhabene Mittelgrate. Das in drei Spitzen endende Blatt weist zwei dicht beieinanderliegende Löcher am unteren Rand auf, die beiden lanzettförmigen Blätter werden vergleichbare Löcher gehabt haben, die von einer ehemaligen Befestigung herrühren. Die Blätter könnten zu goldenen Blätterkränzen gehört haben, wie sie vor allem aus hellenistischen Bestattungen bekannt sind. Solche Kränze dürften aber auch eine beliebte Weihgabe in Heiligtümern gewesen sein, was nicht zuletzt die Eintragungen in griechischen Tempelinventaren belegen.

Lit.: AK Duschanbe 1985, 96 Nr. 234 und 235 Abb. S. 96; AK Duschanbe 2005, Abb. S. 105 Nr. 21. G.L.

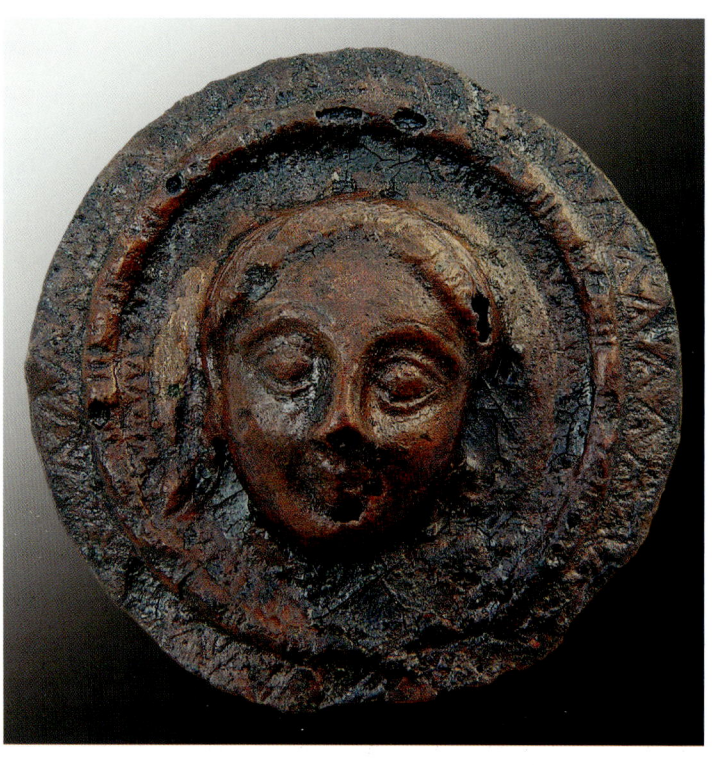
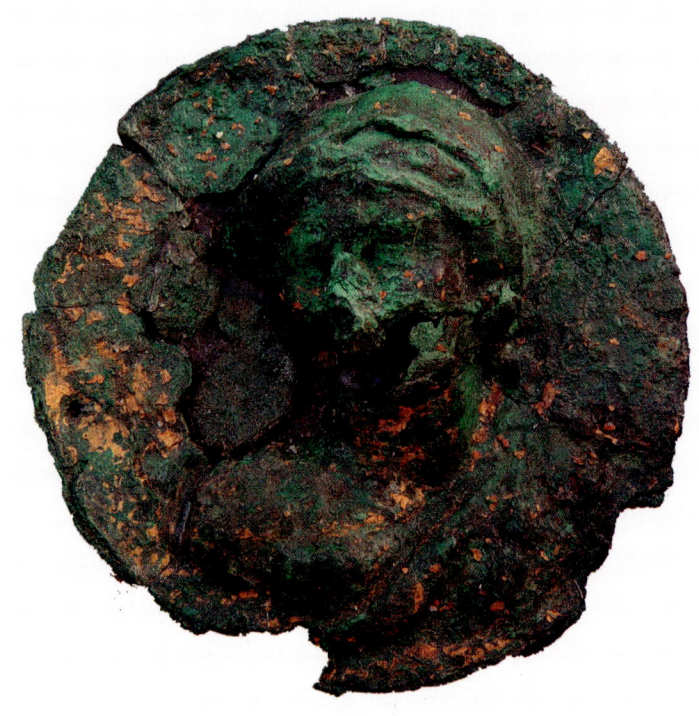

Kat. Nr. 256
Reliefierte Schmuckscheibe: frontaler weiblicher Kopf

Tadschikistan, Oxos-Tempel, Korridor 3, Bothros 6, 2.–1. Jh. v. Chr.
Silber, Dm. 5,5 cm, St. 1,3 cm
Duschanbe, Nationalmuseum der Antike Tadschikistans, Inv. Nr. TS 2043/1091

Das Medaillon ziert der frontale Kopf einer Frau, deren Gesichtsausdruck durch die großen Augen und die im Vergleich dazu kleine Nase und den schmalen Mund bestimmt wird. Ihre langen Haare sind zu einem nur von oben sichtbaren, über der Stirn aufgesteckten Heraklesknoten gebunden. Die stark auf die Frontale ausgerichtete Darstellung lässt an eine Entstehung in späthellenistischer Zeit denken. Das Reliefmedaillon besteht aus zwei sehr dünnen Silberblechen. Während die Rückseite vollkommen glatt ist und auch keine Spuren einer ursprünglichen Befestigung trägt, ist die Vorderseite stark erhaben. Das Relief wurde offenbar über einen heute verlorenen Holzkern getrieben.

Lit.: Litwinski/Pitschikjan 1981a, 162 Taf. 10; Litwinski/Pitschikjan 1981b, 215 Abb. 20; AK Duschanbe 1985, 94 Nr. 221 Abb. S. 78; AK Duschanbe 2005, Abb. S. 104 Nr. 20.   G.L.

Kat. Nr. 257
Medaillon oder Phalera mit einer Reliefbüste der Athena

Tadschikistan, Oxos-Tempel, Zentraler Saal, Bothros 6, 3.–2. Jh. v. Chr.
Bronze, vergoldet, Dm. 6,7 cm, St. 1,9 cm
Duschanbe, Nationalmuseum der Antike Tadschikistans, Inv. Nr. TS 1222/1091

Auf dem Medaillon erscheint die griechische Göttin Athena in leicht nach links gewandtem Brustbild. Insbesondere die untere Gesichtshälfte ist leider nur fragmentarisch erhalten. Obwohl der Göttin hier eines ihrer üblichen Attribute, die mit Schlangen besetzte *Aegis*, fehlt, ist sie doch an ihrem Helm gut zu erkennen.

Das Medaillon ist aus Bronze gegossen. Dass es ehemals vergoldet war, ist an Spuren der Blattgoldauflage abzulesen. Wahrscheinlich handelt es sich um eine *Phalera*, die der Zierde eines Pferdegeschirrs diente. Allerdings lässt sich aufgrund der heutigen Fixierung auf einer Grundplatte aus Plastilin nicht mehr erkennen, ob das Stück die dafür nötigen rückwärtigen Ösen besessen hat.   G.L.

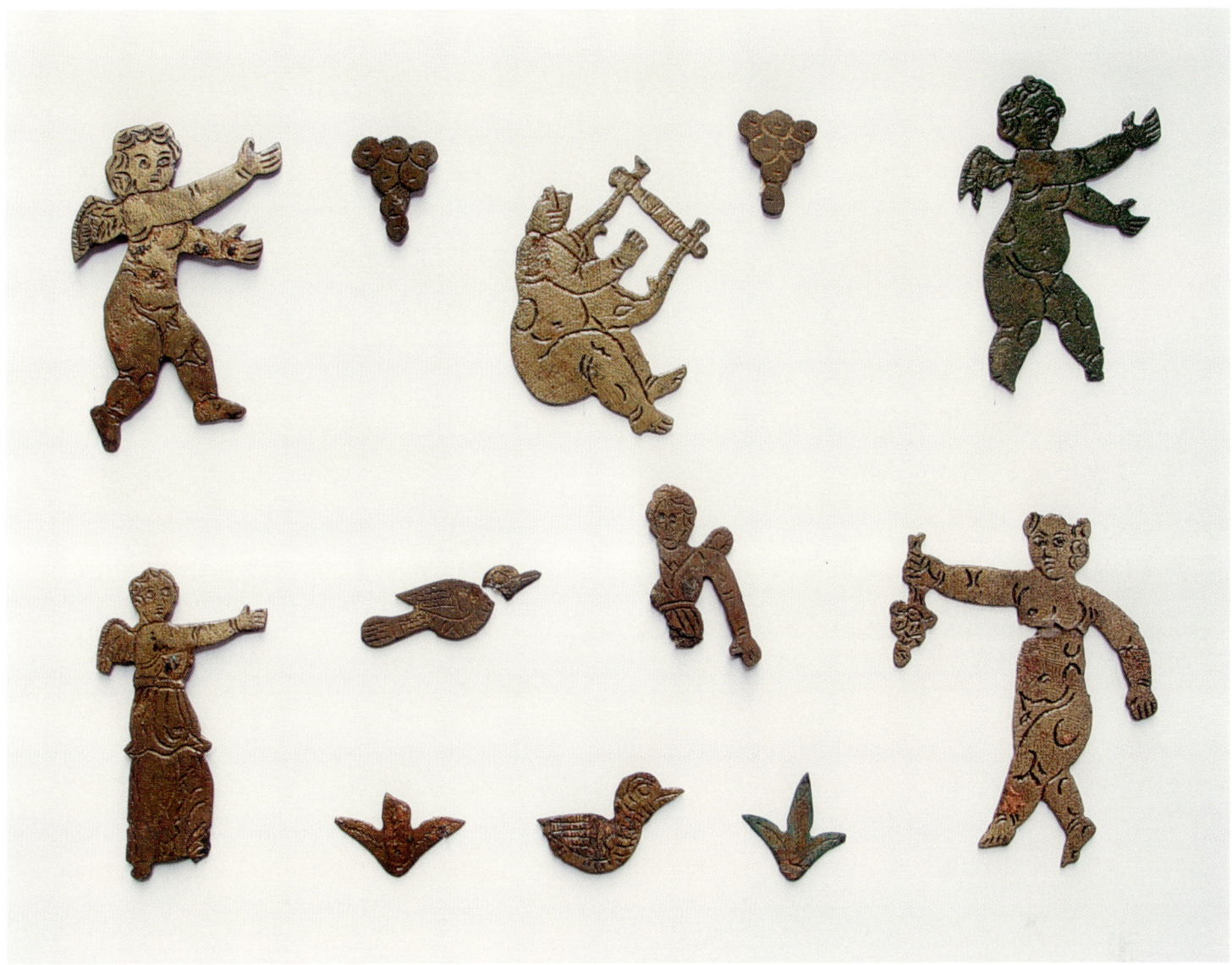

Kat. Nr. 258
Silhouettenbleche: Eroten, ungeflügelte Knabenfiguren, Psychen

Tadschikistan, Oxos-Tempel, verschiedene Fundlagen, 1.–2. Jh. n. Chr.
Bronze, H. 1,5–6,4 cm, Br. 1,5–5,3 cm, St. 0,05–0,2 cm
Duschanbe, Nationalmuseum der Antike Tadschikistans, Inv. Nr. TS 264, 265, 269-271, 807, 825, 846, 1250, 2158, 7926, o. Nr./1091

Die zwölf figürlichen Bronzeplättchen (sowie ein 13. stark korrodiertes und deshalb nicht ausgestelltes Exemplar) gehören zu den interessantesten Funden aus dem Oxos-Tempel. Das Ensemble besteht aus drei geflügelten Eroten, zwei weiteren puttenhaften Knabenfiguren ohne (erhaltene) Flügel und zwei geflügelten weiblichen Figuren, von denen eine aufgrund des Schmetterlingsflügels als Psyche identifiziert werden kann. Hinzu kommen zwei Vögel und zwei Lotosblüten. Die Bleche sind entlang der Silhouetten der Figuren ausgeschnitten und auf der Rückseite nicht bearbeitet. Obwohl sie heute stark restauriert (poliert und lackiert) sind, lässt sich erkennen, dass die Bleche keine Löcher bzw. Nietlöcher aufgewiesen haben. Vermutlich waren sie mit Harz, Pech oder Bitumen auf eine plane Unterlage geklebt, möglicherweise als Intarsie in eine Vertiefung. Dabei liegt es aufgrund der geringen Größe der Figuren nahe, an ein Kästchen oder ein ähnliches mit planen Flächen versehenes Gefäß, Gerät oder Instrument zu denken. Die Datierung dieses Ensembles ergibt sich aus den üppigen Körperformen der Eroten, die auf eine Entstehung ab dem 1. Jh. v. Chr., am ehesten im 2. Jh. n. Chr. deuten. Vergleichbar sind hier vor allem die von römischen Erotensarkophagen bekannten Figuren, die nicht selten – wie einer der Eroten aus dem Oxos-Tempel – bei der Weinlese dargestellt sind.

Lit.: AK Duschanbe 1985, 95 Nr. 225–232 Abb. S. 81. G.L.

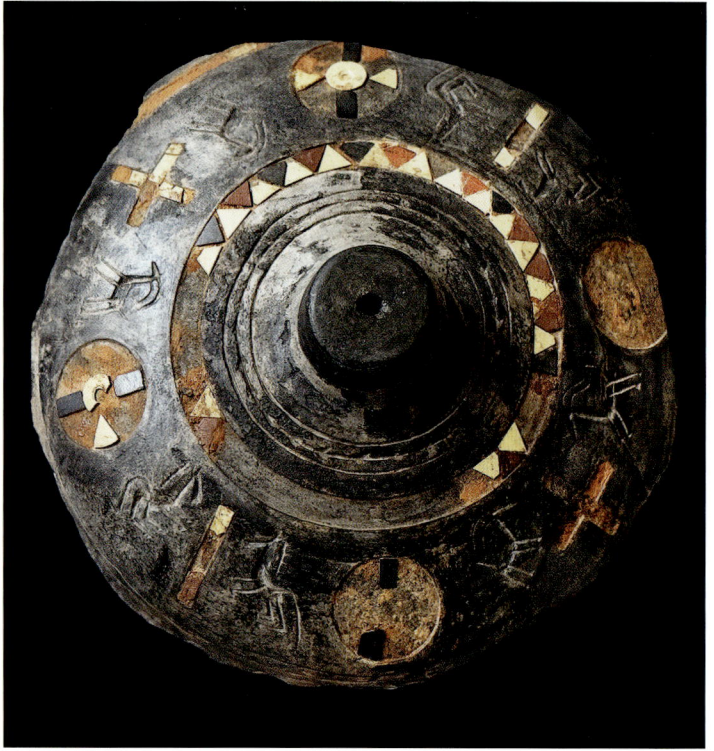
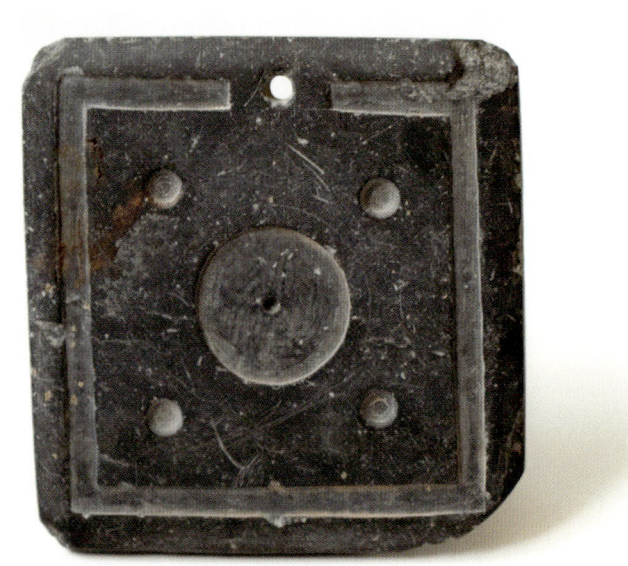

Kat. Nr. 259
Deckel einer Pyxis mit farbigen Steinintarsien

Tadschikistan, Tachti Sangin, Süd-Stadt, Gebäude 368, 3./2. Jh. v. Chr.
Schiefer mit Einlagen aus Speckstein und Paste, H. 7 cm, Dm. 19 cm
Duschanbe, Nationalmuseum der Antike Tadschikistans,
Inv. Nr. TS 15003/1091

Der mit farbigen Einlagen aus Stein und Paste versehene Deckel hat enge Parallelen in Funden aus Ai Khanoum, wo man nicht nur die Deckel, sondern auch die zugehörigen *Pyxiden* gefunden hat. Es handelt sich um flache Steinschalen, deren Inneres durch aufrecht stehende Stege in zwei oder drei Felder geteilt wird. Die Funktion dieser aufwendigen und repräsentativen Gefäße ist bisher nicht befriedigend geklärt. Der in konzentrischen Kreisen um den Deckelgriff angeordnete Dekor besteht aus vertieft gearbeiteten Bändern, Kreisen, Balken und Kreuzen, die mit Intarsien versehen waren. Andere Dekorelemente wurden geritzt, darunter die paarweise angeordneten Figuren von Gazellen und sich aufbäumenden Pferden.

Lit.: Drujinina 2004; vgl. AK Paris 2006, 155 Kat. Nr. 20. G.L.

Kat. Nr. 260
Steintafel mit Einarbeitungen für Intarsien

Tadschikistan, Oxos-Tempel, Korridor 1, Weihgabesammlung unter Tür 1,
2.– 1. Jh. v. Chr.
Schiefer mit Spuren von rötlichen Pasteeinlagen, H. 10,5 cm, Br. 10,4 cm, T. 1 cm
Duschanbe, Nationalmuseum der Antike Tadschikistans, Inv. Nr. M 7009

Die Einlagen der mit geometrischen Einarbeitungen versehenen Tafel sind heute verloren. Die Tafel besteht aus dem für die Region um den Oberlauf des Amu-Darja, aber vor allem für Gandhara charakteristischen grauen Schiefer. Das durchgehende Loch deutet darauf hin, dass die Tafel zum Aufhängen gedacht war. Was ihre genaue Funktion war, muss jedoch offen bleiben. G.L.

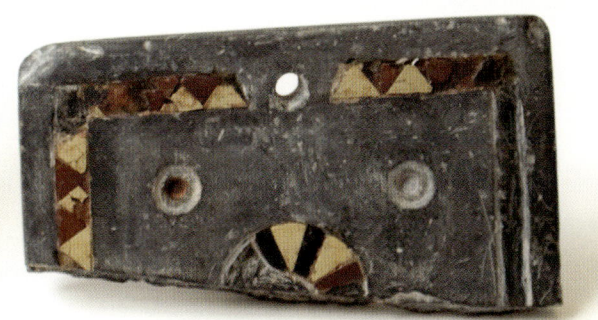
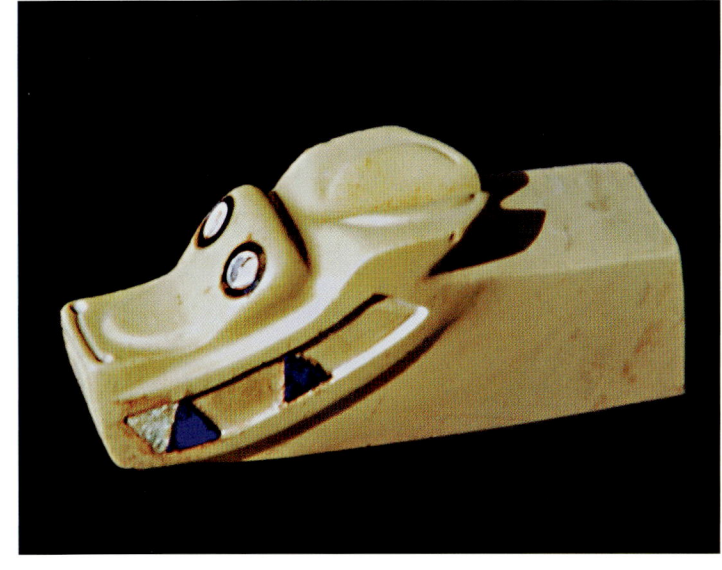

Kat. Nr. 261
Fragment einer Steintafel mit Resten von Intarsien

Tadschikistan, antike Siedlung im heutigen Stadtgebiet von Duschanbe, Streufund, 2.–1. Jh. v. Chr.
Schiefer mit Einlagen aus Speckstein und roter Paste,
erh. H. 6,2 cm, Br. 11,2 cm, T. 1,1 cm
Duschanbe, Nationalmuseum der Antike Tadschikistans, ohne Inv. Nr.

Die knapp zur Hälfte erhaltene, sicherlich ehemals quadratische Platte hat mit ihren aus verschiedenen Materialien bestehenden Einlagen eine starke farbige Wirkung. Sie gehört zu der aus Tachti Sangin und Ai Khanoum, aber auch aus Kampyr-Tepe in Usbekistan bekannten Gruppe von mit Intarsien versehenen Steinobjekten. Aufgrund der großen Übereinstimmungen mit Kat. Nr. 260 ist von einer Fertigung in derselben Werkstatt auszugehen. G.L.

Kat. Nr. 262
Knauf in Gestalt eines Hundes

Tadschikistan, Oxos-Tempel, Korridor 2, Weihgabesammlung 4, 2. Jh. v. Chr.
Speckstein mit Einlagen aus Lapislazuli und weißer Paste,
H. 2,3 cm, Br. 2,1 cm, L. 6,8 cm
Duschanbe, Nationalmuseum der Antike Tadschikistans, Inv. Nr. TS 1183/1091

Kopf eines langmäuligen Tieres. Augen und Zähne sind mit farbigem Material eingelegt. Die Zähne werden durch eine Reihe von dreieckigen Plättchen gebildet (Lapis und Paste?). Im Endstück befindet sich eine Bohrung (Griff?). Der langrechteckige Steinblock besteht aus einem weichen Stein, aus dem der stark stilisierte Kopf eines hundeähnlichen Tieres geschnitzt ist. Der Knauf bildet mit drei sehr ähnlichen, aber aus undokumentierten Kontexten stammenden Exemplaren eine Gruppe. Die Benennung als Knauf beruht auf der an der schmalen Rückseite des Objektes befindlichen runden und tiefen Bohrung. Um einen Schwertknauf kann es sich jedoch aufgrund der geringen Größe nicht handeln.

Lit.: Litwinski/Pitschikjan 1981a, 163 Taf. 12; Litwinski/Pitschikjan 1981b, 216 Abb. 22; AK Duschanbe 1985, 93 Nr. 214; AK Zürich 1989, 46 Nr. 15; Litwinski 2000, 131–145. G.L.

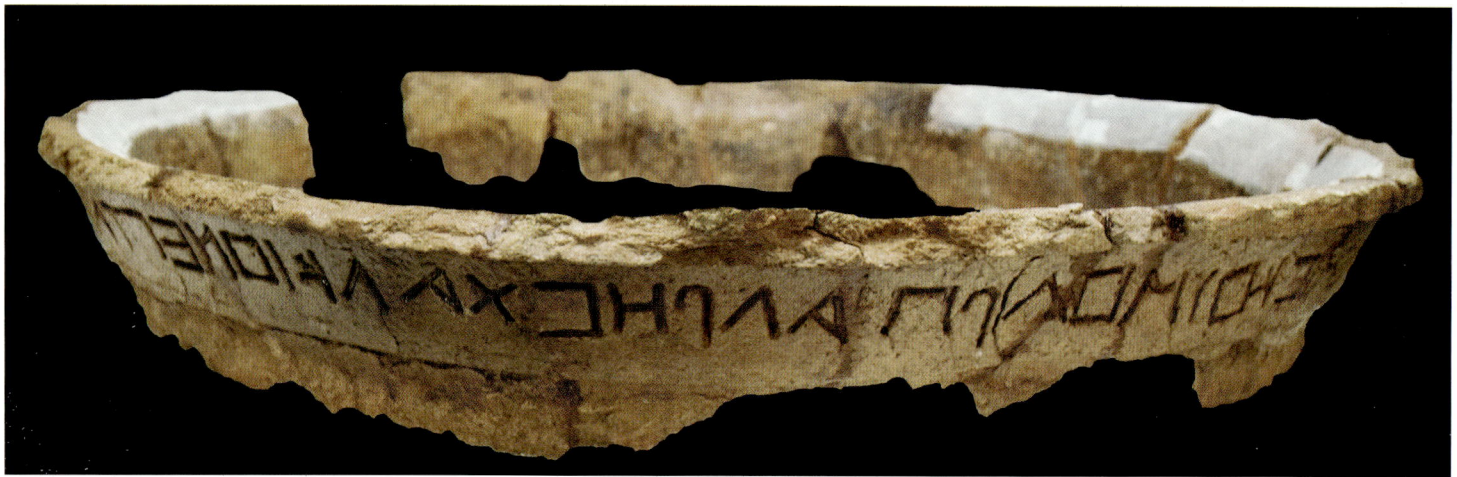

Kat. Nr. 263
Randfragmente einer Gussform mit griechischer Inschrift

Tadschikistan, Oxos-Tempel, Gießgrube im Vorplatz des Tempels, 2. Jh. v. Chr.
Ton, schwach gebrannt, H. 14–16 cm, Dm. 105–112 cm
Duschanbe, Nationalmuseum der Antike Tadschikistans, Inv. Nr. 18055-18074/1091

Bei den jüngsten, von Anjelina Drujinina durchgeführten Ausgrabungen im Bereich des Tempel-Vorplatzes wurde eine antike Werkstatt mit einer Gießgrube entdeckt und in dieser die Fragmente von zwei Gussformen. Die eine dieser für den Guss von großen Bronzebecken bestimmten Gussformen konnte vollständig geborgen werden. Ausgestellt wird hier lediglich der Rand dieser Form mit der Inschrift. Diese ist spiegelverkehrt in die Hohlform eingebracht, so dass sie in der gegossenen Bronze richtig lesbar war. Die noch nicht umfassend analysierte Weihinschrift nennt den Stifter des Bronzebeckens, Seiromos, sowie das Gewicht der verwendeten Bronze von 7 Talenten. Dieses dürfte in etwa 180–250 kg entsprochen haben.

Lit.: Drujinina 2009.

G.L.

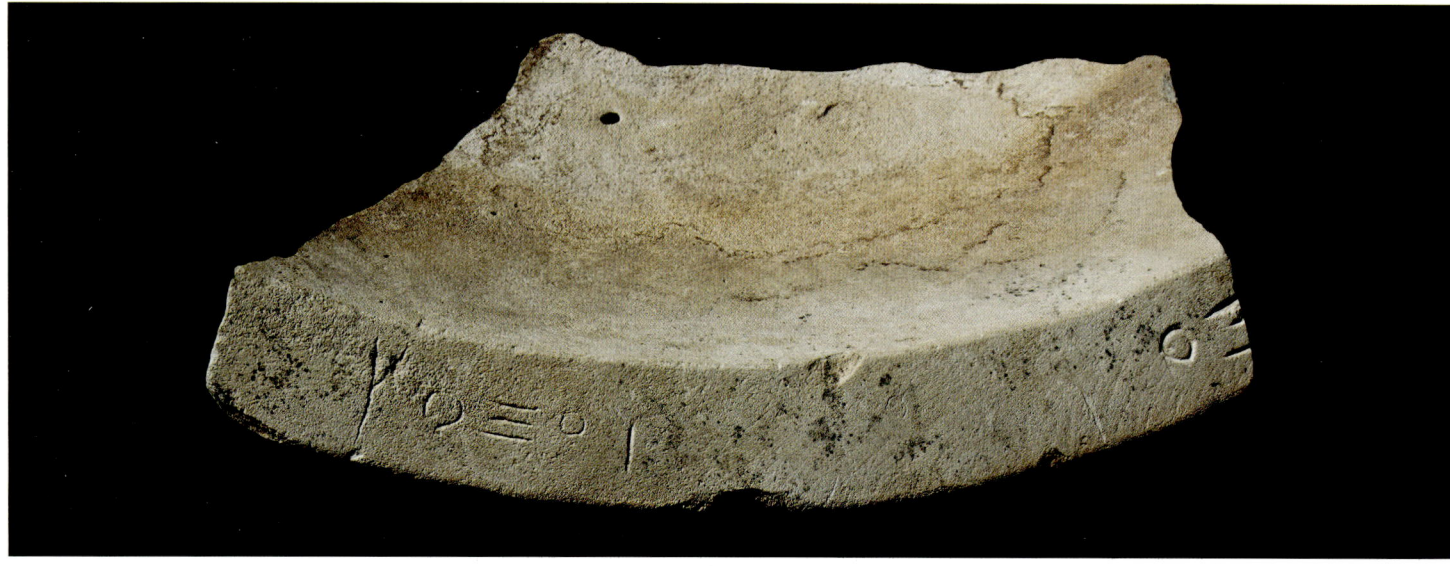

Kat. Nr. 264
Fragment eines Steinbeckens mit Inschrift

Tadschikistan, Oxos-Tempel, Propyläen, 2. Jh. v. Chr.
Kalkstein, H. 23 cm, Br. 29 cm, St. 4,9 cm
Duschanbe, Nationalmuseum der Antike Tadschikistans, Inv. Nr. M 7016

Das Becken, dessen Durchmesser mit etwa 80 cm zu rekonstruieren ist, trägt auf seinem gerade abschließenden Rand eine griechische Weihinschrift: Υ ΟΞΟΙ [HY OXOI = dem Oxos], die sich offenbar mehrfach wiederholte. Das Becken diente höchstwahrscheinlich Reinigungsritualen. Innerhalb des Heiligtums fanden sich in kuschanzeitlichen Kontexten verbaut mehrere Fragmente dieses Steingefäßes. Die Zersplitterung des dickwandigen Beckens in so kleine Fragmente kann nur mutwillig erfolgt sein und lässt darauf schließen, dass die Heiligkeit des Ortes zumindest zeitweise missachtet wurde.

G.L.

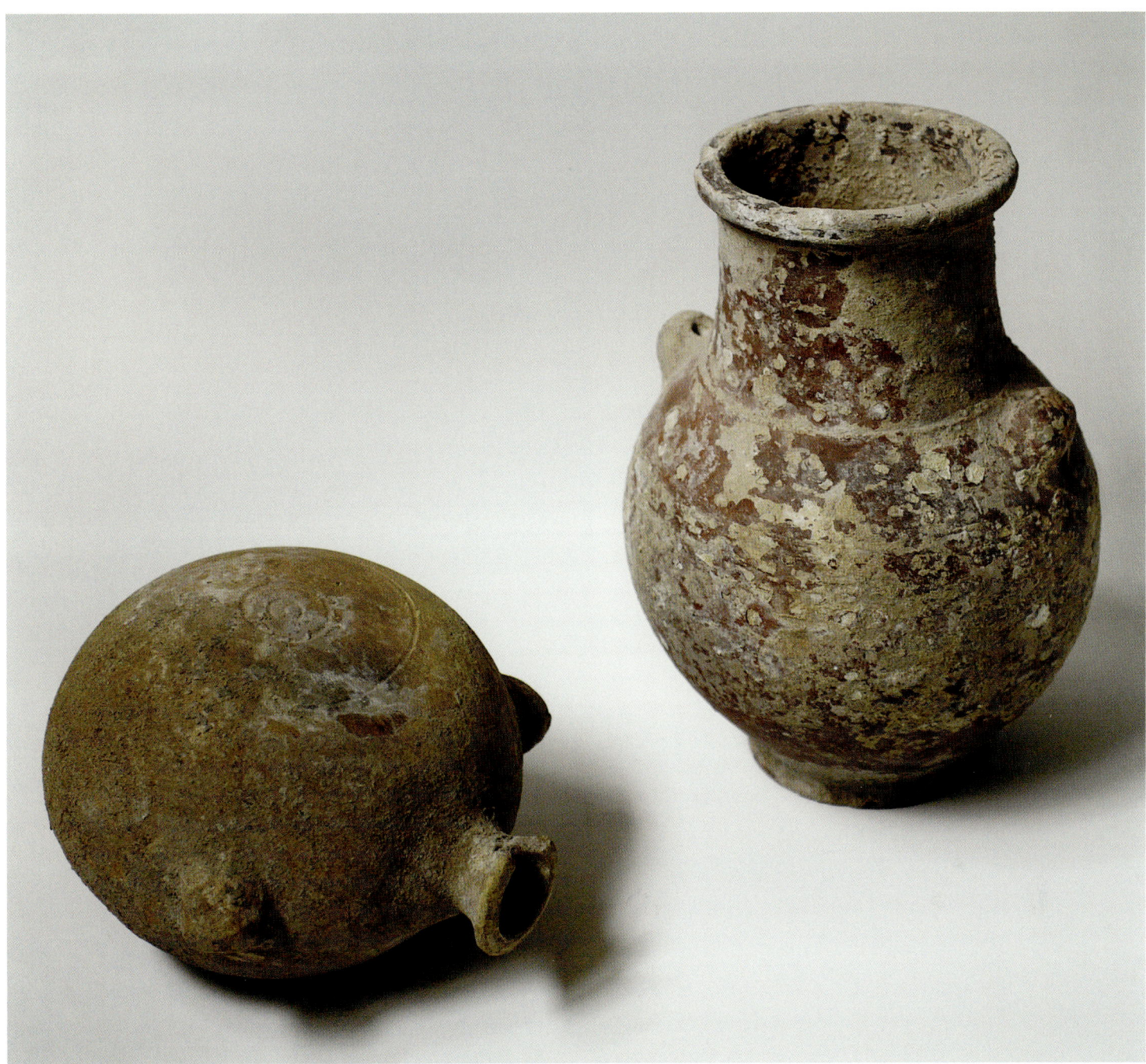

Kat. Nr. 265
Flasche

Tadschikistan, Tachti Sangin, Grabungsbereich Süd-Stadt 2 N, Haus P, Zimmer 1, 3./2. Jh. v. Chr.
Keramik, H. 17 cm, Br. 16 cm (Höhe Henkel), Dm. 14,2 cm, T. 11 cm
Duschanbe, Nationalmuseum der Antike Tadschikistans, Inv. Nr. TS 17017/1091

Kat. Nr. 266
Krug

Tadschikistan, Tachti Sangin, Grabungsbereich Süd-Stadt 2 N, Haus P, Zimmer 1, 3./2. Jh. v. Chr.
Keramik, H. 21,8 cm, Dm. 16,2 cm (Bauch), 10,3 cm (Mündung)
Duschanbe, Nationalmuseum der Antike Tadschikistans, Inv. Nr. TS 17016/1091

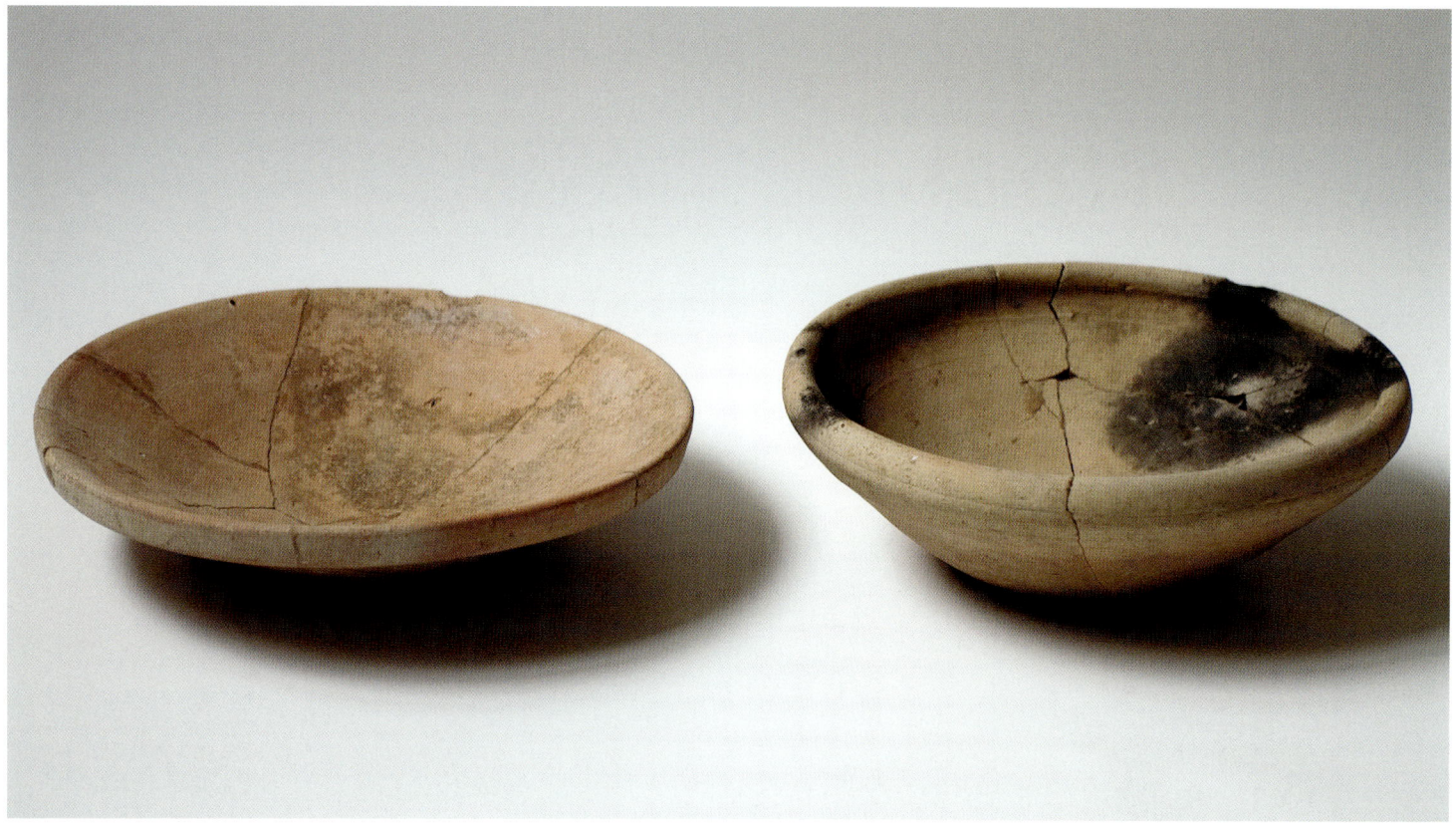

Kat. Nr. 267
Flache Schale, sogenannter „Fischteller"

Tadschikistan, Tachti Sangin, Grabungsbereich Süd-Stadt 2 N, Haus P,
Zimmer 1, 3.–2. Jh. v. Chr.
Keramik, H. 3,9 cm, Dm. 17,8 cm
Duschanbe, Nationalmuseum der Antike Tadschikistans,
Inv. Nr. TS 17034/1091

Kat. Nr. 268
Flache Schale

Tadschikistan, Tachti Sangin, Grabungsbereich Süd-Stadt 2 N, Haus P,
Zimmer 1, 3.–2. Jh. v. Chr.
Keramik, H. 5,3 cm, Dm. 16,1 cm
Duschanbe, Nationalmuseum der Antike Tadschikistans,
Inv. Nr. TS 17033/1091

Das Keramikensemble wurde in einem der hellenistischen Wohnhäuser von Tachti Sangin gefunden. Bei den komplett erhaltenen Gefäßen handelt es sich um eine Transportflasche, einen Krug mit zwei Henkeln, einen sogenannten „Fischteller" und eine flache Schale. Alle Gefäße sind auf der Töpferscheibe gedreht. Die mit zwei Ösen ausgestattete Transportflasche ist eine lokale, allerdings erst seit Beginn der hellenistischen Zeit produzierte Gefäßform. Ein vergleichbares Gefäß wurde beispielsweise in der Festung Kurgansol entdeckt. Der „Fischteller" dagegen ist eine in der ganzen hellenistischen Welt verbreitete Keramikform – gewissermaßen eine Leitform des Hellenismus. Solche flachen Schalen zeichnen sich durch ihren verdickten Rand und eine Mittelvertiefung aus.

G.L.

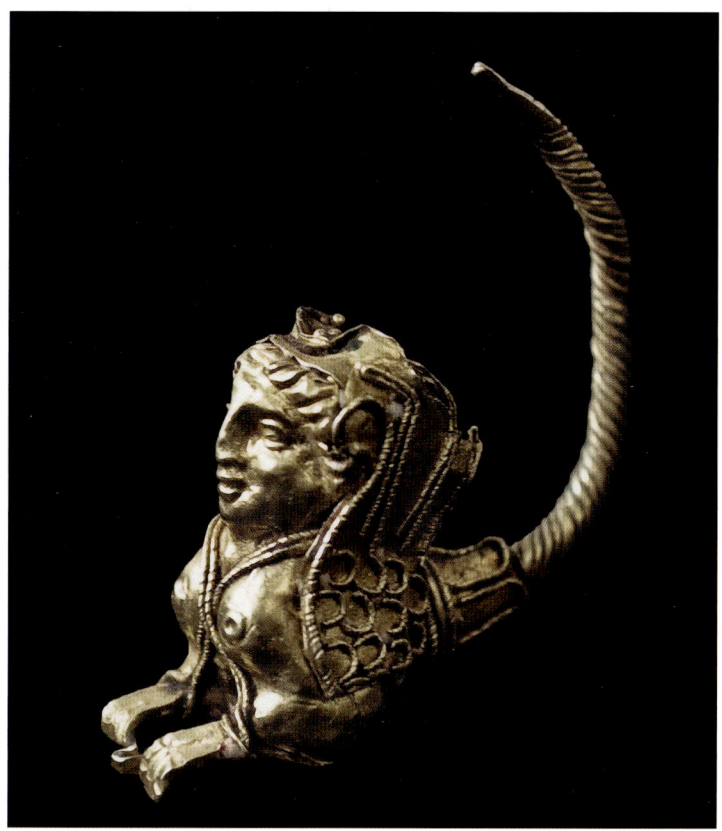
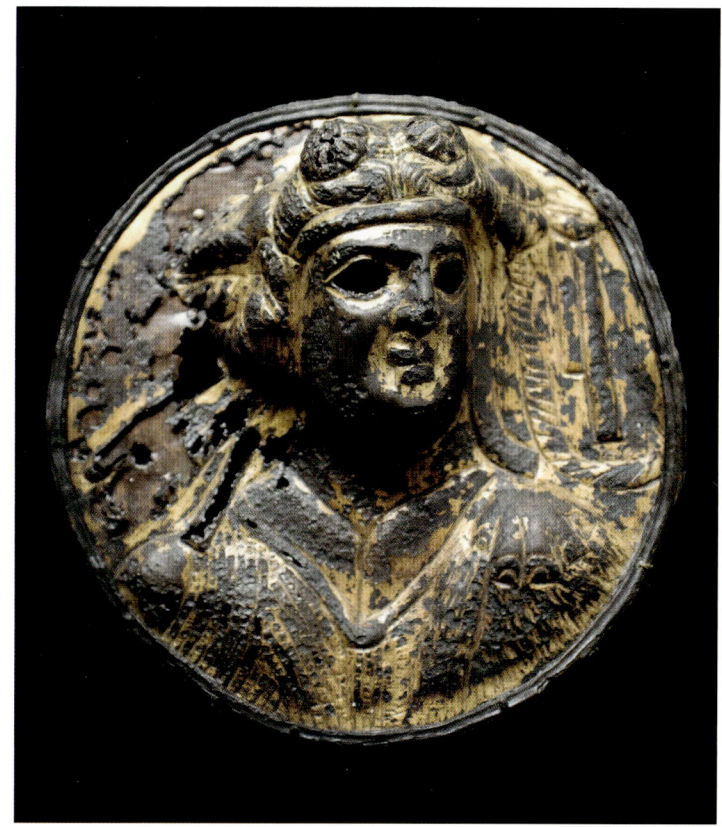

Kat. Nr. 269
Ohrring in Gestalt einer kauernden Sphinx

Tadschikistan, antike Siedlung im heutigen Stadtgebiet von Duschanbe, Streufund, 2. Jh. v. Chr.
Gold, H. 3,2 cm, Br. 1 cm, T. 2,5 cm
Duschanbe, Nationalmuseum der Antike Tadschikistans, ohne Inv. Nr.

Der Ohrring ist mit dem in Nordindien erworbenen Exemplar der Berliner Antikensammlung Kat. Nr. 272 gut zu vergleichen, ist aber insgesamt weniger detailreich gefertigt. Er besteht aus einem Vorderteil, das als Protome einer vollbusigen Sphinx gestaltet ist, und einem Bügel mit zusammengedrehten Drähten. Im Unterschied zu dem Berliner Ohrring trägt diese Sphinx keinen aufwendigen Hals-, Ohr- und Kopfschmuck, sondern lediglich eine über der Brust gekreuzte Kette. In filigran gestalteten Köpfen und Protomen endende Ohrringe waren besonders im 2. Jh. v. Chr. beliebt, weshalb sich das Schmuckstück in diese Zeit datieren lässt.

Lit.: AK Duschanbe 1985, 99 Nr. 252; AK Zürich 1989, 51 Nr. 23.   G.L.

Kat. Nr. 270
Schmuckscheibe mit einer Reliefbüste des Dionysos

Tadschikistan, antike Siedlung im heutigen Stadtgebiet von Duschanbe, Streufund, 1. Jh. v. Chr. – 1. Jh. n. Chr.
Silber, vergoldet, Dm. 14,5 cm, St. 3,7 cm
Duschanbe, Nationalmuseum der Antike Tadschikistans, ohne Inv. Nr.

Die Vorderseite dieser aus zwei Platten gearbeiteten Scheibe schmückt ein Relief, das die Büste eines Gottes zeigt, der durch die Blumen und das Efeulaub in seinem Haar unschwer als Dionysos, der griechische Gott des Weines und Gelages, identifiziert werden kann. Die eigentlich der Zierde eines Pferdegeschirrs dienende *Phalera* scheint – ebenso wie die aus dem Oxos-Tempel stammende Schmuckscheibe Kat. Nr. 256 – viel zu kostbar und zu filigran gefertigt, um tatsächlich am Zaumzeug eines Pferdes befestigt gewesen zu sein. Sie dürfte daher als Bestandteil eines Prunkgeschirrs zu bezeichnen sein.

Lit.: AK Duschanbe 1985, 100 Nr. 253; AK Zürich 1989, 54 Nr. 26.   G.L.

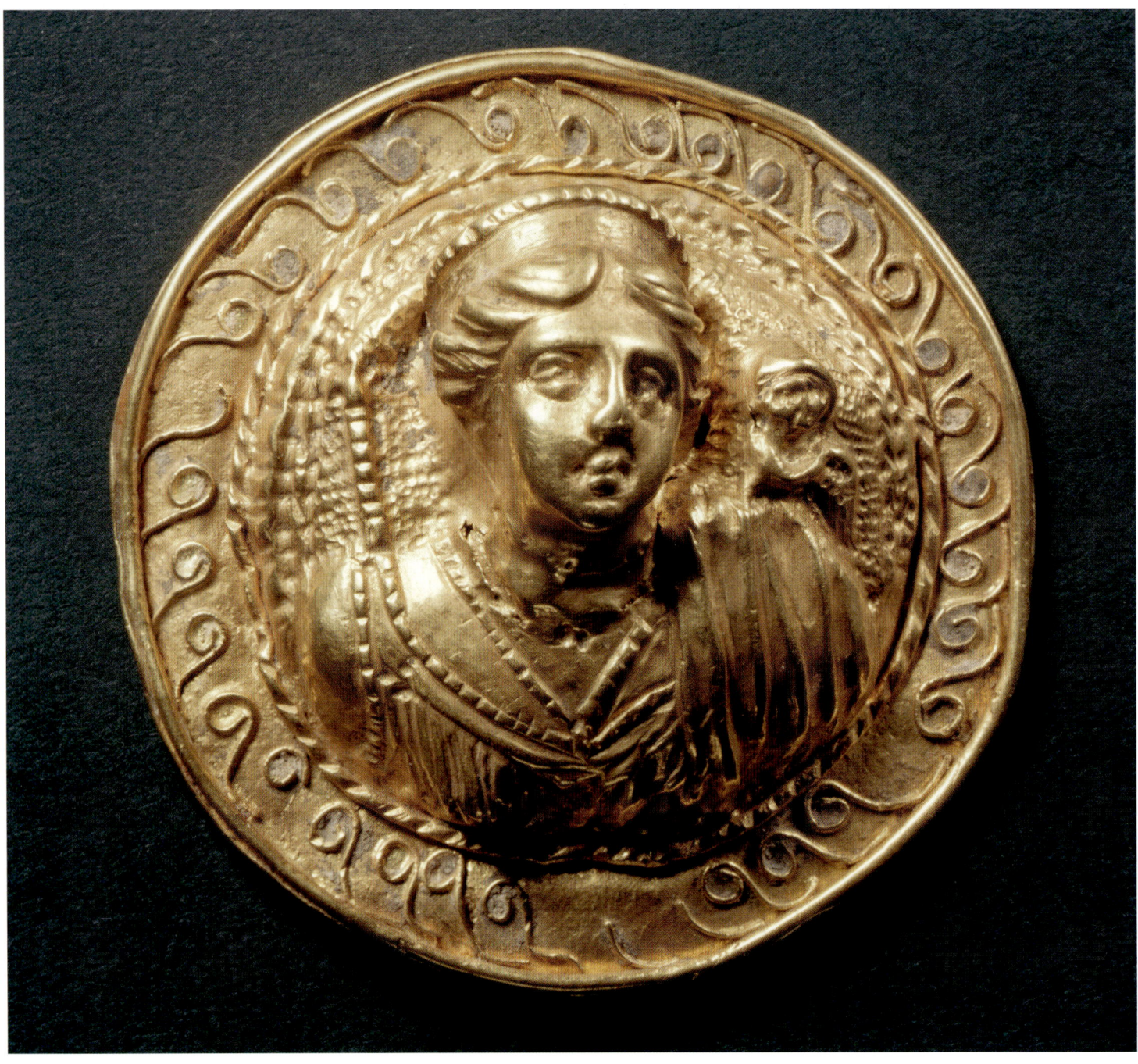

Kat. Nr. 271
Zierscheibe

Südrussland, um 320–150 v. Chr.
Gold, Dm. 4,5 cm
Berlin, Antikensammlung SMB PK, Inv. Nr. 30219,458

Die goldene, reich geschmückte Zierscheibe diente als zentraler Verschluss für eine Kette, die über der Brust gekreuzt und durch eine Öse auf der Rückseite der Scheibe geführt war. Solche Brustketten (*periamma*) sind eine hellenistische Erfindung. Die Zierscheibe hat einen glatten Rand mit Spiralmuster. Das in die Form getriebene Mittelemblem stellt im Hochrelief die Büste der Göttin Aphrodite dar. Sie ist mit Diadem, Schleier und Halsketten geschmückt. Über ihrer linken Schulter erkennt man einen kleinen Eros. Parallelen zu dieser Scheibe sind aus südrussischen Gräbern des 2. Jhs. v. Chr. bekannt.

Lit.: Platz-Horster 2001, 75f. Nr. 44. C.B.

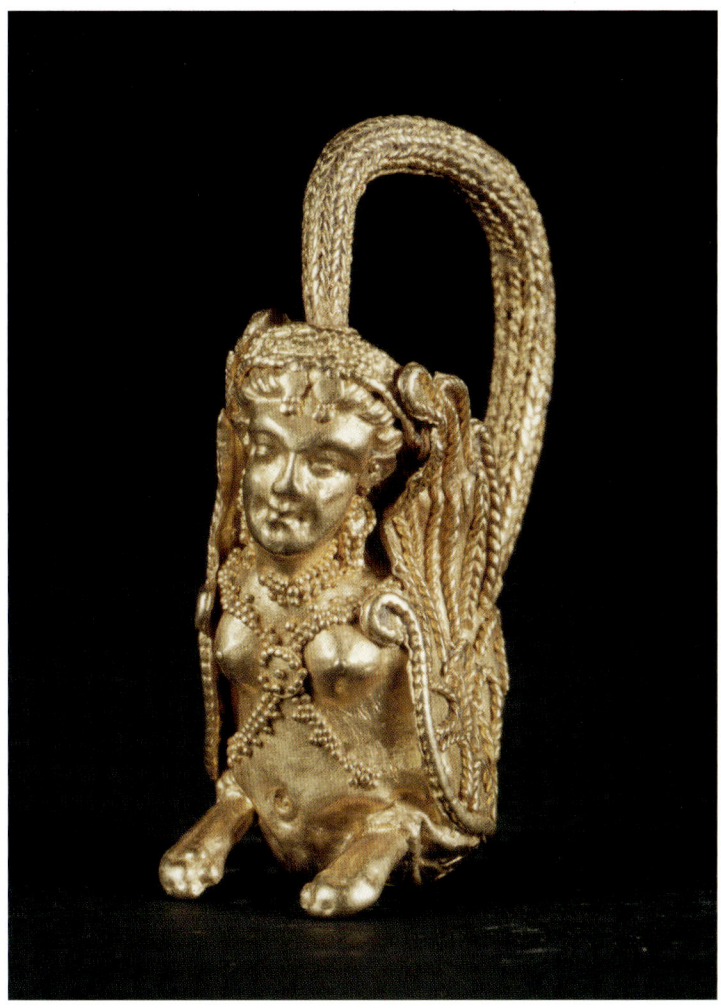

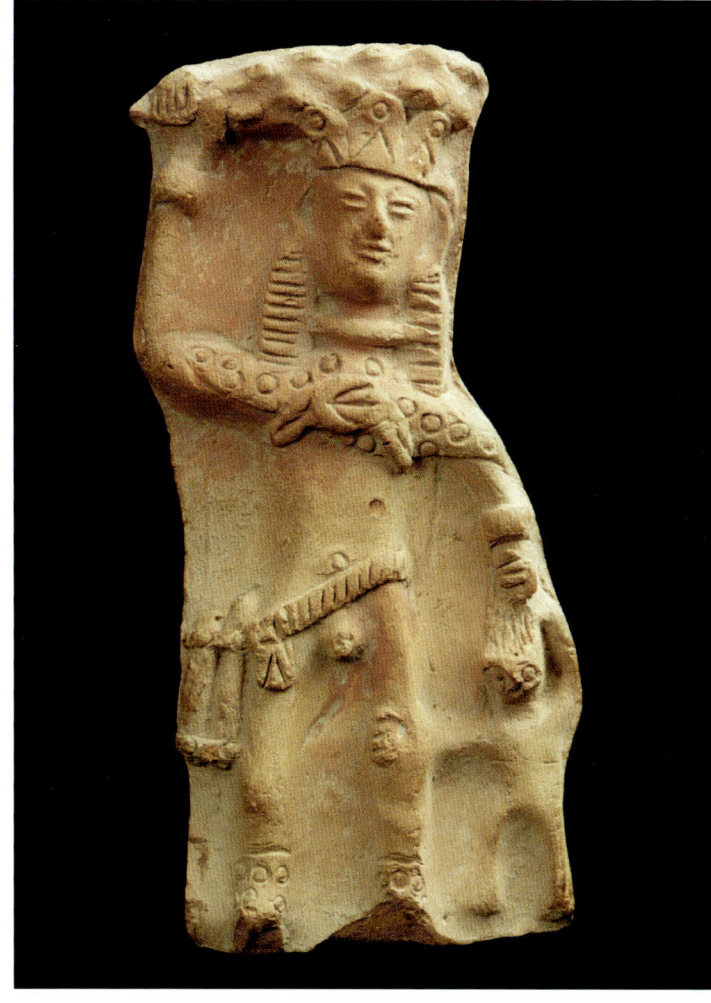

Kat. Nr. 272
Ohrring mit Sphinxprotome

1932 aus dem Pandschab/Nordindien erworben, um 150 v. Chr.
Gold, H. 3,5 cm
Berlin, Antikensammlung SMB PK, Inv. Nr. 31330

Der ostgriechisch-parthische Ohrring besteht aus einem als Sphinx geformten Vorderteil und einem Bügel mit verzwirnten Drähten. Die geflügelte Sphinx hat einen kräftigen Tierbauch und Löwentatzen. Ihr Oberkörper ist in Anlehnung an die Bildnisse der Aphrodite wiedergegeben. Der Kopf ist leicht geneigt und das hochgesteckte Haar wird von einem Diadem mit herunterhängenden Kügelchen gehalten. Die Sphinx trägt reichen Schmuck – Scheibenohrringe, Schläfenrosetten, eine mehrfache Perlenkette um den Hals und eine zwischen den Brüsten gekreuzte Kette mit einem Medaillon (*periamma*). Der Brustschmuck und das Diadem verweisen deutlich auf makedonische Vorbilder. Ähnlichkeiten bestehen aber auch zu einem Ohrring aus Tadschikistan (Kat. Nr. 269), auch wenn der Schmuck der Sphinx dort weniger reich ausfällt.

Lit.: Pfrommer 1990, 194ff., 389f. Taf.26,8–9; Platz-Horster 2001, 81 Nr. 48.

C.B.

Kat. Nr. 273
Reliefplatte mit Darstellung einer männlichen Gottheit

Tadschikstan, Kara-Pitschok, 3.–4. Jh. n. Chr.
Terrakotta, H. 17,2 cm, Br. 8,7 cm
Duschanbe, Nationalmuseum der Antike Tadschikistans, ohne Inv. Nr.

Die flache Reliefplatte zeigt eine frontal dargestellte Gottheit, die mit einigen Attributen des Herakles ausgestattet ist: einem um die Schultern gewundenen und mit einem Heraklesknoten befestigten Löwenfell sowie einer knorrigen Keule. Allerdings fehlt die für den griechischen Helden bezeichnende Kopfbedeckung. Statt des Löwenskalps trägt diese Gottheit eine gezackte Krone. Mit der Keule holt die Gottheit zum Schlag gegen einen kleinen menschlichen Gegner aus, der – in ganz ähnlicher Weise wie der Satyr (Kat. Nr. 239) – am Schopfe gepackt, sich verzweifelt wehrt. Dem insgesamt einfachen Relief wurde durch nachträglich eingeritzte wie eingedrückte Details Kontur und Ausdruck verliehen. Es wurde in einer der späten Kuschanzeit angehörenden dörflichen Ansiedlung im Gissar-Gebiet gefunden.

Lit.: AK Duschanbe 1985, 134 Nr. 358; AK Zürich 1989, 74 Nr. 44; AK Duschanbe 2005, Abb. S. 130 Nr. 1.

G.L.

DIE MÜNZPRÄGUNG IN BAKTRIEN UND SOGDIEN – VON DEN GRAECO-BAKTRISCHEN KÖNIGEN BIS ZU DEN KUSCHAN

Die graeco-baktrischen und indo-griechischen Könige

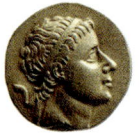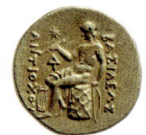

Kat. Nr. 274
Stater des Antiochos II.

Geprägt in Baktrien, 261–246 v. Chr.
Gold, Dm. 17,5 mm, 8,0 g
Wien, Kunsthistorisches Museum, Münzkabinett, Inv. Nr. GR 035812

Vs.: Kopf des Antiochos II. mit Diadem nach rechts. **Rs.:** Der Gott Apollon auf dem delphischen Omphalos nach links sitzend. In der Rechten hält er einen Pfeil, die Linke ist auf den Bogen gestützt. Vor seinen Füßen eine *Kithara* (Musikinstrument). Im linken Feld ein Stern, darunter ein griechisches Monogramm. Griechische Legende: ΒΑΣΙΛΕΩΣ ΑΝΤΙΟΧΟΥ (BASILEOS ANTIOCHOU = [Münze] des Königs Antiochos).

Lit.: Alram 2004, Fig. 8.   M.A.

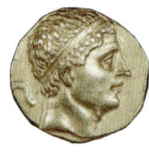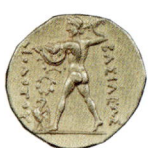

Kat. Nr. 275
Stater des Diodotos I./II.

Geprägt in Baktrien, ca. 250–230 v. Chr.
Gold, Dm. 19 mm, 8,35 g
Paris, Bibliothèque nationale de France, Département des monnaies, médailles et antiques, Inv. Nr. (1912) Armand-Valton

Vs.: Kopf des Diodotos I./II. mit Diadem nach rechts. **Rs.:** Der Gott Zeus nach links schreitend, in der erhobenen Rechten hält er ein Blitzbündel, in der vorgestreckten Linken die Aegis. Zu seinen Füßen ein Adler, darüber ein Kranz. Griechische Legende: ΒΑΣΙΛΕΩΣ ΔΙ–ΟΔΟΤΟΥ (BASILEOS DIODOTOU = [Münze] des Königs Diodotos).

Lit.: Bopearachchi 1991, Nr. 10.   M.A.

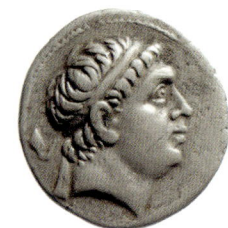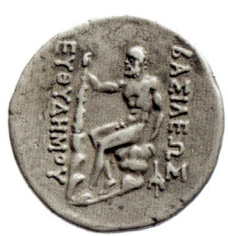

Kat. Nr. 276
Tetradrachme des Euthydemos I.

Geprägt in Baktrien, ca. 230–206/05 v. Chr.
Silber, Dm. 28,5 mm, 15,92 g
Wien, Kunsthistorisches Museum, Münzkabinett, Inv. Nr. GR 035168

Vs.: Kopf des Euthydemos I. mit Diadem nach rechts. **Rs.:** Herakles auf einem Felsen nach links sitzend, die Rechte auf seine Keule gestützt. Hinter dem Felsen ein griechisches Monogramm. Griechische Legende: ΒΑΣΙΛΕΩΣ ΕΥΘΥΔΗΜΟΥ (BASILEOS EUTHYDEMOU = [Münze] des Königs Euthydemos).

Lit.: Bopearachchi 1991, Nr. 9–12.   M.A.

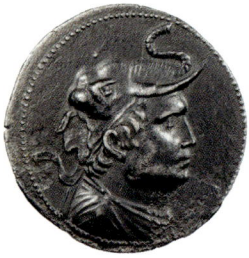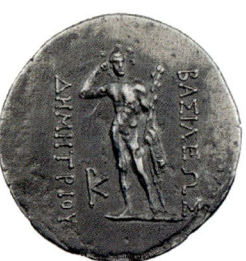

Kat. Nr. 277
Tetradrachme des Demetrios I.

Geprägt in Baktrien, ca. 200–185 v. Chr.
Silber, Dm. 33 mm, 16,22 g
Paris, Bibliothèque nationale de France, Département des monnaies, médailles et antiques, Inv. Nr. R.3681.41 (1963) Le Berre

Vs.: Büste des Demetrios I. mit Elefantenhaube und Diadem nach rechts. Der König ist mit einer Chlamys bekleidet. **Rs.:** Herakles frontal stehend, sich selbst bekränzend. In der Linken hält er Keule und Löwenfell, im linken Feld ein griechisches Monogramm. Griechische Legende: ΒΑΣΙΛΕΩΣ ΔΗΜΗΤΡΙΟΥ (BASILEOS DEMETRIOU = [Münze] des Königs Demetrios).

Lit.: Bopearachchi 1991, Nr. 3.   M.A.

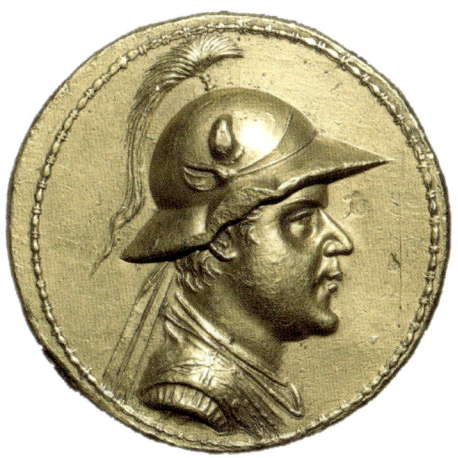

Kat. Nr. 278
20-facher Stater des Eukratides I.

Gefunden in Buchara, geprägt in Baktrien, ca. 171–145 v. Chr.
Gold, Dm. 58 mm, 169,2 g
Paris, Bibliothèque nationale de France, Département des monnaies, médailles et antiques, Inv. Nr. RN 1867, p. 382-415.

Vs.: Büste des Eukratides I. mit makedonischem Helm und Diadem nach rechts. Der König trägt einen Panzer und eine Chlamys. **Rs.:** Die Dioskuren Kastor und Polydeukes nach rechts galoppierend, in der Rechten halten sie beide eine Lanze, in der Linken einen Palmzweig. Im rechten Feld ein griechisches Monogramm. Griechische Legende: ΒΑΣΙΛΕΩΣ ΜΕΓΑΛΟΥ / ΕΥΚΡΑΤΙΔΟΥ (BASILEOS MEGALOU EUKRATIDOU = [Münze] des großen Königs Eukratides).

Lit.: Bopearachchi 1991, Nr. 25. M.A.

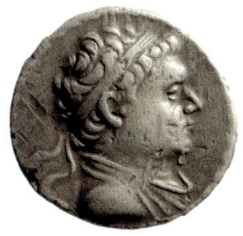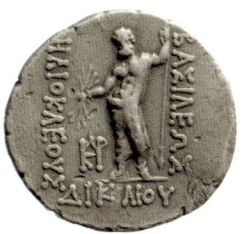

Kat. Nr. 279
Tetradrachme des Heliokles I.

Geprägt in Baktrien, ca. 145–130 v. Chr.
Silber, Dm. 31 mm, 15,98 g
Wien, Kunsthistorisches Museum, Münzkabinett, Inv. Nr. GR 023337

Vs.: Büste des Heliokles mit Diadem nach rechts. Der König ist mit einer Chlamys bekleidet. **Rs.:** Der Gott Zeus frontal stehend, er ist mit einem Himation bekleidet; in der Rechten hält er ein Blitzbündel, die Linke ist auf ein Szepter gestützt. Im linken Feld ein griechisches Monogramm. Griechische Legende: ΒΑΣΙΛΕΩΣ ΔΙΚΑΙΟΥ ΗΛΙΟ–ΚΛΕΟΥΣ (BASILEOS DIKAIOU HELIOKLEOUS = [Münze] des gerechten Königs Heliokles).

Lit.: Bopearachchi 1991, Nr. 12–16. M.A.

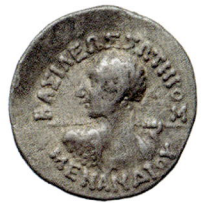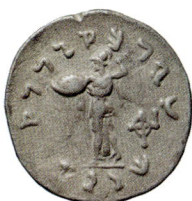

Kat. Nr. 280
Tetradrachme des Menander I.

Geprägt in Gandhara, ca. 165/155–130 v. Chr.
Silber, Dm. 26 mm, 9,02 g
Paris, Bibliothèque nationale de France, Département des monnaies, médailles et antiques, Inv. Nr. L.2839 (1892) Feuardent

Vs.: Büste des Menander I. in Rückenansicht mit Diadem nach links. Auf der linken Schulter ist eine Aegis drapiert, der König hält in der erhobenen Rechten einen Speer. Griechische Legende: ΒΑΣΙΛΕΩΣ ΣΩΤΗΡΟΣ / ΜΕΝΑΝΔΡΟΥ (BASILEOS SOTEROS MENANDROU = [Münze] des Königs Menander, des Retters). **Rs.:** Die Göttin Athena nach links schreitend, sie trägt einen Helm und ist mit Peplos und Aegis bekleidet. In der erhobenen Rechten hält sie ein Blitzbündel, in der vorgestreckten Linken einen Schild. Im rechten Feld ein Monogramm. Die indische Legende in Kharoschti-Schrift nennt Namen und Titel des Königs wie auf der Vorderseite: *maharajasa tratarasa / Menaṃdrasa*.

Lit.: Bopearachchi 1991, Nr. 47. M.A.

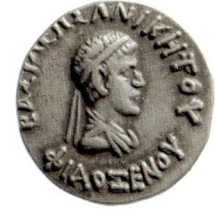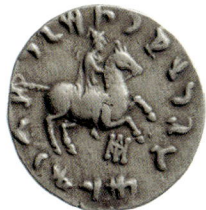

Kat. Nr. 281
Tetradrachme des Philoxenos

Geprägt in Gandhara, ca. 100–95 v. Chr.
Silber, Dm. 26,7 mm, 9,8 g
Wien, Kunsthistorisches Museum, Münzkabinett, Inv. Nr. GR 035189

Vs.: Büste des Philoxenos mit Diadem nach rechts. Der König ist mit einer Chlamys bekleidet. Griechische Legende: ΒΑΣΙΛΕΩΣ ΑΝΙΚΕ–ΤΟΥ / ΦΙΛΟΞΕΝΟΥ (BASILEOS ANIKETOU PHILOXENOU = [Münze] des unbesiegbaren Königs Philoxenos). **Rs.:** Der König zu Pferd nach rechts, darunter ein Monogramm. Die indische Legende in Kharoschti-Schrift nennt Namen und Titel des Königs wie auf der Vorderseite: *maharajasa apad.ihatasa / Philasinasa*.

Lit.: Bopearachchi 1991, Nr. 3-5. M.A.

Indoskythen und Indoparther

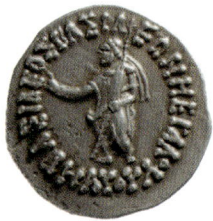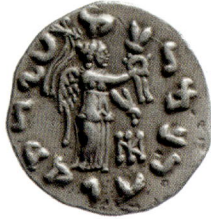

Kat. Nr. 282
Tetradrachme des Maues

Geprägt in Gandhara, ca. 90/85–75/70 v. Chr.
Silber, Dm. 26,8 mm, 9,65 g
Wien, Kunsthistorisches Museum, Münzkabinett, Inv. Nr. GR 035203

Vs.: Der Gott Zeus in langem Gewand nach links stehend. Die Rechte ist ausgestreckt, in der Linken hält er ein Szepter. Griechische Legende: ΒΑΣΙΛΕΩΣ ΒΑΣΙΛΕΩΝ ΜΕΓΑΛΟΥ / ΜΑΥΟΥ (BASILEOS BASILEON MEGALOU MAYOU = [Münze] des Königs der Könige, des großen Maues). **Rs.:** Die Siegesgöttin Nike in langem Gewand nach rechts stehend. In der vorgestreckten Rechten hält sie einen Kranz, in der Linken einen Palmzweig. Im rechten Feld ein Monogramm. Die indische Legende in Kharoschti-Schrift nennt Namen und Titel des Königs wie auf der Vorderseite: *rajatirajasa mahatasa / moasa*.

Lit.: Alram 1986, Nr. 954; Senior 2001, Nr. 1.2T. M.A.

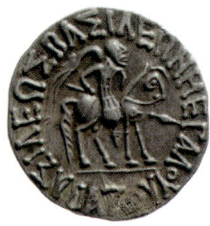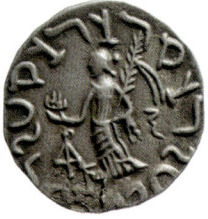

Kat. Nr. 283
Tetradrachme des Azes I.

Geprägt in Arachosia, ab ca. 58/57 v. Chr.
Silber, Dm. 27,6 mm, 9,17 g
Wien, Kunsthistorisches Museum, Münzkabinett, Inv. Nr. GR 037246

Vs.: Azes I. zu Pferd nach rechts. Der König trägt eine Rüstung, in den Händen hält er eine Lanze. Griechische Legende: ΒΑΣΙΛΕΩΣ ΒΑΣΙΛΕΩΝ ΜΕΓΑΛΟΥ / ΑΖΟΥ (BASILEOS BASILEON MEGALOU AZOU = [Münze] des Königs der Könige, des großen Azes). **Rs.:** Göttin in langem Gewand nach links stehend. In der ausgestreckten Rechten hält sie eine Schale, in der Linken einen Palmzweig. Im rechten und im linken Feld verschiedene Monogramme und Kontrollzeichen. Die indische Legende in Kharoschti-Schrift nennt Namen und Titel des Königs wie auf der Vorderseite: *maharajasa rajarajasa / ayasa*.

Lit.: Alram 1986, Nr. 989; Senior 2001, Nr. 82.101T. M.A.

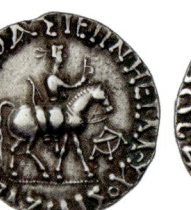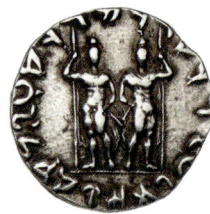

Kat. Nr. 284
Tetradrachme des Azilises

Geprägt in Hazara (Kaschmir), 2. Hälfte 1. Jh. v. Chr.
Silber, Dm. 26 mm, 9,59 g
Berlin, Münzkabinett SMB PK, Obj. Nr. 18217590, Acc. 1906 Löbbecke

Vs.: Azilises zu Pferd nach rechts. In der ausgestreckten Rechten hält er eine Peitsche, am Sattel ist eine Bogentasche befestigt. Im rechten Feld ein Monogramm. Griechische Legende: ΒΑΣΙΛΕΩΣ ΒΑΣΙΛΕΩΝ ΜΕΓΑΛΟΥ / ΑΖΙΛΙΣΟΥ (BASILEOS BASILEON MEGALOU AZILISOU = [Münze] des Königs der Könige, des großen Azilises). **Rs.:** Die beiden Dioskuren Kastor und Polydeukes frontal nebeneinander stehend mit Pilos, Schultermantel, Schwert und Lanze. Die indische Legende in Kharoschti-Schrift nennt Namen und Titel des Königs wie auf der Vorderseite: *maharajasa rajatirajasa mahatasa / ayiliṣasa*.

Lit.: Alram 1986, Nr. 1015; Senior 2001, Nr. 37.1T M.A.

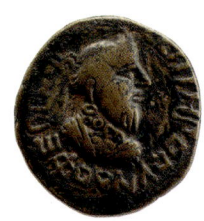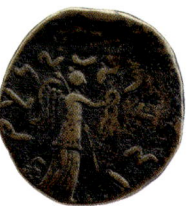

Kat. Nr. 285
Tetradrachme des Gondophares

Geprägt in Arachosia, ca. 20 – nach 46 n. Chr.
Bronze, Dm. 25,8 mm, 9,93 g
London, British Museum, Department of Coins & Medals, Inv. Nr. 1844-9-9-41

Vs.: Büste des Gondophares mit Diadem nach rechts. Der König trägt eine Halskette und ist mit einem Mantel bekleidet. Griechische Legende: ΒΑΣΙΛΕΩΣ ΣΩΤΗΡΟΣ ΥΝΔΟΦΕΡΡΟΥ (BASILEOS SOTEROS YNDOPHERROU = [Münze] des Königs, des Retters Gondophares). **Rs.:** Die Siegesgöttin Nike in langem Gewand nach rechts stehend. In der vorgestreckten Rechten hält sie einen Kranz, in der Linken einen Palmzweig. Die indische Legende in Kharoschti-Schrift nennt Namen und Titel des Königs wie auf der Vorderseite: *maharajasa godavharn.asa tratarasa*.

Lit.: Alram 1986, Nr. 1160; Senior 2001, Nr. 213.1T; Cribb 2007, Nr. 43. M.A.

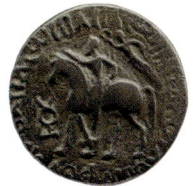 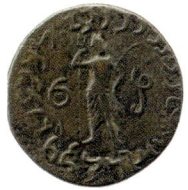 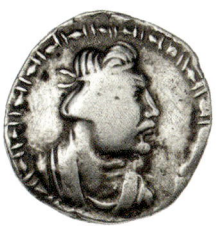 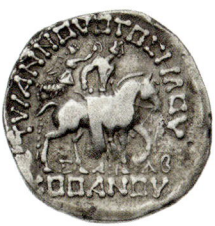

Kat. Nr. 286
Tetradrachme des Gondophares

Geprägt in Gandhara, ca. 20 – nach 46 n. Chr.
Billon, Dm. 24 mm, 9,37 g
London, British Museum, Department of Coins & Medals, Inv. Nr. 1894-5-6-1552

Vs.: Gondophares zu Pferd nach links, die Rechte ist zum Gruß erhoben. Hinter dem König schwebt eine Nike, die ihn bekränzt. Im linken Feld das Herrschaftszeichen der Gondophares-Dynastie. Griechische Legende: ΒΑΣΙΛΕΩΣ ΒΑΣΙΛΕΩΝ ΜΕΓΑΛΟΥ / ΥΝΔΟ–ΦΕΡΡΟΥ (BASILEOS BASILEON MEGALOU YNDOPHERROU = [Münze] des Königs der Könige, des großen Gondophares). **Rs.:** Der Gott Poseidon / Shiva mit Dreizack und Palmzweig frontal stehend. Im linken und im rechten Feld je ein Kontrollbuchstabe. Indische Legende in Kharoschti-Schrift: *maharajasa rajarajasa tratarasa devavratasa / gudavharasa* ([Münze] des Königs der Könige, des Retters, der den Geboten der Götter folgende Gondophares).

Lit.: Alram 1986, Nr. 1168; Senior 2001, Nr. 216; Cribb 2007, Nr. 48.   M.A.

Kat. Nr. 288
Tetradrachme des Kuschankönigs „Heraios"

Geprägt in Baktrien, ca. 1. Hälfte 1. Jh. n. Chr.
Silber, Dm. 29 mm, 15,12 g
Berlin, Münzkabinett SMB PK, Obj. Nr. 18217591, Acc. 1914/537

Vs.: Büste des Königs mit Diadem nach rechts. Er trägt einen Schnauzbart und ist mit einem Kaftan bekleidet; Perlstabrand. **Rs.:** Der König zu Pferd nach rechts. Hinter ihm fliegt eine Nike, die ihn bekränzt. Zum Teil fehlerhafte griechische Legende: ΤΥΡΑΝΝΟΥΝΤΟΣ ΗΡΑΟΥ ΚΟΡΡΑΝΟΥ – ΣΑΝΑΒ (TYRANNOUNTOS HERAOU KOSHANOU – SANAB = [Münze] des herrschenden Heraios, des Kuschan – Sanab).

Lit.: Alram 1986, Nr. 1263; Cribb 1993, Nr. 31; Senior 2001, Nr. B1.2T.   M.A.

Kuschan

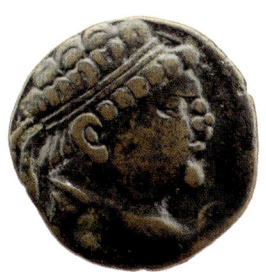 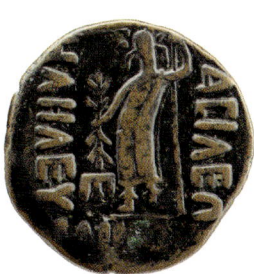

Kat. Nr. 287
Tetradrachme der Jüeh-Chi, Imitation nach dem Vorbild des Heliokles I.

Geprägt in Baktrien, ca. 1. Hälfte 1. Jh. n. Chr.
Bronze, Dm. 33,5 mm, 15,1 g
London, British Museum, Department of Coins & Medals,
Inv. Nr.1890-4-4-23

Vs.: Imitation der Büste des Heliokles I. mit Diadem nach rechts. **Rs.:** Zeus mit Strahlenkranz frontal stehend. In der Rechten hält er das Blitzbündel, in der Linken ein Zepter. Im linken Feld ein Monogramm. Die griechische Legende folgt dem Vorbild des Heliokles, ist jedoch verderbt.

Lit.: Cribb 2007, Nr. 77.   M.A.

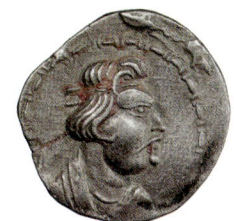 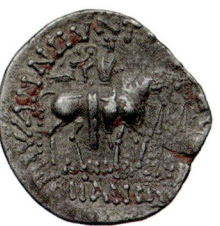

Kat. Nr. 289
Tetradrachme des Kuschankönigs „Heraios"

Geprägt in Baktrien, ca. 1. Hälfte 1. Jh. n. Chr.
Silber, Dm. 30 mm, 16,14 g
Paris, Bibliothèque nationale de France, Département des monnaies, médailles et antiques, Inv. Nr. R.3681.1066 Le Berre

Vs.: Büste des Königs mit Diadem nach rechts. Er trägt einen Schnauzbart und ist mit einem Kaftan bekleidet; Perlstabrand. **Rs.:** Der König zu Pferd nach rechts reitend. Hinter ihm fliegt eine Nike, die ihn bekränzt. Zum Teil fehlerhafte griechische Legende: ΤΥΡΑΝΝΟΥΝ–ΤΟΣ ΗΡΑΟΥ ΚΟΡΡΑΝΟΥ – ΣΑΝΑΒ (TYRANNOUNTOS HERAOU KOSHANOU – SANAB = [Münze] des herrschenden Heraios, des Kuschan – Sanab).

Lit.: Alram 1986, Nr. 1263; Cribb 1993, Nr. 11; Alram 1996, Abb. 112.   M.A.

gno in der Tracht des Kuschankönigs frontal stehend. Er trägt einen Helm und blickt nach rechts. In der Rechten hält er eine Lanze, die Linke ruht am Schwertknauf. Im rechten Feld das Herrscher-Tamgha. Baktrische Legende: ΟΡΛΑΓΝΟ (Orlagno).

Lit.: Göbl 1984, Nr. 63/5. M.A.

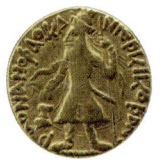 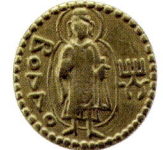

Kat. Nr. 298
Dinar des Kanishka I.

Gefunden im Stupa von Ahin Posh, geprägt in Gandhara, ca. 127/28–150/51 n. Chr.
Gold, Dm. 20 mm, 7,04 g
London, British Museum, Department of Coins & Medals, India Office Collection, Inv. Nr. 289

Vs.: Kanishka I. frontal stehend, der Kopf ist nach links gewandt. Der König trägt eine hohe Kronhaube mit dem Diadem sowie Kaftan, Schultermantel, lange Hosen und Stiefel, am Hüftgurt ist ein Schwert befestigt. Über seiner rechten Schulter züngeln Flammen, die den königlichen Glücksglanz symbolisieren. Mit der Rechten hält er einen Elefantentreibstock über einen Feueraltar, in der Linken eine Lanze. Baktrische Legende: PAONANOPAO KA–NHPKI KOPANO (der König der Könige, Kanishka, der Kuschan). **Rs.:** Sakyamuni Buddha in langem Mönchsgewand frontal stehend. Die Rechte ist zum Gestus *abhayamudra* (Geste der Furchtlosigkeit) erhoben, die Linke hält den Gewandsaum. Im rechten Feld das Herrscher-Tamgha. Baktrische Legende: ΒΟΔΔΟ (Buddha).

Lit.: Göbl 1984, Nr. 66/1; AK Cambridge 1992, Nr. 197; Cribb 1999/2000, Nr. 1. M.A.

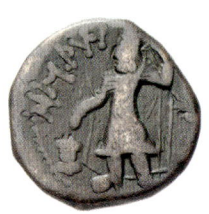 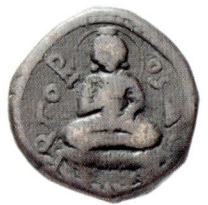

Kat. Nr. 299
Tetradrachme des Kanishka I.

Geprägt in Gandhara, ca. 127/28–150/51 n. Chr.
Bronze, Dm. 26 mm, 16,58 g
Berlin, Münzkabinett SMB PK, Obj. Nr. 18206899, Acc. 1875 Prokesch-Osten

Vs.: Kanishka I. frontal stehend, der Kopf ist nach links gewandt. Der König trägt eine hohe Kronhaube sowie Kaftan, Schultermantel, lange Hosen und Stiefel. Mit seiner Rechten opfert er über einem Feueraltar, in der Linken hält er eine Lanze. Baktrische Legende: PAO KA–NHPKI (König Kanishka). **Rs.:** Maitreya Buddha mit gekreuzten Beinen im Lotossitz frontal auf einem gepolsterten Schemel sitzend. Die Rechte ist zum Gestus *abhayamudra* (Geste der Furchtlosigkeit) erhoben, in der Linken hält er eine Wasserflasche. Baktrische Legende: ΜΗΤΡΑΓΟ Β–ΟΥΔΟ (Maitreya Buddha).

Lit.: Göbl 1984, Nr. 790/1; Cribb 1999/2000, Nr. 77. M.A.

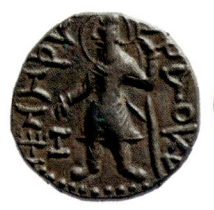 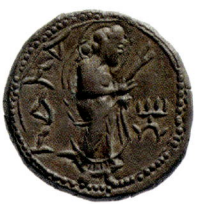

Kat. Nr. 300
Tetradrachme des Kanishka I.

Geprägt in Gandhara, ca. 127/28–150/51 n. Chr.
Bronze, Dm. 26 mm, 16,07 g
Wien, Kunsthistorisches Museum, Münzkabinett, Inv. Nr. GR 002077x

Vs.: Kanishka I. frontal stehend. Sein Kopf ist nach links gewandt und von einem Nimbus umgeben. Der König trägt eine hohe Kronhaube sowie Kaftan, Schultermantel, lange Hosen und Stiefel, am Hüftgurt ist ein Schwert befestigt. Mit seiner Rechten opfert er über einem Feueraltar, in der Linken hält er eine Lanze. Baktrische Legende: PAO KA–NHPKI (König Kanishka). **Rs.:** Die Göttin Nana in langem Gewand nach rechts stehend, in ihrer Rechten hält sie ein Zepter. Im rechten Feld das Herrscher-Tamgha. Baktrische Legende: NANA (Nana).

Lit.: Göbl 1984, Nr. 805/3. M.A.

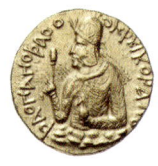 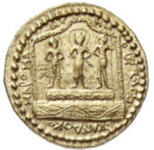

Kat. Nr. 301
Dinar des Huvischka

Geprägt in Gandhara, ca. 150/51–190/91 n. Chr.
Gold, Dm. 20 mm, 7,94 g
Berlin, Münzkabinett SMB PK, Obj. Nr.18206906, Acc. 1906 Löbbecke

Vs.: Hüftbild des Huvischka über einem Gebirge nach links. Der König trägt eine hohe Kronhaube mit dem Diadem sowie ein langärmeliges Gewand, dessen runder Ausschnitt mit einer Perlenbordüre besetzt ist. Auf der rechten Schulter züngeln Flammen, die den königlichen Glücksglanz symbolisieren. In der erhobenen Rechten hält er ein Kolbenszepter, in der Linken einen Elefantentreibstab. Baktrische Legende: PAONANOPAO O–OHPKI KOPANO (der König der Könige, Huvischka, der Kuschan). **Rs.:** Die Hindugötter Skando Kumaro, Maaseno und Bizago in einem Tempel stehend. Baktrische Legende: ΣΚΑΝΔΟΚΟ–ΜΑΡΟ ΜΑ–ΑΣ–ΗΝ–Ο ΒΙΖΑΓΟ (Skando Komaro, Maaseno, Bizago).

Lit.: Göbl 1984, Nr. 157/2. M.A.

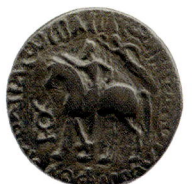 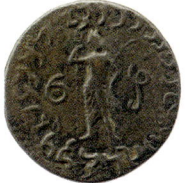

Kat. Nr. 286
Tetradrachme des Gondophares

Geprägt in Gandhara, ca. 20 – nach 46 n. Chr.
Billon, Dm. 24 mm, 9,37 g
London, British Museum, Department of Coins & Medals, Inv. Nr. 1894-5-6-1552

Vs.: Gondophares zu Pferd nach links, die Rechte ist zum Gruß erhoben. Hinter dem König schwebt eine Nike, die ihn bekränzt. Im linken Feld das Herrschaftszeichen der Gondophares-Dynastie. Griechische Legende: ΒΑΣΙΛΕΩΣ ΒΑΣΙΛΕΩΝ ΜΕΓΑΛΟΥ / ΥΝΔΟ–ΦΕΡΡΟΥ (BASILEOS BASILEON MEGALOU YNDOPHERROU = [Münze] des Königs der Könige, des großen Gondophares). **Rs.:** Der Gott Poseidon / Shiva mit Dreizack und Palmzweig frontal stehend. Im linken und im rechten Feld je ein Kontrollbuchstabe. Indische Legende in Kharoschti-Schrift: *maharajasa rajarajasa tratarasa devavratasa / gudavharasa* ([Münze] des Königs der Könige, des Retters, der den Geboten der Götter folgende Gondophares).

Lit.: Alram 1986, Nr. 1168; Senior 2001, Nr. 216; Cribb 2007, Nr. 48.   M.A.

Kuschan

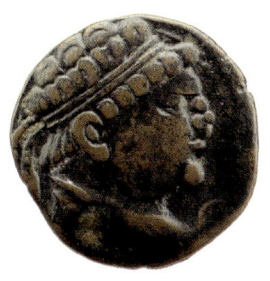 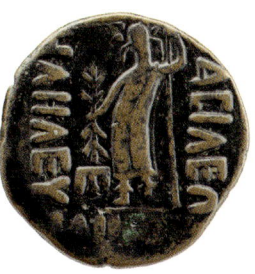

Kat. Nr. 287
Tetradrachme der Jüeh-Chi, Imitation nach dem Vorbild des Heliokles I.

Geprägt in Baktrien, ca. 1. Hälfte 1. Jh. n. Chr.
Bronze, Dm. 33,5 mm, 15,1 g
London, British Museum, Department of Coins & Medals,
Inv. Nr.1890-4-4-23

Vs.: Imitation der Büste des Heliokles I. mit Diadem nach rechts. **Rs.:** Zeus mit Strahlenkranz frontal stehend. In der Rechten hält er das Blitzbündel, in der Linken ein Zepter. Im linken Feld ein Monogramm. Die griechische Legende folgt dem Vorbild des Heliokles, ist jedoch verderbt.

Lit.: Cribb 2007, Nr. 77.   M.A.

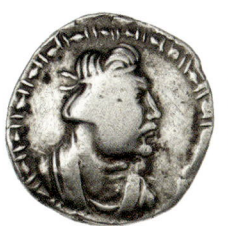 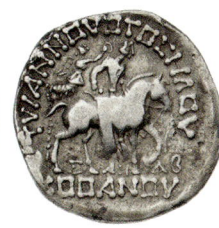

Kat. Nr. 288
Tetradrachme des Kuschankönigs „Heraios"

Geprägt in Baktrien, ca. 1. Hälfte 1. Jh. n. Chr.
Silber, Dm. 29 mm, 15,12 g
Berlin, Münzkabinett SMB PK, Obj. Nr. 18217591, Acc. 1914/537

Vs.: Büste des Königs mit Diadem nach rechts. Er trägt einen Schnauzbart und ist mit einem Kaftan bekleidet; Perlstabrand. **Rs.:** Der König zu Pferd nach rechts. Hinter ihm fliegt eine Nike, die ihn bekränzt. Zum Teil fehlerhafte griechische Legende: ΤΥΡΑΝΝΟΥΝΤΟΣ ΗΡΑΟΥ ΚΟΡΡΑΝΟΥ – ΣΑΝΑΒ (TYRANNOUNTOS HERAOU KOSHANOU – SANAB = [Münze] des herrschenden Heraios, des Kuschan – Sanab).

Lit.: Alram 1986, Nr. 1263; Cribb 1993, Nr. 31; Senior 2001, Nr. B1.2T.   M.A.

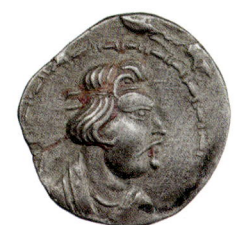 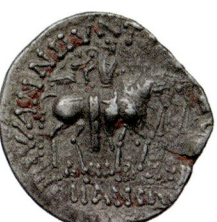

Kat. Nr. 289
Tetradrachme des Kuschankönigs „Heraios"

Geprägt in Baktrien, ca. 1. Hälfte 1. Jh. n. Chr.
Silber, Dm. 30 mm, 16,14 g
Paris, Bibliothèque nationale de France, Département des monnaies, médailles et antiques, Inv. Nr. R.3681.1066 Le Berre

Vs.: Büste des Königs mit Diadem nach rechts. Er trägt einen Schnauzbart und ist mit einem Kaftan bekleidet; Perlstabrand. **Rs.:** Der König zu Pferd nach rechts reitend. Hinter ihm fliegt eine Nike, die ihn bekränzt. Zum Teil fehlerhafte griechische Legende: ΤΥΡΑΝΝΟΥΝ–ΤΟΣ ΗΡΑΟΥ ΚΟΡΡΑΝΟΥ – ΣΑΝΑΒ (TYRANNOUNTOS HERAOU KOSHANOU – SANAB = [Münze] des herrschenden Heraios, des Kuschan – Sanab).

Lit.: Alram 1986, Nr. 1263; Cribb 1993, Nr. 11; Alram 1996, Abb. 112.   M.A.

DIE MÜNZPRÄGUNG IN BAKTRIEN UND SOGDIEN

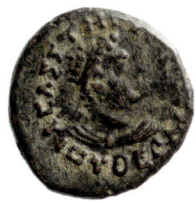 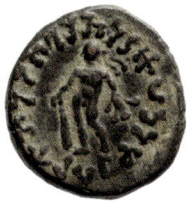

Kat. Nr. 290
Tetradrachme des Kujula Kadphises

Geprägt im Raum Kabul, ca. 30/40–80/90 n. Chr.
Bronze, Dm. 24,8 mm, 9,77 g
Wien, Kunsthistorisches Museum, Münzkabinett, Inv. Nr. GR 003358x

Vs.: Imitation der Büste des Hermaios mit Diadem nach rechts. Zum Teil fehlerhafte griechische Legende: ΒΑΣΙΛΕΩΣ ΣΤΗΡΟΣ ΣΥ / ΕΡ–ΜΑΙΟΥ (BASILEOS STEROS SY ERMAIOU = [Münze] des Königs, des Retters, Hermaios). **Rs.:** Herakles frontal stehend, den Kopf nach links gewandt. Die Rechte ist auf seine Keule gestützt, in der Linken hält er das Löwenfell. Indische Legende in Kharoschti-Schrift: *kujula kasasa kuṣaṇa yavugasa dramathidasa* ([Münze] des Kujula Kasa, des Herrn [Yabgu] der Kuschan, im Gesetz feststehend).

Lit.: Alram 1986, Nr. 1272; AK Cambridge 1992, Nr. 34; Senior 2001, Nr. B6.1
M.A.

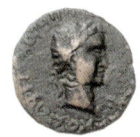 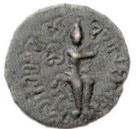

Kat. Nr. 291
Drachme des Kujula Kadphises

Geprägt in Gandhara, ca. 30/40–80/90 n. Chr.
Bronze, Dm. 17 mm, 3,56 g
Berlin, Münzkabinett SMB PK, Obj. Nr. 18217592, Acc. 1876 Guthrie

Vs.: Herrscherkopf mit Lorbeerkranz nach römischem Vorbild der iulisch-claudischen Kaiser nach rechts. Fehlerhafte griechische Legende: ΚΟΖΟΛΑ ΚΑΔΑΦΕΣ ΧΟΡΑΝΣΥ ΖΑΟΟΥ (KOZOLA KADAPHES XORANSY ZAOOU = [Münze] des Kujula Kadphises, des Herrn [Yabgu] der Kuschan). **Rs.:** Kujula mit hoher Haube und langen Hosen auf einer *sella curulis* (Sitzmöbel römischer Beamter) nach rechts gewandt sitzend, die Rechte ist vorgestreckt. Im Feld links ein Tamga. Indische Legende in Kharoschti-Schrift: *kuyula kaphsasa sachadhramathidasa khus.an.asa yauasa* ([Münze] des Kujula Kadphises, im Gesetz der Wahrheit, des Herrn [Yabgu] der Kuschan).

Lit.: Alram 1986, Nr. 1276; Senior 2001, Nr. B9.1; Cribb 2007, Nr. 80.   M.A.

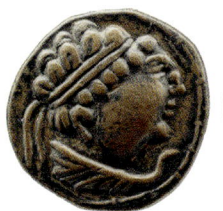 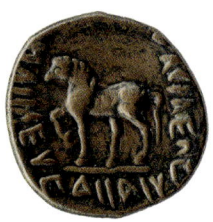

Kat. Nr. 292
Tetradrachme des Soter Megas/Vima Takto (?)

Geprägt in Baktrien, ca. Ende 1./Anfang 2. Jh. n. Chr.
Bronze, Dm. 28 mm, 14,74 g
London, British Museum, Department of Coins & Medals, Inv. Nr. 1890-4-4-24

Vs.: Imitation der Büste des Heliokles I. mit Diadem nach rechts. **Rs.:** Pferd nach links trabend, auf seiner hinteren Flanke das Herrscher-Tamgha. Verderbte griechische Legende nach dem Vorbild des Heliokles I.

Lit.: Cribb 2007, Nr. 82; Errington/Curtis 2007, Abb. 61, Nr. 12; Falk 2009. M.A.

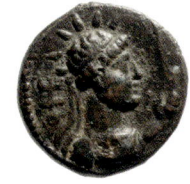 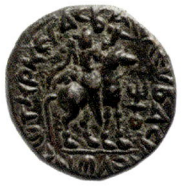

Kat. Nr. 293
Tetradrachme des Soter Megas/Vima Takto (?)

Geprägt in Gandhara, ca. Ende 1./Anfang 2. Jh. n. Chr.
Bronze, Dm. 22,4 mm, 8,32 g
Wien, Kunsthistorisches Museum, Münzkabinett, Inv. Nr. GR 023376

Vs.: Büste des Königs (?) mit Herrscherdiadem und Strahlenkranz nach rechts, in der vorgestreckten Rechten hält er einen Pfeil. Im linken Feld das Herrscher-Tamgha. **Rs.:** Der König zu Pferd nach rechts, in der vorgestreckten Rechten hält er eine Streitaxt. Im rechten Feld das Herrscher-Tamgha. Zum Teil fehlerhafte griechische Legende: ΒΑΣΙΛΕΥΣ ΒΑΣΙΛΕΩΝ ΣΩΤΗΡ ΜΕΓΑΣ (BASILEUS BASILEON SOTER MEGAS = der König der Könige, der große Retter).

Lit.: Cribb 2007, Nr. 83; Errington/Curtis 2007, Abb. 61, Nr. 15; Falk 2009.   M.A.

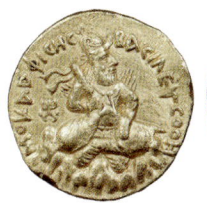 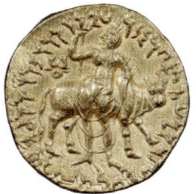

Kat. Nr. 294
Doppeldinar des Vima Kadphises

Geprägt in Gandhara, ca. 1. Hälfte 2. Jh. n. Chr. (?)
Gold, Dm. 26 mm, 15,92 g
Paris, Bibliothèque nationale de France, Département des monnaies, médailles et antiques, Inv. Nr. R.3681.1090 Le Berre

Vs.: Vima Kadphises im Nomadensitz frontal über einem Gebirge thronend. Sein Kopf ist nach rechts gewandt, er trägt eine hohe Kronhaube mit dem Diadem sowie Kaftan, lange Hosen und Stiefel. Über den Schultern züngeln Flammen, die den königlichen Glücksglanz symbolisieren. In der Rechten hält er eine Keule. Im linken Feld das Herrscher-Tamgha. Griechische Legende: ΒΑΣΙΛΕΥΣ ΟΟΗ–ΜΟ ΚΑΔΦΙΣΗΣ (BASILEUS OOEMO KADPHISES = König Vima Kadphises). **Rs.:** Der Gott Oesho/Shiva mit erigiertem Penis frontal stehend. Sein Kopf ist nach links gewandt, in der Rechten hält er einen Dreizack. Hinter ihm der Stier Nandi nach rechts stehend. Im linken Feld das Nandipada-Symbol. Indische Legende in Kharoschti-Schrift: *maharajasa rajadirajasa sarvaloga-iśvarasa mahiśvarasa Vima Kalpishasa tratara* (Des Großkönigs, des Königs der Könige, des Herrn der ganzen Welt, des Herrn über die Erde, des Vima Kadphises, der Retter).

Lit.: Göbl 1984, Nr. 10; Alram 1996, Abb. 15, Bopearachchi 2008, Nr. 12–17.

M.A.

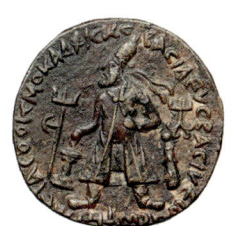 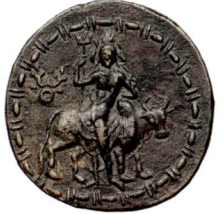

Kat. Nr. 295
Tetradrachme des Vima Kadphises

Geprägt in Gandhara, ca. 1. Hälfte 2. Jh. n. Chr. (?)
Bronze, Dm. 29,5 mm, 17,14 g
Paris, Bibliothèque nationale de France, Département des monnaies, médailles et antiques, Inv. Nr. R.3681.1093 Le Berre

Vs.: Vima Kadphises frontal stehend, sein Kopf ist nach rechts gewandt. Der König trägt eine hohe Kronhaube mit dem Diadem sowie Kaftan, lange Hosen und Stiefel. Mit der Rechten opfert er an einem Feueraltar, in der Linken hält er eine Lanze. Im linken Feld ein Dreizack, rechts eine Keule, darüber das Herrscher-Tamgha. Griechische Legende: ΒΑΣΙΛΕΥΣ ΒΑΣΙΛΕΩΝ ΣΩΤΗΡ ΜΕΓΑΣ ΟΟΗΜΟ ΚΑΔΦΙΣΗΣ (BASILEUS BASILEON SOTER MEGAS OOEMO KADPHISES = der König der Könige, der Retter, der große Vima Kadphises). **Rs.:** Der Gott Oesho/Shiva mit erigiertem Penis frontal stehend, in der Rechten hält er einen Dreizack. Hinter ihm der Stier Nandi nach rechts stehend. Im linken Feld das Nandipada-Symbol; Perlstabrand.

Lit.: Göbl 1984, Nr. 760/1; Alram 1996, Abb. 117.

M.A.

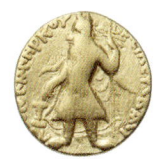 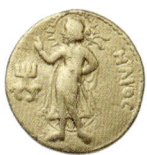

Kat. Nr. 296
Dinar des Kanishka I.

Geprägt in Gandhara, ca. 127/28–150/51 n. Chr.
Gold, Dm. 19 mm, 6,81 g
Berlin, Münzkabinett SMB PK, Obj. Nr. 18217594, Acc. 1873 Fox

Vs.: Kanishka I. frontal stehend, sein Kopf ist nach links gewandt. Der König trägt eine hohe Kronhaube mit dem Diadem sowie Kaftan, Schultermantel, lange Hosen und Stiefel. Über seiner rechten Schulter züngeln Flammen, die den königlichen Glücksglanz symbolisieren. Mit der Rechten opfert er an einem Feueraltar, in der Linken hält er eine Lanze. Griechische Legende: ΒΑΣΙΛΕΥΣ ΒΑΣΙ–ΛΕΩΝ ΚΑΝΗΡΚΟΥ (BASILEUS BASILEON KANESHKOU = der König der Könige, des Kanishka). **Rs.:** Der Sonnengott Helios frontal stehend, sein von einem Strahlenkranz umrahmter Kopf ist nach links gewandt. Er trägt ein langes durchscheinendes Gewand, die Rechte ist zum Gruß erhoben. Im linken Feld das Herrscher-Tamgha. Griechische Legende: ΗΛΙΟΣ (Helios).

Lit.: Göbl 1984, Nr. 25/2.

M.A.

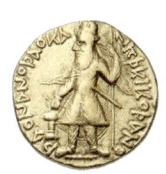 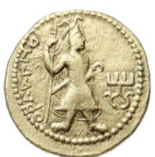

Kat. Nr. 297
Dinar des Kanishka I.

Geprägt in Gandhara, ca. 127/28–150/51 n. Chr.
Gold, Dm. 20 mm, 7,95 g; Berlin, Münzkabinett SMB PK, Obj. Nr. 18203703, Acc. 1906 Löbbecke

Vs.: Kanishka I. frontal stehend, der Kopf ist nach links gewandt. Der König trägt eine hohe Kronhaube mit dem Diadem sowie Kaftan, Schultermantel, lange Hosen und Stiefel, am Hüftgurt ist ein Schwert befestigt. Über seiner rechten Schulter züngeln Flammen, die den königlichen Glücksglanz symbolisieren. Mit der Rechten hält er einen Elefantentreibstock über einen Feueraltar, in der Linken eine Lanze. Baktrische Legende: ΡΑΟΝΑΝΟΡΑΟ ΚΑ–ΝΗΡΚΙ ΚΟΡΑΝΟ (der König der Könige, Kanishka, der Kuschan). **Rs.:** Der Kriegsgott Orla-

DIE MÜNZPRÄGUNG IN BAKTRIEN UND SOGDIEN

gno in der Tracht des Kuschankönigs frontal stehend. Er trägt einen Helm und blickt nach rechts. In der Rechten hält er eine Lanze, die Linke ruht am Schwertknauf. Im rechten Feld das Herrscher-Tamgha. Baktrische Legende: ΟΡΛΑΓΝΟ (Orlagno).

Lit.: Göbl 1984, Nr. 63/5. M.A.

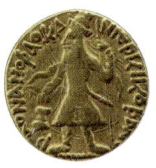 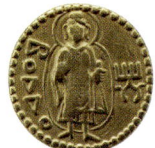

Kat. Nr. 298
Dinar des Kanishka I.

Gefunden im Stupa von Ahin Posh, geprägt in Gandhara,
ca. 127/28–150/51 n. Chr.
Gold, Dm. 20 mm, 7,04 g
London, British Museum, Department of Coins & Medals,
India Office Collection, Inv. Nr. 289

Vs.: Kanishka I. frontal stehend, der Kopf ist nach links gewandt. Der König trägt eine hohe Kronhaube mit dem Diadem sowie Kaftan, Schultermantel, lange Hosen und Stiefel, am Hüftgurt ist ein Schwert befestigt. Über seiner rechten Schulter züngeln Flammen, die den königlichen Glücksglanz symbolisieren. Mit der Rechten hält er einen Elefantentreibstock über einen Feueraltar, in der Linken eine Lanze. Baktrische Legende: PAONANOPAO KA–NHPKI KOPANO (der König der Könige, Kanishka, der Kuschan). **Rs.:** Sakyamuni Buddha in langem Mönchsgewand frontal stehend. Die Rechte ist zum Gestus *abhayamudra* (Geste der Furchtlosigkeit) erhoben, die Linke hält den Gewandsaum. Im rechten Feld das Herrscher-Tamgha. Baktrische Legende: BOΔΔO (Buddha).

Lit.: Göbl 1984, Nr. 66/1; AK Cambridge 1992, Nr. 197; Cribb 1999/2000, Nr. 1.
M.A.

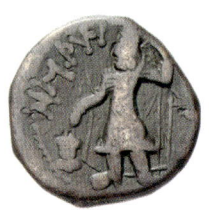 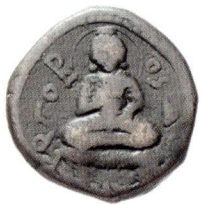

Kat. Nr. 299
Tetradrachme des Kanishka I.

Geprägt in Gandhara, ca. 127/28–150/51 n. Chr.
Bronze, Dm. 26 mm, 16,58 g
Berlin, Münzkabinett SMB PK, Obj. Nr. 18206899, Acc. 1875 Prokesch-Osten

Vs.: Kanishka I. frontal stehend, der Kopf ist nach links gewandt. Der König trägt eine hohe Kronhaube sowie Kaftan, Schultermantel, lange Hosen und Stiefel. Mit seiner Rechten opfert er über einem Feueraltar, in der Linken hält er eine Lanze. Baktrische Legende: PAO KA–NHPKI (König Kanishka). **Rs.:** Maitreya Buddha mit gekreuzten Beinen im Lotossitz frontal auf einem gepolsterten Schemel sitzend. Die Rechte ist zum Gestus *abhayamudra* (Geste der Furchtlosigkeit) erhoben, in der Linken hält er eine Wasserflasche. Baktrische Legende: ΜΗΤΡΑΓΟ Β–ΟΥΔΟ (Maitreya Buddha).

Lit.: Göbl 1984, Nr. 790/1; Cribb 1999/2000, Nr. 77. M.A.

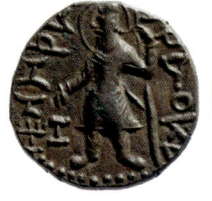 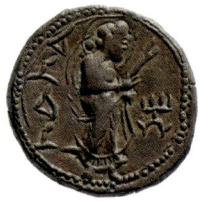

Kat. Nr. 300
Tetradrachme des Kanishka I.

Geprägt in Gandhara, ca. 127/28–150/51 n. Chr.
Bronze, Dm. 26 mm, 16,07 g
Wien, Kunsthistorisches Museum, Münzkabinett, Inv. Nr. GR 002077x

Vs.: Kanishka I. frontal stehend. Sein Kopf ist nach links gewandt und von einem Nimbus umgeben. Der König trägt eine hohe Kronhaube sowie Kaftan, Schultermantel, lange Hosen und Stiefel, am Hüftgurt ist ein Schwert befestigt. Mit seiner Rechten opfert er über einem Feueraltar, in der Linken hält er eine Lanze. Baktrische Legende: PAO KA–NHPKI (König Kanishka). **Rs.:** Die Göttin Nana in langem Gewand nach rechts stehend, in ihrer Rechten hält sie ein Zepter. Im rechten Feld das Herrscher-Tamgha. Baktrische Legende: NANA (Nana).

Lit.: Göbl 1984, Nr. 805/3. M.A.

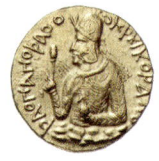 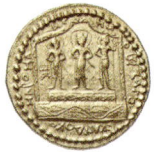

Kat. Nr. 301
Dinar des Huvischka

Geprägt in Gandhara, ca. 150/51–190/91 n. Chr.
Gold, Dm. 20 mm, 7,94 g
Berlin, Münzkabinett SMB PK, Obj. Nr.18206906, Acc. 1906 Löbbecke

Vs.: Hüftbild des Huvischka über einem Gebirge nach links. Der König trägt eine hohe Kronhaube mit dem Diadem sowie ein langärmeliges Gewand, dessen runder Ausschnitt mit einer Perlenbordüre besetzt ist. Auf der rechten Schulter züngeln Flammen, die den königlichen Glücksglanz symbolisieren. In der erhobenen Rechten hält er ein Kolbenszepter, in der Linken einen Elefantentreibstab. Baktrische Legende: PAONANOPAO O–OHPKI KOPANO (der König der Könige, Huvischka, der Kuschan). **Rs.:** Die Hindugötter Skando Kumaro, Maaseno und Bizago in einem Tempel stehend. Baktrische Legende: ΣΚΑΝΔΟΚΟ–ΜΑΡΟ ΜΑ–ΑΣ–ΗΝ–Ο ΒΙΖΑΓΟ (Skando Komaro, Maaseno, Bizago).

Lit.: Göbl 1984, Nr. 157/2. M.A.

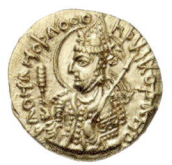
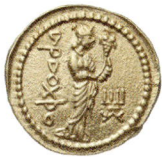

Kat. Nr. 302
Dinar des Huvischka

Geprägt in Gandhara, ca. 150/51–190/91 n. Chr.
Gold, Dm. 21 mm, 8 g
Berlin, Münzkabinett SMB PK, Obj. Nr. 18206948, Acc. 1906 Löbbecke

Vs.: Hüftbild des Huvischka mit juwelenbesetzter spitzer Kronhaube und Diadem nach links, der Kopf ist von einem Nimbus umgeben. Der König trägt einen reich geschmückten Ornat. In der Rechten hält er ein Kolbenzepter, in der Linken eine Lanze. Baktrische Legende PAONANOPAO OO–HPKI KOPANO (der König der Könige, Huvischka, der Kuschan). **Rs.:** Die Göttin des königlichen Glücks, Ardochscho, in langem Gewand nach rechts stehend, vor sich ein Füllhorn haltend. Im rechten Feld das Herrscher-Tamgha. Baktrische Legende: APΔOXPO (Ardochsho).

Lit.: Göbl 1984, Nr. 286/27. M.A.

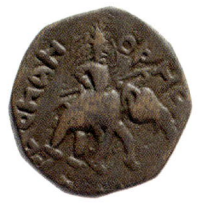
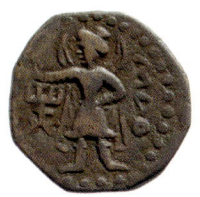

Kat. Nr. 303
Tetradrachme des Huvischka

Geprägt in Gandhara, ca. 150/51–190/91 n. Chr.
Bronze, Dm. 24,8 mm, 11,57 g
Wien, Kunsthistorisches Museum, Münzkabinett, Inv. Nr. GR 003362

Vs.: Huvischka auf einem Elefanten nach rechts reitend. Der König trägt eine hohe Kronhaube mit dem Diadem, in den Händen hält er einen Treibstab. Fehlerhafte baktrische Legende: PAONANOPAO OOHPKI KOPANO (der König der Könige, Huvischka, der Kuschan). **Rs.:** Der Mondgott Mao in kuschanischer Tracht nach links gewandt stehend. Über seinen Schultern steigt eine Mondsichel empor. Die Rechte ist ausgestreckt, die Linke in die Hüfte gestützt. Im linken Feld das Herrscher-Tamgha. Baktrische Legende: MAO (Mao).

Lit.: Göbl 1984, Nr. 869/1. M.A.

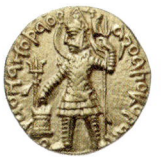
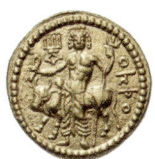

Kat. Nr. 304
Dinar des Vasudeva I.

Geprägt in Gandhara, ca. 190/91–224/25 n. Chr.
Gold, Dm. 20 mm, 8,13 g
Berlin, Münzkabinett SMB PK, Obj. Nr. 18206949, Acc. 1906 Löbbecke

Vs.: Vasudeva I. frontal stehend, den Kopf nach links gewandt. Er trägt eine juwelenbesetzte spitze Kronhaube mit dem Diadem sowie eine Reiterrüstung, lange Hosen und Stiefel, am Hüftgurt ist ein Schwert befestigt. Der Kopf ist von einem Nimbus umgeben, auf der rechten Schulter züngeln Flammen, die den königlichen Glücksglanz symbolisieren. Mit der Rechten opfert er an einem Feueraltar, in der Linken hält er eine Lanze. Im linken Feld ein Dreizack. Baktrische Legende: PAONANOPAO B–AZOΔHO KOPAN–O (der König der Könige, Vasudeva, der Kuschan). **Rs.:** Der Gott Oesho/Shiva frontal stehend, er trägt einen indischen Dhoti. In der ausgestreckten Rechten hält er ein Diadem, in der Linken den Dreizack. Hinter ihm der Stier Nandi nach links stehend. Im linken Feld das Herrscher-Tamgha. Baktrische Legende OHPO (Oesho).

Lit.: Göbl 1984, Nr. 507/3. M.A.

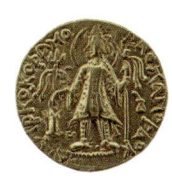
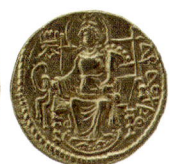

Kat. Nr. 305
Dinar des Kanishka II.

Geprägt in Gandhara, ca. 231/232–243/44 n. Chr.
Gold, Dm. 20 mm, 7,85 g
London, British Museum, Department of Coins & Medals, Inv. Nr. 1893-5-6-30

Vs.: Kanishka II. frontal stehend, den Kopf nach links gewandt. Er trägt eine juwelenbesetzte spitze Kronhaube mit dem Diadem sowie einen Kaftan, lange Hosen und Stiefel. Der Kopf ist von einem Nimbus umgeben. Mit der Rechten opfert er an einem Feueraltar, in der Linken hält er eine Lanze. Im linken Feld ein Dreizack. Baktrische Legende: PAONANOPAO K–ANHPKO KOPANO (der König der Könige, Kanishka, der Kuschan). **Rs.:** Die Göttin des königlichen Glücks, Ardochscho, in langem Gewand frontal thronend, ihr Kopf ist von einem Nimbus umgeben. In ihrer Rechten hält sie ein Diadem, in der Linken ein Füllhorn. Im linken Feld das Herrscher-Tamgha. Baktrische Legende: APΔOXPO (Ardochscho).

Lit.: Göbl 1984, Nr. 541/1; Cribb 2007, Nr. 91. M.A.

DIE MÜNZPRÄGUNG IN BAKTRIEN UND SOGDIEN

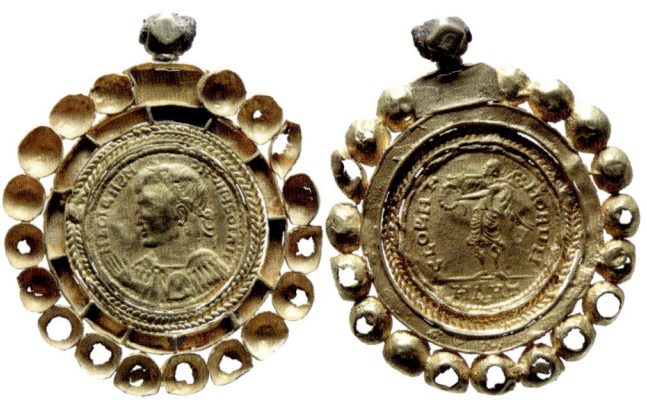

Kat. Nr. 306
Goldmedaillon nach römischem Vorbild in Schmuckfassung

Gefertigt und gefasst in Nordwest-Indien (?), ca. 2. Hälfte 4. Jh. n. Chr. (?)
Gold, Dm. 46,2 mm, 13,51 g
Wien, Kunsthistorisches Museum, Münzkabinett, Inv. Nr. GR 003123

Vs.: Imitation der Büste des römischen Kaisers Konstantin des Großen (306–337 n. Chr.) nach links. Der Kaiser trägt Perlendiadem, Panzer und Feldherrnmantel. Die Rechte ist im Grußgestus erhoben, in der Linken hält er den Globus. Völlig barbarisierte lateinische Legende, die Titel und Namen des Kaisers nicht mehr erkennen lässt. **Rs.:** Göttin nach dem Vorbild der römischen Victoria nach links gewandt stehend. Sie ist mit dem indischen Dhoti bekleidet. In der ausgestreckten Linken hält sie einen Kranz, mit der Rechten schultert sie eine Art Tropaeum (Siegesmal). Die fehlerhafte lateinische Legende ist von GLORIA ROMANORVM kopiert. Im Abschnitt eine verderbte Münzstättensigle mit vier Buchstaben, die auf HT endet und damit an die Sigle von Heraclea Thraciae erinnert.

Lit.: Göbl 1999, Taf. 4,2; Alram 2008, Nr. 5.10. M.A.

Herakles

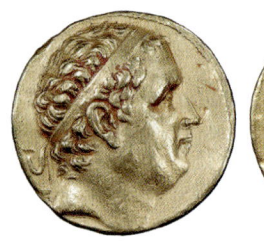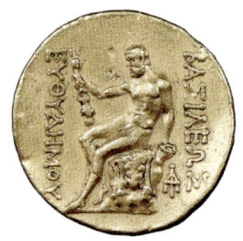

Kat. Nr. 307
Oktadrachme des Euthydemos I.

Geprägt in Baktrien, ca. 230–206/05 v. Chr.
Gold, Dm. 31 mm, 32,73 g
Paris, Bibliothèque nationale de France, Département des monnaies, médailles et antiques, Inv. Nr. 1966.133

Vs.: Kopf des Euthydemos I. mit Diadem nach rechts. **Rs.:** Herakles auf einem Felsen nach links sitzend, die Rechte ist auf seine Keule gestützt. Über den Felsen ist das Löwenfell gebreitet. Griechische Legende: ΒΑΣΙΛΕΩΣ ΕΥΘΥΔΗΜΟΥ (BASILEOS EUTHYDEMOU = [Münze] des Königs Euthydemos).

Lit.: Bopearachchi 1991, Nr. 15. M.A.

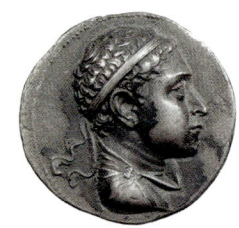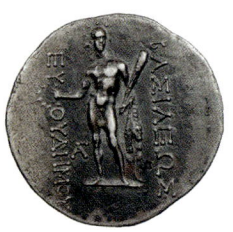

Kat. Nr. 308
Tetradrachme des Euthydemos II.

Geprägt in Baktrien, ca. 190–185 v. Chr.
Silber, Dm. 30 mm, 16,3 g
Paris, Bibliothèque nationale de France, Département des monnaies, médailles et antiques, Inv. Nr. R.3681.47 (1963) Le Berre

Vs.: Büste des Euthydemos II. mit Diadem nach rechts. Der König ist mit einer Chlamys bekleidet. **Rs.:** Jugendlicher bekränzter Herakles frontal stehend. In seiner Rechten hält er einen Kranz, in der Linken Keule und Löwenfell. Im linken Feld ein griechisches Monogramm. Griechische Legende ΒΑΣΙΛΕΩΣ ΕΥ-ΘΥΔΗΜΟΥ (BASILEOS EUTHYDEMOU = [Münze] des Königs Euthydemos).

Lit.: Bopearachchi 1991, Nr. 1. M.A.

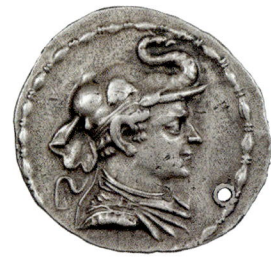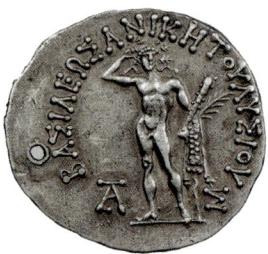

Kat. Nr. 309
Tetradrachme des Lysias

Geprägt in Paropamisadai, ca. 120–110 v. Chr.
Silber, 35 mm, 16,36 g
Paris, Bibliothèque nationale de France, Département des monnaies, médailles et antiques, Inv. Nr. 1970.617 Le Berre

Vs.: Büste des Lysias nach rechts. Der König trägt eine Elefantenhaube mit dem Diadem und ist mit einer Chlamys bekleidet; Perlstabrand. **Rs.:** Der jugendliche Herakles frontal stehend. Mit seiner Rechten bekränzt er sich, in der Linken hält er die Keule, das Löwenfell und einen Palmzweig. Im linken Feld ein Monogramm. Griechische Legende: ΒΑΣΙΛΕΩΣ ΑΝΙΚΗΤΟΥ ΛΥΣΙΟΥ (BASILEOS ANIKETOU LYSIOU = [Münze] des unbesiegbaren Königs Lysias).

Lit.: Bopearachchi 1991, Nr. 1. M.A.

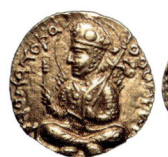
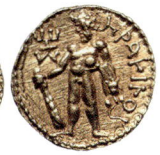

Kat. Nr. 310
Dinar des Huvischka

Gefunden in Peshawar als Teil eines Schatzes, geprägt in Gandhara, ca. 150/51–190/91 n. Chr.
Gold, Dm. 20 mm, 7,99 g
London, British Museum, Department of Coins & Medals,
Inv. Nr. 1879-0501-7

Vs.: Huvischka mit gekreuzten Beinen frontal sitzend. Der König trägt einen juwelenbesetzten Helm mit Wangenklappen, das Diadem sowie einen reich bestickten Kaftan und lange Hosen. In seiner Rechten hält er ein Kolbenzepter, in der Linken ein Langzepter. Das Haupt ist von einem Nimbus umgeben, über den Schultern züngeln Flammen, die den königlichen Glücksglanz symbolisieren. Baktrische Legende: PAONANOPAO O–OHPKI KOPANO (der König der Könige, Huvischka, der Kuschan). **Rs.:** Herakles frontal stehend, sein Kopf ist nach links gewandt. Die Rechte ist auf die Keule gestützt, in der Linken hält er eine Kugel sowie das Löwenfell, das über den Unterarm geschlagen ist. Im linken Feld das Herrscher-Tamgha. Baktrische Legende: HPAKIΛO (Herakles).

Lit.: Göbl 1984, Nr. 269/1.   M.A.

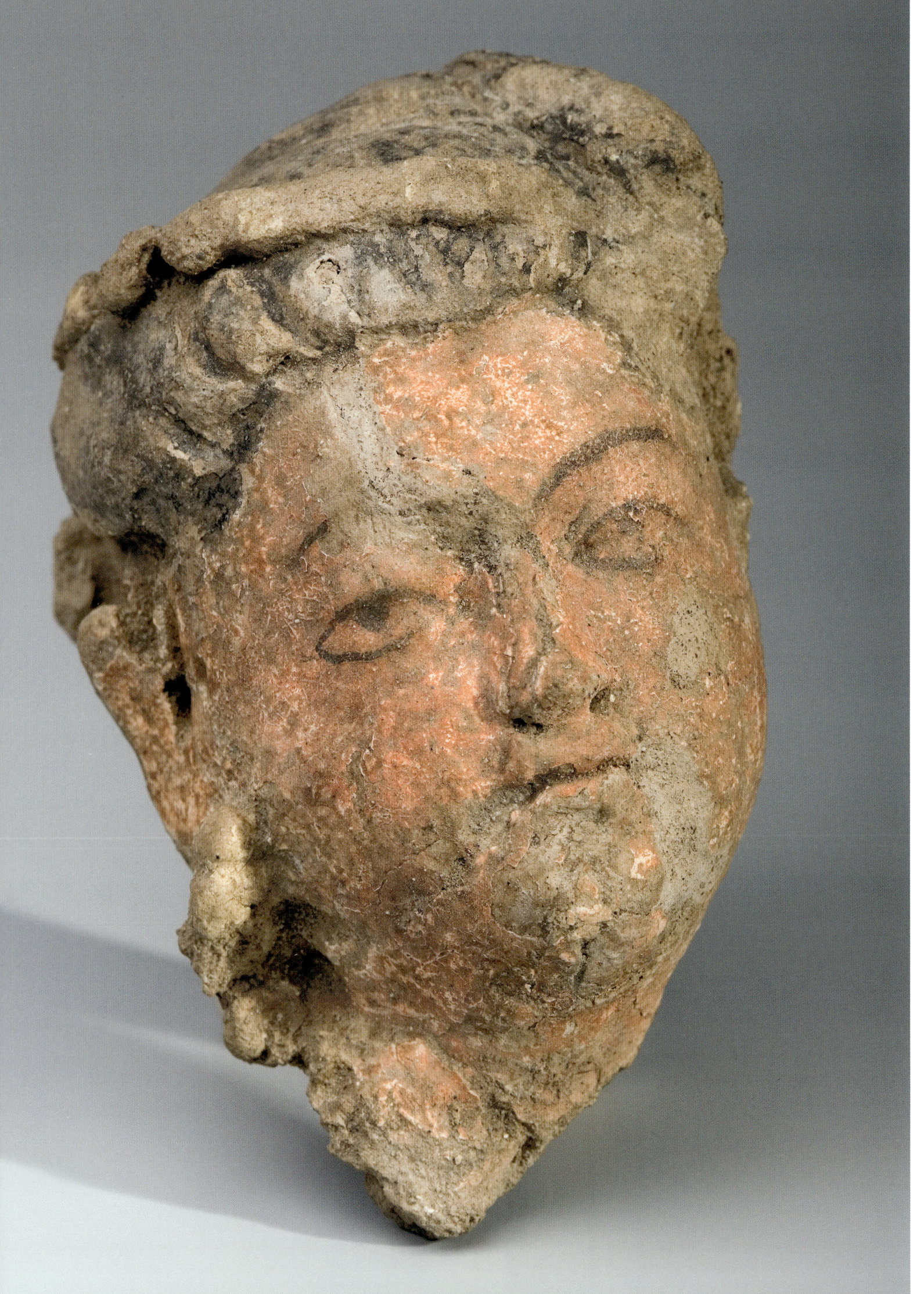

KUNST UND KULTUR UNTER DEN KUSCHAN

Das graeco-baktrische Reich ging in der zweiten Hälfte des 2. Jhs. v. Chr. mit dem Vordringen der Nomadenstämme aus dem Osten unter. Zu diesen Reiternomaden gehörten die fernöstlichen Jüeh-Chi, die späteren Kuschan. Die baktrischen Griechen zogen sich über den Hindukusch nach Indien zurück und mussten Baktrien um 130 v. Chr. aufgeben. Ai Khanoum zum Beispiel, die einzige große Stadtgründung der Griechen, wurde nach ihrer Plünderung verlassen und nachmalig nicht wieder besiedelt.

Die Jüeh-Chi sind hauptsächlich in chinesischen Quellen dokumentiert: ihr Aufbruch um 175 v. Chr. im östlichen China, ihr Eindringen in Baktrien und in der Kabul-Region um 145 v. Chr. Aus diesem reiternomadischen Stamm gingen die Kuschan hervor. Die früheste Nennung eines Kuschanfürsten findet sich auf Münzen des Heraios, der möglicherweise mit dem ersten dokumentierten König der Kuschan-Dynastie, Kujula Kadphises, identisch ist. Dessen Regierungszeit lässt sich etwa zwischen 30/40–80/90 n. Chr. einordnen. Die zeitliche Verankerung der Kuschana – einer Dynastie von sechs oder sieben Königen – ist äußerst schwierig. Kanischka I., auch „der Große" genannt, herrschte in der Blütezeit des Kuschanreiches in der Mitte des 2. Jhs. n. Chr., das sich dann von Baktrien über den Hindukusch bis nach Mittelindien ausdehnte.

Der Niedergang der Kuschan-Dynastie begann zwei Generationen später unter Wasudewa, dem Enkelsohn des großen Kanischka, durch den Aufstieg des Sasanidenreiches. Den endgültigen Schlusspunkt – sowohl für die Kuschan als auch für die Sasaniden – setzten schließlich in der Mitte des 4. Jhs. n. Chr. die wiederum aus dem Osten vordringenden Hunnen.

Die Periode der Kuschan-Dynastie bedeutete für Zentralasien Aufschwung und Blüte. Es war eine Zeit des Austausches und friedvollen Neben- und Miteinanders der in Zentralasien versammelten unterschiedlichen Kulturen. Die gesamte Region – große Teile Afghanistans, Südusbekistans und Tadschikistans sowie Pakistans und Nordwestindiens – war nun zu *einer* politischen Einheit zusammengefasst: dem Kuschanreich. Für das 1. und 2. Jh. n. Chr. lassen sich in diesem großen Gebiet weiträumig Stabilität und Wohlstand bemerken. Der Handel blühte: Die wichtigste Verkehrsader zwischen dem römischen Reich im Westen und China im Osten, die Seidenstraße, war hoch frequentiert. In der Kunst der Kuschan lassen sich neben nomadischen – ihren Wurzeln entsprechend – auch iranische bzw. altorientalische, indische und griechische Stilelemente ausmachen. Ein schönes Beispiel ist der berühmte Figurenfries in Khalchajan, der griechische mythologische Figuren neben historischen Reliefs mit kämpfenden Reiternomaden und indisch stilisierten Girlandenhaltern zeigt.

Durch die stabile politische Situation und die interkulturellen Beziehungen konnte sich zu Beginn unserer Zeitrechnung der Buddhismus von Indien nach Nordwesten über den Hindukusch und den Oxos hin ausbreiten. So finden sich bereits in den ersten Jahrhunderten n. Chr. neben ersten buddhistischen Heiligtümern auch früheste Buddhadarstellungen im Süden Usbekistans. Das verwendete Material und die angewandte Technik – Stuck mit Gipsüberzug und Bemalung – entsprechen den Jahrhunderte alten Fertigungstraditionen Nordbaktriens.

E.K.

Kopf eines Stifters aus Ton, vgl. Kat. Nr. 361.

Kat. Nr. 311
Kuschan-Inschrift (Gipsabguss)

Afghanistan, Surkh Kotal, 20. Jh., nach einem Original aus dem 2. Jh. n. Chr.
Gips, Original: Kalkstein, H. 1,13 m, Br. 1,22 m
Paris, Musée national des Arts Asiatiques-Guimet, Inv. Nr. MG 23102

Die Inschrift von Surkh Kotal im Nationalmuseum von Kabul überliefert die vom Griechischen beeinflusste baktrische Sprache. Die Kuschan erweisen sich damit nach Daniel Schlumberger „als nicht vom Mittelmeer stammende Nachkommen der Griechen" (Syria 1960). Wenn dies jedoch zutrifft, so markiert die Inschrift auch einen Wendepunkt in der Haltung Kuschans: Es befreit sich künftig vom Griechischen, das während der ersten Zeit des Reiches offizielle Sprache war. Die in Kalkstein eingehauene Inschrift wurde zu Füßen der Akropolis von Surkh Kotal gefunden, auf der sich nach Schlumberger ein dynastischer Feuertempel befand. Die in die Regierungszeit von Huvischka zu datierende Inschrift erwähnt eine Teilinstandsetzung des unter Kaiser Kanishka errichteten Bauwerks (100–126 n. Chr., gemäß der Inschrift vom Rabatak-Pass).

Lit.: Schlumberger 1960; AK Tokio 2003.   P.C.

Fragment einer Stickerei aus Noin Ula – Kopf eines Kuschanfürsten

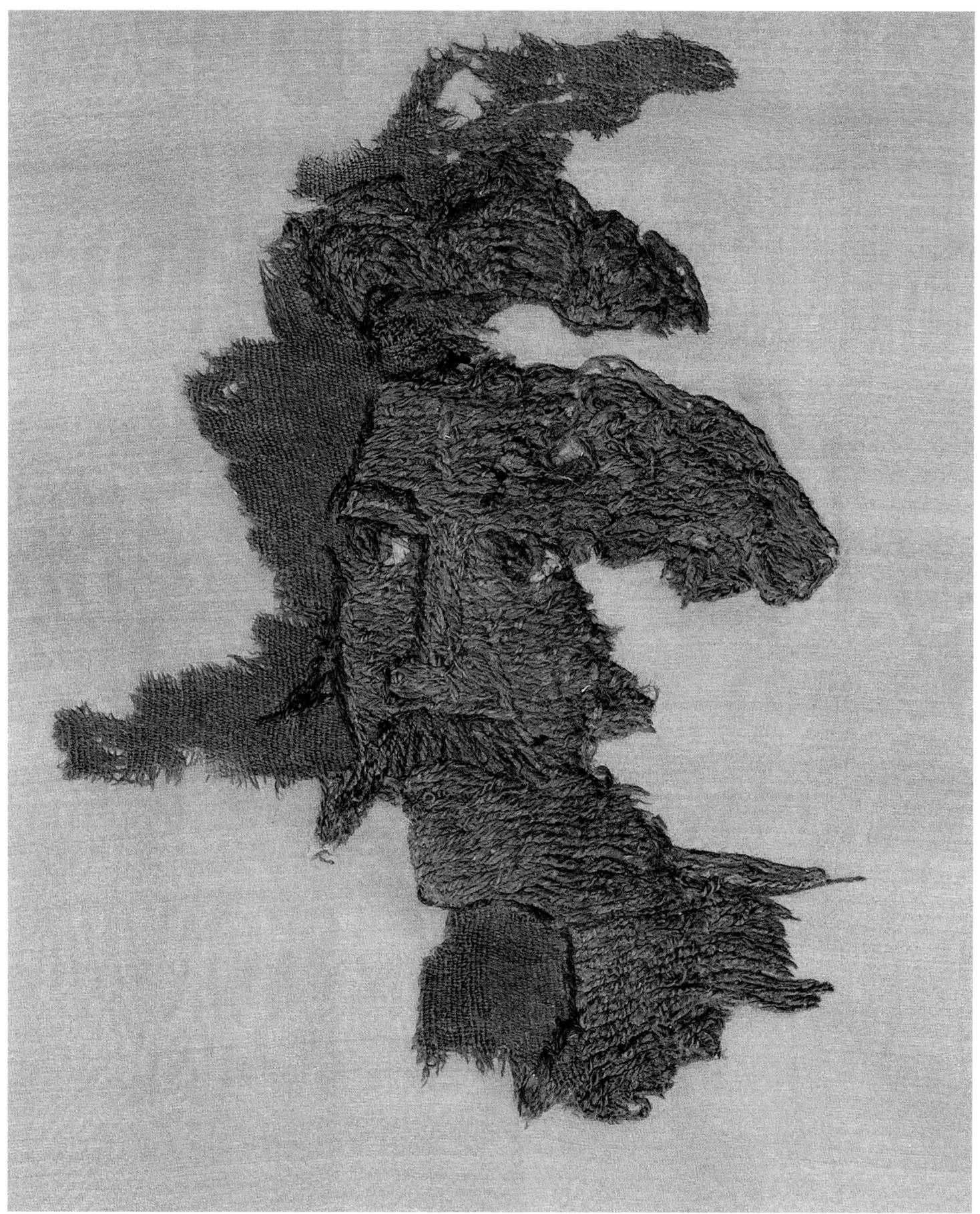

Fragment einer Stickerei aus Noin Ula – Kopf eines Kuschanfürsten

KUNST UND KULTUR UNTER DEN KUSCHAN

Kat. Nr. 312
Fragment einer Wollstickerei mit der Darstellung eines männlichen Gesichts

1925 in Kurgan 25 des Gräberfelds Xiongnu, Noin Ula, Nordmongolei, gefunden, Ende 1. Jh. v. Chr. – Anfang 1. Jh. n. Chr.
Nadelmalerei in leinwandbindigem Gewebe mit Ripscharakter, tierische Fasern,
H. 19 cm, Br. 10 cm
St. Petersburg, Staatliche Eremitage, Abteilung für Kultur und Kunst der Länder des Orients, Inv. Nr. MR-2521

Bei dem Stoff, auf den das Porträt gestickt ist und der möglicherweise im Nahen Osten oder in Palmyra gefertigt worden ist, handelt es sich um eine Leinwandbindung. Das Porträt zeigt einen männlichen Kopf mit gerader Nase, starrem Blick, schwarzen dichten Augenbrauen und kurz geschnittenem Schnurrbart. Über der hohen Stirn liegen Haarsträhnen. Auf dem dunkelpurpurfarbenen Untergrund ist die Stickerei in drei Farben ausgeführt: dunkelbraun, grün und sandgelb. Das Porträt ist mit leicht gedrehten Wollfäden aufgestickt, wobei die Details des Gesichts weniger durch unterschiedliche Farben als vielmehr durch die Art der Fadenführung wiedergegeben werden. Im Kurgan 25 wurden unter dem Sarg zwölf dunkelrote Wollstoffüberreste mit Stickerei in unterschiedlichen Farben gefunden, darunter auch dieses Porträt (Rudenko 1962, 122). J.E.

Die Stickerei zeigt Hals und Kopf eines Mannes im Dreiviertelprofil. Über einem Stirnband, dessen Gewebepartie ehemals mit Blattgold belegt war, teilen sich voluminöse Stirnlocken am Scheitel. Dazu trägt der Dargestellte einen geschweiften Oberlippenbart. In Analogie zu nahestehenden Bildnissen, wie einem ebenfalls bestickten Wandbehang aus derselben Nekropole und der großformatigen Bildwirkerei aus Sampula, ist das Haar im Nacken lang und gelockt zu ergänzen. Für die Gewandung ist eine Kombination nach skythischem Vorbild anzunehmen, bestehend aus gegürteter kaftanartiger Jacke und Beinkleidern.
Während die Haar- und Barttracht asiatischen Ursprungs ist, weist die farbliche Gestaltung und Modellierung der Augen-Nase-Partie enge Parallelen zu spätrömischen Bildwebereien aus Ägypten auf, die ihrerseits Gestaltungsprinzipien römischer Mosaiken reflektieren. Das Bildnis muss im Zusammenhang mit einem zweiten gestickten Männerkopf aus demselben Kurgan betrachtet werden. Technische und stilistische Übereinstimmungen sprechen für einen gemeinsamen Gewebeverband, für einen Wandbehang. Die Bildvergleiche aus dem östlichen Kulturkreis legen einen Entstehungszeitraum ab der Mitte des 1. und des frühen 2. Jh. n. Chr. nahe. A.PgS. mit J.W.

Lit.: Trever 1932; Minajev 1981; Lubo-Lesnitschenko 1994; Abbildungen der beiden Männerköpfe aus Kurgan 25: Trever 1932, 9, 29, 73 Nr. 10; Rudenko 1969, 93 Taf. LX–LXI; AK Wien 1996, 316 Nr. 178 (Abb. muss um 180 Grad gedreht werden), 427; Martin Rhie 1999; Vergleichsobjekte: Rudenko 1969, Taf. LXII–LXVII; AK Wien 1996, 128 Abb. 112, 314–315 Abb. 177, 427; Paetz gen. Schieck 2005, 26–29 Nr. 4 (mit weiterführender Literatur); Mitschke 2007 (s. auch Abb. S .83).

BEGRAM UND DER HANDEL ZWISCHEN OST UND WEST

Die in Begram entdeckten Objekte sind Importe weit reichender Provenienz. Sie stammen sowohl aus dem Mittelmeerraum als auch aus China. Die Stücke westlicher Herkunft – Gipsmodelle, Gläser, Bronzen – weisen nach Alexandria, von wo sie vermutlich auf dem Seeweg nach Zentralasien gelangten. Die Objekte aus China, darunter wertvolle Lackarbeiten, wurden dagegen entweder auf der das Karakorum-Gebirge überquerenden Seidenstraße oder ebenfalls auf dem Seeweg transportiert. Funde römischer Glasgefäße sind von Ägypten bis China nachweisbar, daher sind beide Routen denkbar, wenngleich der Landweg als der leichtere erscheint. Bronzeimporte westlicher Provenienz wurden in identischer Form in Sirkap (nahe Taxila im pakistanischen Punjab) und in Begram gefunden. Die indischen Elfenbeinarbeiten, die sich in Begram fanden, sind ebenso in Tillja-Tepe im Norden Afghanistans nachweisbar, während sich hinsichtlich des Goldschmuckes zwischen Sirkap und Tillja-Tepe Verbindungen aufzeigen lassen. All dies legt nahe, dass hier innerhalb einer bestimmten Zeit ein intensiver wechselseitiger Austausch stattfand. Die zeitliche Einordnung dieser weit reichenden Handelskontakte ist schwierig, doch scheint sie in der frühen Kuschanzeit zu liegen. Die Funde in Begram stammen aus unterschiedlichen Epochen. Die Gipsmodelle, Gläser und auch Bronzen datieren in die indo-parthische Periode (ca. 20 v. Chr. – ca. 130 n. Chr.), als Gondophares in Taxila regierte (um die Zeitenwende), oder sogar noch in die Zeit des Hermaios, des letzten in Kabul herrschenden griechischen Königs (90–70 v. Chr.). Die skythisch-parthische Hypothese würde die Verbindung zum Mittelmeerraum erklären. Die Welt der skythischen Nomaden reichte von China im Osten bis zur heutigen Krim im Westen. Damit wäre für die Verhandelung der Importe westlicher Provenienz nach Zentralasien auch der Landweg denkbar, wenngleich der ins 1. Jh. n. Chr. datierte Periplus Maris Erythrai (Schiffsreisebericht der Besegelung des Roten Meeres – von Ägypten bis Indien) Alexandria als Exporthafen wahrscheinlich macht. In Anbetracht der Vielzahl von Gebrauchsobjekten wie Bronzegeschirr und dem Fehlen von Schmuck als auch Edelmetall ist es wenig wahrscheinlich, dass es sich bei den 1937 in Begram entdeckten Funden um einen Schatzhort handelt. Auszuschließen scheint ebenso eine Votivstätte von Karawanenreisenden. Aufgrund der Bildthemen und des Materials handelt es sich am ehesten um das Warendepot eines Händlers oder auch eines Verwalters. Die Objekte sind von einigem Wert, aber nicht alle so kostbar wie die elfenbeinverzierten Möbel oder Porphyrgefäße. Die Unterschiede in der Ausarbeitung der indischen Importe wie der Elfenbeinobjekte legen in der Tat unterschiedliche Provenienzen auf dem indischen Subkontinent nahe und zeigen eben dadurch, dass Kabul bereits das Emporium zwischen Fernem Osten, Mittelmeer und Indien bildete, wie Mohammed Babur, der Begründer des Mogulreiches in Indien, es im Zuge seiner Eroberungen in Afghanistan Anfang des 16. Jhs. beschrieben hat, während Alexandria der Hafen zur griechischen Welt, aber auch nach Afrika war.

Lit.: Menninger 1996; AK Paris 2007; AK Washington 2008.   P.C.

Elfenbein

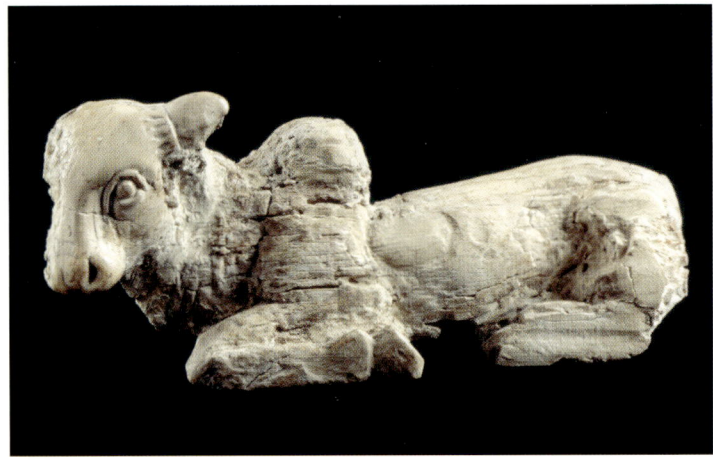

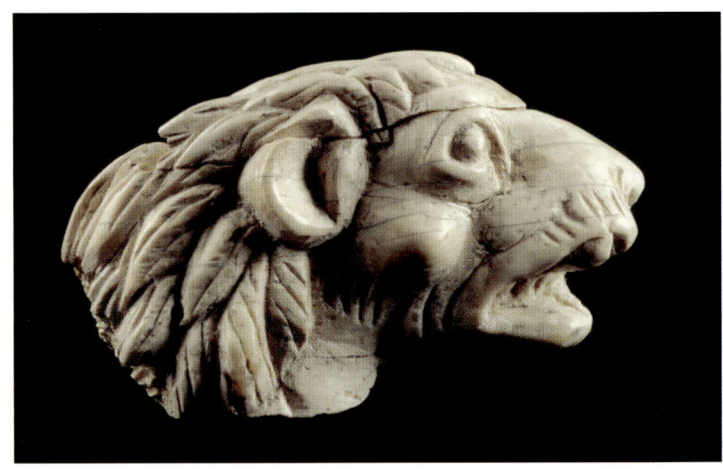

Kat. Nr. 313
Buckelrind

Afghanistan, Begram, 1.–2. Jh. n. Chr.
Elfenbein, H. 3,1 cm, L. 9,2 cm, T. 2,8 cm
Paris, Musée national des Arts Asiatiques-Guimet, Inv. Nr. MG 19040

Die realistische Ausführung des kleinen Buckelrinds ist beeindruckend. Es symbolisiert die altindische Kunst und deren Freude an der Tierdarstellung von der Zeit der Maurya bis zu den Höhlen von Ajanta. Pierre Hamelin sah in der Figur ein Zierelement und verband sie mit einem als Elefantenkopf geformten Stück aus dem Museum in Kabul. Das Ensemble sei als das Bein eines Thrones zu interpretieren, hinten überragt von einem gerundeten Baldachin, einer Art Schirm, dessen gesamte Oberfläche innen und außen mit indischen Elfenbeintäfelchen verschiedenster Fertigung bedeckt ist: durchbrochen, graviert oder auch in hohem Relief geschnitzt.

Lit.: AK Paris 2002. P.C.

Kat. Nr. 314
Löwenköpfchen

Afghanistan, Begram, 1.–2. Jh. n. Chr.
Elfenbein, H. 3 cm, Br. 5 cm, T. 2 cm
Paris, Musée national des Arts Asiatiques-Guimet, Inv. Nr. MG 18994

Das nur wenige Zentimeter hohe Löwenköpfchen beweist den scharfen Blick des Elfenbeinschnitzers auf Tiere und sein künstlerisches Talent. Man findet in den seltenen Jagdszenen in der Gandhara-Kunst kaum eine naturnahe Wiedergabe und das Stück aus Begram bildet eine Ausnahme vor der Guptazeit. Drei Objekte gleichen Typs aus Begram dienten als Dekor eines Möbelstücks und weisen alle dieselbe Feinheit auf, sehr präzise Details sowie ein besonderes Bemühen in der Gestaltung. Die realistische Darstellung zeigt eine genaue Kenntnis des in der achämenidischen und vorderorientalischen Welt königlichen Tieres. Die Elfenbeinfigur ist eine der wenigen in Begram, die ebenso lebendig ist wie die indischen Tierreliefs.

Lit.: AK Paris 2002. P.C.

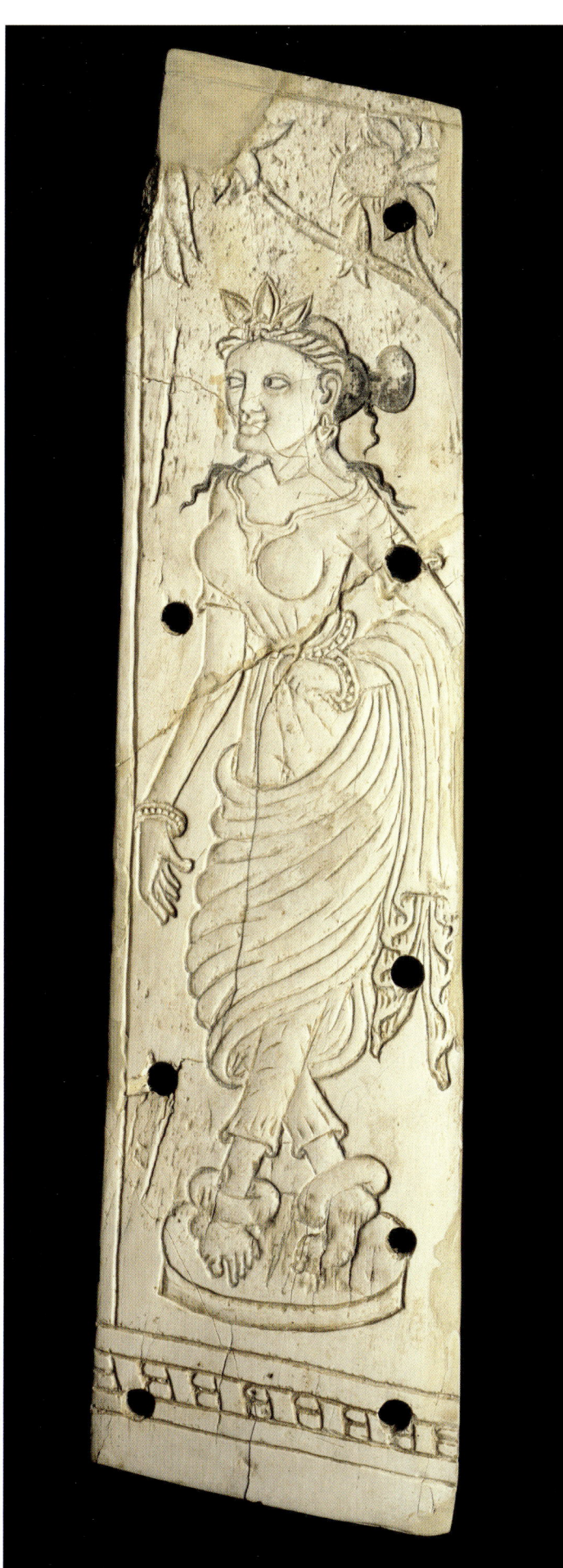

Kat. Nr. 315
Täfelchen mit Frauenfigur, vom Kästchen IX

Afghanistan, Begram, 1./2. Jh. n. Chr.
Elfenbein, H. 18,8 cm, Br. 5 cm
Paris, Musée national des Arts Asiatiques-Guimet, Inv. Nr. MG 21317

Eine Dienerin in Dreiviertelansicht geht offenbar unter einem Baum entlang, von dem nur ein Ast zu sehen ist. Sie ist nach der Mode im Norden gekleidet, mit einem Armreif und reichem Schmuck an den Füßen. Ihre ungezwungene Natürlichkeit ist beeindruckend. Das Täfelchen schmückte eines der Beine des berühmten Kästchens IX. Seine Deckplatte mit einer Frauengemachszene ist eines der Meisterwerke des Museums in Kabul. Das um das Bildfeld laufende Band mit Greifen und Ranken wirft die Frage nach der Datierung auf. Ob Kästchen oder Fußbank, das Werk besitzt einen besonders raffinierten Stil und eine ebensolche Technik: Die Darstellung erinnert an die Malerei von Ajanta, als die Elfenbeinkunst hoch entwickelt war. Die Konturen sind nicht sehr tief eingeschnitten und das Relief nur sehr flach herausgeschnitzt.

Lit.: AK Wien 1996, 283, 417 Nr.148.   P.C.

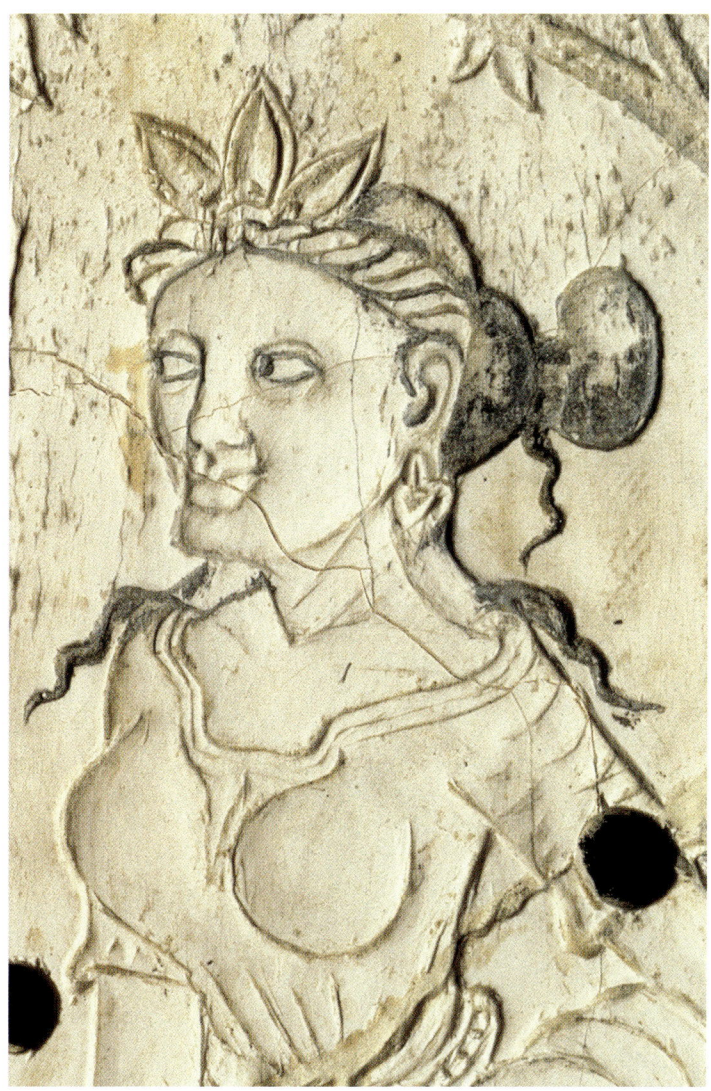

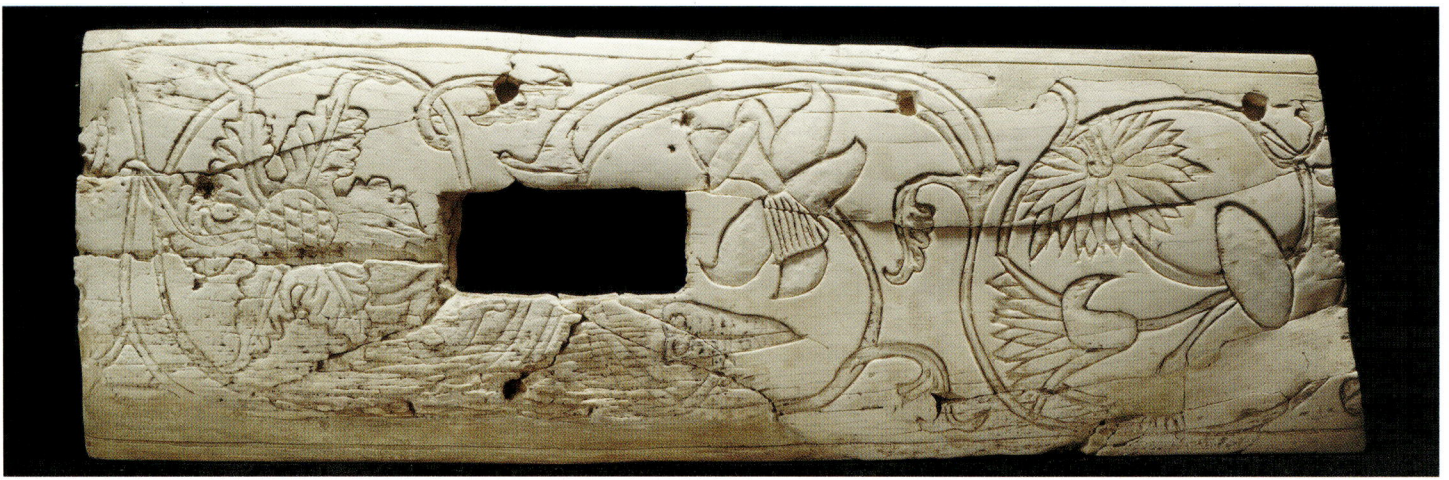

Kat. Nr. 316
Ranken und Lotusblüten

Afghanistan, Begram, 1.–2. Jh. n. Chr.
Elfenbein, H. 8 cm, Br. 22,7 cm
Paris, Musée national des Arts Asiatiques-Guimet, Inv. Nr. MG 18997

Das Motiv der Ranke mit Lotusblüte beweist durch seine lebendige Natürlichkeit die Qualität der indischen Elfenbeinschnitzer, welche häufig den späten Ansatz der Elfenbeinarbeiten aus Begram belegen sollte. Joseph Hackin datierte die Elfenbeinobjekte 1937 in die Guptazeit (3.–4. Jh. n. Chr.), wobei er die Malereien in Ajanta aus dem 1. Jh. v. Chr. (Höhle X) übersah und auch die Tatsache, dass die einzigen Skulpturen nach der Mauryaepoche in der Regel auf buddhistische Stupas zurückgehen. Folglich überliefern die Elfenbeinarbeiten von Begram eine wesentlich profanere Welt, in der die buddhistischen Themenkreise beinahe völlig fehlen oder nur sporadisch erscheinen (nur zwei von Alfred Foucher als *jataka* identifizierte Stücke im gesamten Schatzfund). Der in Begram unübliche florale Dekor ist anscheinend den Traditionen der Malerei verpflichtet.

Lit.: AK Paris 2001. P.C.

Kat. Nr. 317
Täfelchen mit Ranken und schreitendem Löwen

Afghanistan, Begram, 1.–2. Jh. n. Chr.
Elfenbein, H. 8 cm, Br. 22,6 cm
Paris, Musée national des Arts Asiatiques-Guimet, Inv. Nr. MG 18976

Das Täfelchen ist mit Ranken und einem majestätisch schreitenden Löwen verziert und erinnert in Technik und Stil an das Kästchen IX und an die Malerei. Das Motiv der schreitenden im Profil gezeigten Tiere findet sich ebenso naturnah in der Mauryazeit wieder, in der *gana*, der dickbäuchige Zwerg, der als Diener Shivas wie auch als Atlant in der altindischen Kunst auftritt, an die Bildwelt von Bharhut oder von Sanchi erinnert. Das Motiv der Ranke, die von einem Genius gehalten wird, wandelt sich später in der Gandhara-Kunst in die von Eroten gehaltene Girlande, die man in Chaltschajan oder auch in Miran findet. Hier ist es die indische Fassung, aber der Zwerg erscheint in Dreiviertelansicht und in „heroischer" Nacktheit. Die Wiedergabe lässt ein Bemühen um Tiefe oder besser um Perspektive erahnen, die mit dem dekorativen Aspekt der Lotusranken kontrastiert.

Lit.: AK Paris 2001. P.C.

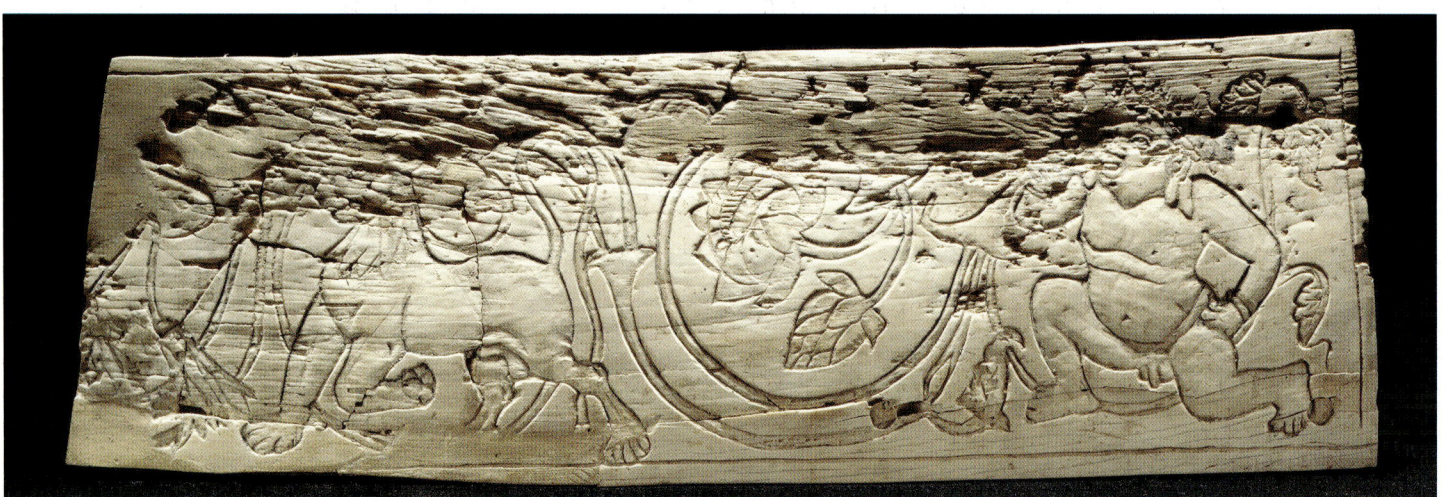

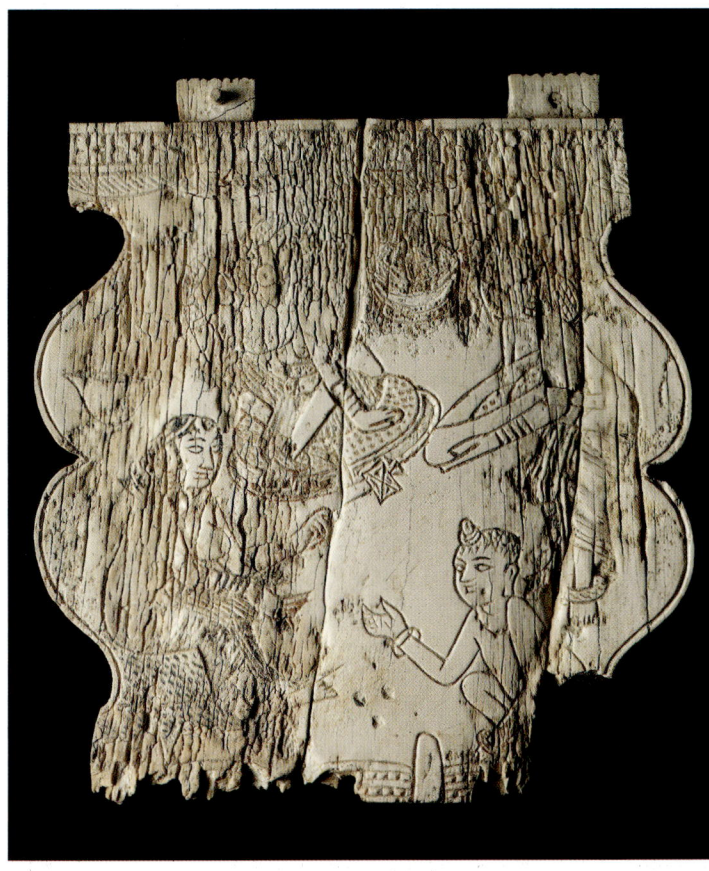

Kat. Nr. 318
Täfelchen mit indischer Szene, Kästchen X

Afghanistan, Begram, 1.–2. Jh. n. Chr.
Elfenbein, H. 11 cm, Br. 11 cm
Paris, Musée national des Arts Asiatiques-Guimet, Inv. Nr. MG 18977

Nach der Rekonstruktion von Hamelin stammt das Täfelchen von einer der Seitenflächen des Kästchens X. Bildthema und Ausführung scheinen typisch für die frühe indische Kunst. Die Darstellung beschreibt in der Art der Reliefs von Bharhut und Sanchi eine dörfliche Szene, gleichsam ein Nachklang der *jataka*, der Erzählungen und Legenden aus dem Leben Buddhas. Der Bildfries ist bewusst bescheiden und narrativ angelegt. Er erinnert an die ältesten Malereien der Höhlen von Ajanta und sein Stil insbesondere an den eines Elfenbeinkamms von Tillja-Tepe, mit einer weiteren Parallele in Dalversin-Tepe. Der Darstellung fehlt die Raffinesse, die sonst für das Kästchen IX typisch ist, und belegt somit die unterschiedlichen Werkstätten für die Elfenbeine in Begram.

Lit.: AK Lattes 2008. P.C.

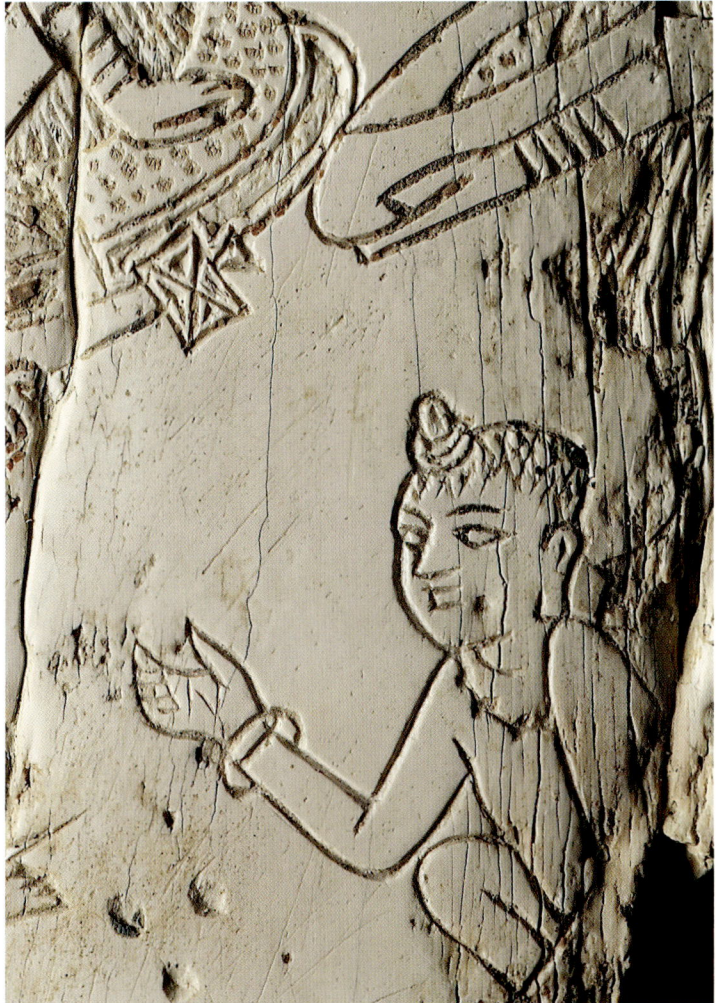

Kat. Nr. 319
Rückenlehne des Stuhls Nr. 3

Afghanistan, Begram, 1.–2. Jh. n. Chr.
Elfenbein, H. 58 cm, Br. 58 cm
Paris, Musée national des Arts Asiatiques-Guimet, Inv. Nr. MA 203

Auch wenn die Inschrift des Torbogens (*Torana*) von Sanchi die Opfergabe der Gilde der Elfenbeinschnitzer von Vidisa erwähnt, so bleibt die ältere indische Elfenbeinkunst unbekannt, abgesehen von einem Spiegelgriff aus Pompeji im Bharhut-Stil. Einige Einzelfunde aus dem Baktrien der Kuschanzeit ergänzen nur bedingt das von den Elfenbeinarbeiten aus Begram überlieferte Bild. Es sind Teile von Möbeln, Stühlen, Fußbänken oder Kästchen oder beidseitig verzierten Baldachinen. Die Rekonstruktion folgt hier derjenigen von Pierre Hamelin. Sie zeigt auf demselben Möbelstück verschiedene Stile und Techniken: durchbrochen, eingraviert oder im flachen Relief mit Spuren von Bemalung. Die Bildthemen entstammen, bis auf einige wenige Jagdszenen, ausschließlich der weiblichen Lebenswelt.
Abb. auf der folgenden Seite.

Lit.: AK Paris 2002. P.C.

BEGRAM UND DER HANDEL ZWISCHEN OST UND WEST

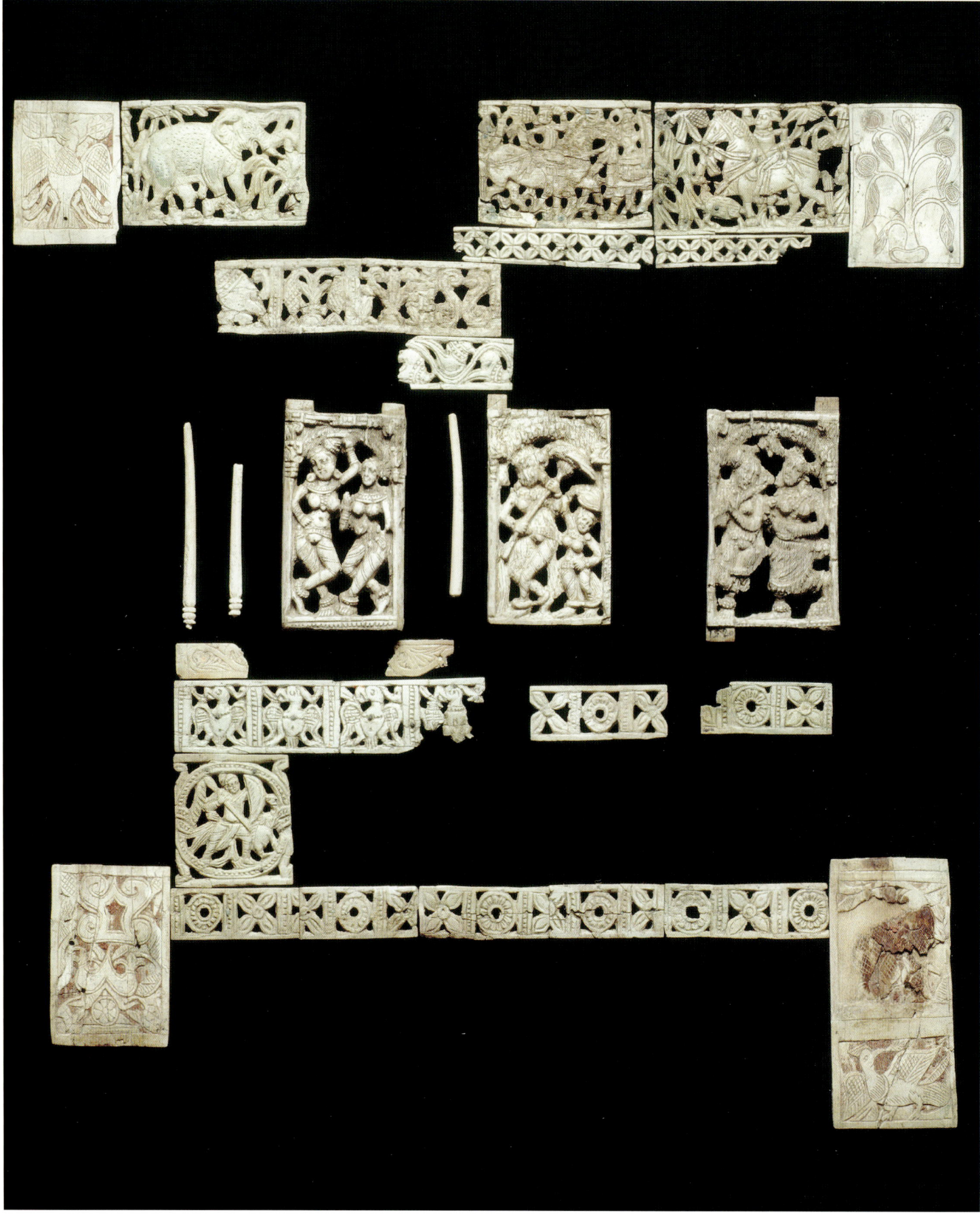

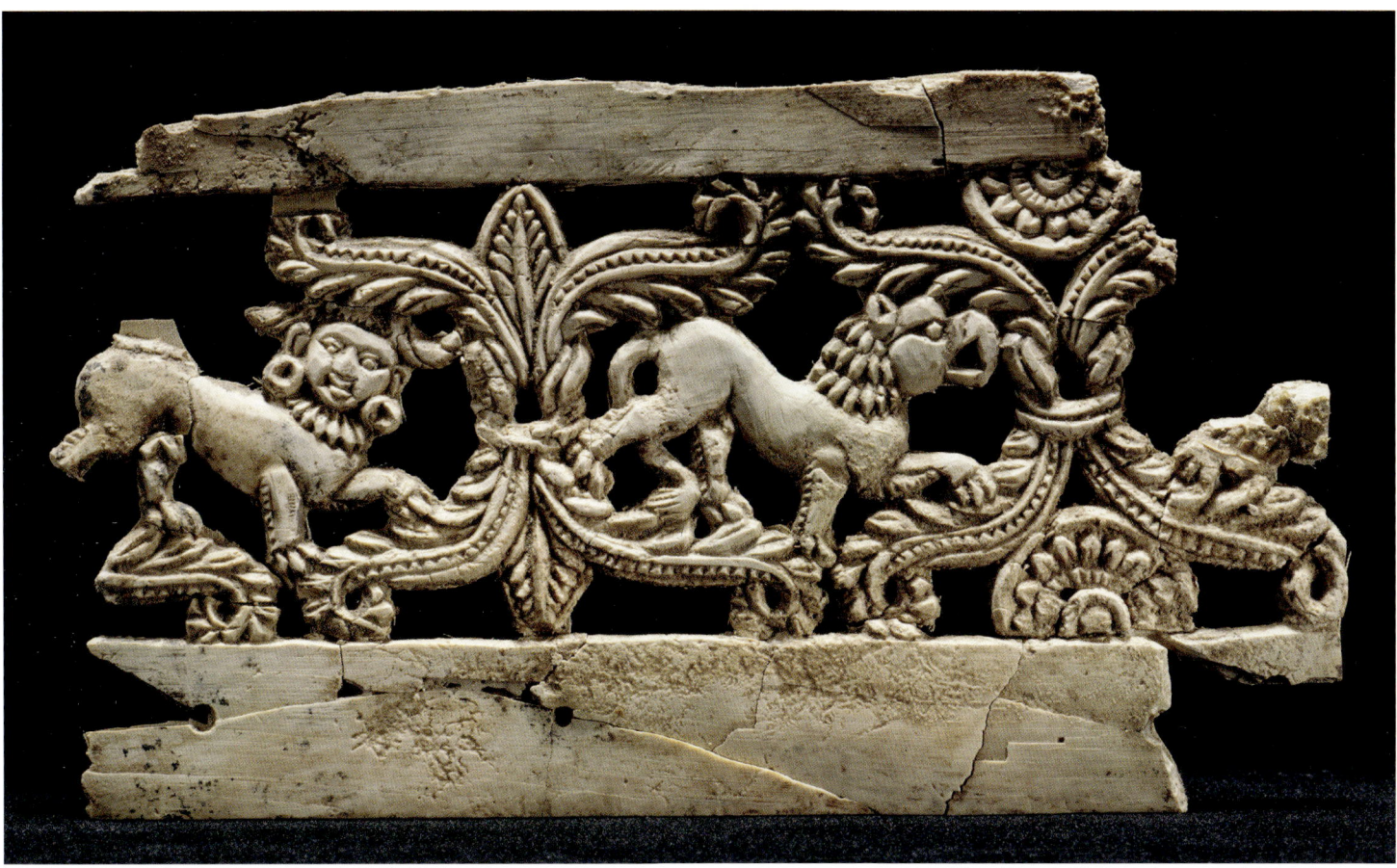

Kat. Nr. 320
Friesfragment mit Greifen

Afghanistan, Begram, 1.–2. Jh. n. Chr.
Elfenbein, H. 8 cm, Br. 14,5 cm
Paris, Musée national des Arts Asiatiques-Guimet, Inv. Nr. MA 212

Die Parade der Greifen mit Gorgonenköpfen und der Löwengreifen weist auf den Vorderen Orient hin, auf die Elfenbeine von Arslan Tash (9. Jh. v. Chr.) – der Tierkörper erscheint im Profil, der Kopf in Frontalansicht. Das Fragment zeigt einen besonderen Stil innerhalb der zahlreichen in Begram gefundenen Stücke. Er entspricht nicht der verfeinerten Art des Kästchens IX, auch nicht Stücken aus Südindien oder der Kunst von Mathura. Die Elfenbeinarbeiten zeugen von vielfältigen Verarbeitungen und ebenso von unterschiedlichen Werkstätten. Manchmal finden sich Teile unterschiedlicher Herkunft an ein und demselben Möbelstück. Das Fragment erinnert in der durchbrochenen Technik an Vorbilder aus Kleinasien oder aus dem Iran und beeindruckt durch seine Feinheit und seine geringe Reliefhöhe. Mit Hilfe von verzierten Kupfernägeln war es auf dem Holz befestigt.

Lit.: AK Paris 2001.

P.C.

Glas

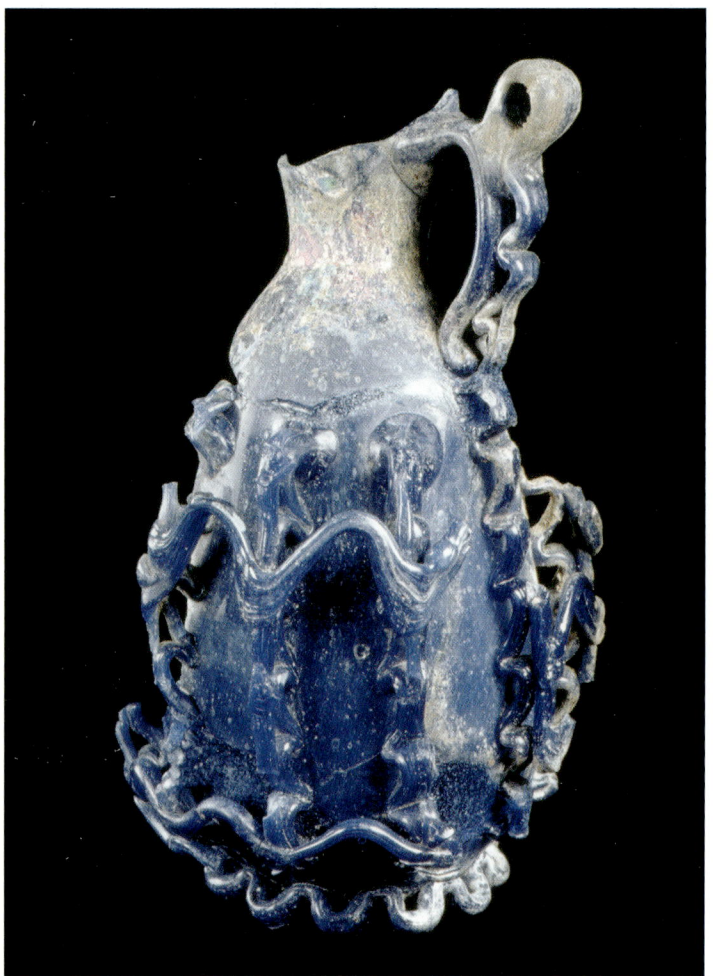

Kat. Nr. 321
Henkelflasche

Afghanistan, Begram, 1.–2. Jh. n. Chr.
Frei geblasenes Glas, H. 17 cm, Dm. 10,1 cm
Paris, Musée national des Arts Asiatiques-Guimet, Inv. Nr. MG 21428

Die Henkelflasche ist mit einem doppelten Fadennetz überzogen und gehört zu derselben Gruppe wie die frei geblasenen fischförmigen Salbölbehälter aus Begram. Wie alle anderen Gläser, die man 1937 und 1939 in zwei vermauerten Zimmern fand, zählt die Flasche in technischer Hinsicht zu den römischen Gläsern mit recht hohem Natriumgehalt und einem Flussmittel mineralischen Ursprungs, manchmal Natron, für das Ägypten damals eine der Quellen war. Das Glas ist mit Kobaltoxyd durchscheinend tiefblau gefärbt. Es erinnert indirekt daran, dass Afghanistan in der gesamten Antike als das „Königreich des Blaus" bekannt war, weil man in diesem Gebiet in den Minen von Badakschan Lapislazuli abbaute und von dort seit alters her ein reger Handel mit dem Vorderen Orient ausging.

Lit.: AK Paris 2002. P.C.

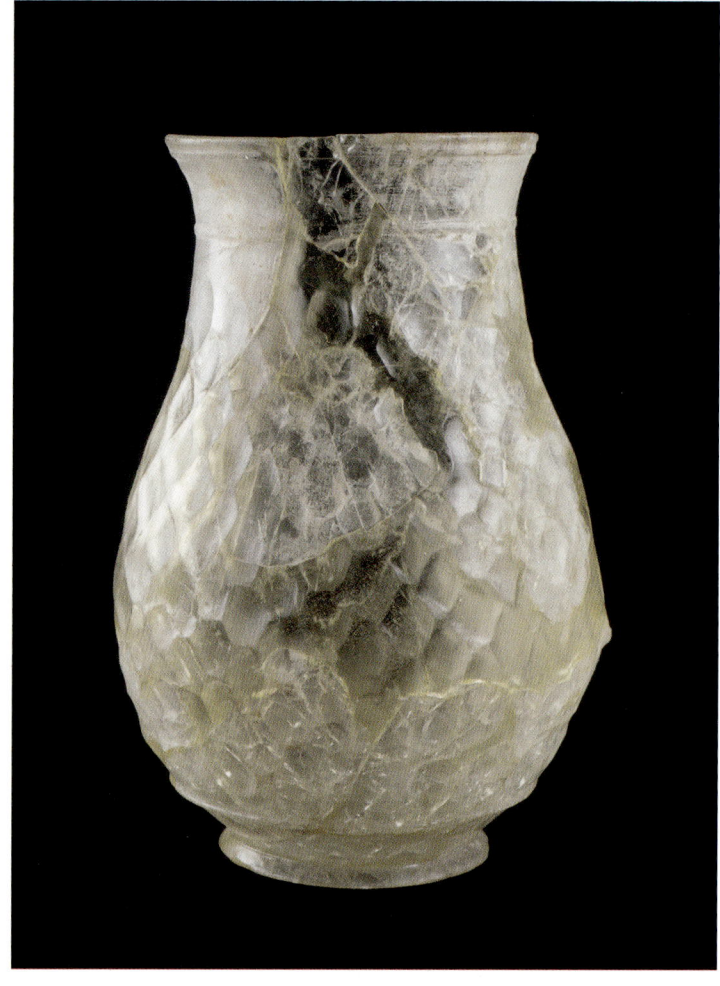

Kat. Nr. 322
Krug

Afghanistan, Begram, 1.–2. Jh. n. Chr.
Schliffverziertes Glas, H. 18 cm, Dm. 12,5 cm
Paris, Musée national des Arts Asiatiques-Guimet, Inv. Nr. MG 21272

Der Krug mit rundem Körper gehört zu einer Gruppe von Gläsern mit eingeschliffenem Dekor in Form von dicht gesetzten Waben. Neben den Bechern oder den höheren konischen Gefäßen gibt es in Begram eine ganze Reihe von kleinen Gefäßen mit Henkel oder auch von Krügen mit einer fließenden Umrisslinie, die im Format oder im Profil variieren. In der letztgenannten Gruppe sind einige aus farblosem perfekt transparentem Glas, andere sind durchscheinend blau gefärbt. Auch wenn sich das Wabenmuster im Mittelmeerraum der römischen Kaiserzeit und selbst in Nordeuropa bei Grabungen in Dänemark finden lässt, so gibt es dort einen Unterschied, da die Waben kleiner, feiner und dichter gesetzt sind. In der Entwicklung des Motivs sind die Gläser von Begram somit früher anzusetzen.

Lit.: AK Paris 2002. P.C.

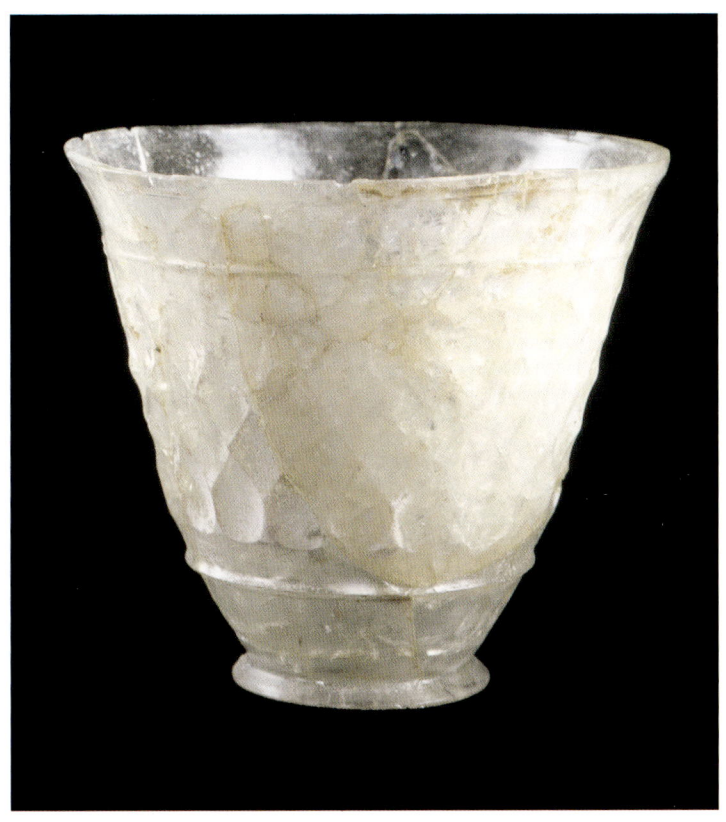

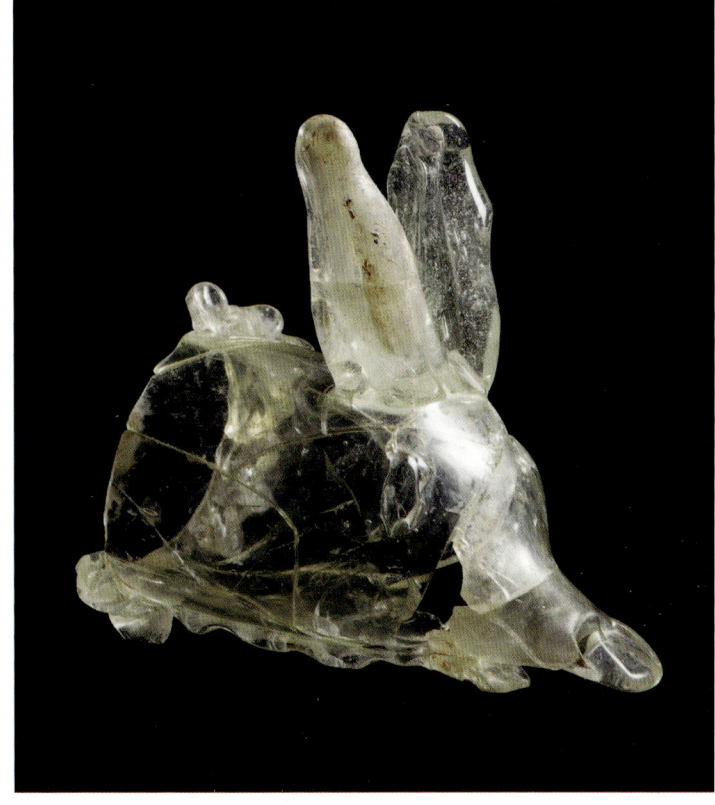

Kat. Nr. 323
Becher

Afghanistan, Begram, 1.–2. Jh. n. Chr.
Schliffverziertes Glas, H. 9,2 cm, Dm. 10,7 cm
Paris, Musée national des Arts Asiatiques-Guimet, Inv. Nr. MG 21469

Von den zahlreichen schliffverzierten Wabengläsern aus Begram besitzt das Musée Guimet fünf Stück von identischer Form und von größerem Format. Der Grabungsplan zeigt, dass die Objekte nach Material und Typus geordnet waren, also Bronzen zu Bronzen, Gläser zu Gläsern, und bei den Letztgenannten bemalte zu bemalten Gläsern, schliffverzierte zu schliffverzierten Gläsern etc. Fast alle Herstellungstechniken sind in Begram vertreten (emailbemalt, formgeblasen, reliefverziert, Millefiori etc.). Joseph Hackin hatte bei der Entdeckung 1937 eine Werkstatt in Syrien als Ursprungsort für alle Gläser angenommen, doch genauere Untersuchungen machen inzwischen eine Herkunft aus Alexandria wahrscheinlicher.

Lit.: AK Paris 2002. P.C.

Kat. Nr. 324
Salbölgefäß in Fischform

Afghanistan, Begram, 1./2. Jh. n. Chr.
Frei geblasenes Glas, H. 8 cm, Br. 10, 4 cm
Paris, Musée national des Arts Asiatiques-Guimet, Inv. Nr. MG 21715

Mit seinen langen „Ohren" (Flossen) und dem spitzen Maul unterscheidet sich der Fisch von ähnlichen Stücken aus Begram. Die Technik ist zwar die dieselbe, da es sich um frei geblasenes Glas handelt, das Material jedoch andersartig. Das Glas ist farblos, identisch mit demjenigen einiger Schalen aus demselben Fund, und ohne farbige Plättchen, um die Flossen oder den Mund wiederzugeben. Der besonders originelle Typus ergänzt daher den Schwarm der Fische von Begram, die im Schema vom „Hecht" zum „Delfin" wechseln. Wenngleich diese Glasgefäße zu den ältesten in der römischen Welt zählen, so erinnern sie doch an gleichartige Stücke im Römisch-Germanischen Museum in Köln, die allerdings deutlich später zu datieren sind.

Lit.: AK Lattes 2008. P.C.

BEGRAM UND DER HANDEL ZWISCHEN OST UND WEST

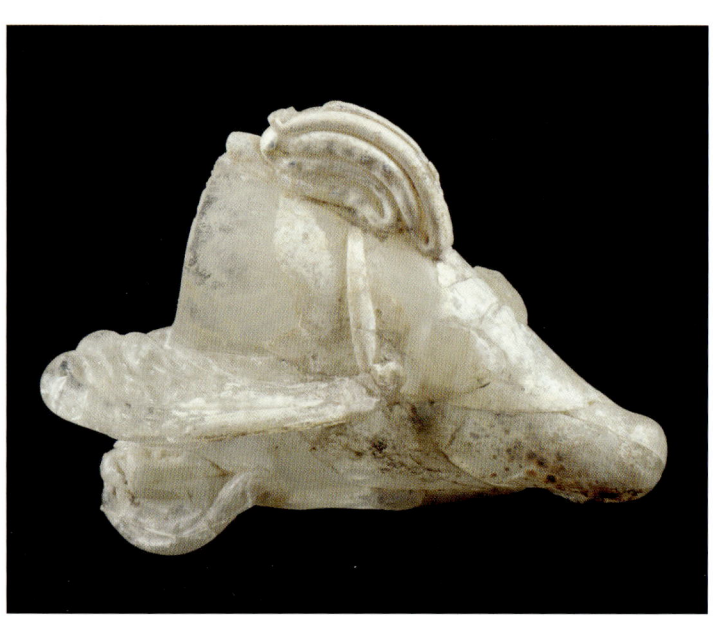

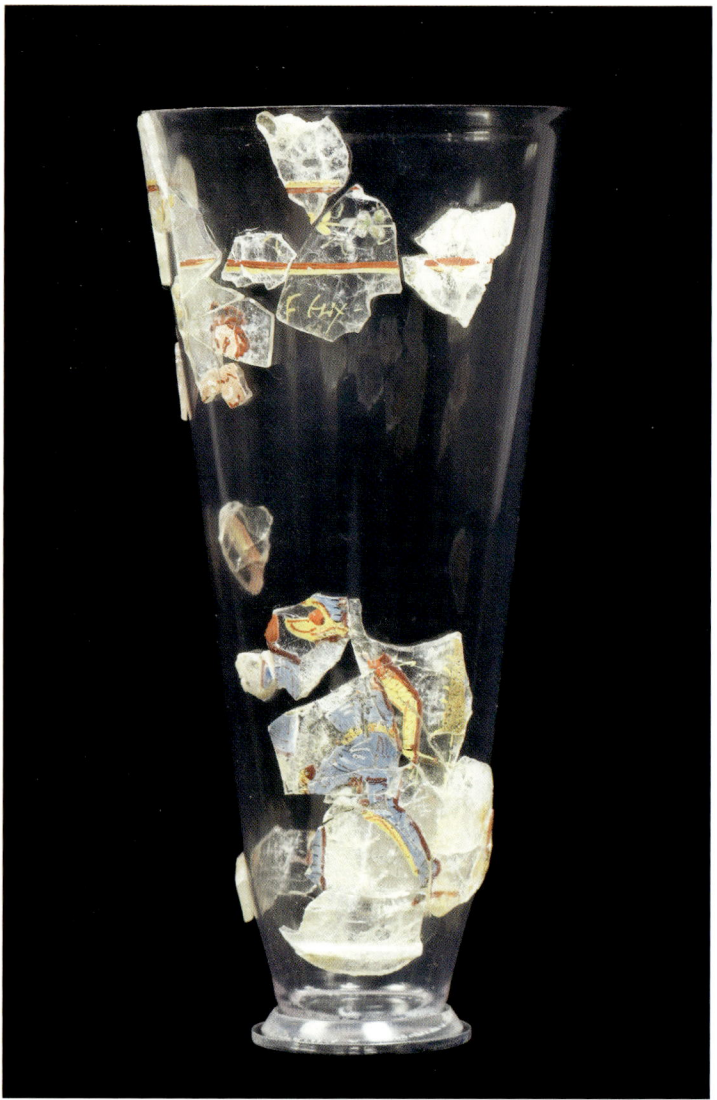

Kat. Nr. 325
Salbölgefäß in Fischform

Afghanistan, Begram, 1.–2. Jh. n. Chr.
Frei geblasenes Glas, H. 8,5 cm, Br. 11 cm, T. 9,5 cm
Paris, Musée national des Arts Asiatiques-Guimet, Inv. Nr. MG 21832

Dieses Fragment eines fischförmigen Flakons trug wie die zahlreichen anderen Beispiele und die Gläser mit hellenistischem Emaildekor zur Bedeutung des Fundes von Begram bei. Die fischförmigen Gefäße bestehen aus farblosem Glas, manchmal ergänzt mit Farbpaste für die Augen, das Maul oder die Flossen, oder aus gleichförmig gefärbtem blauem Glas. Sie zeugen von einer lebhaften Fantasie und sind anscheinend die ältesten erhaltenen Beispiele für diesen Typus, gleichzeitig aber sehr viel lebendiger als die im Rheinland gefundenen Stücke. Zu den frei geblasenen Gläsern gehören auch elegante schiffsartige Gefäße oder das ungewöhnlich geformte Rhyton im Museum von Kabul, das in einem gehörnten Tierkopf endet. Einige der dargestellten Fischarten lebten sicher in den Flüssen, Delfine sind dagegen eine exotische Erscheinung im Hindukusch.

Lit.: AK Paris 2002. P.C.

Kat. Nr. 326
Becher mit Bemalung: Wagenrennen und Gladiatoren

Afghanistan, Begram, 1.–2. Jh. n. Chr.
Emailbemaltes Glas, H. 24 cm
Paris, Musée national des Arts Asiatiques-Guimet; Inv. Nr. MG 21177

Der in technischer Hinsicht römische Becher ist, ähnlich wie die größeren Becher aus Begram, in zwei Friesen bemalt. Er zeigt ein Wagenrennen im oberen, einen Gladiatorenkampf im unteren Fries. Bei diesem stehen sich ein schwer bewaffneter Thraker und ein Retiarius mit Netz und Schwert gegenüber. Aus Grabungen bekannte Gefäße dieser Art existieren in drei Größen: 13 cm Höhe, 16 cm Höhe und die größten in Kabul mit 24 cm Höhe. Sie tragen entweder ein und dieselbe Szene (Jagd oder Fischfang) oder wie hier eine Darstellung auf zwei Ebenen. Die Gefäße bilden das bislang vollständigste Ensemble mit einer so frühen Datierung, abgesehen vom Lübsow-Becher oder einem Becher in der Sammlung Hans Cohn.

Lit.: AK Lattes 2008. P.C.

Bronze

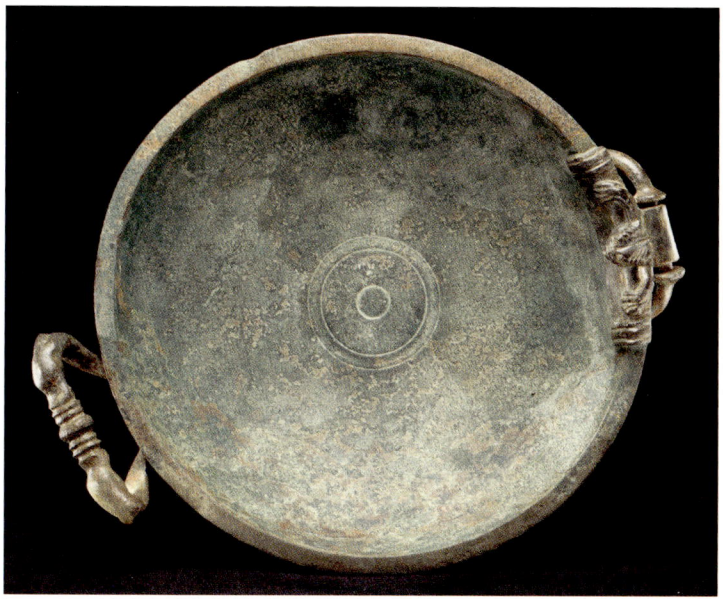

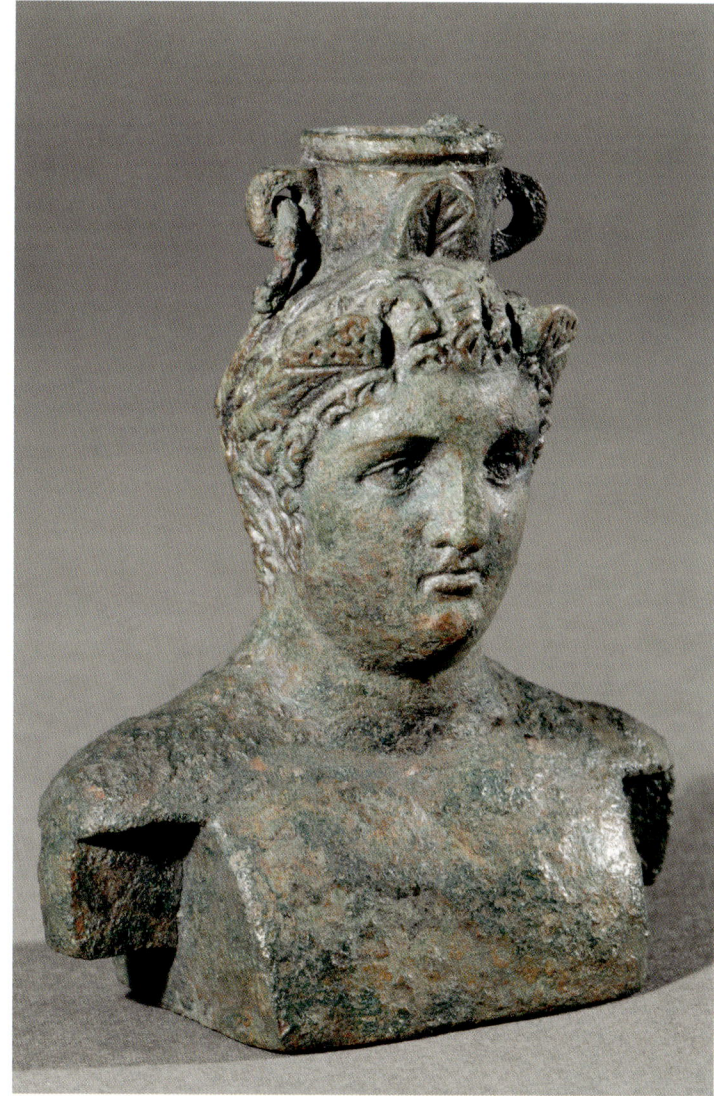

Kat. Nr. 327
Schale

Afghanistan, Begram, 1.–2. Jh. n. Chr.
Bronze, H. 8,5 cm, Dm. 27,6 cm
Paris, Musée national des Arts Asiatiques-Guimet, Inv. Nr. MG 19076

Bronzeschalen dieses Typus sind in Begram sehr zahlreich vertreten. Das einzige neue Element bildet hier ein außergewöhnliches Detail: Einer der beiden Henkel wurde durch eine detailliert gearbeitete Tierfigur in Form eines Lurches ergänzt, der sich am Schalenrand festhält, um darüber hinweg ins Gefäßinnere zu lugen. Derartige Bronzeschalen finden ihre Parallelen in Pompeji und sprechen weniger für ein Schatzhaus wie in Ai Khanoum oder auch Nisa, der Hauptstadt der Parther, als für ein wohlhabendes Haus.

Lit.: AK Wien 1996, 279, 415 Nr.143; AK Paris 2001. P.C.

Kat. Nr. 328
Salbgefäß in Form einer Hermesbüste

Afghanistan, Begram, 1.–2. Jh. n. Chr.
Bronze, H. 8,4 cm, Br. 6,6 cm
Paris, Musée national des Arts Asiatiques-Guimet, Inv. Nr. MG 21230

„Gewicht für römische Waage, das als Balsamarium dienen konnte" notierte Joseph Hackin 1937 in seinem Grabungsjournal. Das Gefäß gehört zu einem Satz von sechs äußerst gleichförmigen Stücken und geht auf hellenistische Vorbilder vom Ende des 2. Jhs. v. Chr. zurück. Die auf den Haaren sitzenden Flügel identifizieren die Büste als Hermes, als jungen unbärtigen Mann mit einer gedrehten Binde über der Stirn. Das auf dem Scheitel sitzende Gefäß weist Ringe für das Durchziehen einer Hängekette auf. Die sehr eng zusammenhängende Gruppe besteht aus Stücken von ähnlichem Typus und Stil. Man erkennt in ihr Ares, Hermes oder Athena, wobei Letztere zweimal vertreten sind. Die Bronzen stammen alle aus derselben Werkstatt, die sich wahrscheinlich in Alexandria befand. Zwei Gefäße sind in Paris und vier in Kabul.

Lit.: AK Dijon 1996. P.C.

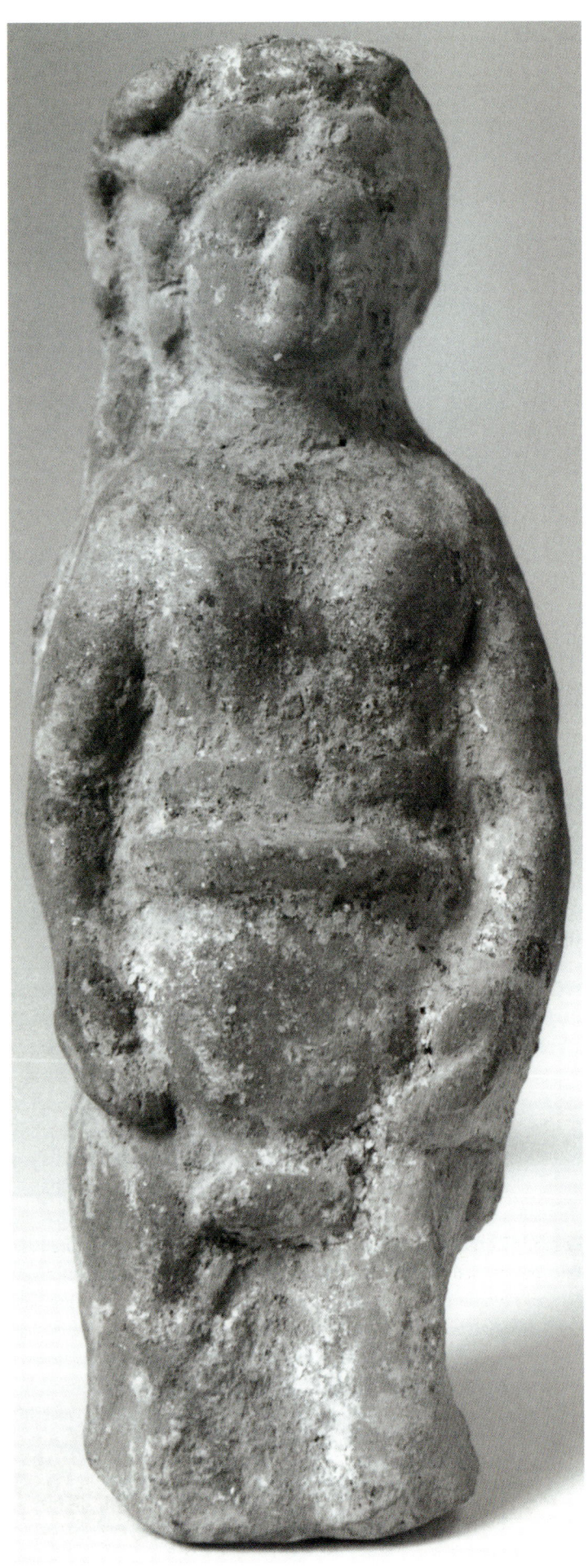

Kat. Nr. 339
Terrakottastatuette einer stehenden Frau

Pakistan, Swat, Butkara I, 1. Jh. v. Chr.
Ton, gebrannt, mit gelben Farbspuren, H. 10,6 cm, Br. 4,1 cm, T. 2 cm
Rom, Museo Nazionale d'Arte Orientale „Giuseppe Tucci", Inv. Nr. 1296, MAI 4950, deposito IsIAO

Die Vorderseite der Statuette wurde aus einer Hohlform gedrückt, während die Rückseite unregelmäßig erscheint. Die Frau trägt vor dem Körper einen großen Krater (griechische Gefäßform). Ihr Haar umrahmt in großen Strähnen das Gesicht und wird von einem langen Schleier bedeckt. Ikonographie und Gestaltung des Körpers der Figur finden im Gebiet des Swat-Tals wie im Nordwesten Pakistans keine Parallelen. Dort spiegelt sich der im 1. Jh. v. Chr. vor allem in der Produktion von Luxusgütern bereits verbreitete hellenistische Einfluss nun auch verstärkt im Kunstgeschmack der einfachen Bevölkerung wider. Die schlägt sich insbesondere in der Gestaltung der Terrakottafiguren nieder, die Vorbilder im gesamten hellenistischen Osten aufweisen. In diesem Fall könnte es sich jedoch auch um einen Import handeln.

Lit.: Callieri 2002, 58 (Kat. Nr. 5). A.B.

Bronze

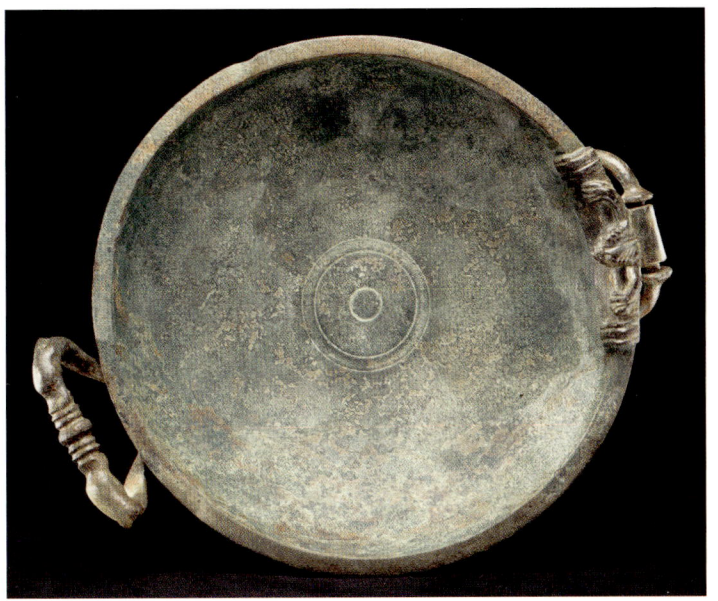

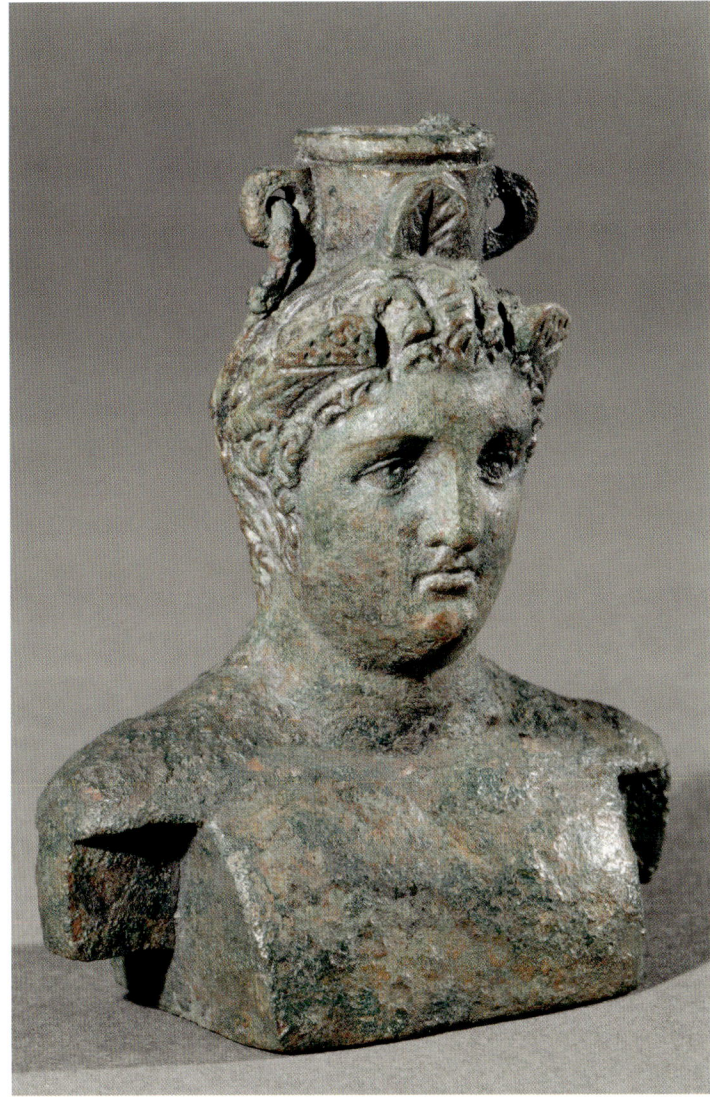

Kat. Nr. 327
Schale

Afghanistan, Begram, 1.–2. Jh. n. Chr.
Bronze, H. 8,5 cm, Dm. 27,6 cm
Paris, Musée national des Arts Asiatiques-Guimet, Inv. Nr. MG 19076

Bronzeschalen dieses Typus sind in Begram sehr zahlreich vertreten. Das einzige neue Element bildet hier ein außergewöhnliches Detail: Einer der beiden Henkel wurde durch eine detailliert gearbeitete Tierfigur in Form eines Lurches ergänzt, der sich am Schalenrand festhält, um darüber hinweg ins Gefäßinnere zu lugen. Derartige Bronzeschalen finden ihre Parallelen in Pompeji und sprechen weniger für ein Schatzhaus wie in Ai Khanoum oder auch Nisa, der Hauptstadt der Parther, als für ein wohlhabendes Haus.

Lit.: AK Wien 1996, 279, 415 Nr.143; AK Paris 2001.   P.C.

Kat. Nr. 328
Salbgefäß in Form einer Hermesbüste

Afghanistan, Begram, 1.–2. Jh. n. Chr.
Bronze, H. 8,4 cm, Br. 6,6 cm
Paris, Musée national des Arts Asiatiques-Guimet, Inv. Nr. MG 21230

„Gewicht für römische Waage, das als Balsamarium dienen konnte" notierte Joseph Hackin 1937 in seinem Grabungsjournal. Das Gefäß gehört zu einem Satz von sechs äußerst gleichförmigen Stücken und geht auf hellenistische Vorbilder vom Ende des 2. Jhs. v. Chr. zurück. Die auf den Haaren sitzenden Flügel identifizieren die Büste als Hermes, als jungen unbärtigen Mann mit einer gedrehten Binde über der Stirn. Das auf dem Scheitel sitzende Gefäß weist Ringe für das Durchziehen einer Hängekette auf. Die sehr eng zusammenhängende Gruppe besteht aus Stücken von ähnlichem Typus und Stil. Man erkennt in ihr Ares, Hermes oder Athena, wobei Letztere zweimal vertreten sind. Die Bronzen stammen alle aus derselben Werkstatt, die sich wahrscheinlich in Alexandria befand. Zwei Gefäße sind in Paris und vier in Kabul.

Lit.: AK Dijon 1996.   P.C.

Keramik

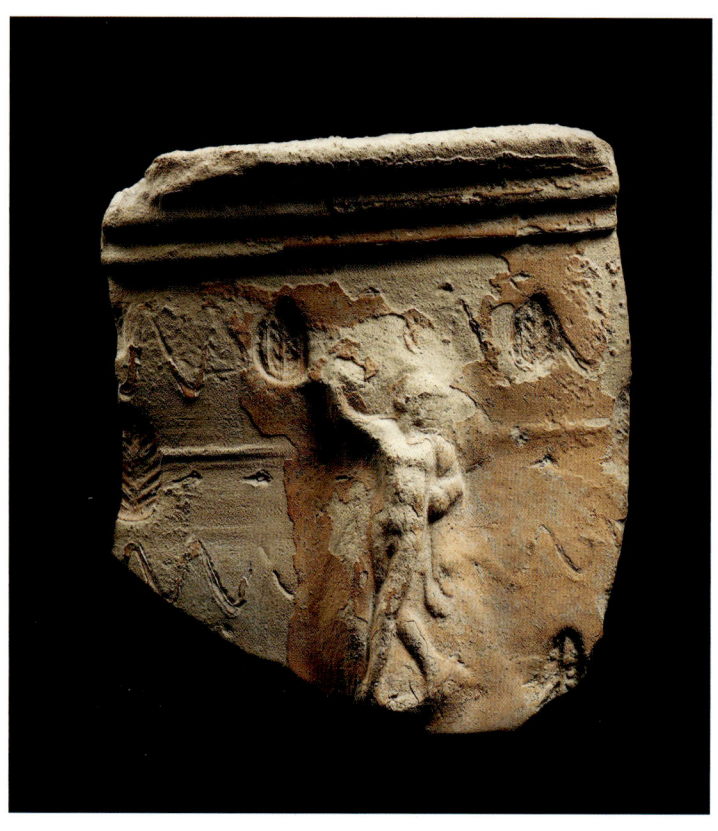

Kat. Nr. 329
Keramikfragment mit hellenisierender Figur

Afghanistan, Begram, 1.–2. Jh. n. Chr.
Ton, gebrannt, H. 9 cm, Br. 8 cm
Paris, Musée national des Arts Asiatiques-Guimet, Inv. Nr. MA 432

Die Scherbe mit der hellenisierenden Figur stammt aus den Grabungen von 1939–1940 in Begram. Sie unterstreicht die Existenz einer Keramik mit hellenistischem Dekor neben einer meist zu den Kuschan gehörenden Gebrauchskeramik. Man kann sie mit einem aus Sirkap stammenden lorbeerbekränzten Terrakotta-Kopf von rein griechischer Machart vergleichen. Die aus dem Mittelmeerraum stammenden Objekte in Begram wie auch in Taxila legen dieselbe Zeitstufe für diese Importe nahe, auch wenn die Keramik lokal hergestellt sein kann. Das auf die Scherbe aufgesetzte Bildmotiv weist dabei die gleiche Problematik auf wie die in Begram gefundenen Gipsabgüsse (Emblemata). Es verdeutlicht, wie stark das griechische Vorbild östlich des Iran wirkte. Davon zeugen bereits die partherzeitlichen Elfenbeinarbeiten aus Nisa, deren Bildthemen auf das Repertoire des klassischen Theaters zurückzuführen sind.

Lit.: AK Lattes 2008.
P.C.

Gipsmedaillons

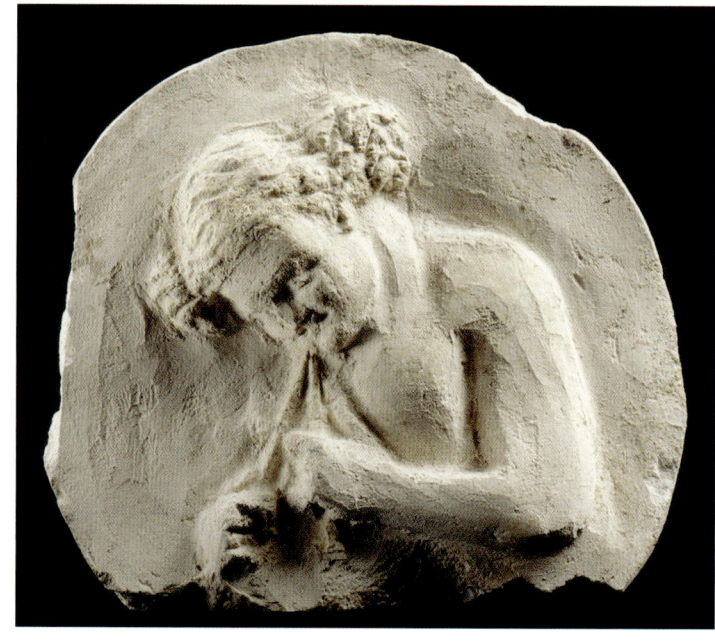

Kat. Nr. 330
Medaillon mit Flötenspieler

Afghanistan, Hadda, Kloster von Tapa-Kalan, Stupa TK 69, 3.–4. Jh. n. Chr.
Gipsstuck, H. 9,5 cm, Br. 11 cm, T. 4 cm
Paris, Musée national des Arts Asiatiques-Guimet, Inv. Nr. MG 17218

Das Stuckmedaillon stammt von einem der zahlreichen Votivstupas aus dem Haupthof des Klosters von Tapa-Kalan. Ein Doppelflöte spielender Knabe ist im verlorenen Profil dargestellt. Ein anderes gleichartiges Medaillon in Kabul stammt vom selben Bauwerk. Es zeigt einen Jüngling, der mit geblähten Wangen in eine Trompetenschnecke bläst. Das Bildthema dieser Musikanten verweist auf den Mittelmeerraum, auf die griechisch-römische Welt, und auf die Frage nach dem Ursprung dieses griechischen Einflusses – umso mehr, wenn man wie Charles Masson daran erinnert, dass sich in der Nähe von Hadda das alte Nisa befand, eine Stadt, deren Bewohner von ihr sagten, sie wäre von Dionysos während seiner Reise in Indien gegründet worden (Curt. 8,10). Diese Hypothese würde den deutlich griechisch-afghanischen Charakter des Motivs erklären.

Lit.: AK Paris 2002.
P.C.

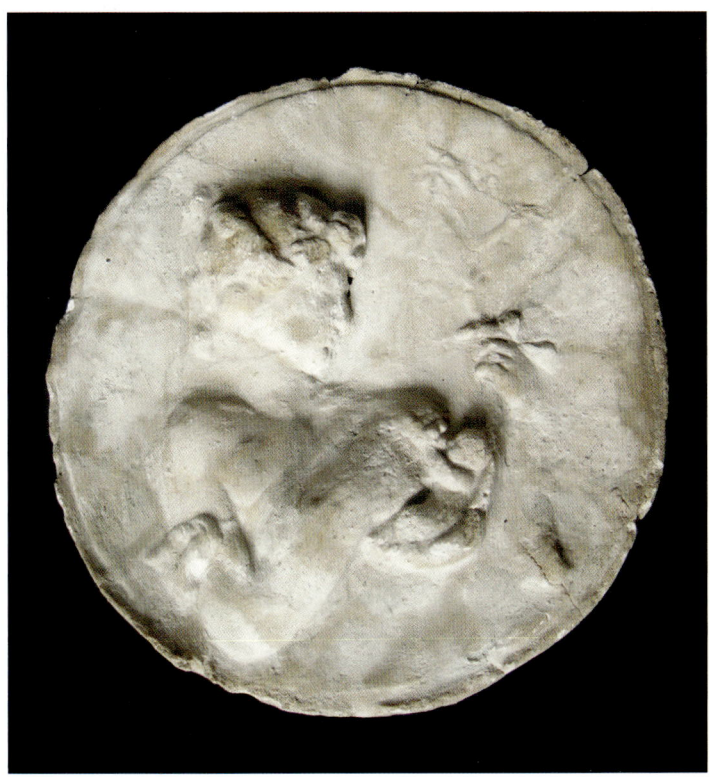
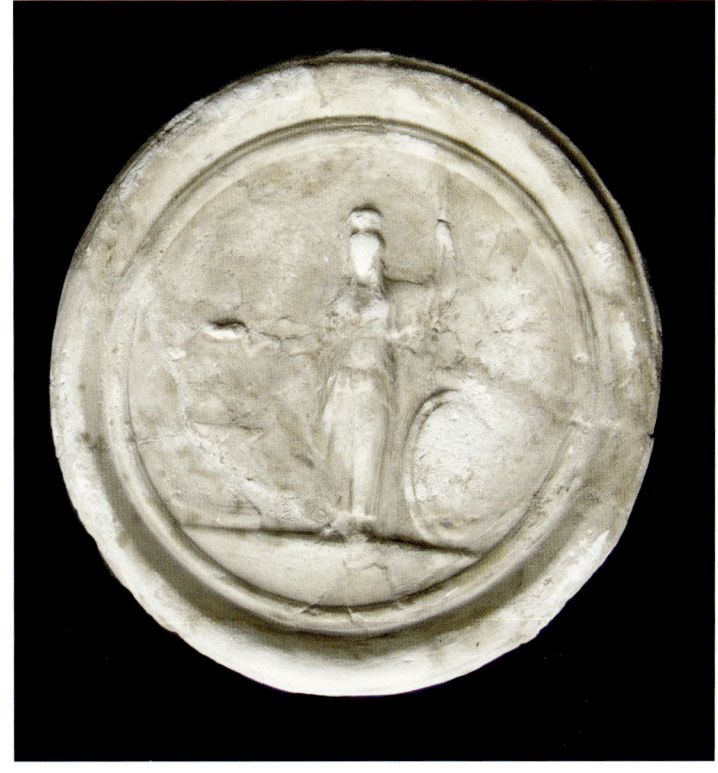

Kat. Nr. 331
Medaillon mit Nymphe und Dionysoskind

Afghanistan, Begram, „Schatzfund", nach einem Original von 40–30 v. Chr.
Gips, Dm. 12,6 cm, T. 1 cm
Kabul, National Museum of Afghanistan, Inv. Nr. KM 57.1.179 (K.p.Beg. 77.517)

Zu den außergewöhnlichen Objekten des „Schatzfundes" von Begram gehören 49 Gipsabgüsse von toreutischen Reliefs. Die genaue Entstehungszeit der Abgüsse ist nicht zu ermitteln, die Originale werden zwischen dem 2. Jh. v. Chr. und dem 1. Jh. n. Chr. datiert. Es sind überwiegend kreisförmige Medaillons, daneben gibt es einige trapezförmige Abgüsse. Die Bildthemen stammen durchweg aus dem hellenistischen Griechenland. Der größte Teil der Abgüsse, die vermutlich als Modelle oder Bildmuster für Kunden im Osten dienten, wird heute im Museum in Kabul aufbewahrt.

Das Medaillon zeigt das Brustbild einer Nymphe, deren Oberkörper in Schrägansicht wiedergegeben ist. Sie reicht dem in ihrer linken Armbeuge liegenden winzigen Dionysoskind eine Traube, nach der das Kind mit dem linken Arm greift. Die Nymphe hält in ihrer Linken einen Gewandzipfel und einen Zweig oder Stängel. Bekleidet ist sie mit einem Fellgewand (*nebris*), das am rechten Oberarm von einem Heraklesknoten gehalten wird. Das dichte, in einer Melonenfrisur geordnete Haar sitzt kappenartig auf dem Kopf auf und endet in einem kleinen Knoten.

Lit.: Menninger 1996, 115f., 156f., 228 M 5; Tissot 2006, 300; AK Bonn 2008, 83, 92 Kat. Nr. 17.   C.B.

Kat. Nr. 332
Medaillon: Athena füttert die Schlange

Afghanistan, Begram, „Schatzfund", nach einem Original von 30–10 v. Chr.
Gips, Dm. 14 cm, T. 1,3 cm
Kabul, National Museum of Afghanistan, Inv. Nr. 57.181

Die mit Helm, Lanze und Schild gerüstete Göttin steht frontal in der Bildmitte, ihr Kopf ist schräg zur Seite gewandt. Der Saum ihres im doppelten Überwurf gelegten Chitons ist zickzackförmig angeordnet. Über diesem Gewand trägt Athena die Aegis mit dem Gorgoneion. Links ringelt sich die Schlange, die wohl in einem Baum haust. Athena hält in der Rechten eine Schale, um sie zu tränken. Unterhalb der Schlange erkennt man einen flach und unperspektivisch dargestellten Altar, der mit einer Girlande geschmückt ist. Rechts neben der Göttin erscheint noch schwach sichtbar ein Käuzchen in einer Nische.

Lit.: Menninger 1996, 119, 164f., 230 M 17; Tissot 2006, 298.   C.B.

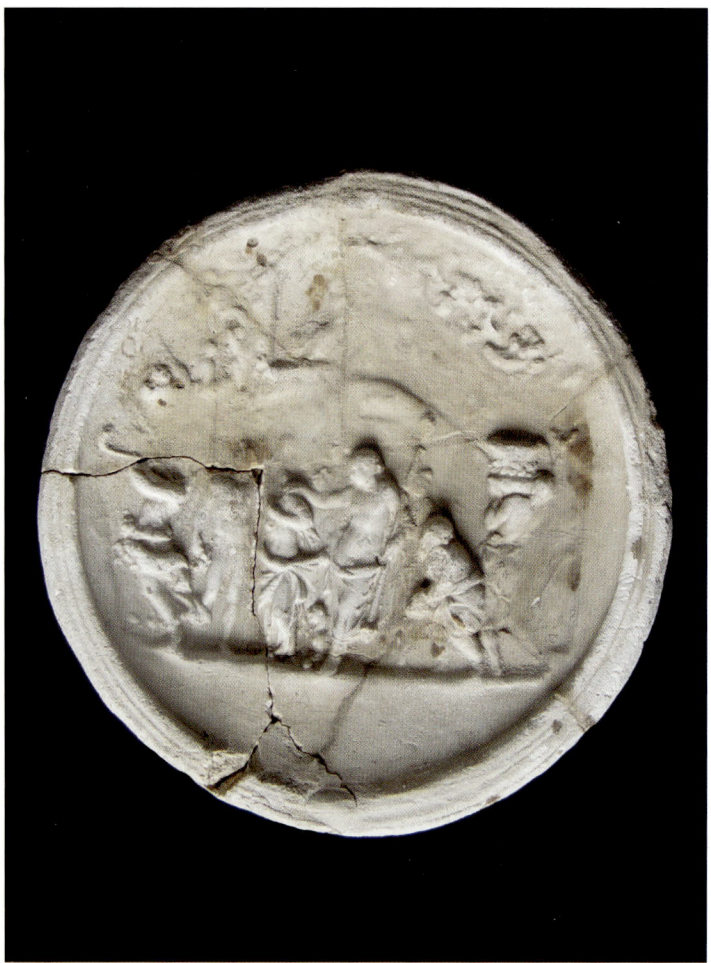
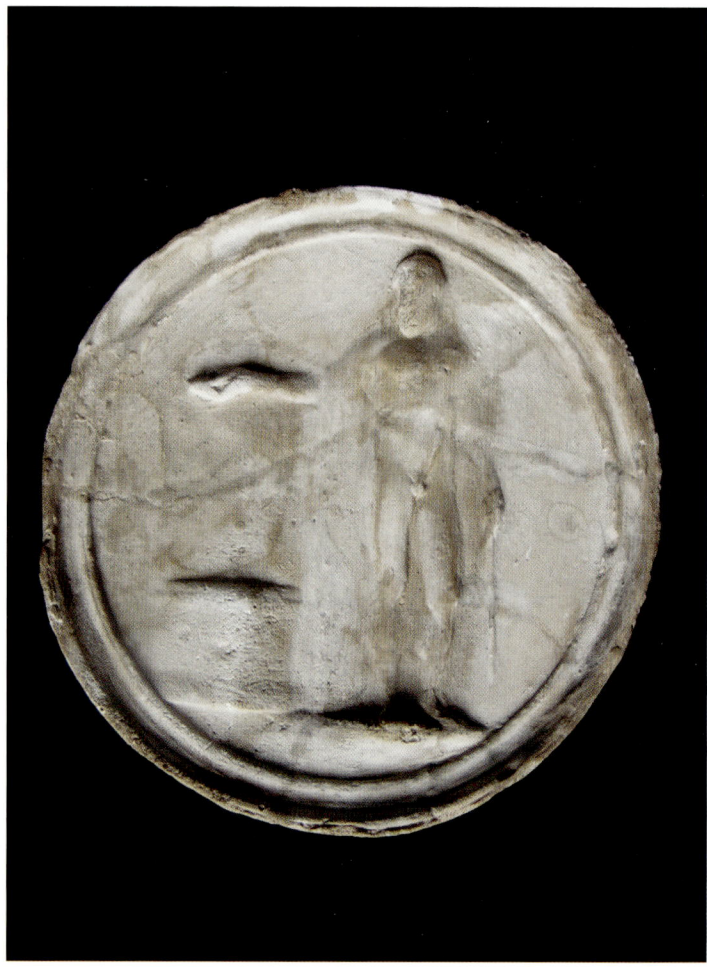

Kat. Nr. 333
Medaillon mit Thiasos

Afghanistan, Begram, „Schatzfund", nach einem Original von ca. 0–20 n. Chr.
Gips, Dm. 14 cm, T. 1,7 cm
Kabul, National Museum of Afghanistan, Inv. Nr. KM 57.1.180

Das Medaillon zeigt in einem fein abgestuften Relief einen dionysischen Zug vor einer hoch aufragenden und wohl mit Figuren bevölkerten Landschaft. Im Zentrum des neun Personen umfassenden Zuges steht Dionysos mit einem Panther zu seinen Füßen. Er hält im linken Arm den Thyrsosstab. Mit seiner ausgestreckten Rechten greift er an die Schulter einer sich abwendenden Frau. Ihr Gewandsaum wird von einem Satyr festgehalten. Links neben der Frau steht in Frontalansicht ein nackter Jüngling, der in seiner herabhängenden Rechten wohl einen Kranz hält. An der Spitze des Zuges bewegt sich eine den Doppelaulos blasende Frau nach links, deren Körpermitte üppige Stoffmassen umhüllen. Rechts neben Dionysos erscheinen der Kopf und die Schultern einer weiteren Figur sowie ein gebückter Silen mit einem *Kantharos* (griechische Gefäßform) in der Linken. Den Abschluss des Zuges bildet ein Satyr in Rückansicht, der auf seinen Schultern einen *Krater* (griechisches Weinmischgefäß) trägt. Aus einer Türöffnung am rechten Bildrand ragt ein Thyrsosstab hervor.

Lit.: Menninger 1996, 129f., 188ff., 233 M 35; Tissot 2006, 303; AK Bonn 2008, 83, 93 Kat. Nr. 19.
C.B.

Kat. Nr. 334
Medaillon mit männlicher Gottheit am Altar

Afghanistan, Begram, „Schatzfund", nach einem Original von 30–10 v. Chr.
Gips, Dm. 13,2 cm, T. 1,4 cm
Kabul, National Museum of Afghanistan, Inv. Nr. K.p.Beg. 754494

Eine nackte männliche Gottheit steht auf einer aus dem Relief vorspringenden Standfläche. Der Gott hält mit seiner Rechten eine Opferschale (*Phiale*) über einen übereck gezeigten Altar. Der Gegenstand in seiner Linken ist offenbar als Stab zu deuten. Anscheinend trägt der Gott ein Mäntelchen über den Schultern. Sein bärtiger Kopf ist nach rechts gewandt, der Oberkörper frontal dargestellt. Er steht im Kontrapost, wobei den Körper große Muskelpartien gliedern. Insgesamt ist die Figur aber eher flach auf den Hintergrund gesetzt. Nach M. Menninger könnte es sich bei ihr um Zeus handeln, der in seiner Linken ein Zepter hält. Das Medaillon weist einen kräftigen äußeren Rahmen auf.

Lit.: Menninger 1996, 119f., 162ff., 229 M 15; AK Bonn 2008, 83, 93 Kat. Nr. 18.
C.B.

BUDDHISTISCHE KUNST IN BAKTRIEN UND GANDHARA

In den ersten fünf Jahrhunderten n. Chr. waren weite Landstriche Afghanistans und Nordwest-Pakistans, damals Baktrien und Gandhara genannt, buddhistisch. Tausende buddhistische Heiligtümer – Stupas und Klöster – übersäten die Landschaft unmittelbar diesseits und jenseits des Hindukuschs. Allein der Khyber-Pass durchschnitt diesen Gebirgsriegel als Nadelöhr zum südasiatischen Subkontinent hin. Florierende, ins Wegenetz der südlichen Seidenstraße eingebundene Städte machten zahlreiche religiöse Stiftungen möglich und erlaubten so die Ausstattung der heiligen Stätten mit wunderbarer vor Ort gefertigter Kunst.

Der besondere Reiz der Gandhara-Kunst liegt jedoch nicht allein in der meditativen Stille ihrer Buddhastatuen, der würdevollen Ausgewogenheit ihrer Körperposen oder in der Eindrücklichkeit ihrer Bildmittel zur Darstellung einer *anatomie surnaturelle* (Ausstattung von Buddha- und Bodhisattva-Statuen mit besonderen Körpermerkmalen wie Schädelauswuchs auf dem Kopf, mit Haarflocken als Stirnmalen, Heiligenschein, etc.), welche die herausgehobene Natur der geheiligten Wesen für die Verehrer gut sichtbar zum Ausdruck bringen sollten. Seit ihrer Wiederentdeckung im 19. Jh. haben die Bildwerke von Gandhara mit apollinisch anmutenden Buddhabildern, mit korinthisierenden Pilastern zwischen erzählenden Szenen, mit Meerwesen auf Treppenwangen (um nur drei von vielen Beispielen griechisch-römischen Einflusses zu nennen) v.a. westliche Betrachter besonders durch ihren mittelmeerisch-antiken Touch fasziniert. Nur allzu bereitwillig führten die ersten Forscher diesen deutlich wahrnehmbaren westlichen Einfluss in direkter Linie auf Alexander den Großen zurück, den sie zum Überbringer griechischer Kultur stilisierten. Nach über 100-jähriger Forschungs- und Grabungstätigkeit jedoch sieht man dies mittlerweile sehr viel differenzierter: Zwar ist unbestritten, dass Alexander der Große auf seinem Asienfeldzug bis zum Indus gelangte und hier – wie anderswo in Asien – den ersten Impuls zur Verbreitung griechischer Kultur gab. Es muss jedoch eingestanden werden, dass fast 400 Jahre verstrichen und vor Ort zunächst mehrere auf unterschiedlichste Weise hellenistisch geprägte Dynastien einander ablösen mussten, ja, im fernen Westen gar schon die römische Kaiserzeit angebrochen war, bis in Nordwest-Pakistan und im unmittelbar angrenzenden Afghanistan schließlich die buddhistisch-hybride Kunst Gandharas erblühen konnte.

Komplex sind die historischen und kulturellen Umbrüche, die zwischen Alexander dem Großen und den apollinisch anmutenden Buddhastatuen von Gandhara liegen: Nach Abzug von Alexanders meuternden Truppen aus dem Punjab verleibten um 300 v. Chr. zunächst einmal die nordindischen Mauryas die Region ihrem Großreich ein. Erst in jener Zeit wurde der Buddhismus wohl nach Gandhara getragen. Ab dem 2. Jh. v. Chr. wurde das Schicksal der Region am Hindukusch dann aber wieder durch eine Reihe kriegerischer Einfälle von Norden her bestimmt: Zunächst schufen baktrische Griechen ein indo-griechisches Königreich. Ihnen folgten im 1. Jh. v. Chr. die nur oberflächlich hellenisierten Shakas, dann die philhellenischen Parther auf dem Fuß. Im 1. Jh. n. Chr. begründeten Anführer eines neu aus Zentralasien eingedrungenen Stammes die Kuschana-Dynastie. Unter der stabilen Herrschaft der Kuschanas erlebte die Region im 2. Jh. n. Chr. eine Blütezeit, der Fernhandel mit Rom florierte. Man spricht von der Pax Kuschana.

Die ersten Artefakte westlicher Prägung sind nur zu ganz geringen Teilen aus der Endphase des indo-griechischen Königreichs, sie stammen vor allem aus shakisch-parthischer Zeit (Schmuck, Luxusobjekte, Stuck-Köpfe und Kleinplastiken, Tellerchen). Hier auftretende mythologische Figuren entsprechen noch ganz dem westlichen Repertoire. Importstücke stehen neben sich allmählich indigen einfärbenden Imitaten aus lokalen Werkstätten.

Das Aufblühen und die Glanzzeit einer nun auch buddhistische Inhalte bebildernden Mischkunst dagegen, die Westliches und Südasiatisches in ein harmonisches Amalgam verschmolz, fiel in die politisch und wirtschaftlich stabile Kushanazeit (v.a. in das 1.–3. Jh. n. Chr.).

Doch wurden Impulse nicht nur von West nach Ost, von Nord nach Süd weitergegeben. Die in Gandhara als Folge vielschichtiger Einflüsse entwickelten Ikonographien und Stile wurden im Rahmen eines ständigen Gebens und Nehmens auch wieder in entgegengesetzter Richtung über den Hindukusch nach Baktrien getragen, in hellenistischere Gebiete zurückgebracht und dort neu überformt, von wo aus sie ‚zurückstrahlten', so dass die Kunstentwicklung dieser östlichsten Spielarten westlichen Einflusses nicht als einfache Linie, sondern vielmehr als ein hoch interessantes, komplexes Wechselspiel zu denken ist, zu dessen Verständnis im Detail es noch in vielerlei Hinsicht der Forschung bedarf.

M.S.

BUDDHISTISCHE KUNST IN BAKTRIEN UND GANDHARA

Westliche Elemente außerhalb der buddhistischen Heiligtümer

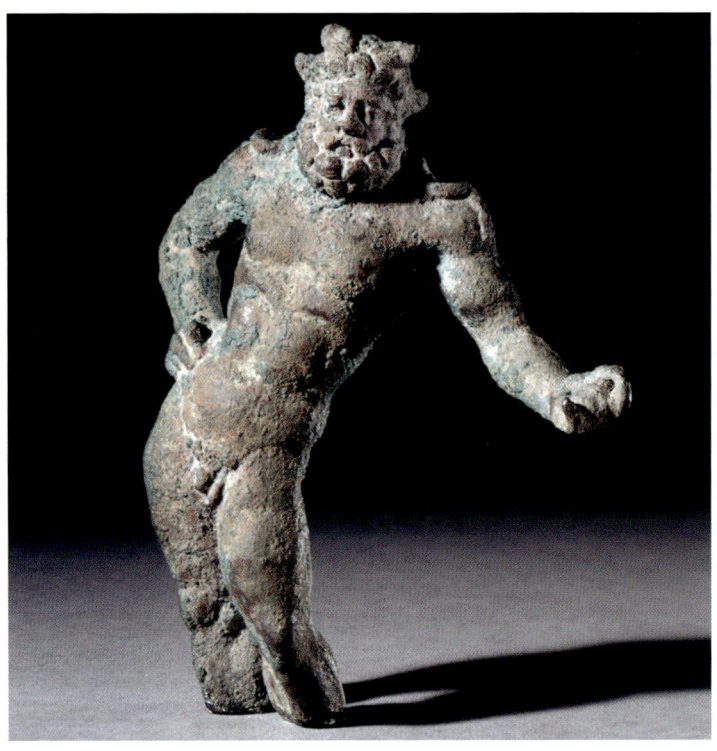

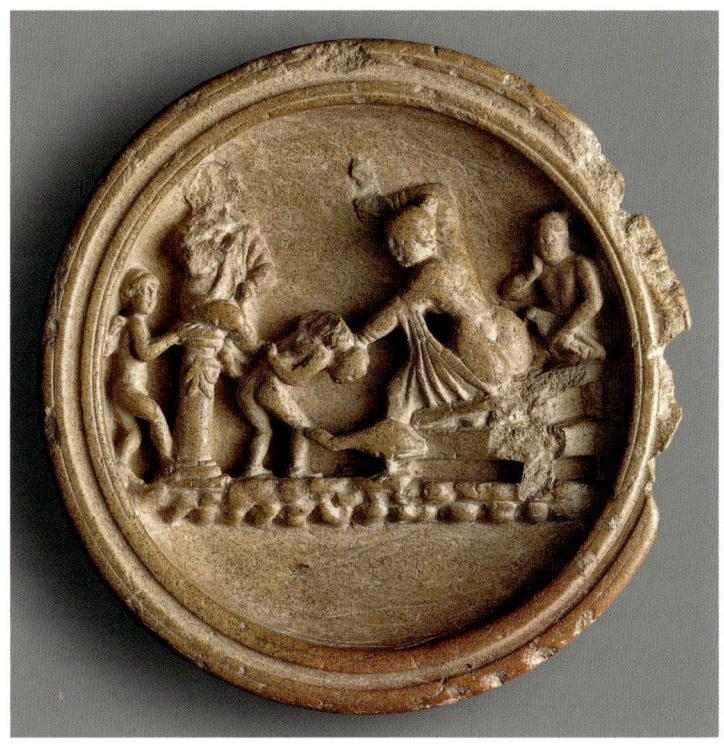

Kat. Nr. 335
Statuette des Herakles

Indien, Nigrai, Peshawar-Tal, 2.–1. Jh. v. Chr.
Bronze, verbleit, H. 17 cm, Br. 14,5 cm, T. 4 cm
London, British Museum, Department of Asia, Inv. Nr. 1892, 1104.61

Stehende Figur des nackten Herakles in Kontrapost-Haltung, auf halber Wadenhöhe gebrochen. Ansatzspuren unter der Achsel des weit ausgestreckten linken Armes sprechen für die Ergänzung einer großen Keule, auf der Herakles lehnte. Diese Pose ist an hellenistische Vorbilder angelehnt, doch hängt dort der linke Arm üblicherweise herab oder hält die Äpfel der Hesperiden. Bei dieser Statuette ist die Hand jedoch halb zur Faust geballt. Auch der üppige Kranz auf seinem Kopf erscheint ungewöhnlich, da er sonst eher bei Darstellungen auftaucht, die Herakles betrunken oder mit einem Becher in der Hand zeigen. Zudem trägt hier sein Gesicht mit der Knollennase verstärkt Züge eines Satyrs. Vermutlich handelt es sich um ein westliches Importstück als Beleg eines kulturellen Assimilationsprozesses, der in der bildlichen Darstellung in eine Angleichung zwischen dem griechischem Herakles und dem buddhistischen Vajrapani, dem Beschützer der Lehre Buddhas, mündet.

Lit.: Foucher 1905–51, 465 Abb. 476; AK Cambridge 1992, 102, Kat. Nr. 104.

A.B. nach Vorlage von M.W.

Kat. Nr. 336
Tellerchen mit Aphrodite, die einen Eroten straft

Gandhara, 1.–2. Jh. n. Chr.
Gelber Steatit (Speckstein), H. 2,4 c, Dm. 11,9 cm
London, British Museum, Department of Asia, Inv. Nr. 1973.0618.1

Rundes aus gelbem Speckstein gefertigtes Tellerchen mit sorgfältig gezogenem Rand, hervorgehobener Profilierung und einer glatten Unterseite. Das Innenbild ist durch eine doppelte Felsenreihe in zwei Abschnitte untergliedert. Im oberen Bereich findet sich eine Darstellung der Aphrodite, die Cupido (Eros) straft. Die Göttin hält Cupido an den Flügeln fest und holt mit einem Schuh in ihrer Hand zum Schlag aus. Sie trägt Armreifen und gekreuzte Bänder an ihrem sonst nackten Oberkörper. Cupido wird als kleiner Junge dargestellt, seine Hände hinter dem Rücken zusammengebunden und den Kopf gehorsam gebeugt. Eine Gans, ein Attribut der Aphrodite, pickt nach seinem Knie. Cupidos Begleiter stehen jeweils an einer Seite der Szene: Der eine versteckt sich hinter einer Säule, während der andere, im Rücken der Göttin, einen Vogel hält und seine Hand in einer Geste an seine Wange legt, die als Erstaunen gedeutet werden kann. Die auf der Säule sitzende Figur ist zwar zerstört, aber sicherlich als Harpokrates (griechischer Name des ägyptischen Gottes Horus) zu benennen.

Lit.: LIMC III, Eros in peripheria orientali Nr. 88 Taf. 675; AK Cambridge 1992, 152 Kat. Nr. 153; AK Rom 1996, 297, Kat. Nr. 90c.

M.W.

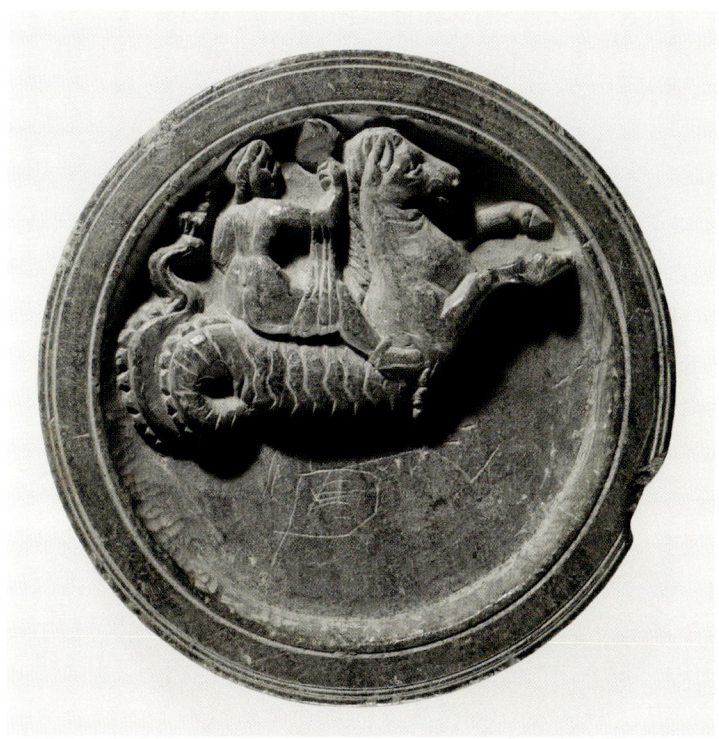
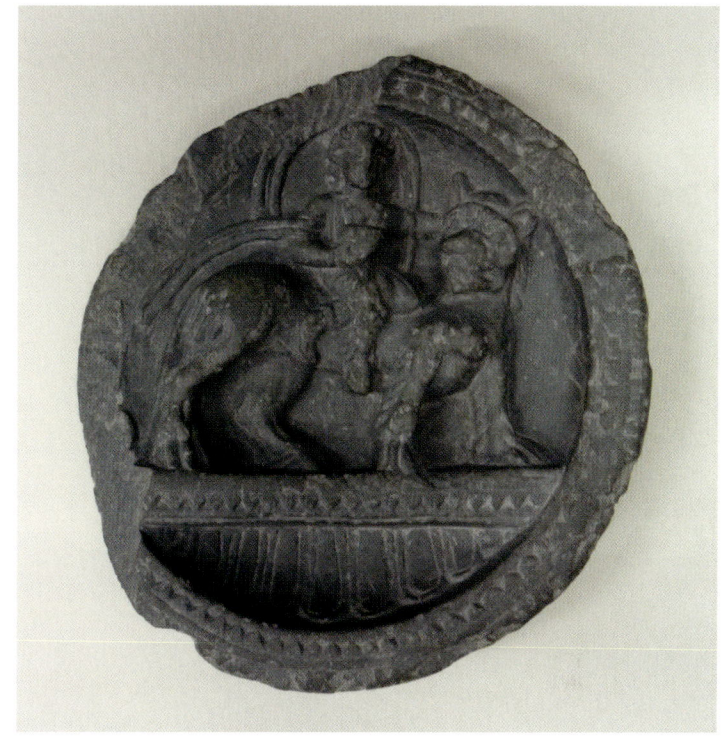

Kat. Nr. 337
Tellerchen mit figürlichem Reliefschmuck

Nordwestpakistan, ca. 1. Jh. n. Chr.
Steatit, H. 1,3 cm, Dm. 12 cm
Berlin, Museum für Asiatische Kunst SMB PK, Kunstsammlung Süd-,
Südost- und Zentralasiens, Inv. Nr. MIK I 117

Vorläufer der westlich beeinflussten buddhistischen Kunst von Gandhara waren Objekte der Kleinkunst, die, obwohl lokal gefertigt, ihre Motive noch ganz aus dem Repertoire westlich-antiker Mythologie schöpften. Dieser Steatit-Teller zeigt eine auf einem Meerwesen reitende Nereide, ein damals im Mittelmeerraum sehr beliebtes Motiv. Fast ganz nackt ist die Schöne hier in Dreiviertelrückansicht auf einem sich wie ein Wellenkamm aufbäumenden Hippokampen dargestellt. In der Hand hält sie einen Spiegel. Neben dem Material verraten nur die etwas gestauchten Proportionen, die etwas lapidare Behandlung von Falten und Oberflächenstrukturen sowie die Ausstattung der Nereide mit Fußringen die lokale Werkstatt.

Lit.: Francfort 1979, 18f., 88f. Nr. 12 Taf. VI; Czuma 1985, Nr. 63ff.; LIMC, s.v. Nereides 96*; (Vergleichsstücke) AK Cambridge 1992, Nr. 153–158. M.S.

Kat. Nr. 338
Kleiner Steinteller mit dem Relief einer Löwenreiterin

1. Jh. v. Chr. – 1. Jh. n. Chr.
Grünlicher Schiefer, Dm. 10,6 cm
Rom, Museo Nazionale d'Arte Orientale "Giuseppe Tucci", Inv. Nr. MNAOR 14849/19164

Frühe Steinteller vermitteln zwischen der hellenistisch-baktrischen Kunst und der graeco-buddhistischen Bilderwelt Gandharas. Da er als „Schminkpalette" ungeeignet erscheint, diente dieser Teller vermutlich einem häuslichen Kult. Im Fond sitzt eine weibliche Gestalt mit übereinandergeschlagenen Beinen auf einem Löwen, der nach rechts schreitet, in westlich-antiker Leserichtung entgegen der von Gandhara. Das dramatisch gebauschte Gewand mit fliegendem Zipfel verweist auf eine gemalte oder Relief-Vorlage, die dem Bild der Großen Mutter Kybele (Rhea) im Südfries des Pergamon-Altars nahestand. Die Göttin Kybele ist in Ai Kahnoum belegt, sowie als Löwenreiterin auf einer Gemme, auf dem goldenen Männer-Gürtel aus Tillja-Tepe, Grab 4 und auf einer Münze des Huvischka (ca. 155–187 n. Chr.), dort identifiziert mit der Göttin Nano (Nana). Die Schale in ihrer Rechten verweist sie in den Kontext eines dionysischen Kults, mit dem sich die Buddhisten auseinandersetzen mussten. Im Mythos hilft Kybele Dionysos auf seinem legendären Feldzug nach Indien, der Alexander inspiriert haben wird. Im unteren Abschnitt: geritzte Blütenblätter.

Lit.: Dar 1979, 141–149. 160; Francfort 1979, 28 Nr. 22 Taf. 11; Francfort 1984, 93–104 Taf. 41; Filigenzi 1995, 296 Kat. Nr. 90b; Pons 2008, 78–79; Stone 2008, 83–84. H.B.

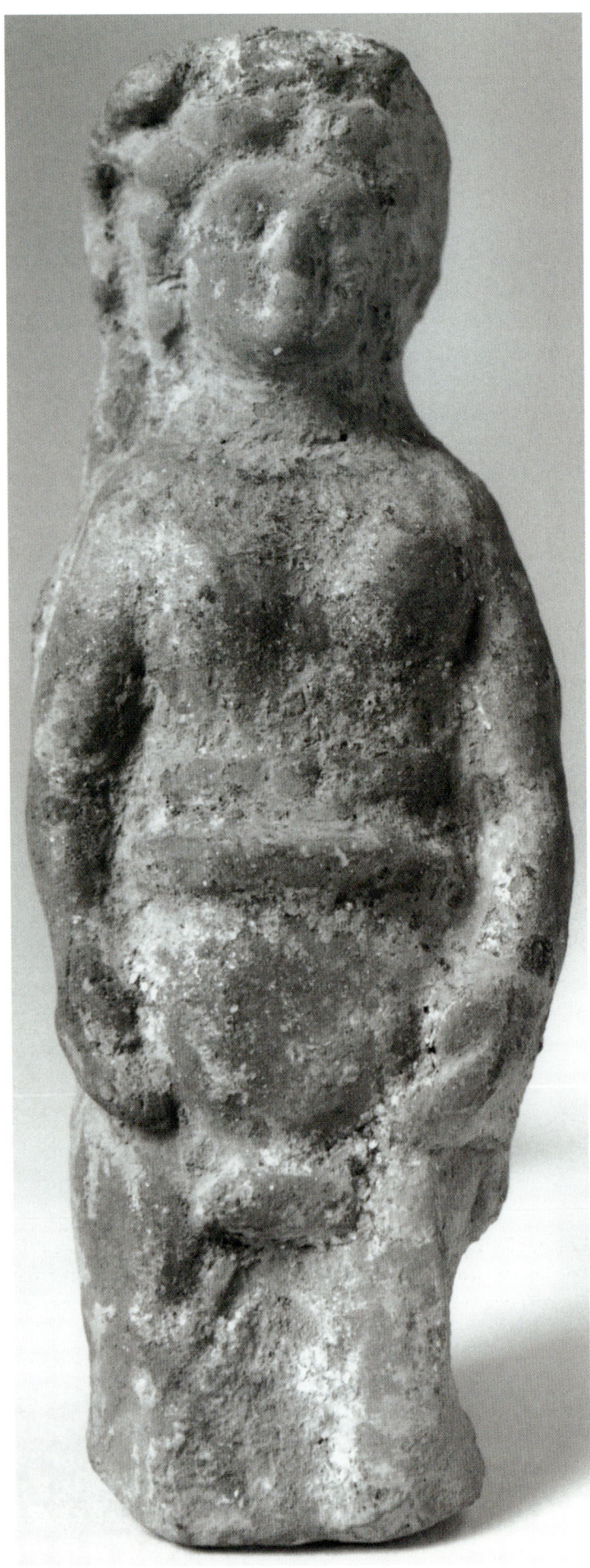

Kat. Nr. 339
Terrakottastatuette einer stehenden Frau

Pakistan, Swat, Butkara I, 1. Jh. v. Chr.
Ton, gebrannt, mit gelben Farbspuren, H. 10,6 cm, Br. 4,1 cm, T. 2 cm
Rom, Museo Nazionale d'Arte Orientale „Giuseppe Tucci", Inv. Nr. 1296, MAI 4950, deposito IsIAO

Die Vorderseite der Statuette wurde aus einer Hohlform gedrückt, während die Rückseite unregelmäßig erscheint. Die Frau trägt vor dem Körper einen großen Krater (griechische Gefäßform). Ihr Haar umrahmt in großen Strähnen das Gesicht und wird von einem langen Schleier bedeckt. Ikonographie und Gestaltung des Körpers der Figur finden im Gebiet des Swat-Tals wie im Nordwesten Pakistans keine Parallelen. Dort spiegelt sich der im 1. Jh. v. Chr. vor allem in der Produktion von Luxusgütern bereits verbreitete hellenistische Einfluss nun auch verstärkt im Kunstgeschmack der einfachen Bevölkerung wider. Die schlägt sich insbesondere in der Gestaltung der Terrakottafiguren nieder, die Vorbilder im gesamten hellenistischen Osten aufweisen. In diesem Fall könnte es sich jedoch auch um einen Import handeln.

Lit.: Callieri 2002, 58 (Kat. Nr. 5). A.B.

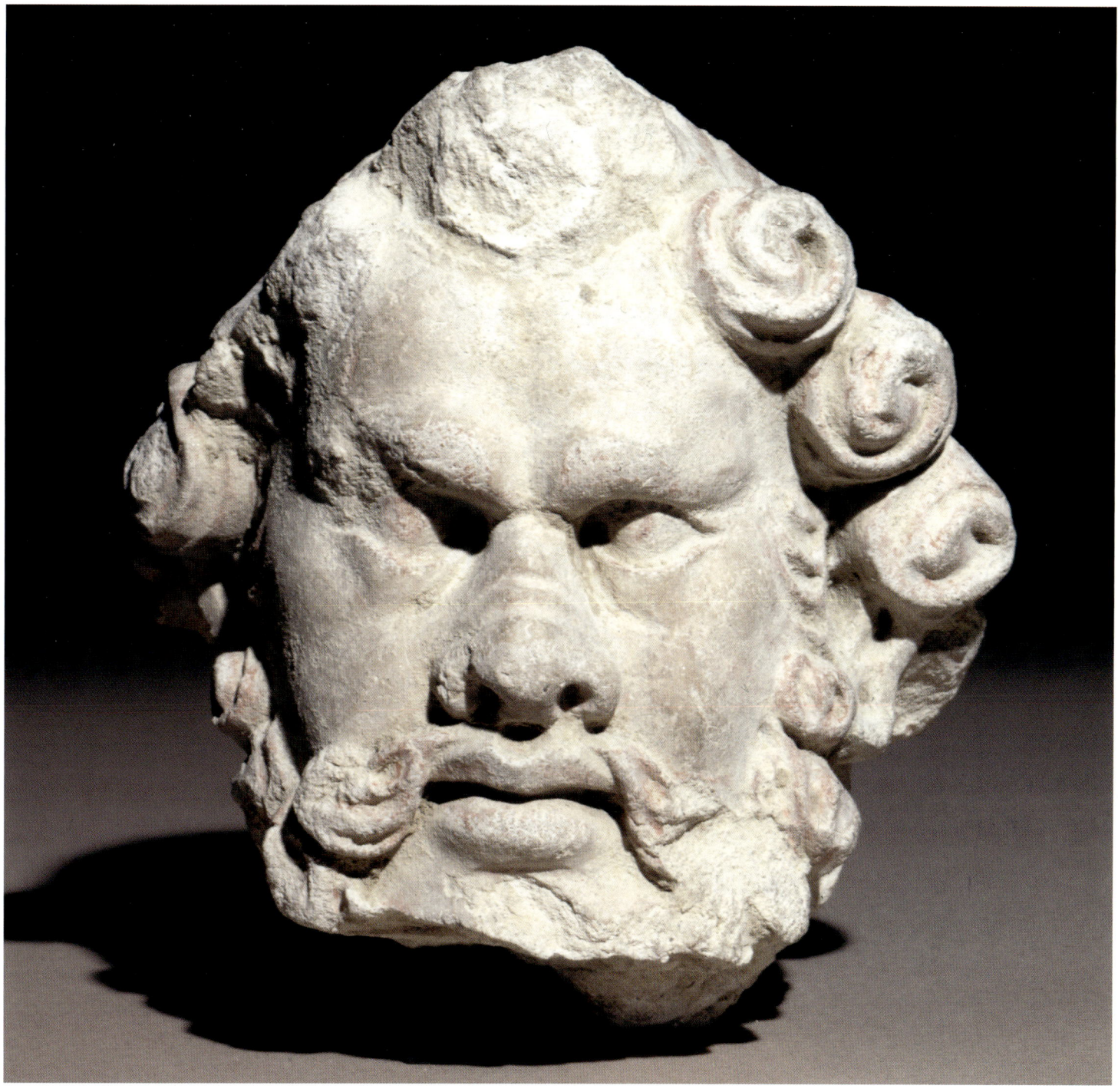

Kat. Nr. 340
Stuckkopf eines bärtigen Mannes

Gandhara, 4.–5. Jh. n. Chr.
Stuck, H. 13,2 cm, Br. 12 cm, T. 10 cm
London, British Museum, Department of Asia, Inv. Nr. 1959,1014.1

Bärtiger Männerkopf, nach links gewandt. Das strahlenförmig von der fast glatten Kopfmitte ausgehende, durch breite wellige Furchen unterteilte Haar geht in plastisch hervortretende schneckenförmige Locken über, die die Spitzen beider Ohren verdecken, und fällt hinter dem rechten Ohr nach hinten. Der Wangenbart besteht aus ähnlichen Locken, der Schnurrbart scheint die Oberlippe und die darin liegende Kerbe, das *Philtrum*, unbedeckt zu lassen. Vorgewölbte Partien an den Schläfen gehen in hochgezogene Augenbrauen über, die über der Nase in einer vertikalen Falte zusammenlaufen. Die eng beieinanderliegenden geöffneten runden Augen mit der rot angegebenen Iris schielen, die fülligen Lippen sind leicht geöffnet und etwas nach unten gebogen. Über die flache Stupsnase mit den breiten Nasenflügeln laufen zwei breite Furchen. Die Wangen sind füllig mit tiefen, von den Augeninnenwinkeln herabziehenden Furchen. Die Ohren haben kurze, durchstochene Ohrläppchen. Reste von roten Pigmenten erscheinen im Haar, auf den Augenbrauen und Augen sowie am Wangen- und Schnurrbart und entlang der Bruchkante auf der Rückseite.

M.W.

Architektur in buddhistischen Heiligtümern

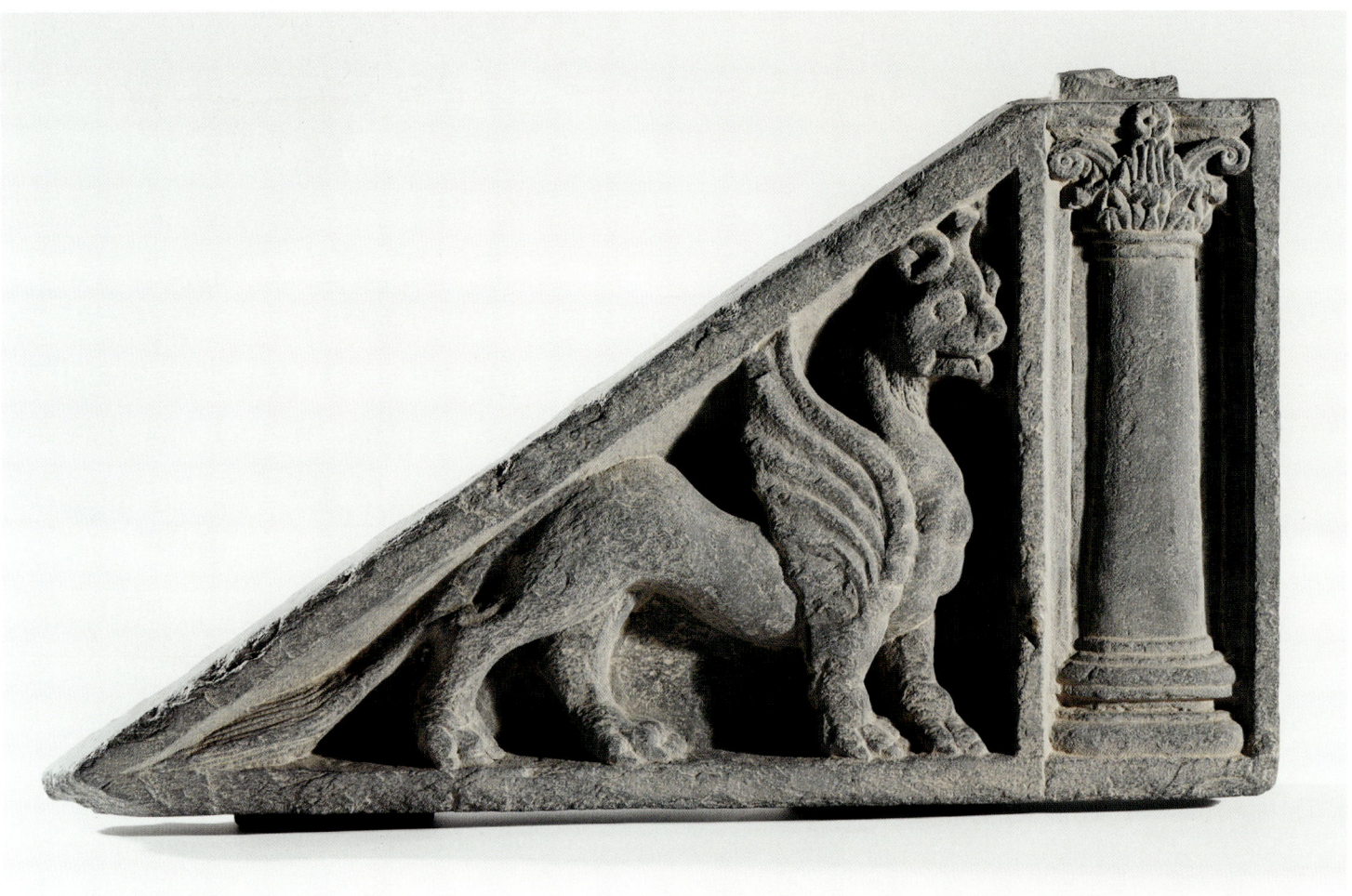

Kat. Nr. 341
Treppenwange mit Fabelwesen

Nordwestpakistan, ca. 1. Jh. n. Chr.
Schiefer, H. 31 cm, Br. 51 cm, T. 7 cm
Berlin, Museum für Asiatische Kunst SMB PK, Kunstsammlung Süd-, Südost- und Zentralasien, Inv. Nr. MIK I 86

Dreieckige mit Fabelwesen gefüllte Reliefbilder dienten v.a. in der Frühzeit der Gandhara-Kunst als Steinwangen an Treppenaufgängen zu buddhistischen *Stupas* (Reliquienmonumenten). Der sie zierende Figurenschmuck lehnte sich dabei stets eng an westliche Prototypen an, meist zeigten sie Meerwesen. Das Berliner Stück wird von einem Löwengreif mit großem Kopf und muskulöser Brust gefüllt. Als Dekorelement ist ihm eine in einen vertikalen Rahmen eingepasste Halbsäule beigefügt, die an ihrer Basis westlich anmutende Profilierung und oben ein korinthisierendes Kapitell zeigt. Miniaturhafte Halbsäulen und Pilaster dieser Art wurden in der Gandhara-Kunst auch sehr gerne als Szenentrenner zwischen erzählenden Reliefs eingesetzt.

Lit.: Czuma 1985, Nr. 91; AK Cambridge 1992, Kat. Nr. 128; (Vergleichsstücke) Zwalf 1996, Nr. 340–341. M.S.

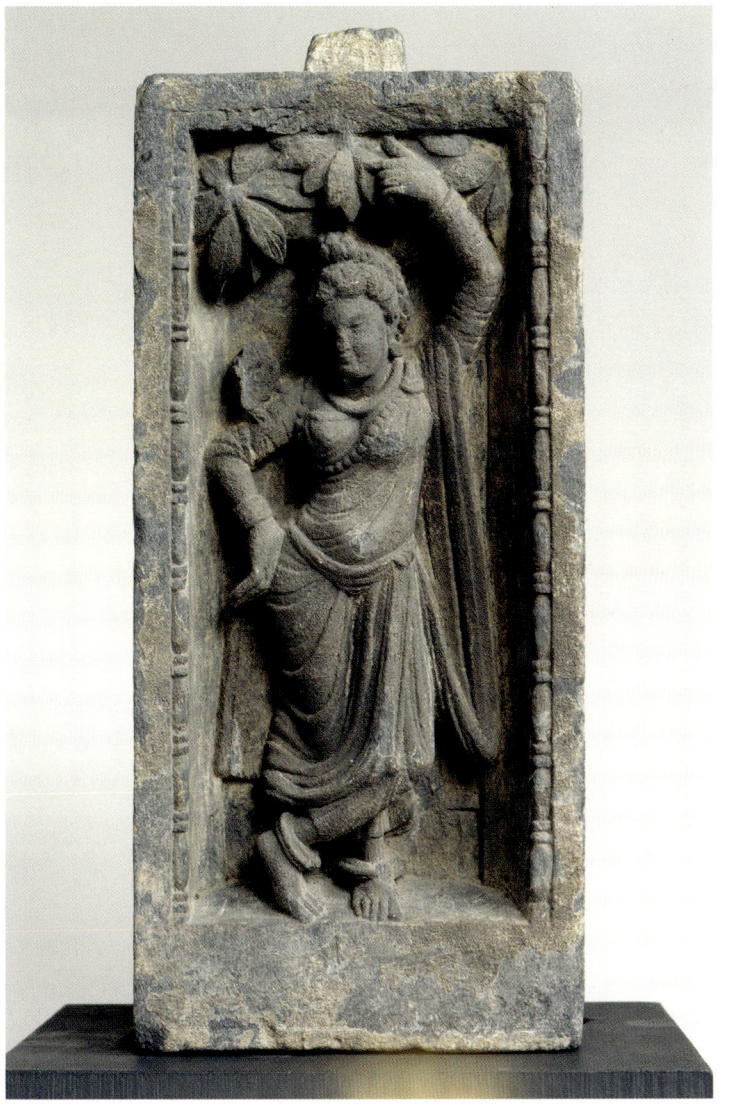
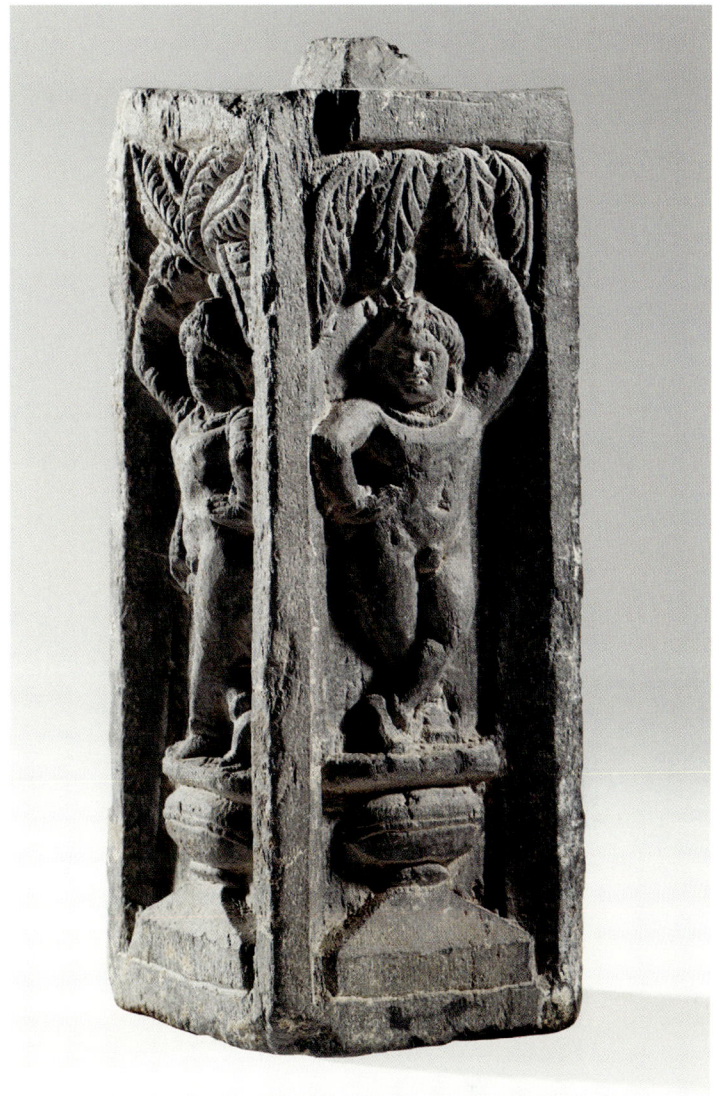

Kat. Nr. 342
Szenentrenner mit Frau unter einem Baum

Nordwestpakistan, 1.–3. Jh. n. Chr.
Schiefer, H. 39,1 cm, Br. 17,3 cm, T. 14 cm
Berlin, Museum für Asiatische Kunst SMB PK, Kunstsammlung Süd-, Südost- und Zentralasien, Inv. Nr. MIK I 54

In der Gandhara-Kunst wurden szenentrennende Rahmen mal mit Halbsäulen, mal mit Figuren untergeordneter Gottheiten und Genien gefüllt. Im letzteren Falle fanden indische und westliche Gestalten gleichermaßen Einlass. Die anmutig unter einem Baum stehende Schöne, die in das Blätterdach über ihrem Kopf greift, ist ein Glück verheißendes indisches Motiv mit der Idee, dass erotische Energie (anmutige Frau) und füllhornhafte vegetabile Fruchtbarkeit (sprießende Vegetation) einander bedingen. Schon die ältesten buddhistischen Heiligtümer Indiens waren mit Baum-Schönen als Segensverheißung für den Frommen geschmückt. Diese Gandhara-Version verrät westliche Überformung in der Bekleidung und durch Rahmung mit Perlstab.

Lit.: (Vergleichsstücke) Zwalf 1996, Nr. 349–353. M.S.

Kat. Nr. 343
Szenentrenner mit Putten unter einem Baum

Nordwestpakistan, 1.–3. Jh. n. Chr.
Schiefer, H. 23 cm, Br. 8,5 cm, T. 8,5 cm
Berlin, Museum für Asiatische Kunst SMB PK, Kunstsammlung Süd-, Südost- und Zentralasien, Inv. Nr. MIK I 498

In den Figuren dieses Szenentrenners, der einst die Ecke eines buddhistischen Monumentes geziert haben muss, ließen die Bildschöpfer Gandharas indische und westliche Konzeptionen zu gleichen Teilen ineinanderfließen: Anmutig posieren zwei puttenartige Gestalten, ganz offensichtlich abgeleitet von westlichen Eroten, jedoch mit indischen Arm- und Fußreifen ausgestattet, in der angestammten Haltung indischer Baum-Schönen unter einem Blätterdach, in dessen Zweige sie greifen. Dabei stehen sie auf „Vasen des Überflusses", die ebenfalls aus der indischen Tradition herrühren. Erotenhafte Gestalten begegnen im Baudekor Gandharas – vielfach variiert – noch in allerlei anderen Zusammenhängen.

Lit.: (Vergleichsstücke) Zwalf 1996, Nr. 454. M.S.

BUDDHISTISCHE KUNST IN BAKTRIEN UND GANDHARA

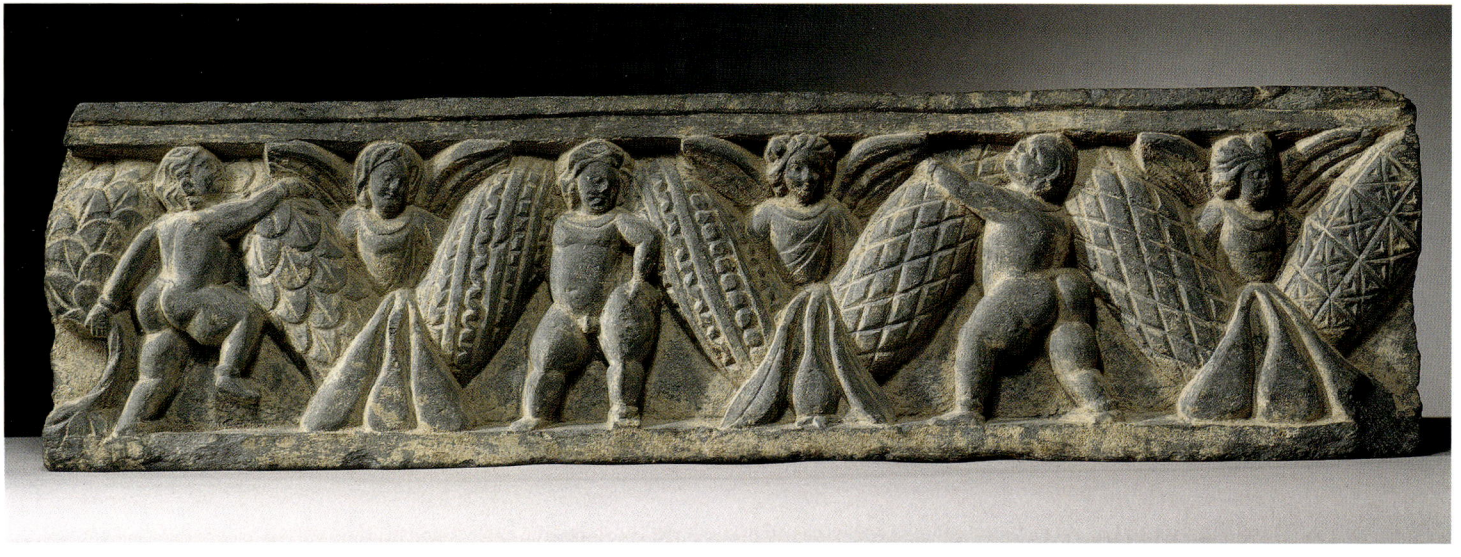

Kat. Nr. 344
Girlandenfries

Nordwestpakistan, 1.–3. Jh. n. Chr.
Schiefer, H. 13,5 cm, Br. 52 cm, T. 7 cm
Berlin, Museum für Asiatische Kunst SMB PK, Kunstsammlung Süd-, Südost- und Zentralasien, Inv. Nr. MIK I 207

Die von Eroten getragene Girlande findet sich auf vielen Kunstwerken der Antike des Mittelmeerraums, v.a. in der Sepulkralkunst. Da Girlanden der buddhistischen Überlieferung nach aber von jeher auch zu den Gaben gehören, die der Gläubige am *Stupa* (Reliquienmonument) feierlich darzubringen hat, lag es in der Gandhara-Kunst nahe, das Motiv der von Eroten getragenen Girlande mit in den Dekor dieser buddhistischen Heiligtümer aufzunehmen. Anders als in der römischen Sarkophagkunst sind die oberen Girlandenbögen in Gandhara nicht mit Schleifen ‚abgebunden'. In die unteren Girlandenbögen sind häufig typisch südasiatische Pflanzen, z.B. Lotosknospen, gelegt.

Lit.: AK Cambridge 1992, Kat. Nr. 132; (Vergleichsstücke) Zwalf 1996, Nr. 414 ff.
M.S.

Kat. Nr. 345
Girlandenfries mit buddhistischer Verehrungsgruppe

Nordwestpakistan, 1.–3. Jh. n. Chr.
Schiefer, H. 10 cm, Br. 41 cm, T. 6,5 cm
Berlin, Museum für Asiatische Kunst SMB PK, Kunstsammlung Süd-, Südost- und Zentralasien, Inv. Nr. MIK I 250

Die Verehrungsszene am rechten Rand dieses Frieses bindet das links gezeigte, so westlich anmutende Motiv der von Eroten getragenen Girlande nun ganz in buddhistische Sphären ein: Die dreifigurige Gruppe zeigt den Buddha in Meditationshaltung sitzend, während zwei Männer mit zusammengelegten Händen, der indischen Verehrungsgeste, sich ihm demütig nähern. Die von links kommenden, Girlanden tragenden Eroten des Frieses wenden sich nun aber auch alle zum Buddha hin und erscheinen so fast wie ein sich anschließender Zug weiterer Verehrer. Durch diesen Kunstgriff wurden das westliche Motiv und die buddhistische Szene kompositorisch zu einer Einheit verschmolzen.

Lit.: AK Cambridge 1992, Kat. Nr. 132; (Vergleichsstücke) Zwalf 1996, Nr. 414 ff.
M.S.

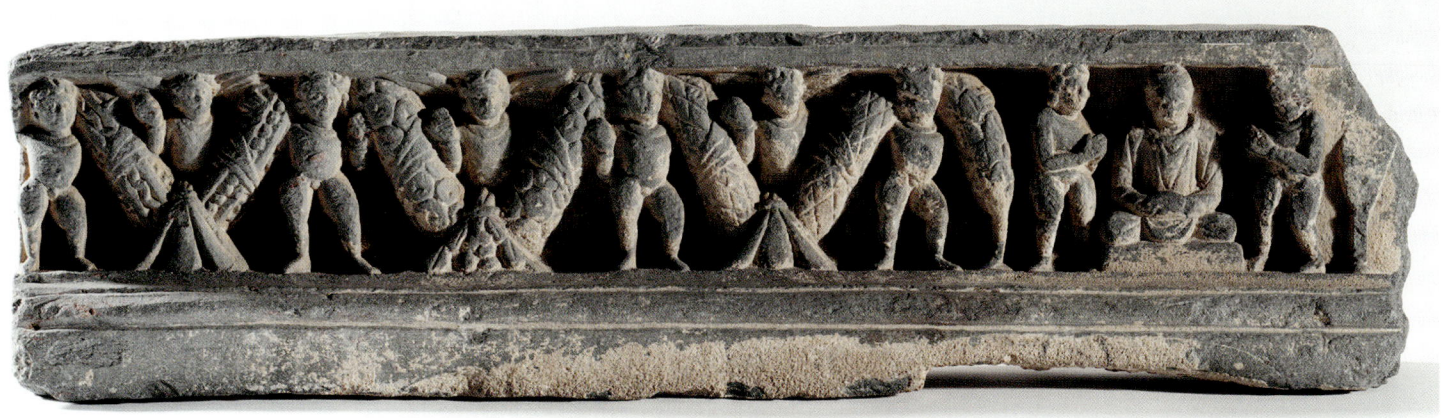

Architektur in buddhistischen Heiligtümern

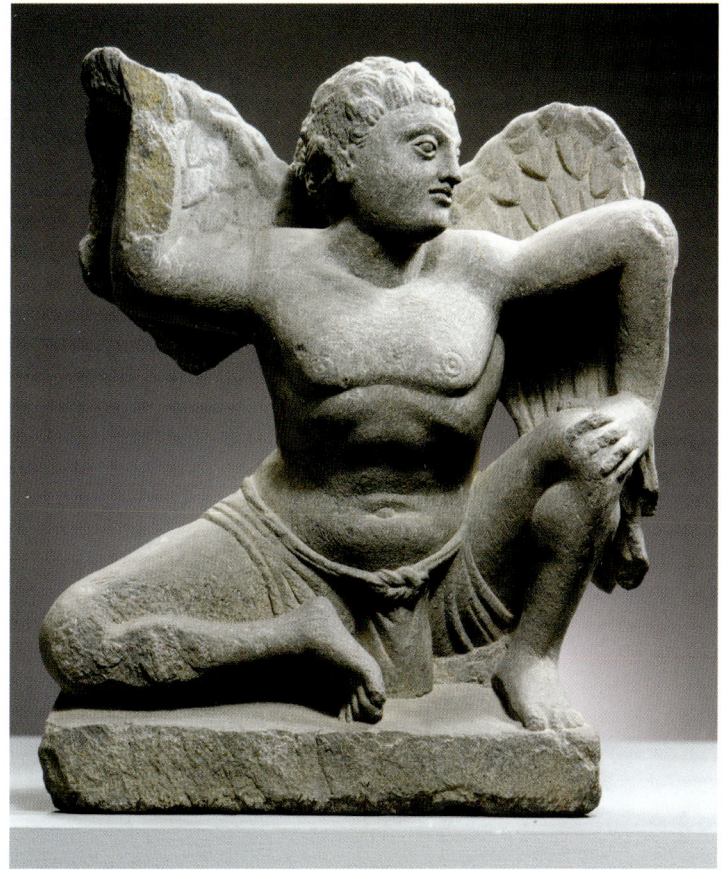

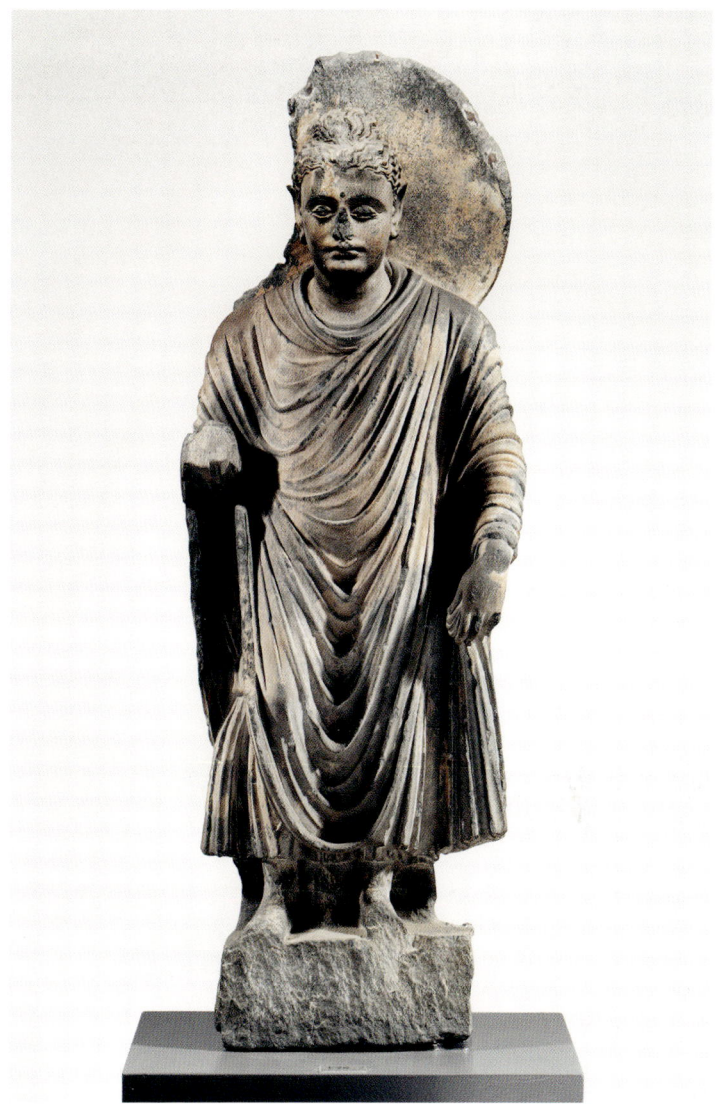

Kat. Nr. 346
Männliche Stützfigur

Nordwestpakistan, 1.–3. Jh. n. Chr.
Schiefer, H. 21,5 cm, Br. 18,2 cm, T. 6 cm
Berlin, Museum für Asiatische Kunst, Kunstsammlung Süd-, Südost- und Zentralasien, Inv. Nr. MIK I 83

Hockende oder kniende, fast nackte männliche Gestalten mit dezidiert muskulösen Oberkörpern und Armen begegnen in der Gandhara-Kunst vielfach als Stützfiguren. Sie schultern wichtige Symbole, z.B. das Rad der buddhistischen Lehre, oder sie balancieren – variantenreich in einer horizontalen Reihe aufgestellt – gewisse architektonische Register buddhistischer Kultbauten. Aufgrund ihrer Ähnlichkeit mit den mythischen Stützfiguren der westlichen ‚Alten' Welt ist man versucht, sie *Atlanten* zu nennen. Doch unterscheiden sich Gandhara-,Atlanten' auch systematisch von ihren westlichen Gegenstücken: Sie haben wohl nie beide Arme erhoben, stattdessen sind sie meist geflügelt und tragen immer einen Lendenschurz.

Lit.: Czuma 1985, Nr. 97ff.; AK Cambridge 1992, Kat. Nr. 125; (Vergleichsstücke) Zwalf 1996, Nr. 355ff. M.S.

Kat. Nr. 347
Buddha-Statue

Nordwestpakistan, 2.–3. Jh. n. Chr.
Schiefer, H. 87 cm, Br. 31 cm, T. 14,5 cm
Berlin, Museum für Asiatische Kunst SMB PK, Kunstsammlung Süd-, Südost- und Zentralasien, Inv. Nr. MIK I 215

Erst mehrere Jahrhunderte nach dem historischen Buddha entsteht in Indien um die Zeitenwende das menschengestaltige Buddhabild. Es zeigt den Buddha als schmucklosen Mönch mit haarknotenförmigem Schädelauswuchs auf dem Kopf (*ushnisha*) und einer Haarflocke auf der Stirn (*urna*). Die langgezogenen Ohrläppchen, die abgelegter Ohrschmuck hinterlassen hat, sind Zeichen seiner Weltentsagung. Der Nimbus verweist auf seine Heiligkeit. Im ebenmäßigen Antlitz des Buddhabildes von Gandhara klingt die idealtypische, zeitlose Schönheit mittelmeerisch-antiker Götterskulpturen nach. Die Gestaltung der Mönchsrobe erinnert in gewissen Zügen an römische *Togati*.

Lit.: Czuma 1985, Nr. 107f.; AK Cambridge 1992, Kat. Nr. 201f.; (Vergleichsstücke) Zwalf 1996, Nr. 1ff. M.S.

BUDDHISTISCHE KUNST IN BAKTRIEN UND GANDHARA

Erzählende Szenen in buddhistischen Heiligtümern

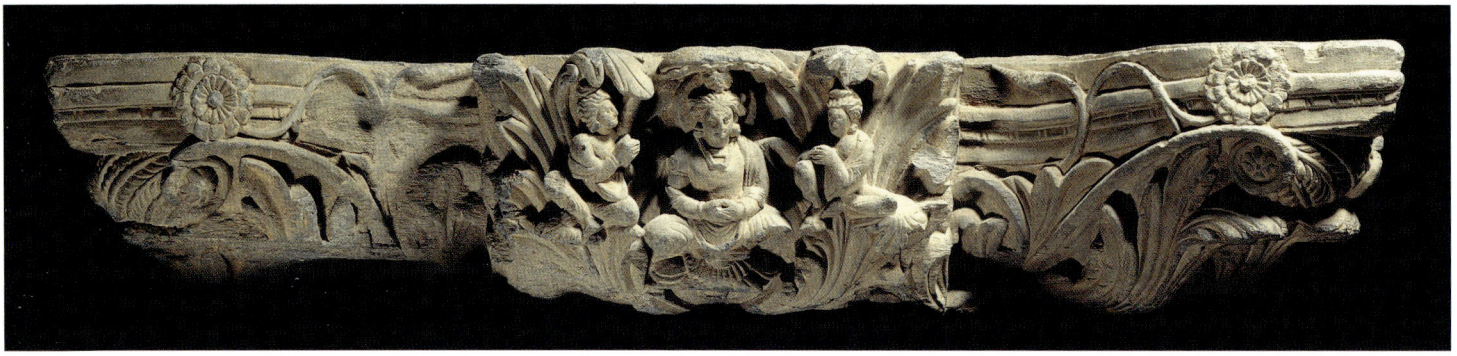

Kat. Nr. 348
Figuralkapitell mit buddhistischer Gruppe

Nordwestpakistan, 1.–3. Jh. n. Chr.
Schiefer, H. 13,6 cm, Br. 69,7 cm, T. 23 cm
Berlin, Museum für Asiatische Kunst SMB PK, Kunstsammlung Süd-, Südost- und Zentralasiens, Inv. Nr. MIK I 71

Die Säulenbekrönungen der Gandhara-Kunst haben ganz offensichtlich korinthische Kapitele der westlich-antiken Kunsttradition zum Vorbild. Stilistisch wie inhaltlich wurden sie jedoch dem neuen indisch-buddhistischen Kontext angepasst.
Dieses prachtvolle Figuralkapitell birgt in seinem aus Akanthuslaub geformten Blätterkelch ein buddhistisches Andachtsbild: Zwei Verehrer wenden sich hingebungsvoll einem meditierenden *Bodhisattva* zu. Ein Bodhisattva ist ein zur Erleuchtung (*bodhi*) befähigtes Wesen, das seine Erlösung zum Wohl anderer Wesen aufschiebt. Ikonographisch zeigt er zwar gewisse Merkmale eines Buddha, doch unterscheidet er sich von jenem durch reichen Körperschmuck.

Lit.: AK Cambridge 1992, Kat. Nr. 203; (Vergleichsstücke) Zwalf 1996, Nr. 456f.
M.S.

Kat. Nr. 349
Zwei Szenen aus dem Leben des Buddha

Nordwestpakistan, 1.–3. Jh. n. Chr.
Schiefer, H. 24,5 cm, Br. 73 cm, T. 6 cm
Berlin, Museum für Asiatische Kunst SMB PK, Kunstsammlung Süd-, Südost- und Zentralasiens, Inv. Nr. MIK I 5893

Die Gandhara-Kunst zeichnet sich durch enorme Freude am Narrativen aus. Besonders beliebt waren Bilderzählungen zum Leben des Buddha: Zahlreiche kleinformatige Reliefs bebildern den an Wundern reichen Heilsweg des Religionsstifters, Episode für Episode, quasi von der Wiege bis zur Bahre. Einem Bildgürtel gleich waren solche mehrszenigen Bildfriese um den Sockel buddhistischer *Stupas* (Reliquienmonumente) angebracht, so dass Gläubige die Erzählung bei der vorgeschriebenen rituellen Umwandlung des Stupa im Uhrzeigersinn von rechts nach links ablesen konnten. In zwei Szenen ist der Buddha hier ins Zentrum eines Bildes gesetzt, die Hand in der für ihn typischen „Geste der Furchtlosigkeit" erhoben. Zahllose Motive der narrativen Friese wurden westlichem Motivrepertoire entnommen, jedoch an das indische Umfeld angepasst.

Lit.: Czuma 1985, Nr. 101ff.; (Vergleichsstücke) Zwalf 1996, Nr. 141ff. M.S.

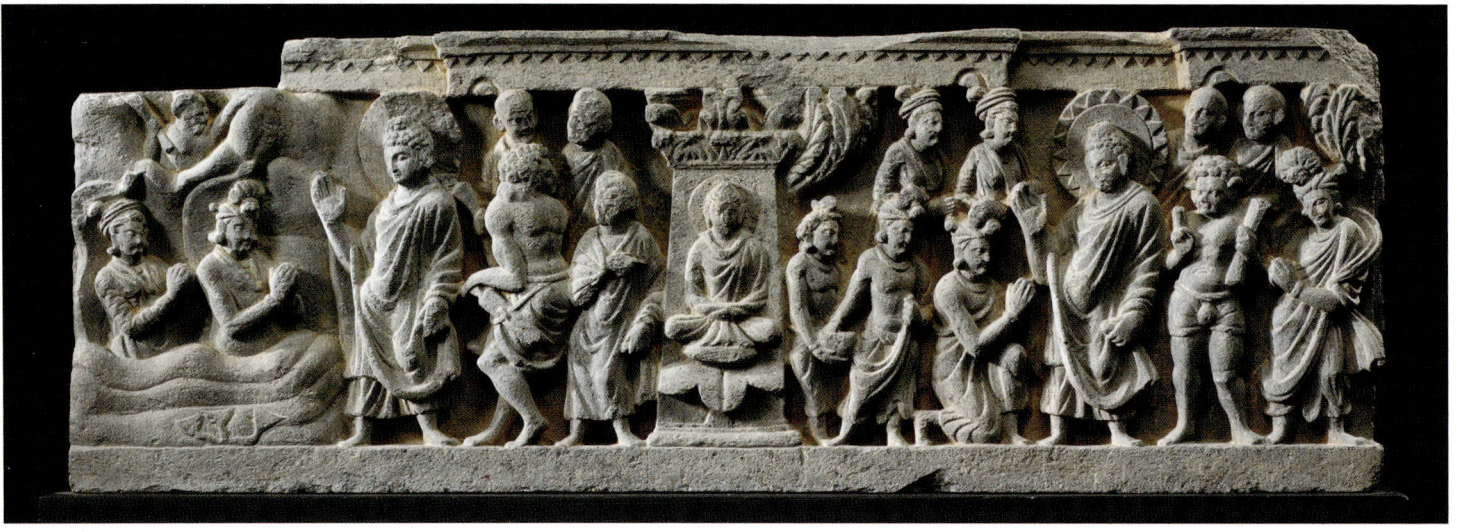

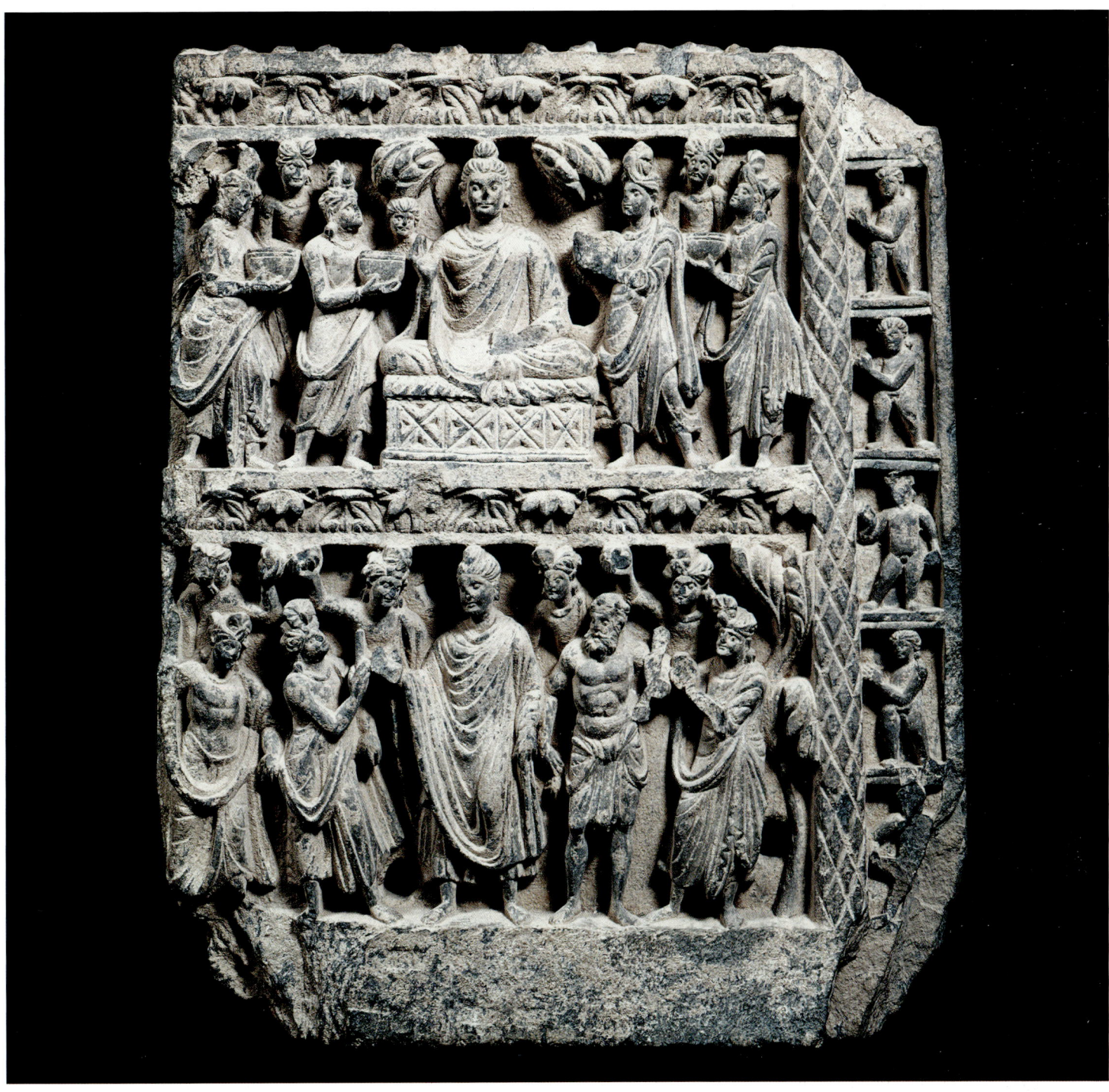

Kat. Nr. 350
Fassaden-Relief mit Szenen aus dem Leben des Buddha

Wohl 3. Jh. n. Chr.
Stein, H. 48,5 cm, Br. 40 cm
Rom, Museo Nazionale d'Arte Orientale „Giuseppe Tucci", Inv. Nr. 430

Im oberen Abschnitt bringen Maharadschas – auch als die vier Weltenhüter *(lokapala)* interpretiert – Almosenschalen dar. Der Erleuchtete nimmt alle mit der Geste des „Fürchtet Euch nicht!" freundlich entgegen und sie verschmelzen in seiner Hand zu einer einzigen. Im unteren Abschnitt kommt Buddha als Wanderprediger in einen Hain, wo ein skeptischer Brahmane ihn mit einem etwa 5 m langen Bambus zu messen versucht. Buddha aber ist der Legende nach stets größer als die Messlatte. Da diese hier fehlt, bleibt die Deutung der Szene unsicher. Hinter Buddha steht Vajrapani („Halter des Donnerkeils"), der Beschützer seiner Lehre, dargestellt wie ein Herakles. Rechts bezeugen Eroten ihren Respekt. Den Rahmen zieren eine Girlande und Akanthusblatt-Friese.

Lit.: Foucher 1905–51, 415–419 Abb. 208b. 210, 521–523 Abb. 251b. 256c; Bussagli 1953, Taf. 28; Bussagli 1958, 82f. Kat. Nr. 50; Bussagli 1965, Taf. 12; Taddei 1970, Taf. 66; Ackermann 1975, 99–101 Taf. 35; Zwalf 1996, I 172. 176 Nr. 189–192, II Taf. 116–117; Stoye 2008, 195 Kat. Nr. 164.   H. B.

BUDDHISTISCHE KUNST IN BAKTRIEN UND GANDHARA

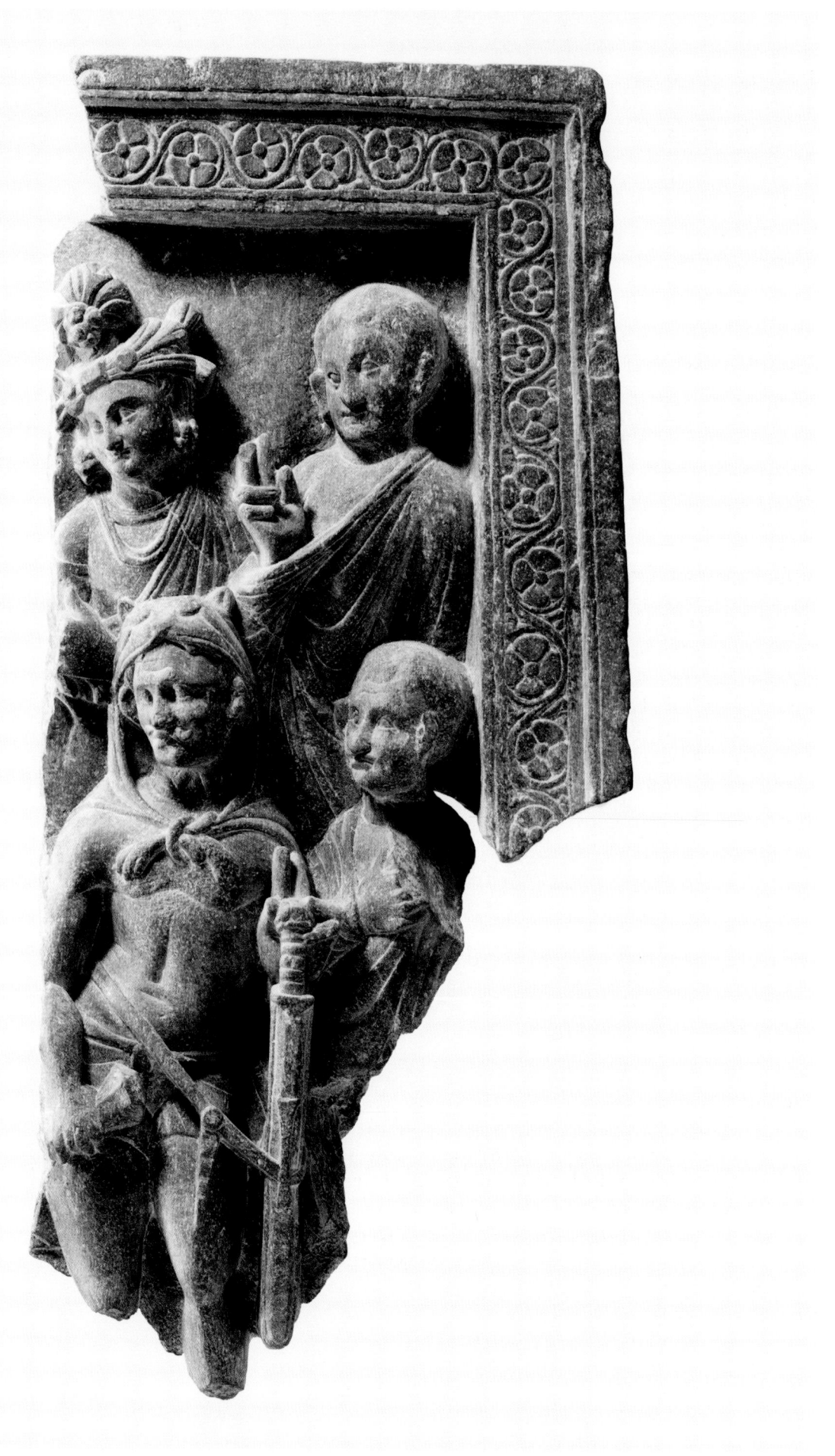

Stücke aus dem buddhistischen Heiligtum Hadda

Kat. Nr. 351
Reliefplattenfragment mit Vajrapani und Begleitfiguren

Gandhara, 2.–3. Jh. n. Chr.
Schiefer, H. 54 cm, Br. 25 cm, T. 7,5 cm
London, British Museum, Department of Asia, Inv. Nr. 1970, 0718.1

Im Zentrum dieses Reliefplattenfragments steht (unten links) Vajrapani, der nur mit einem kurzen Lendentuch und einen Löwenfell, dessen Vordertatzen unter seinem Hals verknotet sind, bekleidet ist. Kinn und Wangen sind betont modelliert und er trägt einen Schnurrbart. Sein Kopf wendet sich zur Mitte der Platte, wo Buddha zu vermuten ist. Rechts neben ihm stehen zwei Mönche mit ähnlichen, aber weicher modellierten Gesichtszügen. Oberhalb von Vajrapani befindet sich eine Figur mit Turban.

Das Relief gehörte ursprünglich zu einer größeren Platte, die aller Wahrscheinlichkeit nach im Zentrum eine Buddhafigur und den Bodhisattva Padmapani auf der gegenüberliegenden Seite zeigte. Der von zwei Bodhisattvas flankierte Buddha war seit der Frühzeit der buddhistischen Plastik eine übliche Bildkomposition.

Die Darstellung des Vajrapani zeigt, dass seine Ikonographie – zumindest im antiken Gandhara – zum Teil von Herakles abgeleitet war, der häufig ein gleichermaßen drapiertes Löwenfell trägt. Es erinnert an den Sieg des Helden über den Nemeischen Löwen. In Kleinasien war die Verehrung des Herakles als Held und Retter in den ersten Jahrhunderten unseres Zeitalters weit verbreitet. Als großer Kämpfer, der nichtsdestotrotz die Nöte des Menschen kannte, ließ Herakles sich leicht in den Mahayana-Buddhismus integrieren. Dieses Relief ist nicht nur als ein Zeugnis religiöser Entwicklung interessant, sondern reflektiert auch das wohl bekannte kunstgeschichtliche Phänomen, dass Bilder zunächst ihre Bedeutung und dann erst ihr Erscheinungsbild verändern.

Lit.: Flood 1989, 17, Abb. 1; AK Cambridge 1992, 132 Kat. Nr. 134.   M.W.

Kat. Nr. 352
Figur mit Wassergefäß

Afghanistan, Hadda, Kloster von Tapa-Kalan, 3.–4. Jh. n. Chr.
Gipsstuck, H. 29 cm
Paris, Musée national des Arts Asiatiques-Guimet, Inv. Nr. MG 19165

Das schlanke Bildnis von lieblicher Anmut und mit geziertem Gesichtsausdruck stammt aus einer Grabung von Foucher und Godard in Hadda 1923. Es schmückte im Kloster von Tapa-Kalan einen der zahlreichen *Stupas*. Da die Figur ein Wassergefäß hält, handelt es sich zweifellos um einen buddhistischen Helfer und weniger um eine bestimmte Person. Foucher sah in ihm den Typus des brahmanischen Novizen. Die etwas rundliche Figur erinnert an die griechischen Tanagra-Statuetten. Sie ist ein Zeugnis der Schule von Hadda, zu einer Zeit, als diese das hellenisierende Vorbild in beinahe industrieller Fertigung aufnimmt und so die außerordentliche Lebendigkeit des Ortes belegt. Man denke an die Zahl der den Hof des Hauptstupas füllenden Votivstupas, die zusammen mit ihren Tausenden von Stuckfiguren im griechisch-afghanischen Typus 1927 von Barthoux ausgegraben wurden.

Lit.: AK Lattes 2008.   P.C.

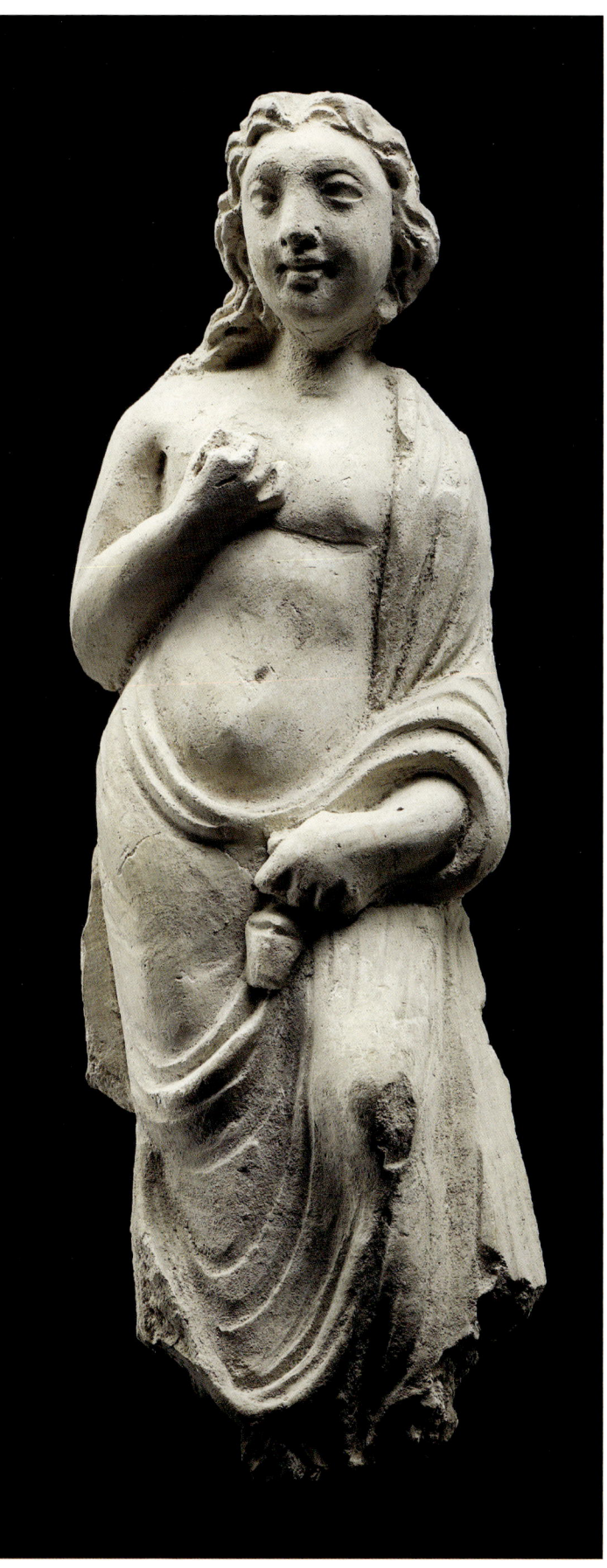

BUDDHISTISCHE KUNST IN BAKTRIEN UND GANDHARA

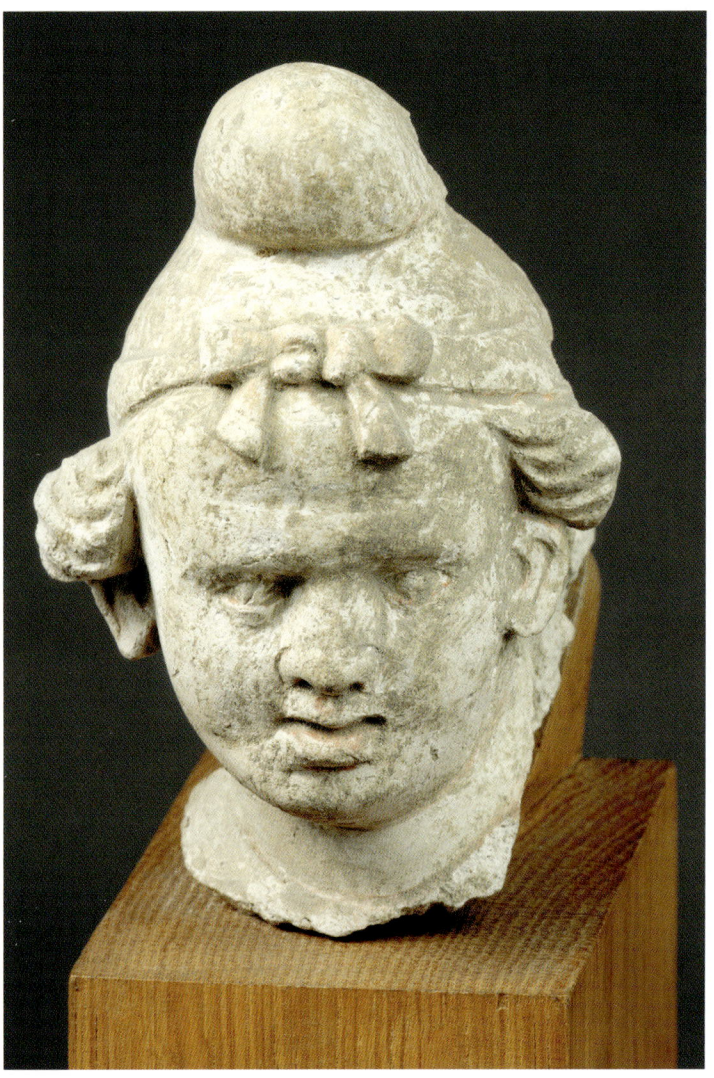

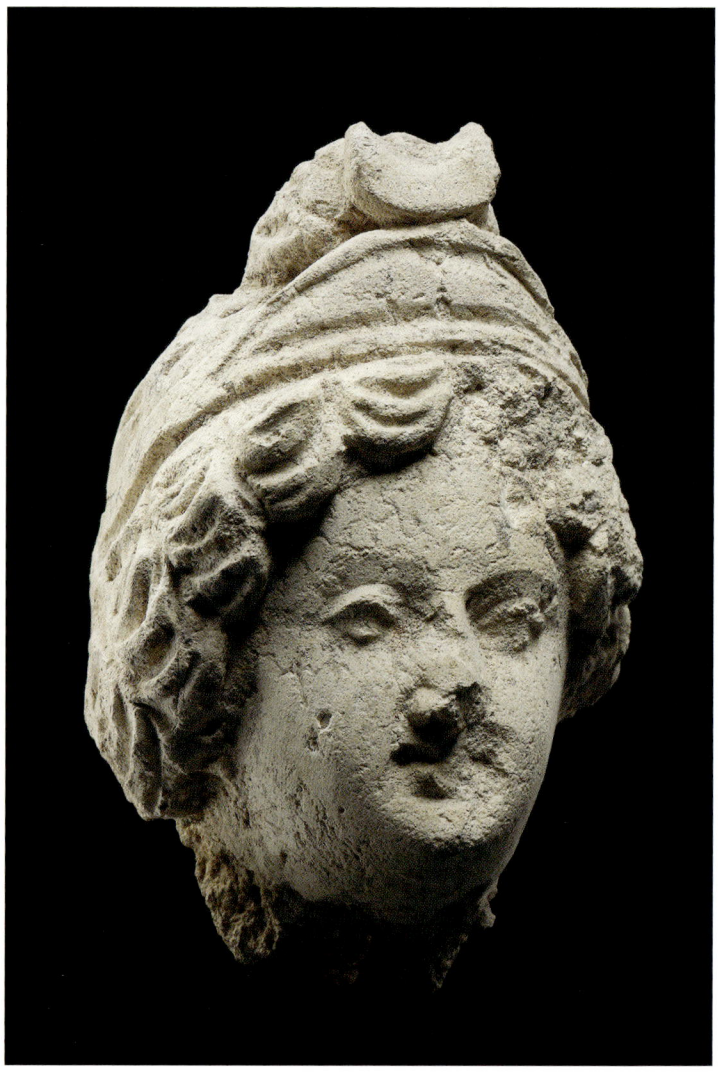

Kat. Nr. 353
Kopf mit phrygischer Mütze

Afghanistan, Hadda, Kloster von Tapa-i-Kafariha, Stupa K 1, 3.–4. Jh. n. Chr.
Gipsstuck, Spuren von Bemalung, H. 12 cm
Paris, Musée national des Arts Asiatiques-Guimet, Inv. Nr. MG 17357

Der Knabenkopf mit der phrygischen Mütze erinnert sehr stark an den Typus der Girlandenträger, die um den *Stupa* von Miran herum gemalt sind und von Aurel Stein kurz nach 1900 bei Khotan entdeckt wurden. Die Ähnlichkeit besteht in der gemeinsamen Bildsprache und in der gleichen Anleihe aus der hellenistischen Welt. Mangels einer genauen Chronologie sollte man eine Verbindung der gesamten Gruppe mit der Entwicklung der typischen Formensprache der buddhistischen Klöster sehen. Die Klöster, seien sie griechisch-buddhistisch oder laut Foucher auch „serindisch", lehnen sich an die griechisch-iranischen Werkstätten der Partherzeit an. Die phrygische Mütze ist auch die übliche Kopfbedeckung des in der iranischen Welt verehrten Lichtgottes Mithras.

Lit.: AK Lattes 2008. P.C.

Kat. Nr. 354
Frauenkopf mit Mondsicheldiadem

Afghanistan, Hadda, Kloster von Tapa-i-Kafariha, 3.–4. Jh. n. Chr.
Gipsstuck, H. 13 cm
Paris, Musée national des Arts Asiatiques-Guimet, Inv. Nr. MG 17365

Der weibliche Kopf trägt auf dem Haar ein von einer Mondsichel bekröntes Diadem. Mit dem schmollenden Gesichtsausdruck gehört er zu den zahllosen westlich beeinflussten Figuren im Gefolge Buddhas, die zum Erfolg der Schule von Hadda beitrugen. Auch wenn in Ermangelung einer Inschrift die Benennung schwierig ist, vermischt sich hier sehr wahrscheinlich der Symbolismus des Orients mit dem Griechenlands. Hier ist an eine in die parthische Zeit gehörende Odaliske aus Alabaster zu denken, die sich im Louvre befindet und deren Frisur mit einer schönen Mondsichel geschmückt ist: nach Pierre Amiet „eine Spätform der großen Göttin aus Babylon, deren Aussehen einen starken hellenistischen Einfluss verrät". Die hier Dargestellte ist jedoch vielleicht eher eine einfache Spenderin als eine genau zu benennende Gottheit, die entweder an die babylonische Ischtar oder auch an die griechische Artemis erinnert.

Lit.: AK Lattes 2008. P.C.

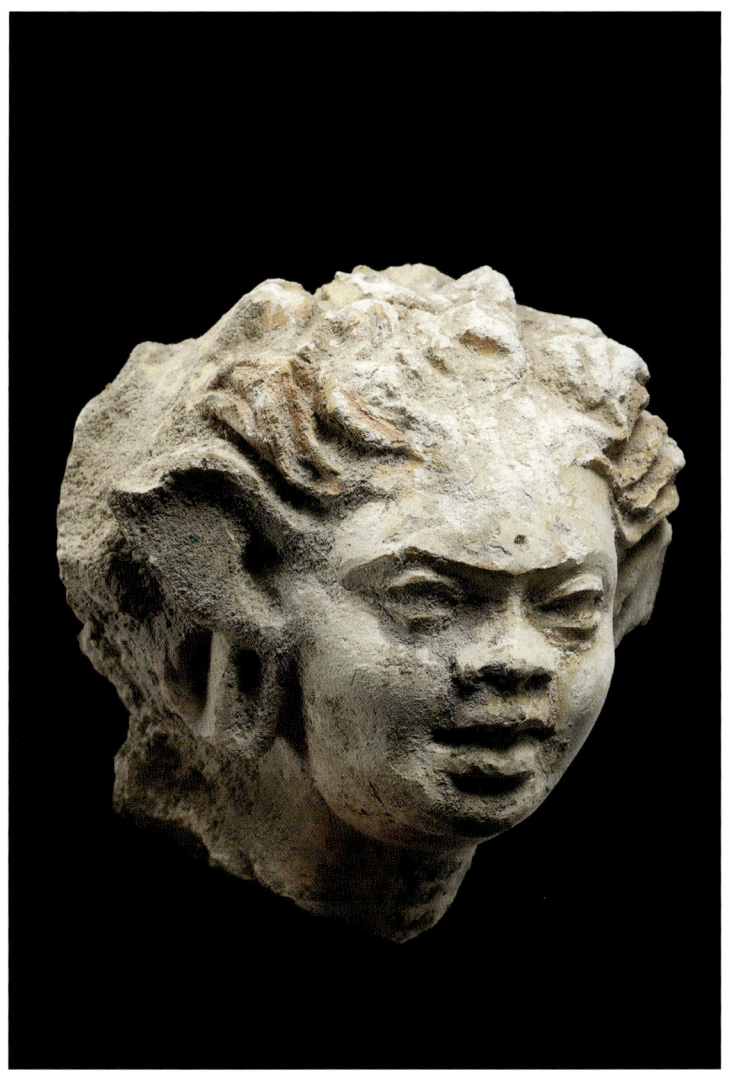

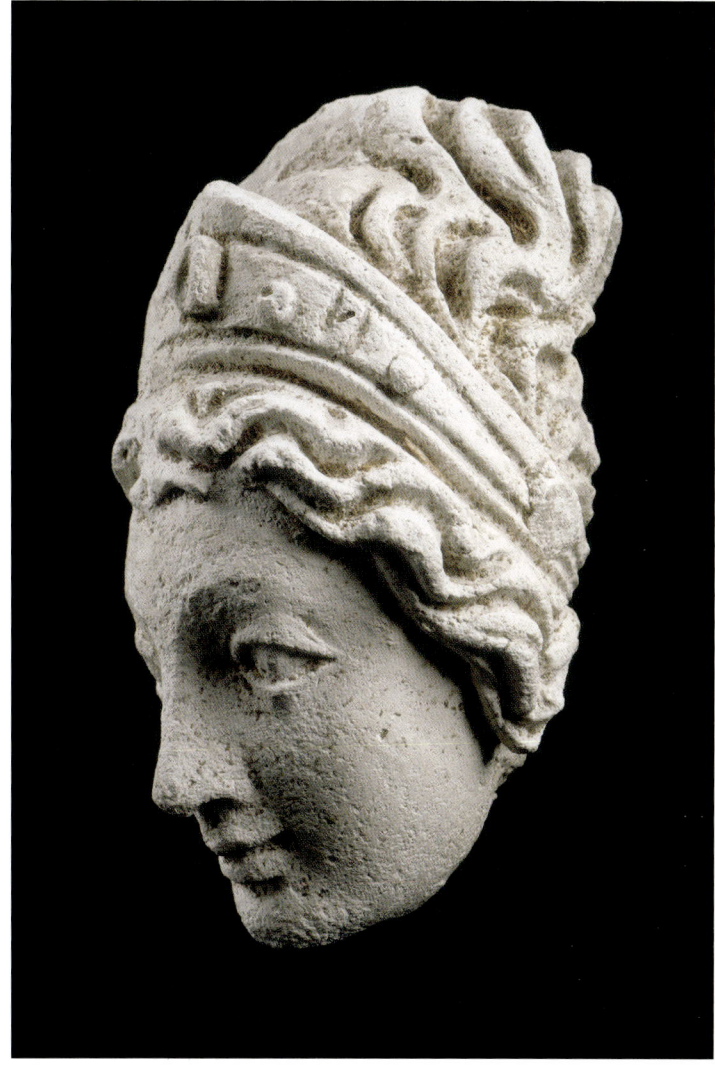

Kat. Nr. 355
Köpfchen

Afghanistan, Hadda, Kloster von Tapa-Kalan, Stupa TK 70, 3.–4. Jh. n. Chr.
Gipsstuck mit Spuren von polychromer Bemalung, H. 7 cm
Paris, Musée national des Arts Asiatiques-Guimet, Inv. Nr. MG 17132

Das nur wenige Zentimeter große, erstaunlich lebendige Köpfchen belegt die außerordentliche Meisterhaftigkeit der Stuckkünstler von Hadda. Jeder Kopf ist für sich selbst gestaltet und die Anhänger Buddhas geben die Gläubigen in zahlreichen Typen wieder, aber auch vermischt mit oft exotischen Gottheiten wie der Stadtgöttin oder dem Windgott. Die einfachen Trägerfiguren oder die Gruppe der Barbaren unterschiedlicher Herkunft überliefern eine deutlich westlich geprägte Vorstellungswelt, die vom Kanon der buddhistischen Figur weit entfernt ist. Er folgt vielmehr bestimmten Regeln und ist bereits sehr indisch. Die Statuetten sind hellenistisch beeinflusst und unterstreichen somit, dass die Schule der Stuckkunst in Hadda letztlich weit mehr als die Gandhara-Kunst graeco-buddhistisch ist.

Lit.: AK Lattes 2008. P.C.

Kat. Nr. 356
Frauenkopf mit Diadem

Afghanistan, Hadda, Kloster von Tapa-Kalan, Stupa TK 23, 3.–4. Jh. n. Chr.
Gipsstuck, H. 10,7 cm, Br. 6 cm, T. 5,6 cm
Paris, Musée national des Arts Asiatiques-Guimet, Inv. Nr. MG 17134

Der rein griechische Einfluss des Frauenkopfes mit dem klassisch eleganten Profil ist erstaunlich und stellt die Frage nach der Datierung der Stuckarbeiten von Hadda, die vom 1. bis zum 7. Jh. n. Chr. reichen. Muss man in diesem Kopf einer jungen Frau mit Diadem einen Nachhall der hellenistischen Zeit über beinahe acht Jahrhunderte sehen, als der Iran bereits sasanidisch war, oder auch als Begründung die bekannte Ansicht wiederholen, dass die Stuckarbeiten meist später als die Schieferplastik anzusetzen sind? Die Kunst von Hadda ist sicher von einer verwirrenden Vielseitigkeit. Aber das griechische Baktrien breitet sich auch im Süden des Hindukusch aus, um dort das indo-griechische Königreich zu etablieren, auf das die nach Apollonius von Tyana bewusst philhellenischen Indo-Parther zur Zeit des Königs Gondophares (ca. 20–50 n. Chr.) folgen.

Lit.: AK Paris 2002. P.C.

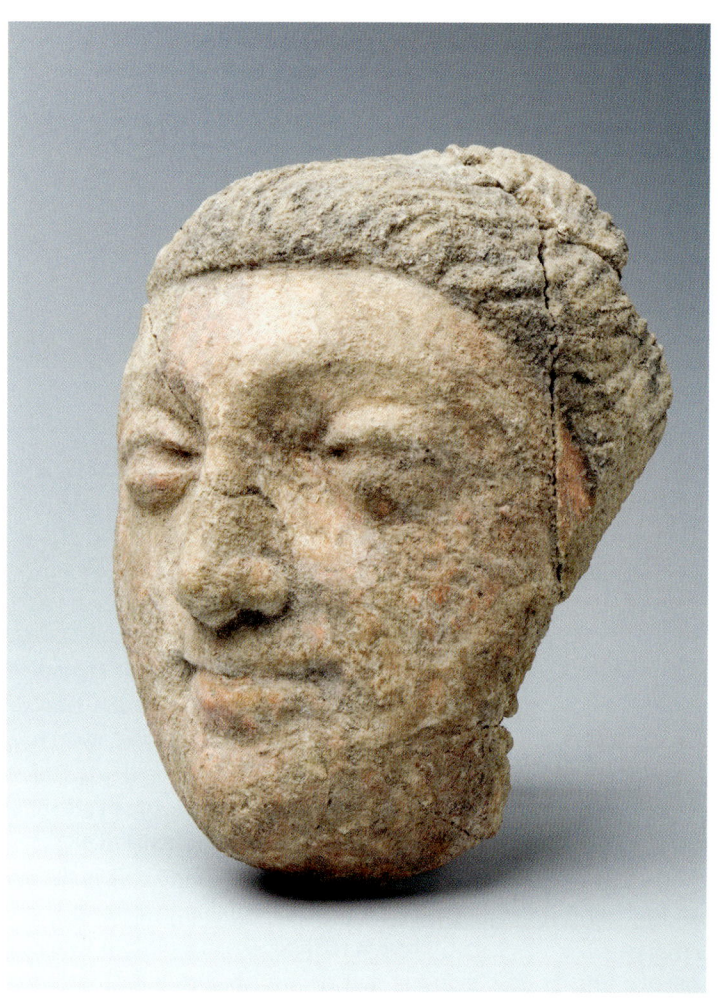 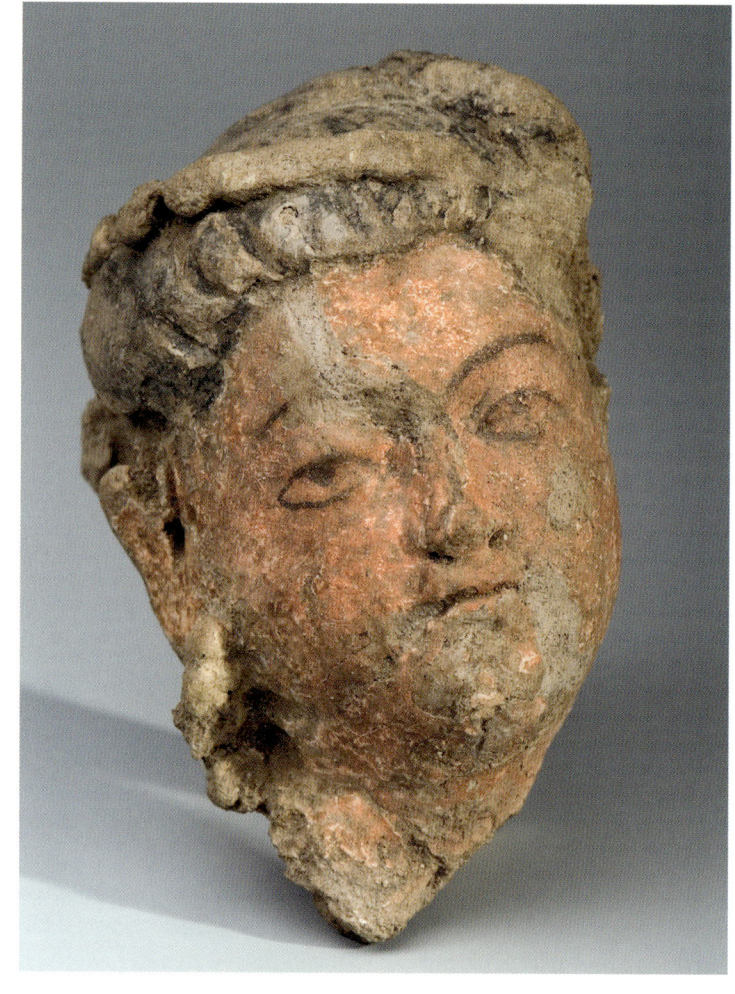

Kat. Nr. 360
Skulptur-Fragment: Kopf eines Stifters

Usbekistan, Kara-Tepe (Baktrien), 2.–3. Jh. n. Chr.
Ton, ungebrannt, mehrfarbige Bemalung, H. 12,5 cm, Br. 5 cm
Moskau, Staatliches Museum für die Kunst des Orients, Inv. Nr. 722 Kr-IV; 43746 kp

Das oval geformte Gesicht zeigt geschlossene Augenlider, die Lippen sind zu einem Lächeln verzogen. Die Haarsträhnen werden durch flach reliefierte Streifen wiedergegeben. Das Fehlen eindeutiger Merkmale sowie das charakteristische Lächeln legen eine Interpretation der Figur als Stifter nahe, eine Figur aus dem buddhistischen Pantheon. T.M.

Kat. Nr. 361
Skulptur-Fragment: Kopf eines Stifters

Usbekistan, Kara-Tepe (Baktrien), 2.–3. Jh. n. Chr.
Ton, ungebrannt, mehrfarbige Bemalung, H. 12 cm, Br. 6,5 cm
Moskau, Staatliches Museum für die Kunst des Orients, Inv. Nr. 723 Kr-IV; 43747 kp

Das Gesicht ist oval, die Augen sind durch ein nicht sehr hohes Relief herausgearbeitet, die Konturen schwarz gezeichnet. Die Darstellung der Pupillen (nach oben gerichtet) lässt darauf schließen, dass die Figur eine Position der Anbetung neben einer Buddha- (Bodhisattva-) Statue einnahm. Charakteristisch ist die Frisur, bei der die Haare am Scheitel zu einem Zopf zusammengefasst sind, der auf den Kopf gelegt und von einem Ornamentstreifen eingefasst ist. Die Frisur und die vermutete Pose der Figur deuten auf eine Person aus dem weltlichen Bereich, vermutlich einen Stifter. T.M.

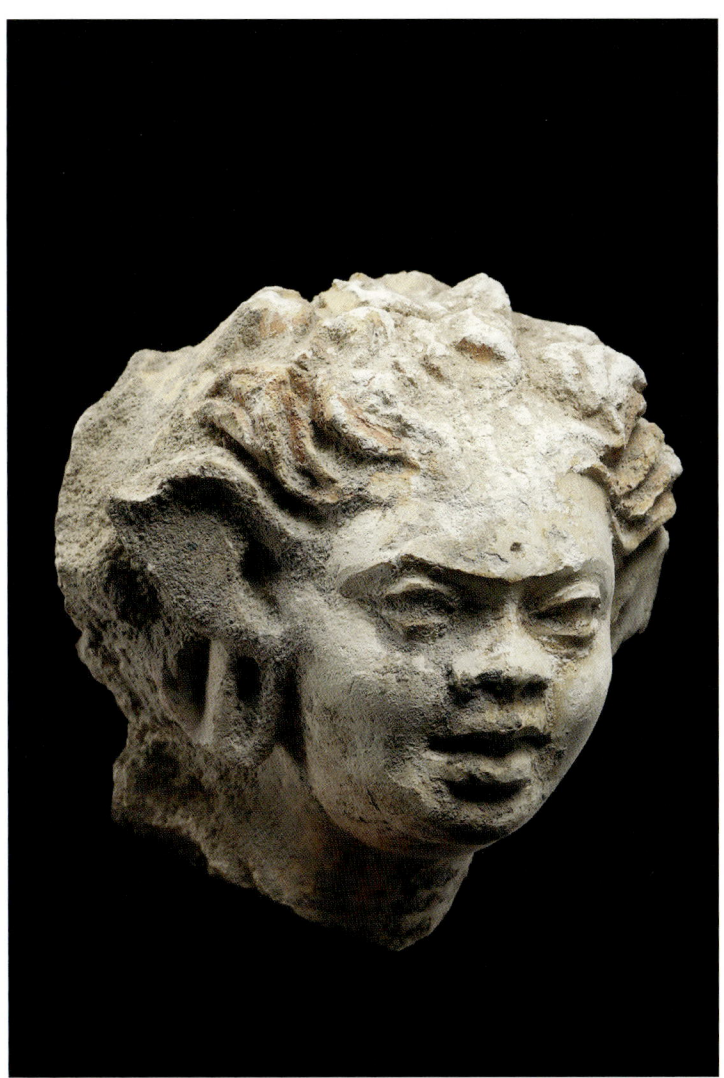 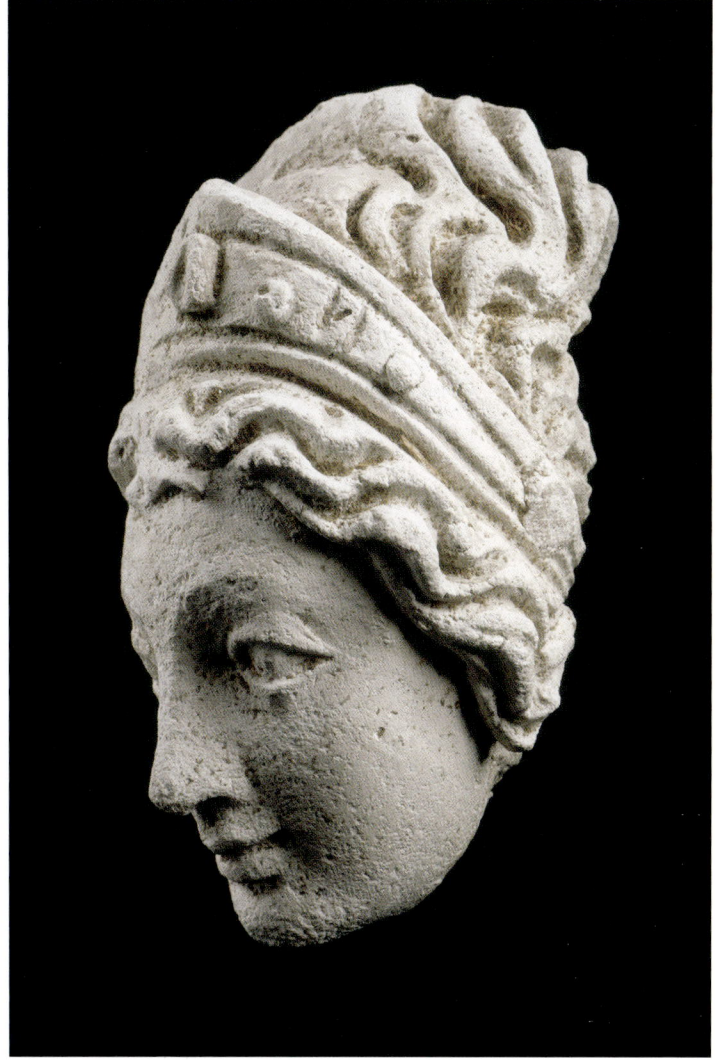

Kat. Nr. 355
Köpfchen

Afghanistan, Hadda, Kloster von Tapa-Kalan, Stupa TK 70, 3.–4. Jh. n. Chr.
Gipsstuck mit Spuren von polychromer Bemalung, H. 7 cm
Paris, Musée national des Arts Asiatiques-Guimet, Inv. Nr. MG 17132

Das nur wenige Zentimeter große, erstaunlich lebendige Köpfchen belegt die außerordentliche Meisterhaftigkeit der Stuckkünstler von Hadda. Jeder Kopf ist für sich selbst gestaltet und die Anhänger Buddhas geben die Gläubigen in zahlreichen Typen wieder, aber auch vermischt mit oft exotischen Gottheiten wie der Stadtgöttin oder dem Windgott. Die einfachen Trägerfiguren oder die Gruppe der Barbaren unterschiedlicher Herkunft überliefern eine deutlich westlich geprägte Vorstellungswelt, die vom Kanon der buddhistischen Figur weit entfernt ist. Er folgt vielmehr bestimmten Regeln und ist bereits sehr indisch. Die Statuetten sind hellenistisch beeinflusst und unterstreichen somit, dass die Schule der Stuckkunst in Hadda letztlich weit mehr als die Gandhara-Kunst graeco-buddhistisch ist.

Lit.: AK Lattes 2008.   P.C.

Kat. Nr. 356
Frauenkopf mit Diadem

Afghanistan, Hadda, Kloster von Tapa-Kalan, Stupa TK 23, 3.–4. Jh. n. Chr.
Gipsstuck, H. 10,7 cm, Br. 6 cm, T. 5,6 cm
Paris, Musée national des Arts Asiatiques-Guimet, Inv. Nr. MG 17134

Der rein griechische Einfluss des Frauenkopfes mit dem klassisch eleganten Profil ist erstaunlich und stellt die Frage nach der Datierung der Stuckarbeiten von Hadda, die vom 1. bis zum 7. Jh. n. Chr. reichen. Muss man in diesem Kopf einer jungen Frau mit Diadem einen Nachhall der hellenistischen Zeit über beinahe acht Jahrhunderte sehen, als der Iran bereits sasanidisch war, oder auch als Begründung die bekannte Ansicht wiederholen, dass die Stuckarbeiten meist später als die Schieferplastik anzusetzen sind? Die Kunst von Hadda ist sicher von einer verwirrenden Vielseitigkeit. Aber das griechische Baktrien breitet sich auch im Süden des Hindukusch aus, um dort das indo-griechische Königreich zu etablieren, auf das die nach Apollonius von Tyana bewusst philhellenischen Indo-Parther zur Zeit des Königs Gondophares (ca. 20–50 n. Chr.) folgen.

Lit.: AK Paris 2002.   P.C.

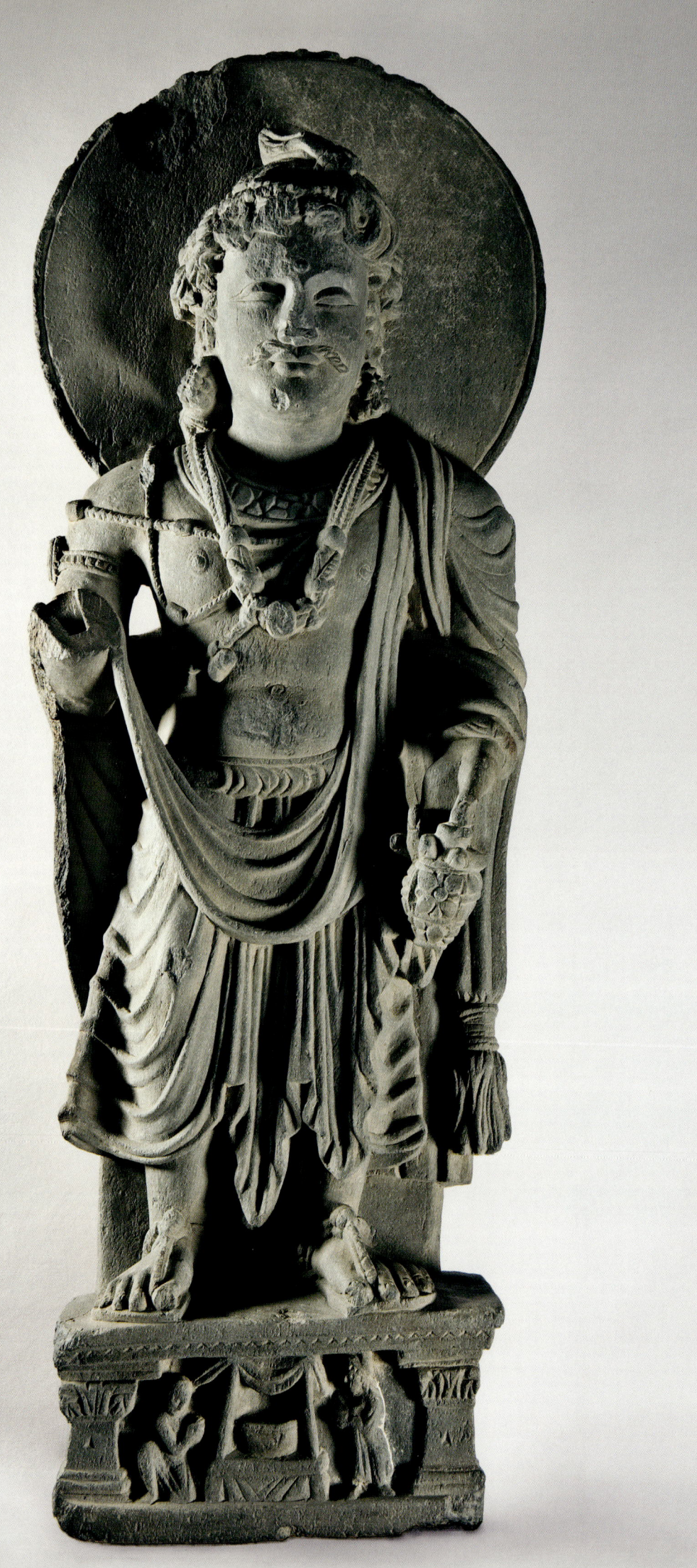

Kat. Nr. 357
Stehender Bodhisattva Maitreya mit großem Scheibennimbus

2.–3. Jh. n. Chr.
Schiefer, H. 58,5 cm
Mannheim, Reiss-Engelhorn-Museen/Museum Weltkulturen,
Inv. Nr. II As 5841

Die Figur aus einer Wandnische ist hinten grob zugearbeitet. Nach der strengen Lehre des Buddha müssen sich alle Lebewesen, wie er selbst, in vielen Wiedergeburten um ihre eigene Befreiung aus dem Kreislauf des Daseins bemühen, zuletzt als Menschen. Jahrhunderte nach Buddhas Tod begann man aber an vollendete Wesen zu glauben, die den Menschen auf ihrem Weg helfen. Dafür verzichten diese „Bodhisattvas" vorläufig darauf, selber als ein Buddha ins Nirvana einzugehen.

Der kommende Buddha Maitreya ist heute ein solcher Bodhisattva. Sein Schmuck soll verdeutlichen, dass er in unserer Welt präsent ist. Hier steht er mit beiden Beinen fest auf dem Boden. Minutiös wird seine kunstvolle Haartracht mit einem Kranz Wickellöckchen und hochgebundenen Strähnen abgebildet, ebenso sein gefälteltes Gewand, seine „westlichen" Sandalen und sein reicher Schmuck mit angehängten Amulettkapseln. Die früher angesetzte rechte Hand zeigte wahrscheinlich die Geste *(mudra)* des „Fürchtet Euch nicht!", die Linke hält ein verziertes Fläschchen mit Lebenswasser. Auf dem Sockel: Verehrung der Almosenschale, dem Symbol des Mönchstums.

Lit.: Marshall 1960, 102–103 Abb. 139–140; Bussagli 1965, Taf. 24; Mallebrein 1984, Nr. 19; Schmidt 1995; Zwalf 1996, I 42, 96–102 Nr. 50–61 II Taf. 37–43; AK Bonn 2008, Kat. Nr. 193; Luczanits 2008.　　　　H.B.

KARA-TEPE – BUDDHISMUS IN NORDBAKTRIEN

Kara-Tepe ist eine buddhistische Kultstätte im nordwestlichen Teil der antiken Stadt Alt-Termes (Süd-Usbekistan). Sie erstreckt sich über drei Hügel und nimmt eine Fläche von acht Hektar ein.

Die Stätte wurde von A. S. Strelkow 1928 bei einer archäologischen Expedition des Moskauer Orient-Museums unter der Leitung von B. P. Denike entdeckt. Die weiteren Untersuchungen zwischen 1961 und 1994 nahm eine archäologische Expedition vor, der Mitarbeiter aus verschiedenen Einrichtungen des Kulturministeriums der UdSSR (Staatliche Eremitage, Staatliches Orientmuseum, Staatliches Wissenschafts- und Forschungsinstitut für Restauration u. a.) angehörten und die von B. J. Stawiski geleitet wurde. Seit 1996 gräbt eine gemeinsame usbekisch-japanische Forschergruppe unter der Leitung von S. Pidajew und K. Kato in Kara-Tepe.

Bei der Fundstätte handelt es sich um einen Komplex buddhistischer Bauten, die zu unterschiedlichen Zeiten entstanden sind und die bereits seit den Grabungen Stawiskis jeweils als „Komplex" bezeichnet wurden. Numismatische Zeugnisse belegen einen Baubeginn unter König Vima Takto (zweite Hälfte des 1. Jhs. n. Chr.).

In Kara-Tepe begegnen zwei architektonische Formen: 1. freistehende Bauten, 2. Höhlenanlagen.

1. Die freistehenden Bauten liegen auf dem Nordhügel. Bei ihnen handelt es sich um Klöster, deren Mauern aus ungebrannten Ziegeln errichtet wurden und die den für die buddhistischen Klöster der Kuschanzeit traditionellen Grundriss zeigen.

2. Die Höhlenanlagen finden sich auf dem Süd- ebenso wie auf dem Westhügel und setzen sich aus oberirdischen Bauwerken (aus ungebrannten Ziegeln) sowie den eigentlichen Höhlenbauten zusammen. Sie sind den buddhistischen Höhlenanlagen in Westindien nachempfunden, zeigen jedoch einige Abweichungen in der Ausführung, die auf den Mangel an Erfahrung auf Seiten der lokalen Baumeister zurückgehen.

Während der Regierungszeit Kanischkas erlebte Kara-Tepe seine Blütezeit: Zu unterschiedlichen Zeiten entstandene Anlagen wurden nun parallel genutzt und bildeten ein großes buddhistisches Kultzentrum. Die Bauwerke in Kara-Tepe waren mit architektonischem Steindekor, mit Skulpturen aus Stein und Ton mit Stuck (Gantsch), aber auch mit ornamentaler oder narrativer Wandmalerei geschmückt.

Aus Kara-Tepe stammen diverse Inschriften, die in unterschiedlichen Schriften ausgeführt wurden, so in Kharoshthi und Brahmi, in baktrischer Schrift und mit unbekannten Zeichen. Epigraphische Zeugnisse zeigen, dass in Kara-Tepe Anhänger der Mahasamghika-Schule lebten. Die Inschriften belegen finanzielle Zuwendungen für die Anlagen in Kara-Tepe durch den kuschanzeitlichen Adel.

Am Ende des 3. Jhs. n. Chr. kam es nach dem Vordringen der Sasaniden nach Baktrien zu einem Machtwechsel in der Region. Die neuen Herrscher unterstützten den Buddhismus offenbar nicht mehr in der bisherigen Weise wie die Kuschanherrscher. Daraufhin ging die Zahl der buddhistischen Mönche in Kara-Tepe zurück, einige Anlagen wurden aufgegeben. Im 4.–6. Jh. n. Chr. bestatteten in den heruntergekommenen Bauten nunmehr die Einwohner von Alt-Termes ihre Toten gemäß dem Totenritual, das in der Region galt. Gleichzeitig wurde ein kleiner Teil der Anlagen bis zum 6. Jh. n. Chr. weiterhin von Buddhisten genutzt.

Im 7.–8. Jh. n. Chr. ging die Stätte allmählich unter. Die Bauten wurden zu einem Teil der drei Hügel, aber vermutlich waren einige Höhlen noch zugänglich. In einer von ihnen errichtete gegen Ende des 9. Jhs. oder zu Beginn des 10. Jhs. eine christliche Sekte ein Heiligtum.

Arabische Inschriften an den Wänden einiger Höhlen in Kara-Tepe zeigen, dass die aufgegebenen und halb verschütteten Höhlen in vormongolischer Zeit von unterschiedlichen Menschen aufgesucht wurden. Darüber hinaus zogen sich moslemische Einsiedler zum Fasten in sie zurück.

T.M.

KARA-TEPE – BUDDHISMUS IN NORDBAKTRIEN

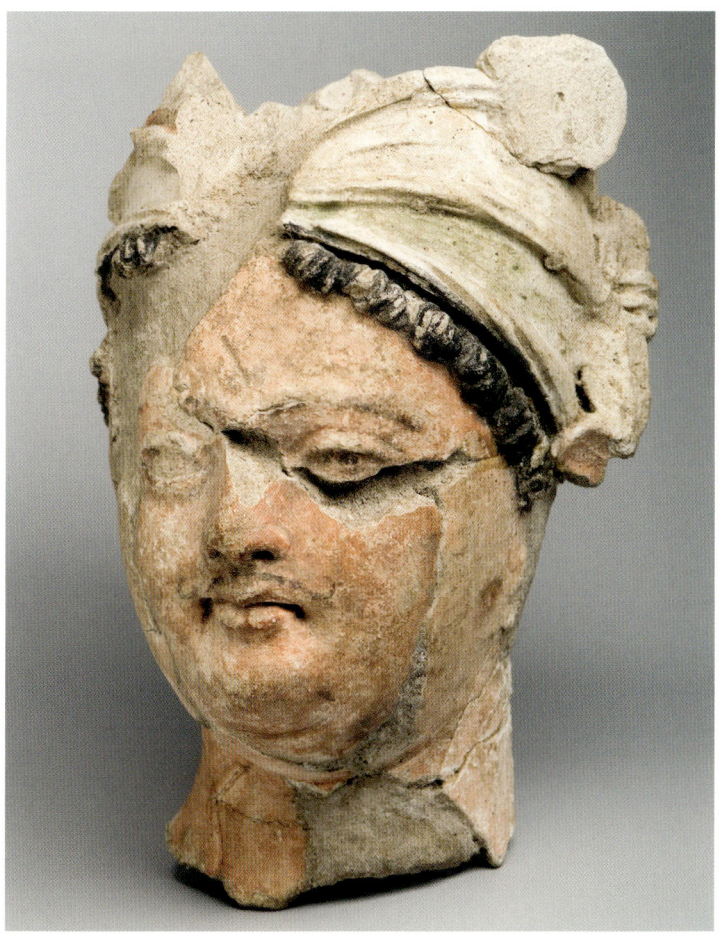

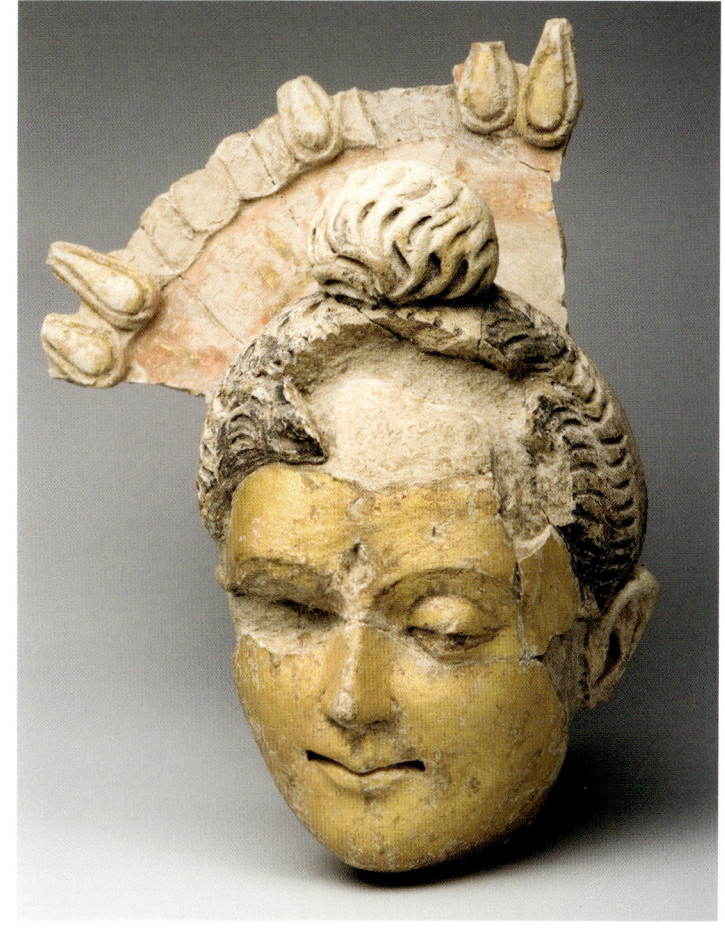

Kat. Nr. 358
Skulptur-Fragment: Kopf des Bodhisattva

Usbekistan, Kara-Tepe (Baktrien), 3. Jh. n. Chr.
Ton, ungebrannt, Stuck (Gantsch), mehrfarbige Bemalung, H. 19 cm, Br. 12 cm
Moskau, Staatliches Museum für die Kunst des Orients, Inv. Nr. 719 Kr-IV; 43743 kp

Das ovale, füllige Gesicht – durch ein Doppelkinn unterstrichen – hat mandelförmige Augen mit schwarz bemalten Augäpfeln. Über der Oberlippe ist mit schwarzer Farbe ein Bart in Form des Amorbogens mit eingedrehten Rändern aufgetragen. Auf dem Kopf sitzt ein Turban, dessen ausgeprägte Faltengebung den Stoff andeutet. Unter dem Turban lugt eine Haarsträhne heraus, die in die Stirn fällt und aus einzelnen aufgesetzten Stempelelementen gefertigt ist. Der Turban erlaubt eine Ansprache als Kopf des Bodhisattva. Die Epigraphik belegt, dass in den Klöstern Kara-Tepes Vertreter der Mahasamghika-Schule lebten. Obwohl diese Schule dem *Hinayana* (neben dem *Mahayana* eine der beiden großen Hauptströmungen des Buddhismus) anhängt, finden sich in ihrer Lehre Elemente, die mit dem *Mahayana* in Verbindung stehen, insbesondere der Kult der Bodhisattvas. Da die Mahasamghika-Schule unter den für die Kuschanzeit belegten Bodhisattvas den „Bodhisattva Siddhartha" für ihren Kult wählte, dürfte der Kopf einen eben solchen darstellen.

Lit.: Mkrtytschew 1995, Fig. 5.   T.M.

Kat. Nr. 359
Skulptur-Fragment: Kopf des Buddha

Usbekistan, Kara-Tepe (Baktrien), 3. Jh. n. Chr.
Ton, ungebrannt, Stuck, mehrfarbige Bemalung, Vergoldung, H. 23 cm, Br. 12 cm
Moskau, Staatliches Museum für die Kunst des Orients, Inv. Nr. 724 Kr-IV; 43748 kp

Das Gesicht ist oval, die Lippen sind zu einem Lächeln verzogen, die Oberlider geschlossen. Auf der Stirn befindet sich zwischen den Brauen eine Vertiefung: Hier war einst eine Einlage, die eine Urne darstellte, eines der 32 *Lakshana* (Merkmale) Buddhas. Das Gesicht ist voll vergoldet. Die Frisur ist mit mondförmigen Stempeln wiedergegeben, die auf alle Haare gedrückt worden sind und Locken darstellen. Am Scheitel liegt ein *Ushnisha*, eines der *Lakshana* Buddhas. Hinter dem Kopf ragt eine Aureole (*Mandorla*) mit angesetzten Strahlen auf, ein Attribut, das die göttliche Natur Buddhas bezeugt. Die Strahlen der Mandorla legen nahe, dass ein metallisches Vorbild existiert haben muss, dessen Strahlen so ausgesehen haben könnten (vgl. z.B. Behrend, K.: The Art of Gandhara in the Metropolitan Museum of Art, New York 2007, Nr. 39).

Lit.: Mkrtytschew 1995, Fig. 6.   T.M.

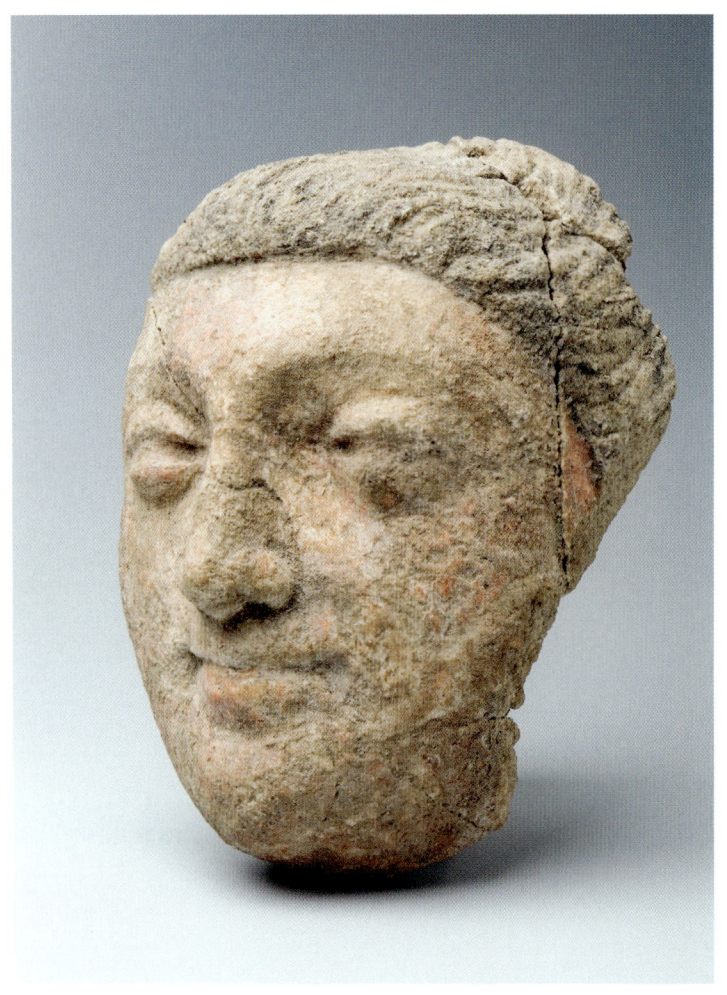
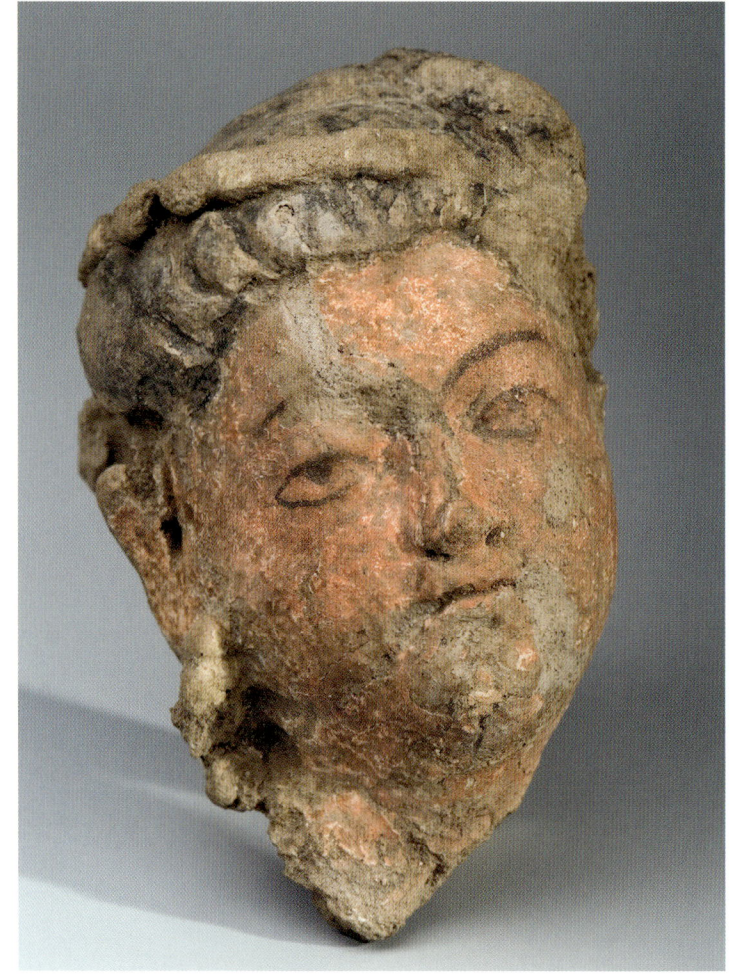

Kat. Nr. 360
Skulptur-Fragment: Kopf eines Stifters

Usbekistan, Kara-Tepe (Baktrien), 2.–3. Jh. n. Chr.
Ton, ungebrannt, mehrfarbige Bemalung, H. 12,5 cm, Br. 5 cm
Moskau, Staatliches Museum für die Kunst des Orients, Inv. Nr. 722 Kr-IV; 43746 kp

Das oval geformte Gesicht zeigt geschlossene Augenlider, die Lippen sind zu einem Lächeln verzogen. Die Haarsträhnen werden durch flach reliefierte Streifen wiedergegeben. Das Fehlen eindeutiger Merkmale sowie das charakteristische Lächeln legen eine Interpretation der Figur als Stifter nahe, eine Figur aus dem buddhistischen Pantheon. T.M.

Kat. Nr. 361
Skulptur-Fragment: Kopf eines Stifters

Usbekistan, Kara-Tepe (Baktrien), 2.–3. Jh. n. Chr.
Ton, ungebrannt, mehrfarbige Bemalung, H. 12 cm, Br. 6,5 cm
Moskau, Staatliches Museum für die Kunst des Orients, Inv. Nr. 723 Kr-IV; 43747 kp

Das Gesicht ist oval, die Augen sind durch ein nicht sehr hohes Relief herausgearbeitet, die Konturen schwarz gezeichnet. Die Darstellung der Pupillen (nach oben gerichtet) lässt darauf schließen, dass die Figur eine Position der Anbetung neben einer Buddha- (Bodhisattva-) Statue einnahm. Charakteristisch ist die Frisur, bei der die Haare am Scheitel zu einem Zopf zusammengefasst sind, der auf den Kopf gelegt und von einem Ornamentstreifen eingefasst ist. Die Frisur und die vermutete Pose der Figur deuten auf eine Person aus dem weltlichen Bereich, vermutlich einen Stifter. T.M.

KARA-TEPE – BUDDHISMUS IN NORDBAKTRIEN

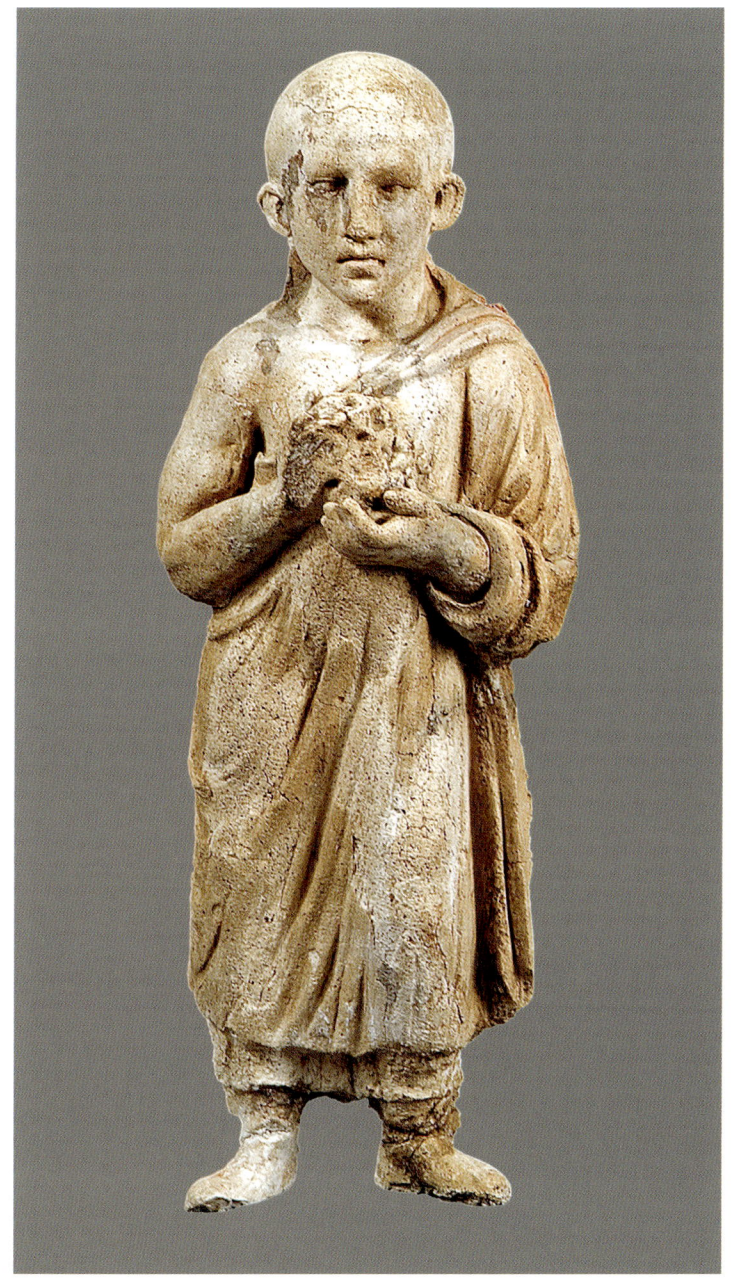

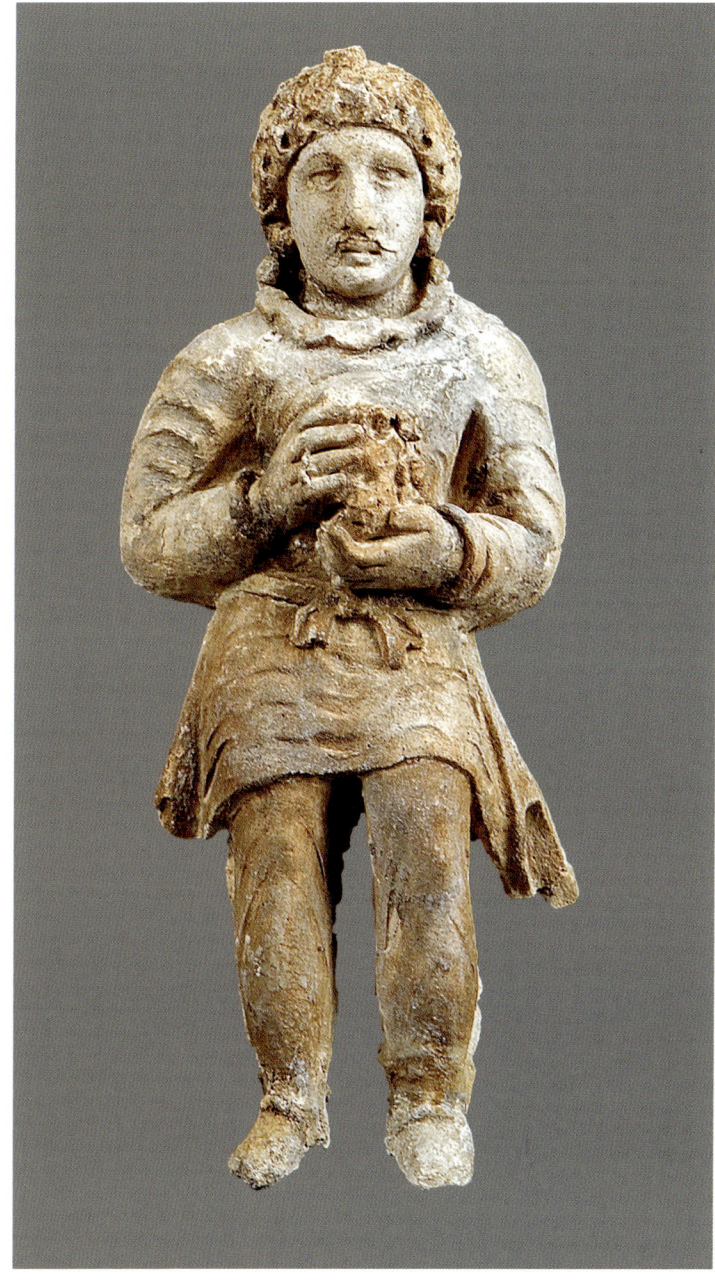

Kat. Nr. 362
Stehende Mönchsfigur

Südost-Afghanistan, 3.–4. Jh. n. Chr.
Stuck, H. 40 cm
Wien, Privatsammlung

Die Figur stellt einen buddhistischen Mönch dar, der ursprünglich wohl zu einer Gruppe von Verehrenden gehörte. Seine Kleidung besteht aus einem Untergewand und einem Schal, in der Hand hält er einen Blumenstrauß. Es ist die typische Kleidung buddhistischer Mönche, die sich an dem Beispiel Buddhas orientiert. Aufgrund von Witterungseinflüssen ist die äußere Gipsschicht der Figur beschädigt, wodurch die untere Stuckschicht sichtbar geworden ist.

Lit.: AK Wien 1996, 287, 419 Kat. Nr. 153.

C.K. nach: D.K.-S. in AK Wien 1996, Nr. 153

Kat. Nr. 363
Figur eines Stifters im Kuschana-Gewand

Südost-Afghanistan, 3.–4. Jh. n. Chr.
Stuck, H. 40 cm
Wien, Privatsammlung

Die Figur stellt einen Mann des Kuschana-Volkes dar. Er gehörte wohl zu derselben Gruppe von Verehrenden wie der Mönch (Kat. Nr. 362), darauf weisen die Ähnlichkeiten in Stil und Verarbeitung hin sowie die Tatsache, dass der Kuschana-Mann ebenfalls einen Blumenstrauß in der Hand hält. Er trägt die typische Kuschana-Kleidung, nämlich eine zentralasiatische Tunika, die sich nach unten hin verbreitert, eine Hose mit weiten Falten sowie Fellstiefel.

Lit.: AK Wien 1996, 287, 419 Kat. Nr. 154.

C.K. nach: D.K.-S. in AK Wien 1996, Nr. 154

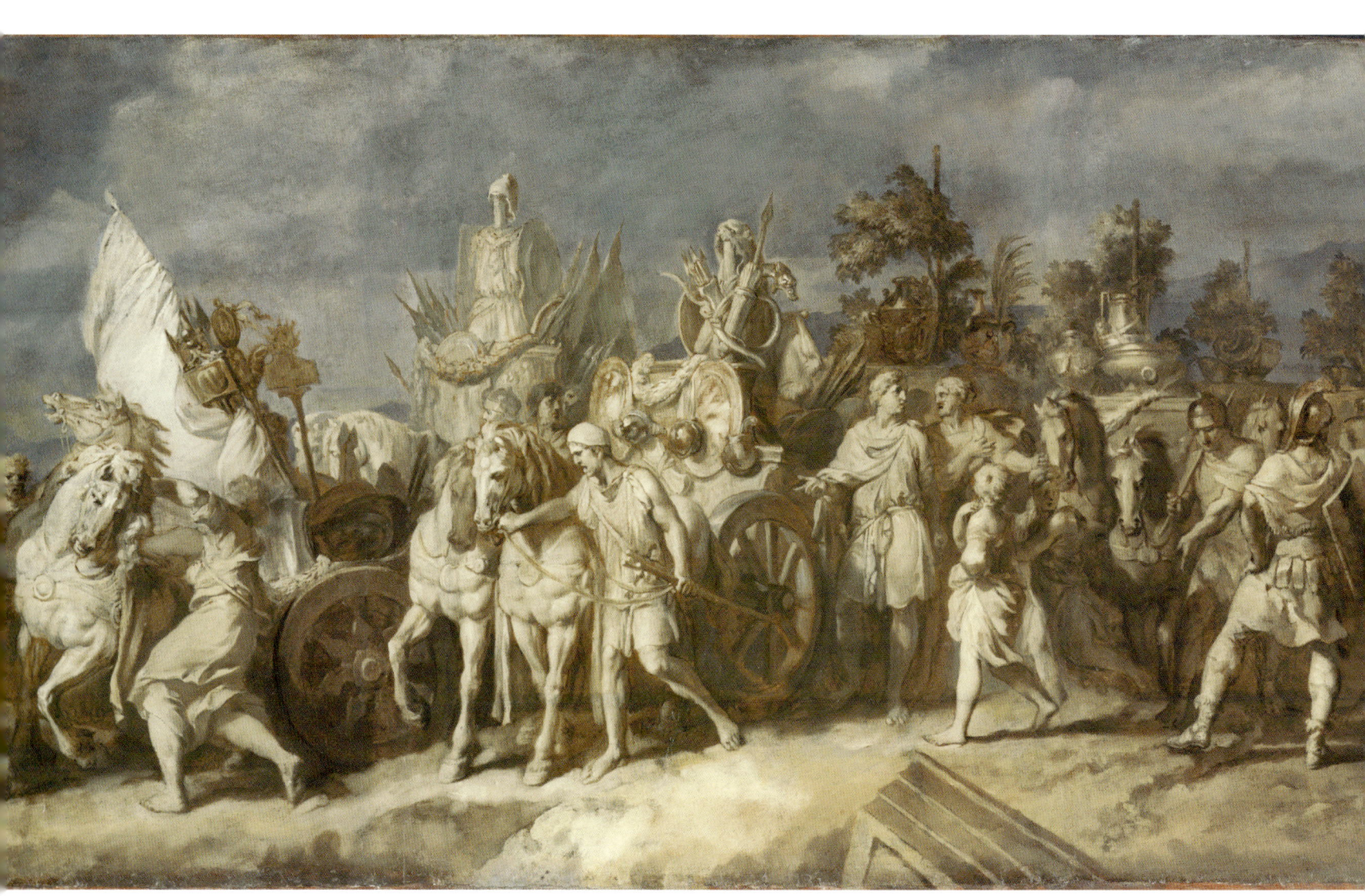

DAS NACHWIRKEN ALEXANDERS IN OST UND WEST

Die Gestalt Alexanders übte in mythischer Überhöhung auf die Literaturen des Mittelalters einen wichtigen Einfluss aus. In der moralistischen enzyklopädischen Literatur, etwa bei Vinzenz von Beauvais oder Rupert von Deutz, ist es vor allem die imaginäre Luftfahrt des Makedonen, die als Signum seines Hochmutes (*Superbia*) galt und ein wenig positives Bild des Herrschers vermittelte. Zum Kristallisationspunkt höfischer Epik mit Zügen eines Fürstenspiegels wurde dagegen Alexander in zahlreichen epischen Gestaltungen, die bis in das Spätmittelalter einen wichtigen Strang der mittellateinischen wie volkssprachlichen Epik bildeten. Ihren Ausgangspunkt nahmen diese Epen in dem ins 3. Jh. n. Chr. zu datierenden griechischen „Alexanderroman" des Pseudo-Kallisthenes – angeblich eines Teilnehmers des Alexanderzuges –, der dem Abendland seit dem 4. Jh. durch die Übersetzung des Iulius Valerius Probus, besonders aber durch die Übertragung ins Lateinische „Nativitas et historia Alexandri Magni regis" durch den Archipresbyter Leo in Neapel (um 950) bekannt wurde. Dominant ist in ihm neben magischen und sagenhaften Zügen das Bild des *Kosmokrators*, des Weltbeherrschers, eine Aufgabe, die ihm seit der Kindheit bestimmt ist. Dazu tritt die auf Leo fußende „Historia de preliis" und die – ebenfalls romanhafte – Ausgestaltung des Alexanderstoffes in den „Historiae Alexandri Magni" des Q. Curtius Rufus (wahrscheinlich 1. Jh. n. Chr.), von deren ursprünglich zehn Büchern die ersten beiden verloren sind. Bei Curtius, dessen Werk lange Zeit Schullektüre im Lateinunterricht blieb, erscheinen die Qualitäten des Heroen als Gaben der Natur, seine nicht geleugneten Laster und Fehler werden mit seiner Jugend entschuldigt. Er sei vom Glück begünstigt gewesen wie kein Mensch vor ihm. Die Darstellung des Curtius wird zur stofflichen Hauptquelle der bedeutenden und wirkmächtigen mittellateinischen epischen Darstellung in den zehn Büchern der „Alexandreis" Walther von Chatillons (zwischen 1178 und 1182), deren zehntes und wohl wichtigstes Buch die Nichtigkeit von Alexanders Ruhmesstreben zum Gegenstand hat. Dieses zehnte Buch stellt die Verbindung zu der kosmologischen Spekulation und den millenarischen Ängsten seines Jahrhunderts her (Kommentar von Glynn Meter, Bern u.a. 1991). Die „Alexandreis", in Stil und *imitatio* wesentlich von den römischen Epikern Lucan und Claudian beeinflusst und nach der neueren Forschung (Claudia Wiener) als typologische Deutung Lucans zu lesen, erreichte im 13. Jh. eine solche Popularität, dass sie zeitweilig sogar die antiken Klassiker wie die *Aeneis* Vergils als Mustertext eines in antiken Bauformen abgefassten epischen Gedichtes verdrängen konnte und noch im Humanismus interessierte Leser fand. In der deutschen Literatur des Mittelalters begegnen zahlreiche Alexander als höfisches Muster eines Ritters stilisierende Bearbeitungen des Alexanderstoffes. Kritisiert wird gelegentlich seine Grausamkeit und Maßlosigkeit. Unter den deutschsprachigen Bearbeitungen ist die älteste, das „Alexanderlied" des Pfaffen Lamprecht (um 1150) in drei verschiedenen Fassungen überliefert. Das Werk Lamprechts geht seinerseits auf eine Vorlage des Provencalen Alberic von Pisancon zurück, die ihrerseits auf Texten von Iulius Valerius, Curtius Rufus und der „Historia de preliis" gründet. Zusammen mit weiteren, z.T. frei erfundenen Texten etwa von Eustache („Le Fuerre de Gadres") ging Alberics Bearbeitung in den *Roman* „d'Alexandre" ein, eine v.a. im späteren Mittelalter verbreitete Version der Alexandersage. In späthöfischer Zeit verfasste Rudolf von Ems um 1230 im deutschen Kulturraum auf der Grundlage der „Historia de preliis" und des Curtius Rufus eine epische Fassung der Alexandersage, von deren ursprünglich wohl geplanten 40.000 Versen etwa die Hälfte fertiggestellt wurde. Ulrich von Etzenbach stützte sich bei seiner epischen Version des Stoffes um 1271–1282 fast ganz auf die „Alexandreis" Walter von Chatillons, kleinere Alexanderepen folgten bis ins 15. Jh. Sie demonstrieren wie slawische, englische und spanische Fassungen den Vorbildcharakter des großen Makedonen für Herrscher ebenso wie die Vorliebe für den „exotischen" Nimbus (Brahminendialoge), den vor allem die orientalischen Erzählungen dem Stoff verliehen. Muslimische Quellen iranischer Herkunft (etwa Nizami 12. Jh.) überhöhen Alexander sogar als im Koran gewürdigten Propheten. In spätmittelalterlichen Herrschergenealogien erscheint Alexander als Vorläufer der römisch-deutschen Kaiser.

Lit.: Lexikon des Mittelalters. Bd. I, Stuttgart/Weimar 1980, 353–366 (verschiedene Autoren); Harich 1987; Cölln 1996; Mölk 1998; Wiener 2001; von Friede 2003; Schlechtweg-Jahn 2006; Schlechtweg-Jahn, Auswahlbibliographie zur deutschsprachigen Alexanderdichtung: http://bibliographien.mediaevum.de/bibliographien/alexanderdichtung (Zugriff 07/2009). H.W.

Der triumphale Einzug Alexanders des Großen in Babylon: Kriegstrophäen und Feldzeichen, vgl. Kat. Nr. 367.

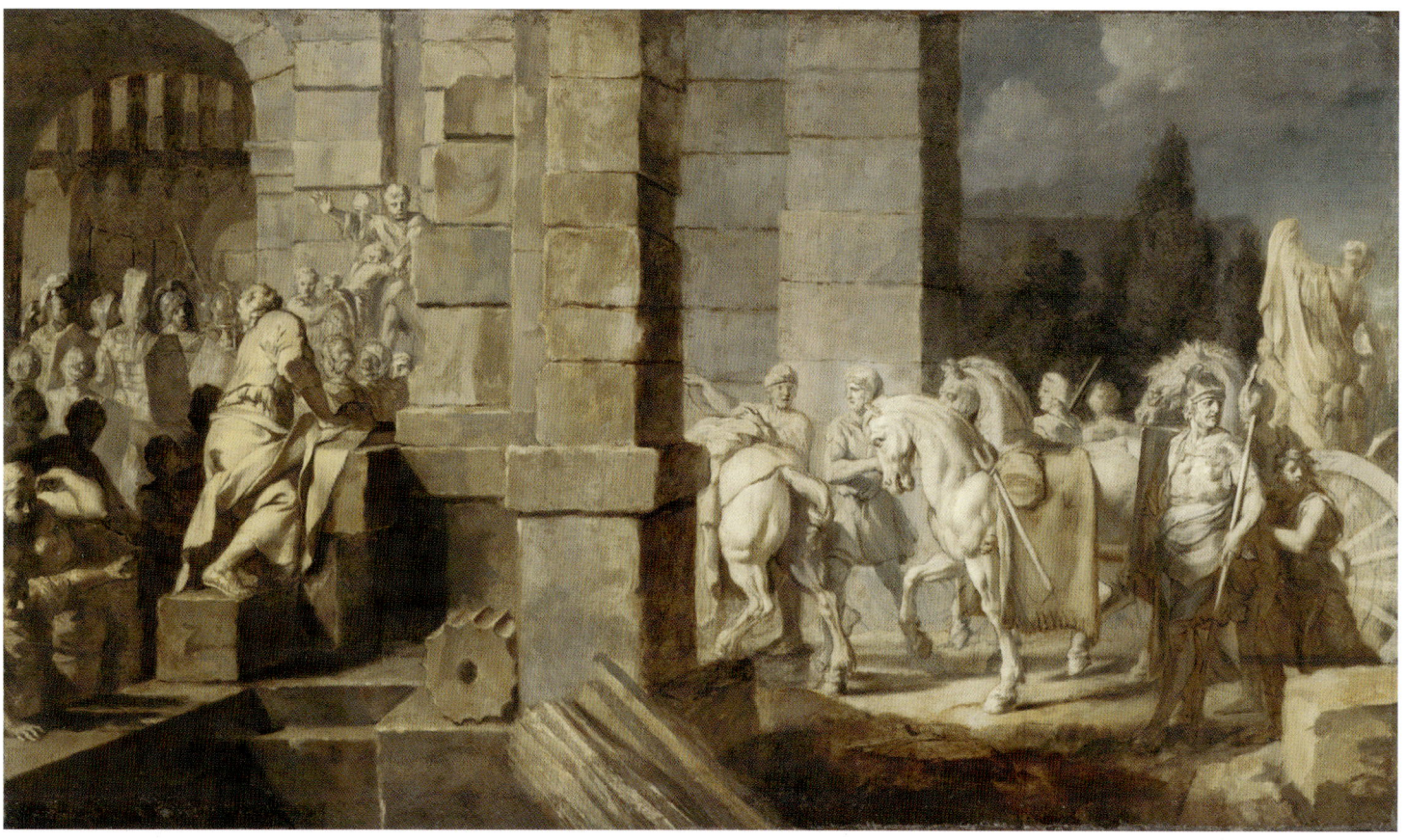

Einzug durch das Stadttor

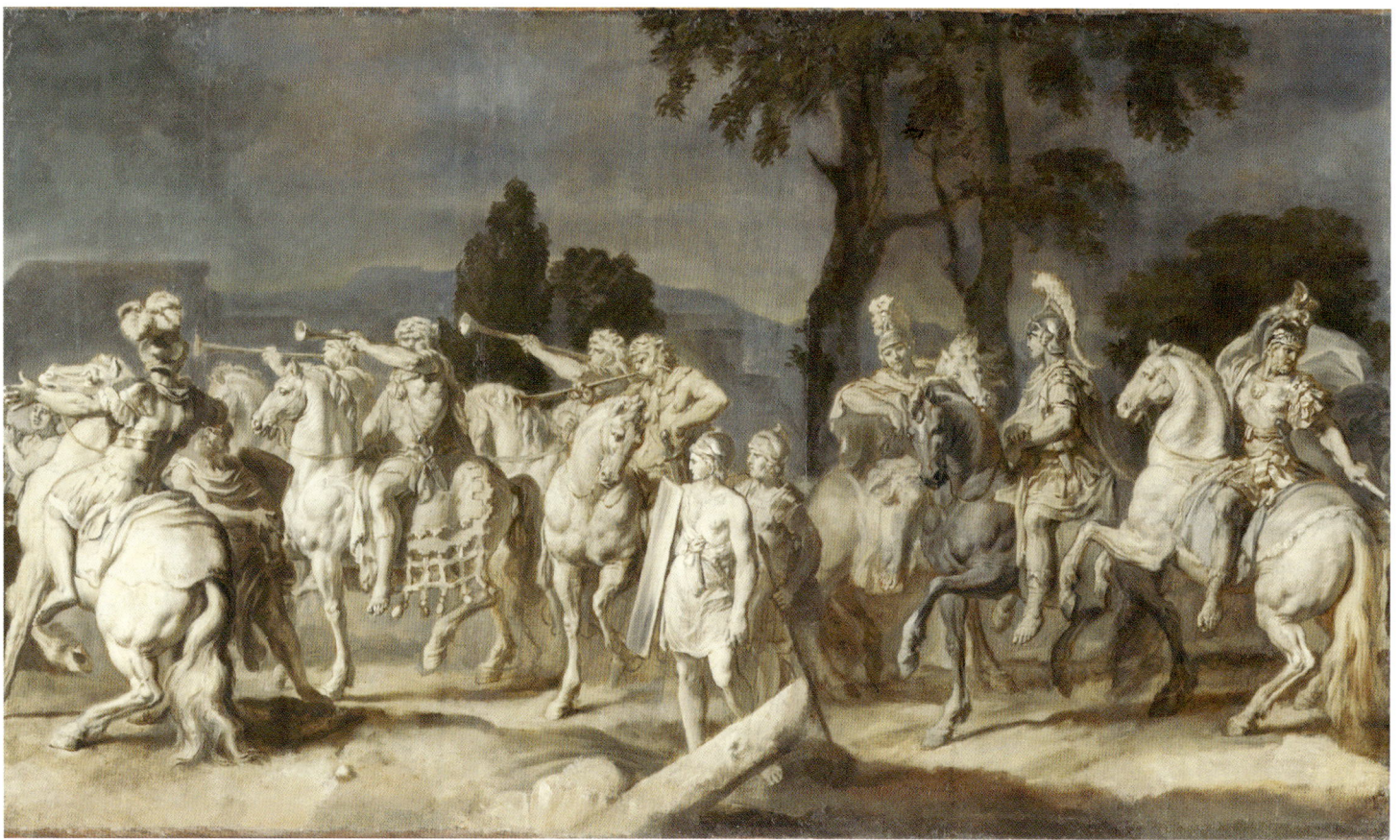

Zug der Tubenbläser

DAS NACHWIRKEN ALEXANDERS IN OST UND WEST

Die Gestalt Alexanders übte in mythischer Überhöhung auf die Literaturen des Mittelalters einen wichtigen Einfluss aus. In der moralistischen enzyklopädischen Literatur, etwa bei Vinzenz von Beauvais oder Rupert von Deutz, ist es vor allem die imaginäre Luftfahrt des Makedonen, die als Signum seines Hochmutes (*Superbia*) galt und ein wenig positives Bild des Herrschers vermittelte. Zum Kristallisationspunkt höfischer Epik mit Zügen eines Fürstenspiegels wurde dagegen Alexander in zahlreichen epischen Gestaltungen, die bis in das Spätmittelalter einen wichtigen Strang der mittellateinischen wie volkssprachlichen Epik bildeten. Ihren Ausgangspunkt nahmen diese Epen in dem ins 3. Jh. n. Chr. zu datierenden griechischen „Alexanderroman" des Pseudo-Kallisthenes – angeblich eines Teilnehmers des Alexanderzuges –, der dem Abendland seit dem 4. Jh. durch die Übersetzung des Iulius Valerius Probus, besonders aber durch die Übertragung ins Lateinische „Nativitas et historia Alexandri Magni regis" durch den Archipresbyter Leo in Neapel (um 950) bekannt wurde. Dominant ist in ihm neben magischen und sagenhaften Zügen das Bild des *Kosmokrators*, des Weltbeherrschers, eine Aufgabe, die ihm seit der Kindheit bestimmt ist. Dazu tritt die auf Leo fußende „Historia de preliis" und die – ebenfalls romanhafte – Ausgestaltung des Alexanderstoffes in den „Historiae Alexandri Magni" des Q. Curtius Rufus (wahrscheinlich 1. Jh. n. Chr.), von deren ursprünglich zehn Büchern die ersten beiden verloren sind. Bei Curtius, dessen Werk lange Zeit Schullektüre im Lateinunterricht blieb, erscheinen die Qualitäten des Heroen als Gaben der Natur, seine nicht geleugneten Laster und Fehler werden mit seiner Jugend entschuldigt. Er sei vom Glück begünstigt gewesen wie kein Mensch vor ihm. Die Darstellung des Curtius wird zur stofflichen Hauptquelle der bedeutenden und wirkmächtigen mittellateinischen epischen Darstellung in den zehn Büchern der „Alexandreis" Walther von Chatillons (zwischen 1178 und 1182), deren zehntes und wohl wichtigstes Buch die Nichtigkeit von Alexanders Ruhmesstreben zum Gegenstand hat. Dieses zehnte Buch stellt die Verbindung zu der kosmologischen Spekulation und den millenarischen Ängsten seines Jahrhunderts her (Kommentar von Glynn Meter, Bern u.a. 1991). Die „Alexandreis", in Stil und *imitatio* wesentlich von den römischen Epikern Lucan und Claudian beeinflusst und nach der neueren Forschung (Claudia Wiener) als typologische Deutung Lucans zu lesen, erreichte im 13. Jh. eine solche Popularität, dass sie zeitweilig sogar die antiken Klassiker wie die *Aeneis* Vergils als Mustertext eines in antiken Bauformen abgefassten epischen Gedichtes verdrängen konnte und noch im Humanismus interessierte Leser fand. In der deutschen Literatur des Mittelalters begegnen zahlreiche Alexander als höfisches Muster eines Ritters stilisierende Bearbeitungen des Alexanderstoffes. Kritisiert wird gelegentlich seine Grausamkeit und Maßlosigkeit. Unter den deutschsprachigen Bearbeitungen ist die älteste, das „Alexanderlied" des Pfaffen Lamprecht (um 1150) in drei verschiedenen Fassungen überliefert. Das Werk Lamprechts geht seinerseits auf eine Vorlage des Provencalen Alberic von Pisancon zurück, die ihrerseits auf Texten von Iulius Valerius, Curtius Rufus und der „Historia de preliis" gründet. Zusammen mit weiteren, z.T. frei erfundenen Texten etwa von Eustache („Le Fuerre de Gadres") ging Alberics Bearbeitung in den Roman „d'Alexandre" ein, eine v.a. im späteren Mittelalter verbreitete Version der Alexandersage. In späthöfischer Zeit verfasste Rudolf von Ems um 1230 im deutschen Kulturraum auf der Grundlage der „Historia de preliis" und des Curtius Rufus eine epische Fassung der Alexandersage, von deren ursprünglich wohl geplanten 40.000 Versen etwa die Hälfte fertiggestellt wurde. Ulrich von Etzenbach stützte sich bei seiner epischen Version des Stoffes um 1271–1282 fast ganz auf die „Alexandreis" Walter von Chatillons, kleinere Alexanderepen folgten bis ins 15. Jh. Sie demonstrieren wie slawische, englische und spanische Fassungen den Vorbildcharakter des großen Makedonen für Herrscher ebenso wie die Vorliebe für den „exotischen" Nimbus (Brahminendialoge), den vor allem die orientalischen Erzählungen dem Stoff verliehen. Muslimische Quellen iranischer Herkunft (etwa Nizami 12. Jh.) überhöhen Alexander sogar als im Koran gewürdigten Propheten. In spätmittelalterlichen Herrschergenealogien erscheint Alexander als Vorläufer der römisch-deutschen Kaiser.

Lit.: Lexikon des Mittelalters. Bd. I, Stuttgart/Weimar 1980, 353–366 (verschiedene Autoren); Harich 1987; Cölln 1996; Mölk 1998; Wiener 2001; von Friede 2003; Schlechtweg-Jahn 2006; Schlechtweg-Jahn, Auswahlbibliographie zur deutschsprachigen Alexanderdichtung: http://bibliographien.mediaevum.de/bibliographien/alexanderdichtung (Zugriff 07/2009). H.W.

Der triumphale Einzug Alexanders des Großen in Babylon: Kriegstrophäen und Feldzeichen, vgl. Kat. Nr. 367.

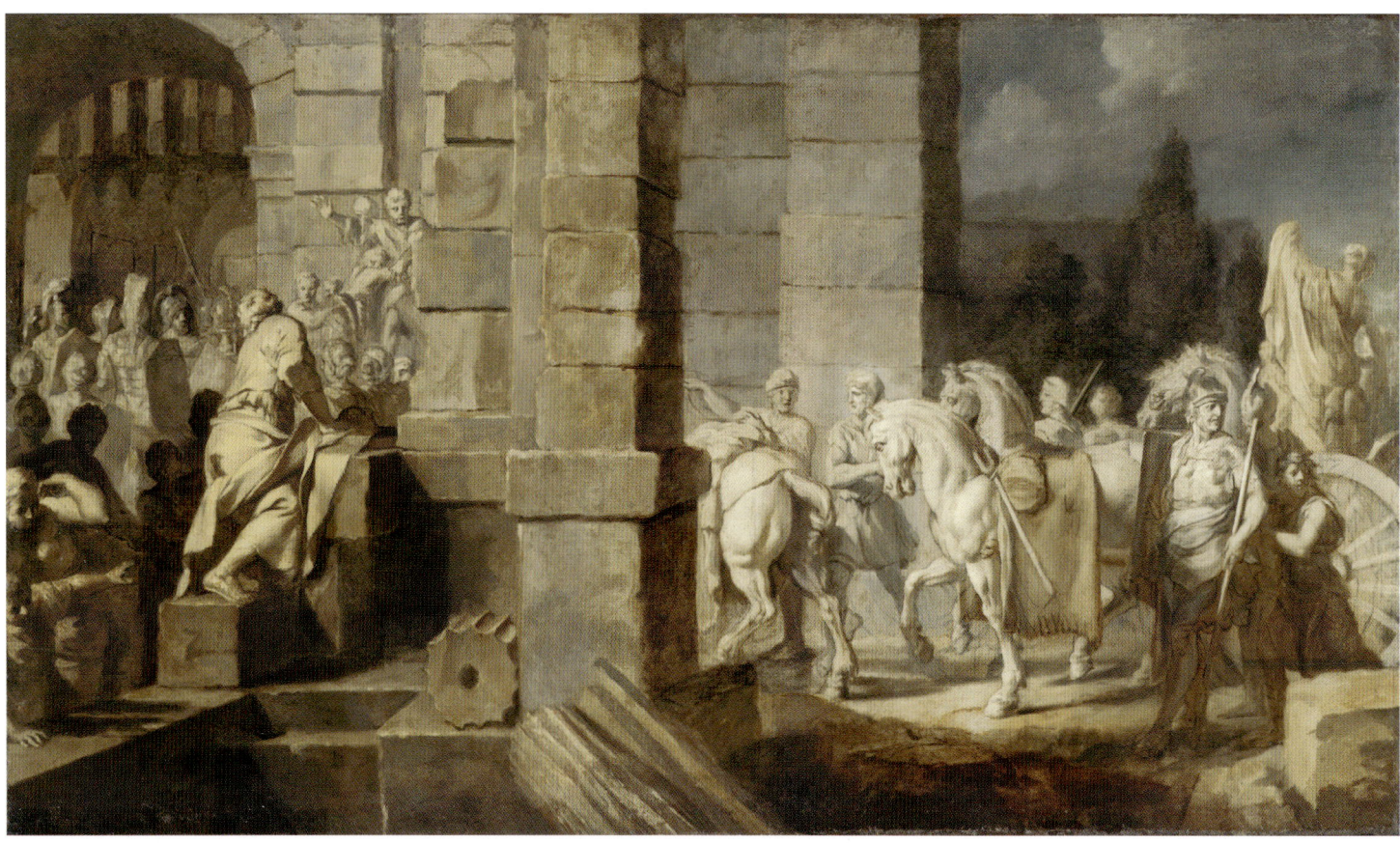

Einzug durch das Stadttor

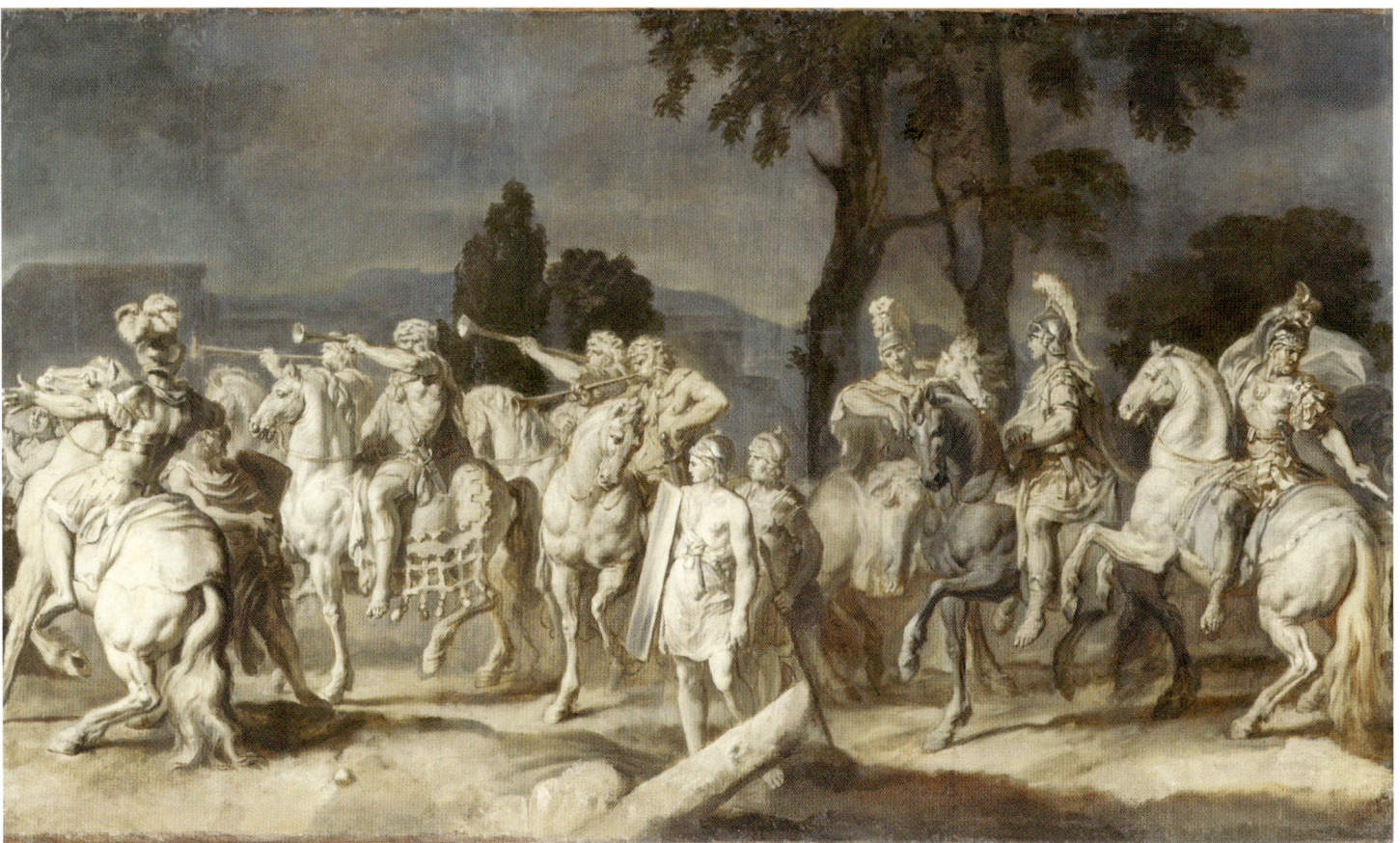

Zug der Tubenbläser

DAS NACHWIRKEN ALEXANDERS IN OST UND WEST

Die Gestalt Alexanders übte in mythischer Überhöhung auf die Literaturen des Mittelalters einen wichtigen Einfluss aus. In der moralistischen enzyklopädischen Literatur, etwa bei Vinzenz von Beauvais oder Rupert von Deutz, ist es vor allem die imaginäre Luftfahrt des Makedonen, die als Signum seines Hochmutes (*Superbia*) galt und ein wenig positives Bild des Herrschers vermittelte. Zum Kristallisationspunkt höfischer Epik mit Zügen eines Fürstenspiegels wurde dagegen Alexander in zahlreichen epischen Gestaltungen, die bis in das Spätmittelalter einen wichtigen Strang der mittellateinischen wie volkssprachlichen Epik bildeten. Ihren Ausgangspunkt nahmen diese Epen in dem ins 3. Jh. n. Chr. zu datierenden griechischen „Alexanderroman" des Pseudo-Kallisthenes – angeblich eines Teilnehmers des Alexanderzuges –, der dem Abendland seit dem 4. Jh. durch die Übersetzung des Iulius Valerius Probus, besonders aber durch die Übertragung ins Lateinische „Nativitas et historia Alexandri Magni regis" durch den Archipresbyter Leo in Neapel (um 950) bekannt wurde. Dominant ist in ihm neben magischen und sagenhaften Zügen das Bild des *Kosmokrators*, des Weltbeherrschers, eine Aufgabe, die ihm seit der Kindheit bestimmt ist. Dazu tritt die auf Leo fußende „Historia de preliis" und die – ebenfalls romanhafte – Ausgestaltung des Alexanderstoffes in den „Historiae Alexandri Magni" des Q. Curtius Rufus (wahrscheinlich 1. Jh. n. Chr.), von deren ursprünglich zehn Büchern die ersten beiden verloren sind. Bei Curtius, dessen Werk lange Zeit Schullektüre im Lateinunterricht blieb, erscheinen die Qualitäten des Heroen als Gaben der Natur, seine nicht geleugneten Laster und Fehler werden mit seiner Jugend entschuldigt. Er sei vom Glück begünstigt gewesen wie kein Mensch vor ihm. Die Darstellung des Curtius wird zur stofflichen Hauptquelle der bedeutenden und wirkmächtigen mittellateinischen epischen Darstellung in den zehn Büchern der „Alexandreis" Walther von Chatillons (zwischen 1178 und 1182), deren zehntes und wohl wichtigstes Buch die Nichtigkeit von Alexanders Ruhmesstreben zum Gegenstand hat. Dieses zehnte Buch stellt die Verbindung zu der kosmologischen Spekulation und den millenarischen Ängsten seines Jahrhunderts her (Kommentar von Glynn Meter, Bern u.a. 1991). Die „Alexandreis", in Stil und *imitatio* wesentlich von den römischen Epikern Lucan und Claudian beeinflusst und nach der neueren Forschung (Claudia Wiener) als typologische Deutung Lucans zu lesen, erreichte im 13. Jh. eine solche Popularität, dass sie zeitweilig sogar die antiken Klassiker wie die *Aeneis* Vergils als Mustertext eines in antiken Bauformen abgefassten epischen Gedichtes verdrängen konnte und noch im Humanismus interessierte Leser fand. In der deutschen Literatur des Mittelalters begegnen zahlreiche Alexander als höfisches Muster eines Ritters stilisierende Bearbeitungen des Alexanderstoffes. Kritisiert wird gelegentlich seine Grausamkeit und Maßlosigkeit. Unter den deutschsprachigen Bearbeitungen ist die älteste, das „Alexanderlied" des Pfaffen Lamprecht (um 1150) in drei verschiedenen Fassungen überliefert. Das Werk Lamprechts geht seinerseits auf eine Vorlage des Provencalen Alberic von Pisancon zurück, die ihrerseits auf Texten von Iulius Valerius, Curtius Rufus und der „Historia de preliis" gründet. Zusammen mit weiteren, z.T. frei erfundenen Texten etwa von Eustache („Le Fuerre de Gadres") ging Alberics Bearbeitung in den *Roman* „d'Alexandre" ein, eine v.a. im späteren Mittelalter verbreitete Version der Alexandersage. In späthöfischer Zeit verfasste Rudolf von Ems um 1230 im deutschen Kulturraum auf der Grundlage der „Historia de preliis" und des Curtius Rufus eine epische Fassung der Alexandersage, von deren ursprünglich wohl geplanten 40.000 Versen etwa die Hälfte fertiggestellt wurde. Ulrich von Etzenbach stützte sich bei seiner epischen Version des Stoffes um 1271–1282 fast ganz auf die „Alexandreis" Walter von Chatillons, kleinere Alexanderepen folgten bis ins 15. Jh. Sie demonstrieren wie slawische, englische und spanische Fassungen den Vorbildcharakter des großen Makedonen für Herrscher ebenso wie die Vorliebe für den „exotischen" Nimbus (Brahminendialoge), den vor allem die orientalischen Erzählungen dem Stoff verliehen. Muslimische Quellen iranischer Herkunft (etwa Nizami 12. Jh.) überhöhen Alexander sogar als im Koran gewürdigten Propheten. In spätmittelalterlichen Herrschergenealogien erscheint Alexander als Vorläufer der römisch-deutschen Kaiser.

Lit.: Lexikon des Mittelalters. Bd. I, Stuttgart/Weimar 1980, 353–366 (verschiedene Autoren); Harich 1987; Cölln 1996; Mölk 1998; Wiener 2001; von Friede 2003; Schlechtweg-Jahn 2006; Schlechtweg-Jahn, Auswahlbibliographie zur deutschsprachigen Alexanderdichtung: http://bibliographien.mediaevum.de/bibliographien/alexanderdichtung (Zugriff 07/2009). H.W.

Der triumphale Einzug Alexanders des Großen in Babylon: Kriegstrophäen und Feldzeichen, vgl. Kat. Nr. 367.

DAS NACHWIRKEN ALEXANDERS IN OST UND WEST

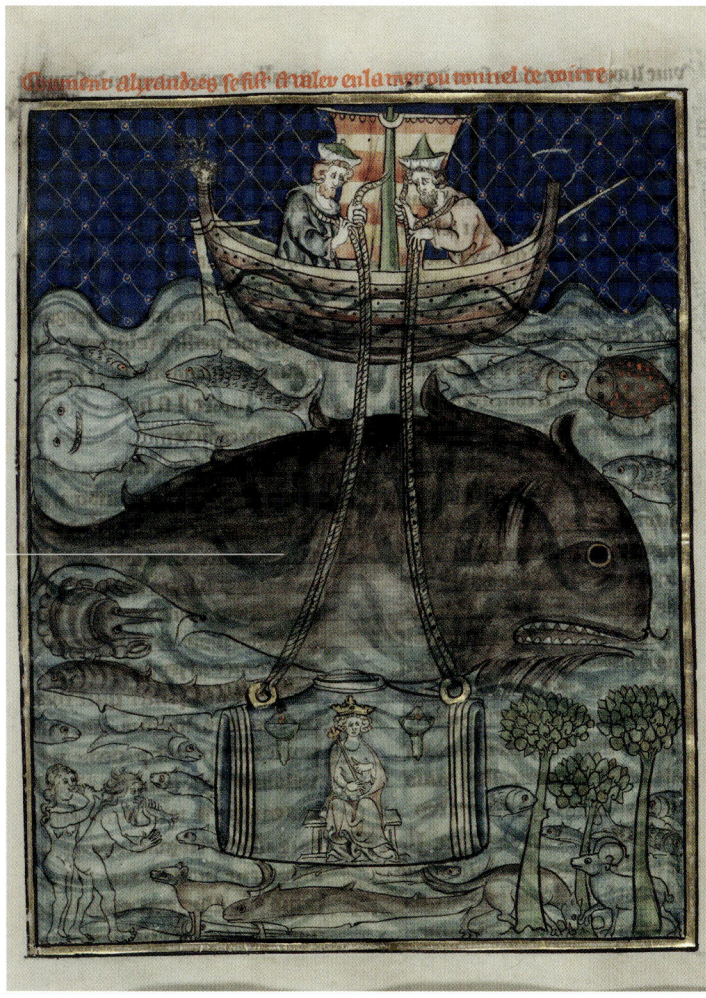

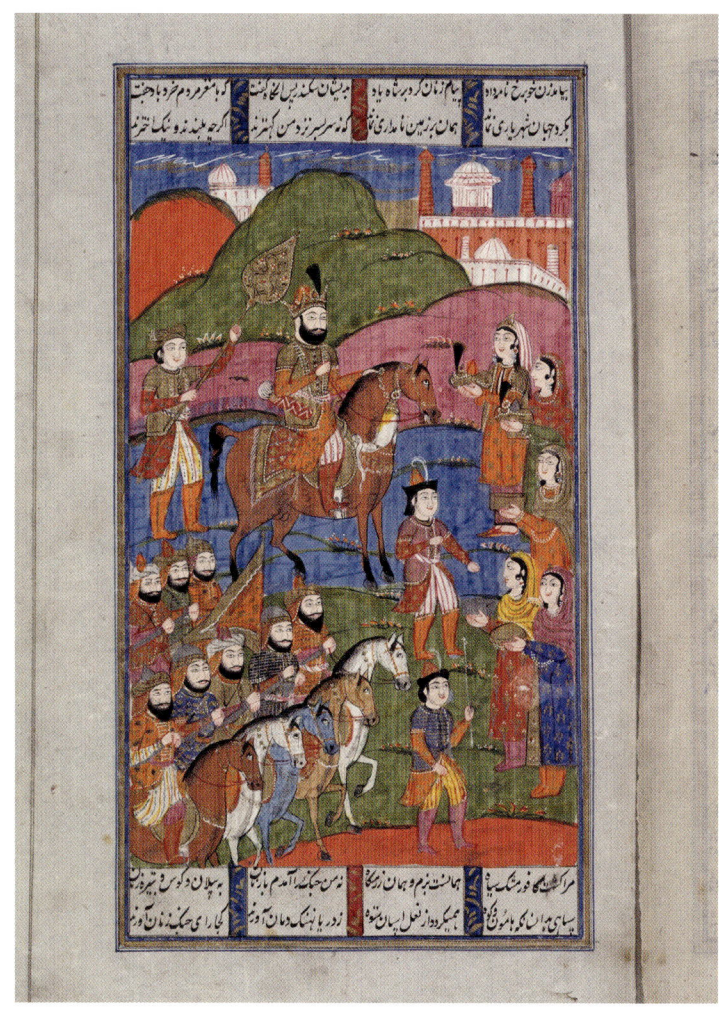

Kat. Nr. 364
Alexanderroman „Historie du bon roi Alexandre" (Faksimile)

Miniaturmalerei: Die Tauchfahrt Alexander des Großen
Um 1290/1320
Pergament
Berlin, Kupferstichkabinett SMB PK, Handschrift 78.C. 1

Die vorliegende, in Frankreich entstandene Bilderhandschrift erzählt in 100 prachtvollen Miniaturen Leben und Heldentaten des Makedonenkönigs Alexander des Großen. Die Auswahl der dargestellten Episoden folgte möglicherweise der Vorstellung von Alexander als dem Eroberer der Welt und als Herrscher, der alle denkbaren Grenzen erreicht hatte: die der Erde, des Himmels und des Wassers. Ausführlich ist die Tauchfahrt geschildert. Während seiner Reisen kam Alexander mit seinen Truppen an ein Meer. Er ließ eine Tauchglocke errichten, um den Meeresgrund zu erforschen. Sein Vorhaben wurde durch einen riesigen Fisch vereitelt, der die Vorrichtung zerstörte, bevor er auf dem Meeresboden ankam. Spätere Textfassungen berichten dagegen von untreuen Begleitern, welche die Ketten, an denen die Glocke hing, ins Meer warfen. In deutschsprachigen Texten ist es manchmal auch die untreue Frau, welche die Ketten ins Meer warf und dafür teilweise bestraft wurde.   E.-M.G.

Kat. Nr. 365
Schahname-Handschrift

Nordindien (Kaschmir), Abschrift a.d. Jahre 1830
Papier, Lackeinband, 31 x 19 cm
Berlin, Staatsbibliothek SBB PK, Orientabteilung, Minutoli 134
fol. 397b/398a: Iskander im Land der Amazonen

Das Heldenepos Schahname (Königsbuch) des persischen Dichters Firdausi (10. Jh.) beschreibt in ca. 50.000 Doppelversen die legendäre Geschichte des Iran von den sagenhaften Königen der Frühzeit und ihrem Kampf gegen die Nomaden der Steppen bis zur vorislamischen Dynastie der Sasaniden. Die Dichtung fußt auf jahrhundertealten Erzählungen, die in vielen Fassungen im Land verbreitet waren. Sie gehörte zu den beliebtesten Vorlagen für die persische Miniaturmalerei.

Die prächtige Handschrift ist mit zahlreichen farbigen Ornamenten verziert und besitzt einen mit Blumenmotiven versehenen Lackeinband. Die Miniaturen im Provinzstil Nordindiens weisen noch Einflüsse aus der Moghulzeit des 18. Jhs. auf.

Lit.: Pertsch 1888, Nr. 700; Stchoukine 1971, Nr. 73.   C.R.

DAS NACHWIRKEN ALEXANDERS IN OST UND WEST

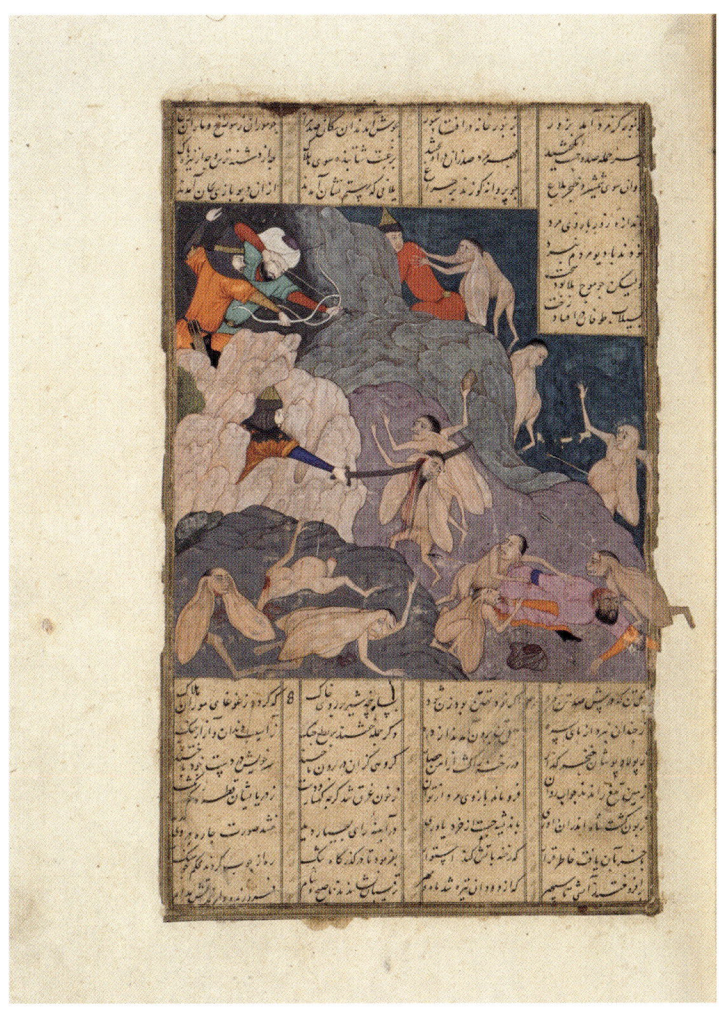

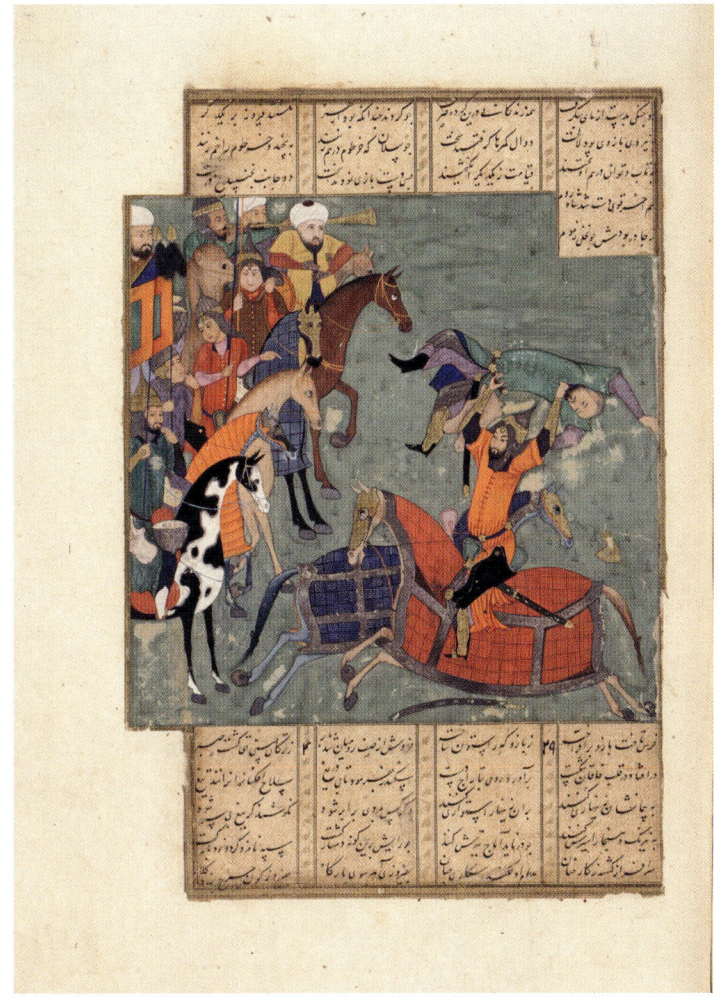

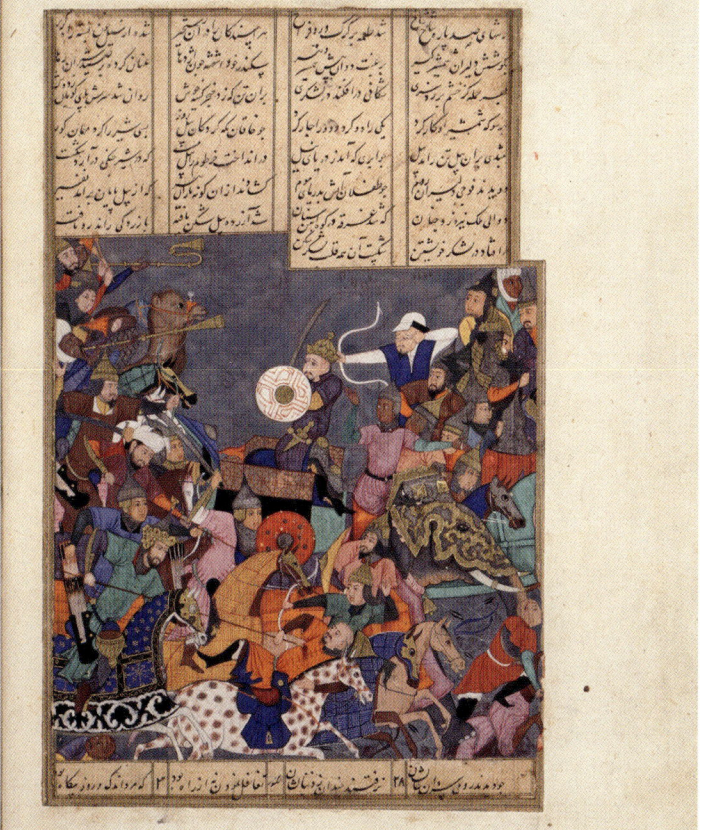

Kat. Nr. 366
Khamsa des Amir Khusrau Dihlawi (st. 1325)

Afghanistan, Herat, Abschrift im Jahre 1495
Papier, Ledereinband, 34 x 22 cm
Berlin, Staatsbibliothek SBB PK, Orientabteilung, Ms or fol 187
fol. 111b/112a: Kampf der Soldaten Iskanders mit den Gog und Magog ↑
fol. 107b/108a: Iskander besiegt den Herrscher von Rum ↗
fol. 105b/106a: Kampf zwischen Iskander und dem Khaqan von Chin →

Die *Khamsa* sind fünf Verserzählungen, die ursprünglich von dem persischen Dichter Nizami verfasst wurden. Dazu gehören romantische Liebeserzählungen wie die von „Khusrau und Schirin" oder „Leila und Madschnun", aber auch das „Alexanderbuch" (Iskandarnama). Darin wird die Entwicklung Alexanders des Großen zum idealen Heerführer und Philosophen beschrieben. Die Stoffe des Khamsaname wurden in späterer Zeit oft bearbeitet, so auch von Amir Khusrau aus Dehli. Die Abbildung auf fol. 112a enthält eine Miniatur aus der Entstehungszeit der Handschrift. Die übrigen Miniaturen sind in späterer Zeit übermalt worden, wahrscheinlich in Indien. Auch der Koran berichtet von Alexander dem Großen, in Sure 18 findet sich der Bericht vom Bau der Mauer zwischen den Völkern Gog und Magog

Lit.: Pertsch 1888, Nr. 830; Stchoukine 1971, Nr. 7.   C.R.

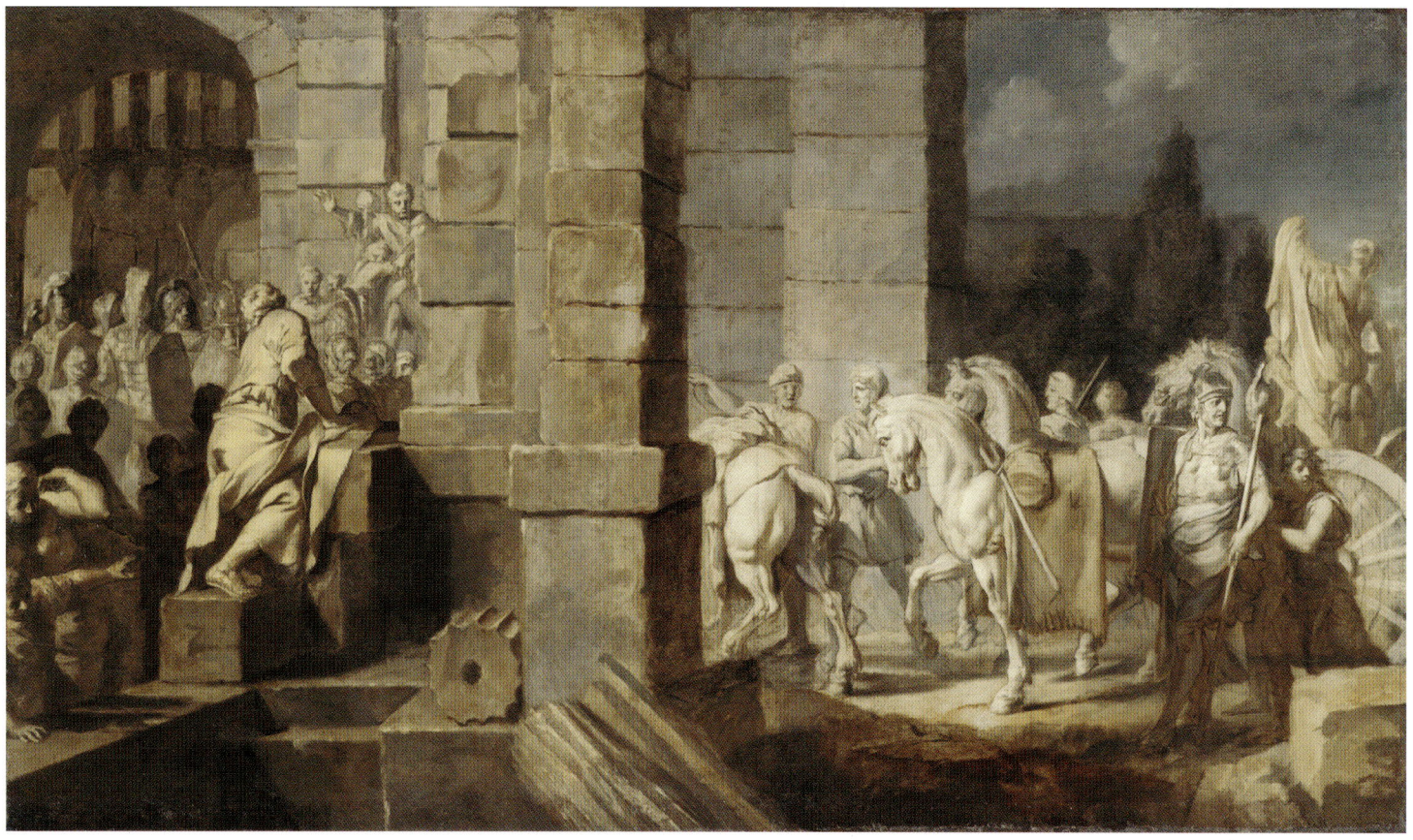
Einzug durch das Stadttor

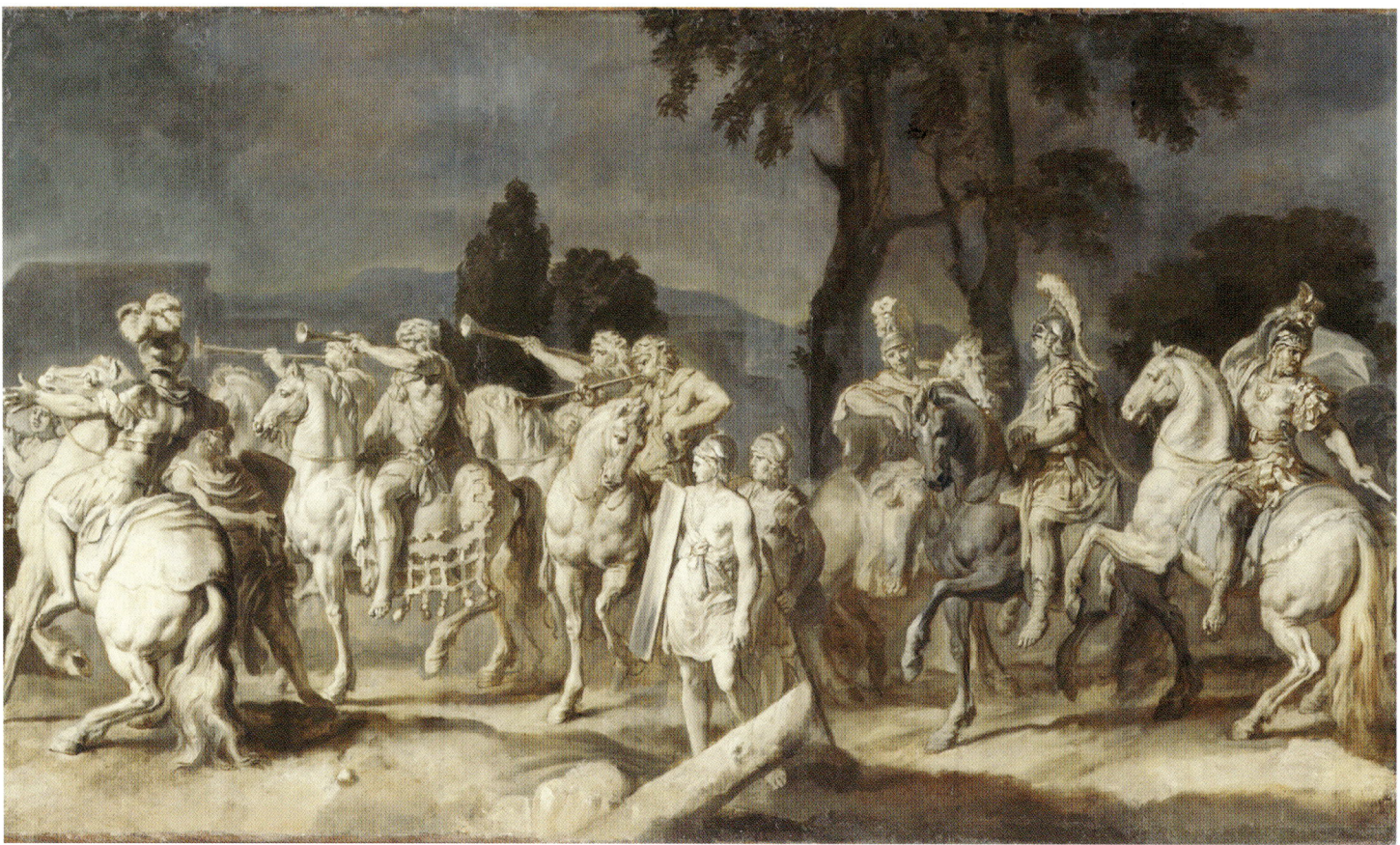
Zug der Tubenbläser

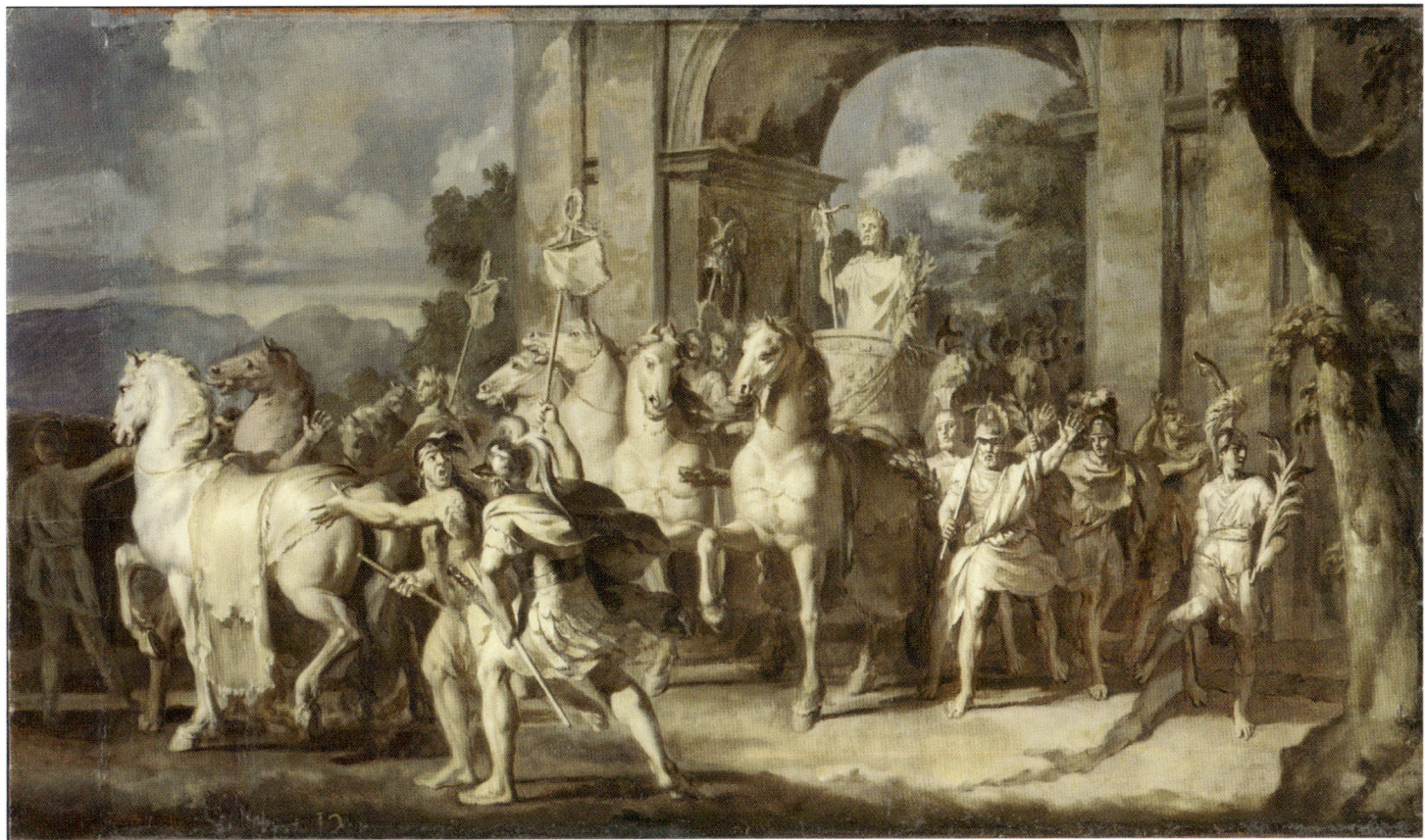

Alexander der Große als Triumphator

Kat. Nr. 367
Der triumphale Einzug Alexanders des Großen in Babylon

Um 1680, Gerard de Lairesse (1640–1711)
Papier auf Holz gezogen, jeweils ca. 55,4 x 97 cm
München, Bayerische Staatsgemäldesammlungen, Inv. Nr. 4614-4623, 4955, 4956

Zwölf formatgleiche Darstellungen bilden eine kontinuierliche, antiken Vorbildern – etwa Triumphbogenreliefs – angeglichene friesartige Abfolge des triumphalen Einzugs Alexanders des Großen in Babylon. Dieser fand im Jahr 331 v. Chr. nach den Siegen über die Perser am Granikos, bei Issos und Gaugamela statt. Zwischen den Darstellungen des babylonischen Stadttores, unter dessen Fallgatter die siegreichen Soldaten einziehen, und der Fahrt Alexanders auf dem von einer Quadriga gezogenen „currus triumphalis" durch einen reliefgeschmückten Triumphbogen spannt sich der Zug der Feldherren und Beuteträger, der Tubenbläser und Gefangenen, der Streitrösser und Opferstiere. Eindrucksvoll ist die lebendige Schilderung des von Alexander gefeierten Triumphes, der in zahlreichen Details De Lairesses eminente Kenntnis der römischen Antike in Kleidung, Rüstung und Bewaffnung vor Augen führt. Bereits Hans-Joachim Beyer hat in seiner verdienstvollen Studie betont, dass sich De Lairesse nicht etwa an antiken Beschreibungen der historischen Begebenheit orientierte, sondern vielmehr einen ganz und gar römischen Triumph vor Augen stellte. De Lairesse selbst sollte später in seiner 1707 publizierten kunsttheoretischen Schrift „Het Groot Schilderboek" (Das große Malerbuch) den Malern im Rahmen seines kenntnisreichen Kapitels zu den „Romeinsche Triomfen" als textliche Vorlage die Schilderung eines Triumphzugs bei Plutarch empfehlen, der den Einzug des Lucius Aemilius Paullus im Jahre 167 v. Chr. ausführlich beschreibt. Ebendieses Ereignis der römischen Historie hatte De Lairesse gegen 1670 bereits in einer achtteiligen Bildfolge ausgeführt (Lüttich, Musée de L'Art Wallon).

Die Identifizierung des hier dargestellten Triumphes indes verdankt sich einer mit ausführlich erläuternden Texten versehenen Folge von Kupferstichen nach den in Grisaille ausgeführten Werken. Deren Bestimmung war es gewiss von Anbeginn, als Vorlagen für den Kupferstich zu dienen, wie sowohl die betonten Hell-Dunkel-Kontraste der malerischen Ausführung als auch der Bildträger verdeutlichen, malte de Lairesse doch auf aneinandergeleimten Papierbögen, die erst zu einem späteren Zeitpunkt auf Holztafeln kaschiert wurden.

Die Blätter stammen aus der berühmten Sammlung des in Düsseldorf residierenden Kurfürsten Johann Wilhelm von der Pfalz (1658–1716). Es war wohl dessen Bruder und Nachfolger Karl III. Philipp, der die Werke in das ab 1720 neu errichtete Mannheimer Schloss überführte. Dort lassen sich diese erstmals im 1756 gedruckten „Verzeichniß der in den Churfürstlichen Kabinetten zu Mannheim befindlichen Mahlereyen" nachweisen. 1799 gelangte De Lairesses Alexander-Triumph, ein charakteristisches Werk des führenden Meisters und Vordenkers des holländischen Klassizismus, schließlich mit der Mannheimer Galerie nach München, wo nach dem Aussterben mehrerer Linien des Hauses Wittelsbach die Gesamterbschaft der bayerischen und pfälzischen Lande zusammengezogen wurde.

Lit.: Roy 1992, 124–129, P.107–118; Beyer 1994; Dekiert 2007. M.D.

Kat. Nr. 368
Kopie des Mosaiks der Alexanderschlacht aus Pompeji

1843 beauftragt, signiert FABRICA IN NAPOLI DI BIAGIO GIUSTINIANI E FIGLI
Vermutlich nach einer Vorlage des Historienmalers Gennaro Maldarelli (1795–1858)
Majolika, 231 quadratische Fliesen (26 x 26 cm)
Potsdam, Stiftung Preußische Schlösser und Gärten Berlin-Brandenburg, Römisches Bad im Schlosspark von Potsdam, z.Z. aus restauratorischen Gründen entfernt

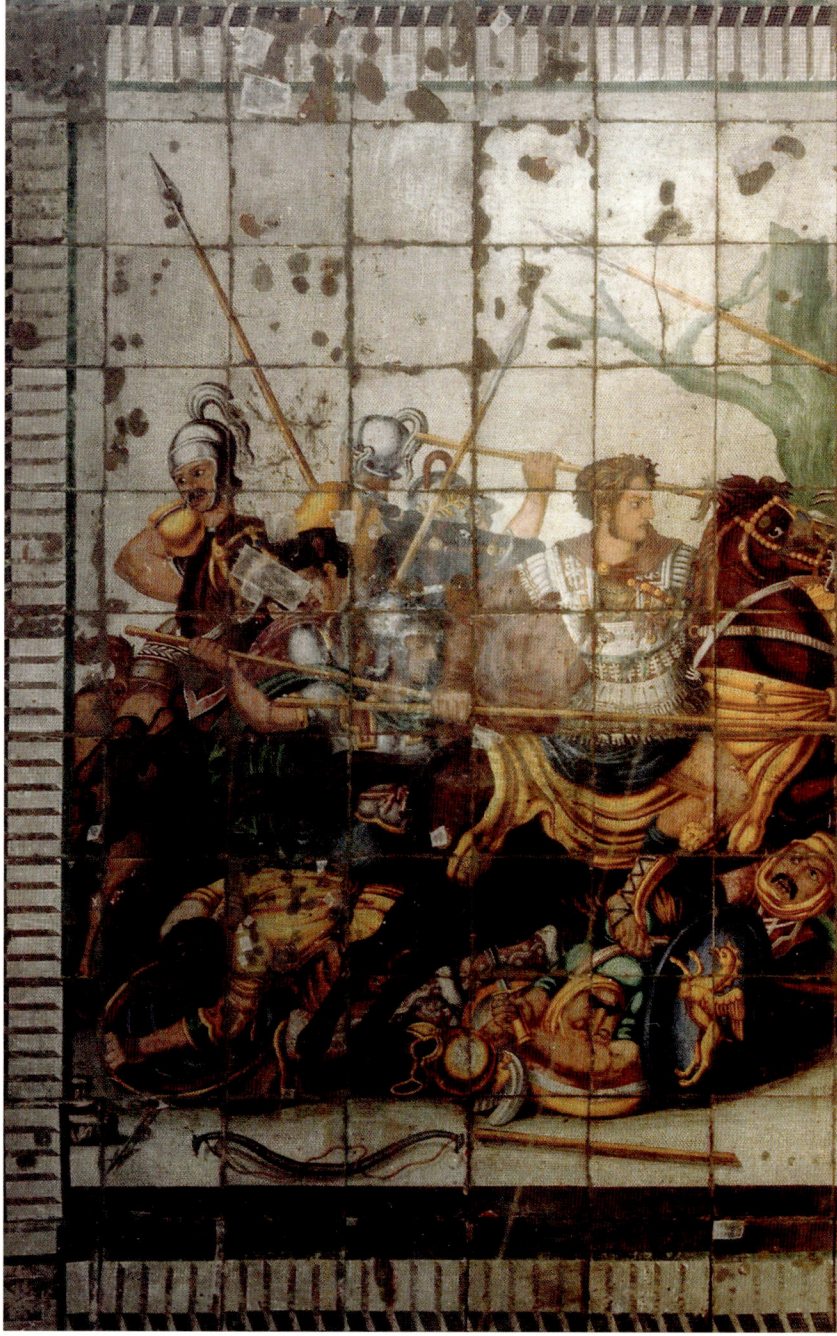

Friedrich Wilhelm IV. (1795–1861) gab die Kopie des berühmten Mosaiks aus dem Haus des Fauns in Pompeji bei der Manufaktur Giustiniani in Neapel in Auftrag. Er beabsichtigte, die Fliesen in einer nachgebauten antiken Villa einzufügen. Für dieses Bauvorhaben, das im Umfeld des Sommerschlösschens Charlottenhof errichtet werden sollte, hatte der Baumeister Friedrich Schinkel bereits 1833 einen Entwurf, wohl unter Einbeziehung von Anregungen des Auftraggebers, vorgelegt. Der Plan blieb unausgeführt, doch die Idee für die antike Villa ging nicht gänzlich verloren. In den 1840 fertiggestellten Römischen Bädern in Potsdam fanden die Schinkel'schen Entwürfe für ein Atrium und andere Räume ihre Verwirklichung. Die empfindliche Mosaikkopie der Alexanderschlacht wurde in den Caldarium-Boden (Warmwasserbad) eingefügt. Das durch Pergolen, Arkaden und Gartenteile miteinander verbundene Bauensemble im Park von Schloss Sanssouci spiegelt die „Italiensehnsucht" des Bauherrn wieder. Dieses romantische Verlangen brachte die unterschiedlichsten Antikenkopien hervor, neben Vasen und Statuen vor allem Kaiserbüsten. Das eher ungewöhnliche und große Alexandermosaik ist kein Unikat: Ein weiteres Beispiel befindet sich als Wandschmuck im uckermärkischen Schloss Liebenberg.

Lit.: Nehls 1992. E.-M.G.

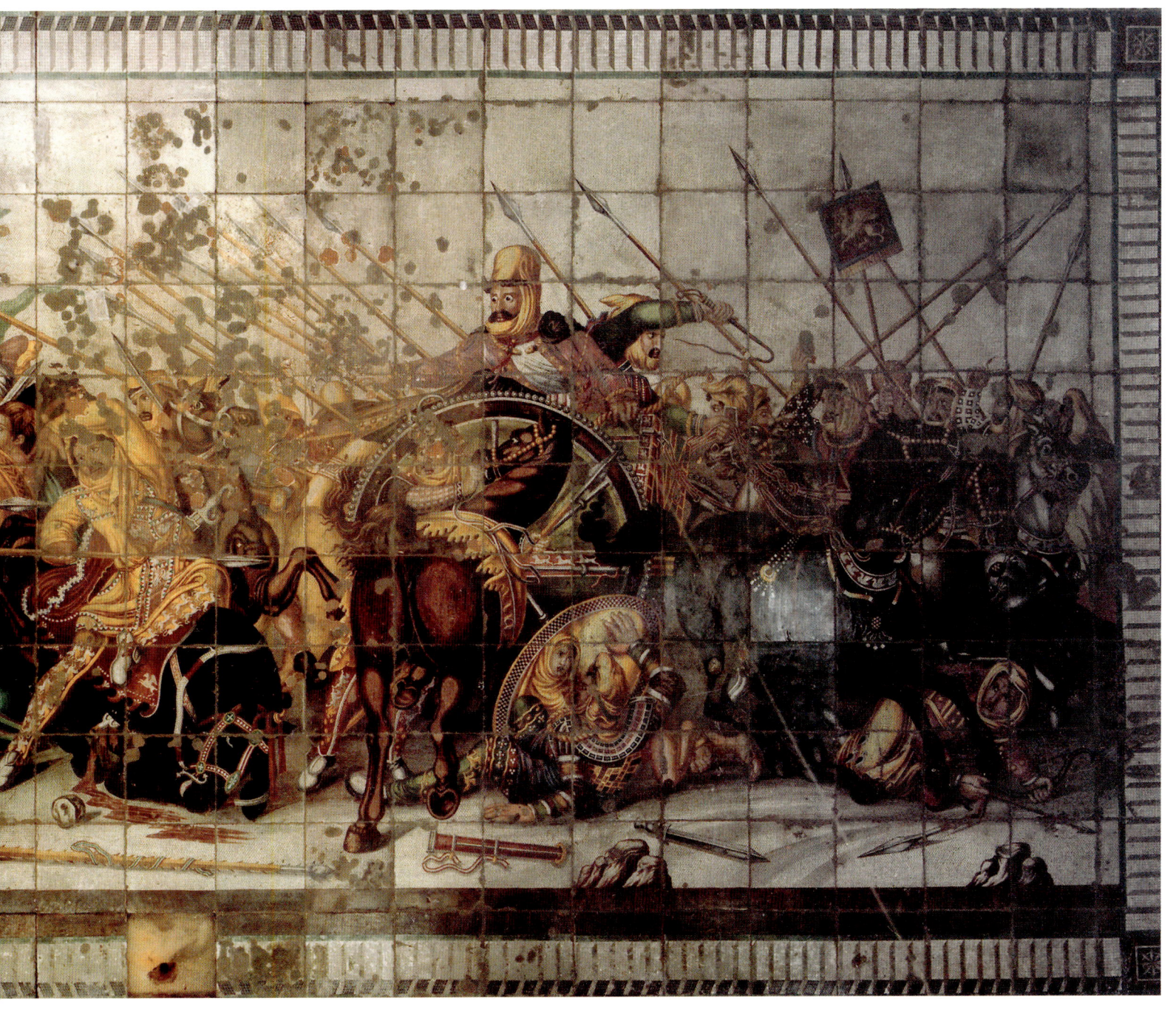

Literatur

Abdullajew 2001
Abdullajew, K. A.: Raskopki na Pajenkurganje w Baisunskom raionje (Sewernaja Baktrija). In: Archeologitscheskie issledowanija w Usbeistane w 2000 g. Samarkand 2001, 25–30.

Abka'i-Khavari 1988
Abka'i-Khavari, M.: Die achämenidischen Metallschalen, AMI 21, 1988, 91–137.

Ackermann 1975
Ackermann, H.: Narrative Stone Reliefs from Gandhara in the Victoria and Albert Museum in London, Istituto Italiano per il Medio ed Estremo Oriente, Reports and Memoirs 17, Rom 1975.

AK Berlin 1992
Jakob-Rost, L. u.a. (Hrsg.): Das Vorderasiatische Museum, Ausstellungskatalog Vorderasiatisches Museum zu Berlin, Mainz 1992.

AK Berlin 2008
Dahmen, Karsten: Münzen aus Babylon. In: Marzahn, J./Schauerte, G. (Hrsg.): Babylon. Wahrheit. Berlin 2008, 449–462.

AK Berlin 2008
Marzahn, J./Schauerte, G. (Hrsg.): Babylon. Mythos & Wahrheit, Ausstellungskatalog Berlin/München 2008.

AK Cambridge 1992
Errington, E./Cribb, J. (Hrsg.): The Crossroads of Asia. Transformation in Image and Symbol, Ausstellungskatalog London, Cambridge 1992.

AK Dijon 1996
Desroches, J.-P. (Hrsg.), Ages et visages de l'Asie. Ausstellungskatalog Musée des Beaux-Arts, Dijon 1996.

AK Göttingen 1975
Die Welt des Alten Orients. Keilschrift – Grabungen – Gelehrte, Ausstellungskatalog Göttingen, Göttingen 1975.

AK Graz 2003
Der Turmbau zu Babel. Ursprung und Vielfalt von Sprache und Schrift, Ausstellungskatalog Schloss Eggenberg Graz, Bd. I, Wien 2003.

AK Köln 1979
Gold der Thraker. Archäologische Schätze aus Bulgarien, Ausstellungskatalog Römisch-Germanisches Museum, Köln/Mainz 1979.

AK Lattes 2008
Bopearachchi, O./Landes, Ch./Sachs, Ch. (Hrsg.): De l'Indus à l'Oxus. Archéologie de l'Asie centrale. Ausstellungskatalog Musée Henri-Prades Lattes, Lattes 2008.

AK London 2005
Curtis, J. E./Tallis, N.: Forgotten Empire. The World of Ancient Persia, Ausstellungskatalog British Museum London, London 2005.

AK Mannheim 2007
Wieczorek, Alfried/Lind, Christoph (Hrsg.): Ursprünge der Seidenstraße, Begleitband zur Ausstellung an den Reiss-Engelhorn-Museen Mannheim, Stuttgart 2007.

AK Mannheim/Wien 1999
Von Babylon bis Jerusalem. Die Welt der altorientalischen Königsstädte, Ausstellungskatalog Reiss-Museum Mannheim und Kunsthistorisches Museum Wien 1999.

AK New York 1992
Harper, P. O./Aruz, J./Tallon, F. (Hrsg.): The Royal City of Susa: Ancient Near Eastern. Treasures in the Louvre, Ausstellungskatalog Metropolitan Museum of Art New York, New York 1992.

AK Paris 2001
Desroches, J.-P. (Hrsg.): L'Asie des steppes, d'Alexandre le grand à Gengis Khan. Ausstellungskatalog Musée national des Arts Asiatiques-Guimet, Paris 2001.

AK Paris 2002
Cambon, P. (Hrsg.): Afghanistan, une Histoire millénaire. Ausstellungskatalog Musée national des Arts Asiatiques-Guimet, Paris 2002.

AK Paris 2007
Cambon, P. (Hrsg.): Afghanistan, les trésors retrouvés. Ausstellungskatalog Musée national des Arts Asiatiques-Guimet, Paris 2007.

AK Paris 2008
André-Salvini, B. (Hrsg.): Babylone, Ausstellungskatalog Musée du Louvre Paris, Paris 2008.

AK Rom 1990
D'Amore, P./Lombardo, G. (Hrsg.): Vicino Oriente e Caucaso. Suppl. zu: I Tesori dei Kurgani del Caucaso settentrionale, Ausstellungskatalog Rom, Rom 1990.

AK Rom 1995
Alfano, C. (Hrsg.): Alessandro Magno. Storia e mito, Ausstellungskatalog Rom/Mailand 1995.

AK Rom 2002
Callieri, P./Filigenzi, A. (Hrsg.): Il maestro di Saidu Sharif. Alle origini dell'arte del Ghandara, Ausstellungskatalog Rom, Rom 2002.

AK Speyer 1990
Egg, M./Waurick, G (Hrsg.): Antike Helme, Ausstellungskatalog Speyer, Mainz 1990.

AK Speyer 2006
Koch, A. (Hrsg.): Pracht und Prunk der Großkönige. Das persische Weltreich, Ausstellungskatalog Historisches Museum der Pfalz Speyer, Stuttgart 2006.

AK Tokio 2003
Alexander the Great. East-West Cultural Contact from Greece to Japan, Ausstellungskatalog Tokio National Museum, Tokio 2003.

AK Turin 2007
Messina, V. (Hrsg.): Sulla Via di Alessandro. Da Seleucia al Gandhara. Catalogo della mostra Torino, Mailand 2007.

AK Washington 2008
Cambon, P./Hiebert, F. T. (Hrsg.): Afghanistan. Hidden Treasures from the National Museum, Kabul. Ausstellungskatalog National Gallery of Art, Washington, Washington 2008.

AK Washington 2009
Mattusch, C.: Katalogbeiträge. In: Pompeii and the Roman Villa, Ausstellungskatalog Washington, London 2009.

Albaum 1982
Albaum, L. I.: O tolowanii karatepinskich kompleksow (w swete raskopok Fajas-Tepe). Buddisskie pamjatniki Kara-Tepe w Starom Termese, Moskau 1982.

Albaum 1990
Albaum, L. I.: Shiwopis swjatiliza Fajastepa. In: Kultura Srednowo Wostokoa (s drewnejschich wremjon do naschich dnej). Isobrasitelnoje i prikladnoje iskusstwo, Taschkent 1990.

Albaum 1996
Albaum, L.: Die Siedlung Dalversin-Tepe (Text in russisch), Istorija Materialnoij Kultury Usbekistana 7, 1966, 47–65.

Alföldi 1955
Alföldi, A.: Gewaltherrscher und Theaterkönig. In: Weitzmann, K. (Hrsg.): Late Classical and Medieval Studies in Honor of A.M. Friend, Princeton 1955, 15–41.

Alföldi 1976/1990
Alföldi, A.und E.: Die Kontorniat-Medaillons I und II, Berlin 1976/1990.

Allen 2005
Allen, L.: The Persian Empire, London 2005.

Alram 1986
Alram, M.: Nomina Propria Iranica In Nummis. Materialgrundlagen zu den iranischen Personennamen auf antiken Münzen. In: Mayrhofer, M./Schmitt, R. (Hrsg.): Iranisches Personennamenbuch, Bd. IV, Wien 1986.

Alram 1996
Alram, M: Die Geschichte Ostirans von den Griechenkönigen in Baktrien und Indien bis zu den iranischen Hunnen (250 v. Chr. – 700 n. Chr.). In: Seipel, W. (Hrsg.): Weihrauch und Seide. Alte Kulturen an der Seidenstraße, Wien 1996, 119–140.

Alram 1999
Alram, Michael: Indo-Parthian and Early Kushan Chronology: The Numismatic Evidence. In: Alram/Klimburg 1999, 19–48.

Alram 2004
Alram, M.: The History of the Silk Road as Reflected in Coins, Parthica 6, 2004, 47–68.

Alram 2008
Alram, M. u.a.: Neuerwerbungen für das Münzkabinett 1990–2008. In: W. Seipel (Hrsg.): Additionen, Neuerwerbungen des Kunsthistorischen Museums 1990–2008, Wien 2008, 117–138.

Alram/Klimburg-Salter 1999
Alram, M./Klimburg-Salter, D. E. (Hrsg.): Coins, Art and Chronology. Essays on the pre-Islamic History of the Indo-Iranian Borderlands, Wien 1999.

AMNG 1906/1935
Gaebler, H.: Die antiken Münzen Nord-Griechenlands III-1, Berlin 1906; III-2 Berlin 1935.

AMNG I–2
Pick, B./Regling, K.: Die antiken Münzen Nord-Griechenlands, I, 2 Dacien und Moesien, Berlin 1910.

AMNG III–1
Gaebler, H.: Die antiken Münzen Nord-Griechenlands, III-1, Berlin 1906.

AMNG III–2
Gaebler, H.: Die antiken Münzen Nord-Griechenlands, III-2, Berlin 1935.

Ancient Art 2004
Ancient Art to Postimpressionism. Masterpieces from the Ny Carlsberg Glyptotek, Copenhagen, Royal Academy of Arts, London 2004.

Anderson 1927
Anderson, A.R.: Alexander's Horns. In: APhA 58, 1927, 100–122.

Andreae 2001
Andreae, B.: Skulptur des Hellenismus, München 2001.

Andreae 2004
Andreae, B.: Seleukos Nikator als Pezhétairos im Alexandermosaik. In: Mitteilungen des Deutschen Archäologischen Instituts, Römische Abteilung 111, 2004, 69–82.

Andreae 2008
Andreae, Bernhard: Alexander der Große und sein asiatisches Erbe. In: AK Bonn 2008.

Andronikos 1980
Andronikos, Manolis: The Royal Graves at Vergina, Athen 1980.

Antike Helme 1988
Antike Helme. Sammlung Lipperheide und andere Bestände des Antikenmuseums, Berlin/Mainz 1988.

Ardovino 2002
Ardovino, Angelo: La ricerca sulla tecnologia ottocentesca: sguardo sull'ideologia selettiva della conservazione nell'Ottocento e riflessioni per il restauro di mosaici già restaurati. Il caso del Mosaico di Alessandro di Pompei. In: I mosaici. Cultura, Tecnologia, Conservazione, Atti del Convegno di Studi, Bressanone 2–5 Luglio 2002, a cura di G. Biscontin e G. Driussi, Scienza e beni culturali, XVIII, 2002, 33–38.

Aristot. rhet.
Rapp,Ch.: Aristoteles. Rhetorik. Übersetzung, Einleitung und Kommentar, 2 Bde, Berlin 2002.

Arnold-Biucchi 2005
Arnold-Biucchi, C.: New England Classical Journal 32/34, 11/2005, 356–360.

Arnold-Biucchi 2006
Arnold-Biucchi, C.: Alexander's coins and Alexander's image, Cambridge/Mass. 2006.

Arr. an.
Flavius Arrianus, Anabasis: Alexanders des Großen Siegeszug durch Asien. Eingeleitet und neu übertragen von Wilhelm Capelle (Zürich 1950) [Übersetzung der Anabasis einschließlich des Indischen Buches]

Arr. Ind.
Flavius Arrianus, Indike

ASSSBANP
ASSSBANP: Archivio Storico della Soprintendenza Speciale per i Beni Archeologici di Napoli e Pompei.

Atkinson 1980
Atkinson, J. E.: A commentary on Q. Curtius Rufus' Historiae Alexandri Magni Books 3 and 4, London Studies in Classical Philology 4, Amsterdam 1980.

Atkinson 1994
Atkinson, J. E.: A commentary on Q. Curtius Rufus' Historiae Alexandri Magni Books 5 to 7,2, Acta Classica. Supplementum 1, Amsterdam 1994.

Audouin/Bernard 1973
Audouin, Rémy/Bernard, Paul: Trésor de monnaies indiennes et indo-grecques d'Ai Khanoum (Afghanistan). I – Les monnaies indiennes. In: Revue Numismatique 1973, 238–289.

Audouin/Bernard 1974
Audouin, Rémy/Bernard, Paul: Trésor de monnaies indiennes et indo-grecques d'Ai Khanoum (Afghanistan). II – Les monnaies indo-grecques. In: Revue Numismatique 1974, 7–41.

Aulock 1977
Aulock, H. von: Städte und Münzen Pisidiens II, Beihefte Istanbuler Mitteilungen 22, 1977.

Azimov 2001
Azimov, I.:Essai de reconstitution graphique de la citadelle de Kampyr Tepe. In: Leriche P.: La Bactriane au carrefour des routes et des civilisations de l'Asie centrale. Paris 2001.

Babaev 1979
Babaev, A.D.: Arkheologiceskie Otkritija 1979.

Badian 1968
Badian, E.: A king's notebook, Harvard Studies in Classical Philology 72, 1968, 183–204.

Badian 1975
Badian, E.: Nearchus the Cretan. In: Yale Classical Studies 24,1975, 147–170.

Bagchi 1955
Bagchi, P. C.: India and Central Asia, Calcutta 1955.

Ball 1982
Ball, W.: Archaeological Gazetteer of Afghanistan. Catalogue des sites archaéologiques d'Afghanistan. Avec la collaboration de J.-C. Gardin. Tome 1–2, Paris 1982.

Ban Gu 1983
„Han Shu", von Ban Gu. Ausgabe Zhonghua Shuju. Bde. 9, 11, 12, Peking 1983.

Barnett 1968
Barnett, R. D.: The Art of Bactria and the Treasure of the Oxos. In: Iranica Antiqua 8, 1968, 34–53.

Bartmann 1992
Bartmann, E.: Ancient Sculptural Copies in Miniature, Leiden 1992.

Basham 1968
Basham, A. L. (Hrsg.): Papers on the Date of Kaniska, Leiden 1968.

Bauslaugh 2000
Bauslaugh, R. A.: Silver Coinage with the Types of Aesillas the Quaestor, ANS Numismatic Studies 22, New York 2000.

Beck 1972
Beck, Pirhiya: A note on the Reconstruction of the Achaemenid Robe, Iranica Antiqua IX, 1972, 116–122.

Behrendt 2007
Behrendt, K. A.: The Art of Gandhara in the Metropolitan Museum of Art, New York 2007.

Belenickij 1978
Belenickij, A. M.: Zentralasien. Archaeologia Mundi 11, München 1978.

Belenickij 1980
Belenickij, A. M.: Mittelasien. Die Kunst der Sogden. Leipzig 1980.

Bellinger 1961
Bellinger, A. R.: Troy the Coins. Supplementary Monograph 2, Princeton 1961.

Bentor 1995
Bentor, Y.: On the symbolism of the mirror in Indo-Tibetan consecration ritual Journal of Indian Philosophy 23, 1995, 57–71.

Bergemann 1997
Bergemann, J.: Demos und Thanatos. Untersuchungen zum Wertsystem der Polis im Spiegel der attischen Grabreliefs des 4. Jahrhunderts. v. Chr. und zur Funktion der gleichzeitigen Grabbauten, München 1997.

Berger 1973
Berger, Paul-Richard: Die neubabylonischen Königsinschriften. Königsinschriften des ausgehenden babylonischen Reiches 626–539 v. Chr., AOAT 4/1, Kevelaer/Neukirchen-Vluyn 1973.

Bergmann 1998
Bergmann, M.: Die Strahlen der Herrscher. Theomorphes Herrscherbild und politische Symbolik im Hellenismus und in der römischen Kaiserzeit. Mainz 1998.

Bernard 1974
Bernard, P.: Fouilles de Aï Khanoum (Afghanistan). Campagnes de 1972 et 1973, Académie des inscriptions et belles-lettres. Comptes rendus des séances de l'année 1974, 280–308.

Bernard 1977
Bernard, A.: Das Alexandermosaik aus Pompeji, Recklinghausen 1977.

Bernard 1985
Bernard, Paul: Fouilles d'Ai Khanoum 4. Les monnaies hors trésors – questions d'histoire gréco-bactrienne, (Mémoires de la délégation archéologique française en Afghanistan 28), Paris 1985.

Bernard 1987
Bernard, Paul: Les nomads conquérants de l'empire greco-bactrien: Réflexions sur leur identité ethnique et culturelle In: Comptes rendus des séances de l'Academie des inscriptions et belle-lettres 1987, 758–768.

Bernard 1997
Bernard, P.: Ein Vorposten des Hellenismus. In: Hoepfner, W. (Hrsg.): Frühe Stadtkulturen. Beiträge aus Spektrum der Wissenschaft, Heidelberg 1997, 96–105.

Bernard 2001
Bernard, P.: Aï Khanoum en Afghanistan hier (1964–1978) et aujourd'hui (2001) un site en péril. Perspetives d'avenir", CRAI 2001.

Bernard/Jarrige/Besenval 2002
Bernard, P./Jarrige, J.-F./Besenval, R.: Carnet de route en images d'un voyage sur les sites archéologiques de la Bactriane afghane (Mai 2002), CRAI 2002.

Beyer 1994
Beyer, H.-J.: „Der Einzug Alexanders des Großen in Babylon". Die 12 Kupferstiche im hölzernen Gang des Weilburger Schlosses, Wiesbaden 1994.

Bichler/Rollinger 2003
Bichler, R./Rollinger, R.: Greece VI: The Image of Persia and Persian in Greek Literature. In: Encyclopaedia Iranica XI, New York 2003, 326–329.

Bittner 1987
Bittner, Stefan: Tracht und Bewaffnung des persischen Heeres zur Zeit der Achaimeniden, München 1987.

BMC 1873
Catalogue of Greek Coins in the British Museum, London 1873ff.

BMC Persia
Hill, G.F.: Catalogue of the Greek Coins in the British Museum, Arabia, Mesopotamia and Persia, London 1922.

Boehl 1935
Boehl, Franz M. Th.: Zum babylonischen Ursprung des Labyrinths. In: Miscellanea Orientalia dedicata Antonio Deimel, annos LXX complenti, AnOr 12, Rom 1935.

Bohm 1989
Bohm, C.: Imitatio Alexandri im Hellenismus. Untersuchungen zum politischen Nachwirken Alexanders des Großen in hoch- und späthellenistischen Monarchien, München 1989.

Boiy 2004
Boiy, Tom: Late Achaemenid and Hellenistic Babylon, OLA 136, Leuven u.a. 2004.

Boiy 2005
Boiy, T.: Late Achaemenid and Hellenistic Babylon, Orientalia Lovaniensia Analecta 136, Leuven/Paris 2005.

Bonucci 1832
Bonucci, Carlo: Scavi romani di Pompei, Ercolano, Bosco tre case, Iuglio a decembre. In: Bullettino dell`Istituto di Corrispondenza Archeologica, n.I di gennaio 1832, 11.

Bopearachchi 1985
Bopearachchi, Osmund: Graeco-Bactrian issues of later Indo-Greek kings. In: The Numismatic Chronicle 1990, Paris 1985, 79–103.

Bopearachchi 1991
Bopearachchi,Osmund: Monnaies gréco-bactriennes et indo-grecques. Catalogue raisonné, Paris 1991.

Bopearachchi 1999
Bopearachchi, Osmund: Recent coin hoard evidence on pre-Kushana chronology. In: Alram/Klimburg-Salter 1999.

Bopearachchi 2008
Bopearachchi, O.: Les premiers souverains Kouchans: chronologie et iconographie monétaire, Journal des Savants 2008/1, 3–56.

Bopearachchi/Landes/Sachs 2003
Bopearachchi, O./Landes, Ch./Sachs, Ch. (Hrsg.): De l'Indus à l'Oxus, Archéologie de l'Asie Centrale, AK, Lattes 2003.

Bosworth 1980/1995
Bosworth, A. B.: A Historical Commentary on Arrian's History of Alexander, 2 Bde. Oxford 1980, 1995.

Bosworth 1981
Bosworth A. B.: A Missing Year in the History of Alexander the Great. In: Journal of Hellenic Studies, 101, 1981, 17–37.

Bosworth 1988
Bosworth, A. B.: From Arrian to Alexander. In: Studies in Historical Interpretation, Oxford 1988.

Bosworth 1996
Bosworth, A. B.: Alexander and the East. The Tragedy of Triumph, Oxford 1996.

Bottini/Fresa 1991
Bottini, A./Fresa, M. P. (Hrsg.): Forentum II. L´acropoli in età classica, Venosa 1991.

Bounoure 1992
Bounoure, G./Serret, B. (Hrsg): Le roman d'Alexandre, Paris 1992.

Bretzl 1903
Bretzl, H.: Botanische Forschungen des Alexanderzuges, Leipzig 1903.

Briant 1984
Briant, P.: L´Asie Centrale et les royaumes proche-orientaux du premier millénaire (c. VIIIe–IVe siècles avant notre ère). Recherche sur les Civilisations, Mémoire 42, Paris 1984.

Briant 1996
Briant, P.: Histoire de l'Empire perse. De Cyrus à Alexandre, Paris 1996.

Briant 2002
Briant, P.: Histoire de l'empire perse: De Cyrus à Alexandre, Paris 1996. (englische Übersetzung: From Cyrus to Alexander: History of the Persian Empire, Winona Lake/IN 2002).

Brinkmann 2007
Brinkmann, V. (Hrsg.): Bunte Götter. Die Farbigkeit antiker Skulptur, 4. Aufl., Hamburg 2007.

Brosius 2007
Brosius, M.: The Persians: An Introduction, London 2007, 6–78.

Brown 1950
Brown, T. S.: Clitarchus. In: American Journal of Philology 71, 1950, 134–155.

Brown 1995
Brown, B. R., Royal Portraits in Sculpture and Coins, New York 1995.

Brunt 1980
Brunt, P. A.: On historical fragments and epitomes. In: Classical Quarterly 30, 1980, 477–494.

Bulling 1960
Bulling, A.: The Decoration of Han Mirrors, Ascona 1960.

Bürgel 1991
Bürgel, J. Christoph (Übers.): Nizami. Das Alexanderbuch Iskandarname. Aus dem Persischen übersetzt, Zürich 1991, 604–609.

Bürgel 1996
Bürgel, J. C.: Krieg und Frieden im Alexanderepos Nizamis. In: Bridges, M./Bürgel, J. C. (Hrsg.): The Problematics of Power. Eastern and Western Representations of Alexander the Great, Bern 1996, 91–107.

Bussagli 1953
Bussagli, M.: L'irrigidimento formale nei bassorilievi del Gandhara in rapporto all'estetica Indiana, Archeologia Classica 5, 1953, 67–83.

Bussagli 1958
Bussagli, M.: Catalogo. In: Istituto Italiano per il Medio ed Estremo Oriente/Museo Civico di Torino (Hrsg.), L'arte del Gandhara in Pakistan e i suoi incontri con l'arte dell' Asia Centrale, Rom 1958.

Bussagli 1965
Bussagli, M.: Arte del Gandhara. Forma e Colore 20, Florenz 1965.

Byvanck 1955
Byvanck, A. W.: La Bataille d`Alexandre. Bulletin van de Vereeniging tot Bevordering der Kennis van de antieke Beschaving 30, 1955, 28–34.

Calcani 1993
Calcani, G.: L´immagine di Alessandro Magno nel gruppo equestre del Granico. In: Carlsen 1993.

Calcani in: AK Rom 1995
Calcani, G.: Katalogbeiträge. In: AK Rom 1995.

Calmeyer 1993
Calmeyer, P.: Die Gefäße der Tributbringer auf den Gabenbringer-Reliefs in Persepolis, AMI 26, 1993, 147–160.

Calmieri 2002
Callieri, P.: Il periodo die Saka e die Parti: Le dinastie di Apraca e di Odi ed il loro supporto al Buddismo. In: AK Rom 2002, 57–61.

Cambon 2007 = AK Paris 2007

Carlsen 1993
Carlsen, J. u.a. (Hrsg.): Alexander the Great. Reality and Myth, Rom 1993.

Carradice 1987
Carradice, I.: The 'Regal' Coinage of the Persian Empire. In: Carradice, I. (Hrsg.): Coinage and Administration in the Athenian and Persian Empires, BAR International Series 343, Oxford 1987, 73–108.

Carradice 1998
Carradice, I.: Two Achaemenid Hoards. In: Numismatic Chronicle 158, 1998, 1–23.

Carter 1995
Carter, M. L.: Oesho or Siva? In: Bulletin of Asia Institute, vol. 9, 1995.

Chambon 2008
Chambon, Grégory: Mathematische Praktiken in Babylonien. In: AK Berlin 2008, 393–404.

Cholidis 2008
Cholidis, N.: Katalogbeiträge. In: AK Berlin 2008.

Cohen 1997
Cohen, A.: The Alexander Mosaic. Stories of Victory and Defeat, Cambridge 1997.

Coin Hoards, I, 1975
The Royal Numismatic Society (Hrsg.): Coin Hoards I, London 1975.

Colledge 1967
Colledge, M. A. R.: The Parthians, London 1967.

Cölln 1996
Cölln, Jan u.a. (Hrsg.): Alexanderdichtungen im Mittelalter. Kulturelle Selbstbestimmung im Kontext literarischer Beziehungen, Göttingen 1996.

Collon 1995
Collon, Dominique: Ancient Near Eastern Art, London 1995.

Cribb 1993
Cribb, J.: The "Heraus" coins: their attribution to the Kushan king Kujula Kadphises, c. AD 30–80. In: Price, M./Burnett, A./Bland, R. (Hrsg.): Essays in honour of Robert Carson and Kenneth Jenkins, London 1993, 107–134.

Cribb 1997
Cribb, Joe: Shiva images on Kushan and Kushano-Sasanian coins. In: Tanabe, K./Cribb, J./Wang, H. (Hrsg.): Studies in Silk Road Coins and Culture. Papers in honour of Professor Ikuo Hirayama on his 65th birthday, Kamakura 1997, 11–66.

Cribb 1999
Cribb, Joe: The early Kushan kings: new evidence for chronology. Evidence from the Rabatak Inscription of Kanishka I. In: Alram/Klimburg-Salter 1999, 177–205.

Cribb 1999/2000
Cribb, Joe: Kanishka's Buddha image coins revisited. In: Silk Road Art and Archaeology 6, 1999/2000, 151–189.

Cribb 2007
Cribb, J.: Money as a Marker of Cultural Continuity and Change in Central Asia. In: Cribb, J./Herrmann, G. (Hrsg.): After Alexander. Central Asia before Islam, Proceedings of the British Academy 133, Oxford 2007, 333–376.

Cribb/Bopearachchi 1992
Cribb, J./Bopearachchi, O.: The Crossroads of Asia. Transition in Image and Symbol in the art of the Ancient Afghanistan and Pakistan, Cambridge 1992.

Crüsemann 2009 (in diesem Band, 95–104)
Curt.
Koch, H., Hummer Ch. u.a. (Hrsg.): Q. Curtius Rufus: Geschichte Alexanders des Großen. Lateinisch und deutsch. 2 Bde, Darmstadt 2007.

Curtis 1988
Curtis, J. E. (Hrsg.): Bronzeworking Centres of Western Asia c. 1000–539 B.C., London 1988.

Curtis 1997
Curtis, J.: Franks and the Oxus Treasure. In: Caygill, M. L./Cherry, J. (Hrsg.): Franks, A. W.: Nineteenth-Century Collecting and the British Museum, London 1997, 230–249.

Curtis/Searight/Cowell 2003
Curtis, John/Searight, Ann/Cowell, M. R.: The gold plaques of the Oxos Treasure: manufacture, decoration and meaning. In: Potts, T./Roaf, M./Stein, D. (Hrsg.): Culture through Objects. Ancient Near Eastern Studies in Honour of P. R. S. Moorey, Oxford 2003, 219–247.

Czuma 1985
Czuma, Stanislaw J.: Kushan Sculpture: Images from early India, Cleveland 1985.

D'Amore 1997
D'Amore, P.: Coroplastica iranica del Museo Nazionale d'Arte Orientale di Roma, Contributi e Materiali di Archeologia Orientale 7, 1997, 102–111.

Dahmen 2003/2004
Dahmen, K.: Jahrbuch für Numismatik und Geldgeschichte 53/54, 2003/2004, 157–164.

Dahmen 2007
Dahmen, K.: The legend of Alexander the Great on Greek and Roman coins, London/New York 2007.

Dahmen 2008
Dahmen, K.: Katalogbeiträge. In: AK Berlin 2008.

Dahmen 2008a
Dahmen, K.: Alexanderschilde und Alexanders Schild(e). Göttinger Forum für Altertumswissenschaft 11, 2008, 125–133.

Dahmen 2008b
Dahmen, K.: Alexander in Gold and Silver: Reassessing Third-century AD Medallions from Aboukir and Tarsos. In: American Journal of Numismatics 20, 2008.

Dalton 1964
Dalton, O. M.: The Treasure of the Oxos, 3. Aufl., London (British Museum) 1964.

Dandamayeva 2007
Dandamayeva, M.: Alexander Weliki. Put na Wostok. Katalog wystawki, St. Petersburg 2007.

Dar 1979
Dar, S. R.: Toilet Trays from Gandhara and Beginning of Hellenism in Pakistan, Journal of Central Asia 2, 2, 1979.

Davis 2004
Davis, Dick (Übers.): Shahnameh. The Persian Book of Kings (Teilübers.), vol. 3, 2004.

De Longpérier 1868
De Longpérier, A.: Trésor de Tarse. In: Revue Numismatique 1868, 309–336.

De Polignac 1982
De Polignac, F.: L'image d'Alexandre dans la littérature arabe: L'Orient face à l'Hellénisme?. In: Arabica 29.3, 1982, 296–306.

De Polignac 1984
De Polignac, F.: L'homme aux deux cornes. Une image d'Alexandre du symbolisme grec à l'apocalyptique musulmane. In: MEFR 96, 1984, 29–51.

De Ridder 1913
De Ridder, A.: Bronzes antiques du Louvre I, Les figurines, Paris 1913.

Dekiert 2007
Dekiert, M.: Katalogbeiträge. In: Bayerische Staatsgemäldesammlungen (Hrsg.): Malerei des Spätbarock. Staatsgalerie im Neuen Schloss Bayreuth, München/Ostfildern 2007, 128–134.

Depuydt 1997
Depuydt, Leo: The Time of Death of Alexander the Great: 11 June 323 B.C. (–322), ca. 4:00 – 5:00 PM. In: Die Welt des Orients, Bd. XXVIII, 1997, 117–135.

Di Vita 1995
Di Vita, A. (Hrsg.): Alessandro Magno. Storia e mito, Mailand 1995.

Diakonoff/Livshits 2001
Diakonoff, I. M./Livshits, V. A.: Corpus Inscriptionum Iranicarum, Part II. Inscriptions of the Seleucid and Parthian Periods and of Eastern Iran and Central Asia Vol. II. Parthian. Parthian Economic Documents from Nisa, London 2001.

Dintsis 1986
Dintsis, P.: Hellenistische Helme, Archaeologica 43, 1986.

Dobler/Von den Hoff 2005
Dobler, A./Von den Hoff, R. (Hrsg.): Antike! Glanzpunkte der Sammlung griechischer und römischer Kunst aus dem Hause Hessen, Eichenzell 2005.

Dohrenwend 2002
Dohrenwend, R. E.: The Sling. Forgotten Firepower of Antiquity. In: Journal of Asian Martial Arts 11, 2002, 28–49.

Dohrn 1960
Dohrn, T.: Die Tyche von Antiochia, Berlin 1960.

Domes 2007
Domes, I.: Die Darstellungen der Africa von der späten Republik bis in die Spätantike. Typologie und Ikonographie einer Nationes im Imperium Romanum, I, A100, Rahden 2007.

Dorn'eich 2008
Dorn'eich, Chris: Zhang Qian. The secrete mission of Han emperor Wu in search of the Ruzhi (Yuezhi) and the fall of the Graeco-Bactrian kingdom (Annotated compilation of eastern and western sources), Berlin 2008.

Dressel 1906
Dressel, H.: Fünf Goldmedaillons aus dem Funde von Abukir. Abhandlungen der Preußischen Akademie der Wissenschaften, Berlin 1906.

Drougou 1987
Drougou, Stella: Der Stoff von Vergina. Erste Beobachtungen. In: Festschrift Manolis Andronikos, Thessaloniki 1987, 303–315.

Drujinina 2001
Drujinina, A.: Die Ausgrabungen in Taxt-i Sangīn im Oxos-Tempelbereich (Süd-Tadžikistan). Vorbericht der Kampagnen 1998/1999, AMIT 33, 2001, 257–282.

Dutt, N. 1977
Dutt, N.: Buddhist Sects in India, Calcutta 1977.

Dutt, S. 1988
Dutt, S: Buddhist Monks and Monasteries of India, Delhi 1988.

Edson 1958
Edson, Ch. F.: Imperium Macedonicum. The Seleucid Empire and the Literary Evidence. In: Classical Philology 53, 1958, 153–170.

Edwards 1998
Edwards, W.: Mirrors to Japanese history. Archaeology 51, May/June 1998, 3, newsbriefs (http://www.archaeology.org/9805/newbriefs/japan.html, Zugriff: 17.2.2009).

Ehrenberg 1965
Ehrenberg, V.: Polis und Imperium. Beiträge zur Alten Geschichte, Zürich/Stuttgart 1965.

Elisseeff 1954
Elisseeff, V.: Les laques Chinois de Begram. In: Hackin 1954, 151–155.

Endres 1923
Endres, H.: Geographischer Horizont und Politik bei Alexander dem Großen in den Jahren 330–323, Würzburg 1923.

Errington 1999/2000
Errington, E.: Numismatic evidence for dating the Buddhist remains of Gandhara. In: Silk Road Art and Archaeology, Kamakura 6, 1999/2000, 204.

Errington/Cribb 1992
E. Errington/J. Cribb (Hrsg.): The Crossroads of Asia. Transformation in Image and Symbol, Cambridge 1992.

Errington/Curtis 2007
Errington, E./Sarkosh Curtis, V.: From Persepolis to the Punjab. Exploring ancient Iran, Afghanistan and Pakistan, London 2007.

Falk 2001
Falk, Harry: The yuga of Sphujiddhvaja and the era of the Kusanas. In: Silk Road Art and Archaeology 7, 2001, 121–136.

Falk 2004
Falk, Harry: The Kaniska era in Gupta records. In: Silk Road Art and Archaeology 10, 2004, 167–176.

Falk 2008
Falk, Harry: Zeitrechnung in Gandhara. In: Gandhara – Das buddhistische Erbe Pakistans, Legenden, Klöster, Paradiese (AK Kunst- und Ausstellungshalle der Bundesrepublik Deutschland), Mainz 2008, 70–71.

Falk 2009
Falk, H.: The Name of Vema Takhtu. In: Sundermann, W./Hintze, A./de Blois, F. (Hrsg.): Exegisti monumenta. Festschrift in Honour of Nicholas Sims-Williams, Iranica 17, Wiesbaden 2009, 105–116.

Fehr 1979
Fehr, B.: Bewegungsweisen und Verhaltensideale. Physiognomische Deutungsmöglichkeiten der Bewegungsdarstellung an griechischen Statuen des 5. und 4. Jhs. v. Chr., Bad Bramstedt 1979.

Fernández Nieto 2007
Fernández Nieto, F. J.: El epograma griego de Córdoba: Arriano de Quitros, procónsul de la Bética, los sacrificios incruentos y la Ártemis chiripota. In: Acta XII Congressus Interantionalis Epigraphicae Graece et latinae, Barcelona 2007, 491–500.

Filigenzi 1995
Filigenzi, A.: L'arte del Gandhara, in: AK Rom 1995.

Fittschen 1977
Fittschen, K.: Katalog der antiken Skulpturen in Schloss Erbach, 1977.

Fleischer 1991a
Fleischer, R.: Studien zur Seleukidischen Kunst I: Herrscherbildnissse. Mainz 1991.

Fleischer 1991b
Fleischer, R.: Physionomie, idéologie, politique dynastique. Les portraits sur les monnaies des rois séleucides. In: Ο ελληνισμός στην Ανατολή. Πρακτικά Α' Διεθνούς Αρχαιολογικού Συνεδρίου, Δελφοί 6–9 Νοεμβρίου, Athen 1991, 303–309.

Fleischer 2001
Fleischer, R.: Griechische Kunst in Iran vor der Partherzeit. In: Seipel, W. (Hrsg.): 7000 Jahre persische Kunst. Meisterwerke aus dem Iranischen Nationalmuseum in Teheran, Bonn/Wien 2001, 221–229.

Flood 1989
Flood, F. B.: Herakles, the "Perpetual Acolyte" of Buddha: Some Observations on the Iconography of Vajrapani in Gandhara Art, SAS 5, 1989.

Flury-Lemberg 1988
Flury-Lemberg, Mechthild: Textilkonservierung im Dienste der Forschung, Bern 1988, 234–237.

Foucher 1905–51
Foucher, A.: L'Art gréco-bouddhique du Gandhâra. Étude sur les origines de l'influence classique dans l'art bouddhique de l'Inde et de l'Extrême-Orient, 2 t. [t. 1: 1905; t. 2 en trois fasc.: 1918, 1922, 1951], Paris, Imprimerie nationale (PEFEO, 5 et 6).

Foucher 1942
Foucher, A.: La vieille route de l'Inde, de Bactres à Taxila, Paris 1942.

Fox 2007
Fox, R.-L.: Alexander the Great: Last of the Achaemenids. In: Tulip, Ch. (Hrsg.): Persian Responses, Oxford 2007, 267–311.

Francfort 1979
Francfort, H.-P.: Les palettes du Gandhara. Mémoires de la Délégation Archéologique Française en Afghanistan 23, Paris 1979.

Francfort 1984
Francfort, H.-P.: Fouilles d'Ai Khanoum, 3, 2 Le sanctuaire du Temple à Niches Indentées. Les trouvailles, Mémoires de la Délégation Archéologique Française en Afghanistan 27, Paris 1984.

Franke/Hirmer 1964
Franke, P. R./Hirmer, M.: Die griechische Münze, München 1964.

Franke/Hirmer 1972
Franke, P./Hirmer, M.: Die griechische Münze, 2. Aufl., München 1972.

Friedländer 1881
Friedländer, J.: Die Erwerbungen des Königlichen Münzkabinetts. In: Zeitschrift für Numismatik 8, 1881, 1–17.

Friedländer 1913
Friedländer, J.: Die Chadhirlegende und der Alexanderroman, Leipzig 1913.

Friedländer/von Sallet 1877
Friedländer, J./von Sallet, A.: Das Königliche Münzkabinett. Geschichte und Übersicht der Sammlung nebst erklärender Beschreibung der auf Schautischen ausgelegten Auswahl, Berlin 1873, 2. verm. Aufl. 1877.

Fröhlich 2008
Fröhlich, Christine: Monnaies indo-scythes et indo-parthes. Catalogue raisonné, Paris 2008.

Fuhrmann 1931
Fuhrmann, F.: Philoxenos von Eretria. Archäologische Untersuchungen über zwei Alexandermosaike, Göttingen 1931.

Fukunaga 2004
Fukunaga, S.: Der Kult der Bronzespiegel – die Diskussion und das Rätsel der Spiegel mit dreieckiger Randleiste. In: Wieczorek, A./Steinhaus, W./Makoto, S.: Zeit der Morgenröte. Japans Archäologie und Geschichte bis zu den ersten Kaisern. Handbuch, Mannheim 2004, 300–304.

Fussman 1974
Fussman, G.: Documents epigraphiques Kushans. In: BEFEO, LXI, 1974.

Fussman 1987
Fussman, G.: Numismatic and Epigraphic Evidence for the Chronology of EarlyGandharan Art. In: Investigating Indian Art, Berlin 1987.

Fussman 2001
Fussman, G.: L'inscription de la Bactriane et les Kouchans. In: Leriche, P./Pidajew, C./Gelin, M./Abdoullaev, K. (Hrsg.): La Bactriane au carrefour des routes et des civilisations, Paris 2001.

Gaibow/Koshelenko/Serditych 1992
Gaibow, G. W./Koshelenko, G. A./Serditych, S. W.: Ellinistitscheski Wostok. In: Ellinism: wostok i sapad, Moskau 1992, 18–22.

Gardin 1989/1997/1998
Gardin, J.-C.: (Hrsg.): Prospections archéologiques en Bactriane orientale (1974–1978), Paris, Bd. 1–3, 1989, 1997 und 1998.

Gardin 1998
Gardin, J.-C.: Prospections archéologiques en Bactriane Orientale (1974–1978) III. Description des sites et notes de synthèse, Mémoires de la délégation archéologique française en Afghanistan 38, Paris 1998.

Gehrke 2005
Gehrke, H.-J.: Alexander der Große, Beck Wissen, 4. Aufl., München 2005.

Gehrke 2008
Gehrke, H.-J.: Alexander der Große, 5. Aufl., München 2008.

Genequand 1996
Genequand, C.: Sagesse et pouvoir: Alexandre en Islam. In: Bridges, M./Bürgel, J. C. (Hrsg.): The Problematics of Power. Eastern and Western Representations of Alexander the Great, Bern 1996, 125–133.

Gentelle 1978
Gentelle, P.: Etude géographique de la plaine d'Aï Khanoum et de son irrigation depuis les Temps Antiques, Paris 1978.

Ghirshman 1962a
Ghirshman, R.: Iran, Parther und Sasaniden, München 1962.

Ghirshman 1962b
Ghirshman, R.: Le rhyton en Iran, Artibus Asiae 25:1, 1962, 57–80.

Ghirshman 1964
Ghirshman, R.: Iran, Protoiranier, Meder, Achämeniden, München 1964.

Gleba 2008
Gleba, Margarita: Auratae vestes: Gold textiles in the ancient Mediterranean. In: Alfaro, Carmen/Karali, Lillian (Hrsg.): Vestidos, Textiles y Tintes. Estudios sobre la producciòn de bienes de consumo en la Antigüedad. Actas del II Symposium International sobre Textiles y Tintes del Mediterranéo en el mundo antiguo (Atenas, 24 al 26 noviembre 2005), Valencia 2008, 61–77.

Gnoli 1980
Gnoli, G.: Zoroaster´s time and homeland. A study on the origins of Mazdeism and related problems. Istituto Universitario Orientale, Seminario di Studi Asiatici, Series Minor 7, Naples 1980.

Göbl 1984
Göbl, Robert: System und Chronologie der Münzprägung des Kušanreiches, Wien 1984.

Göbl 1993
Göbl, Robert: Donum Burns. Die Kušanmünzen im Münzkabinett Bern und die Chronologie, Wien 1993.

Göbl 1999
Göbl, Robert: The Rabatak Inscription and the date of Kanishka. In: Alram/Klimburg-Salter 1999, 151–171.

Goldmann 1993
Goldmann, B.: Darius III, the Alexander Mosaic and the "Tiara Ortho", Mesopotamia 18, 1993, 51–69.

Good 1995
Good, Irene: On the Question of Silk in pre-Han Eurasia. In: Antiquity 69, 1995, 959–968.

Good/Kenoyer/Meadow 2009
Good, I./Kenoyer, J. M./Meadow, R. H.: New Evidence for Early Silk in the Indus Civilization. In: Archaeometry 50, 2009 [im Druck].

Goossens 1961
Goossens, G.: Relief du Palais de Persépolis, Bulletin des Musées Royaux d'Art et d'Histoire 32, 1961, 66–70.

Gorbunova 1992
Gorbunova, N. G.: Early nomadic pastoral tribes in Soviet Central Asia during the first half of the first millenium A.D. In: Seaman, G. (Hrsg.): Foundations of Empire. Archaeology and Art of the Eurasian Steppes, Los Angeles 1992, 31–48.

Görsdorf 2007
Görsdorf, J.: Information zu den ^{14}C-Datierungsergebnissen, Trudy Baisunskoi nautschnoi ekspedizii 3, Taschkent 2007, 65–66.

Goukowsky 1978–1981
Goukowsky, P.: Essai sur les origines du mythe d'Alexandre, 2. Bde., Nancy 1978–1981.

Grayson 1975
Grayson, A. K.: Assyrian and Babylonian Chronicles. Texts from Cuneiform Sources V, Chicago 1975.

Grenet 1991
Grenet, F.: Mithra au temple principal d'Aï Khanoum? In: Bernard, P./Grenet, F. (Hrsg.): Histoire et cultes de l'Asie centrale préislamique, Paris 1991, 147–151.

Grenet/Rapin 2001
Grenet, F./Rapin, C.: Alexander, Ai Khanum, Termez: Remarks on the Spring Campaign of 328. In: Bulletin of Asian Institute, Boston 2001, 79–89.

Guan 2006
Guan, W.: Zhongguo tongjing shi (Geschichte der chinesischen Bronzespiegel), Chongqing 2006.

Gubel/Overlaet 2007
Gubel, E./Overlaet, B. (Hrsg.): Trésors de l'Antiquité, Proche Orient et Iran, de Gilgamesh à Zénobie, Brüssel 2007.

Guillaume/Rougeulle 1987
Guillaume O./Rougeulle, A.: Fouilles d'Ai Khanoum, VII. Les petits objets (Mémoires de la Délégation Archéologique Française en Afghanistan, XXXI), Paris 1987.

Hackin 1954
Hackin, J.: Nouvelles recherches archéologiques à Begram (ancienne Kâpicî), 1939/1940, Paris 1954.

Hahn 2000
Hahn, J. (Hrsg.): Alexander in Indien 327–325 v.Chr., Stuttgart 2000.

Hall 1986
Hall, Rosalind: Egyptian Textiles,1986.

Hamilton 1969
Hamilton, J. R.: Plutarch Alexander. A Commentary, Oxford 1969.

Hammond 1983
Hammond, N. G. L.: Three historians of Alexander the Great: the so-called Vulgata authors, Diodorus, Justin and Curtius, Cambridge 1983.

Hammond 1988
Hammond, N. G. L.: The Royal Journal of Alexander, Historia 37, 1988, 129–150.

Hammond 1993
Hammond, N. G. L.: Sources for Alexander the Great: an analysis of Plutarch's "Life" and Arrian's "Anabasis Alexandrou", Cambridge 1993.

Harich 1987
Harich, Henriette: Alexander Epicus. Studien zur Alexandreis des Walter von Chatillon, Graz 1987.

Harmatta 1996
Harmatta, J. (Hrsg.): History of Civilizations of Central Asia, Bd. 2, 2. Aufl., Paris 1996.

Heermann 1986
Heermann, V.: Studien zur makedonischen Palastarchitektur, Berlin 1986.

Held 2002
Held, Winfried: Die Residenzstädte der Seleukiden. In: Jahrbuch des Deutschen Archäologischen Instituts 117, 2002, 217–249.

Held 2003
Held, W.: Die Residenzstädte der Seleukiden. Babylon, Seleukia am Tigris, Ai Khanoum, Seleukia in Pieria, Antiochia am Orontes. In: Jahrbuch des Deutschen Archäologischen Instituts 118, 2003, 217–249.

Held 2004
Held, W.: Königsstädte in babylonischer Tradition. Die Residenzstädte der Seleukiden. In: Antike Welt 35, 2004, 23–26.

Hill 1922
Hill, G. F.: Catalogue of the Greek Coins of Arabia, Mesopotamia and Persia in the British Museum, London 1922.

Hill 1982
Hill, D. K.: Note on the piecing of bronze statuettes, Hesperia 51, 1982, 277–283.

Hillenbrand 2002/2003
Hillenbrand, Robert: Katalogbeiträge. In: The Legacy of Genghis Khan. Courtly Art in Western Asia, Ausstellung New York 2002/2003, S. 135–167.

Himmelmann 1989
Himmelmann, N. (Hrsg.): Herrscher und Athlet, Mailand 1989.

Himmelmann 1996
Himmelmann, N.: Alexander der Große. In: Ders.: Minima archaeologica. Utopie und Wirklichkeit der Antike. Mainz 1996, 119–134.

Historiy of Civilizations of Central Asia 1992–2005
History of Civilizations of Central Asia, 1–6, Paris, 1992–2005.

Hoepfner/Brands 1996
Hoepfner, W./Brands, G. (Hrsg.): Basileia, die Paläste der hellenistischen Könige. Internationales Symposion in Berlin 1992, Mainz 1996.

Hoepfner/Schwandner 1986
Hoepfner, W./Schwandner, E.-L.: Haus und Stadt im Klassischen Griechenland. Wohnen in der klassischen Polis, München 1986.

Hoffmann/Davidson 1965
Hoffmann, H./Davidson, P. F.: Greek Gold. Jewelry from the Age of Alexander, New York 1965.

Högemann 1985
Högemann, P.: Alexander der Große und Arabien, München 1985.

Hölscher 1971
Hölscher, T.: Ideal und Wirklichkeit in den Bildnissen Alexanders d. Gr. (Heidelberg 1971) Abhandlungen der Heidelberger Akademie der Wissenschaften, Phil. Hist. Klasse Jahrgang 1971.

Hölscher 1973
Hölscher, T.: Griechische Historienbilder des 5. und 4. Jahrhunderts v. Chr., Würzburg 1973, 122–162.

Hölscher 1989
Hölscher, T.: Zur Deutung des Alexandermosaiks In: Festschrift E. Akurgal, Anadolu XXII, 1981/83, Ankara 1989, 297–307.

Holt 1989
Holt, F: Alexander the Great and Bactria, Leiden 1989.

Holt 1999
Holt, F. L.: Thundering Zeus. The Making of Hellenisic Bactria, Berkeley 1999.

Holt 2003
Holt, F. L.: Alexander the Great and the mystery of the elephant medallions, Berkeley/Los Angeles 2003.

Hölzl 2007
Hölzl, R.: Meisterwerke der Ägyptisch-Orientalischen Sammlung, Kurzführer durch das Kunsthistorische Museum, Bd. 6, Wien 2007.

Hong 2005
Hong, S.: Zhan Guo Qin Han shiqi qiqi de shengchan yu guanli (Produktion und Verwaltung von Lacken aus den Perioden Zhan Guo, Qin und Han), Kaogu Xuebao 2005, 4, 381–410.

Hornblower 1981
Hornblower, J.: Hieronymus of Cardia, Oxford 1981.

Houghton 2002
Houghton, A./Lorber, C.: Seleucid Coins, A comprehensive catalogue, Part 1, Seleucus I through Antiochus III, New York 2002.

Houghton 2008
Houghton, A./Lorber, C.: Seleucid Coins, A comprehensive catalogue, Part 2, Seleucus VI through Antiochus XIII, New York 2008.

Høyrup 2000
Høyrup, J.: The finer Structure of the Old Babylonian Mathematical Corpus. Elements of Classification, with some results. In: Marzahn, J./Neumann, H. (Hrsg.): Assyriologica et Semitica. Festschrift für Joachim Oelsner anlässlich seines 65. Geburtstages am 18. Februar 1997, AOAT 252, Münster 2000, 139–141.

Hughes-Stanton 1982
Hughes-Stanton, P.: Early Buddhist sculpture. In: Hook, B. (Hrsg.): The Cambridge Encyclopedia of China, Cambridge/London 1982, 419–420.

Hulsewé 1979
Hulsewé, A. F. P.: China in Central Asia. The Early Stage: 125 B.C. – A.D. 23. An annotated translation of chapters 61 and 96 of the History of the Former Han Dynasty (with an introduction of M. A. N. Loewe), Leiden 1979.

Hunger 1982
Hunger, Hermann: Zwei Tafeln des astronomischen Textes MUL. APIN im Vorderasiatischen Museum zu Berlin, Forschungen und Berichte, Bd. 22 Archäologische Beiträge, 1982, 127–135.

Huntington 1985
Huntington, S.: The Art of Ancient India, Boston/London 1985.

IGCH I
Thompson, M./Kraay, C.M./Mørkholm, O.: An Inventory of Greek Coin Hoards, New York 1973.

Instinsky 1949
Instinsky, H. U.: Alexander der Große am Hellespont, München 1949.

Invernizzi 1973/74
Invernizzi, A.: Figure panncggiate dalla Mesopotamia ellenizzata, Mesopotamia 8/9, 1973/74, 181–228.

Invernizzi 2001
Invernizzi, A.: Die Kunst der Partherzeit. In: Seipel, W. (Hrsg.): 7000 Jahre persische Kunst. Meisterwerke aus dem Iranischen Nationalmuseum in Teheran, Bonn/Wien 2001, 231–261.

Invernizzi 2008a
Invernizzi, A.: Katalogbeiträge. In: AK Berlin 2008.

Invernizzi 2008b
Invernizzi, A.: Katalogbeiträge. In: AK Paris 2008.

Iossif 2004
Iossif, P.: Les monnaies de Suse frappées par Séleucos Ier: une nouvelle approche, in: Numismatica e Antichità classiche, Quaderni Ticinese 33, 2004, 249–271.

Ivanov 1948
Ivanov, T.: Trakiisko predpazno vyoryzhenie ot Asenovgrad. In: RP II, 1948.

Ivanov/Lukonin/Smessova 1984
Ivanov, A. A./Lukonin, W. G./Smessova, L. S.: Juwelirnyje isdelija Wostoka. Drewni, srednewekowy periody. Kollekzija ossoboi kladowoi otdela Wostoka Gossudarstwennowo Ermitazha, Moskau 1984.

Jacobs 1994
Jacobs, Bruno: Drei Beiträge zu Fragen der Rüstung und Bekleidung in Persien zur Achämenidenzeit. In: Iranica Antiqua XXIX, 1994, 125–167.

Jakob-Rost 1962
Jakob-Rost, Liane: Ein babylonisches Omen aus dem Jahr 592 v. u. Z. In: Forschungen und Berichte 5, 1962.

Jakob-Rost/Freydank 1972
Jakob-Rost, Liane/Freydank, Helmut: Spätbabylonische Rechtsurkunden aus Babylon mit aramäischen Beischriften. In: Forschungen und Berichte 14, 1972, 14–18.

Jenkins 1955
Jenkins, Kenneth: Indo-Scythic Mints. In: Journal of the Numismatic Society of India 2, 1955, 1–26.

Jeppesen 1989
Jeppesen, K. K.: Ikaros. The hellenistic settlements, 3. The sacred enclosure in the early hellenistic period, Højbjerg 1989.

Johansen 1992
Johansen, F.: Catalogue Greek Portraits in the Ny Carlsberg Glyptotek, Copenhagen1992.

Jucker 1993
Jucker, I.: Ein Bildnis Alexanders des Großen, München 1993.

Jurgeit 1999
Jurgeit, F.: Die etruskischen und italischen Bronzen sowie Gegenstände aus Eisen, Blei und Leder im Badischen Landesmuseum Karlsruhe, mit einem Beitrag von Josef Riederer. Terra Italia 5, Pisa/Rom 1999.

Jusuopov u.a. 1982
Jusuopov, E. J. u.a. (Hrsg.): Alischer Navoij asarlariga ischlangan rasmlar XV–XIX asrlar … Miniatures Illustrations of Alisher Navoi's Works of the XV–XIXth centuries, Taschkent 1982.

Jusuopov/Sulaimanova 1985
Jusuopov, E. J./Sulaimanova, F. (Hrsg.): Nizomij „Chamsa" siga ischlangan rasmlar. Miniatjury k Chamse Nizami. Miniatures Illuminations of Nisami's „Hamsah", Taschkent 1985.

Kalter 1995
Kalter, J. (Hrsg.): Usbekistan. Erben der Seidenstraße, Ausstellungskatalog Stuttgart, Stuttgart 1995.

Kappler 1996
Kappler, C.-C.: Alexandre dans le Shah-Nama de Firdousi: De la conquête du monde à la découverte de soi. In: Bridges, M./Bürgel, J. C. (Hrsg.): The Problematics of Power. Eastern and Western Representations of Alexander the Great, Bern 1996, 165–190.

Karlgren 1934
Karlgren, B.: Early Chinese mirror inscriptions. Bulletin of the Museum of Far Eastern Antiquities 6, 1934, 9–81.

Karttunen 1977
Karttunen, K.: India and the Hellenistic World, Helsinki 1977.

Karvonen-Kannas 1995
Karvonen-Kannas, Kerttu: The Seleucid and Parthian Terracotta Figurines from Babylon, Monografie di Mesopotamia, IV, Florenz 1995.

Kawassaki 1997
Kawassaki, K.: Statuja bodchissatwy Maitrei is Dalwersintepa. In: Iskusstwo Zentralnoi Asii: swojeobrasije istoritscheskowo raswitija, Taschkent 1997.

Kawkami u.a. 1999
Kawkami, Kunihiko/Izumi, Takeshi/Miyahara, Shin'ichi/Urabe, Yukihiro/Okabayashi, Kosaku/Nagura, Satoshi: Excavation of Kurozuka kofun in Yanagimoto, Tenri City, Nara Prefecture. Nihon Kôkogaku 7, 1999, 95–104; engl. abstract: http://wwwsoc.nii.ac.jp/jaa2/journal/con7abs.html (Zugriff: 17.2.2009).

Kebric 1977
Kebric, R. B.: In the Shadow of Macedon. Duris of Samos, In: Historia Einzelschriften, Heft 29, Wiesbaden 1977.

Khaleghi-Motlagh/Omidsalar 2005
Khaleghi-Motlagh, Djalal/Omidsalar, Mahmoud (Hrsg.); v. Schack, A. F. (Übers.): Ferdowsi, Shahnama, Mazda Publishers, vol. 6, 2005.

Kidder 2007
Kidder, J.: Himiko and Japan's Elusive Chiefdom of Yamatai: Archaeology, History, and Mythology, Honolulu 2007.

Kiderlen 2000
Kiderlen, M.: Katalogbeiträge. In: Kunze, M. (Hrsg.): Alexander der Große. König der Welt, Ausstellungskatalog Stendal, Berlin 2000, 48–51.

Klengel-Brandt 1970
Klengel-Brandt, E.: Reise in das alte Babylon, Leipzig 1970.

Klengel-Brandt 1990
Klengel-Brandt, E.: Kleinfunde aus Deve Hüyük bei Karkemisch im Vorderasiatischen Museum Berlin. In: Matthiae, P. u.a. (Hrsg.): Resurrecting the Past. A Joint Tribute to Adnan Bounni, Istanbul 1990.

Klengel-Brandt 1993
Klengel-Brandt, E.: Die hellenistische Kultur in Babylon: Das Zeugnis der Terrakotten. In: Invernizzi, A./Salles, F. (Hrsg.): Arabia Antiqua, Rom 1993.

Klengel-Brandt 1997
Klengel-Brandt, E.: In: Alexandros kai Anatolä, Ausstellungskatalog, Thesssaloniki 1997.

Klengel-Brandt 2008
Klengel-Brandt, E.: Katalogbeiträge. In: AK Paris 2008.

Klengel-Brandt/Cholidis 2006
Klengel-Brandt, E./Cholidis, N.: Die Terrakotten von Babylon im Vorderasiatischen Museum in Berlin 1. Die anthropomorphen Figuren, 115. Wissenschaftliche Veröffentlichung der Deutschen Orient-Gesellschaft, Saarwellingen 2006.

Klíma 1968
Klíma, Otakar, in: Rypka, J.: History of Iranian Literature, Dordrecht 1968.

Klose 1987
Klose, D. O. A.: Die Münzprägung von Smyrna in der römischen Kaiserzeit. Antike Münzen und geschnittene Steine X, Berlin 1987.

Koch 1992
Koch, Heidemarie: Es kündet Dareios der König … Vom Leben im persischen Großreich, Mainz 1992.

Koch 2001
Koch, Heidemarie: Persepolis. Glänzende Hauptstadt des Perserreichs, Mainz 2001.

Koch 2006
Koch, H.: Lydische Armreifen, in: Takaoğlu, T. (Hrsg.): Anadolu Arkeolojisine Katkılar: 65. Yaşında Abdullah Yaylalı'ya Sunulan Yazılar, İstanbul 2006, 155–165.

Kohl 1984
Kohl, P.: Central Asia. Palaeolithic beginnings to the Iron Age. Recherche sur les Civilisations, Synthèse 14, Paris 1984.

Koldewey 1990
Koldewey, R.: Das wieder erstehende Babylon, 5. Aufl., Berlin 1990.

Komaroff 2002/2003
Komaroff, Linda: Katalogbeiträge. In: The Legacy of Genghis Khan. Courtly Art in Western Asia, Ausstellung New York 2002/2003, S.169–195.

Kong/Liu 1988
Kong,X./Liu, Y.: Zhongguo gudai tongjing (Bronzespiegel im alten China). 2. Aufl., Peking 1988.

Kong/Liu 1992/1980
Kong, X./Liu, Y. (Hrsg.): Zhongguo tongjing tudian (Album chinesischer Bronzespiegel), Peking 1992. The Wonder of Chinese Bronzes, Peking 1980.

Körte 1906
Körte, A.: Anaximenes von Lampsakos als Alexanderhistoriker. In: Rheinisches Museum für Philologie 61, 1906, 476–480.

Koschelenko 2001
Koschelenko, G. A.: O noweischei rabote otnossitelno sudeb buddisma w Srednei Asii. In: Westnik drewnei istorii, 2001, Nr. 4, 202.

Koschelenko/Gaibow 2006
Koschelenko, G. A./Gaibow, W. A.: W saschtschitu Aleksandrii Margianskoi. In: Problemy istorii, filologii, kultury. Journal of historical, philological and cultural studies 16/1, Moskau/Magnitogorsk 2006, 18–23.

Koschelenko/Gaibow/Bader 2000
Koschelenko, G. A./Gaibow, W. A./Bader, A. N.: Aleksandr Makedonskij w Margianje, Westnik drewnjei istorii 1/2000, 3–15.

Kose 1998
Kose, A.: Uruk. Architektur IV. Von der Seleukiden- bis zur Sasanidenzeit. Ausgrabungen in Uruk-Warka, Endberichte 17, Mainz 1998.

Kraay/Hirmer 1966
Kraay, C. M./Hirmer, M.: Greek coins, London 1966.

Kritt 1997
Kritt, B.: The early Seleucid mint of Susa, Classical Numismatic Studies 2, Lancaster 1997.

Kritt 1997
Kritt, B.: The early Seleucid mint of Susa, Lancaster 1997.

Kritt 2001
Kritt, B.: Dynastic Transitions in the Coinage of Bactria, Lancaster 2001.

Kroll 2007
Kroll, J. H., The Emergence of Ruler Portraiture on Early Hellenistic Coins. In: Schultz/Von den Hoff 2007, 113–122.

Kühnen 2008
Kühnen, A.: Die imitatio Alexandri in der römischen Politik, Münster 2008.

Kühnen 2008
Kühnen, A.: Die Imitatio Alexandri in der römischen Politik, Münster 2008.

Kuhrt 1987
Kuhrt, A./Sherwin-White, S.: Xerxes' Destruction of Babylonian temples. In: Achaemenid History II. The Greek Sources, Leiden 1987, 69–78.

Kuhrt 1990
Kuhrt, A.: Alexander and Babylon. In: Achaemeid History IV. The Roots of the European Traditions, Leiden 1990, 121–130.

Kuhrt 2002
Kuhrt, A.: 'Greeks' and 'Greece' in Mesopotamian and Persian Perspectives (The Twenty-First J. L. Myres Memorial Lecture), Oxford 2002.

Kuhrt 2003
Kuhrt, A.: Making History: Sargon of Agade and Cyrus the Great of Persia. In: Achaemenid History XIII. A Persian Perspective, Leiden 2003, 347–361.

Kuhrt 2007
Kuhrt, A.: The Persian Empire: A Corpus of Sources from the Achaemenid Period, 2 Bde., London 2007.

Kunze 2000
Kunze, M.(Hrsg.): Alexander der Große, König der Welt. Eine neuentdeckte Bronzestatue, Stendal 2000.

Lane Fox 2004
Lane Fox, R.: Alexander der Große. Eroberer der Welt, 2. Aufl., Stuttgart 2004.

Lauffer 1981
Lauffer, S.: Alexander der Große, 2. Aufl., München 1981.

Lauffer 2005
Lauffer, S.: Alexander der Große, 5.Aufl., München 2005.

Lauter 1986
Lauter, H.: Die Architektur des Hellenismus, Darmstadt 1986.

Lauter 1986
Lauter, H.: Die Architektur des Hellenismus, Darmstadt 1986.

Lauter 1988
Lauter, H.: Alexanders wahres Gesicht. In: Will, W./Heinrichs, J. (Hrsg.): Zu Alexander d. Gr. Festschrift Gerhard Wirth II, Amsterdam 1988, 717–743.

Lawergren 2003
Lawergren, Bo: Oxos Trumpets, Central Asia. 2200–1800 BCE: Material Overview, Usage, Societal Role, and Catalog. In: Iranica Antiqua 38, 2003, 41–118.

Le Rider 2003
Le Rider, G.: Alexandre le Grand. Monnaie, finances et politique, Paris 2003, (aktualisierte engl. Ausgabe 2007).

Lecuyot 1986/1987
Lecuyot, G.: Ai-Khanoum. Wohnbauten (Text in russisch). In: Gorodskaja kultura Baktrii-Tocharistana i Sogda, Materialy sowetsko-franzuskogo kollokwiuma Samarkand 1986, Taschkent 1987, 59–67.

Leimbach 1979
Leimbach, R.: Plutarch über das Aussehen Alexanders des Großen. In: Archäologischer Anzeiger, 1979, 213–220.

Leriche 1976
Leriche, P.: Problèmes de la guerre en Iran et en Asie Centrale, dans l'empire perse et à l'époque hellénistique. In: Deshayes, J. (Hrsg.): Le plateau iranien et l'Asie Centrale. Paris 1976.

Leriche/Pidajew 2007
Leriche, P./Pidajew, C.: Termez sur Oxus. Cité-capitale d'Asie Centrale, Paris 2007.

Lerner 2004
Lerner J. D.: Correcting the Early History of Āy Kānom. In: Archäologische Mitteilungen aus Iran und Turan, 35–36, 2003–2004, Berlin, 2005, 373–410.

Lerner 2005
Lerner, J. D.: Correcting the Early History of Āy Kānom. In: Archäologische Mitteilungen aus Iran und Turan, 35–36, 2003–2004, Berlin 2005, 373–410.

Leschhorn 1998
Leschhorn, W.: Griechische Agone in Makedonien und Thrakien. Ihre Verbreitung und politisch-religiöse Bedeutung in der römischen Kaiserzeit. In: Peter, U. (Hrsg.): Stephanos nomismatikos. Festschrift Edith Schönert-Geiss, Berlin 1998, 399–415.

Li 1984
Li, X.: Dong Zhou yu Qin dai wenming (Die Kultur der Dynastien Östliche Zhou und Qin), Peking 1984.

Li 1992
Li, X.: Afuhan Xibargan chutu de yi mian Han jing (Ein bei Shibarghan, Afghanistan ausgegrabener Han-Spiegel), Wenbo 1992, 5, 15–16.

Lichtenberger 2003
Lichtenberger, A.: Kult und Kultur der Dekapolis, Wiesbaden 2003.

Lidzbarski 1893
Lidzbarski, M.: Zu den arabischen Alexandergeschichten. In: Zeitschrift für Assyriologie 8, 1893, 263–312.

LIMC II
Lexicon Iconographicum Mythologiae Classicae II, Zürich/München 1984.

Lind 2007
Lind, Christoph: Ursprünge der Seidenstraße. Einführung zur Ausstellung. In: AK Mannheim 2007, 20–26.

Lippold 1951
Lippold, G.: Antike Gemäldekopien (Abhandlungen der Bayerischen Akademie 33), München 1951, 5–164.

Litwinski 1968
Litwinski, B. A.: Outline of History of Buddhism in Central Asia, Moskau 1968.

Litwinski 2004
Litwinski, B. A.: Iranian Contribution in Gandharan Art. In: Encyclopaedia Iranica, New York 2004.

Litwinski/Pitschikjan 2002
Litwinski, B. A./Pitschikjian, I. R.: Taxt-i Sangīn. Der Oxos-Tempel. Grabungsbefund, Stratigraphie und Architektur, Archäologie in Iran und Turan 4, Mainz 2002.

Litwinski/Sedow 1983
Litwinski, B. A./Sedow, W. A.: Tepai-Schach. Kultura i swjasi kuschanskoi Baktrii, Moskau 1983.

Lo Muzio 1999
Lo Muzio, Ciro: The Dioscuri at Dilberjin (Northern Afghanistan): Reviewing their chronology and significance. In: Studi Iranica 28, 1999, 41–71.

Lolos 1983
Lolos, A. (Hrsg.): Ps.-Kallisthenes: Zwei mittelgriechische Prosa-Fassungen des Alexanderromans. Teil I, Königstein 1983.

Lorber 2005
Lorber, C.: A Revised Chronology for the Coinage of Ptolemy I, Numismatic Chronicle 165 2005, 45–64.

Lorenz 2001
Lorenz, T., Von Alexander dem Großen zu Mithridates, Jahreshefte des Österreichischen Archäologischen Instituts 70, 2001, 65–79.

Louis 2006/2007
Louis, F.: Han lacquerware and the wine cups of Noin Ula. The Silk Road 4, 2006/2007, 2 (http://silkroadfoundation.org/newsletter/vol4num2/, Zugriff: 17.2.2009).

Lubo-Lesnitschenko 1994
Lubo-Lesnitschenko, E. I.: Kitaj na schelkowom puti, Moskau 1994.

Lubo-Lesnitschenko 1999
Lubo-Lesnichenko, E.: Western motifs in the Chinese textiles of the early middle ages. In: Alram/Klimburg-Salter 1999, 461–479.

Luczanits 2008
Luczanits, C.: Der Bodhisattva und künftige Buddha Maitreya. In: AK Bonn 2008, 249–253.

Luschey 1939
Luschey, H.: Die Phiale, Bleicherode 1939.

Lyonnet 1997
Lyonnet, B.: Ceramique et peuplement du chalcolithique a la conquete arabe. Prospections archeologiques en Bactriane orientale (1974–1978), Vol. 2, Paris 1997.

Lyovushkina 1996
Lyovushkina, S.: On the history of sericulture in Central Asia. Silk Road Art and Archaeology 4, 1996, 143–150.

MacDowall 1987
MacDowall, D. W.: The Development of Buddhist Symbolism on Coinage of North West. In: Investigating Indian Art, Berlin 1987.

Mallebrein 1984
Mallebrein, C.: Skulpturen aus Indien, München 1984.

Mallwitz 1957
Mallwitz, A. In: Wetzel 1957.

Marshak 2002
Marshak, Boris: Legends, Tales, and Fables in the Art of Sogdiana, New York 2002.

Marshak/Kramarovski 1996
Marshak, B./Kramarovski, M. (Hrsg.), Sokrowischtscha Priobja, St. Petersburg 1996.

Marshall 1960
Marshall, J.: The Buddhist Art of Gandhara. Memoirs of the Department of Archaeology in Pakistan 1, London 1960.

Marzahn 2008
Marzahn, J.: Katalogbeiträge. In: AK Berlin 2008.

Masson 1959
Masson, W. M.: Drevnezemledeltscheskaja kultura Margiany. Materialy i issledowanija po archeologii SSSR 73, Moskau/Leningrad, 1959.

Mayor 2003
Mayor, A.: Greek Fire, Poison Arrows, and Scorpion Bombs. Biological and Chemical Warfare in the Ancient World, Woodstock/New York/London 2003.

Meadows 2005
Meadows, A. R.: The Administration of the Achaemenid Empire. In: Curtis, J./Tallis, N. (Hrsg.): Forgotten Empire, The World of Ancient Persia, London 2005, 181–209 und 286–382.

Menninger 1996
Menninger, M.: Untersuchungen zu den Gläsern und Gipsabgüssen aus dem Fund von Begram (Afghanistan), Würzburger Forschungen zur Altertumskunde, Bd. 1, Würzburg 1996.

Mertens-Horn 1988
Mertens-Horn, M.: Die Löwenkopf-Wasserspeier des griechischen Westens im 6. und 5. Jahrhundert v. Chr. im Vergleich mit den Löwen des griechischen Mutterlandes, RM, Erg.-Heft 28, Mainz 1988.

Messerschmidt 1989
Messerschmidt, Wolfgang: Historische und ikonographische Untersuchungen zum Alexandersarkophag. In: BOREAS 12, 1989, 64–91.

Mildenberg 1999
Mildenberg, L.: A Note on the Coinage of Hierapolis-Bambyce. In: Amandry, M./Hurter, S. (Hrsg.): Travaux de numismatique grecque offerts à Georges Le Rider 1999, 277–284.

Miller 1997
Miller, M.C.: Athens and Persia in the Fifth Century B.C.: A Study in Cultural Reciptivity, Cambridge 1997.

Miller 2003
Miller, M. C.: Greece II: Greco-Persian Cultural Relations. In: Encyclopaedia Iranica XI, New York 2003, 301–319.

Minajev 1981
Minajev, S. S.: Bronsowyje isdelija is Noin-Uly (po resultatam spektralnowo analisa). In: Kratkije soobschtschenija Instituta archeologii Nr. 167, Moskau 1981.

Minajev/Sakharovskaia 2007
Minajev, S. S./Sakharovskaia, L. M.: Investigation of a Xiongnu royal complex in the Tsaraam Valley, Part 2: The inventory of barrow no. 7 and the chronology of the site. The Silk Road 5, 2007, 1, 44–56, (http://silkroadfoundation.org/newsletter/vol5num1/, Zugriff: 17.2.2009).

Mittag 1999
Mittag, P. F.: Alte Köpfe in neuen Händen: Urheber und Funktion der Kontorniaten, Bonn 1999.

Mkrtytschew 1995
Mkrtyschew, T.: New Buddhist Sculpture from Kara-Tepe. In: Bulletin of Asia Institute Vol. 9, 1995.

Mkrytschew 1996
Mkrytschew, T. K.: Predwaritelnyje itogi rabot w komplexe E (1987–1989 gg.). In: Buddiskije komplexy Karatepe w Starom Termese (Kara-tepe 6), Moskau 1996.

Mkrytschew 1998
Mkrytschew, T. K.: K woprossu o shiwopisnoj tradizii buddiskich pamjatnikow Sewernoi Baktrii kuschanskowo wremjon. In: Westnik drewnei istorii, 1998, Nr. 3.

Mkrytschew 1999
Mkrytschew, T. K.: Nowyje raskopik na Kara-tepe w Starom Termese. Istorija funkzionirowanija komplexa E. In: Materailnaja kultura Wostoka, Moskau 1999.

Mkrytschew 2000
Mkrytschew, T. K.: Buddiskaja terrakota Baktrii-Tocharistana. In: Srednjaja Asija. Archeologija. Istorija. Kultura, Moskau 2000.

Mkrytschew 2002
Mkrytschew, T. K.: Buddiiskoje iskosstwo Srednei Asii 1.–3. ww, Moskau 2002.

Mkrytschew 2005
Mkrytschew, T. K.: Buddiskoje i nebuddiskoje iskusstwo Baktrii-Tocharistana (I. – V. ww.n.e.). In: Zentralnaja Asija ot Acheminidow do Timuridow: archeologija, istorija, etnologija, kultura, St. Peterburg 2005.

Mkrytschew/Bolelow 2006
Mkrytschew, T. K./Bolelow, S. B.: Stratigrafija jugowostotschnoi tschasti zitadeli Kampyrtepa, Materialy Tocharistanskoi ekspedizii 5, Taschkent 2006, 43–66.

Mkrytschew/Russanow 1999
Mkrytschew, T. K./Russanow, D. W.: Wtoroi buddiskij chram na Dalwersin-tepe (Dt-25): istorija funkzionirowanija. In: VI Tschtenija pamjati professora W. D. Blawatskowo. K 100-letiju so dnja roshdenija, Moskau 1999.

Mölk 1998
Mölk, Ulrich u.a. (Hrsg.): Herrschaft, Ideologie und Geschichtsbewusstsein in Alexanderdichtungen des Mittelalters, Göttingen 1998.

Mollard-Besques 1963
Mollard-Besques, S.: Catalogue raisonné des Figurines et Reliefs en terre-cuite grecs et romains II. Myrina (Musée du Louvre), Paris 1963.

Moorey 1971
Moorey, P. R. S.: Catalogue of the Ancient Persian Bronzes in the Ashmolean Museum, Oxford 1971.

Moreno 1993
Moreno, P.: L'immagine di Alessandro Magno nell'opera di Lisippo e di altri artisti contemporanei. In: Carlsen 1993, 101–136

Moreno 1995
Moreno, P.(Hrsg): Lisippo. Arte e la fortuna, Rom 1995.

Moreno 2000
Moreno, P.: Apelle, La Battaglia di Alessandro, Rom 2000.

Moreno 2004
Moreno, P.: Alessandro Magno. Immagini come storia, Rom 2004.

Moreno in: AK Rom 1995
Moreno, P.: Katalogbeiträge. In: AK Rom 1995.

Mosley 1986
Mosley, R. A.: The Silver Stater Issucs of Pharnabazos and Datames from the Mint of Tarsus in Cilicia, American Numismatic Society Museum Notes 31, 1986.

Mosley 1986
Mosley, R. A.: The Silver Stater Issues of Pharnabazos and Datames from the Mint of Tarsus in Cilicia. In: American Numismatic Society Museum Notes 31, 1986, 7–61.

Mossé 2004
Mossé, C.: Alexander der Große. Leben und Legende, Düsseldorf/Zürich 2004.

Mossmann 1988
Mossmann, J.: Tragedy and epic in Plutarch's Life of Alexander. In: Journal of Hellenic Studies 108, 1988, 83–93.

Muth 2008
Muth, S.: Gewalt im Bild. Das Phänomen der medialen Gewalt im Athen des 6. und 5. Jahrhunderts v. Chr., Image & Context 1, Berlin/New York 2008.

Myer 1986
Myer, P. R.: Boddhisattvas and Buddhas: Early Buddhist images from Mathura. Artibus Asiae 47, 1986, 2, 107–142.

Nangnang 2001
The Ancient Culture of Nangnang. Catalog of an exhibition held at the National Museum of Korea from 17 July, 2001 to 2 September 2001, Soul 2001.

Narain 1985
Narain, A.: First Images of Buddha and Bodhisattva: Ideology and Chronology. In: Ders. (Hrsg.): Studies in Buddhist Art of South Asia, Delhi 1985, 16.

Naster 1965
Naster, P.: Remarques charactéroscopiques et technologiques au sujet des créséides. In: Congresso Internazionale di Numismatica, Rom 11.–16. Sept. 1961, 1965, 25–36.

Nehls 1992
Nehls, Harry: Das Alexander-„Mosaik" im Caldarium der Römischen Bäder zu Potsdam-Sanssouci. In: Jb. f. brandenburgische Landesgeschichte 43, Berlin 1992, 128–136.

Nehru 1989
Nehru, L.: Origin of the Gandharan Style, Delhi 1989.

Nehru 1999/2000
Nehru, Lolita: Khalchayan Revisited. In: Silk Road Art and Archaeology 6, 1999/2000, 217–239.

Nehru 2006
Nehru, Lolita: Khalchayan, Encyclopaedia Iranica, 2006.

Nemet-Nejat 1993
Nemet-Nejat, K. R.: Cuneiform Mathematical Texts as a Reflexion of Everyday Life in Mesopotamia, AOS 75, New Haven 1993.

Neuffer 1929
Neuffer, Eduard, Das Kostüm Alexanders d. Gr., Gießen 1929.

Neugebauer 1973
Neugebauer, O.: Mathematische Keilschrift-Texte, Bd. 1–3, Berlin 1935–1937 (ND Berlin 1973).

Newell 1916
Newell, E. T.: The dated Alexander coinage of Sidon and Ake, New Haven 1916.

Newell 1978
Newell, E. T.: The coinage of the Eastern Seleucid Mints from Seleucus, I to Antiochus III, ANS Numismatic Studies 1, Nachdruck mit Nachträgen 1978.

Niccolini 1832
Niccolini, Antonio: Quadro in musaico scoperto in Pompei a di 24 ottobre 1831, descritto ed esposto in alcune tavole dimostrative dal cav. Antonio Niccolini architetto di casa reale, direttore del Reale Istituto delle Belle Arti, Napoli, dalla Stamperia Reale 1832, 71–75.

Niccolini 1849
Niccolini, Antonio: Ricordi di taluni fatti riguardanti il distacco da terra, il trasporto e la collocazione del Gran Musaico Pompeiano in confutazione di quanto fu su di ciò divulgato, Napoli 1849, 4.

Nicolet-Pierre 1999
Nicolet-Pierre, H.: Argent et or frappés en Babylonie entre 331 et 311 ou de Mazdai à Séleucos. In: Amandry, M./Hurter, S. (Hrsg.): Travaux de numismatique grecque offerts à G. Le Rider, London 1999, 285–305.

Nielsen 1987
Nielsen, A. M.: „fecit et Alexandrum Magnum multis operibus". Alexander the Great and Lysippus, Acta Archaeologica 58, 1987, 151–170.

Nielsen 1993
Nielsen, A. M.: The Mirage Alexander: A Minimalist View. In: Carlsen 1993, 137–144.

Nishikawa 1999
Nishikawa, T.: Sankakubuchi shinjukyo (Triangular-rimmed mirrors) and the mirrors presented to Himiko. Nihon Kôkogaku 8, 1999, 87–99; engl. abstract: http://wwwsoc.nii.ac.jp/jaa2/journal/con8abs.html (Zugriff: 17.2.2009).

Oelsner 1986
Oelsner, Joachim: Materialien zur babylonischen Gesellschaft und Kultur in hellenistischer Zeit, Budapest 1986.

Ognenova 1952
Ognenova, L.: Opit za rekonstrukcia na dva shtita. In: IAI XXIII, 1952.

Ossendrijver in: AK Berlin 2008
Ossendrijver, M.: Astronomie und Astrologie in Babylon. In: AK Berlin 2008, 373–386.

Pagenstecher 1927
Pagenstecher, R. In: Sieglin, E. (Hrsg.): Expedition E. Sieglin, II, 1A, Ausgrabungen in Alexandria, Leipzig 1927.

Paradeisos 1992
Paradeisos. Frühe Tierbilder aus Persien aus der Sammlung Elisabeth und Peter Suter-Dürsteler, Basel 1992.

Paret 1979
Paret, Rudi (Übers.): Der Koran, Stuttgart 1979, S. 209.

Paret 1980
Paret, Rudi: Der Koran. Kommentar und Konkordanz, 2 Bde., Stuttgart 1980, S.316–320.

Parlasca 1996
Parlasca, K.: Griechisch-orientalische Kulturvermischung in hellenistischer Zeit. Exempla der archäologischen Befunde Ägyptens und Vorderasiens im Vergleich. In: Funck, B. (Hrsg.): Hellenismus. Beiträge zur Erforschung von Akkulturation und politischer Ordnung in den Staaten des hellenistischen Zeitalters. Akten des Internationalen Hellenismus-Kolloquiums, 9.–14. März 1994 in Berlin, Tübingen 1996.

Parlasca 2002
Parlasca, K.: Das Bildnis einer parthischen Königin („Musa"), Archäologisches Korrespondenzblatt 32, 2002, 407–414.

Parlasca 2004
Parlasca, K.: Alexander Aigiochos. In: Städel-Jahrbuch 19, 2004, 341–359.

Parzinger 2006
Parzinger, H.: Die frühen Völker Eurasiens. Vom Neolithikum zum Mittelalter, München 2006.

Pearson 1954/1955
Pearson, L.: The Diary and the Letters of Alexander the Great. In: Historia 3, 1954/55, 429–455.

Pearson 1960
Pearson, L.: The Lost Histories of Alexander the Great. In: American Philological Association. Philological Monographs 20, New York 1960.

Pédech 1974
Pédech, P.: Strabon historien d'Alexandre. In: Graz Beiträge 1974, 129–145.

Pédech 1984
Pédech, P.: Historiens compagnons d'Alexandre: Callisthène – Onésicrite – Néarque – Ptolémée – Aristobule, Paris 1984.

Pédech 1989
Pédech, P.: Trois historiens méconnus: Théopompe, Duris, Phylarque, Paris 1989.

Pedersén 2005
Pedersén, Olof: Archive und Bibliotheken in Babylon. Die Tontafeln der Grabung Robert Koldeweys 1899–1917, ADOG 25, Saarbrücken 2005.

Pertsch 1888
Pertsch, W.: Verzeichnis der persischen Handschriften. Die Handschriftenverzeichnisse der königlichen Bibliothek zu Berlin 4, Berlin 1888.

Pesandro 2002
Pesando, F.: Casa del Fauno. In: Coarelli, F. (Hrsg.): Pompeji, München 2002, 220–239.

Petitot-Biehler 1975
Petitot-Biehler, ClaireYvonne: Trésor de monnaies grecques et gréco-bactriennes trouvé à Ai Khanoum (Afghanistan). In: Revue Numismatique, 1975, 23–57.

Pflug 1989
Pflug, H.: Schutz und Zier. Helme aus dem Antikenmuseum Berlin und Waffen anderer Sammlungen, Ausstellungskatalog Basel, Basel 1989.

Pfrommer 1987
Pfrommer, M.: Studien zu alexandrinischer und großgriechischer Toreutik frühhellenistischer Zeit, Archäologische Forschungen 16, Berlin 1987.

Pfrommer 1990
Pfrommer, M.: Untersuchungen zur Chronologie früh- und hochhellenistischen Goldschmucks, Istanbuler Forschungen 37, Tübingen 1990.

Pfrommer 1993
Pfrommer, M.: Metalwork from the Hellenized East, Malibu 1993.

Pfrommer 1998
Pfrommer, M.: Untersuchungen zur Chronologie und Komposition des Alexandermosaiks auf antiquarischer Grundlage. Studien zum griechisch-römischen Ägypten, Aegyptiaca Treverensia. Trierer Studien zum griechisch-römischen Ägypten 8, Mainz 1998.

Pfrommer 1999
Pfrommer, M.: Alexandria. Im Schatten der Pyramiden. Sonderheft der Antiken Welt, Mainz 1999.

Pfrommer 2001a
Pfrommer, M.: Alexander der Große. Auf den Spuren eines Mythos. Zaberns Bildbände zur Archäologie, Mainz 2001.

Pfrommer 2001b
Pfrommer, M.: Hellenistisches Gold und ptolemäische Herrscher, Studia Varia from the J. Paul Getty Museum Vol. 2, Occasional Papers on Antiquities 10, 2001, 79–114.

Pfrommer 2005
Pfrommer, M.: Baktrien. Hellenistische Kunst in Baktrien. In: Schmitt/Vogt 2005, 179–180.

Pfrommer 2009 (in diesem Band, 119–126)
Pidajew 1991
Pidajew, S. R.: Keramika greko-baktriiskoi wremeni s gorodischtscha Starogo Termesa, Sowjetskaja Archeologija 1, 1991, 210–224.

Pidajew 1992
Pidajew, S. R.: K woprosu o lokalisazii Aleksandrii na Oksje, Istorija Materialnoi Kultury Usbekistana 26, Taschkent 1992, 46–59.

Pidajew 1996
Pidajew, S. R.: Nowyje detali kamennoi architektury s gorodischtscha Starowo Termesa. In: Buddijskije komplexy Kara-Tepe w Starom Termese, Moskau 1996.

Pidajew/Kato 2001
Pidajew, S. R./Kato, K.: Archeologitscheskije raboty na Karatepe w Starom Termes. In: Archeologitscheskije issledowanija w Usbekistane – 2000 god, Samarkand 2001.

Pidajew/Kato 2004
Pidajew, S. R./Kato, K.: Archeologitschekije issledowanija na buddiskom zentre Karatepe w Starom Termese. In: Archeologitscheskije issledowanija w Usbekistan 2003 god, Taschkent 2004.

Pilipko 2001
Pilipko, W. N.: Staraja Nissa. Osnownyje itogi archeologitscheskowo isutschenija w sowetski period, Moskau 2001.

Pingree 1991
Pingree, D.: Mesopotamian Omens in Sanskrit. In: Charpin/Joannès: La circulation des biens, des personnes et des idées dans le Proche-Orient ancient, Actes de la XXXVIII RAI, Paris 1991, 375–379.

Pirazzoli-t'Serstevens 1982
Pirazzoli-t'Serstevens, M.: China zur Zeit der Han-Dynastie, Stuttgart 1982.

Pirazzoli-t'Serstevens 2001
Pirazzoli-t'Serstevens, M.: Les laques chinois de Begram. Un réexamen de leur identification et de leur datation. Topoi 11, 2001, 1, 451–472.

Pitschikjan 1992
Pitschikjan, I.R.: Oxos-Schatz und Oxos-Tempel: Achämenidische Kunst in Mittelasien, Berlin 1992.

Pjankov 1997
Pjankov, I. V.: Srednjaja Azija v anticnoj geograficeskoj traditsii (Zentralasien in der antiken geographischen Tradition), Moskau 1997.

Platz-Horster 2001
Platz-Horster, G.: Antiker Goldschmuck. Eine Auswahl der ausgestellten Werke, Altes Museum Berlin, Berlin 2001.

Polosmak/Barkova/Molodin 2005
Polosmak, Natalja V./Barkova, Ludmilla L./Molodin, Vjačeslav I.: Kostjum I tekstil' Pazyrykcev (IV-II vv. Do nie.), Novosibirsk 2005.

Pompei 1995
Pompei. Pitture e Mosaici. La documentazione nell'opera di disegnatori e pittori dei secoli XVIII e XIX, Istituto della Enciclopedia Italiana, Rom 1995, 146–233.

Pompei, Pitture e Mosaici 1995
Pompei. Pitture e Mosaici. Regio VI, Parte Seconda, vol. V, Istituto della Enciclopedia Italiana, Rom 1995, 122–123.

Pons 2008
Pons, J.: Die Steinpaletten von Gandhara. In: AK Bonn 2008.

Posch 1998
Posch, W.: Chinesische Quellen zu den Parthern. In: Wiesehöfer, J. (Hrsg.): Das Partherreich und seine Zeugnisse, Stuttgart 1998, 355–364.

Poulsen 1951
Poulsen, F.: Catalogue of Ancient Sculpture in the Ny Carlsberg Glyptotek, Kopenhagen 1951.

Powers 1998
Powers, N.: Onesicritus, naked wise men, and the Cynic's Alexander. In: Syllecta Classica 9, 1998, 70–85.

Praschniker/Theuer 1979
Praschniker, C./ Theuer, M.: Das Mausoleum von Belevi, Forschungen in Ephesos 6, Wien 1979.

Price 1991
Price, M. J.: The coinage in the name of Alexander the Great and Philip Arrhidaeus, A British Museum Catalogue, Zürich/London 1991.

Pugatschenkowa 1949
Pugatschenkowa, G. A.: Architekturnyje pamjatniki Nissy. In: Trudy JuTAKE Bd. I, Aschchabad 1949.

Pugatschenkowa 1965
Pugatschenkowa, G. A.: La sculpture de Khalchajan. In: Iranica Antiqua 5, 1965, 116–127.

Pugatschenkowa 1966
Pugatschenkowa, G. A.: Khalchajan, Taschkent 1966.

Pugatschenkowa 1971
Pugatschenkowa, G. A.: Skulp'tura Khalchajana, Moskau 1971.

Pugatschenkowa 1976
Pugatschenkowa, G.: Das baktrische Wohnhaus (zur Frage der Architekturtypologie) (Text in russisch). In: Gafurov, B. G./Litwinski, B. A. (Hrsg.): Istorija i kultura narodow Srednej Asii (drevnost i srednie weka), Moskau 1976, 38–42.

Pugatschenkowa 1979
Pugatschenkowa, G. A.: Iskusstvo Baktrii Epochi Kuschan, Moskau 1979.

Pugatschenkowa 1989
Pugatschenkowa, G. A. (Hrsg.): Antitschnye i rannesrednewekowye drewnosti Juzhnogo Usbekistana. W swete nowych otkrytii Usbekistanskoi iskusstwowedtscheskoi ekspedizii, Taschkent 1989.

Pugatschenkowa 1991/1992
Pugatschenkowa, G. V.: The Buddhist Monuments of Airtam. In: Silk Road Art and Archaeology, Kamakura 1991/1992.

Pugatschenkowa, G. A. u.a. 1996
Pugatschenkowa, G. A./Dar, S. R./Sharma, R. C./Joyenda, M. A./Siddiqi, H.: Kushan art. In: Harmatta 1996, 331–395.

Pugatschenkowa/Rtweladse 1978
Pugatschenkowa, G./Rtweladse, E.: Dalversin-Tepe. Eine kuschanische Stadt im Süden Usbekistans, Taschkent 1978 (Text in russisch).

Pugatschenkowa/Rtweladse 1990
Pugatschenkowa, G./Rtweladze, E.: Severnaja Baktrija-Tokharistan, Taschkent 1990.

Puri 1993
Puri, B. N.: Buddhism in Central Asia, Delhi 1993.

Queyrel 2003
Queyrel, F.: Les portraits des Attalides. Fonction et représentation, Athen 2003.

Rabe 1964
Rabe, I.: Quellenkritische Untersuchungen zu Plutarchs Alexanderbiographie. Diss. Hamburg 1964.

Rapen 1987
Rapen, K.: Ellinistitscheskaja sokrowischtschniza Aichanum. In: Gorodskaja kultura Baktrii-Tocharistana i Sogda, Taschkent 1987.

Rapin 1992
Rapin, C.: Fouilles d'Ai Khanoum VIII. Les Trésorerie du palais hellenistique d'Ai Khanoum, MDAFA 38, Paris 1992.

Rapin 1998
Rapin, C.: L'incompréhensible Asie centrale de la carte de Ptolémée. Propositions pour un décodage, Bulletin of the Asia Institute 12, 1998, 201–225.

Rapin 2001
Rapin, C.: La tombe d'une princesse nomade à Koktepe près de Samarkand. Académie des Inscriptions et Belles-Lettres. Comptes Rendus des Séances de l'Année 2001, janvier-mars, Paris 2001, 33–92.

Raschke 1978
Raschke, M.: New Studies in Roman commerce with the east. In: Temporini, H./Haase, W./Vogt, J. (Hrsg.): Aufstieg und Niedergang der Römischen Welt (ANRW), Bd. II.9,2, Berlin 1978, 604–1378.

Rashid 1984
Rashid, S. A.: Musikgeschichte in Bildern, II, 2, Mesopotamien/Leipzig 1984.

Regling 1935
Regling, K.: Dynastenmünzen von Tyana, Morima und Anisa in Kappadokien. In: Zeitschrift für Numismatik 42, 1935.

Rehm 1992
Rehm, E.: Der Schmuck der Achämeniden. Altertumskunde des Vorderen Orients 2, 1992.

Rehm 1997
Rehm, E.: Kykladen und Alter Orient. Bestandskatalog des Badischen Landesmuseums Karlsruhe, Karlsruhe 1997.

Rehm 2000
Rehm, E.: Votivbleche im 1.Jt. v. Chr. Ausdruck unbekannter Kulte. In: Dittmann, R. u.a. (Hrsg.): Variatio Delectat. Iran und der Westen. Gedenkschrift für Peter Calmeyer, Münster 2000 (=AOAT 272), 627–649.

Rehm 2006
Rehm, Ellen: Purpur und Gold – die persische Tracht. In: AK Speyer 2006, 202–209.

Reinsberg 2004
Reinsberg, C.: Alexanderbilder in Ägypten. Manifestation eines neuen Herrscherideals. In: Städel-Jahrbuch 19, 2004, 319–339.

Reinsberg 2005
Reinsberg, C.: Katalogbeiträge. In: Ägypten, Griechenland, Rom. Abwehr und Berührung, Ausstellungskatalog Städelsches Kunstinstitut und Städtische Galerie, Frankfurt a.M., Tübingen 2005.

Ridgway 1990
Ridgway, S. B. S.: Hellenistic Sculpture I, The Styles of ca. 331–200 B.C., Bristol 1990.

Ridgway 1997
Ridgway, B.S.: Fourth-Century Styles in Greek Sculpture, London 1997.

Roes 1951
Roes, Anne: The Achaemenid Robe. In: Bibliotheca Orientalis 8, 1951, 137–141.

Rollinger 1998
Rollinger, R.: Überlegungen zu Herodot, Xerxes und dessen angeblicher Zerstörung Babylons. In: Altorientalische Forschungen 25, 1998, 99–373.

Rostovtzeff 1955
Rostovtzeff, M.: Die hellenistische Welt, Gesellschaft und Wirtschaft II, München 1955.

Rowland 1967
Rowland, B.: The Art and Architecture of India. Buddhist. Hindu. Jain. Baltimore 1967.

Roy 1992
Roy, A.: Gérard de Lairesse (1640-1711), Paris 1992.

RPC 1992
Burnett, A/Amandry, M./Pere Pau Ripollès: Roman Provincial Coinage I, London/Paris 1992.

Rtweladse 1983
Rtweladse, E. W.: Mogilnik kuschanskogo wremeni u Jalangtusch-Tepe. Sowjetskaja archeologija 2, 1983, 125–150.

Rtweladse 1994
Rtweladse, E. W.: Kampir-Tepe: Structures, Written Documents and Coins. In: Bulletin of the Asia Institute. New Series, vol. 8, 1994, 141–154.

Rtweladse 1995
Rtweladse, E. W.: K periodisazii buddiskowo komplexa w Airtame. In: Obschtschestwennyje nauki w Usbekistane, 1995, Nr. 5–8, 75/76.

Rtweladse 1999
Rtweladse, E. W.: Kampyr Tepe-Pandokheion - Les Grecs ont traversé l'Oxus, Dossiers d'Archéologie 247, 1999, 56–57.

Rtweladse 2000
Rtweladse, E. W.: O wremeni proniknowenija buddisma w Sewernuju-Baktriju. In: O'zbekiston Tarichi, Nr. 4, 2000, 9.

Rtweladse 2007
Rtweladse, E. W.: Archeologitscheskie issledowanija w Nadichane w 1974–1975 gg., Trudy Baisunskoi nautschnoi ekspedizii 3, Taschkent 2007, 67–95, 181–184.

Rudenko 1962
Rudenko, S. I.: Kultura Chunnow i Noin-ulinskie kurgany. Moskau, Leningrad 1962.

Rudenko 1969
Rudenko, Sergei I.: Die Kultur der Hsiung-Nu und die Hügelgräber von Noin Ula, Bonn 1969.

Rudenko 1970
Rudenko, S. I.: Frozen Tombs from Siberia. The Pazyryk Burials of Iron Age Horsemen, London 1970.

Rumpf 1962
Rumpf, A.: Zum Alexandermosaik. Athenische Mitteilungen 77, 1962, 229–241.

Ruzanov 1994
Ruzanov, V. D.: The fortification of Kampir-Tepe: a reconstruction. In: Bulletin of the Asia Institute. New Series, vol. 8, 1994, 155–160.

Rypka 1968
Rypka, J.: History of Iranian Literature, Dordrecht 1968.

Sachs/Hunger 1988
Sachs, A. J./Hunger, H.: Astronomical Diaries and Related Texts from Babylonia, Bd. 1, Wien 1988.

Sagdullajew 2007
Sagdullajew, A. S.: K interpretazii ponjatija „basileia" – „zarskii gorod". In: Transoxiana – Mawerannachr. Sbornik statjei w tschest 65-letija akademik E. W.

Sakamoto 2001
Sakamoto, Kazuko: A Re-Consideration of the Human-Figure Emblems Excavated in the At-Tar Caves in Iraq. In: Walton Rogers, Penelope/Bender Jørgensen, Lise/Rast-Eicher, Antoinette (Hrsg.): The Roman Textile Industry and its Influence. A Birthday Tribute to John Peter Wild, Oxford 2001, 56–64.

Salcedo 1996
Salcedo, F.: Africa. Iconografia di una provincia romana, Bibliotheca Italica 21, Rom 1996.

Salomon 2005
Salomon, Richard: The Indo-Greek era of 186/5 BC in a Buddhist reliquary inscription. In: O. Bopearachchi/M.-F. Boussac (Hrsg.): Afghanistan: ancien carrefour entre l'est et l'ouest. Actes du colloque international au Musée archéologique Henri Prades, 5.–7. Mai 2003, (Indicoleustoi, archaeologies of the Indian Ocean, Bd. 3), Turnhout 2005, 359–401

Salzmann 2001
Salzmann, D.: Alexanderschilde – Numismatische Zeugnisse für die Alexanderverehrung Caracallas. In: Bergemann, J. (Hrsg.): Wissenschaft mit Enthusiasmus. Festschrift Klaus Fittschen, Rhaden 2001, 173ff.

Sarianidi 1985
Sarianidi, V.: Bactrian Gold. From the Excavations of the Tillya-Tepe Necropolis in Northern Afghanistan, Leningrad 1985.

Sarianidi/Koschelenko 1982
Sarianidi, W. I./Koschelenko, G. A.: Monety is raskopok nekropolja, raspoloshennowo na gorodischtsche Tilljatepe (Sewerny Afganistan). In: Drewnjaja Indija. Istoriko-kulturnyje swjasi, Moskau 1982, 1,5.

Sauer 1964
Sauer, H.: Das Motiv nachalexandrinischer Köpfe mit Elefanten-Exuvie. In: Homann-Wedeking, E./Segall, B. (Hrsg.): Festschrift E. v. Mercklin, Waldsassen 1964.

Savio 1994–1995
Savio, A.: Intorno ai medaglioni talismanici di Tarso e di Aboukir, Rivista Italiana di Numismatica e scienze affini 96, 1994–1995, 73–100.

Sawyer 2003
Sawyer, Caroline G.: Revising Alexander: Structure and evolution of Ahmedi's Ottoman Iskendernâme (c.1400). In: Edebiyat 13/2, 2003, 225–243

Schachermeyr 1973
Schachermeyr, F.: Alexander der Große: das Problem seiner Persönlichkeit und seines Wirkens, Wien 1973.

Schlechtweg-Jahn 2006
Schlechtweg-Jahn, Ralf: Macht und Gewalt im deutschsprachigen Alexanderroman, Trier 2006.

Schlumberger 1960
Schlumberger, D.: Descendants Non-Méditerranéens de l'Art Grec, Syria 37, 1960, 131–166. 253–319.

Schlumberger/Le Berre/Fussman 1983
Schlumberger, D./Le Berre, M./Fussman, G.: Surkh Kotal en Bactriane, Paris 1983.

Schmidt 1995
Schmidt, C. W.: The Sacred and the Secular: Jewellery in Buddhist Sculpture in the Northern Kushan Realm. In: Stronge, S. (Hrsg.): The Jewels of India, Bombay 1995, 15–36.

Schmidt-Glintzer 2007
Schmidt-Glintzer, H.: Der Buddhismus, 2. Aufl., München 2007.

Schmitt 2005
Schmitt, H. H.: Seleukiden(reich). In: Schmitt/Vogt 2005, 956–984.

Schmitt/Schwartz 2005
Schmitt, H. H./Schwartz, H.: Stadt, Polis. In: Schmitt/Vogt 2005, 1023–1042.

Schmitt/Vogt 2005
Schmitt, H. H./Vogt, E. (Hrsg.): Lexikon des Hellenismus, Wiesbaden 2005.

Schreiber 1903
Schreiber, T.: Studien über das Bildnis Alexanders des Grossen, Leipzig 1903.

Schultz 1997
Schultz, H.-D.: Antike Münzen. Bildheft zur Ausstellung des Münzkabinetts in der Antikensammlung im Pergamonmuseum, Berlin 1997.

Schultz/Von den Hoff 2007
Schultz, P./Von den Hoff, R.: (Hrsg.): Early Hellenistic Portraiture. Image, Style, Context, Cambridge 2007.

Schumacher 1890
Schumacher, K.: Grossherzogliche Vereinigte Sammlungen zu Karlsruhe. Beschreibung der Sammlung Antiker Bronzen, Karlsruhe 1890.

Schwahn 1931
Schwahn, W.: Diyllos. Philologus 86, 1931, 145–168.

Sciacca 2005
Sciacca, F.: Patere baccellate in bronzo: Oriente, Grecia, Italia in età orientalizzante, Rom 2005.

Sedow 1984
Sedow, A. W.: Keramitscheskie kompleksyai-chanumskogo tipa na prawobereschje Amudari, Sowjetskaja Archeologija 1984, 3, 171–179.

Seleucid Coins I (= Houghton 2002)
Houghton, A./Lorber, C.: Seleucid Coins I, Seleucus I. through Antiochus III, New York 2002.

Seleucid Coins II (= Houghton 2008)
Houghton, A./Lorber, C./Hoover, O.D.: Seleucid Coins II, Seleucus IV. through Antiochus XIII., New York 2008.

Senior 2001
Senior, R. C.: Indo-Scythian Coins and History. An Analysis of the Coinage, Bd. 3, Lancaster/London, 2001.

Seyrig 1971
Seyrig, H.: Le monnayage de Hiérapolis de Syrie a l'époque d'Alexandre, Revue Numismatique 13, 1971.

Sherwin-White/Kuhrt 1987
Sherwin-White, S./Kuhrt, A. (Hrsg.): Hellenism in the East: The Interaction of Greek and non-Greek civilizations from Syria to Central Asia after Alexander, Berkeley 1987.

Sherwin-White/Kuhrt 1993
Sherwin-White, S./Kuhrt, A.: From Samarkhand to Sardis: A New Approach to the Seleucid empire, London 1993.

Sims 2002
Sims, Eleanor: Peerless Images. Persian Painting and Its Sources, New Haven 2002.

Sims-Williams/Cribb 1995/96
Sims-Williams, N./Cribb, J.: A new Bactrian inscription of Kanishka the Great. In: Silk Road Art and Archaeology 4, 1995/96, 75–142.

Smirnov 1990
Smirnov, Ja.: Wostotschnoje serebro, St. Petersburg 1990.

Smith 1904
Smith, A. H.: A Catalogue of Sculpture in the Department of Greek and Roman Antiquities, British Museum Bd. 3, London 1904.

Smith 1988
Smith, R. R. R.: Hellenistic Royal Portraits, Oxford 1988.

SNG Aulock
Greek and Greek Imperial/roman Provincial Coins of Asia Minor from the Collection of Hans von Aulock, Berlin 1957–1968.

SNG Cilicie
Sylloge Nummorum Graecorum, France 2 – Cilicie, Bibliothèque nationale, Département des Monnaies, Médailles et Antiques, Paris 1993.

SNG Schweiz I
Sylloge Nummorum Graecorum, Switzerland 1, Edoardo Levante – Cilicia, Bern 1986.

Southgate 1977
Southgate, M. S.: Portrait of Alexander in Persian Alexander-Romances of the Islamic Era. In: JAOS 97.3, 1977, 278–284.

Southgate 1978
Southgate, M. S.: Iskandarnamah: A Persian Medieval Alexander-Romance, New York 1978.

Speelers1943
Speleers, L.: Catalogue des intailles et empreintes orientales des Musées Royaux d'Art et d'Histoire, Supplément, Brüssel 1943.

Spencer 2002
Spencer, D.: The Roman Alexander: Reading a Cultural Myth, Exeter 2002.

Spijkerman 1978
Spijkerman, A.: The Coins of the Decapolis and Provincia Arabia, Jerusalem 1978.

Spycket 1992
Spycket, A.: Les figurines de Suse I. Les figurines humaines IVe–IIe millénaires av. J.-C., Paris.1992, 168–178.

Stadtler 1980
Stadter, P. A.: Arrian of Nicomedia, Chapel Hill 1980.

Stähler 1999
Stähler, K.: Das Alexandermosaik. Machterringung und Machtverlust, Frankfurt a.M. 1999.

Stauffer 2006
Stauffer, Annemarie: Nachleben babylonischer Wirktradition im Nahen Osten. In: Damaszener Mitteilungen 15, 2006, 303–320.

Stawiski 1972
Stawiski, B.: O nasnatschenii airtamskich frisow. In: Soobschtschenija Gossudarstwennogo Ermitasha, XXIV, 1972.

Stawiski 1979
Stawiski, B.: Mittelasien – Kunst der Kushan. Übertrag aus dem Russischen von Alexander Häusler, Leipzig 1979.

Stawiski 1986
Stawiski, B.: La Bactriane sous les Kushans, Paris 1986.

Stawiski 1997
Stawiski, B.: Bactria and Gandhara: The Old Problem Reconcidered in the Light of Archaeological Data from Old Termez. In: Gandharan Art in Context East-West Exchanges at the Crossroads of Asia, New Delhi 1997.

Stawiski 1998
Stawiski, B.: Sudby buddisma w Srednei Asii, Moskau 1998.

Stawiski/Mkrytschew 1996
Stawiski, B./Mkrytschew, T. K.: Qara-Tepe in Old Termez: On the History of the Monument. In: Bulletin of Asia Institute Vol. 10, 1996.

Stchoukine 1971
Stchoukine, I. u.a.: Illuminierte Islamische Handschriften, VOHD, XVI, Wiesbaden 1971.

Stern/Schlick-Nolte 1994
Stern, E.M./Schlick-Nolte, B.: Frühes Glas der Alten Welt. 1600 v. Chr. – 50 n. Chr. Sammlung Ernesto Wolf, Stuttgart 1994.

Stewart 1993
Stewart, A.: Faces of Power. Alexander`s Image and Hellenistic Policy. Berkeley/Los Angeles/Oxford 1993.

Stewart 2003
Stewart, A.:, Alexander in Greek and Roman Art. In: Roisman, J. (Hrsg.): Brill's Companion to Alexander the Great, Leiden 2003, 31–66.

Stewart 2007
Stewart, A: Alexander, Philetas, and the Skeletos. In: Schultz/Von den Hoff 2007, 123–138.

Stone 2008
Stone, E. R.: Die Adaptation westlicher Motive in der Kunst von Gandhara. In: AK Bonn 2008.

Stoneman 1994
Stoneman, R.: Legends of Alexander the Great, London 1994.

Stoneman 2003
Stoneman, R.: Alexander the Great in the Arabic Tradition. In: Panayotakis, S./Zimmerman, M./Keulen, W. (Hrsg.): The Ancient Novel and Beyond, Leiden/Boston 2003, 3–21.

Stoye 2008
Stoye, M.: Der Lebenszyklus des Buddha. In: AK Bonn 2008.

Stupa 1980
Stupa. Its Religious, Historical and Architectural Significance, Wiesbaden 1980.

Sulejman/Sulaimanova 1983
Sulejman, C./Sulaimanova, F. (Hrsg.): Amir Chusrav Dechlavij asarlariga ischlangan rasmlar ... Miniatures Illuminations of Amir Hosrov Dehlevi's Works, Taschkent 1983.

Sullivan 1999
Sullivan, M.: The Art of China, Berkeley/London 1999.

Svenson 1995
Svenson, D.: Darstellungen hellenistischer Könige mit Götterattributen, Frankfurt a.M. u.a. 1995.

Svoronos 1904–1908
Svoronos, J. N.: Ta Nomismata tous Kratous ton Ptolemaion I–IV, Athen 1904–1908.

Swati 1997
Swati, M. F.: Special Features of the Buddhist Art in the Swat Valley. In: Athariyyat (Archaeology) vol. 1, 1997.

Swertschkow/Boroffka 2007
Swertschkow, L. M./Boroffka, N.: Archeologitscheskie issledowanija w Bandichane w 2005 g. Trudy Baisunskoi Nautschnoi Ekspedizii. Archeologija, istorija I etnografija 3, 2007, 97–141.

Thompson/Mørkholm u.a. 1973
Thompson, M./Mørkholm, O./Kraay, C. M. (Hrsg.): An Inventory of Greek Coin Hoards I, New York 1973.

Taddei 1970
Taddei, M.: Indien. Archaeologia Mundi, München 1970.

Tarn 1948
Tarn, W. W.: Alexander the Great, II, Cambridge 1948.

Tarn 1985
Tarn, W. W.: The Greeks in Bactria and India (GBI), Cambridge 1938, 3. Auflage, ergänzt durch Holt, F., Chicago 1985.

Thierry 2005
Thierry, F.: Yuezhi et Kouchans. Pièges et dangers des sources Chinoises. In: Bopearachchi, O./Boussac, M.-F. (Hrsg.): Afghanistan – Ancien Carrefour Entre L'Est et L'Ouest, Turnhout 2005, 421–539.

Thomps 1973
Thomps, D. B.: Ptolemaic Oinochoai and Portraits in Faience. Aspects of Ruler-Cult, Oxford 1973.

Thompson 1965
Thompson, Georgina: Iranian Dress in the Achaemenian Period: Problems concerning the Kandys and other Garments, Iran 3, 1965, 121–126.

Thompson 1968
Thompson, M.: The Mints of Lysimachos. In: Kraay, C.M./Jenkins, G.K. (Hrsg.): Festschrift Stanley Robinson, Oxford 1968.

Thureau-Dangin 1938
Thureau-Dangin, F.: Textes mathématiques babyloniens, Ex Oriente, Lux 1, Leiden 1938.

Tissot 2006
Tissot, F.: Catalogue of the National Museum of Afghanistan 1931–1985, Paris 2006.

Tonsing 2002
Tonsing, E. F.: From Prince to Demi-god: The Formation and Evolution of Alexander's Portrait. In: Asgeirsson, J. M./Van Deusen, N. (Hrsg.): Alexander's Revenge. Hellenistic Culture through the Centuries, Reykjavik 2002, 85–109.

Trever 1932
Trever, C.: Excavation in Northern Mongolia, Leningrad 1932.

Trewer 1940
Trewer, K.: Pamjatniki greko-baktriskowo iskusstwa, Moskau/Leningrad 1940.

Trümpelmann 1988
Trümpelmann, L.: Persepolis – ein Weltwunder der Antike, Mainz 1988.

Turgunow 1989
Turgunow, B. A.: Raskopki wtorowo buddiskowo chrama na Dalwersintepe (predwaritelnoje soobschtschenije). In: Antitschnyje i rannesredneweowyje pamjatniki Jushnowo-Usbekistana, Taschkent 1989.

Ungnad 1907
Ungnad, Arthur: Vorderasiatische Schriftdenkmäler, 1, Leipzig 1907.

Van Buren 1930
Van Buren, E. D.: Clay figurines of Babylonia and Assyria, Yale Oriental Series XVI, New Haven 1930.

Van der Spek 2003
Van der Spek, R. J.: Darius, III.: Alexander the Great and Babylonian scholarship. In: Achaemenid History XIII, Leiden 2003, 289–346.

Van Lohuizen 1968
Van Lohuizen, J. E.: The date of Kaniska and some recently published images. In: Basham 1968, 126–133.

Van Thiel 1974
Van Thiel, H. (Hrsg.): Leben und Taten Alexanders von Makedonien. Der griechische Alexanderroman nach der Handschrift L, Darmstadt 1974.

Van Wickevoort Crommelin 1993
Van Wickevoort Crommelin, B. R.: Die Universalgeschichte des Popeius Trogus. Hagen 1993.

Vjasmitina 1949
Vjasmitina, M. I.: Archeologitscheskoje isutschenije gorodischtscha Nowaja Nissa. In: Trudy JuTAKE Bd. I, Aschchabad 1949.

Vogelsang-Eastwood 1993
Vogelsang-Eastwood, Gillian: Pharaonic Egyptian Clothing. Studies in Textile and Costume History 2, Leiden/New York/Köln 1993.

Vokotopoulou 1980
Vokotopoulou, J.: Pilos lakonikós. In: Stele. Festschrift für N. Kontoleon, Athen 1980, 236–241.

Völling 2008
Völling, Elisabeth: Textiltechnik im Alten Orient. Rohstoffe und Herstellung, Würzburg 2008 (Rez. Sylvia Mitschke, Archaeological Textiles Newsletter 47, 2008, 30–31).

Von den Hoff 2003
Von den Hoff, R.: Naturalismus und Klassizismus. Stil und Wirkung frühhellenistischer Porträts. In: Zimmer, G. (Hrsg.): Neue Forschungen zur hellenistischen Plastik, Eichstätt 2003, 73–96.

Von den Hoff 2005
Von den Hoff, R.: Katalogbeiträge. In: Ders./Dobler, A.: Antike. Glanzpunkte der Sammlung griechischer und römischer Kunst aus dem Hause Hessen, Ausstellung Schloss Fasanerie, Petersberg 2005.

Von den Hoff 2007a
Von den Hoff, R.: Die Plastik der Diadochenzeit, in: Bol, P. C. (Hrsg.): Geschichte der antiken Bildhauerkunst 3. Hellenistische Plastik, Mainz 2007, 1–40.

Von den Hoff 2007b
Von den Hoff, R.: Naturalism and Classicism. Style and Perception of Early Hellenistic Portraits. In: Schultz/Von den Hoff 2007, 49–62.

Von Friede 2003
Von Friede, Susanne: Die Wahrnehmung des Wunderbaren, Tübingen 2003.

Von Sallet/Regling 1922
Von Sallet, A./Regling, K.: Die antiken Münzen, 2. Aufl., Berlin/Leipzig 1922.

Vorster 2004
Vorster, Ch.: Die Porträts des 4. Jhs. v. Chr., in: Bol, P. C. (Hrsg.): Geschichte der antiken Bildhauerkunst 2. Klassische Plastik. Mainz 2004, 383–428.

Waddington 1910
Waddington, W.H.:Recueil Général des Monnaies Grecques d'Asie Mineure I–3, Paris 1910.

Waggoner 1968
Waggoner, N. M.: The Alexander Mint at Babylon, Diss. Univ. Columbia 1968.

Walters 1899
Walters, H. B.: Catalogue of Bronzes, Greek, Roman and Etruscan, in the Department of Greek and Roman Antiquities, British Museum, London 1899.

Wang 1994
Wang, E. Y.: Mirror, death and rhetoric: Reading Later Han Chinese bronze artifacts. In: The Art Bulletin 76, 1994, 3, 511–534.

Wartke 1992
Wartke, R.-B.: Katalogbeiträge. In: AK Berlin 1992.

Wartke 2006
Wartke, R.-B.: Katalogbeiträge. In: AK Speyer 2006, 196.

Wartke 2008
Wartke, R.-B.: Katalogbeiträge. In: AK Berlin 2008.

Watson 1957
Watson, W.: Chinese lacquered wine-cups. In: The British Museum Quarterly 21, March 1957, 1, 21–26.

Waurick 1988
Waurick, G.: Helme der hellenistischen Zeit und ihre Vorläufer. In: Antike Helme, RGZM Monographien 14, Mainz 1988, 151–180.

Waywell 1990
Waywell, G. B.: Das Mausoleum von Halikarnassos. In: Clayton, P.A./Price, M. J. (Hrsg.): Die Sieben Weltwunder, Stuttgart 1990, 134–163.

Weidner 1923/24
Weidner, E. F.: American Journal of Semitic Languages (AJSL) 40, 1923/24.

Weippert 1972
Weippert, O.: Alexander-Imitatio und römische Politik in republikanischer Zeit, Augsburg 1972.

Weissbach 1938
Weissbach, Franz H.: Das Haupttheiligtum des Marduk in Babylon, Esagila und Etemenanki 59. Wissenschaftliche Veröffentlichung der Deutschen Orient-Gesellschaft, Leipzig 1938.

Weisser 2006
Weisser, B.: Herrscherbild und Münzporträt in Kleinasien. In: AK Speyer 2006, 70–86.

Welles 1934
Welles, Ch. B.: Royal Correspondence in the Hellenistic Period, New Haven 1934.

Wertogradowa 1995
Wertogradowa, W. W: Indiskaja epigrafika is Kara-tepe w Starom Termese, Moskau 1995.

Wetzel 1938
Wetzel, Friedrich u.a.: Das Haupttheiligtum des Marduk in Babylon, Esagila und Etemenanki 59. Wissenschaftliche Veröffentlichung der Deutschen Orient-Gesellschaft, Leipzig 1938.

Wetzel 1957
Wetzel, F., u.a. (Hrsg.): Das Babylon der Spätzeit. 62. Wissenschaftliche Veröffentlichung der Deutschen Orient-Gesellschaft, Berlin 1957.

Wheeler 1998
Wheeler, Brennon M.: Moses or Alexander? Early Islamic Exegesis of Qur'an 18:60-65. In: Journal of Near Eastern Studies 57, 1998, S.191–215.

Wiener 2001
Wiener, Claudia: Proles Vaesana Philippi Totius Malleus Orbis: Die Alexandreis des Walter von Chatillon, Berlin 2001.

Wiesehöfer 1993
Wiesehöfer, J.: Das antike Persien: von 550 v. Chr. bis 650 n. Chr., Zürich 1993, 25–147.

Wiesehöfer 2004
Wiesehöfer, J.: Kontinuität oder Zäsur? Babylonien unter den Achaimeniden. In: Kratz, R.-G.: Religion und Religionskontakte im Zeitalter der Achämeniden, 2004, 29–47.

Wiesehöfer 2007
Wiesehöfer, J.: Ein König erschließt und imaginiert sein Imperium: Persische Reichsordnung und persische Reichsbilder zur Zeit Dareios I. (522–486 v.Chr.). In: Rathmann, M. (Hrsg.): Wahrnehmung und Erfassung geographischer Räume in der Antike, Mainz 2007, 31–40.

Wild 1967
Wild, John Peter: Two Technical Terms used by Roman Tapestry-Weavers. In: Philologus 111, Heft ½, 1967, 151–155.

Will 1986
Will, Wolfgang: Alexander der Große, Stuttgart 1986.

Will 2009
Will, Wolfgang: Alexander der Große. Legende und Geschichte, Darmstadt 2009.

Worthington 2003
Worthington, I.: Alexander the Great. A Reader, London/New York 2003.

Wünsche 2006
Wünsche, Raimund: Ein Bildnis von Alexander dem Großen, München 2006.

Yoshitaka 2008
Yoshitaka, T. (undatiert): A Halo of 7th century Japan. (http://www.asianart.com/forum/takaki/halo/Kuzekann.htm, Zugriff: 13.11.2008).

Yü 1967
Yü, Y.: Trade and Expansion in Han China, Berkeley/Los Angeles 1967.

Zadneprovskij 1992
Zadneprovskij, J. A.: Rannie kočevniki Semireč'ja i Tjan'-Šanja. In: Moškova, M. G. (Hrsg.), Stepnaja Polosa Aziatskoj Časti SSSR v Skifo-Sarmatskoe Vremja. Archeologija SSSR, Moskau 1992, 73–87.

Zadneprovskij 1996
Zadneprovskij, J. A.: The nomads of Northern Central Asia after the invasion of Alexander. In: Harmatta 1996, 457–472.

Zadneprovskij/Lubo-Lesničenko 1998
Zadneprovskij, J. A./Lubo-Lesničenko, E. I.: Zhongya Fo'erganna chutu de Han shi jing (Im zentralasiatischen Ferghana ausgegrabene Spiegel im Han-Stil). Übers. aus dem Japanischen von Bai Yunxiang. Kaogu Yu Wenwu 1998, 3, 84–93.

Zeymal 1999
Zeymal, E. V.: Tillya-Tepe within context of the Kushan Chronology. In: Coins, Arts and Chronology. Essays on the pre-Islamic History of Indo-Iranian Borderlands, Wien, 1999, 241.

Ziffer 1999
Ziffer, Irit: Die Kunst der Achämeniden. In: AK Mannheim/Wien 1999.

Zuwiyya 2001
Zuwiyya, David: Islamic Legends Concerning Alexander the Great, Binghamton 2001.

Zwalf 1996
Zwalf, W.: A Catalogue of the Gandhara Sculpture in the British Museum I–II, London 1996.

Abbildungen Essays

ALBALADEJO
Abb. 1; 3; 4: bpk/SBB/Christine Kösser.
Abb. 2: bpk/Münzkabinett, SMB PK/Reinhard Saczewski.

ALRAM
Abb. 1; 4; 5; 7; 9: Paris, Bibliothèque nationale de France.
Abb. 2; 10: Reiss-Engelhorn-Museen.
Abb. 3; 6; 12: Wien, Kunsthistorisches Museum, Münzkabinett.
Abb. 8: bpk/Münzkabinett, SMB PK/Reinhard Saczewski.
Abb. 11: London, The Trustees of the British Museum.

BOROFFKA
Abb. 1–4; 7; 8; 11; 15–17: Deutsches Archäologisches Institut, Eurasien-Abteilung/Nikolaus Boroffka.
Abb. 5; 6; 9; 10; 12–14: Reiss-Engelhorn-Museen/Anatolij Sujew.

CRÜSEMANN
Abb. 1: Reiss-Engelhorn-Museen. Erstellt von Faber Courtial – Studio für digitale Produktionen.
Abb. 2; 3: London, The Trustees of the British Museum.
Abb. 4: Wien, Kunsthistorisches Museum, Ägyptisch-Orientalische Sammlung.
Abb. 5; 7; 8: bpk/Vorderasiatisches Museum, SMB PK/Olaf M. Teßmer.
Abb. 6: bpk/Vorderasiatisches Museum, SMB PK/Karin März.
Abb. 9: London, The Trustees of the British Museum.

DAHMEN
Abb. 1; 2; 8; 9: Paris, Bibliothèque nationale de France.
Abb. 3–7: bpk/Münzkabinett, SMB PK/Reinhard Saczewski.

DRUJININA
Abb. 1; 2a; 3a; 4a; 5–7; 8a. Anjelina Drujinina.
Abb. 2b; 3b; 4b; 8b. A. Saliev (Duschanbe) nach Vorgaben von A. Drujinina.

GEHRKE
Abb. 1: Wien, Kunsthistorisches Museum mit MVK und ÖTM.
Abb. 2; 4: Wikipedia public domain/GMNU gemeinfrei.
Abb. 3: Gunvor Lindström nach Fritz Schachermeyr, Alexander der Große. Das Problem seiner Persönlichkeit und seines Wirkens (Wien 1973), 555.

HAASE
Abb. 1: Paris, Musée du Louvre
Abb. 2; 3–4: bpk/SBB/Christine Kösser.
Abb. 5: Aus: A. Nawoi, Die Mauer des Iskander, Elliot 339.

KUHRT
Abb. 1: bpk/RMN/Paris, Musée du Louvre, Département des Antiquités Orientales/Franck Raux.
Abb. 2: Reiss-Engelhorn-Museen.
Abb. 3; 6; 9: Wien, Kunsthistorisches Museum, Ägyptisch-Orientalische Sammlung.
Abb. 4; 5: bpk/Vorderasiatisches Museum, SMB PK/Olaf M. Teßmer.
Abb. 7: Deutsches Archäologisches Institut, Eurasien-Abteilung/Barbara Grunewald.
Abb. 8: London, The Trustees of the British Museum.

LERICHE
Abb. 1–5; 8–15; 17: Pierre Leriche.
Abb. 6: Aurorhe Juin 2009.
Abb. 7: nach Paul Bernard, *CRAI* 2005, 951.
Abb. 16: The State Hermitage Museum. Photo: Vladimir Terebenin, Leonard Kheifets, Yuri Molodkovets, Svetlana Suetova, Konstantin Sinyavsky.
Abb. 18: Reiss-Engelhorn-Museen/Anatolii Sujew.

LINDSTRÖM
Abb. 1: Deutsches Archäologisches Institut, Orient-Abteilung/Marianne Kosanke.
Abb. 2: bpk/Münzkabinett, SMB PK/Lutz-Jürgen Lübke.
Abb. 3: Pierre Leriche.
Abb. 4: Deutsches Archäologisches Institut, Eurasien-Abteilung/Gisela Weber.
Abb. 5: Anjelina Drujinina.
Abb. 6: Gunvor Lindström nach Litvinski/Pičikjan 2002, Abb. 5.
Abb. 7–9: Deutsches Archäologisches Institut, Eurasien-Abteilung/Gunvor Lindström.
Abb. 10: Deutsches Archäologisches Institut, Orient-Abteilung/Arno Kose.

MELILLO
Startabb.: Reiss-Engelhorn-Museen/Friedrich-Wilhelm von Hase.
Abb. 1–3: Soprintendenza Speciale ai Beni Archeologici di Napoli e Pompei.
Abb. 4; 5: Luigia Melillo.

MKRTYTSCHEW
Abb. 1; 6; 9: Reiss-Engelhorn-Museen/Gunvor Lindström.
Abb. 2: Reiss-Engelhorn-Museen/Nicola Crüsemann.
Abb. 3; 4; 11; 13; 14: Tigran Mkrtytschew.
Abb. 5–10; 15: Reiss-Engelhorn-Museen/Anatolij Sujew.
Abb. 12: Moscow, Russian Federation, The Federal State culture institution State museum of Oriental Art/Evgeny Zheltov.

NEHRU
Abb. 1a,b; 2; 4: Reiss-Engelhorn-Museen/Gunvor Lindström.
Abb. 3a: Wien, Kunsthistorisches Museum.
Abb. 3b: Paris, Bibliothèque nationale.
Abb. 5; 6; 11: London, The Trustees of the British Museum.
Abb. 7; 8: nach Guillaume O. and A. Rougeulle, Fouilles d'Ai Khanoum, VII. Les petits objets (Paris 1987). The author is given permission by Paul Bernard to publish the images.
Abb. 9; 10: Lolita Nehru.
Speciale ai Beni Archeologici di Napoli e Pompei.

NIETO
Startabb.: vgl. Kat. Nr. 11.
Abb. 1: bpk/Münzkabinett, SMB PK/Reinhard Saczewski.

PAETZ GEN. SCHIECK
Abb. 1; 7: A. Paetz gen. Schieck nach G. Tilia.
Abb. 2–6: A. Paetz gen. Schieck.
Abb. 8: Karlsruhe, Badisches Landesmuseum.

PFROMMER
Abb. 1; 2; 5; 6; 7: Michael Pfrommer.
Abb. 3: Michael Pfrommer nach Praschniker/Theuer 1979.
Abb. 4: bpk/RMN/Paris, Musée du Louvre, Département des Antiquités Orientales/Hervé Lewandowski.

RTWELADSE
Abb. 1; 2: Reiss-Engelhorn-Museen/Nicola Crüsemann.
Abb. 3; 5–11: Reiss-Engelhorn-Museen/Anatolij Sujew.
Abb. 4: Wien, Kunsthistorisches Museum, Münzkabinett.

SWERTSCHKOW
Abb. 1: Deutsches Archäologisches Institut, Eurasien-Abteilung/Nikolaus Boroffka.
Abb. 2: Leonid Swertschkow, Sergei Schechowtsow, Nikolaus Boroffka.
Abb. 3: Leonid Swertschkow, deutsche Fassung bearbeitet von Nikolaus Boroffka.
Abb. 4; 6–18: Curt-Engelhorn-Stiftung/Anatolij Sujew.
Abb. 5: Leonid Swertschkow.

VON DEN HOFF
Abb. 1; 2; 9: Napoli, Museo Archeologico Nazionale.
Abb. 3: Ny Carlsberg Glyptotek, Copenhagen/Ole Haupt.
Abb. 4: Dresden, Skulpturensammlung, Staatliche Kunstsammlungen/H.-P. Klut, E. Estel.
Abb. 5: bpk/RMN/Paris, Musée du Louvre, Département des Antiquités Grecques, Étrusques et Romaines/Hervé Lewandowski.
Abb. 6: Bad Homburg, Verwaltung der Staatlichen Schlösser und Gärten Hessens.
Abb. 7: München, Staatliche Antikensammlungen und Glyptothek.
Abb. 8; 10: bpk/Münzkabinett, SMB PK/Reinhard Saczewski.

VON HASE
Abb. 1; 2; 4–6; 8–10: Luciano Pedicini, Neapel.
Abb. 3: University of Oxford, Ashmolean Museum.
Abb. 7: Zeichnung M. Pfrommer nach Andreae 1977, Abb. 23.

WEISSER
Abb. 1–3; 5; 8–9; 12–15: bpk/Münzkabinett, SMB PK/Reinhard Saczewski.
Abb. 10–11; 17–18: bpk/Münzkabinett, SMB PK/Lutz-Jürgen Lübke.
Abb. 6; 7: London, The Trustees of the British Museum.
Abb. 4; 16: Timo Stingl nach Vorgaben von Bernhard Weisser.

WERNING
Startabb.:ullstein bild.
Abb. 1: nach J. Hackin (avec la collaboration de J.-R. Hackin, J. Carl, P. Hamelin): Nouvelles recherches archéologiques à Begram (ancienne Kâpicî), 1939-1940. Paris (Imprimerie Nationale; Presses Universitaires) 1954, Fig. 247.
Abb. 2: Reiss-Engelhorn-Museen/Anatolij Sujew.
Abb. 3: Umzeichnung T. Vogel nach A. Bulling: The Decoration of Han Mirrors (= Artibus Asiae, Suppl. XX). Ascona 1960, Taf. XII,24.
Abb. 4: Courtesy New Delhi, National Museum.
Abb. 5: The State Hermitage Museum. Foto: Vladimir Terebenin, Leonard Kheifets, Yuri Molodkovets, Svetlana Suetova, Konstantin Sinyavsky.
Abb. 6: New Delhi, American Institute of Indian Studies.
Abb. 7: Umzeichnung T. Vogel nach A. Bulling: The Decoration of Han Mirrors (= Artibus Asiae, Suppl. XX). Ascona 1960, Taf. XI,2.
Abb. 8: STOCK PHOTOS ANTHROPOLOGY ARCHEOLOGY and ART/Philip Baird.
Abb. 9: The Kyoto University Museum.

WIESEHÖFER
Abb. 1; 3: bpk/Antikensammlung, SMB PK/Johannes Laurentius.
Abb. 2: bpk/Münzkabinett, SMB PK/Reinhard Saczewski.
Abb. 4: The State Hermitage Museum/Vladimir Terebenin, Leonard Kheifets, Yuri Molodkovets, Svetlana Suetova, Konstantin Sinyavsky.
Abb. 5: Wien, Kunsthistorisches Museum, Antikensammlung.
Abb. 6: Josef Wiesehöfer.
Abb. 7: Deutsches Archäologisches Institut, Eurasien-Abteilung/Barbara Grunewald.

WILL
Abb. 1: Brüssel, Musées Royaux d'Art et d'Histoire.
Abb. 2: Wolfgang Will, 2009.
Abb. 3: Basel, Antikenmuseum und Sammlung Ludwig/Andreas F. Voegelin.
Abb. 4: bpk/Dietmar Katz.
Abb. 5: bpk/Münzkabinett, SMB PK/Lutz-Jürgen Lübke.
Abb. 6; 7: bpk/Kupferstichkabinett, SMB PK/Jörg P. Anders.

Abbildungen Katalog

Kat. Nr. 1, 78:
Soprintendenza per i Beni Archeologici delle Province di Napoli e Caserta

Kat. Nr. 2:
Bad Homburg, Verwaltung der Staatlichen Schlösser und Gärten Hessens

Kat. Nr. 3:
bpk/Antikensammlung, SMB PK, Ingrid Geske

Kat. Nr. 4:
München, Staatliche Antikensammlungen und Glyptothek

Kat. Nr. 5:
Dresden, Staatliche Kunstsammlungen, Skulpturensammlung, H.-P. Klut, E. Estel

Kat. Nr. 6:
Kopenhagen, Ny Carlsberg Glyptotek, Ole Haupt

Kat. Nr. 7, 85–87, 98–100, 102, 104, 153, 208:
Brüssel, Musées Royaux d'Art et d'Histoire

Kat. Nr. 8, 57, 58, 60, 62, 63, 89, 107, 110, 111, 114, 115, 271, 272:
bpk/Antikensammlung, SMB PK, Johannes Laurentius

Kat. Nr. 9–11:
bpk/RMN/Paris, Musée du Louvre, Département des Antiquités Grecques, Étrusques et Romaines, Hervé Lewandowski

Kat. Nr. 12, 91:
Stuttgart, Landesmuseum Württemberg, P. Frankenstein, H. Zwietasch

Kat. Nr. 13, 15, 16, 18–20, 22–24, 26, 27, 29–33, 35, 39–45, 47, 48, 53, 54, 117–129, 134–136, 138, 140–147, 284, 288, 291, 296, 297, 299, 301, 302, 304:
bpk/Münzkabinett, SMB PK, Reinhard Saczewski

Kat. Nr. 14, 17, 25, 28, 37, 46, 49–51, 275, 277, 278, 280, 289, 294, 295, 307–309:
Paris, Bibliothèque nationale de France

Kat. Nr. 21, 274, 276, 279, 281–283, 290, 293, 300, 303, 306:
Wien, Kunsthistorisches Museum, Münzkabinett

Kat. Nr. 34, 36, 38, 81, 90, 95, 103, 108, 116, 130–133, 169, 182, 197–200, 205, 206, 210, 211, 220, 221, 285–287, 292, 298, 305, 310, 335, 336, 340, 351:
London, The Trustees of the British Museum

Kat. Nr. 52, 55, 137, 139, 148:
bpk/Münzkabinett, SMB PK, Lutz-Jürgen Lübke

Kat. Nr. 56, 97, 112, 113:
Antikenmuseum Basel und Sammlung Ludwig, Andreas F. Voegelin

Kat. Nr. 59:
bpk/Antikensammlung , SMB PK, Ingrid Geske-Heiden

Kat. Nr. 61, 66, 68–70:
National Archaeological Institute and Museum, Bulgarian Academy of Sciences/Krasimir Georgiev. All rights reserved.

Kat. Nr. 64, 65, 67, 71–76, 83, 84, 88:
Karlsruhe, Badisches Landesmuseum, Thomas Goldschmidt

Kat. Nr. 77, 96, 213, 214, 216–219, 312:
The State Hermitage Museum, Vladimir Terebenin, Leonard Kheifets, Yuri Molodkovets, Svetlana Suetova, Konstantin Sinyavsky

Kat. Nr. 79, 80, 82, 171:
Wien, Kunsthistorisches Museum, Ägyptisch-Orientalische Sammlung

Kat. Nr. 92, 149–152, 154–162, 164, 166–168, 170, 172–181, 183–195, 201–204, 209:
bpk/Vorderasiatisches Museum, SMB PK, Olaf M. Teßmer

Kat. Nr. 93, 94, 230, 231, 338, 339, 350:
Rom, Museo Nazionale d'Arte Orientale

Kat. Nr. 101:
bpk/RMN/Paris, Musée du Louvre, Département des Antiquités Orientales, Franck Raux

Kat. Nr. 105, 106, 109:
Wien, Kunsthistorisches Museum, Antikensammlung

Kat. Nr. 163:
Umzeichnung: Tanja Vogel

Kat. Nr. 165:
2006, Paris, Musée du Louvre, Raphaël Chipault

Kat. Nr. 196:
bpk/Vorderasiatisches Museum, SMB PK, Karin März

Kat. Nr. 207:
2007, Paris, Musée du Louvre, Raphaël Chipault

Kat. Nr. 212:
bpk/RMN/Paris, Musée du Louvre, Département des Antiquités Orientales, Hervé Lewandowski

Kat. Nr. 215:
The Federal State culture institution State museum of Oriental Art (Moscow, Russian Federation), Eduard Basilija

Kat. Nr. 222, 238, 241, 242, 249–253, 256–258, 262:
Deutsches Archäologisches Institut, Gunvor Lindström

Kat. Nr. 223, 311, 313, 314, 316–326, 329, 330, 352, 354–356:
bpk/RMN/ Paris, Musée national des Arts Asiatiques–Guimet, Thierry Ollivier

Kat. Nr. 224–229, 331–334:
Kabul, National Museum of Afghanistan

Kat. Nr. 232–236, 239, 240, 243, 245–248, 259–261, 263–270:
Mannheim, Reiss-Engelhorn-Museen, Gunvor Lindström

Kat. Nr. 237, 244, 254, 255, 273:
Nationalmuseum der Antike Tadschikistans, S. Taimasow

Kat. Nr. 315, 327:
bpk/RMN/Paris, Musée national des Arts Asiatiques–Guimet, Richard Lambert

Kat. Nr. 328:
bpk/RMN/Paris, Musée national des Arts Asiatiques–Guimet

Kat. Nr. 337, 341, 343, 345, 347, 348:
bpk/Museum für Asiatische Kunst, SMB PK, Jürgen Liepe

Kat. Nr. 342:
bpk/Museum für Asiatische Kunst, SMB PK, Roman März

Kat. Nr. 344, 346:
bpk/Museum für Asiatische Kunst, SMB PK, Iris Papadopoulos

Kat. Nr. 349:
bpk/Museum für Asiatische Kunst, SMB PK

Kat. Nr. 353:
bpk/RMN/Musée national des Arts Asiatiques–Guimet, Paris, Daniel Arnaudet

Kat. Nr. 357:
Mannheim, Reiss-Engelhorn-Museen, Jean Christen

Kat. Nr. 358–361:
The Federal State culture institution State museum of Oriental Art (Moscow, Russian Federation), Evgeny Zheltov

Kat. Nr. 362, 363:
Privat

Kat. Nr. 364:
bpk/Kupferstichkabinett, SMB PK, Jörg P. Anders

Kat. Nr. 365, 366:
bpk/Staatsbibliothek SPK Berlin

Kat. Nr. 367:
bpk/München, Bayerische Staatsgemäldesammlungen, Staatsgalerie im Neuen Schloss Bayreuth

Kat. Nr. 368:
Stiftung Preußische Schlösser und Gärten Berlin-Brandenburg

Startabbildungen:
S. 238: Neapel, Museo Archeologico Nazionale
S. 262, 340: Deutsches Archäologisches Institut/Gunvor Lindström
S. 274: vgl. Kat. Nr. 102
S. 382: vgl. Kat. Nr. 361
S. 422: vgl. Kat. Nr. 367

Die Reiche der Seleukiden, Parther und Graeco-Baktrer um 180 v. Chr.